한국외교문서
제7차 한일회담 Ⅱ

한일회담
자료총서 10

한국외교문서
제7차 한일회담 II

동북아역사재단 편

• 이 책은 2022년도 동북아역사재단 기획연구 수행 결과물임(NAHF-2022-기획연구-22).

발간사

한일관계에서 한일협정만큼 민감하고 논쟁적인 주제는 없을 것입니다. 한일 양국은 1951년 10월 국교정상화를 위한 회담을 시작하였습니다. 이후 회담은 13년 8개월에 걸쳐 중단과 재개를 되풀이하였고, 1965년 6월 한일 양국은 협정에 조인하였습니다. 한일회담은 해방 후 한일관계뿐만 아니라 한국현대사의 기본 틀을 만드는 과정이었습니다. 한일 양국이 최근 첨예하게 대립하는 근본 원인도 한일회담에 있다고 할 수 있습니다. 2018년 10월 30일 일제 강제동원 피해자 손해배상소송 판결과 2021년 1월 9일 일본군 '위안부' 피해자 손해배상소송 판결은 1965년 한일협정이 지나간 과거가 아닌 현재진행형의 문제라는 사실을 확인시켰습니다.

한국 정부와 법원은 1910년 강제병합조약은 원천 무효이고 반인도적 범죄에 대한 배상 문제는 1965년 한일청구권협정으로 해결되지 않았다고 주장합니다. 하지만 일본 정부와 법원은 강제병합조약은 합법이고 청구권협정으로 모든 배상 문제가 해결되었다고 주장합니다. 한일협정에 대한 평가와 해석을 둘러싸고 이처럼 첨예하게 대립하는 근본 원인은 무엇일까요? 한일협정 해석을 둘러싼 갈등은 해결할 수 있는 것일까요?

이 문제들에 대한 해답을 찾기 위해서는 한일협정 조문 해석뿐만 아니라 협정이 어떤 과정을 거쳐 체결되었는지, 당시 양국 정부가 어떠한 역사인식과 전략을 토대로 협상하였는지를 한일회담 당시 관련 일차 자료에 근거하여 파악할 필요가 있습니다.

한일회담 외교문서가 공개된 것은 강제동원 피해자들이 2002년 한국 정부를 상대로 문서공개요구소송을 한 것이 계기였습니다. 강제동원 피해자들은 일본에서 제소한 소송에서 일본 법원이 1965년 청구권협정으로 모든 배상은 해결되었다는 판결을 내리자, 청구권협정에서 강제동원 피해자 문제가 어떻게 다루어졌는지 공개하라며 한국 정부를 상대로 소송을 하였습니다. 이후 2004년 강제동원 피해자들이 승소하였고, 한국 정부는 2005년 약 3만 5,000장의 문서를 공개하였습니다. 일본에서도 시민단체인 '일한회담문서 전면공개를 요구하는 모임'이 문서 공개를 요구하자, 일본 정부는 2008~2015년까지 약 9만 장의 문서를 공개하였습니다.

동북아역사재단은 한일 양국에서 한일회담 외교문서가 공개된 이후 국민대학교 일본학연구소와 협력하여 방대한 분량의 외교문서를 체계적으로 정리하는 작업을 해왔습니다. 그 첫 작업으로 한국외교문서를 체계적으로 분류·해제한 『한일회담 외교문서 해제집』 5권을 2008년에 발간하였습니다. 이후 소송을 통해 추가로 공개된 문서를 포함한 일본외교문서 약 9만 장을 체계적으로 분류하여 그 결과물을 『한일회담 일본외교문서 상세목록』(2021) 5권으로 발간하였습니다. 한국외교문서 원본은 동북아역사재단 〈동북아역사넷〉에 올렸으며, 일본외교문서 원본도 올리는 중입니다. 그 외 미국 국무성 문서도 국사편찬위원회의 협력을 받아 〈동북아역사넷〉에 올렸습니다.

이렇게 외교문서의 원문을 제공하는 작업은 한일회담의 전모를 밝히는 데 크게 기여하고 있지만, 외교문서를 찾아보는 일반 대중과 연구자, 정책 입안자들이 필기체로 된 방대한 문서에서 필요한 자료를 찾아내는 것은 쉬운 일은 아닙니다. 이에 우리 재단은 국민과 학계, 관계 기관에서 한일회담 관련 자료를 폭넓게 활용할 수 있도록 한일회담 관련 핵심 문서를 자료총서로 발간하는 작업을 하고 있습니다. 이 자료총서가 한일회담의 전모를 파악하고 핵심 쟁점이 어떻게 논의되었는지를 이해하고 한일회담에 대한 객관적인 이해를 토대로 한국과 일본이 현재 직면한 문제를 해결하는 데에 기여할 수 있기를 기대합니다. 나아가 앞으로 진행될 북일 국교정상화 관련 대응에도 도움이 될 수 있을 것입니다.

한일회담 자료총서 발간 작업은 연구자들과 활동가들의 열정적인 노력이 있었기에 시작할 수 있었습니다. 외교문서가 공개될 수 있도록 노력하신 많은 분들과 방대한 분량의 외교문서를 한 장 한 장 검토해 주신 분들께 감사를 드립니다.

2024년 7월
동북아역사재단 이사장

책머리에

　한국과 일본이 8월 15일을 각각 '광복절'과 '종전기념일'로 부르고 있는 것에서 상징적으로 드러나듯이 일본의 식민지배에 대한 인식 차이는 오늘날도 여전하다. 인식의 차이는 인식의 영역에만 머무르지 않는다. 비근한 예로, 근년 벌어지고 있는 강제동원과 일본군'위안부' 피해자 소송 판결을 둘러싼 한일 간의 외교적 갈등은 1910년 한국병합과 35년간의 식민지배에 대한 불법·합법론 및 합당·부당론적 인식과 평가에 기반을 둔 법적 논쟁이기도 하다. 한일협정의 교섭 과정이나 체결과 연관된 문제들은 여전히 오늘의 한일 관계를 규정하는 중요한 요인이 되고 있다. 따라서 한일회담의 핵심을 이루는 자료와 기록을 면밀히 검토하는 일은 한일협정에서 기인하는 갈등과 마찰을 풀어가는 데 매우 중요한 단서가 될 수 있다.

　1965년 6월 22일 한국과 일본은 1951년 10월부터 시작한 약 14년에 걸친 마라톤 교섭을 마무리하고 국교를 정상화했다. 이 교섭은 해방 후 한국이 모든 외교적 역량을 쏟아부었음에도 외교사상 유래를 찾을 수 없을 정도로 힘겨운 싸움이었다. 하지만 한일협정을 체결한 지 56년이 지난 오늘날에도 이를 둘러싼 논란은 여전히 뜨겁다. 냉전하에서 경제 논리를 내세워 과거사 문제를 봉인한 굴욕적인 협정이라는 평가는 협정 체결 당시부터 제기되었다. 최근에는 한일 간 과거사 문제를 둘러싼 갈등은 한일협정에서 이 문제를 제대로 처리하지 못한 것에 기인하기 때문에 협정을 폐기하고 다시 맺어야 한다는 주장마저 제기되고 있다. 현재의 시점에서 과거의 교섭을 보면 부족하고 미흡한 게 많을 수밖에 없다. 한일회담과 한일협정을 객관적으로 평가하기 위해서는 당시 한국 정부가 어떤 국내외적 상황 속에서 교섭을 추진했는지를, 기록에 근거하여 실증적으로 파악할 필요가 있다.

2005년 8월 한국 정부는 한일협정과 관련된 외교문서를 전면 공개했다. 2002년 강제동원 피해자 99명이 제기한 문서공개요구소송에서 원고가 승소함에 따라 3만 5,245쪽에 이르는 외교문서를 공개한 것이다. 한국 정부가 공개한 문서에는 정부가 협상을 앞두고 내부적으로 정책을 검토한 자료, 조약 및 협약 초안, 양국의 회담 회의록 등 중요 자료가 대거 포함되어 있다. 하지만 문서의 분량이 워낙 방대하고 가독성이 떨어지는 필사본도 있어 접근하기 어려운 문제가 있다.

이 자료집은 연구자나 일반인들이 자료와 기록에 근거하여 한일회담의 전체상과 주요 쟁점을 상세하고도 구체적으로 살펴볼 수 있도록 발간되었다. 이 자료집의 발간은 세 가지 의미를 지닌다. 첫째, 한일회담은 현대 한국외교사의 대표적인 협상 사례로서 관련 문서와 기록이 비교적 풍부하게 남아있다. 이 자료들은 한국외교사 연구의 질적 수준을 높이고 연구의 지평을 확대하는 데 크게 기여할 수 있을 것이다. 둘째, 강제동원, 일본군'위안부' 문제 등에서 보듯이 어떤 의미에서 한일회담은 여전히 종결되지 않았다고 할 수 있다. 따라서 한일 과거사 현안을 면밀하게 파악하고 해석하기 위한 토대로서 한일회담 관련 자료는 여전히 의미가 크다. 더 나아가 이 자료집은 대일 외교정책의 수립과 합리적 추진이라는 실천적 차원에서도 중요한 참고자료가 될 수 있을 것이다. 셋째, 이 자료집은 향후 북일 관계의 향방을 전망하고 예측하는 데도 중요한 길라잡이가 될 수 있을 것이다. 북일 관계는 현재 미수교 상태에 놓여 있다. 국교를 정상화하기 위한 북일협상은 1990년대 이래 여러 차례 진행되었으나 중단과 결렬을 거듭하였고 현재는 완전히 중단된 상태이다. 그러나 언젠가는 북일 국교정상화 협상이 재개될 것으로 예상된다. 장차 한일 관계와 북일 관계 및 남북한 관계가 서로 영향을 주고받는 역동적인 국제관계로 진화할 가능성을 배제할 수 없다.

이 자료집의 발간은 동북아역사재단과 국민대학교 일본학연구소의 공동 노력으로 이루어졌다. 자료집 발간은 관련 연구를 하는 많은 연구자들의 엄청난 열정과 노력 덕분에 가능했다. 이 자리를 빌려 이 자료집 편찬 작업에 참여한 모든 분께 진심으로 감사의 말씀을 전하고 싶다. 특히 유의상 대사님은 교정이 허락되는 마지막 순간까지 원문 하나하나를 철저히 검토하며 대조하였다. 유의상 대사님은 한일청구권협정을 주제로 박사학위 논문을 집필하고 대일 외교 일선에서 일하신 경험이 있어 외교문서의 어려운 행간을 읽어내는 데 많은 도움과 노력을 주었다. 작은 사항 하나하나 세세하게 챙기며 검토를 거듭해 주었기 때문에 자료집의 완성도가 높아졌다. 마지막으로 흔쾌히 이 자료집의 발간을 허락해 주신 동북아역사재단 이사장님께도 감사의 말씀을 전한다.

2024년 7월
조윤수 씀

차 례

발간사 ——————————————————————————— 5
책머리에 ————————————————————————— 7
일러두기 ————————————————————————— 32
해제 ——————————————————————————— 33

제7차 한일회담 Ⅱ (1964. 12. 3~1965. 6. 22)

어업 관계 회의 및 훈령, V. 1, 어업 및 평화선위원회, 1964. 12~65. 2 ——— 48

  9. 제7차 한일회담 어업 및 평화선위원회 제1차 회의 회의록 ————— 49
     9-1. 제7차 한일회담 어업 및 평화선위원회 제1차 회의 시 한국 측 수석위원
        인사말 ————————————————————————— 56
  12. 제7차 한일회담 어업 및 평화선분과위원회 제2차 회의 회의록 ——— 58
  15. 제7차 한일회담 어업 및 평화선위원회 제3차 회의 회의록 ————— 64
  18. 제7차 한일회담 어업 및 평화선위원회 제4차 회의 회의록 ————— 70
  21. 제7차 한일 전면 회담 어업 및 평화선위원회 제5차 회의 회의록 —— 76
  22. 제7차 한일회담 어업 및 평화선위원회 제1~5차 회의를 통해 확인된 양측 입장
     대조표 ———————————————————————————— 81
  26. 제7차 한일회담 어업 관련 농림부 측의 훈령 공문 ————————— 86
  30. 제7차 한일회담 어업 및 평화선위원회 제6차 회의 회의록 ————— 88
  35. 해도의 지점 위치 확인을 요청하는 대표단 전문 ————————— 94
  36. 대표단 문의에 대한 본부 회신 서비스 전문 ——————————— 95
  38. 제7차 한일회담 어업 및 평화선위원회 제6차 회의에 따른 전문가 회의 결과
     보고 전문 ————————————————————————— 96

40. 한일회담 어업 문제 관련 수로에 관한 문의 공문 ─────── 98
42. 한일회담 어업 문제 관련 좌표 문의 공문 ─────────── 99
44. 수로 관련 문의에 대한 교통부 회신 공문 ──────────── 100
    44-1. 만의 정의가 기재된 문서 ─────────────── 102
    44-2. 울산만 및 영일만도 ──────────────── 103
    44-3. 울산만 및 영일만이 기재된 미국, 영국, 일본 수로지 ─── 104
45. 좌표 관련 문의에 대한 건설부의 회신 공문 ─────────── 109
48. 제7차 한일회담 어업 및 평화선위원회 제7차 회의 회의록 ─── 111
    48-1. 한일 어업 공동규제 해역에서의 일본 측 규제안 ───── 116
50. 제7차 한일회담 어업 전문가 비공식 회합 개최 결과 보고 ─── 122
66. 제7차 한일회담 어업 및 평화선위원회 제8차 회의 회의록 ─── 125
    66-1. 제7차 한일회담 어업 및 평화선위원회 제8차 회의 시 한국 측 제시한
    견해서 ─────────────────────── 132
52. 평화선 침범 일본 어선의 어획 실적 등 송부 요청 전문 ───── 135
55. 대표단 요청에 대한 본부 회신 전문 ───────────── 136
61. 제7차 한일회담 어업 전문가 비공식 회의 결과 보고 전문 ─── 137
62. 평화선 출어 일본 어선 척수 등 관련 자료 송부 공문 ───── 141
    62-1. 평화선 출어 일본 어선 척수 관련 농림부 공문 ───── 142
57. 일본 어선 평화선 내 침범 사항이 기재된 문서 ─────── 143
64. 제7차 한일회담 어업 전문가 비공식 회의 결과 보고 전문 ── 144
68. 제7차 한일회담 어업 관련 4자 회담 결과 보고 전문 ───── 146
67. 제7차 한일회담 어업 관련 4자회담에 따른 실무자 회의 결과 보고 전문 ── 149
70. 제7차 한일회담 어업 관련 실무자 회의 결과 보고 전문 ──── 151
74. 제7차 한일회담 어업 관계 2자회담 결과 보고서 ──────── 153
76. 제7차 한일회담 어업 관련 2자회담 결과 보고 전문 ────── 156
75. 일본 측의 월별 최고 출어 척수 실적 보고 전문 ──────── 159
77. 제7차 한일회담 어업 관련 2자 회담에 따른 실무자 회의 결과 보고 전문 ── 161
78. 보너스 톤수에 관한 일본 농림대신 통달 송부 공문 ─────── 163
79. B, C 수역의 일본 측 일반 어업 실태 보고 공문 ─────── 164
    79-1. B, C 수역 출어 일본 측 일반 어업 현황 문서 ──── 165
83. 제7차 한일 전면 회담 어업 및 평화선위원회 제9차 회의 회의록 ── 167
81. 어업 관련 청훈 전문 ───────────────── 172

84. 한일회담 어업 문제에 관한 훈령 요청 공문 ───────────── 174
85. 한일회담 어업 문제에 관한 농림부 측 훈령 송부 공문 ─────── 175
    85-1. 어업 문제에 관한 농림부 의견 문서 ──────────── 176
86. 제7차 한일회담 어업 관계 수석위원 비공식 회합 ─────────── 179
87. 제7차 한일회담 어업 관련 실무자 회의 결과 보고 공문 ─────── 181
88. 일본의 저인망 및 선망 어업금지수역 및 금지 기간 관련 자료 송부 공문 ─ 185
    88-1. 일본 측의 서일본 대형선망 조업금지구역도 ────────── 186
    88-2. 일본 측의 저인망 어업금지구역도 ───────────── 187
    88-3. 서일본 해구 및 동지나 해구에 있어서의 저인망 어업금지구역 및
        금지 기간이 기재된 문서 ─────────────────── 188
91. 김동조 대사의 시나 외상 및 아카기 농상과의 석식 간담회 결과 보고 전문 ─ 189
92. 제7차 한일회담 어업 관계 4자회담 결과 보고 전문 ────────── 192
93. 제7차 한일회담 어업 관계 4자회담 결과 보고 전문 ────────── 195
94. 제7차 한일회담 어업 관련 전문가 회의 결과 보고 전문 ──────── 199
95. 제7차 한일회담 어업 관련 4자회담 결과 보고 전문 ────────── 201
96. 제7차 한일회담 어업 관련 전문가 회의 결과 보고 전문 ──────── 205
97. 어업 및 평화선 문제에 관한 훈령 문서 ───────────── 207
98. 제7차 한일회담 어업 관련 4자회담 결과 보고 전문 ────────── 210
99. 제7차 한일회담 어업 관련 전문가 회의 결과 보고 전문 ──────── 212
100. 제7차 한일회담 어업 관련 이·와다 회담 결과 보고 전문 ─────── 214
101. 제7차 한일회담 어업 관련 전문가 회의 결과 보고 전문 ──────── 216
102. 제7차 한일회담 어업 관련 전문가 회의 결과 보고 전문 ──────── 218
103. 어업 및 평화선위원회에 관한 훈령 재가 문서 ──────────── 222
    103-1. 어업 및 평화선위원회에 관한 훈령 문서 ──────────── 223

어업 관계 회의 및 훈령, V. 2, 농상회담: 어업 관계, 1965. 3. 3~4. 2 ───── 226

1. 사전 교섭
    2. 어업회담에 관한 협의 내용 보고서 ──────────────── 227
    7. 한일 농상회담 개최에 따른 사전 교섭 요청 공문 ────────── 229
    8. 한일 농상회담 관련 일본 언론 보도 보고 전문 ─────────── 230

11. 한일 농상회담 대비 사전 교섭에 관한 훈령 전문 ——————— 233
12. 한일 농상회담 관련 수행원 구성에 관한 대표단 건의 전문 ——— 234
13. 한일 농상회담 대표단 관련 본부 견해 통보 전문 ——————— 235
20. 한일 농상회담 시 한국 농림부 장관 인사문 보고 전문 ———— 236
21. 한일 농상회담 시 일본 농상 인사문 보고 전문 ———————— 238
22. 차균희 농림부 장관 일본 도착 보고 전문 —————————— 240
24. 아카기 농상 인사문 정정 보고 전문 ————————————— 241
26. 한일 농상회담에 대한 훈령 송부 공문 ———————————— 242
  26-1. 한일 농상회담 훈령 문서 ——————————————— 243
25. 농상회담에 관한 대통령 지시 ———————————————— 245
27. 한일 농상회담 훈령 관련 지시 전문 ————————————— 246

2. 회의 보고

28. 농림부 장관의 사토 수상 등 예방 보고 전문 ————————— 247
31. 한일 농상회담 제1차 회의 회의록 —————————————— 248
35. 한일 농상회담 제2차 회의 회의록 —————————————— 252
37. 한일 농상 간 비공식 회합 결과 보고 전문 —————————— 258
41. 한일 농상회담 제3차 회의 회의록 —————————————— 260
  41-1. 한일어업협력에 관한 한국 측 제안 문서 ———————— 266
  41-2. 어획량에 관한 일본 측 고찰 문서 ——————————— 268
  41-3. 한국 측의 규제에 관한 요강 문서 ——————————— 270
51. 한일 농상회담 제4차 회의 회의록 —————————————— 272
43. 한일 농상회담 과정에서의 일본 측 입장에 대한 보고 전문 —— 278
44. 제주도 주변 기선 및 전관수역에 관한 양측 입장 대조표 ——— 279
47. 한일 농상 간 비공식 회합 결과 보고 ————————————— 280
49. 한일 농상회담 관련 4자 회의 결과 보고 ——————————— 281
52. 한일 농상회담 제5차 회의에 관한 일본 언론 예측 기사 보고 전문 — 283
57. 한일 농상회담 제5차 회의 회의록 —————————————— 285
  57-1. 제5차 농상회의 시 일본 측이 제시한 문건 ——————— 289
61. 한일 농상회담 제6차 회의 결과 보고 전문 —————————— 296
72. 한일 농상회담 제7차 회의 회의록 —————————————— 297
75. 한일 농상회담에 따른 어업 실무자 회의 결과 보고 전문 ——— 303

84. 공동규제 내용, 공동위 협정문, 금지구역에 관한 합의의사록 일본 측 안 송부 공문 — 306
    84-1. 일본 측이 1965. 3. 16 제시한 공동규제 내용 등에 관한 문서 — 307
78. 한일 농상회담 제8차 회의 회의록 — 315
79. 농상회담 관련 교섭 권한 위임 건의 전문 — 319
80. 농상회담 관련 제주도 주변 수역 기선 획선 문제에 관한 청훈 전문 — 320
81. 어업 관련 일본 정계 사정과 농상회담 전략에 관한 보고 전문 — 321
83. 농상회담에 따른 4자 회담 결과 보고 전문 — 322
88. 한일 농상회담 제9차 회의 회의록 — 324
89. 한일 농상 간 단독회담 결과 보고 전문 — 327
90. 한일 농상 간 단독회담 결과 보고 전문 — 328
91. 한일 농상회담 관련 일본 신문 보도 보고 전문 — 329
96. 한일 농상회담 회의 진행과 관련한 보고 전문 — 331
97. 한일 농상 간 단독회담 결과 보고 전문 — 332
109. 한일 농상회담 제10차 회의 회의록 — 334
101. 한일 농상회담에 따르는 실무자 회의 요약 보고 전문 — 338
98. 어업 문제 타결에 대한 대통령의 치하 전문 — 339
99. 어업 문제 타결에 대한 대통령의 주일 대사 및 대표부 직원 치하 전문 — 340
110. 한일 어업교섭 타결에 관한 일본 신문 보도 동향 보고 전문 — 341
111. 한일 농상 간 양해 사항의 공동문안 작성 관련 고위실무자 협의 결과 보고 전문 — 342
112. 한일 농상 간 양해 사항의 공동문안 작성 관련 고위실무자 협의 결과 보고 전문 — 346
116. 한일 농상 간 양해 사항의 공동문안 작성 관련 고위실무자 협의 결과 보고 전문 — 349
117. 한일 농상 간 양해 사항의 공동문안 작성 관련 고위실무자 협의 결과 보고 전문 — 351
118. 울산만 직선기선 관련 합의 보고 전문 — 352
125. 어업 잔여 문제점 해결을 위한 농상회담 및 외무부 장관의 우시바 심의관과의
    추가 교섭 결과 보고 전문 — 353
127. 농상 간의 합의사항 최종 정리를 위한 고위급 회의 결과 보고 전문 — 355
128. 어업교섭 관련 김동조 대사의 대통령 앞 보고 전문 — 356
129. 어업 문제에 관한 합의사항 관련 보고 전문 — 357
130. 어업 문제에 관한 합의사항 관련 일본 측 입장 변경 보고 전문 — 366
131. 어업 문제 관련 합의사항에 관한 일본 측 입장 보고 전문 — 368
135. 3개 현안(청구권, 법적지위, 어업) 합의사항에 대한 국내 조치 관련 본부 입장
    통보 전문 — 369

132. 3개 현안(청구권, 법적지위, 어업) 합의사항에 대한 '이니셜' 문제 관련 지시 전문 — 370
134. 3개 현안 합의사항에 대한 '이니셜' 및 외무부 장관 귀국 관련 건의 전문 — 371
133. 어업 문제 관련 합의사항에 대한 본부 입장 통보 전문 — 372
137. 3개 현안 합의사항에 대한 국내 조치 관련 본부 상황 통보 전문 — 373
139. 어업 문제 합의사항에 대한 국내 조치 결과 통보 요청 전문 — 374
141. 어업 문제 합의사항에 대한 국무회의 승인 관련 통보 전문 — 375
150. 어업 문제 합의사항에 대한 국무회의 의결 통보 공문 — 376
143. 국무회의에 상정된 한일회담 어업 문제에 대한 합의사항 문서 — 377
145. 3개 현안 합의사항의 공표 범위에 관한 보고 전문 — 378
148. 한일 양국 농상 간 공동 코뮈니케 합의 문안 보고 전문 — 379
    148-1. 한일 농상 공동 코뮈니케 영문본 — 381
147. 3개 현안 합의사항에 대한 '이니셜' 결과 보고 전문 — 383

어업 관계 회의 및 훈령, V. 3, 합의사항 초안 및 한국 측 요약 회의록, 1964. 12~65. 6 — 384

1. 한일 농상 간 양해 사항에 관한 양측 초안 송부 공문 — 385
    1-1. 한일 농상 간 양해 사항에 관한 일본 측 1965. 3. 25 자 초안 — 386
2. 한일 농상 간 양해 사항에 관한 합의사항 일본 측 1965. 3. 29 자 초안 — 402
3. 한일 농상 간 양해 사항에 관한 합의사항 일본 측 1965. 3. 29 자 수정안 — 420
4. 한일 농상 간 양해 사항에 관한 합의사항 일본 측 1965. 4. 1 자 안 — 439
5. 한일 농상 간 양해 사항에 관한 합의사항 한국 측 초안[1965. 3. 28 자] — 455

어업 관계 회의 및 훈령, V. 4, 가서명 이후의 어업 및 평화선위원회, 1965. 4~6 — 464

1. 시나 외상의 한일교섭에 대한 국회 중간 보고 관련 일본 언론 보도 내용 보고 전문 — 465
2. 4.3 합의사항 이후 제7차 한일회담 어업위원회 속개 관련 보고 전문 — 467
3. 제7차 한일회담 어업위원회 속개 관련 본부 회신 전문 — 468
4. 제7차 한일회담 어업위원회 속개 일정 보고 전문 — 469
7. 제7차 한일회담 어업위원회 제10차 회의 결과 보고 전문 — 470
8. 한일 어업협정을 위한 교섭방침 송부 공문 — 473

8-1. 한일 어업협정을 위한 교섭방침 문서	474
14. 제7차 한일회담 어업위원회 제11차 회의 결과 보고 전문	482
17. 일본국과 대한민국 사이의 어업에 관한 협정(안)[일본 측 안]	484
22. 한일 양국 어선의 조업 안전 및 질서 유지에 관한 세부 훈령 재가 문서	500
22-1. 조업 안전 및 질서 유지에 관한 협정(안)	501
23. 어업 문제에 관한 훈령 재가 문서	505
24. 어업 문제에 관한 세부 훈령 문서	506
25. 어업 문제에 관한 훈령 관련 건의 전문	514
26. 농림부 식산차관보 파일 관련 전문	515
28. 훈령 관련 대표단 건의에 대한 본부 회신 전문	516
29. 농림부 식산차관보 파일 관련 대표단 건의 전문	518
30. 제7차 한일회담 어업위원회 제12차 회의 결과 보고 전문	519
31. 어업공동위원회 관련 한국 측 안(제12차 회의 시 일본 측에 제시)	520
32. 어업협력 차관에 관한 교섭을 위한 청훈 전문	523
35. 어업협력 차관 관련 청훈에 대한 회신 전문	524
34. 어선의 조업 안전과 질서 유지에 관한 한일 실무자 회의 결과 보고 전문	525
36. 제7차 한일회담 어업위원회 제13차 회의 결과 보고 전문	527
38. 어업협정안에 관한 훈령 재가 문서	529
38-1. 대한민국과 일본국 간의 어업자원의 보존 및 어업협력에 관한 잠정협정(안)	531
38-2. 어업협정 부속서(안)	538
38-3. 어업협정 관련 합의의사록(안)	540
38-4. 어업협정 관련 양국 장관(대신)의 일방적 성명(안)	544
39. 한국 측 어업협정안의 일본 측 전달 지시 전문	547
40. 한국 측 어업협정안에 대한 대표단 수정 건의 전문	548
41. 한국 측 어업협정안에 대한 대표단 추가 수정 건의 전문	549
43. 어업협정안 수정 관련 대표단 건의에 대한 본부 입장 회신 전문	551
45. 농림부 식산차관보의 회담 대표 임명 관련 통보 전문	552
42. 어업협정안 전달 관련 대표단 견해 보고 전문	553
47. 제7차 한일회담 어업위원회 제14차 회의 결과 보고 전문	554
48. 한국 측 어업협정안의 제시에 관한 본부 의견 통보 전문	556
53. 한국 측 어업협정안의 일본 측 전달 관련 보고 전문	557

54. 일본 측에 제시된 한국 측의 어업협정(안) 및 관련 문서(안) 송부 공문 —— 559
    54-1. 어업협정(안) —— 560
    54-2. 어업협정 부속서(1)(안) —— 567
    54-3. 어업협정 관련 합의의사록(안) —— 570
    54-4. 어업협정 관련 일방적 성명(안) —— 574
    54-5. 어업협정 관련 교환 공한(안) —— 577
    54-6. 어업협력 차관 관련 교환 공한 요강 안 —— 579
55. 어업공동위원회 규정 관련 수정 안 건의 전문 —— 580
57. 대표단 건의에 대한 회신 전문 —— 583
58. 한국 측 어업협정안에 대한 일본 측 반응 보고 전문 —— 584
59. 제7차 한일회담 어업위원회 제15차 회의 결과 보고 전문 —— 585
62. 한국 측 어업협정안 관련 일본 측과의 협의 결과 보고 전문 —— 587
63. 한국 측 어업협정안에 대한 일본 측 견해 보고 전문 —— 589
65. 한국 측 협정안의 개요 및 일본 측의 반응이 기재된 문서 —— 593
70. 어업협정 교섭에 관한 훈령 내부재가 문서 —— 599
74. 어업 문제에 관한 4자 회담 개최 합의 관련 보고 전문 —— 602
75. 어업 문제 관련 4자 회담 결과 보고 전문 —— 603
76. 분쟁 처리에 관한 본부 입장 회신 전문 —— 605
77. 협정 해석 및 적용에 관한 분쟁을 국제사법법원에 부탁한다는 분쟁 조항의 문제에 관한 검토 의견서 —— 606
83. 어업위원회 교섭에 관한 신문 보도 보고 전문 —— 612
78. 어업 문제 관련 김동조 대사의 우시바 심의관 면담 결과 보고 전문 —— 615
79. 어업협정 관련 한국 측 보완사항에 대한 본부 승인 건의 전문 —— 616
80. 분쟁의 국제사법재판소 회부 문제 관련 본부 의견 요청 전문 —— 617
81. 어업협정 공동위원회 관련 한국 측 수정안 통보 전문 —— 618
86. 어업 문제 관련 4자 회담 개최 결과 보고 전문 —— 619
87. 제7차 한일회담 어업위원회 제16차 회의 결과 보고 전문 —— 620
88. 어업 문제 관련 4자 회담 연기 보고 전문 —— 621
92. 어업 문제 관련 김동조 대사의 우시바 심의관 면담 결과 보고 전문 —— 622
95. 어업 문제 관련 4자회담 결과 보고 전문 —— 623
96. 한국 측 어업 대표의 히로세 참사관 면담 결과 보고 전문 —— 626
97. 어업위원회 실무과장급 제1차 회의 결과 보고 전문 —— 627

99. 어업위원회 실무과장급 제2, 3차 회의 결과 보고 전문 ―――――――――― 629
102. 어업위원회 실무과장급 회의 개최 무산 보고 전문 ――――――――――― 633
103. 김동조 대사의 시나 외상 면담 및 이동원 외무부 장관 앞 친서 수교 관련 보고 전문 ――――――――――――――――――――――――――――――――― 635
108. 김동조 주일 대사의 시나 외상 면담 결과 보고 전문 ――――――――――― 637
104. 시나 외상의 이동원 외무부 장관 앞 친서 송부 공문 ―――――――――――― 639
    104-1. 시나 외상의 이동원 외무부 장관 앞 친서 ――――――――――――― 640
105. 다카스기 일본 측 수석대표의 이동원 외무부 장관 앞 서신 ―――――――― 642
107. 이동원 외무부 장관의 시나 외상 앞 답신 서한 ――――――――――――― 644
109. 어업협정 조문화 작업 연기 보고 전문 ―――――――――――――――― 646
110. 어업협정 조문화 작업을 위한 하코네 회담 개최 합의 보고 전문 ――――― 647
114. 어업협정 조문화를 위한 하코네 회담에 관한 보고 전문(1) ―――――――― 648
115. 어업협정 조문화를 위한 하코네 회담에 관한 보고 전문(2) ―――――――― 650
116. 어업협정 조문화를 위한 하코네 회담에 관한 보고(3) ――――――――――― 651
119. 어업협정 조문화를 위한 하코네 회담에 관한 보고(4) ――――――――――― 652
121. 어업협정 조문화를 위한 하코네 회담 결과 종합 보고 전문 ――――――― 655
122. 어업협정 조문화 진행 상황 보고 전문 ―――――――――――――――― 658
125. 어업협정안 조문 정리를 위한 제1차 실무자 회의 개최 결과 보고 전문 ―― 659
126. 일본 측의 분쟁 해결 조항안 보고 전문 ―――――――――――――――― 660
130. 어업협정 분쟁 해결 조항에 관한 일본 측 안 송부 공문 ――――――――― 662
    130-1. 어업협정 분쟁 해결 조항에 관한 일본 측 안 ――――――――――― 663
131. 어업협정 조문화를 위한 뉴오타니호텔 회담 교섭 개황 보고 전문 ――――― 664
132. 어업협정 보완사항에 관한 보고 전문 ―――――――――――――――― 665
133. 한일 협정 조문화를 위한 힐튼호텔 회담 경과 보고 전문 ―――――――― 667
134. 한일 협정 조문화 교섭 진행 현황 보고 전문 ――――――――――――― 668
135. 어업협정 연안 어업 문제에 관한 지시 전문 ―――――――――――――― 669
136. 어업협정 연안 어업 문제 관련 보고 전문 ――――――――――――――― 670
137. 어업협정 연안 어업 문제 관련 보고 전문 ――――――――――――――― 672
139. 어업협정의 유효기간 및 연안 어업 관련 일본 측과의 협의 결과 보고 전문 ― 673
140. 연안 어업에 관한 농림부 훈령 요청 공문 ――――――――――――――― 674
141. 연안 어업 관련 훈령 전문 ―――――――――――――――――――― 675
143. 연안 어업 관련 자구 수정 불가에 관한 보고 전문 ―――――――――――― 676

4.3 가서명 이후의 어업 문제 교섭 경위, V. 1, 교섭 경위 및 첨부물 1~15, 1965. 4~6 — 678

    4. 한일회담 각 현안 문제 타결에 관한 교섭 경위 작성, 정리 관련 내부재가 문서 — 679
    5. 한일회담 각 현안 문제 타결에 관한 교섭 경위 작성에 관한 지시 전문 — 681
    6. 4. 3 합의 이후의 어업 문제 교섭 경위서 보고 공문 — 682
        6-1. 4. 3 합의 이후 어업교섭에 관한 보고서 — 683
        6-1-1. 일본국과 대한민국과의 사이에 어업에 관한 협정 및 관련 문서 — 694
        6-1-2. 4. 3 합의와 4. 22 일본 측 초안의 비교 문서 — 710
        6-1-3. 대한민국과 일본국 간의 어업자원의 보존 및 어업협력에 관한 잠정
             협정(안) — 713
        6-1-4. 한국 측 어업협정안 제안 설명 요지 문서 — 714
        6-1-5. 한국 측 어업협정안에 대한 일본 측 견해 문서 — 718
        6-1-6. 한국 측 어업협정안문에 대한 한국 측의 설명 자료 — 718
        6-1-7. 한국 측 어업협정안문에 대한 한국 측의 설명 자료 — 718
        6-1-8. 어업 문제 관련 시나 외상의 이동원 외무부 장관 앞 친서 — 719
        6-1-9. 어업공동위원회 관련 65. 4. 27 자 한국 측 초안 — 719
        6-1-10. 어업공동위원회 관련 한국 측 65. 5. 20 자 수정안 — 719
        6-1-11. 한국 측이 65. 5. 8 일본 측에 제시한 어선의 조업 안전과 질서 유지에
             관한 규정(안) — 720
        6-1-12. 조업 안전 및 질서 유지 관련 일본 측 제안 문서 — 724
        6-1-13. 분쟁의 해결 관련 한국 측이 65. 4. 28 제안한 조문안 — 724
        6-1-14. 한국 측 65. 6. 5 자 어업협정안 — 725
        6-1-15. 하코네 회담 시 어업협정 조문 작성 관련 양측 희망 사항 등이 정리된
             문서 — 738

4.3 가서명 이후의 어업 문제 교섭 경위, V. 2, 1965. 4~6(첨부물 16~21) — 740

    1. 하코네 회담에서 미결로 남은 문제점이 정리된 문서 — 741
    2. 1965. 6. 9 자 어업협정안 — 745
    3. 1965. 6. 11 자 어업협정안 — 745
    4. 1965. 6. 20 자 어업협정안 — 745

5. 1965. 6. 21 자 어업협정안(최종안) ——— 746
6. 하코네 회담부터 타결 시까지의 각 문제점에 관한 교섭 경위 문서
   (1965. 6. 5~1965. 6. 22) ——— 770

기본관계에 관한 조약[등], V. 1, 교섭 및 서명, 1964~1965 ——— 780

57. 한일 조약 등 서명을 위한 일본 측 전권위임장 ——— 781
73. 일본과의 제 조약 및 협정의 체결을 위한 법제처 의견 문의 공문 ——— 784
78. 일본과의 제 조약 및 협정 체결에 관한 법제처 회신 공문 ——— 785
79. 일본과의 제 조약 및 협정 체결 건의 공문 ——— 787

이동원 외무부 장관 일본 방문(II), 1965 ——— 788

1. 3차 방문(1965. 6. 20~24)

1. 일본 프레스클럽의 이동원 외무부 장관 연설 초청 관련 보고 전문 ——— 789
2. 김동조 대사의 시나 외상 면담 결과 보고 전문
   (한일 협정 조인 일자 및 이동원 외무부 장관 방일 관련 협의) ——— 790
3. 한일 협정 조인 관련 대표단 견해 보고 전문 ——— 791
4. 한일 협정 조인 관련 본부 견해 통보 전문 ——— 792
5. 이동원 외무부 장관 방일 결정에 대한 통보 전문 ——— 793
7. 한일회담 특명 전권위원 임명장 작성 의뢰 공문(협조전) ——— 794
   7-1. 한일회담 특명 전권위원 임명 재가 문서 ——— 795
8. 한일 협정 서명 관련 일본 측 희망 사항 보고 전문 ——— 796
9. 한일 협정 서명 관련 본부 견해 통보 전문 ——— 797
10. 이동원 외무부 장관 방일 관련 일본 측과 협의 결과 보고 전문 ——— 798
11. 한일 협정 서명 장소 관련 대표단 건의 전문 ——— 800
12. 한일 협정 서명 장소 관련 본부 회신 전문 ——— 801
13. 한일 협정 한국 측 전권대표 위임장 기재 관련 보고 전문 ——— 802
14. 한일 협정 서명을 위한 전권대표 관련 보고 전문 ——— 803
15. 한일 협정 서명을 위한 전권위임장 관련 본부 회신 전문 ——— 804

16. 한일 협정 비준서 교환장소 관련 본부 입장 문의 전문 ———————— 805
17. 한일 협정 서명 장소 관련 일본 측 입장 보고 전문 ———————— 806
18. 한일 협정 본 조인 시의 대통령 담화문 내용에 대한 건의 전문 ———— 807
19. 한일 협정 비준서 교환 장소 관련 본부 회신 전문 ———————— 808
23. 한일 협정 대외 공포 관련 지시 전문 ————————————— 809
26. 한일 협정 대외 공포 관련 보고 전문 ————————————— 810
29. 한일 협정 불공표 사항 보고 전문 —————————————— 811
30. 한일 협정 및 합의 문서의 국무회의 통과 사실 통보 전문 ————— 812
31. 한일 협정 서명에 제한 이동원 외무부 장관 인사말 보고 전문 ——— 813
32. 한일 협정 서명 결과 보고 전문 ——————————————— 815
33. 독도 문제 및 연안 어업 문제 관련 외무부 장관의 국무총리 앞 보고 전문 — 816
34. 한일 협정 서명에 제한 시나 외상 인사말 보고 전문 ——————— 818
35. 한일 협정 서명에 제한 양국 공동성명(안) 보고 전문 ——————— 820
40. 한일 협정 서명에 제한 양국 공동성명 최종 합의 문안 보고 전문 —— 822
36. 한일 공동성명 문안 정정 보고 전문 ————————————— 823
38. 한일 협정 서명에 제한 양국 공동성명문 ———————————— 824
41. 청구권협정 및 문화재협정 불공표 문서의 취급에 관한 훈령 전문 —— 826
42. 청구권협정 및 문화재협정 불공표 문서 취급에 관한 대표부 보고 전문 — 827

1965. 6. 22 한일 간의 제 협정 서명 이후의 합의사항 실시를 위한 관련 조치,
1965. 7~8 ———————————————————————————— 828

1. 한일 간 제 조약 및 기타 합의사항 실시에 관련된 조치 건의 공문 ——— 829
   1-1. 1965 한일 제 조약 기타 합의사항 실시에 관련 취하여야 할 제조치 문서 — 830
12. 한일 제 협정에 대한 국회 비준 동의 후 취하여야 할 조치(수정안)를 정리한 문서 - 834
13. 한일 조약 및 제 협정 발효에 대비한 국내 조치 검토를 위한 관계부처 회의 소집
    내부재가 문서 ——————————————————————— 839
    13-1. 한일 제 협정 비준 후 취할 조치에 관한 관계부처 회의 안건 문서 ——— 841
14. 한일 간 제 협정 발효에 대비한 제반 국내 조치를 위한 관계부처 회의 결과 보고서 — 844

기본관계에 관한 조약, V. 2, 국회 비준 심의, 1964~1965 ———————— 846

1. 한국 국회 비준 심의(1965. 6~8)
    7. 불공표 취급 합의 문서에 관한 일본 측 입장 보고 전문 ———————— 847
    8. 불공표 합의 문서의 취급에 관한 한국 측 입장 통보 전문 ———————— 849
    9. 불공표 합의문서의 취급 관련 보고 전문 ———————— 850
    10. 불공표 합의문서의 취급 관련 보고 전문 ———————— 851
    11. 한일 간의 제 조약 및 협정의 국회 비준 동의 요청안 내부재가 문서 ———— 852
    12. 조약 비준 동의안 제출 문서 ———————— 855
        12-1. 국회 비준 동의안(유인물) ———————— 857
    14. 한일 협정 일본어본 송부 요청 서비스 전문 ———————— 862
    15. 한일 간 제 조약 및 협정과 관계 문서의 일본어 인쇄본 송부 공문 ———— 863
    17. 청구권협정 일본어 텍스트 자구 정정 요청 관련 보고 전문 ———————— 864
    18. 한일 간 조약 및 협정 비준 동의안 문서 목록 요청 전문 ———————— 866
    19. 한국 국회 동의 대상 조약 및 협정과 부속 문서 목록 통보 전문 ———— 867
    20. 한일 간 제 조약 및 협정의 실시에 관한 추가 합의사항 협의 관련 보고 전문 ——— 869
    21. 청구권협정 일본어 텍스트 정정 관련 본부 입장 회신 전문 ———————— 870
    22. 한일 간 조약 및 제 협정 비준 관련 국회사무처의 자료 제출 요청 공문 ——— 872
    26. 국회사무처의 자료 요청에 대한 외무부 회신 공문 ———————— 873
    27. 국회 '한일 간의 조약 및 제 협정 비준 동의안 심사 특별위원회'의 심의에
        즈음하여 행한 이동원 외무부 장관의 설명문 ———————— 875
    29. 한일 간 조약과 제 협정 및 부속 문서의 비준 동의 결과 통보 공문 ———— 882
    32. 한국 국회에서의 한일 협정 비준 동의에 대한 사토 수상의 박 대통령 앞 축하 메모 — 883
    33. 한국 국회에서의 한일 협정 비준 동의에 대한 사토 수상의 정 국무총리 앞
        축하 메모 ———————— 884
    34. 한국 국회에서의 한일 협정 비준 동의에 대한 시나 외상의 이동원 외무부 장관 앞
        축하 메시지 ———————— 885
    35. 일본 측의 축하 메시지에 대한 감사의 뜻 전달 지시 전문 ———————— 886
    36. 축하 메시지에 대한 감사의 뜻 전달 보고 전문 ———————— 887

2. 일본 국회 비준 심의 및 신문 보고(1965. 7~12)
    37. 일본 측 한일 협정 비준 절차 관련 동향 보고 전문 ———————— 888

40. 일본 측 한일 협정 비준 국회 소집 관련 동향 보고 전문 ———— 889
46. 한일 조약 및 제 협정 규정에 대한 해석 상치 문제 관련 일본 측 동향 보고 전문 — 890
47. 한일 간에 조인된 조약 및 제 협정에 관한 정부 입장 내부재가 문서 ———— 891
48. 한일 조약 및 제 협정 규정에 대한 해석 상치 문제 관련 본부 입장 통보 전문 — 893
49. 국회 속기록 관련 지시 전문 ———— 894
53. 한일 조약 및 제 협정 관련 일본 측의 국내법 조치에 관한 동향 보고 전문 ——— 895
55. 일본 비준 국회 제출용 한일백서 작성 관련 보도 확인 지시 전문 ———— 896
57. 일본 국회 제출용 한일백서 관련 일본 측 입장 보고 전문 ———— 897
58. 일본 국회의 한일 조약 및 제 협정 비준 상정 동향 보고 전망 ———— 899
66. 한일 조약 및 제 협정 비준을 위한 일본 임시국회 소집 보고 전문 ———— 900
67. 한일 조약 및 제 협정 비준 승인을 위한 국회 회부에 대한 일본 각의 결정 보고
    전문 ———— 902
70. 한일 조약 및 제 협정 비준 관련 일본 측 동향 보고 전문 ———— 904
71. 일본 외무성의 조약 및 법률안 국회 송부 사실 보고 전문 ———— 906
73. 일본 참의원 국회회기 가결 보고 전문 ———— 907
78. 한일 조약 및 제 협정 해석 상치 관련 일본 측 입장 타진 결과 보고 전문 ———— 908
80. 한일 조약 및 제 협정 비준을 위한 일본 국회 동향 보고 전문 ———— 909
81. 한일 조약 및 제 협정 비준 관련 일본 국회 동향 보고 전문 ———— 910
82. 사토 수상 및 시나 외상의 중의원 본회의 연설문 중 한국 부분 내용 보고 전문 – 911
89. 한일 조약 및 제 협정 비준 관련 일본 국회 동향 보고 전문 ———— 916
94. 한일 조약 및 제 협정 비준 관련 일본 국회 동향 보고 전문 ———— 917
99. 한일 조약 및 제 협정 비준 관련 일본 국회 동향 보고 전문 ———— 918
101. 한일 조약 및 제 협정 비준 관련 일본 국회 동향 보고 전문
     (대일 청구 8개 항목 공표 문제) ———— 919
102. 대일 청구 8개 항목 공표와 관련한 보고 전문 ———— 920
104. 한일 교섭문서 중 비밀문서의 일본 국회 제출 예정 관련 보고 전문 ———— 921
105. 비밀문서의 일본 국회 제출 관련 본부 입장 통보 전문 ———— 922
106. 비밀문서의 일본 국회 제출 관련 보고 전문 ———— 923
108. 한일 조약 및 제 협정 비준 관련 일본 국회 동향 보고 전문 ———— 924
111. 한일 조약 및 제 협정의 일본 중의원 통과 보고 전문 ———— 925
113. 한일 조약 및 제 협정 비준안의 중의원 특별위원회 통과 관련 보고 전문 ———— 926
116. 한일 조약 및 제 협정 비준안의 일본 중의원 특별위원회 통과 관련 일본 정치권
     반응 보고 전문 ———— 927

118. 한일 조약 및 제 협정의 일본 중의원 본회의 통과 전망 보고 전문 —————— 929
122. 한일 조약 및 제 협정의 일본 중의원 본회의 통과 보고 전문 —————— 931
123. 한일 조약 및 제 협정의 일본 중의원 본회의 통과 경위 보고 전문 —————— 932
124. 한일 조약 및 제 협정의 일본 중의원 본회의 통과에 대한 일본 각 당 성명 보고 전문 —————— 933
125. 정일권 국무총리의 사토 수상과 시나 외상 앞 축하 메시지 —————— 936
128. 정일권 국무총리의 축하 메시지에 대한 사토 수상의 답신 —————— 937
130. 정일권 국무총리의 축하 메시지에 대한 시나 외상의 답신 —————— 938
131. 한일 조약 및 제 협정 비준의 향후 절차 보고 전문 —————— 939
138. 비밀문서의 공표 관련 보고 전문 —————— 940
140. 한일 조약 및 제 협정의 참의원 특별위원회 통과 보고 전문 —————— 941
142. 한일 조약 및 제 협정 참의원 본회의 통과 보고 전문 —————— 942
143. 한일 조약 및 제 협정 참의원 본회의 통과 관련 보고 전문 —————— 943

이동원 외무부 장관 일본 방문(III), 1965 —————— 944

2. 이동원 외무부 장관의 방일 관련 통보 전문 —————— 945
3. 이동원 외무부 장관 방일 관련 대표부 보고 전문 —————— 946
5. 이동원 외무부 장관 방일 관련 본부 입장 통보 전문 —————— 947
6. 이동원 외무부 장관의 일본 기착 통보 결과 보고 전문 —————— 948
7. 이동원 외무부 장관의 일본 방문 관련 지시 전문 —————— 949
9. 이동원 외무부 장관의 일본 방문 공식화 관련 지시 전문 —————— 950
10. 이동원 외무부 장관의 방일 공식화 관련 일본 측과의 협의 결과 보고 전문 —————— 951
11. 이동원 외무부 장관의 일본 방문 공식화에 대한 일본 측 반응 보고 전문 —————— 952
12. 이동원 외무부 장관 방일 일정 관련 일본 측 문의 보고 전문 —————— 953
14. 이동원 외무부 장관 방일 일정 통보 전문 —————— 954
17. 이동원 외무부 장관 체일 일정 관련 협의 결과 보고 전문 —————— 955
18. 이동원 외무부 장관 체일 일정 보고 전문 —————— 956
23. 이동원 외무부 장관 체일 일정 관련 보고 전문 —————— 958
27. 이동원 외무부 장관 방일 일정 —————— 960
28. 이동원 외무부 장관의 일본 도착 일정 통보 전문 —————— 961

29. 이동원 외무부 장관 방일 관련 김동조 대사의 우시바 심의관 면담 결과 보고 전문 —— 962
30. 이동원 외무부 장관 일본 도착 보고 전문 ———————————————————— 963
34. 이동원 외무부 장관의 시나 외상 면담 결과 보고 전문 ———————————— 964
35. 이동원 외무부 장관의 사토 수상 예방 결과 보고 전문 ———————————— 966
37. 일본 측의 비준서 교환 일정 연기 요청에 대한 본부 입장 구신 보고 전문 ——— 968
39. 한일 협정 비준서 교환 일자 관련 보고 전문 ————————————————— 969
40. 이동원 외무부 장관 방일 일정 수행 관련 보고 전문 ————————————— 971
41. 이동원 외무부 장관과 시나 외상의 회담 결과 보고 전문 ——————————— 972
42. 이동원 외무부 장관 귀국 보고 전문 ———————————————————— 973

기본관계에 관한 조약등, V. 3, 비준서 교환, 1964~1965 ———————————— 974

1. 일정 교섭 및 교환식
    2. 비준서 교환 관련 일본 측과의 협의 결과 보고 전문 —————————————— 975
    3. 비준서 교환 관련 일본 측 입장 보고에 대한 국무총리 의견서 ————————— 977
    5. 비준서 교환에 관한 한국 정부 방침 및 의향 통보 전문 ————————————— 978
    6. 주한 일본대사 임명 관련 일본 측 견해 보고 전문 ——————————————— 979
    12. 비준서 교환 관련 일본 측과의 협의 결과 보고 전문 ————————————— 981
    14. 비준서 교환 및 비준서 교환 의정서 서명 관련 내부재가 문서 ———————— 983
        14-1. 비준서 교환 의정서(안) ———————————————————————— 984
    15. 한일 문제에 대한 외무 차관 보고에 대한 총리 말씀이 기재된 문서 ————— 985
    16. 초대 주한일본대사에 관한 본부 견해 통보 전문 ——————————————— 986
    21. 초대 주한일본대사 관련 한국 측 의견 전달 결과 보고 전문 ———————— 987
    23. 비준서 교환 시기 등에 관한 대통령 견해를 기재한 아주국장 메모 ————— 988
    24. 비준서 교환 시기 관련 보고 전문 ————————————————————— 989
    26. 비준서 교환 관련 일본 측 요령 보고 전문 —————————————————— 990
    28. 비준서 교환 시기 관련 교섭 지시 전문 ——————————————————— 995
    32. 김동조 주일 대사의 시나 외상 면담 결과 보고 전문 ————————————— 996
    33. 비준서 교환 관련 교섭 지시 전문 ————————————————————— 998
    35. 비준서 교환식 준비를 위한 한국 측 관계자 실무자 회의 결과 보고 전문 ——— 1000
    38. 비준서 교환 관련 교섭 지시 전문 ————————————————————— 1001

43. 비준서 교환을 위한 일본 대표단 관련 보고 전문 —————————— 1003
44. 비준서 교환 일자 관련 일본 측 제안 보고 전문 —————————— 1004
40. 비준서 교환 관련 일본 측과의 협의 결과 보고 전문 ———————— 1006
42. 비준서 교환에 관한 김동조 주일 대사의 보고 및 건의서 —————— 1008
47. 비준서 교환 관련 일본 측과의 협의 결과 보고 전문 ———————— 1011
48. 한일 조약 및 제 협정 비준서 교환 일본 전권 대표단을 위한 만찬 등 계획서 — 1013
51. 비준서 교환 일자에 관한 본부 입장 통보 전문 —————————— 1015
52. 비준서 교환 관련 대통령 승인 사항이 담긴 메모 ————————— 1016
53. 초대 주한대사 임명 관련 일본 언론 보도 보고 전문 ———————— 1017
54. 비준서 교환식 참석 일본 대표단원 추가 보고 전문 ———————— 1018
56. 비준서 작성 관련 본부 입장 통보 전문 ————————————— 1019
57. 주일 대사의 시모다 차관 면담 결과 보고 전문 —————————— 1021
58. 비준서 교환 일자 등 관련 보고 전문 —————————————— 1023
59. 비준서 교환 일자 등 관련 본부 입장 통보 전문 —————————— 1024
62. 비준서 교환 일정 합의 보고 전문 ——————————————— 1025
63. 비준서 문안 관련 일본 측과의 협의 결과 보고 전문 ———————— 1026
66. 한일 조약 및 제 협정 비준서 교환 일자의 상부 보고를 위한 내부재가 문서 — 1028
67. 한일 조약 및 제 협정 비준서 교환 일자의 관계 부서 통보 문서(협조전) —— 1029
69. 한일 조약 및 제 협정 비준서 교환 일자의 관계부처 통보 내부재가 문서 —— 1030
70. 비준서에의 텍스트 첨부 문제 관련 일본 측 입장 보고 전문 ————— 1031
71. 비준서 문안 관련 본부 입장 통보 전문 ————————————— 1032
72. 비준서 문안 관련 교섭 결과 보고 전문 ————————————— 1034
73. 비준서 관련 본부 입장 통보 전문 ——————————————— 1036
74. 비준서 관련 본부 입장 통보 전문 ——————————————— 1037
76. 비준서 교환 관련 일본 측 제안 및 조회 사항 보고 전문 —————— 1038
77. 비준서 문안 관련 일본 측 입장 보고 전문 ———————————— 1042
78. 비준서 교환 관련 본부 입장 통보 전문 ————————————— 1044
79. 비준서 문안 관련 일본 측 입장 보고 전문 ———————————— 1046
92. 한일 조약 및 제 협정 비준서 교환 의정서의 일본어 텍스트(안) 송부 공문 — 1047
    92-1. 일본 비준서 교환각서 ——————————————————— 1048
84. 비준서 교환식 한국 대표단 임명에 관한 내부재가 문서 ——————— 1050
156. 한일 조약 및 제 협정의 비준서 문안 확정 및 서명 내부재가 문서 ——— 1052

156-1. 기본관계조약 비준서 ———————————————————— 1054
　　156-2. 법적지위협정 비준서 ———————————————————— 1056
　　156-3. 어업협정 비준서 —————————————————————— 1058
　　156-4. 청구권협정 비준서 ————————————————————— 1060
　　156-5. 문화재협정 비준서 ————————————————————— 1062
　　156-6. 기본관계조약 비준서 교환 의정서 ————————————— 1064
　　156-7. 법적지위협정 비준서 교환 의정서 ————————————— 1065
　　156-8. 어업협정 비준서 교환 의정서 ——————————————— 1066
　　156-9. 청구권협정 비준서 교환 의정서 ————————————— 1067
　　156-10. 문화재협정 비준서 교환 의정서 ————————————— 1068
82. 비준서 교환식 관련 한국 측 안 통보 전문 ————————————— 1069
83. 비준서 교환식 관련 일본 측과의 협의 결과 보고 전문 ——————— 1071
84. 한일 조약 및 제 협정 비준서 교환 관련 국무회의 건의를 위한 내부재가 문서 – 1073
95. 비준서 교환 일정 대외 발표 관련 보고 전문 ——————————— 1074
96. 비준서 교환 일정 관련 대외 발표 보류 건의 긴급 전문 ——————— 1075
97. 비준서 교환 일정 대외 발표 관련 통보 전문 ——————————— 1076
98. 비준서 교환 일정 대외 발표 관련 통보 전문 ——————————— 1077
99. 비준서 교환 일정 대외 발표 보류 건의 전문 ——————————— 1078
100. 비준서 교환 일정 대외 발표 관련 통보 전문 ——————————— 1079
101. 한일 조약 비준서 교환에 관한 신문 발표문 ——————————— 1080
102. 비준서 교환 일정 대외 발표 관련 보고 전문 ——————————— 1081
103. 비준서 교환 일정 대외 발표 관련 통보 전문 ——————————— 1082
104. 비준서 교환 일정 대외 발표 관련 통보 전문 ——————————— 1083
105. 비준서 교환 일정 대외 발표 관련 보고 전문 ——————————— 1084
109. 이동원 외무부 장관의 시나 외상 면담 결과 보고 전문 —————— 1085
117. 비준서 교환문서 관련 본부 입장 통보 전문 ——————————— 1087
118. 비준서 교환 일정 변경 관련 이동원 외무부 장관의 보고 전문 ——— 1088
119. 비준서 교환 일정 변경 요청 수락 통보 전문 ——————————— 1090
123. 비준서 교환 일정 변경 통보 사실 보고 전문 ——————————— 1091
85. 한일 조약 및 제 협정 비준서 교환 관련 국무회의 부의 안건 제출 공문 ——— 1092
　　85-1. 한일 조약 및 제 협정 비준서 교환 일정 및 동 행사 보고서 ——— 1093
　　　　85-1-1. 한일 간의 조약 및 제 협정 비준서 교환식 순서가 기재된 문서 ——— 1097

85-1-2. 비준서 교환식장 도면 ———————————————————— 1098
125. 한일 간 조약 및 제 협정 비준서 교환식 관련 보도 자료 내부재가 문서 ——— 1101
126. 한일 조약 및 제 협정 비준서 교환 일정 관련 국무회의 안건 수정 상정
　　　내부재가 문서 ———————————————————————————— 1102
　　　126-1. 국무회의 안건 수정안 ————————————————————— 1103
　　　126-2. 국무회의 부의 안건 제출 공문(안) ————————————————— 1104
127. 비준서 교환문서 관련 일본 측과의 협의 결과 보고 전문 ———————— 1105
128. 비준서 교환식 일본 측 인사 명단 확정 보고 전문 ——————————— 1106
129. 비준서 교환식 참석을 위한 일본 대표단의 한국 착발 항공 일정 보고 전문 —— 1108
131. 비준서 한국 측 영어 번역문 통보 전문 ——————————————— 1109
132. 비준서 교환 문서상의 수정사항 통보 전문 ————————————— 1111
133. 비준서 교환식 참석 일본 대표단 교체 관련 보고 전문 ————————— 1112
134. 일본 측의 한일 조약 및 제 협정 비준 보고 전문 ——————————— 1113
135. 비준서 교환 일정 대외 발표에 관한 일본 측 제의 보고 전문 ——————— 1114
136. 비준서 교환 문서상의 수정사항에 대한 일본 측과의 협의 결과 보고 전문 —— 1115
137. 비준서 교환 일정 대외 발표 관련 통보 전문 ————————————— 1116
139. 일본 측 비준서 교환 사절단 명단 보고 전문 ————————————— 1117
　　　139-1. 비준서 교환 사절단 명단 [일본어본] ———————————— 1119
140. 시나 일 외상 방한 시 양국 외무부 장관 간 논의될 사항(안)이 기재된 문서 —— 1121
141. 비준문의 일본 측 영어 번역문 보고 전문 —————————————— 1123
142. 일본 측 비준문 일어본 및 영어본 ————————————————— 1125
145. 비준서 교환식 시 일본 측 무역회담 대표단에 대한 배려 요망 전문 ———— 1128
151. 양국 외무부 장관 토의 안건에 대한 일본 측 반응 보고 전문 ——————— 1129
157. 비준서 교환식 한국 측 참석자 추가 내부재가 문서 —————————— 1130
159. 비준서 교환식 사진(1965. 12. 18) ——————————————————— 1131
163. 사토 수상의 정일권 국무총리 앞 축하 메시지 ————————————— 1134
162. 사토 수상의 메시지에 대한 정일권 국무총리의 답신 전문 ——————— 1136
165. 정일권 국무총리의 사토 수상 앞 답신 전달 보고 전문 ————————— 1138
160. 비준서 교환식 관련 시나 외상의 감사 서한 —————————————— 1139

2. 일본 기자단 방한
　　　[생략]

3. 공동성명서 및 연설문
- 184. 한일 조약 및 제 협정 비준서 교환에 제한 공동성명문 ———— 1141
- 185. 한일 조약 및 제 협정 비준서 교환식에서의 이동원 외무부 장관 인사말 ———— 1143
- 188. 시나 외상의 공항 도착 시 연설문 ———— 1144
- 189. 한일 조약 및 제 협정 비준서 교환식에서의 시나 외상 인사말 ———— 1146
- 190. 한일 조약 및 제 협정 비준서 교환에 즈음한 박정희 대통령 담화문 ———— 1148

4. 한일 외상 회담 회의록
- 191. 한일 외상회담 회의록 ———— 1151

한일 간의 기본관계에 관한 조약[등], V. 4, 국내 조치, 1964~1965 ———— 1154

1. 한일 간 조약 및 제 협정 공포와 관련한 내부재가 문서 ———— 1155
2. 한일 간의 조약 및 제 협정 공포 의뢰 공문(안) ———— 1156
   - 2-1. 한일 조약 및 제 협정 공포안 ———— 1157
3. 한일 조약 및 제 협정 공포에 관한 국무회의 보고 내부재가 문서 ———— 1159
4. 한일 조약 및 제 협정의 국무회의 보고 요청 공문 ———— 1160
   - 4-1. 국무회의 안건 유인물 ———— 1161
     - 4-1-1. 공포안 ———— 1162
     - 4-1-2. 기본관계에 관한 조약 ———— 1164
     - 4-1-3. 재일한국인의 법적지위와 대우에 관한 협정 ———— 1172
     - 4-1-4. 재일한국인의 법적지위와 대우에 관한 협정에 대한 합의의사록 ———— 1178
     - 4-1-5. 어업에 관한 협정 ———— 1183
     - 4-1-6. 어업에 관한 협정에 대한 합의의사록 ———— 1198
     - 4-1-7. 직선기선 사용의 협의에 관한 교환공문 ———— 1206
     - 4-1-8. 제주도 양측의 어업에 관한 수역에 관한 교환공문 ———— 1209
     - 4-1-9. 어업협력에 관한 교환공문 ———— 1212
     - 4-1-10. 어업 표지에 관한 교환공문 ———— 1215
     - 4-1-11. 청구권에 관한 문제의 해결과 경제협력에 관한 협정 ———— 1222
     - 4-1-12. 재산 및 청구권에 관한 문제의 해결과 경제협력에 관한 협정에 대한 합의의사록(I) ———— 1228

4-1-13. 재산 및 청구권에 관한 문제의 해결과 경제협력에 관한 협정에 대한
　　　　　 합의의사록(II) ———————————————————————————— 1235
　　4-1-14. 재산 및 청구권에 관한 문제의 해결과 경제협력에 관한 협정
　　　　　 제1조 1(b)의 규정의 실시에 관한 교환공문 ———————————— 1237
　　4-1-15. 대한민국 정부와 해외경제협력기금 간의 차관 계약 ———————— 1241
　　4-1-16. 재산 및 청구권에 관한 문제의 해결과 경제협력에 관한 협정 제1조 2의
　　　　　 합동위원회에 관한 교환공문 ——————————————————— 1273
　　4-1-17. 제1 의정서 ———————————————————————————— 1277
　　4-1-18. 제1 의정서의 실시 세목에 관한 교환공문 ———————————— 1285
　　4-1-19. 제2 의정서 ———————————————————————————— 1293
　　4-1-20. 상업상의 민간신용 제공에 관한 교환공문 ———————————— 1297
　　4-1-21. 문화재 및 문화협력 협정 ———————————————————— 1300
　　4-1-22. 문화재 및 문화협력 협정 합의의사록 —————————————— 1321
　　4-1-23. 분쟁의 해결에 관한 교환공문 —————————————————— 1322
7. 한일 조약 및 제 협정이 게재된 관보 ———————————————————— 1325
8. 한일 간 제 협정과 관련한 토의기록 등의 관보 게재 관련 내부재가 문서 ——— 1326
9. 한일 간 제 협정과 관련한 토의기록 등의 관보 게재 요청 공문 ——————— 1328
　　9-1. 외무부 공보 제1호 ———————————————————————— 1330
　　9-2. 외무부 공보 제2호 ———————————————————————— 1332
　　9-3. 외무부 공보 제3호 ———————————————————————— 1335
　　9-4. 외무부 공보 제4호 ———————————————————————— 1340
　　9-5. 외무부 공보 제5호 ———————————————————————— 1342
11. 외무부 공보가 게재된 1966년 1월 21일 자 관보 ———————————— 1346
12. 한일 협정 비준서 교환에 따른 국내의 제 법적 및 행정조치에 관한 건의 공문 — 1347
　　12-1. 한일 협정 비준 교환에 따른 국내의 제 법적 및 행정조치에 관한 건의서 — 1348

한일 간의 기본관계에 관한 조약[등], V. 5, 일반사항, 1964~1965 ——————— 1352

　　25. 한일 간 제 협정에 관한 양국 정부의 견해 ———————————————— 1353

청구권 및 경제협력에 관한 협정 설명 자료, 1965 —————————————— 1356

   1. 청구권 및 경제협력에 관한 협정 내용 설명 자료 —————————— 1357

한일 간의 문화재 및 문화협력에 관한 협정 서명 이후의 문화재 인수
(1966. 5. 28), 1965~1966 ————————————————————— 1372

   2. 한일회담 문화재 관계 참고집 ——————————————————— 1373
   7. 문화재 반환 절차 확정을 위한 실무자 회의 경과보고서 ——————— 1379
  23. 문화재 인도 관련 일본 외무성 직원 면담 보고서 ————————— 1380
  35. 문화재 인도에 대한 한일 양국의 방침 비교표 —————————— 1382

한일 간의 문화재 및 문화협력에 관한 협정 서명 이후의 문화재 인수
(1966. 5. 28), 1966 ——————————————————————————— 1384

    2. 문화재 인도 절차 교섭 결과 보고 전문 ————————————— 1385
   12. 문화재 인수에 관한 관계관 회의 결과 기록 ——————————— 1388
   18. 문화재 인도 관련 일본 측과의 협의 결과 보고 전문 ——————— 1390
  112. 문화재 인수 절차에 관한 실무자 회의 결과 보고서 ——————— 1393
  131. 문화재 인수 절차에 관한 구술서 합의 보고 전문 ———————— 1395
  152. 문화재 인도 완료 사실을 문교부에 통보하는 공문 내부재가 문서 — 1400
      152-1. 한국 측 구술서 ——————————————————————— 1401
      152-2. 일본 측 구술서 ——————————————————————— 1402
      152-3. 마이크로필름 기증에 관한 일본 측 구술서 ————————— 1403
      152-3-1. 일본 측이 한국에 기증한 도서 마이크로필름 목록 ———— 1404
  153. 문화재 인도에 관한 대외 발표문 ——————————————— 1412
  154. 문화재 반환에 제한 이동원 외무부 장관 인사문 ———————— 1413

일러두기

이 자료집의 원문과 구성 원칙은 다음과 같다.
- 원문은 2005년 외교부에서 공개한 한일회담 외교문서이며, 동북아역사넷(contents.nahf. or.kr) 및 외교부 외교사료관, 국회도서관, 국가기록원에서 확인할 수 있다.
- 이 자료집은 공개된 문서 중 사료 가치가 크지 않은 일부 문서를 제외한 대부분의 문서를 수록하였다.
- 이 자료집에 수록된 문서의 문서명에 '전문', '공문', '내부 재가 문서', '훈령안', '보고서' 등을 첨기하여 문서의 종류를 구분할 수 있도록 하였다.
- 원문과 비교할 수 있도록 본문 왼쪽에 마이크로필름 프레임 번호를 제시하였다.
- 내용은 원문대로 표기하는 것을 원칙으로 하였다.
- 원문에는 없지만 편집 과정에서 추가한 내용은 [ ]로 처리하였다.
- 원문 상태가 좋지 않아 판독이 어려운 일부 단어는 □로 표기하였다.
- 이 자료집에 수록된 일본어 및 영어 사료는 감수자가 번역한 한글 번역본을 함께 수록하였다.

가독성을 고려하여 다음과 같이 수정하였다.
- 띄어쓰기와 맞춤법은 국립국어원 표준어 규정에 맞추었다.
- 원문의 명백한 오기 및 현대어 문법에 맞지 않는 단어는 일부 바로잡았다.
- 한자는 한글로 표기하되, 필요한 경우 원문을 병기하였다.
- 한자식 고어 일부와 고유명사는 현대어로 수정하였다.
- 『 』와 「 」는 서명, 신문·잡지명, 문서, 조약, 법령, 안을 제외하고 큰따옴표, 작은따옴표로 수정하였다.
- 문서의 제목과 번호, 날짜 위치는 문서의 유형에 따라 임의로 왼쪽, 오른쪽, 또는 중앙으로 편집하여 정렬하였다.

외래어 표기는 다음과 같은 규정을 적용하였다.
- 일본어 고유명사(인명, 지명 등)는 일본어 독음으로 표기하고 [ ]에 원문을 병기하였다.
- 고유명사와 보통명사가 결합된 일본어는 고유명사만 일본어 독음으로 표기하였다.
- 인명, 지명, 국명 중 주요한 것은 국립국어원 외래어 규정에 맞춰 표기하였다.

해제

제7차 한일회담

유의상 광운대학교 겸임교수

1. 제7차 한일회담의 시작과 교섭의 진전

한일회담은 1964년 11월 5일 수석대표 간 비공식 회의를 마지막으로 제6차 회담이 종료된 후 한 달가량 지난 1964년 12월 3일이 되어서야 제7차 회담으로 재개되었다. 박정희 대통령은 자신의 비서실장이었던 당시 38세의 이동원을 외무 장관에 임명하고, 이승만 정권에서 외무부 정무국장, 차관을 역임하면서 한일회담에 깊숙이 관여하였던 김동조를 재등용하여 주일 대사 겸 회담 수석대표를 맡도록 함으로써 새로운 진용을 구축한 뒤, 이들로 하여금 교섭의 조기 타결에 매진토록 하였다. 일본 측 수석대표는 제6차 한일회담에 이어 스기 미치스케(杉道助)가 계속 맡았으나, 스기 대표가 제7차 회담 시작 후 얼마 지나지 않아 병으로 사망하면서 제3차 회의부터 다카스기 신이치(高杉晉一) 미쓰비시 전기회사 상담역으로 교체되었다.

제7차 회담의 과제는 청구권 금액 타결 이후 계속 미해결 상태로 남아있던 청구권 협정의 명목, 한국의 대일 부채(O.A.) 처리, 정부 차관의 상환 기간 등 몇 가지 사안들과 평화선 및 어업 문제에 대한 일본과의 입장 차를 해소하고, 협정 문안을 작성함으로써 교섭을 마무리 짓는 일이었다. 이 가운데 평화선·어업 문제는 그간의 한일회담에서 한국 측에 매우 유용한 협상 지렛대로 활용되었으나[1], 일본과의 핵심 교섭 사안이었던 청구권 금액에 합의가 이루어지고 난 후로는 일본이 어업 협상의 진전을 청구권 문제는 물론 기타 현안에 연계함으로써 오히려 한국 측에 회담 진행을 방해하는 장애 요소로 작용하였다.

---

[1] 한국 측은 한일회담이 교착 상태에 빠지거나 일본 측이 청구권 문제 해결에 소극적 태도를 보일 때마다 평화선을 침범하는 일본 어선에 대한 단속을 강화하여 일본 측을 압박하곤 하였다.

제7차 회담 시작 후에 한일 양국 모두 교섭에 적극적으로 임하면서 가장 먼저 진전을 이룬 것은 기본관계에 관한 교섭이었다. 이 분야는 제1차 한일회담 기본관계위원회에서 매우 활발한 토론이 이루어졌으나, 그 후 제2~5차 회담 기간에는 아예 회의 자체가 열리지 않았고, 제6차 회담에서도 단 2차례의 위원회 회의가 개최되었을 뿐이었는데, 제7차 회담에서 양국은 본격적인 교섭을 통해 단시일 내에 타결점에 도달하였다. 이동원 외무 장관의 초청으로 1965년 2월 17~20일간 방한한 시나 에쓰사부로(椎名悅三郞) 외상의 체한 기간 중 양국 실무자들 간에 기본관계조약 문구에 관한 밀도 높은 교섭이 진행되어 남아있던 입장 차가 해소되었으며, 양국 외무부 아시아국장 간에 2월 20일 조약 문안에 대한 가서명이 이루어졌다. 시나 외상이 김포공항 도착 성명에서 "양국 간의 오랜 역사 중에 불행한 기간이 있었던 것은 참으로 유감스러운 일로서 깊이 반성하는 바이다"[2]라고 한 발언도 양국 간 교섭 타결에 긍정적인 영향을 미쳤다.[3]

3월 23일부터 이동원 장관이 시나 외상 초청으로 일본을 방문, 교섭에 직접 임하였다. 애초 이 장관은 3월 27일까지 일본을 공식 방문한 후 귀국할 예정이었다. 그러나 교섭이 마무리되지 않음에 따라 도쿄 체류 기간을 연장할 수밖에 없었다. 차균희 농림부 장관도 3월 2일부터 24일까지 일본을 방문하여 아카기 무네노리(赤城宗德) 농림대신과 어업 문제에 관해 집중적인 토의를 하면서 미결 안건에 대한 합의점을 찾아 나갔다. 이러한 노력의 결과로 양국은 1965년 4월 3일 청구권, 어업 및 재일한인 법적지위 등 3개 현안의 기본적인 사안들에 관해 타결하고 합의사항을 담은 문건에 가서명하였다.

한국 측은 일본과의 주요 현안들이 대부분 타결됨에 따라 이후 남은 작업은 가서명된 '합의사항'에 기초하여 세부 사항을 조율하면서 협정 문안을 작성하면 되는 것으로 생각하였다. 따라서 되도록 일본과의 논쟁을 피하고 조기에 협상을 타결 짓는다는 자세로 교섭에 임하였다. 그러나 청구권협정과 어업협정의 조문 작성 교섭은 쉽사리 결론을 내지 못하였다. 일본 측은 청구권협정과 관련, 한국에 제공키로 한 자금의 명목과 협정에 의한 청구권의 해결 문제에 집착하면서 협정 조문 교섭을 어렵게 하였다. 한국에 5억 불의 자금을 제공하는 일본은 협정을 통해 청구권 문제가 완전히 해결된

---

2 『한국외교문서』 1500, 시나 에쓰사부로 일본국 외무대신 방한에 관한 보고, '시나 외상 도착 성명', 1965. 2. 17.', 839쪽; 「椎名 日 外相 着韓(시나 일 외상 착한)」, 『동아일보』, 1965. 2. 17
3 유의상, 『13년 8개월의 대일 협상』, 2016, 역사공간, 90쪽.

다는 조항을 포함하기를 원했던 것이다. 한국 측은 어업 문제와 관련하여 12해리 어업수역(전관수역) 밖의 공동규제수역에서의 규제 조치와 일본 측으로부터 제공되는 어업협력에 관해 강한 태도를 견지하였다. 양측 대표단은 호텔에 묵으면서 밤샘 협상을 하는 진통을 겪으며 이견을 좁혀나갔다. 결국 청구권협정과 어업협정의 미결 부분은 협정 조인을 목적으로 6월 20일부터 일본을 다시 방문한 이동원 외무 장관이 시나 외상과의 협상을 통해 최종적으로 타결 지음으로써 13년 8개월이 소요된 한일 간의 협상이 마침내 종결되었다.[4]

2. 한일 기본관계조약 및 제 협정의 조인과 비준

1965년 6월 22일 이동원 장관은 일본 수상관저에서 김동조 주일 대사, 일본 측의 시나 외상 및 다카스기 대표와 함께 한일 국교 정상화를 위한 기본관계조약과 4개의 협정, 그리고 2개의 의정서(청구권 및 경제협력 협정 부속 문서)에 조인하였다. 조인된 조약과 협정은, ① 대한민국과 일본국 간의 기본관계에 관한 조약, ② 대한민국과 일본국 간의 재산 및 청구권 문제의 해결과 경제협력에 관한 협정, ③ 대한민국과 일본국 간의 어업에 관한 협정 및 부속서, ④ 대한민국과 일본국 간의 일본국에 거주하는 대한민국 국민의 법적지위 및 대우에 관한 협정, ⑤ 대한민국과 일본국 간의 문화재 및 문화협력에 관한 협정, 그리고 ⑥ 제1 의정서, ⑦ 제2 의정서다. 양국 외무 장관은 이어 교환 공문 9건(청구권 및 경제협력 4, 어업 4, 분쟁의 해결 1)에 서명하고, 합의의사록 5건(청구권 및 경제협력 2, 어업 1, 재일한인 법적지위 1, 문화재 1)에 '이니셜'하였다(이상은 한국에서 모두 조약으로 성립됨). 이밖에 어업에 관한 양국 왕복 서한 1건과 어업 및 법적지위에 관한 토의기록 2건이 담당국장 등에 의해 이니셜되거나 서명 후 교환되었으며, 어업협정 서명에 즈음한 양국 담당 장관의 성명(2건)이 부속 문서로 포함되었다.[5] 이와는 별도로 한국의 김영준 경제기획원 차관보와 일본의 야나기다 세지로

---

4 유의상, 『13년 8개월의 대일 협상』, 2016, 91, 92쪽.
5 『한국외교문서』 1566, '한일 간 기본관계에 관한 조약(등) 1964~65, 전5권, V. 2, 국회비준심의', 목차.

(柳田誠二郎) 해외경제협력기금 총재 간에 2억 불 장기 저리 차관 약정도 서명되었다.

한국은 1965년 8월 14일 국회에서 기본관계조약 및 제 협정에 대한 비준 동의안이 통과되었고, 일본은 11월 12일 중의원, 12월 11일 참의원에서 각각 비준 동의안을 통과시켰다. 양국은 12월 18일 서울에서 비준서를 교환함으로써 이들 조약과 협정은 발효되었다(재일한국인 법적지위 및 처우에 관한 협정은 비준서 교환일로부터 30일 이후에 발효하는 것으로 됨에 따라 1966년 1월 17일 발효). 양국은 이 날짜로 국교를 정상화하였다.

3. 기본관계조약 및 제 협정의 개관[6]

가. 기본관계에 관한 조약

통상 한일기본 조약 또는 기본관계조약으로 불리는 이 조약의 정식 명칭은 '대한민국과 일본국간의 기본관계에 관한 조약'이다. 이 조약은 한·일 간의 과거를 청산하고 새로운 관계의 수립에 필요한 기본적인 내용들을 담은 한일회담의 가장 중요한 결과물 중 하나이다. 조약의 주요 내용은 ① 양국 간 외교 및 영사 관계 수립(제1조), ② 대한제국과 대일본제국 간 체결된 구 조약의 무효 확인(제2조), ③ 대한민국 정부의 유일 합법성 인정(제3조) 등으로 구성되어 있다.

이 조약은 영어본으로 조문 교섭을 시작하여 합의된 영어본에 1965년 2월 20일 가서명한 후 양국이 각각 한국어본과 일본어본을 작성하는 과정을 거쳐 완성되었다.[7] 이 과정에서 양국이 몇 개의 영어단어에 대해 이견을 보이는 상황이 발생하였다. 그 대표적인 것이 제2조의 'already null and void'의 'already'(한국어로는 '이미', 일본어로는 'もはや')와 제3조의 'the Republic of Korea is the only lawful Government in Korea'의 'Korea'(한국어로는 '한반도', 일본어로는 '朝鮮'), 그리고 'as specified in the

---

[6] 이하 내용은 유의상의 『13년 8개월의 대일 협상』 97~118쪽에 수록되어 있는 내용을 이 자료집에 맞게 수정, 요약한 것이다.

[7] 통상 영어를 모국어로 하지 않는 2개국 간에 조약을 작성할 때는 제3국어인 영어(또는 불어)본을 함께 작성하여 후일 양국 간에 조문 해석상 문제가 발생하였을 경우 영어본을 우선으로 하는 것이 일반적이다. 기본관계조약은 그렇게 되어 있다. 한일 양국은 기본관계조약의 영어본을 각기 자국어본으로 번역하는 과정에서 상당한 진통을 겪었다. 여타 협정은 영어본 없이 한국어본과 일본어본으로 작성되었다.

Resolution 195(III) of the United Nations General Assembly'의 'as specified' (한국어로는 '명시된 바와 같이', 일본어로는 '示されているとおり')였다.[8]

결국 양국은 1965년 6월 22일 조약 비준 직전 미결 부분에 대한 최종 협상을 위해 개최된 외무 장관 회담에서, 상대방의 번역문에 대해 양해가 이루어지지 않았다는 유보하에 상대방이 사용하는 문장에 대해서는 서로 이의를 제기하지 않기로 합의하고[9] 조인하였다. 이중 주지하는 바와 같이, 조약 제2조의 'already'에 대한 해석차, 즉 한국은 1910년 8월 22일 및 그 이전에 대한제국과 대일본제국 간에 체결된 모든 조약 및 협정이 체결 당시 이미 무효였다는 입장인 데 반해, 일본은 기본관계에 관한 조약 체결을 통해 과거의 조약 및 협정이 무효가 되었다는 견해가 오늘날까지 이어지면서 양국 간 갈등 요소로 작용하고 있다.

나. 청구권협정

13년 8개월간의 한일회담 교섭 과정을 통하여 한국이 가장 역점을 두었던 사안이 청구권에 관한 문제이며 이 문제의 해결 내용을 담은 것이 바로 청구권협정이다. 청구권협정은 일본군'위안부' 문제, 강제동원 피해지원 문제 등 과거사 문제와 관련한 일본과의 외교적 갈등이 재연되거나, 피해자(또는 지원단체)들의 한국 정부나 일본 정부 또는 일본 기업을 상대로 한 소송이 제기될 때마다 협정을 통해 해결된 청구권의 범위, 청구권의 소멸 등을 둘러싸고 끊임없이 논란이 야기되어 왔다.

청구권협정의 정식 명칭은 '대한민국과 일본국 간의 재산 및 청구권 해결과 경제협력에 관한 협정'이다. 명칭이 이처럼 된 것은 일본으로부터 받게 될 자금의 명목과 관련하여 '청구권의 해결'을 주장하는 한국과 '경제협력'을 주장하는 일본이 타협한 결과다. 협정은 본 협정과 8개의 부속 문서로 구성되어 있다. 본 협정 및 부속 문서 이외에도 양국 간의 장기 저리 차관에 관한 계약이 한국의 김영준 경제기획원 차관보와 일본 야나기다 세지로 해외경제협력기금 총재 간에 별도로 체결되었다.

---

8 『한국외교문서』 1565, '주일정 722-212 한일 간의 제 현안에 관한 조약교섭 결과 보고, 1965. 6. 21', 291쪽.
9 『日本外交文書(일본외교문서)』 1462, '椎名外務大臣, 李東元外務部長官 第2回會談記錄(시나외무대신, 이동원 외무부 장관 제2회 회담 기록), 1965. 6. 23'.

청구권협정 및 부속 문서

협정 명칭	주요 내용	조약
① 대한민국과 일본국 간의 재산 및 청구권에 관한 문제의 해결과 경제협력에 관한 협정	본 협정	제172호
② 대한민국과 일본국 간의 재산 및 청구권에 관한 문제의 해결과 경제협력에 관한 협정 제1 의정서	본 협정 제1조 1(a) 무상 제공의 실시에 관한 상세 내용	제177호
③ 대한민국과 일본국 간의 재산 및 청구권에 관한 문제의 해결과 경제협력에 관한 협정 제1 의정서의 실시 세목에 관한 교환 공문	제1 의정서 제7조에 따른 실시 세목에 관한 내용	제178호
④ 대한민국과 일본국 간의 재산 및 청구권에 관한 문제의 해결과 경제협력에 관한 협정 제2 의정서	청산 감정 잔액 처리 관련 내용	제179호
⑤ 대한민국과 일본국 간의 재산 및 청구권에 관한 문제의 해결과 경제협력에 관한 협정에 대한 합의의사록 (1)	청구권 본 협정 및 제1 의정서 상의 용어에 대한 정의	제173호
⑥ 대한민국과 일본국 간의 재산 및 청구권에 관한 문제의 해결과 경제협력에 관한 협정에 대한 합의의사록 (2)	본 협정 제1조 1(a)의 무상 제공 한도액 증액에 관한 사항, 제1 의정서 관련 보완사항	제174호
⑦ 대한민국과 일본국 간의 재산 및 청구권에 관한 문제의 해결과 경제협력에 관한 협정 제1조 1(b)의 규정의 실시에 관한 교환 공문	본 협정 제1조 1(b) 차관제공에 관한 상세 내용	제175호
⑧ 대한민국과 일본국 간의 재산 및 청구권에 관한 문제의 해결과 경제협력에 관한 협정 제1조 2의 합동위원회에 관한 교환 공문	본 협정 제1조 2의 합동위원회 설치, 구성 및 임무 등에 관한 사항	제176호
⑨ 대한민국과 일본국 간의 상업상의 민간신용 제공에 관한 교환 공문	상업상의 민간신용 제공 내용에 어업협력(9천만 불) 및 선박 수출(3천만 불)을 위한 금액이 포함되어 있음을 규정	제180호

청구권협정 및 그 부속 문서에 명기된 주요 내용

구분	조항	주요 내용
청구권에 관한 명목 문제	협정 전문(前文)	• 한·일 간의 청구권 문제 해결 및 경제협력 증진
무상 제공	협정 제1조 (a)	• 총액 3억 불의 생산물 및 용역 무상 제공 - 10년간 균등분할 제공 - 단, 재정 사정에 따라 양국 정부 합의 단축 실시 가능
정부 차관	협정 제1조 (b)	• 경제협력기금에 의한 총액 2억 불의 장기 저리 차관 제공 - 10년간 균등분할 제공, 연리 3.5%, 7년 거치 포함 20년 분할 상환 - 단, 재정·자금 사정에 따라 쌍방 합의로 상환 기간 연장 가능
민간신용제공	상업상의 민간신용 제공에 관한 교환 공문	• 총액 3억 불 이상 • 어업협력기금 9천만 불 및 선박 도입자금 3천만 불 포함

구분	조항	주요 내용
한일 청산계정에 의해 확인된 대일 채무	제2 의정서 제1조	• 10년간 균등분할 변제 • 매년 한국 요청으로 일본 측의 새로운 동의 없이 당해 연도 일본 측의 무상 제공액 중에서 감액함으로써 현금 지불로 간주
청구권의 해결	협정 제2조	• 협정 체결 시 존재하는 한·일 양국 및 양 국민의 재산과 양국 및 양 국민 간의 청구권 관련 문제는 샌프란시스코 강화조약 제4조에 규정된 것을 포함, 완전히 그리고 최종적으로 해결된 것으로 함 - 단, 한일 양국 및 양 국민 간의 채권·채무 관계로서 전 후 통상의 거래 계약 등으로부터 생긴 관계에 의한 것은 영향을 받지 아니함
	합의의사록(1) 2 g 및 h	• 대일청구권 요강 8개 항 완전 해결 • 평화선 내에서 나포된 일본 어선과 어민에 대한 보상(약 2천만 불)도 해결
협정 해석 및 실시에 관한 분쟁의 해결	협정 제3조	• 먼저 외교상의 경로를 통해 해결 • 외교 경로상의 해결이 불가한 분쟁은 중재위원회를 통해 해결

다. 어업협정

이 협정의 정식 명칭은 '대한민국과 일본국 간의 어업협정'이다. 일본은 제2차 세계대전 전까지 전 세계에서 가장 많은 어획고를 기록하던 국가였다. 이러한 점을 고려, 주일 연합군사령부는 전후 일본의 무질서한 어로 행위를 방지하는 차원에서 1946년 6월 일본열도 주변에 '맥아더라인'을 설정하고 일본 어선들이 이 선을 넘어 조업하지 못하도록 하였다. 이어 샌프란시스코 대일강화조약의 발효로 맥아더라인이 폐지될 것에 대비, 강화조약 제9조에 일본이 연합국 중에 희망하는 국가와 의무적으로 양자 혹은 다자간 어업협정을 체결하도록 규정하였다. 한국은 비록 대일강화조약의 당사국이 되지는 못했지만, 조약 제21조 규정에 따라 일본과 어업협정을 체결할 수 있는 권리를 부여받았으며, 이에 따라 한일회담이 시작되자 곧바로 일본 측에 어업 문제의 교섭을 제의하였다. 그러나 일본은 어업 문제 교섭에 성의를 보이지 않았다. 맥아더라인이 폐지되면 가장 직접적인 피해를 받을 수밖에 없었던 한국으로서는 일본과의 어업협정이 체결될 때까지 어족 자원의 보호와 어민들의 권익보장을 위해 1952년 1월 18일 '인접 해양에 대한 국가 주권 선언'을 하고 맥아더라인을 대체할 '평화선'을 선포하였다.

이후 한국이 평화선을 침범하는 일본 어선들을 나포하고 어민들을 구금하는 등 실력 행사에 돌입하면서 어업 및 평화선 폐지 문제는 청구권 문제와 더불어 한일회담의 핵심 사안, 특히 일본이 가장 중요시하는 사안이 되었다. 한국 정부는 일본이 청구권 문제 교섭에 소극적인 태도를 보이거나 결렬된 회담의 재개에 응하지 않을 때마다 일본 어선에 대한 나포를 강화함으로써 일본에 압박을 가하였다. 그러나 제6차 회담에서 '김-오히라 합의'를 통해 청구권 금액에 타결을 이룬 후로는 이 문제가 한국의 발목을 잡는 사안으로 변질하고 말았다. 일본이 어업과 평화선 문제를 청구권 문제의 미결 사안(청구권협정의 명목, 청산계정(O.A.)의 처리, 정부 차관의 상환 기간 등)을 비롯하여 다른 안건들의 해결과 연계시켰기 때문이다.

양국은 제7차 회담 기간 중 개최된 농림수산부 장관 간 회담에서의 치열한 협상, 그리고 호텔에서의 막바지 협정 조문 교섭 등 어려운 과정을 거친 끝에 어업협정을 마무리할 수 있었다. 어업협정은 본 협정과 부속서, 교환 공문 4건, 합의의사록 1건으로 구성되어 있다. 어업협정 및 그 부속 문서상의 주요 내용은 다음과 같다.

어업협정 주요 내용

구분	주요 내용
목적	• 어족 자원의 최대 지속적 생산성 유지, 자원의 보호와 개발 • 공해 자유의 원칙 존중, 분쟁의 원인 제거 • 어업 발전을 위한 상호협력〈이상 협정 전문(前文)〉
어업전관 수역	• 12해리 어업전관수역 인정(협정 제1조 1) 및 직선기선 사용 시 상대국과 협의 • 중복 수역의 경우 양분(협정 제1조 3)
공동규제 수역	• 공동규제수역의 설정(협정 제2조) • 연간 15만 톤(+1만 5천 톤 이내 허용) 어획, 625척 출어(협정에 대한 합의의사록 2항) • 단속/재판 관할권: 기국주의 채택(협정 제4조) - 어선의 단속(정선 및 임검 포함)은 어선이 속하는 국가가 실시(협정 제4조) - 규제 조치 위반 통보, 합동 순시, 상호 승선, 단속 상황 시찰(합의의사록 3항) • 공동규제수역 바깥쪽에 공동 자원조사 수역 설정(협정 제5조)
어업협력	• 상업 차관 3억 불 중 9천만 불을 어업협력자금에 충당(청구권협정 부속 문서인 상업상의 민간신용제공에 관한 교환 공문 1항) • 어업에 관한 정보 및 기술의 교환, 어업 전문가 및 기술자의 교류 등(어업협력에 관한 교환 공문)
어업공동위	• 어업협정에 규정된 제반 주요 사항 검토, 필요 조치 권고 등(협정 제6, 7조)
분쟁 해결	• 분쟁은 우선 외교 경로를 통해 해결하고, 해결 불가 시 3명이 중재위원으로 구성된 중재위에 부의(협정 제9조)
협정 유효 기간	• 협정의 유효 기간은 5년, 그 후는 일방체약국이 종료 의사 통고 후 1년간 효력 유지(협정 제10조)

1965년에 체결된 어업협정은 한국 연안에서 일본 어선의 조업이 가능한 수역 범위와 어획량, 출어 횟수를 정하는 문제 및 어선 단속을 누가 하는가 하는 문제가 핵심 사안이었다. 당시 일본은 한국보다 우월한 어로장비 및 기술을 보유하고 있었기 때문에 한국의 배타적 조업 수역(전관수역)을 최소화(12해리)함으로써 일본 어선들의 조업가능 수역을 가능한 한 넓히고 더 많은 어획량과 출어 횟수를 확보하려 하였다. 이에 반해 한국은 전관수역을 40해리로 설정하여 일본의 한국 연안 조업을 최소화하고자 하는 입장이었다. 결국 협정은 한국의 양보에 의하여 일본에 유리한 방향(전관수역 12해리, 어선의 단속/재판 관할권은 기국주의 등)으로 타결되고 말았다. 이로 인해 한국에서는 청구권 문제 타결을 위해 일본에 어업 문제를 지나치게 양보했다는 비판이 거세게 일었다.

이후 일본은 한국의 어업 능력 발전으로 1965년에 체결된 양국 간 어업협정이 일본 측에 불리한 방향으로 작용하게 되자 '해양법에 관한 국제연합 협약(1982년)'에 의한 새로운 국제 어업환경에 부응하는 새로운 어업협정 체결을 요구하였으며, 1998년 1월 23일 '구어업협정'(1965년 협정)의 종료를 선언하였다. 양국 관계가 극도로 악화한 가운데 진행된 협상을 통해 양국은 1998년 9월 25일 신어업협정을 체결(1999년 1월 발효)하였다.

라. 재일한국인의 법적지위 및 대우에 관한 협정

이 협정의 정식 명칭은 '대한민국과 일본국 간의 일본국에 거주하는 대한민국 국민의 법적지위와 대우에 관한 협정'이다. 일본이 애초 한국과의 양자 협의, 즉 한일회담에 응한 이유는 전후 일본에 남게 된 한인들의 처리 문제가 시급했기 때문이다. 따라서 이 안건은 한일회담의 예비회담에서부터 소위원회가 구성되어 협상이 시작되었다. 한국은 일본과의 협상에서 국적 문제, 영주권 부여 문제, 재산의 한국 반입 및 송금 문제 등 재일한인들이 안고 있던 여러 문제들을 해결하고자 노력하였으나, 일본은 제4차 회담까지는 주로 재일한인들의 한국 송환 문제에만 관심을 보이다가 제5차 회담에서부터 비로소 전반적인 문제에 대한 토의에 응하였다. 양국은 협상 끝에 본 협정 및 1건의 합의의사록을 체결하였다. 협정의 주요 내용은 다음과 같다.

재일한국인 법적지위 및 대우에 관한 협정 주요 내용

조항	구분	주요 내용

제1조	재일한국인에 대한 영주권 부여	• 아래 재일 한국 국민에 대해서는 협정 발효일(1966년 1월 17일)로부터 5년 이내에 영주허가 신청 시 이를 허가
		  - 1945년 8월 15일 이전부터 신청 시까지 계속 일본 거주자
		  - 위의 직계비속으로서 1946년 8월 16일 이후 협정 발효일로부터 5년 이내에 일본에서 출생하고 영주허가 신청 시까지 일본에 계속 거주하는 자
		• 위 영주허가자의 자녀로서 협정 발효일로부터 5년 경과 후 일본에서 출생하고 출생일로부터 60일 이내 영주허가 신청 시 이를 허가

제2조	재일한국인 3세의 지위에 관한 문제	• 제1조에 따라 일본 영주가 허가되어 있는 자의 직계비속(소위 3세)으로서 일본에서 출생한 한국 국민의 일본 거주에 관해서는 한국 정부의 요청이 있을 경우 협정 발효일로부터 25년이 경과할 때까지 협의를 함.
제3조	재일한국인의 강제퇴거 요건	• 내란 또는 외환에 관한 죄로 금고 이상의 형에 처하여진 자 • 국교에 관한 죄 또는 외국 원수, 외교사절과 그 공관에 대한 범죄행위로 금고 이상의 형에 처하여진 자 • 영리를 목적으로 한 마약류의 거래로 무기 또는 3년 이상의 징역 또는 금고에 처하여지거나 3회 이상 형에 처하여진 자
제4조	재일한국인에 대한 교육, 생활보호, 국민건강보험/귀국자 재산반출 및 송금	• 타당한 고려
제5조	재일한국인에 대한 처우	• 일본 영주가 허가되어 있는 한국 국민은 모든 외국인에게 동등히 적용되는 일본법령의 적용을 받음(최혜국 대우)

한국 정부는 일본과 국교 정상화가 이루어진 이후에도 재일한국인의 지위 향상을 위해 이 협정 제2조에 따라 일본 측과 교섭을 계속하였다. 교섭에서의 합의 결과를 담아 1991년 1월 10일 '재일한국인 3세 이하 자손의 법적지위에 관한 각서'를 교환하였다. 이 각서 교환을 통해 재일한국인들은 지문날인제도의 2년 이내 철폐, 국·공립 교원 및 지방공무원 채용, 민족교육 등 사회생활상의 처우 개선을 보장받게 됨으로써 사실상 1965년 체결된 협정을 전면 개정하는 효과를 가져왔다. 이후에도 일본에 대한 지속적인 교섭을 통해 1992년 6월부터 재일한국인 특별영주자에 대한 지문날인 철폐, 2009년 7월부터 재일한국인 특별영주자에 대한 외국인등록증 상시 휴대 의무 폐지 등의 성과를 거두었다.

마. 문화재 및 문화협력에 관한 협정

이 협정의 정식 명칭은 '대한민국과 일본국 간의 문화재 및 문화협력에 관한 협정'이다. 한국은 한일회담이 시작되면서 일본 측에 불법 수단에 의해 일본에 반출된 문화재 중 명목과 소재가 확실한 약 3천 점(① 조선총독부에 의해 반출된 것, ② 통감 및 총독 등 개인에 의해 반출된 것 중 일본 국유로 귀속된 것, ③ 일본 정부에 의해 문화재로 지정된 81점)의 반환을 요구하였다. 이에 대하여 일본은 한국 문화재의 반출은 합법적으로 이루어진 것으로써 법적 반환 의무는 없으나, 문화협력의 일환으로 약간의 국유문화재를 증여하는 문제를 고려해 보겠다는 소극적인 반응을 보였다. 한국은 제1~3차 회담 때까지 문화재 반환 문제를 재산청구권 문제의 일부로 간주하여 교섭하였으며, 제4차 회담부터 청구권과 별도로 교섭을 시작하였다. 일본은 구보타 망언으로 결렬된 한일회담의 재개 교섭에서 한국에 대한 우호적인 제스처로 1960년 4월 16일 106점의 문화재를 반환하기도 하였으나 이들은 문화적 가치가 그리 크지 않은 것으로 평가되었다.

한국 정부는 지속적으로 일본에 문화재 반환을 요청한 결과, 결국 문화재 및 문화협력에 관한 협정(합의의사록 1건 포함)을 체결하였으며, 이 협정에 따라 일본 측은 1966년 5월 28일 도자기 90종, 고고 자료 84종, 석조 미술품 2종, 도서 852종, 체신관계 품목 20종을 한국에 반환(양국 간 공식용어는 '인도')하였다. 문화재 반환과 관련해서는 여전히 일본 내에 귀중한 한국 문화재가 많이 남아있기 때문에 앞으로 이에 관한 추가적인 대책이 요구되고 있다.

4. 『한일회담 자료총서 제10권』(제7차 한일회담 II) 수록 내용

① 제7차 한일회담: 어업 관계 회의 및 훈령, 1964. 12~65. 6 전 4권 V. 1, 어업 및 평화선위원회 1964. 12~65. 2(파일 번호 1460)
② 제7차 한일회담: 어업 관계 회의 및 훈령, 1964. 12~65. 6 전 4권 V. 2, 농상회담: 어업 관계, 1965. 3. 3~4. 2(파일 번호 1461)
③ 제7차 한일회담: 어업 관계 회의 및 훈령, 1964. 12~65. 6 전 4권 V. 3, 합의사항 초안 및 한국 측 요약 회의록(파일 번호 1462)

④ 제7차 한일회담: 어업 관계 회의 및 훈령, 1964. 12~65. 6 전 4권 V. 4, 1965. 4. 3 가서명 이후의 어업 및 평화선위원회, 1965. 4~6(파일 번호 1463)

⑤ 제7차 한일회담: 1965. 4. 3 가서명 이후의 어업 문제 교섭(1965. 4~6) 경위, 1965. 전 2권 V. 1, 교섭 경위 및 첨부물 1~15(파일 번호 1464)

⑥ 제7차 한일회담: 1965. 4. 3 가서명 이후의 어업 문제 교섭(1965. 4~6) 경위, 1965. 전 2권 V. 2, 첨부물, 16~21(파일 번호 1465)

⑦ 한일 간의 기본관계에 관한 조약[등] 1964~65. 전5권 V. 1, 교섭 및 서명(파일 번호 1565)

⑧ 이동원 장관 방일(II)(파일 번호 1462)

⑨ 1965. 6. 22 한일 간의 제 협정 서명 이후의 합의사항 실시를 위한 관련 조치, 1965. 7~8(파일 번호 1470)

⑩ 한일 간의 기본관계에 관한 조약[등] 1964~65. 전5권 V. 2, 국회 비준 심의(파일 번호 1566)

⑪ 이동원 장관 방일(III)(파일 번호 1462)

⑫ 한일 간의 기본관계에 관한 조약[등] 1964~65. 전5권 V. 3, 비준서 교환(파일 번호 1567)

⑬ 한일 간의 기본관계에 관한 조약[등] 1964~65. 전5권 V. 4, 국내 조치(파일 번호 1568)

⑭ 한일 간의 기본관계에 관한 조약[등] 1964~65. 전5권 V. 5, 일반사항(파일 번호 1569)

⑮ 청구권 및 경제협력에 관한 협정 설명 자료, 1965(파일 번호 1469)

⑯ 한일 간의 문화재 및 문화협력에 관한 협정 서명 이후의 문화재 인수(1966. 5. 28), 1965~66(파일 번호 1471)

⑰ 한일 간의 문화재 및 문화협력에 관한 협정 서명 이후의 문화재 인수(1966. 5. 28), 1966(파일 번호 1806)

【참고문헌】

유의상, 『13년 8개월의 대일 협상』 역사공간, 2016.

제7차 한일회담 II
(1964. 12. 3~1965. 6. 22)

어업 관계 회의 및 훈령, V.1, 어업 및 평화선위원회, 1964. 12~65. 2

분류번호 : 723.1 JA 어 1964-65
등록번호 : 1460
생산과 : 동북아주과
생산연도 : 1965
필름번호 : C1-0013
파일번호 : 01
프레임번호 : 0001~0397

1964년 12월 7일~1965년 3월 2일간 개최된 제7차 한일회담 어업 및 평화선위원회 제1~9차 회의 기록, 양측 수석위원 간 2자 회의, 4자 회의, 어업 전문가 회의 및 실무자 회의 기록과 관련 훈령 등이 수록되어 있다. 양측은 수역별, 어업별 규제 척수 문제와 기선 획선 문제에 관하여 주로 토의하였다. 일본 측은 한국 측이 요구한 일본 어선 출어 척수와 어업실적 제출을 계속 거부하다가, 1965년 2월 9일 개최된 이규성 주일공사와 와다 수산청 차장 간 2자 회의에서야 비로소 제출하였다. 양측은 3월 3일부터 차균희 농림부 장관과 아카기 무네노리(赤城宗德) 농림상 간 어업 문제를 위한 농상회담 개최에 합의하였다.

9. 제7차 한일회담 어업 및 평화선위원회 제1차 회의 회의록

0029   제7차 한일 전면 회담 어업 및 평화선위원회 제1차 회의 회의록

1. 일시: 1964. 12. 7, 10:30~11:55

2. 장소: 외무성 236호실

3. 참석자: 한국 측 – 이규성   대표(수석)
　　　　　　 연하구 　　〃
　　　　　　 김명년 　　〃
　　　　　　 최광수 　　전문위원
　　　　　　 배동환 　　〃
　　　　　　 신동원 　　〃
　　　　　　 조성찬 　　보좌
　　　　일본 측 – 와다 　　대표(수석)
　　　　　　 히로세 　　〃
　　　　　　 마에다 　　외무성 북동아과장
　　　　　　 가와카미 　조사관
　　　　　　 나카에 　　조약국 법규과장
　　　　　　 하마모토 　외무사무관
　　　　　　 야스후쿠 　수산청 어업조정과장
　　　　　　 모리사와 　수산청 해양제2과장
　　　　　　 마쓰모토 　수산청 트롤반장 외 2명

4. 토의 내용

양측 수석위원에 의한 양측 대표단원의 소개가 있은 후 양측 수석위원의 인사가 있었음.

와다 대표: 금년 봄의 농상회담을 통하여 정력적인 토의 진행의 결과 양측 입장이 상당히 접근되었다. 일본 측으로서는 종국적으로 평화선을 철폐한다는 대전제 하에 최근의 국제관행에 따른 어업협정을 체결함으로써 양국 어민의 이익이 보장되는 방향으로 타결한다는 기본 입장에 변함이 없다. 일본 측으로서는 농상회담에서의 합의점 및 대립점을 출발점으로 하여 이를 재확인하는 방식으로 본 어업위원회를 진행코자 한다. 이에 있어서는 지난 12. 3의 본회담에서 양측 수석대표가 인사 말씀한 바와 같이 조속히 타결점을 발견하도록 노력하고자 한다.

이규성 대표: 제7차 한일 전면 회담의 일환으로써 어업위원회가 재개된 것을 기쁘게 여기며 일본 측의 와다 및 히로세 대표와 같이 종전에도 매우 협조적인 대표들을 다시 만나 기쁘게 생각한다. 한일 간의 현안을 타결하여 양국 간의 국교를 조속히 정상화한다는 것은 양국 정부의 공동목표인바, 이러한 면에서 어업교섭의 타결이 중요시되며, 따라서 양국 국민은 물론 양국 국교의 조속 정상화를 바라는 자유 우방국가의 큰 관심을 모으고 있다. 이 자리에 모인 양측 대표단은 각각 자국의 이익을 대표하나, 한편 전 자유세계의 이익도 함께 대표한다는 것을 인식하고, 긴 장래에 걸칠 양국 간의 우호 선린 관계를 이룩함으로써 양국의 공동번영뿐 아니라 자유 제국의 결속을 공고히 하는데 기여하고자 본 문제를 조속, 원만히 타결해야겠다는 것이 본인의 신념이다. 일본 어민 40여만 중, 한국 수역에 관심 있는 어민은 그 몇 분의 일에 불과한데, 이들의 이익 보호도 중요하나, 그것만을 고집하는 나머지 1억에 달하는 일본 국민 및 2천여 만의 한국민이 함께 대망하는 양국 간 국교 정상화가 지연되면 매우 유감된 일이므로 일본 측의 현명한 판단으로 이 문제의 타결을 위하여 적극적인 협조가 있기를 바란다. 한국 측의 조속 타결코자 하는 결의는 종전과 같이 확고한 바이므로 서로 호혜 호양 정신으로 타결되도록 노력해야겠다. 특히 일본 측에게 요망해야 할 일은 이 회담 개최 기간 중 일본 어선의 평화선 침범으로 한국 국민의 자극을 일으키는 일이 없도록 자중해 주기 바라며, 한편 본 위원회의 토의가 다른 위원회의 회의 진행에 영향을 주어 그 촉진이 방해되지 않도록, 어업위원회는 매일이라도 개최하여 문제를 촉

진할 것을 바란다.

와다: 그러면 구체적 진행에 관하여 논의하자. 일본 측으로서는 토요일을 제외하고는 매일 회합하여도 좋겠다.

이규성 대표: 히로세 대표가 기본관계위원회에도 참석하고 있는바, 그쪽 사정은 어떤가?

히로세: 기본관계위원회와 중첩되지 않는다면 어업위원회를 자주 개최하는 것은 좋겠다.

이 대표: 내일(12. 8) 기본관계위원회가 있으니 모레(12. 9) 10:30에 제2차 회의를 갖기로 하자.

와다: 좋다.

이 대표: 본 위원회는 제7차 한일 전면 회담에 소속되어 있으므로 금후 회의에서 회의는 공식회의이더라도 토의하는 내용은 비공식적으로 토의하여 자유로운 분위기에서 토의가 촉진되도록 하는 것이 어떤가?

와다: 좋다.

이 대표: 사용하는 용어에 관하여는 종전의 예와 같이 편리한 용어를 사용하는 것으로 하자.

와다: 좋다.

이 대표: 신문 발표는 그때그때 마다 양측이 협의하여 발표 내용을 결정하는 것이 좋겠으며, 보도 담당관으로 일본 측은 누구를 지명하겠는가?

히로세: 마에다 과장을 지명한다.

이 대표: 한국 측은 최광수 정무과장을 지명한다.

히로세: 오늘부터 실질적인 이야기를 하는 것인가?

이 대표: 오늘부터라도 일본 측 사정이 허락한다면 하는 것이 좋겠다. 그리고 본회담에의 보고도 종전 예에 따라 공동으로 보고하게 될 것인데, 동 보고 작성자를 양측에서 각각 지명하는 것이 좋겠다.

와다: 본회담에의 보고를 공동으로 하는 것은 좋은바, 이 위원회의 회의를 좀 해보다가 그 후 협의하여 보고 내용을 작성케 하는 것이 좋겠다.

이 대표: 그렇게 하자.

와다: 토의의 진행 방법으로써는 지금까지의 토의 경과, 특히 지난 3월의 농상회담의 결과를 전연 백지화해서 양측이 각각 새로운 안을 제시하는 방식이 아니고, 농상회담 시의 대립 점을 출발점으로 하여 토의를 진행토록 하는 것이 좋겠다.

이 대표: 이번 회의는 제7차 한일 전면 회담의 일환으로써 개최되고 있는 것이며 연내에 어업 문제 전반에 관한 양측의 주장 점을 분명히 밝혀두도록 해야겠다. 따라서 어업 문제 전반에 관하여 얘기하게 되면 과거의 얘기도 관련되어 나올 것이니, 전반적인 면에서 토의를 진행토록 하는 것이 좋겠다.

와다: 그러면 예컨대 지난번 농상회담에서 동해안에서는 대체로 저조선에 따라 기선을 획정한다는 것이 합의되었는데, 이런 문제도 서로 논의해야 한다는 말인가?

이 대표: 그런 것이 아니라 문제의 성격으로 보아 대립점부터 할 얘기도 있는 반면에, 원칙부터 얘기할 문제도 있는 것이니, 전반적으로 얘기를 해나가면 과거의 합의, 대립점 등이 자연 복습 될 것이라는 말이다.

와다: 토의 순서는 어떻게 하면 좋겠는가?

이 대표: 우선 수역 문제를 토의하면 좋겠다. 특히 E 수역, B, C 수역 등은 과반 농상회담에서도 결론을 내지 못한 문제이므로 이들부터 먼저 얘기하는 것이 좋겠다.

히로세: 좋다. 수역 문제가 끝나면 그다음에 토의할 문제를 협의하여 결정하자는 얘긴가?

이 대표: 그렇다. 그럼 수역 문제부터 얘기하겠다.

와다: E 수역에 관하여는 무슨 얘기를 할 의향인가?

이 대표: 어족자원의 보존에 중점을 두는 한국 측으로서는 E 수역의 설치가 과학적 견지로 보아 꼭 필요한 것이므로 과반에도 제안한 것이며, 이에 대하여 일본 측은 동 수역이 한국 측이 주장하는 바와 같이 어족의 월동장이 아니고 다만 회유로로서의 가치밖에 없다고 하나, 아 측으로서는 E 수역은 최소한 인정되어야 하겠다는 입장이므로 일본 측도 동의해 주기 바란다.

와다: 지난봄의 농상회담 시에 이 문제를 일단 흘려버리고 학자들로 구성되는 규제연구위원회의 조사 보고를 받은 후 그 설치 여부를 처리키로 된 것인데, 이를 백지화하고 E 수역 설치를 한국 측이 새로 제안하는 것으로 양해하여도 되는가?

김 대표: 농상회담 시에 E 수역에 관한 한국 측 입장은 월동장이라 하고 일본 측은

회유로라 하여 대립되었다. 따라서 규제연구위원회의 조사 보고를 받아 재조정키로 한 것이므로, E 수역의 설치는 이미 양승된 것이며 차후에 규제연구위원회의 조사에 따라 재조정한다는 것으로 이해하여야 할 것이다.

와다: 한국 의사록의 기록에 의하면 그 설치에 관한 한국 주장은 현안대로 두고 운운하였으니 설치 자체를 이미 뒤로 넘긴 것이다. 한편 일본 측 의사록에는 명백히 설치 가부를 규제연구위원회의 조사 보고를 받고 논의하도록 기술되어 있다.

이 대표: 설치에 관한 한국 주장을 현안대로 둔다는 것은 규제연구위원회가 곧 설립된다는 전제하에 그런 것이며, 동 설치 문제를 지나쳐버린다는 것과는 다른 얘기다.

와다: 그러면 농상회담 당시와 사정이 다르다는 의미에서 한국 측의 새로운 제안이라고 해석하여도 좋은가?

이 대표: 동 수역의 설치 제안은 금차 회담에서의 신 제안이 아니며 당시부터 한국 측이 제안하여 주장한 것이며, 농상회담 시에 설치를 합의하지 못하였으나 한국 측으로서는 꼭 설치해야 할 수역의 하나이므로, 금차 회담에서 쌍방 간에 수역 문제를 토의하게 되면 자연 E 수역의 얘기도 하지 않을 수 없는 것이다. 규제연구위원회가 아직 설립되어 있지 않은 단계이므로 이 문제를 동 위원회에 위임할 수 없는 실정이며, 따라서 한국 측은 그 설정 필요성을 종전대로 계속 주장하는 것이다.

와다: 농상회담 시의 쌍방 이해는 이 문제는 어업 문제의 대강에 합의를 보게 된 후 규제연구위원회의 설치로서 전문가 간의 토의를 기대하려는 것이었는데, 한국 측이 이미 보류된 문제를 새로 주장한다면, 일본 측으로서는 E 수역 설치의 필요성이 없다는 주장을 되풀이하지 않을 수 없다.

이 대표: 규제연구위원회를 조속히 설치하는 것은 한국 측이 농상회담 시부터 바라온 바이다. 일본 측은 규제연구위원회를 조속히 설립할 가능성이 있다고 보는가?

와다: 일본 측 입장은 기본적으로 소위 평화선이 철폐되고, 전관수역 12마일 원칙이 인정되고, 그 밖의 수역에서는 원칙적으로 공해 자유 원칙이 인정되는 등, 전체적인 방향이 우선 잡혀져야 하겠는데, 이런 방향이 아직 밝혀지지 않았으므로 현 단계에서는 규제연구위원회를 설치할 수 없다는 것이다. 전체 대강의 전모가 결정되면 E 수역 설치와 같은 세부 문제는 규제연구위원회를 설립하여 조절할 수 있는 문제인 것이다.

이 대표: 어족자원을 보호한다는 입장에서 규제연구위원회와 같은 기구가 조속히 설립되어, 순수한 학문적인 면에서 연구가 촉진되면 수역 문제뿐 아니라 전반적인 방향을 잡는 데도 좋은 결과가 되는 것이 아닌가?

와다: 규제연구위원회를 설립하여 자원에 관한 조사를 연구케 한다 하여도 쉽게 결론이 나올 수는 없으며 장기간의 시일이 소요될 것이다. 또한 자원 보호는 한국 측의 전매특허가 아니며 일본 측으로서도 바라는 바이다. 다만 본질적으로 양국에 의한 공동자원 보존의 노력이 필요하다는 것인데, 현재 한국 측이 일방적으로 선을 그어 공해에서의 자유 어로를 방해하는 단계에서는 일본 측으로서는 규제연구위원회의 설치에 동의할 수 없다.

이 대표: 일본 측이 공해에서의 자유 어로 방해 운운한다면, 한국 측으로서도 그에 대한 정당한 반박을 하지 않을 수 없는 입장이다. 그러나 원만한 분위기하에서 토의하고자 이런 것을 회피하고 얘기하자는 것인데, 일본 측이 일방적 선언에 의한 선의 철폐가 없으면 토의할 수 없다는 식이라면 아무런 진전도 기대할 수 없으므로 유감스럽다 하지 않을 수 없다. 이러한 문제 등을 다 원만히 해결하기 위하여 수역 문제 등도 논의한다는 것이 아닌가?

와다: 양측이 조속히 해결하자는 것이 기본 입장이므로 어업 문제의 대강을 합의하고 그 후에 새로운 수역 설정과 같은 세부 문제는 따로 조정하자는 것이므로, 지금 규제연구위원회를 우선 설치한다면 장시간의 기일이 소요되어 조속 타결이라는 공동목표가 달성될 수 없는 것이다.

이 대표: 규제연구위원회를 먼저 설립하고 보고받은 후에 모든 문제를 해결한다는 것이 아니고 딴 문제의 토의와 병행하여 규제 문제도 토의하자는 것이니 오해 없기를 바란다. E 수역 문제는 지난번에 해결을 보지 못한 것이니, 규제연구위원회가 불가하다면 본 어업위원회와 별도로 양측 대표 2, 3명으로 하여금 유사한 그룹이나 소위원회를 만들어 E 수역 문제를 논의케 하면 어떤가?

와다: 어업 문제에 관한 전체 대강에 합의하여 협정의 비준 단계라면 그러한 방법에도 이의 없으나, 지금으로서는 이미 농상회담에 이 문제를 현안대로 두기로 한 것이니, 일본 측으로서는 응할 수 없다. 일본 측으로서는 어업 문제의 대강이 결정된 후 규제연구위원회의 설립 및 E 수역의 설치 가부 문제를 처리케 한다는 농상회담 당시의

0037 입장에서 벗어나는 태도를 취할 수 없다.

김 대표: 정 그렇다면, A, B, C, D 수역 등 이미 합의된 수역의 규제 문제를 얘기하는 과정에서 E 수역 문제도 포함 토의하는 것이 어떤가?

와다: 소위 평화선보다 밖으로 확장된 E 수역 설치 문제를 논의한다는 것은 일본의 국민감정상 도저히 응할 수 없는 단계이다.

이 대표: 우리가 E 수역을 설치하자고 제안하는 것은 일본 국민의 감정을 자극하려고 하는 것은 아니다. (일동 웃음) E 수역은 한국 측이 구상하는 다섯 개의 수역의 하나이니 이것을 토의하지 않는다면 전체의 방향도 잡을 수 없게 된다.

히로세: E 수역 설치 문제는 양측 입장이 대립하고 있는 반면에, A, B, C, D 4개 수역의 설치는 합의를 본 바이니, 이 4개 수역의 규제 문제를 토의하여 양측 입장을 접근시키는 것이 원활한 토의 진행상 타당하다고 생각한다.

와다: 한국 측이 이번 회담에서도 E 수역의 설치를 강력히 주장하였다는 점만은 TAKE NOTE 하겠다. 한국 측도 일본 측의 주장을 TAKE NOTE해 주기 바란다.

이 대표: 오늘은 이 정도로 토의를 종료하자. 처음부터 너무 양측 입장이 대립만 되는 것도 반가운 일이 아니다. (일동 웃음)

히로세: 신문 발표는 어떻게 할 것인가?

이 대표: "양측 수석위원의 조속 타결되도록 진지하게 노력하자는 얘기가 있었고,
0038 보도 관계, 본회담에의 보고, 용어 등 절차 문제를 종전 예대로 하기로 하였으며, 금후 회의 진행은 가능한 대로 매일이라도 개최하자는데 일치를 보았는데, 다음 회의는 12. 9 오전으로 하기로 했다. 또한 실질적인 토의에 들어가 E 수역의 설치 문제를 논의하였는바, 한국 측은 그 설치가 필요함을 강력히 주장한 데 대하여 일본 측은 설치가 필요치 않다고 주장하였다"고 하면 어떤가?

와다: 대체로 좋은데, 다만 E 수역이라고 표시하는 것은 피하고 현안으로 된 수역 문제에 관하여 얘기했다는 정도로 하자.

이 대표: 좋다.

첨부물

9-1. 제7차 한일회담 어업 및 평화선위원회 제1차 회의 시 한국 측 수석위원 인사말

0039　**어업위원회 한국 수석위원 인사 요지**

　　1. 오랜 과제인 한일회담을 타결코자 제7차 한일회담이 개최되고 그 일환으로써 어업위가 개최 토의케 됨을 기쁘게 여긴다. 특히 와다(和田) 수산청 차장을 비롯한 경험 있고 협력적인 일본 측 대표단을 다시 맞게 되어 기쁘며 기대하는 바 크다.

　　2. 양국 간 국교의 조속 정상화의 필요성은 재론의 여지 없는바 정상화 실현을 위하여 각 현안을 조속 타결한다는 것이 양국의 공통 입장이다.

　　3. 이와 관련하여 어업 문제 타결 여부가 회담 타결의 관건이며 즉 국교 정상화의 열쇠가 되고 있다.

　　4. 따라서 본 어업위의 진행에 대하여는 양국 국민이 함께 주목하고 있으며 또 양국 국교의 조속한 정상화를 바라는 세계 자유 우방국가의 관심사가 되고 있다.

0040　　5. 이러한 면에서 양측 대표단은 각각 양국 이익을 대표하고 있으나 한편 다 같이 자유세계의 이익을 대표하고 있다는 인식 아래 양국 간의 어업 문제를 논의함에 있어서도 항시 오랜 장래에 걸칠 양국 간의 선린 우호 관계를 이룩함으로써 자유세계의 결속에 공헌한다는 이념을 가지고 이 문제를 조속 원만히 타결해야 한다는 것이 본인의 신념이다.

　　6. 1억에 달하는 일본인 그중 어민은 약 40여 만이라고 듣고 있으며, 또 그 중 한국 수역에 관심 있는 어민은 이 몇 분의 1이라고 알고 있다. 이들의 이익 보호는 물론 긴요한 일이나 이들의 이익 보호만을 고집하는 나머지 1억의 전 일본 국민 및 2천여 만

의 한국민이 진실로 바라는 양국 국교 정상화의 실현이 지연되는 것은 유감스러운 일이므로 일본 측 위원의 현명한 판단 아래 본 문제의 원만한 타결을 위하여 적극적인 협조 있기를 바란다.

7. 한국 측으로서는 이 기회에 원만히 타결하려는 결의를 더욱 공고히 하고 있다. 전술한 바와 같은 대국적 견지에서 서로 호혜 호양 정신을 가지고 해결토록 노력하자.

8. 끝으로 회담 기간 중 일본 어민이 평화선 침범을 자숙하여 한국민에게 불필요 자극을 주지 않고 본 위원회의 업무가 계속 좋은 분위기 아래 진행되도록 일본 정부에서 특히 필요한 조치를 취해 줄 것을 강력히 당부한다.

12. 제7차 한일회담 어업 및 평화선분과위원회 제2차 회의 회의록

0048　제7차 한일 전면 회담 어업 및 평화선분과위원회 제2차 회의 회의록

1. 일시: 1964. 12. 9, 10:30~12:40

2. 장소: 가유회관

3. 참석자: 한국 측 – 이규성　대표(수석)
　　　　　　　　연하구　　〃
　　　　　　　　김명년　　〃
　　　　　　　　최광수　전문위원
　　　　　　　　배동환　　〃
　　　　　　　　신동원　　〃
　　　　일본 측 – 와다　대표(수석)
　　　　　　　　히로세　　〃
　　　　　　　　야나기야　외무사무관
　　　　　　　　가와카미　조사관
　　　　　　　　우치다　외무사무관
　　　　　　　　하마모토　외무사무관
　　　　　　　　야스후쿠　수산청 어업조정과장
　　　　　　　　모리사와　수산청 해양제2과장
　　　　　　　　마쓰모토　수산청 트롤반장

4. 토의 내용

0049 이 수석: 지난 12. 3 한일 전면 회담이 개최됨을 기화로 하여, 최근 일 어선의 평화선 대거 침범이 현저하며 그중에는 부산, 제주도 앞바다까지 접근하는 어선도 증가하고 있으며, 외무성 측으로부터 평화선 내에서 한국 경비정이 일 어선을 축출하였다 하여 구두로 항의해온 바도 있는바, 회담 기간 중 계속 이런 일이 발생하면 한국민의 감정이 불필요하게 자극되어 분위기가 악화할 것이니 일본 측은 특히 유의하여 일 어선이 자숙토록 해 주기 바란다.

와다: 일본 측으로서는 일본 어선이 한국 영해를 침범하는 일이 있다면 주의 줄 수 있으나, 그 밖의 해역에서 공해 어로는 자유이므로 무작정 자숙하라고 할 수 없다. 특히 예년에 비하여 금년의 어획이 6할 이하의 실적이므로 일본 어선의 출어를 자숙시킬 도리가 없다.

이 수석: 평화선이 엄존하고 있는 한, 한국 측으로서는 종전대로 강력 조치를 취하지 않을 수 없다. 일본 측이 자숙할 수 없다고 한다면 회담을 진행시킨다는 의의가 없는 것이 아닌가? 불상사가 없도록 일본 측이 협조해 달라는 요지다.

와다: 소위 평화선에 대한 양측 견해가 다르므로, 이를 해결코자 회담하는 것인데, 어떤 해결을 볼 때까지 일본 측은 일본 측 대로 자기 견해에 의하여 행동하지 않을 수 없다.

이 수석: 회담 기간 중 나포 문제가 발생하면 좋은 분위기하에서 회담을 진행하기가 매우 힘듦으로, 일본 측에게 협력을 요망하는 것이다.

히로세: 서로 요망한다 해서 결정적인 조치가 취해질 수 없다. 일본 측으로서도 분위기의 악화를 원하지 않으나, 이 문제를 해결하려면 적어도 회담 개최 기간에는 어떤 특정 한계선까지는 일 어선이 들어가지 않고, 그 밖에서의 일 어선의 어로에 대하

0050 여 한국 측이 묵과한다는 잠정적인 양해라도 없는 한, 평화선 전 수역에 걸쳐서 일 어선의 어로를 하지 말릴 수는 없지 않은가? 장래에 구속력을 미치지 않는 MODUS VIVENDI가 필요하다고 생각되는데, 한국 측으로서는 이에 응할 의향이 있는가?

이 수석: 현 단계에서는 그런 문제가 논의될 수 없다. 다만 한국 측으로서는 일 어선의 침범이 있어 나포 사건이 발생케 되면 회담 분위기가 악화할 것이므로, 일본 측은 공해이니 자꾸 잡겠다는 얘기만 하지 말고 최대한 가능한 조치를 취해서 협조적인 태

도를 표시해 달라는 것이며, 금후 불상사가 있게 되면 불가피하게 회담이 중단되는 결과가 올 수도 있는 문제이므로 특히 자숙해 달라는 것이다.

와다: 자숙하라는 것은 평화선에 전혀 들어오지 말라는 것이냐, 잠정적으로 너무 깊이는 들어오지 말라면 이해가 갈 수 있는데, 그렇다면 아까 히로세 대표가 말한 것과 같이 어떤 잠정조치가 필요하지 않은가?

이 수석: 자숙하라는 것이 전혀 들어오지 말라는 얘기인지 여부는 일본 측이 해석할 문제이다. 우리로서는 불상사가 생길 것이 우려되므로 사전에 예방하려는 것이며, 잠정적 양해 운운은 이 자리에서 할 문제가 아니다.

와다: 평화선 전역에 걸쳐 자숙하라는 얘기라면, 일본 측으로서는 공해 어업의 자유를 주장하지 않을 수 없다.

히로세: 대체로 이런 선까지라는 양해가 없으면 곤란하니, 이에 관한 얘기를 딴 장소에서라도 할 용의가 있는가?

이 수석: 이 회담을 촉진하여 전반적인 어업 문제가 해결되면 그 문제는 자연 소멸할 것이다. 일 어선의 평화선 침범에 관하여 최근 국내 여론이 비등하고 있으며, 구체적으로는 11. 27 자 경향신문 및 작일의 서울신문 보도 등에서 일 어선이 제주도, 서귀포, 남원 앞의 2, 3마일 해점까지 수십 척이 들어오고 있다고 하여, 한국 정부로서는 매우 곤란한 입장이다. 따라서 일단 불상사가 발생하면 그 처리가 어려우니 사전에 이를 예방하려면 일본 정부의 조치가 필요하다는 것이다(11. 27 자 경향신문 보도를 제시하고, 작일의 서울신문 보도를 구두로 설명해주었음).

히로세: 일본 측으로서는 일본 어선이 영해 안에까지 들어간다는 것은 상상할 수 없는 일이다. 아무튼 상호 불상사가 없기를 바라는 것에는 의견의 일치를 보았으니 이 정도로 평화선 얘기는 그치자.

이 수석: 그러면 전번 회의에 이어 E 수역의 토의를 계속하자. 한국 측으로서는 현재 가지고 있는 제반 과학적 자료에 근거하여 동 수역의 설치가 꼭 필요하므로 금번 회의에서 타결을 도모할 생각인데, 첫날 회의에 받은 인상으로서는 일본 측이 농상회담의 결과 이상은 한발도 나올 수 없다는 것 같으나, 재고 여지가 없는지 다시 묻고 싶다.

와다: 농상회담 시보다 전진하지 않겠다는 것이 아니며, 대립점은 전진시키겠다는 것이다. 다만 어떤 형태이건 이미 합의된 것은 그대로 두려는 것이며, 합의된 것일지

라도 그 후의 정세 변동에 따라 재검토가 필요하다면 몰라도, 그런 것도 아니라면 전체의 전모를 파악한 후에 논의하자는 입장이다. 일본 측으로서는 평화선의 처리 문제, 전관수역의 확정, 규제 조치의 확정 등에 관하여 대강의 타결을 우선 보아야겠다는 것이다.

0052   이 수석: 우리가 보기에는 수역 중 아직 분명치 않은 것이 본 수역이므로 건설적인 면에서 연구 검토해보자는 것이다.

와다: 그것이 일본 측 입장으로서는 지금 논의할 수 없다는 것이다.

김 대표: 논의할 수 없다는 것은 동 수역이 평화선 밖에까지 확장되어 있기 때문에 곤란하다는 것인가? 또는 학술적인 근거하에 곤란하다는 것인가?

와다: 학술 면, 기술 면에서 곤란하다는 것이다.

김 대표: 우리가 가지고 있는 자료로서는 동 수역이 저어의 주요 월동장임이 틀림없다. 이에 대하여 일본 측이 납득할 수 없다고 한다면, 자원학상으로 서로 자료를 제시하여 가부를 판가름하자는 것이므로 전문가 2, 3인이 모여서라도 검토하는 게 옳지 않은가?

히로세: E 수역도 문제라고 하면 문제이나, A, B, C, D 수역 문제가 더 급한 것이니 이를 우선 토의하자. 이미 농상회담에서 보류하기로 합의된 E 수역 문제를 논의하는 데 시간을 쓸 필요가 없지 않은가?

최 위원: 기록상의 얘기를 한마디 하겠다. 농상회담 시에 E 수역은 타 수역과 달라서 행정적 고려보다도 학문적 고려하에 특별한 검토를 할 것으로 의견의 일치를 본 바 있다. 일본 측은 이에 관하여 농상회담 시에 보류키로 합의되었다 하나, 양측 기록을 보면 동 수역의 검토를 위한 규제연구위원회의 설립 시기에 관하여 합의를 본 바 없고, 일본 측이 대강의 타결을 본 후에 하자는 데 대하여 한국 측은 조속히 할 것을 주장함으로써, 즉 검토 시기에 관하여는 합의가 된 것이 아님을 분명히 하고자 한다.

와다: E 수역 만에 너무 집착하는 것은 전반적인 진행을 방해하는 것이다. A, B, C, D 수역은 학술적 면의 고려하에 그 설치가 결정된 것이 아니고 행정적 고려에 의한

0053   타협으로써 결정된 것이다. 지금 한국 측이 E 수역에 관한 학술적인 검토를 먼저 하자 하여 딴 문제를 검토할 수 없게 된다면, 일본 측으로서는 이미 합의를 본 A, B, C, D 수역을 포함한 전체 수역에 관하여 학술적 검토를 새로이 하는 식의 전환을 고려하지

않을 수 없다.

이 수석: 그렇다면, 일본 측의 주장은 전 수역에 관하여 자원론적인 학술적 검토를 새로 하도록 함으로써 농상회담 이전의 시점으로 복귀시키겠다는 말인가?

와다: 아니다. 일본 측으로서는 이미 합의된 것은 그대로 두자는 것이며, 다만 E 수역의 검토에 너무 집착하지 말고 다른 문제의 토의로 넘어가기로 하자.

히로세: 좋다. 다음 문제의 토의 전에 일본 측 입장을 다시 밝히면, 과반의 농상회담의 결과에 출발점을 두어, 합의점은 그대로 두고 대립점에 관하여 양측 의견을 접근시키려는 것이다.

이 수석: 일본 측의 얘기는 이해할 수 있으나, 한국 측으로서는 전반적인 관점에서 토의해가면 과거의 결과가 합의점이건 대립점이건 되풀이되는 것이므로 전반적으로 진행하자는 것이다. 농상회담의 결과에 관하여도 양측이 합의의사록을 작성한 것이 아니며, 각각 별도 의사록을 작성한 것이므로, 해석에 관한 이견이 있는 점이 많으므로 합의점, 미합의점으로 구분하지 말고, 전반적으로 진행하면 좋겠다.

히로세: 양측의 의견을 서로 머리에 두고 진행하면 되겠다.

이 수석: E 수역 다음에 B, C 수역의 성격 문제가 미결정이니 이를 토의하자.

히로세: 좋다.

김 대표: B 구역과 D 구역의 한계선이 분명치 않은데, 이는 B, C의 규제 성격이 해결된 후 재논의하기로 되었기 때문이다. B, C 구역에 관한 한국 측 입장은 B 수역에서는 한국, C 수역에서는 일본이 각각 자유 조업하고, 상대방 수역에 출어할 경우, 4대 어업에 관하여는 공동위원회에서 사전에 결정하는 규제 조치에 따라 출어케 하며, 기타 어업은 양국의 엄격한 자 규제하에 출어케 하자는 것이다.

와다: 한 가지 질문이 있는데, 한국 안에 의하면 예컨대 B 수역에서 한국은 자유 조업하고, 일본은 공동위원회에서 정하는 조치 하에 조업하므로, 즉 동일 수역에서 양국 어선이 차별적 대우하에 조업하는 것인바, 이것은 공동규제 조치가 될 수 없다. 따라서 일본 측은 이러한 공해 분할 적 조치 즉 전관수역 밖의 공해에서 마치 연안국의 배타적 관할이 작용하는 듯한 조치에 응할 수 없다는 것이다.

최 위원: 이에 관하여 지금까지의 경과를 설명하겠다. 한국은 애초 B, C 수역은 상호 월경하지 않을 것을 주장하였으나, 일본 측이 반대하므로 B, C 수역에서는 4대 어

업을 통틀어 공동규제하자 하였는데, 이에 대하여 일본 측이 B 구역에서만 공동규제하자 하였다. 지금 와다 대표의 얘기는 양국에 의한 공평한 공동규제를 주장하고 있는 바, 양 수역을 다 함께 공동규제하자는 당시 한국 측 입장에 반대한 일본 측 입장과 모순되는 것이 아닌가?

와다: B 수역에서만 공동규제하자는 것은 양국의 어업 실태 및 어업 제도가 판이하므로 C 수역에서도 공동규제한다는 것이 일본의 연안 어업 관계상 실태에 맞지 않기 때문인 것이며, 또한 C 수역에 대한 한국의 출어는 자유로 할 수 있다는 얘기이다. 또한 일본 측으로서는 B 수역에서만 4대 어업을 공동규제하는 것에 한국 측이 동의할 수 없다면 B, C 양 구역을 다 자주 규제로 하자는 것이며, 자주 규제한다 해도 일본 측으로서는 현 출어 허가 상황보다 확대할 생각은 없다는 것을 분명히 하는 바이다.

이 수석: B, C 수역에 관한 지금까지의 양측 입장이 REVIEW되었으므로, 다음 회의에서 양측 견해 차이를 조절하는 토의를 하도록 하자.

히로세: 좋다. 신문 발표는 어떻게 할 것인가?

이 수석: "전번 회의에 이어 수역 문제에 관하여 계속 논의하였다"로 하자.

히로세: 좋다.

5. 다음 회의: 1964. 12. 11로 하였음.

15. 제7차 한일회담 어업 및 평화선위원회 제3차 회의 회의록

0060   제7차 한일 전면 회담 어업 및 평화선위원회 제3차 회의 회의록

1. 일시: 1964. 12. 11, 10:30~12:40

2. 장소: 외무성 236호실

3. 참석자: 한국 측 - 이규성   대표(수석)
            연하구   〃
            김명년   〃
            최광수   전문위원
            배동환   〃
            신동원   〃
   일본 측 - 와다   대표(수석)
            히로세   〃
            야나기야 외무사무관
            가와카미 조사관
            우치다   외무사무관
            하마모토   〃
            야스후쿠 수산청 어업조정과장
            모리사와 수산청 해양제2과장
            마쓰모토 수산청 트롤반장

4. 토의 내용

0061   이 수석: B, C 수역은 매우 좁은 수역인데다가 양국의 출어선수는 많으므로 어업자

원의 보존상, 조업 질서의 유지상, 또는 어업분쟁의 방지를 위하여 규제의 면보다도 어업조정의 면에서 타 수역보다는 특별한 고려를 해야 한다는 것이 과거부터 한국 측이 주장한 입장이다. 일본 측은 C 수역은 없애고 B 수역에서는 공동규제하자고 하는 바, 한국 측으로서는 받아들일 수 없으니, 일본 측이 재고하기 바란다.

와다: 한국 주장에 의하면, 한국 연안 수역에서의 일본 어선의 조업에 관한 조정에 주목적이 있는 것 같으며, 이에 대하여 일본 측으로서는 C 수역에서의 한국의 조업은 자유로 해도 좋다는 것인데, 한국 측이 꼭 C 수역을 설치하라는 것이 잘 이해할 수 없는 일이다.

김 대표: 양국의 어업 실태 및 제도가 판이하므로, B 수역에서 일본 측이 조업할 경우 한국의 어업 제도 및 실태에 적합지 않은 방법으로 조업함으로써 한국의 전통적인 어업 실태를 손상하는 일이 없도록 하려는 것이며, 한편 C 수역에 한국이 출어하는 경우에도 똑같은 이유에서 같은 조치가 필요하다고 생각되기 때문에 이미 제시된 한국안을 주장하는 것이다.

히로세: 즉, B 수역에서의 일본 어업을 제한하기 위해서 C 수역에서도 일본 측 보고 같은 조치를 취하라는 얘기가 아닌가?

와다: 그런 의미도 있고, 한편 B 수역에서의 일 어선의 척수를 극단으로 줄여 영에 가깝게 하면, 자연히 일본의 어업 세력이 C 수역에 집중될 것이니, 이렇게 되면 한국 어선이 사실상 C 수역에서 조업하기 힘들다는 뜻도 포함된 것인가?

김 대표: 그렇다.

와다: B 수역에서 일본의 조업을 영에 가깝게 한다는 것은 이미 원칙적으로 합의를 본 일본 어업의 실적 존중이라는 대원칙을 무시하는 것이 아닌가?

김 대표: 한국 측으로서는 B 수역에의 일본 어선의 출어 제한도 중요하나, 또한 양국의 어업 제도나 실태가 판이하므로 한국에는 없는 어업 종목이나 규모의 일본 어선이 들어오면 매우 곤란하다는 것이다.

와다: 30톤 이하의 저인망과 40톤 이하의 선망은 B 수역에 출어시킬 생각이 없다. 이들과 같은 소형 어선은 농상회담 시에 제시한 일본의 소형 일반 어선 척수에 들어가 있는 것이 아니며, 일반 어업이라는 것은 연승, 유자망, 자망, 기타 일본조 어업 등 일본 측으로서는 제도상 자유 어업에 속하는 어업 종목을 뜻하는 것임을 분명히 해둔다.

배 과장: 양측 어업 제도의 차이가 크므로 B, C 양 수역을 다 같이 공동규제하는 것이 사실상 어려우니, 중간적인 선을 그어 조정하자는 것이 우리 입장이다.

와다: 그러니 B 수역에서 일본의 실적을 존중하는 입장에서 공동규제하면 되는 것이 아닌가?

최 위원: B, C 수역은 양국 연안이 밀접한 수역이며, 상호의 전관수역을 제외하면 매우 좁은 수역밖에 남지 않는다. 이와 같이 좁은 수역 내에 양국의 다수 선박이 혼입되어 조업하게 되면 자원 보존도 곤란하고, 어업 질서 유지 및 분쟁 방지도 곤란할 것이므로, 한국 측은 애초에 B, C 수역을 서로 월경하지 않을 것을 주장하였던 것이다. 이에 일본 측이 강력히 반대하므로, 한국 측은 B 수역에 일 어선이 출어하지 않을 것을 바라는 바이나, 일본 측의 어떤 형태이건 B 수역에 들어가야 하겠다는 주장을 고려하여 엄격한 규제가 적용될 것을 기도하여, B에서는 한국, C에서는 일본이 각각 자유 조업하고, 상대방 수역에 출어할 경우 4대 어업은 공동위원회에서 정하는 엄격한 규제하에, 기타 어업은 양국에 의한 엄격한 자주 규제하에 출어할 것을 제안한 것이다. 일본 측의 지금 주장은 C 수역을 없애고 B 수역에서만 공동규제하자는 것인데, 그렇게 되면 양국의 어업 세력의 현 실세로 보아 B 수역에만 집중케 될 것이며, C 수역은 거의 일본 측의 배타적인 자유 수역화 될 것이 아닌가? 따라서 아 측은 통틀어 공동규제하든가, 그렇지 않으면 지금까지의 한국 주장의 안대로 중간에 선을 그어 조정하자는 것이다.

와다: C 수역이 공동규제가 되면 제도가 다르기 때문에 일본 측으로서는 곤란하다.

최 위원: 그러므로 B에서는 B에 맞는 규제, C에서는 C에 맞는 규제를 하자는 것이다.

와다: C에서는 한국이 자유로이 조업하여도 좋다는 것이다.

최 위원: 아까 설명한 바와 같이, 사실상 C 수역은 일본만의 자유 조업 수역이 될 것 아닌가?

이 수석: 양국의 어업 제도상 차이가 크므로, 중간에 선을 그어, 월경의 경우 상대방 어선에 대하여 규제하는 것이 가장 실정에 맞는 안이 아닌가?

와다: B 수역에서 무엇을 어떻게 규제한다는 구체적인 사항을 먼저 토의하는 것이 좋겠다.

이 수석: B, C 수역에서 다 공동규제하는 것이 명분상으로는 옳은 얘기이다. 이에

0064 대하여 일본 측이 도저히 할 수 없다 하니, B, C 수역에서는 각각 연안국의 제도나 실정에 맞게 조업하고, 넘어갈 때 상대방에 대하여 규제하자는 것이다. B, C 수역의 성격 외에, 일반 어업에 관한 자주 규제 문제에 관하여도 양측 입장에 차이가 있는 것으로 알고 있으니, 이에 대한 일본 측의 설명을 듣고 싶다.

히로세: CHECK 한다는 것의 의미가 무엇인가?

김 대표: 통고된 출어 척수에 대하여 상대방이 제시하는 의견을 존중하여 조정한다는 뜻이다.

히로세: 자주 규제라고 하면, 상대방 의견에는 구속되지 않는 것이 아닌가?

최 위원: 이에 관하여 농상회담 시에 크게 논의되었는데, 일방에 의한 완전한 자주 규제이면 결국 자유 조업이 되어 난점이 많으므로, 처음에 자주 규제는 어떠한 것인지, 스타트 라인을 먼저 정해놓고, 그 범위 내에서 연안국에 의한 자주적인 규제에 맡긴다는 것으로 양승된 것이다.

와다: 일반 어업은 연승, 유자망, 일본조 등 어획 능률이 약한 것이므로 일본으로서는 제도상 자유 어업으로 하고 있는데, 이를 규제한다는 것이 원래 이상한 일이다.

이 수석: 와다 대표의 해석대로 한다면, 전혀 자유 조업과 같은 것이며, 구태여 자주 규제라는 이름을 부처 규제할 수 없는 것이 되지 않는가? 농상회담 시에도 양측이 서로 각기의 입장을 되풀이하다가 결국 아까 최 위원이 설명한 것 같이 낙착된 것이다.

히로세: 와다 대표의 얘기는 4대 어업 외의 일반 어업의 규제가 사실상 대단히 어렵다는 얘기를 강조하는 것이다.

0065 이 수석: 지금까지 수역 문제에 있어서는 B, C, E의 얘기가 있었으며, D에 관하여도 B, C의 성격 여하에 따라 B와의 한계가 결정된다는 것이 검토되었다. 한국 측으로서는 E 수역의 설치가 필요하고, B, C 수역에서는 양국이 각각 자유 조업하고 상대방 수역에 넘어갈 때 엄격히 규제한다는 입장이며, 또한 자주 규제도 상대방의 의견을 존중하여 조정한다는 정신이 근저에 있다는 것을 다시 분명히 해두는 바이다.

와다: C 수역은 한국이 자유로 들어와도 좋으니 없애라는 것인데, 꼭 두어야겠다는 한국 측의 입장을 이해할 수 없다.

이 수석: 일본 측이 C 수역에 한국 어선을 자유로 들어오라고 굳이 고집한다면, 한국은 자유로 입어하는 것으로 해도 좋다. 단, B에서만은 한국은 자유 조업하고, 일본

측이 입어하는 경우에는 4대 어업에 관하여는 공동위원회에서 정하는 규제하에, 기타 어업은 엄격한 자주 규제하에 들어와야겠다는 것이 한국 측의 입장이다.

최 위원: 우리 주장은 B에서는 한국, C에서는 일본이 자유 조업하고, 상호 월경할 때 4대 어업은 규제하에, 기타 어업은 엄격한 자주 규제하에 출어한다는 것이다. 이에 대하여 일본 측이 끝끝내 반대한다면, (1) B에서는 B대로 공동규제하고, C에서는 C대로 4대 어업에 관하여 공동규제하거나, (2) B, C를 통틀어 새로운 하나의 규제수역으로 하여 4대 어업을 공동규제하거나, (3) 또는 일본 측 희망에 따라 C에는 한국이 자유 출어하고, B에서만 한국은 자유, 일본 측은 4대 어업에 관하여 엄격한 규제하에 입어하는 3가지 방식이 ALTERNATIVE로 고려될 수 있다는 입장이다.

와다: (3)의 방법인 경우, B에 들어가는 일본 어선의 규제 내용을 먼저 알아야 그에 대한 일본 측의 입장이 밝혀지겠다.

이 수석: 그것은 자원 보존이 되고, 우리 어업이 확보되면 조업 질서 유지 및 어업분쟁이 방지되는 규제 내용이다.

와다: 너무 추상적인 얘기이므로, 구체적인 규제 조치 내용을 알아야 하겠다.

이 수석: 한국이 고려하고 있는 4가지 방법에 대하여 일본 측은 원칙적으로 어떻게 생각하나? 특히 (3)의 방식에 대하여 구체적인 규제 내용을 알고 싶다는 것은 원칙적으로는 그 안에 찬동한다는 것인가?

히로세: 그 안은 원칙 면에서는 일본의 입장에 배치되는 것이나 일단 구체적 내용을 검토해보아야 찬반 여부에 대하여 일본의 입장이 분명해지겠다는 것이다. 일본 어업의 실적은 존중한다는 방향에서 한국 측이 구체안을 제시해 주기 바란다. 일본 측은 원칙 면으로 찬동하는 것이 아니며, 구체적 규제 내용을 우선 보겠다는 것임을 분명히 한다.

이 수석: 우리 측도 C 수역을 없앤다는 것은 아니며, 일본 측이 C 수역에 한국 어선이 자유로 출어하라는 것이니 동 수역에 자유로 출어하고, B에서만은 한국은 자유, 일본은 엄격한 규제, 즉 4대 어업은 공동위원회에서 정하는 규제, 기타 어업은 엄격한 자주 규제하에 입어시키는 안을 고려할 수 있다는 것임을 분명히 밝히는 바이다.

5. 다음 회합

1964. 12. 14(월) 10:30으로 하였음.

6. 신문 발표

"전차 회의에 이어 수역에 관한 토의를 계속하였으며 구체적인 의견 교환이 있었다"로 하였음.

끝

18. 제7차 한일회담 어업 및 평화선위원회 제4차 회의 회의록

0072 제7차 한일 전면 회담 어업 및 평화선위원회 제4차 회의록

1. 일시: 1964. 12. 15, 10:30~12:50

2. 장소: 가유회관

3. 참석자: 한국 측 - 이규성   대표(수석)
          김명년   〃
          최광수   전문위원
          배동환   〃
          신동원   〃
     일본 측 - 와다   대표(수석)
          히로세   〃
          야나기야   외무사무관
          가와카미   조사관
          우치다   외무사무관
          하마모토   외무사무관
          야스후쿠   수산청 어업조정과장
          모리사와   수산청 해양제2과장
          마쓰모토   수산청 트롤반장

4. 토의 내용

0073 이 수석: 전번 회의에서 한국 측은 B, C 수역에 관한 입장으로서 가운데에 조정선을 그어 B에서는 한국, C에서는 일본이 각각 자유 조업하고, 상대방 수역에 입어할 경

우 4대 어업을 공동위원회에서 정하는 바에 따라 규제하고, 기타 어업은 양국이 엄격한 자주 규제하는 방식을 기본 입장으로 설명했으나, 일본 측이 반대하므로, (1) B, C 수역을 각각 별개로 공동규제(4대 어업)하는 방식, (2) B, C 수역을 하나의 새로운 수역으로 하여 4대 어업을 공동규제하는 방식 및 (3) C 수역에서는 한국은 자유 조업하고, B에서만은 한국은 자유 조업하되, 일본 측은 4대 어업을 규제하며 기타 어업은 자주 규제한다는 안을 제시하였다. 이에 대하여 일본 측은 대체로 난색을 표했으나, (3)의 방식에 대하여서는 한국 측이 구체적인 일 어선에 대한 규제 내용을 제시해주면 이를 검토한 후 태도를 결정하겠다 하여, 아 측에게 규제 내용의 제시를 요망하였다. 그런데 한국 측으로서는 연내에 어업 문제 전반에 관한 토의를 대체로 끝내보려는 생각이므로 일본 측이 요망하는 구체적인 규제 내용에 관하여는 별도 기회에 양측 전문가로 하여금 토의케 하고, 시간 관계도 있으므로 오늘은 A 및 D 수역에 관하여 논의하고 싶다.

히로세: 그러면 B 수역에 관한 구체적인 규제 내용은 내년에 토의하겠다는 것인가?

이 수석: 그렇게 생각된다.

히로세: 그럼, A 및 D 수역에 관하여 토의하자.

이 수석: 우선 A 수역에 관한 문제인데, 한국 측으로서는 공동규제라 하더라도 실질적으로 공평, 평등한 구제가 이루어져야겠다는 입장이다. 양국의 현 어업 발전도로 보아, 어획 능력 면에서 한국은 일본의 4분의 1밖에 되지 않으므로, 이런 점을 고려한 실질적인 평등 규제가 이루어져야 하겠다는 것을 종전부터 주장해왔다. 공동규제의 성격, 기준에 대한 일본 측의 의견을 듣고 싶다.

와다: (가와카미를 보고) 실질적인 평등문제에 관하여 얘기해 주기 바란다.

가와카미: 평등한 공동규제라는 것이 지금까지의 국제 선례에 비춘 해석으로 안다.

이 수석: 일본 측은 종래 과거 실적을 존중해줄 것을 주장해온 바인데, 이 주장과 공동규제 문제와 어떻게 조절한다는 생각인가?

와다: 일본의 현재의 출어 실적 이상으로 확대하지 않는다는 면에서 규제를 논의하는 것이다. 즉, 현재의 출어 숫자를 협정에 명기해둔다는 것인데, 일본 측으로서는 이 숫자를 무작정 감축하는 것은 곤란하다. 다시 말하면, 일본의 현 어업 제도상의 질과 양을 파괴하는 방식의 규제는 안 된다는 것이다. 자원 보존의 입장에서의 규제라면,

형식적으로 평등한 규제이어야 하며, 한국과의 격차 문제는 차후 자원 조사나 또는 한국의 장래 어업 발전에 따라 점차적으로 시정될 수 있을 것이다. 한국 측은 어획량을 기준할 것을 주장하나, 어획량에 관한 충분한 자료가 없으므로 출어 척수를 기준하여 문제를 논의하기로 일단 양승된 것으로 알고 있다.

최 위원: 지금 논의하는 수역에 있어서 한국의 어업 실적은 일본의 실적보다 크다는 것은 명백한 사실이다. 평등한 규제라 하여, 숫자적으로 평등한 규제를 해야 한다면, 일본의 실적 존중에만 치중될 것이며, 한국의 어업 실태나 실적은 무시되는 결과가 될 수 있으므로, 아 측으로서는 자원 보호와 한국 어업의 실태 및 실적에 부합되는 일방, 일본의 실적이 너무 손상되지 않는 면에서의 규제이어야 할 것이라는 것이다.

와다: 동 수역의 공동규제 문제에 관하여 일본 측은 애초 망목, 또는 광력 및 어선 규모 등의 문제를 대상으로 하였으며 척수 문제는 고려하지도 않았다. 금년 초에 한국 측으로부터 어획량을 기준한 조업 제한 문제가 제시되었으므로 양측의 의견 차이를 조정하는 의미에서 척수 문제를 통한 규제에 응하였던 것이다.

김 대표: 척수 얘기가 나온 것은 와다 대표의 말처럼 금년 초가 처음이 아니며, 그 전부터, 즉 와다 대표가 사안을 내고 규제 문제를 논의할 때부터 양측의 논의 대상이 되어온 문제이다. 공동규제하자는 것은 주목적이 어업자원의 보호에 있는바, 그렇게 하기 위하여는 현재의 어획량을 증대치 말아야 하는 것이다. 따라서 기본적으로는 어획량에 기준을 톤 척수 제한 또는 기타 제한을 통한 규제이어야 할 것이 아닌가?

와다: 어업자원과 관련하여 논의할 바에야 자원조사를 우선 해야 할 것이며, 그것도 한일 양국뿐 아니라 중국을 포함한 모든 관계국 전부가 다 같이 공동으로 해야 하므로 용이하게 되는 문제가 아니다.

김 대표: 국제간의 어업협정은 근본적으로는 자원 보존에 목적이 있다는 것은 명확한 사실이다. 따라서 한일 간에 있어서도 이미 가지고 있는 자료에 근거하여 자원 보존하는 데 주안을 두고 또 연안국에 가까운 수역이므로 연안국의 우선적인 권익을 고려하는 일방, 일본 측의 실적을 과히 손상하지 않는 방식의 규제를 우선하고, 차후에 공동자원조사에 의하여 필요하면 규제 내용을 수정토록 하면 될 것이다.

배 위원: 문제는 일본의 실적을 어떤 형태로 표시하느냐는 것이다. 출어 척수를 가지고 어획량을 환산한다면 방대한 어획량이 산출될 것이다.

와다: 일본이 제시한 출어 척수는 연중무휴로 조업한다는 것이 아니며, 그중에는 1년에 한두 번 조업하는 어선도 있고 또는 주기적으로 수리 등을 위하여 유휴하는 어선도 있다. 이와 같은 사실상의 조업상황은 양국 간에 협정이 된다 해도 변하는 것은 아니다.

배 위원: 그런 사정은 이해할 수 있으나, 협정안에 출어 최대 가능 수가 표시케 되면, 아무리 연중 조업이 아니라 해도 가능 어획 최대량이 표시될 수도 있는 문제이니 곤란하다는 것이다.

최 위원: 일본 측 얘기에 의하면 일본 측 제시의 출어 척수가 일본 해상보안청에서 집계한 최대 출어 숫자라 하고 있다. 따라서 척수 문제의 논의에 있어서는 이 최고 숫자에 기준하여 얘기하기보다는, 그중에는 한 척도 안 나오는 날도 있고 혹은 반밖에 출어하지 않는 날도 있는 것이므로 이를 좀 더 상세하게 분석하여 이 결과를 기준으로 한 얘기를 하자고 한국 측은 말해 온 것이다. 이에 대하여 일본 측은 그러한 분석이 어렵다고 한 바 있는데, 지금 와다 대표의 말을 들으면 그러한 분석 문제를 고려하는 것 같은 인상이 든다.

이 수석: 해상보안청의 출어 척수집계도 상세히 분석하려면 할 수 있을 것이며, 또한 어획량과 이들 출어 척수 분석과를 관련시켜보면 척당 평균 어획고도 나올 수 있는 것으로 본다. 따라서 척수와 척당 평균 어획고로서 어획 실적을 산출할 수 있다는 전제하에 한국 측은 척수 제한을 통한 규제 문제의 논의에 응한 것이다. 숫자적인 평등 규제로서는 실태에 부합되지 않으니 실질적인 공평을 기할 수 있는 방도가 반드시 강구되어야 할 것이다. 이 문제는 이만하고, A 수역에서의 고등어 일본조의 출어에 대한 의견 차이 문제에 대하여 논의토록 하자.

김 대표: 일본 측은 90척의 숫자를 제시했는바, 우리가 알기에는 고등어 일본조는 일본 연안의 극히 일부 수역에서만 조업되고 있는 것으로 아는 바이므로 한국 측으로서는 90척의 숫자를 전혀 인정할 수 없다는 입장이다.

와다: 현재의 어업 실적이 사실상 그렇다. 결코 과장한 숫자가 아니고 현재 그렇게 있다는 것이다.

이 수석: 각 수역별로 규제 내용의 격차도 고려해가면서 토의해 나가는 입장에서, D 수역 문제도 같이 논의해보자.

와다: 농상회담 시까지의 D 수역에 관한 한국 측 입장은 일본 어선이 이 수역에 전혀 들어오지 말라는 것으로 알고 있다. 이에 대하여 일본 측으로서는 저인망 50척, 선망 40통의 숫자를 제시했다. 기타 어업은 거의 출어하지 않고 있는바, 앞으로 사정 변경이 있게 되면 공동위원회 등에서 조정하려는 생각이다.

이 수석: D 수역에 전혀 들어오지 말라는 것은 아니며, 한국 측으로서는 A 수역의 규제 내용을 우선 토의 결정케 되면 그에 의거하여 다른 수역의 규제 내용도 쉽게 타결될 수 있으므로, A 수역을 우선 토의한 것이며 따라서 기타 수역에 관한 입장을 분명히 표시하지 않았던 것에 불과하다.

배 위원: 본 수역의 저인망에 관하여 한국 측으로서는 일본의 출어를 당분간 억제해 달라는 입장이다. 이 수역의 저인망 조업 가능 구역은 연안에서 5 내지 10마일 내의 수역이 주이며, 그 밖에서는 전관수역을 제외하면 남는 수역이란 매우 협소한 대륙붕에 불과하다. 이 협소한 수역에서 한국 측은 현재 정치망 어업을 하고 있으며, 군데군데 틈을 타서 약 40여 년 전부터 60척의 저인망을 조업시키고 있다. 이러한 어업 실태에 새로 일본의 50척이 입어케 되면 한국 측으로서는 도저히 묵과할 수 없는 사태가 오게 될 것이다. 일본 어선을 완전히 축출하겠다는 것보다는, 현 실정이 그러하니 곤란하다는 것이다.

와다: 그러나 공동규제로 인한 일본 측 숫자를 전혀 없게 할 수는 없으며 또 사실상으로도 일본의 실적도 있다. 다만 일본 측으로서는 D 수역의 저인망에 관하여서만은 현재 B 수역에 속할 것인지 또는 D 수역에 속할 것인지 아직 분명치 않은 북위 35도 30분과 북위 30도 간의 수역에 주로 관심이 있다는 점만 분명히 하고 싶다.

이 수석: 일본 측 관심 수역은 B, C 수역의 규제 성격 여하에 따라 경계선을 어떻게 획정할 것인지가 결정될 문제이다.

가와카미: 아까 이 대표는 각 수역별로 규제 내용의 격차를 고려한다는 얘기를 한 바 있는데, 예를 들면 D 수역에서 한국 측이 저인망 60척이 조업하고 일본은 전혀 조업치 않는다면, A 수역에서는 실적에 맞추어 어업별로 한국의 조업 척수보다 일본의 조업 척수가 더 많아질 수도 있다는 얘기인가?

이 수석: 그런 문제도 고려해 볼 문제라는 얘기이다.

히로세: D 수역의 저인망 얘기는 B, C 수역과 관련돼 있으므로 더 이상 얘기해도

결말이 날 수 없을 것 같다.

0079　와다: B 수역과 D 수역의 경계를 북위 35도 30분으로 하느냐 또는 북위 30도로 하느냐에 따라 일본 측이 이미 제시한 B 수역 및 D 수역에 대한 출어 척수 숫자를 재조정해야 할 것 같다. 척수 문제는 전 수역에 걸친 전모를 파악하는 면에서 논의해야 할 것이다. 그러므로 한국 측이 아직 제시하지 않은 기타 수역들에 대한 구체적인 척수를 제시해주면 좋겠다.

　　이 수석: 한 수역에 관하여서만 논의할 때와 전 수역에 대하여 총괄적으로 고려할 때와 차이가 있을 수 있으므로, 이런 점을 염두에 두고 논의하면 좋겠다. 지금까지의 토의에서 수역에 관하여는 대체로 검토를 끝마친 셈인데, 내년 초에라도 회담의 재개 시에는, 일본 측이 늘 얘기하는 바와 같은 공해 자유 운운 또는 동등한 공동규제 운운 등의 이론 투쟁은 회피하고, 자원 보존과 어업 실태 등을 고려한 실질적인 공평이 확보될 수 있는 면으로 대국적인 견지에서 원만히 타결토록 노력해야 할 것이다.

5. B, C 수역에 관하여 일본 측이 제시한 일반 어업 1,900척의 내역을 일본 측은 다음과 같이 설명하였음.

연승 674척, 인승 468척, 자망 62척, 시이라즈케 37척, 일반 일본조 617척, 돌봉 44척, 총계 1,902척.

6. 다음 회의는 12. 17 10:30으로 하고 기선 문제 등을 토의키로 하였음.

7. 신문 발표
"전 수역에 관한 검토를 통하여 문제점에 관한 토의를 대체로 마쳤다."

21. 제7차 한일 전면 회담 어업 및 평화선위원회 제5차 회의 회의록

0085   제7차 한일 전면 회담 어업 및 평화선위원회 제5차 회의 회의록

1. 일시: 1964. 12. 17 10:30~12:50

2. 장소: 외무성 503호실

3. 참석자: 한국 측 - 이규성   대표(수석)
             연하구   〃
             김명년   〃
             최광수   전문위원
             배동환   〃
             신동원   〃
             조성찬   보좌
       일본 측 - 와다   대표(수석)
             히로세   〃
             야나기야 외무성 북동아과 사무관
             가와카미 조사관
             나카에   조약국 법규과장
             하마모토 외무사무관
             야스후쿠 수산청 어업조정과장
             모리사와 수산청 해양제2과장
             마쓰모토 수산청 트롤반장 외 2명

4. 토의 내용

이 수석: 오늘은 기선에 관한 얘기를 하자. 동해안, 서해안의 기선에 관하여는 큰 문제가 없는 것으로 아는데 일본 측의 의견은 어떠한가?

와다: 동해안에 관하여 1.5미터 암 이북은 저조선 원칙에 따르기로 되어 있으며, 단, 영일만과 울산만은 농상회담 시의 일본 측 의사록의 기록 내용과 같이, 1958년의 영해 및 접속 수역에 관한 조약 제7조에 의하여 처리하기로 되어 있다.

이 수석: 동해안의 기선에 관하여는 한국 의사록에는 분명히 기록된 바는 없다. 그러나 1.5미터 암 이북은 대체로 저조선에 의한다는 생각이나, 실제 면에 있어서는 영일만 및 울산만의 문제를 포함하여 획선 기술 면에서 아직 문제가 남아있다고 기억된다.

와다: 농상회담 시에는 일본 측이 1.5미터 암 이북, 한국 측이 울기 이북을 저조선으로 하자하여 대립하였으나, 그 후 1.5미터 암 이북으로 양승되었다. 단, 영일만 및 울산만에 관하여는 우선 만으로서의 자격 요건을 구비하였는지를 금후 양국 간에서 전문적으로 검토하여, 자격을 갖추었다면, 영해 및 접속 수역에 관한 조약 제7조의 규정에 의하여 구체적인 획선을 하는 것으로 양승되었다고 일본 측은 이해하고 있다.

최 위원: 이에 관하여는 당시의 한국 측 의사록에 구체적으로 언급된 바는 없으나, 아까 와다 대표가 설명한 바와 같이, 한국 측이 울기 이북, 일본 측이 1.5미터 암 이북을 각각 주장 끝에 1.5미터 암 이북으로 양승될 때, 울산만 및 영일만은 만으로서 직선기선을 획선하는 데 양측이 양승한 것이다. 따라서 이 양 만은 양측 간에 이미 만으로서 이해되고 있는 것이므로, 새삼스레 만인지의 여부를 검토할 필요가 있는 것은 아니다. 한편 구체적인 획선에 있어서 전기 조약 제7조에 의할 것인지 여부에 관하여는 한국 측이 아직 태도를 밝힌 바는 없다.

이 수석: 이 문제에 관한 한국 측 입장은 의사록에는 명기되어 있지 않으나, 당시의 양측 이해는 이 두 만이 역사적 만이라는 개념을 머리에 두고 만으로서 처리하기로 된 것임을 분명히 한다.

가와카미: 역사적 만인 경우에는 객관적으로 제3 자에 의하여 인정받을 수 있는 요건이 설명되어야 한다는 점을 참고적으로 말해둔다.

와다: 서해안에 있어서는, 횡도 이북에 관하여 '횡도-상왕등도-직도-어청도-서격열비도-소령도'까지는 합의를 보았다. 소령도 이북에 관하여 한국 측은 소령도-

소청도로 연결할 것을 주장하였으나, 일본 측은 인천만이 역사만인지에 대하여 부정하는 입장이므로 직선기선을 획선하더라도 연안 가까이 들어가야겠다는 입장에 변함이 없다. 그 이북에 관하여는 일본 측으로서는 한국의 현실적인 지배가 미치지 않는 부분이므로 획선하는 데 반대의 입장이다. 횡도 이남에 관하여는 한국 측이 소흑산, 대흑산군도를 본토에 포함 획선할 것을 주장하고, '횡도-홍도-단어도-중래도-국흘도-소흑산도'로 연결할 것을 주장하였으나, 일본 측으로서는 소흑산, 대흑산군도는 본토와 분리되어야 한다는 입장이었다. 단, 소흑산, 대흑산군도를 일본 측 주장과 같이 본토와 분리할 경우에는, '횡도-소비치도-소허사도-칠발도-매물도(우이도)-간서(맹골군도)'로 할 것을 주장하였던바, 이에 대하여 한국 측도 이의가 없었던 것으로 기억한다.

김 대표: 와다 대표의 설명이 대체로 옳은바, 다만 소흑산, 대흑산군도를 본토와 분리할 경우를 가정한다면, 일본 측 획선 안과 같이 될 수도 있겠다는 실무적 의견을 표시하였던 데 불과하다.

와다: 남해에 있어서는, 1.5미터 암-생도-홍도로 획선하는 데에는 의견의 일치를 보았다. 홍도-상백도 간에 관하여는 한국 측은 홍도-간여암-상백도를 주장하고, 일본 측은 홍도-고암-간여암-상백도를 주장하여 대립하였다. 단, 일본 측은 제주도 주변에 관한 아카기 시안이 수락되고, 또한 본 해당 수역의 전관수역 중 외측 6마일 내의 입어권이 인정된다면, 한국 안대로 하겠다는 입장을 표시하였던 것이다.

최 위원: 일본 측이 조건부로 한국 안에 동의하겠다는 내용은 양측 의사록의 기록 내용과 다르다. 일본 측은 제주도 주변 문제가 원만히 해결되면, 한국 안대로 하겠다고 말한 것으로 일본 측 의사록에도 기록되어 있으니, 이는 외측 6마일 내의 입어권 주장은 철회하고 그저 홍도-간여암-상백도의 한국 안대로 하겠다는 것으로 해석되어야 한다.

와다: 그 해석이 옳다.

김 대표: 그러면, 제주도 주변 문제에 관하여 얘기하자. 한국 측의 입장은 기선 문제가 명백히 된 후에 어업수역을 논의하는 입장이며, 기선과 조업 수역을 혼동시키는 안에는 탐탁한 생각을 가질 수 없다. 우리 입장은 제주도 서쪽에서는 만제도-죽도(제주도 서안), 제주도 동쪽에서는 우도-거문도로 직선기선을 획선해야겠다는 입장에 불변이다.

히로세: 양측의 기선 안이 대립하였으므로 이에 대한 해결안으로서 아카기 타협안

이 검토된 것인데, 앞으로 검토할 여지가 없다는 얘기인가?

0089   김 대표: 우리의 입장은 제주도 주변에 관하여만 기선 문제가 미해결로 남고 조업 수역의 얘기로 들어가는 것이 전반적인 기선 문제와 관련하여 볼 때 응하기 어렵다는 것이다. 아카기 안은 일본 측의 생각이나, 이 문제를 해결하기 위하여는 모든 가능한 방법을 검토해야 하겠다.

히로세: 기선 문제에 관하여 양측 입장이 대립하여 진전이 없으므로 타협책으로서 조업 수역의 얘기가 나온 것이 아닌가?

김 대표: 기선과 조업 수역이 혼동되는 것은 곤란하니, 우선 기선 문제서부터 해결하는 것이 좋다.

히로세: 그러면, 아카기 안을 토의의 기초로서도 인정 못하겠다는 것인가?

이 수석: 아카기 안이 토의의 대상 운운하기보다는, 기선과 조업 수역 문제가 혼동되는 것은 안 되므로, 기선을 먼저 분명히 하자는 입장이다.

최 위원: 농상회담 시의 양측 의사록의 기록에 의거한 발언인데, 한국 측은 제주도를 본토와 포함하여 직선기선을 획선하는 안을 제시하고, 이에 대하여, 일본 측은 본토와 분리하여 본토 부분의 직선기선에 관한 안 및 제주도는 저조선에 의하는 안을 제시하여, 기선에 관한 이 대립이 그대로 남는 것으로 기록되어 있다. 즉, 기선에 관한 양측의 입장이 대립하고 있음을 쌍방이 확인하고 있다. 일본 측이 타협안으로서 아카기 안을 냈으나, 양측은 이를 토의의 기초로 삼기로 하고 전기 기선에 관한 주장을 철회한 것은 아니다.

0090   히로세: 그러나, 아카기 안은 공식회담 석상에서 양국의 책임있는 대표자가 타협안으로써 검토한 것이 사실이며, 아카기 안 중 제주도 동 측의 조업한계선으로서 일본 측이 동경 127도 7분까지 양보한 데 대하여, 원 장관이 127도 13분으로 하라는 대안까지 낸 경위로 보아, 토의의 대상이 되었던 것만은 확인하여야겠다.

이 수석: 아카기 안이 타협안으로 제시되었으나, 한국 측이 원칙 면에서 양승하여, 조업한계선의 폭에 관한 교섭을 한 것이 아님을 분명히 해둔다. 원 장관이 127도 13분의 얘기를 한 것은 이 자리에 있는 와다 대표나 본인이 직접 관련하였으므로 그 경위를 잘 아는 터인데, 아카기 안의 조업한계선의 동서의 거리가 상이하므로, 아카기 안이 타협안으로 제시된다 하더라도 적어도 127도 13분으로는 제시되어야 옳지 않겠

는가는 의견을 표명한 것에 불과하다.

 기선에 관한 얘기는 이만하고, 어업협력에 관하여 얘기해보자. 양측 입장은 농상회담 시의 의사록에 기록되어 있는바, 한국 측은 어업협력의 계획안으로 제시된 바와 같이 적어도 그 정도의 계획이 집행되려면 1억 1천 4백만 불은 필요하며, 조건 및 방식에 있어서는 한국의 영세 어민이 실제로 소화 가능한, 실천성이 확보될 수 있는 정부 차관적인 내용의 것이어야 한다는 입장이다. 기타 수산물 수입 제한의 철폐, 어선 수출금지의 철폐 등 한국 측의 입장은 농상회담 시의 의사록대로다.

 히로세: 일본 측도 농상회담 시의 입장대로이다. 조건은 민간신용 공여밖에는 할 수 없으며, 정부 차관적 성격이라면 청구권의 3억, 2억의 범주에서 해야겠다는 입장이다. 실효 문제에 관하여 한국 측이 우려하는 것 같은데, 협력위원회의 설립을 통하여 실효성 확보 문제를 논의케 하면 별문제 없을 것이다. 영세 어민을 위한 소형 어선 같은 것도 한국 측이 조합 등의 구성을 통하여 일괄 수입토록 하면, 그 실효성이 확보될 것이다.

 이 수석: 한국 측으로서는 어업협력 금액도 물론 중요하나, 특히 조건과 방식이 한국 어민이 사실상 수혜 가능한 실천성이 확보되는 내용의 것이어야 한다는 점에 중점을 두는 입장이다.

 히로세: 어업협력도 중요하나, 일본 측으로서는 수역 문제, 규제 내용 등이 원만히 타결되어 일본의 안전 조업이 확실히 되어야만, 어업협력 문제도 촉진할 수 있다. 협력 얘기를 안 한다는 게 아니고, 이들 문제가 선결되어야 탄력적인 태도를 표시할 수 있다는 얘기이다.

 이 수석: 한국 측의 입장은 기선이나, 규제 내용이나 어업협력이 세 개의 기둥으로서, 그중의 하나가 불확실해도 곤란하다는 입장이므로, 이 세 가지가 다 원만하게 동시에 타결되어야겠다는 입장임을 분명히 한다. 지금까지 수역, 기선, 협력의 문제가 토의되었는데, 남은 문제는 공동위원회 등의 문제이나, 어업 문제에 관한 주요 문제가 대체로 검토되었으니, 이것으로 금년의 토의가 완료되는 것으로 이해함이 어떤가?

 히로세: 동감이다.

5. 신문 발표
"기선과 협력에 관한 얘기를 하였다."

22. 제7차 한일회담 어업 및 평화선위원회
제1~5차 회의를 통해 확인된 양측 입장 대조표

0092 제7차 한일 전면 회담 어업 및 평화선분과위원회 회의(1964. 12. 7~12. 17)를 통한 양측 입장 대조표

(토의 순서에 따라 정리함)

	한국 측	일본 측
	1. 수역	
(1) E 수역	어족의 월동장이므로 꼭 설치되어야 함을 주장. 규제연구위원회를 설치하든가, 별도 연구 그룹이나 소위원회를 구성하여 E 수역 설치에 관한 토의를 즉시 하자.	어족의 회유로에 불과하므로 설치 불필요. 어업 문제 전반에 관한 대강이 타결되면 규제연구위원회를 설립하고, 이로 하여금 E 수역 설치의 필요성을 검토케 한다. 한국 측의 설치 필요성의 주장만은 TAKE NOTE 한다.
(2) B, C 수역	수역이 협소하며 줄어 어선 수가 많음에 비추어 자원 보존, 어업 질서 유지, 분쟁 방지: 연안 어업 보호의 면에서 타 수역보다 특별한 고려가 필요하다. 기본 입장은 B 수역에서는 한국, C 수역에서는 일본이 자유 조업하고, 월경할 경우 4대 어업은 공동위에서 정하는 규제 조치, 기타 어업은 엄격한 자주 규제하에 입어한다. 이에 대한 대안으로서 다음의 3 방식을 고려할 수 있다.	한국의 기본 입장대로 하면 동일 수역에서 양국 어선이 차별 조치하에 조업케 되므로 반대이다. 엄밀한 의미의 공동규제이어야 한다. 기본 입장은 B 수역에서 4대 어업을 공동규제하고 기타 어업은 자주 규제하며, 한편 C 수역에서는 한국이 자유 조업하여도 무방하므로 C 수역은 없애는 것이 좋다. 이게 아니면 B, C 수역을 모두 자주 규제하자.

0093

	한국 측	일본 측
	(1) B 및 C를 4대 어업에 관하여 각각 다른 기준의 공동규제수역으로 한다. 기타 어업은 엄격한 자주 규제에 의한다. (2) B, C 수역을 하나의 새로운 수역으로 하여 4대 어업을 공동규제하고 기타 어업은 자주 규제한다. (3) C 수역에서 한국이 자유 조업하여도 무방하다 하니 그렇게 해도 좋으나, 단 B 수역에서는 한국은 완전 자유 조업하고 일본만이 4대 어업은 공동위에서 정하는 규제 하에, 기타 어업은 엄격한 자주규제하에 입어토록 한다(C 수역을 없애는 것에 원칙적으로 동의하는 것은 아니다). 자주규제는 출어 척수를 공동위에 통고하면, 상대방의 의견을 제시하고, 이 의견을 존중하여 조정하는 것이다. 또한 최초에 대체적인 출어 척수의 범위를 정해놓고, 이 범위 한도 내에서 조정한다는 뜻이다.	한국 대안의 (3)에 대하여는, 원칙 면에서는 일본의 입장에 상치되나, 구체적인 규제 내용을 제시해주면 이를 검토한 후 재고려할 것이다. 한국 대안 (1), (2)의 방식은 양국의 어업 제도 및 실태가 판이하므로, 공동규제를 함으로써 일본의 어업 제도 및 실태를 손상할 수는 없으니 도저히 응할 수 없다. 자주규제에 속하는 일반 어업은 일본의 어업 제도상 자유 어업에 속하는 것이므로 사실상 어떤 규제를 하기가 매우 어렵다. 일한 어업 1,900척의 내역은 다음과 같다. 연승 674척, 인승 468척, 자망 62척, 시이라즈케 37척, 기타 일본조 617척, 돌봉 44척, 계 1,902척.
(3) A 수역	공동규제의 명분이더라도, 양국의 어획 능력의 격차가 심하니 실질적인 공평이 확보되는 규제이어야 한다. 어떤 면으로나 어획량에 기준을 톤 척수 제한방식을 통하여 일본의 실적이 다루어져야 한다.	공동규제 인한, 숫자적, 형식적으로 평등 규제이어야 한다. 현재의 출어 척수를 증대할 생각은 없으나 현 출어 척수에 입각하여 일본의 실적이 존중되는 규제이어야 한다. 일본 측 제시의 출어 척수는 연중무휴로 출어하는 숫자가

	한국 측	일본 측
	일본 측 제시 숫자에는 한 척도 출어하지 않은 날 또는 반밖에 출어하지 않은 날 등의 실정이 반영되어 있지 않다. 연중을 통하여 사실상의 출어실태를 상세히 분석하고 이에 의거하여 척수 문제를 논의해야 할 것이다.	아니고, 주기적으로 수리를 위하여 유휴하는 어선, 1년에 한두 번 조업하는 어선 등도 포함한 최고 출어실적이다. 그러나 현 어업 제도상 어획량과 관련하여 비추어 숫자를 감축할 수는 없다.
(4) D 수역	본 수역의 저인망 조업 가능지역은 매우 협소한데, 현재 조업하고 있는 한국의 저인망 50척 외에 일본 어선이 들어오는 것은 곤란하므로 저인망은 일본 측이 당분간 억제해야겠다. 일본의 관심 수역이 B 또는 D로 속하는 문제는 B, C의 규제 성격에 따라서 결정될 문제이다. 본 수역에 관한 한국 측의 구체적인 척수 제안은 제시되어있지 않으나, A 수역의 척수 문제가 타결되면 그 방식에 의거하여 본 수역도 결정될 수 있다.	본 수역에서 저인망에 관하여 일본이 주로 관심을 가진 구역은 북위 36도와 35도 5분간의 수역이며, 그 이북은 큰 관심은 없으나, 일본의 관심 수역이 B 또는 D가 될 것인지 미결정이므로 현 단계에서는 명확한 입장을 밝힐 수 없다. 한국 측이 구체적인 척수 제시를 해 주기 바란다.
	2. 기선	
(1) 동해안	일본 측 입장은 원칙적으로 양승하나, 실제 획선 시에는 기술적 난점이 있을 것임을 염두에 두자. 영일만 및 울산만은 이미 만으로서 쌍방이 양승하였으며, 구체적으로 직선 획선을 어떻게 하느냐에 관하여 한국 측이 아직 입장을 밝히지 않았다.	1.5미터 암 이북은 저조선에 따른다. 영일만 및 울산만은 만으로서의 자격 요건을 구비하였는지 먼저 검토하고, 구비하였다면 영해 및 접속 수역에 관한 조약 7조의 규정에 따라 직선 획선 해야 한다.

		한국 측	일본 측
0095	(2) 서해안	가. 횡도 이북 횡도-상왕등도-직도-거청도-서격 일비도-소령도까지는 합의. 그 이북은 농상회담 시의 양측 대립점을 확인 (소령도-소청도-대청도-백령도-당산곶, 서도-남도-대화도-마안도를 주장). 나. 횡도 이남 소흑산, 대흑산군도를 본토에 포함할 것을 주장. 즉, 횡도-홍도-만어도-중태도-국흘도-소흑산도를 주장. 단, 분리일 경우를 가정한다면, 일본 측 획선 안과 같이 될 수 있겠다는 실무적 의견 표시함.	좌동 소령도-소청도는 경기만이 역사적 만으로 인정되지 않으므로 반대이며, 한국 연안 가까이로 재 획선되어야 한다 (농상회담 시에는 소령도-하산도-선미도로 끝날 것을 주장). 그 이북은 한국의 현실적 지배가 미치지 않으므로 획선에 반대함. 본토와 분리할 것을 주장. 본토와 분리할 경우는 횡도-소비치도-소허사도-칠발도-매물도(우이도)-간서(맹골군도)로 할 것을 주장. 이 경우 소흑산, 대흑산군도는 저조선에 의한다.
	(3) 남해안	1.5미터 암-생도-홍도에 합의. 홍도-간여암-상백도를 주장.	좌동 홍도-고암-간여암-상백도를 주장. 단, 제주도 주변에 관한 아카기 안이 수락되면, 한국 안에 동의하겠다(이 경우는 해당 수역의 전관수역 중 외측 6마일 내의 입어권 주장은 철회하는 것임).
0096	(4) 제주도 주변	아카기 안은 기선 문제와 조업 수역 문제를 혼동시키는 것이므로, 전반적으로 기선을 명백히 한 후에 수역 문제를 다룬다는 한국 측 입장에 합치되지 않는다. 일본 측은 제주도와 본토를 분리할 것을 주장하나, 한국 측은 제주도는 어디까지나 본토와 포함하여 직선기선으로 획선해야 하겠다.	아카기 안은 제주도 주변 기선 획선에 관한 양측의 대립(일본 측 기선 안은 제주도를 본토와 분리하여 본토 부분은 따로 직선기선을 획선하고, 제주도의 기선은 저조선에 따른다는 것이다)을 해결하기 위한 타협안으로 제시된 것이다. 아카기 안중 제주도 동쪽에 관하여 일본 측이 127도 7분을 조업한계선으로 하자고

	한국 측	일본 측
	즉, 서쪽에서는 '소흑산도-만재도-죽도(제주도 서안)', 동쪽에서는 '상백도-거군도-우도'의 입장이다. 아카기 안에 대하여 한국 측이 127도 13분 운운한 것은 아카기 안을 원칙 면에서 양승한 것이 아니며, 다만 타협안으로 제시된 아카기 안이 적어도 127도 13분으로 제시되어야 옳은 것이 아니냐는 의견을 표명한 것이다.	양보한 바 있고, 한국 측이 127도 13분을 요망하였던 경위에 비추어, 금후 토의도 아카기 안을 토대로 하여 양측 입장을 접근토록 하면 좋겠다.
	3. 어업협력	
	금액(1억 1천 4백만 원), 방식(실효성이 확보되는 정부 차관적 성격), 조건(3.5~4퍼센트의 저리, 3년 거치, 7년 상환) 및 기타(수산물 수입제한 철폐, 어선 수출 제한 철폐 등)에 관하여 농상회담 시의 입장 고수. 기선, 규제, 협력 문제가 세 개의 기둥으로서 상호 관련하여 동시에 해결되어야 한다. 협력 중 금액도 중요하나 특히 영세어민이 소화 가능한 실천성이 확보되는 내용의 조건에 중점을 두고 있다.	금액(7천만 불), 조건(케이스 바이 케이스), 방식(순수한 민간신용 공여) 등에 관하여 농상회담 시의 입장 고수. 협력 문제를 전혀 논의하지 않겠다는 것은 아니나, 일본 측으로서는 규제 내용이 만족할만한 것이 되지 않을 경우에도 호의적인 내용의 협력은 할 수 없는 것이므로 수역, 규제 등의 문제가 선결되어야겠다는 생각이다.

26. 제7차 한일회담 어업 관련 농림부 측의 훈령 공문

0127   수신: 외무부 장관

1965. 1. 20

제목: 신년도 속개 한일회담에 관한 훈령

공동규제수역 내에 있어서의 일 어선 규제 내용을 다음과 같이 수정하여 주시기 바랍니다.

1. A 구역

가. 기선저인망 및 트롤 어업

어기	입어	척 수
5~10월	제1안	2안
	40척	58척
11~4월	50척	80척
나. 선망 어업	4~11월	주년
	45통	45통

2. B 구역

가. 이동 저인망 어업	제1안	제2안
	15척	20척
나. 기타 연안 어업	900척	1,200척

3. E 수역

0128 　양국 합의에 의하여 본 수역의 범위와 규제 내용은 결정하되 아 측 주장이 관철되지 않을 때에는 E 수역 설치의 원칙적인 필요성은 확인하고 그 규제 방안에 대해서는 규제연구위원회의 보고에 따라 결정토록 한다.

　　　　　　　　　　　　　　　　　　　　　　　농림부 장관 차균희[서명]

30. 제7차 한일회담 어업 및 평화선위원회 제6차 회의 회의록

제7차 한일 전면 회담 제6차 어업 및 평화선위원회 회의록

1. 일시: 1965. 1. 21, 10:30~1:40

2. 장소: 외무성 234호실

3. 참석자: 한국 측 – 이규성　대표(수석)
　　　　　　　김명년　　　〃
　　　　　　　최광수　전문위원
　　　　　　　신동원　　　〃
　　　　　　　공로명　보좌
　　　　　　　조성찬　　　〃
　　　일본 측 – 와다　대표(수석)
　　　　　　　히로세　　　〃
　　　　　　　가와카미　조약국 조사관
　　　　　　　하마모토　법규과 사무관
　　　　　　　우치다　북동아과 사무관
　　　　　　　야스후쿠　수산청 어업조정과장
　　　　　　　모리사와　수산청 해양제2과장
　　　　　　　마쓰모토　수산청 트롤반장
　　　　　　　혼다　수산청 저인반장

4. 토의 내용

　이 수석: 연말의 5차에 걸친 회합을 통하여 본 위원회의 양측 입장은 명백해졌다.

따라서 금번 회의에서는 결론을 내자는 견지에서 본국에서 귀국하여 고위층과도 협의를 거듭했고, 그러한 결론에 도달할 수 있도록 재량을 득하여 귀임했다. 연이나 본 문제는 양측 공히 관심이 많은 중대한 문제로서 어려운 점이 많다. 작일의 수석대표 회의에서 각 위원회별로 각기 진첩을 보도록 합의를 본 바 있으나, 본 위원회는 그 내용의 진행 여하가 타 위원회의 진전에 영향을 미칠 수 있음에 비추어 '피치'를 올려서 회담 전반의 선도적 역할을 담당하여 회담 전반의 조기 타결을 기하고자 한다.

따라서 앞으로의 회의는 본 위원회 레벨에서도 가급적 차원을 높이고, 대국적인 견지에서 문제를 처리하고 싶다. 그러하기 위하여 과거의 이론 전개보다는 실제적인 면과 입장에서 결론에 도달하고자 하니 일본 측의 이해를 바란다.

와다: 금번 휴회를 마치고 다시 회담의 조기 타결을 위하여 회합함을 기쁘게 생각한다. 일본 측으로서는 평화선과 관계 수역에서의 일본 실적의 존중과 안전 조업을 보장받는 것이 교섭 타결의 근본적인 문제로서, 나무에 비유한다면 줄기(幹)에 해당한다. 지난 회합에서 원칙적인 문제에 관한 양측 입장은 명백히 부각되었으나, 아직도 한국 측이 조업 척수 등을 제시하지 않음으로써 전모를 밝혀주지 않고 있다. 따라서 어업 전반을 고려할 때 전모를 알 수 없으므로 해결을 위한 구체적인 결론을 짓기에 난점이 많다.

금번 회담에서는 한국 측이 이러한 전모를 표명함으로써 일본의 실적 존중이 얼마나 관철될 수 있겠는가 하는 것이 고려되어야 하겠다. 이를 알아야만 전체적인 문제를 처리할 수 있겠다.

이 수석: 이미 언급된 바와 같이 한국 측도 그러한 견지에서 문제를 실제적으로 다루어서 결론짓고자 한다. 이러한 관점에서 앞으로의 회담 진행에 융통성을 갖기 위하여, 1) 전문가 회의, 2) 위원회 전체 회의, 3) 4자 회의(한일 양측 어업 대표), 4) 수석대표 회의를 활용하고 싶다. 또한 본 회의에서 언급한 바와 같이 앞으로의 필요에 따라서는 본국 관계 부의 차관의 참석도 얻어 각계 층의 회의를 이용하여 문제 처리에 응하고 싶다. 이러한 한국 측 제안에 대한 일본 측 의견을 표명해 주기 바란다.

와다 대표가 어업 전반의 전모를 알기 위하여서 조업 척수에 대한 한국 입장을 표명해 줄 것을 요구한바, 그간 조업 척수에 관해서는 비공식, 공식을 막론하고 장소와 때를 달리하여 여러 차례 언급된 바 있으므로 일본 측에서 요구하는 조업 척수의 종합적인 숫자를 다시 정리하여 종합 설명해 주기 바란다. 동 조업 척수의 종합적인 입장 설명에 있어서 양국의 어업 형태와 종류의 차 등을 조정하여 수역별로 가능한 새로운 입장을 가미해서 알려주기 바란다. 이에 따라 아 측도 미제시된 수역별, 어업별 척수를 제시할 생각이다.

그러면 회담 운영방식에 관한 일본 측 의견을 제시해 주기 바란다.

히로세: A, B, D 수역에 대한 종합적인 일본 측 출어 척수를 제시한 후, 한국 측의 척수를 제시할 것인가?

이 수석: 그렇다.

히로세: 회의 운영에 관해서는 위의 양측 출어 척수에 대한 안을 보고, 또한 문제의 진전에 따라서 귀 대표가 얘기한 각종 회의를 갖는 문제는 그때그때의 사정을 고려하여 결정토록 하는 것이 어떤가? 물론 일본 측으로서는 원칙적인 이의는 없다.

이 수석: 한국 측의 회의 운영방식은 발전된 것이다. 즉 종전과 같이 본 위원회에서 양측 입장이 대립되면 그 해결이 교착되는 경향이 있음에 비추어 그러할 경우에는 그 대립을 수석대표 회의에 올려서 해결을 시도하려는 것이다. 이 점 일본 측이 이행하기 바란다.

히로세: 앞에서 이 대표가 본국에 가서 고위층과 문제 해결을 위하여 협의했다고 했는데 원·아카기 회담 내용도 언급된 바 있는가?

이 수석: 그렇다. 이 점 오해 없기 바란다. 한국 측은 원·아카기 농상회담이 양국의 책임 있는 장관급의 정식 대표 간에 얘기된 바이므로 그 내용은 합의는 합의대로, 대립은 대립대로 존중해 왔다. 기실 이 문제에 있어서는 일본 측과 한국 측의 신문 보도에서는 잘못 인식이 되고 있는 감이 있다. 농상회담에 관한 한국 정부 입장은 외무부 장관이 수차에 걸쳐서 밝힌 바와 같이 동 회담의 내용을 전적으로 백지화한다는 것은 아니다.

와다: 회담의 조기 타결을 위해서, 그리고 본 위원회의 진행 '템포'를 촉진하기 위하여 일본 측이 과거 공식 또는 비공식 석상에서 표명한 바를 포함한 출어 척수를 이 자리에서 우선 복습하고, 내주 서면으로 제시하면 어떻겠는가?

이 수석: 좋다. 그리고 내주 월요일 오후 3시에 과장급 전문가가 회합해서 영일, 울산만의 획선을 해 볼 것을 제안한다. 아 측 입장은 상기 2만이 역사적 만인바 동 획선을 어떻게 할 것인가를 아직 밝힌 바 없고, 일본 측은 국제법상의 만 인가의 자격을 검토한 후 획선을 한다는 것으로 아는데, 여사히 입장만 가지고 운위해도 해결이 안 나니 한국 측의 구체적 획선과 일본 측의 획선을 앞에 놓고 결론을 내도록 하자.

가와카미: 전문가 회의는 그 외에 두 만의 만 자격에 관한 검토도 포함해서 토의하여야 하겠다. 두 만이 국제법상의 만이면 제네바조약에 따라서 만구에서 24마일 내의 직선을 획선하면 되겠고, 역사적 만이라고 하면 원칙 문제가 있다.

이 수석: 이론만 갖고는 해결이 안 되니 일본 측은 일본 측 입장에서 획선 해 보고 한국 측은 한국 측 입장에서 획선 해 놓고 얘기해보자. 그 외에 동해안은 저조선 원칙에 의한다는 데는 합의되었으나 구체적으로 전관수역을 도면에 표시할 때는 굴절된 부분을 어떻게 표시할 것인지 전문가가 구체적으로 논의할 필요가 있는 것이다.

와다: 한 번은 획선 해봐야 할 것이니 그렇게 하는 것이 좋겠다. 그러나 조업 척수를 제시하여 전모를 파악하자는 얘기를 중단하는 것은 아닌가?

이 수석: 아니다. 획선 작업은 전문가 회의에서 토의시키고, 내주 위원회 회의에서는 척수 문제를 토의하겠다는 것이다. 다음 위원회 회의는 1. 26(화) 오전 10시 30분, 전문가 회의는 1. 25(월) 오후 3시가 어떤가?

와다: 좋다. 그러면 일본 측 출어 척수를 정리해서 설명하겠다. 여기에는 공식, 또는 비공식 회의에서 제시된 바를 포함한 것이며, 내주 회의에서 서면으로 제시하겠다.

0141　일본 제도는 동경 126도 30분을 기준으로 이서와 이동으로 구분되고, 북위 33도 9분 15초 이남은 연안 어업의 보호를 위하여 제외된다.

1) 이서 저인, 트롤 어업

30톤 이상 200톤 미만의 대신 허가 790척 중,

(1) 이서 저인: 크기에 있어서 일본 측은 50톤~200톤인바, 한국은 50톤~150톤으로서 상한에 의견 차가 있다.

(2) 이서 트롤: 일본은 크기 220톤 이상 550톤 미만, 한국은 100톤 이상을 주장하여 하한에서 의견 차가 있다.

(3) 망목: 절목을 제외한 수 중 내경 54밀리 이상에 합의되었다.

(4) 휴어 기간: 6~7월 간 휴어에 합의했다.

(5) 출어 척수: 성어기 11~4월 370척

한어기 5~8, 10월 200척

이를 수역별로 보면

수역: 성어기 270(한어기 100척)

수역: 성어기 100척(한어기 100척)

2) 이동 저인: 대신 허가 232척 중,
   (1) 공동규제 대상 선형: 크기 30~50톤 저인에 합의
   (2) 망목: 미합의. 일본 측: 33밀리 이상(일본이 잡고 있는 '니스' 어획에 필요)
                     한국: 33밀리 이상
   (3) 휴어기: 6~7월 합의
   (4) 출어 척수: 190척
         수역 140척
         수역 60척

3) 선망: 40톤 이상의 대신 허가(A, B, D 수역 해당) 총수 162통
   (1) 규제 대상 선형: 미합의. 일본: 40~100톤
                     한국: 60~100톤
   (2) 망목: 고등어, 전갱이에 대하여서는 선망의 망목이 34밀리 이상일 것에 합의. 정어리에 대해서는 장차 정하기로 유보함.
   (3) 광력: 합의. 화선(火船) 2척에 대하여 각각 10킬로와트 이하, 어탐선(1척)은 7.5킬로와트 이하.
   (4) 휴어기: 없음. 또 일본은 관행상 매월 만월일(滿月日) 전후 3일간 휴업하고 있음.
   (5) 출어 척
     가) 150통(A, B, D 수역 해당)
         A 수역 70통
         B 수역 110통
         D 수역 40통
            계 220통
       단, 상기 수역별 계가 220통이 되나 이는 중복된 숫자이며 총체적으로는 150통이다.
     나) 위에 대하여 한국 측 안은 A 수역에 대해서 45통이었다.
     다) 일본에는 선망 크기의 상한인 100톤을 넘는 어선이 1척 있는바, 동 어선 처리는 한국의 동해안의 새우 트롤 문제와 관련지어 조절할 수 있다고 생각한다.

4) 고등어 일본조
   (1) 선형: 25~100톤
   (2) 광력: 10킬로와트 이하
   (3) 25~100톤 600척은 현재 대신 허가가 아니나 협정 성립 후 대신 허가로 할 것에 합의할 수 있다.
   (4) 출어 척수: 420척
       A 수역   90척
       B 수역 330척

5) 일반 어업
   (1) 2,500척 중 B 수역에 1,902척을 출어할 것을 요구했다.
   (2) 일반 어업은 A, D 수역에는 출어하지 않고 있다.
      단, 출어할 경우에는 별도 상의할 수 있다.
   (3) 일반 어업의 자주 규제로서 '라운드'로 하기 위하여 1,900척으로 하는 것은 무방하다.

6) 일본의 저인, 트롤 어업 제도가 동경 128도 30분이고, 한국은 128도인바, 한국이 일본이 연안 어업을 보호하기 위하여 제안하고 있는 북위 33도 9분 15초 이남에 출어하지 않는 조건으로 이서, 이동의 구분선을 동경 128도로 할 용의가 있다.

7) 양국 국내법상의 어업금지구역은 상호 존중한다.

5. 신문 발표

1) 위원회가 회담의 조기 타결을 위하여 노력할 것을 재확인하였다.

2) 회의 진행방식으로써 본 위원회 외에 전문가 회의, 4자 회의, 수석대표 회의(양국 수석을 의미함)를 활용하여 능률적으로 진행할 것을 양해하였다.

3) 금일 회합에서는 일본 측으로부터 규제 내용에 관하여 전반적인 설명이 있었다.

4) 다음 회의는 1. 26(화) 10:30으로 하고 1. 25(월) 15:00에는 전문가 회의를 열어 기선에 관한 기술적 문제를 검토케 하기로 하였다.

끝

35. 해도의 지점 위치 확인을 요청하는 대표단 전문

0149   번호: JAW-01293

일시: 251508[1965. 1. 25]

수신인: 외무부 장관
발신인: 주일 대사(수석대표 김동조)

아래의 사항을 금일중으로 회시 바람.

1. 영일군과 영덕군과의 군 경계선과 해안선과의 교차점(위, 경도)

2. 경상남, 북도의 도 경계선과 해안선과의 교차점(위, 경도)

(외아북)

36. 대표단 문의에 대한 본부 회신 서비스 전문

0150   번호: 서비스 전문

일시: 251750[1965. 1. 25]

수신인: 주일 대표부 최 정무과장

대: JAW-01293

1. 대호로 문의하신 좌표에 관하여는, 내무부 지적과에서 보관하고 있는 지적도에 의한 것이 유권적인 것인바, 당지 사정으로 금일중으로는 상기 유권적 좌표를 알기가 곤란함.

2. 따라서 상기 유권적 좌표는 내무부에서 통지 있는 대로 조속히 통보할 것이나, 우선 해군본부에서 5만 분의 1 옥도로 산출한, 현재로서는 최근사치인 하기 좌표를 통보하오니 참고로 하시기 바람.
  가. 해안선에서의 영일군과 영덕군 간의 군 경계선(북위 35도 38분 09초, 동경 129도 27분 12초)
  나. 해안선에서의 경상남, 북도의 도 경계선(북위 36도 16분 00초, 동경 129도 22분 43초)
    (외아북)

38. 제7차 한일회담 어업 및 평화선위원회 제6차 회의에 따른 전문가 회의 결과 보고 전문

번호: JAW-01294

일시: 251508[1965. 1. 25]

수신인: 외무부 장관
발신인: 주일 대사

제6차 어업 및 평화선위원회에 따른 전문가 회의 보고

1. 일시: 65. 1. 25 11:00~12:15

2. 참석자: 한국 측: 최광수 전문위원, 신동원 전문위원, 공로명, 조성찬 보좌
   일본 측: 가와카미 조약국 조사관, 후쿠나가 수산청 어업조정과장, 혼다 어업조정과 트롤반장, 하마모토 법규과, 우치다 북동아과 사무관

3. 토의 내용

(1) 일본 측은 기본 입장으로서 원, 아카기 회담에서 양승된 바와 같이 1.5미터 암 이북은 저조선이고, 영일 및 울산만은 제네바조약 7조의 원칙에 의하여 검토한다는 것이라고 하였다. 이에 대하여 아 측은 1.5미터 암 이북 동해안은 저조선이라는 원칙에 대하여서 이의 없었으나, 영일 및 울산만은 만으로써 처리하기로 양승하고 있다고 하였다.

(2) 일본 측은 제네바조약 7조의 만은 동 조 1~5항에 해당하는 법률적인 만을 의미하는 것으로 이해한다고 하는 데 대하여 아 측은 원칙적으로 제7조를 원용하는 데 동의하는 것은 아니나 동 조 6항에는 역사적 만도 있으니 제7조의 만은 법률적 만뿐만 아니라 역사적 만도 포함한 것으로 이해하고 있다고 하였다.

0153 (3) 영일만

상기한 양측 입장을 각각 표명한 후 양측은 영일만에 관하여 아래와 같은 획선을 제시하였다.

한국 측: 장수갑-축산포

일본 측: 장수갑-달만갑

(4) 상기한 획선의 이론적 근거로서 아래와 같은 입장을 표명했다.

한국 측: 영일만은 역사적 만으로서 장구한 시일을 두고 계속적으로 한국이 내수에 있어서와 같은 권리를 행사했으며 이에 대하여 제3국으로부터 특히 문제된 바 없고, 연안 어민이 청어, 대구 어업에 종사한 등 특수한 경제활동의 근거로 삼아왔다. 한편 일본 측은 위의 아 측 근거에 대하여 역사적 만을 주장하는 연안국이 입증 책임이 있으므로 관할권을 행사해온 구체적인 증거를 들어달라고 하였다. 이어 양측은 역사적 개념 및 정의에 대하여 의견 교환을 한 바, 일본 측은 납득할 만한 증거를 아 측이 제시해 달라고 하였다.

일본 측: 미국이 작성한 수로지와 지리적 구성으로 보아도 영일만의 만구는 장수갑과 달만갑이라고 하였다.

(5) 울산만: 한국 측: 간절갑-방어진 등대

     일본 측: 화암추-대도전면갑(신포)

(6) 울산만에 대하여서 일본 측은 울산만은 울산항을 구성하는 부분이라고 한 데 대하여 아 측은 간절갑과 방어진 등대 내부의 두 만구가 울산만이 된다고 하여 만 자체에 대한 이해에서 대립하였고 일본 측은 울산항 남쪽의 돌입부(신포-범월갑의 내부)는

0154 저조선 원칙에서 처리되어야 한다고 하였다. 이에 대하여 아 측은 신포-범월갑의 돌입부도 울산만의 일부로 보아야 한다고 한즉, 일본 측으로서는 울산만으로 이해하고 있는 밖의 것이므로 입장을 표명하기가 곤란하다고 하였다. 따라서 양측은 울산만에 대해서는 어업 및 평화선위원회에 올려서 울산만 자체에 관한 조정을 받도록 각각 양승하였다.

(7) 양측은 금일 토의된 내용을 각각 수석위원에게 보고하고 명 26일로 예정된 제7차 위원회에서 이를 계속 토의키로 하였다.(외아북)

수석대표

40. 한일회담 어업 문제 관련 수로에 관한 문의 공문

외아북 722

1965. 1. 30

수신: 교통부 장관

제목: 한일회담에 관련된 수로에 관한 문의

1. 현재 한일 양국 간에서 진행 중에 있는 한일회담에서, 현안 중의 하나인 어업 문제와의 관련하에 한국 연안에서의 직선기선 획선 문제가 논의되고 있음은 주지하시는 바와 같습니다.

2. 상기에 관련하여, 아 국 정부가 어디 발간하여 사용 중에 있는 수로도지에서는 하기 2개 만의 만역(湾域)을 각각 여하히 규정하고 있는지 알고자 하오니 이에 관하여 회보하여 주시기 바랍니다.

아 래

(1) 영일만(迎日湾)
(2) 울산만(蔚山湾)

끝

외무부 장관 이동원

42. 한일회담 어업 문제 관련 좌표 문의 공문

0157 외아북 722(74-3874)

1965. 1. 30

수신: 건설부 장관

제목: 한일회담에 관련된 좌표(座標) 문의

현재 진행 중에 있는 한일회담에서 현안 중의 하나인 어업 문제의 해결 방안을 검토함에 필요하오니, 하기 2개 지점의 가장 정확한 경도, 위도를 가급적 조속히 통보하여 주시기 바랍니다.

아 래

1. 동해안 저조선에 있어서의 영일군(迎日郡)과 영덕군(盈德郡)의 군 경계선
2. 동해안 저조선에 있어서의 경상남도와 경상북도의 도 경계선

끝

외무부 장관 이동원

44. 수로 관련 문의에 대한 교통부 회신 공문

0160   수기록 722-1699

1965. 2. 13

수신: 외무부 장관

제목: 한일회담에 관련된 수로에 관한 문의 '회신'

외북아 722-1527(65. 1. 30) 표기 문의에 대하여 다음과 같이 자료를 송부하오니 참고하여 주시기 바랍니다.

1. 만의 통상적 정의

만은 육지 내부로 깊숙이 만입한 바다의 부분을 말하며, 일반적으로 내해의 중간 폭이 만구보다 넓은 것을 만이라고 합니다(유첨 참조).

2. 수로국 간행 한국 연안 수로지 제1권에는 영일만 및 울산만의 만역이 다음과 같이 기재되어 있습니다.

가. 영일만(해도 ROK Ho, 1C3,132)

달만갑의 남서방에 있는 큰 만으로서 그 동단은 장기갑, 서단은 달만갑으로 이루어졌으며, 만구의 폭은 약 10킬로미터로서 북동방으로 개구되어 있고 남서방으로 약 12킬로미터 만입되어 있다.

나. 울산만(울산항)(해도 RokHo 1C3,119)

(1) 만의 동 측에 있는 반도 남단의 화암추와 여기서부터 259° 약 3.2킬로미터에 있는 갑(갑에 접하여 대도라 하는 높이 2.9킬로미터의 작은 섬이 있다)과의 사이가 개항장인 울산항으로서 북방으로 약 4.5킬로미터 만입되어 있다.

(2) 개항질서법 시행령(대통령령 제1876호 □□□□, 7. 11) 제2조에 울산항 항계

를 화암추 단으로부터 북위 35° 27′, 동경 25° 23′ 30″ 지점과 섬의 대도곶을 이은 선내의 해면으로 개정되었습니다.

3. 미국, 영국, 일본의 수로지에 기재된 영일만, 및 울산만에 관한 기사를 별첨합니다.

유첨: 1. 만의 정의(원문 사본) 1부
   2. 영일만, 울산만도 각 1부
   3. 미국, 영국, 일본 수로지 사본 각 1부

끝

교통부 장관 안경모[직인]

첨부물

44-1. 만의 정의가 기재된 문서

0162   Definition of Bay

A portion of the sea which penetrates into the interior of the land. It is usually wider in the middle than at the entrance. It may be similar to a GULF, but smaller.

Extracted from the Navigation Dictionary.
(U.S. Navy Hydrographic Office Pub. No. 220)

번역   **Bay(만)의 정의**

육지의 내부로 들어간 바다의 일부. 일반적으로 입구보다 가운데가 더 넓다. 걸프와 비슷하지만 더 작을 수 있다.

내비게이션 사전에서 발췌
(미국 해군 수로국 간행물 220호)

첨부물

44-2. 울산만 및 영일만도

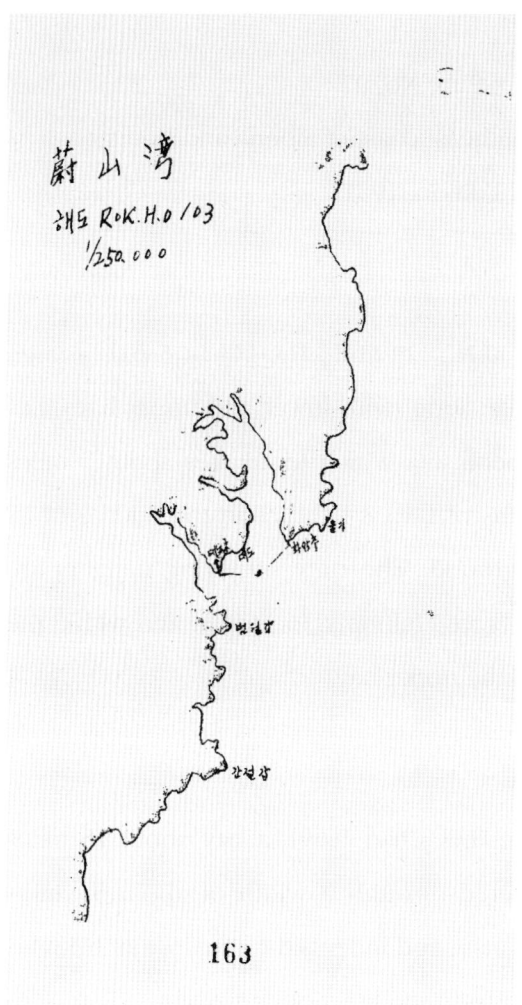
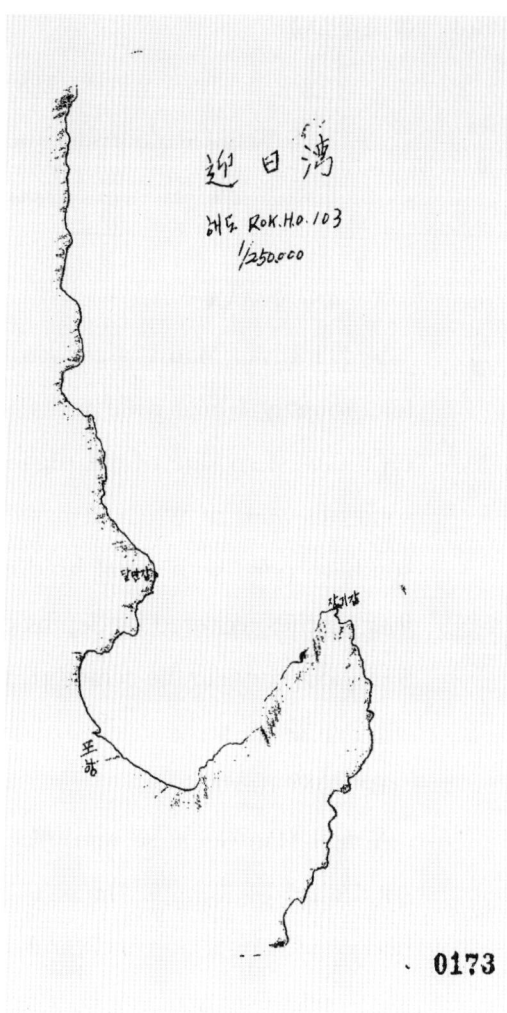

첨부물

44-3. 울산만 및 영일만이 기재된 미국, 영국, 일본 수로지

0164 〈미국 수로지〉

U.S.O.O. Pub. No. 97
Sailing Directions for the southeast coast of Siberia and Korea,
Second Edition, 1951

A. ULSAN MAN

9-111 Ulsan Man(Urusan wan)(35°30′N., 129°23′E., H.O. Chart 5463), a large inlet roughly 1 mile wide and 4½ miles long, with lower and upper bays, lies on the western side of the rugged peninsula which terminates about 2 miles southwestward of Wi Gi. It has depths of 6 to 8 fathoms in the middle of its southern part, with good holding ground. The only off-lying dangers are four patches, covered by depths of 1¾ to 3 fathoms, located at and within the 5-fathom curve in the central part of the upper bay.

B. YONGIL MAN

Yongil Man(Gei jit su wan)(plan on. H.O. Chart 5669), a bay about 15 miles southward of Kanggu Hang, is entered through a width of about 5½miles between Changgi Gap and Taruban Kutsu, and indents the coast about 6½miles in a southwesterly direction. The depths in its direction are around 7½ to 15½ fathoms, and the 10-fathom curve lies about 2 miles offshore at the middle of its head. The bottom is mainly sand and mud, affording good holding ground.

NOTE: (1) Wi Gi(蔚埼)

(2) Changgi Gap(長鬐岬)

(3) Taruban Kutsu(達万岬)

(4) U.S.O.O.(United States Naval Oceanographic Office)

번역

미 해군 해양국 간행물 번호 97
시베리아와 한국의 남동해안 항해 방향
제2판, 1951

A. 울산만

9-111 울산만(울산 완)(35° 30′ N, 129° 23′ E, 해도 5463)은 폭 약 1마일, 길이 4.5마일의 큰 만으로 하부와 상부가 있으며, 울기에서 남서쪽으로 약 2마일가량 이어진 바위투성이의 반도의 서쪽에 있다. 남쪽 중앙의 수심은 6~8 패덤[1]이며, 지반이 양호하다. 유일한 해저 위험은 상부 만 중앙의 5 패덤 곡선 안쪽과 바깥쪽에 있는 1¾~3 패덤의 수심으로 덮인 4개의 부분이다.

B. 영일만

강구항에서 남쪽으로 약 15마일 떨어진 만(湾)인 영일만(해도 5669)은 장기갑과 달만갑 사이의 폭 약 5½마일을 통해 들어가 남서 방향으로 약 6½마일 해안을 오목하게 파고든다. 그 방향의 수심은 약 7½~15½ 패덤이며, 10 패덤의 곡선은 머리 중간에서 약 2마일 앞바다에 있다. 바닥은 주로 모래와 진흙으로 이루어져 있어 좋은 접지력을 제공한다.

참고: (1) Wi Gi(蔚埼)(울기)
　　　(2) Changgi Gap(長鬐岬)(장기갑)
　　　(3) Taruban Kutsu(達万岬)(달만갑)
　　　(4) U.S.O.O.(미 해군 해양국)

1　물의 깊이 측정 단위. 1.8미터에 해당함.

Admiralty, Pub. No. 43

South and east coast of Korea East Coast of Siberia,

and sea of Okhotsk Pilot, Fourth Edition, 1952

A. ULSAN MAN

Ulsan Man.—Ulsan man(Urusan wan) is entered between Geka ko, close off which is Dai to(Lat. 35°28′ N Long. 129°23′ E.), 7 feet(2m 1) high, about 9 cables northeastward of Daito kan, and Hwaamch'u(Kagan shu), 1 ¾miles eastnorth-eastward; an islet, 16 feet(4m 9) high, lies close off Hwaamch'u. The inlet is easy of access, and affords shelter to large vessels from all except southerly winds; it is one of the best anchorages on the east coast of Korea.(See view facing page 198.) About 2 miles within the entrance the inlet is divided into an outer and inner harbour (Urusan ko).

On the western side of Ulsan man, about 1 ¾miles within its entrance, is the entrance to Changsaengp'o(Chosei ho), a narrow inlet extending about 1 ¾miles westward.

B. YONGIL MAN

Yongil Man.—Yongil man(Yon Iru bay) is entered between Changgi gap and Tarusan kutsu(Cape Tsfsu Man), a low promontory, about 6 miles west-north-westward; in its entrance there are depths of from 8 to 16 fathoms (14m 6 to 29m 3), decreasing to less than 5 fathoms(9m 1) at a distance of from half a mile to nearly one mile from the head of the bay, and the bottom being mostly mud and sand, with good holding ground; the bay is open north-eastward. See view facing page 214.

The south-eastern side of the bay is high, with black rocky hills rising somewhat abruptly. The head of the bay consists of white sandy beaches, with two or three streams discharging into it, of which Hyongsan gan(Kei san river) is the principal; this river is navigable for about 2 miles. Pohang dong(Hoko) stands on the north-western side of the head of Yongil man. The northwestern shore is backed by hills, from about 310 to 380 feet (94m5 to 115m8) high, with cultivated valleys.

NOTE: (1) Daito(大島) (2) Daito Kan(大島串) (3) Hwaamch'u(花岩湫) (4) Changgi gap(長鬐岬) (5) Tarusan Kutsu(達万岬)

[번역]

해군성 간행물 번호 43
한국의 남해안과 동해안 시베리아의 동해안,
그리고 오호츠크해의 해로 안내, 1952년 제4판

A. 울산만

울산만 - 울산만은 대도곶에서 북동쪽으로 약 9해리 떨어진 곳에 위치한 높이 7피트(2미터 1)의 대도(북위 35° 28′ N, 동경 129° 23′ E)로 막힌 Geka Ko[게카갑]와 화암추 사이에 있으며, 화암추에서 동북동쪽으로 1¾마일 떨어진 곳에 높이 16피트(4미터 9)의 섬이 있다. 이 입구는 접근이 용이하고 남풍을 제외한 모든 바람으로부터 대형 선박을 보호할 수 있어 한국 동해안에서 가장 좋은 정박지 중 하나다(198페이지 앞쪽 보기 참조). 입구에서 약 2마일 정도 들어가면 외항과 내항(울산항)으로 나뉘어 있다.

울산만의 서쪽, 입구에서 서쪽으로 약 1¾마일 떨어진 곳에 장생포의 입구가 있는데, 서쪽으로 약 1¾마일에 이르는 좁은 입구다.

B. 영일만

영일만 - 영일만은 서북서쪽으로 약 6마일 떨어진 낮은 곳인 장기갑과 달만갑 사이로 들어간다. 입구의 수심은 8~16패덤(14미터 6~29미터 3)으로 만의 머리에서 0.5마일에서 거의 1마일 거리에서 5패덤(9미터 1) 미만으로 감소하고, 바닥은 대부분 진흙과 모래로 되어 있으며, 지반이 양호하고, 만은 북동쪽으로 열려 있다. 214페이지 정면 보기를 참조하라.

　만의 남동쪽은 높고 검은 바위 언덕이 다소 급격하게 솟아 있다. 만의 머리 부분은 백사장으로 이루어져 있으며, 두세 개의 하천이 흘러 들어가는데, 그 중 형산강이 주류를 이루며, 이 강은 약 2마일을 항해할 수 있다. 포항동은 영일만 머리의 북서쪽에 있다. 북서쪽 해안은 약 310~380피트(94미터 5~115미터 8) 높이의 언덕으로 뒤덮여 있으며, 계곡이 발달해 있다.

　참고: (1) 대도(大島) (2) 대도곶(大島串) (3) 화암추(花岩湫) (4) 장기갑(長鬐岬) (5) 달만갑(達万岬)

0166　〈일본 수로지〉

일본 수토지 상의 영일만, 울산만
일본 수로서지 제240호, 조선 동안 수로지
일본 해상 보안청 발행, 소화 27년 8월

　1. 울산만(페이지 24)
　간절갑의 북북동 13킬로미터에 있다. 조선 동안에서 □량의 만이며, 만의 동 측에 있는 반도 남단의 화암추와, 여기서부터 259° 약 3.3킬로미터에 있는 갑(갑과 접한 높이 2.9미터의 대도라 하는 작은 섬이 있다)과의 사이가 항구이며, 약 8.3킬로미터 북방으로 만입 되어 있다.

　2. 영일만(페이지 34)
　장기갑의 남서방에 있는 대만[大湾]이며, 그 동단은 장기갑, 서단은 달만갑이다.
　만구의 폭은 약 10킬로미터이며, 북동방으로 개구, 남서방으로 약 12킬로미터 만입 되어 있다.

　주: 상기문(上記文)은 일본 수로지(日本 水路誌)를 번역한 것임.

45. 좌표 관련 문의에 대한 건설부의 회신 공문

0167   건연측 420-212

1965. 2. 12

수신: 외무부 장관

제목: 한일회담에 관련된 좌표 문의

1. 외아북 722-1591(65. 1. 30)로 문의 하신 2개 지점에 대한 좌표 결점은 그 중요성에 감하여

2. 경계선은 지적도에서 확인

3. 확인된 점에서 저수위까지의 경계선은 관내에 따라 경위도에 평행 되는 직선의 연장으로 하며

4. 해당 점의 경위도 결정은 기준점 그 점을 이용하여 삼각측량을 실시하는 방법으로 하여야할 것이며

5. 이에 소요되는 경비는 별표와 같이 소요됨을 참고로 통보합니다.

유첨: 경비 산출서

끝

건설부장관 전예용[직인]

경비 산출서

출장비	6명 × 7일 =	42일
	42일 × 400원 =	16,800원
인부임	20명 × 150원 =	3,000원
말목, 철사		
측기, 기타		3,300원
계		23,100원

48. 제7차 한일회담 어업 및 평화선위원회 제7차 회의 회의록

0173 제7차 한일 전면 회담 제7차 어업 및 평화선위원회 회의록

1. 일시: 1965. 1. 26, 10:30~12:00

2. 장소: 가유가이칸

3. 참석자: 한국 측 - 이규성 대표
　　　　　　　이봉래　　수산국장
　　　　　　　김명년　　대표
　　　　　　　최광수　　전문위원
　　　　　　　신동원　　　〃
　　　　　　　공로명　　보좌
　　　　　　　조성찬　　　〃
　　　　일본 측 - 와다 대표(수석)
　　　　　　　히로세　　　〃
　　　　　　　가와카미　조약국 조사관
　　　　　　　하마모토　법규과 사무관
　　　　　　　우치다　　북동아과 사무관
　　　　　　　야스후쿠　어업조정과장
　　　　　　　모리사와　해양제2과장
　　　　　　　마쓰모토　트롤반장
　　　　　　　혼다　　　저인반장

4. 토의 내용

이 수석: 본국에서 온 농림부 수산국장 이봉래 대표를 소개한다. 어제 있었던 전문가 회의의 보고를 듣고, 영일, 울산만의 획선에 관하여 본 위원회에서 접근할 수 있는 데까지 노력하는 것이 여하?

와다: 전문가 회의의 보고를 듣는 것보다는 작년부터 얘기한 바 있는 규제 조치 특히 조업 척수에 관한 한국 측 생각의 전모를 얘기해 주는 것이 좋겠다.

히로세: 실질적으로 한국이 생각하는 규제 내용을 알지 못하고는 어업 문제의 대강 합의에는 일보도 진전할 수 없는 형편이다. 조업 척수에 관한 한국 측 안이 아직 작성되지 않은 것인가?

이 수석: 조업 척수에 관한 준비가 없는 것이 아니고 한국으로서는 동 문제는 이 수산국장도 와 있으니 동인이 참석한 4자 회담에서 먼저 일본 측의 출어 척수에 관한 산출 근거 등에 대한 설명을 듣고 난 후에 한국 측 안을 제시할 계획이다.

와다: 일본 측으로서는 누차에 걸쳐 그 근거를 설명한 바 있으므로, 김명년 대표가 이 수산 국장에게 설명함이 여하?

이 수석: 척수 문제는 중요한 문제이니 4자 회합을 갖고 자유로운 분위기 속에서 충분히 토의해보는 것이 좋겠다. 그러면 우선 작일의 전문가 회의의 보고를 청취할 것을 제의한다.

히로세: 규제 전모가 명백해져야 종합적인 판단 아래 동해안의 기선 문제와 같은 세부 문제도 용이하게 해결될 수 있다고 생각한다. 그러나 한국이 보고 청취를 주장하고, 규제 내용에 대해서는 금일 일본이 서면(별첨)으로 제시한 규제 척수에 대한 설명을 들은 후 한국 안을 제시하겠다는 입장이라면 그렇게 하여도 좋다.

(가와카미 조사관으로부터 JAW-01294의 내용과 같은 작일의 전문가 회의 보고가 있었으며, 최광수 위원으로부터 이에 대한 보충 보고가 있었음)

이 수석: 지금 보고 받은 바와 같이 양측이 대립한바, 이 대립을 본 위원회 레벨에서 조정, 처리했으면 좋겠다. 특히 울산만의 경우 커다란 만구 안에 다시 두 개의 만입이 있는데 일본 측은 그중 울산항이 있는 만입만 울산만이라고 이해하고 있는바, 한국 측은 두 만입이 울산만을 형성한다는 입장에 변함이 없고, 그 입장은 확고한 것이다. 따라서 일본 측이 이 두 개의 만입을 울산만으로 이해하고 한국 측의 획선을 수락하는

전제라면, 영일만의 현재 획선 안이 직선기선에 가까운 점을 고려하여 탄력성 있게 일본 측과 조정할 용의가 있다. 또한 그럼에도 불구하고 합의에 도달할 수 없다면 명 수요일의 수석대표 회의에 이 문제를 올려서 처리하자는 의견임을 첨가한다.

히로세: 한국 측이 두 개의 만입이 울산만을 형성한다는 구체적인 증거나 자료를 제시하여 동 주장에 대하여 납득이 가도록 했으면 좋겠다. 단순히 한국 측이 그렇게 주장하니 그것이 울산만이라고 인정하기는 곤란하고, 또한 설사 이것을 수석대표 회의에 올려도, 전문가에게 납득이 가는 작업을 거치지 않고는 오히려 수석대표들을 당혹케 하는 결과밖에 안 될 것 같다.

일본 측으로서는 울산, 영일만 문제는 가와카미 조사관이 지적한 바와 같이 울산만(울산항의 만입 부분을 의미함)을 일본 측 안대로 처리하고, 서쪽의 만입은 이미 합의된 저조선 원칙에 의하여 처리해도 전관 수역의 폭원[넓이]에 큰 차이가 없다고 생각한다. 또한 이와 같은 지엽적인 문제는 규제 척수와 같은 중요한 핵심 문제가 결정되면 자연히 처리된다는 의견임을 강조하고 싶다.

이 수석: 울산만 문제는 최 위원으로 하여금 다시 납득이 가도록 설명케 하고, 척수 문제는 수산 관계의 실무책임자인 수산국장이 와 있으니 전문가 간에 충분히 얘기를 하도록 하는 것이 좋겠다.

와다: 울산만 문제는 실질적인 차이가 없는 것이니, 보다 척수 문제에 대한 한국 안을 얘기하여 어업 전체의 대립점을 만들어 놓음으로써 제6차 회의에서 이 수석이 말한바 고차적인 결정을 지을 수 있다. 고차적인 결정은 종합적인 판단에서 이루어진다.

히로세: 본 위원회에서는 가급적 어업의 핵심적 내용을 토의하고, 영일, 울산만 문제는 전문가 회의에서 다시 토의시키는 것이 여하?

이 수석: 전문가 회의에서 다시 자료를 제시해가면서 이론을 전개하면 시일이 너무 소비된다.

히로세: 두 만 문제가 어업에 영향이 없다니 한국 측이 합리적으로 접근해 주기 바란다. 일본으로서는 이 만을 충분한 근거 없이 역사적 만으로 인정한다면 어업 국가로서 장차 국제적으로 어려운 문제에 부닥치게 된다.

와다: 타협안을 제시하겠다. 울산만을 한국 측이 주장하는 것 같이 일본 측이 이해한다면 한국 측은 영일만 획선에 있어서는 융통성을 갖고 재고한다고 한바, 일본 측이

0177 울산만 문제에서 한국이 주장하는 것과 같이 이해할 때 구체적으로 영일만을 어떻게 획선할 것인가? 물론 이 경우에도 울산만(두 만입을 포함)을 어떻게 획선할 것인지는 다시 문제가 있다. 또한 역사적 만 여부는 차치하자.

최 위원: 울산만을 한국 측과 같이 이해하고, 또한 동 획선을 간절갑-방어진 등대로 하는 전제에서, 한국은 영일만을 장수갑과 영일군과 영덕군 경계선과 해안선의 합치점을 연결하는 직선으로 수정할 용의가 있다. 군 경계선의 정확한 위치는 다시 확인하겠으나 대체적으로 북위 36도 16분인 지경리 부근이 될 것이다.

가와카미: 한국 측 주장은 만의 획선을 행정적 경계로 한다는 것인가?

최 위원: 어디까지가 만인지는 여러 가지 기준이 있겠는데 한국 측은 오랜 시일을 두고 계속적으로 관할권을 행사해왔다는 것과 좁은 의미에서는 군의 행정경계선이 된다는 것이다. 또한 연안 어민의 조업 허가의 제도상의 문제도 고려한 것이다. 일본 측 의견을 말해 달라.

가와카미: 만에 대한 근본적인 차이가 있다. 일본 측은 우선 만이 있고, 다음에 행정적인 구획이 있다고 본다. 군 경계선을 갖고 거기까지 만이라는 것은 제네바조약 7조의 관점에서도 납득이 안 된다. 또한 영일만 내에 다른 만인 청화만이 있는 것은 부자연스럽다는 의견이다.

히로세: 근본적인 문제이니 검토를 요한다.

이 수석: 일본 측이 빨리 검토하여 내주 수요일의 수석대표 회의에 올릴 수 있도록 하자.

0178 히로세: 내주 수요일에 상정할 수 있을지는 확약할 수 없으나 가급적 조속히 검토하겠으며 다음 위원회에서 결정하도록 하겠다. 아니면 수요일의 수석대표 회의에 가져가도록 하자.

이 수석: 척수 문제는 이 수산국장과 와다 대표 간에 자유로운 토의를 하고, 1월 29일 10:30시에 본 위원회를 개최하도록 제안한다.

와다: 1. 29 본 위원회에서는 한국의 규제 척수 안이 제시되는가? 척수가 안 나온다면 회합을 거듭해도 별 의미가 없다고 생각된다.

이 수석: 이 수산국장과 귀 대표가 규제 문제에 관한 일본 측 문서(별첨)를 갖고 토의한다면 다음 위원회 회의에는 한국 측 척수 안이 나올 수 있다고 생각한다.

히로세: 좋다. 그러면 위원회는 29일에 갖도록 하고 이 수산국장과 와다 대표 간의 회합은 오늘 오후 2:30~5:00시까지 이곳에서 하도록 하자. 그러면 오늘 오후 회의는 위의 양 대표 외에 누가 참석할 것인가? 일본 측은 와다 대표와 가와카미 보좌면 좋겠다.

이 수석: 우리는 이 수산국장과 김 대표 외에 최 위원이 참석하겠다.

5. 신문 발표
(1) 작일의 전문가 회의 결과에 관한 보고를 받고, 동해안의 영일, 울산 두 만의 기선 획선을 토의했다.
(2) 금 26일 14:30시부터 고위전문가 회의(한국 측: 이 수산국장, 김명년 대표, 최광수 위원, 일본 측: 와다 대표, 가와카미 보좌)를 열어, 규제 내용에 관하여 토의하기로 하였다.
(3) 다음 위원회 회의는 1. 29에 개최하기로 하였다.

첨부물

48-1. 한일 어업 공동규제 해역에서의 일본 측 규제안

0179　日韓漁業共同規制海成における日本側 規制案

1. 日本側現制內容

(1) 以西底ひき網漁業

規制事項	規制内容	備考
実績船数	796隻	
漁船規模	底ひき 50トン以上 200トン以下 トロール 200トン以上 550トン以下	
規制隻数	11月~4月　　　　370隻　A海域 270隻 　　　　　　　　　　　　　B海域 100隻 5月, 8月~10月　 200隻　A海域 100隻 　　　　　　　　　　　　　B海域 100隻	
網目	54mm 以上(海中における內至)	合意濟
禁漁期間	6月, 7月	合意濟
その他	東経 128度線以西に合わせることは了承する.	
(註) 1. 漁船規模の総トン数を計算する際には, 船内の乗組員の居住区改善のために増加するトン数(いわゆるボーナストン数)を除いた計算とする. (以下全漁業について共通である.) 　　 2. 両国とも現行の禁止区域は尊重する. (以下以東底ひき, まき網漁業において共通である.)		

0180   (2) 以東底ひき網漁業

規制事項	規制内容	備考
実績船数	232隻	
漁船規模	30トン以上 50トン以下	合意済
規制隻数	190隻　B海域 140隻 　　　　D海域　50隻	
綱目	30mm以上(海中における內徑)	合意済
禁漁期間	6月, 7月	
その他	東経128度線以東に合わせることは了承する. ただし, 北緯33度9分15秒線以南の海域には, 底ひき網漁業(トロールを含む)は兩国とし出漁しないこと.	

0181   (3) まき網漁業

規制事項	規制内容	備考
実績船数	162統	
漁船規模	網船40トン以上 100トン以下	
規制隻数	150統 A海域, 網船　　60トン以上70統 B海域　〃　　　40トン以上10統 D海域 網船　　60トン以上40統	
綱目	34mm以上(あじ, さばを漁獲の対象とするもので, み網部分の海中におこる內徑. いわしを漁獲の対象とするものについては別途協議する.)	合意済
光力	燈船　2隻 各　　　10kw 以下 　〃　　1隻　　　　　7.5kw 以下 　　　　計　　　　　27.5kw 以下	合意済
禁漁期間	なし. 日本側は現在毎月満月の夜を基準として連続3夜を休漁としている.	合意済
その他	日本は現在漁船規模100トン以上の網船1隻あるが, これについては暫定的に考慮すること.	合意済

0182 (4) さば釣漁業

規制事項	規制内容	備考
実績船数	約500隻	
漁船規模	25トン以上100トン以下	合意済
規制隻数	A海域　　90隻 B海域　　330隻	
光力	10kw以下	合意済
禁漁期間	なし.	
その他	現在大臣許可漁業でないが, 協定成立後, 大臣許可漁業とにすることは差し支えない.	

0183 (5) 各種沿岸漁業

規制事項	規制内容	備考
実績船数	約 2,500隻	
規制隻数	1,900隻	
その他	1. 日本側の自主規制とする. 2. これらの漁業は主なものははえ網, ひき網, 一本釣, 刺綱, 突棒, しいら漬漁業で現在知事許可漁業又は自由漁業である. 3. 協定上の規制として許可制にすることは実質的に困難であるので団体等て一定枠内で出漁調整を行なう. 4. A海域及ひD海域には, 出漁するとしても極く少数である.	

0184 2. 韓国側規制内容

規制隻数は日本側規制隻数と同数とする.

번역 한일어업 공동규제해역에서의 일본 측 규제안

1. 일본 측 규제 내용
(1) 이서 저인망 어업

규제 사항	규제 내용		비고
실적 선수	796척		
어선 규모	저인망 50톤 이상 200톤 이하		
	트롤 200톤 이상 550톤 이하		
규제 척수	11~4월　　　　　370척	A해역 270척	
		B해역 100척	
	5, 8~10월　　　　200척	A해역 100척	
		B해역 100척	
망목	54밀리미터 이상(해 중에서의 내경)		합의 필
금어 기간	6월, 7월		합의 필
기타	동경 128도선 이서 쪽으로 맞추는 것은 양해한다.		
(주) 1. 어선 규모의 총 톤수를 계산할 때에는 선내 승무원의 거주 구역 개선을 위해 추가되는 톤수(소위 보너스 톤수)를 제외한 계산으로 한다(이하 전 어업에 대해 공통이다). 　　 2. 양국 모두 현행 금지구역은 존중한다(이하 이동 저인망, 자망 어업에 있어서 공통이다).		

(2) 이동 저인망 어업

규제 사항	규제 내용	비고
실적 선수	232척	
어선 규모	30톤 이상 50톤 이하	합의 필
규제 척수	190척　　B해역 140척 　　　　　D해역　50척	
망목	30밀리미터 이상(해 중에서의 내경)	합의 필
금어 기간	6월, 7월	
기타	동경 128도선 이동에 맞추는 것은 양해한다. 다만, 북위 33도 9분 15초 선 이남의 해역에는 저인망 어업(트롤 포함)은 양국 함께 출어하지 않음.	

(3) 유자망 어업

규제 사항	규제 내용	비고
실적 선수	162통	
어선 규모	망선 40톤 이상 100톤 이하	
규제 척수	150통 A해역 망선　　60톤 이상 70통 B해역　〃　　　40톤 이상 10통 D해역 망선　　60톤 이상 40통	
망목	34밀리미터 이상(전갱이, 고등어를 어획의 대상으로 하는 것으로, 유자망 부분의 해 중에서의 내경. 정어리를 어획으로 대상으로 하는 것에 관해서는 별도 협의함.)	합의 필
광력	등선　2척 각　　　10킬로와트 이하 　〃　 1척　　　　7.5킬로와트 이하 　　　계　　　　　27.5킬로와트 이하	합의 필
금어 기간	없음. 일본 측은 현재 매월 만월의 밤을 기준으로 해서 연속 3일 밤을 휴어 중이다.	합의 필
기타	일본은 현재 어선 규모 100톤 이상의 망선 1척이 있으나, 이것에 관해서는 잠정적으로 고려함.	합의 필

(4) 고등어 낚시 어업

규제 사항	규제 내용	비고
실적 선수	약 500척	
어선 규모	25톤 이상 100톤 이하	합의 필
규제 척수	A해역　　　90척 B해역　　　330척	
광력	10킬로와트 이하	합의 필
금어 기간	없음.	
기타	현재 대신 허가 어업은 아니나, 협정 체결 후 대신 허가 어업으로 하는 것은 상관없다.	

(5) 각종 연안 어업

규제 사항	규제 내용	비고
실적 선수	약 2,500척	
규제 척수	1,900척	
기타	1. 일본 측의 자주 규제로 함. 2. 이들 어업은 주로 정치망, 유자망, 일본조, 자망, 돌봉, 시이라즈케 어업으로 현재 도지사 허가 어업 또는 자유 어업으로 운영되고 있다. 3. 협정상의 규제로서 허가제로 하는 것은 현실적으로 어렵기 때문에 단체 등이 일정 범위 내에서 출어를 조정한다. 4. A 해역 및 D 해역에는 출어하더라도 극히 소수에 불과하다.	

2. 한국 측 규제 내용

규제 선박 수는 일본 측 규제 선박 수와 동일한 수로 한다.

50. 제7차 한일회담 어업 전문가 비공식 회합 개최 결과 보고

번호: JAW-01383

일시: 301214[1965. 1. 30]

수신인: 외무부 장관 귀하
발신인: 주일 대사

연: JAW-01336

1. 금 1. 29, 14:00~16:00 농림성 분실에서 개최된 어업 전문가 비공식 회합에서는 그간의 비공식 회합(1. 26의 4자회담. 1. 27의 와다 및 이 국장 간의 회합)에서 교환된 바를 기초로 하여 구체적인 규제원칙을 토의한바 이를 아래와 같이 보고함.

2. 참석자: 한국 측: 이봉래 국장, 김명년 대표, 배동환 전문위원
    일본 측: 와다 대표, 야스후쿠 조정과장, 도리자와 해양제2과장

3. 토의 내용
(1) 규제수역에 있어서의 입어 척수
    가. 아 측은 평화선 내의 일본 측의 실적을 근거로 입어 척수를 산정한다는 원칙은 지금도 변동이 없으며, 일본 측이 1일 최고 출어 척수를 어떠한 어기 중 계속 적용한다는 것은 부당하니 재고할 것을 주장하였음.
    나. 일본 측은 척수 산정의 기초로서 어획량의 실적 제시는 어려우나 종래 성어기와 한어기별로 제시한 입어 최고 척수를 매월별로 입어 최고 척수로 제시할 수 있다고 하였음.
    다. 한국 측 제안 척수(2. 1 제시 예정)와의 격차를 이것으로 조정하자고 하였음.

(2) 공동규제 원칙

0187   아 측 각 구역별 입어 척수 표시에 있어서 'A' 수역의 저인망 및 선망 어업에서는 '일본 측 입어 척수의 실질적으로 동등한 권리를 유보한다'라고 표시할 것을 타진한 바, 일본 측은 그렇게 문장으로 표시할 수도 있으리라고 수락 가능성을 시사하고 외무성과 협의하겠다고 하였음.

(3) B 수역에서의 일본 측 출어 척수

일본 측 저인망 입어 척수 제안은 우리나라 현행 어업 제도(정한 수 45통)와 실정에 맞지 않으니 대폭 삭감할 것을 주장하고 한국은 일본 측 제안 척수보다 단위(DIGIT)가 하나 없는 것으로 생각한다고 말하였음.

(4) 일본 측은 한국 측 규제안을 약속대로 2월 1일에는 구체적으로 제시해 주기 바라며 그 후 양측 실무자 간에서 이를 조정 토의토록 하자고 하였음.

(5) 규제 척수와 협력과의 관계

한일 양국은 공동규제수역 내의 입어 척수를 동수로 협정하되 한국 측 어선의 격차를 고려할 때 실질적 공평이 되지 않으니 그 격차를 일본이 어업협력으로서 보충하여 양국 각 구역별 어선 세력이 실질적으로 비등하게 되도록 노력하겠다고 말하였음.

(6) E 수역

아 측은 E 수역을 월동장으로 중요하게 생각하니 그 성치를 전제로 양국 어업 실태를 손상하지 않는 범위의 내에서 규제하자고 말한바, 일본 측은 농상회담 합의대로 하여야 한다고 말하였음.

(7) 'B, D' 수역의 경계선

0188   일본 측이 36도 N선과 해안선의 교차점으로부터 35도 30분 N과 130도 E선과의 교차점을 연결하는 선이면 어떻겠느냐고 말하기에 아 측은 경남, 경북 도계를 기준으로 연결할 것을 고려하겠다고 하였음.

(8) C 수역의 폐지

일본 측은 C 수역을 폐지하자는 종래의 주장을 다시 설명하고 아 측 견해를 물어왔으므로 아 측은 검토 중이라고 말하였음.

(9) 영일만 및 울산만의 획선

일본 측은 영일만 및 울산만의 획선에 있어서 어업실적에 큰 지장이 없다면 한국 측이 강경한 제안을 고집하지 않을 것을 요망한다고 말하였음.

(10) 일본 측은 1965년 1월 26일 제시한(제7차 회의보고서의 첨부) 일본 측 출어 척수 제안 중 선망 어업의 금어 기간을 매월 만월 밤을 기준으로 전후 5야를 휴어로 할 것을 수정 제안하였음.(주일정-외아북)

수석대표

66. 제7차 한일회담 어업 및 평화선위원회 제8차 회의 회의록[2]

0196　　제7차 한일 전면 회담 제8차 어업 및 평화선위원회 회의록

1. 일시: 1965. 2. 1(월), 10:30~12:00
2. 장소: 외무성 234호실
3. 참석자: 한국 측 – 이규성　　대표
　　　　　　　　이봉래　　수산국장
　　　　　　　　김명년　　대표
　　　　　　　　최광수　　전문위원
　　　　　　　　오재희　　　〃
　　　　　　　　신동원　　　〃
　　　　　　　　배동환　　　〃
　　　　　　　　공로명　　보좌
　　　　　　　　조성찬　　　〃
　　　　일본 측 – 와다　　대표(수석)
　　　　　　　　히로세　　　〃
　　　　　　　　가와카미　조약국 조사관
　　　　　　　　하마모토　법규과 사무관
　　　　　　　　우치다　　북동아과 사무관
　　　　　　　　야스후쿠　수산청 어업조정과장
　　　　　　　　모리사와　해양제2과장
　　　　　　　　마쓰모토　트롤반장
　　　　　　　　혼다　　　저인반장

2　　편집자가 문서의 순서를 바꾸었음.

4. 토의 내용

1) 영일만 및 울산만

이 수석: 우선 오늘 새로 참석한 외무부 조약과장 오재희 위원을 소개한다. 그간 일본 측에서는 영일, 울산만에 대한 한국 측 타협안에 대한 일본 측 검토 결과를 들을 수 있는가?

히로세: 일본 측으로서는 장기갑(長鬐岬)-달만갑(達万岬)이 지형적으로 영일만을 구성하며 동 획선이 타당하다는 데 변함이 없다. 한국 측이 이 획선을 양승한다면 울산만에 있어서 두 만입을 포함하는 획선을 고려할 수 있다. 한국 측은 7차 위원회에서 영일만의 획선을 영일군과 영덕군의 경계선인 지경리와 장수갑을 연결하는 선으로 획선하겠다고 타협안을 제시했으나 일본 측으로서는 영일만이 역사적 만으로 취급되어야 할 근거를 아직 발견할 수 없으며 또한 지형적으로도 이해하기가 곤란하다. 즉 한국 측이 영일만의 획선을 일본 측 제안과 같이 수락하면 울산만에 있어서 두 만입을 포함하여 하나의 만으로 고려할 수 있다.

이 수석: 구체적으로 울산만을 어떻게 획선할 것인가?

히로세: 우선 영일만에 대하여서 한국 측이 일본 측 획선 안을 수락하고 난 후에 논의되겠으나, 우선 조전말(鳥田末)과 화암추(花岩湫)를 고려할 수 있다.

이 수석: 한국 측은 전번에 있어서 한국 측의 울산만의 획선을 일본 측이 수락할 것을 전제로 하면 영일만에 있어서 다소 융통성을 갖고 처리했는데, 오늘 일본 측의 울산만에 대한 획선은 한국 측 획선과 거리가 있다. 물론 전번보다 진전한 것은 이해하겠으나 좀 더 고려의 여지가 일본 측에게 있는 것으로 안다.

히로세: 영일만의 현 일본 획선 안에는 고려의 여지가 없으나 한국 측이 이를 수락한다면 울산만에 있어서는 좀 더 융통성을 갖고 검토할 수 있겠다.

이 수석: 울산만은 한국 측 획선 안과 같이 처리하자.

히로세: 영일만의 일본 측 안을 수락하는 전제이면, 울산만에 있어서는 반드시 한국 측 안과 같이는 될 수는 없으나 융통성 있게 검토할 수 있다.

이 수석: 울산만에 관하여서는 동 지역이 특히 울산공업센터로서 발전시킬 예정이며 울산만 내에는 어색(漁撈) 등 정치망(定置網)이 있는 여러 면을 고려하여야 하겠으

며 간절갑-울기로 하여야겠다.

2) 비공식 전문가 회합의 토의 내용 보고

이 수석: 오늘 회의에서는 규제 척수에 관한 한국 측 안을 얘기하기로 되어 있는데, 한 가지 할 일이 있다. 그간의 이봉래 대표와 와다 대표 간의 의견 교환에서 상당한 진전이 있었던 것으로 듣고 있다. 그 이해된 내용을 본 위원회에 보고하도록 하는 것이 좋겠다.

와다: 전후 3회에 걸쳐 회합이 있었다. 그 내용을 요약하면 다음과 같다.

(1) 한국은 일본의 현재 실적을 존중하는 데 이론이 없었다.

(2) 위의 전제하에 그 실적을 척수로서 표시하는 데 이의 없었고 일본은 어느 날의 최고 출어 척수를 실적으로 제시했는바, 이는 일본 어업경영 실태에 합치되는 것이므로 인정되어야 하겠다는 입장을 표시했다.

(3) 한국 측도 그것이 소위 어업경영 실태에 합치되는 것임을 이해했다.

(4) 그러나 한국 측은 그 최고 출어 척수가 만약 협정서상에 이와 같이 표시된다면 그것이 결과적으로 1년 365일간 조업하게 될 수도 있다는 일반 국민의 의혹이 많으므로 국내적으로 설득하기가 곤란하다고 하였다.

(5) 따라서 해결 방법으로서 한국 측은 일본의 현 어획량을 일본 측이 제시한 척수로써 과연 어획할 수 있는 것인지 1년 정도 실험적으로 시행해보고 그 결과에 따라서 출어 척수를 가감해보자고 했다.

(6) 이에 대해서 일본 측은 국가 간의 협정 체결에 있어서 현재의 통계 숫자를 기초자료로써 사용할 수 있다고는 생각하지 않으므로 월별 출어 척수를 제시할 수 있다고 하였다.

(7) 위의 1)에서 한국이 일본 실적을 존중한다고 하였음에도 불구하고 B 수역의 저인망 어업에 관하여서는 한국의 어업 제도상 일본 실적이 억제되어야 한다고 하였다.

(8) 이와 같이 모순된 점으로 비추어 일본 측으로서는 한국 측이 규제 내용 전모를 밝히고, 원칙적인 점에서 합의에 이루지 않고는 월별 출어 척수 등 새로운 자료를 제시할 수 없다.

(9) 또한 한국 측은 공동규제수역에 있어서의 한국 측 척수에 관하여서는 이를 일본 척수와 동등하게 할 권리를 유보한다고 하였다. 이에 대하여 일본은 공평 공동의

표현이 협정상에 반영된다면 구태여 숫자로 표시하지 않는 방식을 조약 기술상 충분히 고려할 수 있다고 말했다.

이 수석: 와다 대표의 설명과 한국 측이 이해했던 바와는 다소 차질이 있으니 이 국장의 보충 설명이 필요하다.

이 국장: 한국 측은 일본 측의 실적 존중이라고 한 것은 일본의 어획 실적을 의미한 것이었다. 어업의 실태라고 이해하고 있는 것은 출어 척수가 365일 조업한다는 것이 아니고 그중에는 유휴하는 어선, 또는 항해 중의 어선을 포함한다는 것을 실태로 이해하고 있다. 어획 실적을 확인하는 방법으로서 1년 정도의 시험단계 설정을 얘기했던 바, 일본 측은 최고 출어 척수와 어획 실적의 척수를 접근시키는 방법으로써 출어 척수를 종래의 성어기, 한 어기별에서 다시 세분하여 월별로 제시하겠다고 한 것이다. 한국 척수에 관하여 동등한 권리를 유보한다고 와다 대표가 얘기한 것은 쌍방의 격차를 고려하여 한국은 실질적으로 동등한 권리를 유보한다는 말이었다.

이 수석: 일본 측이 동등한 권리의 유보를 동수라고 이해하고 있는 인상을 받은바, 이는 동수이라도 '실질적 동수'가 되겠고, 어업협력이 시행된 최종연도에 가서는 결과적으로 일본 측이 이해하고 있는 동수가 될 수는 있다는 것이다.

와다: 누차 반복한 바 있지만 일본 측 입장으로서는 어업협력으로 한국 어업도 수년 후에는 동질이 될 것이니 협정상에는 산술적 동수로 표시되어야 한다.

히로세: 실질적 동등이라면 가령 한일 간의 어업 능력이 4:1이라면 예시할 때 일본 측이 100척이면 한국은 400척이 된다는 것이 아닌가?

이 수석: B 수역의 일본 측 저인망 출어를 억제하여야 한다는 데 관하여서 일본 측은 실적 존중이라는 원칙에 모순된다고 하고 있는바, 이 해역에서의 저인망에 대한 제한은 일제 당시부터 허가 건수가 고정되어 있었을뿐더러 한국은 그 후 자원 보존 면에서 종래의 허가 건수를 감소하고 있는 실정에 있음을 인식하고 이 점에 대하여 고려하여야 한다는 것이다.

와다: B 수역에 있어서는 일본의 실적이 억제되어야 한다는 것은 일본의 실적을 존중한다는 원칙과는 다른 것이니 우선 한국 측의 척수에 관한 전모를 얘기해 주기 바란다. 그리고 난 후에 월별 출어 척수 등 새로운 얘기를 할 수 있겠다. 또한 한국 측이 말하는 실질적 동수는 이해에 곤란하다. 이 국장과 본인과의 단독회담에서 받은 인상과

그 후 타 전문가가 배석한 자리에서의 받은 인상과 차가 있다. 일본 입장은 한국 척수도 동수가 되어야 한다는 것이다.

이 수석: 한국 측이 이해하기에는 B 수역에서는 한국의 현행 허가 수를 중심으로 고려하여야 한다는 것이고, 이러한 어업 실정은 일본 측도 이해하겠다고 한 것으로 그간의 전문가 회합에서 이해된 것으로 알고 있다. 실질적인 동등이 무엇이냐 하는 점에 관해서 일본 측은 이해가 곤란하다고 하나 한국 측은 양국의 어업 격차를 감안하여 이와 같이 표현한 것이고, 어업협력의 실시 후 동질적인 어업에 도달했을 때는 결과적으로는 동수가 되어도 좋다는 것이었다. 그러나 양국 어업의 격차가 존재하고 동질에 이르지 못할 때까지의 중간 기간이 문제점이 되는 것이 아니냐? 일본과 산술적 동수일 때 현 유 어업 세력으로 보아 한국 척수에는 가공적인 정원(定員)을 갖게 될 것인바, 그러한 가공적 숫자를 어떻게 국내적으로 설명할 수 있겠는가?

와다: 그러나 공동규제수역에서 한국 측 척수를 표시하지 않고 일본 측 출어 척수만 표시한다면 일방적인 규제를 받는 인상을 주니 일본으로서는 관할권 문제가 발생하게 된다. 이 표현 방법은 협정 작성 시 다시 연구하기로 하자.

이 수석: 한일 간의 어업 격차를 여하히 처리할 것인지? 협정에 척수를 기입할 때 한국의 가공적 숫자를 여하히 표시 또는 표현할 것인지가 문제이다.

와다: 그래서 일본 측으로서는 동 수적인 척수를 유보한다고 이해했던 것이다.

김 대표: 한 가지 첨가하고 싶은 것은 일본 측은 한국이 일본의 실적을 존중한다고 하였음에도 불구하고 B 수역에서 저인망에 관하여서는 실적을 인정하지 않는 듯이 이해하고 있는바, 이는 첫째 B 수역의 규제 성격이 아직 미결이고, 둘째 한국은 일본의 실적을 인정하지 않는다는 것이 아니고 다만 이 수역에서의 한국의 장구한 연안 어업의 전통과 실태를 감안하여 고려하여야 한다는 것이며 B 수역의 일본 측 출어를 전혀 인정하지 않겠다는 것은 아니다.

3) 일본 측 규제안에 대한 한국 측 의견

이 수석: 한국 측 규제안을 설명하겠다. 동 설명에 앞서 한국 측은 첫째 규제 내용은 어업협력과 불가분의 관계에 있다는 한국 측 종전 입장을 다시 강조하며, 둘째 한국 측 척수가 일본 측 척수와 상당한 거리가 있을지 모르겠으나 이는 한국 측은 일본

의 어획량을 기초로 하여 환산한 척수인 까닭이다. 따라서 한국은 일본이 어획량 실적에 가까운 보다 구체적인 숫자를 내주기를 바란다. 따라서 한국은 일본이 월별 척수를 제시할 것을 전제로 한국 측 안을 밝히겠다.

또한 전주 수석대표 간 회의에서 한국 측에서 말한 것과 같이 어업협력에 관하여 토의를 시작할 것을 희망했다. 어업협력에 있어서는 영세 어민을 근대화할 수 있어야 하고 실시 가능하여야 하겠다. 협력 방식이 Commercial base 또는 재정차관이든 간에 일본의 일반 상업 차관보다 유리한 조건이 되어야 하겠다. 이번의 어업협력에 관한 토의에서는 한국 측은 구체적인 토의를 할 것을 희망하고 있음을 첨언한다. 그러면 일본 측의 종합적인 규제안에 대한 한국 측 의견을 말하겠다.

(이하 별첨 한국 측 의견을 참조)

와다: 몇 가지 질문이 있다.

(1) 선망에 있어서 금어 기간은 없으나 조업 기간을 두고 있는데 그것은 무엇인지?

(2) 제주도 동 측에 있어서 새로운 저인망 및 트롤 금지구역을 설치하겠다는 이유

(3) B 수역에서 일본 측 이수인은 제외한다는 바, 이 수역에 출어하는 저인망은 그 대부분이 이수인인데 이를 제외하면 곤란한데 조정할 수 없는가?

(4) 척수 산출의 근거를 설명해 달라

(5) D 수역에 실제적으로 일본 측 입어할 것인지는 고사하더라도 동 수역이 공동 규제수역임에도 불구하고 일본 측의 출어를 인정하지 않는 것은 공동규제의 근본정신에 위반한다. 우선 척수의 산출 근거부터 설명해 주기 바란다.

가와카미: 고등어 일본조의 어선 규모는 대립한 것인가?

김 대표: 아 측 기록에 의하면 대립한 것으로 안다. 그러나 이는 추후 조정할 수 있다.

이 국장: 와다 대표의 질문점은 전문가 회의에서 토의하면 좋겠다.

이 수석: 전문가 회의를 명 2. 2(화) 및 2. 3(수) 양일간 갖고, 본 위원회는 2. 4(목) 10:30에 개최하자.

히로세: 좋다. 어업협력에 관하여서는 한국은 어업협력 내용이 규제 척수에 반영된다는 것이고, 일본은 규제 내용 여하가 어업협력에 반영된다는 것으로서 쌍방의 생각이 평행선을 이루고 있어서 두 문제를 평행적으로 진행하기로 한바, 대장성 측의 입장은 재정차관은 제2의 청구권이라 하여 강경하다. 그래서 현재 사무 당국 간의 조정 중

에 있으므로 조정이 끝나는 대로 연락하겠다.

　와다: 전번 일본 측 규제안 중 선망의 휴어일을 매월 만월일의 3 주야로 되어 있는 것을 4 주야로 정정해 주기 바란다.

　5. 신문 발표
　　1. 동해안의 기선에 관해서 논의되었다.
　　2. 일본 출어 척수에 대한 한국 측 척수가 제시되었다.
　　3. 어업협력에 관한 토의를 촉진하기로 하였다.

　끝

첨부물

66-1. 제7차 한일회담 어업 및 평화선위원회 제8차 회의 시 한국 측 제시한 견해서

0205 한일 공동조업 수역에 있어서의 일본 측 규제안에 대한 한국 측 견해

(1965. 2. 2 일본 측에 수교)

1. 수역

(1) 수역을 A, B, C, D, E의 5개 수역으로 한다.

(2) B, C 및 E 수역과 동 수역에서의 규제 내용에 관하여서는 전문가 회합에서 계속 토의하도록 한다.

2. 일본 측 출어 척수에 대한 한국 안

(1) 이서 저인망 및 트롤 어업(동경 128도 이서의 수역 포함)

규제 사항	규제 내용	비고
어선 규모	저인망 50톤 이상 150톤 이하	
	트롤 100톤 이상 550톤 이하	
출어 척수	11~1월 160척	트롤 1척은 저인망 1통과
	2~5월, 8~10월 60척	대치할 수 있음.
망목	54밀리 이상(수중의 내경)	합의 필
금어 기간	6월, 7월의 2개월	합의 필

(2) 이동 저인망 어업 (동경 128도 이동의 수역 포함)

규제 사항	규제 내용	비고
어선 규모	30톤 이상 50톤 이하	합의 필
출어 척수	B 수역 15척(2수인 제외)	
	D 수역 인정할 수 없음	
망목	37밀리 이상(수중의 내경)	
금어 기간	6월, 7월의 2개월	합의 필

0206

(3) 선망 어업

규제 사항	규제 내용	비고
어선 규모	망선 60톤 이상 100톤 이하	
출어 척수	A, B, D 수역을 통한 합계 45통 (조업 기간 4~11월)	
망목	34밀리 이상(단, 고등어 전갱이를 대상으로 하는 것이며, 신망의 수중 내경임. 정어리 및 멸치를 대상으로 하는 것은 별도 협의키로 함.)	합의 필
광력	집어선 2척 각 10킬로와트 이하 집어선 1척 계 27.5킬로와트 이하	합의 필 7.5킬로와트 이하
금어 기간	없음	합의 필
기타	일본 측의 어선 규모 100톤 이상의 망선 1척은 한국 측 서해구 저인망 30~50톤 출어에 관한 경과 조치와 관련하여 잠정적으로 인정함.	합의 필

(4) 고등어 일본조 어업

규제 사항	규제 내용	비고
어선 규모	30톤 이상 150톤 이하	
출어 척수	인정할 수 없음	
광력	10킬로와트 이하	합의 필
금어 기간	12~3월의 4개월	
기타	일본 측이 어획 실적을 제시하면 검토할 수 있음	

(5) 각종 연안 어업

출어 척수	900척(B 수역에 대한 것)	
기타	엄격한 자주 규제하에 출어하며 그 규제 내용을 사전에 공동위원회에다 통고하고, 어업별 출어 척수 등 상대방의 의견을 존중하여 조정하도록 함(A, D 수역에 있어서도 동일함).	

3. 기타 사항

(1) 양국은 금지구역을 포함한 어업 법규상의 제한 조치(법정 허가 통수 등)을 존중한다.

(2) 한국은 각 수역에 있어서 양국의 조업 실태에 비추어 실질적으로 공정하고 타당한 권리를 유보한다.

(3) 일본 측의 이동 저인망 어업의 조업 구역을 동경 128도 이동으로 하는 것을 양승하나 한국 측은 남해구(30~50톤) 저인망 어업의 조업 구역을 현행 법규대로 한다.

단, 가. 동경 128도 이동과 북위 33도 9분 15초 이남의 규슈 서해안에서는 저인망 및 트롤은 출어하지 않는다.

나. 제주도 동 측에서 이서 저인망 및 트롤은 동경 126도 이서 및 북위 33도 30분 이남을 조업 구역으로 한다.

(4) 어선 규모의 총 톤수 계산에서 소위 '보너스' 톤수를 공제하는 원칙은 실무자 간에서 조정한다.

(5) 규제수역에서 출어하는 4대 어업의 어선에 대하여서는 일본 정부가 행정조치를 취함으로써 출어 척수를 확인할 수 있는 방법이 보장되어야 한다.

52. 평화선 침범 일본 어선의 어획 실적 등 송부 요청 전문

0209   번호: JAW-02007

일시: 011448[1965. 2. 1]

수신인: 장관
발신인: 주일 대사

농림부 수산국 및 내무부 치안국에 다음 사항을 문의하여 그 자료를 지금 송부하여 주시기 바랍니다.

1. 최근 2개년간(1962~64년 줄)에 평화선을 침범하여 출어한 일본에서의 월별 척수

2. 일본 측 기선저인망 어업의 어획 실적(1961년 및 192년도) 일본 서해구 수산연구소 및 수산청 후쿠오카 어업 조정사무소 발행의 동해, 황해의 저어 어장도에 기초한 것: 수진원 신광윤과장에 연락요) 및 동 간행물 책자(신 과장 소유)
  단, 어획 실적을 동 어장도에서 수집 집계한 기간과 산정 방법의 근거를 연도별로 명시할 것.

추기: 가능하면 마닐라 회의 참석차 도쿄 경유하는 신 과장 편에 지참케 하시기 바람.

55. 대표단 요청에 대한 본부 회신 전문

0210　　번호: WJA-02006

일시: 011720[1965. 2. 1]

수신인: 주일 대사

대: JAW-02007

1. 평화선 침범 출어 일본 어선의 월별 척수는 (62~64) 명 2일 중으로 회보할 예정임.

2. 대호 2항의 문의 사항은 모두가 신광윤 과장 소유 자료 중에 수록되어 있다고 하는바, 신 과장은 마닐라 회의 참석차 금 1일 출국 도일하였음.
　　신 과장에게 전기 자료의 소재 장소를 자세히 문의하여 회신하시기 바라는바, 동 자료를 부산에서 서울로 가져와 집계하여야 하므로 회보하기까지에는 약간의 시일이 요할 것임을 참고로 통보함.(외아북)

장관

61. 제7차 한일회담 어업 전문가 비공식 회의 결과 보고 전문

번호: JAW-02082

일시: 041709[1965. 2. 4]

수신인: 외무부 장관 귀하
발신인: 주일 대사

2. 2의 전문가 비공식 회의 보고

1. 금 2. 2, 10:30~14:40 외무성 회의실에서 개최된 어업 전문가 비공식 회합의 토의 내용을 다음과 같이 보고함.

2. 참석자: 한국 측: 이봉래 국장, 김명년 대표, 배동환 전문위원
　　　　　일본 측: 와다 대표, 야스후쿠 조정과장, 모리사와 해양 제2과장, 가와카미 전문위원.

3. 토의 내용
(1) 1965년 2월 1일에 제시한 한일 공동조업 수역에 있어서의 일본 측 규제안에 대한 한국 측 견해(제8차 어업위 회의록 별첨 참조)에 관하여 일본 측은 다음과 같이 한국 측 견해에 대한 일본 측 입장을 밝히며 아 측의 근거 설명을 요청함.
　가. B 수역에 있어서 일본 128도 B 이동 저인망 어선 중 1 수인에 한하여 15척만의 출어를 인정하겠다는 근거 여하.
　일본 측은 B 수역에서는 1 수인은 소수임에 반하여 2 수인이 대부분 조업하고 있으니 한국 측 제안은 일본 측 실적을 존중한다는 원칙에 위배되는 것이다.
　나. B 수역에서 일본 측 연안 어선을 900척이라고 한국 측이 정한다는 것은 자주 규제 원칙에 위배된 것이며, 그 산출 근거는 무엇인가.

다. 이서 저인망 어선 160척은 128도 E 이서의 B 수역의 일부를 포함시키고 한편 선망 45통은 전 구역(A, B, D)를 통한 것으로 제시되었으니 먼저 원-아카기 농상 회담 시보다 후퇴한 것이다(아 측의 한어기 2~5월 중, 2, 3, 4월은 성어기가 되어야 한다는 것임).

라. 일본 규슈 서남 해역(단조 군도 부근) 일부를 어서 저인망의 금지구역으로 신설하려는 일본 측 안에 대한 대안 같은 인상을 준 아 측의 제주도 동 측 규제구역 신설은 이해가 곤란하니 그 근거는 무엇인가.

마. D 수역에는 실제적으로 전관수역 외측에 일본 측 저인망 어선의 조업 어장이 거의 없다고 하더라도 1척의 일 어선의 출어도 인정 못하겠다는 것은 공동규제 정신에 어긋난다.

바. 한국 측 안을 종합적으로 평한다면 지난 연말 회의 시에 보여 준 한국 측의 탄력성 있는 태도(D 수역에서 한국 측 실정을 고려하여 준다면 A 구역의 저인망 선망에 대하여는 일본 측 실정을 고려하여 보겠다)에 비하여 이번 제안은 강경한 것이다.

4. 상기 일본 측 견해에 대하여 한국 측은 다음과 같이 답변하였음.

가. B, C 수역의 규제 성격과 관련하여서 일본 측은 B 수역에 입어라는 일 어선에 대하여 한국 측이 실시하고자 하는 규제 내용을 구체적으로 제시하면 이를 검토하겠다고 하였으므로 한국 측도 한국의 어업 제도와 실정을 참작하여 1 수인에 한하여 일본 측 저인망 15척을 인정하겠다는 것이다.

나. 자주 규제의 방식에 관하여 아직 양국 간에 이견이 있다. 900척의 근거는 한국 연안 어선 중 동 수역에 출어하는 어선 수와 대략 비등한 기준에서 제안한 것이다.

다. 일본의 어획량 실적을 인정한다는 원칙하에 각종 통계자료에 의하여 산출한 최대 척수이다.

라. 일본 측이 금번 제시한 것 같이 128도 E를 조업선으로 맞춘다면 128도 E 이동, 33도 30분 N 이남 수역의 아 측 어장이 없어지는 동시에 일본 어서 저인망 어선들과 같이 128도 E 이서, 33도 30분 N 이북 어장에 집중될 우려가 있으니 이러한 우리나라 남해구 중형기선 저인망 어업과의 어장이 중복되므로 이를 조정하기 위하여 필요한 것이다.

마. 65. 1. 26의 일본 측 규제안으로 보면 일본 측은 계속 종전 입장을 고수하여 한국의 어업 실정을 고려한 점이 없는데 반하여 한국은 일본의 어획 실적에 기초를 두고 일본 측 출어 척수를 제안한 것이다.

5. 일본 측은 128도 이동과 이서를 기준으로 하여 저인망 어선은 그 규모를 50톤 이상과 이하로 할 것에 합의한 바 있다고 고집하며 한국 남해구 및 서해구 중형기선 저인망 어선을 협정상에서는 잠정 또는 예외적으로 인정할 것을 고려하겠다고 하였으나 아 측은 128도 E 운운은 대형기선 저인망에만 해당하는 것이고 중형기선 저인망 어업 제도는 현행 법규대로 한다는 것이 한국 측의 계속적인 입장이라고 설명함. 일본 측은 C 수역을 철폐하고 B 수역을 공동규제하려는 일본 측 안을 아 측에게 강제하려는 저의에서 A, B, D. 수역에 있어서는 어선의 크기, 광력, 망목, 금어 기간의 제한은 평등하게 양국에 적용시킨다는 것에 이의가 없느냐는 질문에 관하여 아 측은 B, C. 수역의 규제 성격에 관련하여 문제점이 있으니 동 제한은 A, D, 에 있어서는 이의가 없다고 하였음. 또한 쌍방은 이러한 원칙에 합의 못 하니 잠정적 또는 예외적 조치를 요하는 것은 상호 차기 회의에서 종합적으로 정리하여 문서로 제출키로 합의하였음.

6. 아 측은 C 및 B 수역의 설치가 필요함을 강조한바, 일본 측은 B 수역에 관한 규제 내용이 한국 측에 만족할만한 것이라면 C 수역 폐지를 고려할 수 있다는 전제 같으면 그 내용이 무엇인지 설명을 요청하였음. 이에 관하여 아 측은 (1) B, C, 수역의 성격과 방법(4대 어업과 연안 조업), (2) 한국의 어업 제도와 실정이 존중된다는 점, (3) 일본 어선의 어업별 출어 척수, (4) 기타 등이 중요한 요소라고 답변하였음.

7. 일본 측은 1일 최고 출어 척수가 보장되어야 일본의 어업 실태가 손상되지 않는 것이니 이 척수가 어느 정도 보장된다는 전제가 아니면 지난 1. 29에 약속한 바 있는 일본 측 월별 출어 척수를 제시할 수 없다고 반복하였음. 한편 일본 측은 출어 척수와 동 수의 어선을 한국 측도 출어시키도록 하여야 하며 협정 후 협정서에 규정된 척수(어획고를 동시에 기입해도 좋다고 하였음) 로 실제 조업을 해 보고 규정된 어획고에 비추어 일본 측 출어 척수를 가감토록 할 것을 협정서에 기입해도 좋다고 하였음. 이에

관하여 한국 측은 어떠한 조건과 보장을 전제로 일본 측 월별 척수 자료를 수락할 수 없으며, 1일 최고 척수가 어떠한 기간 중의 기준이 될 수 없으며 어획량 실적을 인정한다는 원칙에는 변함이 없다고 하였음.(주일정-외아북)

수석대표

62. 평화선 출어 일본 어선 척수 등 관련 자료 송부 공문

0211 기안자: 동북아과 우문기
      과장[서명] 국장[전결 과장이 대리 서명]

      기안 연월일: 65. 2. 3
      분류기호 문서번호: 외아북 722

      경유·수신·참조: 주일 대사
      발신: 장관

제목: 자료 송부

대: JAW-02007

대호로 요청하신 월별 평화선 출어 일본 어선 척수를 별첨과 같이 송부합니다.

유첨: 농수원 1172-315(65. 2. 3) 사본 1통

끝

첨부물

62-1. 평화선 출어 일본 어선 척수 관련 농림부 공문

0212   농수원 1172-315

1965. 2. 3

　　수신: 외무부 장관
　　참조: 동북아주과장

　　제목: 자료 송부(한일회담)

　　1. JAW-02007(011448) 전문에 대한 응신임.

　　2. 위의 전문으로 요청한 자료 별첨과 같이 송부합니다.
　　단. 전문 2항에 대하여는 수산진흥원 신 과장이 이미 출발하였기 자료 구징에 대하여 별도 회시 있으면 작성 위계임을 알려드립니다.

　　유첨: 자료 1건

　　끝

농림부 장관 차균희[직인]

62-1번 문서의 첨부물

57. 일본 어선 평화선 내 침범 사항이 기재된 문서[3]

0213   일본 어선 평화선 내 침범 사항

월별 \ 연별	1962	1963	1964
1	23	158	304
2	32	31	48
3	893	290	221
4	392	459	8
5	98	318	67
6	72	337	11
7	90	235	53
8	382	233	1,274
9	379	1,466	867
10	462	578	564
11	393	349	232
12	284	271	579
계	3,500	4,705	4,228

---

3   편집자가 문서의 순서를 바꾸었음.

64. 제7차 한일회담 어업 전문가 비공식 회의 결과 보고 전문

번호: JAW-02083

일시: 041709[1965. 2. 4]

수신인: 외무부 장관 귀하
발신인: 주일 대사

2. 3의 전문가 비공식 회의 보고

1. 금 2. 3, 14:40~17:00 가유회관에서 개최된 어업 전문가 비공식 회합에서 토의된 내용을 아래와 같이 보고함.

2. 참석자: 한국 측: 이봉래 국장, 김명년 대표, 배동환 전문위원
   일본 측: 와다 대표, 야스후쿠 조정과장, 모리사와 해양 제2과장 외 3명

3. 토의 내용

아 측이 어제에 계속하여 출어 척수 문제에 관한 양측 이해와 접근에 노력하도록 하자고 한 바 일본 측은 아 측 제안(2. 2 제시한 한국 측 견해) 중 미심한 것을 먼저 질문하겠다고 다음과 같이 말하였음.

　가. 일본 측은 128도 E 이서의 수역 중 제주도 동 측에서 33도 30분 N 이남에서 이서 저인망 및 트롤 어업을 금지시키는 이유가 무엇인가.

이에 관하여 아 측은 128도 E 선을 대형기선 저인망 조업의 동 측 한계선으로 한다면 128도 선 이동에서 조업하는 한국의 대형기선 저인망 어선과 일본의 이서 저인망 어선의 조업이 128도 E 이서와 33도 30분 N 이남의 제주도 동 측 어장에 집중될 우려가 있으니 한국 남해구 중형기선 저인망 어장과의 중복을 조정할 필요가 있어 설치코자 하는 것이라고 말함.

2. 일본 측은 출어 척수에 관하여 270척의 출어가 일본 어업의 실태라고 일본 측이 하는데 그 숫자 자체에 관하여 한국 측의 비판을 받을 성질의 것이 아닐뿐더러 또 일본 정부가 그 숫자를 한국 측과 타협할 생각은 없다고 말하였음. 이에 관하여 아 측은 조업 실태라는 것은 허가 총수 또는 출어 1일 최고 척수를 의미하는 것으로 이해하고 이를 부정할 생각은 없으나 공동규제수역에 출어하는 일본 어선의 척수를 정하는 경우에 있어서는 그 기준으로써 연간 1일 최고 척수로써 표시하는 것은 부적당하니 합의에 도달할 수 있는 방법과 타당한 기초를 발견하자는 것이라고 하였음.

3. 일본 측은 1일 최고 척수는 협정서 본문에 기입하고 월별 최고 척수를 부속서 또는 합의 문서에 기입한다는 것을 한국 측이 승인한다면 월별 척수 및 어획량의 설명 자료를 제출하겠다고 하였음.

4. 이에 관하여 아 측은 그러한 조건부로 월별 출어 최고 척수를 받을 수 없으며 출어 척수의 표시 방법은 외무부와 검토하여 보겠다고 말한바,

5. 일본 측은 출어 척수 이야기는 이 정도로 하고 다음부터 척수 이외에 양국 제도의 조정이나 기타 실무적인 이야기를 하면 좋겠다고 한 데 대하여 아 측은 그것은 물론 하지만 협정의 핵심이 될 출어 척수 이야기도 더욱 검토하자고 하였음.(주일정-외아북)

수석대표

68. 제7차 한일회담 어업 관련 4자 회담 결과 보고 전문[4]

0227   번호: JAW-02112

일시: 051741[1965. 2. 5]

수신인: 외무부 장관 귀하

발신인: 주일 대사

어업 관계 4자회담 보고(2. 4)

1. JAW-02082 및 02083호로 보고한 2. 3 및 2의 전문가 회합에서 일본 측이 월별 출어 척수 제시를 거부하고 2차적으로는 한국이 일본 측의 현 최고 출어 척수를 수락하는 전제라면 한국 내의 설명 자료로서 동 자료를 제시하겠다고 하여 규제 척수에 관한 토의가 결렬될 단계에 이르렀음에 비추어, 아 측은 2. 3의 수석대표 간 회의에 동 문제를 제기하여 어업 회의의 실질적인 진전을 마련할 목적으로 우선 4자회담(이 공사, 이 수산국장, 히로세, 와다)에서 조정하도록 하였음.

2. 따라서 제9차 어업위는 연기하고 그 대신 4자회담이(2. 4) 금일 10:30~12:00 외무성 420실에서 개최된바, 그 토의 요지를 다음과 같이 보고함.

3. 토의 요지

와다: (1) 과거의 경위로 보아 양측은 공동규제라는 원칙하에 구체적인 규제 내용으로서 척수, 방목, 어선 규모, 광력을 토의하여온바, 그간 한국 측에 대한 질문을 통하여 느낀 것은 그러한 공동규제원칙을 과연 한국이 수락하였는지 분명치 않으며, 판단을 혼란케 한다. 양측 규제안을 비교하건대 아직도 세부적인 사항에서 대립한 점이 있

---

4   편집자가 문서의 순서를 바꾸었음.

는바, 이를 실무자급에서 조정하도록 함이 좋겠다.

(2) 척수 산정에 있어서 일본 측은 어업 경영실태에 비추어 최고 척수를 합의하고 동 척수를 상회하지 않는 범위 내에서 조업을 조정하는 것만이 어업 행정상 가능하다. 따라서 한국 측이 주장하는 월별 척수를 내놓더라도 그것은 운영상 현실성이 박약한 자료에 불과한 것이다. 다만 한국 측이 우려하는 것과 같이 어기 간의 최고 척수만 정한다면 그 척당 능력으로 보아 일본의 현 어획 실적을 훨씬 초과하는 결과를 초래할 수도 있으므로 이점에 관하여서는 어획량을 제시할 수도 있겠다.

(3) 그 방안으로서 출어 척수를 기준으로 하고 실제 어획량이 합의된 어획량을 초과할 때에는 조업 척수를 제한하는 것이다. 출어 척수만은 타 규제 내용과는 별도로 우선 1년 정도 잠정적인 경과조치로 합의해두고, 공동위원회의 자원조사 후 재조정하도록 할 수 있겠다.

(4) 어획량의 결정은 출어 척수를 합의하는 문서보다 가벼운 비중을 갖는 데서 합의해두는 것이 좋겠으나 꼭 필요하면 출어 척수를 결정하는 동일 문서 안에 기입할 수도 있다.

(5) 한국 측의 척수를 전혀 표시하지 않는다는 것은 곤란하나, 동 수의 출어권리를 유보한다는 정도의 문구로써 표현하는 것은 좋겠다.

(6) 일본 측은 통계에 반영된 일본 측 최고 출어 척수가 실지의 어업 실태와 정확하게 부합하는 것인지는 의문임을 시인한다. (동 척수 중에는 어장으로 항해 중의 어선도 있고, 조업 중의 어선이라도 1회를 예인한 것 또는 10회를 예인한 것도 있는데, 어떻게 출어 척수만이 어업 실태인가라는 반론에 대하여) 연인즉 어떻게 한국이 보유하고 있다는 통계가 정확한 일본의 어획량을 반영하는 것으로 볼 수 있는가. 그러한 전제에 유념하여, 최대로 정확한 양심적인 숫자(최고 출어 척수 및 어획량)를 이 공사와 자기 간의 2자 회합에서 제시하겠다.

이 수석: (1) 공동규제라 하여 일본 측이 한국의 척수도 산술적인 동 수라고 주장한다면 상대방의 실태를 무시하는 일방적인 주장으로서 대립을 위한 주장이며, 일본 측이 타결하려는 성의가 없다고 판단할 수밖에 없다. 또한 한국 측이 출어 척수에 관하여 실질적으로 공정하고 타당한 권리를 유보한다는 것을 협정 또는 그 부속서에 여하히 기입할 것인지는 대강에 합의 못 하고 있는 현시점에서는 시기상조다. 협정 본문은

규제에 관한 광범한 의미의 원칙만을 규제해두고 싶다는 것을 부언해둔다.

(2) 일본 측은 통계 숫자에 대한 상당한 QUALIFICATION을 유보하고 있는바, 와다 대표가 본인에게 제시할 숫자는 일본 측의 양심과 양식을 반영한 정확한 자료이어야 할 것이다. 동 자료가 한국 측의 심증을 얻을만한 자료이면 이를 검토하겠다.

(3) 공동규제의 내용 중 전문가(실무자) 간에 토의하여 합의할 수 있는 점은 처리해 나가도록 하고, 원칙적인 문제는 결과적으로 수석위원 간에서 처리되어야 할 것이므로 이는 대국적인 견지에서 처리해 나가도록 하자.

(4) 그러하기 위하여 명일부터 실무자급의 전문가 회합을 갖도록 하고, 일본 측의 월별 척수와 어획량에 관한 자료는 2. 9의 회의에서 제시해 주기 바란다. 이에 대하여 와다 대표도 동의하였음.

4. 신문 발표
(1) 금후의 어업위원회의 진행에 대하여 토의함.
(2) 규제 조치의 기준에 관한 의견 교환을 하였음.(외아북)

수석대표

67. 제7차 한일회담 어업 관련 4자회담에 따른 실무자 회의 결과 보고 전문

0230   번호: JAW-02113

일시: 051742[1965. 2. 5]

수신인: 외무부 장관 귀하
발신인: 주일 대사

2. 4의 4자회담에 따른 2. 5 실무자 회의

1. 표기 회의는 금 2. 5, 10:30~12:10 가유가이칸에서 개최된바, 동 회의의 토의 요지를 아래와 같이 보고함.

2. 참석자: 한국 측: 배동환 전문위원, 공로명 보좌
   일본 측: 야스후쿠 어업조정과장, 모리사와 해양2과장, 마쓰모토 트롤반장, 혼다 저인반장

3. 토의 내용
(1) 월별 척수

일본 측 실무자는 일본 측의 월별 출어 척수를 제시하면 아 측이 동 자료를 이용하여 일본 측이 동 척수에 구속당하지 않을까 의구심을 갖고 있었음. 이에 대하여 아 측은 양측의 척수 차이를 좁히는 교량적인 자료로 검토하려는 희망임을 밝히고 일본 측의 정확한 월별 척수 자료의 제시를 종용하였음. 또한 아 측은 월별 척수를 갖고 일본 측의 출어 척수를 평균치와 동 'VARIATION'을 고려하면 조정될 수 있지 않은가 하고 사견을 첨언하였음.

(2) 망목

대립 중인 이동 저인망의 망목(한국 37밀리, 일본 측 33밀리)의 관하여서는 일본 측은 평균적으로 33밀리를 쓰고 있고, 아 측은 40~33밀리가 설정이므로 이는 다시 논의하기로 하였음. 일본 측은 특히 '니기스'(일본해를 어장으로 하고 연간 약 1만 톤 어획) 어로 상 33밀리로 합치시켜 줄것을 희망하였음.

(3) 어선 규모

(가) 이서 저인망의 대립점인 아 측의 50~150톤 대 일본 측 50~200톤에 관하여서는 일본 측의 어업 제도상 200톤이 저인망의 상한선으로 되어 있으나, 실지로는 90~110톤급이 대부분이고 최대 140톤급이 약간 수 있다 함. 그러나 앞으로 어획물의 선도보장 장치의 설치를 고려하여 약간의 여유(10~15톤)를 볼 것을 희망하므로 그 여유를 보더라도 150~160톤 급에서 타협될 수 있지 않은가 한즉 재고해보겠다고 하였음.

(나) 트롤 어업은 한국의 제도상 100톤급 이상으로 되어 있다고 한바, 일본 측은 동 하한선을 한국의 제도대로 인정하는데 이의 없다고 하였음.

(4) '보너스' 톤수

보너스 톤수에 관한 일본 측의 실정을 문의한바, 어선원의 노동환경 개선을 위한 조치(농림대신통달) 이 있다고 하므로 그 내용 설명을 듣고 대체적인 찬의를 표명하였으나 구체적인 아 측 견해나 동 통달 사본을 검토 후 말하겠다고 하였음(내역은 별도 문서로 보고 위계).

(5) 다음 회합은 2. 8(월) 14:00 로 결정하였으며 토의 내용은 1) B, C 수역의 규제 내용, 2) 제주도 동 측의 대형 저인망 금지수역 설치 이유설명, 3) 공동규제 조치 중 예외적인 고려를 요하는 사항(경과조치 포함).(외아북)

수석대표

70. 제7차 한일회담 어업 관련 실무자 회의 결과 보고 전문

번호: JAW-02211

일시: 101450[1965. 2. 10]

수신인: 외무부 장관 귀하

발신인: 주일 대사

2. 4의 4자회담에 따른 2. 8의 실무자 회의

1. 표기 회의가 금 2. 8, 14:00~17:00 가유회관에서 토의되었는바, 동 회의 요지를 아래와 같이 보고함.

2. 참석자: 한국 측: 배동환 전문위원, 공로명 보좌

　　　　　　일본 측: 야스후쿠 어업조정과장, 모리사와 해양 2과장, 마스모토 트롤반장, 혼다 저인반장

3. 토의 내용
(1) 제주도 동 측 대형 저인망 금지수역 설치 문제

아 측이 2. 1, 8차 어업위에서 제안한 새로운 대형 저인망 조업 제한 수역 설치에 관하여 일본 측 요청에 따라 설명하였음. 아 측은 일본 측이 이서 저인망의 분한점을 동경 128도로 맞출 때 종래 128도~128도 30분 안에서 조업하면 일본의 대형 저인망과 아 측 128도 이동 33도 30분 이남 해역에서 조업하면 이서 저인망이 다 같이 이수역에 집중할 가능성이 많고, 그러할 경우 아 측의 남해구의 중형 저인망(30~50톤)이 압력을 받을 것이므로 중형 저인망과 대형 저인망과의 조업을 조정할 필요가 생긴다. 따라서 128도 이서 33도 30분 이북 수역에 대형 저인망 어업의 조업을 제한하는 수역을 설치하겠다고 하였다. 이에 대하여 일본 측은 형식상 이해는 되나 어업 실태 상 그럴

가능성은 없고, 일본의 이서 저인망 업자를 자극할 것이므로 동 금지수역 설치는 곤란하다고 하였음.

(2) B, C 수역의 일본 어업 실태

B, C 수역에서 조업하는 일본 어업의 실태 중 특히 일반 어업의 대상 어족과 선박 규모 등에 관하여 설명을 요청한바, 일본 측은 다음 회합에 회답한다고 하였음(파우치 편에 후송 위계).

(3) 고등어 일본조

아 측은 일본의 현실적 범위 내에서 이를 검토한다는 종래의 입장을 다시 밝힌바 일본은 현 요구 척수는 61~63의 과거 3년간의 실적에 의한 것이라고 하였음. 아 측이 동 어업은 현재 실적이 없으며 과거 실적을 근거로 현 조업실적을 증가시키는 것은 부당한 것이 아니냐고 반문한 데 대하여 일본 측은 동 어업은 아 측에 의한 나포 위험성 등을 고려하여 평화선에서의 조업은 비교적 적다는 것은 시인하였음.

(4) 기타

B, C 수역의 규제 성격과 내용에 관하여 예를 들자면 B 수역 내의 중형기선 저인망 어선은 한국은 법정 건수가 45척인데 일본 측이 240척의 저인망의 출어를 제안하는 것은 한국의 어업 제도와 실정을 파괴하는 것이니 이러한 문제가 해결되기 위하여서는 일본 측의 재고가 필요하다는 점을 역설하고, 동수역의 규제 성격은 위원회 레벨에서 토의토록 하였음.(주일정 - 외아북)

수석대표

74. 제7차 한일회담 어업 관계 2자회담 결과 보고서

0299
2. 9의 어업 관계 2자회담 결과 보고

지난 2. 4의 4자 회담에 이어 금 2. 9(화)에 개최된 어업 관계 2자회담 내용을 아래와 같이 보고합니다.

1. 일시 및 장소: 1965. 2. 9(화), 10:30~11:45, 일 외무성 수석대표실

2. 참석자: 한국 측: 이규성 공사, 일본 측: 와다 수산청 차장

3. 토의 내용
(1) 2. 4의 4자 회담에서의 결정에 따라 그간 2차에 걸쳐 회합한 실무자 회의의 토의 내용에 관하여 상호 의견을 교환하고, 동 실무자 회의에서 토의된 내용 중 합의할 만한 사항(세부적)은 2. 12(금) 제9차 어업위원회를 개최하여, 합의 처리키로 하였음.
(2) '보너스' 톤수, 현존하는 어업금지구역의 재확인, B, C 수역의 일반 어업의 실태, 한국 측이 제안한 신규 금지수역, 공동규제 조치 중 예외 조치를 요하는 사항 등은 전문가(실무자급) 회의를 2. 11(목)에 개최하여 계속 토의하도록 함.
(3) 규제 척수 문제
가) 2. 4의 4자 회담에 계속하여 규제 척수 문제에 관하여 일본 측은 요지 아래와 같이 발언함.

0300
와다: 종래 한국은 어획량을 기준으로 한 규제를 주장한 데 대하여 일본 측은 어업 실태가 있으므로 어획량만 갖고는 곤란하다고 하였다. 그 후 한국이 일본의 어획량 실적을 인정한다고 하므로 절대로 종전량을 상회하지 않는다는 전제하에 최고 출어 척수를 제시했다. 최고 출어 척수에 대한 한국 측의 입장과 동 척수를 국내적으로 설명하기가 곤란한 점은 이해하는 바이다. 그러던 차에 이봉래 수산국장과의 회합에서

이 국장이 잠정적으로 어업 실태에 맞추어서 규제 척수를 합의하여 약 1년 정도 조업하여 보고, 연후에 다시 실적에 부합하도록 조정하는 방안도 있을 수 있다고 했다. 이러한 경위를 유념하여 2. 4의 4자회담에서 일본 측은 어업 행정상의 문제를 고려하여 일본 측 최고 출어 척수를 내고, 동시에 양을 이에 결부시켜서 한국 측의 의구심도 해소하는 안을 제시했다. 이와 같이 최고 척수에 양을 결부시킨다면 일본 측이 최고 척수를 설명하기 위하여 제시하겠다고 한 월별 최고 출어 척수는 의미가 없다고 생각했고, 더욱이 전문가 회합에서 한국 측은 일본의 월별 최고 출어 척수를 갖고 일본 측 척수를 깎으려는 의도를 갖고 있는 것으로 보였기에 자료 제시를 주저했다.

　　나) 이에 대하여 아 측은 일본 측이 종래 주장하던 어느 날의 최고 척수를 규제 척수로 하려는 방안은 자극적인 요소를 내포하므로 절대 불가함을 지적하고, 이 문제는 새로운 제3의 방식(최고 척수, 양, 평균 척수의 3요소를 안배한)을 갖고 쌍방이 납득이 되도록 하여야 한다고 하였음. 일본 측이 정확한 양을 제시할 것을 전제로 하고, 평균 척수는 그 양을 중심으로 하며, 최고 척수는 예시적 효과를 가지도록 하자고 설명하였음. 또한 어획량이 정확하다면 이를 상회하지 않는다는 원칙하에 규제 척수에 있어서는 다소 융통성(한정된 어기와 어장에서의 조업 실태를 손상하지 않는 범위 내)을 가질 수 있겠으나 막대한 척수는 국내 정치문제가 되니 정치적 배려를 요한다는 아 측 입장을 밝힘.

　　다) 이에 대하여 와다 대표는 명 2. 11의 2자회담에 일본 측의 어획량과 월별 척수를 갖고 출석하겠다고 내락함. 일본 측이 비공식으로 설명한 어획량 통계는 수역의 이서 저인망은 35,000톤, 선망은 제주도 부근과 규슈 연안까지 포함한 숫자로 16~20만 톤으로 제주도 주변은 한국 측이 주장하는 것과 같이 8만 톤가량이 된다고 하며, 다만 한국 측과 일본 측의 통계의 대상이 다소 차이가 있다고 함. 이동 저인망이 5만 톤이라 하였음.

　　라) 일본 측은 또한 일본 측이 어획량을 제시하였을 때 한국 측이 이를 bargain의 대상으로 한다면 이미 규제 척수가 난항하고 있는 현 교섭을 더욱 악화시킬 것을 우려하고 있었음. 이에 대하여 아 측은 일본 측의 과학적 양식으로써 어획량을 제시한다면 그러한 우려는 기우에 불과할 것임을 지적하고, 이는 난항 하는 규제 척수의 합의점을 모색하는 작업의 일환임을 강조하였음.

(4) 와다 대표는 그간의 경위를 아카기 농림대신에게 보고하였던바, 일 농림대신은 제주도 주변의 기선 문제와 어업협력 문제는 대신급 회담에서 처리할 것과 규제 척수 문제는 위원회 레벨에서 가급적 합의 처리될 것을 요망하고 있었다고 함. 이에 대하여 아 측은 규제 척수에 있어서도 최종적인 척수 합의는 위원회보다는 상급 단계에서 결정하는 한이 있더라도 접근할 수 있는 데까지는 척수 문제를 접근시키자고 함.

끝

76. 제7차 한일회담 어업 관련 2자회담 결과 보고 전문[5]

번호: JAW-02245

일시: 111441[1965. 2. 11]

수신인: 장관
발신인: 주일 대사

2. 10 어업 관계 2자회담 보고

1. 금 2. 10 12:00~14:30 이 공사와 와다 대표 간의 2자회담 내용을 아래와 같이 보고함.

2. 토의 내용
1) 일본 측 어획량 실적 제시
작일의 2자회담에서 일본 측은 어획량 실적을 아래와 같이 제시함.
　(1) 이서 저인 및 트롤 35,000톤(아 측 추정량과 대동소이)
　(2) 이동 저인(쓰시마 및 일본 측 연안 포함) 55,000톤 중 B 수역 내에서의 어획량은 약 1/3 인 15,000톤(아 측 추정량 4,000~5,000톤)
　(3) 선망(대소흑산군도, 단조군도, 제주도 주변) 160,000~240,000톤인바, 제주도 주변의 어획량으로써 120,000톤이면 일본 측 업계를 설득할 수 있겠다 함(아 측 추정량 80,000톤).
2) 일본 측 실적에 대한 아 측 견해
위의 어획량 중 특히 선망에 대하여서 아 측은 80,000톤으로 추정하고 있는바, 이는 풍어년이었던 1961년 통계를 기준으로 하고 있으며 최근에는 감소 경향이 있음을

5　편집자가 문서의 순서를 바꾸었음.

0306　지적한 데 대하여 와다 대표는 선망 어업을 한일 관계 수역에 있어서의 기본적인 자본 기업이며 정치적 압력이 크다고 실정을 설명하며 한국 측이 말하는 1, 2할의 증감을 인정하는 것만으로는 곤란하다고 하였음.

　　3) 고등어 일본조

　　고등어 일본조에 관하여서는 25-50톤 정도 어선만 규제수역에 출어시킨다면 일반 어업으로 취급하는 것이 좋겠다는 아 측 수산 전문가들의 의견이 있어 이를 일본 측에 시사하였던바 일본 측은 최초 선박 규모의 상한을 60톤까지 할 것을 희망하였으나 일본 측은 아 측 제안에 합의하고 또한 이 어업을 일반 어업으로 취급한다면 일반 어업 척수를 증가시켜줄 것과 예외 조치로서 50~100톤급 20척 한을 6~12월에 출어할 수 있도록 요청하여 왔음.

　　4) 일본 어선의 월별 최고 출어 척수에 관하여서는 금일중으로 별송하겠다 하였으므로 도착 즉시 별도 보고 위계임.

　　5) 어업교섭의 진행방식

　　　(1) 와다 대표는 비공식으로 어업협력과 제주도 주변의 기선 문제는 농상이 처리하는 것이 좋겠고 일본 측이 양심적으로 어획량을 제시하였으니 한국 측은 척수에 있어서는 융통성을 가지고 일본 제안을 받아 주기 바란다고 하였음. 또한 이러한 원칙에 한국이 동의하면 시나 외상의 귀국 후 바로 아카기 농상이 서울(또는 도쿄도 가함)을 방문하여 농상회담을 맞기를 희망하고 있다고 하였음.

　　　(2) 와다 대표는 또한 어획량과 척수 문제는 실무자 레벨에서 이 이상 토의하지 않았으면 좋겠다는 의사를 암시하였음.

　　6) 제주도 주변의 처리 방식

0307　와다 대표는 제주도 주변을 포함한 기선 문제에 관하여 협정의 최종 형태에 대한 사견이라고 전제하면서

　　　(1) 기선을 명시하면 일본 측으로서는 곤란하니 원-아카기 회담에서 논의된 아카기 시안의 선과 같은 것을 선을 포함한 일 어선 입어 금지선을 설치하든가,(일본 측도 쓰시마에 한국 어선 금지선을 획선한다.)

　　　(2) 기선을 획선하되 이에 관하여서는 일본 측이 국제사법재판소에 제소할 수 있는 권리를 한국 측이 인정한다. 단 일본 측은 아카기 시안과 같은 경도선(종선) 내에는

당분간 입어하지 않는다고 하였음. 이에 대하여 아 측은 이는 심중히 검토를 요하는 문제라고 말하고 '코멘트'를 하지 않았음.

7) 어업협력

와다 대표는 일본 측과 동수의 규제 척수를 한국 측에 신조선으로서 협력할 때 그 금액은 6,900만 불이 필요하므로 여기에 시험선 기타를 위하여 1천만 불을 더 붙여서 총액 8,000만 불을 고려하고 있는 듯한 인상 표시에 대하여 아 측은 액수도 억 자가 붙어야 하고 또한 영세 어민이 소화하기 위하여서는 상업 차관 베이스로서는 불가능하다고 하였음. 이에 관하여 와다도 영세어민 문제는 충분히 이해하고 있다고 하였으나 조건 문제는 그 이상 언급되지 않았음.

8) 해태의 자유화

정 총리-사토 수상 회담에서 한국 해태를 자유화하겠다고 일본 측이 말한 바에 관하여서는 이를 모르고 있으며 자기 사견으로는 해태를 자유화한다면 '바나나' 문제와 같이 정치 문제화 되어 곤란할 것이므로 매년 점차적으로 증가하여가서 결국 연당 500만 속으로 쿼터를 증가한다면 실질적으로 자유화하는 것과 동일한 효과를 가져올 것이라고 하며 실질적으로 한국의 해태 수출 능력이 500만 속 정도로 알고 있다고 하였음.

9) 오징어의 쿼터 증가와 고등어, 전갱이 해제 문제.

아카기 농상의 방한을 계기로 오징어 쿼터를 200만 불 정도 증가할 예정이며 고등어 전갱이의 대한 수입 해제는 계속 곤란하다고 말하였음.

10) 어선, 어구의 대한 수출금지 및 참치(TUNA) 어업에 대한 제안어업의 대강이 합의되는 것과 동시에 어선 및 어구의 대한 수출금지는 해제할 방침이라고 말하였음.

어선 수출과 관련하여 와다 대표는 한국이 일본으로부터 참치 어선을 신조할 것을 생각하고 있는 것으로 아는데 현재 일본 업계에는 유휴 중의 참치선이 다수 있으므로 이를 한국에 대여할 생각이 있을뿐더러 한,중,일의 공동 선단을 형성하여 공동판로를 통하여 종래 미국이 독점하고 있는 참치 시장에 대처하는 것이 좋겠다고 하였음.(주일 정-외아북)

수석대표

75. 일본 측의 월별 최고 출어 척수 실적 보고 전문

0303　　번호: JAW-02244

　　　　　　　　　　　　　　　　　　　　　　　일시: 111441[1965. 2. 11]

수신인: 장관

발신인: 주일 대사(수석대표)

연: JAW-02245

연호로 보고한 일본 측의 월별 최고 출어 척수 실적에 관하여 다음과 같이 일본 측에서 제시하여 왔음을 보고함.

1. 이서 저인 및 트롤

　　1월　　　　370척
　　2~4월　　　350척
　　5~8월　　　100척
　　9~10월　　 200척
　　11~12월　　370척, 단, 6~7월은 휴어로 한다.

2. 이동 저인

　　1월　　　　190척
　　2~4월　　　180척
　　5월　　　　 80척
　　6~7월　　　 없음
　　8월　　　　 40척
　　9월　　　　 80척

| | 10월 | 150척 |
| | 11~12월 | 190척 |

3. 선망
	1월	150통
	2~5월	75통
	6~12월	150통

4. 고등어 일본조는 25톤 이상 50톤 미만으로 하여도 무방함.

단, 50톤 이상 100톤 미만선 20척에 관하여 예외적으로 6~12월에 출어할 것을 승인하여 줄 것을 요망함.

추기: 본건 부외비로 취급 요망.(주일정-외아북)

77. 제7차 한일회담 어업 관련 2자 회담에 따른 실무자 회의 결과 보고 전문

번호: JAW-02281

일시: 121823[1965. 2. 12]

수신인: 외무부 장관
발신인: 주일 대사

2. 9 어업 관계 2자회담에 따른 2. 11 실무자 회의 보고

1. 2. 11, 14:30~16:30 가유회관에서 개최된 표기 회의의 토의 내용을 아래와 같이 보고함.

2. 참석자: 한국 측: 배동환 전문위원, 공로명 보좌
　　　　　 일본 측: 야스후쿠 어업조정과장, 모리사와 해양 2과장, 마쓰모토 트롤 반장, 혼다 저인반장

3. 토의 내용
(1) 현행 금지수역의 확인
　양측은 국내법에 의한 현행 어업금지수역에 관하여 각각 설명하고 동 내용을 문서로 상호 교환하기로 함.
(2) 보너스 톤수
　JAW-02113에서 보고한 '보너스' 톤수에 관한 문서를 접수함(별도 송부 위계).
(3) 제주도 동 측의 대형기선 저인망 금지수역의 설치 문제 2. 9의 2자 회담에서 동 수역에 언급하여 와다 대표가 한국 측이 제안한 동경 128도 이서, 북위 33도 30분 이북 대신에 동경 128도 30분 이서, 북위 33도 30분 이북을 대형기선 저인망의 조업 금

지선으로 하면 동 조업금지수역에 대하여 일본 측은 입어하지 않는다는 것을 시사한 바 있으므로 이를 확인하기 위하여 일본 측 실무자에게 문의한바, 일본 측은 수석대표로부터 구체적인 지시를 받은 바 없다고 하며 제안 내용을 문의 후 다시 토의하기로 함.

(4) 예외 조치. 공동규제 조치에 대한 예외 조치에 관하여 아 측은 좀 더 검토한 후 일본 측에게 제시하겠다고 하였으며 일본 측은 이미 합의한 선망의 망목에 관하여 그 후 다시 일본 측의 실정을 확인한바 근래 선망의 망사를 비닐론의 장섬유를 점차 사용하는 경향이 있어 이 경우 어망의 삼강 속도를 빨리하기 위하여 신망의 망목이 30밀리(9 전반~0절)가 되므로 이를 예외 조치로서 인정하여 줄 것을 요망하였음.

이에 대하여 아 측은 검토 후 다시 협의하겠다고 하였음.

(5) 포경어업.

김명년 사안에서 아 측은 일본의 근해 포경어업은 규제수역 내에서의 조업을 자제할 것을 요망한 데 대하여 일본 측의 반응이 와다 수정안에서 언급된바 없는데 이에 대하여 일본 측 입장을 문의하였던바 일본 측은 검토 후 회답하겠다고 하였음.

(6) B, C 수역의 일본 측 일본 어업의 실태

전번 실무자 회의에 계속하여 일본 측의 일반 어업의 실태를 문의한바 이에 대한 일본 측의 어업별 어선의 톤수 규모와 어장에 관한 설명이 있었음(별도 보고 위계).(주일정-외아북)

수석대표

78. 보너스 톤수에 관한 일본 농림대신 통달 송부 공문

0232   주일정 722-58

1965. 2. 16

수신: 외무부 장관

제목: '보너스' 톤수에 관한 일 농림대신 통달 송부

1. 65. 2. 5의 어업 관계 실무자 회의(JAW-02213 참조)에서 토의된 어선 총 톤수에 대한 보너스 톤수에 대한 일 농림대신 통달을 별첨과 같이 송부합니다.

2. 상기 '보너스'에 관하여서는 65. 2. 13 제9차 어업위원회(JAW-02307)에서 원칙적으로 양승한 바 있습니다.

3. '보너스' 톤수 허용범위를 계산하는 방법은 아래와 같습니다.

총 톤수	계산 방법
20~50톤	어선 총 톤수 - 20톤 × 1/10 + 7톤 = 보너스 톤수
50~80톤	〃 - 50톤 × 1/15 + 10 = 〃 톤
80~200톤	〃 - 80톤 × 1/60 + 12 = 〃 톤
200~250톤	〃 - 200톤 × 1/50 + 14 = 〃 톤
250~1000톤	15톤

유첨: 일 농림대신 통달 정본 및 사본

주일 대사 김동조[직인]

[첨부물은 생략함]

79. B, C 수역의 일본 측 일반 어업 실태 보고 공문

0311　주일정 722-65

1965. 2. 23

수신: 외무부 장관

제목: 2. 9 어업 관계 2자 회담에 따른 2. 11 실무자 회의 보고 추기

　　JAW-02231호(65. 2. 12 자)로 보고한 2. 11 실무자 회의에서 토의된 B, C 수역의 일본 측 일반 어업의 실태를 별첨과 같이 보고합니다.

　　유첨: B, C 수역 출어 일본 측 일반 어업의 현황

　　끝

수석대표 김동조[직인]

첨부물

79-1. B, C 수역 출어 일본 측 일반 어업 현황 문서

0312   B, C 수역 출어 일본 측 일반 어업의 현황

일본 측이(1965년 2월 11일) 아 측에 설명한 해역에 출어하는 일본 어업의 현황은 다음과 같음(본 설명은 1965년 1월 20일 자로 제시한 일본 측 어업규제안 중 (5) 항의 각종 연안 어업 1,900척과 관련 있음).

1) 연승 어업: 출어 척수 674척
   ㄱ) 어선의 규모와 대상 어종
      ◎ 5톤 미만: 6할 ………. 도미
      ◎ 40~60톤: 11척 ……… (상어)
      ◎ 나머지는 전부 20톤 이하의 것
   ㄴ) 어장: 쓰시마-상백도-제주도 남, 서부 해역

2) 인승 어업: 400척
   ㄱ) 어선의 규모: 5톤 미만 … 95퍼센트(방어, 다랑어, 삼치 등)
                10~20톤 5척
   ㄴ) 어장: 쓰시마 주변

3) 자망 어업: 52척(전체 5톤 미만)
   대상 어종: 정어리, 전갱이, 고등어, 날치 등
   쓰시마와 제주도 근해

4) 일본조 어업: 617척
   ㄱ) 어선의 규모와 대상 어종
     5톤 미만 90퍼센트
     20톤 미만 대부분(도미, 방어, 삼치, 오징어 등)
     50톤급 수척

0313   ㄴ) 어장: B 수역의 전역 이서 제주도 서, 남부 해역에도 출어하고 있음.

5) 돌봉 어업: 44척(20~60톤급)

세치류를 주 대상으로 하고 쓰시마에서 제주도 간의 어장에서 조업함.

6) 시이라즈케 어업: 37척(10~20톤급)

쓰시마에서 제주도 동, 남부 해역에서 조업

이들 어선은 야마구치, 후쿠오카, 나가사키, 구마모토현의 어선들이 각 어업의 어기별로 출어하여 오는 것으로, 연중 이들 어선이 동 해역에서 항상 조업한다는 것은 아니다.

끝

83. 제7차 한일 전면 회담 어업 및 평화선위원회 제9차 회의 회의록[6]

0320   제7차 한일 전면 회담 제9차 어업 및 평화선위원회 회의록

1. 일시: 1965. 2. 13, 11:00~12:50
2. 장소: 가유회관
3. 참석자: 한국 측: 이규성   대표
         김명년   〃
         최광수   전문위원
         신동원   〃
         배동환   〃
         공로명   보좌
         조성찬   〃
     일본 측: 와다   대표(수석)
         히로세   〃
         가와카미   조약국 조사관
         하마모토   법규과 사무관
         우치다   북동아과 사무관
         야스후쿠   수산청 어업조정과장
         모리사와   해양제2과장
         마쓰모토   트롤반장
         혼다   저인반장

---

6   편집자가 문서의 순서를 바꾸었음.

4. 토의 내용

이 수석: 그간 수차 있었던 전문가 회합에 관하여 본 위원회에서 이야기해보기로 하자.

히로세: 즉, 그간의 실무자 회담, 와다 대표와의 회담에 관한 확인인가?

이 수석: 실무자 회의의 진행 상황 및 결과 기타 규제안에 대한 코멘트, 좋은가?

와다: 좋다.

야스후쿠: 2월 5일 회합에서는 척수 문제는 다나아게하고[보류하고] 이동 저인망의 망목(한국 37밀리, 일본 측 33밀리)에 관하여 논의하고 쌍방의 어업 조업 실태 설명이 있었다. 우리들이 받은 감촉으로서는 망목 등 문제에 있어서는 어떻게 합의할 수 있을 것 같이 느꼈다. 어선 톤수 규모에 있어서, 이서 저인망은 우리로서는 220톤이 최대한이고 한국 측은 150톤을 내걸고 있는데 대한 양측 설명이 있었던바 우리로서는 이에 대하여 제한할 필요가 없다고 설명하였다. 그러나 이 문제는 양측 교섭 결과에 따라 잘 해결될 수 있는 문제라고 느꼈음. 트롤 문제에 있어서는 한국은 최저 100톤이라고 하였는바, 이에 대하여는 합의가 될 수 있을 것이라는 데 대하여 확인을 하였다. 선망에 있어서는 각기 국내 사정을 설명함과 실적을 존중한다는 이야기를 하였는바, 60~40톤 선에 이론이 없는 것을 감촉하였다. 그다음은 '보너스' 톤수인바 한국 측은 우리 측 사정 설명을 듣고, 이에 대하여 별도 이의가 없음을 감촉하였음. 대략 이상과 같은바 추가할 것이 있으면?

배 전문위원: 별로 없다.

야스후쿠: 2월 3일 회의에서는 저인망 제도에 관한 설명을 하였는바, 특히 128도 경계선에 따른 대형 및 중형 저인망 조업에 관하여 우리 측 제도를 설명하였다. 이것은 중요한 이야기가 되어서 서로 의견 교환을 상당히 하였는데 별다른 진전이 없었다. 우리 측은 이의 금지구역 설치는 공동규제라는 점에 반하는 한국 측 독점이 되기 때문에 불가하다고 주장하였음.

E 구역 설치 문제에 있어서는 우리 측은 원-아카기 회담에서 이야기된 바와 같이 공동위원회 설치 후에야만 고려될 수 있을 것이라고 주장하였다. 이에 이어서 연안 어업 실태 설명이 있었다.

2월 11일 회합에서는 쌍방, 금지구역에 대한 설명 내지 이에 대한 확인이 있었다.

그런데 이 회의에서 새로운 문제로 나타난 것은 선망에 있어서의 망목 제한인데, 근래 일본에서는 30밀리가 상당히 보급되어 이를 예외 조치로 인정하여 달라는 제안을 우리 측이 하였다. 그다음은 포경어업에 관한 것인데, 이 점에 관하여는 별 이론이 없었는데 우리 측으로서는 현상 그대로이면 좋지 않을까 하는 의견을 제시하였다.

배 전문위원: 새우 트롤 예외 조치 등이 있는데, 그것은 동해구의 새우 트롤 25척, 남해구 및 서남해 중형기선 저인망 65통이다.

와다: 이런 이야기가 없었는데?

히로세: 그러면 이것 이외는 예외가 없다는 말인가? 지금에 와서 이런 예외 조치가 나온다는 것은 유감인데…

이 수석: 포경 문제는 어떻게?

모리사와: 그것은 현상 이상 세력 팽창이 없으면 된다고 생각한다.

이 수석: 이 이외는 별로 예외 조치가 없다고 생각하는데, 한국 측은 전부 실무자 회의에서 이야기했다. 그런데 남해구 중형 저인망 이야기는 제도상의 문제로서 한국 측이 특별히 추가한 것은 아니다.

와다: 남해구 이야기는 그만하기로 하자. 좋은가?

모리사와: 좋다.

와다: 그런데 좀 확인이 필요한 것이 있는데… 한국 측이 제주도 동 측에 새로이 대형 저인망의 조업금지선을 설치하고자 하는데 이것은 남해구 중형 저인망의 전관수역과 같은 결과를 가져오는 것이다.

이 수석: 아 측이 제주도 동 측에 남해구 중형 저인망의 조업 수역을 확보하려는 의도는 장차 일본 측이 이동과 이서의 조업한계선을 종래의 128도 30분을 128도로 변경할 때 현재 128도 이동 33도 30분, 이남 33도 9분 15초간에서 조업하여 오던 한국의 대형 저인망과 단조군도 주변 수역에 출어할 수 있었던 아 측 중형 및 대형 저인망과 128도~128도 30분에서 조업하던 일본의 이서 저인망이 그 조업 어장을 상실하게 되는 데서 오는 압력이 제주도 동 측으로 집중될 가능성을 조정하기 위한 것이다.

와다: 그렇게 되면 그것은 한국의 전관수역이 되는 것이다. 이동, 이서의 조업한계선을 동경 128도 대신 북위 33도 30분 이북의 위도선으로 하면 제주도 동 측의 33도 30분 이북에는 일본 측의 이동 저인망과 한국 측의 중형 저인망의 공동 입어를 보장

할 수 있고, 한편 단조군도 주변의 저인망 금지수역에는 한국의 중형 및 대형 저인망의 출어를 금한다. 단, 일본 측의 대형 저인망은 동 금지수역에 입어할 수 있도록 일본이 국내 조치를 취할 것인바, 이는 일본이 128도로 조정함으로써 128도 이동 수역에서 어장을 상실한 일본 측 이서 저인망에 대한 보상 조치임. 우리 측의 이러한 예외 조치는 한국이 서해구 중형 저인망 조업 구역을 현행 한국 저인망 금지구역에서 조업할 수 있도록 한 제도에 대응하는 동질의 예외 조치가 되겠다.

이 수석: 우리 측 서해구 중형 저인망 20통에 대한 예외 조치는 일본 측이 제안한 100톤을 초과하는 선망 1통의 조업에 대한 예외 조치와 대응하는 것이며, 아 측이 제안하였던 제주도 동 측 대형기선 저인망 조업금지선은 바로 일본 측의 단조군도 수역에서 한국 측 저인망을 출어치 못하게 한 저인망 금지선 설정의 성격과 같은 것이다.

이 수석: 그간 수차 망목에 관하여 이야기 있었는데 별 문제 아니라고 생각된다.

김 대표: 그런데 선망 망목을 예외로 한다는 것은 이상하고, 오늘은 34밀리로 합의하기로 한다고 해두고 30밀리는 검토한다는 것으로 하자.

와다: 30밀리는 '펜딩[pending]'이란 말인가?

이 수석: 그렇다. '리젝트[reject]'한다는 것은 아니다. 어선 규모는 대형기선 저인망에 있어서 대립하고 있는 50~150톤과 50~200톤이 있는데…

와다: 170톤은 좋다라는 이야기인가?

이 수석: 50~170톤은 무방하다. 트롤에 있어서는 100~550톤과 200~550톤의 대립인데 100~550톤으로 한다. 선망에 있어서는 60~100톤의 대립을 40~100톤으로 한다. 보너스 톤수는 인정한다는 것으로 한다. 뭐 다른 추가할 것이 있는가?

와다: 고등어 일본조 이야기인데, 실적 있는 것이 25~100톤이 330척으로서 그 내역은 25~50톤이 300척, 50~100톤이 30척이다. 이를 25~50톤으로 원칙적으로 한정하여 종래 4대 어업으로 취급하여 오던 것을 일반 연안 어업으로 취급하자. 단, 50~100톤급 중 30척은 6~12월간 조업할 것을 예외적으로 승인한다. 이 경우 일본 측의 일반 어업의 자주 규제 척수는 1,900척 대신 2,200척으로 한다.

이 수석: 우리는 고등어 일본조 어업에 관하여 일본 측의 실적이 없는 것으로 알고 있으나, 일본 측이 실적을 제시하면 검토할 용의가 있다. 그다음은 '보너스' 톤수 문제인데, 대체로 좋다고 생각한다. 그리고 일본 측의 예외 조치는?

와다: 선망 100톤 이상 1통과 고등어 일본조 50~100톤 30척의 A 수역 출어와 선망의 망목 30밀리가 있다. 한국 측은?

이 수석: 현재로서는 동해구의 새우 트롤 25척 남해구 및 서해구의 중형기선 저인망 65통이 있으며 미결 중인 포경어업 등이 있다고 본다. 이 예외 조치에 관하여는 계속 실무자 회합에서 토의키로 하자.

이 수석: 지난 8차 어업위에서 제안한 규제 척수 안에 대하여 코멘트라도?

와다: 그것은 일본 측 실태에 맞지 않는다고 생각한다.

이 수석: 우리 측으로서는 시나 대신의 한국 방문 중에도 계속 회합하여 토의하고 싶다. 실무과장끼리라도 해보자. 다음 화요일이라도.

와다: 의제는, 금지구역 재확인, B·D 경계 문제 및 B 구역의 성격론 정도이겠지.

이 수석: 울산 및 영일만도 해보자.

히로세: 신문 발표는?

와다: 신문 발표는 공동규제구역 내에 있어서의 규제 내용에 관하여 토의하였다고 할까? 즉 대형, 중형 저인망 등 양국에 공히 적용되는 규제에 대하여 대강 합의하였다고 하자.

이 수석: 지금 단계로써는 너무 상세히 할 필요가 없다. 관계 수역에 있어서의 규제 조치(망목, 어선 규모, 광력)에 관하여 대강 합의를 보았다고 하자.

81. 어업 관련 청훈 전문

0327   번호: JAW-02311

일시: 141238[1965. 2. 14]

수신인: 장관
발신인: 주일 대사

어업 및 평화선위원회에서 토의된 그간의 내용에 관련하여 다음 사항에 관하여 청훈하오니 회시하여 주시기 바람.

1. 동경 128도 이서의 북위 33도 30분 이북의 수역을 아 측 남해구 기선저인망 어업과의 어장의 조정상 한국의 대형기선 저인망 및 트롤 어업과 일본 이서 저인망 및 트롤 어업의 조업금지구역으로 하자고(제8차 어업위) 교섭상의 전략으로 제안한 바 있으나, 그러한 조치가 합당하며 또 국내적으로 가능한지의 여부

이점에 관하여 일본은 이서 저인망 및 트롤 어업을 동해역에 출어치 않겠으나 동해역에 이동 저인망 어선(30~50톤)이 조업할 권리를 유보한다고 주장하고 있음.

2. 저인망 어업 정책상 동경 128도 선을 경계로 그 서쪽에서는 50톤 이상, 동 측에서는 50톤 미만의 어선을 조업케 하자는 것이 일본 측 제안인바, 우리나라 서해구 및 남해구 중형기선 저인망 어업(65건) 및 동해안 새우 트롤 어업(25척)을 예외 조치하여 일본 측 제안에 합의할 것인지의 여부

3. 어선, 어구의 규제에 관하여, 한, 일 양국의 주장이 다음과 같이 대립하고 있는바, 이것을 현지 대표단의 재량에 의하여 일본 측과 합의할 것인지의 여부(외정북 722-949, 1963. 9. 19 자 어업교섭에 관한 훈령 참조)

0328   가. 이서 저인망 어업

1) 어선의 규모

한국 50~150톤, 일본 50~200톤

나. 선망 어업

　1) 어선의 규모

　　　한국 60~100톤, 일본 40~100톤

　2) 망목: 34밀리로 합의된 바 있으나 일본 측은 2. 1. 재차 30밀리로 할 것을 제안

　3) 집어등: 한국 10킬로와트(집어선 2척), 일본 27.5킬로와트(집어선 2척 20킬로와트 동 1척 7.5킬로와트)

다. 이동 저인망

　1) 망목: 한국 37밀리, 일본 33밀리

라. 트롤 어업

　1) 어선의 규모: 한국 100~250톤, 일본 200~550톤

마. 고등어 일본조

　1) 어선의 규모: 한국 30~50톤, 일본 25톤~100톤

바. 일본 측은 전기 5개 어업에 관하여 어선의 주기관의 마력수는 특히 제한하지 않는다(상기 훈령에는 어선 톤수의 3.5배를 초과하지 못한다고 되어 있음).

사. 각 어업의 종사하는 어선의 규모를 상기와 같이 정하였을 때, 어선 선원의 노동 환경 개선을 위한 조치(일본 농림대신 통달, 즉 '보너스' 톤수)는 별도 취급할 수 있는지의 여부

4. 일본 측이 고등어 일본조 어업의 실적을 제시할 시는 그 실적 범위 내에서 출어 척수를 인정할 수 있는지의 여부. 또 D 수역의 선망 어업의 조업 실태는 A, B 구역 내의 어장과 별도의 어장을 형성하고 있는바, 그 실적을 일본 측이 제시할 시 그 실적 범위 내에서 출어를 인정할 수 있는지의 여부(외아북 722-118, 1964. 2. 26 한일 어업교섭에 관한 훈령 및 65. 1. 2. 훈령 참조)

5. 어업협정에 수반하는 어업 공동규제 조치(65. 2. 1 자로 제안한 한국 측 견해 및 65. 1. 26 자로 제시된 일본 측 규제안)의 적용에 따를 예외 조치 또는 경과 조치의 유무

6. 각 수역별로 일본 측 어업을 어획 실적을 인정하는 경우 그 어획량을 확인할 수 있는 조치와 방법

7. 기타 지시 사항(외아북-주일정)

84. 한일회담 어업 문제에 관한 훈령 요청 공문

0331   외아북 722

1965. 2. 17

수신: 농림부 장관

제목: 한일회담 어업 문제에 관한 훈령

별첨 사본에서 보시는 바와 같이, 한일회담 수석대표로부터 어업 문제에 관하여 청훈하여 왔아온바, 이에 대한 귀부의 훈령 안을 통보하여 주시기 바랍니다(사본은 별도로 사전 송부 하였음).

유첨: JAW-02311(141238) 사본 1부

끝

외무부 장관 이동원

85. 한일회담 어업 문제에 관한 농림부 측 훈령 송부 공문

0332   농수원 1172-628

1965. 2. 27

수신: 외무부 장관 귀하
참조: 아주국장

제목: 한일회담 어업 문제에 관한 훈령

1. 외아북 722-2590(65. 2. 17)으로 어업 문제에 관하여 청훈 요청한 데 대하여 당부 의견을 별첨과 같이 통보하오니 한일 어업교섭을 보다 유리하게 추진하여 주시기 바랍니다.

유첨: JAW 02311(141238)에 대한 의견 1부

끝

농림부 장관 차균희[직인]

첨부물

85-1. 어업 문제에 관한 농림부 의견 문서

0333   JAW 02311(141238)에 대한 의견

1. 청훈 I에 대하여

한일 양국 어업 제도의 차에서 제기된 문제인바

가. 동경 128도 이서, 북위 33도 30분 이북의 수역을 아 측 남해구 기선저인망 어업 보호수역으로 설정할 시 다음과 같은 장단점이 있다.

단점	장점
1) 동경 128°이서, 북위 33° 30′ 이북 해역에서 종전에 조업하고 있던 아 측 대형 기저를 33° 30′ 이남으로 수출(遂出)하는 결과가 되고 이에 반하여 일본 이동 기저를 받아주는 결과가 되므로 기존 업자를 설득하기 곤란함. 2) 일본 척수를 그대로 가정 척수로 하였을 시 이동 기저 140척 외 이서 기저 100척 계 240척을 받는 결과가 됨. 3) 일본 측은 이동 기저 업자의 관심을 살 수 있으며 따라서 오토 군도 연안 어업보호 조치를 달성할 수 있다.	1) 어획 강도가 큰 이서 기저를 33° 30′ 이남 해역으로 배제할 수 있다.

0334

나. 일본 이서 기저 조업 구역인 동경 128도 30분 이서로 하였을 시 다음과 같은 장단점이 있다.

※ 64 농상회담 시 127도와 128도 30분간에 일본 측은 100척을 제안한 바 있음.

장점	단점
1) 아 측 대형 기저 조업 구역은 현재보다 유리하므로 대형 기저 업자의 환심을 살 수 있다. 2) 일본 이동 기저를 128° 30′ E의 현재 선에서 배제함으로써 이동 기저도 140도를 불인하고 이서 100척만을 받게 된다. 3) 아 측 남해구 중형 기저 45척과 대형 기저(일반인) 86척이 B 구역에서 조업함으로써 일본 이서 기저를 세력 면에서 감당할 수 있다.	

다. 따라서 청훈 I에 대하여는

일본 조업 구역인 동경 128도 30분 이서로 합치케 하고 아카기(赤城)안 100척의 척수를 조정 절하시킬 것.

2. 청훈 II에 대하여는

예외 조치토록 할 것.

3. 청훈 III에 대하여(어선 어구의 규제)

현지 대표의 이론적인 설명이 가능한 합의는 재량에 위임하나 다음 사항이 반영되도록 노력할 것.

 가. 이서 저인망 어업

  1) 어선의 규모 …… 50~150TS으로 하고 150TS 이상은 경과조치를 취한다.

 나. 선망 어업

  1) 어선의 규모 …… 40~100TS

  2) 망목 …………… 34밀리미터

  3) 집어등 ………… 27.5킬로와트

 다. 이동기선저인망

  1) 망목 …………… 33밀리미터

 라. 트롤 어업

  1) 어선의 규모 100~550TS

 마. 고등어 일본조

  1) 어선의 규모 25~50TS

  2) 척수 및 예외 조치에 대하여는 농상회담 시 고려의 대상이 될 것이므로 실적 파악에 노력할 것

 바. 각 어업별 어선 톤수 외정북 722-949(63. 9. 19) 어업교섭에 관한 훈령에 의거 어선의 주기관 마력수로 어선 톤수의 3.5배를 초과하지 못함.

 사. 보너스 톤수를 인정한다.

4. 청훈 IV에 대하여

가. 고등어 일본조 어업 및 D 구역 선망 어업의 실적 제시에 따른 출어 척수 인정은 농상회담 시 결정토록 할 것

5. 청훈 V에 대하여

가. 어기

1) 대 중형기선 저인망 및 새우 트롤, 선망 어업은 아 국 제도상 주년 조업으로 되어 있는바 이미 합의를 본 금어기(저인망) 6, 7월에 대하여는 실효성 여부를 타진하고 실효가 없다면 아 국 제도에 개변(改變)이 없도록 할 것.

6. 청훈 VI에 대하여

가. 어획량 확인 방법

1) 양국 감시선에 출어선별 일일 어획량을 보고한다.

2) 어획물 양륙항[시모노세키(下関), 도바타(戸畑), 하카타(博多) 등]을 조정하고 공동감시원에 의한 어선별 양륙량을 확인함과 동시에 매월 공동위원회에 보고한다.

3) 감시선과 양륙항 감시원은 상호 긴밀한 연락을 한다.

4) 특정 시기(성어기)에 출어 어선 전체에 대한 어획량 조사를 실시한다.

5) 조업 질서 유지에 관한 준수 사항을 위반한 어선에 대하여는 강력한 행정처분을 가한다.

86. 제7차 한일회담 어업 관계 수석위원 비공식 회합

번호: JAW-02392

일시: 171913[1965. 2. 17]

수신인: 장관
발신인: 주일 대사대리
사본: 주일 대사

어업 관계 수석위원 비공식 회합

1. 17, 14:00~15:30 외무성 수석대표실에서 열린 상기 회합(한국 측: 이 공사, 일본 측: 히로세, 와다)의 토의 요지를 다음과 같이 보고함.

2. 토의 요지
(1) 농상회담 문제
　(가) 와다 대표는 농상회담 문제에 관한 일본 측 동향에 언급하여 아카기 농상이 수일 전 사토 수상을 만났던바, 동 수상은 최근 농익 관계의 중요한 법안이 일본 국회에 상정되어 있을뿐더러 내각으로서도 국회 대책에 부심하고 있는 점에 비추어 농상회담의 장소를 도쿄로 함이 좋겠다는 의향을 표명하였으며, 아카기 농상도 이와 같은 생각으로 기울어지고 있다고 하였음. 한편 윤보선 씨의 원-아카기 회담의 백지화에 관한 담화에 관련하여 서울에서 농상회담을 하는 것이 의혹 불식에 도움이 될 것이라는 의견도 있었음.
　(나) 또한 와다 대표는 아카기 농상이 농상회담의 상대방으로서는 현직 주무장관을 고려하고 있는 것으로 보이며, 수일 전 동인에게 한국 농림 장관의 이력 등을 물은 사실이 있다고 하였음.

(2) 수역의 규제 성격

금 17일 10:30~13:00 가유회관에서 개최된 실무자 회의에 언급하여 일본 측으로부터 아직 한국 측이 생각하는 B 수역에 관한 '만족할 만한' 규제 조치의 내용에 관하여 설명이 없다고 한 데 대하여, 아 측은 일본 측이 B, D 수역에 기선저인망 190척을 줄어시키겠다든가 수역에서 게를 어획한 실적이 있다든가 하여 한국 측을 자극하고 있음을 지적하고 이 수역에 있어서는 연안국인 한국의 어업 제도와 실태가 존중되어야 한다고 하였음. 이에 대하여 일본 측은 B, C 수역의 규제 성격은 결과적으로 일본 측의 이동 저인망의 처리 여하에 따라 해결될 것이라는 의견을 표명하였음.

(3) 제주도 주변의 기선 문제

와다 대표는 동인의 사견으로서 2. 10의 2자회담에서 언급한 제주도 주변의 최종적인 처리방안을 히로세 대표에게 재차 설명하면서 일 외무성의 이에 대한 검토를 요청한바, 동 설명에 의하면 아카기 시안을 근본으로 하는 제1안에서 일본 측 어선이 당분간 어로 조정선 안에는 입어하지 않는다는 것은 표현은 당분간이라고 할지언정 영구적이라고 생각한다고 하였고(단, 이 경우 제주도 주변은 저조선을 원칙으로 한다는 전제가 있음), 제2안 즉 한국이 일방적으로 제주도 주변에 기선을 획선하고 일부분에 대하여서는 분쟁이 있다는 것을 인정하여 국제재판소에 가되 일본 측은 아카기 시안 형태의 일정한 수역까지 입어할 수 있다고 하는 방식에 대하여서는 일본 측 외무성에서 난색을 표명하고 있었음을 보고함.

(4) 후기의 교섭 문제

일 외상 방한 후 토의될 어업 문제점에 관하여 아 측은 공동위, 협정 해석에 관한 문제, 위반의 단속 등에 관하여 2-3회에 걸쳐 외무성을 중심으로 토의하고, 규제 내용에 관하여서는 수산청을 중심으로 한 전문가 회합에서 토의하자는 의견을 제시한바, 일본 측은 이에 동의하였으며, 기본관계위원회에서와 같이 상호의 어업 문제 요강을 교환하여 앞으로의 토의를 진행하자고 한 데 대하여서는 이를 검토하겠다고 하였음. 또한 일본 측은 금후의 전문가 회합에는 수산청 어정부장을 참석시킬 테니 아 측의 김명년 대표도 참석하여 달라고 하였으므로 이에 동의하였음.(주일정 - 외아북)

수석대표

87. 제7차 한일회담 어업 관련 실무자 회의 결과 보고 공문

0343   주일정 722-59

1965. 2. 18

수신: 외무부 장관

제목: 2. 17 어업 관계 실무자 회의 보고

1. 2. 13의 제9차 어업 및 평화선위원회의 결정에 따라 개최된 표기의 회의에 관하여 그 토의 내용을 다음과 같이 보고함.

2. 참석자
한국 측: 배동환 전문위원
       공로명 보좌
일본 측: 야스후쿠 어정과장
       모리사와 해양 제2과장
       혼다 저인반장
       마쓰모토 트롤반장
       하마모토 법규과 사무관

3. 토의 내용
1. 한일 어업 관계 수역의 저인망 어업 및 선망 어업금지구역 자료 교환

   1) 한국 측은 수산자원 보호령 제4조에 규정된 특정 어업금지구역 중 대형기선 저인망 어업, 트롤 어업금지구역, 중형기선 저인망 어업, 중형기선 저인망 어업과 새우 트롤 어업 특별금지구역(별표 1, 2, 3, 8 및 9) 및 수산업법 시행령 제53조에 의한 대형기선 저인망 어업(별표 4), 중형기선 저인망 어업의 조업 구역, 정한수와 어선 등에

관한 제한 규정에 관한 자료를 일본 측에 수교하고 설명하였음.

2) 일본 측은 서일본 해구 및 동지나 해구에 있어서의 이동 저인망 어업의 금지구역과 금지 기간에 관한 자료와 서일본 대형선망의 조업금지구역에 관한 자료를 아 측에 수교 설명하였음(별도 보고 위계).

2. B, D 구역의 경계선

B, D 구역의 획선과 동 경계선에 관하여 양측 대립점은 다음과 같음.

1) 아 측은 B, D 구역의 외곽선은 한국 측 전관수역과 일본 측 쓰시마 주변의 전관수역과의 북쪽 교차점에서 북위 35도와 동경 130도의 교차점, 북위 30도와 동경 130도 22분과의 교차점, 북위 37도 30분과 동경 131도 10분의 교차점을 순차로 연결한 것이며 B 구역 규제 성격이 결정되는 대로 B, D 구역의 경계선에 관하여 한국 입장을 밝혀 두겠다고 한바,

2) 일본 측은 쓰시마 부근의 양국 전관수역 중복 교차되는 북단의 점에서 북위 35도 30분과 동경 130의 교차점과 울릉도 동단을 연결한 바 있으나 한국 측이 전에 제안한 것처럼 북위 36도 선을 B, D 수역의 경계선으로 주장한다면 일본 측은 쓰시마 부근 전관수역 북쪽 교차점에서 북위 36도와 동경 130도 22분의 교차점을 직접 연결하고 북위 30도 선으로 B 구역을 획선하여도 좋겠다고 하였음. 단, 울릉도 동 측은 농상회담 시 대체 양승된 131도 10분이라 함.

3. D 수역에 대한 일본 측 저인망 어업의 출어 문제

1) 일본 측은 북위 36도 이북의 수역에 대하여는 30~50톤의 1수인 저인망 어선 (시마네, 돗토리, 효고현 허가 어선) 104척 중 50척 가까이가 수심 200~400미터의 어장에서 11~4월에 '대게' 어업에 종사하고 있는 실적이 있으며 그 증거로 수척의 일본 측 저인망 어선이 나포된 바 있다고 주장 한 데 대하여,

2) 아 측은

가) 해방 직후 1~2척의 일본 측 저인망 어선이 조업 중이라고 발견 보고된바 있을 뿐이고, 최근 7~8년 간에 그러한 보고에 접한 일이 없으므로 한국 정부나 업계가 동 실적을 인정하기 곤란하고

나) 국내적으로도 1,200명이나 되는 게 자망 업자가 국내 저인망 어선에 의한 게 어획에도 반대하고 있는 실정에 비추어 보아서도 일 어선의 게 어업을 추가

할 수가 없으며,

다) 협소한 동해안 대륙붕의 지형적 요건과 대륙붕 어업자원(게, 새우 등)에 대한 국제적 관리 추세에 비추어서도 일본 측 요구는 도저히 받아들일 수 없으며,

라) 작년 말 일본 측 와다 대표의 발언을 통하여 일본 측의 50척 저인망 어선의 D 수역 출어제안은 북위 35도 30분 및 30도 선간의 해역을 대상으로 국한하였던 것으로 안다고 하였음.

3) 이에 관하여 일본 측은 공동규제란 원칙에서 일본 측 저인망 어선의 전면 거부는 곤란하니 한국 측이 다소 고려하여 줄 것을 재청하는 한편, B, D 수역의 경계선의 결정에 따라 B, D 구역에 대한 일본 측 저인망 어선 출어 척수 내용은 변동될 것이라고 하였음. 단, 일본 측은 D 수역에서 새우 어획 실적은 거의 없음을 시인한 바 있음.

4. B, C 수역의 규제 성격

일본 측은 B 수역의 성격과 C 수역 폐지 문제에 언급한바, 아 측은 원칙적으로 B 수역의 어업규제안은 한국의 어업 제도와 사태가 보장 존중되지 않는 한 C 수역 철폐에 응할 수 없으며, 일본 측이 B 수역에 대하여 한국 어업 제도와 실태를 무시하고 일본 측 저인망 허가 어선 수의 실태에 비추어 240척의 출어를 한국이 인정할 것을 강요한다면, 한국 측은 출어 척수의 조정은 이후 어업위원회에서 논의키로 하되, C 수역에서 조업하는 일본 측 저인망 어선 총수(약 1500척)와 동등한 숫자의 한국 측 저인망 어선의 출어도 승인한다는 것을 부속서에 기입할 것을 주장할 것이라고 하였음.

그렇지 않고서는 현재 한국 남해안 저인망 어선의 증통[增統]을 억제하고 있는 것을 한국 업계 및 국민에 납득시키기 어렵다고 설명하였음. 일본 측은 아 측의 그러한 counter demand[반대 요구]에 대하여 난처한 기색을 표명하였음.

5. 포경어업에 관하여

1) 일본 측은 한국의 "고래 자원의 합리적 관리를 위하여 자율적으로 협력한다"라고 제안한 내용은 무엇이냐고 문의한 데 대하여

2) 아 측은 과거 동해안의 귀신고래(고구지라) 자원이 일본 측 포경선의 난획으로 멸종한 경험에 비추어

가) 현재의 일본 측 대형 포경어업은 실적이 없으니 규제수역에의 새로운 출어를 일본 측 정부가 금하도록 하고
나) 연안 포경도 현재 거의 출어실적이 없으니 출어를 자제하는 것을 원칙으로 하여
다) 한국 수역 근해의 고래 자원 보호를 위하여 상호 별도 협의하여 일본 측 포경선의 출어를 이 이상 출어시키지 않는 협력 방법을 강구하자는 것이다.

끝

수석대표 김동조[직인]

88. 일본의 저인망 및 선망 어업금지수역 및 금지 기간 관련 자료 송부 공문

주일정 722-64

1965. 2. 23

수신: 외무부 장관

제목: 일본의 저인망 및 선망 어업금지수역 및 금지 기간

1. 주일정 722-59(1965. 2. 18 자) 2. 17 어업 관계 실무자 회의 보고의 연호입니다.

2. 별첨은 제9차 어업위원회(65. 2. 13)의 결정에 따라 개최된 2. 17 실무자 회의에서 일본 측으로부터 제출된 일본의 저인망 및 선망 어업의 금지수역 및 금지 기간의 내역입니다.

유첨: 1. 서일본 대형선망 조업금지구역
      2. 저인망 어업금지구역
      3. 서일본 해구 및 동지나 해구에 있어서의 저인망 어업금지구역 및 금지 기간

끝

수석대표 김동조[직인]

첨부물

88-1. 일본 측의 서일본 대형선망 조업금지구역도

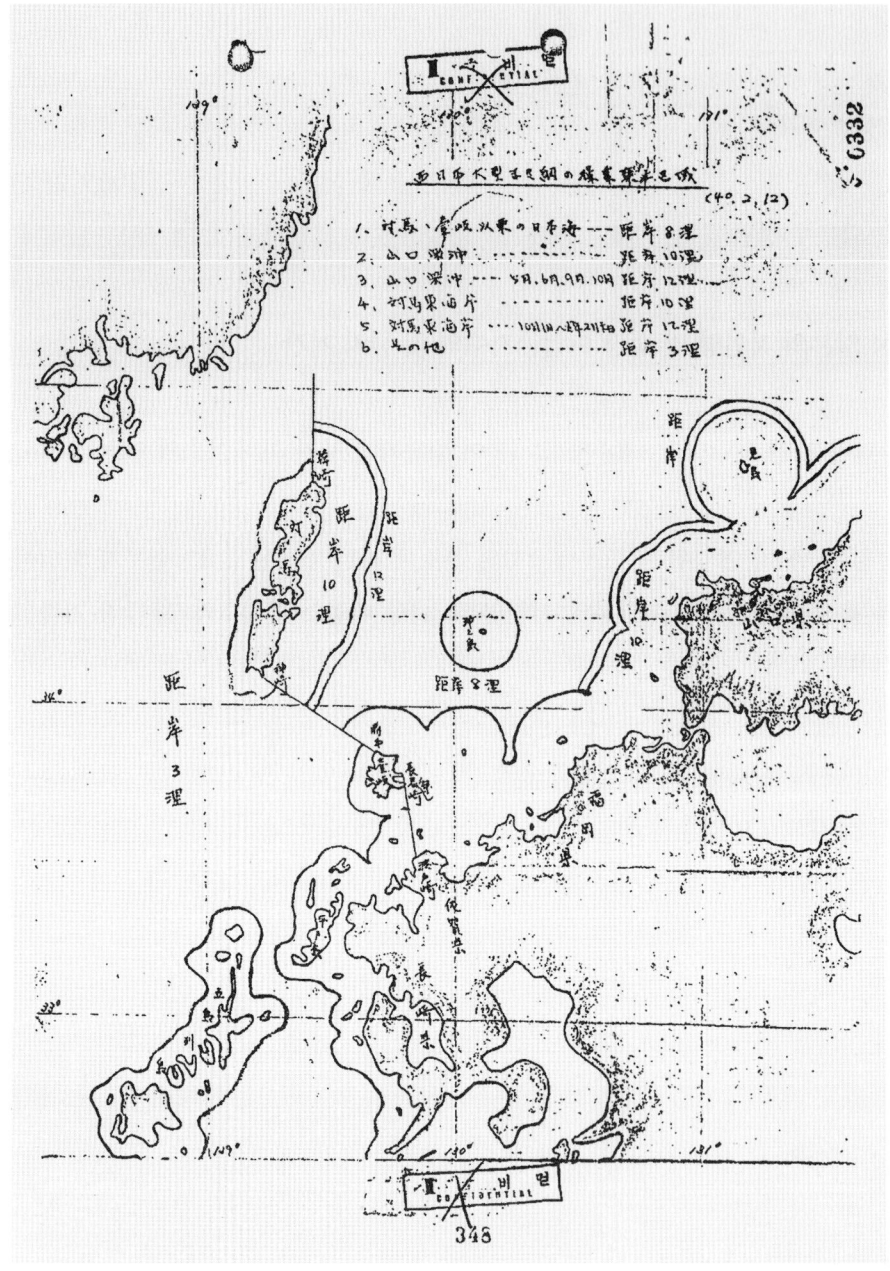

첨부물

88-2. 일본 측의 저인망 어업금지구역도

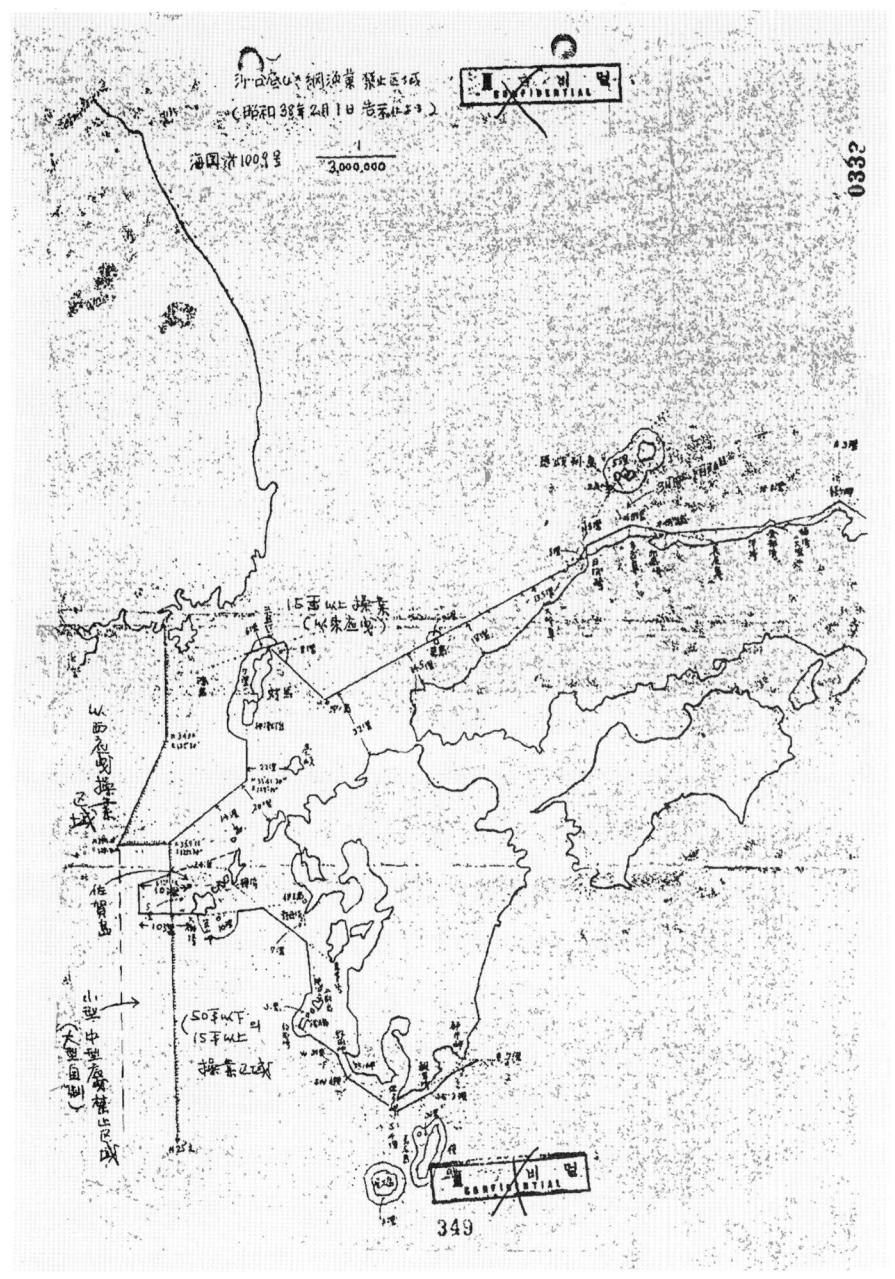

첨부물

88-3. 서일본 해구 및 동지나 해구에 있어서의 저인망 어업금지구역 및 금지 기간이 기재된 문서

0350~0352　　　　　　　　　　　　[판독 곤란으로 생략]

91. 김동조 대사의 시나 외상 및 아카기 농상과의 석식 간담회 결과 보고 전문

번호: JAW-02462

일시: 231030[1965. 2. 23]

수신인: 외무부 장관
발신인: 주일 대사

본직은 귀임 즉시 22일 19:30부터 약 2시간 30분간 시나 외상 및 아카기 농상과 석식을 같이하면서 농상회담을 중심으로 간담하였는바 동 요지를 아래와 같이 보고함 (이규성 공사 동석).

1. 본직은 금반 시나 외상의 방한에 있어 동 외상이 기본관계조약의 가조인을 위하여 진지하고 성의있는 노력을 행한 데 대해 한국 정부 수뇌 및 일반 국민이 매우 좋은 인상을 받았다. 현재 회담 타결을 위하여 좋은 분위기가 조성되어있으므로 계속해서 어업 문제, 법적지위 문제를 조속 타결함이 좋겠다는 입장을 표명하고 어업 문제의 해결을 위하여서는 아카기 농상이 서울에 가서 한국의 실정을 친히 보고 한국 조야의 지도자들과 만나봄이 타결의 분위기를 더욱 조성하는 데 좋을 것이며 법적지위 문제는 권 법무차관이 명 23일 내일할 것이므로 이 기회에 제 문제를 해결하여 조속한 시일 내에 가조인할 수 있도록 하여주기 바란다고 말하였음.

2. 아카기 농상은 현재의 국회 사정으로 말미암아 2월 중은 방한이 불가능하며 3월 중순경에 국회 예산심의의 중간 기간을 이용하여 방한함이 전혀 불가능한 것은 아니나 기간이 짧게 될 것이기 때문에 어업 문제의 대강 타결을 위한 각료급 교섭을 하는 데 충분한 시간이 되기 어려울 것으로 생각되므로 농상회담은 도쿄에서 개최토록 하여 주었으면 좋겠다 하고 3월 2일까지 중의원에서 예산안을 통과시켜야 하기 때문에

그때까지는 시간을 내기가 어려우며 2일 이후는 바쁘더라도 시간을 내도록 하겠다고 하였음.

3. 아카기 농상은 어업 문제에 관하여 현안 문제 중 제일 머리가 아픈 것은 한일 양국민의 감정으로 보아 평화선을 여하히 처리하느냐 하는 문제로 생각되며 기타의 문제는 이해관계에 관한 것이기 때문에 정치적 재량으로 결정지을 수 있는 문제로 생각된다고 말하였음.

이에 대하여 아 측은 평화선 처리 문제는 일본 측보다 한국 측의 국민감정이 더 심각한 문제이므로 이에 관하여는 아카기 농상이 한국 측의 입장을 고려한 새로운 제안을 하여 주기 바라며 제주도 주변의 기선에 관한 '아카기 시안'은 동 문제를 해결하기 위한 하나의 방안으로 제시된 점은 이해하나 한국 측의 입장으로서는 이를 수락키 곤란하므로 새로운 타협안을 제시하여 주기 바란다고 하였음. 또한 규제 문제에 있어서는 어획량에 관하여 와다 차장이 이규성 공사에게 비공식으로 시사한 안에 의하면 한일 양측의 개산에 약 5만 톤의 차이가 있는데 이에 관하여 일본 측이 좀 더 정확하고 양심적인 안을 제시하여 주면 이를 확정시킬 수 있을 것이며 어획량이 확정되면 일본 내에 있어서의 일본 정부의 입장을 고려하여 출어 척수에 있어서는 융통성 있는 입장을 취할 수 있을 것이라고 하였음. 또한 한국 정부로서는 최고지도자를 포함한 수뇌층이 어업 문제 해결에 있어서 아카기 농상의 정치적 위치와 입장을 충분히 고려하여 처리하여야 한다는 공통된 의견을 가지고 있는 바이라 하였음.

4. 아카기 농상은 제주도 주변의 기선에 관한 자기의 시안은 한국 측 입장을 충분히 고려한 합리적인 안으로 생각한다고 하면서 127도 7분에 관하여 이의가 있는 점은 127도 10분으로 정정하여도 좋을 것이라고 말하였음. 또한 평화선의 처리에 있어서는 현재의 형체가 그대로 남는 것처럼 보이는 해역의 설정은 곤란하며 또한 현재 양측이 양해에 도달한 바 있는 공동규제수역과 평화선 간의 간격이 어떻게 처리되어야 하느냐 하는 문제에 관하여 한국 측이 나포의 권리를 유보한다는 안은 곤란할 것이라고 하였음.

본직은 평화선 대로가 아니라 오히려 그보다 밖으로 나간 선을 설정하고 이를 양국의 어업자원 공동 조사 수역으로 하면 어떻겠느냐 하는 의견을 이야기한바 아카기 농상은 이는 중대한 문제이므로 자기도 연구할 터이니 한국 측도 좀 더 검토하여 주기 바란다 하고 동석한 시나 외상에게 외무성으로서도 이를 신중히 연구해달라고 하였음 (평화선 처리 문제에 관하여 아카기 농상은 종래 어업 문제의 해결은 평화선의 철폐가 전제가 되어야 한다는 입장과는 달리 평화선 문제에 관한 한국의 국민감정이 강하다는 사실을 인식하고 이를 신중히 처리하여야 한다는 생각을 가지게 된 것으로 보임).

5. 본직은 2월 27일경에 이규성 공사를 대동하여 일단 귀국할 예정을 세우고 있으므로 그때까지 상기한 문제점에 관한 일본 측의 태도를 결정하여 알려 주기 바란다고 하고 농상회담은 본직이 3월 2일에 차 농림부 장관과 동도 귀임하여 3월 3일부터 개최토록 하자고 하였음. 아카기 농상은 이에 동의함으로써 3월 3일로 농상회담의 일정을 일단 확정하였는바 이에 관하여 아카기 농상은 그때까지 실무적인 준비가 될지 걱정스러우며 좀 촉박한 감이 있으므로 이 공사와 와다 대표 간에서 실무적인 준비작업을 추진시켜달라고 하였음.

6. 시나 외상은 금번 자기의 방한이 일본 측과 자기 자신으로서 매우 유익하였다고 하고 일선지구 및 판문점을 방문하여 생각하는 점이 많았으며 자기로서는 부끄러운 생각을 금치 못했다고 하였음. 시나 외상은 또한 정 총리, 이 외무 장관과 같이 훌륭한 분이 재직하는 동안에 한일 문제가 해결되어야 할 것이라고 역설하면서 동석한 아카기 농상에게 현재 어업 문제가 최 중점이 되어 있으니 바쁘면 하루라도 한국을 방문토록 함이 좋지 않겠는가고 종용하였음. 아카기 농상은 그 뜻은 알겠으나 국회 사정으로 움직이기 어려운 실정이라는 점을 다시 설명하였음. 농상회담에 관하여는 일본 측으로서는 농림, 외무 양성 및 한국 측이 실무적인 토의를 촉진해 준비작업을 완료하도록 지시하도록 합의하였음. (주일정 – 외아북)

수석대표

92. 제7차 한일회담 어업 관계 4자회담 결과 보고 전문

번호: JAW-02480

일시: 231827[1965. 2. 23]

수신인: 외무부 장관 귀하

발신인: 주일 대사

2. 23의 어업 관계 4자회담 보고

1. 금 2. 23, 14:00 외무성 회의실에서 어업 관계 4자회담(이 공사, 이 수산국장, 와다, 히로세)을 가진바 동 회담의 내용을 아래와 같이 보고함.

2. 그 요지

(1) 이 공사는 작 22일 밤의 김 대사, 시나 외상, 아카기 농상 간의 회합에 언급하여 한국 측이 기본관계조약 가조인을 계기로 오랫동안 현안으로 되어온 어업 문제의 대강을 처리하기 위하여 오는 3월 3일 도쿄에서 양국 농상회담을 개최하기로 한 사실을 상기시키고 이번 농상회담을 성공적으로 전개하기 위하여서는 앞으로 남은 짧은 기간을 최대한으로 이용하여 위원회에서 의견의 접근을 기할 수 있는 모든 문제에 관하여 토의하자 하고 매일 4자회담, 규제 및 공동위원회 등의 제 문제를 토의하기 위한 전문가 회의를 개최할 것을 제의하였던바 일본 측은 이를 동의하고 다만 일 외무성 담당관이 현재 도쿄에서 진행 중인 일·미·가 어업 회의 및 국제 오토세이 회의에 참석하고 있는 까닭에 규제 관계 고위 전문가 회의와 공동위원회 등에 관한 전문가 회의를 분리하지 말고 동일한 전문가위원회에서 상기 제 문제를 토의하고 한국 측에서는 김명년 대표, 일본 측에서는 수산청 어정부장을 각각 수석으로 하여 오전 오후의 양회에 걸쳐 이를 빈번히 개최하여도 좋겠다 하므로 아 측은 이를 수락하였음.

(2) 아 측은 현안 문제점에 대한 대강에 관한 입장을 아래와 같이 설명하고 일본 측

이 대국적인 견지에서 한국 입장을 검토하여 일본 측의 대안을 제시하여 줄 것을 요망하였음.

　　가) 전일 와다 대표가 제시한 어획량에 관하여 한국 측은 한국 측이 가지고 있는 재료를 갖고 고려하건대 받아들일 수 있는 최대한의 수량은 13만 톤 내지 14만 톤 미만이 되어야 하겠고 특히 이동 저인망에 있어서는 1만이라는 숫자는 절대 안 되겠으니 이를 1만 미만으로 조정해 줄 것을 요망하고 이러한 숫자에 합의한다면 일본 측의 정치적 입장을 고려하여 출어 척수에 관하여서는 융통성을 갖고 임하겠다고 하였음.

　　나) 제주도 주변의 기선에 관하여서 한국 측은 제주도 동 측-거문도-상백도-간여암-홍도 선을 유지하고 제주도 서 측에 있어서는 현 한국 측 입장(죽도-만재도)을 유지할 것을 일본 측이 수락한다면 B 수역에 있어서의 군소어업에 대한 척수 책정에 있어서 한국 측은 다소 융통성 있게 임할 것이라고 설명하고 그간 수차에 걸쳐서 아 측이 밝힌 바 있는 아카기 시안에 의한 수직선 식의 제주도 주변 어업 조정선은 국내 정치 문제상 결코 논의의 대상이 될 수 없다고 잘라 말하였음.

　　다) 아 측은 작 22일 밤의 김·아카기·시나 회합에서 아카기 대신이 현안의 어업 문제 중 가장 어려운 문제는 평화선을 여하히 처리할 것인가 하는 문제라고 말하고 이 처리는 양국 국민이 납득할 수 있는 방향으로 처리되어야 할 것이라고 말한 것으로 미루어 종래의 아카기 대신의 사고와는 다소 변천된 것으로 느껴졌는데 이에 관하여 들은 바 있느냐고 문의한 동시에 이러한 각도에서 평화선 문제를 원만히 처리하기 위하여 현재 논의 중인 공동규제수역 외곽으로부터 현 평화선을 좀 나간 해역에 걸쳐 이를 공동자원조사수역으로 설정함이 어떤 가고 김 대사가 시안으로서의 의견을 표시한바 있는데 이에 대한 일본 측의 견해는 여하한지를 문의하였음.

　(3) 상기의 아 측 설명에 대하여 일본 측은

　　가) 제주도 주변의 기선 처리 문제에 있어서 한국이 서상[書上]한 사고를 가지고 농상회담에 임한다면 일본 측으로서는 금번 농상회담에 도저히 응할 수 없을 것이라 하고 또한 전문가 회의도 계속할 필요가 없을 것이라고 말하였음. 일본 측 견해로서는 양국 간의 관계와 한국 내의 실정으로 보아 기선과 전관수역을 표시하지 않는 소위 일본 어선 입어 금지선을 동·서 양 해안에 획선하고 제주도 주변에 관하여서는 아카기 시안을 기초로 하여 토의하되 제주도 서 측의 동경 126도 선은 이상 양보할 생각은 없

으며 다만 제주도 동 측의 동경 127도 7분 선을 동경 127도 13분 또는 127도 10분으로 하느냐를 정치적으로 타협하여 결정하는 것이 일본 측의 확고한 태도이므로 한국 측이 제주도 근방에 기선을 확정하자는 제안에는 도저히 토의에도 응할 수 없다고 명백히 말한다고 하고 이러한 양해가 없이는 농상회담 개최 자체도 운운할 수 없다고 하였음.

　　나) 어획량 문제에 언급하여 일본 측은 한국 측에게 전번 비공식으로 말한 바 있는 17만 톤 정도까지는 업계 설득이 가능하다고 보나 이를 한국 측이 말하는 13만 톤 대에서 BARGAIN 할 수는 없다고 말하고 오히려 한국 측이 일본 측이 제시한 17만 톤을 받아들이고 그 대신 일본의 출어 척수를 깎아내리는 데에는 응할 수 있다고 말하면서 한국 측 태도가 일본 측이 어획량을 제시하게 되니 그 어획량을 깎아내림으로써 규제 척수를 깎아보자는 태도로 변경되었음은 이해하기 곤란하다고 반박하였음.

　　다) 평화선 처리 문제에 관하여서는 아카기 농상이 작년 가을부터 종전의 입장 (평화선 철폐가 어업 문제 해결의 선결 요건)을 다소 재고하여야 할 것이라는 사견을 시사하고 있던 중 전번 2. 19에 이 공사가 아카기 농상을 면담하였을 때 이 문제가 언급됨으로써 비로소 아카기 농상의 태도가 명백하여 졌으므로 그 후 수산청 내부에서도 이를 검토한 바 있음. 일 농림성 측의 의견으로써는 한국이 계속 평화선이 남아있다고 설명할 수 있도록 하기 위하여 협정 본문 또는 그 부대문서로서도 일체 평화선에 관하여는 언급하지 않되 그러한 협정 또는 부속서와는 별도의 비밀문서에서 한국 측이 "국제 조약은 국내법을 우선함을 양해하고 합의된 공동규제수역 내에서는 공동규제 조치를 위반한 일 어선을 제외하고 한국 측은 일본 어선을 체포 또는 단속하지 않겠다"는 것을 약정한다는 방식으로 처리코자 하며 이러한 방식에 관하여 일본 측 외무성 당국자들도 이를 검토해보라고 아카기 대신이 지시한 바 있음. 그러나 작 22일 밤 김 대사가 제의한 안을 도저히 받아들일 수 없다고 말하였음.

　3. 금일 회합은 1시간 30분에 걸쳐 토의된바 상당한 의견의 대립이 있었고 양측 입장이 심히 강경하였으므로 양측은 상호의 입장을 검토해보기로 양해하고 명 24일 10:30에 재회합하기로 하였음. 또한 규제 관계 전문위원 간 회의는 명 24일 회합하도록 하였음. (주일정 – 외아북)

수석대표

93. 제7차 한일회담 어업 관계 4자회담 결과 보고 전문

번호: JAW-02496

일시: 241858[1965. 2. 24]

수신인: 외무부 장관
발신인: 주일 대사

2. 24의 어업 관계 4자회담

1. 2. 24, 10:30~12:00. 외무성 수석대표실에서 열린 어업 관계 4자회담(이 공사, 이 국장, 히로세, 와다)의 결과를 아래와 같이 보고함.

2. 토의 내용

(1) 우선 아 측은 작일 한국 측이 제시한 제주도 주변의 기선 문제에 대한 일본 측의 검토 결과를 문의하였던바 일본 측은 한국 측이 주장하는 제주도 근방의 기선을 획선하자는 원칙에 반대하는 것은 아니나 일본 측으로서는 한국이 주장하는 기선은 국제관례상 및 일본의 제3국에 대한 관계상 도저히 동의할 수 없고 남해안은 거문도까지 서해안은 병풍도까지 직선기선을 채용하고 제주도 및 대소흑산도 주변은 저조선 원칙에 따르는 12마일의 선을 획선하여야 한다고 생각한다고 하였음. 따라서 이러한 입장이 작년 농상회담 전까지도 심각한 대립을 보여 왔기 때문에 이를 타협하기 위하여 제2안으로서 한국의 동·서 양 해안은 저조선 또는 직선기선 방식으로서 획선하고 제주도 문제는 일본의 기본 입장에 있어서는 상술한 바와 같으나 이를 일단 SHELVE UP 하여[보류하여] 아카기 시안과 같이 어업조정 선으로서 당분간 처리하되 양국 간에 있어서 동 문제를 조정할 수 있는 분위기가 될 시 이를 해결하자는 것이었음.

(2) 이에 대하여 아 측은 작일 주장한 입장을 되풀이 주장하였고 양국 간의 오랫동안의 현안 문제를 해결함에 있어서 후일의 해결을 기다릴 문제를 남기는 해결방식

은 환영할 바가 아니므로 일본 측이 농상회담을 개최함에 있어서 자기의 주장만 관철하려고 할 것이 아니라 이 문제를 해결할 수 있는 소지를 실무자 간에 마련하여야 할 것이 아닌가고 주장하였던바 일본 측은 한국이 제주도 부근의 기선 문제를 만일 SHELVE UP 하는 방식에 동의할 수 없다면 제주도 주변을 포함한 전체의 한국 해안에 있어서의 기선 또는 전관수역 문제를 협정상에 언급하지 않는 방식의 해결을 검토하여 주기 바란다고 말하였음. 이러한 일본 측의 새로운 사고는 현재까지 양측 간의 토의에서 전관수역의 폭을 막연하게 12마일로 가정하고 있지만 설사 12마일의 전관수역을 채택한다 하더라도 전관수역에는 OUTER SIX 및 INNER SIX의 개념이 부수되고 자연히 OUTER SIX의 어업권 문제가 따르게 됨을 유념하여 따라서 일본 측은 일보 더 양보하여 한국의 동·서 양 해안을 현재까지 합의된 기선 밖에 12마일의 폭을 가진 선을 획선하고 대소흑산군도 부근은 저조선 원칙에 따른 12마일로 획선하는 한편 남해안의 상백도-홍도까지는 아카기 대신의 조건부 합의안 기선(상백도-간여암-홍도) 밖에 12마일의 제주도 주변은 저조선 원칙에 따라 12마일을 획선하되 제주도와 한국 본토 간의 수역에 대하여서는 아카기 시안과 같이 제주도 서북단은 126도, 동북단은 127도 7분 내지 10분 정도의 수직선을 획선하여 각 선으로부터 한국 해안까지를 일어선 출어금지구역으로 하고 공동규제수역은 현재 한일 간에 협의되고 있는 A. B. D. 구역으로 하되 협정 또는 부속서상에서는 평화선이 철폐되었다든가 또는 평화선에 대한 여하한 언급도 않는다. 다만 현재의 공동규제수역 외각으로부터 평화선까지의 문제 수역에 있어서 한국 측이 일 어선을 체포 또는 추적하지 않는다 또는 국제 조약이 국내법에 우선한다는 서면 약속을 하여 줄 것을 바란다고 부언하였음. 또한 일본 측은 작 22일 김 대사가 제시한 규제수역 외곽에 공동자원조사수역을 설치한다는 김 대사 안에 대하여 동 수역을 미리 확정시키지 않고 다만 공동규제수역 외측에 양국은 어업자원의 보존과 영속적인 생산성을 유지할 목적으로 공동자원조사수역을 설치한다는 취지를 협정 본문에 규정하고 공동위원회가 이를 담당하기로 한다면 소위 한국 측이 주장하는 E 수역부터 어업 문제의 대강이 해결되면 공동 조사에 착수하도록 하는 것이 어떤가 하는 의견을 표시하였음.

(3) 이에 대하여 아 측은 상기한 일본 측의 새로운 안은 제주도 주변의 기선 문제에 있어서는 아카기 시안과 동일하나 아카기 시안은 원칙적으로 기선을 획선하되 제주도

주변에 있어서는 잠정적인 타협 조치를 취하자는 것임에 대하여 이 새로운 일본 측의 사고는 일 어선 입 금지선의 내용을 이루는 것은 실질적으로 지금까지 토의된 기선 또는 전관수역을 기초로 하고 있으나 이러한 기선 또는 전관수역 개념을 떠난 어업 조업 구역을 표시하는 선으로써 처리한다는 데 그 근본정신이 있을 따름이므로 이는 종래의 한국 주장과는 상치되는 것이며 이를 실무자로서는 도저히 받아들일 수 없으나 일단 본국 정부에 보고하겠다고 말하였음.

(4) 일본 측은 기선 문제 토의에 있어서 실무지로서는 이 이상 더 협의할 수 없다는 입장을 밝히면서 어업위원회로서는 상술한 바와 같은 기선 처리를 위한 3가지 방안이 논의되었음을 각각 상부에 보고하여 농상회담에서 그 결론을 얻도록 하자고 말하였으므로 한국 측 입장은 상술한 제1안(제주도를 포함한 한국 연안에 기선을 확선하는 것)인 바 일본 측 입장은 제2안(작년 농상회담 시의 아카기 시안)이라고 각각 입장을 밝혔음.

(5) 작 23일 한국 측이 언급한 어획량 문제에 있어서 일본 측은 약 17만 톤의 어획량 실적을 비공식적으로 한국 측에 제시한 것은 일본 측 형편으로서는 최고 척수 외에는 어민을 납득시키기 곤란하나 그것만 주장하여서는 한국 측이 받아들이기 어렵다는 것을 충분히 이해하였기 때문에 한국 측이 한국 국민에게 설명할 수 있도록 이를 제시하였음. 따라서 동 어획량은 BARGAIN의 여유를 두고 제시한 것이 아니며 일본 측은 어디까지나 본협정문에는 최고 출어 척수를 표시하고 부속 문서에 어획량을 표시하는 동시에 월별 최고 척수는 하나의 참고자료로서밖에 생각하지 않고 있다고 말하였음. 이에 대하여 아 측은 일본 측이 설명한 바와 같이 최고 척수만 가지고는 도저히 받아들일 수 없으며 어획량을 고정하여 이에 따라 최고 척수도 조절하고 월별 최고 척수를 평균한 평균 척수 공히 부속서에 기입하여 협정 본문에 있어서는 원칙만 기술함이 좋을 것이라고 재차 설명하였던바 일본 측은 이에 이의가 없음을 시사하였음. 이어서 아 측은 어획량에 언급하여 아 측이 제시한 어업별 톤수에 있어서 특히 이동 저인망이 15톤으로 되어 있는바, 이는 한국이 받아들일 수 없을뿐더러 이동 저인망의 어획량은 어디까지나 천대의 단위가 되어야 한다는 강한 입장을 표명하였음. 제주도 주변의 선망 8만 톤보다는 다소 융통성을 표시할 수 있을 것으로 생각되니 작일 말한 바와 같이 전체 수량을 14만 톤 미만으로서 조정하여 일본 측 어획량은 어업별로 재제시하라고 말한바 일본 측은 매우 어렵다는 반응을 표시하면서 D 수역의 저인망을 한 척도 허용

하지 않는다는 것은 일본 국내의 반향을 수습하기 곤란하다고 말함. 일본 측은 또한 이어서 일본 측 최고 출어 척수에 관하여서 한국 측이 융통성 있게 고려하겠다고 하였는 바(일본 측의 어획량이 아 측에 만족한 것일 경우) 실지로 여하히 생각하고 있는가 하고 반문하기에 아 측은 물론 일본 측의 실정도 이해할 수 있으나 출어 척수의 숫자가 과다하게 되는 것은 한국 어민 및 국민감정을 자극하는 중대 문제인 까닭에 실무자 레벨에서도 이러한 요소를 충분히 고려하여 일본 측이 삭감하여 주기 바라며 아카기 농상도 정치적 재량을 가지고 삭감하여 줄 것을 아 측은 기대한다고 말하고 특히 농상회담을 앞두고 2가지 FACTORS(어획량, 최고 척수) 중에서 어획량만이라도 완전 합의를 보아서 농상회담에 이관하는 것이 좋겠다는 의향을 시사한바, 일본 측도 동감이라고 하였음.

(6) 일본 측은 농상회담이 3월 3일로 합의된 데 대하여 실무자 레벨에서는 시간적으로 촉박하다는 의사를 외무, 농림 양 성 공히 표시하고 있으나 만약 그대로 3월 3일에 개최된다면 농상회담에서는 1) 어획량 및 최고 출어 척수에 대한 최종 결정 및 2) 제주도를 포함한 기선 처리에 있어서의 전술한 3개 방안에 대한 결정, 3) 어업협력의 금리 및 조건에 대한 결정, 4) 평화선 처리 문제의 4문제를 농상회담에 상정하여 어업 문제의 대강의 결정을 보고 기타 세목 문제는 계속 토의할 것을 희망하고 있음.

3. 대표단의 견해

작 23일 및 24일의 2차에 걸친 4자회담을 통한 일본 측의 태도와 신문 논조를 종합하여 보면 아래와 같음.

(1) 기선 처리 문제에 있어서는 소위 상술한 바의 새로운 안(기선 및 전관수역의 개념을 덮어톤 일어선 입어 금지선에 의한 해결)에 의하여 동 문제를 처리할 것을 희망하고 있는 듯하며 특히 제주도 주변의 문제 처리에 있어서는 소위 아카기 시안을 절대적인 해결 방안으로 생각하고 있는 듯한 강한 인상을 받았음.

(2) 어획량에 있어서는 17만 톤을 하회하는 데 있어서는 현재까지 강한 입장을 취하고 있으나 최종적으로 14만 내지 16만 톤 사이에서 낙찰될 기세가 엿보이고 최고 출어 척수는 농상회담에 다소 삭감될 것으로 보임.(주일정-외아북)

수석대표

94. 제7차 한일회담 어업 관련 전문가 회의 결과 보고 전문

번호: JAW-02511

일시: 251657[1965. 3. 25]

수신인: 외무부 장관 귀하
발신인: 주일 대사

2. 24의 전문가 회의

1. 장소: 표기회의가 2. 24, 14:40~17:20 가유회관에서 열렸는바, 동 회의의 토의 요지를 다음과 같이 보고함.

2. 참석자: 한국 측: 김명년 대표, 배동환 전문위원, 조성찬 보좌
일본 측: 야마나카 어정부장, 야스후쿠 어업조정과장, 모리사와 해양2과장, 혼다 저인반장, 우치다 북동아세아과 사무관.

3. 토의 내용
(1) 금번 전문가 회의는 농상회담 개최에 앞서 규제 문제 등 전문가 간에서 기술적 문제에 관한 상호 의견 교환 및 토의를 통하여 쌍방의 의견 차이를 좁히자는데 주목적이 있으므로, 금일 회의에서는 대체로 척수 및 어획량 문제와 그 확인 방법에 대한 의견 교환, 또한 B, C 수역의 성격 문제 등에 관하여 상호 의견을 교환하였음.
(2) 동 회의에서 망목, 어선 규모 및 광력에 대한 것을 다음 위원회 개최 시 문서로 상호 제출할 것을 확인하였음.
(3) 톤수에 대한 엔진 마력수의 제한에 관하여 일본의 제도를 문의하였던바, 일본은 마력 제한을 선박 안전 면에서 시행하고 있으며, 어획 노력을 억제한다는 의미에서는 제한하고 있지 않다고 하였음. 즉 톤수 계급에 따라 몇 마력 식 이내의 것을 시설하여

야 한다는 취지의 어선법에 의한 규제이지 어업허가 면에서의 규제는 아니라 함.

(4) 우리 측은 농상회담 개최 이전에 척수, 어획량 문제 등 서로 검토해서 양 장관의 회합 시에 대비한 정지작업을 하자고 제의하였음. 일본 측은 실적 존중을 강조하고 실적은 척수에 중점을 두고 어획량은 '멜크말'[merkmal]7로써 사용하여 입어 척수를 조정한다고 말한 데 대하여 아 측은 소위 실적을 1일 최고 출어 척수 식으로 인정하기 곤란하니 납득이 갈만한 충분한 근거있는 자료를 제시하여 줄 것을 주장하였음.

(5) 일본 측은 멜크말 방식에 의한 어획량 확인 방법을 연구 중이라고 이야기한 데 대하여 아 측은 확인 방법에 대하여 앞으로 구체적으로 TAKE UP 하자고 제의하였음.

(6) 아 측은 제주도 주변의 일본 측 선망 어획량은 아 측이 지시하고 있는 것으로서는 8만 톤인데, 이에 대한 확인을 요청하였던바 일본 측은 흑산도 '시라세오기'를 포함 12만 톤이라고 말하였음(이것은 제주도 동쪽뿐만 아니라 제주도 북서도 포함된다 함). 그러나 일본 어업계에서는 15~16만 톤까지 주장하고 있다 함.

(7) 아 측은 D 수역에 있어서 일본 측이 저인망 어선에 의한 게 어업 등 실적이 있다는 데 대하여, 아 측으로서는 실적을 인정할만한 근거가 전혀 없으니 실적을 증명 납득할 수 있는 근거와 자료가 있으면 제시하여 달라고 요구하였음. 따라서 이 D 수역과 더불어 특히 B 수역은 장차 어업분쟁이 일어날 수도 있고 국민감정 면에서 일본 측의 특별한 고려를 요청하였음.

(8) 아 측은 또한 고등어 일본조에 대한 실적증거 제시 요구와 더불어 일본 근해에 출어하는 우리 어선의 안전 조업을 조약에 부수하여 보장하여 달라고 요구하였음.

B, C 수역에 있어 기타 연안 어업의 자주 규제에 관하여 논의한바, 공동위원회에서 사전 조정한다는 한국 안에 대하여 양국 실무자의 연락 회의를 두자고 시사하였음.

(9) 2. 25 다시 본 전문가 회의를 속개할 것에 합의하고 폐회하였음.(주일정 - 외아북)

---

7 merkmal 은 독일어로 기호, 부호, 표지, 특징 등을 의미하는 단어임.

95. 제7차 한일회담 어업 관련 4자회담 결과 보고 전문

0372   번호: JAW -02516

일시: 252114[1965. 2. 25]

수신인: 외무부 장관
발신인: 주일 대사

2. 25일의 어업 관계 4자회담 보고

금 2. 25일, 16:00~17:30 외무성 수석대표 회의실에서 개최된 어업 관계 4자회담 (이 공사, 이 국장, 히로세, 와다) 결과를 아래와 같이 보고함.

1. 농상회담의 개최 준비와 관련하여 아 측은 아래와 같은 제의를 하였음.
  (1) 차 농림 장관이 3월 2일 서북 항공편으로 당지에 도착하는 것으로 가정하여 동일 저녁에 본직이 아카기 농상, 시나 외상, 다카스기 수석 등을 초청하여 만찬을 주최할 예정임.
  (2) 3. 3일 오전 중에 차 장관이 아카기 농상을 예방함.
  (3) 3. 3일 15:00시에 개회식을 행하고 양 농상의 인사 교환, 의제 채택, 양측 멤버 소개, 회의 진행 방법, 회의 결과 정리 방식 등을 토의 결정함.
  (4) 3. 4일 오전 중에 사토 수상 및 시나 외상을 예방하고 동일 오후 제1차 본회담을 행함.
  (5) 금차의 농상회담은 그 기간을 약 1주일 정도로 예정하고 약 5차의 공식회담(개회식 포함) 및 약 4, 5차의 석찬을 통하여 비공식 회합을 가짐으로써 단시일 내에 결론에 도달토록 하고자 함.

2. 이에 대하여 일본 측은 아래와 같은 반응을 보였음.

(1) 아 측 제의 내용을 명일 중에 아카기 대신의 국회 관계 등 제반 사정을 고려 검토하여 의결을 조정한 후 27일(토) 오전 중까지 외무성과 최종 조정을 거쳐 27일 13:00경까지 아 측에게 회답하도록 하겠음.

3. 이상과 같이 일본 측의 정식 회답은 27일 오후에 있을 것으로 예상되나, 일본 측의 즉각적인 반응은 한국 측이 제의하는 3. 3일 수락하도록 적극 노력하겠으나 실무 준비가 뒤따르기에는 좀 더 시간이 필요한 듯한 인상을 보이면서 3. 5일경을 희망하고 있는 듯하였음.

4. 수원에 관하여는 농상 외에 수석대표, 이 공사, 이 수산국장, 김명년 대표, 배동환 원양어업과장, 최 정무과장 정도의 상대되는 멤버로써 구성할 것을 희망하고 있는 듯하오며, 공식회담에서는 인원을 더욱 축소하여 아 측으로서는 농상, 수석대표, 이 공사, 이 수산국장 정도의 참석을 희망하는 듯하며, 일본 측도 이에 대응하는 멤버를 내는 동시 필요에 따라서는 농상 단독회담을 하는 것이 좋을 것이라는 의견이 표명되었음.

5. 금일 회담에서 아 측은 금차 농상회담에서 결말이 나오면 공동성명과 동시에 일본이 현재까지 취하고 있는 대한 어선 수출금지, 수산물의 수입제한 또는 금지 조치, 기타 관세 차별 대우 등을 철폐할 것을 결정 발표하여야 할 것이라고 주장하였던바, 일본 측은

(1) 어선 금수조치에 관하여는 어업협정이 조인되고 평화선 내에서의 일어선 나포가 중지되면 이를 제3국에 대한 경우와 같이 배제할 용의가 있다 하고.

(2) 수산물 수입 제한에 관하여는 해태에 있어서 한국 측이 요구하는 완전 자유화는 거의 불가능하며 다만 실무자의 의견으로서는 연간 5억 매 정도는 수입하여도 무방할 것으로 보이나, 이의 결정은 실무 레벨에서는 할 수 없으니 정치적 재단에 의하여야 할 것이라고 말하였으며,

(3) 기타 수산물 중 소위 다획 어족(많이 잡는 어족)인 고등어, 전갱이, 꽁치, 생오징

어는 일본 내의 연안 어민과의 관계상 현재도 가격 조정을 위하여 어획을 조정하고 있는 실정이며 동 조정을 위하여 매월 상당 액수의 보상금을 예산에서 지출하고 있는 형편이므로 이는 어업협정이 체결되더라도 계속 수입금지를 하지 않을 수 없으며 다만 생오징어에 관하여는 근래 점차 흉어인 까닭에 그러한 일본 국내의 사정을 참작하여 외화를 할당할 수도 있을 것이라고 말하였음(이하 코드).

(4) 방어, 오징어, 명란 등에 관하여서는 계속 외화를 한국에 국한하여 할당함이 한국 자체를 위하여 좋을 것으로 생각되며 그 액수는 일본 국내의 사정을 참작하여 조절하겠다고 말하면서 만일 이를 폐지하고 자유화할 경우에는 방어에 있어서는 멕시코로부터 더욱 저렴한 방어가 들어와서 한국 것과 경합할 것이며 오징어는 홍콩을 통하여 들어올 중공 산과 경합할 가능성이 많으며 명란은 북괴로부터 가능성이 많으므로 한국 측은 이러한 자유화에 따르는 현상을 충분히 검토하여야 할 것이라고 말하였음.

(5) 활어에 관하여서는 현재도 자유화이므로 이러한 고급 생선을 더욱 일본 측에 수출함이 좋을 것이라고 하였음.

(6) 관세의 차별대우 철폐에 관하여서는 해태의 소위 종량세 매당 2원을 행정부에서 제출하여 입법화된 것이 아니고 국회에서 입법 시행하게 된 까닭에 행정부로서는 이에 대한 개정 조치를 취하기가 곤란하며 다만 정치적인 해결에 의존할 수밖에 없을 것이라고 말하였음.

(7) 아 측의 수산물에 대한 제반 조치 해제 요구를 일본 측이 해결하여 이번 농상회담 종결과 동시에 실천에 옮기자는 데 대하여서는 상술한 설명을 할 따름이고 직접적인 반응을 보이지 않았음.

6. 작 24일 4자회담에서 논의된 어획량 문제에 관하여서 일본 측은 한국 측이 점차 어획량을 고정시키고 규제 문제에 관한 전문가 회합에서 척수를 점차 깎아내리려는 방향으로 움직이고 있어 일본 측이 종래 주장하여오던 방향과는 다른 각도로 규제 내용을 제정하려는 듯이 보임은 심히 유감된 일이라고 말하고 일본 측의 기본 입장은 어디까지나 최고 척수로 규제하고 어획량은 최고 척수의 대응하는 기준에 불과한 것이라고 강조하므로 아 측은 양국이 가장 합리적으로 규제를 시행하려면 이 두 가지 요소는 표리의 관계로서 불가분이라고 말하였더니 일본 측은 한국 측이 그러한 의도라면

어획량의 제시를 철회하지 않을 수밖에 없다고 하였음.

  이어서 일본 측은 제주도 부분 기선 처리에 있어서 일본 측이 자못 기선 처리를 피하여 제주도 부근 기선 문제는 당초부터 SHELVE UP하는 것과 같이 한국 측이 생각하고 있는 것 같은데 일본 측의 기본 입장은 어디까지나 일정한 기선과 전관수역을 획선하여야 한다는 생각이라고 말하므로 아 측은 한국 입장도 어디까지나 제주도 부근의 기선을 명확히 책정하는 것이 기본 입장이라고 말하였음(이러한 와다 대표의 발언은 작일 보고한 일본 측의 새로운 안에 대하여 일 외무성이 다소 이의를 수산청 측에 제기하고 있는 까닭이라고 보이나 수산청 측은 작일 보고한 일본 측의 새로운 안에 오히려 흥미가 있는 듯함).(주일정-외아북)

                                                                              수석대표

96. 제7차 한일회담 어업 관련 전문가 회의 결과 보고 전문

번호: JAW-02537

일시: 261918[1965. 2. 26]

수신인: 외무부 장관 귀하
발신인: 주일 대사

2. 25 어업 전문가 회의보고

1. 표기 회의가 24일에 이어 14:30~16:30까지 가유가이칸에서 열렸는바 동 회의의 토의 지를 다음과 같이 보고함.

2. 참석자: 한국 측: 김명년 대표, 배동화, 최광수, 신동원 전문위원, 공로명, 조성찬 보좌

    일본 측: 야마나카 어정부장, 야스후쿠 어업조정과장, 모리사와 해양 제2과장, 혼다 저인반장, 하마모토 외무성 법규과 사무관

3. 토의 내용
(1) 128도 이서 제주도 동 측 대형 저인망 금지구역과 더불어 이제껏 토의되지 않았던 단속, 관할권 및 공동위원회 전반에 관하여 토의할 것을 제의하였던바 일본 측 준비 미비로 공동위원회에 관하여는 토의를 못 하고 이에 관하여는 26일 회의에서 토의키로 하였음.

(2) 아 측으로부터 일본 측이 128도 30분 선 현 제도를 한국제도 128도 선에 맞추는데 여러 가지 애로가 생긴다고 지실하고 있는데 오늘은 거꾸로 아 측이 일본 제도 128도 30분으로 맞추는 것을 염두에 두고 이 문제를 검토해보자고 제의하였던바 일

본 측은 몹시 소극적이고 회의적인 반응을 보임과 동시에 규모가 큰 어업을 보다 복잡한 연안 쪽으로 몰아넣는다는 한국 측 사고방식에 회의점이 많다고 하므로 아 측은 일본 측이 우리 제도에 맞추는 것이 여러 가지로 복잡하다고 말해왔으므로 이러한 점을 고려하여 검토해보자고 제의한 것이며 또 128도~128도 30분에서는 현재 일본 이서 저인망이 조업하고 있지 않으냐 응수하여 결국 이 문제는 더 이상의 진전을 못 보았음.

(3) 한국 연안 포경에 관하여 아 측은 일본 측에 별 실적이 없으니 새로이 세력 팽창이 없기를 희망하고 이에 대한 일본 측 설명과 더불어 확인을 요청하였음. 일본 측은 포경어업은 농림성 성명으로 규제하고 있는데 대형 포경과 소형 포경으로 나누어지고 있으며 소형 포경의 조업 구역은 전국 연안 일원이고 대형 포경은 공동규제수역에 관계 없는 수역에서 조업하므로 문제가 안 된다고 설명하였음. 또한 소형 포경에 종사하고 있는 척수는 17척이고 이에 대한 것은 자원 보호 면에서 고래 어종별에 따라(예: 대형 포경은 '히게' 고래, '맛고', '밍크'는 제외, 소형은 밍크 및 맛고 이외의 작은 고래 등) 규제하고 있다고 밝히고 따라서 소형 포경은 현재 이상으로 어획량을 팽창할 생각은 없다고 확언하였음. 또한 아 측은 대형 포경도 공동규제수역 내지 근접에까지 오는 경우가 있으면 너무 자극적이므로 고려하여 달라고 하였던바 일본 측은, 1) 대형은 규제수역에 들어오지 않는다. 2) 소형은 더 이상 세력 증가 않는다라는데 행정 지도하기로 확약하였음.

(4) 선망 망목에 관하여 일본 측은 아 측에게 34밀리가 점차 30밀리로 보급되고 있으니 한국도 장차 이렇게 될 것이라고 말하고 아 측의 각별한 고려를 요청하였음.

(5) 이 이상의 규제 문제에 관하여 토의할 것이 별로 없다는데 쌍방 대강 양승하였으나 다만 아 측은 이제까지 논의되지 않았던 것 예를 들면 한국 국내 법령으로서 어족자원 보호를 위하여 시행하고 있는 기타 문제 등에 대하여도 앞으로의 분쟁을 덜하기 위하여 토의하자고 하였던바 일본 측은 이제까지 토의되지 않았던 규제에 관한 새로운 이야기가 되면 곤란하다고 말하여 이에 대한 앞으로의 토의에 합의를 못 보았음.

(6) 관할권, 취체 문제 등을 토의하자고 일본 측에 제의하였던바 일본 측은 외무성 측 준비 미비로 이를 명일 회의로 미루자고 하였으므로 그렇게 하기로 합의하고 다음 회의에서는 B, C 수역 성격론과 고등어 일본조 어획량, 어업 실태 등에 관하여도 토의하기로 하고 명 27일 다시 회합하기로 함.(주일정-외아북)

수석대표

97. 어업 및 평화선 문제에 관한 훈령 문서

0379 [아주국장 메모지에 아래와 같이 수기로 작성된 메모가 수록되어 있음]
66년 3월 31일
본 훈령(외아북722-768)의 결재 원안은, '한일회담 전번에 관한 훈령 철'에 있음.
추기: 본 훈령은 65년 재개 회담(연말연시 휴회 후)에 앞서 대표단 내 참고로 하기 위하여 재가 전에 알린 바 있음.

0380 **어업 및 평화선 문제에 관한 훈령**
외아북 722-768(1965. 2. 25)

1. 전관수역
외아북 722-3716(64. 3. 6) 훈령에 의거한다.

2. 직선기선
미합의 중인 직선기선에 관하여는 아래와 같이 한다.
(1) 홍도-상백도 간
종전 입장(홍도-간여암-상백도)을 유지하며, 전관수역 중 외곽 6해리에 대한 일본 측 입어권 주장은 인정하지 않는다.
(2) 대. 소흑산군도(횡도 이남)
일본 측이 제주도 주변 및 홍도-상백도 간의 아 측 기선을 수락하는 조건하에 아래의 입장을 취한다.
    가. 제1안
        횡도-소비치도-소허사도-칠발도-매물도-만재도
    나. 제2안
        횡도-소비치도-소허사도-칠발도-간서(맹골군도)

(3) 제주도 주변

　가. 제주도 서 측

　　제1안: 만재도-죽도(제주도 서 측)

　　제2안: 간서(맹골군도)-죽도

　나. 제주도 동 측

　　종전 입장(상백도-거문도-우도)을 유지한다.

(4) 이북 부분

일본 측이 반대하고 있는 서해안 이북 부분 직선기선에 관하여는 종전 입장을 유지한다(아 측에 의한 일방적인 선언을 의미한다).

(5) 동해안의 영일만 및 울산만

아 측에 가장 유리한 '폐쇄선'을 획선한다. 이를 위하여 만에 관한 국제법상의 원칙을 최대한도로 원용하며, 가능하면 역사적 만에 관한 이론을 원용한다.

3. 수역의 경계선

미합의 중인 수역의 경계선에 관하여 아래와 같은 입장을 취한다.

(1) E 수역

양국 합의에 의하여 본 수역의 범위와 규제 내용을 결정하되, 아 측 주장이 관철되지 않을 때에는 E 수역 설치의 원칙적인 필요성은 확인하고, 그 규제방안에 대해서는 규제연구위원회의 보고에 따라 결정토록 한다.

(2) C 수역

아래와 같은 입장을 취한다.

제1안: 적절한 근거를 부여하여 C 수역을 설치토록 한다.

제2안: B 수역에서의 공동규제 내용에 따라 철폐할 수 있다(공동규제 내용이 아 측에 만족하게 결정되었을 시를 상정한 것임).

(3) B, D 수역의 경계선

B, D 수역의 경계선은 경상남·북도의 경계선과 해안선과의 합치점에서 전방위 107도로 연장한 선으로 한다.

4. 규제 조치

A, B, D 수역에 있어서의 각 어업별 일본 측 최고 출어 척수를 아래와 같이 한다. 아 측 출어 척수에 관하여는 일본 측과 실질적으로 동등하도록 할 수 있는 권리가 유보되도록 한다.

	A 수역	D 수역	B 수역
저인트롤	2~5월 60척 8~10월 11~1월 160척	인정치 않음.	이서: 원칙적으로 인정치 않음. 최종에 가서 최소로 억제 이동: 제1안 …… 15척 　　　제2안 …… 20척 (30~50톤에 한정, 이수인 제외)
선망	전 해역을 통하여 합계 45통		
고등어 일본조	-	-	-
일반 어업			제1안 ………… 900척 제2안 ……… 1,200척

5. 어업협력

(1) 협력 금액: 1억 불 이상

(2) 협력 조건: 일본의 현행 상업 차관의 조건보다 유리한 조건

(3) 협력의 실시 방법: 영세 어민을 위하여 아 측이 실효적으로 사용 할 수 있는 방식으로 제공되도록 한다.

6. 공동위원회 및 기타

외아북 722-261(64. 4. 17) 훈령에 따른다. 단, 훈령 중 '박의 무해 항행' 관하여는 추후 훈령이 있을 시까지는 아 측 입장의 제시를 보류한다.

98. 제7차 한일회담 어업 관련 4자회담 결과 보고 전문

0384   번호: JAW-02535

일시: 261849[1965. 2. 26]

수신인: 외무부 장관 귀하
발신인: 주일 대사

2. 26 어업 관계 4자회담

1. 금 2. 26, 15:00~15:40 외무성 수석대표실에서 개최된 어업 관계 4자회담(이 공사, 이 국장, 히로세, 와다)의 토의 요지를 아래와 같이 보고함.

2. 토의 요지

(1) 작일 회합에 계속하여 금번 통상회담 개최를 위한 일본 측의 준비 등에 관한 현황을 문의하였던바 일본 측은 회담 개최 일자는 3. 3로 확정할 수 있으며 시간은 명일까지 확답하겠다고 함.

(2) 어업위원회가 이번 속개된 이래 어업협력 문제에 대하여 구체적인 토의가 없었던 점에 비추어 아 측은 아래와 같은 협력 내역을 일본 측에 제시하고 이번 농상회담에서 결정할 것을 요청한바, 일본 측은 아 측 안을 보고 동 내용이 영세 어민을 위한 베이스가 보다 뚜렷한 것으로 감촉된다 하고 조건에 대하여서는 계속 상업 베이스임을 주장하였으나 아 측은 장기저리가 절대 요건임을 재강조하였음.

(3) 한일어업협력사업 내역

가) 어선 건조 및 보수 자재 도입 73,120,900불

　(가) 근해어선 건조 자재(주로 대형 및 중형 저인, 긴착, 연승, 포경, 선어 운반선 등의 현유 582척의 대치) 44,620,900불

(나) 연안어선 건조 자재(주로 15톤 이하의 연승, 자망, 일본 조어선 10,000톤) 4,500,000불

(다) 연안어선 보수 자재(주로 삼재, 건재 및 철판) 5,000,000불

나) 어선용 기관 및 시설 도입 24,560,000불

(가) 소형 무동력어선의 동력화 및 노후 기관(야키다마)의 대치[代置]를 위하여 디젤기관 계 288,000마력의 도입 18,000,000불

(나) 어로용 시설(개량) 도입(주로 어탐, 방탐, 무전기, 레이다, 원치) 6,560,000불

다) 어획물 처리 저장 시설(주로 어로 및 민간의 제빙, 냉장, 냉동, 가공 시설 36개소) 7,399,300불

라) 어업 관계 기계 자재 시설 도입 10,000,000불

(가) 선박용 디젤기관 관계시설 및

(나) 어로용 기계 관계시설 5,000,000불

(다) 어망 및 로프 자재 시설 5,000,000불

이상 총계 115,080,200불

마) 이외 작년 농상회담 시 콜롬보계획의 일환으로서 연수생의 훈련, 훈련선 등에 대한 협력을 제공할 수 있다는 일본 측의 입장은 당시와 변함이 없다고 하였으므로 부기함.(주일정 – 외아북)

수석대표

99. 제7차 한일회담 어업 관련 전문가 회의 결과 보고 전문

번호: JAW-02555

일시: 271320[1965. 2. 27]

수신인: 외무부 장관
발신인: 주일 대사

2. 26 어업 관계 전문가 회의 보고

1. 금 2. 26, 14:30~16:30. 아카사카 프린스호텔에서 협정 위반의 단속과 재판 관할권, 분쟁 처리 및 공동위에 관한 전문가 회의가 있은바 그 내용을 아래와 같이 요약 보고함.

2. 참석자: 한국 측: 김명년 대표, 최광수 전문위원, 공노명 보좌
          일본 측: 오와다 외무성 법규과 사무관, 하마모토 동 사무관, 우치다 북동아과 사무관, 혼다 통산성 어업 반장

3. 토의 요약

(1) 양측은 협정 위반의 단속과 재판 관할권에 관하여서 일본 측은 농상회담 요약 회의록 부록 2 나, 라의 입장, 아 측 요약 회의록 별지 16의 입장임을 우선 각각 확인하고 이에 의하여 앞으로의 토의를 진행하기로 함.

(2) 아 측은 어업협정의 유효적인 실시를 위하여서는 협정 위반의 단속 문제가 가장 긴요한 문제이며 특히 한일 간의 협정은 그 대상으로 하는 수역, 어종 어업이 복잡, 다양함에 비추어 분쟁의 미연 방지를 위하여서 세분적이며 구체적인 규정이 필요하고 위반이 발생하였을 시 이에 대한 즉각적인 'REMEDY'가 보장되며 실효성에 따르는 엄격한 단속이 되어야 한다고 한 바, 일본 측도 협정 내용의 준수를 보장하는 단속이

되어야 한다는 데는 동의한다고 하였음.

(3) 그러나 일본 측은 단속은 제1차적으로 각국이 자주적으로 협정 내용이 준수되도록 조치한다는 원칙하에 단속은 기국이라고 2차적으로 위반 발견 시는 상대방에게 통고하도록 하고 있다고 하였음. 아 측은 이러한 일본 측의 단속원칙은 협정 내용의 실행을 보장할 수 없는 것이라고 지적하고 단속은 선례에 따라 쌍방의 권한 있는 감시원이 단속할 수 있어야겠고 따라서 이는 상호 승선에 의한 공동 감시가 되어야 한다고 하였음.

(4) 일본 측은 한국 측이 제시하는 감시 원칙은 일본 국내법상의 문제가 있다고 하고 한국의 상호 승선에 의한 공동 감시 방법은 선례 상의 문제뿐만 아니라 실태 상의 난점이 있다고 한바, 아 측은 상호 승선에 의한 공동 감시 방법은 일본의 국내법상의 문제를 해결할 수 있을 뿐 아니라 위반 사실의 유무를 둘러싼 분쟁의 미연 방지와 감시에 원만하고 실효적인 실시를 위하여 각각 합리적인 방안임을 강조하였음.

(5) 또한 일본 측은 아 측의 일정한 기간 연행 조사한다고 하는 문제는 선례 상의 문제가 있고 실질적으로 연행 조사하여야 할 필요성을 납득할 수 없다고 강력히 반발하였음.

(6) 아 측은 다음 회합에서 단속에 관한 원칙적인 문제를 토의하고 연행조사와 상호 승선 문제는 분쟁의 처리와 관련시켜 토의하자고 제안한바, 일본 측은 이에 동의하였음.(외아북-)

수석대표

100. 제7차 한일회담 어업 관련 이·와다 회담 결과 보고 전문

번호: JAW-02558

일시: 271527[1965. 2. 27]

수신인: 외무부 장관
발신인: 주일 대사

2. 27 이·와다 회담 보고

1. 금 2. 27, 11:00~12:00에 외무성 수석대표 회의실에서 열린 상기 2자회담의 내용을 아래와 같이 보고함.

2. 작일 4자회담에 계속하여 금번 농상회담에 관한 일본 측의 최종적인 결정에 대하여 정보 교환과 회담의 준비 상황에 관하여 논의한바, 아래와 같이 잠정적으로 합의함.

 1) 일정
3월 2일(화)　17:10 하네다공항 도착(아카기 농상 출영)
3월 3일(수)　09:30 아카기 농상 예방(농림성)
　　　　　　16:30 예정 제1차 농상회담
　　　　　　(1) 대표단 소개, (2) 양 농상 인사, (3) 의제 채택, (4) 금후 진행방식에 대한 합의
　　　　　　시간 미정 아카기 농상 주최 만찬
3월 4일(목)　시간 미정 시나 외상 예방
　　　　　　시간 미정 사토 수상 예방
　　　　　　시간 미정 차 농림 장관 주최 만찬

2) 대표단

한국 측: 차 농림부 장관, 김동조 대사(고문) 이규성 공사(수석 수원), 연하구 아주국장, 이봉래 수산국장, 김명년 대표 외 과장급 실무자

일본 측: 아카기 농림대신, 다카스기 수석대표(고문), 우시바 심의관, 우시로쿠 아세아국장, 와다 수산청 차장, 사다케 대장성 이재국장, 히로세 참사관, 이하 과장급 실무자

3) 의제

(1) 어업에 대한 기선에 관련한 문제

(2) 어업자원의 보호를 위한 공동규제 조치에 관련한 문제

(3) 어업협력에 관련한 문제

4) 최종 정리 방식

(1) 공동성명 발표

(2) '합의사항' 정리 가서명(일본 측은 양 농상이 합의한 바를 확인하여 '이니셜'할 것으로 희망하고 있으나 일본 측으로서는 내각 각료가 '이니셜'할 수 없음에 비추어 한일회담 수석대표와 수산청 대표가 '이니셜'할 것을 희망하고 있음)

(3) 원·아카기 농상회담 시와 같이 요약 회의록을 각각 작성하여 대사 교환함.

5) 농상회담의 준비를 위하여 3. 1(월) 재차 일 외무성과 협의하기로 하였아오니 본부에서 추가할 사항이 있으면 지시하여 주시기 바람.(외아북)

수석대표

101. 제7차 한일회담 어업 관련 전문가 회의 결과 보고 전문

번호: JAW-02559

일시: 271617[1965. 2. 27]

수신인: 외무부 장관

발신인: 주일 대사

2. 27의 전문가 회의 보고

1. 표기 회의가 27일 10:45~12:30까지 아카사카 프린스호텔에서 열렸는바, 토의 내용을 다음과 같이 보고함.

2. 참석자: 한국 측: 김명년 대표, 배동환, 신동원, 오재희 전문위원, 조성찬 보좌.
    일본 측: 야마나카 어정부장, 야스후쿠, 모리사와 양 과장, 혼다 저인반장, 우치다 사무관

3. 토의 내용

1) 규제에 관한 토의를 계속하고자, 아 측은 회의 벽두 과반 회의 때부터 요구해온 D 수역에 있어서의 일본 측의 구체적 실적 및 고등어 일본조에 관한 자료 제시를 요구하였던바, 일본 측은 이동은 얼마, 이서는 얼마라는 형식은 몰라도 해역별로 따져서 너무 세분해서 내기는 곤란하다고 잘라 제시를 꺼렸음. 이에 대하여 아 측은 농상회담의 기초로 하려고 하려는 것이며 납득이 갈만한 설명과 자료 제시 없이는 일본 측 실적을 인정할 수 없다고 서로 응수하여 이문제에 대한 결말을 못 보았음.

2) 아 측은 B, D, 경계선 확정 문제로 경상남도 도 행정경계선 및 이 해안선과 교차하는 점에서 진방위 107도로 그은 선(남해와 동해 중의 저인망 경계선)으로 B, D 수역의 경계를 정하여 B와 D 수역 외곽선은 쓰시마 북서 측 양국 전관수역 교차점에서 동

경 130도 선과 상기 전방위 107도 선이 교차하는 점과 동경 130도 22분과 북위 36도의 교차점 울릉도 동쪽 동경 131도 10분, 북위 37도 30분의 교차점을 순차 연결하는 선을 제안하여 일본 측 태도를 타진하였던바, 일본 측은 어찌해서 130도와 상기 전방위 107도선 교차하는 점에서 울릉도를 즉결치 않으며 36도 선에서 일단 굽힐 필요가 있느냐고 말하므로 아 측은 B 수역의 규제 성격이 아 측에 만족할 때에는 굳이 이점을 고집하지 않을 것이라고 하여 이문제는 진전이 없었음.

3) B, C, 수역 성격론에 있어서 일본 측은 종전의 주장을 되풀이하여 B에서만 공동 규제를 하고 C는 없애야만 된다고 아 측 입장에 접근해오지 않으므로 토의의 진전이 없어 아 측은 쌍방 입장을 상호 재확인하였음(특히 한국 측 이제껏 B, C를 같이 막는다는 것은 몰라도 일방적으로 C를 철폐한다는 이야기는 한 적이 없고 C에는 한국 측이 자유 조업이자 B에서는 한국 측은 자유이고 일본 측은 규제를 받아 출어한다는 것을 강조하였음). 또한 B의 성격이 확정 안 되면 B, C, 경계도 전항과 같이 생각할 수 없다는 것을 확인하여 이문제에 관한 한 완전한 교착 상태가 되었음.

4) 금일 회의는 상술한 바와 같이 일본 측 태도가 강경하고 비타협적이어서 농상회담을 앞두고 전문가 회의를 다시 개최키로는 하였으나 일정을 잡지 못하고 폐회하였음.(주일정 – 외아북)

수석대표

102. 제7차 한일회담 어업 관련 전문가 회의 결과 보고 전문

번호: JAW-03072

일시: 041741[1965. 3. 4]

수신인: 외무부 장관
발신인: 수석대표

3. 2 어업 관계 전문가 회의 보고

1. 3. 2 표기 회의가 14:30~18:00까지 가유회관에서 협정 위반의 단속과 재판 관할권, 공동위의 권한 및 규제에 관한 전문가 회의가 있었던바 그 내용을 아래와 같이 요약 보고함.

2. 참석자: 김명년 대표, 최광수, 오재희 배동환, 전문위원, 공로명, 조성찬 보좌.

일본 측: 야마나카 어정부장, 야스후쿠 어업조정과장, 모리사와 해양제2과장, 나카에 외무성 법규과장, 혼다 저인반장, 하마모토 및 우치다 외무성 사무관.

3. 토의 내용

1) 아 측은 2. 26 회의에서 설명한 아 측 입장을 재차 상세히 일본 측에게 설명하고, 아 측으로서는 협정 위반에 대한 취체 단속이 협정 운영상 대단히 중요한 것이며 협정의 실효성을 거두기 위하여는 위반이 없도록 상호 노력함은 물론이고 위반이 있을 시에는 이를 엄격히 다스려야 된다고 주장하였음. 또한 취체에 있어서 아 측은 일본 측이 주장하는 것과 같이 전혀 자국에게만 맡긴다는 것은 실효성이 적다는 이유로 이는 불가하다고 말하고 단속, 취체는 어디까지나 양국의 공동책임이며 양국이 다 권한을 가져야 한다고 주장하였음.

이에 대하여 일본 측은 종전의 입장을 되풀이, 공해상에 있어서는 자국 선박에 대하여 관할권은 자국에게만 있다는 것이 국제법상의 해석이며 또한 통념이라고 말하고 타국 선박에 대한 일방적인 연행은 불가하며 공동규제라 하더라도 공동 취체는 수반하지 않는다고 주장하고 협정이 성립되면 이것을 준수한다는 것은 국제 사회에 있어서의 국가의 책임이라고 주장하고 국제적 약속을 하면 주권의 범위 내에서 모든 수단을 다한다는 것이 통념이며 약속을 지키지 않을 우려가 있다 해서 상대국이 간섭을 한다는 것은 주권국가의 입장에서 부끄러운 전제가 되므로 이러한 예외가 있으려면 상당한 이유가 있어야만 한다고 주장하였음(예를 들면 자국의 취체 능력이 없을 때와 같은 경우).

2) 이에 대하여 아 측은 한일 간의 협정은 일본 측을 불신한다는 전제에서가 아니라 각기 서로 너무 인접해있고, 수역, 어업 및 어종이 복잡다단하여 도의적이 아니라 해도 위반이 있기 쉽고 분쟁이 발생할 위험성이 다분히 있어서 이를 피하기 위하여 엄격한 단속이 보장되어야 한다는 입장을 취하고 있다고 설명하였음. 그러나 일본 측은 복잡하면 복잡할수록 관할권 문제의 경합이 많아질 수 있다고 말하고 위반이 있을 시 구체적으로 어떠한 조치를 생각하고 있느냐고 물었던바 일본 측은 어업 면허 취소, 일정 기간 정박 처분 등 행정 처분적으로 다스리면 될 것이라고 말하였음.

3) 아 측은 농상회담 이전에 상호의 입장을 확인하고자 하는 것이라고 전제하고 협정이 아무리 잘되어도 취체에 관한 훌륭한 규정이 있어야만 한다는 것이 우리 측 입장이라는 것을 재차 말해두었으며 국회 비준 시에도 이문제는 아 측으로서는 대단히 중요한 문제로 대두할 것이라는 것을 시사하고 일본 측의 재고를 요청하였음. 따라서 이 문제에 관한 대립은 여전하여 별다른 진전이 없었음.

4) 아 측은 공동위에 관하여는 작년 농상회담 이후 별도 논의된 바가 없으니 상호 입장을 밝히고자 말하고 일본 측은 이에 대하여 어떠한 구상을 하고 있는가를 문의하였던바 일본 측은 동 위원회는 어업협정 운영에 있어서 이를 검토, 조정, 권고하는 조정기관(외무성 측 견해) 내지는 어업자원 보호를 위한 과학적 조사를 행하고 있다고 말하였음. 이에 대하여 아 측은 동 위원회는 과학적 조사연구기관보다는 어업자원 보호를 위한 과학적 자원조사와 더불어 어업협정에 따르는 규제 조치를 정기적으로 '리뷰'하고 어업협정개정의 필요가 있을 시에는 체약국에 이를 권고 또는 어느 부분에 대하여는 결정권까지 부여받은 좀 더 권한 있는 기관으로 하고 싶다라고 말하였음. 그러나 일본 측은 동 위원회에 결정권까지 부여한다면 법률적인 사항의 '터치'와 더불어 행정적인 면까지를 대치게 되면 대국회 문제 등 대단히 곤란한 문제를 많이 야기할 것이라고 하였음.

5) 상기와 같은 일본 측 견해에 대하여 아 측은 동 위원회에게 어느 정도 권능을 부여치 않으면 논의만을 위한 기관이 되어 별 소득이 없을 것이므로 과학조사연구와 더불어 규제 문제에 대한 어느 결정권까지 가질 수 있는 기관으로 만들고 따라서 이를 위한 상설기관으로 설립되어야 한다는 주장을 되풀이하였음. 그러나 일본 측은 작년 원. 아카기 회담대로 자원조사와 그 결과에 따라서는 규제 조치 변경에 대하여 권고도 할 수 있다라는 자기 측 입장을 재확인하는 것으로 그쳤음.

6) 규제 문제에 관하여 명확하지 못한 점을 일본 측에 질문 토의하였음. 과반 와다 대표가 이 공사에게 말한 바를 기초로 확인하고자 한다고 전제하고 다음과 같이 아 측은 이해하고 있는데 그러냐고 문의한바,

ㄱ. 이서 저인망 어획 실적: 35,000톤(일본 답변: 그렇다)

ㄴ. 이동 저인망 어획 실적: 55,000톤(일본 측 답변: 관계 수역에서 그렇다. 이중 B 수역에서는 약 15,000톤이 될 것이다)

ㄷ. 선망 어획 실적: 제주도 부근('치라세 호키' 포함)은 12만 톤(일본 측 답변: 실질적으로는 훨씬 숫자가 상회하지만 대개 12, 13만 톤이라고 하자)

아 측은 이에 대하여 특히 선망 12만 톤은 우리 측이, 일본 측이 발표한 통계 숫자를 기초로 연도별로 평균치를 낸 것인데 '시라세' 해역을 포함한다 하더라도 4만 톤 정도로, 전혀 이해가 안 간다는 것을 말해두고 싶다고 한바, 일본 측은 이에 대하여 아 측이 일본 측의 어떠한 통계 숫자를 기초로 계산하였는지를 몰라도 업계에서는 17만 톤까지 말하고 있다고 주장하였음. 아 측은 그러면 이는 규제수역에 해당하는 부분 이외, 평화선 외의 것도 포함한 것인가라고 문의하였던바, 일본 측은 그렇지 않다라고 답변하고 규제수역 이외의 이 부근 해역의 것을 합치면 20만 톤을 돌파한다고 말하였음. 또한 이서 저인망도 우리 측 평가와는 틀린다고 말하고 일본 측 후쿠오카 어업조정사무소 등에서 발표된 자료 등을 기초로 계산, 과거 4개년 평균치를 내보면 A 구역 상당(128도 30분 이서의 B 수역 포함) 수역에서는 2만 톤 이상이 나오지 않는다는 것을 확인해두고 싶다고 말하고 어떤 자료에 입각해서 일본 측이 어획량을 계산하였는지 확실한 자료의 근거를 설명해달라고 요구하여 아 측으로서는 이 어획량 문제는 국민 감정 면에서도 대단히 중요한 문제이니 이를 다시 검토해 줄 것을 촉구하였음.

7) 일본 측은 어획량 실적 측정은 비교적 정확한 방법을 쓰고 있다고 말하고, 그 방

법으로서 각 어선이 제출하는 어획 성적 보고 수의 정오 위치보고를 기초로 하고 있다고 설명하였음. 일본 측은 이것은 엄격히 시행되고 있다고 말하고 만약 위반이 있을 시는 정박 처분 등 엄격한 벌칙으로써 이를 다스리고 있다고 말하였음.

8) 이후에 '멜크말' 방식에 대한 토의를 하였는 바, 이중 일본 측은 어획량이라는 것은 어디까지나 참고를 위한 것이지 구속력을 갖는 것은 아니라고 말하므로, 아 측은 일본 측이 이를 그렇게 해석하여 생각하고 있는 것은 종전의 아 측의 이해로서는 납득이 안 간다라고 말하였음. 그러나 일본 측은 상술한 바와 같이 이해하고 있다고 말하고 아 측이 어획량을 법적인 의미로 해석해서는 곤란하다고 말하고 일본 측으로서는 어획량은 어디까지나 '모럴'[moral]한 면에서 생각한다고 말하고 이 문제는 자원론에도 관계되며 또한 자칫하면 '쿼터'론이 된다고 말하였음. 이에 대하여 아 측은 그러면 일본 측은 '모럴'한 입장에서 이에 관하여 행정 지도할 용의가 있는가라고 추궁하였던바 일본 측은 그러한 용의가 있다고 답변하였음. 따라서 아 측은 어획량에 관하여는 일본 측이 종전의 아 측 이해와 틀리는 생각을 하고 있으니 이를 정리해 두어야 할 필요가 있다고 전제하고, 그렇다면 일본 측 태도는 "일본 정부로서는 '멜크말 식' 방법으로서 모럴한 면에서 행정 지도하겠단 말인가"라고 추궁하였던바, 일본 측은 이에 대하여 "그렇다"라고 답변하였음.

9) 또한 아 측은 해상 어업 질서 유지를 위한 별도 협정 문제도 검토해보자고 말한 바, 일본 측은 이는 원, 아카기 합의에도 있으므로 후에 검토해보자고 합의하였음.

10) 최고 척수에 관하여 아 측은 일본 측은 종전의 입장과 조금도 변함이 없느냐고 일본 측 태도를 떠보았던바, 일본 측은 이는 우리들 전문가들이 논의할 권한 밖 이야기이며 자기들로서는 이 문제에 관한 변함이 없는 것으로 알고 있다라고 답변하였음.

11) 일본 측은 아 측이 과반 회의에서 요구한 동해안 즉 D 수역에 대한 실적을 제출해왔는바 이는 다음과 같음.

1월 50척, 2월 40척, 3월 40척, 4월 40척, 5월 ---, 6월 ---, 7월 ---, 8월 ---, 9월 ---, 10월 30척 11월 50척, 12월 50척

그러나 이 문제는 B, D 경계선 확정에도 관련되는 문제라고 말하였음.

12) 끝으로 아 측은 고등어 일본조에 관하여 문의하고 300척이 연간 척당 300톤씩 잡으면 어획량이 약 10만 톤이 되는데 이를 연안 어업으로서 자주 규제 형식으로 취급하기는 곤란하다고 말하였음. (주일정 - 외아북)

103. 어업 및 평화선위원회에 관한 훈령 재가 문서

0398   기안자: 동북아과 우문기

과장[서명]   국장[과장이 대리 서명]

기안 연월일: 65. 3. 2

분류기호 문서번호: 외아북 722

경유·수신·참조: 주일 대사

발신: 장관

제목: 어업 및 평화선위원회에 관한 훈령

대: JAW-02311(65. 2. 14)

어업 및 평화선위원회에서의 토의에 관련한 연호 청훈에 대하여 별첨과 같이 훈령합니다.

유첨: 65. 2. 14 자 어업 및 평화선위원회에 관한 청훈에 대한 훈령

끝

첨부물

103-1. 어업 및 평화선위원회에 관한 훈령 문서

65. 2. 14의 어업 및 평화선위원회에 관한 청훈에 대한 훈령

1965. 3. 2

청훈 1에 대하여

청훈: 동경 128도 이서, 북위 33도 30분 이북의 수역을 아 측 대형기선 저인망 및 트롤 어업과 일본 이서 저인망 및 트롤 어업의 조업금지구역으로 설정하는 문제

훈령: 일본 측 조업 구역인 동경 128도 30분 이서로 합치게 하고, 아카기안의 100척의 척수를 조정 절하시킬 것.

청훈 2에 대하여

청훈: 일본 측은 동경 128도 선을 경계로 이서에서는 50톤 이상, 이동에서는 50톤 미만의 어선을 조업케 하자는 제안을 하였는바, 이에 대하여 아 측은 아 국 서해구 및 남해구 중형기선 저인망 어업(65건) 및 동해안 트롤 어업(25척)을 예외 조치하는 것을 조건으로 일본 측 제안을 수락할 것인지의 여부

훈령: 아 국 서해구 및 남해구 중형기선 저인망 어업(65건) 및 동해안 새우 트롤(25척)을 예외 조치 할 것을 조건으로 하여, 동경 128도 또는 동경 128도 30분 선을 경계로(하기 '주' 참조) 이서에서는 50톤 이상, 이동에서는 50톤 미만의 어선을 조업케 하자는 일본 측 제안을 수락하여도 가함.

주: 청훈 1에 대한 훈령에서 기준선을 동경 128도 30분으로 할 것을 지시하였으므로 본 2항 훈령에서도 동경 128도 30분으로 하여야 할 것으로 보이나, 당지에는 현재 이를 결정한 권한자가 부재중이므로 귀지에서 동경 128도로 할 것인지 또는 동경 128도 30분 선으로 할 것인지를 농림부 장관을 비롯한 관계자와 협의하여 결정하시고, 결정된 내용을 보고 하시압.

청훈 3에 대하여

청훈: 어선, 어구의 규제에 관하여 현지 대표단의 재량에 따라 일본 측과 합의하여도 가한지의 여부

훈령: 현지 대표의 이론적인 설명이 가능한 합의는 재량에 위임하나, 다음 사항이 반영되도록 노력할 것.

가. 이서 저인망 어업

   (1) 어선의 규모 ············ 50~150톤으로 하고 150톤 이상은 경과조치를 취한다.

나. 선망 어업

   (1) 어선의 규모 ············ 40~100톤

   (2) 망목 ····················· 34밀리미터

   (3) 집어등 ················· 27.5킬로와트

다. 이동 기선저인망 어업

   (1) 망목 ····················· 33밀리미터

라. 트롤 어업

   (1) 어선의 규모 ············ 100~550톤

마. 고등어 일본조 어업

   (1) 어선의 규모 ············ 25~50톤

   (2) 척수 및 예외 조치에 대하여는 농상회담 시 고려의 대상이 될 것이므로 실적 파악에 노력할 것

바. 각 어업별 어선 톤수는 '외정북 722-949(63. 9. 19) 어업교섭에 관한 훈령'에 의거하여, 어선의 주기관 마력수는 어선 톤수의 3.5배를 초과하지 못함.

사. 보너스 톤수는 인정함.

청훈 4에 대하여

청훈: 고등어 일본조 어업 및 구역 선망 어업의 실적 제시에 따른 출어 척수의 인정

훈령: 농상회담 시 결정토록 할 것.

청훈 5에 대하여

청훈: 어업협정에 수반하는 어업 공동규제 조치의 적용에 따를 예외 조치 또는 경과 조치의 유무

훈령: 대. 중형기선 저인 및 새우 트롤, 선망 어업은 아 국 제도상 주년 어업으로 되어 있는 바, 이미 합의를 본 저인망 어업 금어기 6, 7월에 대하여는 실효성 여부를 타진하고 실효가 없다면 아 국 제도에 개변(改變)이 없도록 할 것.

청훈 6에 대하여

청훈: 각 수역별로 일본 측 어업을 및 어획 실적을 인정하는 경우, 그 어획량을 확인할 수 있는 조치와 방법.

훈령: 다음과 같이 할 것.

가. 어획량 확인 방법

(1) 양국 감시선에 출어 어선별 일일 어획량을 보고한다.

(2) 어획물 양륙항(시모노세키, 도바타, 하카타 등)을 지정하고 공동감시원에 의한 어선별 양륙량을 확인함과 동시에 매월 공동위원회에 보고한다.

(3) 감시선과 양륙항 감시원은 상호 긴밀한 연락을 한다.

(4) 특정 시기(성어기)에, 출어 어선 전체에 대한 어획량 조사를 실시한다.

(5) 조업 질서 유지에 관한 준수 사항을 위반한 어선에 대하여는 강력한 행정처분을 가한다.

어업 관계 회의 및 훈령, V.2, 농상회담: 어업 관계, 1965. 3. 3~4. 2

분류번호 : 723.1 JA 어 1965.3-4 V.2
등록번호 : 1461
생산과 : 동북아주과
생산연도 : 1965
필름번호 : C1-0013
파일번호 : 02
프레임번호 : 0001~0506

어업 문제 타결을 위하여 1965년 3월 3일~4월 3일간 개최된 한일 농상회담, 농상회담에 따른 실무자 회의, 4자 회의, 합의사항 문안 작성을 위한 고위 실무급 회의의 기록과 관련 훈령 등이 수록되어 있다. 양국은 마지막 순간까지 제주도 서쪽 기선 획선 문제와 어업협력 문제 등을 둘러싸고 격론을 벌인 끝에 4월 3일 새벽 극적으로 '어업 문제에 관한 합의사항'에 합의하였다.

1. 사전 교섭

2. 어업회담에 관한 협의 내용 보고서

0411   수신: 중앙정보부장 귀하

1965

제목: 어업회담에 관한 협의 내용

22일 무사히 귀임하여 예정대로 동일 하오 일본 농상 및 외상과 만나서 어업회담 문제에 관하여 협의한 내용은 대략 다음과 같습니다.

1. 3월 3일부터 도쿄에서 농상회담을 하기로 결정하였음. 시나 외상은 아카기 농상이 하루라도 좋으니 방한하여야 한다고 역설하였으나 농상은 국회 사정에 의하여 월내 방한은 사실상 불가능하다는 의견이었으므로 서울서 계획한 대로 도쿄에서 농상회담을 갖기로 하였음.

2. 아카기 농상의 어업 문제에 관한 견해 중 주목할 사실은 종래의 일본 정부 주장이며 아카기 농상 자신의 강한 입장이던 평화선 철폐 문제는 한일교섭에 있어 불가능함을 인식하고 있다는 점임. 그러나 종래 평화선에 관한 양국 정부의 극단적인 대립된 견해를 어떻게 조정할 수 있느냐, 환원하면 한국이 평화선은 남아있다고 주장할 수 있고 일본 측은 소멸하였다고 주장할 수 있는 방안이 무엇이겠느냐 하는 것이 어업 문제

0412   해결의 가장 중요한 점이라고 말하고 있음. 동석한 외상은 공동규제수역만을 합의하고 평화선 문제에 언급하지 않으면 되지 않겠느냐 하는 설명이 있었으나 한국 정부로서는 동 방안이 공동수역만을 설명할 뿐 평화선 수역에 대하여는 설명이 불가능하다는 견지에서 그런 속임수는 한일 양국이 모두 설명하기 어려운 입장에 서게 되는 것이므로 본인은 평화선보다 더 넓은 선을 그어 '아카기 라인'이라고 하고 그 수역을 어업

자원조사 수역이라 하면 우리 정부는 평화선보다 더 넓은 수역을 책정하였다고 국민에게 설명할 수 있고 일본은 어업자원조사 수역의 필요성을 설명할 수 있지 않겠느냐 하는 견해를 설명하였던바 평화선보다 넓힌다는 것은 더욱 곤란하고 그렇다고 하여 평화선하고 일치시킬 수도 없는 난처한 입장이라는 대답이 있었음.

3. 출어 척수 문제에 관하여는 소위 어업실적 톤수가 현재 실무자 레벨에서 약 4만 톤 차이밖에 없으니 이것은 실무자 레벨에서 계속 토의하여 타협선에 도달할 가능성이 많다는 것이고 본인의 감촉으로써는 전자 일본이 내놓은 17만 톤을 15만 톤 전후까지로 내릴 수 있다고 생각함. 아카기 농상에게 이 어획 실적 톤수를 기준으로 하여 역산하면 척수는 자연히 산출될 수 있는 것이므로 그에 대한 농상의 견해를 문의한 즉, 이론상으로는 사실이나 그대로 한다면 허가된 상당한 일본 어선을 어업금지토록 하고 정부로서 보상하지 않으면 안 될 입장에 서게 되는 만큼 한국 측이 약간의 감안하여 준다면 좋겠다는 견해이므로 이것도 서울서 우리가 의논하던 상황과 부합되는 것으로 생각되므로 이 문제 해결은 그다지 어렵다고는 볼 수 없음.

4. 그러나 기선 문제에 관하여는 제주도 주변의 문제를 구체적으로 언급하지 않고 소위 아카기 시안으로서는 받아들이기가 거의 불가능한 만큼 이 문제에 대하여 특별히 새로운 제안을 기대하고 있다고 말하고 어업협력자금에 관하여 1억 불을 재차 강조한바 이에 대하여선 별다른 이의가 없는 점으로 보아 합의 가능성이 많다고 생각됨.

5. 본인이 금주 토요일 본국 정부와 협의차 다시 귀국한다는 예정을 말하고 수3일 이내에 일본 측의 적극적이며 합의 가능한 제안을 하도록 와다 일본 측 대표(수산청 차장)에게 특별 지시를 하여 줄 것을 바란다고 말하고 금요일 저녁 다시 대신과 석식을 같이 하기로 의논이 되었음.

주일 대사 김동조

7. 한일 농상회담 개최에 따른 사전 교섭 요청 공문

농수원 1172.2-560

1965. 2. 22

수신: 외무부 장관 귀하
참조: 아주국장

제목: 농상회담 개최에 따른 사전 교섭

불원 개최될 한일 양국 농상회담에서 한일회담에 있어 현안 중의 난제인 어업 문제 타결의 대강을 결정질 것인바 이에 앞서 현지 어업 대표단은 다음 사항에 대하여 사전 교섭을 강력히 추진하여 농림부 장관이 회담에 임할 시 유리하게 농상회담을 추진할 수 있는 소지를 마련할 수 있도록 현지 대표단에 홍보하여 주시기 바랍니다.

1. 4대 어업에 있어 일본 측 실적량을 16만 톤 이하로 절하시킬 것
2. 4대 어업에 있어 어획량을 고정시킨 후, 고정량 이상의 어획을 금하며 매년 실지 출어 척수를 재조정함과 동시에 공동조사위원회에서 당해 어업에 대한 자원조사를 실시하여 자원의 소장에 따라 출어 척수를 재조정한다는 점을 강조하고 동의를 받을 것
3. 어획량을 확인할 수 있는 체제를 구체적으로 달성할 수 있는 방안을 강구, 절충할 것
   예: 1) 4대 어업에 대한 어획물 양륙항의 지정
       2) 감시선에의 출어선 일일 보고
       3) 양륙항 주재 감시원에 대한 협조
       4) 조업 질서 유지에 관한 사항, 위반에 대한 강력한 행정조치 등

농림부 장관 차균희[직인]

8. 한일 농상회담 관련 일본 언론 보도 보고 전문

번호: JAW-02464

일시: 231148[1965. 2. 23]

수신인: 장관

발신인: 주일 대사

1. 금일 당지 각 신문(조간)은 '한일 농상회담 내 월 초 동경에서', '김 대사, 시나, 아카기 회담에서 일치'라는 표제로 어제 저녁 김 대사와 일 외상 및 농상과의 회담에서 과반 시나 외상이 방한 시에 가조인을 본 기본관계조약의 타결로, 고조된 회담 타결 기운이 문제의 초점이 되고 있는 어업 문제 해결을 위한 농상회담을 개최하기에 이르렀다고 보도하고 있음. 애초 동 회담에서 김 대사는 작년 원, 아카기 회담 경위와 한국 어민의 대일감정을 설명하고 농상회담을 한국에서 개최할 것을 제의하였으나 일 농상의 사정(대국회 관계)으로 도쿄에서 3월 초순에 개최하기로 합의함에 이르렀다고 보도하고 있음.

2. 이와 관련하여 23일 자 도쿄신문(조간)은 '한일 농상회담에서 좁혀 간다', '3월 초순 도쿄에서 현안, 일거에 해결로'라는 표제로 대략 다음 요지의 기사를 보도하고 있음.

한일기본조약의 가조인으로 한일회담을 조기 타결에 급속히 움직이기 시작하여 차제에 현안 문제를 일거에 해결할 의향을 굳게 하고 있다. 일 외무성에서는

1) 3월 초순 양국 농상회담을 열어 어업교섭을 최종적으로 해결한다.

2) 법적지위의 심의를 촉진하여 이 외무 장관 방일 시에 가조인하여 5월 타결에 전력을 기울일 방침이다. 특히 어업교섭에 대하여는 외무, 농림 양성은 동 회담을 앞두고

(1) 평화선의 사실상 철폐

(2) 한일 어업위원회를 설치하여 매년 1회의 회합으로서 그 해의 양국의 총 어획량을 정한다.

(3) 공동규제수역에서의 조업이 인정된 어선에 대하여는 입어 허가증을 발행한다.

(4) 위법행위를 범한 어선의 재판 관할권은 동 어선의 소속국에 속한다. 등의 구체안을 마련하고 있다. 어업교섭의 중요 문제점은

    (1) 평화선 존폐

    (2) 어업조약의 적용 수역(공동규제수역의 외곽선)

    (3) 제주도 동쪽의 일본 어선의 입어 금지선

    (4) 공동규제수역 내의 입어 척수

    (5) 어업협력자금 등인데 농상회담에서 해결하고자 하는 의향이다.

농상회담은 어제의 김 대사, 시나, 아카기의 회합에서 내 월초에 개최하기로 하여 차 농림부 장관이 3월 10일경 내일하여 회담을 개최할 것으로 보이며 일 농상도 국회 심의와 농상회담의 진전 상황을 보고 조속한 시일 내에 한국 측의 요망에 따라 방한할 의향이다. 정부 소식통이 보는 어업교섭의 전망은 다음과 같다 한다.

(1) 평화선 – 철폐하는 데는 대강 합의를 보았으나 신설되는 공동규제수역에 대하여는 한국 국내법의 적용을 양해한다.

(2) 조약의 적용 수역 – 일본 측은 북위 35도 30분 이남, 한국 측은 북위 36도 이남, 또한 일본 측은 동경 130도 이서, 한국 측은 동경 133도 이서의 수역을 각각 주장하는 바, 한국 안으로 낙찰될 공산이 크다.

(3) 어업위원회의 설치 – 자원 보호를 위한 위원회를 설치하여 매년 □회 회합하고 공동규제수역 내에 있어서의 양국의 총 어획량, 입어 척수를 정한다.

동 회의가 끝난 다음부터 조업을 개시한다(상세한 것은 부속 문서로 정함).

(4) 입어허가증의 발행 – 과거의 실적을 존중하여 어업위원회에서 결정하여 양국 정부가 입어허가증을 발행하고 입어료는 받지 않는다.

(5) 범법행위를 한 어선에 대한 재판 관할권 – 양국에서 각각 정한 해상 순시관은 위법행위를 한 상대국 어선을 발견하였을 경우, 그 어선을 수색할 수 있다. 그 결과 범법 사실이 명확해지면 동 어선의 소속국에 인도하여 포획할 수가 있다. 재판 관할권은 동 어선의 소속국에 속한다는 것이 양국의 생각이다.

(6) 부속 문서 – 규제의 대상이 되는 어족, 구체적인 규제수역, 매년 조업의 종기, 총 어획량, 입어 척수, 어망의 고기, 망목의 크기를 규정하고 매년 어업위원회에서 수정

할 수 있다.

(7) 대한 어업협력자금 – 일본 측은 7천만 불, 한국 측은 1억 1천 4백만 불을 주장하고 있는데 일본 측이 1천만 불을 올릴 것으로 예상된다. 금리는 한국의 요망을 받아들여 동남아에의 경제협력의 최저금리(5부 7리 5보)보다 낮은 5부 내지 5부 5리가 될 것이다.(주일정 – 외아북)

11. 한일 농상회담 대비 사전 교섭에 관한 훈령 전문

번호: WJA-02354

일시: 261045[1965. 2. 26]

수신인: 주일 대사

제목: 농상회담 관계 훈령

불원 개최케 될 한일 농상회담에 대비하여 다음과 같은 사전 교섭을 하여 달라는 농림부 장관으로부터의 요청이 있으니, 이를 강력히 추진하시기 바람.

아래

1. 4대 어업의 일본 측 실적량을 16만 톤 이하로 절하시킬 것

2. 4대 어업에 있어 어획량을 고정시킨 후, 고정량 이상의 어획을 금하며 매년 실지 출어 척수를 재조정함과 동시에 공동조사위원회에서 당해 어업에 대한 자원조사를 실시하여 자원의 소장에 따라 출어 척수를 재조정한다는 점을 강조하고 동의를 받을 것

3. 어획량을 확인할 수 있는 체제를 구체적으로 달성할 수 있는 방안을 강구, 절충할 것. 예컨대
   가. 4대 어업에 대한 어획물 양륙항의 지정
   나. 감시선에의 출어선 일일 보고
   다. 양륙항 주재 감시원에 대한 협조
   라. 조업 질서 유지에 관한 사항, 위반에 대한 강력한 행정조치 등. (외아북)

장관

12. 한일 농상회담 관련 수행원 구성에 관한 대표단 건의 전문

0427   번호: JAW-02521

일시: 262452[1965. 2. 26]

수신인: 외무부 장관
발신인: 주일 대사

연: JAW-02516

　연호 전문으로 보고한 바와 같이 일본 측은 금반 농상회담의 수원 구성에 관하여 아래와 같은 바의 COUNTER PARTS를 구상하고 있아오니 이에 추가될 인원이 있으면 조속 회보하여 주시기 바랍니다.
　아 측 대표단
　　농림부 장관
　　고문 한일회담 수석대표
　　수석 수원 어업위원회 수석위원 이규성 공사
　　수원 이봉태 수산국장
　　수원 김명년 대표
　　수원 최광수 정무과장
　　수원 배동환 농림부 원양어업과장(외아북)

13. 한일 농상회담 대표단 관련 본부 견해 통보 전문

번호: WJA-02374

일시: 276005 [1965. 4. 27]

수신인: 주일 대사

대: JAW-02521

1. 대호 대표단에 하기의 5명을 추가포함 시키시압.
    (1) 연하구 아주국장
    (2) 문희철 대표부 경제과장
    (3) 이재용 농림부 자재과장
    (4) 임대지 농림부 장관 비서관
    (5) 최익성 원양어업과 기좌

2. 대호 전문의 예고문(보통 문서로 재분류: 67. 12. 31)을, 보통 문서로 재분류: 접수와 동시로 정정하시고, 이에 따라 조치하시기 바람.(외아북)

장관

20. 한일 농상회담 시 한국 농림부 장관 인사문 보고 전문

번호: JAW-03028

일시: 022030[1965. 3. 2]

수신인: 장관
발신인: 수석대표
참조: 농림부 차관

1. 명 3. 3 농상회담에서 행할 차 농림부 장관의 인사문을 아래와 같이 보고함.
2. 차 농림부 장관의 인사

차 농림부 장관의 인사

1965. 3. 3, 16:30

　한일 양국 간의 국교를 정상화하기 위한 교섭이 중대한 국면을 맞이한 이때, '아카기' 농림대신을 비롯한 일본 측 대표단 여러분과 함께, 한·일 간의 어업협정에 관한 회담을 개최하게 된 것을 본인은 매우 기쁘게 생각하는 바입니다.

　한·일 간의 어업 문제는 지난 10여 년에 걸친 양국 간의 교섭에서 가장 중요한 문제의 하나이었으며, 이 문제의 공정 타당한 해결은 우리 양국의 국교 정상화와 선린 우호 관계의 수립에 중대한 의의를 가지고 있는 것입니다. 이와 같은 의미에서 본인은 한, 일 양국 국민이 이 회담에 걸고 있는 기대가 자못 큰 것으로 생각하는 것입니다.

　한국 정부는 이제까지, 특히 지난 10여 년간, 한국 어민이 중대한 이해관계를 가지는 인접 해역에 있어서의 어업자원의 최대지속적 생산성의 확보와 아울러 국가 안정 보장을 위한 불가피한 사정을 고려하여 필요 적절한 조치를 취하여 온 것입니다. 한·일 어업교섭에 있어서 한국 정부는 이와 같은 사정에 대한 귀국 정부와 국민의 우호적인 이해와 협력을 구하고 양국 어민의 권익을 가능한 한 최대한으로 보장함을 그 기본 방침으로 삼고 있는 것입니다.

　이제 본인은 우리 양국 정부가 비단 양국 어민만이 아니라 인류 공통이익을 위하여 어업자원 보존을 기하여야 한다는 최근의 국제 통념의 추세에 충분한 배려를 가하면서 실효적인 어업규제를 기하는 동시에, 양국 어민이 상호 협력하면서 공동 번영하여 나갈 수 있는 방도를 찾고자 허심탄회하게 대국적인 노력을 경주한다면 반드시 양국이 만족할 수 있는 타결점을 발견할 수 있으리라고 확신하는 바입니다.

　작년 말의 제7차 한일회담 이래 양국 대표단의 진지한 노력으로 어업 문제에 대한 양측의 이해와 협조가 깊어졌으며, 특히 최근 시나 일본국 외무대신이 방한하신 기회에 한·일 기본관계조약이 가조인됨을 계기로 양국 간에 개재된 제 현안 타결의 기운이 고조되어 가는 이때, 한국 정부와 본인은 본 어업 문제의 성공적인 타결을 기하고자 모든 성의와 굳은 결심을 갖추고 이 회담에 임하는 것입니다.

　본인은 귀 대신께서도 한·일 양국의 어업 실정을 충분히 이해하시고 또한 어업자원의 보존과 활용이 양국의 공동번영을 재래한다는 견지에서, 본인과의 솔직한 의견 교환을 통하여 문제 해결에 최대의 협조를 아끼지 않으실 것을 바라 마지않습니다. 이렇게 함으로써 본인은 어업 문제의 공정 타당하고 명예로운 타결이 이루어지리라고 확신합니다.

　끝으로, 본인은 금반의 회담 개최를 위하여 노력하여주신 귀 대신과 귀국 정부 관계 당국에 심심한 사의를 표하는 바입니다.(주일정-외아북)

21. 한일 농상회담 시 일본 농상 인사문 보고 전문

번호: JAW-03029

일시: 022030[1965. 3. 2]

수신인: 장관
발신인: 수석대표
참조: 농림부 차관

1. 3. 3 농상회담에서 행할 아카기 일본 농상의 인사문을 아래와 같이 보고함.

2. 농림대신 인사

오늘 이 자리에 차 한국 농림부 장관을 비롯한 한국 측 대표단을 맞이하여 일한 양국 간의 어업 문제의 협정에 관한 농상회의가 다시 개최된 것은 양국 어업의 협력과 발전에 대하여 중요한 의의를 가지는 것이며, 이 의의 있는 회의의 성공을 기대하면서 한 말씀 인사드리는 바입니다.

먼저 본인은 금번의 회의에 출석하기 위하여 내일하신 차 농림부 장관을 비롯한 관계 제위에 대하여 일본 정부를 대표하여 이에 환영의 뜻을 표하는 바입니다.

소화 27년 이래 10여 년의 오랜 시일에 걸쳐 일한 양국 간에 진행되어온 어업교섭도 작년 3월의 농상회의를 정점으로 하여 양국의 견해를 솔직히 상호제시하여 각각 상대국 실정의 이해를 깊이 함으로써 일보 일본 접근하기 위한 노력을 한 것은 여러분께서 알고 계시는 바와 같으며, 양국 정부 및 어업 관계자의 노력이 크다고 보는 바입니다.

또한 금번 진행 중인 제7차 일한회담에 있어서도 양국 관계자가 비상한 열의와 성의로써 종대 현안으로 되어 있던 문제점의 검토를 진행시키고 있으며 더 한 층의 노력을 경주할 것 같으면 이제는 일한 양국이 납득이 가는 결론에 도달할 수 있는 단계에 있다고 생각하고 있습니다.

0439 　금번 어업 문제의 기본적인 해결을 도모하기 위하여 재차 농상회의를 개최하게 되었습니다마는 양국이 그 어업의 상호이해를 기조로 하면서 주권국가의 명예를 존중하고 국제 통념에 대하여 십분의 배려를 하여 성의있게 해결에 노력한다면 반드시 양국의 견해의 일치점을 발견할 수 있을 것이라고 굳게 믿는 바입니다.

　일본 측으로서는 귀국이 일본 어업의 실태에 맞는 조업을 인정할 것을 기대하고 있습니다마는 한편 귀국의 어업의 실정도 십분 고려하고 또한 그 발전에 대하여서도 협력을 아끼지 아니한다는 기본적인 생각에 변함이 없습니다.

　일한 양국은 그 역사적 지리적 조건에 비추어 정치적 경제적으로 상호 제휴하여 나아가야 할 관계에 있습니다. 이 양국의 관계의 개선이 제 현안을 가지는 어업 문제의 해결에 걸려 있다는 것에 대하여 우리들의 책무가 중대함을 통감하고 있는 바이며, 양국 간의 어업 문제를 조기에 또한 합리적으로 해결하여 이로써 양국의 보다 일층 긴밀한 관계의 수립에 기여하도록 하고자 하는 바입니다.

　간단합니다마는 이 회의가 성공리에 종료되기를 빌면서 본인의 인사 말씀에 대하고자 합니다.(주일정-외아북)

22. 차균희 농림부 장관 일본 도착 보고 전문

0440 번호: JAW-03031

일시: 031011 [1965. 3. 3]

수신인: 장관
발신인: 주일 대사

농상회담 관계 보고

1. 차 농림 장관 일행은 예정대로 3. 2, 15:10 당지에 안착하였음.

공항에는 아카기 농상, 오사와 농림부 차관, 마쓰오카 수산청 장관, 와다 수산청 차관, 히로세 외무성 참사관 등이 마중 나왔음.

차 농림 장관은 공항에서 간단한 도착 소감을 발표하였음.

2. 금 3. 3 차 장관은 13:00에 아카기 농상을 예방하고 16:30에 제1차 농상회담을 가질 예정이며 19:00에는 아카기 농상이 주최하는 만찬회에 참석할 것임.

3. 3. 2 자 JAW-03028 및 03029호로 각각 송부한 바 있는 양 농상의 연설문은 금일의 농상회담 시간에 맞추어 그 전문을 발표하시기 바람.(주일정-외아북)

24. 아카기 농상 인사문 정정 보고 전문

번호: JAW-03038

일시: 031355

수신인: 외무부 장관 귀하(참조: 농림부 장관)
발신인: 주일 대사

연: JAW-03029

1. 연호 전문의 아카기 농상의 인사문 중 아래의 일부가 수정되었으니 이를 정정하여 주시기 바람.

2. 연호 전문 2항의 인사문 중 제6절(일본 측으로서는 귀국이… 이하)의 "…일본 어업의 실태에 맞는 조업을 인정할 것을 기대하고 있습니다만은 한편…"을 "일본 어업의 실태에 맞는 조업이 확보될 것을 전제로 생각하고 있습니다만은 한편…"로 정정하여 주시압.(주일정-외아북)

26. 한일 농상회담에 대한 훈령 송부 공문[8]

0444   외아북-722

1965. 3. 2

수신: 한일 농상회담 수석대표

제목: 농상회담에 대한 훈령(어업협정 관계)

1965. 3. 3부터 개최될 한일 농상회담에 대한 훈령을 대통령 각하의 재가를 얻어 별첨과 같이 송부합니다.

유첨: 농상회담에 대한 훈령 1부

끝

외무부 장관 이동원

---

8   편집자가 문서의 순서를 바꾸었음.

첨부물

26-1. 한일 농상회담 훈령 문서

0445   **농상회담에 대한 훈령**

1965. 3. 2

1. 어업협력자금
(1) 금액 1억 불
(2) 이자 최고 5퍼센트

2. 기선 문제
(1) 어업협정문에는 기선을 표시하지 않고 외곽선에 관하여서만 표시한다.
(2) 외곽선은 이미 합의된 기선 부분은 그 기선을 기준으로 하여 긋는다.
(3) 현안 중인 제주도 주변의 외곽선에 관하여는 별도에 의거한다.
    a. 별도 중 간서도(間嶼島)에서 죽도(竹島)를 기선으로 하여 12마일 폭을 설정한다.
    b. a의 12마일 폭의 OUTER 6을 3년간 공동어장으로 할 것을 양보한다.
    c. 병풍도(倂風島)-죽도 간의 직선을 기준으로 12마일 폭을 설정한다.
    d. b, c 제안의 우선 채택은 현지 재량에 일임한다.

0446   e. 126도인 현재 아카기 시안을 125도 54분 30초 선을 최종안으로 교섭하되 이 부분의 문제 수역에 관한 처리는 3년간 잠정조치로 할 것이나 반드시 일본 측이 3년 후에는 한국 정부가 기선을 긋고 간서(間嶼)-죽도(竹島) 내지 병풍도(倂風島)-죽도(竹島)를 기선으로 한다는 것을 조건으로 하여야 함.
(4) a. 제주도 동 측 외곽선에 접하는 문제의 3각 수역에 관하여서는 거문도(巨文島)-우도(牛島) 간의 직선기선으로 기준하여 12마일 폭의 수역을 설정하되 그 3각 수면에 관한 한 공동어장으로서의 성격으로 합의하고 합판(合辦)회사 방식에 의한 어로를 한다.
    b. a 항 3각 수역의 OUTER 6를 공동어장으로 한다.

c. 현재 아카기 시안 127도 10분 선을 127도 13분 선으로 외곽선을 잡고 그에 접속된 3각 수역을 합판회사 방식으로 취하거나 3년간만 공동어장으로 개방하되 3년 후에는 최소한도 거문도(巨文島)-우도(牛島) 간의 직선기선 방식에 의한 외곽선 설정을 합의한다.

3. 수역 문제

(1) 규제 성격-관계 수역(A, B, C, D, E)에 있어서의 규제에 대하여는 협정문에 일본 측에 대한 규제 내용(척수, 톤수, 망목 등 기타 규제 대상 일체)만 표시한다. 즉 한국 측에 대하여는 규제를 하지 않는다.

(2) 어획고-일본 측의 연간 어획고는 17만 톤 이하로 한다.

척수-일본 측의 출어 척수는 전기 어획고에 의하여 산출되도록 하며 이 점은 농림장관에게 척수 결정을 일임한다.

(3) 관계 수역(A, B, C, D, E) 외의 수면(평화선 내외)에 대하여 어업자원조사 수역을 설정한다는 원칙만 합의하고 상세는 공동위원회에서 토의키로 한다.

(4) 수역 문제 (1) 규제 성격에 관하여서는 관계 수역에 있어서의 제반 규제는 공동 규제라는 원칙만을 협정 본문에 동의하고 구체적 규제 내용(척수, 톤수 등)에 관하여서는 일본 측만 표시하되 의정서에 규정한다.(최종안)

25. 농상회담에 관한 대통령 지시

번호: WJA-03023

일시: 031105[1965. 3. 3]

수신인: 농림부 장관
참조: 김동조 대사

대통령 각하 지시에 의거 다음과 같이 통보합니다.

농상회담에 대한 훈령(1965. 3. 2 외아북 722-872) 중 제3항 수역 문제의 (1) 항을 가지고 교섭하시고 (4) 항은 보류하시기 바랍니다.

상기 (1) 항 교섭이 난항을 거듭할 경우에는 본국에 다시 청훈하시기 바랍니다.

귀하의 건승을 빕니다.

국무총리
외무부 장관

27. 한일 농상회담 훈령 관련 지시 전문

번호: WJA-03045

일시: 041910[1965. 3. 4]

수신인: 농림부 장관(참조: 주일 대사)

1. 농상회담에 관한 정부 입장은 농림 장관이 휴대한 훈령과 같으며 변동 없음.

2. WJA-03023호로 지시한 내용은 '농상회담 훈령 제3. 수역 문제 (4) 항'의 최종안을 제시함에 있어 신중을 기하라는 의미에서 본국에 사전 조회를 바란다는 뜻임.

국무총리
외무부 장관

2. 회의 보고

28. 농림부 장관의 사토 수상 등 예방 보고 전문

0453 번호: JAW-03045

일시: 031816[1965. 3. 3]

수신인: 국무총리, 외무부 장관 귀하
참조: 대통령 비서실장, 농림부 차관
발신인: 농림부 장관(주일 대표부)

 본직은 금 3. 3, 13:00부터 김 대사의 안내로 일본 참의원에서 사토 수상, 시나 외상 및 아카기 농상을 각각 예방하였으며 계속 16:30부터는 농상회담 제1차 회의에 참석할 것을 보고합니다.(주일정-외아북)

31. 한일 농상회담 제1차 회의 회의록

0455   한일 농상회담 제1차 회의 회의록

1. 일시: 1965. 3. 3, 16:30~17:00

2. 장소: 일본 농림성 분실(산반초)

3. 참석자: 한국 측: 차균희   농림부 장관
           김동조   수석대표(고문)
           이규성   공사(수석수원)
           이봉래   수산국장
           김명년   대표
           최광수   주일 대표부 정무과장
           배동환   원양어업과장
                   외 실무자 7명
   일본 측: 아카기 농림대신
           다카스기 수석대표(고문)
           우시바   심의관
           히로세   참사관
           와다   수산청 차장
           나카에   외무성 법규과장
           야스후쿠 수산청 어업조정과장
                   외 기록, 통역 등 3명

4. 토의 내용

1) 대표단 소개

아카기: 일본 대표단을 소개한다.

2) 양측 인사

아카기: 순서에 따라 일본 측부터 인사하겠다. 금일 회의에 참석하기 위하여 내일한 차 장관 및 관계자 제위를 환영한다. 10여 년의 양국 간 어업교섭은 작년 3월의 농상회담을 정점으로 하였고, 특히 금번 진행 중인 제7차 일한회담도 더 일층의 노력만 한다면 양국이 납득할 수 있는 최종 단계에 이르렀다. 금번 농상회담에서는 양국 어업의 상호이해를 기초로 하고 주권국가의 명예와 국제 통념에 십분의 고려를 한다면 일치점이 발견될 것이다.

일본 측으로서는 일본 어업의 시대에 맞는 조업이 확보됨을 전제로 하여야 하며 한편 귀국 어업의 실정을 십분 고려하고 또한 그 발전에 협력을 아끼지 않는다는 기본적인 생각에는 변함이 없다. 양국 관계의 개선이 어업 문제 해결에 걸려 있는 점으로 보아 우리들의 책임이 중대함을 통감하고 최후의 성공을 빈다.

차 장관: 아카기 대신의 인사에 대하여 본인의 간단한 인사를 하겠다. 한일 간의 어업회담을 개최하게 됨을 기쁘게 느끼며 양국의 국교 정상화와 선린 우호 관계 수립에 중대한 의의를 지닌 본회담에 건 기대가 크다. 한국은 본 어업교섭에 있어서 일본 정부와 국민의 우호적인 이해와 협력을 구하고 양국 어민의 권익을 가능한 한 최대한으로 보장함을 기본 방침으로 한다.

본인은 금번 양국 정부가 어업자원 보존을 기하여야 한다는 최근의 국제 통념의 호소에 충분한 배려를 가지고 실효적인 어업규제를 가하는 한편 양국의 상호협력하에 공동번영을 고수하면 본 문제의 타결이 발견된다고 확신한다.

시나 외상의 방한과 기본관계조약의 가조인을 계기로 타결의 기운이 고조된 이때 귀 대신과의 솔직한 의견 교환을 통하여 문제 해결에 노력하면 공정 타당한 해결이 이루어지리라고 믿으며 금번 회담 개최에 노력한 귀국 관계자 제위에 사의를 표한다.

3) 의제 채택

아카기: 일정에 따라 금후의 회의 진행에 대한 협의를 하겠는데 여기에 한 안이 있으니 이를 연구하여 주시기 바란다. 즉 의제로서 아래와 같은 안이 있다.

(1) 어업에 대한 기선에 관련한 문제

(2) 어업자원 보호에 관한 공동규제 조치에 관련한 문제

(3) 어업협력에 관한 문제

(4) 기타 문제

차 장관: 동안에 대하여 이의 없다. 우선 이러한 의제를 채택하고 회의 진행에 따라 의제가 있으면 협의 결정하도록 하자.

아카기: 그러면 이상의 4 의제를 갖고 진행하고 회의 진행에 따라 발생하는 의제는 합의 후 토의하도록 한다.

차 장관: 좋다.

아카기: 다음은 보도 담당 문제인바, 일본 측으로서는 와다 수산청 차장을 지명한다.

차 장관: 한국 측은 이규성 공사를 지명한다.

아카기: 계속해서 신문 발표를 어떻게 할 것인지를 협의하겠는데… 이는 공보 담당관에게 위임하는 것이 어떤가?

차 장관: 좋다.

아카기: 명일 회의 일정인데 기탄없이 협의해 주기 바란다. 대단히 죄송하지만 국회 예산심의 관계로 여기서 자리를 떠야 하겠다.(퇴석)

와다: 아카기 장관과 상의된 것으로는 우선 명 4일 하오 3시로 얘기된바, 명일 오전 중으로 해서 연락하기로 하면 어떤가?

이 공사: 좋다. 그리고 명일 제2차 회의의 참석 범위를 아 측은 차 장관, 김 대사, 수원으로서는 이 수산국장과 본인으로 하고 기록에 배동환 과장을 배석시키겠다. 일본 측도 참석인원을 제한하여 교섭 분위기를 만들었으면 좋겠다.

히로세: 그러면 일본 측은 우시바 심의관이 다카스기 수석 대신에 참석하고, 농상, 우시바 심의관, 와다 차장, 본인 그리고 기록에 야스후쿠 어업조정과장으로 하겠다.

우시바: 명일 일본 측은 다카스기 수석이 참석할 것이며 앞으로 다카스기 수석의 사정이 여의치 못할 때는 본인이 참석하는 것으로 하겠다.

5. 신문 발표

양측의 대표단의 소개 인사가 있은 후 의제 채택이 있었고 명 4일의 제2차 회의를

우선 동일 하오 3시에 개최하기로 하였다.(인사문 신문 발표)

끝

[본 문서에는 양측 장관의 인사문이 첨부되어 있으나 앞 20번(차균희 농림부 장관 인사문), 21번(아카기 농상 인사문) 문서에 이 인사문이 이미 수록되어 있으므로 여기서는 생략함.]

35. 한일 농상회담 제2차 회의 회의록

0475   한일 농상회담 제2차 회의 회의록

　　1. 일시: 1965. 3. 4, 17:00~18:45

　　2. 장소: 일 농림성 분실(산반초)

　　3. 참석자: 한국 측: 차균희　농림부 장관
　　　　　　　　　　　 김동조　수석대표(고문)
　　　　　　　　　　　 이규성　공사(수석수원)
　　　　　　　　　　　 이봉래　수산국장(수원)
　　　　　　　　　　　 문덕주　외무부 차관(옵서버)
　　　　　　　　기록 배동환　과장
　　　　　　 일본 측: 아카기　농림대신
　　　　　　　　　　　 다카스기　수석대표
　　　　　　　　　　　 히로세　외무성 참사관
　　　　　　　　　　　 와다　수산청 차장
　　　　　　　　기록 야스후쿠 어업조정과장

　　4. 토의 내용
　　차 장관: 대신도 다망하고 저도 빨리 귀국하여야 하니 회담을 빨리 진행하는 한편 시간을 절약하기 위하여 회담 용어를 일본어로 하겠다.
　　어업 문제의 교섭은 과거 10여 년에 걸쳐서 사무 레벨에서 진행하고 있었으나 이번 회담에 있어서는 대신과의 솔직한 의견 교환을 원한다. 수석대표는 고문으로서 필요하면 발언하되 가능한 한 농상 중심으로 이야기를 진행하기를 원한다.

0476 　아카기: 좋다고 생각된다. 회담 형식에 있어서는 전원이 이야기하여도 좋겠으나 그러면 복잡해질 것이니 대신 간의 이야기를 중심으로 해나가는 것이 좋겠다.

　차 장관: 나는 외교교섭의 경험이 각별히 풍부한 사람도 아니고 외교적인 흥정에 능한 사람도 아니니 현안 문제에 대한 견해를 솔직히 표명해서 해결을 기도하겠으며 토의되는 의제가 만약 본인의 권한 외의 것이라면 본국 정부에 청훈해서라도 현안의 일괄 타결을 이룩하고 귀국하기를 원한다. 아카기 대신이 다망할 것인즉 조석에 구애되지 않고 접촉할 기회가 많이 있을수록 좋겠다. 상호의 입장으로 보아 다소 무리한 점이 있을지 모르겠으나 단계적으로 이야기하여 건설적인 토의를 하고 싶다. 구체적인 안을 제시하기에 앞서 각 현안 문제에 대한 한국 측 견해를 말하겠다. 기본관계조약의 가조인에 있어서 일본이 양보했으니 어업 문제에 있어서는 한국이 양보하여야 한다는 일본 측의 견해가 있으나 어업 문제에 있어서 한국은 가해자라기보다는 피해자의 입장에 있다. 옛날 총독부 시대부터 자원 보호상 여러 가지 법정 척수가 정하여져 있었고 그나마도 일본인이 독점적으로 기회를 부여받은 것이다. 종전 후 일본인이 대부분의 선박을 가지고 갔기 때문에 한국 내에는 어선의 부족과 한국동란에 의한 파괴 등으로 인하여 고기가 있어도 잡지 못하는 형편에 있었다. 따라서 한국 정부는 어민에게 어선을 공여하여 어업 진흥을 꾀하고 있으나 여의치 않음에 반하여 일본은 우수한 어선을 가지고 한국 연안에까지 들어와 난획하고 자원 보호의 적절한 보장 없이 과잉 개발을 하고 있는 것은 유감이다. 일례를 든다면 총독부 시대에 설정한 금지구역 내에까지도 일본 어선이 들어와 조업하고 있는 것이며 이것은 어민과 야당을 자극하여 대일

0477 감정을 더욱 나쁘게 하고 있다. 특히 해상보안청의 감시선의 보호하에 금지구역 내까지 출어하는 것은 상식 이하의 일이라고 생각한다. 이러한 사례는 세계 제1의 수산국이며 과학국임을 자부하는 일본의 어업자원 보호에 대한 성의를 의심하게 하며 한국의 야당은 그러한 나라와 협상을 할 필요가 없다고까지 이야기하고 있다. 협정을 체결하게 되면 이들 법정 통수에 또 '알파'가 추가되는 것이며 더욱이 한국 연안의 어업자원이 감소하고 있는 경향을 고려할 때 대일 어업협정에 있어서 이들 문제점을 어떻게 처리할 것인지가 문제이다. 따라서 한국은 평화선을 설정하였었고 일본과는 적당한 규제 조치를 고려하지 않을 수 없다. 이와 같은 어업자원 보호상의 국가의 요청에 의하여 설정된 평화선을 일본 측은 불법이라 하여 현금으로 산 어선의 수출을 금지하고

해태 수입도 제한하는 것은 힘으로 한국을 압박하려는 소위 힘의 외교라 하여 일본을 대상으로 하여 교섭할 필요조차 없다고 반대하는 인사들도 있다. 그러나 현재 국제분쟁은 어디까지나 상호 토의한 결과 원만히 해결하려는 것이 타당한 일이며 그러한 방향으로 노력하여야 한다고 본인은 확신하며 회담에 임하는 것이다. 특히 아카기 대신은 일본 정계에 큰 비중을 가진 지도적 입장에 있음에 비추어 제 현안 해결에 선처해 주기 바란다.

아카기: 한국의 국내 사정은 잘 알겠다. 어업 문제는 적극적으로 노력하여 이 분쟁을 해결하고 싶다. 일본 국회 내에도 어부를 나포해가는 점 등에 대하여 크게 반발하며 한일회담 자체를 방해하는 움직임이 있는 것도 사실이며 또는 자위대 출동을 운운하는 어리석은 생각을 하고 있는 층도 있다.

일·소 어업 및 일·중공 어업협정의 예를 보더라도 어업 문제가 이야기로써 해결 안 될 리가 없다고 믿는다. 협정이 성립하면 물론 한국의 금지구역 내에 일 어선이 들어가지 않도록 하겠으며 협정을 통하여 상호의 어업발전과 자원 보호 등에 노력하고 싶다. 또한 한국의 어업과 어민의 입장을 고려할 용의는 충분히 있다. 그러나 일본 측이 현재 요구하고 있는 출어 척수가 한국의 법정 통수보다는 많을는지 모르겠으나 현재 평화선이 있음에도 불구하고 거기에 들어가는 일본 어업의 현실도 고려하여야 할 것이다. 협정이 [체결]되어 실질적으로 평화선이 일본 어업을 구속하지 않는다면 그것은 해결될 것이다. 반드시 평화선 철폐를 전제로 어업교섭을 할 필요는 없다고 본다. 또한 완전한 납득은 못할지언정 서로 견딜 수 있는 정도라면 협정을 하는 것이 좋다고 생각한다.

차 장관: 첫째 기선에 관련한 문제에 있어 상당한 부분에 있어서 양측은 합의하고 있으나 문제되고 있는 해역은 제주도의 동서 부분이다. 기선을 획선하면 그 내측은 내수가 되고, 그 외측은 12마일의 Exclusive Fishing Zone이 된다고 듣고 있다. 아카기 대신은 어떻게 생각하고 있는지 모르겠으나 내 생각으로서는 어장을 어떻게 확보하느냐는 문제와 관련하여 아카기 대신으로부터 일본 어선 출어금지선을 제시하였다고 듣고 있으며 이는 특별히 정치적인 배려가 가미되어 있는 것으로 이해할 수는 있으나 아카기 대신의 사안은 우리가 생각하는 영해 내에까지 들어오게 되니 곤란하다. 기선은 연안국이 주권으로 획선하는 것이므로 이를 일본 측과 협정상 합의하기 위하여 정식

으로 제안할 생각은 없다.

아카기: 기선을 획선하는 것은 주권국의 권리이나 관계 수역에 있어서는 서로 협의하는 것이 예라고 본다. 한국 본토와 제주도를 중심으로 12마일의 전관수역을 설정하면 양측의 전관수역은 상호 중복되어 다만 그 동·서 양측에 포켓 부분이 생기는바, 여기에 일본 어선이 난입한다면 분쟁이 야기될 것이니 그 부분에 출어를 금지하겠다는 것이다. 한국 측은 그것으로써 기선은 제주도를 본토와 포함되었다고 설명할 수 있다고 본다.

0479 차 장관: 한국이 장차 획선할 기선을 고려하여 아카기 대신이 정치적인 배려를 한다면 이 문제는 해결될 수 있는 것으로 본다. 이 부근에는 많은 섬과 어민이 있으며 이들 어민의 권익 보호상의 한국 측의 입장을 충분히 고려해 주기 바란다. 둘째 규제 문제에 관련하여 한국 측이 일본 측의 실적을 인정한다고 한 것은 큰 양보라고 생각한다. 자원 보호를 위하여 공동위원회 등에서 조사하여 가면서 평화적으로 어업을 할 수 있을 것으로 믿는다. 어획 실적에 있어서 일본은 17만 톤이라 하고 한국 측은 일본의 실적이 14만 톤이라고 말하고 있는데 이 문제도 성의를 가지고 일본 측에서 근거 있는 것을 제시해 준다면 해결될 수 있다고 본다.

아카기: 일본 측은 원칙적으로 척수로서 규제할 것을 이야기하고 있으나 한국 측이 어획량을 요구하므로 이를 참고로 하자는 것이다. 어획량을 기준으로 하여 규제한다면 복잡해 질 것이다.

차 장관: 일본 측은 Child와 Adult의 계약과 같이 한국을 안심시킬 수 있는 방도를 연구해 주기 바란다. 일례를 든다면 어선 능력에 있어서 일본 측은 한국 배보다 3 내지 4배나 능률적인 어선을 가지고 난획하고 나면 일본으로부터 협력을 얻어 한국이 일본과 동등한 능력의 배를 가질 때에는 이미 자원은 고갈되고 말 것이 아닌가?

아카기: 일본으로서는 허가 척수가 정하여 져 있으니 어려운 문제이다.

차 장관: 어획량을 정하지 않고 척수만 정한다면 일본이 얼마나 잡아갈는지 국내에 있어서 설명이 되지 않는다. 따라서 어획량을 기준으로 하고 그 어획량의 Check System이 확립되면 일본의 출어 척수에는 융통성을 갖고 책정할 수 있다.

0480 셋째로, 협력 문제에 있어서 어업협력 문제에 있어서 우리가 원하는 것은 금액에 있어서는 최소한도 1억 불 이상이 되어야 하겠고 우리의 원하는 조건과 자재 구입이 실

행되지 않으면 곤란하다. 조건에 있어서는 일본이 외국에 공여하는 여하한 상업 차관보다 유리한 것이래야 하겠다.

아카기: 일본 측은 원래 3천만 불을 협력으로 제공하겠다고 하였으나 금액은 현재 7천만 불까지 올라가 있다.

차 장관: 금액 문제는 7천만 불이든 1억이든 간에 일본의 정책이 결정되면 큰 문제가 아니라고 본다. 일본과 같은 큰 나라가 자원 보호라는 큰 취지에 이의가 없을 터인데 어선 수출을 금한다는 것은 이해 곤란하다. 한국은 자유 진영의 일원인 일본과 협력하는 의미에서 정치적으로도 일어선 나포를 억제하고 있으니 해상보안청 경비정이 한국 연안 3마일까지 들어오는 것은 삼가주기 바란다.

아카기: 관계 성과 연락하여 그런 일이 없도록 하겠다.

차 장관: 회담 자체와는 분리해서라도 회담 타결을 촉진하는 여론을 환기하기 위하여 또한 일본의 수출 증진을 위하여서도 어선 어구에 대한 대한수출금지를 철폐해 주기 바란다.

아카기: 타결이 가까운 감이 있으니 타결 후의 이야기로 해주었으면 좋겠다.

차 장관: 어업협력은 차관이며 돈을 빌려서 생산한 수산물을 일본 측이 사주지 않는다면 상환이 어려울 것이니 해태 수입 같은 것은 오늘 당장이라도 수입 제한, 수량, 금액, 세금(원가 2원에 50전이라는 세금) 등 여러 가지 제한 또는 엄격한 조치를 해제해 주기 바란다. 특히 해태에 있어서는 양측 생산자 단체와의 직접 결부를 고려하여 주었으면 좋겠다.

아카기: 한국이 창구를 하나로 하고 있는 점에 비추어 일본도 수입 태세를 여러 가지 고려하고 있다. 오징어 같은 것은 곧 수입해도 좋다고 생각한다.

김 대사: 한일회담에 대한 타결 무드 조성과 대일 불신감을 불식하기 위하여 특히 기본관계조약 같은 실리 없는 것은 한국에 양보하고 실리 있는 어업 문제에 있어서 한국을 양보시키려는 저의가 있다고 의심하는 국내 세력도 많은 점 등에 비추어 해태나 오징어 기타 수산물의 대한 수입 증대의 방안을 검토하고 있다고 발표하는 것이 좋겠다.

아카기: 다음 회합에서는 하나하나 의제별로 해결하는 것이 좋겠다.

5. 다음 회의

명 5일 08:00 오쿠라호텔에서 조찬을 하면서 비공식 회합을 갖기로 하였으며 한국 측에서는 차 장관, 김 대사, 일본 측에서는 아카기 대신, 다카스기 대표가 참석하기로 하였음. 또한 농상회담 제3차 회의는 5일 15:00로 예정되었음.

6. 신문 발표

가. 오늘 회의에서는 양측의 어업 실태, 규제 척수 등에 관한 입장 설명이 있었고, 명일부터 각 의제에 대한 구체적 토의에 들어간다.

나. 한국 측으로부터 어업 대강의 타결 이전이라도 어선 어구의 대한수출금지를 해제하고 한국 수산물의 수입을 증가하여야 한다는 요망이 있었으며, 이에 대하여 일본 측은 우선 오징어 등의 수입 쿼터 증액하고 기타는 타결 후에 쿼터 증액이 될 것이나 그 전이라도 호의적인 자세로 검토하겠다고 하였다.

다. 제3차 회의는 명 5일 15:00 일 농림성 분실에서 개최한다.

끝

37. 한일 농상 간 비공식 회합 결과 보고 전문

번호: JAW-03084

일시: 051359[1965. 3. 5]

수신인: 국무총리, 외무부 장관
발신인: 주일 대사
참조: 대통령 비서실장, 농림부 차관

농상 간의 비공식 회합 보고

1. JAW-03075로 보고한 바와 같이 금 3. 5, 07:30~08:50 오쿠라호텔에서 있은 조찬회에서의 토의 내용을 아래와 같이 요약 보고함.

2. 참석자: (한국 측) 차 장관, 김 대사, 이 공사, (일본 측) 아카기 대신, 다카스기 대표, 와다차장

3. 토의 요약

1) 금일의 조찬 회합에서는 주로 작일 농상 2차 회의에서 토의한 규제 내용에 관한 척수와 어획량 문제가 토의된바, 아 측은 자원 보호 상 일본 측의 어획량을 고정하여 이를 규제 기준으로 한다는 입장임을 밝히고 어획량 고정에 있어서는 일본의 실적을 인정하겠다고 하였음. 또한 일본 측이 국내 행정상 어려운 문제가 있다고 하니 출어 척수를 가지고 설명하도록 하고 어획량이 고정된 후에는 척수 책정에 있어서는 융통성이 있음을 시사하였음.

2) 이에 대하여 일본 측은 고래, 연어 등에 있어서는 어획량으로서 규제하는 것이 타당할지 모르겠으나 연안 어업에 있어서는 이것이 곤란할뿐더러 어획량을 기준으로 한 규제는 쿼터 제도가 되므로 받아들이기 곤란하다고 하였음. 따라서 협정 본문에

규제 척수를 기입하고 부속서 내지는 의정서에 어획량을 지수로서 표시하자고 말하였음.

또한 합의된 척수로서 어획 분량이 엄청나게 많을 경우에는 출어 척수를 조절하고 공동자원조사가 되면 어획량으로 정할 수 있다고 하였음.

3) 이와 같이 양측의 의견이 대립한바 아 측은 계속해서 규제 척수 및 어획량은 협정 본문에 기입할 필요는 없으며 이를 부속서에서 규정하고 1, 2년 시행하여 본 후 공동위원회에서 척수를 조정하도록 하자고 말하고 어획량이 확정되면 이에 대한 확인 방법이 있어야겠다고 주장하였음.

4) 일본 측은 어획량을 확인하기 위하여서는 일일이 어선에 승선하거나 양륙항에서 확인하기 전에는 확인할 수 없으며 국제관행상 그러한 데는 없다고 반대하고 따라서 일본으로서는 일본이 하고 있는 행정 보고제도밖에 없는 것으로 생각되며 이 보고제도는 공산국가인 소련도 신빙하고 있다고 부인하였음.

5) 이에 대하여 아 측은 구체적인 방안을 제시하기에 앞서서 일본 측이 설명하는 어획량의 확인 방안이 한국의 심증을 얻을 수 있으면 이를 검토하겠다고 하고 규제 척수와 어획량 문제에 있어서 비록 원칙적인 대립은 있으나 이는 상호의 국내 문제 때문에 그러한 것으로 이해되며 근본적인 문제에 있어서는 어떠한 공통된 점이 있음에 이의 없었음. 따라서 아 측은 이상의 척수와 어획량의 병기 방안을 구체적으로 문장으로 표시하여 일본 측에 제시하기로 하고 금일중으로 척수와 어획량에 대한 결론을 얻자고 제의하였던바 일본 측도 이에 동의하였음. 단 아 측이 제시하는 문장상의 표현은 'SUBJECT TO GOVERNMENT APPROVAL'임을 밝혔음.

6) 오늘 3차 회의는 하오 4시로 되었으며 오늘 저녁의 시나 외상 초청 만찬 후에 다시 비공식 회합을 가지기로 하였음.

41. 한일 농상회담 제3차 회의 회의록

0496 한일 농상회담 제3차 회의 회의록

1. 일시: 1965. 3. 5, 17:45~19:45

2. 장소: 일 농림성 분실(산반초)

3. 참석자: 한국 측: 차 장관, 이규성 공사, 이봉래 국장,
   　　　　 기록 배동환 과장
   　　　　일본 측: 아카기 대신, 와다 대표, 다카스기 수석대표, 히로세 참사관,
   　　　　 기록 야스후쿠 어업조정과장

4. 토의 내용

아카기: 공동규제의 기준을 척수로 하느냐 어획량 톤수로 하느냐 하는 것이 문제이다. 취체를 정확히 하자면 척수가 좋겠으며 이것은 어획량 톤수를 적당히 하겠다는 것은 아니다. 어획량을 뒷받침으로 해서 척수를 정하고 취체한다고 하는 것이 국회 대책상 좋겠다. 따라서 의정서에 척수에 상응하는 톤수를 기입하고 공동자원조사 결과에 따라 어획량을 조정한다는 방식이 좋을 것이다.

차 장관: 아침 비공식 회합에서 논의된 이야기보다 전진된 것으로 본다. 우리 생각으로서는 어획량을 고정하고 자원 감소 경향을 방지해야겠다. 일본의 우수한 어선으로써 무작정 잡으면 얼마 가지 않아 자원이 고갈될 우려가 있다. 따라서 어획량은 어디까지나 고정하고 척수는 일본의 어업 실태를 고려하여 매년의 일본의 실제 어획량을 고정된 어획량 기준에 비추어 해마다 조정하는 방식이 좋겠다.

0497 아카기: 자원 보호를 위하여 제한을 한다는 것은 이의가 없으며 다만 척수를 중심으로 하고 어획량을 이에 부수하는 것으로 기입하는 것이 좋겠다.

차 장관: 이것은 쌍방이 타협할 수 있는 문제라고 본다. 표현의 차라면 양측의 절충안으로서 어획량과 척수 양측을 병기 규제토록 하자. 이렇게 하면 양측의 국내 설명이 각각 가능하다. 표현 문제는 양측이 2, 3일간 고려하기로 하고 어선 규모, 망목 등에 관한 공동규제 조치로서 사무 레벨에서 합의된 것을 양승하는 것으로 하자.

김 대사: 일본 측이 새로 제안한 선망 어업의 망목 30밀리미터의 문제는 아직 미합의되어 있다.

이키기: 그렇게 하는 데 동의한다.

차 장관: 이것은 어디까지나 suggestion에 불과하나 어업협력에 관한 아 측의 안은 귀 대신 단독으로 결정지을 수 없다면 관계 각료 및 사토 수상과 협의하여 조속히 일본 정부의 입장을 밝혀주었으면 좋겠다.

아카기: 어업 문제의 일괄 타결의 원칙에는 변함이 없으니 기선, 척수, 어획량 등에 다른 문제가 해결되지 않는 한 이것만을 결정할 수 없다.

척수와 어획량에 표현을 둘러싼 양측의 차는 일본 측이 말하는 척수는 법적 효력(구속력)을 가지는 의미에서 말한 것이다.

차 장관: 우리도 국내 대책 상 어획량에 법적 효력을 가져야겠다.

아카기: 어획량에 대한 일본 측의 입장은 아래와 같다.

1) 일본의 제도는 종래부터 척수에 의한 허가로서 규제를 행하고 있으며 공동규제 구역에 출어하는 어선에 대하여서는 척수에 의한 규제가 아니면 취체의 실효를 기하기 어렵다.

2) 일소 간의 어업조약에 있어서 어획량을 정하고 있는 것은 소련이 연안 어선 어업을 하지 않는 까닭에 척수 제한을 할 수 없으며 또한 연어, 숭어와 같은 일정한 어종을 대상으로 하고 있는 까닭이며 잡다한 다수의 어종을 대상으로 하여 양국이 연안 어업을 행할 때에는 척수로서 제한하는 것이 취체 상 가장 유효하다.

3) 관계 수역에 있어서는 현재까지 과학적 근거에 의한 자원 자료에 부족한 현재 어획량에 의한 규제는 타당하지 않다.

4) 예상 어획량은 규제 대상이 아니며 현실의 어획이 이것을 대폭 상회 또는 하회할 경우에 척수를 조정하는 기준에 그쳐야 할 것이다(별첨 참조).

차 장관: 공동규제구역을 A, B, C, D, E로 하며 그중 E는 우선 설정하고 공동 조사

후 이에 대한 규제 조치를 결정하도록 하는 것이 좋겠으며 C를 철폐하자는 일본 측 주장에는 한국으로서는 아직 이론이 있다. 한국이 읽은 통계에 의하면 일본 측의 A, B, D 수역에 있어서의 어획량 실적은 13만 9천 톤이다. 이것을 어업별로 구분하면 아래와 같다.

   1) 이서 저인망

      2만 3천 톤

   2) 이동 저인망

      1만 톤

   3) 선망

      8만 톤

   4) 고등어 일본조

      1만 5천 톤

   5) 일본 연안 어업

      1만 7백 톤

합계 13만 9천 톤 중 4대 어업은 12만 8천 7백 톤으로 추정하고 있다.

아카기: 관계 수역에 있어서의 어획량 실적이란 추정의 방법밖에 없다. 일본 측이 추정하고 있는 것은 다음과 같다.

   1) 이서 저인망

      3만 5천 톤

   2) 이동 저인망

      1만 5천 톤

   3) 선망

      17만 톤

합계 22만 톤으로서 고등어 일본조 및 기타 연안 어업은 포함되어 있지 않다.

차 장관: 한국 측이 가지고 있는 근거 있는 자료에 의하면 고등어 일본조를 제외한 어획량은 11만 3천 톤이 된다. 이상과 같은 관계 수역에 있어서의 일본 측 어획량 실적을 기준으로 하여 계산한 척수는 다음과 같으며 이 척수에 대하여서는 실무진에서는 많은 반대가 있으나 이미 한국 측이 지난 농상회담에서 정치적인 고려하에 일본의

어업 실태를 배려한 것이며 또한 그간의 일본 측의 주장에 비추어 한국 측이 크게 양보한 숫자이다.

  1) 이서 저인망(트롤 포함)

    성어기 11~2월, 160척

    한어기 3, 5월, 8~10월, 60척

    단, A 수역과 동경 128도 30분 이서의 B 수역을 포함한다.

  2) 이동 저인망(B 수역)

    20통(2수인 포함)

  3) 선망: 45통(A, B, D 수역)

  4) 고등어 일본조: 25~50톤 50척

  5) 일반 어업: 이 어업의 영세성을 고려하여 1,200척으로 함.

와다: 이서 저인망에 있어서 한국 측은 과거 실무자 회의에서 3만 2천 톤이라고 이야기했는데 지금 2만 3천 톤이라고 하는 것은 이해하기 곤란하며 고등어 일본조에 관하여서도 이를 일반 어업으로 취급할 것을 한국 측은 비공식적으로 합의한 바 있는데 대신 회담에서 그것을 뒤집는 것은 국제 신의에 어긋난다.

이 공사: 그것은 아 측이 읽은 통계를 기초로 한 것으로서 충분한 근거가 있다. 그간의 회합에서 이서 저인망이 2만 3천 톤밖에 되지 않지만, 이 수역이 장려 구역이므로 일본의 실정을 고려하여 3만 2천 톤 정도도 고려할 수 있다는 것이고 이러한 정치적 고려하에 이야기한 것과 실제 통계상의 숫자와는 차이가 있는 것이 당연하다. 따라서 이서 저인망 3만 2천 톤, 이동 저인망 1만 톤, 선망 8만 톤이라고 이야기했고 정치적 배려를 1~2할 해서 총계 13만 톤 플러스 알파라는 이야기를 한 것이다.

와다: 서로 실무자의 통계를 기준으로 정치적 배려를 한 것이다. 일본 측도 선망 어업에 있어서 실무자는 17~22만 톤이라고 이야기하고 있는 것을 12만 톤 선까지 삭감 고려하자고 이야기한 바 있다.

차 장관: 그러한 비공식적인 이야기는 앞으로 정해가면 될 것이고 그 차이는 더욱 줄이도록 하자.

와다: 같은 구역 내에 숫자가 다르다는 것은 이상하다.

아카기: 어획량은 그만두고라도 척수에 큰 차이가 난다. 규제구역 외에서 조업하는

많은 척수가 있으니 어느 정도 여유 있는 숫자라야 하겠다.

차 장관: 규제구역 외곽선 내외로 조업한다는 실태는 알겠으나 규제한다는 것이 자원 보호의 원칙에 의한 것이라면 어업 실태를 고려하면서 새로운 규제수역의 제도를 연구하여 거기에 국내 제도를 맞추어야 할 것이다. 현재 일본의 어업 제도가 그러니 하는 수 없다는 것은 말이 안 된다.

아카기: 현재의 제도대로 해도 할 수 있다. 다만 척수가 문제이다.

김 대사: 일본이 현재 주장하고 있는 1일 최고 출어 척수를 규제 척수로 한다면 논리적으로는 그것이 연중 어획한다는 것이 되지 않느냐?

와다: 한국에 그러한 걱정을 이해할 수 있으며 따라서 일본 측은 어획량을 '멜크말(MERKMAL)'로 제시하는 것이다.

김 대사: 일본 측은 척수 표시를 구체적으로 어떻게 하겠다는 것이냐?

와다: 최고 척수를 표시하되 한국 측이 걱정하는 바가 있으므로 합의의사록에 월별 또는 어기별의 출어 척수와 어획량을 표시하고 합의된 어획량보다 심히 많이 잡을 경우에는 출어 척수를 조정하자는 것이다.

아카기: 척수를 한국 안대로 한다면 특정한 쿼터 범위 외의 척수는 그 수역에 못 들어가는 결과가 된다. 어획량을 정하여 실제 어획량이 그것을 심히 초과하면 척수를 깎고 매년의 어획량이 합의된 어획량에 미달할 경우에도 일본 측은 현재 요구하고 있는 최고 출어 척수 외에 증가를 요구하지 않겠다. 일본 측의 최고 출어 척수는 구역 외의 척수도 포함한 것이고 이런 점에서 한국과는 척수 제안의 기초가 다르다.

차 장관: 척수와 어획량에 대한 아카기 대신의 복안을 이야기해 달라.

아카기: 합의 규정된 어획량에 5~10퍼센트의 ALLOWANCE를 부여하는 것이 좋겠다. 즉 15만 톤 플러스 10퍼센트의 ALLOWANCE이면 좋겠다.

차 장관: 15만 톤 플러스 10퍼센트라고 한다면 이것은 16만 5천 톤이라고 생각이 되므로 15만 톤을 최고한도로 정하는 것이 좋겠다.

아카기: 그러면 15만 톤과 그것을 상, 하 하는 10퍼센트의 ALLOWANCE를 주는 것이 어떻겠느냐?

차 장관: 한국 측은 어획량은 어디까지 15만 톤에 고정한다는 것이 그 입장이나 아카기 대신의 이 새 제안은 검토 후 다음 회합에서 회답하겠다.

김 대사: 어획량과 척수 문제는 오늘 저녁의 시나 외상 주최 만찬 후에 다시 회합하여 논의하는 것이 어떻겠느냐? 아까 와다 대표가 일본 측이 생각하는 척수 및 어획량에 관한 일본 측의 구체적인 표현 방식을 말한바 있는데 이에 대한 한국 측 안을 일본 측도 검토하여 주기 바란다.(일본 측에게 '규제에 관한 요강'을 제시하였음)

5. 다음 회합
가. 농상회담 제4차 회의는 명 8일 09:00 농림성 분실에서 개최함.
나. 규제 척수 및 어획량의 표현 방식에 관하여 명 8일 이 공사, 이 국장, 히로세, 와다 간의 4자회담을 개최키로 함.

6. 신문 발표
가. 자원 보호의 견지에서 어획량 측정에 관한 방식을 일본 측은 동의함. 그러나 일본 측은 국내 행정상 및 어업 실태 상 최고 척수로 표현하고 그 뒷받침으로써 어획량을 정하겠다는 입장을 표명한 데 대하여 한국 측은 어획량을 규제 기준으로 하고 척수가 그 뒷받침으로 하여야 한다고 하여 의견의 대립이 있었음.
나. 한국 측은 어업협력에 관한 제안을 서면으로 일본 측에 제시한바 동 제안에 의하면 금액은 최하 1억 불 이상, 금리는 4.5퍼센트, 2년 거치 후 8년 상환을 조건으로 하고 있다. 또한 한국 측은 어선, 어구 및 수산물에 대한 금지 및 제한 조치를 해제할 것을 요구하고 수산물에 대하여서는 특히 외화 할당을 증가하여 실질적으로 자유화할 것을 요구하였음. 또한 해태에 대해서는 5백만 속을 일본이 구입하도록 요청하는 한편 기술훈련과 어업센터, 연수생 초빙 등에 있어서 일본이 협력할 것을 요청하였다.

끝

첨부물

41-1. 한일어업협력에 관한 한국 측 제안 문서

한일어업협력에 관한 한국 측 제안

1965. 3. 5

1. 일본국은 어업협력을 위하여 1억 미불 이상에 해당하는 어업에 관한 차관을 실효적 사용 보장되는 방식으로 또는 다음과 같은 조건으로 3년의 기간 내에 대한민국에 제공한다.
금리: 연 4.5퍼센트
상환조건: 2년 거치 후 8년간 상환

2. 본 차관에 의한 자금은 일본국의 어선(100톤 미만도 포함한다) 및 동 부분품과 부속품, 보수 자재, 어업 양식 및 가공 시설, 기타 수산업 발전상 필요한 시설 및 자재 등 생산물과 일본인의 용역을 구매함에 사용한다.

3. 일본국 정부는 어업 문제의 조기 원만한 타결을 위하여 다음의 조치를 즉시 취하기로 한다.
1) 신조어선 및 어업 자재 등 대한국 수출금지 조치를 철폐한다.
2) 한국 수산물의 수입금지 또는 제한 조치를 해제 또는 완화한다.
　(가) 수산물의 수입 쿼터를 증액하고 실질적으로 수입제한을 자유화와 동일한 내용의 것으로 조치한다.
　(나) 해태의 수입제한을 자유화한다(1965년도 5억 매).
　(다) 수산물 수입품의 관세를 인하한다.

4. 기술 협력
콜롬보 계획과 같은 무상원조 형식으로 후진 한국 수산업의 발전에 적극적으로 협력한다.

韓日漁業協力に関する韓国側提案[9]

1965. 3. 5

1. 日本国は漁業協力のため1億米ドル以上に該当する漁業に関する借款を実効的な使用が保障される方式により又次のような条件で3年の期間內に大韓民国に提供する.
金利: 年4.05%
償還条件: 2年据置後 8年間 償還

2. 本借款による資金は日本国の漁船(100トン未滿も含む)及び同部分品と附属品, 補修資材, 漁業養殖及び加工施設, 其他水産業発展上必要な施設及び資材等生産物と日本人の役務を購買することに使用する.

3. 日本国政府は漁業問題の早期圓満な妥結のため次の措置を即時取ることにする.
1) 新造漁船及び漁業資材等対韓国輸出禁止措置を撤廢する.
2) 韓国水産物の輸入禁止又は制限措置を解除又は緩和する.
　(イ) 水産物の輸入Quaterを増額して実質的に輸入制限を自由化와 同一な內容のものに措置する.
　(ロ) 海苔の輸入制限を自由化する(1965年度 5億枚)
　(ハ) 水産物輸入品の関税を引き下げる

4. 技術協力
Colombo 計画のようは無償援助形式により後進韓国水産業の発展に積極的に協力する.

---

[9] 편집자가 내용에 맞게 문서의 수록 문서를 조정하였음.

첨부물

41-2. 어획량에 관한 일본 측 고찰 문서

0508 **어획량에 관한 일본 측 고찰**

(농상회담 제3회 회합에서 일본 측이 제시)

1965. 3. 5

1. 일본의 제도는, 종래부터 척수에 의한 허가로 규제를 하고 있으며 공동규제구역에 출어하는 어선에 대하여는 척수에 의한 규제가 아니면 실효를 기하기 어렵다.

2. 일·소 간의 어업조약에서 어획량을 정하고 있는 것은 소련이 원해 출어를 행하지 않아 척수 제한을 할 수 없고 연어, 송어와 같은 일정한 어종이 대상이 되기 때문이며 잡다한 어종을 대상으로 하고 양국이 원해 출어를 하는 경우에는 척수를 제한함이 단속상 가장 유효하다.

3. 관계 수역에서는 지금까지 과학적 근거에 기한 자원 자료가 적은 현재, 어획량에 의한 규제는 타당하지 않다.

4. 예상 어획량은 규제의 대상이 아니고 현실의 어획이 이것을 대폭 상, 하 하는 경우에는, 척수를 조정할 경우의 기준에 그쳐야 한다.

0509　漁獲量についての日本側考え方

（農相会談第3回会合において日本側より提示）

40. 3. 5

1. 日本の制度は，從來から隻数による許すで規制を行なっており，共同規制区域に出漁する漁船に対しては，隻数による規制でなければ取締の実効は期しがたい．

2. 日ソ間の漁業条約において漁獲量を定めているのは，ソ連が沖取を行なわないため隻数制限ができないからであり，又鮭鱒のような一定した魚種が対象となるからであって，雑多な数多い魚種を対象として両国が沖取をする場合には隻数で制限するのが取締上最も有効である．

3. 関係水域においては，これまでのところ科学的根拠に基づく資源資料に乏しい現在，魚獲量による規制は妥当でない．

4. 予想漁獲量は，規制の対象ではなく，現実の漁獲がこれを大幅に上下する場合に隻数を調整する場合の基準に止まるべきである．

첨부물

41-3. 한국 측의 규제에 관한 요강 문서

0514   **규제에 관한 요강**

1965. 3. 5

본문

1. 양 체약국은 …에 표시된 수역에 있어서의 어업자원의 최대지속적인 생산성을 확보하기 위하여 …부속 문서에 규정된 바와 같은 규제 또는 기타 필요한 조치를 취할 것에 합의한다.

2. 양 체약국은 …의 목적을 위하여, 다음의 수역을 설정하는데 합의한다.
   (1) 공동어장
   (2) 어업자원조사 수역

0515

부속 문서

1.(1) …에 규정된 공동어장은 다음과 같이 ____개 구역으로 구분한다.
        …
   (2) 공동어장에서 양 체약국의 어선은 별도 합의되는 망목, 광역, 어선의 규모 및 어기에 따라 조업한다.

2.(1) 어업자원조사 수역은…(범위)
   (2) 어업자원조사 수역에서…(목적)

3.(1) 공동 어장에 있어서의 일본의 연간 최고 어획량은 총 ____톤으로 한다.
   (2) 일본의 각 구역별 및 어업별 연간 최고 어획량은 아래와 같다.
        …

4.(1) 연간 최고 어획량에 기한 일본의 각 구역별 최고 출어 척수는 아래와 같다.
        …
       단, 이 최고 출어 척수는 잠정적이며… 발효 후 1년간 유효하다.
   (2) 본 부속 문서에 규정된 바에 따라 확인된 일본의 연간 실제 어획량이 전기 일

본의 연간 최고 어획량을 상회할 경우에는 일본의 익년도의 각 구역별 최고 출어 척수를 재조정한다. 이를 위하여, 양 체약국은 매년 협의를 행하고 필요한 조치를 취하기로 한다.

　(3) 양 체약국의 과학적 공동 조사 결과를 참작하여 일본의 연간 외교 어획량을 재조정하고, 이에 따라 최고 출어 척수도 재조정하는 것으로 한다.

5. 양 체약국은 일본의 연간 최고 어획량 및 최고 출어 척수를 확인하기 위하여 별도 합의에 따라 실효적이며 적절한 조치를 취할 것에 합의한다.

6. 한국은 전기 공동어장에서의 어로에 관하여 일본국과 실질적으로 공평한 권리를 유보한다.

51. 한일 농상회담 제4차 회의 회의록[10]

0525 한일 농상회담 제4차 회의 회의록

1. 일시: 1965. 3. 6, 09:00~11:15

2. 장소: 일 농림성 분실(산반초)

3. 참석자: 한국 측: 차균희   장관
              김동조   대사
              이규성   공사
              이봉래   수산국장
              김명년   대표
         일본 측: 아카기   대신
              다카스기 수석대표
              히로세   참사관
              와다   차장

4. 토의 내용

차 장관: 어제 이야기한 어획량에 관련된 한두 가지 문제점에 대하여 한국 측 입장을 명확히 하고자 한다. 고등어 일본조에 대하여 양측의 견해가 일치되어 있지 않는 것 같다. 애초에는 이를 4대 어업으로써 규제한다는 것이었으나 선박과 어획량도 얼마 되지 않으니 일반 연안 어업으로 취급할 것을 고려해달라는 일본 측 제안이 있었다고 듣고 있다. 그러나 일본 측의 제안 중 50톤 이상의 큰 것은 인정하지 않고 50톤 이

---

10 편집자가 문서의 순서를 바꾸었음.

0526 하의 고등어 일본조에 한해서 연안 어업으로 하되 그 척수는 50척을 초과하여서는 안 된다. 단, 이 경우 동해안 포항 근해의 새우 트롤 어장에는 일본이 출어치 않는다는 것을 전제로 한다.

또한 어획량을 일본 측이 작일 이야기한 것은 그 양 이상은 안 잡는다는 것이 아니냐?

아카기: 그 이상 잡을 때도 있다. 그러나 합의된 양 이상은 안 잡도록 취체하되 15만 톤 플러스 10퍼센트의 허용량을 초과하면 척수를 삭감한다는 것이다.

차 장관: 올림픽 방식은 어떠냐? 즉 어획량을 초과한다면 어기 중이라도 출어를 중지하는 것이다.

아카기: 너무 심히 잡는 경향이 있으면 연도 중이라도 물론 억제하겠다.

히로세: 그러나 그것은 엄격한 쿼터제를 말하는 것은 아니다.

김 대사: 지금의 아카기 대신과 히로세 참사관 간의 발언에는 차이가 있다.

차 장관: 15만 톤의 어업별 내역은 이야기하지 않아도 좋겠는가? 이동 저인망에 대한 현재 우리 생각에는 변함이 없다.

와다: 전체 양의 범위 내에서 일본 측이 조정하고 어업별로는 척수로써 표현하는 것이 좋겠다.

차 장관: 어획량과 척수는 다 같이 어업별, 해역별로 정하는 것이 원칙이 아닌가?

아카기: 어획량이 먼저 또는 척수가 먼저냐는 문제라고 본다.

0527 이 공사: 이서는 3만 5천 톤, 이동 저인망은 1만 톤 이하라는 것은 어디까지나 실무자 교섭에서 토의한 숫자이므로 그대로 인정하는 것이 좋겠다.

와다: 월요일에 그 내역을 이 공사와 토의하여 그 결과를 농상에게 각각 보고하기로 하자.

차 장관: 좋겠다. 그러나 어획량은 어디까지나 올림픽 방식(합의된 어획량을 초과할 시는 어기 중이라도 출어를 중지한다는 방식)으로 한다는 전제하에 어획량 실적을 15만 톤으로 한다면 이상과 같은 이야기를 양승한다.

아카기: 50톤 이하의 고등어 일본조를 일반 연안 어업에 포함하는 것은 좋으나 포항 앞 바다의 새우 어업의 자제와 50톤 이상의 고등어 일본조 어업을 인정하지 않는다는 것은 곤란하다. 일본 측의 최고 출어 척수를 아래와 같이 제안한다.

1) 이서 저인망

   11~4월 270척

   5~10월 100척

2) 이동 저인망

   115척

3) 선망

   120통

4) 일반 연안 어업(고등어 일본조 포함)

   1,700척

와다: 아카기 대신이 지금 제안한 일본 측 이동 저인망의 척수는 구 총독부 시대의 총조업 척수보다 적은 숫자임을 보충 설명한다.

차 장관: 이동 저인망은 도저히 말이 안 된다. 또한 선망 어업도 일본 측 숫자는 무리한 것이지만 한국 측으로서는 일본 측이 새로운 척수를 제안한 점에 비추어 전반적으로 검토해보겠다.

아카기: 일본 측의 제안은 그 산출 근거가 전혀 다르다는 데에 유념하여 주기 바라며 실질적으로 그 척수에 있어서는 종전의 일본 측 안과 한국 안과의 중간 정도의 것임을 이해해 주기 바란다.

차 장관: 어획량의 Check System이 확립된다면 출어 척수에 있어서는 다소 융통성을 가질 용의가 있다. 다음 회합에서 일본 측이 제안한 척수에 대하여 한국 측 생각을 말하겠다.

아카기: 대신 간의 정치적 회담이니 이 자리에서 이야기하는 것이 어떤가?

차 장관: 다음에는 기선 문제로 토의를 옮겼으면 좋겠다. 제주도에 관한 아카기 시안은 여러 가지 정치적 판단의 결과라고 보는바, 그 공통의 토의장을 가지고 한국 측 생각을 접근시키고자 하니 아카기 시안을 재고하여 좀 더 조정해주었으면 좋겠다.

아카기: 구체적으로 어떠한 이야기인가?

차 장관: 제주도 주변에 있어서의 아카기 시안의 외곽선을 직립시키지 말고 좀 높여 주었으면 이야기의 기초가 된다는 것이다.

아카기: 제주도 주변에 대한 일본 측의 기본 입장은 제주도는 본토와 분리시켜야 한

다는 것이다. 그러나 한국 측 입장도 있으니 전관수역 12마일을 중심으로 하여 양측 입장을 절충 제안한 것이다.

차 장관: 본인도 아카기 시안의 정신을 살려서 외곽선만 가지고 이야기하고 싶다.

히로세: 제주도 남측 저조선, 본토와의 동서는 각각 거문도, 간서까지 합의된 바 있으니 그간의 해역을 여하히 처리하느냐를 중심으로 이야기하면 되지 않겠는가? 한국의 외곽선은 제주도를 본토에 포함시킨다는 입장을 기초로 고려하고 있으니 국제 통념상 이를 인정할 수 없다.

이 공사: 이 문제의 수역 처리 문제에 있어서 한국 측 안은 국제법 이론상 정당치 않고 일본 측 안이 정당하다는 이야기를 한다면 이는 곤란하다.

와다: 그러나 한국 측 안은 아카기 시안을 전적으로 무시하는 것이 아닌가?

차 장관: 이 기선에 관한 문제에 있어서는 아카기 대신의 정치적 판단을 바라는 것이다.

아카기: 장차 한국이 이 수역에 어떠한 기선을 획선한다는 것을 전제로 하여서는 이해 관계국인 일본으로서는 그러한 제안을 수락하기가 힘들다.

히로세: 한국 측 안은 우도-거문도를 전제로 하여 그 외곽선을 표시하자는 것이 아닌가?

차 장관: 그렇다.

히로세: 일본은 여러 나라와 어업협정을 맺고 있는 입장에 있는 만큼 그러한 안은 절대로 인정할 수 없다.

아카기: 그렇다.

와다: 국회 설명이 도저히 불가능하다.

차 장관: 기선에 관한 설명을 국회에 할 필요는 없으며 이 점은 한국 측도 절대로 양보 못하겠다. 제주도 동·서 양측의 '포켓' 부분에 일본 측이 출어하지 않는다면 잠정적으로 안 들어오는 것이라도 좋겠다.

아카기: '포켓' 부분에 들어가는 것이 원칙이나 이를 자제한다는 것이고 한국 측 제안은 수락할 수 없다.

차 장관: 제주도 서 측은 간서-죽도 선을 중심으로, 기타는 12마일의 범위로써 위도, 경도를 표시한 일어선 출어금지선을 획정하는 것이 한국 측 입장이다. 기선 문제

에 언급이 되면 법률적인 논쟁이 될 것이므로 어디까지 외곽선으로 표시하겠다는 것이다.

아카기: 국제적으로 양승될 수 있는 직선기선 방식 또는 저조선을 중심으로 생각하지 않을 수 없다.

와다, 히로세: 아카기 시안의 질적 부정이라고 본다.

김 대사: 어업 조정선으로 표시한다는 동질적인 것이다. 다만 아카기 대신은 제주도를 저조선으로, 차 장관은 본토와 제주도 간에 직선기선으로 획선한다는 저류에 있어서 상이할 따름이 아니냐?

와다: 물론 그것은 대체적으로 그러한 이야기라고 볼 수 있다.

차 장관: 아무튼 이 문제는 아카기 대신의 정치적 판단에 맡기고 수역에 차를 좁히자는 입장에서 회담에 응하고 있다.

아카기: 말이 통하는 이야기라야 대외교섭을 할 수 있는 것이 아닌가?

차 장관: 이 정도로 오늘은 쉬는 것이 좋겠다.

와다: 금후의 일정에 대하여 suggestion을 한다면 다음 농상회담은 9일(화)에 하고 그간에 사무적 레벨의 숙제로 된 문제를 토의하였으면 좋겠다.

차 장관: 8일(월) 아침에 아카기 대신과 조찬을 같이 했으면 좋겠는데 형편이 어떠한가?

아카기: 좋겠다.

이 공사: 사무 레벨의 회합은 8일(월) 아침 10:30에 하자.

와다: 좋다. 이 공사, 이 국장-히로세, 와다 4자회담으로 하자.

이 공사: 원칙적으로 이의 없다.

5. 다음 회합

1) 농상회담 5차 회의는 9일 15:00에 개최키로 함.

2) 사무적 레벨의 절충을 위하여 3. 8 아침 10:30 4자 회합을 개최

    (3차 회의에서 결정한 4자회담은 따라서 월요일까지 연기되었음)

6. 신문 발표

1) 3대 어업에 대하여 어획 한도량을 15만 톤으로 하고 거기에 10퍼센트의 allowance를 고려한다는 원칙에는 합의했으나 동 어획량을 협정 부속서에 기입할 것인지, 또는 그보다는 비중이 가벼운 합의의사록에 기입할 것인지에 관하여서는 아직 미합의로 되어 있다.

2) 고등어 일본조 50톤 이하에 관하여서는 일반 어업으로 취급하되 동해안의 일본 측 저인망 어업은 지제할 것을 한국 측은 주장히였다.

3) 제주도 주변의 기선 문제에 대하여서는 양측 입장은 아직 대립하고 있다.

4) 어획량의 어업별 구분을 위하여 실무자 레벨의 회합을 갖기로 결정하였다.

5) 다음 농상회담은 3월 9일 하오 3시로 결정하였다.

43. 한일 농상회담 과정에서의 일본 측 입장에 대한 보고 전문

번호: JAW-03116

일시: 061514[1965. 3. 6]

수신인: 국무총리, 외무 장관
참조: 대통령 비서실장, 중앙정보부장
발신인: 주일 대사 김동조

연: JAW-03115

지금까지의 일본 측과의 접촉에서 감촉한 바를 아래와 같이 보고합니다.

1. 어획량의 책정과 동량을 초과 어획할 경우에는 실시 연도 중에도 일본 측 출어를 중지한다는 점에 있어서는 아 측 안과 같이 낙착하였으며, 출어 척수도 다소 내려갈 가능성이 있다고 판단됩니다.

2. 제주도 주변의 기선 처리 문제에 관하여 아카기 시안에 대한 일본 측 입장은 절대적으로 강하며 이 문제를 갖고 상당히 난항할 것이 예측됩니다. 정부 최종안은 여하한 방법으로 제시할 것인지 또한 제시하더라도 일본 측이 이를 수락할 것인지 현재로서는 자신 있는 판단이 서지 않습니다. 따라서 정부도 이 문제를 여하히 취급할 것인지 연구하여 주시기 바랍니다. 근본적으로 기선을 염두에 두고 일어선 출어금지선을 획선하려는 우리 측 사고방식을 강하게 반발하고 있는 것입니다.(주일정 - 외아북)

44. 제주도 주변 기선 및 전관수역에 관한 양측 입장 대조표

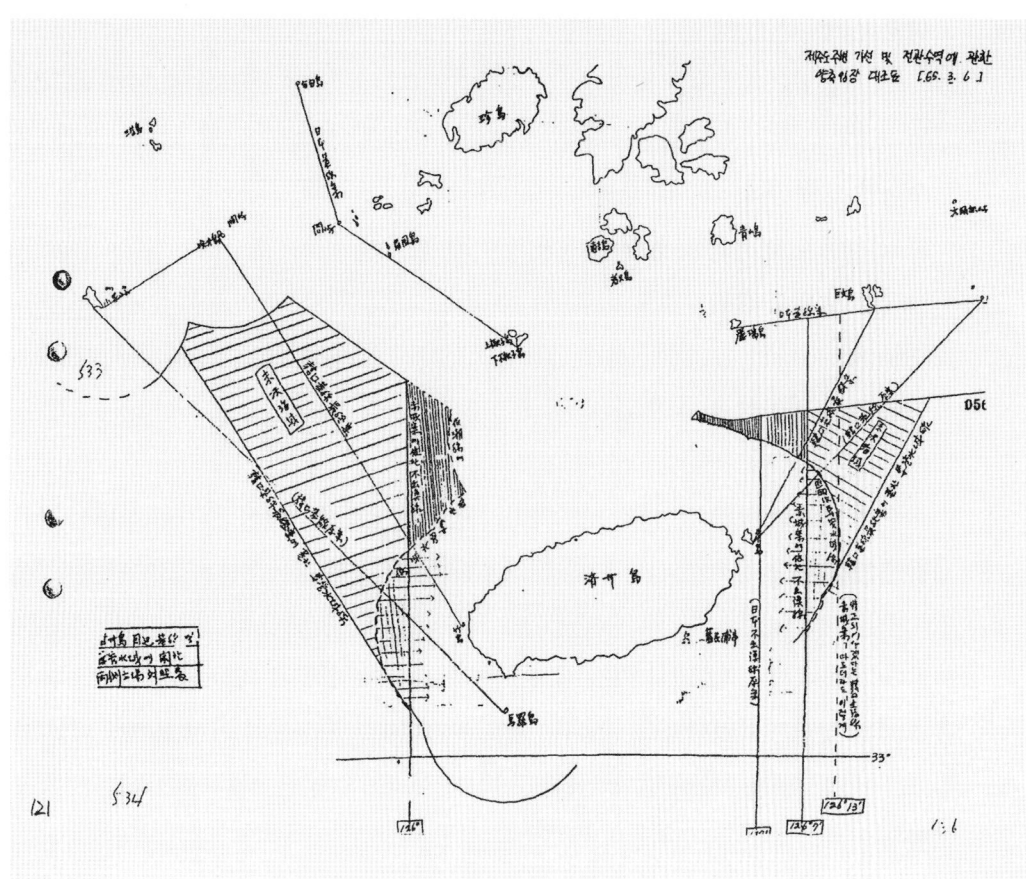

47. 한일 농상 간 비공식 회합 결과 보고

번호: JAW-03127

일시: 081057[1965. 3. 8]

수신인: 국무총리, 외무부 장관
참조: 대통령 비서실장, 농림부 차관
발신인: 농림부 장관

농상 간의 비공식 회합 보고

1. 이미 보고한 바와 같이 금 3. 8 아카기 농상과 힐튼호텔에서 조찬을 하면서 단독 회합을 가졌음.

2. 동 회합에서 3. 12 내지 13을 목표로 어업 문제 제 현안에 대한 완전 타결을 보도록 노력할 것에 합의하였으며 평화선 처리 문제와 제주도 주변의 기선 문제에 대한 의견 교환을 한 바 제주도 주변의 처리에 있어서 아카기 농상은 여전히 그 태도가 강경하였음.

3. 동 회합의 상세는 별도로 보고 위계임.(주일정-외아북)

49. 한일 농상회담 관련 4자 회의 결과 보고

번호: JAW-03138

일시: 081532[1965. 3. 8]

수신인: 국무총리, 외무부 장관
참조: 대통령 비서실장, 농림부 차관
발신인: 주일 대사

농상회담 관계 4자 회의 보고

1. 금 3. 8 10:50~12:30 농림성 분실에서 농상회담 4차 회의에 따른 4자 회의를 개최한바 동 회의 내용을 다음과 같이 요약 보고함.

2. 참석자: 한국 측: 이규성 공사, 이 수산국장, 김명년 대표, 최광수, 오재희, 배동환 전문위원
   일본 측: 히로세, 와다 대표, 나카에 조약과장, 야스후쿠 어업조정과장

3. 토의 요약
1) 어획량의 어업별 구분 문제
  가. 일본 측은 50톤 이상의 고등어 일본조의 취급, 이동 저인망의 조업, 동경 128도 또는 128도 30분의 결정 등의 문제가 결정되지 않은 이상 일본 측 어획량을 어업별로 구분할 수 없으며 또한 그러한 의사도 없다 한 바, 아 측은 고등어 일본조와 이동 저인망 문제는 상호 연관되어 있으며, 지금까지의 토의 경위로 보아서 이서 저인망 3만 5천 톤, 이동 저인망 1만 톤으로 각각 접근 가능하니 나머지는 자연히 해결되는 것으로 본다고 하였음.
  나. 이에 대하여 일본 측은 고등어 일본조의 어획량 실적을 한국 측이 50척에 1만

5천 톤이라고 조건을 붙여서 합의된 어획량 15만 톤 내에 포함한다고 하니 문제가 복잡해지는 것이 아니냐고 하기에, 아 측은 애초 한국은 일본 측의 어획량이 12만 톤이라고 한 데 대하여 일본은 17만 톤을 주장한 것으로 이를 농상 간의 정치적 재량으로서 15만 톤으로 결정한 것인데 일본 측이 이 마당에 재차 기술적인 이야기를 한다면 해결하기 어렵다고 하고 일본 측이 어업별 어획량을 구분하기가 어렵다면 다시 농상회의에 올리지 않을 수 없다는 아 측의 입장을 밝혔음. 따라서 일본 측의 어획량을 어업별로 구분하는 문제는 이상과 같이 대립한 채로 남겨두었음.

2) 어획량의 확인 문제

가. 일본 측은 어획량의 확인 문제에 관하여서는 그간 실무자 회의에서 누차 보고한 바와 같은 내용의 일본 측 제도를 설명하였음. 일본이 현재 시행하고 있는 제도에 의하면(1963년 농림성명) 이서 저인망에 있어서는 어획 성적 보고에 의한 어구 번호별 어획량 보고와 정오 위치보고가 있으며, 각 현의 통계조사 사무소에서 행하는 통계조사 자료로서 이상의 보고 또는 신고 자료의 신빙성을 확인하고 있으며 통계의 정확성 운운은 논의의 대상이 될 수 없으며 이는 체약국에 맡겨야 할 성질의 것이며 국제 신의 상의 문제라는 일본 측의 태도를 밝히고 어획량은 어디까지나 '멜크 말' 참고 자료)에 불과하다는 일본 측의 종래의 입장을 밝혔음.

나. 이에 대하여 아 측은 합의된 어획량의 10퍼센트를 초과할 경우에는 출어를 중지한다는 원칙에 대하여 양 농상 간에 합의된 바에 비추어서도 어획량을 확인하는 것은 중요한 문제이며 조약의 성격상 이는 확인되어야 한다는 아 측의 입장을 밝힌 바, 일본 측은 15만 톤이라는 어획량이 과학적 근거가 없는 만큼 이를 협정 부속서에 기입하여 국민의 권리를 억제하는 것이라면 본질적인 자원론의 토의를 해야 하겠다고 하고 어디까지나 '쿼터'제가 아니라는 일본 측 입장을 주장하였음.

다. 이에 대하여 아 측은 분명히 농상 간의 토의에서 일본 측은 합의된 어획량을 초과할 경우에는 어기 중에라도 출어를 중지하겠다고 하여 한국 측 입장에 동의한 것을 지적한바, 일본 측은 회담 내용에 관하여 양측 이해가 상이하니 양 농상에 각각 보고하여 다음 농상회담에서 조정하자고 하였음. (주일정 – 외아북)

농림부 장관

52. 한일 농상회담 제5차 회의에 관한
일본 언론 예측 기사 보고 전문

번호: JAW-03159

일시: 091135 [1965. 3. 9]

수신인: 장관
발신인: 주일 대사

1. 9일 자 당지 각 조간은 제주도 주변 기선 문제를 둘러싸고 정체 상태에 빠진 농상회담은 오늘 회의에서 쌍방 각각 상호 간의 의견 차를 좁히기 위한 최종적인 시도가 있을 것이며 따라서 오늘 회의가 농상회담의 중요한 고비가 될 것이라는 요지의 기사를 게재하고 있음. 한국 측은 8일의 절충에서도 6일 회담에서 제기한 일본 어선의 입어 금지선은 일본 측이 인정할 것, 15만 톤의 어획량을 각 어종별로 분할하여 결정할 것, 또한 어획량 및 입어 척수를 협정 본문 또는 부속 문서에 명기하여 이에 대한 법적 구속력을 갖게 할 것 등등을 재차 주장, 이에 대하여 일본 측이 강경하게 반대의 의향을 표명하여 결국 아무런 진전이 없었다고 전하여지고 있음. 따라서 일본 측은 9일의 회담에서 한국 측이 이제까지의 주장을 완화, 특히 기선 문제에 관하여 타협안을 제시하여오지 않는 한 회담은 더 이상 진전이 없을 것이라는 비관적 전망을 갖게끔 되었다 한다. 그러나 한편에서는 이동원 외무부 장관이 10일 방미 도상 일본에 기착하여 11일 시나 외상과 회담키로 되어 있어 차제에 어업회담에 환한 본국 정부의 새로운 훈령을 휴대하고 오늘 것으로 기대되어 그 내용 여하에 따라서는 회담이 급진전할 가능성도 있다고 전하여지고 있음.

2. 9일 자 요미우리 조간이 보도한 바에 의하면 다나카 장상은 8일 기자회견에서 "한국에 대한 어업경제협력 7천만 불은 민간 경제협력 부분에 들어가 있는 '1억 불 이상' 중에 포함되는 것이다"라는 견해를 분명히 하였다고 한다. 그러나 이점에 관하여 아카기 농상은 과반 "김, 오히라 메모에 의한 경제원조 부문에 들어가는 것은 아니다"

라는 견해를 표시한 바 있어 정부의 견해에 미묘한 상위점을 보이고 있다고 동지는 보도하고 있음.

3. 당지 신문 보도에 의하면 일본의 어업 5개 단체는 한일어업교섭에 관하여 다음과 같은 요지의 5개 항목에 걸친 요망서를 하시모토 관방 장관을 통하여 일본 정부에 제출한 것으로 보도되었음.

1) 기선 및 전관수역은 원.아카기 회담에 있어서의 일본의 주장을 관철하여야만 된다.

2) 공동규제수역 내의 어선 척수는 실적을 확보하여야 한다.

3) 국내의 어업자를 압박하는 것과 같은 어업협력에는 반대한다.

4) 한국 동해안의 어장은 확보하여야 한다.

5) 어선의 포획 및 억류에 의하여 생긴 70 수억 원에 달하는 손해배상을 동시에 해결하고 싶다.

4. 8일의 참의원 예산위원회에 있어서는 대정부 정책질의가 있었던바 이중 한일관계에 관하여 민사당 의원으로부터 질문이 있어 이에 관한 부분이 다음과 같이 보도되었기 이를 보고함.

민사당 의원: 한일회담은 한국과의 국교 정상화의 방침은 좋으나 안이한 타결과 졸속은 금물이다. 한국의 관할권에 대하여 북한의 존재를 일본으로서는 유보하여 두는 것이 좋다고 생각하는바 이것은 제3조에서 국련 결의 195호를 인용한 것으로서 충분한 것인가?

시나: 동 항 인용으로서 충분하다고 생각하고 있다.

민사당 의원: 청구권, 재일한인의 법적지위에 관하여 북한 측에 대한 효력은 어떻게 되는 것인가?

시나: 북한에 사실상 정권이 있다는 것을 고려하면서 절충하였다. 청구권은 한국의 관할권이 없는 지역에 관하여는 백지이다. 재일한인에 관하여는 북한지지의 사람들도 있다는 것을 고려하고 있다.

민사당 의원: 아카기 시안에서는 직선기선이 난용[亂用]되어 제주도 주변에 광대한 전관수역이 확정되어 있다.

아카기: 전관수역의 기선은 원칙으로서 연안의 저조선에 따른다. 그러나 한국의 서, 남해안 선은 복잡하므로 예외로서 직선기선을 채용하고 있다. (주일정 – 외아북)

57. 한일 농상회담 제5차 회의 회의록

0561   한일 농상회담 제5차 회의록

1. 일시: 1965. 3. 9, 16:45~20:45

2. 장소: 일 농림성 분실(산반초)

3. 참석자: 한국 측: 차균희 장관
          김동조 대사
          이규성 공사
          이봉래 수산국장
          김명년 대표
    일본 측: 아카기 대신
          다카스기 수석대표
          히로세 참사관
          와다 차장

4. 토의 내용

아카기: (회의가 개시되자 아카기 대신은 어획량의 성격, 평화선의 철폐, 재판 관할권 및 단속 등에 관한 3가지 문서를 한국 측에 수교하고 그 내용을 읽었음(JAW-03194 참조). 척수와 어획량에 관한 일본의 기본적 입장은 농상회담 3차 회의에서 문서로써 이미 제시한 바와 같다. 즉 예상 어획량 15만 톤 플러스, 마이너스 10퍼센트의 허용량이라는 것은 실제 어획량이 이를 대폭 상회할 우려가 있을 경우 어기 중이라도 일본 정부가 출어 척수를 자주적으로 행정 지도 한다는 것이다.

0562   이상 3가지 점에 대하여 금후 연구해 주어도 좋겠고 지금 의견을 말하여 주어도 좋

겠다.

　차 장관: 지금 아카기 대신이 말한 3가지 점에 대하여 코멘트 하기에 앞서 회의 진행 방법 및 일본 측 주장에 납득이 가지 않는 점이 있다. 첫째, 본인은 성의를 가지고 농상회담에 임하고 있음에도 불구하고 일본 측 언론계에서는 기선 문제에 관하여 아 측이 아카기 시안은 수락하기 어렵다고 코멘트 함에 대하여 한국 측은 전혀 새로운 제안을 하여 회의를 무리시키고 있다고 PR하고 있는 것은 유감이다. 한국 측은 아카기 시안의 정신을 살려서 일어선 출어금지선을 정정할 것은 이야기했고 실질적으로 종래의 만재도-죽도선은 간서-죽도로 양보하였음에도 불구하고 일본 신문은 전혀 반대 방향으로 PR하고 있는 것은 천만뜻밖의 일이다. 어업교섭에 있어서도 실무자 레벨에서는 갑론을박하여 결론을 짓지 못하고 있는 것은 농상 간에 이를 해결하고자 본 농상회담을 진행하고 있는 마당임에도 불구하고 어획량과 척수를 명기하기로 농상 간에 합의하였고 어획량의 어업별 구분과 그 확인 방법을 실무자 간에서 토의시키자고 합의한 4차 회담에서 농상 간 회담의 결과를 신문사가 뒤집었다는 보고를 듣고 본인은 크게 충격을 받았다. 따라서 본인은 금후의 농상회담 진행 방법을 생각하건 대 농상과 양 고문만이 회담에 참석하고 실무자와 기록은 제외하는 것이 좋겠다.

　아카기: 어획량 문제가 먼저 나온 이야기가 아니었었나. 다른 문제는 대략 정리가 되어 있는 것으로, 제주도 주변의 기선은 대립에 있어서도 대립점은 본인의 안인 수직선으로써 처리하되, 다만 동경 127도와 127도 13분간의 차라고 이해하고 있었으며, D 수역에 있어서의 저인망 조업도 양해가 되어 있는 것으로 알고 있었다. 따라서 이야기하기 쉬운 것부터 토의해 나가자고 한 것인데 역시 이야기의 순서를 다음과 같이 하는 것이 좋겠다.

　1) 전관수역, 2) 공동규제수역, 3) 공동규제 조치(단, 척수 다음에 어획량을 토의하도록 한다).

　어획량에 있어서 일본 측은 어디까지나 협의된 양을 넘으면 행정조치를 하여 연도 중이라도 출어를 억제한다는 것에 틀림없다. 오늘 준 문서의 취지도 전에 말한 것에서 발을 빼려는 것은 아니고 척수로써 규제를 하면 성의를 갖고 또한 이를 지키기 쉽다는 얘기이다. 어획량은 보조적 의의 내지는 병행적이라고 말해도 좋겠다. 차 장관께서 언급한 신문의 보도 내용에 있어서 본인은 그 기선을 표현함에 있어서 통형(筒型)과 '스리바치'형(摺鉢型)이라고 하는 표현 이상으로 이야기한 일이 없다. 또한 회담 진행 방법에 있어서도 실무 당국을 없애고 진행하는 것이 효과적이라면 그렇게 하는 것이 좋겠다. 이 문제는 이 정도로 하고 회의를 진행하는 것이 어떻겠는가?

차 장관: 방금 말은 일본 측 문서 내용은 아카기 대신이 전에 어획량에 관하여 얘기한 것과는 뉘앙스가 다르니 전에 얘기한 취지대로 돌아가 주었으면 좋겠다. 즉, 어획량을 합의의사록에 넣는다 하더라도 그것은 의무 규정인 것이며 참고자료 운운하는 것은 한국 측에 쇼크를 준다. 일본 측 문서에는 어획량은 의무적인 것은 아니라고 기술되어 있으니 회담의 효과적인 진행을 위하여 사무 당국을 배제하고 회의를 하는 것이 좋지 않겠는가?

아카기: 사무 당국이 있다 하여 회의를 못 하는 것은 아니라고 본다.

히로세: 우리들은 대신을 보좌하여 회의에 참석하고 있는 것인데 귀 대신께서 사무 당국을 불신함은 곤란하다.

아카기: 나는 외교교섭상 협정 위반이라는 말이 나올 수 있는 의무적인 성격을 어획량에 부여한다는 것은 곤란하다고 본다.

차 장관: 일본과 같이 강력한 수산국이 한국과 어업협정을 맺는 상황에서 15만 톤 이상은 잡지 않겠다고 약속을 해 주지 않으면 안 되겠고 그 약속은 강력한 형식으로 되지 않으면 안 되겠다. 그렇기 때문에 10의 allowance가 있는 것이고 또한 상호의 연간 어획량이 이를 초과하면 다음 해의 출어 척수를 줄인다는 것이 아니었느냐? 이 문서는 일본 측 입장만 말한 것이다.

아카기: 그렇다면 원칙론으로서 한국 측도 15만 톤 이상 잡지 않는다는 것을 써넣어야겠다.

차 장관: 실질적으로 그만치 잡을 능력도 없는 나라를 상대로 이를 규정한다는 것은 무의미한 이야기이다.

아카기: 물론 실력이 거기에 이르기까지는 시간이 걸릴 것이다. 그러나 원칙론으로서는 그렇지 않은가?

차 장관: 잠시 쉬었다가 대신 간 단독회담으로 진행하자. 일본 측이 준 문서는 어차피 금후 이야기가 나올 터이니 이를 일단 일본 측에 돌리는 것으로 하겠다(18:00에 중단).

5. 농상 간 단독회담

농상 간의 단독회담에서는 계속하여 어획량의 성격, 기선, 척수, 공동규제수역 내에서의 단속 등 제 현안 문제를 토의한바, 쌍방의 주장은 대립한 채 아무런 결론을 얻지 못하였으며 명 10일 제6차 회의에서 계속 토의 하기로 하였음.

6. 다음 회의

명 10일 13:30~15:00 농상회담 제6차 회의를 갖기로 하였음.

7. 신문 발표

1) 9일 16:45분에 시작된 제 5차 농상회담은 18:30 양 농상 간의 단독회담으로 진행되었으며 20:45에 끝났다.

2) 주로 어획량의 성격, 제주도 주변의 기선의 처리, 규제 척수 및 공동규제수역 내에서의 단속 및 재판 관할권 등에 관하여 토의한 바, 쌍방의 주장은 대립한 채 해결을 보지 못했다.

3) 다음 회의는 10일 13:30으로 하기로 하였다.

첨부물

57-1. 제5차 농상회의 시 일본 측이 제시한 문건

65. 3. 10 일본 측으로부터 접수

漁業取締り及び裁判管轄権について

40. 3. 9

1. 権限所属区分

(1) 漁業水域

漁業水域(12カイリ)内における漁業に関する取締り及び裁判管轄権は, その漁業水域の属する締約国が有する(ただし, アウターミツクスに入漁する場合は漁船の所属する締約国の取締り及び裁判管轄権に服することとなる)

(2) 共同規制水域

共同規制水域内における漁業に関する取締り及び裁判管轄権は漁船の所属する締約国が有する.

(3) 現内国内禁止区域

漁業水域(12カイリ)外に及び区域にある現行国内禁止区域内における漁業に関する取締り及び裁判管轄権は漁船の所属する締約国が有する.

2. なお, 漁業協定の運用上最も紛争の起りやすい点は, 漁業水域(12カイリ)を侵犯したか否かに関するものであると考えられるので, 将来の紛争処理を円滑にするため, このような事実問題の認定のための手続を何らかの形であらかじめ協定しておく必要がある.

3. 協定文書上の取扱区分

上記1の(1)及び(2)については, 漁業協定本文またはその付属書において規定するものとし,

(3) については, (1)(2)から当然明らからところであるが, 念のため別途作成される交換書簡または合意議事録において記録に止めおくものとする.

0568　李ラインの撤廃について

40.3.9

協定(付属書を含む)にもられるべき事項
(1) 漁業水域の確定されること．
(2) 共同規制水域の確定されること．
(3) 共同規制水域内における規制措置(出漁隻数を含む)が両国に平等に適用されること．
(4) 共同規制水域内の取締り及び裁判管轄権はそれぞれその旗国に属すること．なお，共同規制水域と李ラインの間を資源調査水域とすることには反対である．資源調査を行なう水域は共同委員会で必要に応じ決定すればよいと考える．

0569　交換書簡または合意議事録の表現振り

40.3.9

　日本国政府及び大韓民国政府は，漁業協定を締結するにあたり，両国は公海に関する確立された国際法規を誠実に遵守すべきことを厳粛に宣言し，就中，両国の合意により設定された漁業水域の外側の公海の部分において，一方の国が他方の国の国民及び船舶に対して権力を行使することは，いかなる名目によるものも，許されないことを確認する．

0570　15万トンの漁獲量の性格について．

40.3.9

　日本側としては，日韓漁業協定における共同規制内容のうち問題となっている隻数制限と漁獲量制限の考え方については，第3回会合(3月5日)において基本的立場を文書で提示した．この基本的立場は，その彼漁獲量についての合意が15万トンを基準

漁獲量とし，10%のアローワンスを付する線で成立したことによって解消したものではない．

そもそも漁獲量の問題が議題になった経緯は，韓国側が韓国国内には隻数制限のみでは漁獲量が膨大なものになるとの不安があるので，この不安を解消するための説明として漁獲予想量を示してほしいと従来より日本側に求めていたためである．

従って，本件の処理のしかたとしては，協定上は隻数制限のみを義務とし，予想漁獲量の意味は，実際の年間漁獲量が予想量と大幅にくいちがったのではないかと考えられる場合に，両国間で改めて協議することにとどめるべきものである．(但し年間漁獲量が予想量を大幅に越えると判断される場合，日本側が漁期の中途においても行政指導を行なうことはあり得るが，これは協定上の義務ではなく，全く日本側の自主的措置にまかされるべき性質のものである．)

(昭四〇．三．九)

一．協定本文第〇条の要旨

(1) 共同規制区域においては，漁業資源の最大の持続的生産性を確保するために必要とされる保存措置が十分な科学的調査研究に基づいて確定されるまでの間，保存措置に代わるものとして暫定的漁業調整措置を実施する．

(2) 前項の暫定的漁業調整措置の内容は協定附属書に掲げるとおりとする．

二．附属書には，一(1)の共同規制区域に出漁する日韓両国の底曳及びまき網漁業につき，漁船の規模，網目，光力，漁期及び出漁最高隻数を掲げる．

三．「協定案審議のための十月十日の会合の記録」として，次の趣旨を記録にとどめ，両国代表が署名する．

◎ 日本代表

本協定案第〇条に基づく隻数による漁業規制を実施した場合には，底曳及びまき網漁業の日本国の年間漁獲量はおおむね次のとおりとなるであろうことが予想されます．

なお, 韓国側の年間漁獲量もこれを上まわることはないと考えます.

(ここに予想量を掲げる.)

◎ 韓国代表

右を了承します. もし, 韓国側において日本側の年間漁獲量が右の予想量を大幅に超過したと考える場合には, 日本側は, 附属書に掲げる隻数の再検討のための協議に応ずることとなるものと了解します.

0574　◎ 日本代表

日本側もそのように了解します. なお, 日本側において韓国側の年間漁獲量について同様の事態が生じたと考える場合には, 韓国側は, 前期の協議に応ずるものと期待します.

(年月日, 場所, 署名)

(なお, サバ一本釣については別途交渉中であることを付言したい.)

0575　**어업단속 및 재판 관할권에 대하여**

1965. 3. 9

(65. 3. 10 일본 측으로부터 접수)

1. 권한 소속 구분

(1) 어업수역

어업수역(12해리) 내에 있어서의 어업에 관한 단속 및 재판 관할권은, 그 어업수역이 속하는 체약국이 가진다(단, '아우터 식스'에 입어하는 경우에 어선이 소속하는 체약국이 단속 및 재판 관할권에 복하는 것이 된다).

(2) 공동규제수역

공동규제수역 내에 있어서의 어업에 관한 단속 및 재판 관할권은 어선이 소속하는 체약국이 가진다.

　(3) 현행 국내 금지구역

　어업수역(12해리) 외에 미치는 구역에 있는 현행 국내 금지구역 내에 있어서의 어업에 관한 단속 및 재판 관할권은 어선이 소속하는 체약국이 가진다.

　2. 또한 어업협정의 운용상 가장 분쟁을 야기하기 쉬운 점은, 어업수역(12해리)을 침범했는가 안 했는가에 관한 것이라고 생각되므로 장래의 분쟁 처리를 원활하게 하기 위하여 이러한 사실 문제 인정을 위한 절차를 어떠한 형식으로든지 미리 협정해 둘 필요가 있다.

0576
　3. 협정 문서상의 취급 구분

　상기 1의 (1) 및 (2)에 관여는, 어업협정 본문 또는 그 부속서에서 규정하는 것으로 하고, (3)에 관하여는 (1), (2)에서 당연히 명백한 것이나, 만일을 위하여 별도로 작성하는 교환공문 또는 합의의사록에 기록해 두기로 한다.

0577　'이 라인'(평화선) 철폐에 관하여

(65. 3. 9)

　협정(부속서를 포함)에 포함되어야 하는 사항

　(1) 어업수역이 확정될 것

　(2) 공동규제수역이 확정될 것

　(3) 공동규제수역 내에 있어서의 규제 조치(출어 척수를 포함함)가 양국에 평등하게 적용될 것

　(4) 공동규제수역 내이 취체 및 재판 관할권은 각각 그 기국에 속할 것. 또한 공동규제수역과 '이 라인'(평화선) 간을 자원조사 수역으로 하는 것에 반대한다.

　자원조사를 행하는 수역은 공동위원회에서 필요에 응하여 결정함이 좋을 것으로 생각한다.

0578 교환공문 또는 합의의사록 표현 방법

65. 3. 9

일본국 정부 및 대한민국 정부는, 어업협정을 체결함에 있어서, 양국은 공해에 관한 확립된 국제법규를 성실히 준수할 것을 엄숙히 선언하고, 특히 양국의 합의에 의하여 설정된 어업수역 외측의 공해의 부분에서 일방국이 타방국 국민 및 선박에 대하여 권력을 행사하는 것은 어떤 명목에 의한 것이든 허용되지 않을 것을 확인한다.

0579 15만 톤의 어획량의 성격에 관하여

(65. 3. 9)

일본 측으로서는, 한일 어업협정에 있어서의 공동규제 내용 중 문제가 되고 있는 척수 제한과 어획량 제한에 관하여, 제3회 회합(3월 5일)에서 기본적 입장을 문서로 제시했다. 이 기본적 입장은, 그 후 어획량에 관한 합의가 15만 톤을 기준 어획량으로 하고, 10퍼센트의 '얼라우언스'를 붙이는 선에서 성립한 것으로서 해소된 것이 아니다.

원래 어획량의 문제가 의제가 된 경위는 한국 측이 한국 국내에는 척수 제한만으로는 어획량이 팽대한 것이 된다는 불안이 있으므로 이 불안을 해소하기 위한 설명으로서 어획 예상량을 표시해 줄 것을 종래부터 일본 측에 요구하고 있었기 때문이다.

따라서, 본건 처리 방법으로서는 협정상은 척수 규제만을 의무로 하고, 예상 어획량의 의의는, 실제의 연간 어획량이 예상량과 크게 차이가 있는 것이 아닌가 생각할 경우, 양국 간에서 다시 협의하는 것으로 그쳐야 한다(단, 연간 어획량이 예상량을 초과한다고 판단될 경우, 일본 측이 어기의 중도에 있어서도 행정 지도를 하는 일도 있을 것이나, 이것은 협정상의 의무가 아니고 전혀 일본 측의 자주적 조치에 맡겨야 할 성질의 것이다).

(65. 3. 9)

1. 협정 본문 제 ○조의 요지

(1) 공동규제구역에 있어서는 어업자원이 최대의 지속적 생산성을 확보하기 위하여 필요로 하는 보존 조치가 충분한 과학적 조사 연구에 기하여 확정되기까지 보존 조치에 대신하는 것으로서 잠정적 어업조정 조치를 실시한다.

(2) 전항의 잠정적 어업조정 조치의 내용은 협정 부속에 기술된 바와 같이 한다.

2. 부속서에는 1 (1)의 공동규제구역에 출어하는 한일 양국의 저인 및 선망 어업에 관하여 어선의 규모, 망목, 광력, 어기 및 출어 최고 척수를 규정한다.

3. '협정안 심의를 위한   월   일의 회합의 기록'으로서 다음의 취지를 기록하고 양국 대표가 서명한다.

◎ 일본 대표

본협정안 제   조에 기한 척수 규제를 실시한 경우에는 저인망 및 선망 어업의 일본국의 연간 어획량은 대체로 다음과 같을 것으로 예상됩니다. 또한 한국 측의 연간 어획량도 이것을 상회하는 일은 없을 것으로 생각됩니다(여기에 예상량을 든다).

◎ 한국 대표

이상을 양승합니다. 만일 한국 측에서 일본 측의 연간 어획량이 상기 예상량을 대폭 초과한다고 생각하는 경우에는, 일본 측은 부속서에 든 척수의 재검토를 위한 협의에 응하는 것으로 양해합니다.

◎ 일본 대표

일본 측도 그와 같이 양해합니다. 또한 일본 측에서 한국 측의 연간 어획량에 관하여 같은 사태가 생긴 것으로 생각할 때에는 한국 측은 전기의 협의에 응하는 것으로 기대합니다.

(년 월 일, 장소, 서명)

(그리고 고등어 일본조 낚시에 관하여는 별도 교섭 중임을 부언코자 한다.)

61. 한일 농상회담 제6차 회의 결과 보고 전문[11]

번호: JAW-03230

일시: 111741[1965. 3. 11]

수신인: 국무총리, 외무부 장관
발신인: 농림부 장관
참조: 대통령 비서실장, 농림부 차관

한일 농상회담 제6차 회의 보고

1. 3. 10, 13:50~15:00 농림성 분실에서 개최된 표기 회의는 농상 간의 단독회담으로 진행된 바 별다른 진전이 없었음.

2. 다음 제7차 회의는 명 12일 15:00에 개최 예정임.(주일정, 외아북)

---

11 제6차 회의는 회의록이 없음.

72. 한일 농상회담 제7차 회의 회의록

0601   제7차 한일 농상회담 회의록

1. 일시: 1965. 3. 12, 13:40~15:40

2. 장소: 일 농림성 분실 (산반초)

3. 참석자: 한국 측: 차균희   농림부 장관
             김동조   주일 대사
             이봉래   수산국장
             김명년   대표
             최광수   정무과장
         일본 측: 아카기   농림대신
             다카스기 수석대표
             와다   차장
             히로세   참사관

4. 토의 내용

차 장관: 무엇부터 이야기하였으면 좋겠는가?

아카기: 기선 문제부터 이야기하자.

차 장관: 제주도 주변의 기선 외에도 울산만 및 영일만 등의 문제도 있으며 전에 한국 측 감촉을 이야기한 바 있으니 오늘은 일본 측 견해를 이야기해주면 이를 결정하도록 하겠다.

아카기: 그것이 좋겠다.

0602   히로세: 아직 대신에게 상세히 이야기하지 않았으나 영일만 및 울산만에 관하여 일

본 측 안대로 영일만을 획선한다면 울산만에 있어서는 한국 측 안에 대하여 탄력성 있게 임한다는 것이다.

차 장관: 어업 취체와 재판 관할권 문제에 관하여 토의하자.

첫째, 독점수역에 있어서는 어업 취체와 재판권은 연안국에 속하며 공동어장에 있어서는 공동 취체를 하고 싶으나 일본 측은 취체도 기국에 속하여야 하겠다고 주장하니 일본 측 주장을 수락하겠다. 그러나 단서를 붙여서 특정 어업의 금지구역 내의 어업 취체는 연안국에서 해야 하겠다. 독점수역 침범의 사실 인지의 절차를 사전에 합의하여 두자는 문제에 대하여 관할권은 연안국에 있는 만치 이 이상 이야기할 필요가 없으며 독점수역 침범에 대한 건은 영해 침범과 같이 국제관례대로 처리하면 될 것이다. 그것은 곧 정선, 임검 정도의 선을 고려하고 있다는 것이다.

아카기: 취체권에 관한 것이라면 그것은 기국에 속한다고 일본 측은 이야기하지 않을 수 없다. 정선, 임검 정도의 내용의 것이라면 실무자 레벨에서 그 내용을 구체적으로 토의시키는 것이 좋겠다.

차 장관: 그렇게 하자.

히로세: 독점수역 침범에 대한 국제관례가 있으면 그것대로 하되 구체적인 침범 여부의 사실 인지 방법을 어떻게 하느냐는 내용과 절차는 사전에 정해두는 것이 좋겠다.

와다: 예를 들어 말한다면 레이다 등으로 확인하는 등 그 방법론을 이야기하는 것이다.

아카기: 평화선 문제는 어떻게 처리할 것인가를 이야기하자.

차 장관: 실무자끼리 대략 이야기가 되고 있다고 듣고 있는데…

이 공사: 와다 대표와 대체적으로 협정에 정하는 경우를 제외하고는 어선의 나포를 하지 않는다고 양해되고 있다.

차 장관: 어업협정이 국내법과 동일한 효력을 갖는다는 해석 각서를 일본 측에게 줄 용의가 있다.

와다: 평화선의 처리 문제에 있어서 공동규제수역 외곽선으로부터 평화선까지의 해역을 어떻게 할 것인가 하는 문제도 있다.

차 장관: 공동규제수역 외측에 어업자원 보호를 위한 자원조사 수역을 설정하되 그 조사역의 성격과 범위는 공동위원회에서 결정하되 공동위원회에서 조사 후 건의가 있

으면 공동규제수역을 추가할 수도 있다.

아카기: 그 취지는 찬성이다.

와다: 공동위원회에서 조사한다. 그러나 어떠한 수역부터 조사하느냐는 것은 공동위원회에서 결정한다는 이야기이냐?

차 장관: 이 문제는 한국 측 입장에 부합하도록 표현해 주기 바란다. 다음에는 공동위원회의 권능 문제인데 이것은 국제 선례에 따라 일, 미, 가의 원칙 등을 베이스로 하여 결정하였으면 좋겠다. 즉, 공동위원회의 임무는 자원조사, 자료의 편찬과 보고, 어업협력 등으로 하고 그 조직에 있어서는 국별 위원회와 사무국을 상설하는 등 일할 수 있는 조직을 갖도록 생각하고 있다.

아카기: 일본 측과 대차 없다고 보니 실무자끼리 더 이야기를 진전시키도록 하자.

차 장관: 좋다고 본다. 본인은 전일 어획량과 출어 척수는 병기하여 동일한 법적 구속력을 부여하자고 주장한 바 있으나 그간의 일본 측 주장을 참작하여 다음과 같이 제안한다.

기준 어획량 15만 톤보다 실제 어획량이 초과하면 일본 측은 행정 지도로서 출어를 억제하고, 15만 톤 플러스 10퍼센트 허용량을 넘는 경우는 있을 수 없도록 한다. 또한 15만 톤을 기준으로 하여 실제 어획량이 이를 초과하면 익년도 출어 척수를 협의 조정한다고 하여 해결을 보자.

한국 측으로서는 국내 설명이 가야 하니, 반드시 어획량과 척수를 동일한 문서에서 병기하지 않더라도 구속력이 있고 성의껏 이를 지켜야겠다는 것이라야 하겠다.

김 대사: 일본 측의 실제 어획량이 15만 톤에 달하면 일본은 즉시 행정 지도를 개시하여야 하며 그럼에도 불구하고 실제 어획량이 10퍼센트를 초과하여서는 안 되는 것이며, 15만 톤을 초과한 정도에 따라 익년도 출어 척수를 조정하자는 것이다.

아카기: 이 점에 대하여서는 본인이 약속한 것인 만큼 한국 측 주장을 수락하겠다. 그러나 실제 상으로는 어획량이 중심이 되어 규제될 것이다. 그리고 한국 측 출어 척수와 어획량도 협정에 기입해 두어야 일본도 국회 설명이 된다.

차 장관: 어획 능력으로 보나 척수로 보나 가공적인 것을 협정에 기입할 필요는 없지 않은가?

아카기: 척수의 숫자는 표시 안 해도 좋겠으며 이에 관하여는 한국도 일본과 같은

권리를 갖는다는 식으로 표시하는 것이 좋겠다.

차 장관: 그 원칙만은 협정 본문 상이나 부속서에 기입하여도 좋다. 이 표현 방법에 있어서는 한국 측 입장을 충분히 존중하여 일본 측이 생각하는 구체적 표현 방안을 제시해 주기 바란다.

아카기: 실무자끼리 검토시켜 보자.

차 장관: 다음에는 어획량의 확인 방법에 관하여 토의하자.

아카기: 좋다.

차 장관: 어획량의 확인 방법으로서는 첫째 출어감찰과 표지를 부쳐서 출어시키도록 하여야 하겠다. 둘째, 공동어장의 출입 시는 미리 정해둔 어업 무전국에 통고해 달라. 이는 안전 보전상 일본 측으로서도 좋은 것이다.

아카기: 협정상의 의무로서는 출입 통고를 할 수 없다. 따라서 행정 지도로서 고려할 수밖에 없다.

와다: 일 어선은 정오 위치와 전일의 어획량 등에 관하여 매일 수산청에 보고하도록 되어 있는바, 이를 한국 측에서 방청하는 정도로 하면 되지 않겠는가? 또한 표식 문제에 있어서는 도색 한다든가 또는 어떠한 고정적인 표지 방법을 할 수 없고 일 어선으로 하여금 출어증을 소지시키는 것과 Removable한 표지를 하도록 하는 것은 생각할 수 있겠으나 실무자 회의에서 검토해 보도록 하자.

차 장관: 좋겠다. 다음 방법으로서 공동위원회에 Spot Check의 권한을 주도록 하자.

아카기: 해상에서 하는 것이 아니면 사무 레벨에서 이야기를 시켜도 좋겠다.

차 장관: 한국 측은 일.미.가 조약 등의 국제 선례에 의한 Spot Check를 하자는 것이며 승선 임검 등으로 협정이 잘 시행되고 있는가를 확인하자는 것이다.

와다: 이미 취체 및 재판 관할권은 기국에 속한다고 합의된 바 있으니 승선 임검을 해상에서 행한다는 것은 받아들일 수 없다. 한국 측은 일.미.가 조약 등의 선례에 의한 것을 하자고 하나 한국의 경우에 있어서는 특수한 관계에 있는 점을 고려해 넣어야겠다. 예컨대 한국은 과거 10여 년간 일본 어선을 나포한 사실이 있음에 비추어 이러한 인상을 주는 해상 임검은 곤란하다.

차 장관: 그 외에 한국 측은 출항기지, 양륙항, 어시장 등 육상에서 필요에 따라 협정이 잘 시행되고 있는가를 일본 측과 공동으로 체크하는 방법도 고려하고 있다.

아카기: 위에서 얘기한 바와 같이 해상에서 행하는 체크가 아니라면 사무 레벨에서 토의시켜도 좋겠다.

차 장관: 좋다. 그리고 동해안의 기선 문제는 이 공사와 와다 대표 간에 이야기를 더 시켜 합의하도록 노력하자.

아카기: 좋다.

차 장관: 이상 상호 이야기한 가운데에서 원칙 문제에 관하여 더 이야기할 것이 있으면 말해 달라.

아카기: 별로 없다.

차 장관: 그러면 척수 이야기에 들어가기에 앞서 일본 측의 어획량의 어업별 내역을 이야기하는 것이 좋겠다.

아카기: 척수부터 먼저 이야기하자. 어업별 내역이란 귀찮은 이야기이다.

차 장관: 그러면 척수 이야기 외에 이 문제를 이야기할 수 있겠는가?

와다: 이서, 이동에 관한 동경 128도 문제와 D 수역의 저인망 줄어 문제가 결정되어야 한다.

차 장관: 동해안의 저인망 어업에 있어서는 1) 일본 측은 새우 어업을 하지 않는다는 것, 2) 수심 300미터 이내에서는 조업하지 않는다는 것, 3) 어기를 정하고, 4) 현재 일본 측이 제시한 출어 척수를 깎는다는 원칙에 합의한다면 이 문제에 대하여 이 공사와 와다 대표 간에 이야기를 시키자.

아카기: 좋다.

차 장관: 50톤 이상의 일본 측 고등어 일본조는 15척에 한하여 인정할 수 있겠다. 그러나 일반 연안 어업으로 취급하기로 한 50톤 이하 고등어 일본조에 대하여서는 일반 연안 어업 총 척수를 1천 5백 척으로 하고 그중 100척의 50톤 이하 고등어 일본조를 인정할 용의가 있다.

아카기: 연안 어업의 영세성을 고려하여 척수는 1천 7백 척대로 인정해 달라.

와다: 선망, 망목을 30밀리로 하는 것에 대하여서는 여하?

차 장관: 망목 문제는 실무자 간에 계속 이야기하고 만약 합의되지 않는다면 다음 기회에 농상 간에 이야기하여도 좋겠다. 오늘 이야기를 정리한다면 사무 레벨에서 토의할 것을 제외하고는 척수와 어획량의 어업별 내역 및 기선 문제만 남아 있는 것이

되겠다. 그리고 이상 농상 간에 이야기된 것을 실무자 회의에서 리뷰 시키자.

와다: 그러면 실무자 회의에서 리뷰하되 합의되지 않는 것은 다시 농상회담에 올려서 결정한다는 것인가?

차 장관: 그렇다.

김 대사: 회담 타결을 위하여 우선 신문 논조에서 그 무드를 만들어 나가도록 하여야 하겠다.

아카기: 그렇게 하자.

5. 다음 회의

1) 실무자 회의를 3. 15(월) 중에 개최한다.

2) 농상회담 8차 회의는 3. 16(화) 15:30에 개최한다.

6. 신문 발표

금일 회의에 있어서는 기선과 척수 문제를 제외하고는 대체로 아래와 같이 합의하였다.

1) 공동규제수역 외측에 공동자원 수역을 설치하며 그 폭과 성격에 관하여서는 공동위원회에서 결정한다.

2) 어획량과 척수의 취급에 관한 기본적 사고방식에 합의하였다.

3) 협정 위반의 단속에 있어서는 원칙적으로 기국 관할에 속한다.

4) 출항기지, 양륙항, 어시장 등에 대하여 양국은 필요에 따라 공동으로 체크한다.

끝

75. 한일 농상회담에 따른 어업 실무자 회의 결과 보고 전문

번호: JAW-03332

일시: 161943[1965. 3. 16]

수신인: 국무총리, 외무 장관
참조: 대통령 비서실장, 농림부 차관
발신인: 주일 대사

1. 금 3. 16 농상회담 개최에 앞서 양국은 실무자 회합이 10:00부터 13:00까지 개최되었는데, 동 회합에서는 주로 공동위원회의 성격, 공동규제의 내용 및 울산만 확정 등 문제가 토의되었는 바, 동 토의 요지를 다음과 같이 보고함.

2. 일본 측은 공동규제의 내용에 관하여 문서로서 제시하여 왔는 바, 그 골자는 규제수역에 관하여는 A, B, D, 구분하지 않고 양국 어업별 출어 척수 중 큰 쪽 숫자를 표시하고(예: 50톤 미만 저인망은 00척, 40톤 이상의 선망 00척), 어선 규모는(저인망: 30톤 이상 170톤 이하, 트롤: 10톤 이상~550톤 이하, 선망 40톤 이상 100톤 이하, 고등어 일본 조 60톤 이상 100톤 이하)로 하고, 망목에 관하여는 이서, 이동으로 표현하지 않고 톤수로 표시 이에 따르는 망목(예: 50톤 미만 저인망은 33미터 이상)으로 표시하고 기타 휴어 기간 및 광역 등에 관한 내용으로 되었음.

이에 대하여 아 측은 척수는 장기간 A, B, C, D 등으로 구분하여 의뢰해왔는데 지금에 와서 구분을 없애서 내놓은 것은 전혀 납득이 안 간다고 강하게 반론하였으나 결국 이 문제는 다시 상호 검토해 보는 것으로 하였음(일본 측 제시문서는 다음 파우치로 송부 위계임).

3. 일본 측은 금일 회의에서 공동위원회에 관한 협정문 및 합의의사록에서 확인을

요하는 취체의 실시상황에 관한 동 위원회에 의한 '체크'에 관한 안을 제시하여 왔는 바, 동 공동위원 회의 구성 및 일부(일본 측 안)의 요지는 구성에 있어서는 각국별로 각각 위원부를 구성하여 상호 연락케 하고 상설 사무국을 설치 않기로 한다는 것이며 그 일부는 자원조사 및 협정실시에 상반되는 제반 기술적 문제를 검토하고 때에 따라서는 양국 정부에 필요한 권고를 한다는 요지임.

이에 대하여 아 측은 공동위원회에 권한을 부여하여 어느 부분에 관하여는 결정권까지 가지는 좀 더 권한 있는 기관으로 하여야만 실효를 거둘 수 있다고 주장하고 이를 위하여는 상설 사무국 설치도 고려되어야 한다고 주장하였음.

'스포트 체크'에 있어서 일본 측 안은 취체 감독이 아니라 '시찰'이라고 규정하고 있는바 아 측은 '시찰'이라는 표현은 약하다고 말한바, 일본 측은 시찰이라는 의미는 영어로 'OBSERVATION'이라는 의미라고 말하고, 어느 한쪽이 상대방 국가에 들어와서 체크 할 적에는 어디까지나 외교 경로를 통하여 입국 수속을 거쳐 '스포트 체크' 항구 및 지점에 대한 시찰 허가를 받는 등 상대방 국가의 국내 법령에 범위 내에서 행하여져야만 한다고 주장, 공동위원회에서 결정되었다고 자기 마음대로 상대방 국가의 허가도 없이 그냥 가서 감독형식으로 하면 곤란하다고 말하고 공동위원회는 어디까지나 권고 기관이지 결정기관은 아니다라고 반론하였음.

이에 대하여 아 측은 일본 측 안을 검토해 보고 후에 아 측 안을 말하겠다고 하였음. (일본 측 안 다음 파우치로 송부 위계).

4. 조사 수역 설정에 대하여 일본 측은 공동위원회 테두리 내에서만 다루자고 말하였는바, 아 측은 이것은 공동위원회에서 다루는 것은 물론이지만 우선 동 수역을 설정하여야 한다는 원칙은 상호 합의되어야 한다고 주장하였음.

5. 해상 릴레이 금지 및 표식 문제가 토의되었는바, 일본 측은 표식 문제는 기를 사용할 것인가 등등 기술적으로 검토되고 있다고 말하고 해상 릴레이는 일본 정부로서는 장려 아니할 것이고 또한 그러지 않도록 행정 지도 하겠다는 것을 합의의사록에 기입할 수 있다고 말한바, 아 측은 특히 해상 릴레이의 금지는 대단히 중요한 문제라고 말하고 좀 더 적극적인 방법을 일 정부가 강구하여야만 된다고 주장하였음.

6. 아 측이 과반 주장한바 있는 일 어선의 공동규제수역에 있어서의 아 국 무전국에 의한 통고에 대하여 일본 측은 공해 항해자의 주권국가의 입장으로서 절대 불가하다고 말한바, 다시 아 측은 5열 침투 등 안전보장상 및 입어 일어선 수의 확인 등 이유를 들어 반론하였으나 일본 측은 이 문제에 대하여는 절대로 불가라고 재차 주장하였음.

7. 영일, 울산만 획정을 토의하였는바, 일본 측은 영일만에 대하여 한국 측이 고려하여야 한다는 전제하에 울산만에 있어서 범월갑('봉게쓰미사키')과 화암추('가간슈')로 획선할 것을 제시하여 왔음. 이에 대하여 아 측은 후에 이 공사, 히로세 회담에서 다시 검토해 보자고 말하였음.

8. 또한 일본 측은 금일 회의에서 협정에 기입할 척수 문제에 있어서 일본 측 척수 및 어획량과 병행하여 한국 측 척수도 기입하여야만 된다고 주장한바, 아 측은 아 측의 현재 어업 실태 및 어선 능력으로 보아 협정에 기입한다는 것은 없는 것을 있다라고 하는 공 숫자가 되어 대국민 설명 등에 있어서 곤란하며 또한 이 문제는 아 측의 이제까지의 'UNDERSTANDING'과 틀린다고 주장한바, 일본 측은 이 문제와 연관하여 한국의 어업 능력은 일본이 제공하는 어업 협정[력] 등으로 점차 증가될 것이라는 주장을 하고 일방적으로 일본 척수만 협정에 기입한다는 것은 대국의 설명 및 비준 시 곤란하다고 강경히 주장하여 이 문제는 결국 결말을 못 보았음.

9. 본 실무자 회의를 명일에 다시 속개하여 금지선 내의 취체, 표식, 해상 릴레이 등에 관하여 검토하기로 하고 폐회하였음.(주일정-외아북)

84. 공동규제 내용, 공동위 협정문, 금지구역에 관한 합의의사록 일본 측 안 송부 공문[12]

주일정 722-98

1965. 3. 16

수신: 국무총리, 외무부 장관
참조: 대통령 비서실장, 농림부 차관

제목: 농상회담에 따르는 공동규제 내용, 공동위 협정문, 금지구역에 관한 합의의사록 일본 측 안 송부

참조: JAW—03332, JAW-03393

표기의 건에 관하여 일본 측이 아 측에 수교한 일본 측 안 사본 각 1부를 송부하오니 참고하여 주시기 바랍니다.

유첨: 1. 공동규제의 내용에 관한 일본 측 안 1부
      2. 어업공동위에 관한 협정문의 요지 일본 측 안 1부
      3. 금지구역에 관한 합의의사록 요지 일본 측 안 1부
      4. 양국 어선 간의 조업 안전 유지에 관한 일본 측 안 1부
      5. 어업조정 조치 실시에 관한 일본 측 안 1부

끝

주일 대사 김동조[직인]

---

12 편집자가 내용에 맞게 문서의 순서를 바꾸었음.

첨부물

84-1. 일본 측이 1965.3.16 제시한 공동규제 내용 등에 관한 문서

0630　共同規制の內容について

　　共同規制水域についてはA, B, Dの区分はつけず, その外国のみを規定することを前提として, 共同規制の內容を次のとおり協定附属書において規定することとする.

　1. 最高出漁隻数(兩国のうちの大なる隻数)
　(1) 50トン未滿の底びき漁業 ○○隻
　(2) 50トン以上の底びき漁業 ○○隻
　(3) 40トン以上のまき網漁業 ○○隻
　(4) 60トン以上のさば釣漁業 ○○隻

　2. 漁船規模
　(1) 底びき漁業 30トン以上170トン以下
　(2) トロール漁業 100トン以上550トン以下
　(3) まき網漁業 40トン以上100トン以下
　　　(現存する100トン以上船1隻は例外とする.)
　(4) さば釣漁業 60トン以上100トン以下

　3. 網目
　(1) 50トン未滿の底びき漁業 33mm以上
　(2) 50トン以上の底びき漁業 54mm以上
　(3) まき網漁業30mm以上
　　　(注) 海中における內経とする.

4. 休漁期間

底びき漁業 6月及び7月

5. 光力

(1) まき網漁業 燈船2隻 10kW以下
　　　　　　　　1隻　7.5kW以下
　　　　　　　　計　27.5kW以下

(2) さば釣漁業 (ただし60トン以上) 10kW以下

6. 50トン以上の底びき船は, 東経128度以東の海域には, 両国とも出漁しないこととする.

禁止区域に関する合意議事録要旨(案)

(四〇. 三. 一七)

韓国代表　　大韓民国政府は, 大韓民国の関係漁船に対し, 現在日本国政府が設定している次の(イ)の漁業禁止区域及び(ロ)の区域に立入らないように指導する意向であることを申し述べます. これらの水域内における大韓民国漁船の取締り及び裁判管轄権は大韓民国に属するものであることを明らかにしておきたいと考えます.

　　((イ) 漁業禁止区域の表示)(領海及び対馬附近の漁業水域を除く)

　　((ロ) 東経一二八度, 東経一二八度三〇分, 北緯三三度九分一五秒, 北緯二五度の各線でかこまれた水域で日本国領海に含まれない部分)

日本代表　　前記(ロ)の区域においては, 現在総トン数五十トン以上の日本国の底曳漁船が例外的に操業している事実及び今後も右操業が許可される見込みであることを付言いたします.

次に日本国政府は, 日本国の関係漁船に対し, 現在大韓民国政府が設定している

次の漁業禁止区域に立入らないように指導する意向であることを申し述べます。この水域内における日本国漁船の取締り及び裁判管轄権は日本国に属するものであることを明らかにしておきたいと考えます。

　(水域の標示)(漁業水域を除く)

0634　韓国代表　　前記の大韓民国の漁業禁止区域中,,,,の部分においては,○隻の大韓民国の底曳漁船が,充分,,,,の部分においては○隻の大韓民国のトロール漁船が,例外的に操業している事実,及び今後も右操業が許可される見込みであることを付言いたします。

0635　漁業共同委員会に関する協定文の要旨

(四〇.三.一六)

　一. 委員会の構成等
　(1) 両国政府は,日韓漁業共同委員会(以下「委員会」という.)を設置する.
　(2) 委員会は,二の国別委員部で構成し,各国別委員部は,それぞれの政府が任命する 人の委員で構成する.
　(3) 委員会のすべての決定は,国別委員部の間の合意によつてのみ行なうものとする.
　(4) 委員会は,その会議の運営に関する規則を決定し,及びその必要があるときは,これを修正することができる.

0636　(5) 委員会は,国別委員部の間の協議に基づき,随時合意された場所において会合する.第一回会議の期日及び場所は,両国政府の合意で決定する.
　(6) 各国政府は,自国の国別委員部の経費を決定し,かつ,支払うものとする.
　(7) 委員会の公用語は,日本語,韓国語及び英語とする.提案及び資料はいずれの公用語によつても委員会に提出することができる.

二. 委員会の任務

(1) 両国が共通の関心を有する漁業資源の保存のため、必要な科学的研究を行ない、又は必要に応じ専門家をもって構成される下部機構を設置してこれを行なわせること及びその結果に基づきとられるべき共同の規制措置について両国政府に勧告すること.

(2) (1)の科学的研究を行なうにあたり、必要に応じて、資源調査水域を設置すること.

(3) 両国の漁船間の操業の安全及び秩序を維持するために必要な措置につき検討し、又は必要に応じ専門家をもつて構成される下部機構を設置してこれを検討させること及びその結果に基づきとられるべき措置について両国政府に勧告すること.

(4) その他協定の実施に伴う技術的な諸問題を検討し、必要と認めたときはとられるべき措置について両国政府に勧告すること.

両国の漁船間の操業の安全及び秩序の維持に関する合意議事録要旨(案)

協定第　条第　項 (前記二(3))の規定は、両国の漁船間の操業の安全及び秩序を維持するために必要な措置について、両国の漁業者が相互間で取極めを結ぶことを妨げるものではないことを確認する.

(四〇.三.一六)

合意議事録において次の要旨を確認する.

1. この協定の第　条の暫定的漁業調整措置の実施に関し、一方の国の政府は、自国の港における取締りの実施状況を視察するための便宜を、自国の国内法令の範囲内で地方の国の政府の視察員に与える.

2. 前記の視察の実施細目は、両国政府の協議により合意される.

0640 공동규제의 내용에 관하여

공동규제수역에 관하여는 A, B, D의 구분을 부치지 않고 그 외측 만을 규정할 것을 전제로 하고, 공동규제의 내용을 다음과 같이 협정 부속서에 규정한다.

1. 최고 출어 척수(양국 중의 많은 척수)
(1) 50톤 미만의 저인망 어업 ○○척
(2) 50톤 이상의 저인망 어업 ○○척
(3) 40톤 이상의 선망 어업 ○○척
(4) 60톤 이상의 고등어 낚시 어업 ○○척

2. 어선 규모
(1) 저인 어업 30톤 이상 170톤 이하
(2) 트롤 어업 100톤 이상 550톤 이하
(3) 선망 어업 40톤 이상 100톤 이하(현존하는 100톤 이상 선 1척은 예외로 한다)
(4) 고등어 낚시 어업 60톤 이상 100톤 이하

3. 망목
(1) 50톤 미만의 저인 어업 33밀리미터 이상
(2) 50톤 이상의 저인 어업 54밀리미터 이상
(3) 선망 어업
   (주) 해중에서의 내경으로 함.

4. 휴어 기간
저인 어업 6월 및 7월

0641　5. 광력

　(1) 선망 어업 등선 2척 10킬로와트 이하
　　　　　　　　　1척　7.5킬로와트 이하
　　　　　　　　　계 27.5킬로와트 이하

　(2) 고등어 낚시 어업(단 60톤 이상) 10킬로와트 이하

6. 50톤 이상의 저인선은, 동경 128도 이동의 해역에는 양국이 다 출어하지 않기로 한다.

0642　**금지구역에 관한 합의의사록 요지(안)**

(65. 3. 17)

한국 대표

　대한민국 정부는 대한민국의 관계 어선에 대하여 현재 일본국 정부가 설정하고 있는 다음의 (가)의 어업금지구역 및 (나)의 구역에 들어가지 않도록 지도할 의향임을 말씀드립니다. 이 수역 내에서의 대한민국 어선의 단속 및 재판 관할권은 대한민국에 속하는 것임을 명백히 해 두고자 합니다.

　(가) 어업금지구역의 표시(영해 및 대마도 부근의 어업수역을 제외한다)

　(나) 동경 128도, 동경 128도 30분, 북위 33도 9분 15초, 북위 25도의 각선으로 포위된 수역으로서 일본국 영해에 포함되지 않는 부분

일본 대표

　전기 (나)의 구역에서는 현재 총 톤수 50톤 이상의 일본국의 저인 어선이 예외적으로 조업하고 있는 사실 및 금후도 동 조업이 허가될 예정임을 부언합니다.

　다음에 일본국 정부는, 일본국의 관계 어선에 대하여 현재 대한민국 정부가 설정하 0643 고 있는 다음의 어업금지구역에 들어가지 않도록 지도할 의향임을 말씀드립니다. 이 수역 내에 있어서 일본국 어선의 단속 및 재판 관할권은 일본국에 속하는 것임을 명백

히 하고자 합니다.

(수역의 표시)(어업수역을 제외한다)

한국 대표

전기의 대한민국의 어업금지구역 중 ……의 부분에 있어서는 ○척의 대한민국의 저인 어선이, 또한 ……의 부분에 있어서는 ○척의 대한민국의 트롤 어선이 예외적으로 조업하고 있는 사실 및 금후도 동 조업이 허가될 예정임을 부언합니다.

0644   **어업공동위원회에 관한 협정문의 요지**

(40. 3. 16)

1. 위원회의 구성 등

(1) 양국 정부는 한일 어업공동위원회(이하 '위원회'라 한다)를 설치한다.

(2) 위원회는 2개의 국별 위원부를 구성하고 각국별 위원부는 각각의 정부가 임명하는 ○인이 위원으로 구성한다.

(3) 위원회의 모든 결정은 국별 위원부 간의 합의로만 행한다.

(4) 위원회는 그 회의의 운영에 관한 규칙을 결정하고 또한 그 필요가 있을 때에는 이것을 수정할 수 있다.

(5) 위원회는 국별 위원부 간의 협의에 기하여 수시 합의된 장소에서 회합한다. 제1회 회의의 기일 및 장소는 양국 정부의 합의로 결정한다.

(6) 각국 정부는 자국의 국별 위원부의 경비를 결정하고 또한 지불한다.

(7) 위원회의 공용어는 일본어, 한국어 및 영어로 한다. 제안 및 자료는 어느 공용어로도 위원회에 제출할 수 있다.

2. 위원회의 임무

(1) 양국이 공통의 관심을 가지는 어업자원의 보존을 위하여 필요한 과학적 연구를 행하고 또는 필요에 따라 전문가로 구성되는 하부 기구를 설치하며 이를 행하게 하는

것과 그 결과에 따라 취해야 할 공동의 규제 조치에 대하여 양국 정부에 권고하는 것

　(2) (1)의 과학적 연구를 행함에 있어 필요에 따라 자원조사 수역을 설치하는 것

　(3) 양국의 어선 간의 조업의 안전 및 질서를 유지하기 위하여 필요한 조치에 대하여 검토하고 또는 필요에 따라 전문가로 구성되는 하부 기구를 설치하여 이를 검토 시키는 것과 그 결과에 따라 취해야 할 조치에 관하여 양국 정부에 권고하는 것

　(4) 기타 협정 실시에 따른 기술적인 제 문제를 검토하고 필요하다고 인정할 때에는 취해야 할 조치를 양국 정부에 권고하는 것

0646　**양국의 어선 간의 조업의 안전 및 질서의 유지에 관한 합의의사록 요지(안)**

　협정 ○조 제○항 (전기 2(3))의 규정은 양국 어선 간의 조업의 안전 및 질서를 유지하기 위하여 필요한 조치에 대하여 양국의 어업자가 상호 간에 약정을 체결함을 방해하는 것이 아님을 확인함.

0647　합의의사록에서 다음 요지를 확인한(65. 3. 16)다.

　1. 이 협정의 제 조의 잠정적 어업조정 조치의 실시에 관하여, 일방국의 정부는 자국 항에 있어서의 단속의 실시상황을 시찰하기 위한 편의를 자국의 국내 법령의 범위 내에서 타방국 정부의 시찰원에 제공한다.

　2. 정기의 시찰의 실시 세목은 양국 정부의 협의에 의하여 합의한다.

78. 한일 농상회담 제8차 회의 회의록

0622   제8차 한일 농상회담 회의록

1. 일시: 1965. 3. 16, 16:30~18:40

2. 장소: 일 농림성 분실(산반초)

3. 참석자: 한국 측: 차균희   농림부 장관
                 김동조   주일 대사
                 이규성   공사
                 이봉래   수산국장
                 김명년   대표
        일본 측: 아카기   농림대신
                 다카스기 수석대표
                 와다   대표
                 히로세   대표

4. 토의 내용

아카기: 오늘은 척수 이야기를 하느냐?

차 장관: 척수와 '캐치'[catch] 문제가 남아있는 큰 문제이니 양 농상끼리 이야기해보자.

아카기: 척수는 여기서 이야기하는 것이 좋을 것으로 아니, 일본 측 제안을 그대로 수락하여 달라.

0623   차 장관: '캐치'의 확인 문제를 국내에 설명, 설득이 갈 수 있는 방법이 보장되어야 하지 않겠는가? 그러하니, 일본을 불신한다는 것이 아니라 '캐치'를 정한 이상, 어떠한 방법을 일본 측이 배려해주어야 하겠다. 즉, '체크 시스템'을 말하는 것이다.

아카기: 합의의사록에 넣도록 일본 측에서 안이 나와 있다. 해상에서 하는 임검 같은 것은 피하고 육상에서 하는 것은 이야기해보자.

차 장관: 협정문서 준비로 해서 금요일 회담에서 양측 문서가 나와서 토요일에 '이니셜'할 수 있도록 하는 것이 좋겠다. 협력 이야기는 협정에 들어갈 것은 아니지만 금액과 조건, 한국 수산물 수입 및 어선의 수출금지 해제는 회담 후 공동 코뮈니케에서 발표할 수 있도록 하는 것이 좋겠다.

아카기: 회담 타결 후 같으면 대한 어선 수출금지 조치는 해제하겠다. 어구 및 어망의 수출금지 조치는 없다.

김 대사: 협정 초안에 '이니셜'하면 협정을 전제로 하는 이상 '이니셜'과 동시에 공동 코뮈니케에 집어넣어야 하지 않겠느냐?

아카기: 이 장관이 3월 22~23일경에 와서 일괄 타결의 가조인 시에 수산물의 제한 조치를 해제할 것을 고려하여 검토하겠다.

아카기: 한국 측의 어선 나포로 인한 손해(어선, 어구, 어획물 및 휴어 등)에 대한 일본 정부 보상 등은 금리를 가산하지 않고서도 원금만 67억 엔에 달하며 기타 인명피해 등을 합쳐서 70여억 엔에 달하니 한일 간에 이것을 어떻게 처리하느냐를 검토 결정하여야 하겠다.

차 장관: 그러면 농상회담의 의제로 하자는 것이냐?

와다: 선박 청구권과 관련하여 해결하자는 것이다. 김-오히라 메모에서 한국 선박 반환은 해결된 것이고 일본 측의 피해보상은 새로운 것으로 살아 있고 한국의 선박 청구권과 상쇄할 것은 아니다.

김 대사: 선박의 보상 및 인명피해에 대한 보상에 관한 일본 측 제안은 우선 비공식적인 이야기를 한 후에 농상회담에서 하느냐 또는 한일 전체회담에서 다루느냐를 이야기한 후가 아니면 일본 측이 이 자리에서 제안한다는 것은 이상한 것이 아니냐?

아카기: 전연 피해보상을 한국 측에 청구하지 않았다고 할 수는 없는 것이니 우선 얘기해두는 것이다.

김 대사: 일본 측 입장은 알겠으나, 이상 피해보상에 관한 대한 청구권에 관하여 일본 측은 최소한도 권리를 유보 안 한다라고 표시하고 있지 않다는 것은 제3국과의 관련 고려하에서 곤란하다는 이야기는 들은 바 있다.

농수산물의 수입 제한 조치는 본 조인하기 전에는 어렵다라고 아카기 대신은 이야기하고 있으나 '이니셜'과 동시에 제한 조치를 해제해 줄 것을 정치적으로 배려해 달라.

차 장관: 해태 수입 문제의 원칙은 금번 본인 귀국 전에 해결해보자.

와다: 해태 수입 제한 문제는 평화선 문제와 관계없이 국회에서 결의한 것이고 하니 수입 태세를 갖춘 후에 서서히 고려하는 것이 좋겠다.

차 장관: A, B, C, D 수역 구분 및 구역별 최고 척수 문제는 2, 3년 전부터 이미 합의된 것이고 하니 지금 이 시기에 와서 뒤집을 필요는 없는 것으로 안다.

와다: 철폐를 주장하는 것이 아니라 한국 측이 꼭 필요하다는 설명이 있으면 고집하지는 않겠다. 그러나 최근에 한일 간에 제안 내용이 서로 상이한 것이 있으니 그것을 깨끗이 정리하지 않으면 구역별 출어 척수는 처음부터 새로 협의하여야 되겠다라는 것이다.

김 대표: 총 척수가 결정되면 구역별 '브레이크 다운'은 간단한 문제이다.

와다: 어업 실태의 유동성을 고려하여 실태에 맞도록 하자는 것이다.

차 장관: 명일 실무자 레벨에서 한번 더 이야기해보자.

김 대사: 토요일(20)에 '이니셜'이 가능하도록 작업해보자.

히로세: 실무자 입장에서는 최선을 다하겠지만 도저히 곤란할 것 같다.

김 대사: '이니셜'과 동시에 어선 수출 제한을 철폐하자.

차 장관: 친선 무드 조성을 위해서도 좋은 이야기다. 협력기금 등의 이야기는 어업 대강 결정과 동시에 공동 코뮈니케에 집어넣을 수 있지 않겠느냐?

아카기: 양측이 결심만 하면 조인은 되는 것이다. 협력기금 이야기는 김-오히라 메모의 민간 베이스 협력기금의 일부이니 공동 코뮈니케 속에 집어넣을 수 있다.

김 대사: 내일부터 'Drafting Committee'를 시작하자.

히로세: 가장 중요한 것들이 결정되어야 하지 않겠느냐? 그리고 내일 4자회담 시는 사람 수를 제한하여 양측 5인 이내로 하자.

이 공사: 좋다.

*양 농상은 5시 35분부터 단독회담에 들어가 6시 40분까지 회담하였음.

양 농상은 동 단독회담에서 기선과 척수에 관하여 토의하였으나 상호 합의에 도달치 못하였음.

5. 신문 발표

양측은 기자들로부터 질문이 있을 시 기선 및 척수에 관하여 양측 입장이 여전히 대립하여 해결을 못 보았다라고 말하기로 하였음.

9차 회담은 17일 16:30부터 개최하기로 하고 이에 앞서 실무자 회의를 동일 오전 10:30부터, 수석대표 회담은 14:00부터 개최하기로 하였음.

79. 농상회담 관련 교섭 권한 위임 건의 전문

번호: JAW-03359

일시: 171955[1965. 3. 17]

수신인: 국무총리, 외무 장관
참조: 대통령 비서실장, 농림부 차관
발신인: 농림부 장관, 주일 대사.

농상회담과 관련하여 현재까지 어획량 척수 및 기선에 관하여는 이미 정부로부터 현지 사정에 비추어 농림부 장관의 재량으로 교섭을 진행하도록 훈령을 받은바 있아오나, 공동규제, 분쟁 처리, 공동위원회, 협정 위반의 단속 등에 관련한 어업협정의 여타문제 전부에 대하여서도 농림부 장관의 자유재량으로 처리하도록 교섭 권한을 위임하여 주시기 바람.(주일정-외아북)

80. 농상회담 관련 제주도 주변 수역 기선 획선 문제에 관한 청훈 전문

번호: JAW-03361

일시: 171957[1965. 3. 17]

수신인: 국무총리, 외무 장관
참조: 대통령 비서실장, 농림부 차관
발신인: 농림부 장관, 주일 대사

　금일 오후 개최된 제9차 농상회담에서 기선 문제만 아 측 안대로 수락하면 척수 문제는 일본 측 제안대로 받아들일 용의가 있음을 일본 측에 시사하였음에도 불구하고, 일본 측은 제주도 서 측 전관수역 외곽선과 126도 선의 교차점(북측)과 간서-하추자도 직선기선에 의한 전관수역 외곽선과 125로 54분 30초 선의 교차점과를 연결하는 사선까지 양보하여 왔으나 여전히 아 측이 주장하는 125로 54분 30초 선까지 접근해 오는 데는 현 상태로 보아 불가능한 형편임. 따라서 문제의 삼각(델타) 수역을 아 측이 포기하고 농상회담을 결말지을 것인지 혹은 일단 농상회담을 중단시킬 것인지 양자택일의 처지에 있음. 이에 대하여 명 18일 오전 중으로 아 측의 교섭방침을 훈령해주시기 바람.(주일정-외아북)

81. 어업 관련 일본 정계 사정과 농상회담 전략에 관한 보고 전문

번호: JAW-03364

일시: 180000[1965. 3. 18]

수신인: 국무총리 각하
참조: 중앙정보부장, 대통령 비서실장
발신인: 농림부 장관 차균희

일본 정계의 내막을 탐사한 결과 기선에 관하여 한국 측 제안을 받아들인다는 것은 대체로 확실합니다. 그러나 현재 아카기 대신의 교섭 태도는 완고하며 한국 안을 수락하는 것은 거의 불가능하다는 주장을 되풀이하고 있습니다. 그 이유로서는 막후교섭에서 한국이 제주도 서쪽 선에 대하여서는 이의가 없는 것으로 자기는 동쪽만 한국 주장대로 양보하겠다고 정부 수뇌부나 자민당 간부에게 설명하여온 만큼 정부 수뇌부나 당 간부로부터 지시가 없이는 절대로 양보할 수 없다는 것입니다. 따라서 이러한 환경 밑에서 우리가 양보하는 것도 너무나 억울하다고 생각되오니 일단은 결렬을 하여 놓는 것이 가장 현명한 생각인 줄 압니다.

결렬이라는 형식을 취한다면 아카기 대신의 입장이 난처하게 되고 일본 정부로서도 기선 문제 하나로서 결렬이 된다면 재고의 여지가 생기지 아니할 수 없습니다.

기선 문제만 우리 요구대로 응한다면 여타문제는 일본 측 의향을 받아들인다는 점을 명백히 하여 두었습니다. 설사 기선 문제만을 두고 결렬한다 하더라도 일본은 일본대로 재고할 것이니 이동원 외무 장관의 일본 방문 시에 정치협상을 하여 재차 농상회담을 할 수 있는 만큼 전략적 의미에서도 명일(18일) 최종교섭을 시도하고 결렬형식을 취하여 명후일 19일 대사와 동도 귀국 보고토록 허락하여주시기 바랍니다. 따라서 이 건의에 관하여 명 18일 오전 중까지 허락 여부를 지시하여 주심을 바랍니다.

83. 농상회담에 따른 4자 회담 결과 보고 전문

0626   번호: JAW-03393

일시: 181824

수신인: 국무총리, 외무 장관
참조: 대통령 비서실장, 농림부 차관
발신인: 수석대표

농상회담에 따르는 4자회담

1. 표기 회의가 제9차 농상회담에 앞서 3. 17 10:30~12:00까지 농림성 분실에서 개최되었던바 토의 내용을 아래와 같이 요약 보고함.

2. 참석자: 한국 측: 이 공사, 이 수산국장, 김 대표, 최 정무과장, 배 전문위원
    일본 측: 와다, 히로세 양 대표, 나카에 의무성 법규과장, 모리사와, 야스후쿠 양 과장

3. 토의 내용
1) 어업금지구역 침범 선박 제재 및 기선 획선에 따른 문제 등이 토의되었음.
2) 일본 측은 회의 벽두 전관수역 12마일 침범 선박에 대한 제재는 국제 선례에 의거하고 형량은 상호 같은 것으로 하여야 된다고 말하고 침범자는 일차 경고 후 침범을 계속하면 취체 후 연안국의 제도에 복종하면 된다 등으로 하였으면 좋겠다고 말하였음. 이에 대하여 아 측은 일본 측 설명을 우선 들어 두기로 하고 명일 전반에 걸쳐 요강적인 것을 내놓겠다고 말하고 어업금지구역 단속 문제부터 토의하자고 하였음. 일본 측은 '금지구역에 관한 합의의사록 요지 안'을 아 측에 수교하여 왔는바, 아 측은 동 안은 전에 농상회담 합의사항인 금지구역 내에서의 특정 어업에 종사하는 위반 어

선은 정선, 인도를 한다는 것과 완전하게 다르다고 주장한바 일본 측이 공해상의 금지구역 내에서 연안국이 정선 또는 나포할 권리의 근거가 없다고 반론하였음. 또한 아 측은 전관수역 12마일은 연안국의 연안 어업 보호를 위한 것이며 저인망 어업의 금지구역선도 역시 자원 보호와 연안 어업 보호를 위한 것이며 한일간에 어업금지구역을 존중 준수하겠다고 협정 부속서에 합의하겠다고 한 이상 일본 측은 단속에 성의껏 노력할 책임이 있다고 주장하였음. 일본 측은 이에 대하여 확인 조치를 기피하자는 것이 아니라 정선 조치 이외에 다른 좋은 선박 위치 확인 방법이 있으면 그런 방법을 취하자는 것이라고 말한바, 아 측은 이야기가 되지 않는다면 농상회담에 올려서 취체에 대한 것을 다시 정하도록 하자고 하였음.

3) 기선 문제에 있어서 아 측은 기선 문제는 일단 터치하지 않고 일어선 출입 금지선만 표시하자는 것이 우리 측 생각인데 어떠냐고 타진하고 흑산도 분리 문제는 제주도 문제가 해결되지 않으면 해결되지 않을 것이라고 말하였음. 일본 측은 결정된 기선은 표시하고 일 출어금지선을 표시하는 것이 아카기 농상의 입장이다라고 말하였음. 아 측은 간서-죽도선이 합의된다면 흑산도를 분리한다는 것이다라고 말한바, 일본 측은 그렇다면 제주도 동서의 일 출어금지선이 합의된다 하면 흑산도 주변의 상하 부분에 생기는 차는 어떻게 처리할 것이며 또 제주도 동 측은 어떠냐고 문의하였음. 이에 대하여 아 측은 아 측 기선으로 하면 그것은 전관수역에 포함되는 것을 유보하고 일 출어금지선을 표시할 때에는 떨어져 나간다, 즉 서는 대령도에서 횡도까지 동은 거문도까지 그을 수 있다고 말하였음. 또한 일본 측은 제주도 동서는 어떻게 되느냐고 말하고 공해에 관한 것과 일어선 출어금지선의 두 가지 문제가 있다고 말하였음. 아 측은 일본의 기선, 한국의 기선, 잠정적 일본 측 출어금지선 등 세 가지 선을 동시에 표시하자는 것이다 라고 답변하였음. 일본 측은 합의된 기선까지는 후일의 '트러블'을 없애기 위하여 기록에 남겨 두는 것이 좋겠다고 말하고 한국 측 입장을 종합해보면 제주도 주변에서 한국 측이 만족할 수 있는 기선을 그을 수 있다면 흑산도는 분리한다는 것인가라고 문의한바 아 측은 그렇다라고 답변하였음.(주일정-외아북)

88. 한일 농상회담 제9차 회의 회의록

0657   제9차 한일 농상회담 회의록

1. 일시: 1965. 3. 17, 16:00~18:00

2. 장소: 일 농림성 분실(산반초)

3. 참석자: 한국 측: 차균희   농림부 장관
           김동조   주일 대사
           이규성   공사
           이봉래   수산국장
           김명년   대표
   일본 측: 아카기   농림대신
           다카스기   수석대표
           와다   대표
           히로세   대표

4. 토의 내용

차 장관: 일본 측이 3월 9일 내놓은 어업단속과 재판 관할권에 관한 원칙은 대체로 받아들이고 다만 한국은 1, 2개 점에서 양해를 얻은 것으로 알고 있는데, 오늘 오전 중의 실무자 회의에서는 양 농상회담의 합의사항을 뒤집는다면 어떻게 되느냐?

아카기: 그러한 단서 내용을 합의한 바 없다. 공해상에 있어서의 취체는 기국에 의하여 할 것이다.

차 장관: 어업금지구역이란 상호 들어가지 않는 구역이니까 그 구역을 침범한 어선은 정선, 확인, 인도 정도는 인정해 주어야 되지 않겠느냐?

0658 아카기: 그러나 취체는 어디까지나 기국주의 원칙 하에서다.

김 대사: 위치를 확인하지 않으면 침범 여부로 분쟁이 일어나니 한국 측의 통고로서 직각 행정조치를 해주면 문제는 없다.

아카기: 한국 측의 통고는 신용한다. 반증이 없는 이상 한국 측의 통고를 존중 신용하여 행정처분 한다는 것이다.

히로세: 통고가 있으면 직각 처리한다는 것은 곤란하다.

차 장관: 일본이 협정한 것은 지킨다는 것을 확약해주지 않으면 안 되겠다.

김 대사: 그러면 통고는 존중, 처리한다는 것인가?

아카기: 반증이 없는 이상 존중 처리하겠다. 한국 공선이 통고하면 일본 공선도 그 통고를 캐치하니 그 증거가 남아, 그것을 근거로 처분한다는 것이다.

히로세: 통고를 '존중한다', '참고로 한다', 또는 '참작한다'라는 표현 방법을 협정상 어떻게 쓰느냐를 검토해 보자.

차 장관: 다음에는 공동위원회의 육상 체크는 우리 측으로서는 합의된 것으로 보고 있는데 어떻냐?

아카기: 일본 측의 생각은, 육상 체크는 할 수 있는 방법을 강구해 보자고 합의했으나 그것을 공동위원회에 위임하자는 것은 아니었었다.

차 장관: 우리는 공동위에 위임해서 협정상 규제실시사항을 'Inspection' 하자는 입장이니 그런 베이스로 실무자끼리 협의시켜 보자.

아카기: 척수와 기선 문제에 관하여는 아 측은 이야기할 것은 다 이야기했으니 별로 이야기할 것이 없다고 생각한다.

0659 차 장관: 한번 더 대신의 정치적 배려를 바란다. 아 측은 더욱이 일본 측의 이서 저인망 어업이나 이동 저인망 어업의 어획 실적량을 전부 수락한 것이나, 아 측이 가진 자료에 의한 척수는 전일 제시한 일본 측 척수보다 훨씬 적은 것이니 한 번 더 고려해서 제시해 주면 좋겠다. 흥정 식으로 너무 깎는다는 것은 실례이나, 이동은 조업 면적도 적은데다 일본 측 제안 척수는 한국 안의 3, 4배가 되니 재고를 바란다.

아카기: 연중 그 척수가 규제구역 내에서 조업하는 것도 아니고 하니 척수는 이 이상 너무 터치하기는 싫다.

차 장관: 우수한 일본 어선이 대거 출동할까 봐 한국은 수동적인 입장에서 경계하지

않을 수 없다. 어업협력은 좀 더 진행되고 있느냐?

아카기: 정부자금으로는 하기 어렵다.

차 장관: 정부 간 베이스로 하지 않으면 실제 상 쓰기 힘들다.

김 대사: 수석대표 간 회담에서 나온 이야긴데 대장성 관계관을 농상회담에 참석시켜 어업협력 이야기를 진행시키자고 했다.

와다: 어업 문제 대강 결정이 되기 전에는 대장성에서는 어업협력 얘기에는 참석치 않겠다는 것이다.

* 5:20부터 공식회담은 중단하고 6:00까지 농상 간 단독회견에 들어가 척수 및 기선 문제에 관하여 더 한층 토의하였음.

5. 신문 발표

신문 발표에 관하여는 기자들로부터 질문이 있을 시에는 양측 입장이 여전히 대립하여 별 진전이 없었다라고 말하기로 하였음.

다음 10차 회담은 3월 19일 15:00에 하기로 하였으나 19일 한국 측의 요청으로 회동하지 않았음.

89. 한일 농상 간 단독회담 결과 보고 전문

0667   번호: JAW-03538

일시: 251407[1965. 3. 25]

수신인: 국무총리
발신인: 농림부 장관
참조: 대통령 비서실장, 농림부 차관, 외무부 차관.

농상 단독회담

일시: 3. 19, 15:40~17:00
장소: 오쿠라호텔

차 장관: 제주도 주변 기선에 있어 양측 12마일은 기필 확보되지 않으면 국내적으로 설명이 곤란할 뿐 아니라 굴욕 외교라는 누명을 받게 되고 또한 본인은 매국적인 악명을 받게 될 것이니 동 기선에 대하여는 본인의 주장을 수락하여 줄 것을 강력히 주장함.

아카기 대신: 충분히 고려하겠으나 자기로서는 최종 결정이 곤란하니 수상에게 건의하여 수상의 재단을 받아 말하겠다고 함.

(제반 공기 및 심증으로 보아 아카기는 수상 체면을 세움과 동시 자기주장이 달성될 것으로 간주 되었음.)

90. 한일 농상 간 단독회담 결과 보고 전문

번호: JAW-03539

일시: 251407[1965. 3. 25]

수신인: 국무총리
발신인: 농림부 장관
참조: 대통령 비서실장, 농림부 차관, 외무부 차관

농상 단독회담

일시: 3. 20, 16:00~16:30
장소: 힐튼호텔

1. 제주도 서 측 기선에 관한 한국 측 주장에 대하여 일본 측으로서는 국제 통념상 일본 측 안을 다시 밀 수밖에 없다고 함.

2. 본인은 아카기 대신의 복안 및 심정이 전전하고 있을뿐 아니라 신문에 모든 것을 발표하고 있으니 아 측 입장이 매우 곤란하며 이는 일본 측이 아 측의 일방적인 양보를 강요하는 간접적인 처사임을 맹렬히 힐난함.

3. 이에 대하여 일본 측은 어업협력 문제와 함께 수상, 장상, 외상, 농상 4자 회합을 열어 최종 결정을 하여 내 월요일(22일)에 그 결과를 알려주겠다고 말함.

91. 한일 농상회담 관련 일본 신문 보도 보고 전문

번호: JAW-03426

일시: 201014[1965. 3. 20]

수신인: 장관
발신인: 주일 대사

1. 20일 자 당지 조간신문은 한일 농상회담에 관하여 보도하고 있는 중, 제주도 주변의 어업금지선을 위요하고 양 농상은 합의에 이르지 못하고 이 금지선 문제는 결국 사토 수상의 재단에 맡겨져 이에 대한 수상의 재단 여하에 따라서는 오늘 중이라도 타결되어 내주 초에는 어업협정 요강에 가조인될 가능성도 있게 되었다고 대략 요지 다음과 같이 보도하고 있음.

"아카기 농상과 차 농림 장관은 어제 오후 비공식으로 회담하였다. 교섭의 초점인 제주도 주변의 일본 어선 출어금지선과 공동규제수역의 척수 결정에 관하여 이야기하였는바 전하여진 바에 의하면 이 회담에서는 제주도 동 측에 관하여는 합의를 보았는데 서 측의 금어선에 관하여는 한국 측의 강경한 요구에 부닥쳐 양방 의사 접근이 안되었다라고 전하여지고 있다.

이 때문에 아카기 농상은 어젯밤 수상관저에서 사토 수상과 회담, 수상의 결단을 요구하였던바, 이에 대하여 수상은 숙고하겠다고 답변하였다 하며 오늘 오후까지는 수상과 농상 간에 결론을 내어 최종적인 결판을 내리게 될 것이라고 전하여지고 있다.

입어 금지선 문제에 있어서 아카기 농상은 제주도 동 측의 일본 어선 입어 금지선은 한국 측 타협안을 받아들이겠는데 서 측에 관하여는 아카기 안이 최종안인 급급한 타협안이라고 주장하고 이 이상 한 발자국도 후퇴하지 않겠다라는 강경한 태도를 굽히지 않고 있고 시나 외상도 이를 지지하고 있다고 전하여지고 있어 어업회담이 일양 일 중에 타결될 것인가 아닌가는 사토 수상의 재단과 한국 측의 최종적인 향배에 관건이 맡겨져 있는 것이다. 따라서 어업교섭의 최 난관으로 알려진 금어선과 입어 척수는

20일의 사토·아카기 양자 간의 회담 여하에 따라서는 동일 중이라도 타결되어 내주 초에는 어업협정에 가조인할 전망은 남아있는 것이다. 또한 어업협력에 관하여는 계속 교섭하여 경우에 따라서는 양 농상의 공동성명에 집어넣어질 가능성도 강하게 되었다.

알려진 바에 의하면 한일 쌍방의 어업 대표 실무단은 오늘 오전 농림성에서 회동하고 어업 타결을 전제로 하는 어업협정 요강 안의 작성 작업을 시작할 것이라 하며, 협력 문제는 22일 사토 수상이 원내에서 다나카 장상, 시나 외상, 아카기 농상 및 가와지마 부총재 등 당 중진을 초치하여 최종 결단을 내릴 것인데 한국 측은 차 농상의 귀국 전에 합의점을 공동성명에 집어넣을 의향인 것 같다."

2. 20일 자 아사히 조간은 동지 서울 특파원의 발신 기사로서 정 총리가 한국은 앞으로 구성을 기획하고 있는 대한 국제차관단의 결성에 있어서 회담 타결 후 일본을 그 일원으로 받아들여 일본의 경제침략이라는 항간의 근심을 불식하려고 하고 있다고 말하였다고 보도하였음.(주일정 – 외아북)

96. 한일 농상회담 회의 진행과 관련한 보고 전문

번호: JAW-03496

일시: 231953[1965. 3. 23]

수신인: 대통령 각하(사본: 국무총리, 중앙정보부장)

발신인: 농림부 장관 차균희

회담 타결이 지연되고 있어 죄송합니다. 금일 오후 4시 일본 측 농림대신과 단독 회담을 가지고 현안 문제를 일괄 합의하고 어업협력자금의 액수와 금리에 관해서는 명조 일본 측의 확답을 받기로 하였습니다.

명일 오후 가능하면 회담 합의사항에 가조인을 하고 공동성명을 발표함으로써 회담을 종료하도록 대신과 양해하였습니다.

당지 대표부의 김 대사와 이 공사 이하 관계 직원의 필사적 노력에도 불구하고 만족스러운 결과라고 보고드릴 수 없는 타결이 되는 것을 송구스럽게 생각합니다.

구체적인 내용은 별도 보고를 참조하시기 바랍니다. 특히 이번 회담에서 중앙정보부장의 절대한 협조에 힘입은 바를 보고드림과 동시에 각하께서 치하하여 주심을 건의하옵고 각하의 건승을 앙축합니다.

끝

97. 한일 농상 간 단독회담 결과 보고 전문

번호: JAW-03537

일시: 251407[1965. 3. 25]

수신인: 국무총리
참조: 대통령 비서실장, 농림부 차관, 외무부 차관
발신인: 농림부 장관

농상 단독회담

일시: 3. 23, 16:00~17:00
장소: 농림성 분실.

1. 제주도 서 측 문제의 수역에 있어서 일본 측 어선의 금어선 북단을 125도 55분 30초로, 남단은 125도 50분 15초로 합의함.

2. 척수: 일본 측 최종안을 수락. 단, 일반 어업 중 고등어 일본조 어선(50톤 이하)은 175척으로 합의함(일본 측 300척을 주장).

3. 어업협력
   가) 총액: 아 측은 9,000만 불을 기정사실로 주장한 데 대하여 일본 측은 8,500만 불을 주장
   나) 금리: 아 측은 9,000만 불의 반을 5 이하로 하고 잔여 반은 5.5퍼센트 이하로 하며 상환조건은 종전 아 측 주장대로 할 것을 제의함.
   일본 측은 8,500만 불에 금리 5.75퍼센트를 주장
   주: 이 문제는 아카기 농상이 금야 수상에게 보고하여 재단을 받은 후 명일 결정

하기로 합의함.

다) 협력자금의 사용 시기는 법적지위와 청구권에 관한 가조인이 끝남과 동시에 사용토록 하기로 합의함.

라) 어선 어구의 대한 수출금지 해제 조치도 상기와 동일하게 합의함.

마) 해태는 우선 200만 속 수입하기로 하고 일본 국내 수입 체제 개편 후 더욱 증가하기로 합의

4. 명일 09:00 회담 재개 예정이며 16:00 경에는 가조인하고 2□일 중 귀국하도록 최대 노력 위계임.(주일정-외아북)

109. 한일 농상회담 제10차 회의 회의록[13]

0688   제10차 농상회담 회의록

1. 일시: 1965. 3. 24, 09:00~10:00

2. 장소: 일본 농림성 분실

3. 참석자: 한국 측: 차균희　농림부 장관
　　　　　　　　　김동조　주일 대사
　　　　　　　　　이규성　공사
　　　　　　　　　이봉래　수산국장
　　　　　　　　　김명년　대표
　　　　　일본 측: 아카기　농림대신
　　　　　　　　　와다　　대표
　　　　　　　　　히로세　대표

4. 토의 내용

아카기: 어제 일본 정부 4상 회담에서 어업협력에 관하여 얘기한바 총액을 9천만 불로 하고 그중 영세 어민용 4천만 불에 대하여는 금리를 5퍼센트로 하고 일 정부에서 그 차관을 알선(facilitate)하도록 노력하고 그 외 5천만 불은 금리 5.75퍼센트로 하여 일반 민간차관 베이스로 하여야 할 것이라고 결정하였다.

차 장관: 케이스 바이 케이스로 업자 간에 계약을 성립시키고 정부는 단지 그것을 승인해 주는 방식이라면 영세 어민을 위해서 사용이 곤란하니 현금 '크레디트'[credit]

13　편집자가 문서의 순서를 바꾸었음.

를 할당하여 할당받은 자의 희망에 따라 자동적으로 구매할 수 있게 하여야 될 것이다. 이러한 원활한 집행이 가능하도록 현금구매와 같은 방식의 '워커불'[workable] 시스템이 되어야 할 것이다.

0689   아카기: 일 정부로서는 아직 거기까지 결정하지 못하였다. 외무성에서는 집행에 관한 안을 가지고 검토 중이다.

김 대사: 상환은 어떻게 할 것인가?

와다: 착수금 10퍼센트로, 8년 상환을 고려하고 있다.

김 대사: 9천만 불의 차관을 성취토록 일본 정부가 3년 내에 조치한다는 것인가.

히로세: 약속할 수는 없으나 상환조건을 정해서 대여하는 방식을 연구 중이다.

김 대사: 9천만 불의 상환 방법은 업자 간 얘기에 맡기고 금리만 약간 조정한다는 것인가. 5천만 불은 $1+a$의 입장인가?

히로세: 5천만 불은 상업 차관 베이스이므로 케이스 바이 케이스로 결정될 것이며 4천만 불은 영세 어민용으로 좀 고려하겠다는 것이다. 9천만 불 모두가 1억 이상으로 표현되어 있는 민간차관 항목에 포함되어야 할 것이다.

와다: 만약 한국 측이 곤란하다면 동 차관 9천만 불이 구체적으로 김-오히라 합의 제3항의 일부로서 제공되는 것이라고 명시하지 아니하고 다만 어업협력차관으로 9천만 불을 한국에 공여한다고 농상 공동 코뮤니케에서 표명하는 것은 가하다. 동 코뮤니케에서는 영세 어민용이라는 표현은 일본의 국내 문제(일본에도 영세 어민이 많은데 남의 나라 영세 어민을 먼저 원조하느냐는 물의를 말함)가 있으니 '9천만 불 중의 일부'는 표현을 쓰는 것이 좋겠다.

0690   와다: 4천만 불 집행에 관하여는 한국의 수산계에서 4천만 불을 종합하여 일본 측과 교섭하도록 하면 되겠다.

차 장관: 우리나라에는 어협이 있으니 9천만 불의 반은 영세 어민을 위하여 금리, 조건 등을 유리하게 하고 나머지 반은 상업 차관으로 하나 내용을 구체적으로 4자회담에서 정하기로 하자. 금리에 있어서는 5.75퍼센트는 수락하기 곤란하다. 재고를 바란다. 집행에 있어서는 한국 측이 일본 상사를 지정할 수 있어야 하겠다.

아카기: 5.5퍼센트로 금리를 내리는 것은 절대 불가능하다.

와다: 일본의 상사를 지정하는 것은 좋다.

김 대사: 금리는 최고 5.75퍼센트 이하로 하되 영세 어민용 4천만 불의 금리는 어떻게 한다는 것을 확실히 해야 한다. 1+α 중에 9천만 불이 들어가는 것이라면 어업협력으로 9천만 불을 떼는 것이니 일반 산업용은 1천만 불이 되어 결국 1천만 불+α가 된다는 것이냐? 일 정부에서 협력차관의 실행을 책임지는가의 여부를 확실히 해 달라.

와다: 4천만 불의 금리는 5퍼센트이며 이는 농상 간 각서로 하고 농상 공동 코뮈니케에서는 표시하지 않아도 된다.

히로세: 금리는 5퍼센트 이하라고 할 수는 없다.

아카기: 9천만 불과 1+α와의 관련은 9천만 불이 1억에도 또 α에도 들어갈 수 있으니 반드시 1천만 불+α가 되는 것이 아니다(히로세, 와다: 그렇게 해석할 생각은 없다). 정부의 책임이란 협력차관 알선에 책임진다, 즉 facilitate의 책임을 진다는 정도이다.

김 대사: 어업용 차관(5천만 불)의 금리가 5.75퍼센트라고 해서 김-오히라 합의 제3항의 일반 민간차관의 금리도 모두 5.75퍼센트라고 해석되어서는 곤란하다.

와다: 동 금리는 9천만 불에 해당하는 것에 한한 것이다. 구체적으로 김-오히라 합의 제3항의 일부라고 얘기하지 않고 어업협력으로 9천만 불을 공여한다고 표현하면 될 것이다.

차 장관: 김-오히라 합의와 어업차관이 관계가 없다는 것을 확실히 해주어야 한다. 이를 각서로 써주면 좋겠다.

히로세: 청구권과는 원래 관계가 없으나 김-오히라 합의 제3항과 관계가 있을 뿐이다.

아 측은 어업협력차관의 성격 및 표현에 관한 원칙 문제에 있어서 일본 측의 입장을 양승함.

아카기: 척수 문제는 어떻게 하느냐?

차 장관: 농상 간에 합의한 대로 하자. 다만 D 수역의 새우 어업, 등심선 300미터 이내 수역에서의 조업금지 문제, 어기 제한 등에 관하여 실무자 간에서 이미 얘기한 것은 존중해 달라. 제주도 주변의 일어선 출어금지선은 한일 공동 제안 형식으로 서로 양해되었다고 하는 것이 좋겠다.

와다: 실무자 간에서 얘기하겠다.

차 장관: 한국 측 출어 척수 표시는 어제 얘기한 대로 하자.

와다: 15만 톤 범위 내에서 한국 어선이 일본 어선과 같은 어획 능력을 가질 때까지

는 동 문제를 어떻게 고려해 보자고 연구 중이다.

0692 　　히로세: 구체적 표시 방법은 다음에 얘기하자.

　　차 장관: 가급적 속히 합의사항에 '이니셜'하고 귀국해야겠다.

　　와다: 토요일 아침쯤을 목표로 작업하면 좋겠다.

　　차 장관: 해태 수입 문제에 관하여 귀국할 때까지 무슨 회답을 달라.

　　아카기: 수입 루트(체제)가 확립되면 결정하겠다.

　　차 장관: 귀국 후 곧 연구하겠다. 일단 토요일 오전 중을 목표로 '이니셜' 준비를 하자.

101. 한일 농상회담에 따르는 실무자 회의 요약 보고 전문[14]

번호: JAW-03529

일시: 250157[1965. 3. 25]

수신인: 국무총리
참조: 대통령 비서실장, 외무부 차관, 농림부 차관
발신인: 농림부 장관

농상회담에 따르는 실무자 회담 요약 보고

일시: 65. 3. 24, 10:00~10:50
장소: 농림성 분실
참석자: 이 공사, 이 국장, 김 대표
  와다, 히로세, 마쓰나가 조약과장

농상 간 양해 사항에 관한 문서작성

일본 측은 반드시 농상 간에 합의된 것이 아니라도 실무자 간에 권한이 위임된 것은 실무자 간에서 토의하여 양해된 것으로 집어넣자고 한 데 대하여 아 측은 농상 간에서 토의되고 양해된 것만을 적는 '요강의 골자'를 만들자고 주장하였음.
양측이 각기 요강 안을 작성하여 대조하되 '이니셜'을 영문으로 할 것에 합의함.
양측은 명 25일 10시에 양측 안을 각기 회의에 제출하기로 합의하고 농상 간 공동 코뮈니케에 관하여도 서로 연구키로 함.(주일정-외아북)

---

[14] 편집자가 문서의 순서를 바꾸었음.

98. 어업 문제 타결에 대한 대통령의 치하 전문

번호: WJA 03403

일시: 241355[1965. 3. 24]

수신인: 차 농림 장관
발신인: 대통령

어업 문제 해결에 있어 귀하의 애국적인 자세와 더불어 아 측에 유리하게 타결한 데 대해서 본인은 국민과 같이 만족하게 생각합니다. 또한 귀하의 고충과 어려운 여러 가지 난관을 극복하고 국민의 복지를 위해서 과단성 있는 가조인하게 된 데 대해서 귀하의 위로와 찬사를 아끼지 않습니다.

끝

99. 어업 문제 타결에 대한 대통령의 주일 대사 및 대표부 직원 치하 전문

번호: WJA 03404

일시: 241355

수신인: 김동조 대사 및 대사관 직원 일동

발신인: 대통령

금년 어업 문제를 아 측의 성공리에 가조인을 하게 된 데 대해서, 본인은 국민과 더불어 국가 장래를 위해서 귀하와 직원 일동들의 애국적인 노력에 대하여 경의를 표시하는 바입니다.

계속 나머지 제 문제를 조속한 시일 내에 해결이 될 수 있도록 일치단결해서 활동해주기를 기대하는 바입니다.

만족스러운 어업 문제 해결에 많은 고충과 난관을 극복하고 성공한 데 대해서 위로의 말씀을 아끼지 않습니다.

끝내 건투와 건승 있기를 기원합니다.

끝

110. 한일 어업교섭 타결에 관한 일본 신문 보도 동향 보고 전문

번호: JAW-0352

일시: 241756[1965. 3. 24]

수신인: 외무부 장관
발신인: 주일 대사

　24일 자 당지 각 주요 석간지는 제1면 톱기사로서 '한일 어업교섭 타결'이라는 표제 하에 농상회담을 통하여 추진되어 오던 한일 어업교섭이 24일 아침 제10차 농상회담을 기하여 타결되었다라는 요지로 다음과 같이 보도하고 있음. 한일 어업교섭은 24일 제10차 농상회담에서 제주도 서 측의 금어선 문제 및 어업협력 문제가 일괄 타결되어 27일 오전 중에 어업협정의 요강에 가조인하게 될 예정이다.

　타결의 내용은, 제주도 서 측의 금어선은 종래의 일본, 한국 양국 간의 거의 중간에서 선을 긋는다. 또한 어업협력은 민간 베이스로서 금액은 9,000만 불로 하여 그 일부의 금리에 관하여는 되도록이면 저리로 하도록 일본 측이 노력한다라는 요지로 되어 있다.

　또한 각 신문은 오늘 이 외무부 장관과 사토 수상과의 회담에서 사토 수상이 박 대통령의 방일을 정식으로 요청하였다고 보도되었으며 이에 대하여 이 장관은 국교 정상화 후 방일이 실현되도록 하고 싶다라고 말한 것으로 전하여 졌음.(주일성-외아북)

111. 한일 농상 간 양해 사항의 공동문안 작성 관련 고위실무자 협의 결과 보고 전문

번호: JAW-03575

일시: 261611 [1965. 3. 26]

수신인: 국무총리
발신인: 농림부 장관
참조: 대통령 비서실장, 농림차관, 외무 차관

농상회담에 관련한 고위 실무자회담

한일 양국 농상 간 양해 사항의 공동문안 작성에 관하여 다음과 같이 양차에 걸쳐 고위 실무자회담을 가졌으므로 이를 보고함.

일시: 3. 25 16:00~17:00, 21:00~02:40
장소: 농림성 분실
　　　외무성 회의실
참석자: 한국 측: 이 공사, 이 국장, 김 대표, 최 정무과장, 오 조약과장, 배원양 어업과장 외 3명
　　　　일본 측: 히로세 참사관, 와다 대표, 나카에 법무과장, 야스후쿠 과장 외 6명.

회의 내용 요약

1. 양측이 상호 초안을 제시하여 이를 음독하고 일차적으로 각각 상대방의 안에 있어서 문제가 된다고 발견한 점들을 지적하였음.

2. 아 측은 영문 안을 제시하였고 일본 측은 일본 안을 제시함(동 안 등은 파우치로

송부함)

    3. 일본 측은 반드시 농상 간에 합의된 사항이 아닐지라도 실무자 간에서 양해된 것은 동 문서에 포함하자는 입장을 취하여 다음과 같은 양해 사항 문안을 작성하였음. 일본 측은 다음 제 항목으로 안을 작성하고 있는바 아 측은 모든 항목에 문제되는 점이 있음을 지적하고 토의함.

    요약하면 아래와 같음.

  1) 어업수역(독점수역)

    연안 기선으로부터 12마일까지의 수역을 어업수역으로 함. 어업수역의 기선은 다음에 게시하는 선 이외에는 이를 저조선으로 함.

    대마도 저조선으로부터 12마일까지 수역은 일본국의 어업수역으로 함.

    문제점: 12마일의 명시는 받을 수 없다. 북한 연안의 기선이 저조선으로 된다는 해석이 가능한 문안은 수락하기 곤란하다.

  2) 어업수역 침범에 대한 취급

    제한된 정선권만을 인정함.

    문제점: 독점수역 관할권의 내용은 연안국에 속하는 것으로 이를 동 양해 사항에 포함시킬 필요가 없다.

  3) 어업수역의 외측에 있어서의 취체 및 재판 관할권은 어선 소속 국가만이 행사함. 취체의 실시사항을 확인하기 위한 상호 시찰에 편의를 제공함.

    문제점: 취체권 및 재판 관할권으로부터 기국주의를 구체화하는 방식으로 규정되어야 한다.

  4) 공해 자유 원칙의 확인

    협정에 의한 제한 및 규제 이외에는 어선 소속국 정부에 의한 제반 또는 규제 외에 어떠한 제한도 받을 수 없다는 국제법상의 원칙과 영해 및 어업수역에 있어서의 무해통항권을 확인함.

    문제점: 특별히 거시할 이유가 없다.

  5) 공동규제수역의 범위 및 어업 조정 조치

    양국은 평등한 입장에 입각하여 자원 보호를 위한 규제수역을 설치함.

공동규제수역 중 북위 36도 이북 동해안에 있어서 일본국의 저인 어업은 11. 1~ 5. 31 기간 이외에는 조업하지 않는다. 어획 능력의 격차에 관한 한국의 어선 척수 조정은 추후 정부 간에서 협의하기로 한다.

문제점: 평등한 입장은 실질적 평등이어야 한다. 북위 36도 이북 동해안에서의 조업 기간 중 조업 척수가 명시되지 않고 있다(이 문제로 아 측이 제시한 20척을 위요하고 장시간 논의함. 50톤 미만 기선저인망의 이서 수역 조업금지를 명시하지 않고 있다. 어획 능력 격차에 관하여 한국이 협정에 규정된 어선 척수의 제한을 받는 것은 처음부터 면제되어야 한다).

다음은 토의하지 못한 부분임.

6) 항의 계속

어획량의 표시는 협정상의 의무로서가 아니고 척수 규제에 관한 참고자료로서 규정한다. 어획량에 관한 척수 규제는 행정 지도에 맡기기로 한다.

7) 어업 조정 조치의 대상이 되지 않는 종류의 어업

일본 정부가 자주 규제하는 것으로 하며 농상 간에 합의된 척수에 관하여는 일본 정부가 이를 일방적으로 선언하기로 한다.

8) 국내 어업금지선 상호존중

이를 위하여 각국 정부는 행정지도 한다.

동 수역에서의 취체 및 재판관할권은 어선 소속국만이 행사한다.

위반을 발견한 경우 이를 즉시 상대방에게 통보하기로 한다.

9) 자원조사 수역 설치

10) 어업공동위원회의 구성 및 기능

11) 협정의 해석 및 적용

평화적으로 해결되는 경우를 제외하고 국제사법재판소에 부탁하는 것으로 한다.

4. 아 측에 제시한 양해 사항 초안의 항목

1) 기선 문제

한국은 일본과 협의한 기선을 기준으로 하여 한국의 어업 독점수역을 금후 선포하는데 일본은 이의가 없음을 확인한다. 협정은 연안국의 영해 범위 및 어업에 관한 관할권에 불리한 영향을 미치는 것이 아니다.

  2) 공동규제 조치

    가) 조사 수역 설치

    나) 척수 - 한국 측 최고 출어 척수는 어획 능력의 격차를 기준으로 조정된다.

    다) 어획량 - 10퍼센트 ALLOWANCE를 포함하여 규정된 어획량을 초과할 시에는 최고 출어 척수는 초과분에 비추어 출어 척수는 공동위원회에서 조정 삭감된다.

    라) 어선 규모, 광역, 망목

    마) 어업금지구역의 상호존중

    바) 규제에 대한 예외

    사) 규제 내용 실시 상황의 확인

      감시선의 주제를 규정함.

      단독 또는 공동으로 수시 필요에 따라 시찰함.

    아) 재판 관할 및 단속

      위반 통고하면 즉시 타당한 조치를 취할 것.

    자) 공동위원회

  3) 어업협력

양국은 어업에 관한 정보의 교환, 전문가의 교류 및 훈련 등을 촉진한다. 일본국은 총액 9천만 불의 상업 차관을 제공한다. 이 중 4천만 불은 특히 유리한 조건으로 공여된다.

112. 한일 농상 간 양해 사항의 공동문안 작성 관련 고위실무자 협의 결과 보고 전문

번호: JAW-03584

일시: 262145[1965. 3. 26]

수신인: 국무총리
발신인: 농림부 장관
참조: 외무부 장관, 농림부 차관, 대통령 비서실장

농상회담에 관련한 고위실무자 회담 요약 보고

연: JAW-03575

25일의 회의에 계속하여 농상 간 양해 사항의 공동문안 작성에 관하여 다음과 같이 고위실무자 회담을 가졌으므로 이를 요약 보고합니다.

일시: 3. 26, 15:00~17:40
장소: 가유회관
참석자: 한국 측: 이 공사, 이 국장, 김 대표, 오 과장, 배 과장 외 2명
       일본 측: 히로세 참사관, 나카에 과자, 야스후쿠 과장 외 9명

회의 내용 요약: 일본 측 문안의 문제점을 항목에 따라 계속하여 토의함.

일본 측 안 제7항: 어업조정 조치의 대상이 되지 않는 종류의 어업(연안 어업: 일본 정부가 자주 규제하는 것으로 하며 농상 간의 합의된 척수에 관하여는 정부가 이를 일방적으로 선언하기로 한다).

문제점: 1,700척이라는 척수 합의가 있었느냐에 양측의 의견 차이가 있음.

원칙적으로는 자주 규제이겠으나 내용에 변동이 있을 경우에는 공동위원회의 조정

을 거치게 하여야 할 것이다.

제8항: 국내법에 의한 어업금지구역
동 구역 상호존중을 위하여 각국 정부는 행정 지도한다.
동 수역에서의 취체 및 재판 관할권은 어선 소속국만이 행사한다. 타국 선박에 의한 위반을 발견한 관헌은 이를 즉시 상대방 국가에 통보하기로 하고 동 상대방 국가는 그 처분 결과를 타국에 '연락'하기로 한다.
문제점: 통보만으로 위반이 즉시 시정되지 아니하는 경우에 대비하는 정선권 등의 어떤 대책이 규정되어 있어야 할 것이다.

제9항: 자원조사 수역 설치
일본 측은 동 조사 수역을 규제수역의 외측에 (만) 설치하는 것이라고 제한할 필요가 없다고 주장하였음.

제10항: 어업공동위원회의 구성 및 기능
문제점: 일본 측은 동 기구의 상설이 불필요하다고 하고 따라서 사무국의 설치에 반대하고 있다. 일본 측은 소집을 연 1회라고 규정할 필요가 없다고 하고 일방의 요구에 의한 자동적 소집이 아니고 합의에 의한 소집만을 규정하자고 주장하고 있다.
동 위원회의 기능에 있어서 일본 측은 동 기구의 결정권에 정면 반대하고 있고 협정 위반에 대한 형량의 균등화를 위한 권고에 대하여도 반대하고 있다.

제11항: 협정의 해석 및 적용에 관한 분쟁: 평화적으로 해결되는 경우를 제외하고 국제사법재판소에 부탁하는 것으로 한다.
문제점: 이는 농상 간에 토의된 것이 아니므로 농상 간 양해 사항 안에 포함할 필요가 없다.

한국 측과의 토의의 결과 근본적으로 의견을 달리하는 부분으로서 양보할 수 없는 부분만을 말해보라고 한 아 측 요구에 대하여 일본 측은 다음 사항을 거론하였음.

1. 어업수역의 일방적 선언을 받아들일 수 없다.
2. 어업수역 침범에 대한 연안국의 관할권(그 내용을 명백히 하고 그를 어떤 부분까지 제한하여야 함을 규정하자는 것)
3. 재판 관할권에 관한 명사가 있어야 한다.
4. 공해 자유 원칙의 선언을 규정하여야 한다.
5. 척수의 내용 및 그 BREAK DOWN에 불찬성한다. 척수 규제 규정이 일본에만 적용된다는 등의 규정 방식에 반대한다.
6. 연안 어업에 관한 한국 측의 초안 내용에 반대한다.
7. 금지수역에 있어서의 정선권 등에 반대한다.
8. 위원회의 결정권에 반대한다.
9. 협력자금 등은 별도의 기초에서 출발하는 것이므로 이것이 어업협정에 규정될 수 없다... 협력의 정신 등을 협정 전문에 규정하는 것은 무방하다.

차기 회의 일자: 양측의 입장을 서로 분명히 하였으므로 일단 산회하고 각기 상대방의 의도를 존중하는 방향으로 제2차 안을 작성하여 명일중에 다시 회합하기로 하고 산회함. 회의의 방식과 시간에 관하여는 추후 연락하여 정하기로 함.(주일정-외아북)

116. 한일 농상 간 양해 사항의 공동문안 작성 관련 고위실무자 협의 결과 보고 전문

번호: JAW-03639

일시: 290029[1965. 3. 29]

수신인: 국무총리
발신인: 농림부 장관
참조: 외무부 장관, 중앙정보부장, 대통령 비서실장, 농림부 차관

농상회담에 관련한 고위실무자 회담 요약 보고

(한일 농상 간 양해 사항 문안의 작성을 위하여 개최된 고위실무자 회담)

일시: 65. 3. 28, 15:00~18:30
장소: 외무성 503호실
참석자: 한국 측: 이 공사, 이 국장, 김 대표, 오 과장, 배 과장.
　　　　일본 측: 히로세 참사관, 와다 대표, 나카에 과장, 모리사와 과장, 야스후쿠 과장

토의 내용

1. 농상 간 양해 사항 문안의 제2차 안을 상호 제시하고 설명함.

2. 일본 측의 제2차 안은 몇 개 항에 걸쳐서 표현 문구를 약간 수정한 데 그치고 원칙에는 여전히 큰 변화가 없었으므로 아 측은 일본 측의 2차 안에 실망하였다는 뜻을 표하였음.

3. 아 측 제2차 안은 주로 한국 측 출어 최고 척수 및 일본 측의 협정 위반선 취체,

어획량의 성격과 해석기준, 일본 측 최고 출어 척수의 어기별 구분 표시 등 중요사항에 관하여 아 측 입장을 밝히고 이외의 기타 사항에 있어서는 대폭 일본 측 안을 참작, 접근 안을 제시하였으나 일본 측은 계속하여 전관수역의 표시, 공해 자유 원칙의 확인, 어획량 규정이 법적 구속력을 수반하지 않는다는 것, 기국주의에 의한 취체권의 원칙 등에 영향을 주는 사항은 절대 양보할 수가 없다고 말하였음.

4. 일본 측은 아 측 안을 검토한 후 그 내용을 참작하여 명일 일본 측 제3차 안을 제시하여 조정할 것에 합의하고 산회하였음.

5. 명일 회의는 오후 2시에 외무성에서 개최할 예정임. (주일정 – 외아북)

117. 한일 농상 간 양해 사항의 공동문안 작성 관련 고위실무자 협의 결과 보고 전문

번호: JAW-03669

일시: 301436[1965. 3. 30]

수신인: 외무부 장관

발신인: 농림부 장관

사본: 국무총리, 중앙정보부장, 대통령 비서실장, 농림부 차관

농상회담에 관련한 고위실무자 회담 요약 보고

1. 3. 29, 16:00 어업에 관한 일본 측의 제3안을 수교 받았음.

2. 동일 21:30부터 상기 일본 안을 기초로 하여 토의를 진행하였으나, 모두 토의된 '최고 출어 척수'의 정의와 관련하여 일본 측은 '출어 감찰'을 '최고 출어 척수'에 한정하지 않고 훨씬 더 많이 발급할 입장을 처음으로 명백히 하여, '감찰'의 수를 '최고 출어 척수'까지 한정함으로써 일본의 어로를 제한하려는 우리의 입장과 현격한 차이가 있다는 것이 명백히 되어 토의가 진행되다가 01:30에 일단 산회하였음. (주일정-외아북)

118. 울산만 직선기선 관련 합의 보고 전문

번호: JAW-03005

일시: 301821 [1965. 3. 30]

수신인: 장관

발신인: 주일 대사

제7차 농상회담에서 위임된 바에 따라 울산만 및 영일만 기선에 관하여 금 3월 30일 이 공사와 히로세 간에 울산만 직선기선은 화암추와 범월갑으로 영일만에 있어서는 장기갑과 달만갑으로 확정하기로 합의하였음을 보고함. (주일정-외아북)

125. 어업 잔여 문제점 해결을 위한 농상회담 및 외무부 장관의 우시바 심의관과의 추가 교섭 결과 보고 전문

번호: JAW-04008

일시: 011513[1965. 4. 1]

수신인: 국무총리
발신인: 외무부 장관
사본: 대통령 비서실장, 중앙정보부장, 외무부 차관

금 1일 새벽 0시부터 3시까지 농상회담을 한 결과는 현재 문제점에 관한 양 농상 간의 양해가 완전히 대립하여 소위 정치협상으로써 해결할 가능성이 극히 희박하다는 감촉임. 따라서 농상회담을 필한 후 오전 6시까지 당 대표부에서는 농림부 장관을 중심으로 하여 금후의 교섭 진행에 관하여 숙의를 하였으며 본직은 이러한 양측의 극단적인 의견대립을 조정하기 위하여 금조 10:30부터 12:00시까지 외무성의 우시바 심의관을 만나 우리 측 입장을 충분히 설명하고 일본 측의 타협을 요청하였는바 그 결과는 다음과 같음.

1. 공해 자유 원칙의 확인 문제에 관하여서는 금번 가조인될 협정 요강 전문에 '공해의 자유를 존중한다는 원칙 밑에'라는 표현을 삽입하여 주게 되면, 일본 측이 제안하고 있는 공해 자유 원칙 준수의 확인 규정을 협정 본문에 넣어야 한다는 일본 측 입장을 굽힐 수 있을 것으로 판단됨.

2. 최고 출어 척수의 정의에 관하여 우리 측은 일본 정부가 교부하는 감찰 및 표식과 동수라야 한다는 우리 측의 주장과 출어 척수와 관계없이 일본이 자주적으로 작당한 수를 발부할 권한이 있다는 일본 정부 측 입장이 대립되고 있으나 일본 측은 출어 척수보다 약간의 ALLOWANCE를 붙인 일정 수(출어 척수의 약 30퍼센트)의 감찰 표식

으로 정하는 데 동의할 것으로 판단됨. 동 ALLOWANCE의 퍼센테이지에 관하여서는 잘 교섭하면 20퍼센트 정도로 낙찰될 가능성이 보임.

3. 어획량 기준량과 10퍼센트 ALLOWANCE를 붙인 양을 기준으로 하여 척수 조정을 하겠다는 현 일본 측 입장에는 변동이 없고 또 그 수량을 행정 지도의 목표로 삼되, 그 수량이 설사 초과된다 할지라도 협정 위반이라고 한국 측이 주장하여서는 안 될 것이라는 사고방식이 일본 측의 기본적인 자세라고 판단됨. 그러나 표현에 있어서 그 기본자세가 흔들리지 않는 범위 내에서는, 소위 일본 측이 주장하여 온 어획 기준량이 참고자료 운운하는 입장은 철회할 것으로 판단되며, 10퍼센트 ALLOWANCE를 붙인 양을 초과하였을 경우에 척수 조정만으로 규제하겠다는 정도에 그친다는 입장임.

4. 한국 측 출어 척수 표현에 관하여서는 어느 정도 타협의 가능성이 보이며 어획량 출어 척수의 월별 보고, 상시 감시 등에 대하여서는 타협의 여지가 있다고 판단되었음.

5. 서상의 판단을 기초로 하여 현재 대립한 상태가 타결 불가능하다고는 보이지 않기 때문에 전력을 다하여 타결하도록 노력하겠음.

6. 설사 금일중에 이러한 대립점에 관한 의견 조정이 가능하다 하더라도 명일 오후가 되어야 그 조인을 할 수 있을 것으로 생각한다고 우시바 심의관이 본직에게 말한 바 있으나 결국 명일 양 장관이 귀국할 수 있도록 명조 가조인을 목표로 하여 최대한의 노력을 하기로 합의하였음.

7. 일본 측이 어업협정을 뒤로 미루고라도 현재 대체로 완결되었다고 볼 수 있는 청구권 문제와 법적지위 문제를 먼저 가조인하여 외무부 장관이 명일 귀국할 수 있도록 하자는 본직의 제안에 관하여 일본 측은 일본 측의 기본 방침이 어업을 포함한 일괄 동시 조인이며 지금도 이 방침에 변동이 없다는 이유로 본직의 제의를 명백히 거부한 바 있음.(주일정 – 외아북)

주일 대사

127. 농상 간의 합의사항 최종 정리를 위한 고위급 회의 결과 보고 전문

번호: JAW-04028

일시: 011936[1965. 4. 1]

수신인: 장관

발신인: 주일 대사

참조: 국무총리, 대통령 비서실장, 중앙정보부장, 외무 차관

농상 간의 합의사항을 최종적으로 정리하기 위하여(단, AD REFERENDUM의 베이시스) 금일 오후 4시부터 아 측으로부터 김 대사, 김명년 대표, 최광수, 배동환, 오재희 과장, 일본 측으로부터 우시바 심의관, 히로세 참사관 와다 수산청 차장, 마쓰나가 조약과장, 야스후쿠 어업조정과장 등이 회동하여 외무성에서 회의를 개최하였는바 오후 7시에 일단 휴회하였으며, 석식 후 8시부터 다시 속개할 것임. 동 회의는 심야까지 계속될 것으로 전망되옵기 우선 보고함.

128. 어업교섭 관련 김동조 대사의 대통령 앞 보고 전문

번호: JAW-04030

일시: 020534[1965. 4. 2]

수신인: 대통령 각하

발신인: 주일 대사 김동조

소직이 불민한 탓으로 어업 문제 해결이 이와 같이 장시일을 소요하고 각하의 염려를 많이 끼치게 된 것을 황송하게 생각합니다.

작일 하오 4시부터 지금(2일) 5시 5분까지 철야 교섭한 결과 소직이 전보로 작일 보낸 JAW-04008의 판단보다는 월등 유리하게 완전 합의를 보았습니다.

대표부 직원 최광수, 오재희 양 서기관과 농림부 직원 김명년, 배동환 양인의 헌신적인 협력을 얻어 우리의 주장을 마지막까지 관철하기 위하여 최대한의 노력을 하였습니다.

어업협정 내용을 약 한 시간 뒤에 전문을 정부의 승인 훈령을 받기 위하여 보낼 작정입니다.

가조인을 위한 단순한 사무절차 관계로 금일 오후 내지 밤까지는 그 작업을 완료하고 이미 완전 합의된 청구권 문제, 법적지위 문제와 일괄하여 가조인을 마치고 외무부 장관과 농림부 장관은 명일 귀국할 수 있습니다.

이로써 한일 간의 현안인 전반 문제가 그 대강이나마 완전 해결을 보게 되었습니다.

각하의 만수무강과 건승을 빕니다.

129. 어업 문제에 관한 합의사항 관련 보고 전문

번호: JAW-04034

일시: 020818

수신인: 국무총리
발신인:

1. 작 1일 오후 4시부터 금 2일 오전 6시까지 외무성에서 개최된 회의에서 한일 간의 어업 문제에 관한 합의사항(가조인을 위한 것)에 대하여, 본국 정부의 승인을 조건으로, 아래와 같이 합의하였음.
　회의 참석자: 한국 측: 김 대사, 김 원장, 최 정무과장, 배 원양어업과장, 오 조약과장
　　　　　　　 일본 측: 우시바 심의관, 와다 차장, 히로세 참사관, 마쓰나가 조약과장, 야스후쿠 어업조정과장

2. 본 합의사항은 한국어 문과 일본어 문으로 작성될 것임. 일본 내각은 금일 오후에 본 합의사항을 심의하게 될 것으로 보이며, 가조인은 다른 현안과 함께 명 3일 아침 가조인될 것으로 예상됨.

3. 합의된 사항은 아래와 같음
　차균희 대한민국 농림부 장관과 아카기 무네노리 일본국 농림대신 간에서 한일 간의 어업 문제에 관한 교섭과 관련하여 다음에 양해에 도달하였다.
　1) 어업에 관한 수역에 대하여
　(가) 양국은, 각기 자국의 연안의 기선으로부터 측정하여 12마일까지의 수역을, 동국이 어업에 관하여 배타적 관할권을 행사하는 수역으로서 설정할 권리가 있음을 상호 인정한다. 단, 이 어업에 관한 수역의 결정에 있어서 직선기선을 사용하는 경우에는, 그 직선기선은 타방국가의 정부와 협의하여 결정하는 것으로 한다.

(나) 양국 정부는, 일방국가가 자국의 어업에 관한 수역에 있어서 타방국가의 어선이 어업에 종사하는 것을 배제하는 것에 대하여 상호 이의를 제기하지 아니한다.

(다) 양국의 어업에 관한 수역이 중복되는 부분에 대하여는, 그 부분의 최대 의혹을 표시하는 직선을 2 등분하는 점과 양구의 어업에 관한 수역이 중복하는 부분이 끝나는 2 점과를 각각 연결하는 직선에 의하여 2 분한다.

(라) (가)의 단서에 의하여 대한민국이 결정하는 동국의 (가)의 어업에 관한 수역의 직선기선은 다음과 같은 것으로 한다(교환 서한).

    (1) 장기갑 및 달만갑을 연결하는 직선에 의한 만구의 폐쇄선

    (2) 화암추 및 범월갑을 연결하는 직선에 의한 만구의 폐쇄선

    (3) 1.5미터 암, 생도, 홍도, 간여암, 상백도 및 거문도를 순차로 연결하는 직선기선

    (4) 소령도, 서격열비도, 어청도, 직도, 상왕등도 및 횡도(안마군도)를 순차로 연결하는 직선기선

(마) 양국 정부는, 잠정적 조치로서, (가)에 의하여 설정되는 어업에 관한 수역을 구획하는 선과 다음의 각각의 직선과에 의하여 둘러싸이는 수역은, 당분간 대한민국의 어업에 관한 수역에 포함되는 것을 확인한다(교환 서한).

    (1) 북위 (　)도 (　)분 (　)초와 동경 127도 13분과의 교점과 우도의 진동 12마일의 점을 통과하는 직선

    (2) 북위 33도 56분 25초와 동경 125도 55분 30초와의 교점과 북위 33도 24분 30초와 동경 125도 56분 15초와 교점을 통과하는 직선

(바) 대한민국(일본국) 정부는 그 감시선에 의한 일본국(대한민국) 어선의 어업에 관한 수역 침범의 사실의 확인과 어선 및 승무원의 취급에 대하여 국제 통념에 따라 공정 타당하게 처리할 용의가 있다. (일방적 성명)

2) 공동규제수역(대한민국의 어업에 관한 수역을 제외함)의 범위

(가) 북위 37도 30분 이북의 동경 124도의 경선

(나) 다음의 각 점을 순차로 연결하는 선

    (1) 북위 37도 30분과 동경 124도와의 교점

    (2) 북위 36도 45분과 동경 124도 30분과의 교점

(3) 북위 33도 30분과 동경 124도 30분과의 교점

(4) 북위 32도 30분과 동경 126도와의 교점

(5) 북위 32도 30분과 동경 127도와의 교점

(6) 양국의 어업에 관한 수역이 중복하는 부분이 끝나는 남단의 점

(다) 양국의 어업에 관한 수역이 중복하는 부분의 최대의 폭을 표시하는 직선을 2등분하는 점과 양국의 어업에 관한 수역의 중복하는 부분이 끝나는 2 점과를 각각 연결하는 직선

(라) 다음의 각 점을 순차로 연결하는 점

(1) 양국의 어업에 관한 수역이 중복하는 부분이 끝나는 북단의 점

(2) 북위 35도 30분과 동경 130도와의 교점

(3) 북위 37도 30분과 동경 131도 10분과의 교점

(4) 우암령 교점

3) 공동규제수역 내에 있어서의 잠정적 어업규제 조치의 내용에 대하여

(가) 양국 정부는 공동규제수역에 있어서는 어업자원의 최대 지속적 생산성을 확보하기 위하여 필요한 보존 조치가 충분한 화학적 조사에 의하여 실시될 때까지의 기간 저인망, 선망 및 60톤 이상의 어선에 의한 고등어 일본조 어업에 관하여 잠정적 어업규제 조치를 실시한다.

(톤이라 함은, 총 톤수에 의하는 것으로 하며 선내의 거주구 개선을 위한 허용 톤수를 삭감한 톤수에 의하여 표시한다).

(나) 잠정적 어업규제 조치는 양국에 각각 적용되는 것으로 하며 그 내용은 다음과 같다.

(1) 최고 출어 척수 또는 톤수(공동규제수역 내에 있어서의 조업을 위하여 감찰을 소지하고 또한 표지를 부착하여 동시에 동 수역 내에 출어하고 있는 어선의 척수 또는 톤수의 최고한도를 말함.)

① 50톤 미만의 어선 저인망 어업에 대하여는 115척(단, 일본국 정부는 공동규제수역 중 대한민국의 경상북도와 경상남도와의 경계선과 해안선과의 교점과 북위 35도 30분과 동경 130도와의 교점을 연결하는 직선 이북의 동해(일본해)의 수역에 있어서는, 동시에 조업할 수 있는 일본국의 저인망 어선은

25척을 상회하는 일이 없다는 것, 11월 1일부터 익년의 4월 30일까지의 기간 이외에 있어서는 조업을 하지 아니하는 것, 수심 300미터 이전의 부분에 있어서는 조업하지 아니하는 것 및 새우의 혼획을 매항해의 총 어획량의 20퍼센트를 초과하지 아니하는 범위 내에 한정하여야 한다는 것을 확인한다(일방적 성명).

② 50톤 이상의 어선에 의한 저인망 어업에 대하여는
 ㄱ) 11월 1일부터 익년의 4월 30일까지의 기간에 있어서는 270척
 ㄴ) 5월 1일부터 10월 31일까지의 기간에 있어서는 100척

③ 40톤 이상의 망선에 의한 선망 어업에 대하여는
 ㄱ) 1월 16일부터 5월 15일까지의 기간에 있어서는 60통
 ㄴ) 5월 16일부터 익년의 1월 15일까지의 기간에 있어서는 120통

④ 60톤 이상의 어선에 의한 고등어 어업에 대하여는 15척 단, 조업 기간은 6월 1일부터 12월 31일까지로 하고, 조업 구역은 대한민국의 경상북도와 경상남도와의 경계선과 해안선과의 교점과 북위 35도 30분과 동경 130도와의 교점을 연결하는 직선 이남.
동경 125도 30분 이동으로서 제주도의 서 측에 있어서는 북위 33도 35분 이남의 수역으로 한다.

⑤ 일본국의 어선과 대한민국의 어선과의 어획 능력의 격차가 있는 동안, 대한민국의 출어 척수 또는 통수는 양국 정부 간의 협의에 의하여 본협정의 최고 출어 척수 또는 통수를 기준으로 하고 그 격차를 고려하여 조정된다.

(2) 어선 규모
 ① 저인망 어업 가운데서
  ㄱ) 트롤 어업 이외의 것에 대하여는 30톤 이상 170톤 이하
  ㄴ) 트롤 어업에 대하여는 100톤 이상 550톤 이하
   (단, 50톤 이상의 어선에 의한 저인망 어업(대한민국이 동해(일본해)에 이어서 인정하고 있는 60톤 미만의 새우 저인망 어업을 제외함)은, 동경 128도 이동의 수역에 있어서는 행하지 아니하는 것으로 한다).

② 선망 어업에 대하여는 망선 40톤 이상 100톤 이하.

단, 본 양해를 행할 때 일본국에 현존하는 100톤 이상의 선망 당선 1척은 예외로서 인정된다.

(3) 망목(해 중에 있어서의 내경으로 한다)

① 50톤 미만의 어선에 의한 저인망 어업에 대하여는 33밀리미터 이상

② 50톤 이상의 어선에 의한 저인망 어업에 대하여는 54밀리미터 이상

③ 선망 어업에 대하여는 33밀리미터 이상

(전갱이 또는 고등어를 대상으로 하는 선망의 주요 부분의 망목으로 한다)

(4) 광력

① 선망 어업에 대하여는 1톤당 10킬로와트 이하의 동선 2척 및 7.5킬로와트 이하의 동선 1척으로 하고, 합계 27.5킬로와트 이하

② 60톤 이상의 어선에 의한 고등어 어업에 대하여는 10킬로와트 이하

(5) 감찰(증명서) 및 표지에 대하여

① 공동규제수역에 출어하는 어선은 각기의 정부가 발급하는 감찰(증명서)을 소지하며 또한 표지를 부착하는 것으로 한다.

② 감찰(증명서) 및 표지의 총수는 잠정적 규제 조치의 대상인 어업별로 당해 어업에 관한 최고 출어 척수와 동수로 한다. 단, 어업의 실태에 비추어 50톤 이상의 저인망 어업에 대하여는 그 최고 출어 척수의 15퍼센트까지 50톤 미만의 저인망 어업에 대하여는 그 최고 척수의 20퍼센트까지 각각 증가 발행하는 것에 합의한다.

ㄱ) 감찰(증명서) 및 표지는 항구 내에 있어서의 경우를 제외하고 해상에 있어서 어느 어선으로부터 다른 어선으로 인도되는 일이 없도록 양국 정부는 행정 지도를 하는 것으로 한다(합의의사록).

ㄴ) 감찰(증명서) 및 표지는 금후 계속하여 협의하여 정한다.

ㄷ) 일방의 국가의 정부는 자국의 출어 어선의 정오 위치 보고에 의거하여 어업별 출어 상황을 월별로 집계하고 매년 적어도 4회 타방국의 정부에 통보한다(합의의사록).

4. 연간 총 어획 기준량에 대하여

공동규제구역 내에 있어서의 일본국의 저인망, 선망 및 60톤 이상의 어선에 의한 고등어 어업에 의한 연간 총 어획 기준량은 15만 톤(상하 10퍼센트의 변동이 있을 수 있음)으로 하는 것 및 이 15만 톤의 내역은 50톤 미만의 어선에 의한 저인망 어업에 대하여는 1만 톤, 50톤 이상의 어선에 의한 저인망 어업에 대하여는 3만 톤 및 선망 어업과 60톤 이상의 어선에 의한 고등어 어업에 대하여는 11만 톤이라는 것

연간 총 어획 기준량은 최고 출어 척수 또는 통수에 의하여 조업을 규제함에 있어서 지표가 되는 수량이라는 것. 또한 어느 일방국가도 공동규제수역 내에 있어서의 저인망, 선망 및 60톤 이상의 어선에 의한 고등어 어업에 의한 연간 총 어획량이 15만 톤을 초과할 것으로 인정하는 경우에는, 어기 중에 있어서도 연간 총 어획량을 16만 5천 톤 이하에서 멈추게 하기 위하여 출어 척수 또는 동수를 억제하도록 행정 지도를 행한다(합의의사록).

어느 일방국가의 정부는 자국의 출어 어선에 의한 공동규제수역 내에 있어서의 그 어획량으로 보고 및 양측 항에 있어서의 조사를 통하여 어업별 어획량을 월별로 집계하고 그 결과를 매년 적어도 4회 상대방 국가의 정부에 통고한다(합의의사록).

5. 단속 및 재판 관할권에 대하여

(가) 어업에 관한 수익의 외측에 있어서의 단속(정선 및 임검을 포함함) 및 재판 관할권은 어선이 속하는 국가만이 행사한다.

(나) 어느 일방국가의 정부도, 그 국민 및 어선이 잠정적 어업규제 조치를 성실히 준수할 것을 확보하기 위하여 적절한 지도 및 감독을 행하며 위반에 대한 적당한 벌칙을 포함하는 국내 조치를 실시한다.

(다) 일방국가의 감시선은, 타방국가의 어선이 현재 잠정적 어업규제 조치에 명백히 위반하고 있는 것으로 믿을만한 상당한 이유가 있는 사실을 발견하였을 경우에는, 즉시 이를 그 어선이 속하는 국가의 감시선에 통보할 수가 있다. 당해 타방국가의 정부는, 당해 어선의 단속 및 이에 대한 재판 관할권의 행사에 있어서 그 통고를 존중하는 것으로 하며, 그 결과 취하여진 조치를 당해 일방국가의 정부에 대하여 통보한다(합의의사록).

(라) 일방국가의 정부는 타방국가의 정부의 요청이 있었을 경우, 잠정적 어업규제 조치에 관하여, 자국 내에 있어서의 단속의 실시상황을 시찰시키기 위해 편의를 이를 위하여 특별히 권한을 부여받은 타방국가의 공무원에 대하여 가능한 한 부여한다(합의의사록).

6. 연안 어업에 종사하는 어선의 자주 규제에 대하여
(가) 양국 정부는 각각 다음의 취지의 일방적 성명을 행한다.
일본국 정부의 성명
"잠정적 어업규제 조치의 적용의 대상으로 되지 아니하는 종류의 어업에 종사하는 일본국의 어선으로서 공동규제수역 내에 있어서 동시에 연안 어업에 종사하는 것의 척수는 1700척을 상회하는 일이 없을 것이라는 것.
이들 일본국의 어선 가운데서 60톤 미만 25톤 이상의 고등어 어선의 조업 기간은 6월 1일부터 12월 31일까지로 하고 그 조업 구역은 공동규제수역 중 대한민국의 경상북도와 경상남도와의 경계선과 해안선과의 교점과 북위 35도 30분과 동경 130도와의 교점을 연결하는 직선 이남, 제주도의 서 측에 있어서는 북위 33도 30분 이남의 수역으로 하는 것"
(나) 양국 정부는 연안 어업의 조업의 실태에 관하여 정보의 교환을 행하며 어장 질서를 유지하기 위하여 필요한 경우에는 협의를 행한다(합의의사록).

7. 공동규제수역 내에 출어하는 양국의 포경어업에 종사하는 어선의 자주 규제에 대하여 양국 정부는 공동규제수역 내의 고래 자원의 상태에 깊은 관심을 가지고 있으므로 동 수역 내에 있어서 소형 포경어업의 조업 척수를 현재 이상으로 증가시킨다든지 어획 노력을 현재 이상으로 증대시킨다든지 하지 않으며 또한 대형 포경어선은 금후에도 현재 정도 이상으로 출어시키지 아니할 것을 확보할 의도라는 뜻으로 각각 일방적 성명을 행한다.

8. 국내 어업금지수역 등의 상호존중에 대하여
(가) 대한민국 정부가 현재 설정하고 있는 저인망 및 트롤 어업에 대한 어업금지수

역과 일본국 정부가 현재 설정하고 있는 저인망 및 선망 어업에 대한 어업금지구역 및 저인망 어업에 대한 동경 128도, 동경 128도 30분, 북위 33도 9분 15초 및 북위 25도의 각 선으로써 둘러싸이는 수역에 관하여 양국 정부가 각각 상대방 국가의 이들 수역에 있어서의 당해 어업에 자국의 어선이 종사하지 아니하도록 하기 위하여 필요한 조치를 취한다(합의의사록).

대한민국 정부가 전기의 대한민국의 어업금지수역 내의 서해(황해)의 부분에 있어서 대한민국의 50톤 미만의 저인망 어업 등 수역 내의 동해(일본해)의 부분에 있어서 대한민국의 새우 저인망 어업에 관하여 실시하고 있는 제도는 예외적으로 인정된다(합의의사록).

9. 공동자원조사 수역에 대하여

공동규제수역의 외측에 공공 자원조사 수역이 설정된다. 그 수역의 범위 및 동 수역 내에서 행하여지는 조사에 관하여는 어업공동위원회가 행하여야 할 권고에 입각하여 양국 정부의 협의에 의하여 결정된다.

(어업공동위원회가 공동규제수역 내에서 행하는 자원조사에 관하여는 계속 토의하여 결정한다)

10. 어업공동위원회의 구실 및 임무 등에 대하여는 계속 토의하여 결정한다.

11. 협정의 해석 및 적용에 관한 분쟁에 대하여는 계속 토의하여 결정한다.

12. 양국의 어선 간의 조업의 안전 및 질서를 유지하기 위하여 필요한 조치에 대하여는 계속 토의하여 결정한다.

13. 어업협정의 전문의 요지에 대하여는 다음과 같은 것으로 하며, 전문에 포함되어야 할 기타 사항에 대하여는 계속 토의하여 결정한다.
  (가) 양국이 공통의 관심을 가지는 수역에 있어서의 어업자원의 최대 지속적 생산성이 유지되어야 함을 희망하고,

(나) 전기의 자원의 보존 및 그 합리적 개발과 발전을 기도함이 양국의 이익에 득이 됨을 확신하고
(다) 공해 자유 원칙이 이 협정에서 특별한 규정이 있는 경우를 제외하고는 존중되어야 함을 확인하고,
(라) 양국의 지리적 근접성과 양국 어업의 고착으로부터 발생할 수 있는 분쟁의 원인을 제거함이 요망됨을 인정하고,
(마) 양국 어업의 발전을 위하여 상호 협력하기를 희망하고…

14. 무해통항에 대하여

영해 및 어업에 관한 수역에 있어서의 무해통항(어선은 어구를 격납하였을 경우에 한함)은 국제법규에 따르는 것이라는 것이 확인된다(합의의사록).

15. 어업협력에 관하여

양국 정부는 어업의 발전과 향상을 기도하기 위하여 기술 및 경제의 분야에 있어서 가능한 한 상호 밀접하게 협력하는 것으로 한다.

이 협력 가운데는 다음의 것을 포함한다.

(가) 어업에 관한 정보 및 기술을 교환하는 것
(나) 어업 전문가 및 기술자를 교류시키는 것(서한)(주일정 – 외아북)

130. 어업 문제에 관한 합의사항 관련 일본 측 입장 변경 보고 전문

번호: JAW-04036

일시: 021055[1965. 4. 2]

수신인: 외무부 차관 귀하

발신인: 주일 대사

참조: 국무총리, 대통령 비서실장, 중앙정보부 부장

연: JAW-04034

1. 대호로 송부한 '한일 간의 어업 문제에 관한 합의사항(안)' 제1항 '어업에 관한 수역에 대하여' 중의 (나)항 (어업에 관한 독점적 권리에 관한 규정)은 원래 일본 측의 제안이었으며, 금일 아침에 있었던 교섭 과정에서 쌍방 간에 합의가 되었던 것이나, 일본 측은 뒤에 와서 동 규정에 동의할 수 없다는 입장을 취하였으며 그 이유로서는 동일 항의 (가)에서 이미 어업에 관한 수역의 성격, 규정에 대하여 한국 측과 타협안에 합의하였기 때문이라고 하는바 당부로서는 일본 측이 전기 (나)항 규정을 수락하도록 종용하고 있으나 아직 그 가부는 알 수 없음.

2. 전기 합의사항에 13항 어업협정의 전문 요지 중 (다)항에 관하여, 대호로 송부한 문안은 아 측이 제안한 것인데 동 문안 중에 '쓰네니'[つねに], 즉 '항상'이라는 자구를 삽입할 것을 일본 측은 강력히 요구하고 있음. 즉 동 규정을 다음과 같이 하자는 것임.
"공해자유의 원칙이 이 협정에 특별한 규정이 있는 경우를 제외하고는 항상 존중되어야 함을 확인하고"로 하자는 것임. 그러한 일본 측 주장에 대하여 본직은 우리 정부로서는 그러한 자구의 삽입은 도저히 받아들일 수 없을 것이라고 강력히 주장은 하였으나 일본 측이 이에 응할는지 그 여부는 아직 확실치 않음.

교섭 과정에서 일본 측은 협정 본문에 공해 자유의 원칙을 규정할 것을 강력히 주장하여 왔으며, 결과적으로 아 측의 타협안대로 이를 협정 전문에 표시하기로 되었으며 이 문제 때문에 지금까지 토의되지 않았던 '전문의 요지'를 갑자기 채택하기에 이르렀음을 참고하시기 바람.

3. 전기 두 가지 문제점에 관하여 일본 측이 끝까지 그 주장을 굽히지 아니할 경우에 정부로서 그러한 일본 측 안을 받아들일 것인지의 여부 또는 기타 문제의 처리방안 등에 관하여 지급 회시바람.

4. 대호로 송부한 합의사항은 사무적 형편상 금일 오후에는 확정되어야 할 것으로 사료되기 때문에 이에 대한 국내 절차를 지금 취하여 주시고 그 결과를 회시 바람.

5. 본건 합의사항 교섭 과정은 현재 귀국 중인 이규성 공사로부터 그 상세를 보고받으시기 바람(주일정 – 외아북)

주일 대사

131. 어업 문제 관련 합의사항에 관한 일본 측 입장 보고 전문

번호: JAW-04042

일시: 021226[1965. 4. 2]

수신인: 외무부 차관

발신인: 주일 대사

참조: 국무총리 대통령 비서실장, 중앙정보부장.

연: JAW-04036

연호 전문 제1항에서 언급된 문제의 (나)항을 일본이 수락하였으므로 이에 대한 문제는 해결되었음.

연호 전문 제2항에 관하여서는 아직 미해결임. 이에 대한 정부 입장을 지급 회시 바람.(주일정-외아북)

135. 3개 현안(청구권, 법적지위, 어업) 합의사항에 대한 국내 조치 관련 본부 입장 통보 전문[15]

번호: WJA-04031

일시: 021255[1965. 4. 2]

수신인: 외무부 장관
참조: 주일 대사

1. 청구권 및 법적지위 문제에 관하여는 약간의 사소한 자구 수정이 있었으나(65. 4. 2) 각의의 의결을 얻었습니다. 장관께 연락이 되지 않아 전화로 김 대사에게 전언하였습니다. 수정 내용이 본질을 변경하는 것이 아니므로 김 대사에게 변경하도록 이야기하였습니다.

2. 어업에 관한 합의사항은 아직 그 문안을 일부만 받고 완전히 받지 못하였습니다(12:40 현재). 한편, 총리 이하 국무위원의 거의 전원이 미리 마련된 일정에 따라 금일 지방유세로 떠나게 되었습니다.

위와 같은 사정으로 금일 하오에 임시 국무회의를 소집하여 어업 문제를 상정하지 못하는 형편에 있습니다.

3. 다음 각의는 일요일 야간 또는 월요일에 소집할 수 있을 것이므로 '이니셜'이 이에 따라 부득이 월요일까지 천연 되지 않을 수 없을 것으로 생각됩니다. 따라서 명일 '이니셜'한다는 말이 나오지 않도록 배려하여 주시기 바랍니다.

4. 이와 같은 사정 하에서 '이니셜'의 시기 문제 및 장관 귀국 문제에 관하여 금일 고위층에 보고한 후 다시 알려드릴 것이오니 장관 귀국 문제에 관하여도 연락 있을 시까지 말씀하지 않도록 하여 주시기 바랍니다.

외무 차관

---

15 편집자가 문서의 순서를 바꾸었음.

132. 3개 현안(청구권, 법적지위, 어업) 합의사항에 대한 '이니셜' 문제 관련 지시 전문

번호: WJA-04046

일시: 021550[1965. 4. 2]

수신인: 외무부 장관, 농림부 장관, 주일 대사

연: WJA-04031

1. 연호 전문 2항에서 국무위원의 지방유세 관계로 금일(65. 4. 2) 하오에 임시 국무회의를 소집하기 곤란하다 하였으나 지방 유세계획을 변경하고 금 2일 20:00에 국무회의를 소집하고 어업 문제에 관한 합의사항을 승인하도록 하여 그 결과를 즉시 통고할 것이오니 명 4. 3 오전에 3개 현안의 합의사항에 일괄 '이니셜' 하도록 하신 후 외무 장관과 농림 장관은 명일 귀국하시기 바랍니다.

2. 3개 현안의 '이니셜'에 관하여는 법적지위 문제에 관하여는 법무국장이, 청구권 문제에 관하여는 일본 측이 우시로쿠 국장일 경우에는 연 아주국장이(일본 측이 대장성 관계자일 경우에는 김 경제기획원 차관보), 어업 문제에 관하여는 일본 측이 수산청 관계자일 경우에는 김명년 대표가 각각 '이니셜' 하도록 하시기 바랍니다.

3. 상기 '이니셜'의 시기(시간)와 발표 문제에 관하여 일본 측과 합의하는 대로 지급 보고하여 주시기 바랍니다.

국무총리

134. 3개 현안 합의사항에 대한 '이니셜' 및 외무부 장관 귀국 관련 건의 전문[16]

0742   번호: JAW-04047

일시: 021600[1965. 4. 2]

수신인: 대통령 각하
발신인: 외무부 장관, 농림부 장관, 주일 대사
참조: 국무총리, 대통령 비서실장, 중앙정보부장, 외무 차관

대: WAJ-04031

1. 외무부 차관 명의 대호 전문을 받아 보았습니다.

2. 어업, 교포의 법적지위, 청구권 해결 제 협정에 관한 합의사항 문안이 전부 이미 본국 정부에 보고되어 있습니다.

3. 내일(4월 3일) 예정대로 '이니셜'을 하고 귀국코자 하오니 각하의 재가를 앙청합니다. 일본 측 사정은 시나 외무대신이 내일부터 여행을 떠나게 되며 교포의 법적지위, 청구권 해결 두 가지만의 가조인은 일본 측에서는 절대로 듣지 않고 있습니다. 어업 문제만을 월요일(4월 5일)까지 천연할 수 없게 되어 있으며 이렇게 되는 경우 전면적 합의사항에 영향을 미치게 되며 시기적으로 쭉 천연될 위험성이 있습니다.

4. 이상의 점을 고려하여 각하에게 건의하오니 예정대로 내일 아침에 세 가지 문제를 일괄 '이니셜'할 수 있도록 긴급 지시하여 주시기 앙청합니다.

---

16 편집자가 문서의 순서를 바꾸었음.

133. 어업 문제 관련 합의사항에 대한 본부 입장 통보 전문[17]

번호: WJA-04047

일시: 021605[1965. 4. 2]

수신인: 주일 대사

대: JAW-04036

1. 대호 1항 어업수역에 관하여 (나)항은 (가)항의 규정이 있는 한 삭제하여도 무방함.

2. 대호 2항의 '항상'이라는 문구의 신규 삽입은 반드시 필요하다고 생각되지 않으므로 아 측 입장을 견지하시고 전 (1)항과 상쇄하도록 하여 주시기 바람.

3. 일본 측이 위 2항의 '항상'이라는 문구를 끝까지 고집할 경우에는 귀하 재량에 따라 처리하시기 바람.(외아북)

장관

17　편집자가 문서의 순서를 바꾸었음.

137. 3개 현안 합의사항에 대한 국내 조치 관련 본부 상황 통보 전문

0743   번호: WJA-04053

일시: 021725[1965. 4. 2]

수신인: 외무부 장관

대: JAW-04047

1. 대호 전문은 즉시 대통령 각하께 전달하였습니다.

2. 이미 WJA-04046호로 보고한 바와 같이 국내의 필요한 절차를 다 취하고 있으니 예정대로 '이니셜'을 위한 조치를 진행시켜 주시기 바랍니다.(외아북)

외무 차관

139. 어업 문제 합의사항에 대한 국내 조치 결과 통보 요청 전문

번호: JAW-04055

일시: 022125[1965. 4. 2]

수신인: 장관

발신인: 주일 대사

한일 농상 간 합의사항 안에 대한 국무회의 심의 결과를 결정되는 대로 시급히 알려 주시기 바랍니다.(주일정-외아북)

141. 어업 문제 합의사항에 대한 국무회의 승인 관련 통보 전문

번호: WJA-04057

일시: 030150[1965. 4. 3]

수신인: 외무부 장관, 농림 장관, 주일 대사

대: JAW-04034

1. 대호로 보고한 '어업 문제에 관한 합의사항'에 관하여는, 4. 2, 20:00부터 익일 01:20까지 개최된 국무회의에서 승인 의결되었음.

2. 합의 문안을 청구권 및 법적지위 문안과 같이 일괄하여 '이니셜'할 것을 훈령함.

150. 어업 문제 합의사항에 대한 국무회의 의결 통보 공문[18]

0751　총무상 133.1-1502(72-9163)

1965. 7. 9

수신: 외무부 장관

제목: 국무회의 의결사항 통지

1965. 4. 2 개최된 제29회 국무회의에서 귀 부 관계 사항이 다음과 같이 의결되었기 알려 드립니다.

1. 한일회담 어업 문제에 대한 합의사항(안건 295호, 외무)
다음 사항이 본협정에 보완되도록 노력하기로 하고 이를 의결하다.
1) 공동규제에 있어서 과학적인 방식을 추가 보완할 것.
2) 양국 간의 어업협력의 격차를 단시일 내에 축소키 위한 어업협력의 실효적 방안을 추가할 것.

끝

장관 이석제[직인]

18　편집자가 문서의 순서를 바꾸었음.

143. 국무회의에 상정된 한일회담 어업 문제에 대한 합의사항 문서

0752-0773   [한일회담 어업 문제에 대한 합의사항은 129번 문서의 내용과 동일하므로 여기서는 생략함.]

145. 3개 현안 합의사항의 공표 범위에 관한 보고 전문

0783   번호: JAW-04063

일시: 030605[1965. 4. 3]

수신인: 장관
발신인: 수석대표
참조: 국무총리, 중앙정보부장, 대통령 비서실장

1. 한일 양측은 실무자 회의에서 다음과 같이 '이니셜' 각 항에 대한 공표 범위를 정하기로 합의하였음을 보고함.
   (1) 청구권: 합의사항 전문을 발표함. 단, 일 나포 어선 문제에 관한 합의각서와 일본 측에 수교키로 되어 있는 민간차관의 조건에 관한 서한은 공표하지 아니함.
   (2) 법적지위: 합의사항 전문 발표함. 단, 제4항 강제퇴거자의 인수에 관련된 부분은 공표하지 아니함.
   (3) 어업 문제: 합의사항 전문을 발표함. 단, 제1항 (다), (라)의 결정된 직선기선에 관한 사항, 및 제1항 (바)의 전관수역 침범에 관한 사항은 공표하지 아니함.

2. 상기 발표는 이를 금일(1965. 4. 3) 09:00시에 행하시기 바람.(주일정-외아복)

148. 한일 양국 농상 간 공동 코뮈니케 합의 문안 보고 전문[19]

번호: JAW-04062

일시: 030604

수신인: 국무총리
참조: 대통령 비서실장, 농림부 차관, 외무부 차관, 정보부장
발신인: 농림부 장관

1. 금 5시 한일 간 실무자 회담에서 농상 간 공동 코뮈니케 문안에 관하여 아래와 같이 합의하였으므로 통보하오니 이를 곧 09:00시에 농림부에서 공표토록 조치하여 주시기 바랍니다.

2. 차균희 대한민국 농림부 장관과 아카기 무네노리 일본국 농림대신 간의 공동성명서

(1) 차균희 대한민국 농림부 장관과 아카기 무네노리 일본국 농림대신은 1965. 3. 3부터 4. 3까지 일련의 회담을 갖고 한일 양국 간의 현안이 되어 있는 어업 문제를 대국적 견지에서 원만히 해결하기 위하여 우호적인 분위기 속에서 솔직한 의견을 교환하였다.

(2) 양 농상은 이 회담에서 양국 어업과 현황 및 실태를 고려하여 어업에 관한 수역, 어업자원 보호를 위한 규제 조치 및 어업협력 등 한일 간의 어업 문제에 관하여 토의하였다.

그 결과 한일 간의 어업 문제에 관한 합의사항이 금일 '이니셜' 되었다.

(3) 양 농상은 양국의 어업이 공동 발전 번영하도록 상호 긴밀한 협력을 행하는 것이 양국의 상호 이익에 합치하는 것이라는 점을 인정하고 일본 측이 행하는 민간경제

---

19 편집자가 문서의 순서를 바꾸었음.

협력의 일환으로서 어업협력을 위하여 9,000만 불의 금액에 달하는 민간신용이 공여될 것이 기대된다는 것을 확인하였다.

(4) 차 장관은 일본국 정부가 어선 및 어구의 대한 수출에 가해지고 있는 제반 금지 및 제한 조치를 즉시 철회하고 김을 비롯한 각종 한국 수산물의 수입 증대를 위한 조치를 취할 것을 요망하였다. 이에 대하여 아카기 대신은 양국 간의 국교 정상화와 관련하여 대한 어선 수출 제한을 해제할 것을 고려하고 또한 금후 가능한 한 한국 수산물의 수입 증대를 도모하고 이로써 양국 간의 무역 균형화에 공헌하고 싶다는 뜻을 말하였다.

(5) 양 농상은 한일 양국 간의 어업에 관한 제 현안의 해결에 대한 회담과 성과에 관하여 만족의 뜻을 표하고 전기 합의사항에 기초하여 한일 어업협정이 될수록 조속히 체결될 것을 강력히 희망하였다.(주일정 – 외아복)

첨부물

148-1. 한일 농상 공동 코뮤니케 영문본

[1965. 4. 4 자 Korean Republic에 비공식 번역되어 게재된 내용 인용]

Tchah-Akagi Communique Text

EDITOR'S NOTE: The following is the unofficial translation of the full text of a joint Communique issued by Korean Agriculture-Forestry Minister Kyun-hi Tchah and Japanese Agriculture-Forestry Minister Munenori Akagi Saturday In the wake of the initialing of a draft Korea Japan fisheries agreement, one of the three draft accords initialed for normalization of diplomatic relations between the two countries.

Kyun-hi Tchah, minister of agriculture-forestry of the Republic of Korea, and Munenori Akagi, minister of agriculture-forestry of Japan, exchanged frank views on the outstanding fisheries problems between the two nations during a series of talks held in a most amicable atmosphere from March 3 to April 3 in order to settle the matter.

The two ministers, taking into account the current status of fisheries of the two nations, discussed establishing fisheries zones, regulations concerning preservation of marine resources, and fisheries cooperation between the two nations.

As a result of the talks, the ministers initialed Saturday the agreed-upon points of the fisheries problems.

The two ministers, recognizing that close fisheries cooperation between the two nations is of mutual interest, confirmed that $90 million in commercial loans is expected to be granted to Korea as part of the economic cooperation

Japan is to render to Korea.

Minister Tchah requested that Japan immediately lift the restrictions imposed on exports to Korea of fishing boats and equipment and that Japan take action to increase imports of Korean marine products, including laver.

To this request, Japanese Minister Akagi said Japan is considering lifting the restrictions in conjunction with the diplomatic normalization, and expressed his wish to contribute to balancing trade between the two countries through increased imports of Korean marine products.

The two ministers expressed deep satisfaction over the result of talks on the outstanding fisheries problems and earnestly desired that a Korea-Japan fisheries treaty, based on the agreed-upon points, he concluded as soon as possible.

147. 3개 현안 합의사항에 대한 '이니셜' 결과 보고 전문

0785   번호: JAW-04066

일시: 031017[1965. 4. 3]

수신인: 국무총리(외무부 차관, 대통령 비서실장, 농림부 차관, 중앙정보부장)
발신인: 외무부 장관

1. 금일 예정되었던 '이니셜'은 09:40에 외무성에서 법적지위는 아 측은 이경호 국장, 일본 측은 야기 법무성 입관국장이, 청구권은 아 측은 연 아주국장이 일본 측은 우시로쿠 아세아국장이 각각 '이니셜'하였으며, 한편 어업 관계 '이니셜'은 농림성 본실에서 09:50에 아 측은 김명년 대표, 일본 측은 와다 대표가 각각 '이니셜'하였음.

2. 외무부 장관과 농림부 장관은 예정대로 금일 11:00에 출발하고자 공항으로 향발 중임.(외아북-주일정)

어업 관계 회의 및 훈령, V.3, 합의사항 초안 및 한국 측 요약 회의록, 1964. 12~65. 6

분류번호: 723.1 JA 어 1964. 12~65. 5 V. 3
등록번호: 1462
생산과: 동북아주과
생산연도: 1965
필름번호: C1-0013
파일번호: 03
프레임번호: 0001~0236

한일 농상 간 합의사항에 관한 일본 측 1~4차 안, 제6차 회담 시 진행된 한일 농상회담 한국 측 요약 회의록 등이 수록되어 있다. 농상회담 요약 회의록은 제8권(제6차 한일회담 III) A759 파일의 2번 문서로 이미 수록한 바 있어 여기서는 생략한다.

1. 한일 농상 간 양해 사항에 관한 양측 초안 송부 공문

0883   1965. 3. 26

주일정 722-104

수신: 외무부 장관

제목: 농상 간 양해 사항에 관한 양측의 초안

농상 간 양해 사항에 관하여 양측은 각기 그 초안을 작성하여 3. 25 고위 어업실무자 회담에서 이를 교환하였는바 동 양측의 초안을 별첨 송부합니다.

유첨: 상기 양측의 초안 각 1부

끝

주일 대사 김동조[직인]

사본: 농림부, 청와대 송부(관리대장 참조), CIA 일본과

1-1. 한일 농상 간 양해 사항에 관한 일본 측 1965. 3. 25 자 초안

(四〇. 三. 二五)

日本国と大韓民国との間の漁業問題に関する合意の覚書(案)

　千九百六十五年三月三日から二十四日まで東京において日本国農林大臣赤城宗徳と大韓民国農林部長官車均禧との間で日本国と大韓民国との間の漁業問題について会談が行なわれ，これに引き続き両国政府のそれぞれの代表者の間で会談が行なわれた結果，次の了解に到達した．

1. 漁業水域について

　(イ) 大韓民国の沿岸の基線から測定して十二マイルまでの水域を大韓民国の漁業水域とする．

　(ロ) (イ)の漁業水域の基線は，次に掲げる線のほかは，低潮線とする．

　　(i) (迎日湾及び蔚山湾)

　　(ii) 一.五メートル岩，生島，鴻島，干汝岩，上白島及び巨文島を順次結ぶ直線基線

　　(iii) 小鈴島，西格列飛島，於靑島，稷島，上旺嶝島，横島(鞍馬群島)，小飛雉島，小許沙島，七発島，毎勿島，間嶼(孟骨群島)及び屛風島を順次結ぶ直線基線

　(ハ) 日本国政府は，日韓漁業協定の効力発生の日から三年間，暫定的措置として，(イ)により設定される漁業水域を畫する線と次のそれぞれの直線とにより囲まれる水域には，日本国の漁船が出漁しないよう措置をとる用意がある旨を確認する(書簡)．

　　(i) 北緯　度　分と東経　度　分との交点と北緯　度　分と東経　度　分との交点を通過する直線

　　(ii) 北緯　度　分と東経　度　分との交点と北緯　度　分と東経　度　分との交点を通過する直線

　(ニ) 対馬の低潮線から測定して十二マイルまでの水域を日本国の漁業水域とする．

　(ホ) 大韓民国政府は，日本国が対馬以外の日本国の沿岸の基線から測定して十二

マイルまでの水域において日本国の漁業水域を設定する権利を留保することを承認する．日本国政府は，このような漁業水域を設定することを決定したときは，その漁業水域について大韓民国政府に通報する．ただし，この漁業水域の設定に際し直線基線を使用する場合には，その直線基線は，大韓民国政府との協議の上決定するものとする．

(ヘ) 両国の漁業水域が重複する部分については，その部分の最大の幅を示す直線を二等分する点と両国の漁業水域が重複する部分が終わる二点とをそれぞれ結ぶ直線により二分する．

(ト) 両国政府は，一方の国が自国の漁業水域において他方の国の漁船が漁業に従事することを排除することに相互に異議を申し立てない．

2. 漁業水域侵犯の取扱いについて

(イ) 一方の国の監視船は，自国の漁業水域において現に操業している地方の国の漁船を発見したときは，その漁船に対し，直ちに操業を停止して漁業水域外に立ち退くよう警告を行なうものとする．この警告を行なつた監視船は，その漁船に立ち退く意図が認められない場合を除き，停船を命じないものとする．

(ロ) 一方の国の監視船が停船を命じた場合は，その監視船は，停船を命じた事実を当該漁船の位置とともにその漁船の属する国の官憲に通報し，その漁船の属する国の監視船が違反事実の認定に立ち会うことを可能にするため，その漁船とともに，その位置において，その通報の時から二時間までは，停泊するものとする．

(ハ) (ロ)の事実認定の結果，漁業水域侵犯の事実が確認されない場合には，漁業水域の属する国の監視船は，当該漁船を直ちに釈放しなければならない．

(ニ) 漁業水域における取締りは，必要な限度をこえないものとする．なかんずく，監視船は，他方の国の漁船の乗組員の身體の自由を不当に拘束してはならず，また，いかなる場合にもその漁船の通信施設の使用を妨げてはならない．

(ホ) 漁業水域侵犯の疑いでだ捕連行された漁船の属する国の政府は，その侵犯の事実がないと判断した場合には，その漁業水域の属する国の政府に対しその漁船の釈放につき申入れを行なうことができ，その申入れがあつたときは，両国政府は，す

みやかに問題を解決するよう努力するものとする.

(ヘ) 両国政府は, 自国の漁業水域の侵犯に対する刑罰の適用については, 特に悪質な侵犯であり, これを放置すれば自国の漁業の秩序が紊乱し, 又は破壊されると認められる場合を除き, 懲役, 禁錮, 漁船, 漁具等の重要な生産手段の没収等の重い刑罰を課することのないよう措置する.

3. 漁業水域の外側における取締り及び裁判管轄権について

(イ) 漁業水域の外側における取締り及び裁判管轄権は, 漁船の属する国のみが行使する.

(ロ) 両国政府は, 暫定的漁業調整措置に関し, 自国の港における取締りの実施状況を視察させるための便宜を, 漁業共同委員会の勧告に基づき派遣される他方の国の視察員に対し, 自国の国内法令の範囲内で与える用意がある旨を確認する (合意議事録).

4. 公海自由の原則の確認について

日韓漁業協定により合意される制限又は規制に服する場合を除き, それぞれの国の漁船は, 公海上における漁業活動に関し, その属する国の政府により課せられる制限又は規制以外のいかなる制限又は規制も受けるものでないとの国際法上の原則並びに領海及び漁業水域 (大韓民国本土と濟州島との間の水域を含む.) における無害通航権を確認する.

5. 共同規制区域の範囲の確認について

両国政府は, 平等の立場に立つて魚類その他の水産動物の資源の保存及び漁業の合理的な発展をはかるため, 次の各線により囲まれる公海のうち大韓民国の漁業水域でない部分を共同規制区域として設定する.

(イ) 北緯三十七度三十分以北の東経百二十四度の経線

(ロ) 次の各点を順次に結ぶ線

(i) 北緯三十七度三十分と東経百二十四度との交点

(ⅱ) 北緯三十六度三十五分と東経百二十四度三十分との交点

(ⅲ) 北緯三十三度三十分と東経百二十四度三十分との交点

(ⅳ) 北緯三十二度三十分と東経百二十六度との交点

(ⅴ) 北緯三十二度三十分と東経百二十七度との交点

(ⅵ) 両国の漁業水域が重複する部分が終わる南端の点

(ハ) 両国の漁業水域が重複する部分の最大の幅を示す直線を二等分する点と両国の漁業水域の重複する部分が終わる二点とをそれぞれ結ぶ直線

(ニ) 次の各点を順次に結ぶ線

(ⅰ) 両国の漁業水域が重複する部分が終わる北端の点

(ⅱ) 北緯三十五度三十分と東経百三十度との交点

(ⅲ) 北緯三十七度三十分と東経百三十一度十分との交点

(ⅳ) 牛岩嶺高頂

6. 共同規制区域内における暫定的漁業調整措置の内容について

(イ) 両国政府は，共同規制区域においては，漁業資源の最大の持続的生産性を確保するために必要とされる保存措置が十分な科学的研究に基づいて確定されるまでの間，保存措置に代わるものとして，底曳，旋網及び六十トン以上の漁船による鯖釣漁業につき，暫定的漁業調整措置を実施する．この覚書において，トンとは，総トン数によるものとし，ボーナストン数を差し引いたトン数により表示する．

(ロ) 暫定的漁業調整措置は，両国の双方に適用されるものとし，その内容は，次のとおりとする．

(ⅰ) 最高出漁隻数又は統数(共同規制区域において同時に操業に従事することができる漁船の隻数又は統数の最高限度をいう．)

Ⅰ. 五十トン未満の漁船による底曳漁業については　隻

(ただし，日本国政府は，共同規制水域のうち，北緯三十六度以北の日本海の水域においては，日本国の底曳漁業が十一月一日から翌年の五月三十一日までの期間内外においては操業しないこと及び水深三百メートル以浅の部分においては操業しないことを確認する．)(一方的聲明．)

Ⅱ. 五十トン以上の漁船による底曳漁業については二百七十隻

Ⅲ. 四十トン以上の網船による旋網漁業については百二十統

Ⅳ. 六十トン以上の漁船による鯖釣漁業については十五隻

　ただし，日本国の漁船と大韓民国の漁船との漁獲能力の格差にかんがみ，大韓民国の漁船の隻数をこの協定の最高出漁隻数又は統数をこえて定めることの必要が生じた場合には，日本国政府は，大韓民国政府との協議に応ずる用意がある(書簡).

(ⅱ) 漁船規模

Ⅰ. 底曳漁業のうち，

　イ　トロール漁業以外のものについては三十トン以上百七十トン以下

　ロ　トロール漁業については百トン以上五百五十トン以下

　ただし，五十トン以上の漁船による底曳漁業は，東経百二十八度以東の水域においては，行なわないこととする.

Ⅱ. 旋網漁業については網船四十トン以上百トン以下

　ただし，この了解の時に日本国に現存する百トン以下の旋網網船一隻は，例外として認められる.

Ⅲ. 六十トン以上の漁船による鯖釣漁業については百トン以下

(ⅲ) 網目(海中における内径とする.)

Ⅰ. 五十トン未満の漁船による底曳漁業については三十三ミリ・メートル以上

Ⅱ. 五十トン以上の漁船による底曳漁業については五十四ミリ・メートル以上

Ⅲ. 旋網漁業については三十ミリ・メートル以上

　(鯵又は鯖を対象とする身網の主要部分の網目とする.)

(ⅳ) 休漁其間

底曳漁業については六月一日より七月三十一日まで

(ⅴ) 光力

Ⅰ. 旋網漁業については一統につき，十キロ・ワット以下の燈船二隻及び七.五キロ・ワット以下の燈船一隻とし，計二十七.五キロ・ワット以下

Ⅱ. 六十トン以上の漁船による鯖釣漁業については十キロ・ワット以下

(ハ) 漁獲量の表示は，協定上の義務としてではなく，最高出漁隻数又は統数による規制に関する参考資料にとどまるべきこと並びに共同規制区域内における日本国の底曳，旋網及び六十トン以上の漁船による鯖釣漁業による年間総漁獲量は，十三万五千トンと十六万五千トンとの間となると予想されることを記録にとどめ，さらに，いずれの国も共同規制区域内における底曳，旋網及び六十トン以上の漁船による鯖釣漁業による年間総漁獲量が，十六万五千トンを超過したと考える場合には，当該他方の国は，当該一方の国の要請に応じ最高出漁隻数又は統数の再検討のための協議を行なうものとすること並びに前記の年間総漁獲量が十六万五トンを超過すると考える場合には，漁期中においても出漁隻数又は統数の調整のための行政指導を行なうことについての了解を記録にとどめる（合意議事録）．

7. 暫定的漁業調整措置の適用の対象とならない種類の漁業について

　　暫定的漁業調整措置の適用の対象とならない種類の漁業に共同規制区域内で従事する日本国の漁船については，協定には規定せず，日本国政府による自主的な規制とし，操業隻数及び漁船規模につき日本国政府が次の趣旨の一方的宣言を行なう．

　「暫定的漁業調整措置の適用の対象とならない種類の漁業に従事する日本国の漁船で，共同規制区域内において同時に操業に従事するものの隻数は，千七百隻を上回ることがないであろうこと及びこの隻数のうち，六十トン未満二十五トン以上の鯖釣漁船の隻数は，百七十五隻を上回ることがないであろうこと．」

8. 国内漁業禁止水域等の相互尊重について

　(イ) 大韓民国政府が現在設定している底曳及びトロール漁業についての漁業禁止水域と日本国政府が現在設定している底曳及び旋網漁業についての漁業禁止水域並びに底曳漁業についての東経百二十八度，東経百二十八度三十分，北緯三十三度九分十五秒及び北緯二十五度の各線で囲まれた水域とにつき，両国政府がそれぞれ相手国のこれらの水域において当該漁業に自国の漁船が従事しないよう指導することを記録にとどめる（合意議事録）．

　(ロ) 大韓民国政府が前記の大韓民国の漁業禁止水域内の　　　の部分において

は　　隻の大韓民国の底曳漁船に，また，　　の部分においては　　隻の大韓民国のトロール漁船に例外的に操業を認めている事実並びに日本国政府が東経百二十八度，東経百二十八度三十分，北緯三十三度九分十五秒及び北緯二十五度の各線で囲まれた水域においては，五十トン以上の日本国の底曳漁船に例外的に操業を認めている事実を記録にとどめる．

　（ハ）これらの水域における取締り及び裁判管轄権が漁船の属する国のみにより行使されることを確認する．

　（ニ）一方の国の監視船が，他方の国の漁船が(イ)の規定により操業に従事しないよう指導されている水域において操業していることを発見した場合には，すみやかにその旨を当該他方の国の監視船に通報し，当該他方の国の政府は，当該漁船の取締り及びこれに対する裁判管轄権の行使にあたつてその通報を考慮することとし，その結果とられた措置を当該一方の国の政府に対し連絡することを記録にとどめる．

9. 資源調査水域について

　資源調査水域が設定される．その設定は，漁業共同委員会が，両国が共通の関心を有する漁業資源の保存のため必要な科学的研究を行なうに際し，必要に応じて行なう勧告につき，両国政府の協議の上決定される．

10. 漁業共同委員会の構成及び任務等について

　（イ）委員会の構成等

　　(i) 両国政府は，日韓漁業共同委員会(以下「委員会」という．)を設置する．

　　(ii) 委員会は，二の国別委員部で構成し，各国別委員部は，それぞれの政府が任命する三人の委員で構成する．

　　(iii) 委員会のすべての決定は，国別委員部の間の合意によつてのみ行なうものとする．

　　(iv) 委員会は，その会議の運営に関する規則を決定し，及びその必要があるときは，これを修正することができる．

　　(v) 委員会は，国別委員部の間の協議に基づき，随時合意された場所において会

合する．第一回会議の期日及び場所は，両国政府の合意で決定する．

(vi) それぞれの国の政府は，自国の国別委員部の経費を決定し，かつ，支払うものとする．

(vii) 委員会の公用語は，日本語，韓国語及び英語とする．提案及び資料は，いずれの公用語によつても委員会に提出することができる．

(ロ) 委員会の任務

(i) 兩國が共通の関心を有する漁業資源の保存のため，必要な科学的研究を行ない，又は必要に応じ専門家をもつて構成される下部機構を設置してこれを行なわせること及びその結果に基づきとられるべき共同の規制措置について兩國政府に権告すること．

(ii) (1)の科学的研究を行なうにあたり，必要に応じて，資源調査水域の設定につき兩國政府に権告すること．

(iii) 兩國の漁船間の操業の安全及び秩序を維持するために必要な措置につき検討し，又は必要に応じ専門家をもつて構成される下部機構を設置してこれにつき検討させること及びその結果に基づきとられるべき措置について兩國政府に権告すること．

(iv) その他協定の実施に伴う技術的な諸問題につき検討し，必要と認めたときは，とられるべき措置について兩國政府に勧告すること．

(ハ) (ロ)(iii)の規定は，兩國の漁船間の操業の安全及び秩序を維持するために必要な措置について，兩國の漁業者が相互間で取決めを結ぶことを妨げるものではない．

11. 協定の解釈及び適用に関する紛爭について

日韓漁業協定の解釈及び適用に関して生ずることのあるすべての紛爭は，兩國政府の合意に基づく他の平和的方法による解決がなされる場合を除き，一方の国の要請により，国際司法裁判所に決定のため付託されるものとする．

(1965. 3. 25)

일본국과 대한민국과의 어업 문제에 관한 합의각서(안)

1965년 3월 3일부터 24일까지 도쿄에서 일본국 농림대신 아카기 무네노리(赤城宗德)와 대한민국 농림부 장관 차균희 간에 일본국과 대한민국 간의 어업 문제에 관하여 회담을 가졌으며, 이에 이어 양국 정부의 각 대표 간에 회담을 가진 결과 다음과 같은 양해에 이르렀다.

1. 어업수역에 대하여

(가) 대한민국 연안의 기선으로부터 측정하여 12마일까지의 수역을 대한민국의 어업수역으로 한다.

(나) (가)의 어업수역의 기선은 다음 각 호에 따른 선 외에는 저조선으로 한다.

　(1) (영일만 및 울산만)

　(2) 1.5미터 바위, 생도, 홍도, 간여암, 상백도 및 거문도를 순차적으로 연결하는 직선기선

　(3) 소령도, 서격열비도, 어청도, 직도, 상왕등도, 횡도(안마군도), 소비치도, 소허사도, 칠발도, 매물도, 간도(맹골군도) 및 병풍도를 순차적으로 연결하는 직선기선

(다) 일본국 정부는 한일 어업협정의 효력발생일로부터 3년간 잠정적 조치로서 (가)에 의해 설정되는 어업수역을 획정하는 선과 다음의 각 직선으로 둘러싸인 수역에는 일본국 어선이 조업하지 않도록 조치할 용의가 있음을 확인한다(서한).

　(1) 북위　　도　　분과 동경도 분의 교차점과 북위　　도　　분과 동경도　　분의 교차점을 통과하는 직선

　(2) 북위　　도　　분과 동경도 분의 교차점과 북위　　도　　분과 동경도　　분의 교차점을 통과하는 직선

(라) 쓰시마의 저조선에서 측정하여 12마일까지의 수역을 일본국의 어업수역으로 한다.

(마) 대한민국 정부는 일본국이 쓰시마 이외의 일본국 연안의 기선으로부터 측정하

여 12마일까지의 수역에 대하여 일본국의 어업수역을 설정할 권리를 유보하는 것을 승인한다. 일본국 정부는 이러한 어업수역을 설정하기로 결정한 때에는 그 어업수역에 대하여 대한민국 정부에 통보한다. 다만, 이 어업수역의 설정에 있어서 직선기선을 사용하는 경우에는 그 직선기선은 대한민국 정부와 협의하여 결정한다.

(바) 양국의 어업수역이 겹치는 부분에 대해서는 그 부분의 최대 폭을 나타내는 직선을 이등분하는 점과 양국의 어업수역이 겹치는 부분이 끝나는 두 점을 각각 연결하는 직선에 의하여 이등분한다.

(사) 양국 정부는 일방 국가가 자국의 어업수역에서 타방국가의 어선이 어업에 종사하는 것을 배제하는 것에 대해 상호 이의를 제기하지 않는다.

2. 어업수역 침범의 처리에 관하여

(가) 일방 국가의 감시선은 자국 어장에서 현재 조업 중인 타방국가의 어선을 발견했을 때, 그 어선에 대해 즉시 조업을 중단하고 어장 밖으로 퇴거하도록 경고한다. 이 경고를 한 감시선은 그 어선에 퇴거 의도가 인정되지 않는 경우를 제외하고는 정선을 명령하지 않는다.

(나) 일방 국가의 감시선이 정선을 명령한 경우, 그 감시선은 정선을 명령한 사실을 해당 어선의 위치와 함께 그 어선이 속한 국가의 관헌에 통보하고, 그 어선이 속한 국가의 감시선이 위반 사실의 인정에 입회할 수 있도록 하기 위해 그 어선과 함께 그 위치에서 그 통보 시점부터 두 시간까지 정박한다.

(다) (나)의 사실 인정 결과 어업수역 침범 사실이 확인되지 아니하는 경우에는 해당 어업수역이 속한 국가의 감시선은 해당 어선을 즉시 석방하여야 한다.

(라) 어업수역에서의 단속은 필요한 한도를 넘지 않아야 한다. 특히, 감시선은 상대국 어선 승무원의 신체의 자유를 부당하게 구속해서는 안 되며, 어떠한 경우에도 해당 어선의 통신시설 사용을 방해해서는 안 된다.

(마) 어업수역 침범의 혐의로 나포 연행된 어선의 소속국 정부는 그 침범 사실이 없다고 판단한 경우에는 그 어업수역의 소속국 정부에 그 어선의 석방을 신청할 수 있으며, 그 신청이 있을 때에는 양국 정부는 신속하게 문제를 해결하기 위해 노력한다.

(바) 양국 정부는 자국의 어업수역 침범에 대한 형벌의 적용에 대해서는 특히 악질

적인 침범으로 이를 방치할 경우 자국의 어업 질서가 문란하거나 파괴된다고 인정되는 경우를 제외하고는 징역, 금고, 어선, 어구 등 중요한 생산수단의 몰수 등 무거운 형벌을 부과하지 않도록 조치한다.

3. 어업수역 외측에서의 단속 및 관할권에 대하여
(가) 어업수역 밖에서의 단속 및 관할권은 어선이 속한 국가만이 행사한다.
(나) 양국 정부는 잠정적 어업 조정 조치와 관련하여 자국의 항구에서의 단속의 실시상황을 시찰하게 하는 편의를 어업공동위원회의 권고에 따라 파견되는 타국의 시찰원에게 자국의 국내 법령의 범위 내에서 제공할 용의가 있음을 확인한다(합의의사록).

4. 공해 자유의 원칙 확인에 대하여
한일 어업협정에 의해 합의된 제한 또는 규제에 복종하는 경우를 제외하고, 각국의 어선은 공해상에서의 어업 활동과 관련하여 그 소속국 정부가 부과하는 제한 또는 규제 이외의 어떠한 제한 또는 규제도 받지 않는다는 국제법상의 원칙과 영해 및 어업수역(대한민국 본토와 제주도 사이의 수역을 포함한다)에서의 무해통항권을 확인한다.

5. 공동규제수역의 범위 확인에 대하여
양국 정부는 평등한 입장에서 어류 기타 수산 동물의 자원 보존과 어업의 합리적인 발전을 도모하기 위하여 다음 각 선으로 둘러싸인 공해 중 대한민국의 어업수역이 아닌 부분을 공동규제수역으로 설정한다.
(가) 북위 37도 30분 이북의 동경 124도 경선
(나) 다음 각 지점을 순차적으로 연결하는 선
　(1) 북위 37도 30분과 동경 124도와의 교차점
　(2) 북위 36도 35분과 동경 124도 30분의 교차점
　(3) 북위 33도 30분과 동경 124도 30분과의 교차점
　(4) 북위 32도 30분과 동경 126도 30분의 교차점
　(5) 북위 32도 30분과 동경 127도와의 교차점
　(6) 양국의 어업수역이 겹치는 부분이 끝나는 남쪽 끝 지점

(다) 양국의 어업수역이 겹치는 부분의 최대 폭을 나타내는 직선을 이등분하는 점과 양국의 어업수역이 겹치는 부분이 끝나는 두 점을 각각 연결하는 직선

(라) 다음의 각 점을 순차적으로 연결하는 선

(1) 양국의 어업수역이 겹치는 부분이 끝나는 북쪽 끝의 점

(2) 북위 35도 30분과 동경 100도 30분의 교차점

(3) 북위 37도 30분과 동경 131도 30분의 교차점

(4) 우암령 고개 정상

6. 공동규제구역 내 잠정적 어업 조정 조치의 내용에 대하여

(가) 양국 정부는 공동규제구역에서는 어업자원의 최대 지속적인 생산성을 확보하기 위해 필요한 보존 조치가 충분한 과학적 연구에 근거하여 확정될 때까지 보존 조치를 대신하여 저인망, 선망 및 60톤 이상의 어선에 의한 고등어 조업에 대하여 잠정적 어업 조정 조치를 실시한다. 이 각서에서 톤은 총 톤수에서 보너스 톤수를 뺀 톤수로 표시한다.

(나) 잠정적 어업 조정 조치는 양국의 쌍방에 적용되며, 그 내용은 다음과 같다.

(1) 최대 출어 척수 또는 통수(공동규제구역에서 동시에 조업에 종사할 수 있는 어선의 척수 또는 통수의 최고한도를 말한다.)

(i) 50톤 미만의 어선에 의한 저인망 어업에 대하여는 척(단, 일본국 정부는 공동규제수역 중 북위 36도 이북의 동해 수역에서는 일본국의 저인망 어업이 11월 1일부터 다음 해 5월 31일까지의 기간 내외에서는 조업하지 않는 것 및 수심 300미터 이하의 수심 부분에서는 조업하지 않는 것을 확인한다)(일방적 선언).

(ii) 50톤 이상의 어선에 의한 저인망 어업에 대해서는 270척

(iii) 40톤 이상의 어선에 의한 선망 어업에 대해서는 120통

(iv) 60톤 이상의 어선에 의한 고등어잡이 어업에 대해서는 15척. 단, 일본국 어선과 대한민국 어선의 어획 능력 격차를 고려하여 대한민국 어선의 척수를 이 협정의 최고 출어 척수 또는 통수를 초과하여 정할 필요가 발생한 경우, 일본국 정부는 대한민국 정부와 협의할 용의가 있다(서한).

(2) 어선 규모

　(i) 저인망 어업 중,

　　① 트롤 어업 외의 어업은 30톤 이상 170톤 이하

　　② 트롤 어업에 대해서는 100톤 이상 550톤 이하. 단, 50톤 이상의 어선에 의한 저인망 어업은 동경 128도 이남의 수역에서는 행하지 아니한다.

　(ii) 선망 어업에 대해서는 선망 어선 40톤 이상 100톤 이하. 단, 이 양해 당시 일본국에 현존하는 100톤 이하의 선망 어선 1척은 예외로 인정한다.

　(iii) 60톤 이상의 어선에 의한 고등어잡이 어업에 대해서는 100톤 이하로 한다.

(3) 망목(해중에서의 내경으로 한다.)

　(i) 50톤 미만의 어선에 의한 저인망 어업에 대해서는 33밀리미터 이상

　(ii) 50톤 이상의 어선에 의한 저인망 어업에 있어서는 54밀리미터 이상

　(iii) 선망 어업에 대해서는 30밀리미터 이상(전갱이 또는 고등어를 대상으로 하는 선망의 주요 부분의 망목으로 한다.)

(4) 휴어 기간

저인망 어업에 대해서는 6월 1일부터 7월 31일까지

(5) 광력

　(i) 선망 어업에 대해서는 1통당 10킬로와트 이하의 등선 2척 및 7.5킬로와트 이하의 등선 1척으로 하고, 계 27.5킬로와트 이하

　(ii) 60톤 이상의 어선에 의한 고등어잡이 어업에 대하여는 10킬로와트 이하

(다) 어획량 표시는 협정상의 의무가 아니라 최고 출어 척수 또는 통수에 의한 규제에 관한 참고 자료에 그쳐야 하며, 공동규제구역 내에서 일본국의 저인망, 선망 및 60톤 이상 어선에 의한 고등어잡이 어업에 의한 연간 총 어획량은 13만 5천 톤과 16만 5천 톤 사이로 예상된다는 것을 기록으로만 남긴다. 그리고 어느 국가도 공동규제구역 내에서의 저인망, 선망 및 60톤 이상의 어선에 의한 고등어 어업에 의한 연간 총 어획량이 16만 5천 톤을 초과하였다고 판단하는 경우에는 해당 상대국의 요청에 따라 최고 출어 척수 또는 통수 재검토를 위한 협의를 하며 또한 상기 연간 총 어획량이 16만 5천 톤을 초과한다고 생각하는 경우에는 어기 중에도 출어 척수 또는 통수 조정을 위한 행정 지도를 실시할 것에 관한 합의를 기록으로 남겨둔다(합의의사록).

7. 잠정적 어업 조정 조치의 적용 대상이 아닌 어업의 종류에 대하여

　잠정적 어업 조정 조치의 적용 대상이 아닌 종류의 어업에 공동규제구역 내에서 조업하는 일본국 어선에 대해서는 협정에는 규정하지 않고 일본국 정부의 자율규제로 하며, 조업 척수 및 어선 규모에 대해 일본국 정부가 다음과 같은 취지의 일방적 선언을 한다.

　"잠정적 어업 조정 조치의 적용 대상이 아닌 종류의 어업에 종사하는 일본국 어선으로서 공동규제구역 내에서 동시에 조업에 종사하는 어선의 척수는 1,700척을 초과하지 않을 것 및 이 척수 중 60톤 미만 25톤 이상의 고등어잡이 어선의 척수는 1,750척을 초과하지 않을 것."

8. 국내 어업금지수역 등의 상호존중에 대하여

　(가) 대한민국 정부가 현재 설정하고 있는 저인망 및 트롤 어업에 관한 어업금지수역과 일본국 정부가 현재 설정하고 있는 저인망 및 선망 어업에 관한 어업금지수역 및 저인망 어업에 관한 동경 128도, 동경 128도 30분, 북위 33도 9분 15초 및 북위 25도의 각 선으로 둘러싸인 수역에 대하여 양국의 정부가 각각 자국 어선이 이 수역에서 해당 어업에 종사하지 않도록 지도하는 것을 기록에 남긴다(합의의사록).

　(나) 대한민국 정부가 상기 대한민국 어업금지수역 내의 　부분에서는 　척의 대한민국 저인망 어선에 대하여, 또한 　부분에서는 　척의 대한민국 트롤 어선에 대하여 예외적으로 조업을 인정한 사실과 일본국 정부가 동경 128도, 동경 128도 30분, 북위 33도 9분 15초 및 북위 25도 초 및 북위 25도의 각 선으로 둘러싸인 수역에서는 50톤 이상의 일본국 저인망 어선에 예외적으로 조업을 인정하고 있는 사실을 기록에 남긴다.

　(다) 이들 수역에서의 단속 및 재판 관할권이 어선이 속한 국가만이 행사할 수 있도록 확인한다.

　(라) 일방 국가의 감시선이 다른 국가의 어선이 (가)의 규정에 따라 조업에 종사하지 않도록 지도되고 있는 수역에서 조업하고 있는 것을 발견한 경우에는 신속하게 그 사실을 해당 타방국가의 감시선에 통보하고, 해당 타방국가의 정부는 해당 어선에 대한 단속 및 이에 대한 재판 관할권 행사에 있어서 그 통보를 고려하고, 그 결과 취해진 조치를 해당 일방국 정부에 연락하는 것을 기록으로 남긴다.

9. 자원조사 수역에 대하여

　자원조사 수역이 설정된다. 그 설정은 어업공동위원회가 양국이 공통의 관심을 가지고 있는 수산자원의 보존을 위하여 필요한 과학적 연구를 수행함에 있어 필요한 경우 양국 정부의 협의를 거쳐 결정한다.

10. 어업공동위원회의 구성 및 임무 등에 대하여
(가) 위원회의 구성 등
　(1) 양국 정부는 한일어업공동위원회(이하 '위원회'라 한다)를 설치한다.
　(2) 위원회는 2개의 국가별 위원부로 구성하고, 각 국가별 위원부는 각국 정부가 임명하는 3명의 위원으로 구성한다.
　(3) 위원회의 모든 결정은 국가별 위원회 간의 합의에 의해서만 이루어진다.
　(4) 위원회는 그 회의 운영에 관한 규칙을 결정하고, 필요한 경우 이를 수정할 수 있다.
　(5) 위원회는 국가별 위원부 간의 협의에 따라 수시로 합의된 장소에서 회의한다. 제1차 회의의 일시 및 장소는 양국 정부의 합의에 따라 결정한다.
　(6) 각국 정부는 자국의 국가별 위원부의 경비를 결정하고, 지원하여야 한다.
　(7) 위원회의 공용어는 일본어, 한국어 및 영어로 한다. 제안 및 자료는 어느 공용어로든 위원회에 제출할 수 있다.
(나) 위원회의 임무
　(1) 양국이 공통의 관심을 가지는 수산자원의 보존을 위해 필요한 과학적 연구를 실시하거나 필요에 따라 전문가로 구성된 하부 기구를 설치하여 이를 실시하게 하는 것 및 그 결과에 근거하여 취해야 할 공동의 규제 조치에 대해 양국 정부에 권고하는 것
　(2) (1)의 과학적 연구를 실시함에 있어서 필요에 따라 자원조사 수역의 설정에 관하여 양국 정부에 권고하는 것
　(3) 양국 어선 간의 조업의 안전 및 질서를 유지하기 위해 필요한 조치에 대해 검토하거나 필요에 따라 전문가로 구성된 하부 기구를 설치하여 이에 대해 검토하게 하는 것 및 그 결과에 따라 취해야 할 조치에 대해 양국 정부에 권고하는 것

(4) 기타 협정의 이행에 따른 기술적 제반 문제에 대하여 검토하고, 필요하다고 인정할 때에는 취해야 할 조치에 대하여 양국 정부에 권고할 것

(다) (나)(iii)의 규정은 양국 어선 간 조업의 안전 및 질서 유지를 위해 필요한 조치에 대하여 양국 어업인이 상호 간에 약정을 체결하는 것을 방해하지 아니한다.

11. 협정의 해석 및 적용에 관한 분쟁에 대하여

한일 어업협정의 해석 및 적용에 관하여 발생할 수 있는 모든 분쟁은 양국 정부의 합의에 따른 다른 평화적 방법에 의한 해결이 이루어지는 경우를 제외하고는 일방 국가의 요청에 따라 국제사법재판소에 결정을 위해 회부한다.

2. 한일 농상 간 양해 사항에 관한 합의사항 일본 측 1965. 3. 29 자 초안

0913   (四〇.三.二九)

日本国と大韓民国との間の漁業問題に関する合意の覚書(案)

　千九百六十五年三月三日から二十四日まで東京において日本国農林大臣赤城宗德と大韓民国農林部長官車均禧との間で日本国と大韓民国との間の漁業問題について会談が行なわれ, これに引き続き兩国政府のそれぞれの代表者の間で会談が行なわれた結果, 次の了解に到達した.

0914　　1. 漁業水域について

　（イ）大韓民国の沿岸の基線から測定して十二マイルまでの水域を大韓民国の漁業水域とする.

　（ロ）（イ）の漁業水域の基線は, 次に掲げる線のほかは, 低潮線とする.

　　　（i）　　　　及び　　　　を結ぶ直線による湾口の閉鎖線

　　　（ii）　　　　及び　　　　を結ぶ直線による湾口の閉鎖線

　　　（iii）一.五メートル岩, 生島, 鴻島, 干汝岩, 上白島及び巨文島を順次結ぶ直線基線

　　　（iv）小鈴島, 西格列飛島, 於靑島, 穫島, 上旺嶝島, 横島(鞍馬群島), 小飛雉島, 小許沙島, 七發島, 每勿島, 間嶼(孟骨群島)及び屛風島を順次結ぶ直線基線

0915　　（ハ）日本国政府は, 日韓漁業協定の効力発生の日から三年間, 暫定的措置として, （イ）により設定される漁業水域を畫する線と次のそれぞれの直線とにより圍まれる水域には, 日本国の漁船が出漁しないよう措置をとる用意がある旨を確認する(書簡).

　　　（i）北緯　　度　　分と東経　　度　　分との交点と北緯　　度　　分と東経　　度　　分との交点を通過する直線

　　　（ii）北緯　　度　　分と東経　　度　　分との交点と北緯　　度　　分と東経　　度　　分との交

点を通過する直線

　（ニ）対馬の低潮線から測定して十二マイルまでの水域を日本国の漁業水域とする．

　（ホ）大韓民国政府は，日本国が対馬以外の日本国の沿岸の基線から測定して十二マイルまでの水域において日本国の漁業水域を設定する権利を留保することを承認する．日本国政府は，このような漁業水域を設定することを決定したときは，その漁業水域について大韓民国政府に通報する．ただし，この漁業水域の設定に際し直線基準を使用する場合には，その直線基線は，大韓民国政府との協議の上決定するものとする．

　（ヘ）兩国の漁業水域が重複する部分については，その部分の最大の幅を示す直線を二等分する点と兩国の漁業水域が重複する部分が終わる二点をそれぞれ結ぶ直線により二分する．

　（ト）兩国政府は，一方の国が自国の漁業水域において他方の国の漁船が漁業に従事することを排除することに相互に異議を申し立てない．

2. 漁業水域侵犯の取扱いについて

　（イ）一方の国の監視船は，自国の漁業水域において現に操業している地方の国の漁船を発見したときは，その漁船に対し，直ちに操業を停止して漁業水域外に立ち退くよう警告を行なうものとする．この警告を行なつた監視船は，その漁船に立ち退く意図が認められない場合を除き，停船を命じないものとする．

　（ロ）一方の国の監視船が停船を命じた場合は，その監視船は，停船を命じた事実を当該漁船の位置とともにその漁船の属する国の監視船が違反事実の認定に立ち会うことを可能にするため，その漁船とともに，その位置において，その通報の時から二時間までは，停泊するものとする．

　（ハ）（ロ）の事実認定の結果，漁業水域侵犯の事実が確認されない場合には，漁業水域の属する国の監視船は，当該漁船を直ちに釈放しなければならない．

　（ニ）漁業水域における取締りは，必要な限度をこえないものとする．なかんずく，監視船は，他方の国の漁船の乗組員の身體の自由を不当に拘束してはならず，また，いかなる場合にもその漁船の通信施設の使用を妨げてはならない．

　（ホ）漁業水域侵犯の疑いでだ捕連行された漁船の属する国の政府は，その侵犯の

事実がないと判断した場合には，その漁業水域の属する国の政府に対しその漁船の釈放につき申入れを行なうことができ，その申入れがあつたときは，両国政府は，すみやかに問題を解決するよう努力するものとする．

(ヘ) 両国政府は，自国の漁業水域の侵犯に対する刑罰の適用については，特に悪質な侵犯であり，これを放置すれば自国の漁業の秩序が紊乱し，又は破壊されると認められる場合を除き，懲役，禁錮，漁船，漁具等の重要な生産手段の没収等の重い刑罰を課することのないよう措置する．

3. 取締り及び裁判管轄権について

(イ)「漁業水域の外側」における取締り及び裁判管轄権は，漁船の属する国のみが行使する．

(ロ) いずれの国の政府も，その国民及び漁船が暫定的漁業調整措置を誠実に遵守することを確保するため適切な指導及び監督を行ない，違反に対する適当な国内措置を実施する．(この項に関しそれぞれの国の政府がとる措置の中には，次のことが含まれることを合意議事録に記録する．

(i) 出漁漁船に発給する証明書及び標識の様式を，それぞれの国内法令により決定し，これを相手国政府に通報すること．

この証明書及び標識は，港内における場合を除き，海上において一の漁船から他の漁船に引き渡されることがないよう両国政府は行政指導することとする．

(ii) 出漁漁船の正午位置の報告に基づき，出漁状況を月別に集計し，その結果を毎年一回相手国政府に通報すること．)

(ハ) 両国政府は，暫定的漁業調整措置に関し，自国の港における取締りの実施状況を視察させるための便宜を，このために特に任命された他方の国の政府の視察員に対し，自国の国内法令の範囲内で随時与える用意がある旨を確認する．この視察の実施要領は，両国政府の協議により合意される(合意議事録)．

4. 公海自由の原則の確認について

日韓漁業協定により合意される制限又は規制に服する場合を除き，それぞれの国

の漁船は，公海上における漁業活動に対し，その属する国の政府により課せられる制限又は規制以外のいかなる制限又は規制も受けるものでないとの国際法上の原則並びに領海及び漁業水域(大韓民国本土と済州島との間の水域を含む.)における無害通航権を確認する.

5. 共同規制区域の範囲の確認について

次の各線により囲まれる水域のうち大韓民国の漁業水域でない部分を共同規制区域として設定する.

(イ) 北緯三十七度三十分以北の東経百二十四度の経線

(ロ) 次の各点を順次に結ぶ線

　(i) 北緯三十七度線三十分と東経百二十四度との交点

　(ii) 北緯三十六度四十五分と東経百二十四度三十分との交点

　(iii) 北緯三十三度三十分と東経百二十四度三十分との交点

　(iv) 北緯三十二度三十分と東経百二十六度との交点

　(v) 北緯三十二度三十分と東経百二十七度との交点

　(vi) 両国の漁業水域が重複する部分が終わる南端の点

(ハ) 両国の漁業水域が重複する部分の最大の幅を示す直線を二等分する点と両国の漁業水域の重複する部分が終わる二点とをそれぞれ結ぶ直線

(ニ) 次の各点を順次に結ぶ線

　(i) 両国の漁業水域が重複する部分が終わる北端の点

　(ii) 北緯三十五度三十分と東経百三十度との交点

　(iii) 北緯三十七度三十分と東経百三十一度十分との交点

　(iv) 牛岩嶺高頂

6. 共同規制区域内における暫定的漁業規制措置の内容について

(イ) 両国政府は，共同規制区域においては，漁業資源の最大の持続的生産性を確保するために必要とされる保存措置が十分な科学的研究に基づいて実施されるまでの間，底曳，旋網及び六十トン以上の漁船による鯖釣漁業につき，暫定的漁業調整措

置を実施する．この覚書において，トンとは，総トン数によるものとし，ボーナス・トン数を差し引いたトン数により表示する．

(ロ) 暫定的漁業調整措置は，両国の雙方に適用されるものとし，その内容は次のとおりとする．

(i) 最高出漁隻數又は統数(共同規制水域において操業に従事するため同時に操業に従事することができる漁船の隻数又は統数の最高限度をいう．)

i 五十トン未満の漁船による底曳漁業については百十五隻

(ただし，日本国政府は，共同規制区域のうち，大韓民国の慶尚北道と慶尚南道との境界線と海岸線との交点と北緯三十五度三十分と東経百三十度との交点とを結ぶ直線以北の日本海の水域においては，同時に操業することができる日本国の底曳漁船は，二十五隻を上回ることがないこと，十一月一日より翌年の五月三十一日までの期間以外においては操業しないこと及び水深三百メートル以淺の部分においては操業しないことを確認する．)(一方的聲明)

ii 五十トン以上の漁船による底曳漁業については，

イ 十一月一日より翌年の四月三十日までの期間においては二百七十隻

ロ 五月一日より十月三一日までの期間においては百隻

iii 四十トン以上の網船による旋網漁業については百二十統

iv 六十トン以上の漁船による鯖釣漁業については十五隻

ただし，操業期間は六月一日より十二月三一日までとし，操業区域は大韓民国の慶尚北道と慶尚南道との境界線と海岸線との交点と北緯三五度三十分と東経百三十度との交点を結ぶ直線以南であつて東経百二十五度以東の水域とする．

ただし，日本国の漁船と大韓民国の漁船との漁獲能力の格差が顯著に認められる間，大韓民国政府が大韓民国の出漁隻数又は統数をこの協定の最高出漁隻数又は統数を基準として公正妥当に調整することを提議したときは，日本国政府は，この協議に応ずる用意がある(書簡)．

(ii) 漁船規模

i 底曳漁業のうち，

　　　　イ　トロール漁業以外のものについては三十トン以上百七十トン以下
　　　　ロ　トロール漁業については百トン以上五百五十トン以下
　　　　　　ただし，五十トン以上の漁船による底曳漁業は，東経百二十八度以東の水域においては，行なわないことにする．
　　　ii　旋網漁業については網船四十トン以上百トン以下
　　　　ただし，この了解の時に日本国に現存する百トン以上の旋網網船一隻は，例外として認められる．
　　　iii　六十トン以上の漁船による鯖釣漁業については百トン以下
　(iii) 網目(海中における内径とする．)
　　　i　五十トン未満の漁船による底曳漁業については三十三ミリ・メートル以上
　　　ii　五十トン以上の漁船による底曳漁業については五十四ミリ・メートル以上
　　　iii　旋網漁業については三十ミリ・メートル以上
　　　　(鯵又は鯖を対象とする身網の主要部分の網目とする．)
　(iv) 光力
　　　i　旋網漁業については一統につき，十キロ・ワット以下の燈船二隻及び七.五キロ・ワット以下の燈船一隻とし，計二十七.五キロワット以下
　　　ii　六十トン以上の漁船による鯖釣漁業については十キロ・ワット以下

　7. 年間総漁獲基準量について
　漁獲量の表示は，協定上の義務としてではなく，最高出漁隻数又は統数による規制に関する参考資料にとどまるべきこと，共同規制区域内における日本国の底曳，旋網及び六十トン以上の漁船による鯖釣漁業による年間総漁獲基準量は，十五万トン(上下十パーセントの變動がありうる．)なると予想されること並びにこの十五万トンのうち，五十トン未満の漁船による底曳漁業については一万トン，五十トン以上の漁船による底曳漁業については三万トン及び旋網漁業と六十トン以上の漁船による鯖釣漁業については十一万トンとなると予想されることを記録にとどめ，さらに，いずれの国も共同規制区域内における底曳，旋網及び六十トン以上の漁船による鯖釣漁業による年間総漁獲量が，十六万五千トンを超過したと考える場合には，当該他方の国

は, 当該一方の国の要請に応じ最高出漁隻数又は統数の再検討のための協議を行なうものとすること並びに前記の年間総漁獲量が十六万五千トンを超過すると考える場合には, 漁期中においても出漁隻数又は統数を抑制するよう行政指導を行なうことについての了解を記録にとどめる(合意議事録).

　それぞれの国の政府は, 自国の出漁漁船による共同規制区域内におけるその漁獲量の報告及び水揚げ港における調査を通じ, 漁獲量を月別に集計し, その結果を毎年一回相手国政府に通報することを合意議事録に記録する.

　8. 共同規制区域内に出漁する日本国の沿岸漁業に従事する漁船の自主規制について

　　暫定的漁業調整措置の適用の対象とならない種類の漁業に共同規制区域内で従事する日本国の漁船については, 協定には規定せず, 日本国政府による自主的な規制とし, 操業隻数及び漁船規模等につき日本国政府が次の趣旨の一方的宣言を行なう.

　「暫定的漁業調整措置の適用の対象とならない種類の漁業に従事する日本国の漁船で, 共同規制区域内において同時に操業に従事するものの隻数は, 千七百隻を上回ることがないであろうこと及びこれらの日本国の漁船のうち, 六十トン未満二十五トン以上の鯖釣漁船の操業期間は, 六月一日より十二月三十一日までとし, その操業区域は共同規制区域内のうち大韓民国の慶尚北道と慶尚南道との境界線と海岸線との交点と北緯三十五度三十分と東経百三十度との交点とを結ぶ直線以南であつて東経百二十五度以東の水域とし, かつ, その隻数は, 百七十五隻を上回ることがないであろうこと.」

　8′. 共同区域内に出漁する両国の捕鯨漁業に従事する漁船の自主規制について

　　両国政府は, 共同規制区域内の鯨資源の状態に深い関心を有しているので, 同区域内において, 小型捕鯨漁業の操業隻数を現在以上に増加させたり, この漁獲努力を現在以上に増大させたりせず, また, 大型捕鯨船は今後とも出漁させないことを確保する意図である旨それぞれ一方的宣言を行なう.

0936　9. 国内漁業禁止水域等の相互尊重において

　（イ）大韓民国政府が現在設定している底曳及びトロール漁業についての漁業禁止水域と日本国政府が現在設定している底曳及び旋網漁業についての漁業禁止水域並び底曳漁業についての東経百二十八度，東経百二十八度三十分，北緯三十三度九分十五秒及び北緯二十五度の各線で囲まれた水域とにつき，両国政府がそれぞれ相手国のこれらの水域において当該漁業に自国の漁船が従事しないようにするため必要な措置をとる(合意議事録).

0937　（ロ）これらの水域における取締り及び裁判管轄権が漁船の属する国のみにより行使されることを確認する．両国政府は，(イ)に掲げる相手国の水域において，当該漁業に自国の漁船が従事しないように適切な国内措置をとる(合意議事録).

　（ハ）一方の国の監視船が，(イ)に掲げるその国の水域において他方の国の漁船が操業していることを発見した場合には，すみやかにその旨を当該地方の国の監視船に通報し，当該地方の国の政府は，当該漁船の取締り及びこれに対する裁判管轄権の行使にあたってその通報を尊重することとし，その結果とられた措置を当該一方の国の政府に対し連絡する(合意議事録).

0938　10. 資源調査水域のついて

　資源調査水域が設定される．その水域の範囲及び同水域内で行なわれる調査の内容については，漁業共同委員会が必要に応じて行なう勧告に基づき，両国政府の協議の上決定される．

0939　11. 漁業共同委員会の構成及び任務等について

　（イ）委員会の構成等

　　(i) 両国政府は，日韓漁業共同委員会(以下「委員会」という.)

　　(ii) 委員会は，二の国別委員部で構成し，各国別委員部は，それぞれの政府が任命する三人の委員で構成する．

　　(iii) 委員会のすべての決定は，国別委員部の間の合意によつてのみ行なうものとする．

(ⅳ) 委員会は，その会議の運営に関する規則を決定し，及びその必要があるときは，これを修正することができる．

(ⅴ) 委員会は，少なくとも毎年一回会合し，また，そのほか随時一方の国別委員部の要請　により，合意された場所において会合することができる．第一回会議の期日及び場所は，両国政府の合意で決定する．

(ⅵ) それぞれの国の政府は，自国の国別委員部の経費を決定し，かつ，支払うものとする．

(ⅶ) 委員会の公用語は，日本語，韓国語及び英語とする．提案及び資料は，いずれの公用語によつても委員会に提出することができる．

(ロ) 委員会の任務

(ⅰ) 両国が共通の関心を有する漁業資源の保存のため，必要な科学的研究を行ない，又は必要に応じ専門家をもって構成される下部機構を設置してこれを行なわせること及びその結果に基づきとられるべき共同の規制措置について両国政府に勧告すること．

(ⅱ) この協定により実施されている暫定的漁業調整措置について，必要に応じて両国政府に勧告すること．

(ⅲ) (ⅰ)の科学的研究を行なうにあたり，必要に応じて，資源調査水域の設定について両国政府に勧告すること．

(ⅳ) 両国の漁船間の操業の安全及び秩序を維持するために必要な措置につき検討し，又は必要に応じ専門家をもつて構成される下部機構を設置してこれにつき検討させること及びその結果に基づきとられるべき措置について両国政府に勧告すること．

(ⅴ) この協定の実効的な実施を確保するための措置，なかんずく，この協定の違反に関する処罰を同等にすることにつき検討し，及び両国政府に勧告すること．

(ⅵ) その他暫定の実施に伴う技術的な諸問題につき検討し，必要と認めたときは，とられるべき措置について両国政府に勧告すること．

12. 協定の解釈及び適用に関する紛争について

日韓漁業協定の解釈及び適用に関して生ずることのあるすべての紛争は、兩国政府の合意に基づく他の平和的方法による解決がなされる場合を除き、一方の国の要請により、国際司法裁判所に決定のため付託されるものとする。

(1965. 3. 29)

[번역]

일본국과 대한민국과의 어업 문제에 관한 합의각서(안)

1965년 3월 3일부터 24일까지 도쿄에서 일본국 농림대신 아카기 무네노리(赤城宗德)와 대한민국 농림부 장관 차균희(車均禧) 간에 일본국과 대한민국 간의 어업 문제에 관하여 회담을 가졌으며, 이에 이어 양국 정부의 각 대표 간에 회담을 가진 결과 다음과 같은 양해에 이르렀다.

1. 어업수역에 대하여

(가) 대한민국 연안의 기선으로부터 측정하여 12마일까지의 수역을 대한민국의 어업수역으로 한다.

(나) (가)의 어업수역의 기선은 다음 각호의 선 외에는 저조선으로 한다.

 (1)   및   을 잇는 직선에 의한 만구의 폐쇄선

 (2)   및   을 잇는 직선에 의한 만구의 폐쇄선

 (3) 1.5미터 바위, 생도, 홍도, 간여암, 상백도 및 거문도를 순차적으로 연결하는 직선기선

 (4) 소령도, 서격열비도, 어청도, 직도, 상왕등도, 횡도(안마군도), 소비치도, 소허사도, 칠발도, 매물도, 간도(맹골군도) 및 병풍도를 순차적으로 연결하는 직선기선

(다) 일본국 정부는 한일 어업협정의 효력발생일로부터 3년간 잠정적 조치로서 (가)에 의해 설정되는 어업수역을 획정하는 선과 다음의 각 직선으로 둘러싸인 수역에는

일본국 어선이 조업하지 않도록 조치할 용의가 있음을 확인한다(서한).
　(1) 북위　도　분과 동경도　분의 교차점과 북위　도　분과 동경도 분의 교차점을 통과하는 직선
　(2) 북위　도　분과 동경도　분의 교차점과 북위　도　분과 동경도 분의 교차점을 통과하는 직선

(라) 쓰시마의 저조선에서 측정하여 12마일까지의 수역을 일본국의 어업수역으로 한다.

(마) 대한민국 정부는 일본국이 쓰시마 이외의 일본국 연안의 기선으로부터 측정하여 12마일까지의 수역에서 일본국의 어업수역을 설정할 권리를 유보하는 것을 승인한다. 일본국 정부는 이러한 어업수역을 설정하기로 결정한 때에는 그 어업수역에 대하여 대한민국 정부에 통보한다. 다만, 이 어업수역의 설정에 있어서 직선기선을 사용하는 경우에는 그 직선기선은 대한민국 정부와 협의하여 결정한다.

(바) 양국의 어업수역이 겹치는 부분에 대해서는 그 부분의 최대 폭을 나타내는 직선을 이등분하는 점과 양국의 어업수역이 겹치는 부분이 끝나는 두 점을 각각 연결하는 직선에 의하여 이등분한다.

(사) 양국 정부는 일방 국가가 자국의 어업수역에서 타방국가의 어선이 어업에 종사하는 것을 배제하는 것에 대하여 상호 이의를 제기하지 아니한다.

2. 어업수역 침범의 처리에 관하여

(가) 일방 국가의 감시선은 자국 어장에서 현재 조업 중인 지방 국가의 어선을 발견했을 때, 그 어선에 대해 즉시 조업을 중단하고 어장 밖으로 퇴거하도록 경고한다. 이 경고를 한 감시선은 그 어선에 퇴거 의도가 인정되지 않는 경우를 제외하고는 정선을 명령하지 않는다.

(나) 일방 국가의 감시선이 정선을 명령한 경우, 그 감시선은 정선을 명령한 사실을 해당 어선의 위치와 함께 그 어선이 속한 국가의 감시선이 위반 사실의 인정에 입회할 수 있도록 하기 위해 그 어선과 함께 그 위치에서 그 통보 시점부터 2시간까지는 정박한다.

(다) (나)의 사실인정 결과 어업수역 침범 사실이 확인되지 아니하는 경우에는 해당

어업수역이 속한 국가의 감시선은 해당 어선을 즉시 석방하여야 한다.

(라) 어업수역에서의 단속은 필요한 한도를 넘지 않아야 한다. 특히, 감시선은 상대국 어선 승무원의 신체의 자유를 부당하게 구속해서는 안 되며, 어떠한 경우에도 해당 어선의 통신시설 사용을 방해해서는 안 된다.

(마) 어업수역 침범의 혐의로 나포 연행된 어선의 소속국 정부는 그 침범 사실이 없다고 판단한 경우에는 그 어업수역의 소속국 정부에 그 어선의 석방을 신청할 수 있으며, 그 신청이 있을 때에 양국 정부는 신속하게 문제를 해결하기 위하여 노력하여야 한다.

(바) 양국 정부는 자국의 어업수역 침범에 대한 형벌의 적용에 대해서는 특히 악질적인 침범으로 이를 방치할 경우 자국의 어업 질서가 문란하거나 파괴된다고 인정되는 경우를 제외하고는 징역, 금고, 어선, 어구 등 중요한 생산수단의 몰수 등 무거운 형벌을 부과하지 않도록 조치한다.

3. 단속 및 관할권에 관하여

(가) '어업수역 외측'에서의 단속 및 관할권은 어선이 속한 국가만이 행사한다.

(나) 각국 정부는 자국민 및 어선이 잠정적 어업 조정 조치를 성실하게 준수할 수 있도록 적절한 지도 및 감독을 실시하고, 위반에 대한 적절한 국내 조치를 시행한다(이때 각국 정부가 취하는 조치에는 다음 사항이 포함될 것임을 합의의사록에 기록한다).

  (1) 출어 어선에 발급하는 증명서 및 표지의 양식을 각국의 법령에 따라 결정하고 이를 상대국 정부에 통보하는 것

    이 증명서 및 표지는 항만 내에서의 경우를 제외하고 해상에서 한 어선에서 다른 어선에 인도되는 일이 없도록 양국 정부는 행정 지도한다.

  (2) 출어 어선의 정오 위치 보고에 근거하여 출어 상황을 월별로 집계하고 그 결과를 매년 1회 양국 정부에 통보하는 것

(다) 양국 정부는 잠정적 어업 조정 조치와 관련하여 자국의 항구에서의 단속 실시 상황을 시찰시키기 위한 편의를, 이를 위해 특별히 임명된 상대국 정부의 시찰원에게 자국의 국내 법령의 범위 내에서 수시로 제공할 용의가 있음을 확인한다. 이 시찰의 실시요령은 양국 정부의 협의를 통해 합의한다(합의의사록).

4. 공해 자유의 원칙 확인에 대하여

한일 어업협정에 의해 합의된 제한 또는 규제에 복종하는 경우를 제외하고, 각국의 어선은 공해상에서의 어업활동에 대하여 소속국 정부가 부과하는 제한 또는 규제 이외의 어떠한 제한 또는 규제를 받지 않는다는 국제법상의 원칙과 영해 및 어업수역(대한민국 본토와 제주도 사이의 수역을 포함한다.)에서의 무해통항권을 확인한다.

5. 공동규제구역의 범위 확인에 대하여

다음 각 선으로 둘러싸인 수역 중 대한민국의 어업수역이 아닌 부분을 공동규제수역으로 설정한다.

(가) 북위 37도 30분 이북의 동경 124도 이북의 경선

(나) 다음 각 지점을 순차적으로 연결하는 선

   (1) 북위 37도 30분과 동경 124도와의 교차점

   (2) 북위 36도 35분과 동경 124도 30분의 교차점

   (3) 북위 33도 30분과 동경 124도 30분과의 교차점

   (4) 북위 32도 30분과 동경 126도 30분의 교차점

   (5) 북위 32도 30분과 동경 127도와의 교차점

   (6) 양국의 어업수역이 겹치는 부분이 끝나는 남쪽 끝 지점

(다) 양국의 어업수역이 겹치는 부분의 최대 폭을 나타내는 직선을 이등분하는 점과 양국의 어업수역이 겹치는 부분이 끝나는 두 점을 각각 연결하는 직선

(라) 다음의 각 점을 순차적으로 연결하는 선

   (1) 양국의 어업수역이 겹치는 부분이 끝나는 북쪽 끝의 점

   (2) 북위 35도 30분과 동경 100도 30분의 교차점

   (3) 북위 37도 30분과 동경 131도 30분의 교차점

   (4) 우암령 고개 정상

6. 공동규제수역 내 잠정적 어업규제 조치의 내용에 대하여

(가) 양국 정부는 공동규제수역에서는 어업자원의 최대 지속적인 생산성을 확보하기 위해 필요한 보존 조치가 충분한 과학적 연구에 근거하여 시행될 때까지 저인망,

선망 및 60톤 이상 어선에 의한 고등어 조업에 대해 잠정적 어업 조정 조치를 시행한다. 이 양해각서에서 톤은 총 톤수로 하며, 보너스 톤수를 뺀 톤수로 표시한다.

(나) 잠정적 어업 조정 조치는 양국의 쌍방에 적용되며, 그 내용은 다음과 같다.

(1) 최대 출어 척수 또는 통수(공동규제수역에서 조업에 종사하기 위해 동시에 조업에 종사할 수 있는 어선의 척수 또는 통수의 최고한도를 말한다.)

(i) 50톤 미만의 어선에 의한 저인망 어업에 대해서는 115척(단, 일본국 정부는 공동규제구역 중 대한민국의 경상북도와 경상남도의 경계선과 해안선과의 교차점과 북위 35도 30분과 동경 130도의 교차점을 잇는 직선 이북의 동해 수역에서는 동시에 조업할 수 있는 일본국 저인망 어선은 25척을 초과할 수 없으며, 11월 1일부터 다음 해 5월 31일까지의 기간 이외에는 조업하지 않을 것 및 수심 300미터 이하의 얕은 부분에서는 조업하지 않을 것을 확인한다)(일방적 성명).

(ii) 50톤 이상의 어선에 의한 저인망 어업에 대해서는,

① 11월 1일부터 다음 해 4월 30일까지의 기간 동안은 270척

② 5월 1일부터 10월 31일까지의 기간에 있어서는 100척

(iii) 40톤 이상의 선망 어선에 의한 선망 어업에 대해서는 120통

(iv) 60톤 이상의 어선에 의한 고등어잡이 어업에 대해서는 15척. 단, 조업 기간은 6월 1일부터 12월 31일까지로 하고, 조업 구역은 대한민국의 경상북도와 경상남도의 경계선과 해안선과의 교차점과 북위 35도 30분과 동경 130도와의 교차점을 잇는 직선 이남으로 동경 125도 이남의 수역으로 한다. 다만, 일본국 어선과 대한민국 어선의 어획 능력의 격차가 현저하게 인정되는 동안 대한민국 정부가 대한민국의 출어 척수 또는 통수를 이 협정의 최고 출어 척수 또는 통수를 기준으로 공정하게 조정할 것을 제안한 때에는 일본국 정부는 이 협의에 응할 용의가 있다(서한).

(2) 어선 규모

(i) 저인망 어업 중,

① 트롤 어업 외의 어업은 30톤 이상 170톤 이하

② 트롤 어업에 대해서는 100톤 이상 550톤 이하. 단, 50톤 이상의 어선에 의한 저인망 어업은 동경 128도 이남의 수역에서는 행하지 아니한다.

(ii) 선망 어업에 대해서는 선망 어선 40톤 이상 100톤 이하. 단, 이 양해 당시 일본국에 현존하는 100톤 이하의 선망 어선 1척은 예외로 인정한다.
(iii) 60톤 이상의 어선에 의한 고등어잡이 어업에 대해서는 100톤 이하로 한다.
(3) 망목(해중에서의 내경으로 한다.)
(i) 50톤 미만의 어선에 의한 저인망 어업에 대해서는 33밀리미터 이상
(ii) 50톤 이상의 어선에 의한 저인망 어업에 있어서는 54밀리미터 이상
(iii) 선망 어업에 대해서는 30밀리미터 이상(전갱이 또는 고등어를 대상으로 하는 선망의 주요 부분의 망목으로 한다.)
(4) 광력
(i) 선망 어업에 대해서는 1통당 10킬로와트 이하의 등선 2척 및 7.5킬로와트 이하의 등선 1척으로 하고, 계 27.5킬로와트 이하
(ii) 60톤 이상의 어선에 의한 고등어잡이 어업에 대해서는 10킬로와트 이하로 한다.

7. 연간 총 어획 기준량에 대하여

어획량 표시는 협정상의 의무가 아니라 최고 출어 척수 또는 통수에 의한 규제에 관한 참고자료에 불과하며, 공동규제구역 내에서 일본국의 저인망, 선망 및 60톤 이상 어선에 의한 고등어 조업에 의한 연간 총 어획 기준량은 15만 톤(상하 10퍼센트의 변동이 있을 수 있음)이 될 것으로 예상되며, 이 15만 톤 중 50톤 미만의 어선에 의한 저인망 어업에 대해서는 1만 톤, 50톤 이상의 어선에 의한 저인망 어업에 대해서는 3만 톤 및 선망 어업과 60톤 이상의 어선에 의한 고등어잡이 어업에 대해서는 11만 톤이 될 것으로 예상된다는 것을 기록으로 남긴다. 어느 국가도 공동규제구역 내에서의 저인망, 선망 및 60톤 이상 어선에 의한 고등어잡이 어업에 의한 연간 총 어획량이 16만 5천 톤을 초과하였다고 판단하는 경우에는 해당 상대국의 요청에 따라 최고 출어 척수 또는 통수 재검토를 위한 협의를 할 수 있도록 한다. 또한 상기 연간 총 어획량이 16만 5천 톤을 초과한다고 생각하는 경우에는 어기 중에도 출어 척수 또는 통수를 억제하도록 행정 지도를 실시하는 것에 대한 양해를 기록에 남긴다(합의의사록).

각국 정부는 자국의 출어 어선에 의한 공동규제구역 내에서의 어획량 보고 및 양륙

항에서의 조사를 통해 어획량을 월별로 집계하고 그 결과를 매년 1회 상대국 정부에 통보하는 것을 합의의사록에 기록한다.

8. 공동규제구역 내에서 조업하는 일본국 어선의 연안 어업에 종사하는 어선의 자율규제에 대하여

잠정적 어업 조정 조치의 적용 대상이 아닌 종류의 어업에 종사하는 일본국 어선에 대해서는 협정에는 규정하지 않고 일본국 정부의 자율규제로 하며, 조업 척수 및 어선 규모 등에 대해 일본국 정부가 다음과 같은 취지의 일방적 선언을 한다.

"잠정적 어업 조정 조치의 적용 대상이 아닌 종류의 어업에 종사하는 일본국 어선으로 공동규제구역 내에서 동시에 조업에 종사하는 어선의 척수는 1,700척을 초과하지 않을 것 및 이들 일본국 어선 중 60톤 미만 25톤 이상의 고등어잡이 어선의 조업 기간은 6월 1일부터 12월 31일까지로 한다. 6월 1일부터 12월 31일까지로 하고, 그 조업 구역은 공동규제구역 내 중 대한민국의 경상북도와 경상남도의 경계선과 해안선과의 교차점과 북위 35도 30분과 동경 130도의 교차점을 잇는 직선 이남으로 동경 125도 이남의 수역으로 하며, 그 척수는 175척을 초과할 수 없는 것."

8'. 공동수역 내 출어하는 양국 포경어업 어선의 자율규제에 대하여

양국 정부는 공동규제구역 내 고래 자원의 상태에 깊은 관심을 가지고 있으므로, 동 구역 내에서 소형 포경어업의 조업 척수를 현재보다 증가시키거나 이 어획 노력을 현재보다 증가시키지 않으며, 또한 대형 포경선은 앞으로도 출어시키지 않을 것임을 보장할 의향임을 각각 일방적으로 선언한다.

9. 국내 조업금지수역 등의 상호존중에 있어서

(가) 대한민국 정부가 현재 설정하고 있는 저인망 및 트롤 어업에 관한 어업금지수역과 일본국 정부가 현재 설정하고 있는 저인망 및 선망 어업에 관한 어업금지수역 및 저인망 어업에 관한 동경 128도, 동경 128도 30분, 북위 33도 9분 15초 및 북위 25도의 각 선으로 둘러싸인 수역에 대하여 양국 정부는 각각 상대국의 이들 수역에서 자국 어선이 해당 어업에 종사하지 않도록 하기 위하여 필요한 조치를 취한다(합의의사록).

(나) 이들 수역에서의 단속 및 관할권이 어선이 속한 국가에 의해서만 행사될 수 있도록 확인한다. 양국 정부는 (가)에 열거한 상대국 수역에서 자국 어선이 해당 어업에 종사하지 않도록 적절한 국내 조치를 취한다(합의의사록).

(다) 일방 국가의 감시선이 (가)에 열거된 그 국가의 수역에서 다른 국가의 어선이 조업하고 있는 것을 발견한 경우에는 신속하게 그 사실을 해당 지방의 국가의 감시선에 통보하고, 해당 지방의 국가 정부는 해당 어선의 단속 및 이에 대한 재판 관할권 행사에 있어서 그 통보를 존중한다. 그 결과 취해진 조치를 해당 일방국 정부에 연락한다(합의의사록).

10. 자원조사 수역에 대하여

자원조사 수역이 설정된다. 그 수역의 범위 및 동 수역 내에서 실시되는 조사의 내용은 어업공동위원회가 필요에 따라 실시하는 권고에 따라 양국 정부의 협의를 거쳐 결정한다.

11. 어업공동위원회의 구성 및 임무 등에 대하여

(가) 위원회 구성 등

(1) 양국 정부는 한일어업공동위원회(이하 '위원회'라 한다.)를 구성한다.

(2) 위원회는 2개의 국가별 위원부로 구성하고, 각 국가별 위원부는 각국 정부가 임명하는 3명의 위원으로 구성한다.

(3) 위원회의 모든 결정은 국가별 위원회 간의 합의에 의해서만 이루어진다.

(4) 위원회는 그 회의 운영에 관한 규칙을 결정하고, 필요한 경우 이를 수정할 수 있다.

(5) 위원회는 매년 1회 이상 회의를 개최하며, 그 밖에 수시로 일방 국가별 위원부의 요청에 따라 합의된 장소에서 회의를 개최할 수 있다. 제1차 회의의 일시 및 장소는 양국 정부의 합의에 따라 결정한다.

(6) 각국 정부는 자국의 국가별 위원부의 경비를 결정하고, 또 지원하여야 한다.

(7) 위원회의 공용어는 일본어, 한국어 및 영어로 한다. 제안 및 자료는 어느 공용어로든 위원회에 제출할 수 있다.

(나) 위원회의 임무

  (1) 양국이 공통의 관심을 가지고 있는 수산자원의 보존을 위해 필요한 과학적 연구를 수행하거나 필요에 따라 전문가로 구성된 하부 기구를 설치하여 이를 수행하게 하는 것 및 그 결과에 근거하여 취해야 할 공동의 규제 조치에 대해 양국 정부에 권고하는 것

  (2) 이 협정에 의해 실시되고 있는 잠정적 어업 조정 조치에 대해 필요에 따라 양국 정부에 권고할 것

  (3) (1)의 과학적 연구를 실시함에 있어 필요에 따라 자원조사 수역의 설정에 대해 양국 정부에 권고하는 것

  (4) 양국 어선 간 조업의 안전 및 질서를 유지하기 위하여 필요한 조치에 대하여 검토하거나 필요에 따라 전문가로 구성된 하부 기구를 설치하여 이에 대하여 검토하게 하는 것 및 그 결과에 따라 취해야 할 조치에 대하여 양국 정부에 권고하는 것

  (5) 이 협정의 효과적인 이행을 확보하기 위한 조치, 특히 이 협정의 위반에 관한 처벌을 동등하게 하는 것에 대해 검토하고, 양국 정부에 권고하는 것

  (6) 기타 잠정적 이행에 따른 기술적 제반 문제에 대해 검토하고, 필요하다고 인정할 때에는 취해야 할 조치에 대해 양국 정부에 권고하는 것

12. 협정의 해석 및 적용에 관한 분쟁에 대하여

한일 어업협정의 해석 및 적용과 관련하여 발생할 수 있는 모든 분쟁은 양국 정부의 합의에 따른 다른 평화적 방법에 의한 해결이 이루어지지 않는 한, 어느 한 국가의 요청에 따라 국제사법재판소에 결정을 위해 회부되어야 한다.

3. 한일 농상 간 양해 사항에 관한 합의사항 일본 측 1965.3.29자 수정안

0944 　　三次案　　　　　　　　　　　　　　　　　　　　　　（四〇．三．二九）

日本国と大韓民国との間の漁業問題に関する関する合意の覚書（案）

千九百六十五年三月三日から二十四日まで東京において日本国農林大臣赤城宗徳と大韓民国農林部長官車均禧との間で日本国と大韓民国との間の漁業問題について会談が行なわれ、これに引き続き両国政府のそれぞれの代表者の間で会談が行なわれた結果、次の了解に到達した．

0945 　　1．漁業水域について

（イ）大韓民国の沿岸の基線から測定して十二マイルまでの水域を大韓民国の漁業水域とする．

（ロ）（イ）の漁業水域の基線は、次に掲げる線のほかは、低潮線とする．

(i) 　　　　　　及び　　　　　　を結ぶ直線による湾口の閉鎖線

(ii) 　　　　　　及び　　　　　　を結ぶ直線による湾口の閉鎖線

(iii) 一.五メートル岩、生島、鴻島、干汝岩、上白島及び巨文島を順次結ぶ直線基線

(iv) 小鈴島、西格列飛島、於青島、稷島、上旺嶝島、横島（鞍馬群島）、小飛雉島、小許沙島、七発島、毎勿島、間嶼（孟骨群島）及び屛風島を順次結ぶ直線基線

0946 　　（ハ）日本国政府は、日韓漁業協定の効力発生の日から三年間、暫定的措置として、（イ）により設定される漁業水域を画する線と次のそれぞれの直線とにより囲まれる水域には、日本国の漁船が出漁しないように措置をとる用意がある旨を確認する（書簡）．

（i）北緯　度　分と東経　度　分との交点と北緯　度　分と東経　度　分との交点を経過する直線

　　　（ii）北緯　度　分と東経　度　分との交点と北緯　度　分と東経　度　分との交点を通過する直線

　（ニ）対馬の低潮線から測定して十二マイルまでの水域を日本国の漁業水域とする．

　（ホ）大韓民国政府は，日本国が対馬以外の日本国の沿岸の基線から測定して十二マイルまでの水域において日本国の漁業水域を設定する権利を留保することを承認する．日本国政府は，このような漁業水域を設定することを決定したときは，その漁業水域について大韓民国政府に通報する．ただし，この漁業水域の設定に際し直線基線を使用する場合には，その直線基線は，大韓民国政府との協議の上決定するものとする．

　（ヘ）両国の漁業水域が重複する部分については，その部分の最大の幅を示す直線を二等分する点と両国の漁業水域が重複する部分が終わる二点とをそれぞれ結ぶ直線により二分する．

　（ト）両国政府は，一方の国が自国の漁業水域において他方の国の漁船が漁業に従事することを排除することに相互に異議を申し立てない．

2．漁業水域侵犯の取扱いについて

　（イ）一方の国の監視船は，自国の漁業水域において現に操業している地方の国の漁船を発見したときは，その漁船に対し，直ちに操業を停止して漁業水域外に立ち退くよう警告を行なうものとする．この警告を行なつた監視船は，その漁船に立ち退く意図が認められない場合を除き，停船を命じないものとする．

　（ロ）一方の国の監視船が停船を命じた場合は，その監視船は，停船を命じた事実を当該漁船の位置とともにその漁船の属する国の官憲に通報し，その漁船の属する国の監視船が違反事実の認定に立ち会うことを可能にするため，その漁船とともに，その位置において，その通報の時から二時間までは，停泊するものとする．

　（ハ）（ロ）の事実認定の結果，漁業水域侵犯の事実が確認されない場合には，漁業水域の属する　　国の監視船は，当該漁船を直ちに釈放しなければならない．

(ニ) 漁業水域における取締りは, 必要な限度をこえないものとする. なかんずく, 監視船は, 他方の国の漁船の乗組員の身體の自由を不当に拘束してはならず, また, いかなる場合にもその漁船の通信施設の使用を妨げてはいけない.

(ホ) 漁業水域侵犯の疑いでだ捕連行された漁船の属する国の政府は, その侵犯の事実がないと判断した場合には, その漁業水域の属する国の政府に対しその漁船の釈放につき申し入れを行なうことができ, その申し入れがあつたときは, 両国政府は, すみやかに問題を解決するよう努力するものとする.

(ヘ) 両国政府は, 自国の漁業水域の侵犯に対する刑罰の適用については, 特に悪質な侵犯であり, これを放置すれば, 自国の漁業の秩序が紊亂し, 又は破壊されると認められる場合を除き, 懲役, 金錮, 漁船, 漁具等の重要な生産手段の没収等の重い刑罰を課することのないよう措置する.

3. 取締り及び裁判管轄権について

(イ) 漁業水域の外側における取締り及び裁判管轄権は, 漁船の属する国のみが行使する.

(ロ) いずれの国の政府も, その国民及び漁船が暫定的漁業調整措置を誠実に遵守することを確保するため適切な指導及び監を行ない, 違反に対する適当な国内措置を実施する. (この頃に関しそれぞれの国の政府がとる措置の中には, 次のことが含まれることを合意議事錄に記録する.

(i) 出漁漁船に発給する証明書及び標識の様式を, それぞれの国内法令により決定し, これを相手国政府に通報すること.
この証明書及び標識は, 港内における場合を除き, 海上において一の漁船から他の漁船に引き渡されることがないよう両国政府は行政指導することとする.

(ii) 出漁漁船の正午位置の報告に基づき, 出漁状況を月別に集計し, その結果を毎年一回相手国政府に通報すること.)

(ハ) 両国政府は, 暫定的漁業調整措置に関し, 自国の港における取締りの実施状況を視察させるための便宜を, このために特に任命された他方の国の政府の視察員に

対し，自国の国内法令の範囲内で随時与える用意がある旨を確認する．この視察の実施要領は，両国政府の協議により合意される(合意議事録)．

4. 公海自由の原則の確認について

日韓漁業協定により合意される制限又は規制に服する場合を除き，それぞれの国の漁船は，公海上における漁業活動に関し，その属する国の政府により課せられる制限又は規制以外のいかなる制限又は規制も受けるものでないとの国際法上の原則並びに領海及び漁業水域(大韓民国本土と済州島との間の水域を含む．)における無害通航権を確認する．

5. 共同規制区域の範囲の確認について

次の各線により囲まれる公海のうち大韓民国の漁業水域でない部分を共同規制区域として設定する．

(イ) 北緯三十七度三十分以北と東経百二十四度の経線

(ロ) 次の各点を順次に結ぶ線

(i) 北緯三十七度三十分と東経百二十四度との交点

(ii) 北緯三十六度四十五分と東経百二十四度三十分との交点

(iii) 北緯三十三度三十分と東経百二十四度三十分との交点

(iv) 北緯三十二度三十分と東経百二十六度との交点

(v) 北緯三十二度三十分と東経百二十七度との交点

(vi) 両国の漁業水域が重複する部分が終わる南端の点

(ハ) 両国の漁業水域が重複する部分の最大の幅を示す直線を二等分する点と両国の漁業水域の重複する部分が終わる二点とをそれぞれ結ぶ直線

(ニ) 次の各点を順次に結ぶ線

(i) 両国の漁業水域が重複する部分が終わる北端の点

(ii) 北緯三十五度三十分と東経百三十度との交点

(iii) 北緯三十七度三十分と東経百三十一度十分との交点

(iv) 牛岩嶺高頂

6. 共同規制区域内における暫定的漁業調整措置の内容について

(イ) 両国政府は, 共同規制区域においては, 漁業資源の最大の持続的生産性を確保するため に必要とされる保存措置が十分な科学的研究に基づいて実施されるまでの間, 底曳, 旋網及び六十トン以上の漁船による鯖釣漁業につき, 暫定的漁業調整措置を実施する. この覚書において, トンとは, 総トン数によるものとし, ボーナス・トン数を差し引いたトン数により表示する

(ロ) 暫定的漁業調整措置は, 両国の雙方に適用されるものとし, その内容は, 次のとおりとする.

(i) 最高出漁隻数又は統数(共同規制区域において同時に操業に従事することができる漁船の隻数又は統数の最高限度をいう.)

　i 五十トン未満の漁船による底曳漁業については百十五隻

　　(ただし, 日本国政府は, 共同規制域内のうち, 大韓民国の慶尙北道と慶尙南道との境界線と海岸線との交点と北緯三十五度三十分と東経百三十度との交点とを結ぶ直線以北の日本海の水域においては, 同時に操業することができる日本国の底曳漁船は, 二十五隻を上回ることがないこと, 十一月一日より翌年の五月三一日までの期間以外においては操業しないこと及び水深三百メートル以浅の部分においては操業しないことを確認する.)(一方的聲明)

　ii 五十トン以上の漁船による底曳漁業については,
　　イ 十一月一日より翌年の四月三十日までの期間においては二百七十隻
　　ロ 五月一日より十月三十一日までの期間においては百隻

　iii 四十トン以上の網船による旋網漁業については百二十統

　iv 六十トン以上の漁船による鯖釣漁業については十五隻

　　ただし, 操業期間は六月一日より十二月三十一日までとし, 操業区域は大韓民国の慶尙北道と慶尙南道との境界線と海岸線との交点と北緯三十五度三十分と東経百三十度との交点とを結ぶ直線以南であつて東経百二十五度以東の水域とする.

　　ただし, 日本国の漁船と大韓民国の漁船との漁獲能力の格差か顯著に認められる間, 大韓民国政府が大韓民国の出漁隻数又は統数をこの協定の最高出漁

隻数又は統数を基準として公正妥当に調整することを提議したとさは，日本国政府は，この協議に応ずる用意がある(書簡).

(ii) 漁船規模

i 底曳漁業のうち，

 イ トロール漁業以外のものについては三十トン以上百七十トン以下

 ロ トロール漁業については百トン以上五百五十トン以下

 ただし，五十トン以上の漁船による底曳漁業は，東経百二十八度以東の水域においては，行なわないこととする．

ii 旋網漁業については網船四十トン以上百トン以下

 ただし，この了解の時に日本国に現存する百トン以上の旋網網船一隻は，例外として認められる．

iii 六十トン以上の漁船による鯖釣漁業については百トン以下

(iii) 網目(海中における内徑とする.)

i 五十トン未満の漁船による底曳漁業については三十三ミリ・メートル以上

ii 五十トン以上の漁船による底曳漁業については五十四ミリ・メートル以上

iii 旋網漁業については三十ミリ・メートル以上

 (鰺又は鯖を対象とする身網の主要部分の網目とする.)

(iv) 光力

i 旋網漁業については一統につき，十キロ・ワット以下の燈船二隻及び七.五キロ・ワット以下の燈船一隻とし，計二十七.五キロ・ワット以下

ii 六十トン以上の漁船による鯖釣漁業については十キロ・ワット以下

7. 年間総漁獲基準量について

漁獲量の表示は，協定上の義務としてではなく，最高出漁隻数又は統数による規制に関する参考資料にとどまるべきこと，共同規制区域内における日本国の底曳，旋網及び六十トン以上の漁船による鯖釣漁業による年間総漁獲基準量は，十五万トン(上下十パーセントの變動がありうる.)となると予想されること並びにこの十五万トンのうち，五十トン未満の漁船による底曳漁業については一万トン，五十トン以上の漁船に

よる底曳漁業については三万トン及旋網漁業と六十トン以上の漁船による鯖釣漁業については十一万トンとなると予想されることを記録にとどめ，さらに，いずれの国も共同規制区域内における底曳，旋網及び六十トン以上の漁船による鯖釣漁業による年間総漁獲量が，十六万五千トンを超過したと考える場合には，当該地方の国は，当該一方の国の要請に応じ最高出漁隻数又は統数の再検討のための協議を行なうものとすること並びに前記の年間総漁獲量が十六万五千トンを超過すると考える場合には，漁期中においても出漁隻数又は統数を抑制するよう行政指導を行なうことについての了解を記録にとどめる(合意議事錄).

それぞれの国の政府は，自国の出漁漁船による共同規制区域内におけるその漁獲量の報告及び水揚げ港における調査を通じ，漁獲量を月別に集計し，その結果を毎年一回相手国政府に通報することを合意議事錄に記録する.

8. 共同規制区域内に出漁する日本国の沿岸漁業に従事する漁船の自主規制について

(イ) 暫定的漁業調整措置の適用の対象とならない種類の漁業に共同規制区域内で従事する日本国の漁船については，協定には規定せず，日本国政府による自主的な規制都とし，操業隻数及び漁船規模等につき日本国政府が次の趣旨の一方的宣言を行なう.

「暫定的漁業調整措置の適用の対象とならない種類の漁業に従事する日本国の漁船で，共同規制区域内において同時に操業に従事するものの隻数は，千七百隻を上回ることがないであろうこと及びこれらの日本国の漁船のうち，六十トン未満二十五トン以上の鯖釣漁船の操業期間は，六月一日より十二月三十一日までとし，その操業区域は共同規制区域内のうち大韓民国の慶尚北道と慶尚南道との境界線と海岸線との交点と北緯三十五度三十分と東経百三十度との交点とを結ぶ直線以南であって東経百二十五度以東の水域とし，かつ，その隻数は，百七十五隻を上回ることがないであろうこと.」

8'. 共同区域内に出漁する両国の捕鯨漁業に従事する自主規制について

　両国政府は, 共同規制区域内の鯨資源の状態に深い関心を有しているので, 同区域内において, 小型捕鯨漁業の操業隻数を現在以上に増加させたり, この漁獲努力を現在以上に増大させたりせず, また, 大型捕鯨船は今後とも出漁させないことを確保する意図である旨それぞれ一方的宣言を行なう.

9. 国内漁業禁止水域等の相互尊重について

　(イ) 大韓民国政府が現在設定している底曳及びトロール漁業についての漁業禁止水域と日本国政府が現在設定している底曳及び旋網漁業についての漁業禁止水域並びに底曳漁業についての東経百二十八度, 東経百二十八度三十分, 北緯三十三度九分十五秒及び北緯二十五度の各線で囲まれた水域とにつき, 両国政府がそれぞれ相手国のこれらの水域において当該漁業に自国の漁船が従事しないようにするため必要な措置をとる.(合意議事録)

　(ロ) これらの水域における取締り及び裁判管轄権が漁船の属する国のみにより行使されることを確認する. 両国政府は, (イ)に掲げる相手国の水域において, 当該漁業に自国の漁船が従事しないよう適切な国内措置をとる(合意議事録).

　(ハ) 一方の国の監視船が, (イ)に掲げるその国の水域において他方の国の漁船が操業していることを発見した場合には, すみやかにその旨を当該地方の国の監視船に通報し, 当該地方の国の政府は, 当該漁船の取締り及びこれに対する裁判管轄権の行使にあたつてその結果とられた措置を当該一方の国の政府に対し連絡する(合意議事録).

10. 資源調査水域について

　資源調査水域が設定される. その水域の範囲及び同水域内で行なわれる調査の内容については, 漁業協同委員会が必要に応じて行うの勧告に基づき, 両国政府の協議の上決定される.

11. 漁業共同委員会の構成及び任務等について

(イ) 委員会の構成等

(i) 両国政府は, 日韓漁業共同委員会(以下「委員会」という.)を設置する.

(ii) 委員会は, 二の国別委員部で構成し, 各国別委員部は, それぞれの政府が任命する三人の委員で構成する.

(iii) 委員会のすべての決定は, 国別委員部の間の合意によつてのみ行なうものとする.)

(iv) 委員会は, その会議の運営に関する規制を決定し, 及びその必要があるときは, これを修正することができる.

(v) 委員会は, 少なくとも毎年一回会合し, また, そのほか随時一方の国別委員部の要請により, 合意された場所において会合することができる. 第一回会議の期日及び場所は, 両国政府の合意で決定する.

(vi) それぞれの国の政府は, 自国の国別委員部の経費を決定し, かつ, 支払うものとする.

(vii) 委員会の公用語は, 日本語, 韓国語及び英語とする. 提案及び資料は, いずれの公用語によつても委員会に提出することができる.

(ロ) 委員会の任務

(i) 両国が共通の関心を有する漁業資源の保存のため, 必要な科学的研究を行ない, 又は必要に応じ専門家をもつて構成される下部機構を設置してこれを行なわせること及びその結果に基づきとられるべき共同の規制措置について両国政府に勧告すること.

(ii) この協定により実施されている暫定的漁業調整措置について, 必要に応じて両国政府に勧告すること.

(iii) (i)の科学的研究を行なうにあたり, 必要に応じて, 資源調査水域の設定について両国政府に勧告すること.

(iv) 両国の漁船間の操業の安全及び秩序を維持するために必要な措置につき検討し, 又は必要に応じ専門家をもつて構成される下部機構を設置してこれにつき検討させること及びその結果に基づきとられるべき措置について両

国政府に勧告すること．

(v) この協定の実効的な実施を確保するための措置，なかんずく，この協定の違反に関する処罰を同等にすることにつき検討し，及び兩国政府に勧告すること．

(vi) その他協定の実施に伴う技術的な諸問題につき検討し，必要と認めたときは，とられるべき措置について兩国政府に勧告すること．

12. 協定の解釈及び適用に関する紛争について

日韓漁業協定の解釈及び適用に関して生ずることのあるすべての紛争は，兩国政府の合意に基づく他の平和的方法による解決がなされる場合を除き，一方の国の要請により，国際司法裁判所に決定のため付託されるものとする．

번역　　3차 안　　　　　　　　　　　　　　　　　　　　(1965. 3. 29)

일본국과 대한민국과의 어업 문제에 관한 합의각서(안)

1965년 3월 3일부터 24일까지 도쿄에서 일본국 농림대신 아카기 무네노리(赤城宗德)와 대한민국 농림부 장관 차균희(車均禧) 간에 일본국과 대한민국 간의 어업 문제에 관하여 회담을 가졌으며, 이에 이어 양국 정부의 각 대표 간에 회담을 가진 결과 다음과 같은 합의에 도달하였다.

1. 어업수역에 대하여

(가) 대한민국 연안의 기선으로부터 측정하여 12마일까지의 수역을 대한민국의 어업수역으로 한다.

(나) (가)의 어업수역의 기선은 다음 각호의 선 외에는 저조선으로 한다.

(1) 　　　및　　　을 잇는 직선에 의한 만구의 폐쇄선

(2) 　　　　및 　　　　을 잇는 직선에 의한 만구의 폐쇄선

(3) 1.5미터 바위, 생도, 홍도, 간여암, 상백도 및 거문도를 순차적으로 연결하는 직선기선

(4) 소령도, 서격열비도, 어청도, 직도, 상왕등도, 횡도(안마군도), 소비치도, 소허사도, 칠발도, 매물도, 간도(맹골군도) 및 병풍도를 순차적으로 연결하는 직선기선

(다) 일본국 정부는 한일 어업협정의 효력발생일로부터 3년간 잠정적 조치로서 (가)에 의해 설정되는 어업수역을 획정하는 선과 다음의 각 직선으로 둘러싸인 수역에는 일본국 어선이 조업하지 않도록 조치할 용의가 있음을 확인한다(서한).

(1) 북위　 도　 분과 동경도　 분의 교차점과 북위　 도　 분과 동경도　 분의 교차점을 통과하는 직선

(2) 북위　 도　 분과 동경도　 분의 교차점과 북위　 도　 분과 동경도　 분의 교차점을 통과하는 직선

(라) 쓰시마의 저조선에서 측정하여 12마일까지의 수역을 일본국의 어업수역으로 한다.

(마) 대한민국 정부는 일본국이 쓰시마 이외의 일본국 연안의 기선으로부터 측정하여 12마일까지의 수역에서 일본국의 어업수역을 설정할 권리를 유보하는 것을 승인한다. 일본국 정부는 이러한 어업수역을 설정하기로 결정한 때에는 그 어업수역에 대하여 대한민국 정부에 통보한다. 다만, 이 어업수역의 설정에 있어서 직선기선을 사용하는 경우에는 그 직선기선은 대한민국 정부와 협의하여 결정한다.

(바) 양국의 어업수역이 겹치는 부분에 대해서는 그 부분의 최대 폭을 나타내는 직선을 이등분하는 점과 양국의 어업수역이 겹치는 부분이 끝나는 두 점을 각각 연결하는 직선에 의하여 이등분한다.

(사) 양국 정부는 일방 국가가 자국의 어업수역에서 타방국가의 어선이 어업에 종사하는 것을 배제하는 것에 대하여 상호 이의를 제기하지 아니한다.

2. 어업수역 침범의 처리에 관하여

(가) 일방 국가의 감시선은 자국 어장에서 현재 조업 중인 지방 국가의 어선을 발견

했을 때, 그 어선에 대해 즉시 조업을 중단하고 어장 밖으로 퇴거하도록 경고한다. 이 경고를 한 감시선은 그 어선에 퇴거 의도가 인정되지 않는 경우를 제외하고는 정선을 명령하지 않는다.

(나) 일방 국가의 감시선이 정선을 명령한 경우, 그 감시선은 정선을 명령한 사실을 해당 어선의 위치와 함께 그 어선이 속한 국가의 관헌에 통보하고, 그 어선이 속한 국가의 감시선이 위반 사실의 인정에 입회할 수 있도록 하기 위해 그 어선과 함께 그 위치에서 그 통보 시점부터 2시간까지 정박한다.

(다) (나)의 사실인정 결과 어업수역 침범 사실이 확인되지 아니하는 경우에는 해당 어업수역이 속한 국가의 감시선은 해당 어선을 즉시 석방하여야 한다.

(라) 어업수역에서의 단속은 필요한 한도를 넘지 않아야 한다. 특히, 감시선은 상대국 어선 승무원의 신체의 자유를 부당하게 구속해서는 안 되며, 어떠한 경우에도 그 어선의 통신 시설의 사용을 방해해서는 안 된다.

(마) 어업수역 침범의 혐의로 나포 연행된 어선의 소속국 정부는 그 침범 사실이 없다고 판단하는 경우에는 그 어업수역의 소속국 정부에 대하여 그 어선의 석방을 요청할 수 있으며, 그 요청이 있을 때에는 양국 정부는 신속히 문제를 해결하기 위하여 노력한다. 하도록 노력하여야 한다.

(바) 양국 정부는 자국의 어업수역 침범에 대한 형벌의 적용에 대해서는 특히 악질적인 침범으로 이를 방치할 경우 자국의 어업 질서가 문란하거나 파괴된다고 인정되는 경우를 제외하고는 징역, 금고, 어선, 어구 등 중요한 생산수단의 몰수 등 무거운 형벌을 부과하지 않도록 조치한다. 조치한다.

3. 단속 및 관할권에 관하여

(가) 어업수역 밖에서의 단속 및 관할권은 어선이 속한 국가만이 행사한다.

(나) 각국 정부는 자국민 및 어선이 잠정적 어업 조정 조치를 성실히 준수할 수 있도록 적절한 지도 및 감독을 실시하고, 위반에 대한 적절한 국내조치를 시행한다(이 때 각국 정부가 취하는 조치에는 다음 사항이 포함될 것임을 합의의사록에 기록한다).

(1) 출어 어선에 발급하는 증명서 및 표지의 양식을 각각의 국내 법령에 따라 결정하고, 이를 상대국 정부에 통보할 것

이 증명서 및 표지는 항만 내에서의 경우를 제외하고 해상에서 한 어선에서 다른 어선에 인도되는 일이 없도록 양국 정부는 행정 지도한다.
　(2) 출어 어선의 정오 위치 보고를 바탕으로 출어 상황을 월별로 집계하여 그 결과를 매년 1회 상대국 정부에 통보할 것
(다) 양국 정부는 잠정적 어업 조정 조치에 관하여 자국의 항구에서의 단속 실시상황을 시찰시키기 위한 편의를, 이를 위해 특별히 임명된 상대국 정부의 시찰원에게 자국의 국내 법령의 범위 내에서 수시로 제공할 용의가 있음을 확인한다. 이 시찰의 실시요령은 양국 정부의 협의를 통해 합의한다(합의의사록).

4. 공해 자유의 원칙 확인에 대하여

한일 어업협정에 의해 합의된 제한 또는 규제에 복종하는 경우를 제외하고, 각국의 어선은 공해상에서의 어업활동과 관련하여 소속국 정부가 부과하는 제한 또는 규제 이외의 어떠한 제한 또는 규제도 받지 않는다는 국제법상의 원칙과 영해 및 어업수역(대한민국 본토와 제주도 사이의 수역을 포함한다. 대한민국 본토와 제주도 사이의 수역을 포함한다)에서의 무해통항권을 확인한다.

5. 공동규제구역의 범위 확인에 대하여

다음 각 선으로 둘러싸인 공해 중 대한민국의 어업수역이 아닌 부분을 공동규제수역으로 설정한다.
(가) 북위 37도 30분 이북과 동경 124도의 경선
(나) 다음 각 지점을 순차적으로 연결하는 선
　(1) 북위 37도 30분과 동경 124도와의 교차점
　(2) 북위 36도 45분과 동경 124도 30분의 교차점
　(3) 북위 33도 30분과 동경 124도 30분과의 교차점
　(4) 북위 32도 30분과 동경 126도 30분의 교차점
　(5) 북위 32도 30분과 동경 127도와의 교차점
　(6) 양국의 어업수역이 겹치는 부분이 끝나는 남쪽 끝 지점
(다) 양국의 어업수역이 겹치는 부분의 최대 폭을 나타내는 직선을 이등분하는 점과

양국의 어업수역이 겹치는 부분이 끝나는 두 점을 각각 연결하는 직선

(라) 다음의 각 점을 순차적으로 연결하는 선

(1) 양국의 어업수역이 겹치는 부분이 끝나는 북쪽 끝의 점

(2) 북위 35도 30분과 동경 100도 30분의 교차점

(3) 북위 37도 30분과 동경 131도 30분의 교차점

(4) 우암령 고개 정상

6. 공동규제수역 내 잠정적 어업 조정 조치의 내용에 대하여

(가) 양국 정부는 공동규제구역에서 어업자원의 최대 지속적인 생산성을 확보하기 위해 필요한 보존 조치가 충분한 과학적 연구에 근거하여 시행될 때까지 저인망, 선망 및 60톤 이상의 어선에 의한 고등어 조업에 대해 잠정적 어업 조정 조치를 시행한다. 이 양해각서에서 톤은 총 톤수로 하며, 보너스 톤수를 뺀 톤수로 표시한다.

(나) 잠정적 어업 조정 조치는 양국의 쌍방에 적용되며, 그 내용은 다음과 같다.

(1) 최고 출어 척수 또는 통수(공동규제구역에서 동시에 조업에 종사할 수 있는 어선의 척수 또는 통수의 최고한도를 말한다.)

(i) 50톤 미만의 어선에 의한 저인망 어업에 대해서는 150척(단, 일본국 정부는 공동규제구역 내 중 대한민국의 경상북도와 경상남도의 경계선과 해안선과의 교차점과 북위 35도 30분과 동경 100도 30분을 잇는 직선 이북의 일본해 수역에서는 동시에 조업할 수 있는 일본국 저인망 어선은 25척을 초과할 수 없다. 11월 1일부터 다음해 5월 31일까지의 기간 이외에는 조업하지 않을 것 및 수심 300미터 이하의 얕은 부분에서는 조업하지 않을 것을 확인한다)(일방적 성명).

(ii) 50톤 이상의 어선에 의한 저인망 어업에 대해서는,

① 11월 1일부터 다음 해 4월 30일까지의 기간 동안은 270척

② 5월 1일부터 10월 31일까지의 기간에 있어서는 100척

(iii) 40톤 이상의 선망 어선에 의한 선망 어업에 대해서는 120통

(iv) 60톤 이상의 어선에 의한 고등어잡이 어업에 대해서는 15척. 단, 조업 기간은 6월 1일부터 12월 31일까지로 하고, 조업 구역은 대한민국의 경상북도와 경상남도의 경계선과 해안선과의 교차점과 북위 35도 30분과 동경 130도와

의 교차점을 잇는 직선 이남으로 동경 125도 이남의 수역으로 한다. 단, 일본국 어선과 대한민국 어선의 어획 능력의 격차가 현저하게 인정되는 동안 대한민국 정부가 대한민국의 출어 척수 또는 통수를 이 협정의 최고 출어 척수 또는 통수를 기준으로 공정하고 합리적으로 조정할 것을 제안한 경우, 일본국 정부는 이 협의에 응할 용의가 있다(서한).

(2) 어선 규모

(i) 저인망 어업 중,

① 트롤 어업 이외의 어선에 대해서는 30톤 이상 170톤 이하

② 트롤 어업에 대해서는 100톤 이상 550톤 이하. 단, 50톤 이상의 어선에 의한 저인망 어업은 동경 128도 이남의 수역에서는 하지 않는 것으로 한다.

(ii) 선망 어업에 대해서는 선망 어선 40톤 이상 100톤 이하. 단, 이 양해 당시 일본국에 현존하는 100톤 이상의 선망 어선 1척은 예외로 인정한다.

(iii) 60톤 이상의 어선에 의한 고등어잡이 어업에 대해서는 100톤 이하

(3) 망목(해중에서의 내경으로 한다.)

(i) 50톤 미만의 어선에 의한 저인망 어업에 대해서는 33밀리미터 이상

(ii) 50톤 이상의 어선에 의한 저인망 어업에 대해서는 54밀리미터 이상

(iii) 선망 어업에 대해서는 30밀리미터 이상(전갱이 또는 고등어를 대상으로 하는 선망의 주요 부분의 망목으로 한다.)

(4) 광력

(i) 선망 어업에 대해서는 1통당 10킬로와트 이하의 등선 2척 및 7.5킬로와트 이하의 등선 1척으로 하여 계 27.5킬로와트 이하

(ii) 60톤 이상의 어선에 의한 고등어잡이 어업에 대하여는 10킬로와트 이하로 한다.

7. 연간 총 어획 기준량에 대하여

어획량 표시는 협정상의 의무가 아니라 최고 출어 척수 또는 통수에 의한 규제에 관한 참고자료에 불과하며, 공동규제구역 내에서 일본국의 저인망, 선망 및 60톤 이상 어선에 의한 고등어 조업에 의한 연간 총 어획 기준량은 15만 톤(상하 10퍼센트의 변동

이 있을 수 있음)으로 예상되며, 이 중 50톤 미만의 어선에 의한 저인망 어업은 1만 톤, 50톤 이상의 어선에 의한 어획 기준량은 3만 톤으로 예상되며, 이 15만 톤 중 50톤 미만의 어선에 의한 저인망 어업에 대해서는 1만 톤, 50톤 이상의 어선에 의한 저인망 어업에 대해서는 3만 톤, 선망 어업과 60톤 이상의 어선에 의한 고등어잡이 어업에 대해서는 11만 톤이 될 것으로 예상됨을 기록으로 남긴다. 어느 국가도 공동규제구역 내에서의 저인망, 선망 및 60톤 이상 어선에 의한 고등어 조업에 의한 연간 총 어획량이 16만 5천 톤을 초과하였다고 생각하는 경우에는 해당 지방의 국가는 해당 일방 국가의 요청에 따라 최고 출어 척수 또는 통수 재검토를 위한 협의를 실시할 것과 또한 상기 연간 총 어획량이 16만 5천 톤을 초과한다고 생각되는 경우에는 어기 중에도 출어 척수 또는 통수를 억제하도록 행정 지도를 실시하는 것에 대한 양해를 기록에 남긴다(합의의사록).

각국 정부는 자국의 출어 어선에 의한 공동규제구역 내에서의 어획량 보고 및 양륙항에서의 조사를 통해 어획량을 월별로 집계하고 그 결과를 매년 1회 상대국 정부에 통보하는 것을 합의의사록에 기록한다.

8. 공동규제구역 내에서 조업하는 일본국 연안 어업에 종사하는 어선의 자율규제에 대하여

(가) 잠정적 어업 조정 조치의 적용 대상이 아닌 종류의 어업에 종사하는 일본국 어선에 대해서는 협정에는 규정하지 않고, 일본국 정부가 자율적으로 규제하는 것으로 하고, 조업 척수 및 어선 규모 등에 대해 일본국 정부가 다음과 같은 취지의 일방적 선언을 한다.

"잠정적 어업 조정 조치의 적용 대상이 아닌 종류의 어업에 종사하는 일본국 어선으로서 공동규제구역 내에서 동시에 조업에 종사하는 어선의 척수는 천 7백 척을 초과하지 않을 것 및 이들 일본국 어선 중 60톤 미만 25톤 이상의 고등어잡이 어선의 조업 기간은 6월 1일부터 12월 31일까지로 하고, 그 조업 구역은 공동규제구역 내 중 대한민국의 경상북도와 경상남도의 경계선과 해안선과의 교차점과 북위 35도 30분과 동경 130도의 교차점을 잇는 직선 이남으로 동경 125도 이남의 수역으로 하며, 그 척수는 175척을 초과하지 않을 것."

8′. 공동구역 내에 출어하는 양국의 포경어업에 대한 자율규제에 대하여

양국 정부는 공동규제구역 내의 고래 자원의 상태에 깊은 관심을 가지고 있으므로, 동 구역 내에서 소형 포경어업의 조업 척수를 현재보다 증가시키거나 이 어획 노력을 현재보다 증가시키지 않으며, 또한 대형 포경선은 앞으로도 출어시키지 않을 것을 확보할 의향임을 각각 일방적으로 선언한다.

9. 국내 조업금지수역 등의 상호존중에 대하여

(가) 대한민국 정부가 현재 설정하고 있는 저인망 및 트롤 어업에 관한 어업금지수역과 일본국 정부가 현재 설정하고 있는 저인망 및 선망 어업에 관한 어업금지수역 및 저인망 어업에 관한 동경 128도, 동경 128도 30분, 북위 33도 9분 15초 및 북위 25도의 각 선으로 둘러싸인 수역에 대하여 양국이 각각 필요한 조치를 취한다. 한 수역에 대하여 양국 정부가 각각 상대국의 이들 수역에서 자국의 어선이 해당 어업에 종사하지 않도록 필요한 조치를 취한다(합의의사록).

(나) 이들 수역에서의 단속 및 관할권이 어선이 속한 국가에 의해서만 행사될 수 있도록 확인한다. 양국 정부는 (가)에 열거한 상대국 수역에서 자국 어선이 해당 어업에 종사하지 않도록 적절한 국내 조치를 취한다(합의의사록).

(다) 일방 국가의 감시선이 (가)에 열거한 그 국가의 수역에서 다른 국가의 어선이 조업하고 있는 것을 발견한 경우에는 신속하게 그 취지를 해당 지방의 국가의 감시선에 통보하고, 해당 지방의 국가 정부는 해당 어선의 단속 및 이에 대한 재판 관할권 행사에 있어서 그 결과로 취해진 조치를 해당 일방 국가의 정부에 연락한다(합의의사록).

10. 자원조사 수역에 대하여

자원조사 수역이 설정된다. 그 수역의 범위 및 동 수역 내에서 실시되는 조사의 내용은 어업협력위원회가 필요에 따라 실시하는 권고에 따라 양국 정부의 협의를 거쳐 결정된다.

11. 어업공동위원회의 구성 및 임무 등에 대하여

(가) 위원회 구성 등

(1) 양국 정부는 한일어업공동위원회(이하 '위원회'라 한다)를 설치한다.

(2) 위원회는 2개의 국가별 위원부로 구성하고, 각 국가별 위원부는 각국 정부가 임명하는 3명의 위원으로 구성한다.

(3) 위원회의 모든 결정은 국가별 위원회 간의 합의에 의해서만 이루어져야 한다).

(4) 위원회는 그 회의 운영에 관한 규정을 결정하고, 필요한 경우 이를 수정할 수 있다.

(5) 위원회는 매년 1회 이상 회의를 개최하며, 그 밖에 수시로 일방 국가별 위원부의 요청에 따라 합의된 장소에서 회의를 개최할 수 있다. 제1차 회의의 일시 및 장소는 양국 정부의 합의에 따라 결정한다.

(6) 각국 정부는 자국의 국가별 위원부의 경비를 결정하고, 또 지원하여야 한다.

(7) 위원회의 공용어는 일본어, 한국어 및 영어로 한다. 제안 및 자료는 어느 공용어로든 위원회에 제출할 수 있다.

(나) 위원회의 임무

(1) 양국이 공통의 관심을 가지는 수산자원의 보존을 위해 필요한 과학적 연구를 실시하거나 필요에 따라 전문가로 구성된 하부 기구를 설치하여 이를 실시하게 하는 것 및 그 결과에 근거하여 취해야 할 공동의 규제 조치에 대해 양국 정부에 권고하는 것

(2) 이 협정에 의해 실시되고 있는 잠정적 어업 조정 조치에 대해 필요에 따라 양국 정부에 권고하는 것

(3) (i)의 과학적 연구를 실시함에 있어 필요에 따라 자원조사 수역의 설정에 대해 양국 정부에 권고하는 것

(4) 양국 어선 간 조업의 안전 및 질서를 유지하기 위하여 필요한 조치에 대하여 검토하거나 필요에 따라 전문가로 구성된 하부 기구를 설치하여 이에 대하여 검토하게 하는 것 및 그 결과에 따라 취해야 할 조치에 대하여 양국 정부에 권고하는 것

(5) 이 협정의 효과적인 이행을 확보하기 위한 조치, 특히 이 협정의 위반에 관한

처벌을 동등하게 하는 것에 대해 검토하고, 양국 정부에 권고하는 것

(6) 기타 협정 이행에 따른 기술적 제반 문제에 대해 검토하고, 필요하다고 인정하는 경우, 취해야 할 조치에 대해 양국 정부에 권고할 것

12. 협정의 해석 및 적용에 관한 분쟁에 대하여

한일 어업협정의 해석 및 적용과 관련하여 발생할 수 있는 모든 분쟁은 양국 정부의 합의에 따른 다른 평화적 방법에 의한 해결이 이루어지지 않는 한, 어느 일방 국가의 요청에 따라 국제사법재판소에 결정을 위해 회부되어야 한다.

4. 한일 농상 간 양해 사항에 관한 합의사항
일본 측 1965. 4. 1 자안

(四〇. 四. 一)

日韓間の漁業問題に関する合意事項(案)

　千九百六十五年三月三日から　日まで東京において日本国農林大臣赤城宗德と大韓民国農林部長官車均禧との間で日韓間の【漁業問題について】会談が行なわれた結果, 次の了解に到達した.

1. 【漁業水域】について

　(イ) 両国は, 自国の沿岸の基線から測定して十二マイルまでの水域を, 自国の【漁業水域】として設定することができる. ただし, この【漁業水域】の設定に際し直線基線を使用する場合には, その直線基線は, 他方の国の政府と協議の上決定するものとする.

　(ロ) 両国の【漁業水域】が重複する部分については, その部分の最大の幅を示す直線を二等分する点と両国の【漁業水域】が重複する部分が終わる二点とをそれぞれ結ふ直線により二分する.

　【(ハ) 両国政府は, 一方の国が自国の【漁業水域】において他方において他方の国の漁船が漁業に従事することを排除することに相互に異議を申し立てない.】

　(ニ) (イ)のただし書により大韓民国が決定する同国の(イ)の【漁業水域】の直線基線は, 次のと　　　おりとする(交換公文).

　　(i) 長鬐岬及び達万岬を結ふ直線による湾口の閉鎖線
　　(ii) 花岩湫及び凡月岬を結ふ直線による湾口の閉鎖線
　　(iii) 一.五メートル岩, 生島, 鴻島, 干汝岩, 上白島及び巨文島を順次結ふ直線基線
　　(iv) 小鈴島, 西格列飛島, 於青島, 稷島, 上旺嶝島及び横島(鞍馬群島)を順次結ふ

　　　　直線基線

0979　　兩国政府は，暫定的措置として，(イ)により設定される【漁業水域】を畵する線と次のそれぞれの直線とにより圍まれる水域は，当分の間大韓民国の【漁業水域】に含まれるとみなすことを確認する(書簡).

　　(i) 北緯【　】度【　】分【　】秒と東経百二十七度十三分との交点と牛島の眞東十二マイルの点を通過する直線

　　(ii) 北緯三十三度五十六分二十五秒と東経百二十五度五十五分三十秒との交点と北緯三十三度二十四分三十秒と東経百二十五度五十六分十五秒との交点を通過する直線

0980　　2.【漁業水域】侵犯の取扱いについて
　　【　　　】

0981　　3. 取締り及び裁判管轄権について

　　(イ)【漁業水域】の外側における取締り及び裁判管轄権は，漁船の属する国のみが行使する．

　　(ロ) いずれの国の政府も，その国民及び漁船が暫定的漁業調整措置を誠実に遵守することを確保するため適切な指導及び監督を行ない，違反に対する適当な国内措置を実施する．(この頃に関しそれぞれの国の政府が執る措置の中には，次のことが含まれることを合意議事録に記録する．

　　(i) 出漁漁船に発給する証明書及び標識の様式を，それぞれの国内法令により決定し，これを相手国政府に通報すること．「この証明書及び標識は，港内における場合を除き，海上において一の漁船から他の漁船に引き渡されることがないよう両国政府は行政指導することとする．

0982　　(ii) 出漁漁船の正午位置の報告に基づき，出漁状況を月別に集計し，その結果を【毎年一回】相手国政府に通報すること.)

　【(ハ) 一方の国の監視船は，他方の国の漁船が現に暫定的漁業調整措置に明らかに違反していると信ずるに足りる相当の理由のある事実を発見したときは，直ちにこ

れをその漁船の属する国の監視船に通報することができる．いかなる場合においても，その漁船に停船を命じ又はこれを臨検することはできないものとする．(合意議事録)．】

0983　(ニ) 両国政府は，暫定的漁業調整措置に関し，自国の港における取締りの実施狀況を視察させるための便宜を，このために特に任命された他方の国の政府の視察員に対し，自国の国内法令の範囲内で隨時与える用意がある旨を確認する．この視察の実施要領は，両国政府の協議により合意される(合意議事録)．

0984　【4. 公海自由の原則の確認について
　日韓漁業協定により合意される制限又は規制に服する場合を除き，それぞれの国の漁船は，公海上における漁業活動に関し，その属する国の政府により課せられる制限又は規制以外のいかなる制限又は規制も受けるものではないとの国際法上の原則並びに領海及び【漁業水域】(大韓民国本土と濟州島との間の水域を含む．)における無害通航権を確認する．】

0985　5. 共同規制区域(大韓民国の1(イ)の水域を除く．)の範囲
　(イ) 北緯三十七度三十分以北の東経百二十四度の経線
　(ロ) 次の各点を順次に結ぶ線
　　(i) 北緯三十七度三十分と東経百二十四度との交点
　　(ii) 北緯三十六度四十五分と東経百二十四度三十分との交点
　　(iii) 北緯三十三度三十分と東経百二十四度三十分との交点
　　(iv) 北緯三十二度三十分と東経百二十六度との交点
　　(v) 北緯三十二度三十分と東経百二十七度との交点
　　(vi) 両国の漁業水域が重複する部分が終わる南端の点
　(ハ) 両国の漁業水域が重複する部分の最大の幅を示す直線を二等分する点と両国
0986　の漁業水域の重複する部分が終わる二点とをそれぞれ結ぶ直線
　(ニ) 次の各点を順次に結ぶ線
　　(i) 両国の漁業水域が重複する部分が終わる北端の点

　　　　(ii) 北緯三十五度三十分と東経百三十度との交点

　　　　(iii) 北緯三十七度三十分と東経百三十一度十分との交点

　　　　(iv) 牛岩嶺高頂

　6. 共同規制区域内における暫定的漁業調整措置の内容について

　(イ) 両国政府は, 共同規制区域においては, 漁業資源の最大の持続的生産性を確保するために必要とされる保存措置が十分な科学的研究に基づいて実施されるまでの間, 底曳, 旋網及び六十トン以上の漁船による鯖釣漁業につき, 暫定的漁業調整措置を実施する. この覚書において, トンとは, 総トン数によるものとし船内住居区改善のための許容トン数を差し引いたトン数により表示する.

　(ロ) 暫定的漁業調整措置は, 両国の双方に適用されるものとし, その内容は, 次のとおりにする.

　【(i) 最高出漁隻数又は統数(共同規制区域内において同時に操業に従事することができる漁船のは隻数又は統数の最高限度をいう).】

　　ⅰ 五十トン未満の漁船による底曳漁業については百十五隻

　　　(ただし, 日本国政府は, 共同規制区域のうち, 大韓民国の慶尚北道と慶尚南道との境界線と海岸線との交点と北緯三十五度三十分と東経百三十度との交点とを結ぶ直線以北の日本海の水域においては, 同時に操業することができる日本国の底曳漁船は, 二十五隻を上回ることがないこと, 十一月一日より翌年の四月三十日までの期間以外においては操業しないこと, 水深三百メートル以浅の部分においては操業しないこと及びえびの漁獲を毎航海の総漁獲量の二十パーセントをこえない範囲内にとどめるべきこと並びに共同規制区域のうち前記の直線以南の 水域においては, 同時に操業することができる日本国の底曳漁船は, 九十隻を上回ることがないことを確認する.)(一方的声明.)

　　ⅱ 五十トン以上の漁船による底曳漁業については,

　　　イ 十一月一日より翌年の四月三十日までの期間においては二百七十隻

　　　ロ 五月一日より十月三十一日までの期間においては百隻

　　ⅲ 四十トン以上の網船による旋網漁業については,

　　　　　イ　一月十六日より五月十五日までの期間においては六十統
　　　　　ロ　五月十六日より翌年の一月十五日までの期間においては百二十統
　　　iv 六十トン以上の漁船による鯖釣漁業については十五隻
　　　　ただし，操業期間は六月一日より十二月三十一日までとし，操業区域は大韓民国の慶尚北道と慶尚南道との境界線と海岸線との交点と北緯三十五度三十分と東経百三十度との交点とを結ぶ直線以南，東経百二十五度三十分以東であって済州島の西側においては北緯三十三度三十分以南の水域とする．
　　　　【ただし日本国の漁船と大韓民国の漁船との漁獲能力の格差が顕著に認められる間，大韓民国政府が大韓民国の出漁隻数又は統数をこの協定の最高出漁隻数又は統数を基準として公正妥当に調整することを提議したときは，日本国政府は，この協議に応じる用意がある(書簡).】

(ii) 漁船規模

　i 底曳漁業のうち，
　　　イ　トロール漁業以外のものについては三十トン以上百七十トン以下
　　　ロ　トロール漁業については百トン以上五百五十トン以下
　　　　ただし，五十トン以上の漁船による底曳漁業は，東経百二十八度以東の水域においては，行なわないこととする．
　ii 旋網漁業については網船四十トン以上百トン以下
　　　ただし，この了解の時に日本国に現存する百トン以上の旋網網船一隻は，例外として認められる．
　iii 六十トン以上の漁船による鯖釣漁業については百トン以下

(iii) 網目(海中における内径とする.)

　i 五十トン未満の漁船による底曳漁業については三十三ミリ・メートル以上
　ii 五十トン以上の漁船による底曳漁業については五十四ミリ・メートル以上
　iii 旋網漁業については三十ミリ・メートル以上
　　(鯵又は鯖を対象とする身網の主要部分の網目とする.)

(iv) 光力

　i 旋網漁業については一統につき，十キロ・ワット以下の燈船二隻及び七.五キ

ロ・ワット以下の燈船一隻とし，計二十七.五キロワット以下
　　ⅱ 六十トン以上の漁船による鯖釣漁業については十キロワット以下

7. 年間総漁獲基準法について
【年間総漁獲基準量は，最高出漁隻数又は統数によつて操業を規制するにあたり指標となる数量であること，共同規制区域内における日本国の底曳，旋網及び六十トン以上の漁船による鯖釣漁業による年間総漁獲基準量は，十五万トン（上下十パーセントの變動がありうる.）とすること並びにこの十五万トンは，五十トン未満の漁船による底曳漁業については一万トン，五十トン以上の漁船による底曳漁業については三万トン及び旋網漁業と六十トン以上の漁船による鯖釣漁業については十一万トン算出であることを記録にとどめ，さらに，いずれの国も共同規制水域内における底曳，旋網及び六十トン以上の漁船による鯖釣漁業による年間総漁獲量が，十五万トンを超過すると考える場合には，漁期中においても年間総漁獲量が十六万五千トンを超過しないよう出漁隻数又は統数を抑制するよう行政指導を行なうことについての了解を記録にとどめる（合意議事録）.

それぞれの国の政府は，自国の出漁漁船による共同規制区域内におけるその漁獲量の報告及び水揚げ港における調査を通じ，漁獲量を月別に集計し，その結果を毎年一回相手国政府に通報することを合意議事録に記録する.】

8. 沿岸漁業に従事する漁船の自主規制について
暫定的漁業規制措置の適用の対象とならない種類の漁業に共同規制水域内で従事する漁船については，協定には規定せず，それぞれの国の政府による自主的な規制とし，それぞれ次の趣旨の一方的宣言を行なう.

（イ）日本国政府の宣言
「暫定的漁業規制措置の適用の対象とならない種類の漁業に従事する日本国の漁船で共同水域内において同時に操業に従事するものの隻数は，千七百隻を上回ることがないであろうこと，これらの日本国の漁船のうち六十トン未満二十五トン以上の鯖釣漁船の操業期間は，六月一日より十二月三十一日までとし，その操業区域は，

共同規制水域内のうち大韓民国の慶尚北道と慶尚南道との境界線と海岸線との交点と北緯三十五度三十分と東経百三十度との交点とを結ぶ直線以南,済州島の西側においては北緯三十三度三十分以南の水域とし,また,その隻数は,百七十五隻を上回しない沿岸漁業の操業の実態に関して両国政府は情報交換を行ない,漁業秩序を維持するため協議する.」

(ロ) 大韓民国政府の宣言

「暫定的漁業調整措置の適用の対象とならない種類の漁業に従事する大韓民国の漁船は,共同規制区域内に出漁する場合に,漁場秩序を維持するよう努めること,これらの大韓民国の漁船のうち六十トン未満二十五トン以上の鯖釣漁船の操業期間は,六月一日より十二月三十一日までとし,その操業区域は,共同規制区域内のうち大韓民国の慶尚北道と慶尚南道との境界線と海岸線との交点と北緯三十五度三十分と東経百三十度との交点とを結ぶ直線以南,東経百二十五度三十分以東であって済州島の西側においては北緯三十三度三十分以南の水域とすること並びに沿岸漁業の操業の実態に関して日本国政府と情報交換を行ない,漁場秩序を維持するため必要なときは,日本国政府との協議に応じる用意があること.」

8′. 共同区域内に出漁する両国の捕鯨漁業に従事する漁船の自主規制について

両国政府は,共同規制水域内の鯨資源の状態に深い関心を有しているので,同水域内において,小型捕鯨漁業の操業隻数を現在以上に増加させたり,この漁獲努力を現在以上に増大させたりせず,また,大型捕鯨船は今後とも出漁させないことを確保する意図である旨それぞれ一方的宣言を行なう.

9. 国内漁業禁止水域等の相互尊重について

【(イ) 大韓民国政府が現在設定している底曳及びトロール漁業についての漁業禁止水域と日本国政府が現在設定している底曳及び旋網漁業についての漁業禁止水域並びに底曳漁業についての東経百二十八度,東経百二十八度三十分,北緯三十三度九分十五秒及び北緯二十五度の各線で囲まれた水域とにつき,両国政府がそれぞれ相手国のこれらの水域において当該漁業に自国の漁船が従事しないようにするため

必要な措置を執る．(合時議事錄).】

【(ロ) 一方の国の監視船が，(イ)に掲げるその国の水域において他方の国の漁船が操業していることを発見した場合には，その事実につき当該漁船の注意を喚起するとともにすみやかにその旨を当該地方の国の監視船に通報することができる．当該地方の国の政府は，当該漁船の取締り及びこれに対する裁判管轄権の行使のあたつてその通報を尊重することとし，その結果執られた措置を当該一方の国の政府に対し通報する(合意議事錄).】

10. 資源調査水域について

共同規制区域の外側に資源調査水域が設定される．その水域の範囲及び同水域内で行なわれる調査については，漁業共同委員会が行なうべき勧告に基づき，両国政府の協議の上決定される．(漁業共同委員会が共同規制区域内で行なう資源調査については，引き続き討議の上決定する.)

11. 漁業共同委員会の構成及び任務等については引き続き討議の上決定する．

12. 協定の解釈及び適用に関する紛争については引き続き討議の上決定する．

13. 漁業協力について

両国政府は，両国の漁業の発展と向上を図るため技術及び経済の分野においてできる限り相互に密接に協力するものとする．

この協力のうちには，次のことを含む．

(イ) 漁業に関する情報及び技術を交換すること．

(ロ) 漁業専門家及び技術者を交流させること．

(書簡)

14. 両国の漁船間の操業の安全及び秩序を維持するために必要な措置については引き続き討議の上決定する．

번역   (1965. 4. 1)

한일 간의 어업 문제에 관한 합의사항(안)

1965년 3월 3일부터   일까지 도쿄에서 일본국 농림대신 아카기 무네노리(赤城宗德)와 대한민국 농림부 장관 차균희(車均禧) 간에 한일 간【어업 문제에 관하여】회담을 실시한 결과 다음과 같은 합의에 도달하였다.

1. 【어업수역】에 대하여

   (가) 양국은 자국 연안의 기선으로부터 측정하여 12마일까지의 수역을 자국의【어업수역】으로 설정할 수 있다. 단, 이【어업수역】을 설정할 때 직선기선을 사용하는 경우에는 그 직선기선은 상대국 정부와 협의하여 결정한다.

   (나) 양국의【어업수역】이 겹치는 부분에 대해서는. 그 부분의 최대 폭을 나타내는 직선을 이등분하는 점과 양국의【어업수역】이 겹치는 부분이 끝나는 두 점을 각각 연결하는 직선에 의해 이분한다.

   【(다) 양국 정부는 어느 일방 국가가 자국의【어업수역】에서 타방국가의 어선이 어업에 종사하는 것을 배제하는 것에 대하여 상호 이의를 제기하지 아니한다.】

   (라) (가)의 단서에 따라 대한민국이 결정하는 동 국의 (가)의【어업수역】의 직선기선은 다음과 같이 한다(교환공문).

   (1) 장기갑 및 달만갑을 연결하는 직선에 의한 만구 폐쇄선

   (2) 화암추 및 범월갑을 잇는 직선에 의한 만구 폐쇄선

   (3) 1.5미터 바위, 생도, 홍도, 간여암, 상백도 및 거문도를 순차적으로 연결하는 직선기선

   (4) 소령도, 서격열비도, 어청도, 직도, 상왕등도 및 횡도(안마군도)를 순차적으로 연결하는 직선기선

   양국 정부는 잠정적 조치로 (가)에 의해 설정되는【어업수역】을 획정하는 선과 다음의 각 직선으로 둘러싸인 수역은 당분간 대한민국의【어업수역】에 포함되는 것으로 간주하는 것을 확인한다(서한).

   (i) 북위 【 】도 【 】분 【 】초와 동경 127도 13분과의 교차점과 우도의 진동

12마일의 지점을 통과하는 직선

(ii) 북위 33도 56분 25초와 동경 125도 55분 30초의 교차점과 북위 33도 24분 30초와 동경 125도 56분 15초의 교차점을 통과하는 직선

2. 【어업수역】침범에 대한 취급에 대하여
【   】

3. 단속 및 관할권에 대하여
(가) 【어업수역】외측에서의 단속 및 관할권은 어선이 속한 국가만이 행사한다.
(나) 각국 정부는 자국민 및 어선이 잠정적 어업 조정 조치를 성실하게 준수할 수 있도록 적절한 지도 및 감독을 실시하고, 위반에 대한 적절한 국내 조치를 시행한다(이때 각국 정부가 취하는 조치에는 다음 사항이 포함될 것임을 합의의사록에 기록한다).

(1) 출어 어선에 발급하는 증명서 및 표지의 양식을 각각의 국내 법령에 따라 결정하고, 이를 상대국 정부에 통보할 것. "이 증명서 및 표지는 항만 내에서의 경우를 제외하고 해상에서 한 어선에서 다른 어선으로 인도되는 일이 없도록 양국 정부는 행정 지도한다.

(2) 출어 어선의 정오 위치 보고에 근거하여 출어 상황을 월별로 집계하고 그 결과를 【매년 1회】 상대국 정부에 통보할 것

【(다) 일방 국가의 감시선은 타방국가의 어선이 현재 잠정적 어업 조정 조치를 명백히 위반하고 있다고 믿을 만한 상당한 이유가 있는 사실을 발견한 때에는 즉시 이를 그 어선이 속한 국가의 감시선에 통보할 수 있다. 어떠한 경우에도 그 어선에 정선을 명령하거나 이를 임검할 수 없다(합의의사록)】.

(라) 양국 정부는 잠정적 어업 조정 조치에 관하여 자국의 항구에서의 단속의 실시 상황을 시찰시키기 위한 편의를, 이를 위해 특별히 임명된 상대국 정부의 시찰원에게 자국의 국내 법령의 범위 내에서 수시로 제공할 용의가 있음을 확인한다. 이 시찰의 실시요령은 양국 정부의 협의를 통해 합의한다(합의의사록).

【4. 공해 자유의 원칙 확인에 대하여

한일 어업협정에 의해 합의된 제한 또는 규제에 복종하는 경우를 제외하고, 각국의 어선은 공해상에서의 어업활동과 관련하여 소속국 정부가 부과하는 제한 또는 규제 이외의 어떠한 제한 또는 규제를 받지 않는다는 국제법상의 원칙과 영해 및【어업수역】(대한민국 본토와 제주도 사이의 수역을 포함한다)에서의 무해통항권을 확인한다】.

5. 공동규제구역(대한민국의 1 (가)의 수역을 제외한다)의 범위
(가) 북위 37도 30분 이북의 동경 124도 경선
(나) 다음 각 지점을 순차적으로 연결한 선
  (1) 북위 37도 30분과 동경 124도와의 교차점
  (2) 북위 36도 45분과 동경 124도 30분의 교차점
  (3) 북위 33도 30분과 동경 124도 30분과의 교차점
  (4) 북위 32도 30분과 동경 126도 36분과의 교차점
  (5) 북위 32도 30분과 동경 127도와의 교차점
  (6) 양국의 어업수역이 겹치는 부분이 끝나는 남쪽 끝 지점
(다) 양국의 어업수역이 겹치는 부분의 최대 폭을 나타내는 직선을 이등분하는 점과 양국의 어업수역이 겹치는 부분이 끝나는 두 지점을 각각 연결하는 직선
(라) 다음 각 점을 순차적으로 연결하는 선
  (1) 양국의 어업수역이 겹치는 부분이 끝나는 북단의 점
  (2) 북위 35도 30분과 동경 100도 30분의 교차점
  (3) 북위 37도 30분과 동경 131도 10분의 교차점
  (4) 우암령 고개 정상

6. 공동규제구역 내 잠정적 어업 조정 조치의 내용에 대하여
(가) 양국 정부는 공동규제수역에서는 어업자원의 최대 지속적 생산성을 확보하기 위해 필요한 보존 조치가 충분한 과학적 연구에 근거하여 실시될 때까지 저인망, 선망 및 60톤 이상의 어선에 의한 고등어 조업에 대하여 잠정적 어업 조정 조치를 실시한다. 이 각서에서 톤은 총 톤수에서 선내 주거 구역 개선을 위한 허용 톤수를 뺀 톤수로

표시한다.

(나) 잠정적 어업 조정 조치는 양국에 모두 적용되며, 그 내용은 다음과 같다.
 (1) 최대 출어 척수 또는 통수(공동규제구역 내에서 동시에 조업에 따라 조업할 수 있는 어선의 척수 또는 통수의 최고 한도를 말한다).
  (i) 50톤 미만의 어선에 의한 저인망 어업에 대해서는 115척
   (단, 일본국 정부는 공동규제구역 중 대한민국의 경상북도와 경상남도의 경계선과 해안선과의 교차점과 북위 35도 30분과 동경 130도의 교차점을 잇는 직선 이북의 동해 수역에서는 동시에 조업할 수 있는 일본국 저인망 어선은 25척을 초과할 수 없으며, 11월 1일부터 다음 해 4월 30일까지의 기간 이외에는 조업하지 않을 것, 수심 300미터 이하의 얕은 부분에서는 조업하지 않을 것 및 새우 어획량을 매 항해의 총 어획량의 20퍼센트를 넘지 않는 범위 내에 머물러야 할 것 및 공동규제구역 중 상기 직선 이남의 수역 공동규제수역 중 상기 직선 이남의 수역에서는 동시에 조업할 수 있는 일본국의 저인망 어선이 90척을 초과하지 않도록 확인한다)(일방적 성명).
  (ii) 50톤 이상의 어선에 의한 저인망 어업에 대해서는,
   ① 11월 1일부터 다음 해 4월 30일까지의 기간 동안은 270척
   ② 5월 1일부터 10월 31일까지의 기간에 있어서는 100척
  (iii) 40톤 이상의 선망 어선에 의한 선망 어업에 대해서는,
   ① 1월 16일부터 5월 15일까지의 기간에 있어서는 60통
   ② 5월 16일부터 다음 해 1월 15일까지의 기간에는 120통
  (iv) 60톤 이상의 어선에 의한 고등어잡이 어업에 대하여는 15척
   단, 조업 기간은 6월 1일부터 12월 31일까지로 하고, 조업 구역은 대한민국의 경상북도와 경상남도의 경계선과 해안선과의 교차점과 북위 35도 30분과 동경 130도의 교차점을 잇는 직선 이남, 동경 125도 30분 이남의 수역으로 하며, 제주도의 서쪽에서는 북위 33도 30분 이남의 수역으로 한다. 로 한다.
   단, 일본국 어선과 대한민국 어선과의 어획 능력의 격차가 현저하게 인정되는 동안 대한민국 정부가 대한민국 출어선 척수 또는 통수를 이 협정의 최고 출어 척수 또는 통수를 기준으로 공정하게 조정할 것을 제안한 경우, 일본국 정부는 이 협의에 응할 용의가 있다(서한).

(2) 어선 규모
 (i) 저인망 어업 중,
  ① 트롤 어업 이외의 어선에 대해서는 30톤 이상 170톤 이하
  ② 트롤 어업에 대해서는 100톤 이상 500톤 이하
   단, 50톤 이상의 어선에 의한 저인망 어업은 동경 128도 이남의 수역에서는 행하지 아니한다.
 (ii) 선망 어업에 대해서는 그물망 어선 40톤 이상 100톤 이하
   단, 이 양해 당시 일본국에 현존하는 100톤 이상의 선망 어선 1척은 예외로 인정한다.
 (iii) 60톤 이상의 어선에 의한 고등어잡이 어업에 대해서는 100톤 이하
(3) 망목(해중에서의 내경으로 한다.)
 (i) 50톤 미만의 어선에 의한 저인망 어업에 대해서는 33밀리미터 이상
 (ii) 50톤 이상의 어선에 의한 저인망 어업에 대해서는 54밀리미터 이상
 (iii) 선망 어업에 대해서는 30밀리미터 이상
   (전갱이 또는 고등어를 대상으로 하는 선망의 주요 부분의 망목으로 한다.)
(4) 광력
 (i) 선망 어업에 대해서는 한 통당 10킬로와트 이하의 등선 2척 및 7.5킬로와트 이하의 등선 1척으로 하며, 계 27.5킬로와트 이하
 (ii) 60톤 이상의 어선에 의한 고등어잡이 어업에 대해서는 10킬로와트 이하로 한다.

7. 연간 총 어획량 기준법에 대하여
【연간 총 어획량 기준량은 최고 출어 척수 또는 통수에 따라 조업을 규제할 때 지표가 되는 수량으로, 공동규제구역 내에서 일본국의 저인망, 선망 및 60톤 이상 어선에 의한 고등어 조업에 의한 연간 총 어획량 기준량은 15만 톤(상하 10퍼센트의 변동이 있을 수 있다)으로 하고, 이 15만 톤은 50톤 미만의 어선에 의한 저인망 어업에 대해서는 1만 톤, 50톤 이상의 어선에 의한 저인망 어업에 대해서는 3만 톤 및 선망 어업과 60톤 이상의 어선에 의한 고등어잡이 어업에 대해서는 11만 톤으로 계산한 것임을 기록

에 남기고, 또한 양국은 공동규제수역 내에서의 저인망, 선망, 고등어잡이 어업에 대해서는 수역 내에서의 저인망, 선망 및 60톤 이상의 어선에 의한 고등어잡이 어업에 의한 연간 총 어획량이 15만 톤을 초과한다고 판단되는 경우에는 어기 중에도 연간 총 어획량이 16만 5천 톤을 초과하지 않도록 출어 척수 또는 통수를 억제하도록 행정지도를 실시하는 것에 대한 양해를 기록으로 남긴다(합의의사록).

각국 정부는 자국의 출어 어선에 의한 공동규제구역 내에서의 어획량 보고 및 양륙항에서의 조사를 통해 어획량을 월별로 집계하고 그 결과를 매년 1회 상대국 정부에 통보하는 것을 합의의사록에 기록한다.】

8. 연안 어업에 종사하는 어선의 자율규제에 대하여

잠정적 어업규제 조치의 적용 대상이 아닌 종류의 어업에 공동규제수역 내에서 조업하는 어선에 대해서는 협정에는 규정하지 않고 각국 정부에 의한 자율규제로 하며, 각각 다음과 같은 취지의 일방적 선언을 한다.

(가) 일본국 정부의 선언

잠정적 어업규제 조치의 적용 대상이 아닌 종류의 어업에 종사하는 일본국 어선으로 공동수역 내에서 동시에 조업에 종사하는 어선의 척수는 1,700척을 초과하지 않을 것, 이들 일본국 어선 중 60톤 미만 25톤 이상의 고등어잡이 어선의 조업 기간은 6월 1일부터 12월 31일까지로 하고, 그 조업 구역은 공동규제수역 내 중 대한민국의 경상북도와 경상남도의 경계선과 해안선과의 교차점과 북위 35도 30분과 동경 130도와의 교차점을 잇는 직선 이남, 제주도의 서쪽에 있어서는 북위 33도 30분 이남의 수역으로 하며, 그 척수는 175척을 초과하지 않는 연안 어업의 조업 실태에 관하여 양국 정부는 정보 교환을 실시하고 어업 질서 유지를 위해 협의한다.

(나) 대한민국 정부의 선언

잠정적 어업 조정 조치의 적용 대상이 아닌 종류의 어업에 종사하는 대한민국 어선은 공동규제구역 내에서 조업하는 경우 어장 질서를 유지하도록 노력할 것, 이들 대한민국 어선 중 60톤 미만 25톤 이상의 고등어잡이 어선의 조업 기간은 6월 1일부터 12월 31일까지로 하고, 그 조업 구역은 공동규제구역 내 중 대한민국의 경상북도와 경상남도의 경계선과 해안선과의 교차점과 북위 35도 30분과 동경 130도의 교차점을 잇는 직선 이남, 동경 125도 30분 이남의 수역으로 하며, 제주도의 서쪽에서는 북위 33도 30분 이남의 수역으로 하며, 연안 어업의 조업 실태에 관하여 일본국 정부와 정보교환을 하고, 어장 질서 유지를 위해 필요한 경우 일본국 정부와 협의할 준비가 되어 있을 것.

8′. 공동수역 내 출어하는 양국 포경어업 어선의 자율규제에 대하여

양국 정부는 공동규제수역 내 고래 자원의 상태에 깊은 관심을 가지고 있으므로, 동 수역 내에서 소형 포경어업의 조업 척수를 현재보다 증가시키거나 이 어획 노력을 현재보다 증가시키지 않고, 또한 대형 포경선은 앞으로도 출어하지 않을 것을 보장할 의향임을 각각 일방적으로 선언한다.

9. 국내 조업금지수역 등의 상호존중에 대하여

【(가) 대한민국 정부가 현재 설정하고 있는 저인망 및 트롤 어업에 관한 어업금지수역과 일본국 정부가 현재 설정하고 있는 저인망 및 선망 어업에 관한 어업금지수역 및 저인망 어업에 관한 동경 128도, 동경 128도 30분, 북위 33도 9분 25초 및 북위 25도의 각 선으로 둘러싸인 양국의 정부는 각각 상대국의 이들 수역에서 자국의 어선이 해당 어업에 종사하지 못하도록 필요한 조치를 취한다(합의의사록).】

【(나) 어느 일방 국가의 감시선이 (가)에 열거된 그 국가의 수역에서 다른 국가의 어선이 조 업하고 있는 것을 발견한 경우에는 그 사실에 대하여 해당 어선의 주의를 환기시킴과 동시에 신속히 그 취지를 해당 지방 국가의 감시선에 통보할 수 있다. 해당 지방국 정부는 해당 어선의 단속 및 이에 대한 사법관할권을 행사함에 있어 그 통보를 존중하기로 하며, 그 결과 취해진 조치를 해당 일방국 정부에 통보한다(합의의사록).】

10. 자원조사 수역에 관하여

공동규제구역의 외측에 자원조사 수역이 설정된다. 그 수역의 범위 및 동 수역 내에서 행해지는 조사에 관해서는 어업공동위원회가 해야만 하는 권고에 기초하여 양국 정부의 협의 위에 결정된다(어업공동위원회가 공동규제구역에서 행하는 자원조사에 관해서는 계속해서 토의 후 결정한다).

11. 어업공동위원회의 구성 및 임무 등에 관해서는 계속해서 토의 후 결정한다.

12. 협정의 해석 및 적용에 관한 분쟁에 관해서는 계속해서 토의 후 결정한다.

13. 어업협력에 관하여
 양국 정부는 양국의 어업의 발전과 향상을 도모하기 위하여 기술 및 경제 분야에서 가능한한 상호 밀접하게 협력하는 것으로 한다.
 이 협력 가운데에는 다음의 것이 포함된다.
 (가) 어업에 관한 정보 및 기술을 교환하는 것
 (나) 어업 전문가 및 기술자를 교환하는 것
 (서한)

14. 양국의 어업 간의 조업의 안전 및 질서 유지를 위해 필요한 조치에 관해서는 계속해서 토의 후 결정한다.

5. 한일 농상 간 양해 사항에 관한 합의사항 한국 측 초안
[1965. 3. 28 자]

1008 2. 어업자원 보호를 위한 공동규제 조치에 관련한 문제

 A. 공동어장의 범위

 공동어장의 외곽선은 다음과 같다.

  (1) 북위 37도 30분 이북의 동경 124도의 경선

  (2) 다음 각 점을 순차로 연결한 선

   i) 북위 37도 30분과 동경 124도와의 교점

   ii) 북위 32도 45분과 동경 124도 30분과의 교점

   iii) 북위 36도 30분과 동경 124도 30분과의 교점

   iv) 북위 32도 30분과 동경 126도와의 교점

   v) 북위 32도 30분과 동경 127도와의 교점

   vi) 양국의 어업 독점수역이 중복하는 부분이 끝나는 남단의 점

1009 (3) 양국의 어업 독점수역이 중복되는 부분의 최대폭을 표시하고 직선을 이등분하는 점과 양국 어업 독점수역이 중복되는 부분이 끝나는 두 점과를 각각 연결한 직선

  (4) 다음 각 점을 순차로 연결한 선

   i) 양국의 어업 독점수역이 중복되는 부분이 끝나는 북단점

   ii) 북위 35도 30분과 동경 130도와의 교점

   iii) 북위 37도 30분과 동경 131도 10분과의 교점

   iv) 우암령 고정

 B. 공동자원조사수역

 양국은 관계 수역에 있어서 양국이 공통의 관심을 가지는 어업자원의 동태와 장차 새로운 자원 보존 조치의 필요성을 조사하기 위하여 공동자원조사수역을 설정한다. 조사 수역의 범위, 성격, 기타 필요사항은 공동위원회의 권고에 따라 양국 정부가 협의하여 결정한다.

C. 공동어장 내에 있어서의 잠정적 어업규제 조치의 내용

(1) 양국 정부는 공동어장에 있어서 어업자원의 최대 지속적 생산성을 확보하기 위하여 필요시 되는 보존 조치가 과학적 조사에 의하여 정해질 때까지 보존 조치로서 저인망, 선망, 60톤 이상의 고등어 일본조 어업에 관하여 잠정적 어업규제 조치를 실시한다. 이 각서에 있어 톤은 총 톤수를 말한다.

(2) 잠정적 어업규제 조치는 양국에 적용되며 내용은 아래와 같다.

(a) 최고 출어 척수

※ 최고 출어 척수는 공동어장 내에 출어하기 위하여 출어 감찰 및 표지를 소지 부착하고 공동어장 내에 출어하는 어선 척수의 최고한도를 말한다.

i) 50TS 미만의 저인망 … 115척

동해구역에 있어는   20척

ii) 50TS 이상 저인망   290척(성어기)   100척(한어기)

iii) 40TS 이상 선망   120척(성어기)   40척(한어기)

iv) 50TS 이상의 고등어 일본조 15척(6~12월)

단 대한민국 어선과 일본국 어선과의 어획 능력의 격차에 관하여 대한민국 정부와 일본국 정부 간에 협의된 바에 비추어 대한민국 어선의 최고 출어 척수는 본협정의 최고 출어 척수를 기준으로 대한민국 정부가 공정 타당하게 조정한다(부속서 또는 합의의사록).

v) 50TS 미만 어선에 의한 저인망 어업에 있어서 115척(단 일본국 정부는 공동어장 수역 중 한국 경상북도 도계와 해안선의 교차점과 북위 35도 30분 동경 130도의 교차점을 연결하는 선 이북의 동해구역에 있어서는 일본국 저인망 어업에 종사하는 어선은 20척을 초과하지 않는 범위 내에서 11월 1일부터 익년 2월 말일까지의 기간 이외는 조업하지 않는다는 것과 등심선 300미터 이천(以淺)의 수역에서는 조업하지 않으며 또한 새우를 어획의 대상으로 하지 않는다는 것을 확인한다(부속서는 합의의사록).

(b) 전항에 기재된 어업의 조업 구역 및 어기는 다음과 같다.

i) 50TS 미만의 저인망

동해구역 a. 조업 구역 한국 경상남북 도계와 해안선의 교차점과 북위

　　　　　　35도 30분 동경 130도의 교차점을 연결하는 선 이북의 공동
　　　　　　어장
　　　　b. 어기 11~2월
　　단 일본국 정부는 50TS 미만 저인망 어업 조업 구역을 동경 128도 선으로
　　하되 그러한 조업 구역을 장래 일본국 정부가 변경할 시는 대한민국 정부
　　와 협의키로 한다(합의각서).
　ii) 50TS 이상의 저인망
　　가) 조업 구역 128도 이서의 공동어장
　　나) 어기 성어기 11~4월
　　　　한어기 5~10월
　iii) 40TS 이상의 선망
　　어기: 성어기 6~12월
　　　　한어기 1~5월
　iv) 50TS 이상의 고등어 일본조
　　가) 조업 구역: 한국 경상남북 도계와 해안선의 교차점과 북위 35도 30분
　　　　동경 130도의 교차점을 연결하는 선과 동경 126도 선간의 공동어장
　　나) 어기: 6~12월
(c) 어획량
　전항에 예거된 어업에 관하여 공동어장에 있어서의 각국의 어획 기준량은
　이를 연간 총 15만 톤으로 한다.
　(i) 15만 톤의 어업별 내역은 다음과 같다.
　　가) 이서 저인망 어업 30,000톤
　　나) 이동 저인망 어업 10,000톤
　　다) 선망 어업 110,000톤
　　라) 고등어 일본조 어업　　　톤
　(ii) 양국 정부는 그러한 기준량을 가급적이면 초과하지 않도록 하되 상기 연
　　간 어획 기준량 155만 톤을 초과한다고 인정될 때는 어기 중에 있어서도
　　출어 척수를 억제하는 행정조치를 취한다.

단 여하한 경우에 있어서도 전기 기준량에 동 기준량의 10퍼센트를 가산한 양을 초과할 수 없다.

(iii) 양국 어선에 의한 연간 실제 총 어획량이 상기 규정된 어획 기준량을 초과하였을 경우에는 양국 정부는 3개월 이내에 익년 후 최고 출어 척수를 조정하기 위하여 협의하여야 한다. 양국 어선에 의한 연간 실제 총 어획량과 상기 규정된 어획 기준량에 미달하였을 경과라도 최고 출어 척수는 이를 증가할 수 없다.

iv) 양국은 공동위원회에 의하여 실시되는 공동자원조사 결과를 고려하여 전기 어획 기준량을 조정할 수 있다.

D. 어선 규모

(1) 저인망 어업 30~170톤
(2) 트롤 어업 100톤 이상 550톤 이하
(3) 선망 어업 40톤 이상 100톤 이하
(4) 고등어 일본조 어업 60톤 이상 100톤 이하

E. 망목

(1) 50톤 이하의 저인망 어업 33밀리미터
(2) 50톤 이상의 저인망 어업 54밀리미터(트롤 어업도 동일함)
(3) 선망 어업   30밀리미터

단 망목 측정기준은 해중에 있어서의 내경으로 한다.

F. 광력

(1) 선망 어업 정선 2척 10킬로와트 이하(정선 10킬로와트 이하)

    1척 7.5킬로와트 이하
    계 27.5킬로와트 이하

(2) 고등어 일본조 어업 10킬로와트 이하

G. 양국 어업금지구역의 상호준수

(1) 대한민국 정부가 현재 설정하고 있는 대형기선 저인망 및 트롤 어업에 관한 어업 금 지 구역과 일본 정부가 현재 설정하고 있는 저인망 및 선망 어업에 관한 어업금지구역 및 저인망 어업에 있어서 동경 128도 동경 128도 30분 북위 33도 9분 15초

및 북위 25도의 각 선에 의하여 둘러싸이는 수역에 대하여 양국 정부가 각기 상대방 국의 이들 수역에 있어 당해 어업에 자국 어선이 조업치 않을 것을 합의한다(부속서).

(2) 일방 국가의 어업 독점수역 외측에 설정되고 있는 당해 국가의 어업금지구역 내에 있어서 일방국의 감시선이 현재 조업 중인 타방국의 어선을 발견하였을 시에는 그 어선에 대하여 즉시 조업을 중지하고 어업금지구역 외에 퇴거하도록 경고하고 동시에 타방국 감시선에 그 사실을 통보하는 것으로 한다. 이 경고를 발한 감시선은 그 어선의 퇴거한 의사가 인정되지 않을 경우 및 타방국 감시선에 의하여 적절한 조치가 취하여지지 않을 경우에는 위반 사실을 확인하기 위하여 적절한 조치를 취할 수 있다.

H. 규제 조치에 대한 예외

(1) 대한민국 정부는 상기 어업금지구역 내의 서해 및 남해안 부분에 있어서 대한민국 중형기선 저인망 어업과 동해안 부분에 있어서의 소형 새우 트롤 어업을 제도상 인정하고 있다는 사실과 일본국 정부가 동경 128도 동경 128도 30분 북위 33도 9분 15초 및 북위 25도의 각선에 의하여 둘러싸이는 저인망 어장 금지구역 내에 있어 50톤 이상의 일본국 저인망선 조업을 인정하고 있는 제도를 상호예외적으로 인정할 것을 양해한다.

(2) 일본국 선망 어선 1척의 조업을 허용한다.

(3) 일본국 60톤 미만 어선에 의한 고등어 일본조 어업은 175척 한도 내에서 연안 어업에 포함한다.

I. 규제 내용·실시상황의 확인

(1) 양국은 C (2) (a) 항에 규정된 최고 출어 척수을 주로 다음의 방법에 의하여 확인한다.

첫째, 양국 정부는 출어선으로부터의 어선의 정오 위치 보고를 어구별로 집계하여 상호 통고

둘째, 출어 감찰 및 어선 내에 부착 또는 게시되는 표지의 운용상황에 관한 해상 및 육상 조사

양국 정부는 상기 어구별 출어선의 척수 및 출어 감찰 및 표지의 운용상황에 관하여 월별로 정리하여 익월 20일까지 매월 타방국 정부에 통고하기로 한다.

(2) 전기 출어 감찰 및 표지에 관한 필요한 사항은 별도 합의한다. 단 그러한 출어

감찰 및 표지는 규제 조치의 효과적인 시행을 위하여 충분하고도 타당한 것이어야 한다.

또한 그러한 출어 감찰 및 표지는 반드시 지정된 항구에서 권한 있는 기관에 의하여 교부되며 해상에 있어서는 여하한 경우에 있어서도 어선 또는 어부 상호 간에서 이를 양도할 수 없다.

(3) 양국은 C (2) (c) 2항에 규정된 어획량을 주로 다음의 방법에 의하여 수시 공동으로 조사 확인할 수 있는 것을 양승한다.

첫째, 어선으로부터의 어획 성적 보고

둘째, 양륙항으로부터의 어업별 출어선의 어획물 양륙량 보고

셋째, 양륙항이 현장 조사

전기 어획 성적 및 양륙에 관한 보고는 당해국 정부가 이를 월별로 정리하여 익월 20일까지 매월 타방국 정부에 통고하기로 한다.

(4) 일방국 정부는 본협정의 잠정적 어업규제 조치의 실시상황 및 어업단속상황을 확인하기 위하여 필요에 따라 수시 타방국 정부의 권한 있는 관헌에게 관계 기관 또는 지방을 친밀할 수 있도록 모든 편의를 제공한다. 또한 일방국은 타방국의 영역 내에 주재하는 관헌에게 본항의 목적을 달성하기 위한 임무를 위임할 수 있다.

J. 재판 관할 및 단속

(1) 양국은 본협정의 효과적인 시행을 위하여 협정 위반에 대한 벌칙을 포함하는 국내 입법 또는 기타 필요한 조치를 취하고 이를 타방국에 통보하기로 한다.

(2) 양국은 권한 있는 관헌은 자국 국민 및 어선에 의한 본협정 위반을 단속하고 처벌하기 위하여 모든 필요한 조치를 취한다.

(3) 일방국의 감시선은 공동어장에 있어서 현재 조업 중인 협정 위반선을 발견하였을 시에는 당해 어선의 위치와 선명을 그 어선에 속하는 국가의 감시선에 통보하고 동 감시선은 지체 없이 위반 사실을 확인하기 위하여 2시간 이내에 현장에서 입회하고 동 어선을 받아야 한다.

(4) 잠정적 어업규제 조치에 관한 위반 사실에 대한 일방국의 통보는 타방국 정부가 당해 어선의 단속 및 재판 관할권을 행사함에 있어서 그 통보를 존중하고 그 결과 취하여진 조치 또는 구체적 처벌 내용을 당해 타방국 정부에 대하여 통보하기로 한다.

K. 연안 어업에 대한 잠정적 조정 조치

(1) 공동어장 내에서 종사하는 전기 4대 어업 이외의 일본국 어선에 대하여는 일본국 정부의 자주적 규제로 하되 출어 척수 내용에 큰 변동이 있을 때에는 대한민국 정부와 협의 조정한다. 단 상기 어업의 일본국의 최고 어 척수는 1,575척으로 하고 그 내용은 다음과 같다.

(i) 연승

(ii) 일본조

(iii) 예망

(iv) 자망

(v) 돌봉

(vi) SIIRA지

(2) 연안 어업에 포함되는 일본국의 60톤 미만 고등어 일본조 어업(175척)의 조업 구역 및 어기는 다음과 같다.

(i) 조업 구역　대한민국 경상남북 도계과 해안선의 교차점과 북위 35도 30분 동경 130도의 교차점을 연결하는 선과 동경 126도 간의 공동어장

(ii) 어기　6~12월

L. 한일어업공동위원회

(1) 구성

(i) 양국 정부는 한일어업공동위원회(이하 위원회라 칭함)을 설치한다.

(ii) 위원회는 상설기관으로 하여 국별 위원부와 사무국으로 구성한다.

(iii) 위원회의 모든 결정은 국별 위원부 간의 합의에 의한다.

(iv) 위원회의 회합은 적어도 매년 1회를 하여 어느 일방국의 국별 위원부의 요청에 따라 언제든지 회합한다. 제1회 회의의 기일은 양국 정부의 합의로서 결정한다.

(v) 위원회는 그 구성 및 회의의 운영에 관한 규제를 결정하고 필요가 있을 때에는 이를 수정할 수 있다.

(2) 임무

(i) 양국은 공동 관심을 가지는 어업자원 보존을 위하여 필요한 과학적 조사를

행하며 필요에 따라 전문가로 구성되는 하부 기관을 설치하여 행사시킬 수 있고 이 결과에 따라 공동규제 조치 및 협정 개정에 관하여 양국 정부에 권고를 할 수 있다.

(ii) 협정에 규정된 규제 조치내용의 연차적 검토 및 개정 권고

(iii) 어업협력에 관한 사항의 검토 및 권고

(iv) 협정 규정의 실효적인 시행확보를 위한 조치

(v) 협정 위반에 대한 형량의 균등화를 위한 국내 입법에 관한 검토 및 권고

(vi) 기록의 보존과 연차 보고 및 정보제공

(vii) 기타 협정에 규정된 임무

M. 기타 사항

(1) 협정 적용 수역

대한민국 정부와 일본 정부가 어업협정을 체결함에 있어서 한일 어업협정이 적용되는 수역은 동 협정에서 규정하고 있는 어업의 조업 범위 및 동 어업이 대상으로 하고 있는 어업 대상의 회유 범위에 이르는 수역으로 한다.

(2) 양국 어업협정수역에 있어서의 양국 어선 간의 조업 안전과 질서 유지를 위하여 취하여 필요한 조치를 양국 정부는 별도 규정한다.

단 본 규정은 양국 어업자가 상호 간에 조업 질서 선 유지에 관한 규약을 체결하는 것을 방해하는 것은 아니다.

(3) 양국 관계 수역에 있어서의 고래 자원의 상태에 비추어 동 자원의 지속적 이용을 위하여 한일 양국 정부는 상호 협력할 필요성을 인지하고 한일 양국 정부는 다 같이 공동어장에서 조업하는 소형 포경어선에 관하여 그 척수를 현재 허가된 척수 이상으로 증가시키거나 현재 이상 어획 노력을 증가시키는 제도의 변경을 하지 않을 것과 일본국 정부는 상기 공동어장 내에서 조업하고 있지 않은 대형 포경선을 금후에도 계속 출어시키지 아니 할 것을 확인한다(합의의사록).

(4) 공동어장에 있어서 한일 양국의 잠정적 어업규제 조치에도 불구하고 어업자원 보호를 위한 양국의 국내 법령 규정은 공동위원회의 협의를 거쳐 이를 상호존중하기로 한다(합의의사록).

3. 어업협력에 관련된 문제

한일 양국은 양국 어업의 상호 발전을 위하여 다음 사항에 관하여 긴밀히 협력한다.

A. 양국은 어업에 관한 정보와 기술의 교환, 전문가 및 기술자의 교류와 훈련을 실시한다.

B. 일본국은 총액 9,000만 불(미화)에 달하는 어업협력을 위한 민간차관을 대한민국에 제공한다.

(1) 본차관 실시에 따르는 구체적 사항(조건, 금리상환 방법 등)에 관하여는 양국 정부 간에 별도 협정하되 일본국 정부는 본차관 집행을 위하여 모든 편의를 제공하는 것으로 한다.

(2) 양국 정부는 본차관의 원활한 집행을 검토하고 또 이를 촉진하기 위하여 양국 정부 간에 어업협력위원회를 설치 운영한다.

어업 관계 회의 및 훈령, V.4, 가서명 이후의 어업 및 평화선위원회, 1965. 4~6

분류번호 : 723.1 JA 어 1964. 12-65. 6 V. 4
등록번호 : 1463
생산과 : 동북아주과
생산연도 : 1965
필름번호 : C1-0013
파일번호 : 04
프레임번호 : 0001~0454

1965년 4월 3일 어업 문제에 관한 '합의사항' 타결 이후, 협정 문안 교섭을 위한 어업 공동위원회 제10~16차 회의, 관련 4자 회담 및 실무자 회의의 기록, 협정 조문화를 위한 하코네, 뉴오타니호텔, 힐튼호텔에서의 교섭 진행 사항 보고 기록, 관련 훈령 등이 수록되어 있다. 일본 측은 1965년 4월 22일 '합의사항'을 토대로 어업협정과 관련 부속 문서안을 한국 측에 제시하였으며, 이에 대해 한국 측은 5월 4일 한국 측 안을 일본 측에 제시하였다. 일본 측은 한국 측 안을 검토한 후 한국 측이 합의사항에 없는 내용들을 새로이 추가하였거나 보완하였다면서 이를 토대로는 교섭을 할 수 없다며 강력히 반발하였다. 한국 측이 6월 5일 하코네 회담에서 아예 4.3 합의사항을 그대로 조문화한 협정안을 일본 측에 제시하자 일본 측도 비로소 4.3 합의사항의 일부를 수정할 필요가 있음을 인식, 양측이 새로운 협정안을 함께 작성하기로 합의가 이루어 지면서 교섭에 진전을 이루게 되었음. 그 후 뉴오타니, 힐튼호텔 교섭을 통해 조문 작업이 완결되었고, 어업협정은 다른 협정들과 함께 6월 22일 조인할 수 있게 되었다.

1. 시나 외상의 한일교섭에 대한 국회 중간 보고 관련 일본 언론 보도 내용 보고 전문

번호: JAW-047126

일시: 071757[1965. 4. 7]

수신인: 장관

발신인: 주일 대사

1. 금일 각 신문(석간) 보도는 시나 외상이 금 7일 오전의 중의원 외무위원회에서 대강 타결을 본 한일교섭에 대한 중간 보고를 하였다는 바 동 보고에서

(1) 평화선의 철폐, (2) 일본의 양보로서 타결되었다는 비판은 부당한 이야기다. (3) 한국과의 국교 정상화는 한국의 남북통일을 저해하지 않는다. (4) 금후에도 아세아에 있어서의 적극적 외교를 추진하겠다고 말하였다 한다.

2. 어업 문제에 관하여는 최근의 국제적 경향에 따라 연안 기선으로부터 측정한 12해리 범위로서 합의되고 또한 공동규제수역에 있어서의 출어 척수 및 어획량에 대하여 일본의 실적이 확보되어 만족한다.

그리고 한국 측이 공해 자유의 원칙과 공해상에서의 재판 관할권의 기국주의의 원칙을 인정하여 일본이 십 수년간에 걸쳐 요구하여온 평화선의 철폐와 일본 어선의 안전 조업이 확보된 것은 획기적인 의의를 갖는다라고 언명하였다 한다.

3. 청구권에 대하여도 김-오히라 메모의 원칙으로부터 금차의 외상회담에서 더 세목적으로 이야기되었다.

청구권 및 경제협력의 문제의 해결은 한국 경제발전에 기여할 것으로 보아 그 의의가 크다고 말하였으며 법적지위 문제에 대하여도 교섭 경위를 말하고 처우 문제에 있어서 타당한 고려를 할 것을 기본원칙으로 확인하였다고 언명하였다 한다.

4. 금번의 한일교섭으로 한국의 남북통일을 저해한다고 하나 한국은 통일 방식에 있어서 유엔 방식을 일관 지지하고 있는데 대하여 북괴 측은 유엔을 배제하려는 입장에 서 있는데 이것이 곧 통일을 저해하는 이유가 되고 있는 것을 주지의 사실이다.

따라서 한일 국교 정상화가 통일을 저해하지는 않는다. 또한 금번 교섭에 있어서 아 측이 커다란 양보를 한 것으로 비판을 받고 있으나 그렇지 않다. 한국 측에서도 이번 교섭에 대하여 반드시 만족하지 않고 있다는 비판이 있다 한다. 장기간의 교섭을 끝마침에 있어서는 상호 접근하지 않을 수밖에 없었다고 언명하였다 한다. (주일정-외아북)

2.4.3 합의사항 이후 제7차 한일회담 어업위원회 속개 관련 보고 전문

번호: JAW-04180

일시: 091745[1965. 4. 9]

수신인: 장관
발신인: 주일 대사(수석대표)
참조: 농림부 장관

1. 일본 측은 어업위원회 개최를 오는 12일(월) 오전 10시 30분에 개최할 것을 제의하여 왔는 바, 동 회의에는 농림부 관계 대표와 출석이 반드시 요망되는데 현재 김명년 대표 및 배동환 전문위원은 12일에 당지로 돌아올 예정이어서 동 위원회 개최가 곤란한 형편임.

2. 어업위원회를 화요일 또는 수요일에 개최하게 되면 일본 측은 동 회의에 수산청 관계 대표의 출석이 곤란하다 함. 그 이유는 화, 수요일 양일간에 걸쳐서 온종일 금번 '이니셜' 한 어업 문제에 관하여 전국 각 현 어업 대표자들에게 설명하기로 되어 있어서 월요일에 어업위원회가 개최되지 않는 경우에는 목요일에 개최하는 수밖에 없다고 하므로 귀국 중인 김명년 대표 및 배 대표를 귀임 예정을 하루 앞당겨 11일(일요일)에 당지에 귀임시킬 수 있는지를 농림부 측과 접촉하여 지금 늦어도 명일 오전 9시까지 회보 바람.(주일정-외아북)

3. 제7차 한일회담 어업위원회 속개 관련 본부 회신 전문

번호: WJA-04139

일시: 091910[1965. 4. 9]

수신인: 장관

대: JAW-04180

1. 대호 어업위원회 개최에 관하여 농림부 측과 협의한바, 당지에서의 준비작업 관계로 4. 11 도일이 곤란하다고 함.

2. 따라서 어업위원회는 4. 15(목)부터 시작하도록 하시기 바람. 김명년 대표 및 배동환 과장은 4. 14일에 도일시킬 위계임.(외아북)

장관

4. 제7차 한일회담 어업위원회 속개 일정 보고 전문

번호: JAW-04193

일시: 101207[1965. 4. 10]

수신인: 장관
발신인: 수석대표
참조: 농림부 장관

대: WJA-04127 및 04139

1. 어업위원회를 4. 15(목) 10:30에 개최하기로 일본 측과 합의하였음.
따라서 현재 서울에 체재 중인 어업 대표들을 늦어도 13일까지는 도쿄로 파견 조처 바람.

2. 내주부터 본격적으로 토의에 들어갈 수 있도록 전기 어업 대표의 도쿄 파견 기회에 어업협정문 작성에 관련되는 중요사항 특히 공동위원회, 분쟁 처리, 조업 질서 유지, 협정 유효기간, 어업협력에 관한 내용과 수령에 따르는 절차 문제 등 및 기타 아국의 실질적 이해에 관련된 사항에 대한 정부 입장을 지시하여 주시기 바람.(주일정-외아북)

7. 제7차 한일회담 어업위원회 제10차 회의 결과 보고 전문

번호: JAW-04288

일시: 151608

수신인: 외무부 장관
발신인: 수석대표
참조: 농림부 장관

제10차 어업위원회의 보고

4. 15, 11:00~11:40에 일 외무성 회의실에서 개최된 어업위원회 제10차 회의 내용을 아래와 같이 요약 보고함.

1. 참석자: 아 측: 이 공사, 김 대표, 오 과장 외 2명
   일본 측: 히로세 참사관, 와다 차장, 마쓰나가 과장, 야스후쿠 과장 외 6명

2. 회의 내용
1) 한국의 국내 사정
한국 측: 최근 일어난 바 있는 학생데모가 일본 신문에 보도된 바와 같이 격렬한 정도의 것은 아니다. 과반 일본 어선의 흑산도 대거 침입으로 말미암아 일반의 여론은 일본 측이 협정을 준수할 것이라고 신용할 수 없다는 것, 규제수역에서의 기국주의는 불가하다는 것 등의 두 가지로 요약될 수 있다.
한국 정부는 대국적 견지에 서서 한일회담을 타결하여야 한다는 방침에는 변동이 없으며 실질적으로 어업 문제의 대강이 합의되었다고 보고 있다. 한국 측의 국내 사정과 한국 정부의 방침 등을 이해하고 회담에 임해 주기 바란다.

1129   일본 측: 잘 알겠다.

　　2) 앞으로의 회의 진행방식

　　가. 내주 화요일까지 양측이 각기 농상 간 합의사항에 기초하여 일응 어업 문제 전반에 관한 협정안을 협정 본문, 합의의사록, 교환 공한, 일방적 성명 등을 전부 포함하여 작성, 교환하기로 합의함.

　　아 측은 영문, 일본 측은 일문으로 하여 작성 교환하기로 함.

　　나. 이러한 협정 전반에 관한 전체 '픽처'를 보고 난 후 농상 간 미합의사항에 관한 토의 방식을 정하기로 함. 중요한 미합의사항으로는 공동위원회, 분쟁 처리 조항, 조약 기간 및 조약수역에 관한 조항 등이 있고 세부 문제로는 긴급 피난, 감찰, 조업 안전에 관한 협정 등이 남아있다는 점에 합의함.

　　3) 어업협력자금 9천만 불에 관하여

　　한국 측: 어업협력자금은 협력 분야가 어업이라는 특수한 부문이므로 어업위에서 기본적인 문제를 어느 정도 결정하여야 할 것이 아니겠는가?

　　일본 측: 동 문제는 청구권위원회의 범주에 속하는 것이나 어업협력자금의 기본적 처리 방법에 관하여 어업위에서 어느 정도 테두리를 합의하여 두는 것은 좋다고 본다.

　　한국 측: 청구권위에 넘기기 전에 기본적인 것을 결정하는 문제라든가, 토의 내용에 관하여는 앞으로 협의하여 수차 토의하여야 할 것이라고 본다.

1130   4) 한국 연안에의 일 어선 출어 자숙 문제

　　일본 측: 한국 측의 국내 사정에 감안하여 4. 8 수산청은 관계 각 현 지사와 관계 수산 단체장에게 한국 근해에 출어하는 것을 자중하도록 지시하였다.

　　4. 13과 14에도 관계 현 수산과장 회의를 소집하여 현상 이상의 출어를 삼가케 하고, 전 출어선에 무전을 시설토록 하며, 또는 4. 20과 21에는 저인망 및 관계 업자를 모아 한국의 전관수역 어업금지구역을 침범치 않도록 국내법에 의한 조치를 지시하고 주의를 촉구하겠다. 금후 일본 어선이 한국 전관수역 내에 출입하는 일은 없으리라고 보는데 이러한 전관수역 침범이나 기타 충돌사고 등을 한국 측이 확인할 수 있으면 어느 어선이 언제 그랬는가를 곧 통보해주면 조사, 조처할 것이다. 이에 수반하여 내 4. 19 오전 중까지 보다 분명히 알 수 있는 한국 측 어업금지구역 선을 알려 주기 바란다. 지난번 충돌사고에 관하여는 현재 조사 중이다.

한국 측: 일본 측은 한국 어민을 자극하지 않는 것이 협정을 원만히 체결에까지 이르도록 하는 데 도움이 된다는 점을 명심하여, 자중하여 주기 바란다. 또 일본 측이 요청하는 금지구역 선 도면을 내 월요일까지 제시하겠다.

5) 차기 회의 일자: 4. 20, 10:30

6) 신문 발표

추후의 회의 진행 방식에 관하여 토의하였고 내주 화요일에 어업협정안을 작성, 교환하기로 합의함.

건의: 본부에서 작성하고 있는 어업협정안을 완성하여 최 과장 편에 지참. 내일토록 하여주시기 바람.(주일정-외아북)

8. 한일 어업협정을 위한 교섭방침 송부 공문

1131   농수원 1172-1184

1965. 4. 19

수신: 외무부 장관
참조: 아주국장

제목: 한일 어업협정을 위한 교섭방침

한일 농상회담의 합의사항에 의거, 앞으로의 한일 어업협정문 작성을 위한 교섭에 관하여 당부 방침을 별첨과 같이 회시하오니 적극 반영되도록 현지 대표단에 지시하여 주시기 바랍니다.

유첨: 한일 어업협정을 위한 교섭방침. 1부

끝

농림부 장관 차균희[직인]

8-1. 한일 어업협정을 위한 교섭방침 문서

1132   한일 어업협정을 위한 교섭방침

1. 어업 단속 및 재판 관할권
가. 관할수역에 있어서 어업에 관한 단속 및 재판 관할권을 연안국이 행사한다.
나. 전항에 있어서 위반 어선 및 어업금지구역 침범선에 대한 처벌은 각기 연안국의 국내법을 적용한다(특히 형량에 있어서).
다. 침범 사실의 확인은 연안국 감시선의 증거제시에 의한다.
라. 관할수역을 침범한 위반 어선을 나포하였을 때에는 그 사실을 상대방 정부에 통보하는 것에 그친다.
마. 5항 가호에 다음과 같은 단서를 추가한다.
"무감찰 또는 무표지 어선이 공동규제수역에서 조업하고 있음을 발견하였을 시에는 일방국 감시선은 당해 어선을 정선 확인하고 당해 어선이 소속하는 타방국 감시선에 인계하는 것으로 한다."

1133   바. 아 측에 만족할 수 있는 위반선의 증거 보존권을 일본 측에게 제시토록 요구하고 합의의사록에 위반선의 확인(정선 포함)을 할 수 있다는 취지를 도입토록 할 것

2. 가. 어업에 관한 수역에 대한 규정 중 '직선기선'을 '직선'으로 대체 표현하고 가능하면 관할수역 외곽선만을 협정상 표현한다.
나. 기선을 양국 간에 협의 결정한다는 것은 협정상에서 삭제한다.

3. 무해통항권
가. 합의사항 14항 중 '영해 및'을 삭제한다.
나. 어구의 격납에 관한 정의는 별도 제시하겠음.

1134   다. 어선의 항행 속력에 있어서는 4대 어업의 어선은 6 knot 이상 기타 어업에 있어서는 3knot 이상이라야 한다.
라. 상기 무해통행권은 일반적으로 항행을 위하여 지정하는 수로를 항행하여야 한다.

4. 출어 감찰 및 표지

가. 공동규제수역에서 조업하는 어선 중 어선 척수가 제한되어 있는 어업에 관하여는 각 어업별로 규정된 최고 출어 척수 범위 내에서 양국 정부 책임하에 출어 감찰 및 표지를 발급하되 특히 지정된 기관(출어조합)을 통하여 동 출어 감찰을 배포하며 그 양식과 규격은 양국의 협의에 의하여 정한다.

나. 출어 감찰 및 표지가 발급되었을 때에는 정부가 특히 지정하는 동 감찰 및 표지의 교부기관(출어조합)은 동 감찰 및 표지의 출어선 간의 운용상황을 명백히 알 수 있는 대장을 비치하여야 한다.

다. 양국 정부는 4대 어업별로 다음 서식에 의하여 사전에 연간 총 출어 척수의 명단을 일련번호를 부(附)하여 상대방 국에 통보하여야 한다.

연간 출어선 일람표

출어선 일련번호	어업별	선명	어선 규모	소유자 주소 성명

라. 출어 감찰은 어업 허가장으로 대체할 수 없다.

5. 출어 척수 확인 방법

가. 양국 정부는 전 4항 다호의 연간 출어선 일람표를 당해연도 전에 상대방 정부에 통보하여야 한다.

나. 양국 정부는 해역별로 특히 지정된 감시선에 동 해구 내에 출어하는 어업별로 어선의 상황을 각 출어기지로부터 보고받아 확인하고 그들 어선의 일련번호와 표지 번호를 매일 오전 6시에 일일이 상호 무전으로 통보하여야 한다.

다. 양국 정부의 감시선 상호 간의 무전 교신 방법은 양국 간 협의에 의하여 정한다.

6. 어획량의 확인

가. 출어 감찰 및 표지를 소지한 어선에 의한 어획물은 공동규제수역 내에서 어획된 것으로 간주한다.

나. 어획물의 양륙은 양국의 협의하에 지정된 항구에서만이 허용된다.

다. 어느 일방국의 권한을 위임받은 공무원은 어획물의 양륙 상황을 수시 시찰 확인할 수 있으며 이를 위하여 타방국 정부는 최대한의 편의를 제공하여야 한다(합의사항 5항 라호와 관련하여 확인 방법을 확보토록 노력할 것).

라. 어업별 어획고가 연간 할당량(10퍼센트 허용량 포함)에 달하였을 때에는 양국 정부는 즉시 감찰 및 표지를 회수하고 필요한 행정조치를 취하여야 한다.

7. 한국 어선에 의한 연간 어획 기준량의 내역 및 어선 격차에 대하여, 별도로 규정할 필요는 없음.

8. 공동위원회의 설치

농수원 722-2651(63. 7. 26)의 공한 제2항 제1호 별첨 1(한일어업공동위원회 규정(안))에 의하되, 특히 다음 사항에 유념할 것.

가. 일·미·가 조약의 원칙에 준하여 국별 위원부와 사무국을 상설한다.

나. 공동위원회의 임무로서

　(1) 자원 보존을 위한 조사

　(2) 협정의 유효한 실시를 확인하기 위한 조치

　(3) 자료, 기록, 통계 등을 편찬, 보고 또는 양 체약국에 대한 통보

　(4) 공동위원회는 정기 및 일방국의 요청이 있을 시에는 수시 개최한다.

9. 일반 연안 어업에 대하여

가. 연안국의 어업 실정을 고려하여 일본 측 연안 어업 출어선 1,700척의 현 어업별 어선의 규모 및 척수를 엄격히 제한한다. 단, 이들 어선은 어로에 직접 종사할 수 있는 어선에 한하고 연락선 및 모선(냉동선 및 공선을 포함)을 수반한 어업을 영위할 수 없다.

나. 어업별 조업 구역은 25톤 이상~60톤 미만의 고등어 채낚기 어업과 동일하게 한다.

다. 고등어 채낚기 어업(25톤 이상~60톤 미만) 175척에 의한 어획량은 선망 및 고등

어 채낚기 어업(60톤 이상~100톤 미만)에 의한 연간 어획 기준량 11만 톤에 포함시키고 4대 어업에 준하여 규제한다.

10. 협정의 해석 및 적용에 관한 분쟁 처리

1963. . . 자 제 호에 의하여 양국 간의 협정 해석과 적용에 관한 분쟁은 공동위원회 또는 양국 간의 외교 경로를 통하여 평화적으로 해결한다.

11. 협정 유효기간

발효일로부터 1년으로 한다.

12. 어선의 조업 질서 유지에 관한 사항

한일 양국 어선의 조업 안전과 질서 유지를 위하여 국제 해상 항행 관계 제 법규 및 일반 관행을 준수함은 물론 규제수역 내의 양국 출어선은 다음 사항을 준수하여야 한다.

1) 어선에 대한 표지 및 신호

가. 양국 어선은 선수 양측에 선명 또는 선호를, 선미에는 근거지명, 선명을 각각 명기하고 명백히 인지되도록 하여야 한다.

나. 공동규제수역 내에 출어하는 어선은 흑포지에 백색 문자로 표시된 기를 게양하여야 한다.

　i) 기의 규격은 1m×1.5m로 하고

　ii) 백색 문자는 한국 어선의 경우 'K' 기호 다음에 어업별 일련번호, 일본 어선은 'J' 기호 다음에 어업별 일련번호를 기재한다. 단 문자의 크기는 20cm×20cm의 크기로 한다.

　iii) 기의 게양 위치는 선교상(船橋上) 2m 이상의 높이로써 잘 보이도록 게양하여야 한다.

다. 출어선의 표지판은 흑색 판자에 백색 기호를 기재하되 규격은 0.5m×1.5m의 크기로 하여 선교상 전면에 부착하여야 한다.

라. 항공기에 의하여 식별할 수 있는 표지를 선교 상면에 표시하고 그 표지 문자 하

나의 크기는 사방 30cm 이상이어야 한다.

마. 야간에 있어서의 양국 어선의 식별 신호는 일본 어선은 단광 5회를, 한국 어선은 장광 3회를 선교등으로 멸점하여야 한다.

바. 여하한 경우에 있어서도 상기 나~마 호의 출어기, 표지 및 야간 표지등은 명백히 인지되도록 유의한다.

2) 준수 사항

가. 양국 어선은 조업 중인 어선의 정선수 전방에서 투망, 투묘 또는 어선의 조업을 방해하는 행위를 하여서는 안 된다.

나. 조업 중의 어선은 주간에는 잘 보이는 곳에 바구니를 달고 야간에는 삼색등, 백등 및 선미등을 달아야 한다.

다. 조업 중 어구가 암초 기타 장애물에 걸렸을 때에는 바구니를 내리고 선상 잘 보이는 곳에 직경 0.6m 이상의 흑구 1개를 달고 야간에는 정박등을 달아야 한다.

라. 한국의 안강망 어선이 투망 중일 시 그 주위 거리 1,000m 이내에서 조업할 수 없다. 단 야간에는 잘 보이는 곳에 백색 정박등을 점등하여야 한다.

라. 기선 유자망이 조업하고 있음을 발견하였을 시에는 유망이 전개되어 있는 방향으로 2,000m 범위 내에서 타 어선이 조업하여서는 아니 되며 야간에는 어망의 말단에 부등을 점등하여야 한다.

마. 양국 어선은 유자망, 연승, 기타 어선 등이 어로 중임을 발견하였을 때에는 그 어법을 감안하여 비상한 주의로써 피해를 끼치는 일이 없도록 그 어선 어구를 피하여야 하며 어로 중인 어선은 야간에는 백색등을 점등하고 동 투망 어구의 최말단에 부표를 점등하여야 한다.

바. 항행 중의 기선은 어로 중의 어선 침로를 피하고 그 어선들에 피해가 없도록 항행하여야 한다.

사. 양국 어선은 상기 각 항 외의 규정 외에 절박한 상황의 경우 충돌 또는 어구의 누락을 피하기 위하여 임기응변의 조치를 취하여 불측의 사고 발생을 방지하기로 한다.

아. 양국 어선은 조업의 안전, 질서 유지를 위하여 항행 또는 어로 중의 당직 감시와 관습상의 예방조치를 태만히 하여서는 안 된다.

자. 전 각 항의 준수 사항 외에 기선저인망 어업은 다음 사항을 부가한다.

　i) 양국 어선은 예망(曳網) 중 전방을 예망하는 어선을 추월하여 그 정선수 전방에서 예망하여 해(該) 어선의 조업을 방해하여서는 안 된다.

　ii) 예망 중의 어선은 정 후방 1,000m는 그 어구의 연신구(延伸區)로 간주하여 타 어선은 이 범위 내에서 투망, 투묘, 또는 해 어선의 정상 예망을 방해하는 행위를 하여서는 안 된다.

　iii) 2통(1통이라 함은 1통의 망을 조작하는 기선 2척을 말한다)이 병항(並航)하여 예망할 때에는 상호 간의 간격 3,000m 이상을 보지(保持)하여야 한다.

　iv) 기선이 비교적 집중하고 있을 때에는 양국 어선은 일정하게 예망 방향을 보지하여야 한다. 또는 풍압 조류에 의하여 불여의할 때에는 기적 신호를 발성하여 방향 전환을 표시한다.

3) 피항에 관한 사항

가. 예망 중의 기선이 정방향으로 만났을 때에는 상호의 거리가 600m 이상 되는 곳에서 각각 우로 전침하여야 한다. 거의 정방향인 경우에는 600m 이상 되는 곳에서 상호의 침로를 피하기 쉬운 방향으로 피하고 동시에 기적 신호를 발성해야 한다.

나. 2통의 기선이 서로 침로를 횡단할 때는 상대 선을 우현으로 보는 쪽에 있는 기선은 상호의 거리가 600m 이상 되는 곳에서 잠시 예망을 정지하든가 또는 우로 침로를 바꾸어 상대선이 통과 후 600m 이상이 될 때까지 정지하고 있어야 한다.

다. 예망 중의 기선은 양망 또는 투묘 중인 기선을 피하지 않으면 안 된다. 예망 중인 기선은 양망 중인 기선의 거리가 600m 이상 되는 곳에서 예망 침로를 바꾸어 피항하지 않으면 안 된다. 예망 중인 기선은 투묘 중인 기선의 후방을 통과하지 않으면 안 된다. 부득이 그 전방을 항행할 때에는 1,000m 이상의 거리를 보지하여야 한다.

라. 예망 중인 기선은 그 전방에서 어구를 상실하고 수색 중인 어선을 발견하였을 때에는 적절히 침로를 바꾸어 수색 기선에게 편의를 주어야 한다.

마. 예망 중인 그 전방에서 고장(Rope 절단, 어구가 걸렸을 때, 기타)으로 예망 중인 기선을 발견하였을 때에는 예망 침로를 바꾸어 이것을 피함과 아울러 해 기선의

　　　　신호에 주의하여 상호의 어구가 서로 엉키지 않도록 행동해야 한다.
　　바. 양국 기선은 어로 중의 타 어선 및 그 어구를 피하여야 한다.
　　　　이동 기선 저인망도 이에 준한다.
　　사. 선망 어업은 다음 사항을 부가한다.
　　　　i) 주간에 어군을 포착하여 투망을 시작하면 투망선으로부터 주위 거리를 적어도 1,000m 이내를 침범하여서는 안 된다.
　　　　ii) 주간 집어 중인 어선의 주위 거리는 적어도 1,000m 이상 보지토록 한다.
　4) 피해보상에 관한 사항
　　본협정에서 규정된 수역에서 어느 일방국의 선박이 고의 또는 과실로 인하여 타방국의 선박, 어구, 인명 기타에 피해를 입혔을 때 피해를 입은 선박이 속하는 정부에서 그 증거를 제시하여 보상을 청구하였을 시에는 상대방 정부는 그 피해에 상당하는 보상을 하여야 한다.

13. 어업협력에 관하여
가. 13항에 규정한 목적을 달성하기 위하여 일본국은 대한민국에
　　1) 수산 관계 시험조사기관 및 교육기관의 시설 보완 및 양국 수산 연구자와 교육자의 교류에 적극적으로 협력하며
　　2) 민간 어업기술자 훈련소 설치
　　3) 동 훈련소 설치 운영에 필요한 시설, 장비, 자재와 전문가의 파견 및 용역 제공
　　4) 대한민국 어업기술자의 일본국 어업계 시찰 및 어업 기술 습득
　등에 적극적으로 협력하여 대한민국 어업 발전에 최대한의 기여를 하는 것으로 한다.
나. 어업협력자금에 대한 조건
　　1) 착수금은 없게 한다.
　　2) 2년 거치, 8년 상환
　　3) 정부 지불보증은 없는 것으로 한다.
　　4) 일괄구매가 가능하여야 한다.
　　5) 일본 정부의 협력자금 사용 촉진 의무를 부하케 한다.
　　6) 상환은 수산물 수출로서 가능토록 한다.

7) 1964년 일본국이 대한민국에 공여한 2,000만 불 긴급경제협조 시 양국 간에 맺은 협정을 선례로 하여 구체적으로 집행 절차까지 규정토록 한다.

별표 1

1. 15만 M/T 문제

중형기저 (-50TS)   125척   30,000M/T 이동   10,000M/T(115척)

대형기저 2수인   100통
         1수인   100통   90,000M/T 이서   30,000M/T

선망   23통(고등어 일본조)   30,000M/T   110,000M/T

2. 한일 어선의 격차

선종	일본(A)		한국(B)		A : B
선종	척수	척당 연간 어획	척수	척당 연간 어획	
50TS 미만 기저 (D 구역)	115 (25)	260M/T	125 (60)	130M/T	2:1
50TS 이상 (한어기)	270 (100)	900M/T	87(2) 91(1)	400~500	2:1
선망	120통 (60)	2,100M/T	23통	700	3:1
고등어 일본조	15				
※ shrimp trawl ~ 60TS 25척					

14. 제7차 한일회담 어업위원회 제11차 회의 결과 보고 전문

번호: JAW-04426

일시: 221649[1965. 4. 22]

수신인: 장관
참조: 농림부 장관
발신인: 수석대표

제11차 어업위원회(65. 4. 22. 14:10~15:00) 회의 결과 보고

1. 참석자: 한국 측: 이 공사, 김명년 대표, 김정태 부이사관, 오 정무과장, 신동원 공보관, 김윤택 사무관
   일본 측: 히로세 대표, 와다 대표, 마쓰나가 조약과장, 야스후쿠 어업조정과장 및 기타 보좌관들

2. 토의 내용

아 측의 협정안이 준비되지 않았으므로 이미 준비된 일본 측 협정안을 우선 제출받기로 하고, 일본 측으로부터 제안설명을 듣는 것으로서 회의를 마치기로 하였음.

금일 제출된 일본 측 협정안은 별도 전문으로 송부함.

일본 측의 제안설명 내용은 아래와 같음.

(1) 일본 측은 어업협정의 정식 조인 후 효력발생 시까지 동 협정의 내용을 잠정적으로 실시하기를 원하며, 따라서 금후 소위 잠정 실시(또는 가실시)에 관한 협정안을 제안할 것임. 그러한 잠정 실시 규정은 어업협정 규정 중 입법부의 동의를 요하지 아니하는 성격의 규정 내용을 협정 효력 발생 전에라도 실시하도록 하기 위한 것임.

(2) 일본 측은 '긴급 피난'에 관한 규정을 현재 관계 처와 협의 중인바, 그것이 끝나는 대로 이에 관한 협정 규정안을 추가 제안할 것임.

(3) 조업 질서 및 안전의 유지에 관한 규정과 표지 및 감찰의 양식, 규격에 관한 규정은 협정안에 포함시키지 아니하였는바, 그러한 사항은 협정 조인 시까지 별도로 협의 결정될 것으로 예상되기 때문임.

(4) 협정문에 포함된, 공동위원회, 분쟁 해결, 비준 조항, 영해 범위에 관한 각서 교환 등의 규제 내용은 4. 3 '합의사항'에 포함되지 아니한 것이지만 일본 측의 안으로서 일단 제안하는 것임. 또한 전기 영해의 점위에 관한 각서 교환은 그 형식에 있어서 일단 일본 측이 제안하고 한국 측이 수락하는 것으로 하였지만 금후 이에 관한 한국 측의 제안이 있을 경우 그 형식을 달리 고려할 수 있음.

(5) 어업협정이 발효할 때까지는 양국의 어업에 관한 수역이 아직 설정되지 아니함을 고려하여, 4. 3 '합의사항' 제5항 '공동규제수역의 범위'에서 규정된 내용 중 양국의 어업에 관한 수역이 중복하는 부분이 관련되는 공동규제수역의 외곽선 표시는 이를 위도와 경도로 표시함이 타당하므로 협정 본문 제3조 (B) (Ⅵ) (Ⅶ) 및 (Ⅷ)과 같이 하였음.

(6) 이상의 경우를 제외하고는 4. 3 '합의사항'의 내용을 대체로 그대로 표현하였으며 협정 체제상 필요한 부분에 약간의 수정을 하였음.

(7) 일본 측은 별도 송부하는 협정안의 목차 중 1. 일본국과 대한민국 간의 어업에 관한 협정, 2. 부속서, 3. 교환공문 제1조(직선기선에 관한 것) 및 4. 교환공문 제2조(제주도 부근의 어업수역에 관한 것)의 4가지 문서는 국회에 회부할 것이라고 함.

3. 아 측의 협정안은 다음 회의에서 제시하기로 하고 그 후에 금후 토의 진행방식을 협의하기로 하였음. 단, 일본 측은 와다 수산청 차장의 소련 방문 전까지(즉 4월 28일까지) 실질적 사항을 토의 결정하기를 희망한다고 말하였음.

4. 전기 제2항 (2)와 같이 일본 측은 금후 긴급 피난에 관한 제안을 할 것으로 사료되는바, 아 측으로서도 양국 어선의 긴급사고에 의한 기항 및 해난 구조 후의 처리 방법에 관한 구체적 규정이 필요하다고 사료되오니 이에 관한 지침과 규정안을 지시하여 주시기 바람.

5. 다음 회의는 4. 26(월) 오후 2시 30분에 개최하기로 합의됨.(주일정 - 외아북)

17. 일본국과 대한민국 사이의 어업에 관한 협정(안)[일본 측 안]

1212

일본국과 대한민국 사이의 어업에 관한 협정(안)
일본 측 제안
1965. 4. 22
외무부 아주국

1213

(일본 측 제안 1965. 4. 22)

가역

일본국과 대한민국과의 사이의 어업에 관한 협정(안)

일본국 및 대한민국은,

양국이 공통의 관심을 가지는 어업자원의 최대의 지속적 생산성이 유지되어야 함을 희망하고, 전기의 자원의 보존 및 그 합리적 개발을 도모함이 양국의 이익에 도움이 됨을 확신하고, 공해자유의 원칙이 이 협정에 특별한 규정이 있는 경우를 제외하고는 존중되어야 함을 확인하고, 양국의 지리적 근접성과 양국의 어업의 교착에서 발생하는 일이 있는 분쟁의 원인을 제거함이 요망됨을 인정하고, 양국의 어업의 발전을 위하여 상호 협력할 것을 희망하여 다음과 같이 협정하였다.

1214

제1조

이 협정의 적용상

(가) '어선'이라 함은 수산 동물의 채포에 종사하기 위한 장비를 가지는 선박으로서 상업적 목적을 가지고 이와 같은 활동에 종사하는 것을 말한다.

(나) '일본국의 어선' 및 '대한민국의 어선'이라 함은 각각 일본국 또는 대한민국에 있어서 정당한 수속에 따라 등록된 어선을 말한다.

(다) '마일'이라 함은 해리를 말하고 위도 1도를 60해리로서 계산한다.

(라) 어선의 규모에 대하여 표시되고 있는 톤수는 총 톤수에 의하여 표시된 톤수에서 선내 거주구 개선을 위한 허용 톤수를 감한 톤수를 나타낸다.

제2조

1. 양 체약국은 각 체약국이 자국의 연안의 기선으로부터 측정하여 12마일까지의 수역을 자국의 어업에 관하여 배타적 관할권을 행사하는 수역(이하 '어업수역'이라 한다)으로서 설정할 권리를 가지고 있음을 상호 인정한다. 이 기선은 저조선 또는 직선의 기선에 의하는 것으로 하고 일방의 체약국이 직선의 기선을 사용하려 할 경우에는 그 직선의 기선은 타방의 체약국과 협의하여 결정하는 것으로 한다.

2. 양 체약국은 일방의 체약국이 자국의 어업수역에 있어서 타방의 체약국의 어선이 어업에 종사하는 것을 배제하는 것에 대하여 상호 이의를 제기하지 아니한다.

3. 각 체약국은 1의 규정에 의하여 수역이 중복하는 부분에 대하여는 그 부분의 최대의 폭을 나타내는 직선을 2등분하는 점과 그 중복하는 부분이 끝나는 2점과를 각각 연결하는 직선의 외측의 수역을 자국의 어업 수역으로서 설정할 수 없다.

제3조

양 체약국은 다음의 각 선에 의하여 둘러싸이는 공해 가운데 어느 체약국의 어업수역도 아닌 부분을 제4조에서 말하는 조치가 실시되는 수역(이하 '공동규제수역'이라 한다)으로서 설정한다.

(가) 북위 37도 30분 이북의 동경 124도의 경선

(나) 다음의 각 점을 차례로 연결하는 선

  (1) 북위 37도 30분과 동경 124도와의 교점

  (2) 북위 36도 45분과 동경 124도 30분과의 교점

  (3) 북위 33도 30분과 동경 124도 30분과의 교점

  (4) 북위 32도 30분과 동경 126도와의 교점

  (5) 북위 32도 30분과 동경 127도와의 교점

  (6) 북위 34도 35분과 동경 129도 2분과의 교점

  (7) 북위 34도 45분과 동경 129도 8분과의 교점

(8) 북위 34도 50분과 동경 129도 13분과의 교점

(9) 북위 35도 30분과 동경 130도와의 교점

(10) 북위 37도 30분과 동경 131도 10분과의 교점

(11) 우암령 고정

제4조

양 체약국은 공동규제수역에 있어서는 어업자원의 최대의 지속적 생산성을 확보하기 위하여 필요로 하며, 또한 양 체약국에 평등하게 적용되는 보존 조치가 충분한 과학적 조사에 의거하여 실시될 때까지 저인망 어업, 선망 어업 및 60톤 이상의 어선에 의한 고등어 낚시 어업에 대하여 이 협정의 불가분의 일부를 형성하는 부속서에 든 잠정적 어업규제 조치를 실시한다.

제5조

1. 어업수역의 외측에 있어서는 어느 일방의 체약국의 어선 및 그 선상에 있는 자에 대한 단속의 권리(정선 및 임검의 권리를 포함한다) 및 재판 관할권은 그 어선이 속하는 체약국만이 행사한다.

2. 어느 체약국도 그 국민 및 어선이 잠정적 어업규제 조치를 성실하게 준수함을 확보하기 위하여 적절한 지도 및 감독을 행하며 위반에 대한 적당한 벌칙을 포함하는 국내 조치를 실시한다.

제6조

공동규제수역의 외측에 양 체약국이 자원 조사를 행하는 수역(이하 '공동자원조사수역'이라 한다)이 설정된다. 공동자원조사수역의 위치 및 범위, 또한 동 수역 내에서 행하여지는 조사에 대하여는 제7조에 정하는 일한 어업공동위원회가 행하여야 하는 권고에 의거 하여 양 체약국 간의 협의에 의하여 결정된다.

제7조

1. 양 체약국은 일한 어업공동위원회(이하 '위원회'라 한다)를 설치한다.

2. 위원회는 2개의 국별 위원부로서 구성되고 각국별 위원부는 각 체약국이 임명하는 3인의 위원으로 구성된다.

3. 위원회의 모든 결정은 국별 위원부의 사이의 합의에 의하여서만 행하는 것으로 한다.

4. 위원회는 그 회의의 운영에 관한 규칙을 결정하고 또한 그 필요가 있을 때에는 이를 수정할 수 있다.

5. 위원회는 적어도 매년 1회 도쿄 및 서울에서 교호(交互)로 회합하는 것으로 하며 또한 그 밖에 일방의 국별 위원부의 요청이 있었을 때에는 합의된 기일 및 장소에서 회합할 수 있다. 제1회 회의의 기일 및 장소는 양 체약국의 합의로서 결정한다.

제8조

위원회는 다음의 의무를 수행한다.

(가) 양 체약국이 공통의 관심을 가지는 어업자원의 연구를 위하여 행하는 과학적 조사에 대하여, 또한 그 조사 및 연구의 결과에 의거하여 취하여야 할 공동규제수역 내에 있어서의 규제 조치에 대하여 양 체약국에 권고하는 일

(나) 공동자원조사수역의 위치 및 범위에 대하여 필요에 따라 양 체약국에 권고하는 일

(다) 양 체약국의 어선 간의 어업의 안전을 도모하기 위하여 필요한 조치에 대하여 검토하고 또는 필요에 따라 전문가로서 구성되는 하부 기관을 설치하여 이에 대하여 검토하도록 하는 일. 또한 그 결과에 의거하여 취하여야 할 조치에 대하여 양 체약국에 권고하는 일

(라) 기타 협정의 실시에 수반되는 기술적인 제 문제에 대하여 검토하고 필요하다고 인정할 때에는 취하여야 할 조치에 대하여 양 체약국에 권고하는 일

제9조

이 협정의 해석 및 적용에 관하여 발생하는 일이 있는 모든 분쟁에 대하여는 먼저 교섭에 의하여 해결을 도모하는 것으로 하며 일방의 체약국에 의한 교섭의 제의 일자로부터 6개월 이내에 해결에 이르지 아니하였을 때에는 어느 일방국의 요청에 의하여 국제사법재판소에 결정을 위하여 부탁하는 것으로 한다.

제10조

1. 이 협정은 비준되어야 한다. 비준서는 가능한 한 조속히   에서 교환하는 것으로 한다.

2. 이 협정은 비준서의 교환 일자에 효력을 발생한다. 이 협정은 10년간 효력을 가지며 그 후에는 이 협정이 3에서 정하는 바에 의하여 종료할 때까지 효력을 존속한다.

3. 어느 일방의 체결국도 타방의 체약국에 대하여 1년의 예고를 줌으로써 최초의 10년의 기간의 만료 시 또는 그 후 언제든지 이 협정을 종료시킬 수 있다.

이상의 증거로서 하기인은 이 협정에 서명하였다.

1965년   월   일   에서 동등하게 정문인 일본어, 한국어 및 영어에 의하여 본서 2편을 작성하였다. 해석에 상위가 있을 경우에는 영어 본문에 따른다.

일본국을 위하여

대한민국을 위하여

(부속서)

양 체약국은 잠정적 어업규제 조치로서 다음과 같이 합의한다.

(가) 각 체약국은 최고 출어 척수 또는 최고 출어 통수(양 체약국의 각각에 대하여 공동규제수역 내에 동시에 출어하고 있는 각 체약국의 어선의 척수 또는 통수의 최고한도를 말한다)는 다음과 같이 한다.

  1) 50톤 미만의 어선에 의한 저인망 어업에 대하여는 115척

  2) 50톤 이상의 어선에 의한 저인망 어업에 대하여는,

   (1) 11월 1일부터 익년의 4월 30일까지의 기간에 있어서는 270척

   (2) 5월 1일부터 10월 31일까지의 기간에 있어서는 100척

  3) 선망 어업에 대하여는,

1224
  (1) 1월 16일부터 5월 15일까지의 기간에 있어서는 60통
  (2) 5월 16일부터 익년 1월 15일까지의 기간에 있어서는 120통

 4) 60톤 이상의 어선에 의한 고등어 낚시 어업에 대하여는 15척, 단, 조업 기간은 6월 1일부터 12월 31일까지로 하고 조업 구역은 대한민국의 경상북도와 경상남도와의 경계선과 해안선과의 교점과 북위 35도 30분과 동경 130도와의 교점을 연결하는 직선 이남(단, 제주도의 서 측에 있어서는 북위 33도 30분 이남)의 수역으로 한다.

 특히 일본국의 어선과 대한민국의 어선과의 어획 능력의 격차가 있을 동안 대한민국의 어선척수 또는 출어 통수는 양 체약국 정부 간의 합의에 의하여 이 협정의 최고 출어 척수 또는 최고 통수를 기준으로 하여 그 격차를 고려하여 조정된다.

1225 (나) 어선의 규모는 다음과 같이 한다.
 1) 저인망 어업 가운데
  (1) 트롤 어업 이외의 것에 대하여는 30톤 이상 170톤 이하
  (2) 트롤 어업에 대하여는 100톤 이상 550톤 이하. 단, 50톤 이상의 어선에 의한 저인망 어업(대한민국이 일본해에 있어서 인정하고 있는 60톤 미만에 새우 저인망 어업을 제외한다)은 동경 128도 이동의 수역에 있어서는 행하지 아니하는 것으로 한다.
 2) 선망 어업에 대하여는 망선 40톤 이상 100톤 이하. 단, 이 협정의 효력 발생일자에 일본국에 현존하는 100톤 이상의 선망 어업에 종사하는 망선 1척은 예외로서 인정된다.
 3) 60톤 이상 어선에 의한 고등어 낚시 어업에 대하여는 100톤 이하

1226 (다) 망목(해중에 있어서의 내경으로 한다)은 다음과 같이 한다.
 1) 50톤 미만의 어선에 의한 저인망 어업에 대하여는 33밀리미터 이상
 2) 50톤 이상의 어선에 의한 저인망 어업에 대하여는 54밀리미터 이상
 3) 선망 어업에 대하여는 30밀리미터 이상(전갱이 또는 고등어를 대상으로 하는 선망의 주요 부분의 망목으로 한다)

 (라) 집어등에 사용하는 발전기의 총 설비용량을 다음과 같이 한다.
 1) 선망 어업에 대하여는 1통당 10킬로와트 이하의 등선 2척 및 7.5킬로와트의 등선 1척으로 하고 계 27.5킬로와트 이하

2) 60톤 이상의 어선에 의한 고등어 낚시 어업에 대하여는 10킬로와트 이하

(마) 증명서 및 표지에 대하여는 다음과 같이 한다.

1) (가)에서 말하는 양 체약국의 어선(선망 어업에 종사하는 어선에 대하여는 망선)은 각각의 체약국이 발급하는 증명서를 소지하고 또한 양 체약국 정부가 협의하여 결정하는 표지를 부착하는 것으로 한다. 이 증명서는 진정한 관헌에 의거하여 해당 체약국에 등록된 어선에 대하여만 발급되는 것으로 한다.

2) 증명서의 총수는 잠정적 어업규제 조치의 대상이 되는 어업별로 해당 어업에 관한 최고 출어 척수 또는 최고 출어 통수와 동수로 한다. 단, 어느 체약국도 어업의 실태에 비추어 50톤 이상의 저인망 어업에 대하여는 그 최고 출어 척수의 15퍼센트까지, 50톤 미만의 저인망 어업에 대하여는 그 최고 출어 척수의 20퍼센트까지 그 출어를 증가할 수 있다.

(교환공문 제1호)

(한국 측 공한)(안)

본   은 금일 서명된 대한민국과 일본국과의 사이의 어업에 관한 협정 제2조 1의 규정에 언급하며 대한민국 정부가 대한민국의 어업수역의 설정에 즈음하여 다음의 직선의 기선을 사용하는 것이 양국 정부의 양해라는 것을 확인하는 영광을 가지는 바입니다.

(1) 장기갑 및 달만갑의 각각의 돌단을 연결하는 직선에 의한 만구의 폐쇄선

(2) 화암추 및 범월갑의 각각의 돌단을 연결하는 직선에 의한 만구의 폐쇄선

(3) 1.5미터 암, 생도, 홍도, 간여암, 상백도 및 거문도의 각각의 남단을 차례로 연결하는 직선

(4) 소령도, 서격렬비도, 어청도, 작도, 상왕등도 및 횡도(안마군도)의 각각의 서단을 차례로 연결하는 직선

본   은, 이 공한 및 전기의 양해를 일본국 정부를 대신하여 확인하는 각하의

회한을 협정의 효력 발생 일자에 효력을 발생하는 양국 정부의 합의를 구성하는 것으로 간주할 것을 제안하는 영광을 가지는 바입니다.

본   은 이상을 제의함에 있어서 각하에게 경의를 거듭 표하는 바입니다.

1965년   월   일

(일본 측 공한)(안)

본   은, 금일 자의 각하의 다음 공한을 수령하였음을 확인하는 영광을 가지는 바입니다.

(한국 측 공한)

본   은 전기의 양해를 일본국 정부를 대신하여 확인하고 또한 각하의 공한 및 이 회한을 협정의 효력 발생 일자에 효력을 발생하는 양국 정부 간의 합의를 구성하는 것으로 간주할 것에 동의함을 각하에게 통보하는 영광을 가지는 바입니다.

본   은 이상을 제의함에 있어서 각하에게 경의를 거듭 표하는 바입니다.

1965년   월   일

(교환공문 제2호)

한국 측 공한(안)

본   은 금일 서명된 대한민국과 일본국 간의 어업에 관한 협정에 관련하여 동 협정 제2조 1의 규정에 의거한 대한민국의 어업수역의 설정에 있어서 잠정적 조치로서 그 어업수역을 획하는 선과 다음의 각각의 선에 의하여 둘러싸이는 수역을 당분간 대한민국의 어업수역에 포함되는 것으로 할 것을 대한민국 정부를 대신하여 제안하는 영광을 가지는 바입니다.

(1) 북위 33도 48분 15초와 동경 127도 21분과의 교점, 북위 33도 47분 30초와 동경 127도 13분과의 교점 및 우도의 진동 12마일의 점을 차례로 연결하는 직선

(2) 북위 33도 56분 25초와 동경 125도 55분 30초와의 교점과 북위 33도 24분 20초와 동경 125도 56분 20초와의 교점을 연결하는 직선

본   은, 일본국 정부가 전기의 제안에 동의할 때에는, 이 공한 및 그 취지를 확인하는 각하의 공한을 양국 정부 간의 합의를 구성하는 것으로 간주할 것을 제안하는 영광을 가지는 바입니다.

본   은, 이상을 제의함에 있어서 각하에게 경의를 표하는 바입니다.

1965년   월   일

일본 측 공한(안)

본   은, 일본 정부가 전기의 제안에 동의하는 것, 또한 각하의 공한 및 이 회한을 일본국과 대한민국과의 사이에 어업에 관한 협정의 효력 발생 일자에 효력을 발생하는 양국 정부 간의 합의를 구성하는 것으로 간주할 것에 동의할 것을 각하에게 통보하는 영광을 가지는 바입니다.

본   은, 이상을 제의함에 있어서, 각하에게 경의를 거듭 표하는 바입니다.

1965년   월   일

일본국과 대한민국과의 사이의 어업에 관한 협정에 대한 합의의사록(안)

일본국 정부 대표 및 대한민국 정부 대표는, 금일 서명된 일본국과 대한민국과의 사이의 어업에 관한 협정의 교섭에 있어서 도달된 다음의 요해를 기록한다.

1. 잠정적 어업규제 조치에 관련하여
(1) 양국 정부는 증명서 및 표지가, 항구 내에 있어서의 경우를 제외하고, 해상에 있어서 한 어선으로부터 다른 어선에 인도되는 일이 없도록 지도하는 것으로 한다.
(2) 어느 국가의 정부도 자국의 출어 어선의 정오 위치 보고에 의거하여 어업별 출어 상황을 월별로 집계하여 매년 적어도 4회 상대국의 정부에 통보한다.
(3) 일방의 국가의 감시선상에 있는 그 국가의 정부의 정당한 권한을 가지는 공무원은 상대국의 어선이 현재 잠정적 어업규제 조치에 명백히 위반하고 있다고 믿을 만한 상당한 이유가 있는 사실을 밝혔을 때에는 곧 이를 그 어선이 속하는 국가의 감시선상에 있는 그 국가의 정부의 정당한 권한을 가지는 공무원에 통보할 수 있다. 당해 상대국의 정부는, 해당 어선의 단속 및 위반에 대한 조치에 있어서, 그 통보를 존중하는 것으로 하며, 그 결과 취하여진 조치를 그 통보를 행한 국가의 정부에 대하여 통보한다.
(4) 어느 국가의 정부도 상대국의 정부의 요청이 있었을 때에는 잠정적 어업규제 조치에 관하여 자국 내에 있어서의 육상의 단속의 실시 상황을 시찰하도록 하기 위한 편의를 이를 위하여 정당하게 권한을 부여받은 상대국의 정부의 공무원에 대하여, 가능한 한 부여한다.
(5) 공동규제수역 내에 있어서의 저인망 어업, 선망 및 60톤 이상의 어선에 의한 고등어 낚기 어업에 의한 연간 총 어획 기준량은 15만 톤(상하 10퍼센트의 변동이 있을 수 있다)으로 한다. 일본국에 대하여는, 이 15만 톤의 내용은 50톤 미만의 어선에 의한 저인망 어업에 대하여는 1만 톤, 50톤 이상의 어선에 의한 저인망 어업에 대하여는 3만 톤 및 선망 어업과 60톤 이상의 어선에 의한 고등어 낚기 어업에 대하여는 11만 톤으로 한다.

연간 총 어획 기준량은 최고 출어 척수 또는 통수에 의하여 어업을 규제함에 있어서 지표가 되는 수량으로 하며, 어느 국가의 정부도, 공동규제수역 내에 있어서의 저인망 어업, 선망 어업 및 60톤 이상의 어선에 의한 고등어 채낚기 어업의 조업 과정에 있어서 당해 연의 연간 총 어획량이 15만 톤을 초과하는 것이 된다고 인정하는 경우에는, 2년의 연간 총 어획량을 16만 54톤 이하에 그치기 위하여 필요한 정도로 그해의 출어를 삼가도록 지도하는 것으로 한다.

(6) 어느 국가의 정부도, 자국의 출어 어선에 의한 공동규제수역 내에 있어서의 그 어획량의 보고 및 양륙항에 있어서의 조사를 통하여 어획량을 월별로 집계하고 그 결과를 매년 적어도 4회 상대국 정부에 통보한다.

2. 국내 어업금지수역 등의 상호존중에 관련하여, 어느 국가의 정부도 각각 상대국의 다음의 수역에 있어서 당해 어업에 자국의 어선이 조업함을 삼가도록 지도한다.

(가) 대한민국 정부가 현재 설정하고 있는 저인망 어업 및 트롤 어업에 대한 어업금지수역(이 수역 내의 황해의 부분에 있어서 대한민국의 50톤 미만의 저인망 어업에 관하여 및 동 수역 내의 일본해의 부분에 있어서 대한민국의 새우 저인망 어업에 관하여 대한민국 정부가 현재 실시하고 있는 제도는, 예외적으로 인정된다.)

(나) 일본국 정부가 현재 설정하고 있는 저인망 어업 및 선망에 대한 어업금지수역과 저인망 어업에 대한 동경 128도, 동경 128도 30분, 북위 33도 9분 15초 및 북위 25도의 각 선으로 둘러싸인 수역

(다) 일방의 국가의 감시선상에 있는 그 국가의 정부의 정당하게 권한을 가지는 공무원이 전기의 그 국가의 수역에 있어서 상대국의 어선이 조업에 종사하고 있음을 발견하였을 때에는 그 사실에 대하여 당해 어선의 주의를 환기시키고 곧 이를 그 어선이 속하는 국가의 감시선상에 있는 그 국가의 정부의 정당하게 권한을 가지는 공무원에 통보할 수 있다. 당해 상대국의 정부는 "당해 어선의 단속 및 이에 대한 재판 관할권의 행사에 당하여" 그 통보를 존중하는 것으로 하고 그 결과 취하여진 조치를 그 통보를 행한 국가의 정부에 대하여 통보한다.

3. 양국 정부는 연안 어업(60톤 미만의 어선에 의한 어업으로서, 저인망 어업 및 선망 어업을 제외하는 것을 말한다)의 조업의 실태에 관하여 정보의 교환을 행하고, 어업 질서를 유지하기 위하여 필요할 때마다 상호 협의를 행한다.

4. 영수 및 어업수역에 있어서의 무해통항(어선에 대하여는 격납한 경우에 한한다)은, 국제법규에 따르는 것임을 확인한다.

영해의 범위에 관한 입장의 유보에 관한 교환 공한(안)

(일본 측 공한)(안)

본   은, 금일 서명된 일본국과 대한민국과의 사이의 어업에 관한 협정에 관련하여, 동 협정의 어떠한 규정도 영해의 범위에 관한 일본국의 입장에 아무런 영향을 미치는 것으로는 간주하지 않는다는 일본국 정부의 요해를 일본국 정부를 대신하여 각하에게 통보하는 영광을 가지는 바입니다.

본   은, 이상을 제의함에 있어서, 각하에게 경의를 거듭 표하는 바입니다.

1965년   월   일

(한국 측 공한)(안)

본   은, 금일 자의 각하의 다음 공한을 수령하였음을 확인하는 영광을 가지는 바입니다.

(일본 측 공한)(안)

본   은, 전기의 공한에 기술된 것을 기록에 남기는 영광을 가집니다.
본   은, 이상을 제의함에 있어서 각하에게 경의를 거듭 표하는 바입니다.

1965년   월   일

1241   어업협력에 관한 교환공문(안)

한국 측 공한(안)

　본　　　　은, 일본국과 대한민국과의 사이의 어업에 관한 협정의 서명에 있어서 양국 정부가 양국의 어업의 발전과 향상을 도모하기 위하여 기술적 및 경제적으로 가능한 한 상호 밀접한 협력을 행하는 것으로 하고 이 협력에는 어업에 관한 정보 및 기술의 교환과 어업 전문가 및 기술자의 교류를 포함할 것을 대한민국 정부를 대신하여 각하에게 제안하는 영광을 가지는 바입니다.
　본　　　　은, 각하가 일본국 정부를 대신하여 이 제안에 동의하여 주시면 다행으로 생각할 것입니다.
　본　　　　은, 이상을 제의함에 있어서 각하에게 경의를 거듭 표하는 바입니다.

　　　　　　　　　　　　　　　　　　　　　　　1965년　　월　　일

1242   ### 일본 측 공한(안)

　본　　　　은, 금일 자의 각하의 다음 공한을 수령하였음을 확인하는 영광을 가지는 바입니다.

(한국 측 공한)

　본 ____ 은, 전기의 공한에 기술된 각항의 제안에, 일본국 정부를 대신하여, 동의하는 영광을 가집니다.
　본　　은, 이상을 제의함에 있어서, 각하에게 경의를 거듭 표하는 바입니다.

　　　　　　　　　　　　　　　　　　　　　　　1965년　　월　　일

1243 일본국과 대한민국과의 사이의 어업에 관한 협정의 서명에 즈음하여 행하는 일본국 외무대신의 성명(안)

본 대신은 금일 일본국과 대한민국과의 사이의 어업에 관한 협정에 서명함에 있어서, 일본국 정부가, 동 협정이 효력을 발생하고, 일본국의 어업수역이 설정되었을 때에는, 대한민국의 어선의 동 수역의 침범 사실의 확인과 어선 및 승조원의 취급에 대하여, 국제 통념에 따라 공정 타당하게 처리하는 방침임을 이에 성명한다.

일본국과 대한민국과의 사이에 어업에 관한 협정의 서명에 즈음하여 행하는 대한민국 외무부 장관의 성명(안)

본 장관은, 금일 일본국과 대한민국과의 사이의 어업에 관한 협정에 서명함에 있어서 대한민국 정부가, 동 협정이 효력을 발생하고, 대한민국의 어업수역이 설정되었을 때에는, 일본국의 어선의 동 수역의 침범 사실의 확인과 어선 및 승조원의 취급에 대하여, 국제 통념에 따라 공정 타당하게 처리할 방침임을 이에 성명한다.

1245 일본국과 대한민국과의 사이의 어업에 관한 협정의 서명에 즈음하여 행하는 일본국 농림대신의 성명(안)

본 대신은, 금일 서명된 일본국과 대한민국과의 사이의 어업에 관한 협정이 효력을 발생할 때 일본국과 대한민국과의 공동규제수역에 있어서 잠정적 어업규제 조치가 실시되게 된 것에 관련하여, 일본국 정부가 다음과 같은 조치를 취할 방침이라는 것을 이에 성명한다.

1. 공동규제수역 가운데 대한민국의 경상북도와 경상남도와의 경계선과 해안선과의 교점과 북위 35도 30분과 동경 130도와의 교점을 연결하는 직선 이북의 일본해의

수역에 있어서는 동시에 26척 이상의 50톤 미만의 일본국의 저인망 어업에 종사하는 어선이 조업하지 않도록 또한 그와 같은 어선이 11월 1일부터 익년의 4월 30일까지의 기간 이외의 기간에 있어서 조업하지 않도록 및 수심 300미터 이천(以浅)의 부분에 있어서는 조업하지 않도록 지도한다. 동 정부는 또한 그와 같은 어선에 의한 새우의 혼획을 매 항해의 총 어획량의 20퍼센트의 범위 내에 그치도록 지도한다.

2. 공동규제수역 내에 있어서는 포경업 및 잠정적 어업규제 조치의 적용의 대상이 되는 종류의 어업 이외의 어업에 종사하는 일본국의 어선에 대하여는 그 규모를 60톤 미만으로 하도록 및 동시에 조업하는 그 척수가 1,700척을 상회하는 일이 없도록 지도하며, 또한 이들 일본국의 어선 가운데 고등어 낚시 어선에 대하여는 그 규모를 25톤 이상으로 하도록 하며, 그 조업 기간을 6월 1일부터 12월 31일까지로 하며 및 그 조업 구역을 공동규제수역 가운데 대한민국의 경상북도와 경상남도와의 경계선과 해안선과의 교점과 북위 35도 30분과 동경 130도와의 교점을 연결하는 직선 이남(단, 제주도의 서 측에 있어서는 북위 33도 30분 이남)의 수역으로 하도록 지도하며, 또한 동시에 조업하는 그 척수가 175척을 상회하는 일이 없도록 지도한다.

3. 일본국 정부는 공동규제수역 내의 고래 자원의 상태에 깊은 관심을 가지고 있으므로, 동 수역 내에 있어서 소형 포경업(100톤 미만의 어선에 의한 것)의 조업 척수, 및 그 어획 노력을 현재 이상으로 증대하지 않도록 또한 대형 포경업(100톤 이상의 어선에 의한 것)의 조업 척수를 현재 정도 이상으로 증대하지 않도록 지도한다.

일본국과 대한민국과의 사이의 어업에 관한 협정의 서명에 즈음하여 대한민국 농림부 장관의 성명(안)

본 장관은, 금일 서명한 일본국과 대한민국과의 사이의 어업에 관한 협정이 효력을 발생할 때에 일본국과 대한민국과의 공동규제수역에 있어서 잠정적 어업규제 조치가 실시되게 된 것에 관련하여, 대한민국 정부가 다음과 같은 조치를 취할 방침이라는 것을 이에 성명한다.

1. 공동규제수역 내에 있어서는, 잠정적 어업규제 조치의 대상이 되지 않는 종류의 고등어 낚시 어업에 종사하는 대한민국의 어선에 대하여는 그 규모를 25톤 이상으로 하도록 하며 그 조업 기간은 6월 1일부터 12월 31일까지로 하고, 또한 그 조업 구역을 대한민국의 경상북도와 경상남도와의 경계선과의 해안선과의 교점과 북위 35도 30분과 동경 130도와의 교점을 연결하는 직선 이남(단, 제주도의 서 측에 있어서는 북위 33도 30분 이남)의 수역으로 하도록 지도한다.

2. 대한민국 정부는 공동규제수역 내의 고래 자원의 상태에 깊은 관심을 가지고 있으므로, 동 수역 내에 있어서 소형 포경업(100톤 미만의 어선에 의한 것)의 조업 척수, 및 그 어획 노력을 현재 이상으로 증대하지 않도록, 또한 대형 포경업(100톤 이상의 어선에 의한 것)의 조업 척수를 현재 정도 이상으로 증대하지 않도록 지도한다.

22. 한일 양국 어선의 조업 안전 및 질서 유지에 관한 세부 훈령 재가 문서

기안자: 동북아과 공로명

과장[서명]   국장[서명]   차관[서명]   장관[서명]   국무총리[서명]

협조자 성명: 농림부 장관[서명]

기안 연월일: 65. 4. 21

분류기호 문서번호: 외아북 722

경유·수신·참조: 한일회담 수석대표

발신: 장관

제목: 한일 양국 어선의 조업 안전 및 질서 유지에 관한 세부 훈령

연: 외아북 722(64. 4. 23)

농상 간 '합의사항' 12.의 양국 어선 간의 조업의 안전 및 질서를 유지하기 위하여 필요한 조치에 대하여서는 별첨 안을 지침으로 교섭하시기 바라며, 구체적인 협정 문안 작성은 귀 수석대표 재량하에 작성하시기 바랍니다.

유첨: 한일 양국 어선의 조업 안전 및 질서 유지에 관한 협정(안)

끝

첨부물
22-1. 조업 안전 및 질서 유지에 관한 협정(안)

한 · 일 양국 어선의 조업 안전 및 질서 유지에 관한 협정(안)

한일 양국 어선의 조업 안전과 질서 유지를 위하여 국제 해상 항행 관계 제 법규 및 일반 관행을 준수함은 물론 규제수역 내의 양국 출어선은 다음 사항을 준수하여야 한다.

1. 어선에 대한 표지 및 신호
 가. 양국 어선은 선수 양측에 선명 또는 선호를, 선미에는 근거 지명, 선명을 각각 명기하고 명백히 인지되도록 하여야 한다.
 나. 공동규제수역 내에 출어하는 어선은 흑포지에 백색 문자로 표시된 기를 게양하여야 한다.
  (1) 기의 규격은 1m×1.5m로 하고
  (2) 백색 문자는 한국 어선의 경우 K 기호 다음에 어업별 일련번호, 일본 어선은 J 기호 다음에 어업별 일련번호를 기재한다. 단, 문자의 크기는 20cm×20cm의 크기로 한다.
  (3) 기의 게양 위치는 선교 상 2m 이상의 높이로써 잘 보이도록 게양하여야 한다.
 다. 출어선의 표지판은 흑색 판자에 백색 기호를 기재하되 규격은 0.5m×1.5m의 크기로 하여 선교상 전면에 부착하여야 한다.
 라. 항공기에 의하여 식별할 수 있는 표지를 선교 상면에 표시하고 그 표지 문자 하나의 크기는 사방 30cm 이상이어야 한다.
 마. 야간에 있어서의 양국 어선의 식별 신호는 일본 어선은 단광 5회를, 한국 어선은 장광 3회를 선교등으로 멸점하여야 한다.
 바. 여하한 경우에 있어서도 상기 나~마 호의 출어기, 표지 및 야간 표지등은 명백히 인지되도록 유의한다.

2. 준수 사항

가. 양국 어선은 조업 중인 어선의 정 선수 전방에서 투망, 투묘 또는 어선의 조업을 방해하는 행위를 하여서는 안 된다.

나. 조업 중의 어선은 주간에는 잘 보이는 곳에 바구니를 달고 야간에는 삼색등, 백등 및 선미등을 달아야 한다.

다. 조업 중 어구가 암초 기타 장해물에 걸렸을 때에는 바구니를 내리고 선상 잘 보이는 곳에 직격 0.6미터 이상의 흑구 한 개를 달고 야간에는 정박 등을 달아야 한다.

라. 한국의 안강망 어선이 투망 중일 시 그 주위 거리 1,000미터 이내에서 조업할 수 없다. 단, 야간에는 잘 보이는 곳에 백색 정박등을 점등하여야 한다.

라. 기선 유자망이 조업하고 있음을 발견하였을 시에는 유망이 전개되어있는 방향으로 2,000미터 범위 내에서 타 어선이 조업하여서는 아니 되며 야간에는 어망의 말단에 부등(浮燈)을 점등하여야 한다.

마. 양국 어선은 유자망, 연승, 기타 어선 등이 어로 중임을 발견하였을 때는 그 어업을 감안하여 비상한 주의로써 피해를 끼치는 일이 없도록 그 어선 어구를 피하여야 하며 어로 중인 어선은 야간에는 백색등을 점등하고 동 투망 어구의 최말단에 부표를 점등하여야 한다.

바. 항행 중의 기선은 어로 중의 어선 침로를 피하고 그 어선들에 피해가 없도록 항행하여야 한다.

사. 양국 어선은 상기 각 항 외의 규정 외에 절박한 상황의 경우 충돌 또는 어구의 전락을 피하기 위하여 임기응변의 조치를 취하여 불측의 사고 발생을 방지하기로 한다.

아. 양국 어선은 조업의 안전 질서 유지를 위하여 항행 또는 어로 중의 당직 감시와 관습상의 예방조치를 태만히 하여서는 안된다.

자. 전 각항의 준수 사항 외에 기선저인망 어업은 다음 사항을 부가한다.

(1) 양국 어선은 예망 중 전방을 예망하는 어선을 추월하여 그 정선수 전방에서 예망하여 해 어선의 조업을 방해하여서는 안 된다.

(2) 예망 중의 어선은 정 후방 1,000미터는 그 어구의 연신구로 간주하여 타 어선은 이 범위 내에서 투망, 투묘 또는 해 어선의 정상 예망을 방해하는 행위를 하여서는 안 된다.

(3) 2통(1통이라 함은 1통의 망을 조작하는 기선 2척을 말한다.)이 병항하여 예망할 때에는 상호 간의 간격 300미터 이상을 보지하여야 한다.

(4) 기선이 비교적 집중하고 있을 때에는 양국 어선은 일정하게 예망 방향을 보지하여야 한다. 풍압 또는 조류에 의하여 불여의할 때에는 기적 신호를 발성하여 방향 전환을 표시한다.

3. 피항에 관한 사항

가. 예망 중의 기선이 정방향으로 만났을 때에는 상호의 거리가 600미터 이상 되는 곳에서 각각 우로 전침하여야 한다. 거의 정방향인 경우에는 600미터 이상 되는 곳에서 상호의 침로를 피하기 쉬운 방향으로 피하고 동시에 기적 신호를 발성해야 한다.

나. 2통의 기선이 서로 침로를 횡단할 때는 상대선을 우현으로 보는 쪽에 있는 기선은 상호의 거리가 600미터 이상 되는 곳에서 잠시 예망을 정지하든가 또는 우로 침로를 바꾸어 상대선이 통과 후 600미터 이상 되는 곳에서 각각 우로 전침 하여야 한다. 거의 정방향인 경우에는 600미터 이상 되는 곳에서 상호의 침로를 피하기 쉬운 방향으로 피하고 동시에 기적 신호를 발성해야 한다.

다. 예망 중의 기선은 양망 또는 투묘 중인 기선을 피하지 않으면 안 된다. 예망 중인 기선은 양망 중인 기선의 거리가 600미터 이상 되는 곳에서 예망 침로를 바꾸어 피항하지 않으면 안 된다. 예망 중인 기선은 투묘 중인 기선의 후방을 통과하지 않으면 안 된다. 부득이 그 전방을 항행할 때에는 1,000미터 이상의 거리를 보지하여야만 한다.

라. 예망 중인 기선은 그 전방에서 어구를 상실하고 수색 중인 어선을 발견하였을 때에는 적절히 침로를 바꾸어 수색 기선에게 편의를 주어야 한다.

마. 예망 중인 그 전방에서 고장(Rope 절단, 어구가 걸렸을 때, 기타)으로 양망 중인 기선을 발견하였을 때에는 예망 침로를 바꾸어 이것을 피항과 아울러 해 기선의 신호에 주의하여 상호의 어구가 서로 엉키지 않도록 행동해야 한다.

바. 양국 기선은 어로중의 타 어선 및 그 어구를 피하여야 한다. 이동 기선 저인망도 이에 준한다.

사. 선망 어업은 다음 사항을 부가한다.

(1) 주간에 어군을 포착하여 투망을 시작하며 투망선으로부터 주위 거리를 적어

도 1,000미터 이내를 침범하여서는 안 된다.
(2) 야간 집어 중인 어선의 주위 거리는 적어도 1,000미터 이상 보지토록 한다.

4. 피해보상에 관한 사항

본협정에서 규정된 수역에서 어느 일방국의 선박이 고의 또는 과실로 인하여 타방국의 선박, 어구, 인명 기타에 피해를 입혔을 때 피해를 입은 선박이 속하는 정부에서 그 증거를 제시하여 보상을 청구하였을 시에는 상대방 정부는 그 피해에 상당하는 보상을 하여야 한다.

23. 어업 문제에 관한 훈령 재가 문서

기안자: 동북아과 공로명

과장[서명]　국장[서명]　차관[서명]　장관[서명]　국무총리

협조자 성명: 농림부 차관[서명], 농림부 장관[서명]

기안 연월일: 65. 4. 21

분류기호 문서번호: 외아북 722-960

경유·수신·참조: 한일회담 수석대표

발신: 장관

제목: 어업 문제에 관한 훈령

1. 어업 문제에 관하여는 지난 4. 3에 '이니셜'된 한일 양국 농산 간의 '한일 간의 어업 문제에 관한 합의사항'을 토대로 협정안 작성을 위한 교섭을 진행하시기 바랍니다.

2. 토의를 진행시킴에 있어서는 세부 훈령에 표시된 아 측 입장을 최종선으로 하여 조속히 협정 초안이 작성되도록 하시기 바랍니다. 협정안은 별도 훈령 위계입니다.

유첨: 어업 문제에 관한 세부 훈령

끝

24. 어업 문제에 관한 세부 훈령 문서

1263 **어업 문제에 관한 세부 훈령**

1. 협정의 명칭

'대한민국과 일본국 간의 어업자원 보존 및 어업협력에 관한 잠정 협정'으로 한다 (단, 협정 명칭으로 인하여 일본 측과의 교섭이 난항할 경우에는 '대한민국과 일본국 간의 어업에 관한 잠정 협정'으로 하여도 가하다).

2. 협정 전문

전문에 포함될 사항에 관하여서는 '합의사항' 13.의 전 조항을 조문화하여도 가한 바, 가능한 한 아래의 사항이 추가하여 포함되도록 한다.

가. 인접 해양에 있어서의 어업자원의 보존과 개발에 관한 연안국의 우선적인 입장의 인정

나. 샌프란시스코 평화조약 제9조와 21조에서 어업의 규제 또는 제한 및 어업자원의 보존과 개발에 관한 협정의 체결이 희망되고 있는 사실에 유념

다. 관계 수역에서의 어업자원에 관한 과학적 조사의 결과를 고려한 규제 조치가 취하여질 때까지 잠정조치를 취할 필요가 있다는 결론.

3. 협정 본문(조문의 순서는 대체로 아래에 의함)

가. 독점 어업수역

1264 '합의사항' 1. 가, 나.를 조문화한다. 단, 이에 있어서는 아래와 같은 내용이 관철되도록 한다('합의사항'의 '어업에 관한 수역'은 가능한 한 '독점 어업수역'이라고 표현하되, 교섭이 난항할 경우에는 그대로 '어업에 관한 수역'(영문은 Fishing zone으로 함)으로 한다).

　　(1) '합의사항' 1. 가.의 단서 이하, 즉 직선기선 사용 시의 협의에 관한 규정은 별
　　　　도 교환 서한에 의하도록 한다.

(2) '합의사항' 1. 다.는 협정에 규정하여도 가하나, 가능하면 합의의사록에 의하도록 한다.

나. 영해의 범위 및 연안국의 어업 관할권에 관한 주장

독점 어업수역과 관련하여 "협정의 여하한 규정도 영해의 범위 또는 연안국의 어업 관할권에 관한 체약국의 주장에 불리한 영향을 주지 않는다"라는 규정을 반드시 두도록 한다.

다. 조약수역

조약수역을 두기로 한다. 조약수역의 범위는 동경 ___도 이서 및 동경 ___도 이동과 북위 ___도 이북의 동해(일본해), 서해(황해) 및 동중국해의 전 수역에서 영해 또는 독점 어업수역을 제외한 수역으로 한다. 구체적인 경도 및 위도는 수석대표 재량으로 결정하여도 가하다.

라. 공동규제수역의 설치

'합의사항' 2.의 내용을 조문화한다.

마. 공동규제수역 내에 있어서의 잠정적 어업규제 조치의 내용

규제 조치에 관하여서는 '합의사항' 2. 가.를 조문화하는바, 아래의 어구를 수정하도록 한다.

(1) "양국 정부는 양국이 공통의 관심을 가지는 수역에 있어서의 어업자원의…"

(2) "…과학적 조사에 의하여 실시될 때까지의 기간 공동규제수역에 있어서 저인망, 선망…"

(3) "…어업에 관하여 본협정의 부속서에 규정된 잠정적 어업규제 조치를…"

(4) '톤'의 정의는 별도 합의의사록에 의하도록 한다.

바. 부속서의 성격

(1) 부속서는 "협정을 구성하는 불가분의 일부이며, 협정이라 할 때에는 당연히 부속서도 포함된 것으로 한다"는 규정을 반드시 두도록 한다.

(2) 부속서의 내용은 공동위원회의 결정에 의하여 개정 또는 추가할 수 있다는 규정을 반드시 둔다.

사. 공동자원조사수역의 설치

'합의사항' 9.를 조문화한다.

아. 공동위원회
　　(1) 공동위원회(상설기관으로서 사무국포함)를 설치한다는 규정 및 구성에 관한 것을 1개 조로 하고, 위원회의 임무 등 기능에 관한 것을 1개 조로 한다.
　　(2) 공동위원회에 관하여서는 이미 훈령한 바(외아북 722-261, 64. 4. 17)와 금반 농상회당시 아 측이 일본 측에 취하였던 입장을 기준으로 하여 아 측 주장이 최대한으로 관철되도록 교섭한다. 구체적 사항은 수석대표 재량에 일임한다.

자. 어업협력
　'합의사항' 15.를 협정에 조문화하도록 하나, 동 조문에 가능한 한 양국 간의 어업능력의 격차를 단시일 내에 축소키 위한 실효적인 어업협력을 행한다는 원칙이 도입되도록 최선을 다한다.

차. 단속 및 재판 관할권
　　(1) '합의사항' 5. 나.를 조문의 제1항으로 하고, 가.를 제2항으로 하되, 표현에 있어서 가능한 한 어선이 속하는 국가만이 당해 어선을 단속한다는 개념이 너무 명백하지 않도록 교섭한다. 또한 '합의사항' 5. 다.의 내용이 협정 본문에 규정되도록 최선을 다한다.
　　(2) '합의사항' 5. 가.에 다음과 같은 요지의 단서를 반드시 추가하도록 한다.
　　　"감찰을 소지하지 않거나 표지를 부착하지 않고 공동규제수역에서 조업하는 어선이 발견되었을 경우에는 일방 체약국의 감시선은 당해 어선을 정선하여 위반 여부를 확인한 후 당해 어선이 소속하는 체약국의 감시선에 인도하기로 한다."
　　(3) 본협정의 단속에 관한 규정이 실효적으로 시행되지 않고 있다고 일방 체약국이 인정할 경우에는 협정 발효 후 1년이 경과하면 곧 타방 체약국에 재협의를 요구할 수 있으며, 타방 체약국은 재협의에 응하여야 한다. 단, 재협의의 기간 중에는 본협정의 규정에 의하도록 하며, 재협의가 6개월 이내에 합의에 도달하지 못하면 양국이 공히 단속을 행하는 것으로 한다.

카. 조업의 안전 및 질서의 유지
　　(1) 조업의 안전과 질서의 유지에 관하여는 양 체약국 간에 본협정 체결과 동시에 별도 협정(arrangement)을 체결하기로 한다는 원칙을 둔다.

(2) 별도 협정의 내용에 관하여서는 별도 훈령에 의하도록 한다.

타. 제3국에 의한 저해 행위에 대한 대책

본협정의 체약국이 아닌 국가의 국민 또는 어선이 본협정의 목적 달성을 저해하고 있다고 일방 체약국이 인정하여 이에 대처하여 취할 조치에 관한 협의를 타방 체약국에 요청하는 경우에는 당해 타방 체약국은 이에 응하기로 동의한다는 취지의 규정을 둔다.

파. 협정의 해석 및 적용에 관한 분쟁의 처리

일본 측이 끝내 구속력 있는 해결 방법을 주장할 경우에는 아래와 같은 방법으로 해결한다.

(1) 국제사법재판소에의 일방적 제소에 의한 응소 의무는 여하한 경우에도 수락하지 않는다.

(2) 국제법상 확립된 국제분쟁의 해결에 관한 방법 중에서 중재(arbitration) 제도까지는 수락하여도 가하다.

구체적 방법에 관하여서는 수석대표의 재량에 일임한다.

하. 협정의 유효기간

(1) 협정의 유효기간은 잠정 협정의 성격이 나타나도록 3년으로 한다.

(2) 협정의 개정에 관하여 일방 체약국의 요청이 있을 때에는 타방 체약국은 즉시 이를 위한 교섭에 응하기로 한다.

(3) 본협정은 유효기간 경과 후에도 계속 유효한 것으로 하되, 일방 체약국으로부터 타방 체약국에 협정 종결의 의사 통고가 있으면 1년 후에 종결되는 것으로 한다. 단, 협정 개정을 위한 교섭이 진행 중인 기간은 계속하여 효력을 존속한다.

(4) 일방 체약국은 타방 체약국이 본협정을 성실히 이행하고 있지 않다고 인정할 만한 현저한 이유가 있을 때에는 당해 일방 체약국은 협정의 유효기간 중이라도 이를 일방적으로 종결할 수 있다.

가. 비준 및 용어

비준 및 용어에 관한 조항을 둔다. 내용은 기본관계에 관한 조약과 같이한다. 언급하고 '합의사항' 3. 나.의 내용을 조문화한다. 단, '합의사항' 3. 나.의 (5) 감찰 및 표지에 관하여 감찰 및 표지의 양식 및 규격은 양 체약국의 합의에 의하여 정하는 것으로 한다는 규정을 추가한다.

4. 부속서

부속서에 있어서는 잠정적 어업규제 조치가 규정된 본협정의 조문에 언급하고 '합의사항' 3. 나.항의 내용을 조문화한다. 단, '합의사항' 3. 나.의 (5) 감찰 및 표지에 관하여 감찰 및 표지의 양식 및 규격은 양 체약국의 합의에 의하여 정하는 것으로 한다는 규정을 추가한다.

5. 합의의사록

'합의사항' 중 합의의사록에 의하기로 결정을 본 사항 또는 기타 합의의사록에 규정되어야 할 사항 등을 일괄하여 합의의사록에 수록한다.

가. 명칭

'대한민국과 일본국 간의 어업자원 보존 및 어업협력에 관한 잠정 협정의 시행에 관한 공식 합의의사록'으로 한다.

나. 전문

"대한민국 전권대표와 일본국 전권대표는 금일 조인된 대한민국과 일본국 간의 어업자원 보존 및 어업협력에 관한 잠정 협정의 교섭에 있어서 도달된 다음의 합의를 기록한다"는 취지로 한다.

다. 내용

(1) 독점 어업수역

'합의사항' 1, 다.

(2) 잠정적 어업규제 조치

(가) 부속서에 규정된 어업규제 조치 중 감찰 및 표지에 관하여는 양국 정부의 합의에 의하여 발행한다는 규정을 부속서에 두는 전제하에 '합의사항' 3. 나. (5)의 1 및 3의 내용을 수록한다.

(나) '합의사항' 3. 나. (5) (나)와 관련하여 아래의 사항을 추가한다.

<u>1</u>. 감찰 및 표지는 양 체약국 정부의 책임하에 발행되고, 특히 지정된 기관에

의하여 배부되는 것으로 한다.
2. 상기의 특히 지정된 기관은 감찰 및 표지의 배부 상황을 명백히 파악할 수 있는 대장을 비치하여야 한다.
3. 각국 정부는 공동규제의 대상 어업별로 아래의 서식에 의하여 연간 총 출어 가능 척수의 명단을 일련번호를 부하여 사전에 상대방 정부에 통보하기로 한다.

연간 출어 가능 어선 일람표

일련번호   어업별   선명   어선규모   소유자 주소, 성명

(다) '합의사항' 3. 나. (5) (나)의 3의 보고는 매월 제출하는 것으로 하며, 아래의 사항을 추가한다.
1. 각 정부는 공동규제수역 내의 해구 별로 특히 지정된 감시선에 동 해구 내에 출어하는 어업별 어선의 상황을 각 출어 기지로부터 보고 받아 확인하고 동 어선의 일련번호와 표지 번호를 매일 오전 6시에 상대방의 특히 지정된 감시선에 무전으로 통보하도록 한다.
2. (상기 조항이 관철되지 않을 경우에는) 일방 체약국의 요구가 있을 경우에는 타방 체약국은 어느 지정된 일시에 공동규제수역에 출어하는 어업별 어선의 일련번호와 표지 번호를 당해 일방 체약국에 즉시 통보하기로 한다.

(3) 연간 총 어획 기준량
(가) '합의사항' 4.의 내용을 수록한다.
(나) 어획량의 확인 방법에 관하여 아래의 사항은 추가하도록 한다.
1. 출어 감찰 및 표지를 소지한 어선에 의한 어획물은 공동규제수역 내에서 어획된 것으로 간주한다.
2. 어획물의 양륙은 양국 정부의 협의하에 지정된 항구에서만 허용된다.
3. 일방국의 권한을 위임받은 공무원은 어획물의 양륙 상황을 수시 시찰, 확인할 수 있으며, 타 방국 정부는 이를 위하여 최대의 편의를 제공한다.
4. 어업별 어획고가 연간 총 어획 기준량(상 10퍼센트 포함)에 달하였을 때에

는 양국 정부는 즉시 감찰 및 표지를 회수하고 필요한 조치를 취하여야 한다.

(4) 공동위원회

공동위원회에 관하여 필요한 사항이 있으면 수록한다.

(5) 단속 및 재판 관할권

(가) '합의사항' 5. 라.의 내용을 수록한다.

(나) 명백히 협정을 위반하는 선박에 대한 위반 사실의 현인(확정 증거의 채취) 방도를 규정하도록 한다.

(6) 국내 어업금지수역 등의 상호존중

'합의사항' 8.의 내용을 수록한다.

(7) 연안 어업의 자주 규제

(가) '합의사항' 6. 나.의 내용을 수록한다.

(나) '합의사항' 6. 가.의 내용을 수록한다.

(다) 1,700척의 연안 어업의 어선의 내역(규모 포함)과 조업 수역에 관하여 그간의 교섭에서 도달된 내용을 수록한다.

(8) 각종 정의에 대하여

톤, 어선의 종류 등 필요한 어구에 관한 정의를 적절한 장소에 배치하여 기술한다.

6. 교환 서한

가. 어업협력 차관을 아래의 내용에 따라 일괄하여 교환공문으로 규정하도록 한다.

(1) 9,000만 불의 총액을 명시하고, 공여 기간은 3년을 목표로 한다. 단, 초년도에는 4,000만 불, 제2차 연도에는 3,000만 불, 제3차 연도에는 2,000만 불을 목표로 공여된다.

(2) 금리는 영세 어민용 4,000만 불은 5퍼센트, 나머지 5,000만 불은 5.75퍼센트로 하고, 상환 기간은 거치 기간 3년 후 7년간에 균등 상환하는 것으로 하며, 착수금은 없는 것으로 한다. 또한 정부 지불보증이 필요 없는 민간신용 제공으로 한다

(3) 일본 정부가 어업협력을 위한 민간신용 제공을 촉진(facilitate)하는 의무를 지도록 한다.

(4) 구매는 한국 정부가 지정하는 기관(수산업 협동조합 등)이 일괄 구매하는 것으로 한다.

(5) 상환은 현물(특히 수산물 수출)로서도 가능하도록 한다.

(6) 구매 대상 품목의 대강 및 구입 계획을 사전에 정하도록 한다.

(7) 어업협력의 시행을 위하여 한일 어업협력 위원회(상설기간)를 설치하며, 양측의 수석위원은 각각 양국 농림부 장관으로 한다.

(8) 어업협력자금은 어업협정의 '이니셜'(이니셜이 없을 때는 본조인)이 끝나면 협정 발효 전이라도 곧 사용할 수 있게 한다.

주: 상기 어업협력 차관은 거반 2,000만 불 원자재 도입을 위한 차관의 절차와 가급적 같은 것으로 한다.

나. 아 국이 선포하게 된 어업에 관한 수역과 관련하여 일본 측과 교환할 아래의 서한(문제별 각통)에 관하여는 이를 어업협정과 전혀 분리하여 처리하는 것으로 하며, 금반 교섭에 있어서는 이에 관한 것을 최종 단계에 가서 성문화하도록 한다.

(1) '합의사항' 1. 가.의 단서를 기술한다.

(2) 대한민국이 어업에 관한 수역을 선포함에 있어 직선기선을 사용하는 데 관한 협의와 관련하여 양해에 도달한 내용('합의사항' 1. 라.)을 기술한다.

(3) 제주도 양측에 관한 잠정적 조치를 확인('합의사항' 1. 마.)한다.

7. 일방적 성명

'합의사항' 중 일방적 성명으로 규정되어 있는 사항은 성명을 행하는 측이 동 내용을 각서로 상대방에 전달하고 상대방이 동 각서를 acknowledge 하는 것으로 한다.

가. 어업에 관한 수역의 침범('합의사항' 1. 바.)

나. 50톤 미만의 저인망 조업('합의사항' 3. 가. 단서)

다. 포경어업('합의사항' 7.)

라. 무해통항('합의사항' 14.)

25. 어업 문제에 관한 훈령 관련 건의 전문

번호: JAW-04500

일시: 261557[1965. 4. 26]

수신인: 장관
발신인: 수석대표
참조: 농림부 장관

연: JAW-04459
대: WJA-34320, 외아북 722-960

1. 25일 배동환 과장 편으로 송부된 어업 문제에 관한 훈령을 접수하였음.

2. 아 측 협정안이 상금 도착하지 아니하였으므로 금 20일 오후의 어업위원회는 이를 명 27일 오후 2시 30분으로 연기하였음.

3. 전기 제1항의 훈령을 검토한 결과, 이에 따라 일본 측과 교섭하게 된다며, 현재 일본 정부의 태도를 아카기 농상, 와다 수산청 차장 및 외무성 고위 당국과 널리 접촉한 결과를 가지고서 종합한 판단으로서는 교섭이 거의 불가능하거나 또는 여하 제 문제에 관한 조문 작성 교섭에 중대한 지장을 초래할 우려가 농후함.

4. 따라서 4. 22에 제시된 일본 측 협정안 중 농상회담 시에 비교섭 부문을 조속히 교섭 확정하여 조문 작성에 진력함이 예정된 5월 본 조인의 시기를 맞추게 될 수 있을 것으로 판단됨.

5. 현재 일본 측 책임자인 아카기 농상 및 와다 차장의 해외여행 일정을 감안할 때 아 측 교섭 태도를 조속히 결정 지우지 않으면 여타 협정 교섭에도 중대한 영향을 가져올 형편에 있으므로 본 건에 관하여 긴급 지시하여 주시기 바람.(주일정-외아북)

26. 농림부 식산차관보 파일 관련 전문

번호: WJA-04332

일시: 261415[1965. 4. 26]

수신인: 주일 대사

   1. 농림부 장관의 요청에 의하여 한일회담 어업 대표단의 자문과 본국의 어업 동태 반영을 위하여 식산차관보 이성환(별 성, 빛날 환)을 파일하고자 함.

   2. 동 이성환 차관보를 조속 파일할 수 있도록 별도 신청에 따라 동인의 입국비자 발급을 수속하여 주시기 바람.

   3. 동 차관보는 대표단의 일원으로서가 아니고 다만 농림부 식산차관보의 자격으로 도일하는 것임을 양지하시기 바람. (외아북)

장관

28. 훈령 관련 대표단 건의에 대한 본부 회신 전문

번호: WJA-04341

일시: 270945[1965. 4. 27]

수신인: 한일회담 수석대표

대: JAW-04500

1. 금 27일의 어업위원회는 예정대로 개최하고, 귀지 실정은 이해하나. 외아북 722-960의 어업 문제에 관한 세부 훈령에 입각하여 회담에 임하시기 바람.

2. 금일 회담에서는 일본 측 안에 대한 아 측의 의견 제시에 시종하도록 하고 주로 농상 간 합의사항에 비교하여본 일본 측의 후퇴점을 지적하고 이에 대한 일본 측의 설명을 요구하시기 바람. 지적할 수 있는 일본 측의 후퇴점에는 다음과 같은 사항이 특히 포함되어야 할 것임.

　가. 본협정
　　(1) 일본 측 안 전무: 양국이 공통의 관심을 가지는(수역에 있어서의) 어업자원…
　　(2) 제1조 어선 정의: (체포에) 종사하기 위한…
　　(3) 제3조: …에 의하여 둘러싸이는 (공해) 가운데…
　　(4) 제6조: …(양 체약국이 자원조사를 행하는)수역…
　　(5) 제7조 5: …(합의된)기일 및 장소에서…
　나. 부속서
　　(1) 가. (4) 양 체약국 정부 간의 (합의에) 의하여 이 협정의…
　　(2) 마. (1) (당해 체약국에 등록된) 어선에 대하여만…
　　(3) 마. (2) 20퍼센트까지 그 (출어)를 증가할 수 있다.
　다. 영해의 범위에 관한 입장의 유보에 관한 교환 공한은 일본 측 입장만을 유리하게 표현하고 있다.

 라. 독점 어업수역 침범 사실 확인에 관한 성명 중에서(감시선에 의한) 상대방 어선의 침범 사실의 확인과…

 마. 연안 어업 조업 허가 척수 1,700척에서 포경어선을 제외하고 있음.

 3. 이상의 제 점에 관한 일본 측의 입장과 설명을 요구하고 그 설명이 만족할 만한 것이 못 되는 경우에는 우리 측도 우리의 초안 작성에 관하여 재고하지 않을 수 없다는 입장을 표명하여 두시압.(외아북)

장관

29. 농림부 식산차관보 파일 관련 대표단 건의 전문

번호: JAW-04528

일시: 271715[1965. 4. 27]

수신인: 외무부 장관
발신인: 주일 대사

대: WJA-0432

1. 농림부 식산차관보가 도쿄로 파견될 수 있다면, 청구권위원회의 경우처럼 차관보를 교체 수석대표로 임명하여 회담에 직접 참여하도록 함이 어업위원회를 위하여 도움이 될 것으로 사료됨.

2. 전항과 같이 차관보를 교체 수석대표로서 파견하는 경우에도 와다 수산청 차장의 소련 방문 및 일본 내의 연휴 등에 비추어, 시기적으로 5월 6일 또는 7일경이 적당하다고 사료함.

30. 제7차 한일회담 어업위원회 제12차 회의 결과 보고 전문

번호: JAW-04530

일시: 271736[1965. 4. 27]

수신인: 외무부 장관
발신인: 수석대표
참조: 농림부 장관

제12차 어업위원회 (65. 4. 27 1445-1600) 회의 결과 보고

1. 참석자: 한국 측: 이 공사, 김명년 대표, 김정태 부이사관, 오 정무과장, 배동환 원양어업과장 및 김윤택 사무관

   일본 측: 히로세 대표, 와다 대표, 마쓰나가 조약과장, 야스후쿠 어업조정과장 및 기타 보좌관들

2. 토의 내용

가. 와다 대표의 방소 전에 공동위원회와 분쟁 해결, 양국 어선의 조업 질서 유지 등, 미합의사항을 토의하도록 하고, 양측의 협정안에 대한 전반적 토의는 그 후에 진행하도록 할 것에 합의함.

나. WJA-04341 훈령에 따라, 일본 측의 협정안에 관하여 동 훈령에서 지적한 것을 포함한 여러 가지 문제점을 질문하고 이에 대한 일본 측의 설명을 받았음.

(이에 관하여는 별도 보고함)

다. 어업공동위원회에 관한 우리 측 안(외아북 722-960에 의한 것)을 제시하고 이에 대한 간단한 설명을 행함. 이에 관한 양측 안에 대한 토의는 다음 회의에서 행하도록 함.

라. 조업 질서에 관한 문제 등, 우선 양측의 과장급 전문가 간에 명 28일(수) 오전에 의견교환을 하기로 됨.

마. 다음 회의는 명 28일(수) 16:00으로 예정됨. (주일정-외아북)

31. 어업공동위원회 관련 한국 측 안
(제12차 회의 시 일본 측에 제시)

번호: JAW-04534

일시: 271814[1965. 4. 27]

수신인: 외무부 장관(참조: 농림 장관)

발신인: 수석대표

연: JAW04530

금일 제12차 어업위원회 회의에서 일본 측에 제시한 어업공동위원회에 관한 우리 측 안은 다음과 같음.

1965. 4. 27

(공동위원회)

제 조

1. 양 체약국은 본협정의 목적을 달성하기 위하여 한일어업공동위원회(이하 위원회라 함)를 설치하고 유지한다.

2. 위원회는 2개의 국별 위원부와 상설 사무국으로 구성되며 각국별 위원부는 각 체약국 정부가 임명하는 3인의 위원으로 구성된다.

3. 위원회의 모든 결의, 권고 및 기타의 결정은 국별 위원부 간의 합의에 의하여 행한다.

4. 위원회는 그 운영에 관한 규칙 및 기타 필요사항을 결정하며 이를 수정할 수 있다.

5. 위원회는 매년 적어도 1회 회합하며, 또한 그 외에 일방의 국별 위원부의 요청에 의하여 회합한다. 제1회 회의의 일자와 장소는 양 체약국 간의 합의에 의하여 결정한다.

6. 위원회는 제1회 회의에서 의장과 사무국장을 상이한 국별 위원부에서 선정한다. 의장 및 사무국장을 국별로 매년 교대되도록 한다.

7. 위원회의 공용어는 한국어, 일본어 및 영어로 한다. 제안 및 자료는 어떠한 공용어로도 제출될 수 있다.

8. 체약국은 자국의 국별 위원부의 경비를 결정하고 지불한다. 위원회의 공동경비는 위원회가 권고하고 양 체약국이 승인하는 형식 및 할당에 의하여 체약국이 부담하는 분담금으로 위원회가 지불한다.

9. 위원회는 그 공동경비를 위한 자금 지출의 권한을 가진다. 위원회는 그 임무를 수행하기 위하여 필요한 인원을 고용하며 필요한 편의를 취득할 수 있다.

제　　조

위원회의 임무와 권한은 다음과 같다.

1. 공동규제수역 및 공동자원조사수역에서의 어업자원 보존에 필요한 과학적 공동 조사를 행하며, 그 결과에 따라 취하여야 할 공동규제 조치를 결정하여 양 체약국에 권고한다. 이를 위하여 필요한 때에는 전문가로 구성된 하부 기구를 설치할 수 있다.

2. 당시에 실시되고 있는 잠정적 어업규제 조치가 합당한가를 매년 검토하고, 필요에 따라 부속서에 규제된 잠정적 어업규제 조치를 개정한다.

3. 당시에 실시되고 있는 양국 어선의 조업의 안전과 질서 유지에 관한 조치를 검토하고 그 결과에 따라 취하여야 할 조치를 양 체약국에 권고한다. 이를 위하여 필요한 때에는 전문가로 구성된 하부 기구를 설치할 수 있다.

4. 본협정의 규정 및 위원회가 권고하고 양 체약국이 수락한 조치가 유효하게 시행되고 있는가를 확인하기 위하여 수시 필요한 수단을 취할 수 있다.

5. 위원회는 본협정 규정의 유효한 실시를 확보하기 위하여 필요하다고 인정되는 조치를 관계 체약국에 권고할 수 있다. 이 목적을 위하여 위원회는 동 관계 체약국에 대하여 본협정 규정의 실시에 관련된 자료, 기록 및 기타 정보의 제출을 요청할 수 있으며 동 관계 체약국은 지체 없이 이에 응하여야 한다.

6. 위원회의 요청에 따라 양 체약국이 제공하는 자료, 통계, 기록을 편집하고 연구한다.

7. 본협정 위반에 관한 동등의 협의 세목의 재정에 관하여 심의하고 결정하여 양 체약국에 권고한다.

8. 기타 협정실시에 따른 기술적 제 문제를 검토하고 필요하다고 인정될 때에는 취하여야 할 조치에 관하여 양국 정부에 권고한다.

9. 위원회의 사업, 조사 및 인정 사실에 관한 보고를 적당한 권고와 함께 매년 양 체약국에 제출하며, 또한 적당하다고 인정하는 경우에는 언제든지, 본협정의 목적에 관련 있는 사항에 관하여 양 체약국에 통고한다.

10. 기타 본협정에서 규정된 임무 또는 권한을 수행 또는 행사한다.(주일정-외아북)

32. 어업협력 차관에 관한 교섭을 위한 청훈 전문

번호: JAW-04551

일시: 281540[1965. 4. 28]

수신인: 장관

발신인: 수석대표

어업협력 차관에 관련된 교섭을 위하여 시급히 필요하오니, 외아북 722-960 별첨 세부 훈령 제6항 (가)에 추가하여, 다음 각항에 대한 보다 상세한 방침을 4. 30(금) 오전까지 지급 지시하여 주시기 바람.

1. 정부의 지불보증(한국은행의 지불보증 포함)이 없으면 민간신용 제공이 성립되기 어렵다고 사료되는 바 지불보증이 전혀 없이 제공되도록 하는 것인지,

2. 일괄 구매기관인 수산업 협동조합이 차관의 차주로서 채무자가 되며 또한 현물 상환 시에 그 취급도 동 기관이 하는 것인지,

3. 현물에 의한 상환이 부족 또는 이행되지 못할 때에는 '통상의 방법'으로 상환할 수도 있을 것인지,

4. 3년간의 연차 구매 대상 품목의 내용(영세 어민분 및 5천만 불분의 구분, 시설재, 소비재 및 기술 영역의 구분)

5. 연차 현물 상환계획(수산물의 종류, 수량 등)

6. 어업협력위원회의 설치안(구성 및 임무)

7. 기타 참고사항(주일정-외아북)

35. 어업협력 차관 관련 청훈에 대한 회신 전문[20]

번호: WJA-04400

일시: 301055[1965. 4. 30]

수신인: 장관

대: JAW-04551

대호로 청훈한 어업협력 차관에 관련한 상세한 지침은 현재 정부 내 의견 조정단계에 있으므로 지침이 결정되는 대로 통보 위계이나, 약 2, 3일 훈령이 지연될 것으로 예상되니 양지하시압.(외아북)

장관

---

20 편집자가 문서의 순서를 바꾸었음.

34. 어선의 조업 안전과 질서 유지에 관한 한일 실무자 회의 결과 보고 전문

번호: JAW-04563

일시: 282031 [1965. 4. 28]

수신인: 장관(참조: 농림부 장관)
발신인: 수석대표

어선의 조업 안전과 질서 유지에 관한 실무자 회의 보고

일시: 1965. 4. 28, 11:00~12:50
장소: 일본 외무성 345호실
참석자: 한국 측: 배동환, 김윤택. 일본 측: 야스후쿠, 모리사와 과장 외 4명

한일 양국 어선의 안전 조업과 질서 유지에 관하여 아 측은 다음과 같은 사항이 협정에 포함되어야 한다고 말하고 그 취지를 설명하였음.

1. 양 체약국 어선의 조업 안전과 질서 유지에 관한 사항은 어업협정 부속서에 규정한다.
2. 국제 해상 항해 관계 제 법규 및 일반 관행 준수
3. 해상 사고로 발생하는 피해에 대한 가해 선박이 소속하는 국가의 보상 의무 규정
4. 출어 어선에 관한 표지의 규격과 양식 및 게시에 관한 규정
5. 출어 어선의 야간 식별 등화에 관한 규정(어구 포함)…(조업, 정박의 구분)
6. 출어 어선 간의 조업, 또는 항해 거리 유지에 관한 규정(저인망, 선망).
7. 기선저인망 어선 등의 피항과 신호에 관한 규정 등을 둔다.

이에 관하여 일본 측은 국제 해상충돌예방법을 상호 준수하면 해결될 것으로 양해

되나 조업 중 어선의 피항, 거리 유지 기타 양국 간에 규제할 필요가 있는 사항 등이 있으면 양국 업계 대표 기관끼리 지금부터라도 협의시켜 규정을 만들고, 양국 어업협정 발효와 동시에 동 규정도 발효토록 하는 것이 좋겠다고 그들의 입장을 설명하고 만약 정부 간 협정으로 이것을 규정하더라도 그 실효를 보장하는 것이 어려울 것이므로 부속서에 규정할 필요는 없을 것이라고 말하였음.

    이에 대하여 아 측은 국제 해상충돌예방법의 준수, 가해선의 보상 의무, 표지의 양식, 규격, 게양, 양국 어선 야간 식별 등화 등 기본적 조항은 부속서에 기입하여야 될 것이고, 기타 규정은 일본 측 입장을 검토 후 다시 이에 대한 아 측의 입장을 말하겠다고 하였음.

    양측은 다음 회의까지 검토하여 각각 보다 더 구체적인 내용을 제시키로 하였음.(주일정-외아북)

36. 제7차 한일회담 어업위원회 제13차 회의 결과 보고 전문

번호: JAW-04564

일시: 282031[1965. 4. 28]

수신인: 외무부 장관
발신인: 수석대표
참조: 농림부 장관

어업위원회 제13차 회의(65. 4. 28, 16:10~18:00 외무성)

1. 참석자: 한국 측: 이 공사, 김명년 대표, 김정태 부이사관 오 정무과장, 배동환 원 양어업과장 및 김윤택 사무관.

   일본 측: 히로세 대표, 와다 대표, 야스후쿠 어업조정과장 및 기타 보좌 관들

2. 토의 내용

가. 먼저 제12차 회의에서 제시한 우리 측 어업공동위원회(안)(JAW-04534 참조)의 제안 설명을 행한 다음, 동안에 대한 요지 다음과 같은 일본 측의 질문을 받음.

   (1) 운영에 관한 조항의 4항의 '운영에 관한 규칙'은 의사규칙 이외의 것도 있는지, 또 '기타 필요사항'이란 구체적으로 어떤 것이 있는지.

   (2) 상술 사무국은 당사국 내에 고정되는 것인지 또는 사무국장의 국적에 따라 이동하는 것인지.(이하 임무와 권한에 관한 조항)

   (3) 1항의 '과학적 공동 조사'란 위원회가 직접 조사를 행하는 것인지

   (4) 2항의 '잠정적 어업규제 조치를 개정,…'는 다른 사항에 관하여는 권고로 그치는데 이 경우만 왜 개정으로 하여야 하느냐, 또 1항 후단의 '공동규제 조치'와 2항의 '잠정적 어업규제 조치'는 어떻게 다른가.

(5) 4항의 '수시 필요한 수단'이란 구체적으로 어떠한 것이 있을 수 있으며, 또 5항 전단과의 차이점은 무엇이지, 일본 안(합의의사록) 1의 (4)에 규정한 공무원에 의한 상대국의 단속 실시 상황 시찰로서 충분한 것이 아닌지.

(6) 제9항의 '적당한 권고와 함께…'의 '권고'의 내용은 무엇으로 생각하고 있는가.

(7) 10항은 왜 필요한지

나. 아 측은 위에 대하여 설명을 행하였으며, 다음 회의에서 일본 측은 아 측 안에 대한 의견을 제시할 것으로 예상됨.

다. 분쟁의 해결에 관한 원안을 다음과 같이 제시하고 제안 설명을 함.

"본협정의 해석 및 적용에 관한 양 체약국 간의 분쟁은 외교교섭을 통하여 해결하기로 한다."

3. 다음 회의는 4. 30(금) 오후 13:30으로 결정됨.(주일정 – 외아북)

38. 어업협정안에 관한 훈령 재가 문서

기안자: 동북아과

과장[서명]　국장[서명]　차관[서명]　장관[후열 인장]　국무총리[서명]

협조자 성명: 농림부 장관[서명]

기안 연월일: 65. 4. 26

분류기호 문서번호: 외아북 722

경유·수신·참조: 한일회담 수석대표

발신: 장관

제목: 어업협정안에 관한 훈령

연: 외아북 722-960(65. 4. 23)

1. 어업 문제에 관한 협정 작성에 있어 아 측이 예상하고 있는 문서는 아래와 같습니다.

　(1) 본협정

　(2) 부속서

　(3) 본협정 시행에 관한 합의의사록

　(4) 어업협력 차관에 관한 교환공문

　(5) 직선기선에 관련한 교환공문(각 3통)

　(6) 각종의 일방적 성명(3통)

　(7) 조업 안전 및 질서 유지에 관한 협정

　(8) 기타(긴급 피난, 해난 구조 등이 포함될 수도 있을 것임.)

2. 별첨 본협정(안), 부속서(안), 합의의사록(안) 및 일방적 성명(안)은 연호로 지시한 아 측 입장을 기초로 하여 그대로 일본 측에 제시할 수도 있는 제1차 안으로 작성한 것이니 그리 아시기 바라며, 일본 측과의 교섭에 있어서는 연호의 아 측 입장이 반영되는 한, 표현, 체제 및 일본 측에 제시하는 방도 등에 관하여는 귀 수석대표 재량에 일임하는 바입니다.

3. 어업협력에 관한 교환공문은 연호 아 측 입장을 기준으로 하여 가능한 한 거반 일본 측과 합의한 바 있는 2,000만 불 원자재 도입에 관한 교환 서한과 같은 것이 될 수 있도록 교섭하시기 바랍니다.

4. 직선기선에 관련한 교환공문은 가능한 한 협정 기초 작업의 마지막 단계에서 성문화하도록 하시기 바라며, 이에 관하여는 대표단이 일본 측 입장 등을 감안하여 초안을 작성하여 본부에 건의하시기 바랍니다.

5. 기타 필요한 합의문서가 있으시면 수시 본부에 보고하여 일본 측과의 교섭에 임하시기 바랍니다.

유첨: 1. 대한민국과 일본국 간의 어업자원의 보존 및 어업협력에 관한 잠정 협정(안)
      2. 동 부속서(안)
      3. 동 시행에 관한 합의의사록(안)
      4. 동 일방적 성명(안)

끝

첨부물

38-1. 대한민국과 일본국 간의 어업자원의 보존 및 어업협력에 관한 잠정 협정(안)

대한민국과 일본국 간의 어업자원의 보존 및 어업협력에 관한 잠정 협정(안)

대한민국과 일본국은,

양국이 공통의 관심을 가지는 수역에 있어서의 어업자원의 최대 지속적 생산성을 확보하고, 이와 같은 자원의 보존 및 합리적인 개발과 발전을 기함이 인류 공통의 이익 및 양 체약국의 이익에 유익한 것임을 확신하고,

1951년 9월 8일에 '샌프란시스코'시에서 조인 된 일본국과의 평화조약 제9조 및 제21조에서 어로의 규제 또는 제한 및 어업의 보존과 발전을 규정하는 협정을 체결하도록 규정되고 있음을 상기하고,

국제법의 원칙과 국제관행에 따라 연안국이 인접 해양에 있어서의 어업자원의 보존 및 개발과 발전에 관하여 특별한 권리를 향유하며 또한 특별한 의무를 지고 있음을 인식하고,

본협정에서 특별한 규정이 있는 경우를 제외하고는 공해자유의 원칙이 존중되어야 함을 확인하고,

양 체약국의 지리적 근접성과 양국 어업의 포착으로부터 발생하는 일이 있는 분쟁의 원인을 제기함이 희망됨을 인정하고,

양 체약국의 어업의 발전과 향상을 위하여 상호 긴밀히 협력하기를 희망하고,

이상과 같은 고려에 비추어, 양 체약국이 공통의 관심을 가지는 수역에 있어서의 어업자원에 대한 과학적 조사가 끝나고 이와 같은 조사의 결과를 고려하여 보다 합리적인 어업규제 조치가 시행될 때까지 잠정적 공동규제 조치를 취함으로써 현행 보존 조치를 증진하고 보다 효과적으로 할 필요가 있다고 결론하여,

따라서 본 어업자원의 보존 및 어업협력에 관한 잠정 협정을 체결하기로 결정하고 이를 위하여 각각 그 전권위원을 마음과 같이 임명하였다.

대한민국

일본국

이상의 전권위원은 상호 그 전권위임장을 제시하고 그것이 양호 타당하다고 인정된 후 다음의 제조를 협정하였다.

제1조

1. 각 체약국은 자국의 연안의 기선으로부터 측정하여 12마일에 이르는 수역을 자국이 어업에 관하여 배타적 관할권을 행사하는 수역(이하 '독점 어업수역'이라 칭한다)으로 선포할 권리가 있다.

2. 일방의 체약국은 자국의 어선이 타방 체약국의 독점 어업수역에 있어서 어업에 종사하는 것을 배제당하는 데 대하여 이의를 제기하지 아니한다.

3. 양 체약국의 독점 어업수역이 중복되는 부분에 대하여는, 그 부분의 최대의 폭을 표시하는 직선을 2 등분하는 점과 양 체약국의 독점 어업수역이 중복하는 부분이 끝나는 2점을 각각 연결하는 직선에 의하여 2 분한다.

제2조

본협정의 여하한 규정도 영해의 범위 및 연안국의 어업 관할권에 관한 체약국의 주장에 불리한 영향을 주는(주장을 해하는) 것으로 간주되지 아니한다.

제3조

본협정이 적용되는 수역(이하 '협정수역'이라 칭한다)은 북위 ＿＿ 이북, 동경 ＿＿ 이서, 동경 ＿＿ 이동의 동해(일본해), 서해(황해) 및 동지나해의 전 수역(영해 및 독점 어업수역을 제외한다)으로 한다.

제4조

1. 협정수역 안에 공동규제수역을 설정하기로 한다.

2. 공동규제수역의 범위는 다음의 외각선에 포용되는 수역으로서 양 체약국의 영해 및 독점 어업수역을 제외한 수역으로 한다.

가. 북위 37도 30분 이북의 동경 124도의 경선

나. 다음의 각 점을 순차로 연결하는 선

　(1) 북위 37도 30분과 동경 124도와의 교점

　(2) 북위 36도 45분과 동경 124도 30분과의 교점

　(3) 북위 33도 30분과 동경 124도 30분과의 교점

　(4) 북위 32도 30분과 동경 126도와의 교점

　(5) 북위 32도 30분과 동경 127도와의 교점

　(6) 양국의 독점 어업수역의 중복하는 부분이 끝나는 남단의 점

다. 양국의 독점 어업수역이 중복하는 부분의 최대의 폭을 표시하는 직선을 2 등분하는 점과 양국의 독점 어업수역의 중복하는 부분이 끝나는 2점을 각각 연결하는 직선

라. 다음의 각 점을 순차로 연결하는 선

　(1) 양국의 독점 어업수역이 중복하는 부분이 끝나는 북단의 점

　(2) 북위 35도 30분과 동경 130도와의 교점

　(3) 북위 37도 30분과 동경 131도 10분과의 교점

　(4) 우암령 정점

제5조

1. 양 체약국은 양국이 공동의 관심을 가지는 수역에 있어서의 어업자원의 최대 지속적 생산성을 확보하기 위하여 필요한 보존 조치가 충분한 과학적 조사에 의하여 실시될 때까지의 기간 공동규제수역에 있어서 저인망, 선망 및 60톤 이상의 어선에 의한 고등어 채낚기 어업에 관하여 본협정의 부속서에 규정된 잠정적 어업규제 조치를 취하기로 한다.

2. 본협정의 부속서는 본협정의 불가분의 일부를 이룬다.

모든 경우 '협정'이라 할 때에는 부속서를 포함하는 것으로 양해된다.

3. 부속서의 내용은 한일어업공동위원회의 결정에 의하여 개정, 또는 추가될 수 있다.

제6조

1. 협정수역 내의 공동규제수역 외측에 공동자원조사수역을 설정하기로 한다.

2. 공동자원조사수역의 범위 및 동 수역 내에서 행하여지는 조사의 내용은 한일어업공동위원회가 양 체약국에 행하여야 할 권고에 입각하여 결정되는 것으로 한다.

제7조

1. 양 체약국은 이 협정의 목적을 달성하기 위하여 한일어업위원회(이하 위원회라 함)를 설치하고 유지한다.

2. 위원회는 2개의 국별 위원부와 1개의 상설 사무국으로 구성되며 각국별 위원부는 각 체약국 정부가 임명하는 3인의 위원으로 구성된다.

3. 위원회의 모든 결의 권고 기타의 결정은 국별 위원부 간의 합의에 의하여서 행한다.

4. 위원회는 그 회의 운영에 관한 규칙을 결정하며 필요가 있을 때에는 그것을 수정할 수 있다.

5. 위원회는 매년 적어도 1회 회합하며, 또한 그 외에 일방의 국별 위원부의 요청에 의하여 회합한다. 제1회 회의의 일자와 장소는 양 체약국 간의 합의에 의하여 결정한다.

6. 위원회는 제1회 회의에서 의장과 사무국장을 상이한 국별 위원부에서 선정한다. 의장 및 사무국장의 임기는 1년으로 한다.

의장 및 사무국장은 국별로 매년 교대되도록 한다.

7. 위원회의 공용어는 한국어, 일본어 및 영어로 한다.

제안 및 자료는 어떠한 공용어로도 제출될 수 있다.

8. 체약국은 자국의 국별 위원부의 경비를 결정하고 지불한다.

위원회의 공동경비는 위원회가 권고하고 양 체약국이 승인하는 형식 및 할당에 의하여 체약국이 부담하는 분담금으로 위원회가 지불한다.

9. 위원회는 그 공동경비를 위한 자금 지출의 권한이 있다. 위원회는 그 임무를 수행하기 위하여 필요한 인원을 고용하며 필요한 편의를 취득할 수 있다.

제8조

위원회는 다음의 업무를 수행한다.

1. 공동규제수역에서 및 제6조의 규정에 의한 자원조사 수역에서의 어업자원의 보존에 필요한 과학적 공동 조사를 행하며, 그 결과에 따라서 취하여야 할 공동규제 조

치를 양국 정부에 권고한다.

이를 위하여 필요한 때에는 전문가로 구성된 하부 기구를 설치할 수 있다.

2. 당시에 실시되고 있는 잠정적 어업규제 조치가 합당한가를 매년 검토하고, 필요에 따라서 부속서에 규정된 잠정적 어업규제 조치를 수정 또는 추가한다.

3. 당시에 실시되고 있는 양국 어선의 조업의 안전과 질서 유지에 관한 조치를 검토하고 필요에 따라서는 전문가로 구성된 하부 기구를 설치하여 필요한 조치를 결정하여 양 체약국 정부에 권고한다.

4. 어업협정의 규정 및 위원회가 권고하고 양 체약국이 수락한 조치가 유효하게 시행되고 있는가를 확인하기 위하여 수시 필요한 수단을 취할 수 있다.

5. 본 어업협정 위반에 관한 동등의 형의 세목의 제정에 관하여 심의하고 결정하여 양 체약국에 권고한다.

6. 위원회의 요청에 따라 양 체약국이 제공하는 자료, 통계, 기록을 편집하고 연구한다.

7. 기타 협정실시에 따른 기술적 제 문제를 검토하고 필요하다고 인정될 때에는 취하여야 할 조치에 관하여 양국 정부에 권고한다.

8. 매년 위원회의 업적 보고를 양 체약국 정부에 제출한다.

제9조

1. 양 체약국은 양국의 어업의 발전과 향상을 기하기 위하여 기술 및 경제의 분야에서 가능한 한 상호 긴밀하게 협력하기로 한다.

이와 같은 협력에는 다음의 사항이 포함된다.

가. 어업에 관한 정보 및 기술의 상호 교환

나. 어업 전문가 및 기술자의 상호 교류

2. 양 체약국은 가능한 한 양국 간의 어업 능력의 격차를 단시일 내에 제거하기 위하여 실효적인 어업협력을 촉진하기로 한다.

제10조

1. 양 체약국은 각기 그 국민 및 어선이 본협정을 성실하게 준수하는 것을 확보하기 위하여 적절한 지도 및 감독을 행하고 벌칙을 포함하는 국내 조치를 실시하기로 한다.

2. 양 체약국은 각기 그 국민 및 어선에 의한 독점 어업수역의 외측에 있어서의 본 협정의 위반을 단속하고 재판하기 위하여 필요하고 적절한 조치를 취하기로 한다.

3. 일방 체약국의 권한 있는 관헌은 타방 체약국의 어선이 현재 본협정을 명백하게 위반하고 있다고 믿을만한 상당한 이유가 있는 사실을 발견하였을 때는 즉시 이 사실을 그 어선이 속하는 당해 타방 체약국의 권한 있는 관헌에게 통고할 수 있다. 이와 같은 통고를 받은 당해 타방 체약국은 당해 어선의 단속 및 이에 대한 재판 관할권의 행사에 당하여 이와 같은 통고를 존중하기로 하고 그 결과 취하여진 조치를 당해 일방의 체약국에 대하여 통보하는 것으로 한다.

4. 감찰을 소지하지 아니하거나, 표지를 부착하지 않고 공동규제수역 내에서 조업하는 어선이 발견될 경우에는 양 체약국의 감시선은 당해 어선을 정선시켜 본협정의 위반 여부를 확인할 수 있으며, 당해 어선이 타방 체약국에 속하는 경우에는 이를 당해 타방 체약국에 인도하기로 한다.

5. 일방 체약국은 본협정의 단속에 관한 규정이 실효적으로 시행되지 않고 있다고 인정할 경우에는 본협정의 발효 후 1년이 경과하면 곧 타방 체약국에 재협의를 요구할 수 있으며, 당해 타방 체약국은 이에 응하는 것으로 한다. 단, 재협의가 시작된 후 6개월 이내에 합의에 달하지 못하면, 본협정의 위반에 대한 단속은 양 체약국이 공히 이를 행하는 것으로 한다.

제11조

양 체약국은 양국 어선의 조업의 안전과 질서의 유지에 관한 별도 협정을 체결하기로 한다.

제12조

본협정의 해석 및 적용에 관한 양 체약국 간의 분쟁은 외교교섭을 통하여 해결하기로 한다.

제13조

1. 본협정은 효력발생일로부터 3년간 효력을 지속한다. 단, 협정이 발효된 지 2년이

경과한 후 어느 일방의 체약국이 타방 체약국에 협정을 종결시킬 의사를 통고하면, 이와 같은 통고가 있을 날로부터 1년 후에 본협정이 종결되는 것으로 한다. 이와 같은 통고가 없으면 본협정은 유효기간 경과 후에도 계속 효력을 지속하는 것으로 한다.

2. 본협정의 개정에 관하여 일방 체약국으로부터 요청이 있을 경우에는 타방 체약국은 이를 위한 협의에 응하기로 한다.

제14조

본협정은 비준되어야 한다. 비준서는 조속히 ___에서 교환되는 것으로 한다. 본협정은 비준서가 교환된 날부터 효력을 발생한다.

이상의 증거로서 하기의 전권위원은 정당한 위임을 받아 본협정에 조인하였다.

1965년 월 일에 ___에서 공히 정본인 한국어, 일본어 및 영어에 의하여 본서 2통을 작성하였다. 해석상의 상위가 있을 경우에는 영어문 정본에 의하기로 한다.

대한민국을 위하여

일본국을 위하여

첨부물

38-2. 어업협정 부속서(안)

부속서(안)

양 체약국은 각각 아래에 규정하는 어업규제 조치를 실시하기로 합의한다.

1. 최고 출어 척수 또는 통수(공동규제수역 내에 있어서의 조업을 위하여 감찰(증명서)을 소지하고 또한 표지를 부착하여 동시에 동 수역 내에 출어하고 있는 어선의 척수 또는 통수의 최고한도를 말한다)는 다음과 같이 한다.

가. 50톤 미만의 어선에 의한 저인망 어업에 대하여는 115척

나. 50톤 이상의 어선에 의한 저인망 어업에 대하여는,

   (1) 11월 1일부터 익년의 4월 30일까지의 기간에 있어서는 270척

   (2) 5월 1일부터 10월 31일까지의 기간에 있어서는 100척

다. 40톤 이상의 망선에 의한 선망 어업에 대하여는,

   (1) 1월 16일부터 5월 15일까지의 기간에 있어서는 60통

   (2) 5월 16일부터 익년의 1월 15일까지의 기간에 있어서는 120통

라. 60톤 이상의 어선에 의한 고등어 채낚기 어업에 대하여는 15척 단, 조업 기간은 6월 1일부터 12월 31일까지로 하고, 조업 구역은 대한민국의 경상북도와 경상남도와의 경계선과 해안선과의 교점과 북위 35도 30분과 동경 130도와의 교점을 연결하는 직선 이남, 제주도의 서 측에 있어서는 북위 33도 30분 이남의 수역으로 한다.

마. 대한민국의 어선과 일본국의 어선과의 어획 능력의 격차가 있을 동안, 대한민국의 출어 척수 또는 통수는 양국 정부 간의 협의에 의하여 본협정의 최고 출어 척수는 또는 통수를 기준으로 하고 그 격차를 고려하여 조정된다.

2. 어선 규모는 다음과 같이 한다.

가. 저인망 어업 가운데,

   (1) 트롤 어업 이외의 것에 대하여는 30통 이상 170톤 이하

(2) 트롤 어업에 대하여는 100톤 이상 550톤 이하

단, 50톤 이상의 어선에 의한 저인망 어업(대한민국이 동해에 있어서 인정하고 있는 60톤 미만의 새우 저인망 어업은 제외한다)은, 동경 128도 이동의 수역에 있어서는 행하지 않기로 한다.

나. 선망 어업에 대하여는 망선 40톤 이상 100톤 이하

다. 60톤 이상의 어선에 의한 고등어 채낚기 어업에 대하여는 100톤 이하

3. 망목(해중에 있어서의 내경으로 한다)은 다음과 같이 한다.

가. 50톤 미만의 어선에 의한 저인망 어업에 대하여는 33밀리미터 이상

나. 50톤 이상의 어선에 의한 저인망 어업에 대하여는 54밀리미터 이상

다. 선망 어업에 대하여는 30밀리미터 이상

(전갱이 또는 고등어 대상으로 하는 선망의 주요 부분의 망목으로 한다.)

4. 광력은 다음과 같이 한다.

가. 선망 어업에 대하여는 1통당 10킬로와트 이하의 동선 2척 및 7.5킬로와트 이하의 동선 1척으로 하고, 합계 27.5킬로와트 이하

나. 60톤 이상의 어선에 의한 고등어 채낚기 어업에 대하여는 10킬로와트 이하

5. 감찰(증명서) 및 표지는 다음과 같이 한다.

가. 공동규제수역에 출어하는 어선은 양 체약국의 정부가 각기 발급하는 감찰(증명서)을 소지하고, 또한 표지를 부착하기로 한다.

나. 감찰(증명서) 및 표지의 양식 및 규격은 양 체약국의 합의에 의하여 정하기로 한다.

다. 감찰(증명서) 및 표지의 총수는 잠정적 규제 조치의 대상이 되는 어업별로 당해 어업에 관한 최고 출어 척수와 동수로 한다.

첨부물

38-3. 어업협정 관련 합의의사록(안)

대한민국과 일본국 간의 어업자원의 보존 및 어업협력에 관한
잠정 협정의 시행에 관한 합의의사록(안)

대한민국 전권대표와 일본국 전권대표는 금일 조인된 대한민국과 일본국 간의 어업자원의 보존 및 어업협력에 관한 잠정협 정의 교섭에 있어서 다음과 같이 합의하였다.

1. 잠정적 어업규제 조치의 연간 총 어획 기준량에 관하여

가. 공동규제수역 내에 있어서의 저인망, 선망 및 60톤 이상의 어선에 의한 고등어 채낚기 어업에 의한 연간 총 어획 기준량은 15만 톤(상하 10퍼센트의 변동이 있을 수 있다)으로 하며, 일본국의 15만 톤의 내역은 50만 톤 미만의 어선에 의한 저인망 어업에 대하여는 1만 톤 50톤 이상의 어선에 의한 저인망 어업에 대하여는 3만 톤, 및 선망 어업과 60톤 이상의 어선에 의한 고등어 채낚기 어업에 대하여는 11만 톤으로 한다. 연간 총 어획 기준량은 최고 출어 척수 또는 총수에 의하여 조업을 규제함에 있어서 자료가 되는 수량이다.

나. 공동규제수역 내에 있어서의 저인망, 선망 및 60톤 이상의 어선에 의한 고등어 채낚기 어업에 의한 연간 총 어획량이 15만 톤을 초과한다고 인정하는 경우에는 어기 중일지라도 연간 총 어획량을 16만 5천 톤 이하에 멈추게 하기 위하여 출어 척수 또는 총수를 억제하도록 행정 지도를 행한다.

다. 각 체약국은 자국의 출어 어선에 의한 공동규제수역 내에 있어서의 그 어획량의 보고 및 양륙항에 있어서의 조사를 통하여 어업별 어획량을 월별로 집계하고 그 결과를 그 익월 초에 상대국 정부에 통보하기로 한다.

라. 출어 감찰(증명서) 및 표지를 소지 또한 부착한 어선에 의한 어획물은 공동규제수역 내에서 어획된 것으로 간주하기로 한다.

마. 어획물의 양륙은 양 체약국 정부가 협의하여 지정하는 항구에서만 행하기로 한다.

바. 일방 체약국의 권한을 위임받을 공무원은 어획물의 양륙 사항을 수시 시찰하고 어획량을 확인할 수 있으며, 타방 체약국은 이를 위하여 최대의 편의를 제공하기로 한다.

2. 잠정적 어업규제 조치의 최고 출어 척수에 관하여

가. 각국 정부는 공동규제의 대상 어업별로 아래의 서식에 의하여 연간 총 출어 가능 척수의 명단을 일련번호를 부하여 당해 연도 전에 상대방 정부에 통보하기로 한다.

연간 출어 가능 어선 일람표

일련번호	어업별	선명	어선 규모	소유자 주소, 성명

나. 각 체약국은 공동규제수역 내의 해구별로 특히 지정된 감시선에 동 해구 내에 출어하는 어업별 어선의 상황을 각 출어 기지로부터 보고받아 확인하고 동 어선의 일련번호와 표지 번호를 매일 오전 6시에 상대방의 특히 지정된 감시선에 무전으로 통보하도록 한 바, 양국 감시선 간의 무전 교신 방법은 별도 협의에 의하여 정하기로 한다.

다. 일본국은 공동규제수역 중 대한민국의 경상북도와 경상남도와의 경계선과 해안선과의 교점과 북위 35도 30분과 동경 130도와의 교점을 연결하는 직선 이북의 동해의 수역에 있어서는 동시에 조업할 수 있는 일본국의 저인망 어선은 25척을 상회하는 일이 없다는 것. 11월 1일부터 익년의 4월 30일까지의 기간 이외에 있어서는 조업을 하지 않는다는 것. 수심 300미터 이전의 부분에 있어서는 조업하지 아니하는 것. 및 새우의 혼획을 매 항해의 총 어획량의 20퍼센트를 초과하지 아니하는 범위 내에 멈추어야 한다는 것을 확인한다.

라. 본협정 성립 시에 일본국에 현존하는 100톤 이상의 선망 어선 1척은 본협정 부속서 2. 나.에 대한 예외로서 조업이 인정된다.

3. 잠정적 어업규제 조치의 감찰(증명서) 및 표지에 관하여

가. 감찰(증명서) 및 표지의 총수는 어업의 실태에 비추어 50톤 이상의 저인망 어업에 대하여는 그 최고 출어 척수의 15퍼센트까지, 50톤 미만의 저인망 어업에 대하여는 그 최고 출어 척수의 20퍼센트까지 각각 증가 발급할 수 있다.

나. 감찰(증명서) 및 표지는 항구 내에 있어서의 경우를 제외하고 해상에 있어서 한 어선으로부터 다른 어선에 인도되는 일이 없도록 양 체약국은 행정 지도를 하는 것으로 한다.

다. 감찰(증명서) 및 표지는 양 체약국의 책임 하에 발행되고 특히 지정된 기관에 의하여 배부되는 것으로 한다.

라. 전기의 특히 지정된 기관은 감찰(증명서) 및 표지의 배부 상황을 명백히 파악할 수 있는 대장을 비치하여야 한다.

마. 어업별 어획고가 연간 총 어획 기준량(상 10퍼센트 포함)에 달하였을 때에는 양국 정부는 즉시 감찰(증명서) 및 표지를 회수하고 필요한 조치를 취하여야 한다.

4. 잠정적 어업규제 조치의 연안 어업의 자주 규제에 관하여

가. 잠정적 어업규제 조치의 적용의 대상이 되지 않는 종류의 어업에 종사하는 양 체약국의 어선으로서 공동규제수역에 출어하는 어선 가운데 60톤 미만 25톤 이상의 고등어낚시 어업의 조업 기간을 6월 1일부터 12월 31일까지로 하고, 그 조업 구역은 공동규제수역 내의 가운데 대한민국의 경상북도와 경상남도와의 경계선과 해안선과의 교점과 북위 35도 30분과 동경 130도와의 교점을 연결하는 직선 이남 및 제주도의 서 측에 있어서는 북위 33도 30분 이남의 수역으로 한다.

나. 전항의 잠정적 어업규제 조치의 적용의 대상이 되지 않는 종류의 어업에 종사하는 일본국의 어선으로서 공동규제수역 내의 출어하는 척수는 1,700척을 상회하지 않기로 하며, 동 조업 구역은 전항의 60톤 미만 25톤 이상의 고등어 낚시 어업과 같은 것으로 한다.

다. (1,700척의 연안 어업의 어선의 내역(규모 포함)에 관하여 그 간의 교섭에서 도달된 내용을 수록한다.)

라. 양 체약국 정부는 연안 어업의 조업의 실태에 관하여 정보의 교환을 행하고 어장 질서를 유지하기 위하여 필요할 때에는 협의를 행한다.

5. 잠정적 규제 조치의 국내 어업금지수역 등의 상호 준수에 관하여

가. 양 체약국은 각각 상대국의 다음의 국내 어업금지수역에서 어업에 자국의 어선

이 종사하지 않도록 하기 위하여 필요한 조치를 취한다.
  (1) 대한민국 정부가 현재 설정하고 있는 저인망 및 트롤 어업에 대한 어업금지수역
  (2) 일본국 정부가 현재 설정하고 있는 저인망 및 선망 어업에 대한 어업금지수역 및 저인망 어업에 대한 동경 128도 30분, 북위 31도 9분 15초 및 북위 25도의 각 선으로 둘러싸인 수역

　나. 대한민국이 전기의 대한민국의 어업금지수역 내의 서해(황해)의 부분에 있어서 대한민국의 50톤 미만의 저인망 어업 및 동 수역 내의 동해의 부분에 있어서 대한민국의 새우 저인망 어업에 관하여 실시하고 있는 제주도는 예외적으로 인정된다.

　다. 일방 체약국의 감시선은 그 국가의 국내 어업규제수역에 있어서 타방 체약국의 어선이 조업하고 있음을 발견하였을 경우에는 그 사실에 대하여 당해 어선의 주의를 환기함과 동시에 조속히 그 뜻을 당해 타방 체약국은 당해 어선의 단속 및 이에 대한 재판 관할권의 행사에 당하여, 그 통고를 존중하기로 하고 그 결과를 취하여진 조치를 당해 일방국의 정부에 통보한다.

6. 잠정적 어업규제 조치의 위반에 관하여
　가. 일방 체약국은 타방 체약국의 요청이 있을 경우에는 자국 내에 있어서의 본협정의 시행 및 단속의 실시 상황을 시찰하도록 하기 위한 편의를 이를 위하여 특히 권한을 부여받은 타방국의 관헌에게 가능한 한 부여하기로 한다.
　나. (협정을 위반하는 선박에 대한 위반 사실의 전언 방도를 규정함)

7. 정의에 관하여
　가. 어선의 정의(어선 소속에 관한 정의 포함)
　나. 각종 어업에 대한 정의(통의 정의 포함)
　다. '마일'의 정의
　라. 어선 규모의 '톤'에 대한 정의
　마. 기타 필요한 정의

첨부물

38-4. 어업협정 관련 양국 장관(대신)의 일방적 성명(안)

1323   **일본국과 대한민국 간의 어업자원의 보존 및 어업협력에 관한
         잠정 협정의 조인에 즈음하여 행하는 일본국 …대신의 성명(안)**

　　본 대신은 금일 일본국과 대한민국 간의 어업자원의 보존 및 어업협력에 관한 잠정 협정이 서명됨에 즈음하여, 일본국 정부가, 동 협정이 효력을 발생하고, 일본국의 독점 어업수역이 선포되었을 때에는, 일본국의 영해 및 독점 어업수역에 있어서의 무해통항(어선은 어구를 격납한 경우에 한한다)은 국제법규에 따를 것임을 성명한다.

1324   **대한민국과 일본국 간의 어업자원의 보존 및 어업협력에 관한
         잠정 협정의 조인에 즈음하여 행하는 대한민국 내무부장관의 성명(안)**

　　본 장관은 금일 대한민국과 일본국 간의 어업자원의 보존 및 어업협력에 관한 잠정 협정이 서명됨에 즈음하여, 대한민국 정부가, 동 협정이 효력을 발생하고, 대한민국의 독점 어업수역이 선포되었을 때에는, 대한민국의 영해 및 독점 어업수역에 있어서의 무해통항(어선은 어구를 격납한 경우에 한한다)은 국제법규에 따른 것임을 성명한다.

1325   **일본국과 대한민국 간의 어업자원의 보존 및 어업협력에 관한
         잠정 협정의 조인에 즈음하여 행하는 일본국 …대신의 성명(안)**

　　본 대신은 금일 일본국과 대한민국 간의 어업자원의 보존 및 어업협력에 관한 잠정 협정이 조인됨에 즈음하여, 동 협정이 발효되고, 또한 일본국이 독점 어업수역을 선포하였을 때에는, 일본국 정부는 일본국 감시선에 의한 대한민국 어선의 일본국의 독점 어업수역 침범 사실의 확인과 어선 및 선원의 취급에 대하여 국제 통념에 따라서 공정

타당하게 처리할 용의가 있음을 성명한다.

1326   대한민국과 일본국 간의 어업자원의 보존 및 어업협력에 관한
       잠정 협정의 조인에 즈음하여 행하는 대한민국 내무부장관의 성명(안)

   본 장관은 금일 대한민국과 일본국 간의 어업자원의 보존 및 어업협력에 관한 잠정 협정이 조인됨에 즈음하여, 동 협정이 발효되고, 또한 대한민국이 독점 어업수역을 선포하였을 때에는, 대한민국 정부는 대한민국의 감시선에 의한 일본국 어선의 대한민국의 독점 어업수역 침범의 사실의 확인과 어선 및 선원의 취급에 대하여 국제 통념에 따라서 공정 타당하게 처리할 용의가 있음을 성명한다.

1327   대한민국과 일본국 간의 어업자원의 보존 및 어업협력에 관한
       잠정 협정의 조인에 즈음하여 행하는 대한민국 농림부 장관의 성명(안)

   본 장관은 금일 대한민국과 일본국 간의 어업자원의 보존 및 어업협력에 관한 잠정 협정이 서명됨에 즈음하여, 대한민국 정부가 협정의 공동규제수역에 있어서의 고래 자원의 상태에 깊은 관심을 가지고 있으므로 동 수역 내에 있어서, 소형 포경어업의 조업 척수를 현재 이상으로 증대시키거나 그 어획 노력을 현재 이상으로 증대시키거나 하지 않으며 또한 대형 포경어선은 금후에도 현재 정도 이상으로 출어하지 않도록 확보할 것임을 성명한다.

1328   일본국과 대한민국 간의 어업자원의 보존 및 어업협력에 관한
       잠정 협정의 조인에 즈음하여 행하는 일본국 농림대신의 성명(안)

   본 대신은 금일 일본국과 대한민국 간의 어업자원의 보존 및 어업협력에 관한 잠정

협정이 서명됨에 즈음하여, 일본국 정부가 협정의 공동규제수역에 있어서의 고래 자원의 상태에 깊은 관심을 가지고 있으므로 동 수역 내에 있어서, 소형 포경어업의 조업 척수를 현재 이상으로 증대시키거나 그 어획 노력을 현재 이상으로 증대시키거나 하지 않으며 또한 대형 포경어선은 금후에도 현재 정도 이상으로 출어하지 않도록 확보할 것임을 성명한다.

39. 한국 측 어업협정안의 일본 측 전달 지시 전문

번호: WJA-04393

일시: 2917115 [1965. 4. 29]

수신인: 한일회담 수석대표

연: WJA-04384

연호에 의하여 수정된 본협정 기타 부속서 합의의사록 및 일방적 성명(아 측 안)을 일괄하여 명일 와다 차장이 소련으로 향발하기 전에 조속히 일본 측에 회담 석상에서가 아니더라도 공식으로 제시하시기 바람.(외아북)

장관

40. 한국 측 어업협정안에 대한 대표단 수정 건의 전문

번호: JAW-04570

일시: 292214[1965. 4. 29]

수신인: 외무부 장관
발신인: 수석대표

대호 전문 제2항 유효기간 규정안 1.의 내용에 관하여, 최초 3년 후의 효력 존속에 있어서 당사자 간의 합의가 없으면 무기한 존속하는 것으로 해석되므로, 동 조항을 아래와 같이 수정하고자 하오니 명 30일(금) 오전 11시까지 회시 바람.

"본협정은 효력 발생일로부터 3년간 유효하며, 그 후에는 본조 제( )항(주: 아래 항을 말함)에 정하는 바에 따라 종결될 때까지 효력을 존속한다.

어느 체약국도 타방 체약국에 대하여 6개월의 사전 통고를 함으로써 최초의 3년의 기간이 만료할 때 또는 그 후 언제든지 본협정을 종결시킬 수 있다"(주일정-외아북)

41. 한국 측 어업협정안에 대한 대표단 추가 수정 건의 전문

번호: JAW-04571

일시: 292239[1965. 4. 29]

수신인: 외무부 장관

발신인: 수석대표

연: JAW-04570

일본 측에 제시할 어업협정문 중 자구 수정 외에 아래와 같은 수정을 하고자 하오니 명 30일(금) 오전 11시까지 회시 바람.

아래

1. 전문 제3 "국제법의 원칙과…"을 "연안국은 자국 인접 해양에 있어서의 어업자원의 보존 및 개발과 발전에 관하여 특별한 이해 관계를 가지고 있음을 인식하고," 라고 수정

2. 전문 제7 "이상과 같은 고려에 비추어…"를 "양국이 공통의 관심을 가지는 수역에 있어서의 어업자원에 대한 과학적 조사의 결과를 고려한 규제 조치가 시행될 때까지 잠정적 규제 조치를 취할 필요가 있다고 결론하여"라고 수정

3. 전문 제8 "따라서…"를 "따라서 다음과 같이 합의하였다"라고 수정(즉 잠정 협정임에 비추어, 전권대표 난을 전부 삭제하고자 함)

4. 제3조의 수역의 범위를 '동해, 황해 및 북위 30도 이북의 동중국해'로 결정

5. 제4조 및 5조의 위치를 바꾸어, 제4조를 제5조로, 제5조를 제4조로 수정

(규제수역 자체를 잠정적인 것으로 하기 위함임)

6. 제7 및 8조(공동위원회 규정)을 JAW-04534와 같이 수정

7. 제10조 제4항(감찰을 소지하지 않은 어선의 경우)을 제11조로 규정

8. 제10조 제5항(단속의 실효적 시행이 없을 경우)을 제12조로 규정

9. 제11조를 제13조로 변경

10. 제12조를 제14조로 변경

11. 제13조 제2항을 제15 규정

12. 제14조를 16조 1항으로 하고 제13조 1항을 제16조 2항 및 3항으로 분할 규정 (제16조 2항 및 3항에 관하여는 JAW -04570 참조)

43. 어업협정안 수정 관련 대표단 건의에 대한 본부 입장 회신 전문

번호: WJA-04397

일시: 301035[1965. 4. 30]

수신인: 한일회담 수석대표

대: JAW-04570

1. 수정된 협정안 제13조 2항 1의 취지는 협정 유효기간을 3년으로 하고 협정이 발효된 지 2년 후에는 언제든지 일방 체약국에 의한 1년의 사전 통고로써 효력을 종결케 한다는 것임(효력 발생한 지 3년 후에라도 1년의 사전 통고가 가능함). 따라서 이상과 같은 일방의 통고가 없는 한 협정은 계속하여 효력을 지속한다는 것임.

2. 이상과 같은 취지를 반영하는 한 구체적 문안 작성은 귀 대표만이 적의 재량하여 결정하시기 바람.(외아북)

장관

45. 농림부 식산차관보의 회담 대표 임명 관련 통보 전문

번호: WJA-04398

일시: 301045 [1965. 4. 30]

수신인: 주일 대사

연: WJA-04332
대: JAW-04528

1. 농림부 식산차관보는 회담 대표로서 장기간 체일할 수 없는 실정이므로 어업위원회 교체 수석대표로 임명할 수가 없다는 농림부 의견임.

2. 동 차관보는 연호에서 통보한바, 어업 대표단의 자문과 본부 사정 반영에 임하도록 할 것이므로 양지하시압.

3. 동 차관보 파일 시기에 관하여는 귀 건의를 참작하여 추후 통보 위계임. (외아북)

장관

42. 어업협정안 전달 관련 대표단 견해 보고 전문[21]

번호: JAW-4583

일시: 301630[1965. 4. 30]

수신인: 외무 장관
발신인: 수석대표

대: WJA 04393

1. 대호 지시에 따라 아 측 협정안을 금 30일 오후 어업위원회 회의에 제시할 준비를 완료하고 그 이전에 일본국의 태도와 입장을 다시 확인하기 위하여 금일 이 공사 및 김명년 대표와 히로세 참사관 및 와다 차장 4자 간의 오찬을 이용하여 아 측은 정부 훈령에 따라 각 조항별로 구두 제안 설명하여 이에 관한 일본 측의 입장을 다시 타진한 결과, 일본 측이 아 측 제안을 받아들일 가능성이 전혀 없고 또한 협정안을 그대로 금일 제시하는 경우 현안 교섭 전반에 영향을 미칠 우려가 극히 농후한 것으로 판단되어 금일 오후의 어업위원회에서는 협정안을 제시하지 아니하였음.

2. 본 건에 관하여는 일본 측과의 비공식 접촉을 금후 계속하여 그 결과를 참작하면서 협정안을 성안하여 청훈하겠음.(주일정-아북)

---

21 편집자가 문서의 순서를 바꾸었음.

47. 제7차 한일회담 어업위원회 제14차 회의 결과 보고 전문

번호: JAW-04590

일시: 301907

수신인: 외무 장관

발신인: 수석대표

제14차 어업위원회(65. 4. 30, 13:30~15:00) 결과 보고

1. 참석자: 한국 측: 이 공사, 김명년 대표, 김정태 부이사관, 오 정무과장, 배동환 원양어업과장 및 김윤택 사무관

   일본 측: 히로세 대표, 와다 대표, 야스후쿠 어업조정과장 및 기타 보좌관들

2. 토의 내용

가. 제13차 회의에 이어 어업공동위원회에 관한 우리 안에 대한 일본 측의 다음과 같은 의견 제시가 있었음.

   1) 구성에 관한 조항

   (1) 제2항, 상설 사무국은 현재로선 불필요하다고 생각함. 설치한다 하더라도 국별 위원부와 함께 위원회를 구성하는 것이 아닌 위원회 밑에 소속하도록 하여야 할 것임. 한국 측 안과 같은 상설 사무국의 선례도 없음.

   (2) 제4항, 운영에 관한 것이라면 '규칙'만으로써 족하며, '기타 필요사항'은 불필요함.

   (3) 제5항, '일방의 국별 위원부의 요청에 의하여' 회합하는 데 대해서는 원칙적으로 동의하나, 회합의 시일 및 장소에 대해서는 합의가 있어야 함.

   (4) 제6항, 사무국을 설치하는 경우에, 사무국장을 국별위원 중에서 선정하는

것은 부적당하며 별도로 위원회가 임명하도록 하여야 할 것임.

(5) 제8항, 공동경비에 관한 후단의 규정은 불필요함.

(6) 제9항, 사무국의 설치를 전제로 하는 것이 아니면 반대 않음.

2) 임무와 권한에 관한 조항

(1) 제1항, 전단은 일본 안이 타당함. 과학적 조사는 정부가 행하거나 또는 정부 간의 별도 합의에 따라 위원회가 행하는 것은 무방함.

(2) 제2항, 잠정적 어업규제 조치의 개정 권한을 부여하는 것은 도저히 받아들일 수 없음.

(3) 제4항, '수시 필요한 수단'은 일본 안(합의의사록) 1의 (4)의 '육상시찰'과 중복됨으로 불필요한 것이며, 농상회담 시의 교섭 과정에서 이미 낙착된 문제를 다시 제기하는 것으로 이해됨.

(4) 제5항, 전단 규정은 너무 광범위하며 선례도 없으므로 불가함.

(5) 제7항, 경험으로 보아 위원회가 이러한 기능을 수행하기 곤란함. 더 토의해 볼 필요가 있음.

(6) 제9항, 전적으로 반대는 않으나 더 토의할 필요가 있음.

(7) 제10항, 구체적으로 '기타의… 임무 또는 권한'으로서 어떠한 것이 있는지 설명을 요구함.

나. 분쟁 해결에 관한 조항에 대해서는 국제사법재판소 이외의 다른 해결 방도를 검토하고 우리 안에 대한 일본 측의 대안을 제출하도록 되었음.

다. 다음 회의는 5. 6일 1030에 개최하기로 함. (주일정 – 외아북)

48. 한국 측 어업협정안의 제시에 관한 본부 의견 통보 전문

번호: WJA-05011

일시: 011400[1965. 5. 1]

수신인: 수석대표

대: JAW-04583

1. 대호의 귀전을 접수하였음.

2. WJA-04393으로 지시한 바와 같이 외아북 722-960 및 WJA-04384로 지시한 아 측 협정안을 다음 회담을 기다릴 필요 없이 공식으로 조속히 일단 제시하고 일본 측과의 비공식 접촉을 계속하면서 그 결과를 수시 보고하시기 바람.(외아북)

장관

53. 한국 측 어업협정안의 일본 측 전달 관련 보고 전문

번호: WJA-05056

일시: 041853[1965. 5. 4]

수신인: 외무 장관

발신인: 수석대표

연: JAW-05036

1. 연호 보고와 같이, 이 공사는 5. 4(화), 15:40~17:00시까지 외무성 히로세 참사관을 방문하고 한국 측 어업협정안 관련 문서 안을 수교하였음. 아 측은 김명년 대표가 동석하였으며 일본 측은 히로세 참사관만이 참석하였음.

2. 아 측은 협정안의 내용과 기타 관련된 사항을 설명하고 일본 측이 성의를 가지고 신중히 검토하기를 강조하였음. 또한 아 측은 협정안이 4. 3 합의사항을 조문화하고 기타 합의사항에 누락된 사항과 합의사항을 보충하는 사항을 각각 조문화 한 것이라고 설명하였음.

3. 히로세 참사관은, 이미 내용 설명을 들은 바 있기 때문에 새삼스럽게 놀라지는 않지만 아직 토의되지 아니한 사항을 제외하고는 모두 4.3 합의사항과 저촉되거나 이미 논의가 끝난 문제들이라고 논평하고, 내용이 방대하기 때문에 금후 검토를 요하겠으며 현재로서는 문제되는 사항들을 대체로 받아들일 수 없다고 논평하지 않을 수 없다고 말하였음. 특히 동 참사관은 어획량의 책정기준, 단속 및 재판 관할권, 협정 발효 후 1년 경과 후의 협의 결과 여하에 따라 공동으로 단속한다는 규정(한국 측이 경우에 따라서는 공동으로 단속을 할 수도 있다는 정신을 가지고 있는 데 대하여) 등은 심히 놀라지 않을 수 없다고 말하였음.

상술한 일본 측의 즉각적인 반향은 극히 심각하여 일고의 여지도 없다는 태도이므로, 아 측은 일본 측이 협정안에 대하여 조속히 검토해주기를 촉구하였음.

5. 아 측은 연호 전문 보고와 같이, 본건 협정안 내용이 대외적으로 공개되지 않도록 하자고 말하였는 바, 일본 측도 동감을 표시하면서 협정안의 내용이 공개되면 일본으로서도 몸을 움직일 수 없는 입장에 빠지게 될 것이라고 말하였음.

6. 본 건에 관한 상세 보고는 5일 본직이 귀국하여 직접 행하기로 하겠음.

7. 본 건에 관한 일본 측 반응은 계속 보고 위계임.(주일정-아북)

54. 일본 측에 제시된 한국 측의 어업협정(안) 및 관련 문서(안) 송부 공문

주일정 722-140

1965. 5. 4

수신: 외무부 장관

제목: 한일 간 어업협정

연: JAW-05056

연호 전문으로 보고한 바와 같이, 1965. 5. 4 일본 외무성에 제시된 한일 간의 어업 잠정 협정 및 관련 문서(안)의 사본을 별첨과 같이 송부합니다.

별첨: 1. 잠정 협정(안)의 사본 1부
      2. 부속서 1 및 2(안)의 사본 1부
      3. 합의의사록(안)의 사본 1부
      4. 일방적 성명(3건)(안)의 사본 1부
      5. 교환 공한(2건)(안)의 사본 1부
      6. 어업협력차관 요강(안)의 사본 1부

끝

주일 대사 김동조[직인]

첨부물
54-1. 어업협정(안)

별첨 1

대한민국과 일본국 간의 어업자원의 보존 및 어업협력에 관한 잠정 협정(안)

대한민국과 일본국은,

양국이 공동의 관심을 가지는 수역에 있어서의 어업자원의 최대 지속적 생산성을 확보하고 이와 같은 자원의 보존 및 합리적인 개발과 발전을 도모함이 인류 공동의 이익 및 양 체약국의 이익에 합치하는 것임을 확신하고,

1951년 9월 8일 '샌프란시스코'시에서 서명된 일본국과의 평화조약 제9조 및 제21조에 어로의 규제 또는 제한 및 어업의 보존과 발전을 규정하는 협정을 체결하도록 규정되어 있음을 상기하고,

국제법의 원칙과 국제관례에 따라 필히 의무로써 연안국이 자국의 인접 해역에 있어서의 어업자원의 보존 및 개발과 발전에 관하여 특별한 이해관계를 가지고 있음을 인정하고,

공해 자유의 원칙이 본협정에 특별한 규정이 있는 경우를 제외하고 존중되어야 함을 확인하고,

양 체약국에 지리적 근접성과 양국 어업의 교역으로부터 발생할 수 있는 분쟁의 원인을 제거함이 희망됨을 인정하고,

양 체약국의 어업의 발전과 향상을 위하여 상호 긴밀히 협력하기를 희망하고,

양국이 공동의 관심을 가지는 수역에 있어서의 어업자원에 대한 과학적 조사의 결과를 고려한 규제 조치가 시행될 때까지 잠정적 규제 조치를 취할 필요가 있다고 결론하여, 따라서 다음과 같이 합의하였다.

제1조

1. 각 체약국은 자국의 연안의 기선으로부터 측정하여 12마일에 이르는 수역을 자국이 어업에 관하여 배타적 관할권을 행사하는 수역(이하 '독점 어업수역'이라 한다)으로 선포할 권리가 있다.

2. 일방 체약국은 자국의 어선이 타방 체약국의 독점 어업수역에 있어서 어업에 종사하는 것을 배제당하는 데 대하여 이의를 제기하지 아니한다.

3. 양 체약국의 독점 어업수역이 중복하는 부분에 대하여는 그 부분의 최대의 폭을 나타내는 직선을 2 등분하는 점과 양 체약국의 독점 어업수역이 중복하는 부분이 끝나는 2점과를 각각 연결하는 직선에 의하여 양분한다.

제2조

본협정의 어떠한 규정도 영해의 범위 및 연안국의 어업 관할권에 관한 체약국의 주장에 불리한 영향을 주는(주장을 해하는) 것으로 간주되지 아니한다.

제3조

본협정이 적용되는 수역(이하 '협정수역'이라 한다)은 동해, 서해 및 북위 30도 이북의 동지나해(영해 및 독점 어업수역을 제외한다)로 한다.

제4조

1. 양 체약국은 양국이 공동의 관심을 가지는 수역에 있어서의 어업자원의 최대 지속적 생산성을 확보하기 위하여 필요로 하는 보존 조치가 충분한 과학적 조사에 의거하여 실시될 때까지 본협정 제5조에 규정된 공동규제수역에 있어서 저인망, 선망 및 60톤 이상의 어선에 의한 고등어 채낚기 어업에 대하여 본협정의 부속서 (1)에 규정된 잠정적 어업규제 조치를 실시한다.

2. 본협정의 부속서 (1) 및 (2)는 본협정의 불가분의 일부를 이룬다. 모든 경우에 있어서 '협정'이라 할 때에는 부속서를 포함하는 것으로 양해된다.

3. 부속서의 내용은 본협정 제7조에 규정된 한일어업공동위원회의 결정에 의하여 개정 또는 보충될 수 있다.

제5조

1. 협정수역 내에 공동규제수역을 설정한다.

2. 공동규제수역은 다음의 선에 의하여 둘러싸이는 수역으로서 양 체약국의 영해 및 독점 어업수역을 제외한 수역으로 한다.

　가. 북위 37도 30분 이북의 동경 124도의 경선

　나. 다음의 각 점을 차례로 연결하는 선

　　(1) 북위 37도 30분과 동경 124도와의 교점

　　(2) 북위 36도 45분과 동경 124도 30분과의 교점

　　(3) 북위 33도 30분과 동경 124도 30분과의 교점

　　(4) 북위 32도 30분과 동경 126도와의 교점

　　(5) 북위 32도 30분과 동경 127도와의 교점

　　(6) 양국의 독점 어업수역이 중복하는 부분이 끝나는 남단의 점

　다. 양국의 독점 어업수역이 중복하는 부분의 최대의 폭을 나타내는 직선을 2등분하는 점과 양국의 독점 어업수역이 중복하는 부분이 끝나는 2점과를 각각 연결하는 직선

　라. 다음의 각 점을 차례로 연결하는 선

　　(1) 양국의 독점 어업수역이 중복하는 부분이 끝나는 북단의 점

　　(2) 북위 35도 30분과 동경 130도와의 교점

　　(3) 북위 37도 30분과 동경 131도 10분과의 교점

　　(4) 우암령 고정

제6조

1. 협정수역 내에 있어서 공동규제수역의 외측에 공동자원조사수역을 설정한다.

2. 공동자원조사수역의 범위 및 수역 내에서 행하여지는 조사의 내용은 본협정 제7조에 규정된 한일어업공동위원회가 양 체약국에 행하여야 할 권고에 입각하여 결정한다.

제7조

1. 양 체약국은 본협정의 목적을 달성하기 위하여 한일어업공동위원회(이하 위원회라 한다)를 설치하고 유지한다.

2. 위원회는 2개의 국별 위원부와 상설 사무국으로 구성되며, 각국별 위원부는 각 체약국 정부가 임명하는 3명의 위원으로 구성된다.

3. 위원회의 모든 결의, 권고 및 기타의 결정은 국별 위원부 간의 합의에 의하여 행한다.

4. 위원회는 그 운영에 관한 규칙 및 기타 필요사항을 결정하며 이를 수정할 수 있다.

5. 위원회는 매년 적어도 1회 회합하며, 또한 그 외에 일방 국별 위원부의 요청에 의하여 회합한다. 제1회 회의의 일자와 장소는 양 체약국 간의 합의에 의하여 결정한다.

6. 위원회는 제1회 회의에서 의장과 사무국장을 상이한 국별 위원부에서 선정한다. 의장 및 사무국장의 임기는 1년으로 한다. 의장 및 사무국장은 국별로 매년 교대되도록 한다.

7. 위원회의 공용어는 한국어, 일본어 및 영어로 한다.
제안 및 자료는 어떠한 공용어로도 제출될 수 있다.

8. 체약국은 자국의 국별 위원부의 경비를 결정하고 지불한다.
위원회의 공동경비는 위원회가 권고하고 양 체약국이 승인하는 형식 및 할당에 의하여 체약국이 부담하는 분담금으로 위원회가 지불한다.

9. 위원회는 그 공동경비를 위한 자금 지출의 권한을 가진다. 위원회는 그 임무를 수행하기 위하여 필요한 인원을 고용하며 필요한 편의를 취득할 수 있다.

제8조

위원회의 업무와 권한은 다음과 같다.

1. 공동규제수역 및 공동자원조사수역에서의 어업자원 보존에 필요한 과학적 공동조사를 행하며, 그 결과에 따라 취하여야 할 공동규제 조치를 결정하여 양 체약국에 권고한다. 이를 위하여 필요한 때에는 전문가로 구성된 하부 기구를 설치할 수 있다.

2. 당시에 실시되고 있는 잠정적 어업규제 조치가 합당한가를 매년 검토하고, 필요에 따라 부속서에 규정된 잠정적 어업규제 조치를 개정한다.

3. 당시에 실시되고 있는 양국 어선의 조업의 안전과 질서 유지에 관한 조치를 검토하고 그 결과에 따라 취하여야 할 조치를 양 체약국에 권고한다.

이를 위하여 필요한 때에는 전문가로 구성된 하부 기구를 설치할 수 있다.

4. 본협정의 규정 및 위원회가 권고하고 양 체약국이 수락한 조치가 유효하게 시행되고 있는가를 확인하기 위하여 수시 필요한 수단을 취할 수 있다.

5. 위원회는 본협정 규정의 유효한 실시를 확보하기 위하여 필요하다고 인정되는 조치를 관계 체약국에 권고할 수 있다. 이 목적을 위하여 위원회는 동 관계 체약국에 대하여 본협정 규정의 실시에 관련된 자료, 기록 및 기타 정보의 제출을 요청할 수 있으며 동 관계 체약국은 지체 없이 이에 응하여야 한다.

6. 위원회의 요청에 따라 양 체약국이 제공하는 자료, 통계, 기록을 검토하고 연구한다.

7. 본협정 위반에 관한 동등의 협의 세목의 제정에 관하여 심의하고 결정하여 양 체약국에 권고한다.

8. 기타 협정 실시에 따른 기술적 제 문제를 검토하고 필요하다고 인정될 때에는 취하여야 할 조치에 관하여 양국 정부에 권고한다.

9. 위원회의 사업, 조사 및 인정 사실에 관한 보고를 적당한 권고와 함께 매년 양 체약국에 제출하며, 또한 적당하다고 인정하는 경우에는 언제든지, 본협정의 목적에 관련 있는 사항에 관하여 양 체약국에 통고한다.

10. 기타 본협정에 규정된 업무 또는 권한을 수행 또는 행사한다.

제9조

1. 양 체약국은 양국의 어업의 발전과 향상을 도모하기 위하여 기술 및 경제의 분야에 있어서 가능한 한 상호 밀접하게 협력하는 것으로 한다.

이와 같은 협력에는 다음의 사항이 포함된다.

가. 어업에 관한 정보 및 기술의 상호 교환

나. 어업 전문가 및 기술자의 상호 교류

2. 양 체약국은 가능한 한 양국 간의 어업 능력의 격차를 단시일 내에 제거하기 위하여 실효적인 어업협력을 촉진한다.

제10조

1. 양 체약국은 각기 그 국민 및 어선이 본협정을 성실하게 준수하는 것을 확보하기 위하여 적절한 지도 및 감독을 행하고 별칙을 포함하는 국내 조치를 실시한다.

2. 양 체약국은 각기 그 국민 및 어선에 의한 독점 어업수역의 외측에 있어서의 본협정의 위반을 단속하고 재판하기 위하여 필요하고 적절한 조치를 취한다.

3. 일방 체약국의 권한 있는 관헌은 타방 체약국의 어선이 현재 본협정을 명백하게 위반하고 있다고 믿을 만한 상당한 이유가 있는 사실을 발견하였을 때에는 곧 이를 그 어선이 속하는 당해 타방 체약국의 권한 있는 관헌에게 통보할 수 있다. 이와 같은 통보를 받은 당해 타방 체약국은 당해 어선의 단속 및 이에 대한 재판 관할권의 행사에 있어서 그 통보를 존중하는 것으로 하며 그 결과 취하여진 조치를 당해 일방 체약국에 대하여 통보한다.

제11조

본협정 부속서 (1)에 규정된 감찰을 소지하지 아니하거나 표지를 부착하지 아니하고 공동규제수역 내에서 조업하는 어선이 발견될 경우에는, 양 체약국의 감시선은 당해 어선을 정선시켜 본협정의 위반 사실을 확인할 수 있으며, 당해 어선이 타방 체약국에 속하는 경우에는, 이를 당해 타방 체약국에 인도한다.

제12조

어느 일방 체약국은 본협정의 단속에 관한 규정이 실효적으로 시행되고 있지 아니하다고 인정할 경우에는 본협정의 발효 후 1년이 경과하면 곧 타방 체약국에 협의를 요구할 수 있으며, 당해 타방 체약국은 이에 응하는 것으로 한다. 단, 협의가 요청된 날로부터 6개월 이내에 합의에 달하지 못하면, 합의가 성립할 때까지 양 체약국은 양국의 국민 및 어선에 의한 본협정 위반에 대한 단속을 공히 행한다.

제13조

양국 어선의 조업의 안전과 질서에 관한 사항은 부속서 (2)에 규정하는 바에 따른다.

1370 제14조

본협정의 해석 및 적용에 관한 양 체약국 간의 분쟁은 외교교섭을 통하여 해결한다.

1371 제15조

본협정의 개정에 관한 일방 체약국으로부터의 요청이 있을 경우에는 타방 체약국은 이를 위한 협의에 응하기로 한다.

1372 제16조

1. 본협정은 비준되어야 한다. 비준서는 조속히 에서 교환된다.
본협정은 비준서가 교환된 날로부터 효력을 발생한다.
2. 본협정은 효력발생일로부터 3년간 유효하며, 그 후에는 본조 제3항에 정하는 바에 따라 종결될 때까지 효력을 존속한다.
3. 어느 체약국도 타방 체약국에 대하여 6개월의 사전 통고를 함으로써 최초의 3년의 기간이 만료할 때 또는 그 후 언제든지 본협정을 종결시킬 수 있다.

1373 이상의 증거로서 하기 서명자는 정당히 권한을 위임받아 본협정에 서명하였다.

1965년 월 일 : 에서 동등이 정문인 한국어, 일본어 및 영어에 의하여 본서 2통을 작성하였다.

해석상의 상위가 있을 경우에는 영어 정본에 의한다.

대한민국을 위하여
일본국을 위하여

첨부물

54-2. 어업협정 부속서(1)(안)

별첨 2

<u>부속서(1)(안)</u>

1. 최고 출어 척수 또는 통수(공동규제수역 내에 있어서의 조업을 위하여 감찰을 소지하고 또한 표지를 부착하여 동시에 동 수역 내에 출어하고 있는 어선의 척수 또는 통수의 최고 한도를 말한다)는 다음과 같이 한다.

가. 50톤 미만의 어선에 의한 저인망 어업에 대하여는 115척

나. 50톤 이상의 어선에 의한 저인망 어업에 대하여는,

(1) 11월 1일부터 익년의 4월 30일까지의 기간에 있어서는 270척

(2) 5월 1일부터 10월 31일까지의 기간에 있어서는 100척

단, 본 항의 척수는 저인망 어선을 기준을 한 것이며, 트롤 어선 1척은 저인망 어선 2척으로 환산된다.

다. 40톤 이상의 망선에 의한 선망 어업에 대하여는,

(1) 1월 16일부터 5월 15일까지의 기간에 있어서는 60통

(2) 5월 16일부터 익년의 1월 15일까지의 기간에 있어서는 120통

라. 60톤 이상의 어선에 의한 고등어 채낚기 어업에 대하여는 15척

단, 조업 기간은 6월 1일부터 12월 31일까지로 하며, 조업 구역은 대한민국의 경상북도와 경상남도와의 경계선과 해안선과의 교점과 북위 35도 30분과 동경 130도와의 교점을 연결하는 직선 이남, 제주도의 서 측에 있어서는 북위 33도 30분 이남의 수역으로 한다.

마. 대한민국의 어선과 일본국의 어선과의 어획 능력의 격차가 있는 동안, 대한민국의 출어 척수 또는 통수는 양국 정부 간의 협의에 따라 본협정의 최고 출어 척수 또는 통수를 기준으로 하고 그 격차를 고려하여 조정된다.

2. 어선의 규모는 다음과 같이 한다.

　가. 저인망 어업 가운데에서,

　　(1) 트롤 어업 이외의 것에 대하여는 30톤 이상 170톤 이하

　　(2) 트롤 어업에 대하여는 100톤 이상 550톤 이하

　단, 50톤 이상의 어선에 의한 저인망 어업(대한민국이 동해에 있어서 인정하고 있는 60톤 미만의 새우 저인망 어업을 제외한다)은, 동경 128도 이동의 수역에 있어서는, 행하지 아니하는 것으로 한다.

　나. 선망 어업에 대하여는 망선 40톤 이상 100톤 이하

　다. 60톤 이상의 어선에 의한 고등어 채낚기 어업에 대하여는 100톤 이하

3. 망목(해중에 있어서의 내경으로 한다)은 다음과 같이 한다.

　가. 50톤 미만의 어선에 의한 저인망 어업에 대하여는 33밀리미터 이상

　나. 50톤 이상의 어선에 의한 저인망 어업에 대하여는 54밀리미터 이상

　다. 선망 어업에 대하여는 30밀리미터 이상

　(전갱이 또는 고등어를 대상으로 하는 선망의 주요 부분의 망목으로 한다)

4. 광력은 다음과 같이 한다.

　가. 선망 어업에 대하여는 1통당 10킬로와트 이하의 등선 2척 및 7.5킬로와트 이하의 등선 1척으로 하고, 합계 27.5킬로와트 이하

　나. 60톤 이상의 어선에 의한 고등어 낚시 어업에 대하여는 10킬로와트 이하

5. 감찰 및 표지는 다음과 같이 한다.

　가. 공동규제수역 내에 출어하는 어선은 양 체약국의 정부가 각기 발급하는 감찰을 소지하고, 또한 표지를 부착하는 것으로 한다.

　나. (감찰 및 표지의 양식 및 규격은 양 체약국 간의 합의에 의하여 정한다.)

　다. 감찰 및 표지의 총수는 잠정적 어업규제 조치의 대상이 되는 어업별로 당해 어업에 관한 최고 출어 척수 및 통수로 한다.

6. 정의

가. (어선에 관한 정의)

나. (어업에 관한 정의: 통의 정의를 포함함)

다. ('마일'의 정의)

라. (어선 규모의 '톤'에 대한 정의)

마. (기타 필요한 정의)

부속서(2)(안)

(양국 어선 간의 조업 안전 및 질서의 유지에 관한 사항)

첨부물

54-3. 어업협정 관련 합의의사록(안)

별첨 3

대한민국과 일본국 간의 어업자원의 보존 및 어업협력에 관한 잠정 협정에 관한 합의의사록(안)

대한민국 전권대표와 일본국 전권대표는 금일 서명된 대한민국과 일본국 간의 어업자원의 보존 및 어업협력에 관한 잠정 협정에 관하여 다음과 같이 합의하였다.

1. 연간 총 어획 기준량

　가. 공동규제수역 내에 있어서의 저인망, 선망 및 60톤 이상의 어선에 의한 고등어 채낚기 어업에 의한 연간 총 어획 기준량은 15만 톤(상하 10퍼센트의 변동이 있을 수 있다)으로 하며, 일본국에 대하여는, 이 15만 톤의 내역은 50톤 미만의 어선에 의한 저인망 어업에 대하여는 1만 톤, 50톤 이상의 어선에 의한 저인망 어업에 대하여는 3만 톤, 및 선망 어업과 60톤 이상의 어선에 의한 고등어 채낚기 어업에 대하여는 11만 톤인 것으로 한다. 연간 총 어획 기준량은 최고 출어 척수 또는 통수에 의하여 조업을 규제함에 있어서 지표가 되는 수량이다.

　나. 공동규제수역 내에 있어서의 저인망, 선망 및 60톤 이상의 어선에 의한 고등어 채낚기 어업에 의한 연간 총 어획량이 15만 톤을 초과하리라고 인정하는 경우에는 어기 중에 있어서도 연간 총 어획량을 16만 5천 톤 이하로 그치도록 하기 위하여 출어 척수 또는 통수를 억제하도록 행정 지도를 행한다.

　다. 일방 체약국의 정부는 자국의 출어 어선에 의한 공동규제수역 내에 있어서의 그 어획량의 보고 및 양륙항에 있어서의 조사를 통하여 어업 및 어획량을 월별로 집계하고 그 결과를 그 익월 초에 타방 체약국의 정부에 통보한다.

　라. 감찰 및 표지를 소지하고 부착한 어선의 어획물은 공동규제수역 내에서 어획된 것으로 간주한다.

1380   마. 어획물의 양륙은 양 체약국의 정부가 협의하여 지정하는 항구에서만 행하기로 한다.

바. 일방 체약국의 권한 있는 공무원은 어획물의 양륙 상황을 수시로 시찰하고 어획량을 확인할 수 있으며, 타방 체약국은 이를 위하여 가능한 한 모든 편의를 제공한다.

1381   2. 최고 출어 척수 및 통수에 관하여

가. 각 체약국의 정부는 공동규제의 대상이 되는 어업별로 특정의 서식에 의하여 연간 출어 예상 어선의 명단을 일련번호를 부쳐 당해 연도 전에 타방 체약국 정부에 통보한다. 그러한 서식에는 일련번호, 어업의 종류, 선명, 어선 규모, 소유자의 주소 및 성명 등이 포함된다.

나. 각 체약국은, 공동규제수역 내의 어업별 조업 구역별로 특히 지정된 감시선이 동 조업 구역 내에 출어하는 어업별 어선의 상황을 각 출어 기지로부터 보고받아 확인하도록 하고 동 어선의 표지 번호 및 전기 가.에서 언급된 일련번호를 매일 일정 시각에 타방 체약국의 특히 지정된 감시선에 무전으로 통보하도록 한다. 그러한 감시선 간의 무전 교신에 관하여는 별도로 합의하여 정한다.

다. 일본국은 공동규제수역 가운데에서 대한민국의 경상북도와 경상남도와의 경계선과 해안선과의 교점과 북위 35도 30분과 동경 130도와의 교점을 연결하는 직선 이북의 동해의 수역에 있어서는 동시에 조업할 수 있는 일본국의 저인망 어선은 25척을 상회하는 일이 없도록 하며, 11월 1일부터 익년의 4월 30일까지의 기간 이외에 있어서는 조업하지 아니하도록 하며, 수심 300미터 이천의 부분에 있어서는 조업하지 아니하도록 하며, 또한 새우의 혼획을 매 항해의 총 어획량의 20퍼센트를 초과하지 아니하는 범위 내에 그치도록 한다.

라. 본협정 성립 시에는 일본국에 현존하는 100톤 이상의 선 망어선 1척은 본협정 부속서 (1) 2. 나.에 대한 예외로서 조업이 인정된다.

1382   3. 감찰 및 표지에 관하여

가. 감찰 및 표지의 총수는, 어업의 실태에 비추어, 50톤 이상의 저인망 어업에 대하여는 그 최고 출어 척수의 15퍼센트까지. 50톤 미만의 저인망 어업에 대하여는 그 최고 출어 척수의 20퍼센트까지 각각 증가 발급할 수 있다.

나. 감찰 및 표지는 항구 내에 있어서의 경우를 제외하고 해상에 있어서 어느 어선으로부터 다른 어선에 인도되는 일이 없도록 양 체약국은 행정 지도를 하는 것으로 한다.

다. 감찰 및 표지는 각 체약국의 책임하에 발행되고 특히 지정된 기관에 의하여 배부되는 것으로 한다.

라. 위의 다.에서 말하는 특히 지정된 기관은 감찰 및 표지의 배부 상황을 명백히 파악할 수 있는 대장을 비치하여야 한다.

마. 공동규제수역 내에서의 규제 대상이 되는 어업별 어획량이 연간 총 어획 기준량(상하 10퍼센트의 변동이 있을 수 있음)에 달하였을 때에는 즉시 감찰 및 표지가 회수되고 필요한 조치가 취하여 져야 한다.

4. 연안 어업의 자주 규제에 관하여

가. 잠정적 어업규제 조치의 적용의 대상이 되지 아니하는 종류의 어업에 종사하는 양 체약국의 어선으로서 공동규제수역 내에 출어하는 것 가운데 60톤 미만 고등어 낚시 어선의 조업 기간은 6월 1일부터 12월 31일까지로 하며, 그 조업 구역은 공동규제수역 가운데에서 대한민국의 경상북도와 경상남도와의 경계선과 해안선과의 교점과 북위 35도 30분과 동경 130도와의 교점을 연결하는 직선 이남, 제주도의 서 측에 있어서는 북위 33도 30분 이남의 수역으로 하며, 일본국 어선의 척수는 175척을 상회하지 아니하는 것으로 한다.

나. 잠정적 어업규제 조치의 적용의 대상이 되지 아니하는 종류의 어업에 종사하는 일본국의 어선으로서 공동규제수역 내에 출어하는 척수는 1,700척을 상회하지 아니하기로 하며, 동 조업 구역은 동해에 있어서는 북위 35도 이남 및 서해에 있어서는 동경 126도 이북의 수역으로 한다.

다. 위의 나.에서 말하는 1,700척의 어업별 어선의 규모와 척수는 본협정 체결 당시의 현상을 유지하는 것으로 하여, 그중 낚시 어업, 자망 어업, 예승 어업, 연승 어업에 종사하는 어선의 규모는 5톤 미만의 것으로 하고, 그 척수는 각각 다음과 같은 것으로 한다.

   (1) 낚시 어업   척

   (2) 자망 어업   척

   (3) 예승 어업   척

(4) 연승 어업　　　　　척

단, 연승 어업에 종사하는 어선의 일부는 5톤을 초과할 수 있는 것으로 한다.

라. 양 체약국의 정부는 연안 어업의 조업의 실태에 관하여 정보 교환을 행하며 어장 질서를 유지하기 위하여 필요한 때에는 협의를 행한다.

5. 국내 어업금지수역 등의 상호존중에 관하여

가. 양 체약국은 각각 타방 체약국의 다음의 국내 어업금지수역에 있어서 자국의 어선이 당해 어업에 종사하지 아니하도록 하기 위하여 필요한 조치를 한다.

(1) 대한민국 정부가 현재 설정하고 있는 저인망 및 트롤 어업에 대한 어업금지수역

(2) 일본국 정부가 현재 설정하고 있는 저인망 및 선망 어업에 대한 어업금지수역 및 저인망 어업에 대한 동경 128도, 동경 128도 30분, 북위 33도 9분 15초 및 북위 25도의 각 선으로 둘러싸인 수역

나. 대한민국이 위의 가. (1)의 어업금지수역 내의 서해의 부분에 있어서 대한민국의 50톤 미만의 저인망 어업 및 동 수역 내의 동해의 부분에 있어서 대한민국의 새우 저인망 어업에 관하여 실시하고 있는 제도는 예외적으로 인정된다.

다. 일방 체약국의 감시선은 자국의 국내 어업금지수역에 있어서 타방 체약국의 어선이 조업하고 있음을 발견하였을 경우에는 그 사실에 관하여 당해 어선의 주의를 환기하고 조속히 그 뜻을 당해 타방 체약국의 감시선에 통보할 수 있다. 당해 타방 체약국은 당해 어선의 단속 및 이에 대한 재판 관할권의 행사에 있어서 그 통보를 존중하는 것으로 하며, 그 결과 취하여진 조치를 당해 일방 체약국에 통보한다.

6. 협정 시행 및 단속 상황의 시찰에 관하여

일방 체약국은 타방 체약국의 요청이 있을 경우에는 자국 내에 있어서의 본협정의 시행 및 단속의 실시 상황을 시찰하도록 하기 위한 편의를 이를 위하여 특히 권한을 부여받은 타방국의 관헌에게 가능한 한 부여한다.

7. 어선의 협정 규정 위반 사항의 확인 방도에 관하여

(협정을 위반한 어선에 대한 위반 사실의 확인 방도는 계속 협의하여 정한다.)

첨부물

54-4. 어업협정 관련 일방적 성명(안)

별첨 4

대한민국과 일본국 간의 어업자원의 보존 및 어업협력에 관한 잠정 협정의 서명에 즈음하여 행하는 대한민국 외무부 장관의 성명(안)

본 장관은, 금일 대한민국과 일본국 간의 어업자원의 보존 및 어업협력에 관한 잠정 협정이 서명됨에 즈음하여, 동 협정이 발효하고 또한 대한민국이 독점 어업수역을 선포하였을 때에는, 대한민국 정부는 대한민국의 감시선에 의한 일본국 어선의 독점 어업수역 침범의 사실의 확인과 어선 및 선원의 취급에 대하여 국제 통념에 따라 공정 타당하게 처리할 용의가 있음을 성명한다.

대한민국과 일본국 간의 어업자원의 보존 및 어업협력에 관한 잠정 협정의 서명에 즈음하여 행하는 일본국 외무대신의 성명(안)

본 대신은, 금일 일본국과 대한민국 간의 어업자원의 보존 및 어업협력에 관한 잠정 협정이 서명됨에 즈음하여, 동 협정이 발효하고 또한 일본국이 독점 어업수역을 선포하였을 때에는, 일본국 정부는 일본국 감시선에 의한 대한민국 어선의 독점 어업수역 침범 사실의 확인과 어선 및 선원의 취급에 대하여 국제 통념에 따라 공정 타당하게 처리할 용의가 있음을 성명한다.

1390   대한민국과 일본국 간의 어업자원의 보존 및 어업협력에 관한 잠정 협정의
서명에 즈음하여 행하는 대한민국 외무부 장관의 성명(안)

본 장관은, 금일 대한민국과 일본국 간의 어업자원의 보존 및 어업협력에 관한 잠정 협정이 서명됨에 즈음하여, 동 협정이 발효하면 대한민국의 영해 및 대한민국의 독점 어업수역이 선포되었을 경우에는 동 수역에 있어서의 무해통항(어선은 어구를 격납한 경우에 한한다)이 국제법규에 따르는 것임을 성명한다.

1391   대한민국과 일본국 간의 어업자원의 보존 및 어업협력에 관한 잠정 협정의
서명에 즈음하여 행하는 일본국 외무대신의 성명(안)

본 대신은, 금일 일본국과 대한민국 간의 어업자원의 보존 및 어업협력에 관한 잠정 협정이 서명됨에 즈음하여, 동 협정이 발효하면 일본국의 영해 및 일본국의 독점 어업수역이 선포되었을 경우에는 동 수역에 있어서의 무해통항(어선은 어구를 격납한 경우에 한한다)이 국제법규에 따르는 것임을 성명한다.

1392   대한민국과 일본국 간의 어업자원의 보존 및 어업협력에 관한 잠정 협정의
서명에 즈음하여 행하는 대한민국 농림부 장관의 성명(안)

본 장관은 금일 대한민국과 일본국 간의 어업자원의 보존 및 어업협력에 관한 잠정 협정이 서명됨에 즈음하여, 대한민국 정부가 협정에 규정된 공동규제수역 내의 고래 자원의 상태에 깊은 관심을 가지고 있으므로, 동 수역 내에 있어서, 소형 포경어업의 조업 척수를 현재 이상으로 증가시키거나 그 어획 노력을 현재 이상으로 증대시키지 아니하며, 또한 대형 포경선은 금후에도 현재 정도 이상으로 출어하지 아니하도록 확

보할 것임을 성명한다.

1393 대한민국과 일본국 간의 어업자원의 보존 및 어업협력에 관한 잠정 협정의 서명에 즈음하여 행하는 대한민국 농림부 장관의 성명(안)

　　본 장관은 금일 대한민국과 일본국 간의 어업자원의 보존 및 어업협력에 관한 잠정 협정이 서명됨에 즈음하여, 대한민국 정부가 협정에 규정된 공동규제수역 내의 고래 자원의 상태에 깊은 관심을 가지고 있으므로, 동 수역 내에 있어서, 소형 포경어업의 조업 척수를 현재 이상으로 증가시키거나 그 어획 노력을 현재 이상으로 증대시키지 아니하며, 또한 대형 포경선은 금후에도 현재 정도 이상으로 출어하지 아니하도록 확보할 것임을 성명한다.

첨부물

54-5. 어업협정 관련 교환 공한(안)

별첨 5

(한국 측 공한)(안)

 본인은 금일 서명된 대한민국과 일본국 간의 어업자원의 보존 및 어업협력에 관한 잠정 협정 제1조에 관련하여 대한민국 정부가 대한민국의 독점 어업수역을 선포함에 있어 다음의 직선기선을 사용할 것임을 언명하는 영광을 가집니다.
 1. 장기갑 및 달만갑을 연결하는 직선에 의한 만구의 폐쇄선
 2. 화암추 및 범월갑을 연결하는 직선에 의한 만구의 폐쇄선
 3. 1.5미터 암, 생도, 홍도, 간여암, 상백도 및 거문도를 차례로 연결하는 직선기선
 4. 소령도, 서격렬비도, 어청도, 작도, 상왕등도 및 횡도(안마군도)를 차례로 연결하는 직선기선
 본인은 각하가 전기의 직선기선의 사용과 관련하여 일본국 정부가 이의를 제기하지 않을 것임을 일본국 정부를 대신하여 확인하시기 바랍니다.
 본인은 이 기회에 각하께 경의를 표하는 바입니다.

(일본 측 공한)(안)

 본인은 금일 자 각하의 다음의 공한을 접수한 것을 확인하는 영광을 가집니다.

- 한국 측 공한 -

 본인은 대한민국 정부가 대한민국의 독점 어업수역을 선포함에 있어 각하의 공한에서 언급된 직선기선을 사용하는 데 관련하여 일본국 정부가 이의를 제기하지 않을 것임을 일본국 정부를 대신하여 확인합니다.
 본인은 이 기회에 각하께 경의를 표하는 바입니다.

(한국 측 공한)(안)

본인은 금일 서명된 대한민국과 일본국 간의 어업자원의 보존 및 어업협력에 관한 잠정 협정 제1조에 관련하여 대한민국 정부가 대한민국의 독점 어업수역을 선포함에 있어 잠정적 조치로서 대한민국의 독점 어업수역을 구획하는 선과 다음의 각 선에 의하여 싸이는 수역을 당분간 대한민국의 독점 어업수역에 포함하는 것으로 할 것을 대한민국 정부를 대신하여 제의하는 영광을 가집니다.

1. 북위 33도 48분 15초와 동경 127도 21분과의 교점, 북위 33도 47분 30초와 동경 127도 13분과의 교점 및 우도의 진동 12마일의 점을 차례로 연결하는 직선

2. 북위 33도 56분 25초와 동경 125도 55분 30초와의 교점과 북위 33도 24분 20초와 동경 125도 56분 20초와의 교점을 연결하는 직선

본인은 일본국 정부가 전기의 제안에 동의하면 본 공한 및 그 취지를 확인하는 각하의 회한이 대한민국 정부와 일본국 정부 간의 합의를 구성하는 것으로 할 것을 제안하는 바입니다.

본인은 이 기회에 각하께 경의를 표하는 바입니다.

(일본 측 공한)(안)

본인은 금일 자 각하의 다음의 공한을 접수한 것을 확인하는 영광을 가집니다.

- 한국 측 공한 -

본인은 일본국 정부가 전기의 제안에 동의한다는 것과 각하의 공한 및 회한을 일본국 정부와 대한민국 정부 간의 합의로 구성하는 것으로 하는 데 동의함을 각하께 통보하는 바입니다.

본인은 이 기회에 각하께 경의를 표하는 바입니다.

첨부물

54-6. 어업협력 차관 관련 교환 공한 요강 안

별첨 6

어업협력차관에 관한 교환 공한 요강 안

1. 정부의 지불보증이 필요 없는 민간신용제공으로 함.

2. 제공의 총액은 90,000,000.00불임. 제공 기간은 3년으로 함.

단, 제1차 연도에는 40,000,000.00불, 제2차 연도에는 30,000,000.00불, 제3차 연도에는 20,000,000.00불로 함.

3. 금리에 있어서는 총액 중 40,000,000.00불에 대하여는 연리 5퍼센트, 나머지 50,000,000.00불에 대하여는 연리 5.75퍼센트로 함. 상환 기간은 거치 기간 3년 후 7년간에 균등 상환하는 것으로 하며, 착수금은 없는 것으로 함.

4. 일본 정부는 그러한 민간신용제공을 촉진함.

5. 구매는 한국 정부가 지정하는 기관(예컨대, 수산업협동조합 등)이 일괄 구매함.

6. 상환은 현물(수산물)로도 가능함.

7. 구매 대상 품목의 대강 및 구입 계획

8. 한일어업협력위원회의 설치, 양측의 수석위원은 양국의 농림부 장관으로 함.

9. 자금은 어업협정의 발효 이전에도 사용될 수 있음.

55. 어업공동위원회 규정 관련 수정 안 건의 전문

번호: JAW-05058

일시: 041956

수신인: 외무부 장관
발신인: 수석대표

연: JAW-04534

1. 공동위원회 규정에 관한 일본 측과의 토의과정을 참작하여, 아 측은 아래와 같은 수정안을 내 5. 6(목) 오전 어업위원회에 제시하고자 하오니 지급 회시 바람.

2. 수정안은 아래와 같음.
가. 위원회 설치 및 유지에 관하여,
　　1) 양 체약국은 본협정의 목적을 달성하기 위하여 한일 어업공동위원회(이하 위원회라 함)를 설치하고 유지한다.
　　2) 위원회는 2개의 국별 위원부로 구성되며 각국별 위원부는 각 체약국 정부가 임명하는 3인의 위원으로 구성된다.
　　3) 위원회의 모든 결의, 권고 및 기타의 결정은 국별 위원부 간의 합의에 의하여 행한다.
　　4) 위원회는 그 회의의 운영에 관한 규칙을 결정하며, 필요가 있을 때에는 이를 개정할 수 있다.
　　5) 위원회는 매년 적어도 1회 회합하며, 또한 그 외에 일방의 국별 위원부의 요청에 의하여 회합할 수 있다. 제1회 회의의 일자와 장소는 양 체약국 간의 합의에 의하여 결정한다.
　　6) 위원회는 제1회 회의에서 의장과 부의장을 상이한 국별 위원부에서 결정한다.

의장 및 부의장의 임기는 1년으로 한다.

국별 위원부에서의 의장 및 부의장의 선정은, 각년에 있어서 각 체약국이 이들이 위의 순번으로 대표되도록 행하는 것으로 한다.

7) 위원회 밑에 상설 사무국이 설치된다. 위원회는 의장의 추천에 따라 사무국장을 임명한다. 사무국장의 임기는 1년으로 한다.

8) 위원회의 공용어는 한국어, 일본어 및 영어로 한다. 제안 및 자료는 어떠한 공용어라도 제출될 수 있다.

9) 체약국은 자국의 국별 위원부의 경비를 결정하고 지불한다. 위원회의 공동경비는 위원회가 권고하고 양 체약국이 승인하는 형식 및 할당에 의하여 체약국이 부담하는 분담금으로 위원회가 지불한다.

10) 위원회는 그 공동경비를 위한 자금 지출의 권한을 가진다. 위원회는 그 임무를 수행하귀 위하여 필요한 인원을 고용하며 필요한 편의를 취득할 수 있다.

　나. 위원회의 임무와 권한에 관하여

1) 양 체약국이 공통의 관심을 가지는 수역에 있어서의 어업자원의 연구를 위하여 행하는 과학적 조사에 대하여 또한 그 조사와 연구의 결과에 의거하여 취하여야 할 규제 조치에 대하여 양 체약국에 권고한다.

2) 공동자원조사수역의 위치 및 범위에 관하여 필요에 따라 양 체약국에 권고한다.

3) '정례 연차회의에서 그 당시에 실시되고 있는' 잠정적 어업규제 조치가 합당한가를 검토하고, 필요에 따라 부속서에 규정된 잠정적 어업규제 조치의 개정에 관하여 규정하고 이를 양 체약국에 권고한다.

4) '정례 연차회의에서 그 당시에 실시되고 있는' 양국 어선 간의 조업의 안정과 질서에 관한 규정이 합당한가를 검토하고 그 결과에 따라 취하여야 할 조치를 규정하여 이를 양 체약국에 권고한다.

5) 본협정의 규정 및 위원회가 권고하고 양 체약국이 수락한 조치가 유효하게 시행되고 있는가를 확인하기 위하여 수시 필요한 수단을 취할 수 있다.

6) 위원회의 요청에 따라 양 체약국이 제공하는 자료, 통계, 기록을 편집하고 연구한다.

7) 본협정 위반에 관한 동등의 형의 세목의 제정에 관하여 심의하고 결정하여 양 체약국에 권고한다.

8) 위원회의 사업, 조사 및 실정 사실에 관한 보고를 적당한 권고와 함께 매년 양 체약국에 제출하며, 또한 적당하다고 인정하는 경우에는 언제든지, 본협정의 목적에 관련 있는 사항에 관하여 양 체약국에 통고한다.

9) 기타 협정 실시에 따른 기술적 제 문제를 검토하고 필요하다고 인정될 때에는 취하여야 할 조치에 관하여 양국 정부에 권고한다.

10) 필요에 따라 전문가로 구성된 하부 기구를 설치할 수 있다.

3. 위의 수정안에 있어서 아 측 원안과의 주요 차이점은 다음과 같음.

가. 사무국을 상설로 하되 위원회 밑에 두며 사무국장은 임명제로 함.

나. 위원회가 직접 자원조사를 행하지 아니한다는 점을 명백히 함.

다. 위원회가 부속서에 규정된 잠정적 규제 조치를 '개정'하는 대신에 개정에 관하여 '권고'하도록 하였음.

라. 체약국의 자료 제출 의무를 위원회 규정에 포함시키는 것이 적당하지 않을 것으로 판단되어 관계 규정을 일단 삭제하고 금후의 협정문 교섭에 독립 조항으로 삽입되도록 교섭 위계임.(주일정 – 외아북)

57. 대표단 건의에 대한 회신 전문

번호: WJA-05059

일시: 0524070[1965. 5. 5]

수신인: 한일회담 수석대표

대: JAW-05058

1. 대호 전문 건의는 접수하였음.

2. 건의 내용을 검토하고 귀하가 건의한 취지는 이해하오나 일단 아 측 협정안을 작업 제시한 것인 만큼. 대호 3항 건의대로 수정함을 회담에 이롭지 못한 것으로 사료되므로 명 6일 회의에서는 이미 훈령한 바에 따라 적의 회의를 진행시켜 주시기 바람.

3. 귀 건의를 포함한 한일회담의 전반적 문제는 명일 귀하의 귀국 후 협의하고자 함을 첨언함.

장관

58. 한국 측 어업협정안에 대한 일본 측 반응 보고 전문

번호: JAW-05073

일시: 061454[1965. 5. 6]

수신인: 장관

발신인: 수석대표

금 6일 15차 어업위원회가 끝난 후 지난 5.4에 아 측이 제시한 어업협정안에 관하여 이규성 공사가 히로세 참사관과 개별적으로 접촉한 결과를 아래와 같이 보고함.

1. 일본 측은 방금 아 측 제시안을 정확히 번역 중인 바(아 측도 설명 자료로 일어 번역문을 첨부하여 주었음) 금일중으로 이것이 끝날 것이 예상되므로 빠르면 금일 저녁에 우시바 심의관이 출장에서 돌아오는 것을 기다려 아세아국이 주동이 되어 조약국 및 수산청과 아 측 안의 구체적 검토에 들어갈 예정이라 함.

2. 일본 측은 아 측 안에 대한 공식 반응을 되도록 조속히 문서로서 제시할 예정이라 하며 10일(월)을 목표로 하고 있으나 일 양일 가량 늦어질지도 모른다고 함.

3. 일본 측은 또한 우선 INITIAL 반응을 전하기 위하여 명일 우시바 심의관, 우시로쿠 국장 등이 이 공사를 외무성으로 초치할 계획을 가지고 있다고 함.(주일정-외아북)

59. 제7차 한일회담 어업위원회 제15차 회의 결과 보고 전문

번호: JAW-05077

일시: 061624[1965. 5. 6]

수신인: 외무부 장관
발신인: 수석대표
참조: 농림부 장관, 김동조 대사

어업위원회 제15차 회의(5. 6, 10:45~11:45) 보고

1. 참석자: 한국 측: 이규성 공사, 김명년 대표, 김정태 1등서기관, 최광수 동북아과장, 배동환 원양어업과장, 신광윤 수산진흥원 과장 및 기타 보좌관들

   일본 측: 히로세 대표, 야스후쿠 어업조정과장, 가와가미 조사관 및 기타 보좌관들

2. 토의 내용

WJA-05059 훈령에 따라 공동위원회에 관한 우리의 개정안은 제시하지 않고 종전안을 기초로 다음과 같이 토의를 진행시켰음.

    가. 일본 측은 전번 회의에서와 같이 제8조 4항의 규정이 일본 안 합의의사록 1의 (4), 육상 단속과 중첩이 되어 불필요한 것이라 되풀이하였으며, 이에 대해 우리 측은 후자의 경우는 일방적인 행위이고 전자는 쌍방에 의한 공동 행위로서 성격이 다른 건이니 중첩되지 않는다고 설명함.

    나. 일본 측은 제8조 2항의 규정에 관해서는 일본에 관한 규제 조치의 개정은 국회를 거쳐야 하므로 이론상 가능하다 하더라도, 그 수정을 공동위원회에 결코 맡길 수 없다고 주장함

다. 일본 측은 제8조 1 및 3항에 관해서 그 취지에 대해서는 찬동하나 표현을 적절하게 수정하면 좋을 듯 하다고 말함

라. 제8조 5항 전단은 지나치게 포괄적인 것으로서 공동위원회의 제한될 권한에 모순되기 때문에 동의할 수 없다는 일본 측의 주장임.

마. 일본 측은 제8조 9항의 '…적당한 권고와 함께…'라는 규정이 불필요하며 한국 측이 고집하면 합의의사록 가운데 넣어도 좋으리라는 주장을 내세움.

바. 제7조 2항의 '상설 사무국'에 관하여 일본 측은 법률이나 이론적인 면에서가 아니라 과거의 경험에 비추어 그러한 성격의 사무국이 필요한 것이 되지 못한다고 주장하고 협정을 시행하다가 그 필요성이 느껴지면 설치할 수도 있는 것이라고 말함. 또 설치한다 해도 국별 위원부와 동격이어서는 안 되면 그 하부구조로 해야 할 것이라 함.

사. 제7조 5항에 있어서 일방의 요구에 의하여 일시와 장소에 관한 합의 없이 회합한다는 것은 부적당함으로 그런 취지도 명백히 해석할 수 있도록 일본 안과 같이 표현해야 할 것 같음.

아. 우리 측은 위와 같은 일본 측의 주장의 검토를 하고 수정할 것이 있으면 다음 회의에 제시하겠다고 말함.

자. 어선 간의 조업 안전과 질서 유지에 관한 우리 측 안을 제시하고 5. 8 오전 중에 실무과장급 회의에서 토의하도록 정함.

차. 일본 측은 분쟁의 해결에 관한 새로운 안이 아직 준비 안 되었으므로 준비되는 대로 다음 회의에서 제시하겠다고 함.

카. 다음 회의는 5. 10, 14:30

62. 한국 측 어업협정안 관련 일본 측과의 협의 결과 보고 전문

번호: JAW-05119

일시: 081327[1965. 5. 8]

수신인: 장관 (사본: 김동조 대사)

발신인: 수석대표 대리

금 8일 11:30 당부 이규성 공사는 일 외무성 우시바 심의관 및 히로세 참사관의 초치로 외무성을 방문하고 어업협정안에 관하여 약 1시간 면담한 바 그 결과를 아래와 같이 보고함.

1. 먼저 우시바 심의관은 지난 5. 4에 제시한 아 측 안에 대한 전반적인 감촉을 말한다면 당초부터 일본 측을 불신(MISTRUST)하는 데서 출발한 것이라고 보아 어업협정을 체결하려는 한국 측의 기본 정신을 의심하지 않을 수 없다고 하고 아 측 제시 초안에 전체적으로 이를 받아들일 수 없는 것이라고 하였음.

2. 일본 측은 기본적으로 가능한 한 조속히 각 현안에 관한 제 협정에 조인하자는 입장이나 금번 아 측 안은 중요한 부분에서 4. 3 합의사항에 상치하고 있을 뿐 아니라 이미 합의된 문서 형식까지 바꾼 점이 많이 있어 한국 측은 합의사항의 실질적 변동은 없고 단지 이를 보충 내지 추가한다는 입장이나 일본 측으로 보아서는 근본적인 합의사항의 변동이라고 하지 않을 수 없으며 따라서 토의의 대상이 되지 못하는 것이라고 하였음.

3. 또한 일본 측은 이와 같이 합의사항과 현저한 차이가 있는 협정안을 고집한다면 부득이 타 현안에 관한 교섭에도 지장을 주지 않을 수 없을 것으로 생각되며 이미 합의된 5월 중 조인이라는 목표가 완전히 불가능한 것이 될 것으로 생각된다 하고 한국

정부가 이 문제를 신중히 검토하여 어업교섭이 본래의 교섭 경위에 비추어 합의사항에 합치되는 방향으로 되돌아오기를 바란다고 말하였음.

4. 이에 대하여 이 공사는 한국 측 협정안에 관하여 여러 가지 이야기가 있으나 가장 중요한 점은 위반 단속에 있어 위반선이 속하는 국가만이 이를 행한다는 점과 어획량의 확인 문제가 가장 큰 것인데 소위 기국주의만 하더라도 아 측 안은 이미 합의된 내용을 변경하는 것이 아니라 악질적인 무표지선 또는 국내 어업금지선에서 조업하는 어선 등의 위반을 확인하자는 것이고 또한 어획량 확인 문제는 이를 해상에서 확인하자는 것이 아니고 육상에서 이미 양국이 국내적으로 취하고 잇는 절차에 따라 확인하자는 것인 만큼 일본 측으로 볼 때 실질적으로 어려운 문제가 되지 않을 것이라 하고 가능한 한 이와 같은 면에서 일본 측이 한국 측의 불안감을 제거할 수 있는 방책을 마련토록 함이 좋을 것이라 하였음.

5. 일본 측은 이 공사의 의도는 알겠으나 현재로서는 한국 측 안이 보충이나 추가가 아니라 실질적인 합의사항의 변동이므로 토의의 대상으로 삼을 수 없는 입장이라 함을 다시 강조하면서 특히 협정 유효기간에 관하여 타 현안에 있어서는 유효기간 문제가 없는데 어업협정에 있어서는 이것이 문제되니 이해할 수 없다고 하고 교섭의 경위로 보아 협정은 장기적인 것이며 규제 조치만은 잠정적인 것으로 할 수 있는 것인 바 유효기간 만료 후 한국 측이 다시 근본적인 문제로 되돌아와 논쟁이 재연되는 것은 곤란하기 때문에 역시 장기간의 협정이 되어야 할 것이라고 하였음.

6. 상기 면담에서 이 공사가 느낀 인상을 일본 측의 입장이 아 측 안을 토의의 대상으로 할 수 없다는 점에서 매우 강경한 듯 하였으며 또한 아 측 협정안에 관하여는 시나 외상 및 사토 수상에게 이미 보고를 행하고 그 지시를 받은 것으로 간취 되었사옵기 참고로 보고함.(주일정 – 외아북)

63. 한국 측 어업협정안에 대한 일본 측 견해 보고 전문

번호: JAW-05120

일시: 081410[1965. 5. 8]

수신인: 장관

발신인: 주일 대사

참조: 농림부 장관 사본: 주일 대사

아 측이 5월 4일에 제시한 어업협정안에 대하여 일본 측이 5월 8일 문서로 표시한 일본 측 견해는 아래와 같음.

아래

(한국 측 어업협정안에 관하여)

지난 5월 4일 이 공사로부터 제시된 '대한민국과 일본국 간의 어업자원의 보존 및 어업협력에 관한 잠정 협정(안)'에 관하여는 동 안이 지난 4월 3일에 '이니셜'된 '한일 간의 어업 문제에 관한 합의사항'에서 심히 이탈되고 있으므로, 동 안을 금후의 교섭 기초로 함은 도저히 불가능하다. 합의사항에 위반되는 사항의 예를 들면 특히 다음과 같다.

1. 어업수역에 관하여

가. 어업수역 설정의 성격에 관하여 교섭 과정에 있어서 일본 측은 동 수역이 협정에 의하여서만 설정될 수 있다는 입장을 취하였으며 한국 측은 동 수역은 우선 일방국이 일방적으로 설정하고 상대국이 이에 이의를 제기하지 않음을 협정상 약속한다는 입장을 취하였으므로 그 타협으로 '합의사항'에 있어서는 "양국은…설정할 권리가 있음을 상호 인정한다"라는 취지에 의하기로 하였음에 반하여 한국 안 제1조 등에서는 이를 "각 체약국은…수역으로서 선포할 권리를 가진다"라고 하고 있는 바 이는 상

기의 합의사항의 입장을 무시하는 것이다. 또한 어업수역은 양국 간의 합의에 따라 설정되는 것임으로 양국 사이 뿐의 문제일 것이므로 동 수역의 명칭으로서 '독점 어업수역'을 사용함은 국제 선례에 비추어 보아도 수락할 수 없다.

　나. 합의사항에 있어서는 직선기선을 사용할 경우에는 그 직선기선은 타방국 정부와 협의하여 결정하는 것으로 되어 있음에 반하여 한국 안의 제1조에는 기선에 관하여 이와 같은 규정이 없을 뿐만 아니라 교환 서한 안에 있어서 마치 연안국이 직선기선을 일방적으로 결정할 수 있으며 상대국은 단순히 이의를 제기하지 않는 것으로 하고 있음은 상기 (가) 항의 어업수역 설정에 관한 한일 쌍방 간의 사고방식의 타협인 '합의사항'을 무시하는 것이다.

　2. 어업수역 외측에 있어서의 단속에 관하여
　합의사항에서는 이 문제에 관하여 "어업에 관한 수역의 외측에 있어서의 단속(정선 및 임검을 포함) 및 재판 관할권은 어선이 소속하는 국가만이 행사한다"함을 명기할 것으로 합의되어 있음에도 불구하고 한국 안 제10조 2항에 있어서는 이러한 명문 규정이 되어 있지 않다. 또한 한국 안 제11조, 12조는 합의의사록 제1항(바) 및 제7항에 있어서는 이에 상반하는 입장으로 되어 있다.

　3. 잠정적 어업규제 조치의 실시에 관련하여 한국 안의 의사록 제1항 (다)의 하단 (라) (마) (바), 제2항 (가) (나), 제3항 (다) (라) (마)에 있어서 합의사항의 범위를 넘는 내용을 규정하고 있다.

　4. 합의사항에 포함되어 있는 특정 사항의 규정 형식에 관하여
　예를 들면 일본 측의 저인망 어선의 조업에 관한 한국 안의 합의의사록 안 제2항 (가) (나), 감찰 및 표식의 증가 발급에 관한 한국 안의 합의의사록 제3항 (가), 연안 어업의 자주 규제에 관한 한국 안의 합의의사록 제4항, 어업협력에 관한 한국 안의 본 협정 제9조 1 등에 있어 합의사항에서 합의된 형식과는 다른 형식으로 규정되어 있는 결과 실질적 내용의 변경이 의도되고 있다.

5. 연안 어업의 자주 규제에 관하여

한국 안의 합의의사록 제4항 (나)의 후단 및 (다)에 있어서, 교섭 경위에 비추어 보아 명백히 합의사항에 모순되는 신 제안이 행하여지고 있다.

6. 어업협력의 취급에 관하여

한국 안에서는, 협정을 어업 문제와 어업협력을 한데 묶은 협정으로 하려 하고 있는바, 합의사항에 의하면 어업협력은 어업협정과 별개 문제로 합의되어 있다.

7. 협정의 성격에 관하여

한국 안에 있어서는, 협정을 잠정 협정으로 하고 있는바, 이는 합의사항의 입장에 위반되는 것이다.

(이하는 별도로 작성된 문서의 내용임)

별도로 지적된 것 이외에도, 합의사항에 위반되는 것, 또는 합의사항의 대상으로 되어 있지 않은 사항에 관하여도, 일본 측으로서 도저히 수락할 수 없는 다수의 문제점이 있으며 그중에서, 예를 들면 다음과 같다.

또한, 표현 및 세부적인 구체적 규정의 방법에 있어서도 많은 이론이 있다.

1. 전문에 있어서 평화조약을 인용함은 불필요하다고 생각된다. 또한, 일본 정부는 연안국이 인접 공해에 있어서 특별한 이해관계를 가진다는 원칙이 국제적으로 확립되어 있다고는 인정하지 않으며, 조약에 규정되어 있는 제반 사항 중에서 잠정적 규제 조치만을 특히 기술함은 부적당하다.

2. 연안국의 영해 및 어업 관할권에 관한 입장의 유보를 행함은 영해에 관한 한국의 입장을 명백히 하지 않고 또한 평화선의 주장을 한국 측이 명시적으로 철회하지 않는 한 인정할 수 없다.

3. 협정수역의 개념을 도입함은(한국 안 제3조) 불필요하며 또한 이북과의 관계를 명백히 함이 필요하게 되므로 부적당하다.

4. 보존 조치에 관한 한국 안의 제4조 1은 합의사항의 내용과 합치시켜야 한다.

5. 부속서의 개정에 관한 한국 안 제4조 3은 합의사항의 정신에 위배되는 것이다.

6. 한국 안 제5조 2의 최초 부분은 '양 체약국의 영해 및 독점 어업수역을 제외한 수역'이라고 하고 있는바, 이는 이북과의 관계로 설명이 곤란해지므로 '공해 부분 중 어업수역을 제외한 부분'이라는 취지로 하여야 한다.

7. 어업공동위원회에 관한 한국 안 제7 및 8조에 관하여는 별도 교섭에 있어서 표시한 견해와 같다.

8. 한국 안 제9조 2는 합의사항에 없는 신 제안이므로 인정할 수 없다.

9. 한국 안 제10조 1 및 3항과 합의의사록 제6항 등에 있어서 합의사항에서 '잠정적 어업규제 조치'라고 한 부분을 '본협정'이라고 하고 있는바 이렇게 하면 '잠정적 어업규제 조치' 이외의 사항까지 포함되므로 인정될 수 없다.

10. 분쟁 해결 조항에 있어서 외교교섭에 의한 해결 방법만을 규정함은 불충분하다.

11. 협정 개정 수속을 특별히 규정할 필요는 없다고 생각한다.

12. 협정의 유효기간은 3년으로는 불충분하다.

13. 한국 안의 부속서 제1항 (나)의 단서는 합의사항의 내용에 위배되는 신 제안이므로 인정될 수 없다.

14. 어업협력차관의 문제는 민간신용 제공의 일부이므로 민간신용 제공 일반화의 관련 하에서 취급되어야 한다. (주일정 - 외아북)

수석대표

65. 한국 측 협정안의 개요 및 일본 측의 반응이 기재된 문서

1431 한국 측 협정안의 개요 및 일본 측 반응

1965. 5. 8

제목	한국 측 협정안 개요	일본 측 반응
1. 협정 명칭	'대한민국과 일본국 간의 어업 자원의 보존 및 어업협력에 관한 잠정 협정'	'자원 보존', '어업협력', '잠정'은 합의사항 위반
2. 전문	합의사항 외에 다음 3개 점 추가 1. 샌프란시스코 평화조약 제9조 제21조 상기 2. 연안국의 특수한 지위 인정 3. 잠정적 규제 조치의 필요성	1. 특별한 필요 없음 2. 동 원칙은 국제적으로 확립되어 있지 아니함. 3. 이것만을 특별 기술함은 부적당함.
3. 본문 제1조 독점 어업 수역	각 체약국은 자국의 연안에 독점 어업수역을 선포할 권리가 있다.	1. '독점 어업수역'이라는 표현은 불가(동 수역은 합의에 따라 협정에 기하여 설정되는 것) 2. 선포할 권리가 있음을 '상호 인정한다.'

1432	제2조 영해의 범위 어업 관할권 에 관한 주장	동 협정은 영해의 범위 및 연안국의 어업 관할권의 주장에 불리한 영향을 주지 아니함.	영해에 관한 한일의 입장과 평화선 철폐에 관한 명시적 행위가 없는 한 인정 불가
	제3조 협정수역	협정수역은 동해, 서해 및 북위 30도 이북의 동지나해임.	불필요. 이북 수역 포괄하므로 이북과의 관계를 명백히 함이 필요하게 됨.
	제4조	1. 공동의 관심을 가지는 수역에 있어서 잠정적 어업규제 조치를 실시 2. 동 규제 조치는 어업공동위원회가 개정 또는 수정할 수 있음.	1. '공동규제수역'으로 표현(합의사항과 일치) 2. 합의사항 정신에 위배
	제5조 규제수역의 범위	다음의 각 선에 의하여 둘러싸이는 수역으로서 영해 및 독점 어업수역을 제외한 수역으로 함.	'공해 부분 중 어업수역을 제외한 부분'으로 하여야 함. 이북 수역 포함하므로 설명 곤란함.
	제6조 공동어업 조사수역		
1433	제7조 어업공동위 원회의 구성	1. 상설기관(상설 사무국, 공동경비, 필요한 인원 고용) 2. 위원회와 사무국을 일체로 함.	1. 상설 불필요 2. 설치하는 경우 양자 분리

제8조 위원회의 기능	1. 자원조사를 행함. 2. 규제 조치 개정 3. 규정 실시 여부 조사 실시 4. 위반에 대한 동등의 형의 세목	1. 자원조사를 권고함으로 족함. 2. 수락 불가 3. 육상시찰과 중복 및 반대
제9조 협력	1. 정보의 교환 기술자 교류 2. 격차를 제거하기 위하여 노력	1. 협력 문제는 본협정과 무관 2. 합의사항에 없는 신 제안 수락 불가
제10조 단속 및 재판 관할권	1. '협정' 준수를 확보하기 위한 지도 및 감독 2. 단속 및 재판을 위한 조치 3. '협정' 위반 발견 시 통보, 통보 존중, 조치 회보	1. '협정'이 아니라 '잠정적 어업규제 조치'임 2. '어선이 소속하는 국가' 즉 기국주의가 명시되어 있지 않음.
제11조 무감찰선	무감찰 무표지선의 정선, 확인	합의사항 일탈
제12조 단속 규정 개정	단속에 관한 규정은 1년 후 재협의 가능. 6개월간에 합의 불능 시 공히 단속	합의사항 일탈
제13조 조업 안전 질서	부속서로 규정한다.	업자 간 규정으로 충분(국제해상충돌예방법이 있으므로 규제 불요)

| 제14조
분쟁 해결 | 외교교섭으로 해결 | 외교교섭만으로 불충분 |

| 제15조
협정 개정 | 일방의 요청으로 협의 | 규정 불요 |

| 제16조
유효기간 | 3년간 유효
6개월 사전 통고로 종결 | 3년으로 불충분 |

말미 조항

부속서(1)

1. 최고 출어 척수 또는 통수
2. 어선 규모
3. 망목
4. 광력
5. 감찰 및 표지
6. 정의

1. 트롤 어선 1척은 저인망 어선 2척으로 환산된다.

1. 합의사항 위배

부속서(2)

조업의 안전 및 질서 유지

1436 **합의의사록**

1. 어업기준량	1. 15만 톤(10퍼센트 allowance)	
	2. 초과하는 경우 해정 지도	
	3. 월별 어획량 매월 제보	3. 합의사항 일탈
	4. 감찰 소지선의 어획물은 규제수역 내에서 어획된 것으로 간주	4. 〃
	5. 어획물은 지정된 항구에서만 양륙	5. 〃
	6. 양륙 상황 시찰, 어획량 확인	6. 〃
2. 최고 출어 척수 또는 통수	1. 총 출어 가능 어선의 일련번호 사전 통고	1. 〃
	2. 어선의 출어 상황 매일 통보	
	3. 300미터 이전의 부분	2. 〃
	4. 100톤 이상의 선망 1척	
3. 감찰 및 표지	1. 감찰의 총수 및 allowance	
	2. 감찰 양도 금지	
	3. 양국 책임하에 발행 지정된 기관에서 배부	3. 합의사항 일람
	4. 배부 대장 비치	4. 〃
	5. 어획 기준량 도달 시 회수	5. 〃

1437

4. 연안 어업의 자주 규제	1. 구역과 척수	
	2. 1,700척과 그 구역	2. 구역을 신 제안
	3. 1,700척의 break down	3. 신 제안
	4. 조업 실태에 관한 정보 교환	
5. 국내 어업 금지수역의 상호존중		

6. 협정 시행 및 단속 상황 시찰	'협정'의 시행 및 단속의 실시 상황을 시찰하도록 편이 제공	'잠정적 어업규제 조치'
7. 어선의 협정 협정 위반 사항의 확인 방법	추후 협의, 규정함.	합의사항 일탈
일방적 성명	1. 독점 어업수역 침범 확인과 취급에 있어 국제 통념에 따른다(한국 외무 장관, 일본국 외무대신). 2. 무해통항(한국 외무 장관 일본국 외무대신) 3. 고래 자원 보존(한국 외무 장관 일본국 외무대신)	
교환 공한	1. 다음의 직선기선을 사용할 것임을 언명한다(한국 측). 한국 측 공한의 접수 확인(일본국 측) 2. 독점 어업수역에 포함되는 수역으로 할 것을 제의한다(한국 측). 한국 측 공한의 접수 확인(일본국 측)	
협력차관에 관한 교환 공한	요강 안 제시	민간신용제공 일반과 관련하여 취급

70. 어업협정 교섭에 관한 훈령 내부재가 문서[22]

차관[서명]　장관[서명]　국무총리[서명]　대통령[서명]
관계관 서명: 농림부 장관[서명]

기안 연월일: 65. 5. 11
분류기호: 외아북 722

경유·수신·참조: 주일 대사(수석대표)
발신: 장관

제목: 어업협정 교섭에 관한 훈령

연: 외아북 722-960, 722-962, 722-973
　　WJA-04341, 04397, 05059

연호로 이미 훈령한 바 있으나 다음의 몇 가지 점에 관하여 추가로 훈령하오니 아 측 입장이 관철되도록 계속 노력하여 주시기 바랍니다. 다음 사항 외의 기타 문제에 관하여는 별도 훈령이 없는 한 이미 연호로 훈령한 바에 따라 교섭을 하시기 바랍니다.

1. 협정 명칭에 관하여는 잠정 협정으로 하고 이에 대하여 일본 측이 합의사항 위반이라고 하나 아 측은 인정 할 수 없음을 계속 주장하시기 바람.

---

[22] 본 문서는 통상의 내부재가 문서와 달리 과장, 국장의 서명 없이 차관 서명부터 시작되며, 수기로 작성되어 있음.

2. 협정수역(제3조) 및 공동위원회의 구성 기능 문제에 관하여는 이미 훈령한 바에 따라 교섭하시고 아 측 안이 관철되도록 노력하시기 바라며 교섭 결과를 수시 보고하시기 바람.

3. 어업협력(제9조)에 관하여는

(가) 본 어업협력 자금이 조속히 제공되어 아 국의 어업 근대화의 실효적 목적이 달성되어야 함이 어업협정을 체결한다는 문제와 불가분의 조건이므로 이미 훈령한 바에 의하여 교섭을 추진하시기 바라며 다만 교섭의 진전 상황에 따라서는 이미 훈령한 세목 중 일부를 수정 완화할 것을 고려할 것임을 첨언함.

(나) 만약 어업협력에 관하여 어업협정에 관련한 합의문서 기타 문서상의 합의를 끝끝내 일본 측이 거부할 경우에는 실효적인 해결 방법으로서 어업협상과 병행하여 별도 대표를 보내어 어업협력 자금의 사용계획과 절차에 대하여 협상을 개시함도 고려할 용의가 있음을 첨언함.

4. 단속 및 재판 관할권 문제에 관하여

(가) 국내적으로 어업협정의 실효성에 관하여 상당한 논의가 되고 있는 바 이에 관련한 가장 중요한 문제점이 바로 이 점인바 이미 훈령한 안에 따라 계속 강력한 교섭을 하시기 바라며

(나) 다만 상기의 입장이 합의사항의 번복이라고 하여 일본 측이 강경한 반대를 함으로써 어업협정 타결이 도저히 불가능하다고 판단되었을 때는 그 대안으로서 합동 순시 제도를 규정할 것을 제의하시기 바라며 이와 같은 제도를 제의할 때에는 부대조건으로 합동 순시선 간에 양측의 출어상황 및 어선의 어획량에 관한 정보를 수시 교환할 수 있게 하는 정보 교환제도를 삽입하도록 하시기 바람.

합동 순시 제도는 양국의 감시선이 공동으로 각각 만나서 같이 움직이면서 순시하는 것인바 위반선이 발견되었을 경우 타방 순시선에 동 위반 사실을 통보 각자 국에 속하는 위반선 단속을 확실히 또한 실효적으로 적시에 하자는 것임. 각각 단속의 근본적 원칙에 어긋나는 것이 아님. 즉 이와 같은 제도는 합의사항에 저촉되는 것은 아니며 오히려 적극적으로 양국 정부가 공동의 의무를 지는 단속 문제를 상호 간의 협력을

통하여 더욱 효과있게 시행함을 기하는 것이 초점이며 단속에 있어 각자 국이 하자는 원칙하에 이 제도를 채택하는 것임을 강조할 것

(다) 전기 (나) 항에 의한 합동 순시 제도가 채택될 경우에는 무감찰, 무표지 선박의 정선 단속 문제, 현인 문제 등 출어 선박의 해상에 있어서의 단속 문제는 자동적으로 해결될 것이므로 이점에 관한 아 측 입장은 철회하여도 무방함.

(라) 어획 기준량에 관련하여 감찰 소지선의 어획물은 공동규제수역에서 어획된 것으로 간주한다는 점은 계속 주장 교섭을 추진하되 일본 측이 도저히 받아들이지 않을 경우에는 상기 합동 순시 제도 채택과 결부하여 동 제도가 채택되면 이를 철회하여도 무방함.

[(라)는 아래와 같이 농림부 장관이 수정하였음]

(라) 어획 기준량에 관련하여 감찰 소지선의 어획물은 공동규제수역에서 어획된 것으로 간주한다는 점은 계속 주장 교섭을 추진하되 일본 측이 도저히 받아들이지 않을 경우에는 일본 측으로 하여금 이 목적을 달성하기 위한 실효적 대안을 제시하도록 하시기 바람. 즉 객관적으로 이 기준량이 지켜진다는 설명을 할 수 있는 합리적 제도가 마련되어야 되겠아오니 이 점 일본 측에 유의시켜 주시기 바람.[농림부 장관 서명]

5. 협정의 유효기간에 관하여는 3년을 계속 주장 관철시키도록 하시기 바라며 단속 방법 중 1년간 각자 국의 단속으로 하고 협의 후 6개월 내에 협의가 이루어지지 않을 경우에는 공동 단속으로 한다는 것을 상기 순시 제도가 관철되는 한 철회하여도 무방함.

6. 기타 제 점에 관하여는 이미 연호로 훈령한 바에 따라 교섭하시기 바람.

74. 어업 문제에 관한 4자 회담 개최 합의 관련 보고 전문

번호: JAW-05184

일시: 121656[1965. 5. 12]

수신인: 외무부 장관
발신인: 수석대표
사본: 농림부 장관

대: WJA-05135

어업위원회의 진행 방도를 토의하기 위하여 명 13일 12:30에 양측 4자 회담을 개최하기로 금일 수석대표 회담에서 합의하였으며 금일 위원회 회의는 후일로 연기하기로 하였음을 보고함.(주일정-외아북)

75. 어업 문제 관련 4자 회담 결과 보고 전문

번호: JAW-05220

일시: 131922[1965. 5. 13]

수신인: 장관
발신인: 수석대표
참조: 국무총리, 농림부 장관, 청와대 비서실장

연: JAW-05184

금 13일(목) 12:30부터 약 2시간 동안 오찬 형식으로 행한 이 공사, 김명년 대표, 와다 차장, 히로세 참사관의 4자 회담의 결과를 다음과 같이 보고함.

1. 금일 일본 조간 신문 보도에 관하여

아 측은 일본 신문에 한국 측 제안 내용이 보도된 데 대하여 유감의 뜻을 표시하였음. 일본 측은 서울로부터의 방송을 당지 신아통신이 보도함으로써 언론계의 집요한 문의에 응하지 않을 수 없어 한국 측의 제안 사실만을 시인한 것이 결과적으로는 상세하게 보도되었다고 해명하였음.

2. 분쟁 처리에 관하여

일본 측은 각 현안과 관련하여 한국 측이 국제사법재판소에 대한 분쟁 회부를 원하지 않고 있는바 그 이유를 서면으로 표명해 주기 바란다고 말하였음.

이에 대하여 아 측은 이 문제는 과거에 이미 논의된 바 있음을 상기시키고 서면으로 제시하는 문제에 대해서는 아무런 언질을 주지 않았음(서면 제시에 관한 일본 측 요구가 강경할 경우 이에 응할 것인지 여부와 응하는 경우 그 내용에 관하여 회시 바람).

3. 한국 측 협정안에 관하여

아 측은 4. 3 합의사항을 보완하지 아니하고서는 어업협정이 비준되기 어려움을 강조하고 한국 측 제안을 신중히 검토하여 냉정하게 다루어야 할 것이라고 말하였음. 또한 아 측은 위원회에서는 합의사항을 중심으로 조문화하고 미토의 부분을 계속 토의하며 기타 문제는 상부층에서 토의하자고 제안하는 한편 이상에 관한 실질적 토의를 금후 10일 이내에 끝마칠 것이며 어업에 관한 문제점이 다른 현안 및 어업위원회 자체의 토의에 지장을 주지 않도록 하여야 할 것임을 강조하였음. 이에 대하여 일본 측은 아 측 협정안에 대하여 전례 없는 비판적인 태도를 보이면서 이미 양국 장관 간에 합의되고 각의에서도 승인된 합의사항을 번복한다는 것은 있을 수 없으며, 따라서 한국 측 안을 토의의 기초로 할 수 없으니 철회하라고 주장하였음.

아 측은 한국 측 협정안이 합의사항을 실질적으로 변동한 것이 없으며 협정안을 철회할 필요가 없다고 응수하였음. 결국 양측은 금후 4자 회담을 통하여 한국 측이 필요로 하는 중요 보완사항을 검토하고 그 결과에 따라 이를 조문화할 것이며 해결되지 못하는 문제는 고위층의 해결에 맡기기로 양해하였음. 또한 양측은 이 목적을 위하여 내주 초에 4자 회담을 가지기로 하였으며 아 측이 내주 초에 보완사항을 서면으로 일본 측에 제시하기로 하였음.(외아북)

76. 분쟁 처리에 관한 본부 입장 회신 전문

번호: WJA-05174

일시: 141450[1965. 5. 14]

수신인: 한일회담 수석대표

대: JAW-05220

대호 2항(분쟁 처리)에 대하여 아래와 같이 회신함.

1. 교섭 진행상 서면 제시가 불가피할 경우에 한하여 아래의 요지로 적의 작성토록 하시압.
   (1) 어업 문제의 기술적 특수성 및 한일 양국 간의 특수한 관계에 비추어 한일 어업협정에 관한 분쟁은 국제사법재판소에 부탁하는 것보다 양국 간의 외교교섭을 통하여 해결함이 타당하며, 또한 이를 통하여 해결이 불가능할 정도로 심각한 분쟁이 있을 것으로 예견되지 않음.
   (2) 국제적인 선례를 보아도 어업협정에 특히 분쟁 해결을 규정하지 않은 경우(예: 일소)가 있음.

   기타 아 측에게 불리하게 해석되는 이유(예컨대, INTERVENTION, 또는 독도 문제와의 관련 등)는 문서화하지 말도록 할 것.

2. 일본 측이 애초 약속대로 분쟁 해결에 관하여 새로운 안을 제시함이 없이 아 측에게 ICJ에 부탁할 필요가 없다는 이유를 서면으로 제시할 것을 요청함은 아 측으로 하여금 결과적으로 중재의 방안을 먼저 내놓게 하여 PROCEDURE에 관하여는 일본 측이 주도권을 가지려는 의도로 보이므로 문서 작성 시 이 점을 유념할 것을 위념 첨언함. (외아북)

장관

77. 협정 해석 및 적용에 관한 분쟁을 국제사법법원에 부탁한다는 분쟁 조항의 문제에 관한 검토 의견서[23]

[참고자료]

한일 간에 체결될 제 협정에 있어서 협정의 해석 및 적용에 관한 분쟁을 국제사법법원에 부탁한다는 분쟁 조항의 문제

1. 문제

한일회담 현안 문제 해결을 위한 제 협정의 체결에 있어서 협정의 해석 및 적용에 관한 분쟁을 외교교섭으로 해결하지 못하는 경우에는 이를 국제사법법원에 부탁한다는 분쟁 해결 조항을 두자는 것이 일본 측의 주장이다.

분쟁 해결을 위한 국제사법법원에의 제소 방안이 우리에게 구체적으로 어떤 이해(의미)를 가지느냐는 문제와 이에 대처하는 방안(대안) 및 일본 측에 제시할 우리의 공식적 입장은 어떤 것이 되어야 할 것인가의 문제이다.

2. 일반적 경향

모든 국가가(법원 규정 당사국이 아닌 국가는 안보이사회가 정한 일반적 조건에 따라) 일응 국제사법법원을 이용할 수 있고 어떠한 사건이든지 이에 부탁할 것을 합의하기만 하면 법원의 판결을 받을 수 있다.

더욱이 법원 규정 제36조는 어떠한 국가라도 (1) 조약의 해석, (2) 국제법상의 모든 문제, (3) 국제 의무의 위반이 될 사실의 존부, (4) 국제 의무의 위반에 대하여 행할 배상의 성질 또는 범위 등의 사항에 관한 모든 법적 분쟁에 있어서의 법원의 관할을 동일한 의무를 수락하는 타국과의 관계에 있어서 당연히 또 특별한 합의 없이 의무적인 것으로 인정한다는 것을 선언할 수 있다는 '선택 조항'을 둠으로써 법원의 이용도를

---

[23] 작성자, 작성일자 등 불명.

높이려는 제도상의 고안을 행하고 있다.

그러나 실제에 있어서는 아직도 과반수의 국가가 이러한 선택 조항의 수락을 선언하지 아니하고 있고(선택 수락한 국가: 34~35), 수락했다 하여도 이를 수락함에 있어서 일정한 유보 및 일정한 기한을 붙이고 있는 경우가 대부분이다. 또 이 선택 조항을 수락하였다 해도 이에 해당하는 분쟁을 반드시 이 법원에 부탁할 의무를 지는 것이 아니고 그러한 분쟁의 상대방 국가가 이를 법원에 부탁하면 이에 응한다는 것이다.

일반적으로 국제사회의 제국가가 지엽적이고 사소한 사건에 관하여는 국제사법법원에 부탁하지마는 심각한 국가이익에 관련된 중대한 사건에 있어서는 국가의 운명을 불과 몇 명으로 구성된 법원의 재단에 맡길 수 없다는 견지에서 이를 여러 가지 방법으로 회피하고 있는 경향이다. 그러므로 어떠한 국가가 어떠한 문제를 심각한 국가이익으로 간주하고 있는 한 이를 법원의 결정에 맡긴다는 것은 극히 드문 일이다.

3. 한일 간의 제 협정에서 국제사법법원에의 제소안을 협정의 해석 및 적용에 관한 분쟁 해결의 일 안으로 규정하는 경우의 이해점 비교

(1) 이익되는 점

가. 법에 의한 분쟁의 해결은 가장 공정한 해결이라는 일반적 인식에 따라 승소하는 경우든 패소하는 경우든 국민은 법원의 결정에 대한 정당성을 인정하게 되고 이로써 양국 간의 분쟁을 실질적으로 종결되게 된다. 이러한 점은 외교교섭이나 조정에 의하여 해결되는 경우에 비하여 더욱 그러하다.

나. 법에 호소하여 정당한 심판을 구함으로써 국력의 차이에서 올지도 모르는 상대방의 부당한 주장이 자의적 요소에 의하지 아니하고 합리적 의론에 의하여 결판 받고 공정한 이익을 확보할 수 있다.

(2) 해되는 점

가. 북괴의 제3 당사자 신청 가능성

ICJ 규정 제62조에 의하면, 타국 간의 소송 사건에 의하여 영향을 받을 법률적 성질의 이해관계를 갖는다고 생각하는 국가는 제3 당사자로서 소송에 참가할 것을 재판소에 청구할 수 있다. 이것을 허용하느냐 여부는 법원이 결정하도록 되어 있다.

한일 간의 모든 현안-청구권, 어업 및 법적지위-은 어느 것이나 현재 북괴가 사

실상 지배하고 있는 북한 국민 및 영토와도 관련을 가지는 것이어서 한일 간의 현안에 있어서 북괴는 제3 당사자가 될 소지를 가지고 있다. 그러므로 한일 간에 협정의 해석 및 적용에 관한 분쟁이 ICJ에 부탁되기로 하면 북괴는 제3 당사자로서 소송 참가를 청구할 가능성이 있다.

소송 참가를 청구하는 경우에는 북괴는 우선 ICJ를 이용하려는 국가로서 안보이사회가 정한 '일반적 조건'(규정 제35조)에 따라 "동 법원의 관할권을 수락하고 그 판결을 준수한다"는 취지의 선언서를 법원의 서기에게 기탁하여야 하고, 그다음 그의 '이해관계'가 근거가 있는가, 즉 '법률적 성격'의 것인가 아닌가에 관하여 ICJ의 심판을 받아야 한다.

북괴는 종래에 유엔의 권위를 시종일관하여 무시하고 이에 도전하여 왔는바 과연 유엔의 일부 기관인 ICJ에 대하여 그 권위와 판결을 승인하는 선언서를 기탁하고 제3 당사자 참가의 청구를 할 것인가는 극히 정치적인 전망의 분야에 속하는 것이지만 만일 이를 청구한다고 하면 ICJ는 북괴의 '이해관계'를 판정하기 전에 먼저 북괴가 국제 법원에서의 소송 능력을 가지는 '국가'인가 여부를 판정하여야 할 것이다.

이때에는 중공 승인의 문제에 있어서와 마찬가지로 북괴를 또 하나의 국가로 보느냐 한국을 대표하는 정부로 보느냐의 두 가지 문제가 동시에 등장하게 될 것인데 전자에는 국가 승인에 관한 국제법 통설, 후자에는 유엔 총회 결의 제195 (III)의 해석 문제가 등장하게 될 것이다.

북괴는 '조선 인민 민주주의 공화국'이라는 국가 이름으로 소송 참가를 청구할 것인바 이를 새로 성립한 국가로 볼 것인가, 한국과 대등한 지위의 신정부로 볼 것인가는 전혀 ICJ의 판단에 따른다. 이러한 판단에 있어서 ICJ는 정치적 판단 기준에 의하지 아니하고 순수하게 법률상의 견지에서만 이를 판단할 것이다.

그러한 경우에는 북한 지역에 실효적인 관할권을 가지고 있는 사실상의 정부로서 한국과 대등한 의미에서의 지위를 확인받을지도 모른다. ICJ의 판정에 의하여 만일 북괴가 하나의 국가로 인정된다든가 또는 북한 영역을 대표하는 정부로 인정된다든가 하는 경우에는 국제사법법원이 북괴의 존재를 법적으로 승인하게 되는 결과로 되어 대한민국의 유일 합법성은 중대한 시련에 봉착하게 될 것이다.

나. 국력의 반영

자국의 입장을 여하히 효과적으로 국제법에 맞도록 구성하여 법원에 제시하느냐 하는 문제가 있다. 소송 절차는 서면 및 구두의 2부로 구성되고 있는바 구두에 의한 대변은 소송대리인, 보좌인 및 변호인에 의하여 행해진다.

더욱이 ICJ 규정 제31조는 임시 법관제도를 둠으로써 이러한 국적 재판관은 당연히 자국의 이익을 위하여 발언할 것이 예상되고 있다.

이상의 모든 자국 대변에 있어서 그 효과적 시행은 일반적으로 국내 국제 법학계의 수준에 따르는 것이며 이것은 궁극적으로 국력에 따르는 것이라고 말할 수 있다.

특히 일본 측과 비교하여 말하면 일본은 현재 일본인 하나를 국제사법법원의 법관으로 가지고 있어 그를 통한 자국의 입장 대변에 상대적으로 유리한 위치를 점하고 있는 것이다.

다. 국제 소송 경험의 비교

소송에 있어서의 자국 입장 대변의 문제는 국제 법학계 수준과도 관련되는 것이지만 한 나라가 가지는 국제 소송 경험과도 관련된다. 구체적으로 일본 측과 비교하여 일본 측의 경험이 우리보다 많다는 것은 부인될 수 없다.

라. 독도 문제와의 관련

한일 간의 어떤 협정에서 ICJ 부탁을 분쟁 해결의 일 방안으로 규정한다고 하면 이를 선례로 인용하여 앞으로 독도 문제가 분쟁으로 승인될 때 일본 측은 동 독도 분쟁을 ICJ에 부탁할 것을 유력하게 주장하게 될 것이다. 독도 영유권 문제에 있어서는 아직까지 우리가 서구적 법 개념에 합치하는 유력한 거증 자료를 가지고 있지 아니하다는 사실 외에 국민이 모두 독도를 한국의 자명한 영토로 보고 있다는 중대한 사실이 있다. 한국 국민이 독도를 우리의 영토로 보고 있다는 사실은 법 이론으로 설득할 수 있는 범주 밖이므로 여하한 국제재판도 배격될 것이며 가부간에 그 판결이 승인되지도 않을 것이다. 그러므로 독도 '분쟁'은 사법 재판을 비롯한 여하한 방법에 의하여도 종국적으로 해결되지 못한다. 독도에 관한 한은 '분쟁'을 그대로 지속하는 것이 최선의 해결방안이다.

(3) 결론

이상과 같이 ICJ 제소 조항을 둔다는 것은 현 단계에서는 우리 측에게 북괴의 개입이라는 점에서 모험이며, 독도 문제를 제외하고라도 국력의 반영이라는 점에서 불리하다.

4. 일본 측에 제시한 우리의 입장(대안)
(1) 직접 교섭에 의한 분쟁 해결

가. 외교 통로를 통한 직접 교섭에 의하여 가장 용이하게 비교적 항구성이 있는 양해에 도달할 수 있으므로 직접 교섭은 최선의 분쟁 해결 방도이다.

끈기 있게 교섭하면 모든 분쟁은 직접 교섭으로 해결된다. 직접 교섭을 위하여 필요한 신의와 성심이 없다면 다른 어떠한 방도에 의하여도 분쟁은 해결되는 것이 아니다. 왜냐하면 어떠한 해결 방도를 규정하면 그 결과에 복종하는 여부는 아직도 국가만의 의사에 좌우되기 때문이다.

나. 직접 교섭에 의하여 해결되지 않는 분쟁은 사실상 양국 간의 융화적인 해결을 보기 힘들며 양국 간에 '원한'을 남기기 쉽다. 이러한 '원한'이 심각한 경우 분쟁은 실질적으로 해결되는 것이 아니다. 이것은 특히 불행하였던 과거의 한일관계에서 유래하는 한국민의 대일 반감을 자극하여 양 국민 간의 우호에 역효과를 초래할 것이다.

(2) 가. 일본 측이 직접 교섭에 의한 분쟁 해결 조항에 만족하지 않고 끝내 사법적 해결을 주장하는 경우에는 제3자 (기관)에 의한 구속력 있는 결정(명령)에 분쟁을 의뢰한다는 점에서는 공통하는 '중재재판'을 생각해 볼 수 있다.

중재재판은 사법 재판에 비하여 자국이 선임한 단수 또는 복수의 법관을 통하여 자국의 입장을 충분히 반영할 수 있다는 점과 (합의에 의하여) '형평과 선'을 재판의 기준의 하나로 규정함으로써 '형평과 선'의 적용 범위를 넓혀서 법원의 화해자로서의 자유스러운 결정을 기대할 수 있다는 이점(利点)이 있다. 이것은 국제법의 엄격한 적용에서 오는 경직한 판결보다는 양 국민의 감정과 미래도 고려하는 판결을 가능케 한다는 점에서 정치적이라고 말할 수 있다(그러나 법원인 이상 이점을 지나치게 확대하여 생각할 수 없다).

나. 중재 법원 구성을 한일 간 협정에 규정하는 경우에는 1907년의 헤이그조약에 규정된 중재 법원의 구성을 주요한 참고로 삼을 수 있다. 각국 중재 법관의 수 및 그

선정 방법 상급 중재 법관의 선정 방법에 관하여 다음과 같이 생각할 수 있다.

중재재판에 부탁하기로 합의한 후 1개월 내에 각국은 2인의 자국인 중재 법관을 선정한다. 자국인 중재 법관의 수는 각국이 2인으로 하고(자국인 법관은 2명으로 하는 것이 충분한 자국 입장 대변을 위하여 더 안전하다) 양국의 중재 법관 4인이 모여 상급 중재 법관 1명을 선정한다. 상급 중재 법관은 제3국 국민이어야 한다.

2개월 이내에 상급 중재 법관 선정에 합의하지 못할 때는 그 선정을 ICJ 재판장, 유엔 사무총장, FAO 사무장 중 하나에게 위탁할 수 있다. 유엔 사무총장에게 위탁하는 것이 '중재' 재판에 대한 우리의 입장에 비추어 가장 타당할 것으로 생각된다. 중재 법원의 권능 및 조사 기간, 판결의 효력 등에 관하여는 협정에 규정하지 않아도 된다.

다. 중재 법원에 부탁하는 경우의 이해점

협정의 해석 및 적용에 관한 분쟁을 중재 법원에 부탁한다는 것은 크게 기피할 중대한 이유가 없다. 협정의 해석 및 적용에 관한 사항은 법에 따라 합리적으로 해결될 수 있는 문제이므로 심각한 국민감정에 결부될 가능성이 비교적 적다. 최악의 경우에 독도가 한일 간 분쟁으로 승인되는 경우라도 국제사법법원보다는 중재 법원이 우리에게 유리할 것이다.

83. 어업위원회 교섭에 관한 신문 보도 보고 전문[24]

번호: JAW-05228

일시: 141020[1965. 5. 14]

수신인: 외무 장관
발신인: 주일 대사

　　14일 자 아사히 등 중요 신문 조간은 대개의 경우 제1면 기사로서 한국 측이 먼저 합의사항의 내용을 수정하려고 시도하고 있기 때문에 한일 간 제현안의 교섭 및 정식 조인은 어렵게 되게 되었다라는 요지로 대략 다음과 같은 내용의 기사들을 각기 게재하고 있기에 이를 보고함.

　　"어업위원회의 와다, 히로세 양 대표는 13일 이규성, 김명년 한국 측 양 대표와 비공식으로 회담, 한국 측이 먼저 과반의 어업 합의사항의 내용을 수정하는 것과 같은 협정안을 비공식으로 제시해온 데 대하여 한국 측의 태도는 국제관행을 무시한 것으로서 수정 요구를 철회하지 않는 한 금후의 이야기에 응할 수 없다"라는 일본 측의 의향을 전하였다.(아사히)

　　"한국 측은 즉각 이것을 본국 정부에 보고, 훈령을 구할 것으로 보이는데 한국 측의 향배에 따라서는 어업협정 교섭의 조기 타결 나아가서는 한일 간 제 조약의 조기 정식 조인은 어려운 정세로 되었다"(도쿄신문---대강 타결에 도달하였던 한일어업교섭은 결렬 촌전으로 되었다).

　　상세한 한국 측 안은 아직 확실히 밝혀져 있지 않고 있는데 알려진바 그 내용은 (1) 3년간의 잠정 협정으로 한다, (2) 기선은 연안국이 일방으로 그을 수 있다, (3) 협정 발효 후 1년 경과 후에 위반 어선 취체에 관하여 재협의할 수 있다 등등으로 되어 있는데 일본 측으로서는 협정의 기간을 일·소, 일·미·가의 예에 따라서 10년으로 할

24　편집자가 문서의 순서를 바꾸었음.

것을 이미 가조인 이전에 시사하여 한국 측도 이를 양승하고 있는 것으로서 알고 있었으며 3년의 단기간으로서는 또다시 평화선이 부활할 염려가 있다고 하여 반대하고 있다. 또한 취체에 관하여는 기국주의 원칙이 적용되게끔 되어 있는데도 불구하고 재협의, 또한 합의에 도달하지 않는 경우의 규정 등이 들어있어 이것으로서는 안전 조업의 확립이 되지 않는 것이라고 생각하고 있다. 또한 먼저 합의사항 토의과정 중에 커다란 문제로 되어 있던 공동규제수역 내의 어획 기준량에 관하여는 연간 15만 톤을 정하였음에도 불구하고 새로운 한국 측 안은 규제수역 내외를 포함한다는 것 등으로 되어 있고 또한 연안 어업의 어선 톤수 60톤 미만을 5톤 미만으로 변경하고 있는 것이다.

"한국 측이 이러한 태도로서 나온 배경에는 한국 야당 및 학생, 어민들의 한일교섭 반대운동이 점고하여 이들의 설득에 고심하는 한국 정부 및 여당의 곤란한 입장에서 발생한 것으로 간주된다. 그러나 일본 측으로서는 합의사항에 들어있는 내용 이외에 보완적인 추가를 한국 측이 희망한다면 이에 응하여도 좋다 하더라도 평화선 철폐의 대전제를 빼어놓는 것과 같은 근본적인 수정에는 절대 양보할 수 없는 태도로 나오고 있다."

상기 어업 문제 기사와 연관하여, 각 신문 중 비교적 동 문제를 상세히 취급한 닛케이 기사 전문을 참고로 다음과 같이 보고하는바 동 신문은 본 기사를 제1면에서 '한국 안 철회를 요구'라는 표제와 '일본, 교섭 중단도 불사'라는 부제로서 다루고 있음. "와다, 히로세 양 대표는 13일 밤 도내에서 이 주일한국공사, 김 수산진흥원장과 비공식으로 회담하여 한일 어업협정 작성 교섭에 관한 일본 측의 생각을 설명하였다. 이것은 한국 측이 금번 일본에 제시한 협정안이 4월 3일에 한일 양국이 가조인한 한일 간의 어업 문제에 관한 합의사항과 현저히 틀려있고 또한 이론이 많기 때문에 일본 측으로서는 한국 측이 동국 안을 철회하지 않는 한 금후의 협정 작성 교섭에는 일체 응할 수 없다라는 것을 강조한 것이다. 이에 대하여 한국 측으로서는 특별히 회답이 없었던 모양인데 일본 측은 먼저 가조인한 합의사항을 이 단계에서 붕괴시키는 것과 같은 한국의 주장은 외교관계, 국제 신의를 무시한 폭론이라고 하고 있어 한국 측이 재고하지 않는 한 한일 어업협정의 조인은 한층 더 어려운 정세로 되었다."

"수산청에 의하면 한국 측이 제시한 한일 어업협정의 한국 안은 대한민국과 일본국의 어업자원 보존과 어업협력에 관한 잠정 협정안으로 되어 있어 그 내용은 먼저 가조인한 합의사항과 다음과 같은 점에서 차질이 있는 것으로 지적되고 있다.

(1) 합의사항에서는 공동규제수역 내의 취체와 재판 관할권은 기국주의를 채택하고 있는데 한국 안은 협정 발효 후 1년 후에는 쌍방 중 어느 일방의 제의에 의하여 합의가 없어지면 공동 취체가 될 수 있는 것으로서 되어 있고 또한 합의를 얻을 수 없다면 자연적으로 6개월 후에 공동 취체를 할 수 있는 것으로 되어 있다. (2) 한국 안은 공해에서도 위반이 확실한 어선에 대하여 정선 명령을 내릴 수 있게끔 되어 있는데 이것은 합의사항 외의 것이다. (3) 합의사항은 기준 어획량(15만 톤)은 공동규제수역 내의 어획량으로서 하고 있는데 한국 안은 공동규제수역 외의 어획량도 포함시키는 것으로 되어 있다. (4) 합의사항에서는 어업수역의 설정에 관하여 직선기선을 사용하는 어업수역의 설정에 관하여 직선기선을 사용하는 경우에는 양국의 협의가 필요하다고 규정되어 있는데 한국 안은 일방적으로 직선기선을 설정할 수 있다라는 것으로 되어 있다. (5) 어업협력자금에 관하여 한국 안은 협정 본문에서 금액 및 금리를 명기하는 것으로 되어 있다. 이렇게 되면 협력자금은 정부 간 '베이스'를 의미하는 것으로 되는데 먼저 양국이 합의한 어업협력자금은 민간 베이스를 전제로 하고 있기 때문에 이것은 합의사항에 대한 위반이다. (6) 일본 측은, 협정은 한일 어업을 기본적으로 규제하는 것으로서 유효기간도 장기간으로 하고 싶다는 생각으로서 10년간 정도를 예정하고 있다. 따라서 협정 자체가 '잠정적'인 것으로서 한다는 것은 이제껏 한 번도 말한 바 없다."

"이외에도 한국 안은 연안어선의 범위가 합의사항에서는 60톤 미만으로서 되어 있는데 '원칙으로서 5톤 미만'으로 내리는 등 또한 규제 방법을 합의사항에서는 일본 측의 자주 규제에 따른다는 것으로 되어 있는데 공동규제의 대상으로 한다. 또한 합의의 사록에 기록하여야만 될 것을 협정 본문에 명기하는 등 합의사항을 비교적 크게 변경하고 있다."

"이 때문에 일본 측은 13일 한국 측에 동국 안의 철회를 구한 것으로, 한국 측은 즉각 본국 정부에 청훈하여 대책을 강구할 것으로 보이는데, 최종 단계에 와서 이와 같이 양국이 대립되어 있기 때문에 한일 어업협정이 예정되어 있던 것과 같이 5, 6월에 정식 조인될 것인가 안 될 것인가는 예단을 불허하게끔 되었다."(주일정 – 외아북)

78. 어업 문제 관련 김동조 대사의 우시바 심의관 면담 결과 보고 전문

번호: JAW-05235

일시: 141203[1965. 5. 14]

수신인: 외무 장관

발신인: 수석대표

(참조: 국무총리, 농림부 장관, 청와대 비서실장)

연: JAW-05220

금 14일 본직은 오전 10시부터 30분간 외무성으로 우시바 심의관을 방문하고 어업 문제에 관하여 다음과 같이 협의하였음.

1. 본직은 금일 조간 신문에 일제히 한국 측 제안 내용이 상세히 그리고 일부는 과장되어 보도된 데 대하여 엄중 항의하였으며, 우시바 심의관은 작일의 보도에 이어 수산청에서 발표한 것 같다고 해명하였음. 본직은 어업교섭의 원만한 타결을 위하여 신문 발표에 있어서 일본 측이 상호 양해된 바를 성실히 준수할 것을 거듭 강조하였음.

2. 본직은 작일의 4자 회담에서 논의한 바와 같이, 어업위원회에서는 계속 토의하기로 합의된 사항을 토의하고 그 밖의 보완사항은 별도로 비공식 접촉을 계속하여 토의하고 고위층의 정치적 재단을 받도록 하며 전반적인 윤곽이 나타났을 때 그 결과를 가지고서 4. 3 합의사항과 함께 조문화하도록 제안하였음. 우시바 심의관은 이에 동의하였음.(주일정-아북)

79. 어업협정 관련 한국 측 보완사항에 대한 본부 승인 건의 전문

번호: JAW-05236

일시: 141204[1965. 5. 14]

수신인: 장관

발신인: 수석대표

(참조: 국무총리, 농림부 장관, 청와대 비서실장)

연: JAW-05220

1. 연호로 보고한 바와 같이 아 측은 내주 초에 '보완사항'을 일본 측에 서면으로 제시하기로 하였는바, 이는 아 측 협정안에 대한 일본 측의 반응을 감안하고 금후의 교섭에 지장이 없도록 간략하고 기초적인 안문으로 작성될 것이오며, 또한 현지 재량에 따른 비공식 제안이오니 이를 양승해 주시기 바람.

2. 위의 보완사항을 일본 측에 제시함은, 아 측의 비공식 제안을 비공식 접촉으로 토의하고 이에 대한 일본 측의 반응을 모색하고자 하는 것인 만큼, 이를 훈령 내용 그대로 작성한다면 오히려 아 측이 꼭 관철해야 할 요점을 일탈할 우려가 있으므로, 본직의 최근 귀국 출장 시의 협의 내용을 기준으로 현지에서의 상황 판단에 따라 적의 재량하여 교섭을 진행시키고자 하오니 이 점을 특히 양승해 주시기 바라오며, 그러한 보완사항은 일본 측의 반응에 따라 신축성 있게 처리하고자 하므로 기밀 유지상 상세한 내용을 보고드리지 못함을 양승해 주시기 바람.

3. 위와 같은 현지 교섭과 본국 정부와의 감촉을 긴밀히 하기 위하여 농림부 식산차관보를 시급히 현지로 출장시켜 주시기 바람. (주일정-외아북)

80. 분쟁의 국제사법재판소 회부 문제 관련 본부 의견 요청 전문

번호: JAW-05239

일시: 141220[1965. 5. 14]

수신인: 외무 장관
발신인: 주일 대사

연: JAW-05220

한일 현안 교섭 과정에서 아 측은 일관하여 협정 해석 적용 분쟁의 국제사법재판소 회부를 반대하여 왔으며 그 이유를 일본 측에 수시 표명하여 왔으나, 현안에 대한 협정 초안 작업이 최종 단계에 도달하여 이 문제에 대한 일본 측과의 논의가 일층 활발해질 것으로 사료되므로, 이 문제에 관한 한국 정부의 통일된 견해를 가급적 상세히 지급 회시해 주기 바람.(주일정-아북)

81. 어업협정 공동위원회 관련 한국 측 수정안 통보 전문

번호: WJA-05167

일시: 141100 [1965. 5. 14]

수신인: 한일회담 수석대표

대: JAW-05058 [65. 5. 4]

1. 대호로 건의한 공동위원회에 관한 아 측 수정안을 일본 측에 제시하고 이를 기초로 교섭하시기 바람. 단, 동 교섭에 있어서는 하기 사항에 특히 유념하시압.
   (1) 사무국의 상설은 관철되도록 할 것
   (2) 위원회의 부속서 개정에 관하여는 이를 '권고'하는 것으로 하여도 가하나, 가능한 한 이와 같은 권고를 양 체약국이 '존중'한다는 규정을 넣도록 노력할 것.

2. 교섭에 따르는 세부적인 사항은 귀하의 재량으로 아 측 입장이 최대한으로 반영되도록 노력하시기 바람. (외아북)

장관

86. 어업 문제 관련 4자 회담 개최 결과 보고 전문

번호: JAW-05325

일시: 181626[1965. 5. 18]

수신인: 외무부 장관
발신인: 수석대표
참조: 국무총리, 농림부 장관

연: JAW-05236

　금 18(화) 12시 30분부터 1시간 30분간에 걸쳐 오찬 형식으로 개최한 어업 문제 4자 회담의 결과를 아래와 같이 보고함.
　참석자: 이 공사, 김명년 대표, 히로세 참사관, 야스후쿠 수산청 어업조정과장(와다 차장의 대리)임.

　1. 한국 측 어업협정안에 대한 일본 측의 서면 논평(65. 5. 8일 자) 내용에 언급하면서 아 측은 한국 안의 중요점을 다시 구체적으로 설명하고 일본 측 입장의 재고려를 강력히 종용하였음. 이에 대하여 일본 측은 계속 난색을 표명하면서 더 이상 논평을 하지 아니하였음.
　2. 금일 회담 결과로 보아 아 측 협정안의 관철은 거의 불가능한 것으로 보이오나 대표단으로서는 아 측 입장의 관철을 위하여 계속 노력 위계임.
　3. 내 5. 21(금) 오후 3시에 4자 회담을 다시 가지기로 합의하였음.
　4. 어업위원회를 내 5. 20(목)에 개최하고 공동위원회 및 조업 질서와 안전에 관한 사항을 계속 토의하기로 합의하였음.
　5. 금일의 구두 설명은 연호로 보고한 서면 제시를 대신한 것임을 첨언함.(주일정-외아북)

87. 제7차 한일회담 어업위원회 제16차 회의 결과 보고 전문

번호: JAW-05371

일시: 201820[1965. 5. 20]

수신인: 장관(참조: 농림부 장관)
발신인: 수석대표

어업위원회 제16차 회의 보고(65. 5. 20, 15:10~16:20 외무성)

1. 참석자: 한국 측: 이규성 공사, 김명년 대표, 김정태 부이사관, 오재희 정무과장, 배동환 과장, 기타 보좌관들
   일본 측: 히로세 대표, 야스후쿠 과장, 가와가미 조사관, 기타 보좌관들

2. 토의 내용

   가. 어선의 조업 안전 및 질서 유지 문제에 관한 실무자 회의(5. 8) 개최의 결과 보고를 청취하였으며, 양측 간의 견해 차이가 아직도 있으므로 실무자 회의를 계속하기로 함(21일 15:00 개최 예정). 동 실무자 회의는 전번 회의에 계속하여 각 문제에 대한 의견을 조정하는 동시에 문서의 형식(정부 간 협정으로 할 것인지 또는 민간 협정으로 할 것인지)의 사안의 내용과의 관련하에서 검토 토의하기로 함.

   나. 어업공동위원회에 관하여는 JAW-05058과 WJA-05167에 따라서 우리 측 1차안에 대한 수정안을 일본 측에 제시하고 축조설명을 하였음.

   일본 측은 우리 측 수정안을 번역 검토하여 다음 회의에서 의견을 제시할 것이라 함.

   다. 다음 어업위원회 회의는 잠정적으로 5. 22(토), 10:30으로 정함.(주일정-외아북)

88. 어업 문제 관련 4자 회담 연기 보고 전문

번호: JAW-05393

일시: 211820[1965. 5. 21]

수신인: 장관
발신인: 수석대표

연: JAW-05325

연호 보고와 같이 금 21(금) 오후 3시로 예정하였던 4자 회담을 일본 측의 요청에 따라 연기되었으며 다음 회담 일자는 일본 측이 추후 알려주겠다고 말하였음. 금일 회담 연기 이유로서 외무성 관계 당국자는 그간의 토의과정에서 한국 측이 4. 3 합의사항의 보완만이 아니라 4. 3 합의사항을 수정하고자 하는 입장을 견지하고 있는 이상 이는 새로운 교섭을 의미하므로 이와 같은 사정 하에서 토의를 진행시키는 것이 매우 곤란하다는 수산청 당국의 강한 태도 때문이라고 시사하였음.(외아북)

92. 어업 문제 관련 김동조 대사의 우시바 심의관 면담 결과 보고 전문

번호: JAW-05437

일시: 241848[1965. 5. 24]

수신인: 외무 장관
발신인: 수석대표

본직은 24일 (월) 오후 4: 30시부터 약 40분간 외무성으로 우시바 심의관을 방문하고, 어업 문제 보완에 관한 한국 측 입장을 다시 설명하고 일본 정부의 이해를 촉구하는 동시에 최근 위원회 토의의 부진 상태가 전적으로 일본 측 태도에 기인함을 지적하고 현안 관계 제 협정의 조속한 본 조인을 달성하기 위하여 일본 측의 성의가 필요함을 강조하였음.

우시바 심의관은 어업 문제에 관하여 여전히 난색을 표시하는 한편 관계 각성의 사정상 여의치 못한 점이 있었음을 설명하면서 동 위원회 토의를 촉진시키는데 최선을 다하겠다고 말하였음.(주일정-아북)

95. 어업 문제 관련 4자회담 결과 보고 전문

번호: JAW-05483

일시: 262042[1965. 5. 26]

수신인: 외무 장관(사본: 국무총리, 농림부 장관)

발신인: 수석대표

연: JAW-05325

26(수) 오후 3시부터 1시간 동안 외무성에서 개최된 어업 문제 4자회담의 결과를 아래와 같이 보고함.

참석자는 이 공사, 김명년 대표, 히로세 참사관, 와다 수산청 차장임.

(금일 4자회담은 JAW-05393으로 보고한 바와 같이 지난주 금요일(5. 21)의 4자회담을 일본 측이 연기한 이래 토의를 사실상 거절하여 왔음에 비추어 아 측으로서 회담 촉진을 위하여 토의의 계속을 일본 측에 촉구한 나머지 개최된 것임.)

1. 아 측은 지난주 화요일(5.18)에 설명한 한국 측 보완 안(연호 보고 참조)은 어디까지나 4. 3 합의를 기초로 한 것임을 다시 설명하고 일본 측의 성의 표시를 촉구하였음.

2. 일본 측은 전술한 한국 측 안은 그 내용의 전부가 보완이 아니라 4. 3 합의를 수정하는 원칙적인 문제이므로 이를 받아들일 수 없으며 따라서 한국 측이 일본 측으로서 수락할 만한 순전히 보완에 속하는 문제만을 다시 제시하지 않은 한 금후 토의에 응할 수 없다고 말하였음.

3. 이에 대하여 아 측은 한국 측의 보완사항 전부가 검토의 대상도 되지 않는다는 것은 부당한 말이며 한국 측 안에 대하여 일본 측이 구체적인 의견을 제시할 것을 재

삼 촉구하였음. 이에 대하여 일본 측은 양국의 농상 간의 합의에 의하여 어업 문제가 가조인된 만큼 농상회담의 재개 또는 대신급 이상의 회담에서 합의사항을 수정하기 전에는 일본 측 대표로서 본건 문제에 관하여 언급할 수 없다고 주장하고, 아카기 농상은 물론 외상 및 농상 간에서도 또한 자민당 정조회에서까지 한국 측 안은 사실상 농상회담 합의사항을 번복하는 것이라는 의견이라고 말하였음.

4. 일본 측은 따라서 실무자급에서 4. 3 합의를 기초로 조문화 작업을 진행하도록 하고 보완할 점이 있으면 수시 토의하여 초안을 작성하고 합의되지 않는 점은 상급 회의에 올려 해결하도록 하는 방법 외에는 금후 회담을 추진할 방법이 없는 것으로 생각한다고 말하였음.

이에 대하여 아 측은 한국 측 안 전부가 무조건 토의의 대상이 되지 않는다는 일본 측 태도는 이해할 수 없는 일이며 이는 4. 3 합의사항을 일본 측 안대로 조문화하자는 것이므로 절대로 이에 응할 수 없다고 말하였음.

5. 한편 일본 측은 외무대신과 우시바 심의관이 6. 20경 일본을 출발하여 알제리의 아·아 회의에 참석하였다가 7월 초순에 귀임하게 될 것이므로 만약 6월 중순 내에 본 조인이 되지 않으면 타결은 7월 중순 이후로 지연될 것이라는 견해를 표명하였음.

6. 연호로 보고한 바와 같이 지난 5. 18 이래 1주일 동안 아 측이 일본 측에 대하여 중점적으로 설명하여온 보완사항은 다음과 같음.

　　1) 기선
　　직선기선 결정에 있어서 국제관행을 존중한다는 일반적 원칙만을 협정문에 규정함.
　　2) 단속
　　　　가. 무표시, 무감찰 어선과 국내 어업금지구역 침범 어선의 정선 확인
　　　　나. 단속 규정 개정을 위한 협의.
　　　　다. 해상 시찰로서의 공동 승선(타방국의 감시선에 승선)과 양국 감시선의 합동 순시
　　3) 어획량
　　　　가. 어획량 통보는 원칙적으로 매월 행함.

나. 양륙항 지정 및 양륙 상황 시찰 편의 제공
　　다. 어획량 행정 지도 내용을 구체적으로 예시함(어업별 어획 기준량 초과 인정 시의 감찰 및 표지 회수 조치를 포함함).
　　라. 어획량 간주(단, 취지는 어획량 확인을 위한 방도 강구에 있음)
4) 공동규제수역 출어
　　가. 출어 척수 통보는 원칙적으로 매월 행함.
　　나. 일방의 요청이 있을 경우 타방은 어느 특정일의 어업별 출어 상황을 통보함.
　　다. 감찰 표지 발급 대장 비치 및 시찰 편의 제공
5) 연안 어업
　　가. 일본 연안 어업의 현상 유지 및 내역 표시
　　나. 조업 수역 표시(주일정-외아북)

96. 한국 측 어업 대표의 히로세 참사관 면담 결과 보고 전문

번호: JAW-05524

일시: 281805

수신인: 장관

발신인: 수석대표

연: JAW-05509, JAW-05515

1. 이 공사 및 김명년 대표는 금 28(금) 오후 4시 외무성으로 히로세 참사관을 방문하고 작일 수석대표 회담에서 양해된 어업 문제 협정안 작성에 관하여 협의하였음.

2. 양측은, 작일 수석대표 회담에서의 양해를 기초로 실무자(주로 과장급)들로 하여금 양측 안을 최단 시일 내에 검토하고 조문화하되 해결되지 못하는 문제는 상급자들 간에서 토의하도록 양해하였음. 따라서 우선 실무자급 회의는 명 29(토)부터 개최하기로 하였음.

3. 일본 측 실무자들은 주로 외무성에서 나올 것이라 함.

4. 이상과 같이 어업협정안의 조문화 작업이 급속적으로 촉진될 것이므로 연호 건의와 같이 최광수 동북아과장을 늦어도 내 30(일)까지 파견해 주시고 연호로 건의한 기타 실무자들 보강 조치도 시급 취하여 주시기 바람.(주일정-외아북)

97. 어업위원회 실무과장급 제1차 회의 결과 보고 전문

번호: JAW-05547

일시: 301009[1965. 5. 30]

수신인: 장관

발신인: 수석대표

어업 위원회 실무과장급 제1차 회의

1. 일시 및 장소: 65. 5. 29, 10:00~12:30 외무성

2. 참석자: 한국 측 김정태 이사관, 오재희 과장, 배동환 과장, 신광윤 과장, 김윤택 사무관

   일본 측 구로다 관장, 가와가미 조약국 조사관, 우치다, 하마모토 사무관 및 직원 2명

3. 토의 내용

가. (회의 진행 방법) '합의사항'을 중심으로 어업협정의 각 문제점에 대하여 양측 입장을 검토하여 조문 작성을 돕는 방향으로 토의를 진행시키는바, 원칙 논의는 되도록 피하고 각 문제점에 관하여 의견이 일치하는가 또는 대립하는가를 상호 확인해 나가기로 하였음. 양측은 또한 이러한 토의를 통하여 상호 입장에 대한 이해를 깊게 하고 가능 한도의 견해 차이를 조정해 나가기로 하였음.

나. (토의 내용) 협정의 명칭, 전문, 각종 용어의 정의 및 직선기선에 관하여 토의하였음. 양측은 각각 자기 측 협정안에 따라 입장 설명을 행하였는바, 각 문제점에 대한 토의 주요 내용은 아래와 같음.

1) 명칭: 일본 측은 특히 '잠정 협정'에 대하여 반대적인 입장을 취하였으며 협정 기간이 3년이라 하더라도 잠정 협정으로 하지 않아도 가할 것이라는 입장을 취하였는 바, 이 문제는 협정의 효력 기간과도 관련이 되므로 특별한 결론을 내지 않았음.

2) 전문: 양측은 '합의사항'에 새로이 추가된 부분 및 수정된 부분에 대하여 각자의 입장을 설명하였음. 일본 측은 아 측이 새로이 추가하려는 전문에 대하여

    (가) 평화조약을 새삼스럽게 지금 인용할 필요가 없다.

    (나) 연안국의 특수 이해 원칙은 일본 측으로서는 현재로서는 인정할 수 없는 원칙이므로 언급할 필요가 없다.

    (다) 어업협정의 각 문제점 중에서 특별히 잠정적 어업규제를 취한다는 결론을 언급할 필요는 없다라는 입장을 취하였음.

3) 각종 용어의 정의: 정의의 내용은 추후 토의키로 함. 아 측은 정의를 협정문 본문 내에 규정함에 반대가 없다는 입장을 취하였음.

4) 직선기선: 아 측은 합의사항에 기술된 대로 '합의' 자체에는 반대하지 않으나 협의를 행한다는 국제관행의 내용을 협정 본문에 규정할 필요는 없다고 하였음. 아 측은 일본 측 안에 양측의 합의 하에 직선기선을 결정할 수 있는 식으로 일본 측 안이 작성되어 있음을 지적하였음. 일본 측은 '합의사항'에 협의를 행하는 규정이 있을 뿐 아니라 어업수역은 협정에 의하여서만 설치된다는 입장을 취하고 있으므로 동 수역 설정에 사용하는 직선기선 협의 규정도 협정에 명시하여야 한다고 말하였음. 일본 측은 이 문제가 매우 중요하다고 말하였음.

한편 일본 측은 교환공문 안에서 직선기선에 관하여 '합의'하는 것과 같은 표현에 대하여는 재검토할 의향이 있음을 시사하였음.

4. 다음 회의는 5월 31일(월) 10:30에 개최하기로 함. 양측은 늦어도 6월 2일(수)까지 양측 입장의 검토를 끝마치고 양측의 대립점을 정리하기로 하였음.(주일정-외아북)

99. 어업위원회 실무과장급 제2, 3차 회의 결과 보고 전문

번호: JAW-06590

일시: 010843[1965. 6. 1]

수신인: 외무부 장관

발신인: 수석대표

어업위원회 실무과장급 회의 보고(제2차 및 3차 회의)

1. 일시 및 장소
제2차 회의-1965. 5. 31, 10:30~13:00 외무성
제3차 회의-1965. 5. 31, 16:00~19:30 외무성

2. 참석자: 제1차 회의와 같음.

3. 토의 내용
전번 회의에 이어 각 문제점에 대한 토의가 진행되었는바, 토의된 문제 및 내용은 아래와 같음.
　가. 어업수역 및 직선기선
　　(1) 어업수역이 중복되는 부분에 관한 규정에 대한 조문의 표현 문제를 토의하였는바, 추후 조문 작성 시에 다시 토의하기로 됨.
　　(2) 제주도 양측 수역에 관한 교환공문은 양측에서 특별한 의견 상치가 없음을 확인하였음.
　　(3) 어업수역 침범 취체에 관한 일방적 성명에 있어서 아 측은 일본 측이 합의사항보다 광범위한 것을 규정하려 하고 있음을 지적하고 그러한 사실을 양측이 확인하였음.

나. 협정수역

(1) 아 측은 한일 양국이 공통의 관심을 가지는 수역을 표시하여 둠이 필요하므로 협정수역을 규정하여 두자 하였음.

아 측은 또한 협정수역의 설치는 국제 전례에도 있을 뿐만 아니라 어족자원은 광범한 해역에 걸쳐 회유하는 사실에 비추어도 필요하다 하였음.

(2) 일본 측은 이 문제가 이미 과거에 논란되었고 결과적으로 합의사항에서 빠졌으며, 합의사항에는 협정 적용 수역이 구체적으로 명시되어 있으며, 한편 그러한 수역은 북한 문제와의 관련 하에서 협정상 명시하는 것에 동의하기 어렵다고 주장하였음.

다. 규제수역의 범위

(1) 아 측은 규제수역은 규제 조치의 내용과 밀접한 관련이 있으므로 이미 양측의 협정안에 이를 본문에 규정하도록 되어 있지만, 이 규정을 부속서에 두는 것이 적당할 것이라고 말하였음.

(2) 일본 측은 공동규제수역은 항구적인 성격의 것이며 먼저 수역을 결정한 다음에 동 수역 내에서의 과학적 규제 조치가 실시될 때까지 잠정적 어업규제 조치를 실시하기로 합의된 것이라고 주장하였음.

(3) 아 측은 공동규제수역 자체는 어업자원 보존을 위한 과학적 조사에 근거를 둔 것이 아니라는 점과 금후의 조사 결과에 따라 그 범위는 변동될 수 있는 것이라는 점 및 설사 이를 부속서에 규정하더라도 일본이 원하지 않으면 변동될 수 없는 것이라는 점을 지적하여 강조하였는바, 결과적으로 양측은 조문 작성 시에 이 문제를 다시 고려하기로 하였음.

라. 규제 조치의 원칙 규정(아 측 안 제4조, 일본 측 안 제4조)

규제수역의 범위 문제와 더불어 조문 작성 시에 표현 내용을 고려하기로 하였음.

마. 규제 조치의 내용(부속서):

(1) 규제 조치 내용에 관한 규정(부속서)의 표현은 조문 작성 시에 다시 토의하기로 함.

(2) 아 측은 일본 측 협정안 중 4. 3 합의와 상이하는 부분으로서 주로 최고 출어 척수의 정의, 감찰 및 표지 발급에 관련된 수위 '진정의 관련' 문제, 표지 발급 수효에 관한 규정의 누락 등을 지적하였음.

이에 대하여 일본 측은 정의 및 표지 발급 수효 관계 규정은 조문 작성에 있어서의 기술적 표현 조절이라고 말하고, '진정의 관련' 문제에 관하여는 첫째, 용선된 선박 및 둘째, 사실상 체약국의 선박으로 간주될 수 없는 선박이 동 체약국의 선박으로서 등록된 경위의 선박, 이상 2가지 경우에 해당하는 어선이 공동규제수역에서 조업하는 것을 방지하기 위하여 필요한 규정이라고 주장하였음.

(3) 아 측은
 (가) 50톤 이상 저인망 어업에 있어서 트롤 1척은 저인망 어선 2척으로 환산된다는 추가 규정이 필요하다는 이유
 (나) 선망 어업에 있어서 일본 측의 100톤 이상 1척이 예외적으로 인정된다는 점 및 표지 감찰 발급에 있어서 15퍼센트 및 20퍼센트의 증가 발급이 인정된다는 점의 예외 규정을 합의의사록에 규정하여야 할 필요가 있다는 이유
 (합의사항에는 부속서에 규정하기로 되었음.)
 (다) 출어 척수 통보를 원칙적으로 매월 행하여야 하는 이유
 (라) 특정일의 출어 척수를 감시선 간에서 통보할 필요성의 이유
 (마) 감찰 표지의 발급 대장의 비치 및 이에 대한 시찰과 편의 제공 규정의 필요성의 이유를 설명하였음.

(4) 일본 측은 위의 각 항에 관하여
 (가) 합의사항에서 합의된 출어 척수를 감소시키는 제안으로 실질적인 합의사항의 번복이다.
 (나) 예외 규정이라 하여 합의의사록으로 문서 종류를 변경할 수 없다.
 (다) 합의사항에 적어도 연 4회라고 규정되어 있는 만큼 합의사항의 번복이다.
 (라) 협정 실시 과정에 있어서 사실상 특정일의 출어 척수를 상호 조회할 수 있을 것이므로 협정상의 의무로서 이를 규정할 필요가 없다.
 (마) 국내 행정 문제이므로 협정상의 의무 규정으로 할 수 없다.
 (바) 어획량(합의의사록)
  1) 아 측은 일본 측 협정안 중 어획량 행정 지도에 관련되는 부분의 표현이 4. 3 합의를 변경한 것임을 지적하였음. 일본 측은 이를 단순히 표현상의 문제라고 설명하였음.

2) 가) 아 측은 어획량 통보를 원칙적으로 매월 행할 필요성의 이유

　　나) 양륙항 지정 및 양륙 상황 시찰 필요성의 이유

　　다) 기준량 도달 시의 감찰 표지 회수 조치 필요성의 이유 및

　　라) '어획량 간주' 규정의 취지에 관하여 설명하였음.

3) 이상 각 항에 관하여 일본 측은 어획량의 성격상 한국 측 제안과 같은 내용의 규정을 둘 수 없고 또한 한국 측 제안은 4. 3 합의사항에 배치된다고 주장하면서, 특히,

　　가) 연 4회라고 합의한 이상 합의사항 번복이다.

　　나) 일본 정부는 항구를 지정하여 주재관을 주재시켜 어선으로부터의 어획량 보고를 받아 어획량을 확인하도록 할 것이지만, 그러한 규정을 협정상 의무로서 규정할 필요는 없다.

　　다) 행정 지도의 내용을 협정상 의무로서 규정할 필요는 없다.

　　라) 합의사항 번복으로서 도저히 수락할 수 없다.

　　　라는 주장을 하였음.

4. 다음 회의는 6. 1(화) 10:30에 개최하기로 하였음.(주일정 - 외아북)

102. 어업위원회 실무과장급 회의 개최 무산 보고 전문

번호: JAW-06026

일시: 011933[1965. 6. 1]

수신인: 외무 장관
발신인: 수석대표

연: JAW-05570

1. 일본 측은 금 1일 오전 1030으로 예정되었던 어업위원회 실무자급 회의를 개최할 수 없다고 통고하여 옴으로써 동 회의는 개최되지 아니하였음.

2. 일본 측은 전기 회의를 개최할 수 없는 이유로서, 한국 측이 여전히 4. 3 합의사항에 배치되는 '보완' 사항을 주장하고 있기 때문에 회의를 계속하여도 성과가 없는 것으로 보이므로 금후 회의를 계속할 수 없는 바이라고 설명하였음. 이에 대하여 아 측은 지난 토요일 이래 3차에 걸쳐 개최한 전기 회의는 지난주 수석대표 회담 및 그 익일인 5. 28 이 공사 및 히로세 참사관 회담에서 양해된 바에 따라 양측 입장의 합치점과 대립점을 확인 정리하여 그 결과를 상부에 보고한다는 양해 하에 진행시켜 온 점에 비추어 보아 일본 측이 돌연 회의를 금후에 있어서 중단하기로 함은 부당하다고 하였음. 결국 양측은 금후 진행에 관하여 의견 일치를 보지 못하고 각각 상부에 보고하기로 되었음.

3. 이상과 같은 양측 실무자 회의의 정돈 상태에 비추어, 금일 오후 5시 이 공사는 외무성으로 히로세 참사관을 방문하고 실무자 회의의 속개를 강력히 주장하였음. 특히 이 공사는 실무자 회의는 양측에서 양해된 진행방식에 따라 토의를 한 것이므로 일본 측이 일방적으로 회의를 중단시킴은 부당하다고 강조하였음.

이에 대하여 히로세 참사관은 그러한 아 측 주장에 대하여는 직접적인 논평을 회피하면서, 한국 측이 여전히 4.3 합의를 수정하려는 의도를 견지하는 이상 일본 측은 교섭에 응할 수 없다는 주장을 되풀이하였음. 또한 히로세 참사관은 이 외무부 장관이 아.아 회의 참석 도상에 도쿄에 들러 회합할 의도를 가지신 것 같은 인상을 받는다고 말하면서, 명 2일 오전에 시나 외무대신이 김 대사를 초치하여 현안 타결에 관한 일본 정부의 입장 특히 어업 문제에 관한 일본 측의 견해를 표명하게 될 것이라고 말하였음.

4. 본건에 관한 금후의 추이에 관하여 계속 보고 위계임. (아북)

103. 김동조 대사의 시나 외상 면담 및 이동원 외무부 장관 앞 친서 수교 관련 보고 전문

번호: JAW-06033

일시: 021145[1965. 6. 2]

수신인: 외무 장관
발신인: 주일 대사

연: JAW-06027

연호로 보고한 바와 같이 본직은 금 2일 오전 10시 시나 외상을 방문하였는바, 동석상에서 대신은 본직에서 장관님 앞 친서를 수교하였으므로 이를 우선 아래와 같이 보고함.

회담 내용에 관하여는 별도 보고하겠으며 전기 친서는 금 2일 파우치 편으로 송부 위계임.

가역.

근계

귀 장관 각하가 이미 퇴원하게 되고 미구에 완쾌될 것이라는 것을 전문[傳聞]하여 축의를 표하는 바입니다. 이 편지를 드리는 것은 최근의 한일교섭의 진척 상황에 관하여 직접 본인의 기분을 귀 장관 각하에게 전하여야겠다고 생각하였기 때문입니다. 본인은 현하 긴박한 국제정세에 비추어 한일교섭을 하루라도 속히 타결시켜야겠다고 생각하여 이를 위하여 미력을 다하고 있습니다. 또 사토 총리대신을 비롯한 일본 정부 수뇌는 비상한 열의를 가지고 회담의 추진을 기하고 있는 바입니다.

재일한국인의 법적지위 문제에 관한 회의는 대체로 순조로이 진전하고 있다고 생각합니다.

청구권 및 경제협력에 관하여는 문제가 복잡다기한 관계상 예정보다 많이 늦었습니다만 일본 측 안문이 지난달 말에 제출되었으므로 교섭은 금후 크게 진전하리라고 예상합니다.

그런데 최근의 어업교섭의 진척 상황은 유감스럽게 만족할 만한 것이 못됩니다. 솔직히 말씀드려 귀국이 어업에 관한 합의사항을 실질적으로 변경하는 적지 않는 제안을 행하여 우리는 당혹하고 있습니다. 합의사항의 각 내용에 관하여서는 쌍방이 모두 충분히 만족할 수 없는 점이 적지 않은 것은 당연합니다만은 이 합의사항은 각하도 아시는 바와 같이 곤란한 교섭의 결과 나오게 된 합의사항의 변경, 특히 한국 측의 본래의 주장에의 복구를 요구하는 것은 어업 문제에의 재교섭이 되며 교섭 타결은 대폭적으로 늦어지게 되리라고 생각합니다. 본인은 우선 어업의 합의사항에 따라 안문을 작성하는 작업을 즉시 추진하여 이어 여기에 모순하지 않는 한도에서 귀국 측이 희망하는 보완에 관하여 협의하는 것이 교섭의 조기 타결을 위하여 가장 합리적이고 또 실제적인 길이라고 믿고 있습니다. 본인은 각하가 본인의 기분을 양찰하시고 지도력을 발휘하시어 교섭을 궤도에 오르도록 할 것을 충심으로 기대하고 있습니다.

현재와 같이 어업에 관한 교섭이 궤도에서 벗어나고 있는 상태가 계속하는 것은 한일교섭 전반의 무드와 페이스에 악영향을 주게 될 우려가 있습니다. 물론 본인으로서도 교섭을 촉진시키도록 최선을 다할 각오입니다.

또한 독도 문제에 관하여서는 일본 측은 지금까지 반복하여 명백히 하고 있는 바와 같이 한일교섭의 최종적 타결까지에는 적어도 그 해결을 위한 방법만은 정하여 둘 필요가 있다고 생각하고 있사오니 양찰하시기 바랍니다. 마지막으로 귀 장관 각하가 자애 자중하여 하루라도 속히 완쾌하게 될 것을 기원하는 바입니다.

경구

일본국 외무대신

대한민국 외무부 장관 이동원 각하(주일정 – 외아북)

108. 김동조 주일 대사의 시나 외상 면담 결과 보고 전문[25]

번호: JAW-06037

일시: 021308[1965. 6. 2]

수신인: 외무부 장관
발신인: 수석대표
참조: 국무총리, 중앙정보부장, 대통령 비서실장

연: JAW-06033

금 6. 2(수) 오전 10시부터 약 30분간 본직이 시나 외무대신과 회담한 내용을 아래와 같이 보고함.

1. 시나 대신은, 연호로 보고한 친서에 표명된 바와 같은 일본 측 입장을 설명하였음. 본직은 현안 타결에 관한 아 측의 관심을 설명하였음.

2. 대신과 본직은, 회담 촉진을 위하여는 어업 문제에 관한 조속한 타결의 필요성에 대하여 의견의 일치를 보고, 그 결과, 어업협정 조문화 작업을 직접 수석대표 회담에서 취급하여 금주 말까지 조문화 작업의 결론을 내기로 합의하였음.
이를 위하여(현재의 예정으로는) 양측의 대표가 금주 금요일부터 일요일까지 3일간 도쿄 시외에서 합숙하면서 조문화 작업을 끝마치고 내주 월요일에 타결에 관한 발표를 할 수 있도록 합의하였음(이상과 같은 어업협정 조문화 작업에 관한 양측의 합의 내용은 대외적으로 발표를 하지 않도록 조치해 주시기 바람).

---

25 편집자가 문서의 순서를 바꾸었음.

3. 이상과 같이 어업 문제에 관하여 월요일까지 결론이 나면 기타 현안에 관한 조문화 작업은 급속도로 해결될 수 있을 것이라는 생각을 일본 측은 가지고 있는 것으로 보임.

4. 금일 면담 기회에 본직은 시나 대신에게 내각 유임 축하에 뜻을 공식으로 표명하고 또한 작 1일 후쿠오카현 내 탄광 폭발사고 희생자에 대하여 정중한 조의를 표명하였음.(아북)

104. 시나 외상의 이동원 외무부 장관 앞 친서 송부 공문

1510   주일정 722-184

1965. 6. 2

수신: 외무부 장관

제목: 한일회담에 관한 시나 일 외상 친서 송부

연: JAW-06033 및 06037

연호로 보고한 바와 같이, 금 2일 시나 일 외상이 본직에게 수교한 장관님 앞 친서 원본을 송부하오니 사수하시기 바랍니다.

별첨: 동 친서 원본 1부.

끝

주일 대사 김동조[직인]

첨부물

104-1. 시나 외상의 이동원 외무부 장관 앞 친서

拝啓

貴長官閣下がすでに御退院になり近く御全快の趣と承り, はるかに御祝詞をお送り申し上げます.

この手紙を差上げますのは, 最近の日韓交渉狀況について直接私の気持を貴長官閣下にお傳えしなければならないと考えたからであります.

私は, 現下の緊迫せる国際政勢にかんがみ日韓交渉を一日も早く妥結せしめるべきであると考え, そのために微力を盡しております. また, 佐藤総理大臣をはじめ日本政府首脳は非常な熱意をもつて会談の推進をはかつている次第であります.

在日韓国人の法的地位の問題についての話合いは大体順調に進んでいると思います. 請求権および経済協力に関しては, 問題が複雑多岐にわたる関係上, 予定より大分遅れましたが日本側案文は先月末に提出されましたので, 交渉は今後大いに進展すると予想します.

ところが, 最近の漁業交渉の進陟状況は遺憾ながら満足すべきものではありません. 率直に申し上げて貴国側が漁業に関する合意事項を実質的に變更する少なからざる提案を行なわれ, これについての交渉を行なうべきことを求めておられるので, われわれは困惑しております. 合意事項の各内容については雙方とも十分満足のいかない点が少なくないことは当然ですが, この合意事項は閣下も御承知のとおり困難な交渉の結果として生れた相互妥協の産物であります. したがつて, かかる交渉の経緯を無視してイニシアル済みの合意事項の變更, 特に韓国側のもとの主張への復帰を要求されることは, 漁業問題の再交渉ということになり, 交渉妥結は大幅に遅れることになると思います.

私は, 先ず漁業の合意事項に從つて案文を作成する作業を直ちに進め, 次いでこれに矛盾しない限りにおいて貴国側の希望される補完について話合いを行なうことが交渉早期妥結のための最も合理的かつ実際的な道だと信じております. 私は, 閣下が私の気持を諒とされ, 指導力を発揮されて, 交渉を軌道に乗せられることを心から期

待しております.

現在のごとく漁業について交渉が軌道からはずれている狀態が繼續することは, 日韓交渉全般のムードとペースに惡影響を與えることを怖れるものであります. いうまでもなく, 私といたしましても, 交渉を促進させるべく, 最善をつくす覺悟であります.

なお, 竹島問題については, 日本側はこれまでくり返し明らかにしているとおり, 日韓交渉の最終的妥結までには少なくともその解決のための目途だけはたてておく必要があると考えておりますので御承知おき下さい.

末筆ながら貴長官閣下が御自愛御專一の上一日も早く御全快になることをお祈り申し上げます.

敬具

昭和四十年六月二日

日本国外務大臣 椎名悅三郎 [서명]

大韓民国 外務部長官
李東元 閣下[26]

---

26 본 서신의 한글 번역문은 103번 문서를 참조 바람.

105. 다카스기 일본 측 수석대표의 이동원 외무부 장관 앞 서신

拝啓　過日貴長官閣下より御懇篤な書簡を頂き誠に有難うございました.

閣下の御尽力により去る四月はじめ漁業, 在日韓国人の待遇, 請求権問題解決および経済協力の三大懸案について合意事項にイニシアルがなされたことは会談の早期妥結を願うわれわれの等しく慶賀するところであり, 閣下の御熱意に深く敬意を表するものであります.

しかるに, 貴長官におかれては過労のため病をえられた由承り深く心を痛め, 御恢復の一日も早からんことを折っておりましたところ, 最近閣下には退院された由承り, まことによころびに堪えぬ次第であります.

日韓国交正常化は, 両国国民の多年にわたる念願であり, 閣下を始め両国関係者の御努力により, これがまさに実現の至ろうとしていることは, まことによろこばしいところであります. 私としましても, 会談が一日も早く妥結するよう微力を捧げている所存でありますが, 交渉の前途になお残されているいくつかの困難な問題を克服するためには, さらに両国が相互理解と互譲の精神に基づき, 一層の努力を行なう必要があると痛感すると同時に, 特に閣下の英知と指導力に期待するところ大なるものがあります.

今後とも, 十分御自愛されるとともに, 日韓両国の関係をできるだけ早く本然の姿にもどすよう手を携えて努力してゆきたいと祈念しております.

敬 具

昭和四十年六月三日

日韓会談日本政府代表　高杉晋一 [서명]

大韓民国外務部長官

李東元 閣下

[번역] 　근계　지난번 장관님께서 친서를 보내주신 데 대해 진심으로 감사드립니다.

　장관님의 노력으로 지난 4월 초 어업, 재일한인의 대우, 청구권 문제 해결 및 경제협력의 3대 현안에 대한 합의사항에 '이니셜'을 한 것은 회담의 조속한 타결을 염원하는 우리 모두 똑같이 경하할 일이며, 장관님의 열의에 깊은 경의를 표합니다.

　그러나 장관님께서는 과로로 인해 병을 얻으신 것으로 알고 있으며, 회복이 하루라도 빨리 이루어지기를 간절히 바라고 있었으나, 최근 퇴원하신 것으로 들어 참으로 기쁜 마음 금할 길이 없습니다.

　한일 국교 정상화는 양국 국민의 오랜 염원이었으며, 각하를 비롯한 양국 관계자의 노력으로 이것이 실현되려 하고 있는 것은 참으로 기쁜 일이 아닐 수 없습니다. 저로서는 회담이 하루라도 빨리 타결될 수 있도록 미력이나마 힘을 쏟고 있습니다만, 협상의 앞길에 아직 남아 있는 몇 가지 어려운 문제를 극복하기 위해서는 양국이 상호이해와 양보의 정신에 입각하여 한층 더 노력할 필요가 있음을 통감하는 동시에, 특히 각하의 지혜와 지도력에 큰 기대를 걸고 있습니다.

　앞으로도 각하께서는 자애하시고, 한일 양국의 관계가 하루빨리 본연의 모습을 되찾을 수 있도록 함께 노력해 나가기를 기원합니다.

경구

1965년 6월 3일

한일회담 일본 정부 대표 다카스기 신이치[서명]

대한민국 외무부 장관
이동원 각하

107. 이동원 외무부 장관의 시나 외상 앞 답신 서한

1518 근계

먼저 각하께서 금번의 내각 개조에 있어서 외무대신의 중임을 계속하여 담임하시도록 된 데 대하여 다시 한번 충심으로 축하하여 마지않습니다.

그간 수차에 걸쳐 각하와 직접 상면하여 여러 가지로 솔직히 의견을 교환한 기회를 통하여 몸소 느낀 바 있습니다만 양국 간 국교 정상화의 조속한 실현을 위하여 누구보다도 열의를 가지신 각하가 유임케 되신 것에 대하여 각하와 각별한 정의를 나누고 있는 본인으로서 기뻐하여 마음 든든히 생각하고 있는 바입니다.

한일회담은 바야흐로 양국이 지금까지 십 수년간 기울여온 노력에 유종의 미를 거두기 위한 마지막 힘을 기울일 단계에 이르고 있다고 생각합니다.

변천하는 국제정세에 대처하여 회담을 하루속히 타결함으로써 양국 간 국교 정상화를 이룩함이 자유세계의 결속에 공헌할 것이라는 각하의 소신에 본인은 전적으로 공감을 가지고 있습니다.

회담의 현안 문제 가운데서 어업 문제에 관하여 최근의 김 대사-우시바 심의관 이하 실무진 간의 회담에서 상당한 진전이 있었음은 앞으로의 전망을 밝게 하여 주는 것으로서 양측이 계속하여 합리적이고 실제에 맞는 길을 택할 결의를 가져서 임한다면 남은 몇 가지 문제점도 조속한 타결이 어렵지 않으리라고 생각합니다. 이에 못지않게 청구권 및 경제협력 문제나 재일한인 법적지위 문제에 있어서 남은 문제점도 하나씩 하나씩 빨리 해결하여 나가야 할 것으로 생각합니다. 특히 청구권 및 경제협력 문제는 다른 현안 문제에 비하여 뒤진 느낌도 전혀 없지 않은바, 교섭에 최종의 박차를 가함으로써 단시일 내에 완결을 볼 수 있도록 각하의 각별한 관심과 결단을 기대하고자 하는 바입니다.

이제 한일회담의 전면적인 타결을 목전에 두고 양국의 공동적인 노력이 한시바삐 성공적인 결실을 맺을 수 있게 되기를 각하와 더불어 진심으로 기원합니다.

1519 본인이 불의의 질환으로 얼마 동안 요양 중에 있었었는바, 각하로부터 정중한 문병

을 받아 심심한 감사를 표하는 바이오며 아울러 각하께서 더욱 건승하심을 빌어 마지 않습니다.

1965년 6월 10일
대한민국 외무부 장관

일본국 외무대신
시나 에쓰사부로 각하

109. 어업협정 조문화 작업 연기 보고 전문

번호: JAW-06062

일시: 031135[1965. 6. 3]

수신인: 외무부 장관
발신인: 수석대표
참조: 국무총리, 중앙정보부장, 대통령 비서실장

연: JAW-06037

연호로 보고한 바와 같이 금주 말까지 어업협정 조문화 작업을 마치기로 되었던바 일본 측은 금 3일(목) 오전, 동 작업을 내주 초로 연기할 것을 제의하여 왔음.

일본 측은 동 연기 제의는 농림대신 및 수산청 장관 및 차장의 경질에 따른 사무인계 때문이라 하였으며 어업협정을 단시일 내에 초안한다는 원래 방침에는 변동이 없음을 첨언하여 왔음. 따라서 동 작업은 내주 초에 착수하게 될 것임을 보고함. 그러나 본직으로서는 금석 외무성 고위 간부를 초연하고 있는바 동 석상에서 강력히 금주 말내에 협정 초안 작업을 완료하도록 촉구할 작정임.(주일정-외아북)

110. 어업협정 조문화 작업을 위한 하코네 회담 개최 합의 보고 전문

번호: JAW-06099

일시: 041433[1965. 6. 4]

수신인: 외무부 장관
발신인: 수석대표
참조: 국무총리, 대통령 비서실장, 중앙정보부장

연: JAW-06037, 06062

1. 금 6. 4(금) 어업 문제에 관하여 한일 양측은 연호 전문 보고와 같이 어업협정 조문화 작업을 최단 시일 내에 완료하기 위하여 명 5(토) 오후 3시부터 하코네 관광호텔에서 양측 대표자 간의 회담을 개최하기로 합의되었음(하코네 관광호텔: 전화번호 하코네 4-8501, '센고쿠' 바라에 있음).

2. 양측의 회담 참석자 명단은 다음과 같음.
 (1) 한국 측-김 대사, 이 공사, 김명년 대표, 김정태, 최광수 동북아과장, 오재희 정무과장, 배동환 원양어업과장, 신광윤 자원조사과장, 공로명 사무관, 김윤택 사무관
 (2) 일본 측-우시바 심의관, 우시로쿠 아세아 국장, 히로세 참사관, 이시다 아키라, 수산청 차장(신임), 구로다 북동아과장, 마쓰나가 조약과장, 야스후쿠 어업조정과장, 기타 실무자 약간 명.

3. 아 측 참석인원은 명 5일 아침에 현지로 향발 예정임.

4. 본건에 관하여는 대외적으로 발표하지 않고 있음.(주일정-외아북)

114. 어업협정 조문화를 위한 하코네 회담에 관한 보고 전문(1)

번호: JAW-06129

일시: 060935 [1965. 6. 6]

수신인: 장관

발신인: 수석대표

참조: 국무총리, 농림부 장관, 청와대 비서실장, 중앙정보부장

연: JAW-06123

어업협정 조문화를 위한 하코네 회담에 관한 보고(1)

1. 5일 16:00부터 시작된 회담에서 양측은 작업 대상으로 아래의 3개 사항을 확인하고 이를 위한 작업을 병행시키기로 하였음.
 (1) 4. 3 합의사항을 기초로 하는 협정 조문화
 (2) 4. 3 합의사항에서 계속 토의하기로 결정된 사항 또는 미토의사항의 토의 및 조문화
 (3) 보완사항(아 측이 제시하는)

2. 우선 아 측은 4. 3 합의사항 전부에 걸쳐 표현과 형식을 충실하게 좇아서 조문화한 협정문을 제시하였음. 일본 측은 아 측 안의 검토를 위하여 17:00에 일단 휴회하였음.

3. 10:00 [22:00]에 다시 회의를 개최하고 아래의 2개의 위원회로 나누어 토의를 재개하였음.
 (1) 계속 토의 또는 미토의 사항을 토의하는 소위원회(제1 소위원회)
  아 측: 이규성 공사, 김명년 대표, 김정태 부이사관, 배동환 과장, 공로명 보좌

일본 측: 히로세 참사관, 이시다 수산청 차장, 가와시마 조사관, 야스후쿠 어업조정
과장, 조약국 조약과 및 북동아과 실무자
(2) 합의사항을 기초로 한 협정 조문화를 위한 소위원회(제2 소위원회)
아 측: 최 동북아과장, 오 정무과장, 신광윤 자원조사과장, 김윤택 보좌
일본 측: 마쓰나가 조약과장, 구로다 북동아과장, 모리사와 해양제2과장 외 실무자

4. 제1 소위원회는 아래의 사항을 토의 대상으로 채택하고 토의에 들어갔음.
협정 명칭, 협정수역, 공동위원회, 협정 유효기간, 협정 개정, 조업 질서 및 해상사고 처리 방법, 표지 감찰, 분쟁 조항, 어업협력

5. 제1 소위원회는 공동위원회에 관한 제1차 토의를 마치고 조업 질서 유지에 관한 토의에 들어가 아 측은 제2 부속서의 안문(조업 안전과 질서 유지 및 해상 사고에 관한 규정)을 일본 측에 제시하였음.

6. 제2 소위원회는 협정 본문 및 부속서에 관한 토의를 마쳤음.

7. 보완사항에 관하여는 본직이 우시바 심의관 및 우시로쿠 국장과 접촉하고 있음.

8. 5일 회담은 23:30경에 일단 끝났는바, 제1 소위원회는 6일 13:00에, 제2 소위원회는 09:00에 재개하기로 함.(주일정-외아북)

115. 어업협정 조문화를 위한 하코네 회담에 관한 보고 전문(2)

번호: JAW-06130

일시: 061600[1965.6.6]

수신인: 장관
발신인: 수석대표
참조: 국무총리, 농림부 장관, 청와대 비서실장, 중앙정보부장

연: JAW-06129

어업협정 조문화를 위한 하코네 회담에 관한 보고(2)

1. 제1 소위원회는 금 6일 11:45-13:30 사이에 개최되었음.

일본 측은

(1) 분쟁 해결 조항

(2) 해난 구조 및 긴급 피난에 관한 조항

(3) 안전 조업 및 질서 유지에 관한 조항(아 측 안에 대한 대안)을 제시하였음.

일본 측은 상기 제안에 대한 제안 설명을 하였으며, 작 5일 아 측이 일본 측에게 제시한 안전 조업과 질서 유지, 해상 사고에 관한 규정(부속서 2)에 대한 일본 측의 견해를 표명하였으며, 아울러 이에 대한 쌍방의 토의가 있었음.

2. 제2 소위원회는 금 6일 10:00~13:20 사이에 개최하였음. 동 소위원회는 '합의의 사록'에 관한 토의를 마치고 오후에 재개될 회의에서는 '일방적 성명'을 토의할 예정임.(주일정-외아북)

수석대표

116. 어업협정 조문화를 위한 하코네 회담에 관한 보고(3)

번호: JAW-06131

일시: 062117[1965. 6. 6]

수신인: 외무부 장관 귀하
발신인: 수석대표
참조: 국무총리, 농림부 장관, 청와대 비서실장, 중앙정보부장

연: JAW-06130

어업협정 조문화를 위한 하코네 회담에 관한 보고(3)

1. 금일 주식 후 제1 소위원회는 15:30~18:00에 개최되었음.
제1 소위원회에서 일본 측은 아 측의 조업 안전과 질서 유지 해상 사고에 관한 규정에 대한 대안(안)을 제시하였으며, 협정수역 설정에 관한 아 측 안에 대하여 일본으로서는 설정의 필요성이 없다는 견해를 표명하였음. 아 측은 미토의 사항이던 협정의 비준 및 유효기간에 관한 조항(안)과 협정 개정과 협의 조항(안)을 일본 측에 제시하였음.
공동위원회에 관한 조항과 공동위원회의 상설 사무국을 설치하는 문제에 대하여 양측의 토의가 있었고, 아 측은 또한 어업협력에 관한 우리 입장을 재차 강조하였음.

2. 제2 소위원회도 금일 15:00~18:00에 개최되었음. 일본 측은 4. 3 합의사항을 충실히 조문화하는데 문제점이 많다는 것을 시인하고 이에 대한 일본 측의 희망 사항을 일일이 들었음. 제2 소위원회는 '일방적 성명'까지도 포함한 협정안 전반에 관한 1차적 토의를 끝마쳤음.

3. 금야 20:30에 계속하여 문제 전반에 걸쳐 제2 독회와 같은 성격의 회의를 개최할 예정임(주일정-외아북)

119. 어업협정 조문화를 위한 하코네 회담에 관한 보고(4)

번호: JAW-06141

일시: 071515 [1965. 6. 7]

수신인: 외무부 장관 귀하
발신인: 주일 수석대표
참조: 국무총리, 농림부 장관, 청와대 비서실장, 중앙정보부장

연: JAW-06131

어업협정 조문화를 위한 하코네 회담에 관한 보고(4)

1. 작 6일 밤 회의는 4. 3 합의사항을 그대로 조문화하는 데 있어서 문제점으로 노출된 사항과 이에 대한 쌍방의 희망 사항을 정리하기 위하여 아 측은 최광수, 오재희 전문위원과 일본 측은 구로다 북동아과장, 하마모토 법규과 사무관이 참석한 가운데 이 작업을 하다가 일본 측이 아 측의 희망 사항을 더 이상 들을 수 없으므로 상부에 우선 보고하겠다고 하여 일단 휴회하였음.

2. 금 7일 10:00~10:30까지는 아 측은 이 공사를, 일본 측은 히로세 참사관을 가하여 확대 회의를 개최하고 지금까지 토의과정에서 노출된 문제점 전반을 아래와 같이 정리하였음.
   1) 일본 측의 수정 희망 사항(4. 3 합의사항 조문화에서)
      (1) 어업수역의 중복되는 부분
      (2) 공동규제수역의 범위에 관한 두서
      (3) 고등어 일본조의 조업 구역(제주도 서 측의 상당 수역 제외)
      (4) 선망의 예외가 되는 어선 1척의 규정

(5) 감찰 표지의 척수와의 동수

(6) '진정의 연관'(일본 측 안의 부속서의 감찰 및 표제에 관한 사항 참조)

(7) 제주도 주변의 어업수역에 대한 교환공문

(8) 감찰의 해상 인도 금지에 관한 행정 지도

(9) 어획 기준량의 억제에 관한 행정 지도

(10) 재판 관할권 행사에 있어서의 통보 존중

(11) 육상의 단속 한정

(12) 연안 어업의 자주 규제라는 제목

(13) 일방적 성명의 형식

(14) 일본 측의 영해에 관한 일본 정부의 입장 유보

2) 아 측의 수정 희망 사항(4. 3 합의사항 조문화에서)

(1) 직선기선 사용에 관한 협의 조항의 단서 삭제

(2) 단속에 관한 내용(정선 및 임검)의 삭제

3) 한국 측의 보완사항

(1) 연안 어업의 어업별 척수와 어선 규모

(2) 공동 순시

(3) 상호 승선

(4) 양륙 상황 시찰(어획량 확인)

(5) 특정일의 출어 척수 상호 통보

(6) 감찰 표지 발급의 기록의 비치

(7) 감찰 표지의 회수

(8) 양륙항의 지정

(9) 무표지선의 정선

(10) 금지수역 내에서의 정선

4) 미결정 사항

(1) 협정의 명칭

(2) 협정 전문(한국의 3개 점 추가)

(3) 정의의 규정 여부

(4) 협정수역 설정 여부

(5) 공동위원회 중 미확정 사항(일·미·가 조약 제8조 규정 포함)

(6) 분쟁 해결

(7) 안전 조업 해난사고 긴급 피난 해난 구조

(8) 감찰과 표지

(9) 협정 유효기간

(10) 합의의사록의 전문

(11) 협정 개정의 협의 조항

(12) 일본 측의 영해에 관한 유보사항

(13) 어업협력에 관한 조항

3. 상기 외에도 일본 측의 수정 희망 사항이 5, 6개 점 있으나 이는 협정 초안 과정에서 FORWARD POSTURE[전향적 자세]로 한국이 임하기로 하고 오후 회의에서는 위의 일본 측 희망 수정사항과 아 측의 수정 희망 및 보완사항과 미결정 사항을 갖고 구체적 조문화를 위한 토의를 계속하기로 하였음.

121. 어업협정 조문화를 위한 하코네 회담 결과 종합 보고 전문

번호: JAW-06181

일시: 090012 [1965. 6. 9]

수신인: 외무부 장관
발신인: 수석대표
참조: 국무총리, 농림부 장관, 청와대 비서실장, 중앙정보부장

연: JAW-06154호

1. 하코네 회담은 예정보다 약간 지연되어 금 8일 오후 6시경에 끝났으며, 회담 참가인원 전원은 오후 9시 도쿄로 귀임하였음.

2. 어업협정안 및 관계 부속 문서 안은, 신규로 추가된 부분을 제외하고는, 대체로 4.3 합의사항에 따라 조문화 작업을 완료하였으며, 상금 미해결 부분은 다음과 같음.
  (가) 4.3 합의사항 제(1)항 (가) 직선기선 사용 시의 협의에 관한 '단서' 규정 삭제 문제
  (나) 4.3 합의사항 제(1)항 (라) 직선기선 사용 협의에 관한 교환공문 안
  (다) 4.3 합의사항 제(1)항 (바) 일방적 성명에 관한 일본 측 수정안(참조: 일본 측 협정안)
  (라) 4.3 합의사항 제(2)항 공동규제수역 규정 조문화에 있어서의 표현 문제
  (마) 4.3 합의사항 제(3)항 잠정적 어업규제 조치내용 및 4.3 합의사항 제(6)항 연안 어업 자주 규정에 있어서의 고등어 낚시 어업에 관한 조업 구역의 해석 문제
  (바) 4.3 합의사항 제(5)항 단속 및 재판 관할권 (다)항, 재판 관할권 행사에 있어서의 위반 사실 통보 존중에 관한 일본 측 수정안 및 4.3 합의사항 제(8)항 국내 어업금지수역의 상호존중 (다)항 단속 및 재판 관할권 행사에 있어서의 위반 사실 상호존중

에 관한 일본 측 수정안

　(사) 협정 명칭

　(아) 협정 유효기간

　(자) 분쟁 해결

　(차) 어업협력에 관한 민간신용 제공

　(카) '보완사항'

　　(1) 연안 어업 조업 구역 및 현상 유지(일방적 성명)

　　(2) 합동 순시

　　(3) 공동 승선

　　(4) 양륙 상황 시찰 및 어획량 확인

　　(5) 특정일의 출어 상황 통보

　　(6) 감찰 및 표지 발급 대장 비치 및 이에 대한 시찰

　　(7) 감찰 및 표지 회수 조치

　　(8) 양륙항 지정

　　(9) 무표지 어선 정선 확인

　　(10) 국내 어업금지수역 침범 어선 정선 확인

3. 4. 3 합의사항 중의 계속 토의 사항에 있어서는

　(가) 공동위원회 구성 및 임무에 관하여는, 대체 한국 측 안대로 조문화되었으며 상설 사무국 설치에 합의함(단, 사무국의 성격은 대체로 일·소 어업협정의 유형과 같으며, 규정의 일부는 합의의사록에 규정하기로 됨).

　(나) 조업 안전 질서 유지에 관하여는, 해상 사고 해결 문제와 함께 원칙적 규정에 합의하였으며, 이를 협정 본문에 규정하기로 함. 세부 사항은 민간단체 간의 약정에 의하여 규정되도록 양해됨.

　(다) 협정 전문에 관하여는 4. 3 합의사항에 규정된 부분만을 그대로 채택하기로 낙착됨.

　(라) 표지의 양식 및 규격 등에 관하여 완전 합의됨.

4. 4. 3 합의사항에 포함되지 아니한 사항으로서, 일본 측 희망에 '해난 구조 및 긴급 피난'에 관하여 원칙적 규정을 합의의사록에 두기로 합의됨.

5. 이상에서 언급되지 아니한 양측의 신규 사항은 채택하지 아니하기로 합의됨.

6. 지금까지 조문화된 부분 및 미결 또는 보안상[보완사항]에 관한 상세는 추후 보고 위계임.

122. 어업협정 조문화 진행 상황 보고 전문

번호: JAW-06188

일시: 091159[1965. 6. 9]

수신인: 장관(참조: 국무총리, 농림부 장관, 청와대 비서실장, 중앙정보부장)

발신인: 수석대표

연: JAW-06181

1. 지난 6. 5부터 6. 8까지 어업협정 조문화 작업을 위하여 거의 철야로 집중적 작업으로 임한 하코네 회담에서 양측은 어업협정 조문화에 있어서의 기본적 이념과 원칙에 완전 합의를 보고 문제점은 협정 기간과 명칭을 제외하고 사실상 거의 전부 해결되었음.

2. 조문화 작업도 9할 9부 완료되었으며 명 10일까지는 협정문이 전부 완결될 것임.

3. 협정문의 영문 작성은 일본 측이 내주 초까지 끝낼 예정이므로 이에 따라 양측이 영문 안도 조속 조문화하기로 되어 있음.(아북)

125. 어업협정안 조문 정리를 위한 제1차 실무자 회의 개최 결과 보고 전문

번호: JAW-06226

일시: 102041 [1965. 6. 10]

수신인: 장관
발신인: 수석대표

연: JAW-06188

1. 금 6. 10 오후 3시부터 7시 30분까지 외무성에서, 지난 하코네 회담에서 합의된 부분의 어업협정안 조문 정리를 위하여 제2차 실무자 회의를 개최하고 이미 합의된 부분의 협정문 안(일본어 텍스트)을 1차적으로 정리 완료하였음.
참석자는 다음과 같음.
한국 측: 오 정무과장, 배동환 과장, 공로명 사무관
일본 측: 마쓰나가 조약과장, 기타 외무성 및 수산청 실무자

2. 동 회의가 끝난 후 일본 측은 미결 사항 중의 하나인 분쟁 해결 조항에 관한 일본 측 안을 제시하였음.
일본 측 안은 별도 전문으로 송부 위계임.(주일정-외아북)

126. 일본 측의 분쟁 해결 조항안 보고 전문

번호: JAW-06227

일시: 102110[1965. 6. 10]

수신인: 장관

발신인: 수석대표

연: JAW-06226

금 10일(목) 제시된 일본 측의 분쟁 해결 조항안은 아래와 같음.

제9조(협정 본문)

1. 본협정의 해석 및 실시에 관한 양 체약국 간의 분쟁은, 먼저 외교상의 경로를 통하여 해결하는 것으로 한다.

2. 제1항의 규정에 의하여 해결할 수 없었던 분쟁은 어느 일방 체약국의 정부가 타방 체약국의 정부로부터 분쟁의 중재를 요청하는 공한을 접수한 날로부터 30일의 기간 내에 각 체약국 정부가 임명하는 각 1명의 중재위원과 이와 같이하여 선정된 2명의 중재위원이 동 기간 후의 30일의 기간 내에 합의하는 제3의 중재위원 또는 동 기간 내에 그 2명의 중재위원이 합의하는 제3국의 정부가 지명하는 제3의 중재위원과의 3명의 중재위원으로 성립되는 중재위원회에 결정을 위하여 부탁하는 것으로 한다. 단 제3의 중재위원은 양 체약국 중의 어느 국가의 국민이어서는 안 된다.

3. 어느 일방 체약국의 정부가 당해 기간 내에 중재위원을 임명하지 아니하였을 때, 또는 제3의 중재위원 혹은 제3국에 대하여 당해 기간 내에 합의되지 아니하였을 때는, 중재위원회는, 양 체약국 정부가 각각 30일의 기간 내에 선정하는 국가의 정부가 지

명하는 각 1명의 중재위원과 이들 정부가 협의에 의하여 결정하는 제3국의 정부가 지명하는 제3의 중재위원으로서 구성되는 것으로 한다.

4. 양 체약국 정부는 본조의 규정에 의거한 중재위원회의 결정에 복하는 것으로 한다.

(합의의사록)

중재위원회에 관하여,

제9조 제3항에서 말하는 양 체약국 정부가 각각 선정하는 국가 및 이들 국가의 정부가 협의에 의하여 결정하는 제3국은 일본국 및 대한민국의 쌍방과 외교관계를 가지고 있는 국가 가운데에서 선정되는 것으로 한다.(주일정-외아북)

130. 어업협정 분쟁 해결 조항에 관한 일본 측 안 송부 공문

주일정 722-205

1965. 6. 14

수신: 외무부 장관
연: JAW-06227

제목: 한일 간 어업협정 중 분쟁 해결 조항에 관한 일본 측 안 송부

1965. 6. 10 일본 측이 제시한 바 있는, 한·일 간 어업협정에 있어서의 분쟁 해결 조항에 과한 일본 측 안 사본을 별첨 송부합니다.

별첨: 표기 일본 측 안 2부.

끝

주일 대사 김동조[직인]

첨부물

130-1. 어업협정 분쟁 해결 조항에 관한 일본 측 안[27]

第九条

1. この協定の解釈及び実施に関する両締約国間の紛争は, まず外交上の経路を通じて解決するものとする.

2. 1の規定により解決することができなかった紛争は, いずれか一方の締約国の政府が他方の締約国の政府から紛争の仲裁を要請する公文を受領した日から三十日の期間内に各締約国政府が任命する各一人の仲裁委員と, こうして選定された二人の仲裁委員が同期間の後の三十日の期間内に合意する第三の仲裁委員又は同期間内にその二人の仲裁委員が合意する第三国の政府が指名する第三の仲裁委員との三人の仲裁委員からなる仲裁委員会に決定のため付託するものとする. ただし, 第三の仲裁委員は, 両締約国のうちいずれかの国民であってはならない.

3. いずれか一方の締約国の政府が当該期間内に仲裁委員を任命しなかったとき, 又は第三の仲裁委員若しくは第三国について当該期間内に合意されなかったときは, 仲裁委員会は, 両締約国政府のそれぞれが三十日の期間内に選定する国の政府が指名する各一人の仲裁委員とそれらの政府が協議により決定する第三国の政府が指名する第三の仲裁委員をもって構成されるものとする.

4. 両締約国政府は, この条の規定に基づく仲裁委員会の決定に服するものとする.

5. 仲裁委員会に関し,
第九条3にいう両締約国政府のそれぞれが選定する国及びそれらの国の政府が協議により決定する第三国は, 日本国及び大韓民国の双方と外交関係を有する国のうちから選ばれるものとする.

---

[27] 본 조항안의 한글 번역문은 126번 문서를 참조 바람.

131. 어업협정 조문화를 위한 뉴오타니호텔 회담 교섭 개황 보고 전문

번호: JAW-06402

일시: 181052[1965. 6. 18]

수신인: 외무부 장관
발신인: 수석대표

1. 철야 작업으로 임한 호텔 뉴오타니 회담의 금 18일(목) 오전 10시 현재의 교섭 개황을 다음과 같이 보고함.

(1) 청구권 및 경제협력: 제2조(청구권 소멸 조항)을 제외하고 조문화 완료함.

(2) 어업 문제: 아 측 보완사항 중(정선 확인 제외), 합동 순시, 공동 승선, 연안 어업 현상 유지에 관한 사항과 4. 3 합의에 대한 일본 측 수정안을 제외하고 조문화 완료함(아 측 보완사항의 현재까지의 조문화 결과는 별도 보고함).

(3) 문화재: 품목에 합의 완료하고 협정문도 조문화 완료함(합의된 품목에 관하여는 별도 보고함).

(4) 법적지위: 국민건강보험, 강제퇴거 사유 경과조치, 전후 입국자 및 이산가족, 본 협정 제5조(처우에 관한 일반적 규정)을 제외하고 조문화 완료함.

2. 회담은 금일 오전, 오후에 걸쳐서 계속될 것이며, 대표단은 미해결 문제점의 타결을 위하여 최선의 노력을 다하고 있음.(주일정-외아북)

132. 어업협정 보완사항에 관한 보고 전문

번호: JAW-06416

일시: 181709[1965. 6. 18]

수신인: 장관
발신인: 수석대표

어업협정 보완사항에 관한 보고

아 측이 일본 측에 제시한 보완사항 중 합동 순시(보완 2), 공동 승선(보완 3) 및 연안 어업(보완 1)에 대한 사항을 제외한 보완사항은 전부 아래와 같이 6. 18, 05:00에 합의되었음을 보고함.

1. 합의의사록에 다음의 규정을 추가한다(항목 미정).
(보완 5 특정일에 출어 사항 통고)
"감시선 간의 출어 사항의 정보제공에 관하여 일방국의 감시선은 공동규제수역 내에 있어서의 어선의 출어 사항에 대하여 필요하다고 인정될 때에는 타방국 감시선에 대하여 필요한 정보를 제공하도록 요청할 수가 있으며, 당해 타방국 감시선은 가능한 한 그 요청에 응할 것으로 한다."

2. 합의의사록 2(연간 총 어획 기준량)에 다음의 규정을 (C)로써 추가한다. (보완 4 어획량의 확인)
"(C) 어느 국가의 정부도 타방국 정부의 공무원이 3 (B)의 시찰을 행함에 제하여 당해 타방국 정부의 요청이 있었을 때에는 동 공무원에 대하여 잠정적 어업규제 조치의 적용의 대상이 되고 있는 자국의 어선에 의한 어획물의 양륙 사항을 시찰시키기 위한 편의도 아울러 가능한 한 부여하여, 어획량의 보고 및 집계사항에 대하여 가능한 한 설명이 행하여지도록 한다."

3. 합의의사록에 다음의 규정을 추가한다(항목 및 항목 명칭 미정). (보완 8 양륙항의 지정)

"어느 국가의 정부도 잠정적 어업규제 조치의 적용의 대상이 되는 어업에 종사하는 자국의 어선이 공동규제수역 내에 있어서 어획한 어획물을 양륙할 항을 지정한다."

4. RECORDS OF DISCUSSION[토의록]의 형태로서 다음의 사항을 기록한다. (보완 6 감찰 및 표지의 발급 기록 유지 및 보완 7 감찰의 회수)

1) "합의의사록 3 (B)에서 말하는 자국 내에 있어서의 단속의 실시사항의 시찰에는 감찰 및 표지의 발급 사항에 대한 설명이 행하여 질 것이 포함된다."

2) "합의의사록 2 ( )에서 말한 '출어 척수 또는 톤수를 억제하도록 행정 지도를 행한다.'에 있어서의 행정 지도에는 감찰 및 표지의 발급 수의 조정이 행하여지도록 지도할 것이 포함된다."

5. 본협정(제9조 분쟁 처리 조항)으로서 65년 6월 10일 일본 측이 제안한 분쟁 처리 조항을 수락 이를 규정하였음. 동 조항에 대해서는 이미 보고한 전문을 참조 바람. 따라서 합의의사록에 '4. 중재위원회에 대하여'가 추가됨.(외아북-주일정)

133. 한일 협정 조문화를 위한 힐튼호텔 회담 경과 보고 전문

번호: JAW-06442

일시: 190158[1965. 6. 19]

수신인: 장관

발신인: 수석대표

1. 철야 작업으로 임하고 있는 한일 현안 협정 전반의 조문화를 위한 당지 힐튼호텔 회담의 6. 19 오전 1시 현재의 현황을 아래와 같이 보고함.

2. 청구권 및 경제협력에 관하여: 협정 제2조(청구권 소멸 조항)에 관한 토의는 아직 계속되고 있는바, 18일 하오 10:30부터 약 1시간 동안의 회담에서 아 측은 일본 측 안 (참조: JW-06394)을 그대로는 도저히 수락할 수 없음을 명백히 하였었음. 즉, 아 측은 일본 측 안 중 제2항 (A), (B)의 일자가 1945. 8. 15이 되고, 제3항의 조치의 대상이 제한되고, 합의의사록 일본 측 안에서 거주에 관한 제한 규정이 배제되지 않는 한, 일본 측 안을 수락할 수 없음을 설명하고 일본 측의 재고를 촉구하였음. 본건에 관하여는 다시 본직이 직접 우시바 심의관과 협의하고 있음.

3. 문화재: 협정 본문 및 인도될 문화재 품목은 완전 합의되었으며, 사유 문화재와 기증 권장 및 인도된 후의 문화재의 보존 및 전시에 관한 합의의사록(안)을 절충 중임.

4. 어업협정: 일본 측은 아 측의 보완사항 중 공동 승선 및 합동 순시에 관한 대안을 제시하는 한편, 연안 어업에 관한 일방적 성명에는 강력히 반대하고 있는바, 양측은 전기 3개 항목의 보완사항에 관한 조문화 작업과 토의를 계속 중임.

5. 법적지위: 미결 문제점인 퇴거 강제에 관련된 GAP 문제와 퇴거 강제 시의 한국 정부의 인수에 관한 RECORDS OF DISCUSSION(안)에 관하여 최종 토의를 진행하고 있으며 토의가 끝나는 대로 조문 정리에 착수할 것임.(주일정-외아북)

134. 한일 협정 조문화 교섭 진행 현황 보고 전문

번호: JAW-06450

일시: 190720[1965. 6. 19]

수신인: 외무 장관

발신인: 수석대표

사본: 대통령, 국무총리, 경제기획원장관, 농림 장관 각하

교섭 현황을 보고함(19일 07:00 현재).

1. 어업협정은 유효기간을 제외하고는 10개 문서로 구성되는 전 협정문 작성 완료. 연안 어업에 관한 보완조항 작성은 포기되었고, 상호 승선, 합동 순시 등 여하 7개 보완조항은 전부 안문 작성에 성공.

2. 청구권 관계 문서는 제2조 안문 작성만 남기고 차관 계약을 포함하여 21개 조약문 작성 완료됨.

3. 법적지위 협정은 법무대신의 전후 입국자 처리 문제에 관한 성명서를 포함한 4개 협정문 작성 완료함.

4. 문화재협정은 4개 문서, 협정 조약문 작성 완료.

5. 따라서 청구권협정 제2조와 어업협정 유효기간 문제를 제외하고는 한일회담 관련 전 조약문 일본어 원문 작성은 완료되고 한국문 원문을 조합 중에 있음.

6. 본국에서 파견된 회담 대표, 실무자 및 대표부 관계 직원의 헌신적인 노력으로 22일 본조인 서명이 확실하게 된 것을 다행으로 생각함.(주일정-외아북)

135. 어업협정 연안 어업 문제에 관한 지시 전문

번호: WJA-06295

일시: 191000[1965. 6. 19]

수신인: 주일 대사

"연안 어업 문제에 대하여 하코네 회담에서 이루어졌듯이 문서 교환 형식으로라도 약속을 받도록 노력할 것이며, 외무부 장관과 상의하여 결론을 내도록 할 것."

대통령 명에 의하여 청와대 비서실장

136. 어업협정 연안 어업 문제 관련 보고 전문

번호: JAW-06471

일시: 192210[1965. 6. 19]

수신인: 청와대 비서실장
발신인: 주일 대사

대: WJA-06295

대호에 관련한 교섭 내용을 보고드립니다.
대통령 각하에게 충분히 보고하여 주시기 바랍니다.

1. 연안 어업 문제에 대하여 하코네 회담에서 문서 교환 형식으로 약속받은 사실도 없거니와 그렇게 보고한 사실도 없습니다.

2. 이 문제의 핵심은, 이미 'AGREED MINUTES'(합의의사록)에 연안 어업 현상에 관한 정보 교환을 할 것이 문서화 되어 있고 또 일방적 성명으로 일본 연안 어업의 현상이, 출어 척수가 1,700척을 상회하지 아니할 것이라는 정도의 표현으로 되어 있습니다.

3. 현재 농림부 대표들이 주장하는 바는 교섭 경과 도중에 현재 출어 척수인 1,700척의 내용에 관한 진술과 그 내용이 급격히는 아마도 변동되지는 아니하리라고 추측이 된다는 정도의 진술과 또한 현재 일본 연안 어업이 출어하고 있는 조업 구역이 여사 그러한 것이라는 것을 진술하고 이것도 대충 그 조업 수역의 급격한 변동은 아마 없지 않겠느냐 하는 극히 상식적인 진술을 일본 측이 하도록 요구하는 것입니다.

4. 전기 제3항에 관한 농림부의 주장에 대하여 과거 교섭 경위로 보아 그 정도의 진술은 일본 측이 반드시 거부하겠다고 하는 이유는 없으나 그 진술 내용에 있어서 일본 측이 조금이라도 앞으로 의무(OBLIGATION)를 지거나 연안 어업의 기본적 성격인 자주 규제라는 자주성에 추호라도 영향을 가져올 수 있는 진술은 할 수 없다는 것입니다.

5. 제4항의 일본 입장은 어디까지나 합의의사록에 표시된 연안 어업 현상에 관한 정보 교환의 조항에 따라 진술할 수도 있으나 이는 원칙적으로 본협정의 비준 교환으로 협정 효력이 발생한 연후에 취해질 수 있는 조치인 만큼 지금 어업협정을 서명하는 시급한 작금에 이러한 한국 측 요구에 대하여서는 응할 수 없다는 입장입니다.

6. 본직의 견해로서는 일본 측의 그러한 진술이 아무런 장대한 의무를 수반하지 아니하는 한 차제에 밑도 끝도 없는 일본 측 진술이 과연 국내 형편으로 절대적으로 요청되는 것인지 이해가 가지 않습니다. 따라서 본직으로서는 일본 대표들의 상술한 입장을 논리적으로나 이론적으로 격파할 수 없는 사정이오니 정부에서 신중 검토하시와 이동원 외무부 장관 편으로 지시 있으시기를 바랍니다.(주일정-외아북)

137. 어업협정 연안 어업 문제 관련 보고 전문

번호: JAW-06507

일시: 211428[1965. 6. 21]

수신인: 외무부 장관
발신인: 수석대표

연안 어업에 관하여서는 RECORDS OF DISCUSSION[토의록]의 형태로 해결될 것으로 보이며, RECORDS OF DISCUSSION의 형식은 MINUTES(의사록)가 될 것임.
그 내용은 다음과 같음.

"한일 간에 교환 된 설명 내용(형식 미정)
잠정적 어업규제 조치의 적용 대상이 되지 않는 한 연안 어업에 종사하는 일본 측 영세 어선으로서 공동규제수역 안에 출어하는 것의 태반은 영세한 경영 규모 어민에 의하여 행하여지는 어업에 종사하는 것으로서 그 조업 구역도 이와 같은 어선의 출어 능력의 실례로 보아 동 수역 안에서는 주로 쓰시마 북방 부근으로부터 제주도 북서방 부근까지이며 또한 이러한 실태는 당해 어업의 실정으로 보아 금후 크게 변동할 것이 아니라고 생각됩니다."(주일정-외아북)

139. 어업협정의 유효기간 및 연안 어업 관련 일본 측과의 협의 결과 보고 전문

번호: JAW-06519

일시: 211630[1965. 6. 21]

수신인: 외무부 장관
발신인: 수석대표

대: WJA-06320

1. 어업협정의 유효기간에 관하여 금 21일 15시 30분 본직과 우시바 심의관과의 회의에서 일본 측은 이미 북한 연안 어업에 관한 일본 측의 설명 내용(JAW-06507)을 한국 측이 수락하는 조건으로 하여 협정 유효기간을 5년으로 하고 폐기 통고가 있은 후 1년간 효력을 존속시키는 일·미·가 형태에 의거할 것을 제의하여 왔으므로 실질적으로는 6년에 합의하였음.

2. 청구권 제2조에 관하여서는 금조의 외무부 장관 건의 전문대로 결정될 것을 전제로 조약문 작성을 하고 있음.

3. 나머지 남은 한 가지 문제는 잘 처리될 것으로 예상됨.

4. 따라서 이상 보고를 참작하여 이미 보고한 바와 같이 명일 있을 조인 스케줄을 즉시 발표하시기 바람.(주일정-외아북)

140. 연안 어업에 관한 농림부 훈령 요청 공문

1573 농수정 1172-2206

1965. 6. 21

수신: 외무부 장관 귀하
참조: 아주국장

제목: 연안 어업에 대한 훈령

1. JAW-06507(211428)에 대하여 다음과 같이 문장의 일부를 수정 또는 추가코자 하오니 수석대표에게 긴급 훈령하여 주시기 바랍니다.

　가. '어업에 종사하는 것'을 '어업에 종사하는 영세 어선'으로 수정할 것
　나. '쓰시마 북방으로부터'를 '쓰시마 북방 부근으로부터'로 할 것
　다. '제주도 북서방까지'를 '제주도 북서방 부근까지'로 할 것

끝

농림부 장관 차균희[직인]

141. 연안 어업 관련 훈령 전문

번호: WJA-06340

일시: 212255[1965. 6. 21]

수신인: 한일회담 수석대표

대: JAW-06507

연안 어업에 관하여 합의할 RECORDS OF DISCUSSION의 내용 중 다음과 같이 문장의 일부를 수정 및 추가하도록 하여 달라는 농림부 장관의 요망이 있어 전달하오니 적의 조치하여 주시기 바랍니다.

    가. '어업에 종사하는 일본 측 어선'을 '어업에 종사하는 일본 측 영세 어선'으로 수정

    나. '쓰시마 북방으로부터'를 '쓰시마 북방 부근으로부터'로 수정

    다. '제주도 북서방까지'를 '제주도 북서방 부근까지'로 수정(외아북)

장관

143. 연안 어업 관련 자구 수정 불가에 관한 보고 전문

번호: JAW-06537

일시: 221415

수신인: 외무부 장관 귀하
발신인: 주일 대사, 수석대표

다음 전문을 농림부 장관에게 전달 바랍니다.

"농림부 장관 귀하
　금일 하오 국제 전화를 통하여 말씀하신 연안 어업에 관한 자구 수정에 관하여는, 이미 협정문이 완전히 작성되어 하오 5시에는 서명하기로 되어 있어 도저히 수정할 수 없는 실정이오니, 이점 양지하시기 바랍니다."

4.3 가서명 이후의 어업 문제 교섭 경위, V.1, 교섭 경위 및 첨부물 1~15, 1965.4~6

분류번호 : 723.1 JA 어 1965.4-6 V.1
등록번호 : 1464
생산과 : 동북아주과
생산연도 : 1965
필름번호 : C1-0013
파일 번호 : 05
프레임번호 : 0001~0258

1965년 4월 3일 '합의사항' 타결 이후 협정 조인에 이르기까지 어업 문제에 관한 교섭 경위를 정리한 문서와 이 문서의 첨부물로서 양국의 협정안, 관련 문서들이 수록되어 있다.

4. 한일회담 각 현안 문제 타결에 관한 교섭 경위 작성, 정리 관련 내부재가 문서

1489   기안자: 동북아과 김태지
과장[서명] 국장[서명] 차관[서명]
협조자 성명: 총무과장[서명], 기획관리실장[서명]

기안 연월일: 65. 7. 19
경유·수신·참조: 품의

제목: 한일회담 각 현안 문제 타결에 관한 교섭 경위 작성, 정리

1. 한일회담 각 현안 문제는 지난 6. 22 각 문제에 관한 조약 및 협정의 조인을 봄으로써 타결되었는바, 교섭 과정 중 특히 조인 직전의 최후 단계에 있어서는 시간의 촉박성과 이에 따른 교섭 내용의 급격한 변화 등 사정에 따라 대표단으로부터의 보고가 완전히 갖추어져 있지 않음으로써 정리가 되어 있지 않은 상태에 있습니다.

2. 본부에서는 주일 대사에 대하여 위의 기간 중의 교섭 경위를 정리, 작성하여 보고토록 지시한 바 있으나, 실제 교섭을 담당하였던 대표단원의 귀국으로 정리 작성이 곤란한 상태에 있다는 비공식 회보에 접하였습니다.

3. 따라서 현안 문제 중 아래의 현안 문제에 관하여는 지금까지의 교섭에 관여하여 온 외무부 김정태 외무부이사관이 아르헨티나로 부임하는 도상에 일본에서 1주일간 주일 대표부 관계 직원과 더불어 미정리 교섭 경위를 작성, 제출케 하도록 함이 가할 것으로 사료하여 이에 품의합니다.
가. 어업 문제, 나. 문화재 문제, 다. 분쟁 처리 문제

1490　　(주: 나머지 현안 문제에 관하여는 각기 교섭을 담임하여 온 하기자로 하여금 작성케 함)
　　　　재일한인 법적지위 문제: 동북아주과 권태웅 외무서기관
　　　　청구권 해결 및 경제협력 문제 중 소위 청구권 해결에 관한 부분: 전상진 통상국장
　　　　청구권 해결 및 경제협력 문제 중 도입 절차에 관한 부분: 정순근 경제협력과장

　　　　끝

5. 한일회담 각 현안 문제 타결에 관한 교섭 경위 작성에 관한 지시 전문

번호: WJA-07274

일시: 211705[1965. 7. 21]

수신인: 주일 대사

1. 지난 6. 22 한일회담 각 현안 문제에 관한 조약 및 협정이 조인됨으로써 타결을 보았으므로 본부는 그간의 교섭에 관한 기록을 정리하고 교섭 경위를 작성하는 작업을 행하기로 결정하였음. 따라서 귀부는 귀부 소관 회담 관계 기록을 정리하여 두시기 바람.

2. 회담 현안 문제에 관한 교섭 과정에 있어서 특히 4. 3 합의서 및 조인 직전의 최후 단계에 있어서는 시간적 촉박성과 교섭 내용의 급격한 변화 등 사정으로 대표단으로부터의 보고가 완전치 못한 점이 있으므로 그 기간에 있었던 교섭 내용을 정리하여 특히 아래의 현안 문제에 관한 교섭 경위를 작성, 보고하시기 바람. 본부는 주아르헨티나 대사관 김정태 참사관으로 하여금 부임 도상에 일본에서 약 1주일간 동 현안 문제에 관한 교섭 경위를 작성하는데 협조토록 하였으므로 동인과 귀부 회담 담당자가 협조하여 교섭 경위를 완성하여 즉시 본부에 보고하여 주시기 바람.

가. 어업 문제, 나. 문화재 문제, 다. 분쟁 처리 문제, 라. 청구권 해결 및 경제협력 문제 중 명목에 관한 부분.(외아북)

장관

주: 김정태 참사관은 25일 NWA 편으로 현지 도착 예정이므로 이에 따라 준비하시기 바람.

6.4.3 합의 이후의 어업 문제 교섭 경위서 보고 공문

1492   주일정 722-286

1965. 8. 12

수신: 외무부 장관

제목: 4. 3 합의 이후의 어업 문제 교섭 경위

대: WJA-07274

1. 대호 전문 지시에 따라 1965. 4. 3 합의 이후의 어업 문제에 관한 교섭 경위를 별첨과 같이 보고합니다.

2. 본건 보고는, 대호 전문 지시대로, 주아르헨티나 대사관 김정태 참사관의 협조하에 작성된 것입니다.

별첨: 4. 3 합의 이후의 어업 문제 교섭 경위 1부

끝

주일 대사 김동조[직인]

6-1.4.3 합의 이후 어업교섭에 관한 보고서

하코네 회담 직전까지의 교섭

1. 4. 3 합의가 있은 후 양측은 약간 기간의 간격을 두었다가, 4. 15경부터 4. 3 합의에 기초하는 조문화 교섭을 시작하게 되었는바, 어업 문제에 관하여는 일본 측으로부터 우선 별첨 1과 같은 초안의 제시가 4. 22에 있었음.

2. 일본 측은 자기 측 초안이 4. 3 합의를 충실히 조문화한 것이며, 여기에 계속 토의키로 되었던 사항 및 협정 체제상 반드시 들어가야 할 사항 등을 첨가한 것이라고 설명하였는바, 아 측은 검토의 결과 일본 측 안은 원칙적으로는 4. 3 합의를 반영하는 것이나, 동 초안에는 4. 3 합의 내용과 위배되는 점이 있음과 아울러, 계속 토의키로 된 사항 등에 있어 일본 측은 종전의 강한 입장을 그대로 유지하고 있다는 결론을 가지게 되었음(별첨 2의 '4. 3 합의와 4. 22 일본 측 초안의 비교' 참조).

3. 이러한 일본 측 안에 대하여, 아 측은 우선은 반대 또는 수락의 태도 표명을 유보하고, 다만 위배 사실을 일본 측에 지적함과 아울러, 이에 대한 일본 측의 설명을 청취하는 입장을 취하였는바, 이는 아 측으로서도 4. 3 합의에 대한 국내 비판 등을 고려하여 상당 정도의 보완을 협정문 작성 단계에서 행할 의도를 가지고 있었기 때문이었음.

4. 일본 측 초안에 대하여, 아 측은 65. 4. 24 외아북 722-960호 및 65. 4. 26 외아북 722-973호 훈령에 의거하여, 별첨 3과 같은 초안을 별첨 4와 같은 내용의 구두 설

주 1. 아 측 초안의 제시는 어업위원회의 양측 수석대표 간에서 있었는바 원래 아 측으로서는, 일본 측에 대하여 4. 3 합의의 불완전성과 보완의 필요성을 설득하고 문제별로 해결하려 의도하였으나, 본부 훈령에 따라 다음번의 위원회 개최를 기다림이 없이 위원회 수석대표 간에서 제시케 된 것임.

명과 같이 65. 5. 4에 제시하였음(주 1). 아 측의 5. 4 초안은, 4. 3 합의를 기초로 하되, 4. 3 합의는 협정문 자체로 합의된 것이 아니었다는 고려에서, 아 측 입장을 유리케 할 수 있는 보완사항을 첨가함과 아울러, 계속 토의키로 된 사항 및 협정문 체제상 당연히 규정되어야 할 신규 사항을 아 측 입장에 따라 규정하여 작성된 것이었음.

5. 아 측의 5. 4 제안에 대하여, 일본 측은 동 초안이 4. 3 합의에 위배되는 것이라 하는 동시에, 계속 토의 사항 및 신규 사항 등에 있어 아 측 입장을 받아들일 수 없다는 입장을 표시하였으며, 5. 6에는 이를 별첨 5와 같이 문서화하여 아 측에 제시하여 왔음.

6. 아 측은 위와 같은 일본 측의 반대 입장에 대하여 4. 3 합의를 보완하지 아니하고서는 어업협정이 비준되기 어려움을 강조하는 한편, 일본 측은 한국 측 제안을 신중히 검토하고 토의에 응하여야 할 것임을 역설하였는바, 일본 측은 양국 관계 장관 간에서 합의되고 각의에서도 승인된 '합의사항'을 번복한다는 것은 있을 수 없으며, 따라서 한국 측 안을 토의의 기초로 할 수 없는 만큼 철회하라고 주장하였음. 그러나 일본 측은 보완의 필요성을 전혀 무시할 수 없었으며, 결국 양측은 한국 측이 희망하는 보완사항을 문서화하여, 이를 토대로 4자 회담에서 검토하기로 하였음(1965. 5. 13에 개최된 이규성, 김명년, 히로세, 와다 대표 간의 4자 회담).

7. 위의 4자 회담의 결정에 따라 아 측은 5. 4 초안에 포함되어 있는 보완사항을 별첨 6과 같이 작성하고, 그 내용을 1965. 5. 18에 개최된 4자 회담에서 일본 측에 설명하였음. 이에 대하여 일본 측은 아 측의 입장이 보완이라기보다는 수정을 요구하는 것이므로 즉석에서 언급할 수 없다하는 동시에 특히, 위반 어선의 '단속'에 관한 사항과 '어획량'의 확인 문제에 관한 사항은 4. 3 합의를 정면으로 번복하는 것이라는 견해를 표명하였으며, 그 후에는 4자 회담의 개최에 조차 응하여 오지 않았음(주 2).

주 2. 일본 측이 이렇게 교섭 촉진에 소극적인 태도를 취하고 있을 때에, 아 국에서는 대통령의 방미가 있었으며, 일본에서는 사토 내각의 개조를 눈앞에 두고 있었음.

8. 그 후, 일본 측은 5. 26에 이르러 아 측의 회담 촉진을 위한 토의 계속 요청에 의하여 4자 회담을 개최하는 데에 동의하였으나, 일본 측은 동 회담 석상에서 아 측의 보완사항은 전부가 4. 3 합의를 수정하는 문제이므로 이를 받아들일 수 없다 하고, 아 측이 일본 측으로서 수락할만한 순전한 보완사항만을 다시 제시하지 않는 한 금후 토의에 응할 수 없다고 하는 동시에, 앞으로의 토의에 있어서는, 우선 실무자급 회의에서 4. 3 합의를 기초로 하여 조문화 작업을 진행하도록 하고 보완할 점이 있으면 수시 토의하여 초안을 작성하되 해결되지 않는 점이 있을 경우에는 상급 회의에 올려 해결하도록 하는 방법밖에 없다는 강한 입장을 취하였음. 이에 대하여, 아 측은 한국 측 안 전부가 무조건으로 토의의 대상이 되지 않는다는 일본 측 태도는 이해할 수 없는 일이며, 일본 측의 회의 진행 방법은 4. 3 합의사항을 일본 측 초안대로 조문화하자는 것에 불과하므로 이에 응할 수 없다 하여, 양측의 입장은 심각하게 대립하였음. 이와 같이 정돈 상태에 빠지게 된 어업 문제는 다른 현안의 취급 방법과 아울러 1965. 5. 27에 개최된 제16차 수석대표 회담에서 논의되었는바, 일본 측은 동 회의 벽두에 "어업교섭을 원만히 진행시키려면 합의사항을 존중하여야 하는바, 합의사항을 충실히 이행하느냐의 여부는 전적으로 한국 측에 달려있다. 한국 측은 보완이라는 명목하에 합의사항을 수정하고자 하는바, 그와 같은 상황 아래에서는 교섭을 할 수 없다. 합의사항은 어디까지나 그대로 먼저 조문화하고…그 뒤에 합의사항과 모순되지 않는 문제로서 보충할 것이 있으면, 이에 대한 토의에 응할 수 있다"라는 입장을 표시하였음. 이에 대하여, 아 측은 4. 3 합의의 조문화 자체는 어려운 일이 아니므로 토의를 촉진시키기 위하여는 한국 측이 제시한 보완사항에 대한 토의를 촉진시켜야 할 것임을 설명함과 아울러 일본 측의 회의 진행방식을 수락할 수 없다는 입장을 취하였음. 이에 일본 측은 지금까지 양측이 제시한 초안을 모두 제쳐놓고 4. 3 합의를 기초로 양측이 수락할 수 있는 어업협정을 초안하는 작업을 하자는 제의를 하기에 이르렀는바, 아 측은 조문화 과정에서 한국 측의 보완사항이 토의에 포함된다는 양해가 있어야 한다고 하였으며, 일본 측이 이에 이의를 제시하지 않게 되어, 실무자급에서 초안 작업을 시작하기로 하였음.

한편, 이날 회의에서 아 측은 아 측이 희망하는 보완사항을 다시 설명한 후 동 설명의 기초로 삼은 별첨 7과 같은 문서를 일본 측에 제시하고, 동 문서에 설명된 내용이 조문화 작업에 있어서 반영되어야 함을 강조하였음(주 3).

9. 수석대표 간 회담의 결정에 따라 어업협정의 조문화 작업을 위한 실무자 회의는 양측의 과장급 레벨에서 5. 29 오전 및 5. 30 오전, 오후 3회에 걸쳐 진행되었음. 토의의 내용은 주로 아 측이 희망하는 보완사항에 대한 설명과 신규 사항에 대한 양측 입장의 검토이었는바, 일본 측은 5. 31에 이르러 돌연히 아 측이 아직도 4. 3 합의에 위배되는 보완사항을 주장하고 있으므로, 이 이상 회의를 계속할 필요를 느끼지 않는다 하여 회의가 중단케 되었음(주 4).

10. 초안 작업을 위한 실무자 회의가 중단된 2일 후인 1965. 6. 2 일본 외상은 아 측 수석대표를 외무성에 초치하고 별첨 8과 같이, 지금까지의 어업교섭이 지연되어온 것은, 아 측이 4. 3 합의를 실질적으로 수정하는 제안을 행하고, 이에 대한 교섭을 진행할 것을 요구하고 있기 때문이며, 어업교섭을 촉진시키기 위하여는, 우선 4. 3 합의를 조문화하고 그 후에, 4. 3 합의에 저촉되지 않는 범위 내에서 보완사항을 처리하여야 할 것이라는 내용의 외무부 장관 앞 서한을 전달하여 줄 것을 요청하여 왔음. 아 측은 이에 대하여 즉석에서 한국 측으로서도 조문화 작업을 조속한 시일 내에 완료하여야 할 것이라고 생각하고 있음을 설명한 후, 어업교섭의 지연이 반드시 아 측에게만 원인하는 것이 아니며, 일본 측의 보완사항에 대한 태도에도 기인하고 있음을 밝혔는바, 이 자리에서 어업협정의 조문화 작업을 양측 수석대표가 참석하는 회의에서 다루기로 하고, 이를 위하여 양측 대표단이 주말에도 불구하고 6. 5부터 하코네에서 합숙하면서 작업하기로 결정되었음(주 5).

주 3. 이 문서는 그간 아 측이 대표단 내에서 계속한 검토의 결과와 일본 측이 그간 표시한 견해 등을 참작하여 작성한 것인바, 수석대표는 동 문서의 내용을 일본 정부 및 정계 요인들에게 설명하고, 한국 측이 무리한 요구를 하고 있는 것이 아님을 알림과 동시에 측면적인 협조를 요청하였음.

주 4. 일본 측의 이러한 태도는, 원래 일본 측이 실무자 회의를 회담 촉진을 위한 방편으로 생각하기 보다는, 실무자 회의를 이용하여 4. 3 합의를 우선 조문화하고, 그 후에 필요한 보완사항만을 고려한다는 입장을 강하게 추진할 것을 생각하였기 때문이었다고 추측됨.

11. 위와 같은 교섭이 진행되고 있는 동안, 양측은 4. 3 합의 시에 계속 토의키로 된 '공동위원회', '어선의 조업 안전과 질서 유지에 관한 규정' 및 '분쟁 처리에 관한 규정'을 어업위원회에서 토의하였음.

12. 어업공동위원회에 관하여는 일본 측의 4. 22 초안에 대하여 아 측은 4. 27에 별첨 9와 같은 안을 제시하였으며, 그 후 5. 20에 위원회에서의 토의 상황을 참작하여 별첨 10과 같은 제2차 안을 제시하였음. 일본 측은 공동위원회를 되도록 간단한 것으로 하려는 기본 입장을 취하였으며, 그러한 입장에서 4. 22의 초안을 작성 제시하였는바, 토의가 진전됨에 따라 아 측 입장에 접근하여 왔으며, 아 측의 제2차 안 중 규제조치의 개정 권한을 공동위원회에 부여하는 문제, 상설 사무국을 설치하는 문제 등 몇 개 문제를 제외하고는 아 측 입장을 받아들일 수 있다는 시사를 하기까지에 이르렀는바, 어업교섭 전반이 진첩하지 않음에, 하코네 회담으로 넘겨지게 되었음.

13. 어업의 조업 안전과 질서 유지에 관한 규정에 관하여는 주로 실무자 회의에서 토의가 진행되었는바, 아 측은 1965. 5. 8에 별첨 11과 같은 '어선의 조업 안전과 질서 유지에 관한 규정'(부속서)을 제시하였음. 일본 측은 아 측 안의 내용 자체에 대하여는 특히 반대할 의향은 아니나, 그러한 규정을 협정으로 규정함은 부적당하다 하고, 그 대신 민간 협정으로 함이 가하다는 입장을 취하였으며, 5. 22에는 별첨 12와 같이 민간 협정을 전제로 한 정부의 지도를 규정하는 안을 제시하였음. 이 문제에 대한 교섭은 그 후 하코네 회담으로 넘겨지게 되었음.

주 5. 일본 측 실무진은 일본 외상과의 회담에서 결정된 하코네 회담에 반발하고 도쿄 시내에서 회의를 개최할 것을 모색하는 한편, 회의 일정을 6. 8부터 시작되는 다음 주초부터 시작하자고 주장하였음. 아 측은 하코네 회담을 개최하는 것은, 모든 문제를 제한된 시일 내에 상호 연관시켜 가면서 일괄하여 교섭할 수 있는 조건을 조성하고, 또한 일본 측의 실무진의 수효를 제한할 수 있는 방편이 되는 것으로 고려하여, 전술한 일본 측 실무진에 대하여 외상과의 회담에서 결정된 대로 시행할 것을 주장하였으며, 결국 일본 측은 아 측 주장대로 6. 5부터 하코네 회담에 응하여 오게 되었음.

14. 분쟁 처리에 관하여는, 일본 측의 4. 22안에 대하여 아 측은, 4. 28에 별첨 13과 같은 안을 제시하였음. 이 문제에 관한 토의는 양측의 최초 안이 제시된 정도로 그쳤으며, 하코네 회담에서 비로소 전진된 토의가 있었음.

하코네 회담 및 그 이후의 교섭

1. 하코네 회담은 1965. 6. 5, 16:00부터 회의를 개최함으로써 시작되었음. 동 회의는 양측 수석대표가 주재하고 양측 대표단원 전원이 참석한 회의였는바, 일본 측은 회의 벽두에 회의 진행 방법으로 4. 3 합의를 우선 조문화하고, 그다음에 계속 토의 사항, 신규 사항 및 보완사항 등을 토의하는 것이 좋으므로, 우선 일본 측이 4. 22에 제시한 바 있는 협정 초안을 4. 3 합의와 비교하면서 토의하자 하고, 우시바 심의관이 직접 4. 22 초안을 읽어 내려가려 하였음.

2. 아 측은 이와 같은 회의 진행에 이의를 즉시 제기하고, 한국 측으로서는 4. 3 합의를 충실히 조문화하는 데 대하여 반대가 없으나, 4. 3 합의만으로는 불완전하며 많은 문제점이 내포되어 있으므로, 5. 4의 초안을 제시하기에 이르렀는바, 일본 측이 4. 3 합의의 충실한 조문화를 강하게 주장하므로, 아 측으로서도 4. 3 합의를 충실히 조문화한 것이라고 생각되는 초안을 준비한 바 있으니, 앞으로의 토의는 동 초안에 따라 진행하자 하고, 별첨 14와 같은 1965. 6. 5 초안을 일본 측에 제시하였음.

3. 아 측이 일본 측에 제시한 1965. 6. 5 초안은, 문장상 극히 필요한 소수의 자구 수정 외에는, 4. 3 합의의 문장을 그대로 사용하여 조문화한 것이었는바(주 6), 동 초

주 6. 아 측이 6. 5 초안을 철저하게 4. 3 합의의 문장을 그대로 사용하여 작성한 이유는, 그간의 교섭에 있어서 아 측은 5. 4 초안 때문에 4. 3 합의의 수정을 의도하고 있다는 공격을 받고 항상 수세에 서게 되었으므로 하코네 회담에서는 수세를 지양하고 공세의 입장에 서야겠다는 고려를 하였기 때문임. 이러한 판단은, 4. 3 합의를 문자 그대로 조문화할 시에는, 조약

안의 제시를 받은 일본 측은, 즉석에서 이를 읽어보다가, 당황한 빛을 보이면서, 검토를 위한 휴회를 요청하여 왔음(주 7).

4. 일본 측이 요청한 휴회가 4시간 계속된 후, 회담은 18:00부터 다시 개최되었는 바, 양측은 절충의 결과, 2개의 소위원회를 설치하여, 제1 소위원회에서는 4. 3 합의 사항에서 계속 토의키로 결정된 사항 및 미토의 사항을 토의하기로 하고, 제2 소위원 회에서는 4. 3 합의사항을 기초로 한 협정 조문화 작업을 진행시키기로 하고, 즉시 소위원회 작업에 들어갔음.

5. 소위원회는 6. 5 저녁, 6. 6 오전 및 오후의 3회에 걸쳐 개최되었는바, 제1 소위원회에서는 공동위원회에 관한 규정, 조업 안전과 질서 유지 및 해상 사고에 관한 규정, 분쟁 해결에 관한 규정, 해난 구조 및 긴급 피난에 관한 규정, 협정수역에 관한 규정, 어업협력 자금 취급에 관한 규정, 비준 및 유효기간에 관한 규정을 토의하였으며, 제2 소위원회는 양측이 이미 작성 제시한 본협정, 규제 조치에 관한 부속서, 직선기선에 관한 교환공문, 제주도 주변 수역에 관한 교환공문, 어업협력에 관한 교환공문, 합의의사록 및 일방적 성명 등에 대한 조문화 작업에 들어갔음.

기술상 적절하지 못한 면이 있다는 사실, 그리고 특히 일본 측도 4. 22 초안에서 4. 3 합의를 수정하고 있다는 사실로 보아, 아 측이 문자 그대로 4. 3대로의 초안을 제출할 시에는, 오히려 일본 측이 수정을 요청하지 않을 수 없을 것이며, 그러한 경우에는 아 측은 지금까지와는 달리 공세적인 입장에서 보완사항을 교섭할 수 있을 것이라는 계산에서 나온 것이었음. 이러한 아 측의 예상은 그대로 적중하였으며, 아 측은 후술하는 바와 같이 모든 단계의 하코네 회담에 있어서 항상 주도권을 장악하였던 것이며, 하코네 회담 이전에는 아 측의 수정안만이 시비의 대상이 되었던 것이, 하코네 회담에서는 오히려 일본 측의 수정안이 문제로 되었으며, 아 측은 이를 십이분으로 교섭 재료로 이용하면서 회의를 진행시킬 수 있었음.

주 7. 아 측 안의 제시를 받은 일본 측은, 동 초안이 4. 3 합의대로 된 점에 관하여 안도의 감을 감추지 못하면서도, 전혀 예기치 못한 일을 당한 모양으로, 아 측 안의 검토를 위하여 휴회시간이 4시간 동안이나 계속되었음. 일본 측은 아 측 안에 관하여 극단에서 극단으로 변경된 안이라고 논평하고 진의를 파악하기 어렵다는 당혹한 표정을 한 바 있음.

6. 각 소위원회에서 토의된 각 문제점에 대한 교섭 경위는, 소위원회 단계 이후의 교섭 경위와 같이, 문제별로 아래에 설명되어 있는바, 아 측이 각 소위원회에서 취한 기본 입장은, 제1 소위원회에 있어서는, 4. 3 합의와 관계없이 계속 토의 사항 및 신규 사항을 토의하는 것인 만큼, 최대한도의 강경 안을 제시하고 각 문제마다 가장 유리한 결과를 가져오도록 할 뿐만 아니라, 그렇게 함으로써, 보완사항 등 아 측의 요구 사항에 관한 교섭을 유리하게 유도하도록 하자는 것이었으며, 제2 소위원회에 있어서는, 4. 3 합의대로 조문화한다는 원칙이 정립되어 있는 만큼, 일본 측이 4. 3 합의를 수정한 부분은 조약문 체제를 위한 자구 수정 이외에는 일체 인정하지 않는다는 것이었으며, 그렇게 함으로써, 일본 측이 수정을 원하는 한, 아 측의 요구 사항도 수락하지 않으면 안 될 여건을 조성해두자는 것이었음. 따라서 결과적으로, 양 소위원회의 작업은 우선 각 문제에 대한 일반적 검토와 의견교환으로 그치는 것이 되었음.

7. 소위원회의 작업은 6. 6, 18:00에 일단 끝마치게 되었는바, 아 측은 제2 소위원회에서의 토의를 끝마치기에 앞서, 처음으로 (가) 일본 측이 4. 22 초안에서 4. 3 합의를 상당 정도로 수정하고 있음을 특히 강조한 후, 아 측으로서도 4. 3 합의대로만 조문 작성을 하는 데에는 난점이 많다고 생각되어 합리적인 5. 4 조문을 작성하였던 것이나 일본 측이 4. 3 합의를 금과옥조같이 들고 나왔으므로, 이번에는 문자 그대로 4. 3 합의대로의 조문을 작성하게 되었는바, (나) 그렇게 해놓고 보니, 토의과정에서 나타난 바와 같이 여러 가지 무리가 있음을 알게 되었다고 말하고, 일본 측의 그간 교섭 태도를 신랄하게 비판하였으며, (다) 일본 측이 꼭 원한다면 한국 측으로서도 4. 3 합의대로 조문화에 반대하지 않는 바라 하였음. 이에 대하여 일본 측은 문자 그대로 4. 3 합의를 조문화하는 데는 난점이 있음을 비로소 인정하면서, 아 측 입장에 공식으로는 처음으로 접근하는 태도를 보였는바, 다만 자기 측의 4. 22 초안은 4. 3 합의를 정면으로 수정한 것은 아니며, 교섭의 경위 또는 논리적으로 볼 때에 필요하다고 생각되는 수정이라고 주장하고, 4. 22의 일본 측 초안에 입각하여 조문화 작업을 진행하자 하였음.

8. 양 소위원회의 작업이 일단 끝난 후, 양측은 앞으로의 토의 진행 방법을 수석대표 간에서 논의하게 되었는바, 아 측은, 일본 측 자신이 4. 22 초안에서 수정을 의도

하고 있음에도 불구하고, 그간 한국 측의 입장을 비판만 하고, 한국 측 입장의 검토를 위한 기회를 마련하는 것조차 거부하여 왔다고 다시 한번 일본 측을 비판한 다음, 아 측은 4. 3 합의를 문자 그대로 조문화한 6. 5 협정안에 스스로 만족하는 것은 아니며, 일본 측이 4. 22 협정안과 같이 4. 3 합의를 수정하고자 하는 이상 일본 측도 아 측의 4. 3 합의를 수정하고자 하는 희망을 들어주어야 할 것임을 주장하게 되었음. 결국 논의의 결과 제2 위원회를 축소한 실무자 회의를 개최하고 일본 측이 한국 측의 희망을 들어보기로 결정되었음.

9. 위의 실무자 회의는 6. 6, 21:00부터 22:30까지 개최되었는바, 아 측은 5. 4 초안에 입각하여 아 측이 의도한 바를 하나씩 설명하고, 5. 4 초안에 입각한 조문화를 주장하였는바, 협정 본문에 대한 토의가 끝나고 아 측의 설명이 부속서에 이르러 트롤 어선과 기선저인망 어선과의 환산 비율 문제가 나오게 되자, 일본 측은 아 측 주장이 4. 3 합의와 정면으로 저촉되는 것이라 하고, 그러한 주장이 계속되는 한 회의를 계속함은 무의미하다 하고 상부에 대한 보고를 위하여 회의를 중단함이 좋겠다 하였음. 이에 아 측은 실무자 회의의 성격은 4. 3 합의를 조문화함에 있어, 일본 측 희망은 지금까지 들었으므로 이제는 한국 측이 무엇을 희망하는가를 듣기로 한 것임을 상기시키고, 일본 측이 아 측의 희망을 4. 3과 저촉하는 것이라고 한다면, 일본 측의 희망 사항도 일체 고려함이 없이, 문자 그대로 4. 3 합의대로 하여도 상관없다고 대응하였음. 이로써 실무자 회의는 일단 중단되었음.

10. 실무자 회의가 위와 같이 중단 상태에 놓이게 됨에, 양측 수석대표는 늦게까지 회담의 정돈 상태를 타개하기 위한 방안을 논의하게 되었는바, 양측은 결국 최소한도의 희망을 서로 제시하고 이를 일괄 정리해가면서 조문화 작업을 시작하기로 하였음. 이에 따라 하코네 회담 초부터 그때까지는 수석대표 간에서만 논의하던 아 측의 보완 사항도 정식으로 제시하기로 결정되었음.

11. 위의 결정에 따라, 어업위원회 양측 수석대표가 주재하는 확대 회의가 6. 7, 10:00부터 11:30까지 개최되었으며, 동 회의석상에서 (가) 4. 3 합의를 조문화함에 있

어서 양측이 희망하는 사항, (나) 아 측의 보완사항(주 8), (다) 앞으로 계속 또는 신규로 토의하여야 할 사항이 별첨 15와 같이 확인되는 한편, 이러한 사항을 토의하면서 조문화 작업을 하기 위하여 과장급의 실무자 회의를 개최하기로 결정되었음.

12. 이리하여 양측은 전기 과장급 회의를 즉시 개최하고 철야로 조문화 작업을 촉진하게 되었음. 동 작업은 익일인 6. 8, 11:00경까지 계속되었으며, 그 후 15:00부터 18:00까지 이규성 공사, 우시로쿠 국장 참석 하의 회의가 개최되어 과장급 회의에서 미결로 남아있던 문제를 가능한 한도까지 해결하고 추후 처리할 미결점을 상호 확인한 후, 하코네 회담은 끝나게 되었음.

13. 전기의 과장급 회의 및 그 후에 개최된 이규성 공사, 우시로쿠 국장 참석 하의 회의에서 아 측이 취한 기본적인 입장은, 조문화를 되도록 4. 3 합의대로 하는 한편, 아 측의 보완사항에 대한 결정이 하코네에서는 이루어지지 못하고 도쿄에 돌아간 후로 미루어지게 된 만큼(일본 측은 아 측이 제시한 10개 항목 중 8개까지는 가능하나, 관계 대신의 협의를 거쳐야 하므로, 도쿄에 돌아가서 결정하겠다 하였음), 일본 측이 중요하다고 생각하는 재판 관할권 문제 및 고등어 일본조 어선의 조업 구역 문제(주 9) 등의 희망

주 8. 아 측의 보완사항은 하코네 회담 초부터 수석대표 간에서 비공식으로 절충되어 왔는바, 조문 형식으로 작성된 아 측 안이 이때에 처음으로 일본 측에 제시 설명되었음. 일본 측은 최초에는 아 측이 제시한 10개의 보완사항에 대하여 2개 정도(합동 순시 및 공동 승선)만 가능하다 하였는바, 하코네 회담이 진행됨에 따라 2개(무표지선의 정선 및 금지구역 침범선의 정선)만을 제외하고는, 수락할 수 있다는 시사를 하기에 이르렀음. 다만, 일본 측은 보완사항을 결정하기 위하여는 관계 대신의 양해가 있어야 한다는 사정이 있었으므로, 최종 절충은 도쿄에 가서 행하여 졌음.

주 9. 이 문제의 내용은, 4. 3 합의대로 조문화를 하게 되면, 교섭 과정에서 양해된 바와는 달리, 제주도 동 측에서 거문도에 이르는 해역에 일본 측 고등어 일본조 어선의 출어가 불가능하게 된다는 것이었는바, 이는 제2 소위원회에서의 토의과정에서 우연히 발견된 것이었음. 아 측은 이를 하나의 교섭 재료로 사용하기 위하여, 미해결로 남겨 놓았는바, 일본 측은 이에 대하여 심한 불만을 갖고, 심지어는 일본 측 어업 수석대표 및 수산청 관계 직원이 6. 8 새벽 회의에서 아 측 대표단에 불신 행위라고 따지고 드는 한편, 자기 측 상사에 대하여

사항을 아 측이 중요하다고 생각하는 사항과 함께, 미해결로 남겨놓도록 하는 것이었는바, 전기 두 회의에서 대부분의 문제가 해결되고 양측 희망 사항 및 계속 또는 신규토의 사항 중 9개의 중요 문제점과 아 측의 보완사항이 남게 되었음.

전기 9개 문제에 관한 당시의 양측 입장은 별첨 16과 같음.

14. 하코네 회담에서 확정된 조문은 도쿄에 돌아온 익일인 6. 8에 정리되어 별첨 17과 같은 협정문안이 작성되었음. 동 문안은 양측 실무자 간에서 검토되었는바, 양측은 기술적인 자구 정리를 마치고 또한 하코네 회담에서 미결로 남은 문제점을 명백히 '미결'로 표시하는 원칙을 세워, 별첨 18과 같이 6. 11안으로서 다시 정리하였음.

15. 하코네 회담에서 미해결로 남은 아 측의 보완사항 및 기타의 문제점은 6. 15부터 다른 현안과 더불어 힐튼호텔에서 교섭되었으며, 6. 22 새벽에서 비로소 모든 문제점에 관하여 합의에 도달하게 되었음. 양측은 교섭이 진행되는 과정에 있어서, 합의된 협정문안을 정리하여 갔는바, 별첨 19는 6. 20에, 그리고 별첨 20은 6. 21에 정리된 것임.

16. 하코네 회담 이후 본 조인까지의 기간 동안, 각 문제점에 관하여 교섭한 경위는 별첨 21과 같음.

도 미해결 상태로 남겨놓는 교섭 태도를 불평하는 사태가 발생하였으며, 이로 말미암아 일본 측 수석대표의 아 측에 대한 사과가 있을 때까지는 회의가 중단되는 사건이 있었음. 이 문제는 하코네 회담이 끝나고, 도쿄로 돌아온 익일에 일본 측 4. 22안의 해당 부분 표현을 받아들이겠다는 언질을 아 측이 줌으로써 해결되었는바, 아 측이 그렇게 한 이유는, 보완사항 등에 대한 교섭이 남아있었으므로, 가장 좋은 '타이밍'을 선택하여 해결함이 유리하다고 생각하였기 때문이었음(일본 외무성 측은 하코네에서 돌아온 직후에 수산청 측의 심증을 좋게 하기 위하여는, 동 문제를 해결함이 필요하다 하고 아 측의 선처를 요청하여 온 바 있음).

6-1-1. 일본국과 대한민국과의 사이에 어업에 관한 협정 및 관련 문서

1508　別添1.　　　　　　　　　　　　　　　　　　　　　　　　　　(四〇・四・二二)

　　　　日本国と大韓民国との間の漁業に関する協定及び関連文書目次

　　　　1. 日本国と大韓民国との間の漁業に関する協定 ━━━━━━━━ 1
　　　　2. 附属書 ━━━━━━━━━━━━━━━━━━━━━━━━ 18
　　　　3. 交換公文第一号(直線基線に関するもの) ━━━━━━━━━ 24
　　　　4. 交換公文第二号(濟州島附近の漁業水域に関するもの) ━━━ 28
　　　　5. 合意議事録 ━━━━━━━━━━━━━━━━━━━━━━ 32
　　　　6. 領海の範囲に関する交換公文 ━━━━━━━━━━━━━━ 39
　　　　7. 漁業協力に関する交換公文 ━━━━━━━━━━━━━━━ 41
　　　　8. 日本国外務大臣の声明 ━━━━━━━━━━━━━━━━━ 44
　　　　9. 大韓民国外務部長官の声明 ━━━━━━━━━━━━━━━ 45
　　　　10. 日本国農林大臣の声明 ━━━━━━━━━━━━━━━━ 46
　　　　11. 大韓民国農林部長官の声明 ━━━━━━━━━━━━━━ 49

[번역]　별첨 1.　　　　　　　　　　　　　　　　　　　　　　　　　(1965. 4. 22)

　　　　일본국과 대한민국과의 어업에 관한 협정 및 관련 문서 목차

　　　　1. 일본국과 대한민국과의 어업에 관한 협정 ━━━━━━━━ 1
　　　　2. 부속서 ━━━━━━━━━━━━━━━━━━━━━━━━ 18
　　　　3. 교환공문 제1호(직선기선에 관한 것) ━━━━━━━━━━ 24
　　　　4. 교환공문 제2호(제주도 부근 어업수역에 관한 것) ━━━━ 28
　　　　5. 합의의사록 ━━━━━━━━━━━━━━━━━━━━━━ 32
　　　　6. 영해의 범위에 관한 교환공문 ━━━━━━━━━━━━━ 39
　　　　7. 어업협력에 관한 교환공문 ━━━━━━━━━━━━━━━ 41
　　　　8. 일본국 외무대신 성명서 ━━━━━━━━━━━━━━━━ 44
　　　　9. 대한민국 외무부 장관 성명서 ━━━━━━━━━━━━━ 45
　　　　10. 일본국 농림부 장관 성명서 ━━━━━━━━━━━━━━ 46
　　　　11. 대한민국 농림부 장관 성명서 ━━━━━━━━━━━━━ 49

1509　　　日本国と大韓民国との間の漁業に関する協定(案)[28]

　　日本国及び大韓民国は,

　　両国が共通の関心を有する漁業資源の最大の持続的生産性が維持されるべきことを希望し,

　　前記の資源の保存及びその合理的開発を図ることが両国の利益に役立つことを確信し,

　　公海自由の原則がこの協定に特別の限定がある場合を除くほかは尊重されるべきことを確認し,

　　両国の地理的近接性と両国の漁業の交錯から生ずることのある紛争の原因を除去することが望ましいことを認め,

1510　　両国の漁業の発展のため相互に協力することを希望して,次のとおり協定した.

1511　　　　　　　　　　　　　　第一条

　　この協定の適用上,

　　(a)「漁船」とは,水産動物の採捕に従事するための装備を有する船舶であるので商業的目的をもってこのような活動に従事するものをいう.

　　(b)「日本国の漁船」及び「大韓民国の漁船」とは,それぞれ,日本国又は大韓民国において正当な手続に従って登録された漁船をいう.

　　(c)「マイル」とは,カイリをいい,緯度一度を六十カイリとして計算する.

　　(d) 漁船の規模について表示されているトン数は,総トン数により表示されたトン数から船内居住区改善のための許容トン数を差し引いたトン数を示す.

1512　　　　　　　　　　　　　　第二条

　　1. 両締約国は,それぞれの締約国が自国の沿岸の基線から測定して十二マイルまでの水域を自国が漁業に関して排他的管轄権を行使する水域(以下「漁業水域」という.)

28　협정문 및 부속 문서의 한글 번역문은 1454번 파일 17번 문서를 참조 바람.

として設定する権利を有することを相互に認める．この基線は，低潮線又は直線の基線によるものとし，一方の締約国が直線の基線を使用しようとする場合には，その直線の基線は，他方の締約国と協議の上決定するものとする．

2．両締約国は，一方の締約国が自国の漁業水域において他方の締約国の漁船が操業に従事することを排除することについて，相互に異議を申し立てない．

3．各締約国は，1の規定により両締約国が漁業水域として設定することのできる水域が重複する部分については，その部分の最大の幅を示す直線を二等分する点とその重複する部分が終わる二点とをそれぞれ結ぶ直線の外側の水域を自国の漁業水域として設定することができない．

第三条

両締約国は，次の各線により囲まれる公海のうちいずれの締約国の漁業水域でもない部分を第四条にいう措置が実施される水域（以下「共同規制水域」という．）として設定する．

(a) 北緯三十七度三十分以北の統計百二十四度の経線

(b) 次の各点を順次に結ぶ線

 (i) 北緯三十七度三十分と東経百二十四度との交点

 (ii) 北緯三十六度四十五分と東経百二十四度三十分との交点

 (iii) 北緯三十三度三十分と東経百二十四度三十分との交点

 (iv) 北緯三十二度三十分と東経百二十六度との交点

 (v) 北緯三十二度三十分と東経百二十七度との交点

 (vi) 北緯三十四度三十五分と東経百二十九度二分との交点

 (vii) 北緯三十四度四十五分と東経百二十九度八分との交点

 (viii) 北緯三十四度五十分と東経百二十九度十三分との交点

 (ix) 北緯三十五度三十分と東経百三十度との交点

 (x) 北緯三十七度三十分と東経百三十一度十分との交点

 (xi) 牛岩嶺高頂

1516
第四条

　両締約国は，共同規制水域においては，漁業資源の最大の持続的生産性を確保するために必要とされ，かつ，両締約国に平等に適用される保存措置が十分な科学的調査に基づいて実施されるまでの間，底びき網漁業，まき網業及び六十トン以上の漁船によるさばつり漁業について，この協定の不可分の一部をなす附属書に掲げる暫定的漁業規制措置を実施する．

1517
第五条

　1．漁業水域の外側におけるいずれか一方の締約国の漁船及びその船上にある人に対する取締りの権利（停船及び臨検の権利を含む．）及び裁判管轄権は，その漁船の属する締約国のみが行使する．

　2．いずれの締約国も，その国民及び漁船が暫定的漁業規制措置を誠実に遵守することを確保するため適切な指導及び監督を行ない，違反に対する適当な罰則を含む国内措置を実施する．

1518
第六条

　共同規制水域の外側に両締約国が資源調査を行なう水域（以下「共同資源調査水域」という．）が設定される．共同資源調査水域の位置及び範囲並びに同水域内で行なわれる調査については，第七条に定める日韓漁業共同委員会が行なうべき勧告に基づき，両締約国間の協議により決定する．

1519
第七条

　1．両締約国は，日韓漁業共同委員会（以下「委員会」という．）を設置する．

　2．委員会は，二の国別委員部で構成し，各国別委員部は，それぞれの締約国が任命する三人の委員で構成する．

　3．委員会のすべての決定は，国別委員部の間の合意によってのみ行なうものとする．

　4．委員会は，その会議の運営に関する規制を決定し，及びその必要があるときは，これを修正することができる．

5. 委員会は，少なくとも毎年一回東京及びソウルにおいて交互に会合するものとし，また，そのほか一方の国別委員部の要請があったときは，合意された期日及び場所において会合することができる．第一回会議の期日及び場所は，両締約国の合意で決定する．

第八条

委員会は，次の民務を遂行する．

　(a) 両締約国が共通の関心を有する漁業資源の研究のため行なう科学的調査について，及びその調査及び研究の結果に基づきとられるべき共同規制水域内における規制措置について両締約国に韓国すること．

　(b) 共同資源調査水域の位置及び範囲について必要に応じ両締約国に勧告すること．

　(c) 両締約国の漁船間の操業の安全を図るために必要な措置につき検討し，又は必要に応じ専門家をもって構成される下部機構を設置してこれにつき検討されること及びその結果に基づきとられるべき措置について両締約国に勧告すること．

　(d) その他協定の実施に伴う技術適な緒問題につき検討し，必要と認めたときは，とられるべき措置について両締約国に勧告すること．

第九条

　この協定の解釈及び適用に関して生ずることのあるすべての紛争については，まず交渉により解決をはかるものとし，一方の締約国による交渉の申入れの日から六箇月以内に解決に至らなかったときは，いずれか一方の締約国の要請により，国際司法裁判所に決定のため付託されるものとする．

第十条

　1. この協定は，批准されなければならない．批准書は，できるだけすみやかに　で交換されるものとする．

　2. この協定は，批准書の交換の日に効力を生ずる．この協定は，十年間効力を有し，その後は，この協定が3に定めるところにより終了するまでの間効力を存続する．

3. いずれの一方の締約国も, 他方の締約国に対し一年の予告を与えることによって, 最初の十年の期間の満了の際又はその後いつでもこの協定を終了させることができる.

以上の証拠として, 下名は, この協定に署名した.

千九百六十五年　月　日に　で, ひとしく正文である日本語, 韓国語及び英語により本書二通を作成した. 解釈に相違がある場合には, 英語の本文による.

日本国のために

大韓民国のために

附属書

両締約国は, 暫定的漁業規制措置として, 次のとおり合意する.

(a) 各締約国の最高出漁隻数又は最高出漁統数(両締約国のそれぞれについて, 共同規制水域内に同時に出漁しているその締約国の漁船の隻数又は統数の最高限度をいう.)は, 次のとおりとする.

(i) 五十トン未満の漁船による底びき網漁業については百十五隻

(ii) 五十トン以上の漁船による底びき網漁業については,

　i 十一月一日より翌年の四月三十日までの期間においては二百七十隻

　ii 五月一日より十月三十一日までの期間においては百隻

(iii) まき網漁業については,

　イ 一月十六日より五月十五日までの期間においては六十統

　ロ 五月十日より翌年の一月十五日までの期間においては百二十統

(iv) 六十トン以上の漁船によるさばつり漁業については十五隻

ただし, 操業期間は六月一日より十二月三十一日までとし, 操業区域は大韓民国の慶尚北道と慶尚南道との境界線と海岸線との交点と北緯三十五度三十分と東経百三十度との交点とを結ぶ直線以南(ただし, 済州島の西側においては北緯三十三度三十分以南)の水域とする.

もっとも, 日本国の漁船と大韓民国の漁船との漁獲能力の格差がある間, 大

韓民国の出漁隻数又は出漁統数は、両締約国政府間の協調により、この協定の最高出漁隻数又は最高出漁統数を基準とし、その格差を考慮して調整される。

(b) 漁船の規模は、次のとおりとする。

(i) 底びき網漁業のうち、

 i トロール漁業以外のものについては三十とん以上百七十トン以下

 ii トロール漁業については百トン以上五百五十トン以下

  ただし、五十トン以上の漁船による底びき網漁業(大韓民国が日本海において認めている六十トン未満のえび底びき網漁業を除く。)は、東経百二十八度以東の水域においては、行なわないこととする。

(ii) まき網漁業については網船四十トン以上百トン以下

  ただし、この協定の効力発生の日に日本国に現存する百トン以上のまき網漁業に従事する網船一隻は、例外として認められる。

(iii) 六十トン以上の漁船によるさばつり漁業については百トン以下

(c) 網目(海中における内径とする。)は、次のとおりとする。

(i) 五十トン未満の漁船による底びき網漁業については三十三ミリ・メートル以上

(ii) 五十トン以上の漁船による底びき網漁業については五十四ミリ・メートル以上

(iii) まき網漁業については三十ミリ・メートル以上

  (あじ又はさばえを対象とする身網の主要部分の網目とする。)

(d) 隻魚燈に使用する発電機の総設備容量は、次のとおりとする。

(i) まき網漁業については一統につき、十キロ・ワット以下の灯船一隻とし、計二十七・五キロ・ワット以下

(ii) 六十トン以上の漁船によるさばつり漁業については十キロ・ワット以下

(e) 証明書及び標識については、次のとおりとする。

(i) (a)にいう両締約国の漁船(まき網漁業に従事する漁船については網船)は、それぞれの締約国が発給する証明書を所持し、かつ、標識を付するものとする。こ

の照明書は，真正の連関に基づいて当該締約国に登録された漁船に対してのみ発給されるものとする．

(ii) 証明書の頭数は，暫定的漁業規制措置の対象となる漁業別に当該漁業に関する最高出漁隻数又は最高出漁統数と同数とする．ただし，いずれの締約国も，漁業の実態にかんがみ，五十トン以上の底びき網漁業についてはその最高出漁隻数の十五パーセントまで，五十トン未満の底びき網漁業についてはその最高出漁隻数の二十パーセントまで，その総数を増加することができる．

(交換公文第一号)

(韓国側書簡)(案)

書簡をもって啓上いたします．本　　は，本日署名された大韓民国と日本国との間の漁業に関する協定第二条1の規定に言及し，大韓民国政府が大韓民国の漁業水域の設定に際し次の直線の基線を使用することが両国政府の了解であることを確認する光栄を有します．

(i) 長崎岬及び達萬岬のそれぞれの突端を結ぶ直線による湾口の閉鎖線

(ii) 花岩湫及び凡月岬のそれぞれの突端を結ぶ直線による湾口の閉鎖線

(iii) 一・五メートル岩，生島，鴻島，于汝岩，上白島及び巨文島のそれぞれの南端を順次結ぶ直線

(iv) 小鈴島，西格列飛島，於青島，稷島，上旺嶝島，及び横島(鞍馬群島)のそれぞれの西端を順次結ぶ直線

本　　は，この書簡及び前記の了解を日本国政府に代わって確認される閣下の返簡を，きょうていの効力発生の日に効力を生ずる両国政府の合意を構成するものとみなすことを提案する光栄を有します．

本　　は，以上を申し進めるに際し，ここに閣下に向かって敬意を表します．

千九百六十五年　　月　　日

(日本側書簡)(案)

　書簡をもって啓上いたします. 本　　は, 本日付けの閣下の次の書簡を受領したことを確認する光栄を有します.

(韓国側書簡)

　本　　は, 前記の了解を日本国政府に代わって確認し, 並びに閣下の書簡及びこの返簡を協定の効力発生の日に効力を生ずる両国政府間の合意を構成するものとみなすことに同意することを閣下に通報する光栄を有します.

　本　　は, 以上を申し進めるに際し, ここに閣下に向かって敬意を表します.
　千九百六十五年　月　日

(交換公文第二号)

(韓国側書簡)(案)

　書簡をもって啓上いたします. 本　　は, 本日署名された大韓民国と日本国との間の漁業に関する協定に関連し, 同協定第二条1の規定に基づく大韓民国の漁業水域の設定に際し, 暫定的措置として, その漁業水域を画する線と次のそれぞれの線とにより囲まれる水域を, 当分の間大韓民国の漁業水域に含まれることとすることを大韓民国政府に代わって提案する光栄を有します.

(i) 北緯三十三度四十八分十五秒と東経百二十七度二十一分との交点, 北緯三十三度四十七分三十秒と東経百二十七度十三分との交点及び牛島の真東十二マイルの点を順次結ぶ直線

(ii) 北緯三十三度五十六分二十五秒と東経百二十五度五十五分三十秒との交点と北緯三十三度二十四分二十秒と東経百二十五度五十六分二十秒との交点を結ぶ直線

　本　　は, 日本国政府が前記の提案に同意されるときは, この書簡及びその旨を確認される閣下の書簡を両国政府間の合意を構成するものとみなすことを提案す

る光栄を有します．
　　　本　　　は，以上を申し進めるに際し，ここに閣下に向かって重ねて敬意を表します．
　　　千九百六十五年　　月　　日

1538　　　　　　　　　　　(日本側書簡)(案)
　　書簡をもって啓上いたします．本　　は，本日付けの閣下の次の書簡を受領したことを確認する光栄を有します．

　　　　　　　　　　　　　(韓国側書簡)
　　　本　　　は，日本国政府が前記の提案に同意すること並びに閣下の書簡及びこの返簡を日本国と大韓民国との間の漁業に関する協定の効力発生の日に効力を生ずる両国政府間の合意を構成するものとみなすことに同意することを閣下に通報する光栄を有します．
1539　　　本　　　は，以上を申し進めるに際し，ここに閣下に向かって重ねて敬意を表します．
　　　千九百六十五年　　月　　日

1540　　日本国と大韓民国との間の漁業に関する協定についての合意された議事録 (案)

　　日本国政府代表及び大韓民国政府代表は，本日署名された日本国と大韓民国との間の漁業に関する協定の交渉において到達した次の了解を記録する．

　一．暫定的漁業規制措置に関連し，
　1. 両国政府は，証明書及び標識が，港内における場合を除き，海上において一の漁

船から他の漁船に引き渡されることがないよう指導することとする.

2. いずれの国の政府も, 自国の漁業漁船の正午位置報告に基づき漁業別出漁状況を月別に集計して毎年少なくとも四回相手国の政府に通報する.

3. 一方の国の監視船上にあるその国にの政府の正当に権限を有する公務員は, 相手国の漁船が現に暫定的漁業規制措置に明らかに違反していると信ずるに足りる相当の理由のある事実を発見したときは, 直ちにこれをその漁船の属する国の監視船上にあるその国の政府の正当に権限を有する公務員に通報することができる. 当該相手国の政府は, 当該漁船の取締り及び違反に対する措置に当たって, その通報を尊重することとし, その結果とられた措置をその通報を行なった国の政府に対し通報する.

4. いずれの国の政府も, 相手国の政府の要請があったときは, 暫定的漁業規制措置に関し, 自国内における陸上の取締りの実施状況を視察させるための便宜を, このために正当に権限を与えられた相手国の政府の公務員に対し, 可能な限り与える.

5. 共同規制水域内における底びき網漁業, まき網漁業及び六十トン以上の漁船によるさばつり　漁業による年間総漁獲基準量は十五万トン(上下十パーセントの変動がありうる.)とする. 日本国については, この十五万トンの内訳は, 五十トン未満の漁船による底びき網漁業については一万トン, 五十トン以上の漁船による底びき網漁業については三万トン及びまき網漁業と六十トン以上の漁船によるさばつり漁業については十一万トンであることとする. 年間総漁獲基準量は最高出漁隻数又は最高出漁統数によって操業を規制するに当たり指標となる数量であるものとし, いずれの国の政府も, 共同規制水域内における底びき網漁業, まき網漁業及び六十トン以上の漁船によるさばつり漁業の操業の過程において, 当該年の年間総漁獲量が十五万トンを超過することとなると認める場合には, その年の年間総漁獲量を十六万五千トン以下にとどめるために必要な程度にその年の出漁を差し控えるよう指導するものとする.

6. いずれの国の政府も, 自国の出漁漁船による共同規制水域内におけるその漁獲量の報告及び水揚げ港における調査を通じ, 漁獲量を月別に集計し, その結果を毎年少なくとも四回相手国政府に通報する.

二. 国内漁業禁止水域等の相互尊重に関連し,

いずれの国の政府も,それぞれ相手国の次の水域において,当該漁業に自国の漁船が操業すれことを差し控えるよう指導する.

(a) 大韓民国政府がげんざい設定している底びき網漁業及びトロール漁業についての漁業禁止水域(この水域内の黄海の部分において大韓民国の五十トン未満の底びき網漁業に関し,及び同水域内の日本海の部分において大韓民国のえび底びき網漁業に関して大韓民国政府が現在実施している制度は,例外的に認められる.)

(b) 日本国政府が現在設定している底びき網漁業及びまき網漁業についての漁業禁止水域並びに底びき網漁業についての東経百二十八度,東経百二十八度三十分,北緯三十三度九分十五秒及び北緯二十五度の各線で囲まれる水域

一方の国の監視船上にあるその国の政府の正当に権限を有する公務員が前記のその国の水域において相手国の漁船が操業に従事していることを発見したときは,その事実につき当該漁船の注意を喚起するとともに,直ちにこれをその漁船の属する国の監視船上にあるその国の政府の正当に権限を有する公務員に通報することができる.当該相手の政府は,その通報を尊重することとし,その結果とられた措置をその通報を行なった国の政府に対し通報する.

三. 両国政府は,沿岸漁業(六十トン未満の漁船による漁業であって,底びき網漁業及びまき網漁業を除くものをいう.)の操業の実態に関して情報の交換を行ない,漁業秩序を維持するため必要なときは,相互に協議を行なう.

四. 領水及び漁業水域における無害通航(漁船については漁具を格納した場合に限る.)は,国際法規によるものであることが確認される.

1547　　　　　(領海の範囲に関する立場の留保に関する交換公文)(案)

(日本側書簡)(案)

　　書簡をもって啓上いたします. 本　　は, 本日署名された日本国と大韓民国との間の漁業に関する協定に関連し, 同協定のいかなる規定も領海の範囲に関する日本国の立場になんらの影響を及ぼすものとみなされないとの日本国政府の了解を日本国政府に代わって閣下に通報する光栄を有します.
　　本　　は, 以上を申し進めるに際し, 閣下に向かって重ねて敬意を表します.
　　　千九百六十五年　　月　　日

1548　　　　　　　　　　(韓国側書簡)(案)

　　書簡をもって啓上いたします. 本　　は, 本日付けの閣下の次の書簡を受領したことを確認する光栄を有します.

(日本側書簡)

　　本　　は, 前記の書簡に述べられたことを記録にとどめる光栄を有します.
　　本　　は, 以上を申し進めるに際し, 閣下に向かって重ねて敬意を表します.
　　　千九百六十五年　　月　　日

1549　　　　　　　　(漁業協力に関する交換公文)(案)

(韓国側書簡)(案)

　　書簡をもって啓上いたします. 本　　は, 日本国と大韓民国との間の漁業に関する協定の署名に当たって, 両国政府が, 両国の漁業の発展と向上を図るため, 技術的及び経済的にできる限り相互に密接な協力を行なうこととし, この協力には漁業に関

する情報及び技術の交換並びに漁業専門家及び技術者の交流を含めることを，大韓民国政府に代わって，閣下に提案する光栄を有します．

　　　本　　　は，閣下が，日本国政府に代わって，この提案に同意されれば幸いに存じます．

1550　　本　　　は，以上を申し進めるに際し，閣下に向かって重ねて敬意を表します．

　　　千九百六十五年　　月　　日

1551　　　　　　　　　　　(日本側書簡)(案)

　書簡をもって啓上いたします．本　　　は，本日付けの閣下の次の書簡を受領したことを確認する光栄を有します．

　　　　　　　　　　　　　(韓国側書簡)

　　　本　　　は，前記の書簡に述べられた閣下の提案に，日本国政府に代わって，同意する光栄を有します．

　　　本　　　は，以上を申し進めるに際し，閣下に向かって重ねて敬意を表します．

　　　千九百六十五年　　月　　日

1552　日本国と大韓民国との間の漁業に関する協定の署名に際して行なう
　　　日本国外務大臣の声明(案)

　本大臣は，本日日本国と大韓民国との間の漁業に関する協定に署名するに当たり，日本国政府が，同協定が効力を発生し，日本国の漁業水域が設定されたときは，大韓民国の漁船の同水域の侵犯の事実の確認並びに漁船及び乗組員の取扱いについて，国際通念に従い公正妥当に処理する方針であることをここに声明する．

1553　日本国と大韓民国との間の漁業に関する協定の署名に際して行なう
　　　大韓民国外務部長官の声明(案)

　　本長官は，本日日本国と大韓民国との間の漁業に関する協定に署名するに当たり，大韓民国政府が，同協定が効力を生じ，大韓民国の漁業水域が設定されたときは，日本国の漁船の同水域の侵犯の事実の確認並びに漁船及び乗組員の取扱いについて，国際通念に従い公正妥当に処理する方針であることをここに声明する．

1554　日本国と大韓民国との間の漁業に関する協定の署名に際して行なう
　　　日本国農林大臣の声明(案)

　　本大臣は，本日署名された日本国と大韓民航との間の漁業に関する協定が効力を生ずるときに日本国と大韓民国の共同規制水域において暫定的漁業規制措置が実施されることとなることに関連し，日本国政府が次のとおりの措置をとる方針であることをここに声明する．

　　1．共同規制水域のうち，大韓民国の慶尚北道と慶尚南道との境界線と海岸線との交点と北緯三十五度三十分と東経百三十度との交点とを結ぶ直線以北の日本海の水域においては，同時に二十六隻以上の五十トン未満の日本国の底びき網漁業に従事する漁船が操業しないように，並びにそのような漁船が十一月一日より翌年の四月三十日まで期間以外の期間において操業しないように，及び水深三百メートル以浅の部分においては操業しないよう指導する．同政府は，また，そのような漁船によるえびの混獲を毎航海の総漁獲量の二十パーセントの範囲内にとどめるように指導する．

　　2．共同規制水域内においては，捕鯨業及び暫定的漁業規制措置の適用の対象となる種類の漁業以外の漁業に従事する日本国の漁船については，その規模を六十トン未満とするように，及び同時に操業するその隻数が千七百隻を上回ることのないように指導し，並びにこれらの日本国の漁船のうちさばつり漁船については，その規模を二十五トン以上とするようにし，その操業期間を六月一日より十二月三十一日までと

し，及びその操業区域を共同規制水域のうち大韓民国の慶尚北道と慶尚南道との境界線と海岸線との交点と北緯三十五度三十分と東経百三十度との交点とを結ぶ直線以南(ただし，済州島の西側においては北緯三十三度三十分以南)の水域とするように指導し，また，同時に操業するその隻数が百七十五隻を上回ることのないように指導する．

　3. 日本国政府は共同規制水域内の鯨資源の状態に深い関心を有しているので，同水域内において，小型捕鯨業(百トン未満の漁船によるもの)の操業隻数及びその漁獲努力を現在以上に増大しないように，また，大型捕鯨業(百トン以上の漁船によるもの)の操業隻数を現在程度以上に増大しないように指導する．

1557　日本国と大韓民国との間の漁業に関する協定の署名に際して行なう
　　　大韓民国農林部長官の声明(案)

　本長官は，本日署名された日本国と大韓民国との間の漁業に関する協定が効力を生ずるときに日本国と大韓民国の共同規制水域において暫定的漁業規制措置が実施されることとなることに関連し，大韓民国政府が次のとおりの措置をとる方針であることをここに声明する．

　1. 共同規制水域内においては，暫定的漁業規制措置の対象とならない種類のさばつり漁業に従事する大韓民国の漁船については，その規模を二十五トン以上とするようにし，その操業期間を六月一日より十二月三十一日までとし，及びその操業区域を大韓民国の慶尚北道と慶尚南道との境界線と海岸線との交点と北緯三十五度三十分と東経百三十度との交点とを結ぶ直線以南(ただし，済州島の西側においては北緯三十三度三十分以南)の水域とするように指導する．

　2. 大韓民国政府は共同規制水域内の鯨資源の状態に深い関心を有しているので，同水域内において，小型捕鯨業(百トン未満の漁船によるもの)の操業隻数及びその漁獲努力を現在以上に増大しないように，また，大型捕鯨業(百トン以上の漁船によるもの)の操業隻数を現在程度以上に増大しないように指導する．

6-1-2. 4. 3 합의와 4. 22 일본 측 초안의 비교 문서

별첨 2

4. 3 합의와 4. 22 일본 측 초안의 비교

가. 4. 3 합의와 4. 22 일본 측 초안의 차이점

1. 협정안 전문 제1항 표현에 있어서 '공통의 관심을 가지는 어업자원…"'라고 함으로써 4. 3 합의의 '공통의 관심을 가지는 수역에 있어서의 어업자원…'을 수정하였음.

2. 직선기선 사용에 관한 교환공문(협정안 제2조 단서와 관련)에 있어서 직선기선 사용을 '협의'에 의하여서가 아니라 '합의'에 의하는 것으로 표현하였음.

3. 협정안 제2조 3항에 있어서, 양국의 어업수역이 실제로 중복하지 않더라도, 즉 어느 일방이 어업수역을 선포하지 않더라도, 중복할 수 있는 부분을 2등분한 선의 외측 수역에 대하여 어업수역을 선포할 수 없도록, 4. 3 합의의 표현을 수정하였음.

4. 협정안 제3조 서두 문장의 표현은 4. 3 합의사항 교섭 당시의 일본 측 입장을 재차 표현하였음. 4. 3 합의 당시에는 양측의 의견 일치를 보지 못함으로써 해당 부분의 표현이 일체 삭제되었던 것임.

5. 협정안 제3조 공동규제수역 외곽선 표시에 있어서, 4. 3 합의에 있어서의 양국 어업수역이 중복하는 부분을 2등분하는 선이라는 표현 대신에 해당 부분을 위도 및 경도에 의거한 점으로써 표시하고 있음.

6. 협정안 제4조에 있어서 장차 적용될 보존 조치가 항상 '양 체약국에 평등히 적용되는' 것으로 표현하고 있는바 4. 3 합의사항에 있어서는 그러한 표현은 없었던 것임.

7. 협정안 제5조 1항에 있어서 재판 관할권 및 단속 대상을 명백히 한다는 명분하에 4. 3 합의사항에 없는 '어느 일방 체약국의 어선 및 그 선상에 있는 사람' 새로이 삽입하고 있음. 또한 동 항에 있어서, 문장 표현상의 이유라는 명분하에, 단속의 권리, 임검의 권리 등 '권리'라는 용어를 추가 사용하였음.

8. 협정안 제6조에 있어서, 공동자원조사수역에 목적을 표시한다는 명분하에, 공동조사수역을 '양 체약국이 자원조사를 행하는 수역'이라고 하여 4. 3 합의에 없는 규정을 쓰고 있음. 또한 양 체약국의 협의에 따라 결정하는 대상에 있어서 4. 3 합의 규

정 이외에 '위치'까지도 포함되는 것으로 규정하고 있음. 또한 동 조에 있어서 양 체약국 간의 협의에 의하여 공동자원조사수역을 결정한다는 내용에 관하여, 그러한 결정 행위가 양국의 공동 행위라는 것을 확실히 할 수 있도록 4. 3 합의사항의 해당 표현을 수정하고 있음.

9. 협정안 부속서의 최고 출어 척수 또는 통수의 정의 규정에 있어서, 동 척수 또는 통수가 양 체약국에 각각 적용됨을 명백히 하기 위한 표현을 사용하고 또한 감찰 및 표지를 소지하고 부착한다는 부분을 삭제하고 있음.

10. 협정안 부속서의 고등어 어업 조업 구역 표시에 있어서 4. 3 합의사항 교섭 과정에 있어서의 양측 합의를 보다 더 정확하게 표현하기 위하여 4. 3 합의 표현을 보완하였음.

11. 최고 출어 척수 또는 통수 규정에도 불구하고 한국의 출어 척수 또는 통수는 별도 협의하여 조정된다는 4. 3 합의 내용이, 협정안 부속서에 있어서는 원칙에 대한 '예외'라는 성격을 가지도록 만들기 위하여, 단서 규정으로서 처리되어 있음.

12. 협정안 부속서에 있어서 선망 어업에 대한 예외로서 인정된 100톤 이상의 일본 측 망선 1척의 존재 시점을 4. 3 합의에서는 '양해 성립 시'로 되어 있는 데 반하여, '협정 효력발생 일자'로 규정하고 있음.

13. 협정안 부속서에 있어서 광력이라는 표현 대신에 '집어등에 사용하는 발전기의 총 설비 용량'이라는 표현을 쓰고 있음.

14. 4. 3 합의에서는 감찰 및 표지에 관하여 합의하게 되었는데, 협정안 부속서에서는 이들을 일방적으로 결정하게 하고 있음.

15. 협정안 부속서에 있어서 감찰 발급 대상 어선을 '진정의 연관에 의거하여 등록된' 어선에 한정하도록 규정함으로써 4. 3 합의사항에 없는 제한 규정을 두고 있음.

16. 4. 3 합의에 있어서는 감찰뿐만 아니라 표지의 발급 총수까지도 규정하였는데 대하여 협정안 부속서에 있어서는, 선망 어업 어선들에 대한 표지가 복수로 될 것이라는 이유로, 감찰만의 발급 총수를 규정하고 있음.

17. 제주도 양측 어업수역에 관한 교환공문 안에 있어서, 동 수역은, 4. 3 합의에 있어서는, 직선기선 사용에 관련된 양측 입장의 타협으로서 어업에 관한 수역에 포함되는 것으로 양해되고 그러한 양해를 확인하게 되어 있는 데 반하여, 전기 교환공문 안

에 있어서는 그러한 수역을 새로운 합의에 의하여 한국 어업에 관한 수역에 추가시키는 것으로 표현함으로써, 동 수역에 관한 양측의 합의가 어업협정과는 일단 독립된 합의로써 처리된 것과 같은 형식을 취하고 있음.

18. 어업협력에 관한 교환공문 안에 있어서, 4. 3 합의사항의 '기술 및 경제의 분야에 있어서' 협력한다는 표현을, '기술적 및 경제적으로' 협력하는 것으로 수정하고, 기타 표현에 있어서 동 교환공문이 어업협정과 직접적인 관련이 없는 것으로 간주될 수 있도록 하였음.

19. 협정안 합의의사록에 있어서, '행정 지도'라는 표현을 모두 '지도'로 수정하였음.

20. 협정안 합의의사록에 있어서 공동규제 조치 위반 사실에 대한 타방 측의 통보를 존중하는 경우를, 4. 3 합의사항의 '재판 관할권 행사' 대신에 '관할권 행사'로 표현을 변경하였음.

21. 협정안 합의의사록에 있어서, 국내 어업금지수역 위반 사실에 대한 타방 측의 통보를 존중하는 경우를 구체적으로 규정하기 위하여 사용한 4. 3 합의사항의 '단속 및 재판 관할권의 행사에 있어서'라는 표현을 완전히 삭제하였음.

22. 협정안 합의의사록에 있어서, 타방국 내에서의 시찰을 '육상의' 단속 상황에만 한정하도록 하여 4. 3 합의사항을 수정하였으며, 동 규정에 있어서, 시찰하는 공무원의 자격을 4. 3 합의사항보다 더 제한하고 있음.

23. 협정안 합의의사록에 있어서, 어획량에 관한 규정 전반에 걸쳐, 당사국 정부의 의무를 가능한 한 약화하도록 4. 3 합의사항을 수정하였음.

24. 외상의 일방적 성명 안에 있어서, 4. 3 합의사항 중의 '감시선에 의한'이라는 표현을 삭제하고 기타 자구를 수정함으로써, 정부의 의무와 관련하여 동 일방적 성명의 적용 범위를 확대시키도록 하고 있음.

25. 농상의 일방적 성명 안에 있어서, 정부의 의무를 가급적 약화하도록 4. 3 합의사항의 표현을 대폭적으로 수정하고 애매하게 함. 또한 '연안 어업'의 정의에 관한 규정을 새로이 삽입함.

나. 일본 측 어업협정안(1965. 4. 22) 중, 4. 3 합의사항에서 구체적으로 규정되지 아니하였거나 전혀 언급되지 아니한 점.

(1) 협정 명칭
(2) 협정상의 각종 용어에 대한 정의
(3) 공동위원회
(4) 분쟁의 해결
(5) 효력 및 협정 기간
(6) 영해 범위에 관한 교환공문

6-1-3. 대한민국과 일본국 간의 어업자원의 보존 및 어업협력에 관한 잠정 협정(안)

1564~1609   별첨 3

[이 협정 및 부속 문서는 1965. 5. 4 이규성 공사가 히로세 참사관에게 수교한 안의 사본으로 1463번 파일 54번 문서에 기수록되어 있어 여기서는 생략함.]

6-1-4. 한국 측 어업협정안 제안 설명 요지 문서

별첨 4

한국 측 어업협정안 제안 설명 요지

1965. 5. 4

가. 협정안 작성에 있어서의 원칙

4.3 '합의사항'을 조문화하였으며, '합의사항'을 보충하거나 '합의사항'에서 누락된 사항을 조문화하여 협정안에 포함시켰음.

나. 협정안의 골자 및 한국 측 입장

1. 협정 명칭

일본 측과의 합의는 아직 없음. '대한민국과 일본국 간의 어업자원의 보존 및 어업 협력에 관한 잠정 협정'으로 하고자 함.

2. 협정의 전문

다음 세 가지 점을 추가함.

　　(가) 샌프란시스코 평화조약 9조, 21조 상기

　　(나) 연안국의 특수 이해 인정

　　(다) 잠정적 어업규제 조치의 필요성

3. 독점 어업수역

대체로 '합의사항'을 조문화함.

4. 한국 연안의 직선기선

'합의사항'에 따라 교환공문으로 처리함.

5. 제주도 양측의 독점 어업수역

'합의사항'에 따라 교환공문으로 처리함.

6. 독점수역 침범

'합의사항' 내용대로 일방적 성명으로 처리함.

7. 영해의 범위 및 어업 관할권에 관한 주장

'합의사항'에는 포함되어 있지 아니한 사항인바, 국제 선례에 따라 조문화하였음. 일본 측 안에도 그러한 사항이 새로 추가되어 있음.

8. 협정수역

협정수역의 범위를 협정상 명시하고자 하며, 그 범위는 동해(일본해), 서해(황해) 및 북위 30도 이북의 동지나해

9. 공동규제수역

'합의사항'을 조문화하였음.

10. 규제조치

'합의사항'을 조문화하였음.

부속서에 있어서,

(1) 부속서를 매년 수정 또는 추가하고자 함.

(2) 최고 출어 척수 및 통수

· '합의사항'을 조문화하였음.

· 일본의 저예망의 동해안 조업 및 새우 트롤 문제를 일방적 성명으로 하지 않고 합의의사록에 규정하였음.

· 출어 예상 어선 명단(일련번호) 제출 및 매일의 출어 상황 통보 사항을 추가하였음.

(3) 어선 규모

· '합의사항'을 조문화하였음.

· 일본 선망 100톤 이상 1척의 예외 조치를 부속서 대신 합의의사록에 규정하였음.

(4) 광력

조문화

(5) 망목

조문화

(6) 감찰 및 표지

· 감찰 및 표지 발급 총수 예외 조치를 합의의사록에 규정하였음

· 감찰 및 표지의 양식 규격을 양국의 합의에 따라 결정하도록 하였음

· 감찰 및 표지는 양국의 책임하에 각각 발급하고 지정된 기관이 이를 교부하도록 하였음.
· 감찰 및 표지의 배부 대장 비치
· 연간 총 어획 기준량에 도달되었을 때에는 회수

(7) 어획 기준량
· 월별 어획량을 매월 통보하도록 함.
· 감찰 및 표지를 가진 어선의 어획물은 공동규제수역에서 어획된 것으로 간주하도록 규정하였음.
· 양륙항을 지정하도록 함.
· 조업 상황 시찰 및 어획물 연구를 위하여 타방국가 공무원에 시찰 상의 편의 제공하도록 함.

11. 공동 조사 수역

'합의사항'을 조문화하였음.

12. 연안 어업의 자주 규제

(가) 일방적 성명을 합의의사록으로 규정함.

(나) 일본 연안 어업의 조업 구역을 교섭 과정을 참작하여 고등어 낚시 어업의 구역과 대체로 동일하게 함.

(다) 일본 측 출어 어선 1,700척의 내역을 규정함.

13. 국내 어업금지구역의 상호존중

'합의사항'을 조문화하였음.

14. 단속 및 재판 관할권

(가) 위반선 통보 규정을 합의의사록 대신에 협정 본문에 포함시켰음.

(나) 위반에 대한 확인 방법을 토의 결정하여 합의의사록에 규정하도록 함.

(다) 기타 '합의사항'의 내용을 조문화하였음. 단, 표현을 약간 바꾸었음.

15. 무감찰, 무표지 어선에 대한 조치

새로운 사항으로서 협정 본문에 추가사항으로 규정하기로 하였음. 정선하고 확인하도록 하였음.

16. 협정 시행에 관한 협의 및 합의 불가능 시의 조치

새로운 사항으로서, 협정 본문에 추가사항으로 규정하기로 하였음.

(가) 협의 제안에 응함.

(나) 규제 조치의 단속에 관하여, 협정 발표 1년 후에 협의하는 경우 6개월 내에 합의에 도달하지 못하면 양국 어선의 단속을 양국이 공히 행하도록 함.

17. 어업협력

(가) '합의사항'을 조문화하여, 교환공문 대신 협정 본문에 규정하도록 하였음.

(나) 어업 능력의 격차를 제거하기 위하여 협력한다는 취지를 추가 규정함.

(다) 90,000,000불의 어업협력에 관한 민간신용은 교환공문으로 처리함.

18. 공동위원회

추가사항으로서, 협정 본문에 규정하였음. 내용은 위원회에서 이미 제시된 것과 같음.

19. 분쟁의 해결

추가사항으로서, 협정 본문에 규정하였음. 내용은 위원회에서 이미 제시된 것과 같음.

20. 유효기간

(가) 추가사항으로서 규정함.

(나) 3년간 유효, 단 6개월 전의 사전 통고를 필요로 함.

(다) 전기 통고가 없으면 3년간 이후에도 계속 유효, 단 언제든지 6개월 전의 사전 통고로써 종결시킬 수 있음.

21. 무해통항

'합의사항' 내용을 합의의사록 대신에 일방적 성명으로 하였음.

22. 조업 안전 및 질서

협정 부속서(2)에 규정하도록 함.

단, 내용에 따라 일부는 별도 문서로 합의할 수 있음.

6-1-5. 한국 측 어업협정안에 대한 일본 측 견해 문서

1617~1626　별첨 5

　　[본 문서는 1463번 파일 63번 문서(전문)에 그 내용(한글 번역문)이 기수록되어 있으므로 여기서는 생략함.]

6-1-6. 한국 측 어업협정안문에 대한 한국 측의 설명 자료

1627~1631　별첨 6

　　[본 문서는 1965. 5. 28 어업 4자회담에서 한국 측이 65. 5. 4 일본 측에 제시한 어업협정안에 대하여 재차 설명한 내용을 문서화 한 것으로 생략함.]

6-1-7. 한국 측 어업협정안문에 대한 한국 측의 설명 자료

1632~1634　별첨 7

　　[본 문서에는 1965. 5. 27 양국 수석대표 간 회의에서 한국 측이 일본 측에 대해 어업협정안(한국 측)을 설명한 내용이 담겨 있음. 일본어로 작성되어 있으며 생략함.]

6-1-8. 어업 문제 관련 시나 외상의 이동원 외무부 장관 앞 친서

1635~1638　별첨 8

　　　　[1463번 파일 104-1번 문서에 동일한 문서가 수록되어 있으므로 여기서는 생략함.]

6-1-9. 어업공동위원회 관련 65.4.27 자 한국 측 초안

1639~1642　별첨 9

　　　　[1463번 파일 31번 문서(전문)에 동일한 내용이 수록되어 있으므로 여기서는 생략함.]

6-1-10. 어업공동위원회 관련 한국 측 65.5.20 자 수정안

1643~1645　별첨 10

　　　　[1463번 파일 55번 문서(전문)에 동일한 내용이 수록되어 있으므로 여기서는 생략함].

6-1-11. 한국 측이 65.5.8 일본 측에 제시한 어선의 조업 안전과 질서 유지에 관한 규정(안)

5/6 제시분

별첨 11

부속서

어선의 조업 안전과 질서 유지에 관한 규정

한일 양국 어선 간의 해상에 있어서의 조업의 안전의 정상적인 질서를 유지하기 위하여 양국 어선은 특히 다음의 규정을 준수하는 외에 국제 선행에 관한 일반 관례에 따르는 것으로 한다.

一. 어선의 출어 표지 및 게시

 1. 양국 어선은 선수 양측에 선명 또는 선기를, 선미에 근거 지명, 선적, 선명을 각각 명기하여야 한다.

 2. 공동규제수역 내에 출어하는 어선은 흑포지에 백색 문자로 표시된 기를 게양하여야 한다.

  1) 기의 규격은 1m×1.5m로 한다.

  2) 백색 문자는 국적을 표시하는 기호 다음에 어선의 종류를 표시하는 기호를 표시하고 그 다음에 어업별 일련번호를 표시한다. 단, 문자의 크기는 20cm×20cm의 크기로 한다.

  3) 기의 게양 위치는 선교상 2m 이상의 높이로서 잘 보이도록 게양하여야 한다.

 3. 출어선의 표지판은 흑색 판자에 백색으로 전 2호에 규정한 기호 및 번호를 기재하고, 표지판의 규격은 0.5m×1.5m로 하며 선교상 전면에 부착하여야 한다.

 4. 선교 상면에 항공기에 의하여 식별할 수 있는 표지를 하되, 그 표지의 규격은 전 2호에 규정한 기호 및 번호 한 자의 크기가 70cm 4방 이상이 되도록 하여야 한다.

 5. 야간에 있어서의 양국 어선의 식별 신호는 한국 어선은 장광 3회를, 일본 어선은

단광 5회를 선교등으로서 점멸하여야 한다.

　6. 여하한 경우에 있어서도 상기 2~5호에 줄어기, 표지 및 야간 표지등은 명백히 인지되도록 유의하여야 한다.

　二. 선행 및 조업에 관한 준수 사항

　1. 양국 어선은 어업 중인 어선을 발견하였을 때에는 당해 어선의 어로를 감안하여 그 침로를 피하고 당해 어선의 조업에 지장을 주지 않도록 함은 물론, 비상한 주의로써 당해 어선의 어구에도 피해를 끼치는 일이 없도록 선행(船行)하여야 한다.

　2. 양국 어선은 조업 중인 어선의 정 선수 전방에서 투묘, 투망을 하여서는 아니 되며 또한 당해 어선의 조업을 방해하는 행위를 하여서는 아니 된다.

　3. 양국 어선은 상기 각국의 규정하에 어선 간의 충돌, 어구의 전락(纏鉻)을 피하기 위하여 선행 또는 어로 중의 당직 감시와 관습상의 예방조치를 태만히 하여서도 아니 된다.

　4. 상기 각 항 외에 기선저인망 어선에 있어서도 다음 사항을 부가한다.

　　1) 양국 어선은 예망 중, 전방을 예망하는 어선을 추월하여 그 정 선수 전방에서 예망하여서는 아니 된다.

　　2) 예망 중의 어선은 정 후방 1,000m는 그 어구의 연신구(延伸區)로 간주하여 타 어선은 이 범위 내에서 투묘, 투망, 예망 등의 행위를 하여서는 아니 된다.

　　3) 2통(1통이라 함은 1통의 망을 조작하는 기선 2척을 말한다)이 병항(並航)하여 예망할 때에는 상호 간의 간격 300m 이상을 유지하여야 한다.

　　4) 어선이 비교적 집중하고 있을 때에는 양국 어선은 하기 제 사항에 규정하는 피항의 경우를 제외하고 예망 방향을 일정하게 유지하여야 하며 또한 3척 이상이 병항하여 예망함으로써 타 어선의 조업을 방해하여서는 아니 된다.

　5. 선망 어업에 있어서 조업을 목적으로 집어선 등이 집어를 하고 있을 때에는 타 집어선 등은 당해 집어선 등으로부터 1,000m 이상 접근하여 집어 작업을 하여서는 아니 된다. 단, 동 망선에 소속되는 집어선 간에 있어서는 적용하지 아니한다.

1651　三. 어선의 조업 표지

일반 연안 어업에 종사하는 어선의 조업의 안전과 질서 유지를 위하여 이들 어선의 조업 표지를 다음과 같이 정한다.

1. 어선이 조업 중인 경우에는 주간에 있어서는 선수상 잘 보이는 곳에 바구니 1개를 달고 1개의 흑색 원추상형 □□□ 간 점, 위로 하여 게시함으로써 당해 어선의 어구가 연신(延伸) 방향을 표시하고 그 어구의 말단의 위치를 기로써 표시한다.

야간에 있어서는 잘 보이는 곳에 백등 1개(단, 어구가 500m 이상 □□ 이어 있을 경우에는 백등 3개를 세모꼴로 한다)을 점등하고 동 백등의 높이에서 1.83m 내려온 위치에서 이러한 곳에 또 하나의 백등을 점등함으로써 당해 어선의 어구의 연신 방향을 지시하며 그 어구의 말단의 위치를 □등으로써 표시한다.

2. 양국 어선은 전항의 조업 표지를 한 안강망 어선, 류자망 어선 및 연승 어선의 어
1652　업에 관하여 특히 주의하여야 하며 이들 중 안강망과 유자망은 통상 상태에 있어서 그 어구의 연신장(延伸長)이 각각 1,000m 및 2,000m임을 유의하여야 한다.

3. 조업 중 어구가 암초 기타 장애물에 걸렸을 때에는 주간에는 바구니를 내리고 선박 전부에 직경 0.61m 이상의 흑구 1개를 게시하여야 하며 야간에는 정박등으로서 백등 1개를 점등하는 것으로 한다.

1653　四. 어선의 피항과 신호에 관하여

1. 예망 중의 기선이 무방향으로 만났을 때에는 상호의 거리가 500m 이상 되는 곳에서 각 우로 전침하여야 한다. 그러나 거의 무방향의 경우에는 500m 이상 되는 곳에서 상호의 침로를 피하기 쉬운 방향으로 피하고 동시에 기상 신호를 발성하여야 한다.

2. 2통의 기선이 서로 침로를 횡단할 때에는 상대선을 우현으로 보는 쪽에 있는 기선은 상호의 거리가 500m 이상 되는 곳에서 잠시 예망을 정지하든가 또는 우로 침로를 바꾸어 상대선이 통과 후 500m 이상이 될 때까지 정지하고 있어야 한다.

3. 예망 중인 기선은 양망 중의 기선의 거리가 500m 이상 되는 곳에서 예망 침로를 바꾸어 피항하지 않으면 안 된다. 예망 중의 기선은 투묘 중인 기선의 후방을 통과하는 것으로 하며 부득이 그 전방을 항행할 때에는 1,000m 이상의 거리를 유지하여야 한다.

4. 예망 중인 기선은 그 전방에서 어구를 상실하고 수색 중인 어선을 발견하였을 때에는 적절히 침로를 바꾸어 수색 기선에게 편의를 주어야 한다.

5. 예망 중인 그 전방에서 고장(Rope 절단, 어구가 걸렸을 때 기타)으로 양망 중인 기선을 발견하였을 때에는 예망 침로를 바꾸어 이것을 피함과 동시 해 어선의 신호에 주의하여 상호의 어구가 서로 전락(纏絡)되지 아니하도록 행동하여야 한다.

五. 어선의 피해보상

(양국 어선의 해상 사고로 인한 피해보상에 관한 사항을 규정한다.)

6-1-12. 조업 안전 및 질서 유지 관련 일본 측 제안 문서

1656~1658　별첨 12

　　　[문서 상태 불량으로 생략함.]

6-1-13. 분쟁의 해결 관련 한국 측이 65.4.28 제안한 조문안

1659　별첨 13

(분쟁의 해결)

　　　　　　　　　　　　　　　　　　　　　　　　　　　　　1965. 4. 28

　본협정의 해석 및 적용에 관한 양 체약국 간의 분쟁은 외교교섭을 통하여 해결하기로 한다.

6-1-14. 한국 측 65.6.5 자 어업협정안

1660   별첨 14

1965. 6. 5

대한민국과 일본국 간의 어업자원의 보존 및 어업협력에 관한 잠정 협정(안)

1661   대한민국 및 일본국은,

양국이 공동의 관심을 가지는 수역에 있어서의 어업자원의 최대 지속적 생산성이 유지되어야 함을 희망하고,

전기의 자원의 보존 및 그 합리적 개발과 발전을 도모함이 양국의 이익에 도움이 됨을 확신하고,

공해 자유의 원칙이 이 협정에 특별한 규정이 있는 경우를 제외하고 존중되어야 한다는 것을 확인하고,

양국의 지리적 근접성과 양국 어업의 교착으로부터 발생하는 일이 있는 분쟁의 원인을 제거하는 것이 요망됨을 인정하고,

양국 어업의 발전을 위하여 상호 협력함을 희망하고,

(기타의 사항에 대하여는 계속 토의하여 결정한다)

1662   제   조

1. 양 체약국은, 각 체약국이 자국의 연안의 기선으로부터 측정하여 12마일까지의 수역을, 자국이 어업에 관하여 배타적 관할권을 행사하는 수역(이하 '어업에 관한 수역'이라 한다)으로서 설정하는 권리가 있음을 상호 인정한다. 단, 이 어업에 관한 수역의 설정에 있어서 직선기선을 사용하는 경우에는, 그 직선기선은, 타방 체약국과 협의하여 결정하는 것으로 한다.

2. 양 체약국은, 일방 체약국이 자국의 어업에 관한 수역에 있어서 타방 체약국의 어선이 어업에 종사하는 것을 배제하는 데 대하여 상호 이의를 제기하지 아니한다.

3. 양 체약국은 어업에 관한 수역이 중복하는 부분에 대하여는, 그 부분의 최대의

폭을 나타내는 직선을 2 등분하는 점과 양 체약국의 어업에 관한 수역이 중복하는 부분이 끝나는 2점과를 각각 연결하는 직선에 의하여 양분한다.

제 조

공동규제수역(대한민국의 어업에 관한 수역을 제외한다)의 범위가 설치된다. 그 범위는 다음의 각 선에 의하여 싸이는 수역이다. 단, 대한민국의 어업에 관한 수역을 제외한다.

가. 북위 37도 30분 이북의 동경 124도의 경선

나. 다음의 각 점을 차례로 연결하는 선

　　(1) 북위 37도 30분과 동경 124도와의 교점

　　(2) 북위 36도 45분과 동경 124도 30분과의 교점

　　(3) 북위 33도 30분과 동경 124도 30분과의 교점

　　(4) 북위 32도 30분과 동경 126도와의 교점

　　(5) 북위 32도 30분과 동경 127도와의 교점

　　(6) 양 체약국의 어업에 관한 수역이 중복하는 부분이 끝나는 남단의 점

다. 양 체약국의 어업에 관한 수역이 중복하는 부분의 최대의 폭을 나타내는 직선을 2등분하는 점과 양 체약국의 어업에 관한 수역이 중복하는 부분이 끝나는 2점과를 각각 연결하는 직선

라. 다음의 각 점을 차례로 연결하는 선

　　(1) 양 체약국의 어업에 관한 수역이 중복하는 부분이 끝나는 북단의 점

　　(2) 북위 35도 30분과 동경 130도와의 교점

　　(3) 북위 37도 30분과 동경 131도 10분과의 교점

　　(4) 우암령 고정

제 조

양 체약국은, 공동규제수역에 있어서는, 어업자원의 최대 지속적 생산성을 확보하기 위하여 필요로 하는 보존 조치가 충분한 과학적 조사에 의거하여 실시될 때까지, 저인망, 선망 및 60톤 이상의 어선에 의한 고등어 낚시 어업에 대하여, 이 협정의 불

가분의 일부를 구성하는 부속서에 계기하는 잠정적 어업규제 조치를 실시한다.

제 조

1. 어업에 관한 수역의 외측에 있어서의 단속(정선 및 임검을 포함한다) 및 재판 관할권은 어선이 속하는 체약국만이 행사한다.

2. 어느 체약국도, 그 국민 및 어선이 잠정적 어업규제 조치를 성실하게 준수함을 확보하기 위하여 적절한 지도 및 감독을 행하며, 위반에 대한 적당한 벌칙을 포함하는 국내 조치를 실시한다.

제 조

공동규제수역의 외측에 공동자원조사수역이 설정된다. 그 수역의 범위 및 수역 내에서 행하여지는 조사에 관하여는, 제 조에 정하는 어업공동위원회가 행하여야 할 권고에 의거하여, 양 체약국의 협의에 따라 결정된다.

부속서

협정 제 조에 규정된 잠정적 어업규제 조치는 양 체약국에 각각 적용되는 것으로 하고, 그 내용은 다음과 같이 한다.

1. 최고 출어 척수 또는 통수(공동규제수역 내에 있어서의 조업을 위하여, 감찰을 소지하고 또한 표지를 부착하여, 동시에 동 수역 내에 출어하고 있는 어선의 척수 또는 통수의 최고한도를 말한다).

(가) 50톤 미만의 어선에 의한 저인망 어업에 대하여는 115척

(나) 50톤 이상의 어선에 의한 저인망 어업에 대하여는,

(1) 11월 1일부터 익년의 4월 30일까지의 기간에 있어서는 270척

(2) 5월 1일부터 10월 31일까지의 기간에 있어서는 100척

(다) 40톤 이상의 망선에 의한 선망 어업에 대하여는,

(1) 1월 16일부터 5월 15일까지의 기간에 있어서는 60통

(2) 5월 16일부터 익년의 1월 15일까지의 기간에 있어서는 120통

(라) 60톤 이상의 어선에 의한 고등어 낚시 어업에 대하여는 15척. 단, 조업 기간은 6월 1일부터 12월 31일까지로 하며, 조업 구역은 대한민국의 경상북도와 경상남도의 경계선과 해안선과의 교점과 북위 35도 30분과 동경 130도와의 교점을 연결하는 직선 이남, 제주도의 서쪽에 있어서는 북위 33도 30분 이남의 수역으로 한다.

(마) 대한민국의 어선과 일본국의 어선과의 어획 능력의 격차가 있는 동안, 대한민국의 출어 척수 또는 통수는, 양 체약국 정부 간의 협의에 따라, 이 협정의 최고 출어 척수 또는 통수를 기준으로 하고 그 격차를 고려하여 조정된다.

2. 어선 규모

(가) 저인망 어업 가운데에서,

(1) 트롤 어업 이외의 것에 대하여는 30톤 이상 170톤 이하

(2) 트롤 어업에 대하여는 100톤 이상 550톤 이하.

단, 50톤 이상의 어선에 의한 저인망 어업(대한민국이 동해에 있어서 인정하고 있는 60톤 미만의 새우 저인망 어업은 제외한다)은, 동경 128도 이동의 수역에 있어서는, 행하지 아니하는 것으로 한다.

(나) 선망 어업에 대하여는 망선 40톤 이상 100톤 이하

단, 본 양해 시에 일본국에 현존하는 100톤 이상의 선망 망선 1척은 예외로서 인정된다.

(다) 60톤 이상의 어선에 의한 고등어 낚시 어업에 대하여는 100톤 이하

3. 망목(해중에 있어서의 내경으로 한다)

(가) 50톤 미만의 어선에 의한 저인망 어업에 대하여는 33밀리미터 이상

(나) 50톤 이상의 어선에 의한 저인망 어업에 대하여는 54밀리미터 이상

(다) 선망 어업에 대하여는 30밀리미터 이상

(전갱이 또는 고등어를 대상으로 하는 선망의 주요 부분의 망목으로 한다.)

4. 광력

(가) 선망 어업에 대하여는 1통당 10킬로와트 이하의 등선 2척 및 7.5킬로와트 이하의 등선 1척으로 하고, 합계 27.5킬로와트 이하

(나) 60톤 이상의 어선에 의한 고등어 낚시 어업에 대하여는 10킬로와트 이하

5. 감찰(증명서) 및 표지

(가) 공동규제수역 내에 출어하는 어선은, 각 정부가 발급하는 감찰(증명서)을 소지하고 또한 표지를 부착하는 것으로 한다.

(나) 감찰(증명서) 및 표지의 총수는, 잠정적 어업규제 조치의 대상이 되는 어업별로 당해 어업에 관한 최고 출어 척수와 동수로 한다. 단, 어업의 실태에 비추어, 50톤 이상의 저인망 어업에 대하여는 그 최고 출어 척수의 15퍼센트까지, 50톤 미만의 저인망 어업에 대하여는 그 최고 출어 척수의 20퍼센트까지 각각 증가 발급하는 것에 합의한다.

(다) 감찰(증명서) 및 표지는, 금후 계속 협의하여 정한다.

(한국 측 공한)(안)

본   은 금일 서명된 대한민국과 일본국 간의 어업자원의 보존 및 어업협력에 관한 잠정 협정에 언급하며, 대한민국 정부가 대한민국의 어업에 관한 수역을 설정함에 있어서 다음의 직선기선을 사용할 것임을 언명하는 영광을 가지는 바입니다.

1. 장기갑 및 달만갑의 각각의 돌단을 연결하는 직선에 의한 만구의 폐쇄선
2. 화암추 및 범월갑의 각각의 돌단을 연결하는 직선에 의한 만구의 폐쇄선
3. 1.5미터 암, 생도, 홍도, 간여암, 생백도 및 거문도의 각각의 남단을 차례로 연결하는 직선기선
4. 소령도, 서격렬비도, 어청도, 직도, 상황등도 및 횡도(안마군도)의 각각의 서단을 차례로 연결하는 직선기선

본   은 각하가 전기의 직선기선의 사용에 관련하여 일본국 정부가 이의를 제기

하지 않을 것임을 일본국 정부를 대신하여 확인하시기를 바랍니다.

본   은 이 기회에 각하께 경의를 표하는 바입니다.

1695년   월   일

1671

(일본 측 공한)(안)

본   은 금일 자 각하의 다음의 공한을 접수한 것을 확인하는 영광을 가집니다.

- 한국 측 공한 -

본인은 대한민국 정부가 대한민국의 어업에 관한 수역을 설정함에 있어 각하의 공한에서 언급된 직선기선의 사용에 관련하여 일본국 정부가 이의를 제기하지 않을 것임을 일본국 정부를 대신하여 확인하는 영광을 가집니다.

본   은 이 기회에 각하께 경의를 표하는 바입니다.

1965년   월   일

1672

(한국 측 공한)(안)

본   은 금일 서명된 대한민국과 일본국 간의 어업자원의 보존 및 어업협력에 관한 잠정 협정을 언급하며, 양국 정부의 대표 사이에서 조달된 다음의 양해를 확인하는 영광을 가집니다.

잠정적 조치로서, 대한민국이 설정하는 어업에 관한 수역을 구획하는 선과 다음의 각 선과에 의하여 싸이는 수역은 당분간 대한민국의 어업에 관한 수역에 포함되는 것임을 확인한다.

1) 북위 33도 48분 15초와 동경 127도 21분과의 교점, 북위 33도 47분 30초와 동

경 127도 13분과의 교점 및 우도의 진동 12마일의 점을 차례로 연결하는 직선

 2) 북위 33도 56분 25초와 동경 125도 55분 30초와의 교점과 북위 33도 24분 20초
　　 와 동경 125도 56분 20초와의 교점을 연결하는 직선

　전기의 양해를 일본국 정부에 대신하여 확인하는 각하의 답한을 접수하였을 때에는 대한민국 정부는 이 공한 및 각하의 답한이 협정의 효력 발생 이래 효력을 발생하는 양국 정부의 합의를 구성하는 것으로 간주하겠습니다.

　본　　은 이 기회에 각하께 경의를 표하는 바입니다.

　1965년　　월　　일

(일본 측 공한)(안)

　본　　은 금일자 각하의 다음의 공한을 접수한 것을 확인하는 영광을 가집니다.

　- 한국 측 공한 -

　본　　은 전기의 양해가 동일하게 일본국 정부의 양해라는 것, 또한 각하의 공한 및 이 답한이 잠정 협정을 효력 발생일에 효력을 발생하는 양국 정부 간의 합의를 구성한다는 것을 일본국 정부를 대신하여 확인하는 영광을 가집니다.

　본　　은 이 기회에 각하께 경의를 표하는 바입니다.

　1965년　　월　　일

(한국 측 공한)(안)

　본　　은 금일 서명된 대한민국과 일본국 간의 어업자원의 보존 및 어업협력에 관한 잠정 협정에 언급하며, 양국 정부의 대표 사이에서 도달된 다음의 양해를 확인하는

영광을 가집니다.

  1. 양국 정부는, 양국의 어업의 발전과 양상을 도모하기 위하여 기술 및 경제의 분야에 있어서 가능한 한 상호 민첩하게 협력하는 것으로 한다.

  2. 이 협력 가운데에는 다음의 것을 포함한다.

    (가) 어업에 관한 정보 및 기술을 교환하는 것

    (나) 어업 전문가 및 기술자를 교류시키는 것

  전기의 양해를 일본국 정부를 대신하여 확인하는 각하의 답한을 접수하였을 때에는 대한민국 정부는 이 공한 및 각하의 답한이 잠정 협정의 효력 발생 이래 효력을 발생하는 양국 정부의 합의를 구성하는 것으로 간주하겠습니다.

  본   은 이 기회에 각하께 경의를 표하는 바입니다.

  1965년   월   일

(일본 측 공한)(안)

  본   은 금일자 각하의 다음의 공한을 접수한 것을 확인하는 영광을 가집니다.

- 한국 측 공한 -

  본   은 전기의 양해가 동일하게 일본국 정부의 양해라는 것, 또한 각하의 공한 및 이 답한이 잠정 협정의 효력 발생일에 효력을 발생하는 양국 정부 간의 합의를 구성한다는 것을 일본국 정부를 대신하여 확인하는 영광을 가집니다.

  본   은 이 기회에 각하께 경의를 표하는 바입니다.

  1965년   월   일

대한민국과 일본국 간의 어업자원의 보존 및 어업협력에 관한 잠정 협정에 관한 합의의사록

대한민국 전권대표 및 일본국 전권대표는 금일 서명된 대한민국과 일본국과의 어업 자원의 보존 및 어업협력에 관한 잠정 협정에 관하여 아래와 같이 합의하였다.

1. 감찰 및 표지에 관하여
 (a) 감찰 및 표지는, 항구 내에 있어서의 경우를 제외하고, 해상에 있어서 어느 어선으로부터 다른 어선에 인도되는 일이 없도록 양국 정부는 행정 지도를 하는 것으로 한다.
 (b) 일방국의 정부는 자국의 출어 어선의 정오 위치 보고에 의거하여 어업별 출어 상황을 월별로 집계하여 매년 적어도 4회 타방국의 정부에 통보한다(합의의사록).

2. 연간 총 어획 기준량에 관하여
 (a) 공동규제수역 내에 있어서의 저인망, 선망 및 60톤 이상의 어선에 의한 고등어 낚시 어업에 의한 연간 총 어획 기준량은 15만 톤(상하 10퍼센트의 변동이 있을 수 있다)으로 하는 것, 또한 일본국에 대하여는, 이 15만 톤의 내역은, 50톤 미만의 어선에 의한 저인망 어업에 대하여는 1만 톤, 50톤 이상의 어선에 의한 저인망 어업에 대하여는 3만 톤 및 선망 어업과 60톤 이상의 어선에 의한 고등어 낚시 어업에 대하여는 11만 톤이라는 것, 연각 총 어획 기준량은 최고 출어 척수 또는 통수에 의하여 조업을 규제함에 있어서 지표가 되는 수량이라는 것, 또한, 어느 국가도 공동규제수역 내에 있어서의 저인망, 선망 및 60톤 이상의 어선에 의한 고등어 낚시 어업에 의한 연간 총 어획량이 15만 톤을 초과하리라고 인정하는 경우에는, 어기 중에 있어서도 연간 총 어획량을 16만 5천 톤 이하로 그치도록 하기 위하여 출어 척수 또는 통수를 억제하도록 행정 지도를 행한다.
 (b) 각국의 정부는, 자국의 출어 어선에 의한 공동규제수역 내에 있어서의 그 어획량의 보고 및 양륙항에 있어서의 조사를 통하여 어획량을 월별로 집계하고 그 결과를 매년 적어도 4회 상대국 정부에 통보한다.

3. 단속 및 재판 관할권에 관하여

(a) 일방국의 감시선은, 타방국의 어선이 현재 잠정적 어업규제 조치에 분명히 위반하고 있다고 믿을 만한 상당한 이유가 있는 사실을 발견하였을 때에는, 곧 이를 그 어선이 속하는 국가의 감시선에 통보할 수 있다. 당해 타방국의 정부는, 당해 어선의 단속 및 이에 대한 재판 관할권의 행사에 있어서 그 통보를 존중하는 것으로 하며, 그 결과 취하여진 조치를 당해 일방국의 정부에 대하여 통보한다.

(b) 일방국의 정부는, 타방국의 정부의 요청이 있었을 때에는, 잠정적 어업규제 조치에 관하여, 자국 내에 있어서의 단속의 실시 상황을 시찰하게 하기 위한 편의를, 이를 위하여 특히 권한을 부여받은 타방국의 정부의 공무원에 대하여, 가능한 한 부여한다.

4. 연안 어업에 종사하는 어선의 자주 규제에 관하여

양국 정부는, 연안 어업의 조업의 실태에 관하여 정보 교환을 행하며, 어장 질서를 유지하기 위하여 필요한 때에는, 협의를 행한다.

5. 국내 어업금지수역 등의 상호존중에 관하여

(a) 대한민국 정부가 현재 설정하고 있는 저인망 및 트롤 어업에 관한 어업금지수역과 일본국 정부가 현재 설정하고 있는 저인망 및 선망 어업에 관한 어업금지수역과 저인망 어업에 관한 동경 128도, 동경 128도 30분, 북위 33도 9분 15초 및 북위 25도의 각 선으로 싸인 수역과에 대하여, 양국 정부가 각각 상대국의 이들 수역에 있어서 당해 어업에 자국의 어선이 종사하지 아니하도록 하기 위하여 필요한 조치를 취한다.

(b) 대한민국 정부가 전기의 대한민국의 어업금지수역 내의 서해(황해)의 부분에 있어서 대한민국의 50톤 미만의 저인망 어업 및 동 수역 내의 동해(일본해)의 부분에 있어서 대한민국의 새우 저인망 어업에 관하여 실시하고 있는 제도는 예외적으로 인정된다.

(c) 일방국의 감시선이 (a)에서 말한 동국의 수역에 있어서 타방국의 어선이 조업하고 있음을 발견하였을 경우에는, 그 사실에 관하여 당해 어선의 주의를 환기하고 또한 조속히 그 뜻을 당해 타방국의 감시선에 통보할 수 있다. 당해 타방국의 정부는, 당해 어선의 단속 및 이에 대한 재판 관할권의 행사에 있어서 그 통보를 존중하는 것으로

하며, 그 결과 취하여진 조치를 일방국의 정부에 대하여 통보한다.

1679 6. 무해통항에 관하여

영해 및 어업에 관한 수역에 있어서의 무해통항(어선은 어구를 격납한 경우에 한한다) 은 국제법규에 따르는 것으로 확인된다.

1680 **대한민국과 일본국 간의 어업자원의 보존 및 어업협력에 관한 잠정 협정의 서명 에 제하여 행하는 대한민국 외무부 장관의 성명 내용(안)**

대한민국 정부는 그 감시선에 의한 일본국 어선의 어업에 관한 수역 침범의 사실의 확인과 어선 및 선원의 취급과에 대하여, 국제 통념에 따라 공정 타당하게 처리할 용의가 있다.

1681 **일본국과 대한민국 간의 어업자원의 보존 및 어업협력에 관한 잠정 협정의 서명 에 제하여 행하는 일본국 외무대신의 성명 내용(안)**

일본국 정부는 그 감시선에 의한 대한민국 어선의 어업에 관한 수역 침범의 사실의 확인과 어선 및 선원의 취급과에 대하여, 국제 통념에 따라 공정 타당하게 처리할 용의가 있다.

1682 **대한민국과 일본국 간의 어업자원의 보존 및 어업협력에 관한 잠정 협정의 서명 에 제하여 대한민국 농림부 장관의 성명 내용(안)**

1. 잠정적 어업규제 조치의 적용의 대상이 되지 아니하는 종류의 어업에 종사하는 대한민국의 어선으로서 공동규제수역 내에서 출어하는 것 중 60톤 미만 25톤 이상의

고등어 낚시어선의 조업 기간은 6월 1일부터 12월 31일까지로 하며, 그 조업 구역은 공동규제수역 가운데에서 대한민국의 경상북도와 경상남도와의 경계선과 해안선의 교점과 북위 35도 30분과 동경 130도와의 교점을 연결하는 직선 이남, 제주도의 서쪽에 있어서는 북위 33도 30분 이남의 수역으로 한다는 것.

2. 대한민국 정부는 공동규제수역 내의 고래 자원의 상태에 깊은 관심을 가지고 있으므로 동 수역 내에 있어서, 소형 포경어업의 조업 척수를 현재 이상으로 증가시키거나 그 어획 노력을 현재 이상으로 증대시키지 아니하며, 또한 대형 포경선은 금후에도 현재 정도 이상으로 줄어시키지 아니함을 확보할 의도이다.

일본군과 대한민국 간의 어업자원의 보존 및 어업협력에 관한 잠정 협정의 서명에 제하여 일본국 농림대신의 성명 내용 (안)

1. 50톤 미만의 일본국의 어선에 의한 저인 어업에 관하여

일본국 정부는, 공동규제수역 가운데에서, 대한민국의 경상북도와 경상남도와의 경계선과 해안선과의 교점과 북위 35도 30분과 동경 130도와의 교점을 연결하는 직선 이북의 일본해의 수역에 있어서는, 동시에 조업할 수 있는 일본국의 저인망 어선은, 25척을 상회하는 일이 없다는 것, 11월 1일부터 익년의 4월 30일까지의 기간 이외에 있어서는 조업하지 아니한다는 것, 수심 300미터 이전의 부분에 있어서는 조업하지 아니한다는 것 및 새우의 혼획은 동 어획량의 20퍼센트를 초과하지 아니하는 범위 내에서 하여야 한다는 것을 확인한다.

2. 연안 어업에 종사하는 어선의 자주 규제에 관하여

잠정적 어업규제 조치의 적용의 대상이 되지 아니하는 종류의 어업에 종사하는 일본국의 어선으로서 공동규제수역 내에 있어서 동시에 연안 어업에 종사하는 것의 척수는 1,700척을 상회함이 없을 것이라는 것, 이들 일본국 어선 중 60톤 미만 25톤 이상의 고등어 낚시 어선의 조업 기간은 6월 1일부터 12월 31일까지로 하며, 그 조업 구

역은 공동규제수역 가운데에서 대한민국의 경상북도와 경상남도와의 경계선과 해안선과의 교점과 북위 35도 30분과 동경 130도와의 교점을 연결하는 직선 이남, 제주도의 서 측에 있어서는 북위 33도 30분 이남의 수역으로 하며, 또한 그 척수는 175척을 상회함이 없을 것이라는 것.

3. 일본국 정부는, 공동규제수역 내의 고래 자원의 상태에 깊은 관심을 가지고 있으므로, 동 수역 내에 있어서, 소형 포경어업의 조업 척수를 현재 이상으로 증가시키거나 그 어획 노력을 현재 이상으로 증대시키지 아니하며, 또한 대형 포경선은 금후에도 현재 정도 이상으로 줄어시키지 아니함을 확보할 의도이다.

[위 한국 측 어업협정안 등에 관한 일본어 번역문은 생략함.]

6-1-15. 하코네 회담 시 어업협정 조문 작성 관련 양측 희망 사항 등이 정리된 문서

별첨 15

**하코네 회담 시에 양측이 제시한 희망 사항, 한국 측의 보완사항,
계속 또는 신규 토의 사항**

(1965. 6. 7 회의에서 확인)

1. 양측의 희망 사항(4. 3 합의를 조문함에 관련하여)

한국 측	일본 측
(1) 직선기선 사용에 관한 협의 조항의 삭제(제1조 1항 단서) (2) 단속에 관한 내용(제4조 1항 괄호 정선 및 임검의 삭제) (주: 일본 측 안이라고 명시되어 있지 않는 한, 아 측 6. 5 안을 참조)	(1) 어업수역의 중복되는 부분(제1조 3항) (2) 공동규제수역에 관한 규정(제2조 서두) (3) 고등어 일본조의 조업 구역(부속서 1항 d) (4) 선명 어업에 있어 예외가 되는 어선 1척에 관한 규정(부속서 2항 b) (5) 감찰 표지의 수와 척수와의 관계(부속서 5항 b) (6) 증명서 발급 대상 어선의 한계(일본 측 안 부속서 e항 i) (7) 제주도 주변 어업수역에 관한 교환공문 (8) 감찰의 해상 인도 금지에 관한 행정 지도(일본 측 안, 합의의사록 제1항 1) (9) 어획 기준망의 억제에 관한 행정 지도(일본 측 안, 합의의사록 제1항 5) (10) 재판 관할권 행사에 있어서의 통보 존중(합의의사록 제3항 a 및 제5항 c) (11) 취체 상황 시찰 범위를 육상에 한정하는 문제(합의의사록 제3항 b) (12) 연안 어업 어선의 규모에 관한 규정(일본 측 안, 합의의사록 제3항) (13) 일방적 성명의 형식 및 어업수역 침범선 취급에 관한 방침(일본 측 안, 일방적 성명)

2. 아 측의 보완사항

(1) 연안 어업의 어업별 척수의 명시와 어선 규모의 명시

(2) 공동 순시

(3) 상호 승선

(4) 어획물 양륙 상황의 시찰 및 어획량의 확인

(5) 특정일의 출어 척수 상호 통보

(6) 감찰 표지 발급 기준의 유지 및 이에 대한 시찰

(7) 어획 기준량 초과 시의 감찰 표지 회수

(8) 어획물의 양륙항 지정

(9) 무표지선의 정선 및 확인

(10) 금지수역 침범선의 정선 및 확인

3. 계속 또는 신규 토의 사항

(1) 협정의 명칭

(2) 협정 전문

(3) 용의 정의 규정 여부

(4) 협정수역의 설치 여부

(5) 공동위원회에 관한 규정

(6) 분쟁 해결에 관한 규정

(7) 감칠 및 표지 규격에 관한 규정

(8) 안전 조업, 해상 사고 및 긴급 피난에 관한 규정

(9) 협정 유효기간

(10) 합의의사록의 전문

(11) 협정 개정에 관한 규정

(12) 일본 측의 제시한 영해 범위에 관한 유보

(13) 어업협력에 관한 조항

4.3 가서명 이후의 어업 문제 교섭 경위, V.2, 1965. 4~6(첨부물 16~21)

분류번호 : 723.1 JA 어 1965.4-6 V. 2
등록번호 : 1465
생산과 : 동북아주과
생산연도 : 1965
필름번호 : C1-0013
파일 번호 : 06
프레임번호 : 0001~0393

하코네 회담에서 해결되지 못한 문제점, 1965년 6월 21일 자 한일 어업협정 최종안 및 부속 문서, 하코네 회담에서 어업교섭이 타결되기까지의 과정을 기술한 문서 및 관련 첨부 문서들이 수록되어 있다. 첨부 문서는 이곳에서는 생략하였다.

1. 하코네 회담에서 미결로 남은 문제점이 정리된 문서

1739   별첨 16

하코네(箱根) 회담에서 미해결로 남은 문제점

1. (협정의 명칭)
1. 아 측 안
··· 어업에 관한 잠정 협정
2. 일본 측 안
··· 어업에 관한 협정

1740   2. (직선기선 사용에 관한 단서)
아 측 수정안

1. (협정안 제1조 제1항에서 단서 이하를 삭제하고 하기 규정으로 대체한다. 단, 본 어업에 관한 수역의 인정을 위하여 직선기선이 사용되는 경우에는 그 기선의 결정은 일반 국제법규 및 관행에 따르는 것으로 한다.

2. (다음과 같은 해석 각서를 새로 작성한다.)

"해석 각서

1741   196 년   월   일   에서 서명된 대한민국과 일본국과의 어업에 관한 잠정 협정 제1조에 언급되어 있는 직선기선의 결정에 관한 일반 국제법규 및 관행은 그 기선을 사용하는 국가가 관계국과 협의를 행하는 것을 포함하는 것으로 양해된다."

1742   3. (공동규제수역에 관한 규정)

1. 아 측 안

"협정수역 내에 공동규제수역을 설정한다. 공동규제수역은 다음의 선에 의하여 둘러싸이는 수역으로서 양 체약국의 영해 및 독점어업수역을 제외한 수역으로 한다."

　　2. 일본 측 안

"양 체약국은 다음의 각 선에 의하여 둘러싸이는 수역(영해를 제외한다)을 공동규제수역으로서 설정한다. 단, 대한민국의 어업에 관한 수역을 제외한다."

　4. (협정의 적용 및 시행에 관한 분쟁의 해결)

　　1. 아 측 안

　　제　조

　　(1) 본협정의 해석 및 실시에 관한 양국 간의 분쟁은 원칙적으로 양 체약국 정부 간의 외교상의 경로를 통하여 해결하는 것으로 한다.

　　(2) 양 정부가 전항에 의하여 해결할 수가 없었을 때는 그 분쟁은 다음 방식에 따라 선정되는 3인의 중재위원에 의하여 구성되는 중재위원회에 해결을 위하여 부탁하는 것으로 한다.

　　　　(a) 양 정부는 분쟁을 중재에 부탁하기로 합의한 날부터 1개월 이내에 각각 자국민 가운데서 중재위원 각 1인을 선정하며 또한 동 기간 중에 제3의 중재위원을 선정할 제3국을 합의에 의하여 결정한다.

　　　　(b) 전기 (a)의 제3국의 정부는 양 체약국 정부와 협의하여 당해 양 정부로부터 요청을 받은 날부터 2개월 이내에 제3의 중재위원을 자국의 국민 가운데서 선정한다.

　　(3) 양 체약국은 본조의 규정에 기하여 행하여진 중재의 결정에 따르지 않으면 안 된다.

　　2. 일본 측 안

　　분쟁 해결 조항(안)

　　(1) 본협정의 해결 및 실시에 관한 양 체약국 간의 분쟁은 우선 외교상의 경로를 통하여 해결하는 것으로 한다. 양 정부가 이렇게 하여 해결할 수가 없었을 때에는 그 분쟁은 각 정부가 임명하는 각 1인의 중재위원과 이와 같이 하여 선정된 2인의 중재위원이 합의하는 제3의 중재위원과의 3인의 중재위원으로 되는 중재재판소에 결정을 위하여 부탁되는 것으로 한다. 단, 제3의 중재위원은 양 체약국 정부의 어느 일방국의

국민이 되어서는 안 된다. 각 정부는 어느 일방의 정부가 타방의 정부로부터 분쟁의 중재를 요청하는 공문을 수령한 날부터 30일 이내에 1인의 중재위원을 임명하지 않으면 안 된다. 제3의 중재위원에 관하여서는 그 기간 다음의 30일의 기간내에 합의되지 않으면 안 된다.

(제1안) 일방의 정부가 당해 기간 내에 중재위원을 임명하지 아니한 때 또는 제3의 중재위원에 관하여 당해 기간 내에 합의되지 아니하였을 때에는 어느 일방의 정부는 각각 당해 중재위원 또는 제3의 중재위원을 임명할 것은 국제사법재판소장에게 요청할 수가 있다.

(제2안) … 각각 당해 중재위원 또는 제3의 중재위원을 임명할 것을 국제연합식량농업기구의 사무국장에게 요청할 수가 있다.

(제3안) … 각각 당해 중재위원 또는 제3의 중재위원을 임명할 것을 국제사법재판소장에게 요청할 수가 있다. 국제사법재판소장은 우선 양 정부와 협의하는 것으로 하며 또한 국제연합식량농업기구의 사무국장과 협의할 수가 있다.

(제4안) … 각각 당해 중재위원 또는 제3의 중재위원을 임명할 것을 국제연합 사무총장에게 요청할 수가 있다. 국제연합사무총장은 우선 양국 정부와 협의하는 것으로 하며 또한 국제연합식량농업기구의 사무국장과 협의할 수가 있다.

(2) 양 정부는 (1)의 중재재판소의 결정에 복하는 것으로 한다.

5. (유효기간에 관한 규정)

양측 안의 차이

1. … 본협정은 3년간(한국 측 안) 10년 간(일본 측 안) 효력을 가지며
2. … 타방 체약국에 대하여 6개월(한국 측 안) 1년(일본 측 안)의 예고를 줌으로써…

6. (부속서의 고등어 낚시 어업의 조업 구역)

일본 측 수정안

'…단, …, 조업 구역은 제주도의 서단 이동에 있어서는…'(하선 부분 추가)

1749   7. (직선기선의 사용에 관한 교환공문)

1. 아 측안

(한국측 공한)

본 ___ 은 금일 서명된 대한민국과 일본국 간의 어업에 관한 잠정 협정에 언급하여, 대한민국 정부는 대한민국의 어업에 관한 수역의 설정에 관하여 다음의 직선기선을 결정할 의향임을 언명하는 영광을 가지는 바입니다.

(1) ……

(2) ……

(3) ……

(4) ……

본 ___ 은 각하가 전기의 직선기선의 결정에 관하여 일본국 정부가 이의가 없음을

1750   일본국 정부를 대신하여 확인하여 주시면 대한민국 정부는 이 문제에 관하여 일본국 정부와의 협의가 종료한 것으로 간주함을 언명하는 영광을 가집니다.

본 ___ 은

1751   8. (합의의사록 중 취체에 관련하는 재판 관할권 행사)

일본 측 수정안

1. (4. 3 합의사항 중 '5. 단속 및 재판 관할권에 대하여'의 '다' 항을 아래와 같이 수정)

'…단속 및 위반에 대한 조치에 당하여…'

2. (4. 3 합의사항 중 7의 '다' 항을 아래와 같이 수정)

'…존중하는 것으로 하고, 그 결과 취하여진 조치를…'

1752   9. (일방적 성명 중 어업에 관한 수역 침범에 관한 외무부 장관 성명)

일본 측 수정안,

"대한민국 정부는 대한민국과 일본국 간의 어업에 관한 잠정 협정이 효력을 발생하여 대한민국의 어업에 관한 수역이 설정되었을 때에는 일본국의 어선의 동 수역 침범 사실의 확인 및 어선과 승조원의 취급에 관하여 국제 통념에 따라 공정 타당하게 처리할 용의가 있음을 이에 성명한다."

2. 1965. 6. 9 자 어업협정안

1753~1821 　　별첨 17

　　　　　　　[생략]

3. 1965. 6. 11 자 어업협정안

1822~1890 　　별첨 18

　　　　　　　[생략]

4. 1965. 6. 20 자 어업협정안

1891~1947 　　별첨 19

　　　　　　　[생략]

5. 1965. 6. 21 자 어업협정안(최종안)[29]

1948　별첨 20

最終文〈但 討議の記録의 (c)가 빠짐〉

(六五. 六. 二十一)

日本国と大韓民国との間の漁業に関する協定(案)

日本国及び大韓民国は,

　両国が共通の関心を有する水域における漁業資源の最大の持続的生産性が維持されるべきことを希望し,

　前記の資源の保存及びその合理的開発と発展を図ることが両国の利益に役立つことを確信し,

　公海自由の原則がこの協定に特別の規定がある場合を除くほかは尊重されるべきことを確認し,

　両国の地理的近接性と両国の漁業の交錯から生ずることのある紛争の原因を除去することが望ましいことを認め,

　両国の漁業の発展のため相互に協力することを希望して,

　次のとおり協定した.

第一条

1949　1. 両締約国は, それぞれの締約国が自国の沿岸の基線から測定して十二海里までの水域を自国が漁業に関して排他的管轄権を行使する水域(以下「漁業に関する水域」という.)として設定する権利を有することを相互に認める. ただし, 一方の締約国がこの漁業に関する水域の設定に際し直線基線を使用する場合には, その直線基線は,

---

29　본협정문과 부속 문서의 한글 번역문은 1568번 파일을 참조 바람.

他方の締約国と協議の上決定するものとする.

　2. 両締約国は, 一方の締約国が自国の漁業に関する水域において他方の締約国の漁船が漁業に従事することを排除することについて, 相互に異議を申し立てない.

　3. 両締約国の漁業に関する水域が重複する部分については, その部分の最大の幅を示す直線を二等分する点とその重複する部分が終わる二点とをそれぞれ結ぶ直線により二分する.

第二条

両締約国は, 次の各線により囲まれる水域(領海及び大韓民国の漁業に関する水域を除く.)を共同規制水域として設定する.

　(a) 北緯三十七度三十分以北の東経百二十四度の経線
　(b) 次の各点を順次に結ぶ線
　　(i) 北緯三十七度三十分と東経百二十四度との交点
　　(ii) 北緯三十六度四十五分と東経百二十四度三十分との交点
　　(iii) 北緯三十三度三十分と東経百二十四度三十分との交点
　　(iv) 北緯三十二度三十分と東経百二十六度との交点
　　(v) 北緯三十二度三十分と東経百二十七度との交点
　　(vi) 北緯三十四度三十四分三十秒と東経百二十九度二分五十秒との交点
　　(vii) 北緯三十四度四十四分十秒と東経百二十九度八分との交点
　　(viii) 北緯三十四度五十分と東経百二十九度十四分との交点
　　(ix) 北緯三十五度三十分と東経百三十度との交点
　　(x) 北緯三十七度三十分と東経百三十一度十分との交点
　　(xi) 牛岩嶺高頂

第三条

両締約国は, 共同規制水域においては, 漁業資源の最大の持続的生産性を確保するために必要とされる保存措置が十分な科学的調査に基づいて実施されるまでの間, 底びき網漁業, まき網漁業及び六十トン以上の漁船によるさばつり漁業について, こ

の協定の不可分の一部をなす付属書に掲げる暫定的漁業規制措置を実施する．(トンとは，総トン数によるものとし，船内居住区改善のための許容トン数を差し引いたトン数により表示する．)

第四条

1. 漁業に関する水域の外側における取締り(停船及び臨検を含む．)及び裁判管轄権は，漁船の属する締約国のみが行ない，及び行使する．

2. いずれの締約国も，その国民及び漁船が暫定的漁業規制措置を誠実に遵守することを確保するため適切な指導及び監督を行ない，違反に対する適当な罰則を含む国内措置を実施する．

第五条

共同規制水域の外側に合同共同資源調査水域が設定される．その水域の範囲及び同水域内で行なわれる調査については，第六条に定める漁業共同委員会が行なうべき勧告に基づき，両締約国間の協議の上決定される．

第六条

1. 両締約国は，この協定の目的を達成するため，日韓漁業共同委員会(以下「委員会」という．)を設置し，及び維持する．

2. 委員会は，二の国別委員部で構成し，各国別委員部は，それぞれの締約国が任命する三人の委員で構成する．

3. 委員会のすべての決議，勧告その他の決定は，国別委員部の間の合意によってのみ行なうものとする．

4. 委員会は，その会議の運営に関する規制を決定し，必要があるときは，これを修正することができる．

5. 委員会は，毎年少くとも一回会合し，また，そのほかに一方の国別委員部の要請により会合することができる．第一回会議の期日及び場所は，両締約国の間の合意で決定する．

6. 委員会は, その第一回会議において, 議長及び副議長を異なる国別委員部から選定する. 議長及び副議長の任期は, 一年とする. 国別委員部からの議長及び副議長の選定は, 各年においてそれぞれの締約国がそれらの地位に順番に代表されるように行なうものとする.

7. 委員会の下にその事務を遂行するため常設の事務局が設置される.

8. 委員会の公用語は, 日本語及び韓国語とする. 提案及び資料は, いずれの公用語によっても提出することができ, また, 必要に応じ, 英語によっても提出することができる.

9. 委員会がその共同の経費を必要と認めたときは, 委員会が勧告し, かつ, 締約国が承認する形式及び割合において, 各締約国が負担する負担金により委員会が支払う.

10. 委員会は, その共同経費のための資金の支出を委任することができる.

第七条

1. 委員会は, 次の任務を遂行する.
  (a) 両締約国が共通の関心を有する水域においての漁業資源の研究のため行なう科学的調査について, 並びにその調査及び研究の結果に基づき報られるべき共同規制水域内における規制措置について両締約国に勧告する.
  (b) 共同資源調査水域の範囲について両締約国に勧告する.
  (c) 必要に応じ, 暫定的漁業規制措置に関する事項につき検討し, 及びその結果に基づき執られるべき措置(同規制措置の修正を含む.)について両締約国に勧告する.
  (d) 両締約国の漁船間の操業の安全及び秩序に関する必要な事項並びに海上における両締約国の漁船間の事故に対する一般的な取扱方針につき検討し, 並びにその結果に基づき執られるべき措置について両締約国に勧告する.
  (e) 委員会の要請に基づいて両締約国が提供する資料, 統計及び記録を編集し, 及び研究する.
  (f) この協定の違反に関する同等の刑の細目の制定について審議し, 及び両締約国に勧告する.

(g) 毎年委員会の事業報告を両締約国に提出する．

(h) そのほか，この協定の実施に伴う技術的な諸問題につき検討し，必要と認めるときは，執られるべき措置について両締約国に勧告する．

2．委員会は，その任務を遂行するため，必要に応じ，専門家をもって構成される下部機構を設置することができる．

3．両締約国政府は，1の規定に基づき行なわれた委員会の勧告をできる限り尊重するものとする．

第八条

1．両締約国は，それぞれ自国の国民及び漁船に対し，航行に関する国際慣行を遵守されるため，両締約国の漁船間の操業の安全を図り，かつ，その正常な秩序を維持するため，及び海上における両締約国の漁船間の事故の円滑かつ迅速な解決を図るために適切と認める措置を執るものとする．

2．1に掲げる目的のため，両締約国の関係当局は，できる限り相互に密接に連絡し，協力するものとする．

第九条

1．この協定の解釈及び実施に関する両締約国の紛争は，まず，外交上の経路を通じて解決するものとする．

2．1の規定により解決することができなかった紛争は，いずれか一方の締約国の政府が他方の締約国の政府から紛争の仲裁を要請する公文を受領した日から三十日の期間内に各締約国政府が任命する各一人の仲裁委員と，こうして選定された二人の仲裁委員が当該期間の後の三十日の期間内に合意する第三の仲裁委員又は当該期間内にその二人の仲裁委員が合意する第三国の政府が指名する第三の仲裁委員との三人の仲裁委員からなる仲裁委員会に決定のため付託するものとする．ただし，第三の仲裁委員は，両締約国のうちいずれかの国民であってはならない．

3．いずれか一方の締約国の政府が当該期間内に仲裁委員を任命しなかったとき，又は第三の仲裁委員若しくは第三国について当該期間内に合意されなかったときは，

仲裁委員会は，両締約国政府のそれぞれが三十日の期間内に選定する国の政府が指名する各一人の仲裁委員とそれらの政府が協議により決定する第三国の政府が指名する第三の仲裁委員をもって構成されるものとする．

4．両締約国政府は，この条の規定に基づく仲裁委員会の決定に服するものとする．

第十条

1．この協定は，批准されなければならない．批准書は，できる限りすみやかにソウルで交換されるものとする．

2．この協定は，批准書の交換の日に効力を生ずる．この協定は，年間効力を有し，その後は，この協定が3に定めるところにより終了するまでの間効力を存続する．

3．いずれの一方の締約国も，他方の締約国に対し　の予告を与えることによって，最初の　年の期間の満了の際又はその後いつでもこの協定を終了させることができる．

以上の証拠として，下名は，各目の政府からこのために正当な委任を受け，この協定に署名した．

千九百六十五年　月　日に東京で，ひとしく正文である日本語及び韓国語により本書二通を作成した．

日本国のために
大韓民国のために

附属書

この協定の第三条に定める暫定的漁業規制措置は，両締約国のそれぞれに適用されるものとし，その内容は，次のとおりとする．

1．最高出漁隻数又は統数(共同規制水域内における操業のため証明書を所持し，かつ，

標識を附着して同時に同水域内に出漁している漁船の隻数又は統数の最高限度をいう.)

(a) 五十トン未満の漁船による底びき網漁業については百十五隻

(b) 五十トン以上の漁船による底びき網漁業については,

　(i) 十一月一日から翌年の四月三十日までの期間においては二百七十隻

　(ii) 五月一日から十月三十一日までの期間においては百隻

(c) まき網漁業については,

　(i) 一月十六日から五月十五日までの期間においては六十統

　(ii) 五月十六日から翌年の一月十五日までの期間においては百二十統

(d) 六十トン以上の漁船によるさばつり漁業につしては十五隻

ただし, 操業期間は六月一日から十二月三十一日までとし, 操業区域は大韓民国の慶尚北道と慶尚南道との境界線と海岸線との交点と北緯三十五度三十分と東経百三十度との交点とを結ぶ直線以南(ただし, 済州島の西側においては北緯三十三度三十分以南)の水域とする.

(e) 日本国の漁船と大韓民国の漁船との漁獲能力の格差がある間, 大韓民国の出漁隻数又は統　数は, 両締約国政府間の協議により, この協定の最高出漁隻数又は統数を基準とし, その格差を考慮して調整される.

2. 漁船規模

(a) 底びき網漁業のうち,

　(i) トロール漁業以外のものについては三十トン以上百七十トン以下

　(ii) トロール漁業については百トン以上五百五十トン以下

　　ただし, 五十トン以上の漁船による底びき網漁業(大韓民国が日本海において認めている六十トン未満の漁船によるえび底びき網漁業を除く.)は, 東経百二十八度以東の水域においては, 行なわないこととする.

(b) まき網漁業については網船四十トン以上百トン以下

ただし, この協定の署名の日に日本国に現存する百トン以上のまき網網船一隻は, 当分の間例外として認められる.

(c) 六十トン以上の漁船によるさばつり漁業については百トン以下

3. 網目(海中における内径とする.)
 (a) 五十トン未満の漁船による底びき網漁業については三十三ミリ・メートル以上
 (b) 五十トン以上の漁船による底びき網漁業については五十四ミリ・メートル以上
 (c) まき網漁業のあじ又はさばを対象とする漁網の身網の主要部分については三十ミリ・メートル以上

4. 集魚業燈の効力(発電機の総設備容量)
 (a) まき網漁業については一統につき,十キロワット以下の灯船二隻及び七・五キロワット以下の灯船一隻とし,計二十七・五キロワット以下
 (b) 六十トン以上の漁船によるさばつり漁業については十キロワット以下

5. 証明書及び標識
 (a) 共同規制水域内に出漁する漁船は,それぞれの政府が発給する証明書を所持し,かつ,標 識を附着するものとする.ただし,まき網漁業に従事する漁船については,網船以外の漁船は証明書を所持する必要はなく,また,網船は正の標識を,網船以外の漁船は正の標識に符合する副の標識をそれぞれ附着するものとする.
 (b) 証明書及び標識の総数(底びき網漁業及びさばつり漁業に従事する漁船については各漁船に附着される二枚の標識を一として計算し,まき網漁業に従事する漁船については網船に附着される二枚の正の標識を一として計算する.)は,暫定的漁業規制措置の対象となる漁業別に当該漁業に関する最高出漁隻数および統数と同数とする.ただし,漁業の実態にかんがみ,五十トン以上の漁船による底びき網漁業についてはその最高出漁隻数の五十パーセントまで,五十トン未満の漁船による底びき網漁業についてはその最高出漁隻数の二十パーセントまで,それぞれ増加発給することができる.
 (c) 標識の様式及び附着場所は,両締約国政府間の協議により定められる.

(直線基線に関する交換公文)(案)

(韓国側書簡)

　書簡をもって啓上いたします. 本　　は, 本日署名された大韓民国と日本国との間の漁業に関する協定に言及し, 大韓民国政府が大韓民国の漁業に関する水域の設定に関して次の直線基線を決定する意向であることを申し述べる光栄を有します.
　(1) 長鬐岬及び達萬岬のそれぞれの突端と結ぶ直線による湾口の閉鎖線
　(2) 花岩湫及び凡月岬のそれぞれの突端を結ぶ直線による湾口の閉鎖線
　(3) 一・五メートル岩, 生島, 鴻島, 于汝岩, 上白島及び巨文島
　(4) 小鈴島, 西格列飛島, 於青島, 稷島, 上旺嶝島及び横島(鞍馬群島)のそれぞれの西端を順次結ぶ直線

　本　　は, 閣下が前記の直線基線の決定について日本国政府として異議がないことを日本国政府に代わって確認されれば, 大韓民国政府は, この問題についての日本国政府との協議が終了したものとみなすことを申し述べる光栄を有します.
　本　　は, 以上を申し進めるに際し, ここに重ねて閣下に向かって敬意を表します.
　千九百六十五年　　月　　日

(日本側書簡)

　書簡をもって啓上いたします. 本　　は, 本日付けの閣下の次の書簡を受領したことを確認する光栄を有します.

(韓国側書簡)

　本　　は, 大韓民国政府が大韓民国の漁業に関する水域の設定に関して前記の直線基線を決定されることについて日本国政府として異議がないことを申し述べる光栄を有します.
　本　　は, 以上を申し進めるに際し, ここに重ねて閣下に向かって敬意を表します.
　千九百六十五年　　月　　日

(韓国の漁業に関する水域に関する交換公文)(案)

（韓国側書簡）

　　書簡をもって啓上いたします．本　　は，本日署名された大韓民国と日本国との間の漁業に関する協定に言及し，両国政府の代表の間で到達された次の了解を確認する光栄を有します．

　　暫定的措置として，大韓民国が設定する漁業に関する水域を画する線と次のそれぞれの線とにより囲まれる水域は，当分の間大韓民国の漁業に関する水域に含まれることとする．

(1) 北緯三十三度四十八分十五秒と東経百二十七度二十一分との交点，北緯三十三度四十七分三十秒と東経百二十七度十三分との交点及び牛島の真東十二海里の点を順次結ぶ直線

(2) 北緯三十三度五十六分二十五秒と東経百二十五度五十五分三十秒との交点と北緯三十三度二十四分二十秒と東経百二十五度五十六分二十秒との交点を結ぶ直線

　　前記の了解を日本国政府に代わって確認される閣下の返簡を受領したときは，大韓民国政府は，この書簡及び閣下の返簡が前記の協定の効力発生の日に効力を生ずる両国政府間の合意を構成するものとみなします．

　　本　　は，以上を申し進めるに際し，ここに重ねて閣下に向かって敬意を表します．
　　千九百六十五年　　月　　日

（日本側書簡）

　　書簡をもって啓上いたします．本　　は，本日付けの閣下の次の書簡を受領したことを確認する光栄を表します．

（韓国側書簡）

　　本　　は，前記の了解が日本国政府の了解でもあること並びに日本国政府が閣下の書簡及びこの返簡を前記の協定の効力発生の日に効力を生ずる両国政府間の合意

を構成するものとみなすことを確認する光栄を有します．

　本　　　は，以上を申し進めるに際し，ここに重ねて閣下に向かって敬意を表します．

　千九百六十五年　　月　　日

日本国と大韓民国との間の漁業に関する協定についての合意された議事録(案)

　日本国政府代表及び大韓民国政府代表は，本日署名された日本国と大韓民国との間の漁業に関する協定に関して次の了解に到達した．

　1．証明書及び標識に関し，

　(a) 両国政府は，証明書及び標識が，港内における場合を除き，海上において一の漁船から他の漁船に引き渡されることがないように行政指導を行なう．

　(b) 一方の国の政府は，自国の出漁漁船の正午位置報告に基づき漁業別出漁状況を月別に集計して毎年少なくとも四回他方の国の政府に通報する．

　2．年間総漁獲基準量に関し，

　(a) 共同規制水域内における底びき網漁業，まき網漁業及び六十トン以上の漁船によるさばつり漁業による年間総漁獲基準量は，十五万トン(上下十パーセントの変動がありうる.)とし，日本国については，この十五万トンの内訳は，五十トン未満の漁船による底びき網漁業については一方トン，五十トン以上の漁船による底びき網漁業については三万トン及びまき網漁業と六十トン以上の漁船によるさばつり漁業については十一万トンであるものとする．年間総漁獲基準量は，最高出漁隻数又は統数によって操業を規制するに当たり指標となる数量であるものとする．いずれの国の政府も，共同規制水域内における底びき網漁業，まき網漁業及び六十トン以上の漁船によるさばつり漁業による年間総漁獲量が十五万トンを超過すると認める場合には，漁期中においても年間総漁獲量を十六万五千トン以下にとどめるため出漁隻数又は総数を抑制するよう行政指導を行なう．

(b) いずれの国の政府も, 暫定的漁業規制措置の適用の対象となる漁業に従事する自国の漁船が共同規制水域内において漁獲した漁獲物を水揚げすべき港を指定する.

　(c) いずれの国の政府も, 自国の出漁漁船による共同規制水域内におけるその漁獲量の報告及び水揚港における調査を通じ, 漁獲量を月別に集計し, その結果を毎年少なくとも四回他方の国の政府に通報する.

　(d) いずれの国の政府も, 他方の国の政府の公務員が3(c)の視察を行なう際に, 当該他方の国の政府の要請があったときは, その公務員に対し, 暫定的漁業規制措置の適用の対象となっている自国の漁船による漁獲物の水揚状況を視察させるための便宜をもあわせてできる限り与え, また, 漁獲量の報告及び集計の状況についてできる限り説明が行なわれるよう取り計らう.

　3. 暫定的漁業規制措置に関する取締り及び違反に関し,

　(a) 一方の国の監視船上にある権限を有する公務員は, 他方の国の漁船が現に暫定的漁業規制措置に明らかに違反していると信ずるに足りる相当の理由のある事実を発見したときは, 直ちにこれをその漁船の属する国の監視船上にある権限を有する公務員に通報することができる. 当該他方の国の政府は, 当該漁船の取締り及びこれに対する管轄権の行使に当たって, その通報を尊重することとし, その結果執られた措置を当該一方の国の政府に対し通報する.

　(b) 両国の監視船は, 暫定的漁業規制措置に関してそれぞれ自国の漁船に対して行なう取締りの実施に当たり, その取締りを円満かつ効果的に行なうため, 必要に応じ, あらかじめ両国の関係当局間において協議されたところに従い, 相互に連携して巡視し, かつ, 緊密な連絡を保持することができる.

　(c) いずれの国の政府も, 他方の国の政府の要請があったときは, 暫定的漁業規制措置に関　し, 自国内における取締りの実施状況を視察させるための便宜を, このために特に権限を与えられた他方の国の政府の公務員に対し, 可能な限り与える.

　(d) いずれの国の政府も, 他方の国の政府の要請があり, かつ, これを適当と認めるときは, 暫定的漁業規制措置に関して自国がその漁船に対して行なう取締りの実施に当たり, その実情の視察のため, 当該他方の国の政府の公務員をもっぱら漁業の

取締り従事する自国の監視船に乗船させるための便宜を相互にできる限り与える.

4. 日韓漁業共同委員会に関し,

日韓漁業共同委員会は, その常設の事務局の事務局長を, 毎年の定例年次会議の閉会前に, 翌年の定例年次会議が開催される締約国の国別委員部の委員の中から選任する. 事務局長の任期は, 一年とする. 事務局長は, 自国の関係当局の補佐を受け, 及び, 必要に応じ, 自国に駐在する他方の締約国の権限を有する公務員の援助を受けて, 委員会の会議の開催準備を含め, その他の必要な事務局の事務を遂行する.

5. 仲裁委員会に関し,

協定第九条3にいう両国政府のそれぞれが選定する国及びそれらの国の政府が協議により決定する第三国は, 日本国及び大韓民国の双方と外交関係を有する国のうちから選ばれるものとする.

6. 監視船間の出漁状況の情報提供に関し,

一方の国の監視船は, 共同規制水域内における漁船の出漁状況につき必要と認めるときは, 他方の国の監視船に対して必要な情報を提供するよう要請することができ, 当該他方の国の監視船は, できる限りこの要請に応ずるものとする.

7. 沿岸漁業に関し,

両国政府は, 沿岸漁業(底びき網漁業, まき網漁業及び六十トン以上の漁船によるさばつり漁業を除く.)の操業の実態に関して情報の交換を行ない, 漁場秩序を維持するため必要なときは, 相互に協議を行なう.

8. 国内漁業禁止水域等の相互尊重に関し,

(a) 日本国政府が現在設定している底びき網漁業及びまき網漁業についての漁業禁止水域並びに底びき網漁業についての東経百二十八度, 東経百二十八度三十分, 北緯三十三度九分十五秒及び北緯二十五度の各線で囲まれた水域と大韓民国政府が

現在設定している底びき網漁業及びトロール漁業についての漁業禁止水域とに関し，両国政府は，それぞれ相手国のこれらの水域において当該漁業に自国の漁船が従事しないようにするため必要な措置を執る．

(b) 大韓民国政府が前記の大韓民国の漁業禁止水域内の黄海の部分において大韓民国の五十トン未満の漁船による底びき網漁業及び同水域内の日本海の部分において大韓民国のえび底びき網漁業に関して実施している制度は，例外的に認められる．

(c) 一方の国の監視船上にある権限を有する公務員が(a)に掲げるその国の水域において他方の国の漁船が操業していることを発見した場合には，その事実につき当該漁船の注意を喚起するとともに，すみやかにその旨を当該他方の国の監視船上にある権限を有する公務員に通報することができる．当該他方の国の政府は，当該漁船の取締り及びこれに対する管轄権の行使に当たって，その通報を尊重することとし，その結果執られた措置を当該一方の国の政府に対し通報する．

9. 無害通航に関し，

領海及び漁業に関する水域における無害通航(漁船は漁具を格納した場合に限る．)は，国際法規によるものであることが確認される．

10. 海難救助及び緊急避難に関し，

両国政府は，両国の漁船の海難救助及び緊急避難に関し，できる限りすみやかに取極を行なうものとする．その取極が両国政府の間で行なわれる前においても，両国政府は，両国の漁船の海難救助及び緊急避難について国際慣行に従ってできる限り適切な救助及び保護を与えるものとする．

(標識に関する交換公文)(案)
(日本側書簡)

　書簡をもって啓上いたします. 本　　は, 日本国と大韓民国との間の漁業に関する協定の附着書に定める標識の様式及び附属場所につき, 両国政府の代表者の間で次のとおりの了解に到達したことを確認する光栄を有します.

1. 標識には, 漁船の国籍を示す略字並びに漁業の種類及び根拠地港を識別することができるように番号を付するものとし, その様式は, 別紙のとおりとする.
2. 標識には, 夜間において前記の略字及び番号を識別することができるような塗料を塗付するものとする.
3. すべての標識には, おのおのの政府の発給証印を付するものとする.
4. 標識の附着場所は, 船橋の両側の上辺の見やすいところとする.

　前記の了解を大韓民国政府に代わって確認される閣下の返簡を受領したときは, 日本国政府は, この書簡及び閣下の返簡が前記の協定の効力発生の日に効力を生ずる両国政府間の合意を構成するものとみなします.

　本　　は, 以上を申し進めるに際し, ここに重ねて閣下に向かって敬意を表します.

　千九百六十五年　　月　　日

(a) 日本式 様式

（正）

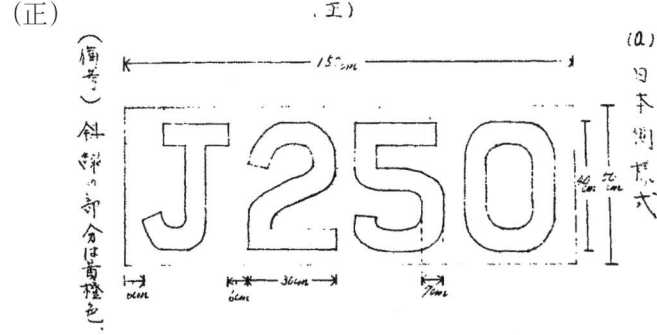

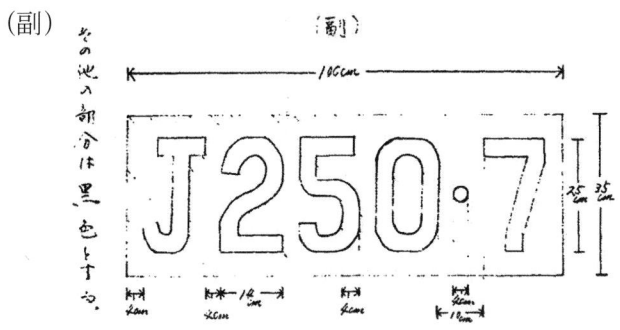

(備考) 斜線の部分は黄橙色, その他の部分は黒色とする.

(b) 韓国側様式

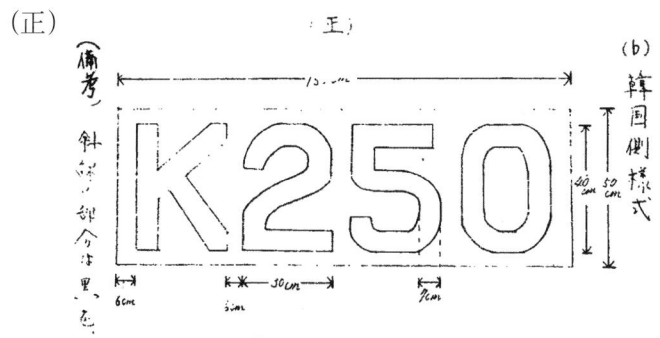

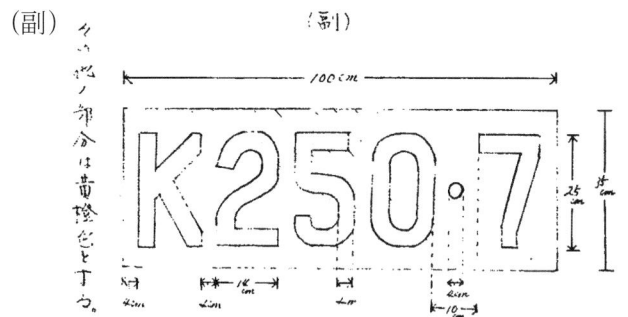

(備考) 斜線の部分は黒色その他の部分は黄橙色とする.

(韓国側書簡)

　書簡をもって啓上いたします. 本　　は, 本日付けの閣下の次の書簡を受領したことを確認する栄光を有します.

(日本側書簡)

　本　　は，前記の了解が大韓民国政府の了解でもあること並びに大韓民国政府がこの返簡及び閣下の書簡を前記の協定の効力発生の日に効力を生ずる両国政府間の合意を構成するものとみなすことを確認する光栄を有します．

　本　　は，以上を申し進めるに際し，ここに重ねて閣下に向かって敬意を表します．

　　千九百六十五年　　月　　日

(漁業協力に関する交換公文)(案)

(韓国側書簡)

　書簡をもって啓上いたします．本　　は，本日署名された大韓民国と日本国との間の漁業に関する協定に言及し，両国政府の代表の間で到達された次の了解を確認する光栄を有します．

　両国政府は，両国の漁業の発展と向上を図るため，技術及び経済の分野においてできる限り相互に密接に協力するものとする．

　この協力のうちには，次のことが含まれる．

(1) 漁業に関する情報及び技術を交換すること．

(2) 漁業専門家及び技術者を交流させること．

　前記の了解を日本国政府に代わって確認される閣下の返簡を受領したときは，大韓民国政府は，この書簡及び閣下の返簡が前記の協定の効力発生の日に効力を生ずる両国政府間の合意を構成するものとみなします．

　本　　は，以上を申し進めるに際し，ここに重ねて閣下に向かって敬意を表します．

　　千九百六十五年　　月　　日

(日本側書簡)

　書簡をもって啓上いたします．本　　は，本日付けの閣下の次の書簡を受領したことを確認する光栄を有します．

(韓国側書簡)

　本　　は，前記の了解が日本国政府の了解でもあること並びに日本国政府が閣下の書簡及びこの返簡が前記の協定の効力発生の日に効力を生ずる両国政府間の合意を構成するものとみなすことを確認する光栄を有します．

　本　　は，以上を申し進めるに際し，ここに重ねて閣下に向かって敬意を表します．

　千九百六十五年　　月　　日

1988　　　　　　　(日本国外務大臣の声明に関する口上書)(案)

　外務省は，在本邦大韓民国代表部に敬意を表するとともに，本日日本国と大韓民国との間の漁業に関する協定が署名されるに際し，椎名悦三郎日本国外務大臣が別紙のとおりの声明を行なったことを通報する光栄を有する．

1989　(別紙)

1990　　　　　　(大韓民国外務部長官の声明に関する口上書)(案)

　在日本国大韓民国代表部は，外務省に敬意を表するとともに，本日大韓民国と日本国との間の漁業に関する協定が署名されるに際し，李東元大韓民国外務部長官が別紙のとおりの声明を行なったことを通報する光栄を有する．

1991　(別紙)

1992　　　　　　　(日本国農林大臣の声明に関する口上書)(案)

　外務省は，在本邦大韓民国代表部に敬意を表するとともに，本日日本国と大韓民国との間の漁業に関する協定が署名されるに際し，坂田英一日本国農林大臣が別紙のとおりの声明を行なったことを通報する光栄を有する．

(別紙)

　本大臣は，本日署名された日本国と大韓民国との間の漁業に関する協定が効力を生ずるときに日本国と大韓民国の共同規制水域において暫定的漁業規制措置が実施されることとなることに関連し，日本国政府が次のとおりの措置を執る方針であることをここに声明する．

　1．共同規制水域のうち大韓民国の慶尚北道と慶尚南道との境界線と海岸線との交点と北緯三十五度三十分と東経百三十度との交点とを結ぶ直線以北の日本海の水域において，同時に操業することができる日本国の底びき網漁船は二十五隻を上回ることがないように，並びにそのような漁船が十一月一日より翌年の四月三十日までの期間以外の期間において操業しないように，及び水深三百メートル以浅の部分においては操業しないように指導する．同政府は，また，そのような漁船によるえびの混獲を毎航海の総漁獲量の二十パーセントの範囲内にとどめるように指導する．

　2．暫定的漁業規制措置の適用の対象とならない種類の漁業に従事する日本国の漁船で共同規制水域内において同時に沿岸漁業に従事するものの隻数は，千七百隻を上回ることがないように指導する．また，これらの日本国の漁船のうち六十トン未満二十五トン以上のさばつり漁船の操業期間は，六月一日より十二月三十一日までとし，その操業区域は，共同規制水域のうち，大韓民国の慶尚北道と慶尚南道との境界線と海岸線との交点と北緯三十五度三十分と東経百三十度との交点とを結ぶ直線以南(ただし，済州島の西側においては北緯三十三度三十分以南)の水域とし，また，その隻数は，百七十五隻を上回ることがないように指導する．

　3．日本国政府は，共同規制水域内の鯨資源の状態に深い関心を有しているので，同水域内において，小型捕鯨業の操業隻数及びその漁獲努力を現在以上に増大しないように，また，大型捕鯨業(百トン以上の漁船によるもの)の操業隻数を現在程度以上に増大しないように指導する．

(大韓民国農林部直線の声明に関する口上書)(案)

　在日本国大韓民国代表部は，外務省に敬意を表するとともに，本日大韓民国と日本国との間の漁業に関する協定が署名されるに際し，車均禧大韓民国農林部長官が別紙のとおりの声明を行なったことを通報する光栄を有する．

(別紙)

　本長官は，本日署名された大韓民国と日本国との間の漁業に関する協定が効力を生ずるときに大韓民国と日本国との共同規制水域において暫定的漁業規制措置が実施されることとなることに関連し，大韓民国政府が次のとおりの措置を執る方針であることをここに声明する．

　1. 暫定的漁業規制措置の対象とならない種類の漁業に従事する大韓民国の漁船で共同規制水域　内に出漁するもののうち六十トン未満二十五トン以上のさばつり漁船の操業期間は六月一日より十二月三十一日までとし，及びその操業区域，は共同規制水域のうち，大韓民国の慶尚北道と慶尚南道との境界線と海岸線との交点と北緯三十五度三十分と東経百三十度との交点とを結ぶ直線以南(ただし，済州島の西側においては北緯三十三度三十分以南)の水域とするように指導する．

　2. 大韓民国政府は，共同規制水域内の鯨資源の状態に深い関心を有しているので，同水域内に　おいて，小型捕鯨業の操業隻数及びその漁獲努力を現在以上に増大しないように，また，大型捕鯨業(百トン以上の漁船によるもの)の操業隻数を現在程度以上に増大しないように指導する．

(安全操業に関する往復書簡)(案)

(日本国外務省アジア局長の韓国外務部亜州局長あて書簡)

　本官は，本日日本国と大韓民国との間の漁業に関する協定が署名されるに際し，日本国の水産当局が，日韓両国の漁船間の操業の安全を図り，かつ，その正常な秩序維持するため及び海上における両国の漁船間の事故の円滑かつ迅速な解決を図る目的に資するため，両国の民間関係団体の間において別紙に掲げる項目をもった取決めができる限りすみやかに行なわれるように日本国の民間関係団体を指導する意向であることを申し述べます．

(別紙)

操業安全及び秩序維持に関する項目(案)

一．標識及び信号

　(一) 漁船の漁ろう作業中のものにつき，その事実を示す標識

　(二) 漁船の漁ろう中に係る事故を示す標識

　(三) 漁船の夜間における投びよう停泊を示す標識

　(四) 漁船の夜間識別信号及び針路汽笛信号

二．操業中の遵守事項

　(一) 前方の漁ろう作業中の漁船の操業を尊重する原則

　(二) 魚ろう作業中の漁具の延伸区域を尊重する原則

　(三) 複数の漁ろう体の並航操業の場合における原則

　(四) ふくそうする漁場における操業の原則(まき網漁業における灯船の操業間隔を含む．)

三．避航に関する事項

　(一) 漁ろう作業中の漁船優先の原則

(二) 漁ろう作業中の漁船相互の避航につしての原則
　　　(三) 漁ろう作業中の事故(漁具喪失, ロープ切断等)漁船優先の原則

　四. 投びよう停泊についての注意事項
　五. 海難救助に関する事項

　六. 漁船, 漁具の被害補償について

2002　　　　　　　(韓国外務部亜州局長の日本国外務省アジア局長あて書簡)

　　本官は, 大韓民国と日本国との間の漁業に関する協定が署名されるに際し, 大韓民国の水産当局が, 韓日両国の漁船間の操業の安全を図り, かつ, その正常な秩序を維持するため及び海上における両国の漁船間の事故の円滑かつ迅速な解決を図る目的に資するため, 両国の民間関係の間において別紙に掲げる項目をもった取決めができる限りすみやかに行なわれるように大韓民国の民間関係団体を指導する意向であることを申し述べます.

2003　　　　　　　(韓国外務部亜州局長の日本国外務省アジア局長あて書簡)

　　本官は, 大韓民国と日本国との間の漁業に関する協定が署名されるに際し, 大韓民国の水産当局が, 韓日両国の漁船間の操業の安全を図り, かつ, その正常な秩序を維持するため及び海上における両国の漁船間の事故の円滑かつ迅速な解決を図る目的に資するため, 両国の民間関係の間において別紙に掲げる項目をもった取決めができる限りすみやかに行なわれるように大韓民国の民間関係団体を指導する意向であることを申し述べます.

(別紙)

操業安全及び秩序維持に関する項目(案)

一．標識及び信号
 (一) 漁船の漁ろう作業中のものにつき，その事実を示す標識
 (二) 漁船の漁ろう中に係る事故を示す標識
 (三) 漁船の夜間における投びよう停泊を示す標識
 (四) 漁船の夜間識別信号及び針路汽笛信号

二．操業中の遵守事項
 (一) 前方の漁ろう作業中の漁船の操業を尊重する原則
 (二) 魚ろう作業中の漁具の延伸区域を尊重する原則
 (三) 複数の漁ろう体の並航操業の場合における原則
 (四) ふくそうする漁場における操業の原則(まき網漁業における灯船の操業間隔を含む．)

三．避航に関する事項
 (一) 漁ろう作業中の漁船優先の原則
 (二) 漁ろう作業中の漁船相互の避航についての原則
 (三) 漁ろう作業中の事故(漁具喪失，ロープ切断等)漁船優先の原則

四．投びよう停泊についての注意事項

五．海難救助に関する事項

六．漁船及び漁具の被害補償について関する事項

討議の記録(案)

日韓漁業協定の締結のための交渉に際し，日韓双方よりそれぞれ次の発言がなされた．

日本側代表

(a) 協定についての合意された議事録2(a)にいう「漁業隻数又は統数を抑制するよう行政指導を行なう．」における行政指導には，証明書及び標識の発給数の調整が行なわれるよう指導することを含む．

(b) 協定についての合意された議事録3(c)にいう自国内における取締りの実施状況の視察には，証明書及び標識の発給状況についての説明が行なわれることをも含む．

韓国側代表

(a) 協定についての合意された議事録2(a)にいう「出漁隻数又は統数を抑制するよう行政指導を行なう．」における行政指導には，証明書及び標識の発給数の調査が行なわれるよう指導することを含む．

(b) 協定についての合意された議事録3(c)にいう自国内における取締りの実施状況の視察には，証明書及び標識の発給状況についての説明が行なわれることをも含む．

6. 하코네 회담부터 타결 시까지의 각 문제점에 관한 교섭 경위 문서(1965. 6. 5~1965. 6. 22)

별첨 21

하코네 회담부터 타결 시까지의 각 문제점에 관한 교섭 경위

(1965. 6. 5~1965. 6. 22)

1. 협정 명칭

아 측은 '대한민국과 일본국 간의 어업자원 보존 및 어업협력에 관한 잠정 협정'으로 할 것을 주장하였으며, 일본 측은 '일본국과 대한민국 간의 어업에 관한 협정'으로 할 것을 주장하였는바, 하코네 회담에서 아 측은 '… 간의 어업에 관한 잠정[협정]'으로 입장을 변경하였음. 그 후, 이 문제는 협정의 유효기간 문제와의 연관하에서 다루어졌는바, 유효기간이 짧게 결정됨으로써 잠정적인 성격이 나타나게 된다면, 명칭은 고집하지 않는다는 입장을 유지하였는바, 이러한 견지에 입각하여 최종 단계의 교섭에서 '… 어업에 관한 협정'으로 합의하였음.

2. 전문

아 측은 5. 4 초안에 (1) 평화조약 제9조 및 21조의 인용, (2) 연안국 우선 원칙의 인정 및 (3) 잠정적 어업규제 조치의 필요성의 인정을 추가할 것을 의도하였는바, 일본 측은 하코네 회담에서(6. 7), 별첨 (가)와 같은 반대 제안을 행하여 왔음. 아 측은, 동안이 만족스러운 것이 아니었으므로, 4. 3 합의 시에 결정된 내용만 규정하기로 하여 타결하였음.

3. 협정수역

아 측은 5. 4안 제3조로 구체적인 협정수역을 제안하였으며, 하코네 회담에서도, 처음에는 별첨 (나)와 같은 안을 제시하고 동일한 입장을 유지하였는바, 다른 문제와의

관련하에서 (주 1) 철회하였음.

4. 정의

일본 측은 4. 22 초안 제1조에서 4개 용어의 정의를 규정할 것을 제안하였으며, 하코네 회담에서도, 처음에는 동일한 입장을 취하였는바, 다른 문제와의 관련하에서 철회하였음. 단, '톤'에 관한 정의는 4. 3 합의에 있었던 것인 만큼, '톤'이라는 용어가, 최초로 나오는 제3조에서, 괄호 내에 규정키로 하였음.

5. 직선기선에 관한 단서 및 교환공문

(1) 아 측은 4. 3 합의 시에 결정된 바 있는 직선기선 사용에 관한 합의를 규정하는 단서는, 협정에서는 규정하지 않아도 좋으며, 또한 아 국 남해안 및 서해안의 직선기선에 관한 교환공문은 아 측이 일본 측에 이의 여부를 확인하는 형식을 취하면 된다는 입장이었으며(5. 4 초안 제1조 5. 4 및 6. 5 초안의 직선기선에 관한 교환공문 안 참조), 일본 측은 4. 22 초안에서 4. 3 합의사항을 수정하고, 또한 교환공문에 있어서는 마치 일본 측과의 합의에 의하여 아 측이 직선기선을 결정하는 것 같은 형식을 취하려는 입장이었음(일본 측 4. 22 초안 제1조 및 직선기선에 관한 교환공문 참조).

(2) 아 측은 하코네 회담 시에, 단서 규정을 별첨 (다)-1과 같이 규정하되, 별첨 (다)-2와 같은 양해각서를 작성하기로 하는 한편, 교환공문은 별첨 (다)-3과 같이 하자는 입장을 취하였는바, 결론을 보지 못하였음.

(3) 힐튼호텔에서의 최종 교섭 시, 아 측은 4. 3 합의대로 단서를 협정문에 규정하되, 교환공문은 6. 5 제안으로 할 것을 제의하였는바, 일본 측은 교환공문에 관하여 별첨 (다)-4와 같은 제안을 하여 왔음. 이에 아 측은 일본 측 안 대신 별첨 (다)-3의 교환공문으로 할 것을 주장하여, 그대로 타결되었음.

주 1. 아 측이 제안한 협정수역, 및 협정 개정에 관한 규정과 일본 측이 제안한 정의 및 영해 범위에 관한 교환공문 안은, 6. 8 회의에서 서로 철회하기로 하였음.

6. 공동규제수역에 관한 규정

(1) 4. 3 합의사항에는 단순히 공동규제수역의 범위만이 규정되었는바, 규제수역의 설치를 규정하는 조문에 있어서는, 양측은 별첨 (라)-1과 같이 주장하였는바, 일본 측은 하코네 회담 시에 별첨 (라)-2와 같은 안을 제시하였음. 그러나 이는 아 측이 수락하지 않았으므로 미결상태로 남게 되었음.

(2) 힐튼호텔에서의 절충 시(6. 17), 아 측은 별첨 (라)-3과 같이 제안하였으며, 이로써 타결되었음.

(3) 규제수역의 범위에 관하여는, 일본 측이 4. 22 초안에서, 어업수역이 중복되는 부분에 관하여는, 4. 3 합의와는 달리 좌표로서 표시하자는 입장을 취하였는바, 아 측은 4. 3 합의대로 할 것을 주장하였으며(아 측 5. 4 및 6. 5 초안 5 및 2조 참조), 그러나 힐튼호텔에서의 절충 시에, 일본 측으로부터 좌표로 표시함이 가하다는 견해 표시가 있었음을 기회 삼아, 좌표로 표시하기로 하였음. 좌표는 6. 18 양측 전문가가 공동으로 측정하여 별첨 (라)-4와 같이 결정되었음.

7. 어업수역 중복 부분에 관한 규정

일본 측은 부산 쓰시마 간의 어업수역 중복 부분에 관하여, 4. 3 합의와는 달리 규정하고자 하는 입장을 취하였는바(일본 측 4. 22 초안 제1조 3항 참조), 아 측은 만일 일본 측이 어업수역을 그들의 지금까지의 국제법상의 입장 때문에 설치하지 않을 경우에는, 4. 3 합의대로 하는 것이 아 측에 유리하다는 점도 고려하여, 반대 입장을 취하였으며, 결국 4. 3대로 규정하게 되었음.

8. 공동위원회

(1) 공동위원회에 관한 규정은, 하코네 회담이 시작하기 전에 아 측이 제2안을 제시한 바 있었는바, 하코네 회담에서는 동 2안을 기초로 토의가 진행되었음.

(2) 아 측 안의 대부분은 다소의 자구 수정을 가한 후 합의되었는바, 상설 사무국 및 잠정적 규제 조치의 개정 권한에 관하여는 일본 측의 별첨 (마)와 같은 대안에 따라 타결되었으며, 위원회 기능에 관한 규정 제7조 5항(6. 5 초안)은, 일본 측이 상설 사무국에 관한 대안과의 관련하에서 아 측이 철회하였음.

9. 분쟁 해결에 관한 규정

(1) 일본 측은 4. 22 초안의 입장을 변경하고, 6. 6에 별첨 (바)-1과 같은 안을 제시하였음. 이에 대하여 아 측은, 일본·미얀마 간의 배상 협정의 분쟁 조항을 약간 수정한 별첨 (바)-2와 같은 안을 제시하였음.

(2) 일본 측이 아 측의 반대 제안을 수락하지 않고, 제3의 중재위원을 제3국에 의뢰하는 안이 비공식으로 논의됨에, 아 측은 선수를 쓰기 위하여 별첨 (바)-3과 같은 안을 제시하였는바, 동안으로서도 타결을 보지 못하여 하코네 회담에서는 미결로 남게 되었음.

(3) 일본 측은 6. 10에 아 측의 제2차 안을 수정한 별첨 (바)-4와 같은 안을 제시하여 왔는바, 힐튼호텔에서 최종 교섭을 행할 시에 동안으로 타결되었음.

10. 조업 안전과 질서 유지 및 해상 사고에 관한 규정

(1) 아 측은 별첨 (사)-1과 같은 안을 6. 5에 제시하였음. 일본 측은 동안 중, 해상 사고에 관한 규정은 협정으로 규정할 성질의 것이 아니라고 강하게 주장하고, 특히 해상 사고를 야기시키고 도주하는 가해선에 대하여 체약국의 권한 있는 공무원이 정선권을 가진다는 규정은 절대로 받기 어렵다는 입장을 취하였음.

(2) 일본 측은 6. 7 및 6. 8에 걸쳐 별첨 (사)-2와 같은 대안을 제시하였는바, 동안에 자구 수정을 가한 후, 합의하였음(하코네 회담).

11. 협정 개정에 관한 규정

아 측은 별첨 (아)와 같은 안을 제시하였는바, 동안은 다른 문제와의 관련하에 철회되었음(하코네 회담).

12. 유효기간에 관한 규정

(1) 일본 측이 유효기간을 10년으로 하자고 주장한 데 대하여, 아 측은 3년을 주장하고 별첨 (자)와 같은 안을 제시하였음.

(2) 이 문제는 마지막까지 타결을 보지 못하다가, 6. 22 새벽에 유효기간 5년에, 폐기 통고 기간 1년으로 타결되었음(최종 협정문 참조).

13. 고등어 일본조의 조업 구역

(1) 이 문제의 내용은, 4. 3 합의대로 조문화를 하게 되면, 교섭 과정에서 양해된 바와는 달리, 제주도 동 측에서 거문도에 이르는 해역에 일본 측 고등어 일본조 어선의 출어가 불가능하게 된다는 해석도 나올 수 있으므로, 조문화에 있어서는 그러한 염려가 없도록 명확하게 규정하자는 것인바, 일본 측은 이를 위하여 4. 22 초안에 있어서 4. 3 합의를 수정하여 표현하였음(일본 측 4. 22 초안 부속서 제1항 참조).

(2) 이 문제는, 제2 소위원회에서의 토의과정에서 아 측으로서는 우연히 발견한 것인바, 아 측은 4. 3 합의대로 할 것을 주장하여, 다른 문제점을 위한 교섭 재료로 쓰다가, 하코네 회담이 종료된 직후에, 일본 측 4. 22안대로 할 것을 합의하였음.

14. 선망 어업에 있어 예외가 되는 어선 1척에 관한 규정

일본 측이 희망한 바와 같이, 당분간의 예외 조치라는 뜻의 문구를 삽입하는 데에 합의하였음(부속서 제2항 참조).

15. 표지 감찰의 수에 관한 규정

(1) 4. 3 합의를 문자 그대로 읽으면, 여러 척이 하나의 단위가 되어 어업을 행하는 선망 어업에 종사하는 어선에 대하여도 1개의 표지 감찰이 발급케 되어 있으므로, 일본 측은 4. 22 초안에서 선망 어선에 관하여는 망선만을 표지 및 감찰의 소지 의무 어선으로 규정하였음.

(2) 일본 측으로부터 별첨 (차)와 같은 표지 감찰의 발급 수에 관한 규정 및 표지 규격 및 부착 장소에 관한 안이 제시됨에, 아 측은 이에 수정을 가한 후, 합의하였음.

16. 감찰 발급 대상 어선의 한계

일본 측은 감찰 발급 대상 어선을 체약국과 진정한 관련이 있는 어선에 한정한다는 규정을 4. 22 초안에 제안하였는바(일본 측 4. 22 안 부속서 제5항 참조), 4. 3 합의대로 동 규정을 두지 않기로 합의하였음.

17. 제주도 주변 수역에 관한 교환공문
아 측은 5. 4 초안에 있어서는 일본 측이 4. 22 초안을 수락하였으나, 6. 5 초안에 있어서는 입장을 변경하여, 교섭 과정에서 성립된 양해를 확인하는 형식을 취하였는바, 아 측 안에 약간의 수정을 가한 후 합의되었음.

18. 어업협력에 관한 교환공문
아 측의 6. 5 초안대로 양측의 합의를 구성하는 형식을 취하기로 합의되었음(아 측 6. 5 초안 및 일본 측 4. 22 초안 참조).

19. 영해 범위에 관한 교환공문
일본 측은 4. 22 초안에 영해 범위에 관한 일본 측의 입장이 영향을 받지 않는다는 유보사항을 규정하는 교환공문을 제안하였는바, 이는 다른 문제와의 관련하에서 일본 측이 철회하였음(일본 측 4. 22 초안 참조).

20. 합의의사록 전문
아 측의 6. 5 초안의 표현을 약간 수정한 후, 합의되었음.

21. 감찰의 해상 인도 금지에 관한 행정 지도
4. 3 합의사항에는, 해상에 있어서 감찰이 어선 간에서 인도되는 일이 없도록 행정 지도를 행하기로 되어 있는바, 일본 측은 4. 22 초안에서 '행정'을 삭제하고 '지도'를 행한다고만 규정하였음. 이 문제는 4. 3 합의대로 하기로 합의되었음(다른 장소에도 같은 경우가 있었는바, 전부 4. 3 합의대로 하기로 하였음).

22. 어획 기준량에 관한 규정
일본 측은 어획 기준량에 관한 규정을 4. 3 합의를 수정하여 초안하였는바(일본 측 4. 22 초안 합의의사록 제1항 5 참조), 4. 3 합의대로 하기로 되었음.

23. 규제 조치 위반선 및 어업금지구역 침범선에 대한 재판 관할권 행사 문제

(1) 일본 측은 4. 22 초안 합의의사록 제1항 3 및 제2항에서, 규제 조치 위반선 및 어업금지구역 침범선에 관하여 4. 3 합의를 수정할 것을 의도하였음.

(2) 이러한 수정 중에는, 특히 상대방국의 통보를 재판 관할권의 행사에 있어서 존중된다는 4. 3 합의를 수정하는 것이 포함되어 있었는바, 일본 측은 합의의사록에 재판소를 구속하는 규정을 둘 수 없다는 법률적인 입장에서, 강하게 수정을 요청하여 왔음.

(3) 아 측은, 이 문제가 일본 측으로서는 가장 중요한 수정 중의 하나인 만큼, 교섭 자료로 이용하다가, 최종 단계에 이르러, 비로소 '재판 관할권'을 '관할권'으로 수정하는 데에 동의하였음.

24. 단속 상황 시찰 범위의 한정 문제

일본 측은 4. 22 초안 합의의사록 제1항 4에 나타난 바와 같이, 4. 3 합의와 다르게, 단속 상황의 시찰 범위를 육상에 한정시키고자 하였는바, 4. 3 합의대로 하기로 합의되었음.

25. 긴급 피난 및 해난 구조에 관한 규정

(1) 일본 측은 별첨 (카)-1과 같은 해난 구조 및 긴급 피난에 관한 규정안을 제시하였는바, 아 측이 선박 일반에 관련되는 문제이므로 어업협정에 규정할 필요가 없다는 입장을 취함에, 별첨 (카)-2와 같은 제2차 안을 제시하였음.

(2) 이에 대하여 아 측은 별첨 (카)-3과 같은 안을 제시하였는바, 동 안의 표현을 수정한 후, 합의하였음.

26. 어업수역 침범 어선 취급에 관한 일방적 성명

(1) 일본 측은 4. 22 초안 외무부 장관(외무대신)의 일방적 성명 안에 표시된 바와 같이, 4. 3 합의와는 달리 어업수역 침범 어선에 관하여, 체약국 정부가 국제 통념에 따라 공정 타당한 처리를 할 것임을 규정하였음(4. 3 합의사항에는 감시선에 의한 사실 확인 및 감시선에 의한 어선 및 어선원의 취급에 관하여 공정 타당하게 처리한다고 되어 있음).

(2) 일본 측 안은, 아 국 어업수역을 침범하는 일본 어선에 관한 아 국 정부의 조치

를 국제 통념에 따르도록 제안하려는 것인바, 일본 측은 자기 측의 초안이 교섭 과정에서 양해된 바를 정확하게 표현하고 있는 것인 만큼, 자기 측의 초안이 채택되기를 강하게 요구하였음.

　(3) 아 측은 원래 그러한 규정이 필요 없다고 생각하였지만, 4. 3 합의에 규정된 것인 만큼, 4. 3 합의대로 하자는 것이라 하고, 끝까지 거절하였음.

　(4) 일본 측은 이 문제를 최종 단계의 교섭에까지 주장하였으나, 결국 4. 3 합의대로 하기로 되었음.

27. 농림부 장관의 일방적 성명에 관하여

　일본 측은 농림부 장관(농림대신)의 일방적 성명의 내용을 4. 3 합의에 비하여 약화시키는 4. 22 초안을 주장하였음. 이에 대하여 아 측은 처음에는 4. 3 합의사항의 표현을 그대로 사용하자고 주장하다가, 4. 3 합의를 그대로 사용하는 데에는 난점이 일방적 성명의 문서 형식에 비추어 난점이 있었으므로, 별첨 (타)와 같은 안을 제시하였으며, 동안으로 합의에 도달하게 되었음.

28. 어업협력자금에 관한 규정

　아 측은 별첨 (파)와 같은 합의의사록 안을 구두로 설명한 후, 이를 비공식으로 일본 측에 수교하였음. 일본 측은 어업협력자금 문제는 민간신용인 만큼, 청구권위원회에서 취급되어야 한다는 입장을 취하였으며, 결국 이 문제는 어업위원회에서는 결말을 보지 못하였는바, 청구권 관계 문서 중에서 규정되었음.

29. 보완사항

　(1) 하코네 회담이 시작되자, 아 측 수석대표는, 일본 측의 우시바 심의관에게 별첨 (하)-1과 같은, 보완사항에 관한 아 측 안을 비공식으로 제시하고, 비공식 절충을 개시하였으며, 그 후 6. 7의 확대 회의에서 이를 정식으로 제시 설명하였음.

　(2) 일본 측은, 처음에는 합동 순시(보완 2) 및 공동 승선(보완 3) 정도만이 가능하다 하였는바, 하코네 회담이 진행됨에 따라, 무표지선 및 금지수역 침범선에 대한 정선 및 확인(보완 9 및 10)을 제외하고는, 적절한 표현을 사용하는 조건하에, 아 측 요구를

고려하겠다는 입장을 취하였음. 다만, 일본 측은 아 측 보완사항을 최종적으로 결정하기 위하여는 관계 대신의 동의가 있어야 하므로, 도쿄에 돌아간 후에, 정식 결정하겠다 하였음.

(3) 따라서, 보완사항에 관한 최종 절충은 힐튼호텔 교섭 시에 진행되었는바, 아 측은 하코네 회담 시에 보완 (9) 및 (10)을 철회하였음(6. 7 심야 회의에서).

(4) 일본 측은 6. 15에, 아 측 보완 제4(양륙 상황의 시찰 및 어획량의 확인), 보완 제5(특정일의 출어 상황 통보), 보완 제6(표지 감찰의 발급 기록의 유지 및 이에 대한 시찰), 보완 제8(양륙항의 지정)에 관하여 각각 별첨 (하)-2, 별첨 (하)-3 및 별첨 (하)-4와 같이 일본 측 안을 제시하여 왔음. 이 중에서, 보완 제4는 별첨 (하)-2와 같이 수정하여 합의의사록 3항에, 보완 제5는 별첨 (하)-3과 같이 수정하여 합의의사록 제6항에, 보완 제6 및 8은 일본 측의 문안을 그대로 채택하여 각각 토의기록 및 합의의사록 제2항에 규정하기로 합의하였음.

(5) 일본 측은 6. 18 새벽 회의에서, 보완 제2(합동 순시), 보완 제3(공동 승선) 및 보완 제7(어획기준량 초과 시의 감찰 표지의 회수)에 관하여 각각 별첨 (가 2), 별첨 (나 2) 및 별첨 (다 2)와 같이 제안하여 왔는바, 이를 각각 합의의사록 제3항, 합의의사록 제3항 및 토의기록에 규정하기로 합의하였음.

(6) 아 측은 6. 18 회의에서 보완 제1(연안 어업)에 관하여 별첨 (라 2)-1와 같이 제2차 안을 제시하였는바, 일본 측은 연안 어업에 관하여는 보완하지 않는다는 양해하에 다른 보완사항이 각의에서 결정된 것이므로 수락할 수 없다는 입장을 취하였음. 이에 대하여 아 측은, 어업위원회의 토의과정에서 일본 측이 언명한 바를 기록화한 것일 뿐만 아니라, 하코네 회담 시에 일본 수산청 당국자가 언약한 바 있음을 지적하고, 강하게 아 측 입장을 주장하였던바, 일본 측은 6. 22 새벽에 이르러 별첨 (라 2)-2와 같은 대안을 제시하여 왔으며, 양측은 이를 토의기록에 규정하기로 합의하였음.

[이하 별첨 21-(가)~ 21-(라2)-2 문서는 생략함.]

기본관계에 관한 조약[등], V. 1, 교섭 및 서명, 1964~1965

분류번호 : 741.12 조 624 기 1964-65 V. 1
등록번호 : 1565
생산과 : 조약과/동북아주과
생산연도 : 1965
필름번호 : J-0023
파일 번호 : 01
프레임번호 : 0001~0362

일본과의 제 조약 및 협정 체결을 위한 막바지 교섭 기록과 서명을 위한 국내 조치 관련 문서 들이 수록되어 있다. 청구권 문제 등 교섭 기록은 이미 관련 문서 파일에 대부분 수록되어 있으므로 여기서는 생략하였다.

57. 한일 조약 등 서명을 위한 일본 측 전권위임장

日本国天皇裕仁は、この書を見る各位に宣示する。

日本国政府は、日本国と大韓民国との間の基本関係に関する条約を締結するための日本国全権委員として外務大臣椎名悦三郎及び日韓全面会談日本政府代表高杉晋一を任命し、大韓民国の全権委員と会同商議し、かつ、この商議によって作成されるすべての文書に日本国政府のために署名調印する全権を与える。

これらの文書は、批准のために日本国政府に提出されるべきものとする。

ここに、日本国憲法の規定に従い、これを認証し、その証拠として、親しく名を署し、璽を鈐せしめる。

昭和四十年六月十九日葉山において

裕仁

内閣総理大臣 佐藤榮作

外務大臣 椎名悦三郎

번역

일본국 천황 히로히토(裕仁)는 이 서를 보는 각자에게 다음과 같이 알린다.

일본국 정부는 일본국과 대한민국 간의 기본관계에 관한 조약을 체결하기 위한 일본국 전권위원으로 외무대신 시나 에쓰사부로(椎名悅三郎) 및 한일 전면 회담 일본국 정부대표 다카스기 신이치(高杉晋一)를 임명하고, 대한민국 전권위원과 회동하여 협의하며, 이 협의에 의해 작성되는 모든 문서에 일본국 정부를 위하여 서명하고 서명할 전권을 부여한다. 이들 문서는 비준을 위하여 일본국 정부에 제출되어야 한다.

이에 일본국 헌법의 규정에 따라 이를 인증하고, 그 증거로 친히 이름을 서고, 인장을 날인한다.

쇼와 40년 6월 19일 하야마에서
아키히토[인]
내각총리대신 사토 에사쿠[인]
외무대신 시나 에쓰사부로[인]

73. 일본과의 제 조약 및 협정의 체결을 위한 법제처 의견 문의 공문

0347 기안자: 조약과

과장[서명] 국장[전결 서명] 장관

분류기호문서번호: 외방조 741.13

경유·수신·참조: 법제처장
발신: 장관

제목: 일본과의 제 조약 및 협정의 체결

일본과 다음의 조약 및 협정을 체결하기 위하여 국무회의에 상정하고자 하오니, 이에 대한 귀견을 조속 통보 바랍니다.

1. 기본관계에 관한 조약
2. 어업에 관한 협정
3. 재산 및 청구권에 관한 문제의 해결과 경제협력에 관한 협정
4. 일본국에 거주하는 대한민국 국민의 법적지위 및 대우에 관한 협정 및
5. 문화재 및 문화협력에 관한 협정

유첨: 동 조약 및 협정 각 5부

끝

78. 일본과의 제 조약 및 협정 체결에 관한 법제처 회신 공문

0352 법제비 741-23(74)9800-9809(구)4319

1965. 6. 22

수신: 외무부 장관

제목: '대한민국과 일본국 간의 기본관계에 관한 조약' 등에 대한 의견

1. 1965. 6. 21 외방조 741.13-10111로 심의 요청하신 위의 건에 관한 법적 의견을 다음과 같이 회시합니다.

가. 대한민국과 일본국 간의 기본관계에 관한 조약에 대하여

현행 국내법에 저촉되거나, 새로운 입법을 요하는 사항이 없으며, 헌법 제56조 제1항에 의한 국회의 동의를 요하는 조약에 해당하지 아니함.

나. 일본국에 거주하는 대한민국 국민의 법적지위와 대우에 관한 대한민국과 일본국 간의 협정에 대하여

국내법에 저촉되거나, 새로운 입법을 요하는 사항이 없으며, 헌법 제56조 제1항에 의한 국회의 동의를 요하는 조강에도 해당하지 아니하나, 본 조약문은 대한민국 및 일본국의 국어로만 각각 작성되었을 뿐, 제3국어에 의한 조약문이나 해석상 분쟁이 있는 경우의 해결방안에 관한 규정이 없으므로, 시행상의 문제점이 있을 수 있음.

다. 대한민국과 일본국 간의 재산 및 청구권에 관한 문제의 해결과 경제협력에 관한 협정에 대하여

본협정에는 현행 조세 관계 법률에 저촉되는 규정이 있으므로(본협정 제1조 1(b)의 규정의 실시에 관한 교환문서 중 일본 측 서한 4항) 그에 대한 조치가 필요하며, 본협정은, 상호 원조에 관한 조약 및 국가의 재정적 부담을 지우는 조약으로서 헌법 제56조 제1항에 의하여 그 체결에 국회의 동의를 요함.

라. 대한민국과 일본국 간의 어업에 관한 협정에 대하여

본협정의 내용에는 어업자원 보호법에 저촉되는 규정(제1조 및 제2조)이 있어 동법의 개정을 요하며, 공동규제수역 내에서의 어업규제 조치(제3조) 등 입법사항에 속하는 규정이 포함되어 있으므로, 헌법 제56조 제1항에 의하여 그 체결에 국회의 동의를 요함.

마. 대한민국과 일본국 간의 문화재 및 문화협력에 관한 협정에 대하여

국내법에 저촉되거나, 새로운 입법을 요하는 사항은 없으며, 헌법 제56조 제1항에 의한 국회의 동의를 요하는 조약에도 해당하지 아니하나, 본조약문은 체약 당사국어로만 작성되었을뿐, 제3국어에 의한 조약문이나 해석상 분쟁이 있는 경우의 해결방안에 관한 규정이 없으므로 시행상의 문제점이 있을 수 있음.

2. 본조약 등은 모두 비준을 요하는 조약으로서 비준서의 교환에 따라(법적지위와 대우에 관한 협정은 비준서 교환일부터 30일 후) 효력이 발생하는 것이므로, 비준 전에 위의 각 항에 따라 그 체결에 대한 국회의 동의를 받아야 함.

끝

법제처장 서일고

79. 일본과의 제 조약 및 협정 체결 건의 공문

0354　기안자: 조약과

과장[서명]　국장[서명]　차관[서명]　장관[서명]　국무총리[서명]　대통령[서명]

협조자 성명: 아주국장 기획관리실장

기안 연월일: 1965. 6. 22

분류기호문서번호: 외방조

경유·수신·참조: 내부결재

제목: 일본과의 제 조약 및 협정의 체결

금반 기본관계, 청구권, 재일교포의 법적지위, 어업, 및 문화재의 반환 등 한일 양국 간의 제 현안 문제에 관한 교섭이 완결되어, 아래의 조약 및 협정을 체결하는 데 관하여 양국 간에 합의가 성립하였으며, 또한 이에 관하여 금 6. 22 제55회 국무회의의 의결을 보았는바, 금 6. 22 도쿄에서 우리나라 특명 전권 대표들로 하여금 동 조약 및 협정에 서명하도록 할 것을 건의합니다.

　1. 기본관계에 관한 조약
　2. 어업에 관한 협정
　3. 재산 및 청구권에 관한 문제의 해결과 경제협력에 관한 협정
　4. 일본국에 거주하는 대한민국 국민의 법적지위 및 대우에 관한 협정
　5. 문화재 및 문화협력에 관한 협정

끝

이동원 외무부 장관 일본 방문(Ⅱ), 1965

분류번호 : 724.31 JA 1965
등록번호 : 1486
생산과 : 동북아주과
생산년도 : 1965
필름번호 : C-0011
파일 번호 : 11
프레임번호 : 0001~0467

1965년 6월 20~24일간 한일 제 조약 및 협정 서명을 위한 이동원 외무부 장관의 방일(3차 방문)과 관련한 관한 기록, 협정 서명과 관련된 절차 문제 등에 관한 본부와 대표부 간의 교신 기록 등이 수록되어 있다. 양국은 1965년 6월 22일에 기본관계조약, 청구권협정, 어업협정, 재일한국인 법적지위협정 및 문화재협정에 서명하였으며, 6월 24일 양국 외상이 협정 서명에 제한 공동성명을 발표하였다.

1. 3차 방문(1965. 6. 20~24)

1. 일본 프레스클럽의 이동원 외무부 장관 연설 초청 관련 보고 전문

번호: JAW-06066

일시: 031337[1965. 6. 3]

수신인: 외무부 장관 귀하
발신인: 주일 대사

1. 당지 PRESS CLUB으로부터 만일 이동원 외무부 장관님이 내일 할 것을 예상하여 내일 시의 동 CLUB의 PROFESSIONAL LANCHEON에 SPEAKER로서 초청한다는 요지의 서한을 당 대표부에 송부하여 왔으며 CLUB의 준비 관계로 LUNCHEON이 있을 날짜의 1주일 전에 동 초청의 수락 여부를 알려줄 것을 요청하고 있음.

2. 상기 초청에 관하여 만일 내일 하신다면 동 초청의 수락 여부 및 수락하는 경우 몇 일 경에 행할 것인지에 지급 회시하여 주시기 바람.

3. SPEECH 문은 본부에서 작성하여 오심이 가할 것으로 사료함을 첨언 함.(주일총, 공보-외아북)

2. 김동조 대사의 시나 외상 면담 결과 보고 전문
(한일 협정 조인 일자 및 이동원 외무부 장관 방일 관련 협의)

번호: JAW-06310

일시: 151259[1965. 6. 15]

수신인: 장관

발신인: 주일 대사

참조: 국무총리, 청와대 비서실장, 중앙정보부장

1. 본직은 금 15일(화) 11:20부터 12:05까지 외무성으로 시나 대신을 방문하고 한일회담 교섭의 각 문제점 해결에 관한 일본 측의 협력을 촉구하였음.

2. 현안 각 조약 및 협정의 본조인 일자를 6. 22(화) 오전으로 정하였으며, 일본 측이 제안하는 형식으로 하여 이동원 외무부 장관이 6. 20(일)에 도쿄를 방문하고, 익 21일에 외상회담을 개최하기로 합의함.

3. 상기 외상회담 일정의 공식 발표에 관하여는, 시나 외상은 사토 수상의 양해를 금명간 얻어야 할 것이라고 말하고 본직도 또한 본국 정부의 형편을 알아보겠다고 하여, 결국 그러한 과정을 거쳐 별다른 이의가 양국 정부로서 없는 한 내 6. 18에 외상회담 일정을 공식 발표하기로 합의하였으며, 발표 직전에 상호 간에 다시 합의하기로 하였음.

4. 한일회담 진행 일정 및 현황, 외상 회담의 성격, 공동성명에 포함될 사항 등은 금 15일 파우치 편으로 송부한 본직의 서한(파우치 목록 제38호)을 검토하시기 바람.(주일정-외아북)

3. 한일 협정 조인 관련 대표단 견해 보고 전문

번호: JAW-06343

일시: 161506 [1965. 6. 16]

수신인: 장관

발신인: 수석대표

연: JAW-04130, 04424

대: WJA-04127

    1. 한일 제 현안 조약 및 협정에 사용될 용어에 관하여, 기본조약은 가조인으로서 영문 정본이 확정되어 있으나, 기타 협정, 즉 청구권 및 경제협력, 법적지위, 어업, 문화재의 4개 협정의 조문화 작업이 현안 타결의 최종 시점에 가서 완료될 형편에 있어 시간적으로 영문 정본을 작성할 여유가 없을 뿐만 아니라 일본 측 태도가 가급적이면 영문 정본을 만들지 않겠다는 의사임에 비추어, 시나 외상의 아·아 회의 출발 전에 이들 협정의 본 조인을 실현시키기 위하여는 영문 정본을 도저히 작성할 수 없는 사정에 놓여있음을 보고함. 본 건에 관하여 긴급 지시 바람.

    2. 기본조약 문제는 한일 양국의 서명을 위한 전권대표의 직위와 성함을 미리 명시적으로 삽입하도록 되어 있음에 비추어, 현지에서의 동 조약 원본 인쇄에 지장을 초래하지 않도록 본 건에 관하여 지급 회시 바람.

    3. 현안 조약 및 협정에 규정할 서명지 및 비준서 교환지를 확정해주시기 바람.

    서명지를 도쿄로 하는 경우에, 비준서 교환지는, 관례에 따른다면 서울이 되어야 할 것임을 첨언함.

    4. 각 현안 협정의 조문화 작업이 완료되고 문안이 확정되는 대로 즉시 이를 보고 위계이오나, 시간적으로 극히 긴박함에 비추어, 조약 및 협정의 본조인에 필요한 국내법 절차를 위한 대비 조치를 취하여 주시기 바람. (주일정-외아북)

4. 한일 협정 조인 관련 본부 견해 통보 전문

0401   번호: 판독 불가

                                        일시: 판독 불가[1965. 6. 17]

       수신인: 수석대표

       대: JAW-06343

   1. 기본관계조약을 제외한 기타 현안에 있어서는 영문 정본을 약하고 한일 양국어 정본만으로 협정안을 합의 작성하기 바람.
   2. 한일회담 제 현안 조약 및 협정 체결에 있어서 아 국 측 서명자는 외무부 장관 이동원 및 특명전권대사 김동조가 될 것임.
   3. 제 현안 조약 및 협정 서명지는 도쿄로 하고 비준서 교환지는 서울로 함.(외아북)

       끝

                                                            장관

5. 이동원 외무부 장관 방일 결정에 대한 통보 전문

0402   번호: WJA-06270

일시: 181750[1965. 6. 18]

수신인: 주일 대사

1. 금 1일 대통령 각하를 모시고 국무총리, 이 실장, 김 부장, 본인이 협의한 끝에 본인은 대통령 각하의 지시에 따라 6. 19 서북 항공편으로(3:30 오후) 도일하기로 결정하였음.

2. 귀하의 그간 노고에 대하여 금일 회의에서 말씀이 계셨으며 특별히 건강에 유념하라는 당부의 말씀이 계셨습니다. 귀하는 그곳에 계속 체재하면서 회담 지휘를 하시고 22일까지 정식 조인이 틀림없이 될 수 있도록 최선의 노력을 다 하시기 바랍니다.

3. 본인의 금번 도일은 여러 가지 고려하에 official visit는 설사 아닐지라도 서명을 위하여 본인의 도일을 일본 정부가 '이니시에이트'하는 의사표시에 의거 본인이 도일하는 형식으로 반드시 하여 주시기 바랍니다.

4. 본인의 공식 수행원으로서 연하구 아주국장과 이병호 비서관이 수행합니다.

5. 그 외에 건강 관계로 주치의 1명이 수행할 것입니다.

6. JAW-06397, JAW-06392 전문은 무위 접수하였음.(외아북)

7. 독도 문제에 있어서는 6. 14 아주국장 편 서신으로 지시한 바 있는 아 국의 입장을 고수하여 주시기 바라며 이 문제는 국내 형편이 조금도 융통성을 허용하지 않음을 양지하시기 바랍니다.

0403   8. 본인의 체일 중 일정은 사무적인 필요성이 있는 것 이외에는 건강상 가능한 한 여유 있는 시간을 가지도록 배려하여 주시기 바랍니다.

9. 일행 관계의 일본 입국허가 발급이 필요한 절차를 지급 취하여 주시기 바라며 상기에 관하여 일본 측과 즉시 교섭하시고 그 결과를 대지급으로 보고 하여 주시기 바랍니다.

장관

7. 한일회담 특명 전권위원 임명장 작성 의뢰 공문(협조전)

분류기호: 외아북

제목: 한일회담 특명 전권위원 임명장

수신: 의전실장
발신일자 65. 6. 19

　오는 6. 22 체결하기로 예정되고 있는 한일회담 제 현안의 제 조약 및 협정에 서명할 특명 전권위원을 아래와 같이 임명하기로 별지 사본과 같이 결재되었아오니 동 전권위원임명장을 작성하여 주시기 바랍니다.
　체결될 한일 간 제 조약 및 협정의 명칭은 다음과 같습니다.
　대한민국과 일본국 간의 재산 및 청구권에 관한 문제의 해결과 경제협력에 관한 협정
　일본국에 거주하는 대한민국 국민의 법적지위 및 대우에 관한 대한민국과 일본국 간의 협정
　대한민국과 일본국 간의 문화재 및 문화협력에 관한 협정
　대한민국과 일본국 간의 기본관계에 관한 조약
　어업에 관한 협정

유첨: 한일회담 특명 전권위원 임명 결재 사본 1부

끝

아주국장 연하구

첨부물
7-1. 한일회담 특명 전권위원 임명 재가 문서

0412 기안자: 동북아과 홍순영
과장[서명] 국장[서명] 차관 장관[서명] 국무총리[서명] 대통령[서명]
협조자 서명 방교국장[서명] 의전실장[서명] 총무장관[서명]

기안 연월일: 65. 6. 18
경유·수신·참조: 건의

제목: 한일회담 특명 전권위원 임명

오는 65. 6. 22 체결하기로 예정되고 있는 한일회담 제 현안 해결을 위한 제 조약 및 협정에 서명할 특명 전권위원을 아래와 같이 임명할 것을 건의 합니다.

아래
수석 특명 전권위원   외무부 장관   이동원
특명 전권위원   특명전권대사   김동조

끝

8. 한일 협정 서명 관련 일본 측 희망 사항 보고 전문

0413   번호: JAW-06439

일시: 190127[1965. 6. 19]

수신인: 장관
발신인: 수석대표

가. 금 18일 하오 10시 일본 외무성 측은 한일 현안 조약 및 협정 보조인과 이에 관련된 사항에 관하여 요지 다음과 같은 희망과 견해를 표명하여 왔음을 보고함.

(1) 서명 일시는 6월 22일 하오 5시로 하며, 늦어도 하오 7시 전에 행한다(시나 외상은 아·아 회의 참석차, 동일 하오 10시 30분에 출발함).

(2) 서명 장소는 총리 관저로 예정하고 있는바, 이는 사토 총리가 선거 유세를 중단하고 직접 서명식에 입회할 수 있게 하기 위한 것임. 가능하면 정일권 총리의 참석도 희망됨.

(3) 일본 정부의 대표단은 한일회담 일본 정부 대표단 전원으로 구성되며, 전권위원은 시나 외무대신과 다카스기 수석대표 외 2명으로 함.

(4) 한국 외무부 장관이 전권위원으로 방일하는 경우에는, 이는 BUSINESS VISIT로 생각하며, 공항에서의 의식은 없음. INFORMAL LUNCHEON 또는 DINNER와 RECEPTION을 생각하고 있음. 복장은 평복(BUSINESS SUITS)으로 함.

(5) 숙소는, 경찰 경비의 관점으로 보아, 영빈관(게이힌칸)이 가장 적당하다고 하며, 예약을 해 두었음.

0414   (6) 한국 대표단의 도착 성명은, 특별히 한국 측에서 원하면 몰라도, 현재로서는 생각하지 않고 있음.

서명에 즈음한 인사말(REMARKS), 각 공동성명은 필요하다고 생각함.

나. 이상에 관하여 지금 회시 바람.(주일정-외아북)

9. 한일 협정 서명 관련 본부 견해 통보 전문

0415   번호: WJA-06292

일시: 191600[1965. 6. 19]

수신인: 주일 대사

대: JAW-09130

금조 대통령 각하를 모시고 국무총리, 김 부장, 이 실장 및 본인이 협의한 결과를 다음과 같이 훈령합니다.
 1. 국무총리는 도일하지 않을 것임.
 2. 본인 일행은 귀 건의에 따라 명 20일 NWA 편으로 도일할 것임.
 3. 숙소는 게이힌칸이 그대로 좋으며, 도착 성명은 하지 않을 것임.
 4. 본인과 귀하의 서명을 위한 위임장 문제는 금일 12:00 국무회의에서 통과되었으며 전권위임장 발급은 되어 있음.
 5. 최광수 과장의 보고를 접수하였음.
 6. 서명 장소 문제는 관례적인 절차 문제도 있고 국내적인 고려도 있는 만큼 외무성에서 하도록 하여 주시기 바람.
 7. 이상을 즉시 일본 정부에 통고하고 적절한 현지 준비를 하시기 바람.(외아북)

장관

10. 이동원 외무부 장관 방일 관련 일본 측과 협의 결과 보고 전문

번호: JAW-06468

일시: 191813 [1965. 6. 19]

수신인: 외무부 장관 귀하

발신인: 수석대표

1. 금일 시나 외상과 회담하여 이 외무부 장관 내일에 관련하여 다음과 같이 합의하였음.

　(1) 6. 20(일): 저녁, 시나 외무대신 주최 INFORMAL DINNER

　　아 측 참석자: 장관, 대사, 방, 이 공사, 김 차관보, 연 아주국장, 전 통상국장, 이경호 법무국장, 이병호 비서관

　(2) 6. 21(월): OFFICIAL SCHEDULE은 외상회담 뿐임. 저녁 대사 주최 INFORMAL DINNER

　　일본 측 참석자: 외무, 법무, 대장, 농림, 통산, 후생, 문교, 경제기획청, 자치청 및 관방 대신, 자민당 4역 및 중의원 의장.

　(3) 6. 22(화): OFFICIAL SCHEDULE은 사토 수상 예방 및 회담과 오후 5시 수상관저에서 수상 입회하여 한일회담에 관련한 전 협정 조약문에 정식 조인하는 식에 참석 및 조인. 저녁에 일본 외무대신 부처 RECEPTION PARTY

　(4) 6. 23(수): OFFICIAL SCHEDULE 없음.

　　외무 장관 주최로 한일회담에 참가한 한일 양국 대표단 전원에 대한 RECEPTION BUFFET를 개최함이 적당하다고 사료하와 잠정적으로 예정하고 있으나 이는 금야 중으로 지시 바람.

2. (1) 비행장 도착 시 영접 절차는 BUSINESS TRIP인 만큼 특별한 PROTOCOL 절

0417 차 없음. 따라서 ARRIVAL STATEMENT는 불필요함.

(2) JOINT COMMUNIQUE 및 정식 조인 후의 REMARKS는 준비하여 오실 것.

(3) 숙소는 영빈관임. 단, 숙비 자담임. 경비, 차량, 경호 경찰관은 일본 측이 담당함.

(4) 복장은 BUSINESS SUIT만으로 가함.(주일정 – 외아북)

11. 한일 협정 서명 장소 관련 대표단 건의 전문

번호: JAW-06469

일시: 191814[1965. 6. 19]

수신인: 장관
발신인: 수석대표

대: WJA-06202

조약 서명 장소를 수상관저로 하는 데 관하여, 외무성 관례에 따라 수상관저 또는 외무성 회의실을 사용하고 있는 단순한 관례 및 절차적 문제인 만큼, 서명 장소를 수상관저로 하겠다는 일본 측의 이유는, 사토 수상이 현재 참의원 선거 유세 관계로 도쿄에 거의 있지 않고 있는 형편인데 특별히 서명식장에 참가하고자 유세를 취소하고 22일 오후 3시경에 수상관저에 돌아와서 외무부 장관의 예방을 받고 이어서 서명식에 입회하고자 하는 호의적인 입장에서 제의하는 만큼, 일본 측으로 볼 때 일단 격을 낮추어 외무성 회의실을 사용하고자 하는 우리의 제의를 이해하기 곤란한 것으로 당황한 빛을 보이고 있음.

이 문제는 장소까지 정치적 고려를 하는 우리의 입장은 이해가 가나 이는 일본 측의 호의적인 배려를 그대로 받아들이는 것이 가할 줄 사료함. 즉각 회시 바람.(주일정-외아북)

12. 한일 협정 서명 장소 관련 본부 회신 전문

0419   번호: WJA-06290

일시: 192250[1965. 6. 19]

수신인: 한일회담 수석대표

대: JAW-06469

조약 서명 장소에 관한 대호 귀 전의 취지는 이해하나 WJA-06292로 지시한 바와 같이 금번 조약 서명의 중대성, 기록에 남은 역사적 서명 장소 및 특히 국내적 사정을 예상 고려하여 일본 외무성에서 격식을 갖추어 서명함이 가할 것으로 사료되므로 계속 동 지시의 관철을 위하여 노력하시기 바람.

단 귀지의 사정으로 수상 관저에서의 서명이 반드시 부득이할 경우에는 대호 전문대로 하시기 바람.(외아북)

장관

13. 한일 협정 한국 측 전권대표 위임장 기재 관련 보고 전문

번호: WJA-06300

일시: 200935[1965. 6. 20]

수신인: 한일회담 수석대표

대: JAW-06473

우리 측 전권대표의 위임장 기재는 다음과 같이 함.

대한민국 외무부 장관 이동원

대한민국 주일 대표부 주재 특명전권대사 김동조

영어문 기재는 다음과 같음.

TONG WON LEE, MINISTER OF FOREIGN AFFAIRS OF THE REPUBLIC OF KOREA.

DONG JO KIM, AMBASSADOR EXTRAORDINARY AND PLENIPOTENTIARY OF THE REPUBLIC OF KOREA, CHIEF OF THE KOREAN MISSION IN JAPAN.

(외아북)

장관

14. 한일 협정 서명을 위한 전권대표 관련 보고 전문

번호: JAW-06482

일시: 201527[1965. 6. 20]

수신인: 외무부 장관(참조: 아주국장, 의전장)
발신인: 수석대표

대: WJA-06300호

대호에 대하여 다음을 보고드림.

1. 일본 측 전권대표는 외무대신 시나 에쓰사부로와 직함 없이 다카스기 신이치 양 씨가 임명되어 여사히 기본조약 조문에 기재할 것임.

2. 이에 대하여 한국 측 전권대표로서 '대한민국 외무부 장관 이동원'과 '대한민국 특명전권 대사 김동조'로 하여 기본조약 조문에 삽입하기로 합의하였음.

3. 일본 측 전권위임장에는 위 1항의 내용으로 작성하되 다만 다카스기의 경우에는 일한 전면 회담 일본 정부 수석대표라는 직함을 부여하여 기술하고 구체적으로는 기본관계조약 및 관계 문서에 서명하는 전권을 부여한다는 취지로 작성될 것이라고 함. 그리고 FULL POWER에 김 대사의 경우 주일 대표부 수석 그리고 한일회담 한국 수석대표라는 내용의 칭호를 기입하는 경우라도 일본 측으로서는 이의가 없다는 태도를 보였음. 이상의 각 항을 참고하시와 조속히 FULL POWER를 작성하여 송부 바람.

4. 기본관계 협정 외의 기타 협정에 다카스기 신이치가 서명함에 있어서 일본 정부로서는 한국 정부의 요구가 있다면 위임장을 발급할 용의가 있다고 하며 그 경우에 김 대사의 위임장을 동시에 받아야겠다는 태도임을 보고드림.

따라서 이 점을 분명히 하여 주시고 다카스기의 위임장을 요구할 경우에는 정부로서 김 대사의 위임장도 동시에 작성하여야 할 것으로 사료됨.(주일정-외아북)

15. 한일 협정 서명을 위한 전권위임장 관련 본부 회신 전문

0423   번호: WJA-06305

일시: 202030[1965. 6. 20]

수신인: 수석대표 경유 외무부 장관

1. 대: JAW-06482호

2. 전권위임장은 아주국장 편으로 이미 송부하였으나 대호 전문 내용으로 수정이 필요한 것으로 인정되므로 명일 도일 예정인 이문용 방교국장 편에 귀의대로 작성 재송부하겠음.

3. 기본조약 이외의 다른 협정 서명에 상호 전권위임장을 제시하고 양측 수석대표가 서명하는 여부에 관하여는 장관에게 보고하시고 결정하여 주시기 바람.
    참고로 각 경우에 필요할 전권위임장은 가능한 한 이 방교국장 편에 작성 송부하도록 노력하겠음을 첨언함.

외무부 차관

16. 한일 협정 비준서 교환장소 관련 본부 입장 문의 전문

0424   번호: JAW-06486

일시: 202100[1965. 6. 20]

수신인: 외무 장관
발신인: 수석대표

한일 간 각 현안 조약 및 협정 중 비준서 교환을 요하는 것에 대하여는 비준서 교환 장소를 위선 서울로 하여 조약 원본을 제작 중에 있아온 바, 본건에 관하여 지금 지시 바람.(주일정 - 외아북)

17. 한일 협정 서명 장소 관련 일본 측 입장 보고 전문

0425   번호: JAW-06488

일시: 202100[1965. 6. 20]

수신인: 외무부 장관
발신인: 수석대표

대: WJA-06298

조약 서명 장소에 관하여는 장관 도착 후에 정하기로 하여 아직 미정인 바, 일본 측은 총리관저를 희망하는 이유로서, 총리가 입회하고자 하고 또한 보안 및 경비의 면에서 총리관저가 외무성보다 적당하다는 점을 들고 있음. 또한 외무성 당국자는 총리관저에서 조약 서명을 행한 전례는 지금까지 두 가지 경우인바, 그 내용은 다음과 같다고 함.
  1) 1957년 파키스탄과의 문화협정: 당시 총리 겸 외상이던 기시 수상과 파키스탄 대통령 간에 서명함.
  2) 1961년 인도네시아와의 통상조약(1963년 발효): 성명은 외상이 하였으며, 일본 수상과 스카르노 대통령이 서명식에 입회하였다 함.(주일정-외아북)

18. 한일 협정 본 조인 시의 대통령 담화문 내용에 대한 건의 전문

번호: JAW-06499

일시: 211128[1965. 6. 21]

수신인: 장관
발신인: 장관

한일 현안 협정 본 조인에 제한 대통령 각하 담화문 중에 반드시 재일 교포에 대한 사항과 그들의 교포자제의 교육 문제 등에 관한 관심 표시의 언급이 있도록 하여 주시기 바람.(외총무)

19. 한일 협정 비준서 교환 장소 관련 본부 회신 전문

번호: WJA-06311

일시: 211130[1965. 6. 21]

수신인: 한일회담 수석대표

대: JAW-06486

한일 간 제 합의 문서 중 비준서 교환을 요하는 것에 있어서 비준서 교환지는 서울로 하시기 바람.(외아북)

장관

23. 한일 협정 대외 공포 관련 지시 전문

0433   번호: WJA-06349

일시: 221005[1965. 6. 22]

수신인: 한일회담 수석대표

한일 간 제 조약 및 협정의 조인이 끝나는 즉시로 국무총리의 조인에 제한 담화문을 발표할 예정이므로 조인이 끝나는 대로 지급 통보 바람.(외아북)

장관

26. 한일 협정 대외 공표 관련 보고 전문

번호: JAW-06535

일시: 221338[1965. 6. 22]

수신인: 외무부 장관
발신인: 주일 대사

대: WJA-06355

1. 한일 양측 금 22일 오후 3시에 각자가 조약 협정 기타 관계 문서를 '어드밴스드 카피'[advanced copy]로서 언론계에 배부하여도 좋은 것으로 양해 되었음.
단, 발표는 서명 예정 시간인 오후 5시 이후임.

2. 합의 문서 중 '불공표' 문서는 물론 공포되지 않은 것이나, '불공표' 문서 목록은 한일 양측간에 최종적으로 확인한 후 보고 위계임.(주일정-외아북)

29. 한일 협정 불공표 사항 보고 전문

번호: JAW-06544

일시: 221616[1965. 6. 22]

수신인: 외무부 장관
발신인: 주일 대사

양측 간의 합의문서 중 '불공표' 사항은 아래와 같음.
(금일 서북 항공기 승무원 편으로 송부한 조약 원본의 사본에 있어서 '불공표' 사항은 그 뜻을 명시하였으므로 참고 바람.)

1. 청구권협정에 관한 합의의사록 (불공표)
   제1 A (A)에 관하여 〈제1조 (A)의 단수 규정에 관련된 것〉
   제1 의정서 제6조에 관하여 〈제6조 5의 규정에 관한 것〉
   제1 의정서의 실시 세목에 관한 교환공문에 관하여 〈상사 주재 기관에 관한 것〉

2. 문화재 및 협력 협정에 관련된 방회 대표와 하리가이 대표 간의 왕복 서한 〈한국 정부에 의한 문화재 취급에 관한 것〉(주일정－외아북)

30. 한일 협정 및 합의 문서의 국무회의 통과 사실 통보 전문

번호: WJA-06360

일시: 221650 [1965. 6. 22]

수신인: 외무부 장관, 수석대표

이미 보고된 한일 간 현안 해결에 관한 제 조약, 협정 기타 합의문서는 전부 금 22일 16:30 국무회의에서 의결, 통과되었음을 통지합니다. (외아북)

외무부 차관

31. 한일 협정 서명에 제한 이동원 외무부 장관 인사말 보고 전문

번호: JAW-06547

일시: 1705[1965. 6. 22]

수신인: 장관

발신인: 주일 대사

금 22일 한일 현안 조약 서명에 즈음하여 행한 이동원 외무부 장관의 인사말을 아래와 같이 송부함.

이동원 외무부 장관의 인사말

시나 외무대신 각하,

사토 총리대신 각하를 비롯한 귀빈 여러분,

금일 우리는 한일 양국 관계에 있어서 참으로 뜻깊은 날을 맞이하게 되었습니다.

한일 양국은 이번의 조인을 계기로 하여 불행하였던 과거를 청산하고 수 10년간 계속한 비정상적 상태에서 벗어나 호혜 평등의 입장에 서서 제휴하여 나가기 위한 제1보를 내디디게 된 까닭입니다.

이러한 오늘이 있기까지 양국은 형극의 길을 걸어왔습니다. 지리적으로 가장 인접되어 있고 오랜 옛날부터 밀접한 관계를 맺어온 한일 양국이 과거 반세기 간 갖게 된 불행한 관계를 청산하고, 이제 새로이 국교를 정상화하여 상호 협조할 것을 약속하는 오늘을 맞이하기 위하여서는, 참으로 많은 노력과 인내가 필요하였던 것은 한일교섭의 경과를 보더라도 쉽게 알 수 있습니다.

과거의 관계에서 유래하는 제 현안을 타결하고 새로운 관계를 맺는 것은 한일 양국의 사명이되어 온 것으로 믿습니다마는, 양국을 둘러싼 국제정세가 또한 한일 양국의 대국적 입장에 서서 조속히 국교를 정상화하도록 촉진하여 온 바이라고 생각합니다. 양국의 국교 정상화는 실로 양 국민의 여망임과 동시에 자유세계가 모두 바라는 바이라고 믿습니다.

　이제 양국의 밝은 장래를 위한 약속이 이루어진 것입니다마는 장래 양국 간에 더욱 긴밀하고 돈독한 관계를 이룩하기 위하여서는 양국이 선린 국가로서 종래보다 더욱더 많은 성의와 노력을 경주할 필요가 있다고 생각합니다. 오늘 뜻깊은 이 자리를 빌어 양국의 장래에 무한한 번영과 복지가 이룩되기를 기원하는 동시에 아세아 나아가서는 세계평화에 공헌하기를 믿어 마지아니하는 바입니다.

　오늘 이와 같은 자리가 마련되기 위하여서는 과거 14년간이라는 긴 세월에 걸치는 교섭이 소요되었다는 것을 회고할 때 감개무량한 바 있습니다.

　그간 직접, 간접으로 수많은 사람들이 한일교섭에 참여하여 많은 노력을 한 바 있습니다. 특히 최종 단계에 이르러 양국의 교섭 당사자가 불철주야하고 기울인 노력은 참으로 보람된 것이었다고 생각합니다. 이 기회를 빌어 한일 양국 대표단 여러분들의 노고에 심심한 사의를 표하는 바입니다.

32. 한일 협정 서명 결과 보고 전문

0441   번호: JAW-06548

일시: 221804[1965. 6. 22]

수신인: 외무부 장관 귀하
발신인: 주일 대사

　금 22일 오후 5시에 한일 양측 전권대표 들은 일본 수상관저에서 예정대로 한일 현안 조약 및 협정 관계 문서에 서명하였음.
　서명식은 5시 45분에 완료하였음. 서명식에는 양국 정부의 회담 대표 전원이 참가하고 또한 사토 수상 이하 일본 각료들이 참석하였음.
　기타 서명식에 관한 내용은 별도 송부 위계임.(주일정-외아북)

33. 독도 문제 및 연안 어업 문제 관련 외무부 장관의
국무총리 앞 보고 전문

번호: JAW-06550

일시: 222158[1965. 6. 22]

수신인: 국무총리
발신인: 외무부 장관, 주일 대사.
참조: 대통령 비서실장, 중앙정보부장, 외무부 차관

1. 금 22일 17:00 시 예정대로 한일 간 제 현안에 본 조인을 완료하였습니다.

2. 독도 문제는 이미 보고 올린 바와 같이 시나 외상과의 제2차 회담(금일 11:00~13:15시)에서 독도는 아 국의 고유한 영토라는 우리의 입장을 계속 관철시키는 마음과 같은 분쟁의 평화적 처리에 관한 양해 문안 합의에 성공하고 그 후 있을 교환공문 형식으로 상호 교환하였습니다.

"양국 정부는 별도의 합의가 있는 경우를 제외하고는 양국 간의 분쟁은 우선 외교상의 검토를 통하여 해결하는 것으로 하고 이에 의하여 해결할 수가 없을 경우에는 양국 정부가 합의하는 절차에 따라 조정에 의하여 해결을 도모한다."

상기 문안 중 '양국 간의 분쟁'이라는 어구에는 독도 문제는 포함되지 않으며 이것은 장래에 있을 수 있는 분쟁 문제만을 의미한다는 우리의 입장에 대하여 금일 16:15 사토 내각총리대신과의 면담 시 동 총리대신으로부터 구두 보장을 받았으며, 따라서 일본 정부는 우리 정부가 장래의 문제만을 의미한다고 주장할 경우 이에 대하여 반박하거나 이의를 제기하지 않을 것임을 또한 사토 총리대신으로부터 보장을 받았습니다.

따라서 정부로서는 독도 문제에 관하여 종래의 입장을 하등 변경할 필요가 없으며 계속 우리 입장을 강하게 주장하시기 바랍니다.

3. 대통령 각하께서 지시한 바 있는 연안 어업 문제는 동 어업이 자주 규제라는 그 성격상 특히 일본으로서는 어려운 처지에 있음에도 불구하고 시나 외상이 특별한 노력을 기울여 사가다 농상과의 접촉으로 이루어진 내용을 '토의기록' 형식으로 확보함으로써 우리의 이익을 성취하였습니다.

끝

34. 한일 협정 서명에 제한 시나 외상 인사말 보고 전문

번호: JAW-06560

일시: 231410[1965. 6. 23]

수신인: 외무부 장관
발신인: 주일 대사

1. 한일 간의 제 현안에 관한 조약 및 협정 등 합의문서의 조인식은 22일 17시부터 일본 총리대신 관저에서 개최되어 예정대로 종료하였음.

2. 동 조인식에서 행한 시나 외상의 인사문 내용은 아래와 같음.

한일회담의 전면적 타결에 당하여, 대한민국 전권위원 이동원 외무 장관 각하, 김동조 대사 각하와 함께 사토 총리대신 각하 및 여러분들의 임석하에 기본관계조약 기타 관계 협정의 서명을 이제 남김없이 마친 것은 본인의 충심으로부터 기쁨으로 생각하는 바입니다.

생각컨대 긴 도정이었습니다. 1951년 10월에 개시된 한일 예비회담으로부터 세어서 14년 가깝고, 1952년 2월 제1차 전면 회담으로부터 세어 보더라도 13년 반에 걸쳐, 양국 관계의 끊임없는 노력이 줄기차게 계속되었음에도 불구하고 교섭이 용이하게 타결을 보지 못한 것은, 이 회담이 얼마나 곤란한 것이었든가를 여실히 말하고 있습니다. 이러한 의미에서 길고 긴 노력의 결정에 기하여 금일 이 역사적인 조인식에 임할 수 있게 된 우리들의 행운스러운 기회를 갖게 된 것이라고 하겠습니다. 본인은 이 기회에 지금까지 10여 년에 걸친 교섭의 각각의 시기에, 제 현안 해결에의 노력을 하나하나 참을성 있게 쌓아온 한일 양국의 수많은 선배, 동료에 대하여 심심한 사의를 표하고자 합니다. 유사 이래, 특히 천유 연전에 우리의 일본이 여러분들의 조선으로부터 높은 문화를 받아들인 이래, 양 민족은 지리적 역사적으로, 또 경제적 사회적으로 끊으려야 끊을 수 없는 깊은 관계를 가져온 것은 새삼스럽게 되풀이할 여지가 없습니다. 이를 생각할 때, 최근 불행한 시기가 있었던 것은 참으로 서운한 일이며, 본인은 한일관계가 신시대에 들어가는 이날을 당하여, 다시금 이와 같은 본인의 기분을 말씀드려, 양식 있는 일본 국민 모두 함께, 이 기분 위에 서서 성의를 가지고 양국 국민 간의 융화 협력 관계의 증진을 위하여 진력할 결의이옴을 강조하고 싶습니다.

또 본인은 한일 양국 국민의 압도적 대다수가 한일 국교의 조속한 정상화를 충심으로 바라고 있다는 것을 확신하고 있습니다. 이번 한일회담이 타결을 보게 된 것은, 박 대통령 각하, 사토오 총리대신 각하를 비롯하여 양국 지도자의 '스테이츠먼쉽' 및 양국 교섭 당사자의 진지한 노력의 결과라는 것은 말할 여지가 없습니다마는 본인은, 그 배후에 양국 국민의 교섭 타결에 대한 강한 희망이 있었기 때문에 비로소, 모든 곤란을 극복하고 드디어 오늘과 같은 날을 맞이할 수 있게 된 것이라고 믿어 의심치 않습니다. 그리고 양국 관계는 금후 발전의 일로를 걸어, 서로 인접하고 나라를 영위하는 사이좋은 우방으로서, 상호 제휴하여 아세아 나아가서는 세계의 평화, 인류의 복지에 끝없는 공헌을 할 수 있다고 확신하는 바입니다.

기념할 만한 이날, 한국의 아름다운 산하에는 첫여름의 기운이 충만하여, 지난 2월 본인이 방문하였을 때에는 아직 겨울이었던 서울의 거리도 단장을 새로이 하고, 남산의 녹음은 짙고 한강의 물은 맑게 개어 있겠지요. 그리고 본인은 금일 우리가 교환한 굳은 약속이 양 국민의 금후의 한층 더한 번영에 크게 도움이 되어 역사적 계기가 될 것을 믿습니다. 이와 같이 생각할 때 본인, 여러분도 그러하리라고 생각합니다마는, 헤아릴 수 없는 감격에 도취되는 것입니다. 한일 국교 사상 획기적 의의를 갖는 조인식에 제하여 양국 국민의 번영을 빌면서, 본인의 인사를 마칩니다. (주일정-외아북)

35. 한일 협정 서명에 제한 양국 공동성명(안) 보고 전문

0446   번호: JAW-06573

일시: 232155[1965. 6. 23]

수신인: 외무부 장관

발신인: 주일 대사

대: WJA-06395

연: JAW-06569

1. 공동성명 발표는 시간을 변경하여 장관 출발 시간인 오전 11:00시로 하였음.

2. 새로 합의된 공동성명 (안)은 아래와 같음.
단, 각 항의 항목 번호는 편의상 붙인 것이며, 발표 시에는 삭제 바람.

공동성명

1965. 6. 24

(1) 대한민국과 일본국의 전권대표는 1965년 6월 22일 오후 5시 반, 도쿄에서, '대한민국과 일본국 간의 기본관계에 관한 조약', '대한민국과 일본국 간의 재산 및 청구권 문제의 해결과 경제협력에 관한 협정', '대한민국과 일본국 간의 어업에 관한 협정', '대한민국과 일본국 간의 일본국에 거주하는 대한민국 국민의 법적지위 및 대우에 관한 협정', '대한민국과 일본국 간의 문화재 및 문화협력에 관한 협정'과 관계 문서에 서명을 마쳤다.

(2) 이 서명은, 대한민국의 정권 대표인 이동원 외무부 장관 및 김동조 대한민국 특명전권대사와 일본국의 전권대표인 시나 에쓰사부로 외무대신과 다카스기 신이치 한

0447

일 전면 회담 일본 정부 대표 간에서 행하였다.

(3) 이 외무부 장관은 이 서명을 위하여 6월 20일부터 24일까지 일본국을 방문하고 그 동안 시나 외무대신과 매우 우호적인 분위기 가운데서 회담을 하였다.

(4) 양 외상은 다년간에 걸친 교섭이 드디어 전면적으로 타결되고, 그러한 조약 및 협정이 서명된 데 대하여 깊은 기쁨과 만족의 뜻을 표명하였다. 양 외상은 또한 그간의 교섭에 있어서 금반의 성과를 가져오게 하기 위하여 헌신적인 노력을 행한 양국 정부의 모든 대표 및 교섭 관계자에 대하여 심심한 경의와 사의를 표명하였다.

(5) 양 외상은 한일 양국의 역사적 관계에 비추어, 금반의 제 현안의 해결 및 관계 문서의 서명은, 양국의 관계에 있어서 혁기적인[획기적인] 의의를 지니는 것임을 강조하고, 또한 이에 의하여 양국은 새로운 관계의 수립을 행하여 제1보를 내디뎠음을 인정하였다.

(6) 양 외상은 금반 서명된 조약 및 협정이 될 수 있는 한 조속히 비준되기를 희망함과 함께, 양국 정부는 이번에 서명된 문서에 포함되어 있지 않은 사항에 대하여도, 그것이 양국의 상호 이익을 증진하는 것인 한, 상호이해와 협조의 정신을 가지고 취급하여야 할 것이라는 확신을 피력하였다.

(이하 부분에 관하여는 별항 보고 참조 바람)

(7) 양 외상은 가장 거리가 가까운 이운 나라인 한일 양국이 정의와 평등과 상호존중의 원칙하에 긴밀하고도 항구적인 우호 관계를 증진하고 발전시켜, 양국의 상호 번영을 도모하여야 할 것이라는 확신을 피력하였다.

양 외상은, 이러한 것이 아세아, 나아가서는, 세계의 평화와 자유세계의 발전에도 기여하는 것임을 인정하였다.

3. 위의 공동성명 제(6)의 후단 (괄호 부분)은 아직 양측의 의견 조정이 끝나지 아니하여 미정인바, 확정되는 대로 명일 아침 타전 위계임.

문제점은 재일한국인 학교의 대우 문제임. 또한 전기 후단 규정은 경우에 따라 독립된 별개 조항으로 표현될는지도 모르겠음.

4. 위의 공동성명 문안은 번역문이므로 본부에서 형식적인 자구 수정은 가할 것으로 사료됨.(주일정 - 외아북)

40. 한일 협정 서명에 제한 양국 공동성명 최종 합의 문안 보고 전문[30]

번호: JAW-06575

일시: 241022[1965. 6. 24]

수신인: 외무부 장관
발신인: 주일 대사

연: JAW-06573

1. 공동성명은 오전 11:00시 정각 서울과 도쿄에서 동시 발표하기로 되었으므로 연호로 송부한 공동성명을 전기 시각에 발표 바람.

2. 연호 공동성명 제(6) 항이 다음과 같이 확정되었으므로 이에 따라 조치 바람.
(6) 양 외상은, 금반 서명된 조약 및 협정이 될 수 있는 한 조속히 비준되기를 희망함과 함께, 양국의 상호 이익을 증진하는 것인 한, 이번에 서명된 문서에 포함되어 있지 않은 사항이라도, 양국 정부는 상호이해와 협조의 정신을 가지고 취급하여야 할 것이라는 확신을 피력하였다.
이 외무부 장관은 재일한국인 자제의 학교 교육에 관련된 제 문제에 대하여 설명하였다. 이에 대하여 시나 외무대신은 현행법령을 참조하여 어떠한 것을 할 수 있는지 계속해서 호의적으로 검토하겠다고 말하였다. (주일정-외아북)

---

30 편집자가 문서의 순서를 바꾸었음.

36. 한일 공동성명 문안 정정 보고 전문

0449   번호: JAW-06576

일시: 241110[1965. 6. 24]

수신인: 외무부 장관 귀하
발신인: 주일 대사

연: JAW-06573

연호 전문 중 ITEM (7) 글 부분을 다음과 같이 정정합니다.

"양 외상은, 이러한 것이 아세아 나아가서는 세계의 평화와 자유세계의 번영에도 기여하는 것임을 인정하였다"로 정정 바랍니다.

ITEM (5) '…또한 이에 의하여 양국인 새로운…' '양국인'이 아니고 '양국이 새로운…'로 정정 바랍니다.(주일정-외아북)

38. 한일 협정 서명에 제한 양국 공동성명문

6. 24, 11:00까지 공표 금지

공동성명

1965. 6. 24

도쿄

　대한민국과 일본국의 전권대표는 1965년 6월 22일 오후 5시 반, 도쿄에서, '대한민국과 일본국 간의 기본관계에 관한 조약', '대한민국과 일본국 간의 재산 및 청구권 문제의 해결과 경제협력에 관한 협정', '대한민국과 일본국 간의 어업에 관한 협정'. '대한민국과 일본국 간의 일본국에 거주하는 대한민국 국민의 법적지위 및 대우에 관한 협정', '대한민국과 일본국 간의 문화재 및 문화협력에 관한 협정'과 관계 문서에 서명을 마쳤다.

　이 서명은, 대한민국의 전권대표인 이동원 외무부 장관 및 김동조 대한민국 특명 전권 대사와 일본국의 전권대표인 시나 에쓰사부로 외무대신과 다카스기 신이치 한일 전면 회담 일본 정부 대표 간에서 행하였다.

　이 외무부 장관은 이 서명을 위하여 6월 20일부터 24일까지 일본국을 방문하고 그 동안 시나 외무대신과 매우 우호적인 분위기 가운데서 회담을 하였다.

　양 외상은 다년간에 걸친 교섭이 드디어 전면적으로 타결되고, 그러한 조약 및 협정이 서명된데 대하여 깊은 기쁨과 만족의 뜻을 표명하였다. 양 외상은 또한 그간의 교섭에 있어서 금반의 성과를 가져 오게 하기 위하여 헌신적인 노력을 행한 양국 정부의 모든 대표 및 교섭 관계자에 대하여 심심한 경의와 사의를 표명하였다.

　양 외상은 한일 양국의 역사적 관계에 비추어, 금반의 제 현안의 해결 및 관계 문서의 서명은, 양국의 관계에 있어서 획기적인 의의를 지니는 것임을 강조하고, 또한 이에 의하여 양국이 새로운 관계의 수립을 향하여 제1보를 내디뎠음을 인정하였다.

　양 외상은 가장 거리가 가까운 이웃 나라인 한일 양국이 정의와 평등과 상호존중이 원칙하에 긴밀하고도 항구적인 우호 관계를 증진하고 발전시켜, 양국의 상호 번영을 도모하여야 할 것이라는 확신을 피력하였다. 양 외상은, 이러한 것이 아세아, 나아가서는, 세계의 평화와 자유세계의 번영에도 기여하는 것임을 인정하였다.

양 외상은, 금반 서명된 조약 및 협정이 될 수 있는 한 조속히 비준되기를 희망함과 동시에 양국의 상호 이익을 증진시키는 것인 한, 이번에 서명된 문서에 포함되어 있지 않은 사항이라도, 양국 정부는 상호이해와 협조의 정신을 가지고 다루어야 할 것이라는 확신을 피력하였다.

이 외무부 장관은 재일한국인 자체의 학교 교육에 관련된 제 문제에 대하여 설명하였다. 이에 대하여 시나 외무대신은 현행법령을 참조하여 어떠한 것을 할 수 있는지 계속해서 호의적으로 검토하겠다고 말하였다.

41. 청구권협정 및 문화재협정 불공표 문서의 취급에 관한 훈령 전문

번호: WJA-06493

일시: 301130[1965. 6. 30]

수신인: 주일 대사

금번 조인된 한일 간의 제 협정에 있어 청구권의 합의의사록 3개 사항, 문화재의 왕복 서한 1통이 불공표 문서로 되어 있는바, 이에 대하여는 국내 대책 등의 필요로 보아 이를 계속 불공표로 하기가 어려운 실정임에 비추어 귀하는 일본 측과 접촉하여 동 불공표 문서도 국회 비준 등의 요청 시에는 이를 공표토록 상호 양해한 후 보고 하시기 바람.(외아북)

42. 청구권협정 및 문화재협정 불공표 문서 취급에 관한 대표부 보고 전문

0461   번호: JAW-06697

일시: 301736[1965. 6. 30]

수신인: 장관
발신인: 주일 대사

대: WJA-06493

　　청구권협정 및 문화재협정에 관련된 '불공표' 문서의 취급에 관하여는 교섭 과정에서 한일 양측은 전기 '불공표'를 신문에 발표하지 않는다는 뜻을 양해하고 조약의 국내 절차 과정에서 또는 기타의 경우에 사실상 관계 문서가 공개되는 것을 막을 수는 없다는 양해를 하였던 것인 바, 전기 문서 취급에 있어서 그러한 기존 양해만으로서는 부족하신 경우에는 본 건에 관하여 다시 지시하여 주시기 바람.(주일정-외아북)

1965. 6. 22 한일 간의 제 협정 서명 이후의 합의사항 실시를 위한 관련 조치, 1965. 7~8

분류번호 : 723.1JA 1965
등록번호 : 1470
생산과 : 동북아주과
생산연도 : 1965
필름번호 : C-0015
파일 번호 : 01
프레임번호 : 0001~0067

1965년 6월 22일 한일 조약 및 제 협정의 조인 이후 외무부가 주관이 되어 한국 국내적으로 필요한 조치를 검토하고, 관계부처 회의를 통해 어느 부가 주무가 되어 필요한 후속 조치를 취해 나갈지를 협의한 기록들이 수록되어 있다.

1. 한일 간 제 조약 및 기타 합의사항 실시에 관련된 조치 건의 공문

0042   주일정 722-245

1965. 7. 15

수신: 외무부 장관

제목: 1965 한일 간 제 조약 및 기타 합의사항 실시에 관련된 조치 등에 관하여

　　1965년 6월 22일 도쿄에서 서명된 한일 간의 제 조약 및 합의사항 실시를 위하여 또는 한일 간의 국교 정상화를 계기로 하여, 금후 한일 양국 정부 간의 합의 또는 협의의 형식으로 또한 한국 정부 단독으로 취하여야 할 제조치 및 관련된 문제점을 별첨과 같이 보고하오니 필요 조치를 취하여 주시기 바랍니다.

　　별첨: 1965 한일 제 조약 기타 합의사항 실시에 관련하여 취하여야 할 주요한 조치
　　　　(1965. 7. 10, 주일 대표부) 1부

주일 대사 김동조[직인]

첨부물

1-1. 1965 한일 제 조약 기타 합의사항 실시에 관련 취하여야 할 제조치 문서

0043   1965 한일 제 조약 기타 합의사항 실시에 관련하여 취하여야 할 주요한 제조치

1965. 7. 10
주일 대표부

1. 기본관계조약 기타 관련 사항에 관한 조치

   가. 주일 대사관 설치 준비

   나. 주일 영사관 설치 준비

   다. 주한 일본 대사관 설치 문제

   라. 주한 일본 영사관 설치 문제

   마. 일본의 주한 사무소 인정 문제

   바. 주일 공보관의 지위

   사. 통상조약 교섭 준비

   아. 항공협정 교섭 준비

   자. 무역, 금융, 해운에 관한 현행 잠정 협정이 처리 문제□~□

   차. marine cable[수기로 추가된 부분]

2. 청구권 및 경제협력에 관련된 조치

   가. 무상, 유상, 민간신용 제공의 도입에 관한 국내 법규 정비 및 계획 수립

   나. 제1차 연도 실시계획 작성

   다. 실시 연도에 관한 합의

   라. 은행 지정 및 은행 업무 약정

0044   마. 합동위원회 설치 준비

      (1) 국내 법규

      (2) 예산 조치

   바. 상사 중재 제도

      (1) 국내 상사 중재기관 설립

(2) 중재 판단 집행 보장을 위한 필요 조치
사. 사절단
　　(1) 국내 법규, 특히 그 직무와 기능, 본국 정부 기관 및 주일 대사관의 업무와의 조화 및 관련성 규정
　　(2) 예산 조치
아. 청산계정 잔액 지불 문제

3. 법적지위 협정에 연관된 조치
가. 법률 문제 담당 주재관 상주
나. 재일 교포 실태 파악
다. 영주권 신청 절차 기타 협정 규정에 대한 계몽과 선전

4. 문화재 및 문화협력 협정에 관련된 조치
가. 일본에 의한 문화재 인도 절차에 대한 합의
나. 인수된 문화재 전시 및 기타 선전 활동
다. 일본인 사유 문화재 기증 촉구 활동
라. 인수된 문화재의 보존과 활용에 관한 연구
마. 일본 내에서의 한국 문화재 전시에 대한 협조

5. 어업협정에 관련된 조치
가. 각종 수역에 관한 조치
　　(1) 어업수역
　　　ㄱ. 직선기선 사용 결정 조치
　　　ㄴ. 어업수역 선포 및 국내법 조치
　　　ㄷ. 제 외국 정부에 대한 통고
　　　ㄹ. 단속 및 처벌에 관한 국내법 조치 및 행정 업무 규정
　　(2) 어업자원 보존에 관한 국내 법규 정비
　　(3) 국내 어업금지수역

ㄱ. 한국 수역을 일본 정부에 통보

ㄴ. 단속 및 처벌에 관한 국내 법규 및 행정 업무 규정을 정비

ㄷ. 일본 수역 존중을 위한 국내법 조치 또는 행정상의 조치

(4) 공동 조사 수역

나. 잠정적 규제 조치 실시에 관한 조치

(1) 한국의 실제 출어 척수 조정을 위한 일본 정부와의 협의

(2) 출어 상황 파악 및 어획량 확인에 관한 자료 집계를 위한 국내법 조치 및 제도 확립

(3) 양륙항 지정

(4) 감찰, 표지의 해상 '릴레이' 방지를 위한 조치

(5) 기타 필요한 국내 법규 정비

다. 단속에 관한 조치

(1) 공동규제 조치 위반 단속 및 처벌에 관한 국내 법규 정비

(2) 합동 순시

(3) 일본 측 상황 시찰

ㄱ. 공동 승선

ㄴ. 육상 시찰

(4) 감시선 보강, 기타 단속 제도 정비

라. 어업 문제 담당 주재관 상주 문제

마. 어업협력 방안 연구 검토

바. 공동위원회

(1) 제1차 회의의 일자 및 장소에 대한 일본 측과의 합의

(2) 국별 위원에 관한 국내 법규

(3) 사무국 설치에 관련된 문제 연구

(4) 기타 공동위원회 및 사무국 운영에 관한 정책과 지침의 확립(의장, 부의장, 사무국장 등 선출 문제, 공동자원조사에 관한 문제, 현행 각종 규정 검토 문제 등)

사. 무해통항에 관한 국내 법규

아. 조업 질서 및 해상 사고에 관한 민간 협정 촉진

자. 해난 구조 및 긴급 피난에 관한 정부 간의 별도 약정 체결 준비
차. 농림부 장관의 일방적 성명에 관련된 조치
카. 어업협력 민간신용 도입 촉진

6. 기타, 국교 정상화 이전 또는 이를 계기로 취하여야 할 조치
가. 양국 간의 일반적 무역 불균형의 시정을 위한 대일 교섭
   (1) 무역회담
   (2) 무역협정(일반적 협정) 체결
   (3) 상품 협정(개별 품목에 관한 협정) 체결
나. 수산물의 대일 수출 촉진 및 어선, 어구 등의 대한 수출 촉구
다. 출입국 절차 및 체재에 관한 검토
라. 일본인 상사 활동 및 과세 문제
마. 주일 대사관에의 무관의 상주
바. 국교 정상화를 계기로 한 공보, 문화 활동 강화
사. 한일 간의 사법 공조와 범죄인 인도에 관한 협정 체결

12. 한일 제 협정에 대한 국회 비준 동의 후 취하여야 할 조치(수정안)를 정리한 문서

0076   한일 제 협정에 대한 국회 비준 동의 후 취하여야 할 조치

I. 대일 기본 정책

(1) 대일 주체성의 확립

　가. 주권 상호존중과 호혜 평등에 입각한 선린 관계 수립

　나. 국가적, 국민적 주체 의식의 앙양

(2) 아세아 특히 동남아 자유 진영의 결속과 안전 보장을 위한 일본의 기여 촉구

(3) 일본의 북괴와의 여하한 접촉을 단연 봉쇄

(4) 청구권 자금 또는 기타 경제협력이 일본의 정치적 목적을 위하여 사용됨을 단호 봉쇄

(5) 무역 불균형의 시정과 호혜 무역의 확립

(6) 국교 정상화에 기초한 국가이익의 신장

0077   (7) 대 재일교포 시책 확립

II. 각 협정에 관련하여 비준 동의 후 취하여야 할 조치

1. 기본조약 관계

　(1) 비준서 교환을 위한 준비

　(2) 주일 대사관 설치

　각 attache 문제　a. 법적지위 관계 - 주일 대사 건의

　　　　　　　　　　b. 어업 관계 - 필요

　　　　　　　　　　c. 공보관 관계 - 일의 주한 공보관 설치와 관련 고려

　　　　　　　　　　d. 무관 관계

(3) 주일 영사관 설치

　가. 주일 대사 건의

　　총영사관－도쿄, 오사카, 후쿠오카(3개)

　　영사관 또는 영사 출장소－삿포로, 센다이, 니가타, 요코하마, 나고야, 교토, 고베, 오카야마, 시모노세키(9개)

　나. 외무본부 구상

　　총영사관－오사카, 후쿠오카, 삿포로(3개)

　　영사관－센다이, 니가타, 요코하마, 나고야, 고베, 시모노세키(6개)

(4) 주한 일본 대사관 설치 문제 검토

　가. 주한 일본 재외사무소 문제 아 국의 국내 조치 완료(국회의 비준 동의)후 인정

　나. 주한 일본영사관 설치 일본은 부산, 인천에 설치를 원할 것으로 예상

(5) 통상 항해조약 체결 교섭 문제

　현시점에서 이의 체결을 위한 교섭을 개시할 필요 없음.

(6) 민간항공운수협정 체결 교섭 문제

　조속 체결이 유리하므로 체결 교섭 개시

(7) 해저 전선 분할 관계 교섭

　비준 동의 후 조속 교섭 개시(기본관계조약 가조인 시 양해 사항으로 본문제에 관하여 계속하여 토의하는 것으로 되어 있음)

2. 청구권 및 경제협력 관계

(1) 자금 도입과 외무부와의 관계

　a. 경제기획원이 자금 도입에 관한 주도 역할

　b. 외무부는 전반적인 대일 경제협력과의 관련에서 필요시 외교교섭에 당(當)함

　c. 청구권 관리위원회에 외무부가 represent, 사절단은 주일 대사에 대하여 수시 보고[추가된 부분]

(2) 실시 세목 약정 교섭

　동 약정이 체결되어야 청구권 자금이 도입될 수 있으므로 조속히 교섭 개시. (일본 측은 팔월 말경 교섭하고자 함.)

(3) 은행 지정과 지불 수단 약정

사절단이 설치된 후 사절단이 체결하는 것임(일본제일은행, 도쿄은행이 현재 지정 신청 제출하였음).

(4) 사절단 설치

가. 기구-장은 이사관급으로 하고 실무진으로 조직, 수는 10명 이내

나. 우리 대사관과의 관계-대사관과 무관, 경제기획원 장관의 직접 지휘 감독을 받음. 단, 도입사무에 있어 외교 문제가 생겼을 때는 대표로 대사관이 일본 정부와 절충한다.

(5) 합동위원회

아 측 대표단은 경제기획원 측이 주도적 역할을 담당하나 외무부 관계자의 참여 필요

(6) 제1차 연도 실시계획 확정

가. 초년도 것만은 외무부가 경제기획원과 협조하여 교섭(사절단이 설치되기 전이므로)

나. 비준 동의 이전이라도 즉시 교섭 개시

(7) 소위 개인 청구권 처리

경제기획원, 재무부가 주관

(8) 청산계정 처리

협정 발효 후 제1차 연도 지불금 통고

(9) 각종 국내 조치

가. 청구권 자금 관리 위원회(기획원)…동 위원회는 경제기획원 내에 설치하는 것 보다는 정부 기관으로 하고 위원회 결정의 집행 기타를 기획원이 담당하는 것이 좋다.

나. 특별회계(기획원)

다. 상사 중재 기관 설치(1년 이상의 시일 필요)

3. 어업관계

(1) 조업 질서 및 해상 사고에 관한 민간 협정(농림부 주관)

(2) 해난 구조 및 긴급 피난에 관한 별도 협정(외무부 주관)

　　　　(3) 어업협력자금 도입을 위한 조치(경제기획원, 농림부)

0082　　(4) 어선, 어구 대한 수출금지 조치 해제 교섭

　　　　　가. 일본에서 곧 실시할 용의 표명

　　　　　나. 무역회담

　　　　(5) 해태 수출 증가 교섭

　　　　　　일본이 수입 기구 조정 문제로 시간이 필요하다고 함.

　　　　(6) 어업공동위원회(농림부)

　　　　(7) 어업에 관한 수역 선포(농림부 주관)

　　　　(8) 영해 폭 선포의 필요성 검토

　　　　(9) 국방상 필요에 의한 조치(특히 북한 부분에 관한 것)

　　　　(10) 무해통항에 관한 국내 입법 조치

　　　　(11) 어업협정에 규정된 제반 조치

0083　4. 문화재 관계

　　　　(1) 인도 절차에 관한 교섭

　　　　　가. 비준 동의 후 조속히 교섭 개시

　　　　　나. 일본이 인도를 위한 수송 조치를 담당토록 함.

　　　　(2) 인도 후 전시 및 보관 절차

III. 기타

1. 재일교포 관계

　　(1) 민단의 처리 문제 방침

　　(2) 재외국민 등록의 일체 경신

　　(3) 재일교포에 대한 공보 활동의 강화

2. 무역회담

　　일본은 9. 10일경에 제2차 회담 개최 희망 방침

　　(경제활동, 민간교류, 재산 반입, 신용)

3. [원문에서 삭제됨]

4. [원문에서 삭제됨]

0084   5. 구 조선총독부 관계 일본인 고관들의 한국 입국 통제
0085   6. 범죄인 인도조약 체결 필요성 검토
        7. 밀수 단속
            일본과의 공동협조 조치

13. 한일 조약 및 제 협정 발효에 대비한 국내 조치 검토를 위한 관계부처 회의 소집 내부재가 문서

0088   기안자: 동북아과 공로명
        과장[서명]   국장[서명]   차관[서명]   장관[서명]
        협조자 성명: 통상국장[대리 서명]   기획관리실장[서명]

        기안 연월일: 1965. 8. 16
        분류기호 문서번호: 외아북 722

        경유·수신·참조: 수신처 참조
        발신: 장관

제목: 한일 간 기본관계에 관한 조약 및 기타 각 협정의 발효에 대비한 제반 국내 조치

1. 지난 6. 22에 한일 전권위원 간에서 조인되고 8. 14에 국회에서 비준 동의키로 가결한 '대한민국과 일본 국민 간의 조약과 제 협정 및 그 부속 문서'는 한일 양국 정부 간에서 비준서가 교환되면 발효할 것으로 예상됩니다.

2. 이와 관련하여 전기 조약이나 협정의 내용이 광대할 뿐만 아니라 또한 여러 면에서 세밀한 규정이 있으므로 이에 수반하는 기존 국내 법령의 정비 또는 새로운 법령제정 조치 등이 필요할 것입니다.
    이에 관하여서는 이미 귀부에서도 귀부에 관계되는 부분에 대한 필요한 조치를 취하고 있는 것으로 사료되옵는바, 이를 종합 조정하기 위한 관계부처 간 회의를 아래와 같이 개최코자 하오니 양지하시와 무위 관계관을 참석토록 하여 주시기 바랍니다.

일시: 1965. 8. 25, 15:00

장소: 외무부 회의실(중앙청 413호실)

참석예정자: 1. 각부 차관 참석

    2. 각부 차관은 아래의 관계관 및 기타 실무자를 대동하시기 바람.

      1) 외무부: 아주국장, 통상국장

      2) 경제기획원: 기획담당차관보, 경제협력국장

      3) 내무부: 치안국장

      4) 재무부: 이재국장

      5) 법무부: 법무국장

      6) 국방부: 국방부장관이 지정하는 해군 관계관

      7) 문교부: 문화재관리국장, 이홍직 교수, 황수영 교수

      8) 농림부: 수산국장

      9) 교통부: 해운국장, 항공국장

수신처: 경제기획원, 내무, 재무, 법무, 국방, 문교, 농림, 교통부 장관

첨부물

13-1. 한일 제 협정 비준 후 취할 조치에 관한 관계부처 회의 안건 문서

0090 한일 제 협정 비준 후 취할 조치에 관한 관계부처 회의 안건

I. 기본관계조약에 관련된 조치
1. 주일본 대사관 및 영사관 설치
2. 일본의 주한 공관 설치 문제
   1) 일본 정부 재외사무소 인정
   2) 주한 일본대사관 설치
   3) 주한 일본영사관 설치
3. 조약에 규정된 협정 교섭 준비 문제
1) 통상조약
2) 항공협정
3) 무역, 금융, 해운에 관한 현행 잠정 협정의 처리 문제

II. 청구권 및 경제협력에 관련된 조치
1. 실시 세목 약정 교섭
2. 제1차 연도 실시계획 확정 교섭
3. 은행 지정 및 은행 업무 약정
4. 합동위원회 설치 준비
   1) 국내법규
   2) 예산 조치

0091 5. 상사 중재 제도
   1) 국내 상사 중재기관 설립
   2) 중재 판단 집행 보장을 위한 필요 조치
6. 사절단
   1) 국내 법규, 특히 그 직무와 기능, 본국 정부 기관 및 주일 대사관 업무와의 관계 및 관련된 규정

2) 예산 조치

7. 청산계정 잔액 지불 문제

8. 소위 개인청구권 처리 문제

III. 법적지위 협정에 관련된 조치

1. 협정 실시와 관련한 법률문제 전담관의 필요성 여부

2. 재외국민등록법에 의한 등록 장려

3. 영주권 신청 절차 및 협정의 기타 규정 계몽과 선전

IV. 문화재 및 문화협력 협정에 관련된 조치

1. 문화재 인도 절차에 대한 합의

2. 문화재 인수 후의 문제

　　1) 전시 및 선전 활동

　　2) 보존과 활용에 관한 연구

3. 일본인 사유 문화재 기증 촉구 활동

4. 일본국 내에서의 문화재 전시에 대한 협조

V. 어업협정에 관련된 조치

1. 각종 수역에 관한 조치

　　1) 어업수역

　　　(1) 직선기선 사용 결정 조치

　　　(2) 어업수역 선포 및 국내법 조치

　　　(3) 외국 정부에 대한 통고

　　　(4) 단속 및 침범에 관한 국내법 조치 및 행정업무 규정

　　2) 어업자원 보존에 관한 제 국내 법규의 정비

　　3) 국내 어업금지수역

　　　(1) 일본 정부에 통보

　　　(2) 단속 및 처벌에 관한 국내 법규 및 행정업무 규정을 정비

(3) 일본수역 존중을 위한 국내법 조치 또는 행정상의 조치
　4) 공동 조사 수역
2. 잠정적 규제 조치 실시에 관련된 조치
　1) 한국 출어 척수 조정을 위한 일본 정부와의 협의
　2) 출어 상황 파악 및 어획량 확인에 관한 자료 집계를 위한 국내법 조치 및 제도 확립
　3) 양륙항의 지정 및 일본 정부에 대한 통보
　4) 감찰, 표지의 해상 릴레이 방지를 위한 조치
　5) 현행 국내 어업 제도의 정비(남해 구 중형기선 저인망 조업 구역)
　6) 기타 필요한 국내 법규 정비
3. 단속에 관한 조치
　1) 공동규제 조치 위반 단속 및 처벌에 관한 국내 법규 정비
　2) 합동 순시를 위한 약정(agreement)
　3) 일본 측 상황 시찰
　　(1) 공동 승선
　　(2) 육상 시찰
　4) 감시선 보강, 단속제도 정비
4. 어업 문제 담당 주재관 상주 문제
5. 어업협력의 도입을 위한 교섭과 조치
6. 공동위원회
　1) 제1차 회의의 일자, 장소에 대한 일본 정부와의 협의
　2) 국별위원에 관한 조치
　3) 사무국 설치에 관련된 문제 연구
　4) 기타 공동위원회 및 사무국 운영에 관한 정책과 지침 수립
7. 무해통항에 관한 국내 법규
8. 조업 질서 및 해상 사고에 관한 민간 협정 교섭
9. 해난 구조 및 긴급 피난에 관한 정부 간의 별도 약정 체결 준비
10. 농림부 장관의 일방적 성명에 관련된 조치

14. 한일 간 제 협정 발효에 대비한 제반 국내 조치를 위한 관계부처 회의 결과 보고서

한일 간 제협정 발효에 대비한 제반 국내 조치를 위한 관계부처 회의 결과 보고

1. 회의 일시 및 장소
1965. 8. 25, 15:00~17:50, 외무부 회의실

2. 참석자
외무부: 차관, 아주국장, 통상국장, 동북아과장, 경제협력과장, 통상진흥과장, 조약과장, 문희철 기획관
경제기획원: 차관, 기획차관보, 정문도 경제협력국장, 물동계획과 최수병
내무부: 차관, 최석원 치안국 기획과장, 주사원 해결계장
재무부: 명동근 이재국장, 이재과 장덕기
법무부: 이경호 법무국장
국방부: 해군본부 작전 참모부장
문교부: 차관, 하갑청 문화재관리국장, 문화재과 허만훈
농림부: 김영진 기획조정관, 김명년 수산국장, 배동환 원양어업과장, 신광윤 증식과장
교통부; 차관, 윤기선 해운국장, 신소원 해사과장

3. 회의 결과

안건	합의사항
가. 기본조약 관계 및 전반적인 사항	
(1) 각 부처의 파견관에 관한 검토	각 부처가 경제기획원과 협의 후 외무부에 통보함.

안건	합의사항
(2) 사절단 파견 문제	위와 동
(3) 민단의 운영, 성격 및 정부의 육성 기본 방침	법무부(주)와 내무부가 협의하여 수립함.
(4) 통상항해조약의 체결	가급적 그 교섭을 지연시키기로 함.
(5) 항공협정	교통부에서 검토키로 함.
나. 청구권 관계	
(1) 실시 세목에 관한 약정	경제기획원이 주관으로 9월 중 준비를 완료
(2) 제1차 연도 실시계획	위와 동
(3) 해외협력기금과의 대상 사업 선택 및 제1차 연도 실시계획	위와 동
(4) 개인청구권에 대한 처리 문제	재무부(주), 경제기획원, 외무부 실무자로 하여금 즉시 검토, 건의케 함.
다. 어업 관계	
(1) 안전 조업에 관한 민간 협정	농림부가 주관으로 준비함
(2) 긴급 피난 및 해난 구조에 관한 약정	교통, 내무, 농림(주) 각 부가 협의 준비함.
(3) 어업협력에 관한 도입 절차	농림부가 주관능로 일 농림성측과 일차적으로 협의함.
(4) 어업수역, 경기만 및 이북 부분에 관한 문제	국방, 내무, 농림(주), 외무 각 부 간에서 협의, 준비함.
(5) 영해 선포에 관한 문제	외무부가 주관으로 검토함.
(6) 무해통항에 관한 문제	교통부가 주관으로 검토함.
(7) 단속, 처벌에 관한 국내조치	농림, 내무 양 부 간에서 협의, 결정함.
라. 무역회담	
	10월 개최를 목표로 관계부(외무, 경제기획원, 상공부) 간에서 협의하여 결정함.

기본관계에 관한 조약, V. 2,
국회 비준 심의, 1964~1965

분류번호 : 741.12 조 624 기 1964-65 V.2
등록번호 : 1566
생산과 : 조약과/동북아주과
생산연도 : 1965
필름번호 : J-0023
파일 번호 : 02
프레임번호 : 0001~0515

한일 조약 및 제 협정에 대한 한일 양국 국회에서의 비준 심의과정에 관한 기록과 관련 언론 기사들이 수록되어 있다. 특히 일본 국회에서의 심의과정(야당의 반대 등)에 관해서는 매우 상세한 보고가 이루어졌는데, 이곳에서는 심의과정을 이해하는 데 도움이 될 만한 주요 문서들만 선별하여 수록하였다.

1. 한국 국회 비준 심의(1965. 6~8)

7. 불공표 취급 합의 문서에 관한 일본 측 입장 보고 전문

0315   번호: JAW-07143

일시: 091129[1965. 7. 9]

수신인: 외무부 장관
발신인: 주일 대사

연: JAW-06697

1. 연호로 보고한 '불공표' 취급에 대한 양해에 관하여, 외무성 측에서는 한국 정부가 동 문서를 다른 합의문서와 함께 정식으로 국회에 제출하는 데 반대한다고 말하면서 그 결과로서 신문에 전기 불공표 문서가 발표되는 경우 일본 정부로서는 부득이, "그와 같은 문서가 존재하지 않는다"라는 논평을 하지 않을 수 없는 입장에 있다고 말하고 있음. 따라서 한국 정부가 국회에 전기 문서를 제출하더라도 그것이 국회 밖으로 공포되지 않도록 조치를 강구해 주기 바란다고 외무성 측에서는 말하고 있음. 또한 외무성 측으로서는 문화재 관계 문서는 공개되더라고 일본 정부로서 별도 이의가 없을 것이나 청구권협정 관계 문서가 공개된다면 일본 정부로서 매우 난처한 입장에 놓이게 될 것이며 특히 대장성에서 관계 문서의 공개를 강력히 반대하고 있는 것으로 일본 외무성에서는 말하고 있음.

2. 이상의 외무성 견해에 대하여 아 측은, 한국 정부로서는 여하한 경우에 있어서도 전기 '불공표' 문서를 '비밀'문서처럼 취급할 수는 없으며 교섭 당시의 양해에 비추어서도 그러할 뿐만 아니라, 한일 조약 비준을 위해서는 상대방 국가의 국내 절차를 원활하게 하기 위하여 상호 협력하여야 할 것이라는 점을 강조하면서 한국 정부로서는

0316 전기 문제의 문서를 국회에 제출하게 될 것이라고 말하였음. 또한 아 측은, 한국에서 동 문서가 공개된 데 대하여 일본 정부로서 그와 같은 문서가 존재하지 않는다는 논평을 하는 경우에는 중대하고 복잡한 문제가 야기될 것이라고 말하였음.

　　　3. 본건에 관한 정부 방침을 조속히 알려주는 동시에 일본 측과 다시 협의할 사항이 있으면 이를 아울러 지급 지시 바람.(아북)

8. 불공표 합의 문서의 취급에 관한 한국 측 입장 통보 전문

0317   번호: WJA-07122

일시: 091820 [1965. 7. 9]

수신인: 주일 대사

대: JAW-07143

대호로 요청하신 '불공표' 문서의 취급에 관하여 다음과 같이 아 측 입장을 통보하오니 일본 측과 계속 협의하여 그 결과를 보고하시기 바람.

1. '불공표' 문서는 비밀문서가 아니라 단지 일반에 공개하지 않기로 한 문서이며 official use를 위하여는 사용할 수 있는 것이므로 한국 측에서는 비준 절차의 원활한 수행을 위하여 참고 문서로서 국회에 제출하지 않을 수 없는 입장임.

2. 그러나 '불공표' 문서의 취지와 일본 측의 요망에 따라서 일반에 공개하지 않을 것이며 국회의 심의 과정에 있어서도 가능한 한 외부에 공개되지 않도록 세심한 노력을 하겠음. (외아북)

장관

9. 불공표 합의문서의 취급 관련 보고 전문

0318   번호: JAW-07166

일시: 101312[1965. 7. 10]

수신인: 장관
발신인: 주일 대사

대: WJA-07122

대호 지시에 따라 금 10일(토), 외무성 한국 관계 당국자에게 한국 정부의 입장과 견해를 전달하였음. 이에 대하여 전기 당국자는 관계기관과 협의하겠다고 말하면서 자기로서는 한국 측의 입장과 일본 측으로서 받아들일 수 있을 것으로 생각된다고 시사하였음. 본건에 관하여 외무성 측과의 양해가 확실하게 되는 대로 보고하겠음.(주일 정-외아북)

10. 불공표 합의문서의 취급 관련 보고 전문

0319   번호: JAW-07214

일시: 131625[1965. 7. 13]

수신인: 장관
발신인: 주일 대사

연: JAW-07166

불공표 문서 취급에 관하여, 금 13일 외무성 한국 관계 당국자는 연호로 보고한 한국 측 입장과 견해를 관계 당국에 전달하였다고 말하면서, 동 관계 당국의 반응 여하라는 아 측 타진에 답하여, 일본 측으로서는 원하지 않던 바이었지만 한국의 실정으로 보아 어쩔 수 없지 않느냐고 말하였음.(주일정-외아북)

11. 한일 간의 제 조약 및 협정의 국회 비준 동의 요청안 내부재가 문서

0320   기안자: 조약과

과장[서명]   국장[서명]   차관[서명]   장관[서명]   국무총리[서명]   대통령[서명]

협조자 성명: 아주국장[서명]   통상국장[서명]   기획관리실장[서명]   동북아과장[서명]

기안 연월일: 1965. 7. 6

분류기호 문서번호: 외방조

경유·수신·참조: 내부결재

제목: 한일 간의 제 조약 및 협정의 국회 비준 동의 요청안.

국무회의(제55회)의 결과 대통령의 재가를 받아 지난 6월 22일 일본국 도쿄에서 한일 양국 전권대표 간에 정식 서명된 아래의 조약 및 협정과 그 부속 문서에 대한 국회의 비준 동의를 다음과 같이 요청할 것을 건의 합니다.

(1) 기본관계에 관한 조약

(2) 재산 및 청구권에 관한 문제의 해결과 경제협력에 관한 협정

　(가) 제1 의정서

　(나) 제2 의정서

　(다) 제1 의정서의 실시 세목에 관한 교환공문

　(라) 협정 제1조 1(b) 규정의 실시에 관한 교환공문

　(마) 차관 계약

　(바) 상업상의 민간신용 제공에 관한 교환공문

　(사) 합동위원회에 관한 교환공문

(아) 합의의사록(I)

(자) 합의의사록(II)

(3) 어업에 관한 협정

(가) 부속서

(나) 합의의사록

(다) 직선기선 사용의 협의에 관한 교환공문

(라) 제주도 양측의 어업에 관한 수역에 관한 교환공문

(마) 어업협력에 관한 교환공문

(바) 표지에 관한 교환공문

(사) 외상의 일방적 성명

(아) 농상의 일방적 설명

(자) 조업 안전과 질서 유지에 관한 아주국장 간의 왕복 서한

(차) 토의기록

(4) 일본국에 거주하는 대한민국 국민의 법적지위와 대우에 관한 협정

(가) 합의의사록

(나) 토의기록

(5) 문화재 및 문화협력에 관한 협정

(가) 부속서

(나) 합의의사록

(다) 문화재 인수에 관한 양국 대표 간의 왕복 서한

(6) 분쟁의 해결에 관한 교환공문

위의 조약, 협정, 및 그 부속 문서 가운데, 헌법 관계로 아래의 문서에 관하여 별첨 (1)과 같이 국회의 비준 동의를 요청하고 문서는 국회에서의 비준 동의를 위한 심의의 참고자료로서 송부한다.

(1) 기본관계에 관한 조약

(2) 일본국에 거주하는 대한민국 국민의 법적지위와 대우에 관한 협정

(3) 어업에 관한 협정

(가) 부속서

(나) 합의의사록

(다) 직선기선 사용의 협의에 관한 교환공문

(라) 제주도 양측의 어업에 관한 수역에 관한 교환공문

(4) 재산 및 청구권에 관한 문제의 해결과 경제협력에 관한 협정

(가) 제1 의정서

(나) 제2 의정서

(다) 제1 의정서의 실시 세목에 관한 교환공문

(라) 협정 제1조 1(b) 규정의 실시에 관한 교환공문

(마) 차관 계약

(바) 상업상의 민간신용 제공에 관한 교환공문

(사) 합의의사록(I)

(아) 합의의사록(II)

(5) 문화재 및 문화협력에 관한 협정 및 부속서

(6) 분쟁의 해결에 관한 교환공문

유첨: (1) 국회 비준 동의 요청안

(2) 동 조약 및 협정문

끝

12. 조약 비준 동의안 제출 문서

0326   정부

외방조   1965. 7. 12

수신: 국회의장 귀하

제목: 조약 비준 동의안 제출

　　1965. 6. 22 한일 양국의 전권위원 간에 정식 서명된 아래의 조약 및 협정을 비준하기 위하여, 헌법 관례로 따라 동 비준에 대한 국회 동의안을 제출하오니, 이를 심의 의결하여 주시기 바랍니다. 여타의 부속 문서도 송부 하오니 비준 동의안 심의에 참고하시기 바랍니다.

　　1. 기본관계에 관한 조약
　　2. 일본국에 거주하는 대한민국 국민의 법적지위와 대우에 관한 협정
　　3. 어업에 관한 협정 및
　　　　가. 부속서
　　　　나. 합의의사록
　　　　다. 직선기선 사용의 협의에 관한 교환공문
　　　　라. 제주도 양측의 어업에 관한 수역에 관한 교환공문
0327　4. 재산 및 청구권에 관한 문제의 해결과 경제협력에 관한 협정 및
　　　　가. 제1 의정서
　　　　나. 제2 의정서
　　　　다. 제1 의정서의 실시 세목에 관한 교환공문
　　　　라. 협정 제1조 1 (b) 규정의 실실에 관한 교환공문

마. 차관 계약 (상기 라.의 실시를 위한 기본 계약 임.)

　　바. 상업상의 민간신용 제공에 관한 교환공문

　　사. 합의의사록 (I)

　　아. 합의의사록 (II)

5. 문화재 및 문화협력에 관한 협정 및 부속서

6. 분쟁의 해결에 관한 교환공문

유첨: 비준 동의안 (유인물) 450부

끝

　　　　　　　　　　　　　대통령　　　　　　박정희
　　　　　　　　　　　　　국무총리　　　　　정일권
　　　　　　　　　　　　　국무위원 외무부 장관　이동원

첨부물

12-1. 국회 비준 동의안(유인물)

0338   1965. 6. 22 일본국 도쿄에서 서명된 대한민국과 일본국 간의 조약과
제 협정 및 그 부속 문서의 비준에 관한 국회 동의안

0339   정부

제안부: 정부

1965. 6. 22 일본국 도쿄에서 서명된 대한민국과 일본국 간의 조약과 제 협정 및 그 부속 문서의 비준에 관한 국회 동의안

1. 국회의 동의 대상 조약 및 협정과 그 부속 문서

가. 기본관계에 관한 조약

나. 일본국에 거주하는 대한민국 국민의 법적지위와 대우에 관한 협정

다. 어업에 관한 협정 및

　(1) 부속서

　(2) 합의의사록

　(3) 직선기선 사용의 협의에 관한 교환공문

　(4) 제주도 양측의 어업에 관한 수역에 관한 교환공문

0340   라. 재산 및 청구권에 관한 문제의 해결과 경제협력에 관한 협정 및

　(1) 제1 의정서

　(2) 제2 의정서

　(3) 제1 의정서의 실시 세목에 관한 교환공문

　(4) 협정 제1조 1 (b) 규정의 실실에 관한 교환공문

　(5) 차관 계약(상기 라. 의 실시를 위한 기본 계약임)

　(6) 상업상의 민간신용 제공에 관한 교환공문

　(7) 합의의사록 (I)

(8) 합의의사록 (Ⅱ)

　라. 문화재 및 문화협력에 관한 협정 및 부속서

　바. 분쟁의 해결에 관한 교환공문

2. 제안 이유

　가. 정부는 한일 양국 간에 개재하는 제 현안 문제를 해결하고자 1951년 10월 이래 한일 전면 회담을 통하여 일본 정부와 외교교섭을 진행하여 왔음. 이와 같은 교섭에 있어서 정부의 기본 목적은 일본의 강점으로 인한 불미한 과거를 청산하고 주권의 상호존중과 호혜 평등에 입각하여 국교를 정상화하려는 것이며, 나아가서는 자유 진영의 결속을 강화함으로써, 아세아의 안전과 세계평화에 기여하고자 하는 것이었음.

　나. 한일 전면 회담의 주된 의제는 기본관계, 재산 및 청구권, 재일한인의 법적지위와 처우, 어업 및 문화재 등의 제 문제인바, 정부는 이와 같은 제 현안을 정의와 형평의 원칙에 따라 해결함으로써, 우리 국가와 국민의 최대의 권익을 확보하고자 최선의 노력을 경주하여 온 것임.

각 현안 문제의 성격과 기본적인 문제점은 아래와 같음.

　(1) 기본관계

　　일본의 36년간에 걸친 한국의 강제 점거는 제2차 세계대전에서의 일본의 패전으로 종결되고 우리나라는 주권을 회복하였음. 한편 일본은 패전 후 연합군의 점령하에 놓여있다가 1952년 4월 28일 샌프란시스코 대일평화조약의 발효로써 독립을 회복한 것임. 따라서, 양국 간에는 일본의 한국 불법 점거로 발생한 제 현안 문제를 해결하고 일본의 과거 한국 점령이 불법이었음을 확인하는 동시에 또한 우리 정부가 한반도에 있어서의 유일한 합법정부임을 확인케 하고 북괴와의 관계에 있어서 있을 수 있는 모든 외교적인 관계를 봉쇄함으로써, 자유민주주의에 대한 신봉을 같이하고 인국으로서 주권의 상호존중과 호혜 평등에 입각한 국교를 수립할 필요가 생긴 것임.

　(2) 재일한국인의 법적지위

　　현재 일본에는 제2차 세계대전 종결 이전에 일본 정부에 의한 징병, 징용 등의 강제 징발 또는 기타의 사정으로 도입하여 계속 생활의 토대를 일본에 두고 있는 우리나라 국민 또는 그 자손이 약 60만에 달하고 있음. 정부는 이들의 일본 내에서의 법적지위를 보장케 하고 안주를 영위케 하기 위하여 일반 외국인보다 유리한 특수 지위를 확보케 하고 또한 이에 상응하는 유리한 대우, 즉 일본에 있어서의 교육, 생활보험 및 국민건강보험 등 사회보장의 이익을 확보코자 하는 것임.

(3) 어업

1962년 4월 28일 샌프란시스코 대일평화조약의 발효를 앞두고 일본 어선의 어로 제한 구역이었던 '맥아더 라인'의 철폐를 예상하였고, 또한 동 조약 제9조에 의거하여 우리나라와 일본국 간의 어업에 관한 조약을 체결하여야 한다는 일본의 의무가 발생한 후 우리 정부는 어업협정 체결을 제의함으로써 발전된 장비와 기술을 겸비한 일본 어선에 의한 어업자원의 남획을 억제하여 어족을 보호하고 우리 어민의 안정되고 지속적인 어로를 보장할 것을 꾀한 바 있으나, 일본은 이에 불응하였으므로, 일본 어선에 의한 남획을 방지하고 어족을 보호하여야 하겠다는 목적으로 정부는 우리나라 주변 해역에 평화선을 선포한 바임.

평화선 선포는 한·일 간의 어업협정이 체결되지 못한 한도 내에서의 규제 조치였으므로, 그 이후의 회담에서는 동 해역에 있어서의 어업자원의 최대 지속적 생산성을 확보하고 또한 장비와 기술이 일본에 비하여 미급한 우리 어민의 최대의 이익을 확보한다는 대원칙하에, 일본 어선에 의한 남획을 효과적으로, 그리고 실효성 있게 저지하는 방책을 조약에 의하여 우리나라 이익의 최고 극한점에서 규제하였던 것임. 이로 인하여 평화선 선포에서 목적하였던 정책적인 면을 본협정에 구현한 것임.

(4) 재산 및 청구권

제2차 세계대전에서 일본의 패전으로 우리나라는 일본에 대하여 각종 재산 및 청구권을 갖게 되었음. 이와 같은 우리의 청구권은 샌프란시스코 대일평화조약 제4조의 규정에 의하여서도 확인되었던 것임(단, 우리나라는 샌프란시스코 대일평화조약 제14조에 규정된 대일 배상권의 혜택은 받지 못하였음). 따라서 정부는 이와 같은 대일청구권을 우리의 이익을 최대한으로 확보하면서 우리나라의 경제재건과 발전을 달성하는 데 유용하게 활용코자 한 것임.

대일청구권 해결 교섭에서 가장 문제된 점은 일본의 보상금을 도입하는 방법과 절차에 관한것이었는바, 우리 경제의 발전에 가장 효과적으로 사용할 수 있게 하기 위하여 일본의 간섭을 배제하고, 우리 정부가 자주적으로 시행할 수 있는 방안을 마련하는 데 최대의 노력을 경주하고 이를 협상에 반영한 것임.

(5) 문화재

문화재 문제는 과거 일본이 한국을 강제적으로 지배하기 시작한 1905년(을사보호조약이 체결된 해) 이후 한국으로부터 불법 부당하게 반출하여 간 우리 문화재를 현물로써 반환토록 요구하는 것임.

문화재에 관한 부속서에 열거된 바와 같은 문화재를 이번 반환받는 것으로 되어있음.

다. 위와 같은 현안 문제를 둘러싸고 한일 전면 회담은 1951년 10월에 시작된 이래 만 13년 반에 걸쳐 7차의 회담을 거듭하여 왔음.

그간 여러 우여곡절이 있었으나, 1957년 12월 31일에 회담의 의제, 일본의 소위 대한 청구권의 철회 등에 관한 문서의 합의가 있었으며, 1965년 2월 20일에는 기본관계에 관한 조약의 가조인이 서울에서 행하여지고 동년 4월 3일에는 청구권, 법적지위 및 어업 등의 현안에 관하여 양국의 외무부 장관과 농림부 장관 사이에서 대강의 합의가 이루어졌던 것임.

곧이어 속행된 양국 대표자 간의 회담에서는 이 '합의사항'을 기초로 하여 조약안문 작성 작업이 진행되어 동 6월 22일에는 (1) 기본관계에 관한 조약, (2) 일본국에 거주하는 대한민국 국민의 법적지위와 처우에 관한 협정 및 그 부속 문서, (3) 어업에 관한 협정 및 그 부속 문서, (4) 재산 및 청구권에 관한 문제의 해결과 경제협력에 관한 협정 및 그 부속 문서 및 (5) 문화재 및 문화협력에 관한 협정 및 그 부속 문서 등이 한일 양국의 전권위원 간에 일본 도쿄에서 정식 서명되었던 것임.

3. 주요 골자

전환 제안 이유에서 설명한 입장에 의거하여 다음과 같은 각 조약이 체결되었고 각 조약의 내용을 보면,

가. 기본관계에 관한 조약-외교 및 영사 관계의 수립, 합방조약과 그 이전의 모든 조약과 협정의 무효확인, 대한민국 정부의 한반도에 있어서의 유일 합법성 확인, 무역, 통상, 해운 협저의 체결 원칙 등을 규정하고 있으며, 비준서 교환에 의하여 발효하게 됨.

나. 재일 교포의 법적지위 및 처우에 관한 협정-교포에 대한 영주권의 부여, 사회

보장제도의 혜택의 부여, 귀국 시의 재산반출권의 인정 등을 규정하고 있으며, 비준서의 교환 30일 후에 발효함.

　　다. 어업에 관한 협정 - 전관수역과 공동규제수역의 설정, 잠정적 어업규제 조치의 실시, 단속 및 재판 관할권, 공동자원조사 구역의 설치, 공동위원회와 상설 사무국의 설치 운영, 분쟁 해결 방법 등을 규정하고 있으며, 비준서의 교환으로 발효하고, 효력 기간을 5년으로 하고 있음.

　　라. 청구권 및 경제협력에 관한 협정 - 무상 3억 불 및 장기 저리 차관 2억 불의 제공, 모든 청구권의 해결 확인, 제공 생산물의 내용, 구매기관 및 방법, 계약에 관한 분쟁의 해결 방법, 사절단, 실시계획, 민간신용 제공과 이에 부수되는 차관 계약, 청산계정 잔액의 처리 등을 규정하고 있으며, 비준서 교환일에 발효함.

　　마. 문화재에 관한 협정 - 문화협력의 일반원칙, 문화재의 인도, 문화재의 보관 및 연구 등을 위한 시설의 상호 이용 등을 규정하고 있으며, 비준서 교환일에 발효함.

4. 참고사항

　가. 국회 동의안의 심의를 위한 참고자료로서 다음의 자료로서 다음의 부속 문서를 별첨함.

　　　(1) 대한민국 국민의 법적지위와 대우에 관한 협정에 대한 합의의사록과 토의기록
　　　(2) 어업에 관한 협정에 대한 어업협력에 관한 교환공문, 표지에 관한 교환공문, 외무부 장관의 일방적 성명, 농림부 장관의 일방적 성명, 조업 안전과 질서 유지에 관한 외무부 아주국장간의 왕복 서한 및 토의기록
　　　(3) 재산 및 청구권에 관한 문제의 해결과 경제협력에 관한 협정에 대한 합동위원회에 관한 교환공문
　　　(4) 문화재 및 문화협력에 관한 협정에 대한 합의의사록 및 문화재 인수에 관한 양국 대표 간의 왕복 서한
　　　(5) 법적지위와 대우에 관한 협정 조인에 즈음한 일본국 법무대신 성명문과 동 법무성 입관국장의 담화문

　　끝

14. 한일 협정 일본어본 송부 요청 서비스 전문

0352   수신인: 주일 대표부 정무과 오재희 과장

1. 귀지에서 큰 신세와 사랑을 받고도 아직 격조한 죄를 용서하십시오.

2. 국회 비준 동의 관계로 일어본이 소요될 듯 한바, 일어본 포토 카피냐 인쇄냐 하고 있으나, 약 20부 일본어본이 있으면 합니다.

3. 당 과에서 궁리를 하고 있으나, 포토 카피를 하려고 하니 원지도 없고 하여 인쇄 밖에는 방안이 없는 듯 합니다.

4. 하오니 일본 외무성에서 인쇄한 것 제안 문서 각각 20부만 구독하여 긴급 송부하여 주셨으면, 크게 도움이 될 듯 합니다.

조약과장 김동휘

15. 한일 간 제 조약 및 협정과 관계 문서의 일본어 인쇄본 송부 공문

0353   주일정 722-248

1965. 7. 16

수신: 외무부 장관(참조: 조약과장)

제목: 한일 간 제 조약 및 협정과 관계 문서의 인쇄본 송부

1. 일본 외무성에서 인쇄한 1965. 6. 22 자 제 조약 및 협정과 관계 문서를 별첨과 같이 송부합니다.

2. 전기 인쇄본 가운데에는, 불공표 문서(청구권 관계 및 문화재 관계), 일방적 성명과 담화(어업 관계 및 법적지위 관계)와 청구권협정 관계 차관 계약 해당 부분이 포함되어 있지 아니함을 유의하시기 바랍니다. 일본 외무성 측에서는 그러한 문서를 국회에 제시할 필요가 없어 인쇄하지 않았다고 합니다.

별첨: 한일 간 제 조약 및 협정과 관계 문서의 인쇄본 20부

끝

대사 김동조[직인]

17. 청구권협정 일본어 텍스트 자구 정정 요청 관련 보고 전문

번호: JAW-07400

일시: 241159[1965. 7. 24]

수신인: 장관
발신인: 주일 대사
참조: 김동조 대사

1. 금 24일 일본 외무성 조약 당국으로부터 1965. 6. 22 도쿄에서 서명된 한일 간 청구권 및 경제협력협정 제1 의정서 제7조 및 의정서 말미에 일본어 텍스트 중의 자구 정정을 제안해 왔음.

즉, 동 의정서 제7조 첫머리에 있는 '이 협정'(가역)이라는 표현은 당연히 '이 의정서'(가역)로 되어야 할 것이며 동일한 이유로서 동 의정서 말미, 즉 "이상의 증거로서, 하기 서명자는, 이 협정에 서명하였다"(가역)의 '이 협정'을 '이 의정서'로 하여야 될 것이라고 말하였음. 전기 당국은 일본어 텍스트의 착오는 당지의 긴박한 사정하에서 생긴 과실이라고 해명하면서 당해 부분의 한국어 텍스트에는 착오가 없으므로 일본어 텍스트만을 정정하면 족할 것이라고 말하였음.

2. 또한 전기 당국은, 일본 정부의 선례에 비추어, 전기 텍스트의 정정 조치를 일본 외무성 및 당 대표부 간의 구술서 교환으로 처리하기를 제안한다고 말하였음. 전기 당국이 시사한 양측 구술서의 요지는 다음과 같음.

일본 외무성 구술서
… 제1 의정서에 언급하고 다음과 같이 기술함.
동 의정서 제7조 서두 및 동 의정서 말미에서 협정이라고 되어 있음은 잘못이라고 인정되므로 쌍방의 일본어 텍스트에 있어서 이를 의정서로 수정하여야 할 것임. 따라서 외무성은 한국 측이 보유하는 일본어 텍스트에 전기 수정 초치를 해 줄 것을 요청함.

　한국 대표부 구술서
　… 일본 외무성 구술서 접수 확인함.
　한국 정부로서 수정 조치를 취하는데 이의가 없음을 통보함.

　3. 이상에 대하여 아 측은, 수정을 하는 경우에는 그 방법에 대해서는 본국 정부의 훈령을 받아서 외무성 측과 협의하겠다고 말하였음.

　4. 본건에 관한 정부 방침과 수정 방법, 일본 측 제안대로 구술서 교환으로 처리하는 경우에는 그 구술서의 표현 등 상세한 지시를 조속 하달하시기 바람.(주일정-외방조, 외아북)

18. 한일 간 조약 및 협정 비준 동의안 문서 목록 요청 전문

0357   번호: JAW-07529

일시: 301804[1965. 7. 30]

수신인: 장관

발신인: 주일 대사

1. 일본 외무성 당국자는, 현재 아 국 국회에 상정되어 있는 한일 간의 조약 및 협정에 대한 비준 동의안에 관하여, 국회에 제출된 문서 중 비준 동의를 요하도록 되어 있는 문서명과 참고 문서명을 알려달라고 요망하여 왔아오니 이에 회시 바람.

2. 일본 정부가 일본 국회에 제출하는 문서 목록에 관하여서는 정부의 방침이 정하여지는 대로 당부에 알려 주기로 하였음.(주일정-외아북)

19. 한국 국회 동의 대상 조약 및 협정과 부속 문서 목록 통보 전문

0358   번호: WJA-0814

일시: 021400[1965. 8. 2]

수신인: 주일 대사

대: JAW-07529

대호로 문의한 사항은 다음과 같음.

1. 국회의 비준 동의 대상 조약 및 협정과 부속 문서
  (1) 기본관계에 관한 조약
  (2) 일본국에 거주하는 대한민국 국민의 법적지위 및 대우에 관한 협정
  (3) 어업에 관한 협정
    부속서
    합의의사록
    직선기선 사용의 협의에 관한 교환공문
    제주도 양측의 어업에 관한 수역에 관한 교환공문
  (4) 재산 및 청구권에 관한 문제의 해결과 경제협력에 관한 협정
    제1 의정서
    제2 의정서
    제1 의정서의 실시 세목에 관한 교환공문
    협정 제1조 1(b) 규정의 실시에 관한 교환공문

0359   차관 계약(참고: 헌법 제54조에 의거함)
    상업상의 민간신용 제공에 관한 교환공문
    합의의사록(2건)

(5) 문화재 및 문화협력에 관한 협정
  부속서
(6) 분쟁의 해결에 관한 교환공문

2. 국회의 비준 동의 심의에 참고가 될 제 문서
(1) 일본국에 거주하는 대한민국 국민의 법적지위 및 대우에 관한 협정에 대한
  합의의사록
  토의기록
(2) 어업에 관한 협정에 대한
  어업협력에 관한 교환공문
  표지에 관한 교환공문
  외무부 장관의 일방적 성명
  농림부 장관의 일방적 성명
  조업 안전과 질서 유지에 관한 아주국장 간의 왕복 서한 토의기록
(3) 재산 및 청구권에 관한 문제의 해결과 경제협력에 관한 협정에 대한
  합동위원회에 관한 교환공문
(4) 문화재 및 문화협력에 관한 협정에 대한
  합의의사록
  문화재 인수에 관한 양국 대표 간의 왕복 서한(외방조-주일정)

장관

20. 한일 간 제 조약 및 협정의 실시에 관한 추가 합의사항 협의 관련 보고 전문

번호: JAW-08094

일시: 051208[1965. 8. 5]

수신인: 외무부 장관
발신인: 주일 대사대리
사본: 김동조 대사

금 8. 5 일 외무성 한국 관계 당국자는 한일 간 제 조약의 실시에 관련된 한일 양국 간의 추가적인 합의사항 또는 협의에 관하여 일본 측으로서는 한국 국회에서의 비준 동의가 확실하게 된 후 시기를 택하여 관련된 문제 전반에 걸쳐 포괄적으로 아 측과 협의하고자 한다는 견해를 표명하였으므로 이를 보고함.

(동 당국자는 구체적인 문제를 어떻게 다룰 것인가는 전술한 협의를 통하여 결정할 것을 시사하였음).(주일정-외아북, 외통협)

21. 청구권협정 일본어 텍스트 정정 관련 본부 입장 회신 전문

번호: JAW-08132

일시: 061619[1965. 8. 6]

수신인: 외무부 장관(사본: 김동조 대사) 귀하
발신인: 주일 대사대리

대: WJA-0805

1. 금일 외무성 조약 당국에서는 아 측 안대로 제1인칭 정식 공한으로 처리하는데 이의가 없음을 표명하면서 아래와 같은 안을 제시하여 왔음.

(가역) 일본 측 서한(안)

"본 대신은, 소화 40년 6월 22일 도쿄에서 서명된 재산 및 청구권에 관한 문제의 해결과 경제협력에 관한 일본국과 대한민국 간의 협정 제1 의정서에 관하여, 일본어 서명 본서의 제7조 첫머리 및 말문의 '본 협정'이라는 말은, 본서 작성 시의 잘못에 의한 '본의정서'의 착오이므로, 양국 정부가 보유하는 일본어 본서는, 어느 것이나 이와 같이 정정된 것으로 간주할 것에 대한민국 정부가 동의할 것을 요청하는 영광을 가집니다.

1965년 8월 일
일본국 외무대신 시나 에쓰사부로

대한민국 특명전권대사 김동조 각하"

(가역) 한국 측 서한(안)

1965년 8월 일

"본관은, 1965년 6월 22일 도쿄에서 서명된 대한민국과 일본국 간의 재산 및 청구권에 관한 문제의 해결과 경제협력에 관한 협정 제1 의정서에 관한 금일 자의 각하의 서한을 수령하였음을 확인하며, 대한민국 정부가, 동 의정서의 일본어 성명 원본의 제7조 첫머리 및 말문의 '고노 교테이'의 말은 '고노 기테이쇼'의 말로 정정된 것으로 간주하는 것에 동의함을 각하에게 통보하는 영광을 가집니다.

대한민국 특명전권대사 김동조

일본국 외무대신 시나 에쓰사부로 각하"

2. 본건 각서 교환 일자는 김동조 대사의 부재를 고려하여 8월 2일 자로 작성하는데 이의 없다고 외무성 측에서는 말하고 있음.

3. 외무성 측에서는 본건 각서에 사용하는 용어에 관하여, 일본 측 각서는 일본어로, 한국 측 각서는 한국어로 하고 기타 외국어에 의한 번역문은 첨부하지 않도록 제안하여 왔음.

4. 외무성 측은 문제의 부분을, 원본 자체에 손을 대지 않고 전기각서 교환만으로서 정정하기를 바라고 있음.

5. 위의 건에 관하여 지급 회시 바람.

6. 당부는 본 건 각서 교환을 위한 한국 측 공한 원본을, 귀국 중인 김동조 대사에 의한 서명을 위하여, 내주 월요일 파우치 편으로 송부 위계임.(주일정-외아북, 외방조)

22. 한일 간 조약 및 제 협정 비준 관련 국회사무처의 자료 제출 요청 공문

국사위 제37호

1965. 8. 9

수신: 외무부 장관

제목: 자료 제출

1. 국회법 제125조에 의거 당 국회 한일 간 조약과 제 협정 비준 동의안 심사특별위원회의 심사자료로서 다음과 같은 자료가 필요하며 요구하니 조속히 제출 바랍니다.

　가. 다음 문서의 제1차부터 조인까지의 회의록
　　(1) 기본관계에 관한 조약
　　(2) 일본국에 거주하는 대한민국 국민의 법적지위에 관한 협정 및 부속 문서
　　(3) 어업에 관한 협정 및 부속 문서
　　(4) 재산 및 청구권에 관한 문제의 해결과 경제협력에 관한 협정 및 부속 문서
　　(5) 문화재 및 문화협력에 관한 협정 및 부속 문서
　나. 조인 원본(일본 측 작성분)의 사본
　다. 2차 대전 후 일본과 피침략 제국과의 강화조약 사본
　라. 한국 역대 정권의 한일 문제에 대한 해결방침의 대조표의 군정과 현 정부의 애초 요구내용과 최종 해결과의 대조표
　마. 김-오히라 메모 및 부속 서한 사본
　바. 제3공화국 이래 한일회담 본회의 및 분위 속기록 사본
　사. 반환 문화재 품목록(한국 측 요구분)

끝

사무총장 배영호[직인]

26. 국회사무처의 자료 요청에 대한 외무부 회신 공문

외방조 741.13 -

1965. 8. 11

수신: 국회 사무총장

제목: 자료 제출

대: 국사위 제37호/1965. 3. 9

   1. 대호로 요청하신 바에 따라 별첨 목록과 같은 자료를 국회 특별위원회에서 '대한민국과 일본국 간의 조약 및 제 협정과 그 부속 문서의 비준에 대한 동의안'을 심의하심에 있어 참고자료로서 이에 제출 하나이다.

   2. 특별위원회는 제1차 한일회담 이래의 한일회담 본회의 및 각 분과위원회의 회의 기록의 제출을 요청하였습니다. 금반 정부에서 국회의 심의를 위하여 제출한 '대한민국과 일본국 간의 조약 및 제 협정과 그 부속 문서' 및 이에 따른 참고 문서는 1951년 말에 제1차 한일회담이 시작된 이래의 교섭의 결과를 총체적으로 집약한 것입니다. 교섭의 경위를 기술한 회의 기록은 매 회의마다 그때그때 대표단으로부터 보고가 되어 있습니다만, 교섭이 끝난 지 아직 일천한 시기에 더욱이 아직 관계 조약과 협정 등의 발효되지 않은 시기에, 기록 자체를 공표함은 외교 관례에 반하는 일입니다. 따라서 이와 같은 회의 기록은 금후 적절한 시기에 공포될 것입니다마는, 금반 국회의 심의에 있어서는 교섭의 경위에 관하여 질의가 있으시면, 필요한 사항을 비공개 회의에서 본직 또는 직접 교섭에 임하여 온 관계 대표로 하여금 소상히 설명드리도록 하겠아오니 이를 양찰하여 주시기를 경망 하나이다.

3. 조인 원본(일본어본)의 사본(대호의 나항)은 이미 이를 작성 제출한 바 있습니다.

유첨: 1. 일본국에 대한 평화 조약집 (대호의 다항) 40부
　　　2. 각차 별 한일회담 양측 입장 대조표 (대호의 라항)
　　　3. 김-오히라 메모 및 관련 문서 사본 (대호의 마항)
　　　4. 반환 문화재 품목록 (한국 측 요구분)(대호의 사항)

끝

외무부 장관 이동원

27. 국회 '한일 간의 조약 및 제 협정 비준 동의안 심사 특별위원회'의 심의에 즈음하여 행한 이동원 외무부 장관의 설명문

0377 국회 '한일 간의 조약 및 제 협정 비준 동의안 심사 특별위원회'의 심의에 즈음하여 행한 이동원 외무부 장관의 설명

0378 존경하는 특별위원회 위원장, 위원 여러분!

0379 지난 6월 22일에 조인된 한일 간의 기본조약과 제 협정의 비준 동의를 위한 심의에 있어, 국회가 이를 각별히 중요한 안건으로 다루시어 특별히 이를 위한 위원회를 구성하시어 심의를 시작하심에 따라 오늘 이 자리에서 본인이 교섭 과정에 있어서 견지하여 온 정부의 기본적인 입장과 교섭의 경위를 밝히고 각 문서의 내용에 대하여 설명드리게 되었음을 영광으로 생각하는 바입니다.

0380 이제 오랜 교섭을 거쳐 조인되어 비준 동의를 요청하게 된 조약과 제 협정은 우리 민족으로서는 견디기 힘들고 쓰라렸던 불행한 과거를 청산하고 이 토대 위에서 주권의 상호존중과 호혜 평등의 원칙에 입각하여 한일 양국 간의 국교를 새로이 개설하려는 데 그 목적이 있는 것입니다. 이와 같은 뜻에서 이는 참으로 이 민족의 역사에 있어서 중차대한 의의를 가지는 것입니다.

0381 한일회담은 1951년에 시작된 이후 7차의 회담을 거듭하여 근 14년에 걸쳐온 것으로서 20세기 외교 사상 양국 간의 교섭으로서는 그 유례를 찾아볼 수 없는 기나긴 교섭의 결과로 타결된 것입니다. 기 간 역대 정부도 회담 타결의 필요성을 다 같이 느끼고 교섭을 부단히 추진하여 왔던 것이며 그와 같은 역대 정부의 회담 타결을 위한 노력을 현 정부가 계승하여 결말을 짓게 된 것입니다.

이와 같이 오랜 시일에 걸쳐 교섭을 진행시켜 오는 동안 우리를 둘러싼 국제 정국의 큰 흐름은 특히 근년에 이르러 자유민주주의를 신봉하는 국가 간의 결속을 더욱 촉구하고 있는 것이며, 이와 같은 견지에서도 한일 간의 국교를 정상화함이 우리의 번영과

0382 아세아에 있어서의 안전을 위하여 필요하였던 것입니다.

정부는 한일회담을 추진함에 있어서 이와 같은 국제정세의 추세에 대응하면서도, 우리 국가와 국민의 권익을 최대한으로 확보하기 위하여 꾸준한 노력을 하여 왔던 것입니다. 이상과 같은 오랜 교섭이 타결에 이르기까지 얼마나 어려웠고 중요하였던 가에 대하여는 여러 의원께서도 잘 아실 것으로 믿어 마지않습니다.

0383 이와 같은 교섭에서 정부가 취하여 온 기본 입장은 일본으로 하여금 지난날의 침략적 근성을 버리고 과거를 뉘우치게 함으로써 불행하였던 역사를 깨끗이 청산하고 우리의 민족정기를 높이고 우리의 모든 권익을 최대한으로 확보하는 동시에 정의 형평과 호혜 평등에 입각하여 새로운 관계를 맺어야 한다는 것이었습니다.

0384 정부는 우리 국민이 가지고 있는 일본에 대한 감정과 국회에 있어 무엇을 어떻게, 우리 국민이 원하고 있는 것인가를 항상 살피는 동시에 역사를 통하여 얻은 일본과의 과거 관계의 체험을 충분히 염두에 두고 교섭하여 왔던 것입니다.

한일 양국 간의 국교 정상화는 어느 누구의 이익을 위하는 것이 아닙니다. 온 국가와 온 국민의 이익을 확보하자는 것입니다. 정부는 어디까지나 범국민적인 기초위에

0385 서 국가이익의 추구를 목표로 하였던 것입니다. 이러한 국가이익에 부합되는 한 국민의 어느 계층이나 어느 부분에서 오는 어떠한 주장이나 요망도 받아들여 이를 최대한으로 반영 관철함에 최선의 노력을 다한 것입니다.

지금까지 교섭 내용에 관하여는 정부가 그때그때 의원 여러분께 소상히 보고드린 바 있습니다만 그때마다 하여 주신 여러분의 말씀과 요구를 성실히 받아들여 이를 반영시키고자 최선의 노력을 다하였습니다. 금반 조인된 제 합의문서는 여러분이 지적

0386 하신 많은 점을 보완하여 타결된 것으로 믿는 바입니다.

본인은 존경하는 의원 여러분께서 한일 양국 간의 그릇된 역사가 언제인가는 청산되고 그 기초 위에서 새로운 관계가 수립되어야 한다는 객관적 필연성을 가장 깊이 이해하실 것을 믿는 바입니다. 이 조약과 협정을 심의하심에 있어서는 국가 민족의 먼 장래를 내다보는 대국적 견지에서 다루어주시고 조목조목을 세밀히 그리고 충분히 따

0387 져 심의하여 주실것을 또한 믿는 바입니다.

이제 본인은 여러분의 심의를 위하여 조약과 협정의 내용에 대한 설명을 드리겠습니다.

0388 정부가 이번에 비준 동의를 요청하기 위하여 국회에 송부한 한일 간의 조약 및 협정은 기본관계에 관한 조약 일본국에 거주하는 대한민국 국민의 법적지위 및 대우에 관한 협정 재산 및 청구권 문제의 해결과 경제협력에 관한 협정, 문화재 및 문화협정에 관한 협정과 이들 조약 및 협정에 대한 부속 문서입니다.

우선 기본관계에 관한 조약에 대하여 설명을 드리겠습니다. 기본관계조약은 양국 간의 관계를 규정하는 기본적인 합의 문서로서 양국 간에 있었던 불행한 과거를 청산하고 새로운 장래 관계를 수립하는 데 그 목적이 있는 것입니다.

0389 정부는 우리나라가 일본과 국교를 개설함에 있어서는 무엇보다도 먼저 일본이 과거에 행하였던 바를 뉘우치고 우리 국민이 용납할 수 있는 내용에 따라 타결되어야 할 것이라는 근본적 입장을 뚜렷이 하여 이를 견지한 것이며 이와 같은 우리의 주장이 관철됨으로써 여러분이 보시는 바와 같은 조약이 조인케 된 것입니다.

0390 기본관계조약에 있어서는 우선 합의문서의 명칭과 형식을 어떻게 할 것인가에 관하여 일본은 최근 단순한 장래의 관계만을 규정하는 공동선언을 주장하였습니다만, 우리는 치욕적인 구한말의 제 조약을 무효로 하여 과거를 청산하고 양국의 기본적인 새로운 관계를 규율하는 문서인 만큼 '기본조약'으로 하여야겠다는 주장을 시종일관 강력히 내세움으로써 결국 우리의 입장을 관철시켰으며 특별히 조약 내용의 핵심이 된다고 볼 수 있는 구 조약의 무효 확인 조항으로 근 반세기의 뼈에 사무치는 불행한 역사를 청산하였습니다.

0391 다시 말씀드리면 과거 대한민국과 일본 간에 맺어졌었던 모든 치욕적인 조약은 이 민족의 정기가 살아있는 한 당연히 무효가 되어야 한다는 민족적 요구를 주장 관철하였으며, 한편 대한민국 정부가 한반도에 있어서의 유일한 합법정부임을 일본으로 하여금 명백히 확인케 함으로써 우리의 국제적 지위를 다시 한번 선양하였을 뿐만 아니라, 일본의 외교에 있어서의 양면 정책의 가능성을 봉쇄하도록 한 것입니다.

이로써 양국은 불행하였던 과거를 청산한 토대 위에서 서로 주권을 존중하고 호혜평등의 원칙에 따라 공동의 번영을 추구하는 새로운 역사의 제일보를 내디딜 길을 마련하게 된 것입니다.

0392 다음으로 재일교포의 법적지위와 대우에 관한 협정에 대하여 말씀드리겠습니다.

현재 일본에 거주하고 있는 60만에 달하는 재일교포는 그 대부분이 일제의 전쟁 기간 중 강제로 징병 또는 징용으로 끌려갔다가 태평양전쟁의 종결 후 그대로 일본에 정착하게 된 역사적 배경의 특수성에 비추어 일반 외국인보다 유리한 법적지위와 대우가 그들에게 부여되도록 하는 것이 이 협정의 근본적인 정신과 목적인 것입니다.

이 협정에서 가장 핵심적인 문제는 우리의 재일교포들이 일본국에서 안심하고 살 수 있는 권리를 보장받고 다른 외국인보다는 나은 대우를 받자는 것입니다. 이 협정으로서 해방 전에 일본에 건너가서 거주하게 된 교포나 그들의 자손이 일본에서 영주권을 가지게 되었을 뿐만 아니라 이와 같은 영주권을 가진 교포의 자녀에 대하여도 그들의 부모와 같은 영주권을 보장하였으며 이로서 그들이 원하는 한 일본에 안주할 권리를 가지게 된 것입니다.

또한 법적지위협정은 우리 재일교포의 자녀가 차별 없이 동일한 교육을 받을 수 있도록 하는 동시에 일반 외국인에게는 통용되지 않는 각종의 사회보장제도 예컨대 건강보험, 생활보호법 등의 혜택을 받을 수 있는 권익을 확보한 것입니다.

다음은 어업협정에 관하여 설명드리겠습니다.

정부는 어업회담에 있어서 무엇보다도 우리 어민의 최대의 이익을 보장하는 것을 앞세우고 우리가 평화선을 선포하게 된 목적과 취지를 견지하여 우리 근해에 있어서의 어족자원을 보존하고 우리 어민이 계속하여 어업을 발전시켜 나갈 수 있는 방안을 마련하여 타결한 것입니다.

이와 같은 교섭의 결과로서 이번 어업협정에 있어서 우리는 국제법의 일반원칙과 국제관행이 허용하는 최선의 내용을 확보하였습니다.

어업협정에서는 우선 우리 어민만이 조업할 수 있는 독점수역을 확보하고 또한 동 수역에서의 우리의 배타적 관할권의 행사를 확보하였습니다.

또한 이 협정에서는 우리 어민의 안정된 어로를 보장하고 일본 어선에 의한 남획과 자원의 고갈을 방지하기 위하여 어업을 제한할 규제 조치가 적용될 공동규제수역을 우리의 배타적 관할수역 외측에 설정하였습니다. 이에 의하여 이 수역에서 일본 어선은 어업협정에 규정된 내용에 따라 어로를 제한하여야 할 의무를 지니게 된 것이며 이와 같은 규제 조치를 위반하는 어선에 대하여는 이를 효과적으로 단속하기 위하여 필요한 규정을 두었음은 물론 나아가서 한일 양국 감시선의 공동 순시, 상호 승선 등을 통하여 단속의 실효성을 더욱 확실히 하는데 만전을 기하도록 한 것입니다.

이밖에 또한 공동 조사 수역을 설정하여 어족 자원 보존에 필요하면 언제든지 유효한 규제를 과할 수 있는 규정을 둠으로써 더욱 효과적이고 강력한 어업규제를 하도록 한 것입니다.

0398 이상의 어업규제와 병행하여 현재와 같은 격심한 한일 양국 간의 어업 격차의 시정이 없이는 우리 어업의 발전을 기대할 수 없는 현실을 직시하고 우리 어업을 재정비하여 발전시키는 데 필요한 자원을 어업협력 차관으로서 유리한 조건으로 받아들일 길을 마련한 것입니다.

0399 이와 같은 어업협정의 체결로 우리는 일본 어선이 과거와 같이 우리 근해에 침입하여 남획하는 것을 미리 막고 자원 보호에 대한 협정상의 의무를 부하시켜 어업자원의 효과적인 보존을 기하는 동시에 우리의 어업이 최단 시일 내에 후진성을 탈피하고 강력한 어업 세력으로 약진할 수 있는 터전을 마련함으로써 실질적으로 우리 어민이 새로운 번영을 할 수 있는 기틀을 확고히 하였다고 믿는 바입니다.

다음으로 재산 및 청구권 문제의 해결과 경제협력에 관한 협정에 대하여 설명드리겠습니다.

0400 우리가 일본에 대하여 청구하여 온 것은 일본 정부 또는 일본인이 우리나라 정부 또는 국민에게 진 채무를 청산하라는 것이었습니다. 이에 관한 교섭에 있어서는 제1차 회담 이래 우리의 대일청구권의 범위와 내용에 대하여 중점적으로 토의한 결과 8개 항목에 긍한 우리의 청구항목이 제시되었습니다만 실질관계의 확인, 산정 방법, 거증의 문제 등으로 각 청구항목을 일일이 따져서 청산하는 것은 법률적으로나 실질상으로 불가능한 상태이었습니다. 이와 같은 사정 하에서 우리의 청구권을 최대한도로 관철시키는 방법으로서 일괄 해결을 보게 된 것입니다.

0401 그 결과로 일본은 우리에게 무상 3억 불 장기 저리 차관 2억 불을 제공하게 된 것이며 또한 3억 불 이상 민간신용을 제공하게 된 것입니다.

본 청구권협정으로써 받아들이게 될 자금은 우리나라의 경제발전에 필요하다는 우리의 판단에 따라 우리가 원하는 것을 우리가 원하는 방법으로 받아들여 사용할 수 있도록 함으로써 우리가 주장하던 조건으로 타결을 보게 된 것입니다. 다시 말씀드리면

0402 대일청구권을 받아들이는 데 있어서는 먼저 정부가 필요로 하는 물자를 선택하여 도입계획을 정하고 그것을 일본 정부에 통고하며 일본 정부는 그 계획에 따라 우리가 구

매하여 오는데 필요한 조치를 취하도록 한 것입니다.

　　무상 3억 불의 청구권 사용 방도에 있어서는 타에 유례없는 1억 5천만 불에 달하는 거액의 원자재상품을 들여올 수 있도록 마련함으로써 국내 경제발전에 다각적 사용 효과를 올릴 수 있게 하였을 뿐만 아니라 정상 무역 거래에 있어서의 전용을 가능케 함으로써 귀중한 우리의 외화 수급에도 유용하게 활용할 수 있는 길을 마련한 것입니다.

　　또한 동 청구권을 적기에 효율적으로 사용할 수 있도록 하기 위하여 조달청이 구매 절차에 관한 모든 결정을 할 수 있도록 하였으며, 이로써 대일청구권 도입에 있어서의 우리의 주도적 권리를 확보함으로써 우리 경제발전에 유익하게 활용할 수 있도록 조치되어 있는 것입니다.

　　다음은 문화재 및 문화협력에 관한 협정에 관하여 설명드리겠습니다.

　　이 협정은 과거 일본이 한국을 강제적으로 침략 지배하기 시작한 이후 일본이 우리나라로부터 불법 부당하게 반출하여 간 우리의 귀중한 문화재를 현물로 되찾아 옴을 그 목적으로 하고 있습니다.

　　우리 선조가 넘겨놓은 문화재는 민족의 전통과 정신을 밝혀주는 지표가 되는 것이므로 이 귀중한 문화재를 다시 찾는다는 것은 문화민족으로서의 우리의 의무가 아닐 수 없습니다. 이번 협정에 의하여 우리는 일본이 가져갔던 우리의 소중한 문화재, 특히 그 가운데서도 과거 소위 일정 통감부나 총독부가 수탈하여 갔던 모든 것을 전부 우리 손으로 되찾아 옴으로서 우리 민족문화를 길이 보존하는 동시에 학술적인 연구에 기여할 수 있도록 한 것입니다.

　　「소위 독도 문제에 대하여 말씀드리겠습니다.

　　독도는 우리나라의 엄연한 영토이며 영유권 운운의 여지가 없습니다. 여러 의원들께서도 아시다시피 일본은 독도가 일본의 영토라고 주장하고 영유권에 관한 시비를 국제재판을 통하여 가리자고 강경한 태도를 십 수년간 계속하여 취하여 왔습니다.

　　금번의 회담 타결 시에 있어서도 이 문제를 해결하고야 말겠다는 태도를 보였습니다. 그러나 정부는 독도가 우리의 영토이므로 국교 정상화가 안 되는 한이 있더라도 일본의 주장을 받아들일 수 없을 뿐만 아니라 이 문제를 가지고 일본과 논의할 여지가 없음을 분명히 하여 우리의 주장이 관철시켰음을 말씀드립니다.」[31]

이상 말씀드린 바와 같이 지금 정부가 국회에 대하여 비준 동의를 요청하고 있는 조약 및 협정의 내용이 우리의 자주적인 긍지와 민족적 정기를 올바로 살리고 우리의 민족적 이익을 최대한으로 쟁취한 것인가에 대하여는 현명하신 의원 여러분께서 국내외의 제반 정세와 협정자체의 내용의 조리에 따라 냉철 엄격히 판단하여 주실 것으로 믿는 바입니다.

다만 한 가지 말씀드리고 싶은 것은 이 합의문서는 기나긴 외교교섭 끝에 이루어진 상대적 산물이라는 것입니다. 따라서 정부로서는 이 합의문서의 내용이 우리의 주장을 하나도 빠짐없이 전부 망라 반영시켰다고 하려는 것은 아닙니다. 그러나 앞서 말씀드린 우리의 기본 입장에 따라 정부로서는 최대한의 노력을 경주하여 최선의 결과를 맺은 것이라고 확신하는 바입니다.

쓰라렸던 한일 간의 과거 역사만을 생각한다면 일본과의 여하한 관계도 원할 도리가 없다는 것은 당연한 감정일 것입니다. 그러나 격동을 거듭하는 우리 주위의 제반 정세의 추이는 우리로 하여금 과거의 감정에만 머무르게 하지 않고 거시적인 안목에서 먼 장래를 내다보면서 우리 국가 민족의 자주적 발전과 번영을 추구하지 않을 수 없도록 하고 있는 것입니다. 이러한 뜻에서 볼 때 역대 정부가 과거를 청산하고 양국 간의 국교를 호혜 평등의 원칙에 따라 새로이 맺기 위한 한일회담을 부단히 추진하여 온 것은 결코 우연한 일이 아닌 것입니다.

이상 설명을 드렸습니다만 각 협정에 대한 상세한 이야기는 심의과정에서 여러분의 물으심에 따라 말씀 올리기로 하겠습니다.

이제 정부는 존경하는 의원 여러분의 현명하신 심의와 판단을 바라고자 하는 것입니다. 의원 여러분께서는 조약과 제 협정의 정신과 내용을 충분히 이해하시고 심의하여 주시와 한일 간 제 합의문서의 비준에 동의하여 주실 것을 간곡히 바라마지 않는 바입니다.

---

31 이 부분은 애초에 작성된 원문에 추가된 부분임.

29. 한일 간 조약과 제 협정 및 부속 문서의 비준 동의 결과 통보 공문

0413   국사의 제1060호

1965. 8. 16

수신: 대통령
참조: 외무부 장관

제목: 대한민국과 일본국 간의 조약과 제 협정 및 그 부속 문서의 비준 동의

외장조 741.13-11387(1965. 7.12)로 동의 요청한 대한민국과 일본국 간의 조약과 제 협정 및 그 부속 문서를 1965. 8. 14 제52회 국회 제12차 본회의에서 동의하였으므로 이를 통지합니다.

끝

의장 이효상[직인]

32. 한국 국회에서의 한일 협정 비준 동의에 대한 사토 수상의 박 대통령 앞 축하 메모[32]

0416   メモ

　　貴国国会において本日日韓諸条約の批准同意案が通過しましたことは, 貴大統領閣下をはじめ貴国政府首脳の英邁なる指尊力と努力の賜物であり, 深く敬意を表します. 私はこの機会に, 日本側としても出來る限り速かに批准手続きを完了し, 貴大統領閣下の努力に応えるとともに, 両国国民の多年に亘念願である国交正常化を一日も早く実現する決意であることをお傳えします.

　　(朴大統領宛佐藤總理よりの個人的メッセージ)

번역   메모

　　오늘 귀 국회에서 한일 조약 비준 동의안이 통과된 것은 귀 대통령 각하를 비롯한 귀국 정부 수뇌부의 영민한 판단과 노력의 결과이며, 깊은 경의를 표합니다. 저는 이 기회에 일본 측도 가능한 한 조속히 비준 절차를 완료하여 대통령 각하의 노력에 부응함과 동시에 양국 국민의 오랜 염원인 국교 정상화를 하루라도 빨리 실현하겠다는 결심을 전합니다.

　　(박 대통령께 보내는 사토 총리 개인 메시지)

---

32   일본 외무성의 한국 출장 직원에 의해 전달된 메시지임.

33. 한국 국회에서의 한일 협정 비준 동의에 대한 사토 수상의 정 국무총리 앞 축하 메모[33]

0417　メモ

　　貴国国会において本日日韓諸条約の批准同意案が通過しましたことは, 朴大統領閣下, 貴国務総理閣下をはじめ貴国政府首脳の英邁する指導力と努力の贈物であり, 深々敬意を表します. 私はこの機会に日本側としても出来る限り速かに批准手続きを完了し, 貴国務総理閣下の努力に応えるとともに, 両国国民の多年に亘る念願である国交正常化を一月も早く実現する決意であることをお伝えします.
　　(丁国務総理宛佐藤総理よりの個人的メッセージ)

번역　메모

　　오늘 귀국 국회에서 한일 조약 비준 동의안이 통과된 것은 박 대통령 각하, 총리 각하를 비롯한 귀국 정부 수뇌부의 영민한 지도력과 노력의 결실이며, 이에 깊은 경의를 표합니다. 저는 이 기회에 일본 측도 가능한 한 빨리 비준 절차를 완료하여 귀국의 노력에 부응함과 동시에 양국 국민의 오랜 염원인 국교 정상화를 한 달이라도 빨리 실현할 각오임을 말씀드립니다.
　　(정 국무총리에게 보내는 사토 총리의 개인 메시지)

33　일본 외무성의 한국 출장 직원에 의해 전달된 메시지임.

34. 한국 국회에서의 한일 협정 비준 동의에 대한 시나 외상의 이동원 외무부 장관 앞 축하 메시지

0418   지난 6월 22일의 정식 조인의 감격이 아직 사라지지 않는 오늘 일한 간 제 협정 비준 동의안이 귀국 국회에서 통과하였다는 보에 접하여 진심으로 축하의 뜻을 표하는 바이며 이는 박 대통령 각하, 정 국무총리 각하 및 각하를 비롯한 귀국 정부 여러분들
0419   의 열의와 지도력의 표현으로 알고 깊은 경의를 표하는 바입니다.

우리 측도 비준 절차를 가급적으로 속히 진행함으로써 각하의 진력에 응답하고자 하는 바입니다.

1965년 8월 14일
일본국 외무대신
시나 에쓰사부로

대한민국 외무부 장관

이동원 각하

0420   去る六月二十二日の本調印の感激がさめやらぬ今日, 日韓間諸協定批准同意案が貴国国会を通過したとの報に接し, 心からお喜びを申上げるとともに, これは朴大統領閣下, 丁国務總理閣下および閣下をはじめとする貴国政府各位の熱意と指導力を現われとして深甚なる敬意を表する次第であります.
0421   わが方も批准手続きを可及的速やかに進めることによって閣下の御盡力に応える所存であります.

一九六五年八月十四日
日本国外務大臣　椎名悦三郎

大韓民国外務部長官　李東元 閣下

35. 일본 측의 축하 메시지에 대한 감사의 뜻 전달 지시 전문

번호: WJA-08287

일시: 191140 [1965. 8. 19]

수신인: 주일 대사

1. 일본 외무성 출장직원을 통하여 8. 14 사토 수상으로부터 대통령 각하 및 국무총리 각하에게 한일 협정의 비준 통과에 대한 측하 메시지가 구두로 전달된 바 있음. 시나 외상을 통하여 상기 메시지를 각각 받으셨다는 뜻을 사토 수상에게 전달하시기 바람.

2. 또한 시나 외상으로부터의 본직에 대한 구두 메시지에 대한 회답을 아래와 같이 구두로 전달하여 주시기 바람.

한국 국회에서의 한일 간 제 협정에 대한 비준 동의안 통과에 즈음하여 각하께서 보내주신 메시지를 반가이 받아 보았습니다.

귀국 국회에서의 비준 동의가 조속한 시일 내에 이루어 짊으로서 양국 간의 국교 정상화가 하루속히 실현되기를 기원하며 각하의 건승을 빕니다.

장관

36. 축하 메시지에 대한 감사의 뜻 전달 보고 전문

번호: JAW-08438

일시: 201755[1965. 8. 20]

수신인: 외무부 장관 귀하

발신인: 주일 대사

대: WJA-08287

대호 지시대로 금 20일 외무성 당국에 전달하였음을 보고함.(주일정-외아북)

2. 일본 국회 비준 심의 및 신문 보고(1965. 7~12)

37. 일본 측 한일 협정 비준 절차 관련 동향 보고 전문

번호: JAW-07072

일시: 051833[1965. 7. 5]

수신인: 장관

발신인: 주일 대사

　7. 5(월) 일본 외무성 한국 관계 당국자는, 일본 측의 한일 조약 비준 절차에 언급하여, 아직 확정적인 것은 아니나 관방 장관으로부터 들은 바에 의하면 일본 국회(참의원, 중의원)가 8월 말경에 소집될 것이라고 말하면서, 그때 한일 간 조약 비준 동의 문제가 상정될 것이고 국회 심의 기간은 약 2개월 정도로 예상되며 경우에 따라서는 자민당 단독 심의의 가능성도 있다고 시사하였음. 또한 동 당국자는, 전술한 국회에서는 예년에 따라 풍수해 대책을 위한 추경 예산도 심의하게 될 것이지만 한일 문제가 심의의 주된 대상이 될 것이라고 전망하였음.(아북)

40. 일본 측 한일 협정 비준 국회 소집 관련 동향 보고 전문

번호: JAW-07272

일시: 161659[1965. 7. 16]

수신인: 장관

발신인: 주일 대사 대리

1. 외무성 한국 관계 당국자는 한일 조약 비준 국회가 다소 늦어져서 9월 초순이 될 것이라고 말하였음.

2. 전기 당국자는 현재 서울에서의 한국 국회 사정에 관심을 표명하였으므로 아 측은 그간 본부로부터 통보받은 국회 사정을 알려주는 동시에 국회의 비준 동의에 대하여 염려할 것이 없음을 강조하였음.

외무성 측은 특히 한국 국회에서의 비준 동의 시기, 야당 국회의원들의 사회문제, 기독교 신도들에 의한 조약 비준 반대운동 등에 관하여 관심을 표명하였음.(주일정-외아북)

46. 한일 조약 및 제 협정 규정에 대한 해석 상치 문제 관련 일본 측 동향 보고 전문

번호: JAW-08396

일시: 181549 [1965. 8. 18]

수신인: 외무부 장관

발신인: 주일 대사

금 18일 외무성 한국 관계 당국자는, 아 측의 타진에 대한 반응으로서, 최근 한일 양국 국회에서의 정부 답변을 통하여 일반에게 알려진 한일 제 조약 규정에 대한 해석과 견해의 상치 문제 특히 독도 문제, 관할권 문제 및 평화선 문제에 관하여 조약 당국에서 검토하고 있음을 시사하면서 아직 한국 국회 의사록을 입수하지 못하여 확실히 말할 수는 없지만 이 문제에 관하여 한국 측과 이야기를 하게 될지도 모른다고 말하였음. 동 당국자는 전기 3가지 문제를 야당이 비준 저지 운동에 이용하고자 한다고 말하였음. 본 건에 관하여는 일본 측의 의도를 계속 타진 위계인바, 지시사항이 있으시면 조속 알려주시기 바람. (주일정 - 외아북)

47. 한일 간에 조인된 조약 및 제 협정에 관한 정부 입장 내부재가 문서

기안자: 동북아과 김태지

과장[서명] 국장[서명] 차관[서명] 장관[서명]

협조자 성명: 조약과장[서명] 방교국장[서명]

기안 연월일: 65. 8. 17

분류기호 문서번호: 외아북 722-13788

경유·수신·참조: 주일 대사

발신: 장관

제목: 한일 간에 조인된 조약 및 제 협정에 관한 정부 입장

1. 1965. 6. 22 조인된 한일 간의 조약 및 제 협정의 비준 동의를 위한 국회 특별위원회 및 본회의 회의록을 별첨과 같이 송부함.

2. 동 조약 및 제 협정과 관련된 제 문제점의 해석에 관한 정부의 입장에 관하여는 동 회의록을 상세히 참고하시고 정부의 입장 표명에 있어서 지침으로 삼으시기 바람.

3. 특히 중요한 문제점이라고 생각되는 기본관계조약 제2조 및 제3조와 독도 문제에 관한 정부의 입장에 관하여는 아래를 참고하시고 일본 정부에 대하여 아 국 정부의 입장이 그러함을 명백히 하고 해석에 착오 없도록 조처하시기 바람.

아래

1. 기본관계조약 제2조에 관하여

한일합병조약을 포함한 모든 구 조약은 당연히 '당초부터' 무효이므로, 제2조는 단지 그러한 사실을 확인하고 있는데 불과한 것이다. 이것은 'null a void'라는 용어의 의미로 보아도 분명하다.

2. 기본관계조약 제3조에 관하여

기본관계조약 제3조에 의하면 대한민국 정부가 한반도에서 유일한 합법정부라고 확인하고 있으며, 한반도에 있어서는 대한민국 정부 외에 어떠한 합법정부도 있을 수 없다.

3. 독도 문제에 관하여

독도는 엄연히 우리 영토의 불가분의 일부이며 따라서 영유권에 관하여 운운할 여지가 없고 한일간에 분쟁의 대상이 될 수 없으며, 금번 양국 간에 합의된 '분쟁 해결에 관한 교환공문'은 독도와는 전혀 무관계한 것이다.

유첨: 전기 회의록

끝

48. 한일 조약 및 제 협정 규정에 대한 해석 상치 문제 관련 본부 입장 통보 전문

번호: WJA-08293

일시: 191745[1965. 8. 19]

수신인: 주일 대사

대: JAW-08396

대호에 관하여는 외아북 722-13788(65. 8. 18)를 참고하시어 각별히 조치하시기 바라며, 결과를 보고 바람.(외아북-주일정)

장관

49. 국회 속기록 관련 지시 전문

번호: WJA-08324

일시: 231140[1965. 8. 23]

수신인: 주일 대사

연: 외아북 722-13788, WJA-08283

연호로 송부한 국회 속기록은 귀 대표부 참고를 위하여 송부한 것이니 일본 측에는 알리지 않도록 조치하시기 바람.(외아북-주일정)

장관

53. 한일 조약 및 제 협정 관련 일본 측의 국내법 조치에 관한 동향 보고 전문

번호: JAW-09375

일시: 201745 [1965. 9. 20]

수신인: 외무부 장관 귀하

발신인: 주일 대사

1. 금 20일 외무성 한국 관계 당국자에게 타진한바 일본 정부는 한일 제 조약 중 청구권, 법적지위 및 어업의 3개 협정실시를 위한 국내법 조치를 취하기 위하여 관계법안을 비준 국회에 제안할 준비를 진행 중이라고 말하였음.

2. 동 법안의 내용은 추후 보고하겠아오나 현재까지 알려진 것은, 가). 청구권협정 관계 법안은 청구권 소멸 조치를 위한 것이며, 나). 법적지위 협정 관계 법안은 영주권 및 퇴거 강제의 절차 규정을 위한 것이며, 다). 어업 관계 법안은 주로 어업에 관한 수역의 범위 설정을 위한 것인데 우선은 쓰시마 주변의 12마일 수역 선포를 위한 것이라 함. 외무성 측에서는 어업에 관한 법안에 있어서, 공동규제수역에 관하여는 법률사항으로 규정할 것이 없으며 또한 어업에 관한 수역을 법률에 규정함에 있어서도 이를 범위 설정에 한정할 것인지 또는 위반에 대한 단속 및 벌칙까지 포함할 것인지는 아직 수산청에서 검토 중이라 함. 또한 외무성 측은 쓰시마 주변의 어업에 관한 수역은 협정 발효와 동시에 설정될 수 있도록 준비 중이라고 말하였음. (주일정-외아북)

55. 일본 비준 국회 제출용 한일백서 작성 관련 보도 확인 지시 전문

번호: WJA-09272

일시: 211425[1965. 9. 21]

수신인: 주일 대사

 1. 금 21일 자 국내 조간지는 귀지 발 합동통신을 게재한바, 동 기사에 의하면 일본 정부는 외무성을 통하여 10. 5부터의 비준 국회에 제출한 『한일백서』를 작성 중에 있으며, 동 백서에서 1) 한국의 관할권은 휴전선 이남에 한하며, 2) 평화선은 어업협정의 발효로 일본에 적용되지 않으며, 3) 독도는 국교 정상화 후 외교 통로를 거쳐 해결한다는 등을 강조하고 있어 "한국으로서는 한일백서 내용을 주목하지 않을 수 없다"고 보도하고 있음.

 2. 위에서 언급된 일정의 『한일백서』에 관련된 정보(백서 간행의 목적, 내용, 부피) 등을 입수하여 조속 보고하시기 바람.

 3. 그간 일본 정부에서 국회 비준 준비를 이유로 요청하여온 한국 국회의 한일 제 협정 관계 의사록(JAW-08220)에 대하여서는 금 21일 당지의 일본 정부 사무소 직원에게 수교할 예정임을 참고로 알림.(외아북)

장관

57. 일본 국회 제출용 한일백서 관련 일본 측 입장 보고 전문

번호: JAW-09439

일시: 221733[1965. 9. 22]

수신인: 장관
발신인: 주일 대사

대: WJA-09272

1. 대호 건에 관하여 외무성 한국 관계 당국자에게 타진한바, 종전에 시나 외상이 야당 측에 약속한 바가 있기 때문에 설명서를 국회에 제출하기로 하고 현재 준비 중에 있다고 함.
동 당국자는 따라서 신문에 보도된 것과 같이 백서를 내는 것은 아니며 또한 신문 보도 내용도 정확하지 못하다고 말하였음.

2. 전기 설명서는 아직 준비단계에 있기 때문에 내용을 말한 것은 아직 없으나 분량은 수십 면 정도가 될 것이며 국회 외무위원회에만 배포할 생각을 가지고 있다고 함.

3. 동 당국자는 전기 설명서가 완성되는 대로 아 측에도 알려주겠다고 함.

4. 아 측은 전기 당국자에 대하여 지난번 한국 국회에서의 한일 조약 심의과정에서 양국 정부 간의 견해 차이가 있는 것으로 신문이 보도하여 여러 가지 논란이 있었는데 앞으로 일본 국회에서의 심의 경과 역시 한국 내에서 예민하게 보도될 것으로 생각된다고 말하면서 전기 설명서 내용에 대하여 관심을 표명하였음. 이에 대하여 동 당국자는 한국 내의 실정을 잘 알고 있다고 말하였음.

5. 전기 당국자는 한국 정부에서 과거 백서 및 해설을 발간한 적이 있었음을 지적하였는바, 아 측은 전기 간행물이 국회 제출을 위한 것은 아니었을 것으로 생각된다고 답변하였음.

6. 전기 당국자는 전기 설명서의 국회 제출은 전례에 없던 일임을 시인하고 동 설명서는 정부의 공식 견해로 간주되는 것이라 함.

7. 전기 당국자는 한국 국회 의사록을 아직 얻지 못하였으므로 금일 한국으로 출발한 우치다 사무관이 서울에서 이를 다시 요청하도록 지시하였다고 함.
이와 관련하여 아 측은 JAW-09396호로 보고한 한국 측과의 이야기 운운에 관하여 다시 타진하였던바 동 당국자는 애초에는 그러한 생각을 가졌으나 현재로서는 한국 측과 이야기할 생각은 없다고 말하였음.

8. 본건은 계속 보고 위계임.(주일정-외아북)

58. 일본 국회의 한일 조약 및 제 협정 비준 상정 동향 보고 전망

번호: JAW-09444

일시: 221808[1965. 9. 23]

수신인: 장관
발신인: 주일 대사

1. 금 22일 외무성 한국 관계 당국자는, 아 측의 타진에 대하여, 현재 야당 측에서 10월 5일 국회에 한일 조약을 상정하는 것을 반대하고 있지만 상정 자체에는 결국 응하게 될 것으로 전망하였음. 동 당국자는 또한 10월 5일에 국회가 소집되더라도 약 1주일간은 여야 간의 절충 때문에 본격적 심의에 들어갈 수 없을 것이며 따라서 대체적인 심의 일정이 양해될 것으로 생각되는 10월 12, 3일 경에 사토 수상의 소신 표명, 시나 외상의 외교 연설 및 후쿠다 장상의 재정 연설이 있게 될 것이라고 말하였음. 그러한 연설에는 한일 문제뿐만 아니라 기타 국내외 문제가 물론 포함되는 것이라고 함.

2. 전기 당국자는 자민당이 특별위원회 구성에 반대하지 않는 보도에 대한 타진에 대하여, 실제로는 특별위원회 구성을 원하지 않는 데 있어서 변함이 없으며 전기 신문 보도는 야당 측과의 절충을 위한 '택틱스'로 생각된다고 시사하였음.

3. 전기 당국자는 국회 심의를 될 수 있는 대로 간단히 하도록 즉, 가능하면 여러 분과위원회가 개최되지 않도록 할 것을 검토 중이며, 따라서 한일 조약에 관련된 국내법안 또는 예산안 등의 종류와 범위도 이러한 방침에 비추어 검토되고 있다고 말하였음.
(주일정-외아북)

66. 한일 조약 및 제 협정 비준을 위한 일본 임시국회 소집 보고 전문

번호: JAW-10101

일시: 051427[1965. 10. 5]

수신인: 외무부 장관
발신인: 주일 대사

한일 조약 비준

1. 금 10. 5일부터 한일 조약 비준을 위한 일본 임시국회(제50회)가 소집됨으로써 일본 측의 한일 조약 비준 절차가 본격화되었는바, 국회 개회를 앞두고 금일 상오 9시 사토 수상은 수상관저에서 기자회견을 가지고 조약 비준에 임하는 일본 정부의 입장을 표명하였으며 여야 정당 간에서는 국회 운영 및 회기 결정 문제 등에 관한 협상이 오전 중에 있었으며, 오전 11시 30분부터 여야 당수 회담이 개최되었음.

2. 사토 수상은 전기 기자회견에서 선린우호를 목적으로 하는 한일 국교 정상화의 의의를 재강조하고 금차 국회에서 조약 비준 승인을 얻을 결의를 표명하였음.
　동 수상은 한일 조약 내용에 대한 종래의 일본 정부의 견해를 되풀이하였으며, 특히 북한 문제에 관하여는, 한일 조약에서는 북한에 관하여 전혀 언급된 것이 없으며, 따라서 북한에 대한 일본 정부의 지금까지의 태도에 변동이 없다는 것. 북한과는 법적으로 아무런 관계가 없으며 앞으로에 있어서는 인적, 경제적 교류를 위주로 하겠다는 점을 천명하였음.
　동 수상은 한일 정상화가 일본으로서 대 아세아 외교 전개에 중요한 뜻을 가짐을 표명하고, 금번의 한일 정상화가 베트남전쟁 참여, 미국의 중공 봉쇄정책에의 동조 및 동북아세아 군사동맹을 목적으로 하는 것은 아니라고 말하였음.

(사토 수상 기자회견 내용의 상세는 별도 보고 위계인바, JAW-10093 보고를 참조하시기 바람.)

3. 사토 수상은 또한 상기 기자회견에서 한일조약 비준 후에 한국을 꼭 방문하고 싶다고 답변하였음.

4. 금일 오전에 있었던 여야당 간부들 간 절충 및 여야 당수회담에서는 국회 운영 및 회기 등 여야 간의 대립점에 관한 절충이 성립되지 아니한 것으로 보도되고 있으며, 따라서 여야 절충을 오후에도 계속하기로 되고 국회 본회의는 오전에 개회될 수 없어 이를 오후로 미루게 되었다고 함.

자민당은 오후의 여야 절충이 성립되지 않을 경우에는 국회 본회의에서 다수결로 70일간의 회기를 확정짓게 될 것이라고 보도되고 있음.(외아북)

67. 한일 조약 및 제 협정 비준 승인을 위한 국회 회부에 대한 일본 각의 결정 보고 전문

번호: JAW-10110

일시: 051744[1965. 10. 5]

수신인: 외무부 장관
발신인: 주일 대사

한일 조약 비준

1. 금 5일 상오 일본 각의에서 다음 조약의 비준 승인을 위하여 이를 국회에 회부하기로 의결되었음이 외무성 당국에 의하여 확인되었음.

　가. 기본조약
　나. 청구권 및 경제협력(제1 및 제2 의정서)
　다. 법적지위 협정
　라. 문화재협정(부속서)
　마. 어업협정(부속서, 직선기선 및 어업수역에 관한 교환공문 2개)
　바. 분쟁 해결에 관한 교환공문

2. 전기 각의는 상기 합의문서 이외의 다음 문서를 참고 문서로서 국회에 제출하기로 하였다함. 지난 6. 22일 서명된 합의문서 중 상기 비준 승인 대상을 제외한 모든 문서(어업협정 및 법적지위 협정의 일방적 성명을 포함함) 단, 국장급 간의 왕복 서한은 제외됨.

3. 동 각의는 또한 다음의 법률안을 국회에 회부 하기로 의결하였다 함.

　가. 대한민국과 일본국 간의 재산 및 청구권에 관한 문제의 해결과 경제협력에 관한

협정 제2조의 실시에 수반하는 대한민국 등의 재산권에 대한 조치에 관한 법률안
나. 대한민국과 일본국 간의 어업에 관한 협정의 실시에 수반하는 등 협정 제1조 1의 어업에 관한 수역의 설정에 관한 법률안
다. 대한민국과 일본국 간의 일본국에 거주하는 대한민국 국민의 법적지위와 대우에 관한 협정의 실시에 수반하는 출입국 관리 특별법안

4. 외무성 당국이 확인한 바에 의하면 행정부는 금 5일 중으로 상기 조약 및 법률안을 국회에 송부할 것이리고 하는바, 실제로 송부되었는지 여부는 아직 확인되지 못하고 있음.

5. 금 5일의 각의는 또한 주한 일본대사관의 정원 및 주부산 일본영사관의 명칭 및 정원개정을 위한 법률안(재외공관의 명칭 및 위치를 정하는 법률 및 재외공관 근무 외무공무원 급여에 관한 법률 개정안)을 또한 의결하였는바, 동 법률안의 국회 회부는 추후로 미루게 될 것 같음.

6. 한일 어업협정 실시를 위한 일본 국내법으로서 농림성 설치법 개정안이 아직 검토 중에 있다고 하는바 동 개정안의 각의 상정 및 국회 회부에 대하여는 아직 확실하지 아니함.
동 개정안의 내용은 어업협정 실시를 위한 농림성 지방사무소의 기구 개편이라고 함.(외아북)

70. 한일 조약 및 제 협정 비준 관련 일본 측 동향 보고 전문

번호: JAW-10122

일시: 060948[1965. 10. 6]

수신인: 외무부 장관
발신인: 주일 대사

한일 조약 비준

1. 여야 간의 회기 절충이 성립되지 않아 10. 5 하오 8시경 중의원 운영위원회는 다수 가결(거수 표결)로서 국회회기 70일을 결정하고 이를 중의원 의장에게 건의하기로 됨.

2. 중의원은 동일 하오 8시 45분 본회의를 개최, 후나다 의장이 먼저 의석을 지정, 동 의장이 회기를 10. 5부터 12. 13까지의 70일간으로 할 것을 발의하였으며, 이에 대한 사회당 측의 반대토론이 있은 후 기명투표로 표결한 결과 원안대로 의결되었으며, 본회의는 의결 직후(하오 9시 9분) 산회하였음. 표결 결과는 다음과 같음.

투표 총수: 297
찬성: 213
반대: 84

3. 참의원은 5일의 본회의를 더 이상 속개하지 않고 금 6일 10:00에 이를 개최하여 중의원과 같이 다수결로써 회기 70일을 가결하게 될 것임.

4. 현재 양원의 세력 분포는 다음과 같음.

　가. 중의원: 자민당-282, 사회당-145, 민사당-23, 공산당-4, 무소속-2, 결원-11, 합계-467

　나. 참의원: 자민당-138, 사회당-74, 공명당 -20, 민사당-7, 공산당-4, 2원 그룹-4, 무소속-3, 결원-없음.(주일정-외아북)

71. 일본 외무성의 조약 및 법률안 국회 송부 사실 보고 전문

번호: JAW-10130

일시: 061025[1965. 10. 6]

수신인: 외무부 장관
발신인: 주일 대사

한일 조약 비준

연: JAW-10110

1. 연호 전문 제4항에 관하여, 일본 행정부는 5일 밤에 조약 및 법률안(3개)을 국회에 송부하였음이 외무성 당국에 의하여 확인되었음.

2. 연호 전문 제2항, 국회에 제출한 참고 문서에는 일방적 성명, 불공표 문서, 국장급 간의 왕복 서한이 모두 포함되어 있음을 외무성 조약과장으로부터 확인하였으므로 동 2항 보고 내용을 정정함.(주일정-외아북)

73. 일본 참의원 국회회기 가결 보고 전문

번호: JAW-10143

일시: 061214[1965. 10. 6]

수신인: 외무부 장관
발신인: 주일 대사

한일 조약 비준

일본 참의원은 금 6일 상오 11시 20분 본회의를 개회하고 국회회기를 70일로 기립 표결로써 가결하였다 함. 의원 본회의는 그 후 곧 산회하였음.(주일정-외아북)

78. 한일 조약 및 제 협정 해석 상치 관련 일본 측 입장 타진 결과 보고 전문

번호: JAW-10213

일시: 081550[1965. 10. 8]

수신인: 외무부 장관
발신인: 주일 대사

대: 외아북 722-13788, WJA-09373

대호 지시에 관하여 다음과 같이 보고함.

1. 조약 해석에 관한 아 측 견해와 입장에 대하여 외무성은 특별한 반응을 당부에 표명하지 아니하여 왔으며 비공식 타진에 있어서도 태도 표시를 주저하여 왔는바, 금 8일 본직은 우시바심의관을 외무성으로 방문하고(11:00~11:30), 본건 문제를 다시 타진하였던바, 동 심의관은 일본 정부로서 특별한 법적 해석을 내린 바 없고, 단지 야당 측에서 해석 상치가 있다고 문제삼고 있기 때문에 이들에 대해서 설명을 하여온 것인데 금후에 있어서도 일본 정부는 국회 답변 등에 있어서, 조약에 나타나 있는 그대로라는 견해와 입장으로 일관할 방침인 것으로 안다고 말하였음.

2. 이상으로 보아 현재 일본 측은, 조약에 대한 특별한 법적 해석을 아 측에 표시하지 않고 있으며 그간 여러 지도층 인사 및 관계자들의 발언 내용은 정책적 입장 표명을 위주로 하고 그것이 또한 일본 측의 조약 비준을 위한 국내 대책상의 PR 활동과 결부되어 복잡한 현상을 나타내고 있는 것으로 사료됨.

3. 본건에 관한 일본 측 입장은 계속 타진 확인 위계이오나, 본건 문제는 일본 측의 국내 대책상의 PR의 필요성이 어느 정도 해소된 후에 검토함이 좋을 것으로 사료됨.(주일정-외아북)

80. 한일 조약 및 제 협정 비준을 위한 일본 국회 동향 보고 전문

번호: JAW-10241

일시: 091305[1965. 10. 9]

수신인: 장관, 중앙정보부장
발신인: 주일 대사

한일 조약 비준

1. 금 9일 하오 0시 보도에 의하면, 정오 지나서 개최된 중의원 운영위원회는 국회 개회식을 10. 11(월) 오전 11시에 거행하기로 여야 합의로써 결정하였다 함. 그 후 참의원 운영위에서도 개회식을 11일로 결정함.

2. 사토 수상 및 시나 외상 연설 일자는 금일 하오 중으로 확정하기로 여야 간에 양해되었다고 하는데, 현재 자민당은 11일을, 민사당 및 사회당은 13일을 주장, 대립되어 있다 함.

3. 국회 절차의 다른 문제인 대표 질문 기한 설정 및 심의 방법(특위 구성 여부) 등에 관한 여야 절충 내용은 아직 구체화되지 않은 것으로 보도됨.(아북)

81. 한일 조약 및 제 협정 비준 관련 일본 국회 동향 보고 전문

번호: JAW-10266

일시: 11637[1965. 10. 11]

수신인: 외무부 장관
발신일: 주일 대사

일본 국회 비준

1. 금 11일 제50회 임시국회는 예정대로 11:00에 개회식을 거행하고, 14:00부터 본회의를 열어, 고 이케다 전 수상 및 다카하시 전 법상에 대한 추도 연설과 정부 제안의 인사안건을 심의하고 산회하였다 함.

2. 금 11일 개회식 후에 열린 중의원 의원 운영위원회 인사회에서는 13일 13:00시에 중의원 본회의에서 수상, 외상, 경제기획청 장관의 정부 3개 연설을 시행하고, 이에 대한 대표 질문을 15, 16 양일에 개최하기로 하고 '한·일 안건'의 심의 방법(위원회 구성 등)에 대하여는 추후에 협의하기로 하였음을 확인하였음. (주일정-외아북)

82. 사토 수상 및 시나 외상의 중의원 본회의 연설문 중 한국 부분 내용 보고 전문

0488

번호: JAW-10321

일시: 131366 [1965.10.13]

수신인: 장관

발신인: 주일 대사

금 13일 하오 1시에 개최되는 중의원 본회의에서의 사토 수상 및 시나 외상의 연설문 중 한국 부분을 다음과 같이 보고함

1. 사토 수상 소신 표명

(전략) 지난번 조인된 한일 국교 정상화를 위한 제 조약은, 전후 14년의 오랫동안에 걸쳐 양국 정부가 노력을 쌓아 도달한 성과이며, 한일 양국 간에 새로운 정상 관계를 초래하여 평화와 우호를 실현하기 위한 것임.

양국은 수천 년래, 역사적 문화적으로 가장 밀접한 관계에 있는 인국이며, 다 같이 민주주의를 국시로 하고 자유세계에 속하고 있음. 이 양국이 국교를 정상화하는 것은, 본연의 자세로 돌아가는 것이며, 참으로 당연한 것이라고 하지 않을 수 없음. 본인은 한일 간의 부자연한 상태가 전후 20년간에 미쳤음에 더 이상 금후에도 계속되는 것을 방치할 수 없는 것임.

가장 가까운 인국인 한국과의 사이조차도 평화를 달성하지 못하고 세계의 평화를 말할 자격은 없음. 이들 제 조약에 따라, 양국 간에 국교가 회복되고, 외교사절이 교환되며, 청구권 문제도 최종적으로 해결됨은 물론, 이번 어업협정에 따라, 관계 어민 여러분들이 오랫동안 고생하여 온 어업 문제도 해결되는 것임.

0489

그 결과, 아 국의 어선이 나포된다든가 선원이 억류되는 일은 없으며 어민은 안심하고 조업할 수 있게 되었음. 또한 분쟁 해결에 관한 교환공문에 의하여, 독도 문제에 대

하여 평화적 해결의 길이 열렸음. 독도가 아 국 고래[古來]의 영토임은 말할 필요도 없음. 정부는 금후에 있어서도 강력히 그 영토권을 주장할 것임.

이들 제 조약은, 과거의 한일관계를 청산하고, 양국 국민이 호혜 평등의 정신에 의거하여 항구적인 선린 우호 관계를 수립하여, 상호 제휴하여 번영하는 신시대를 구축하기 위한 것임.

본인은 이를 국민 여러분에게 강하게 호소하는 동시에 한국 국민에 대하여도 이제 일본 국민은 참으로 평화를 사랑하는 국민이며, 과거의 불행한 한일관계를 청산하고, 선의와 이해에 입각한 새로운 친선관계를 수립할 열의를 가지고 있음을 솔직히 전하고자 생각함.

정부는 조약의 조인을 제1보로 하여 한일 양국이 금후 좋은 이웃이 되도록 더욱 일층 노력할 생각임. 한일 제 조약에 대하여 남북의 통일이 실현되어 있지 않은 현재, 한국과 일방적으로 조약을 체결하는 것은 적당하지 못하다는 의론이 일부에 있으나, 국련 총회는 1948년에, 한국이 합법적인 정부임을 선언하고, 그 후 계속 이를 확인하고 있음. 또한 이미 한국을 승인하고 있는 국가가 70개국 이상에 이르고 있는 현상에 있어서, 아 국이 한국과 서로 제휴하여 번영의 길을 찾는 것은 당연한 것임. 더욱이 본조약이 군사동맹으로 발전할 두려움이 있다고 하는 일부의 의론 같은 것은 하등의 근거 없이 고의로 국민의 불안을 일으키는 상식으로는 이해할 수 없는 설이며, 아 국의 헌법정신으로부터 생각해서 결단코 있을 수 없는 일임.

한국 정부는 이미 이들 제 조약의 비준에 대하여 한국 국회의 동의를 얻고 있음. 본 국회에 있어서도 이들 제 조약의 체결에 대하여 신중히 심의한 후 조속히 승인하는 것이야말로 국제 신의에 합치하는 것이라고 믿어 마지않는 바임.(이하 생략)

(사토 수상 연설은 상기 한일 조약을 서두로, 다음 사항에 언급하고 있음.

베트남 문제, 캐시미르 분쟁, 오키나와, 불경기 대책, 경제정책의 방향, 재정정책, 태풍피해 복구, 최근의 마리아나 수역 어선 조난사건, 공무원 급여 인상 노력, 추경 예산, 의회민주주의와 정치의 자세, 일본 청소년에 대한 격려)

2. 시나 외상의 외교 연설 요지

최근의 국제정세 특히 아세아를 중심으로 한 정세와 이에 대처할 우리나라의 외교의 길에 대하여 소신을 표명하며, 겸하여 한일 제 조약의 대강에 대하여 설명하고자 합니다.

(중략)

이러한 견지에서 나는, 금회 아 국이 한국과 국교를 정상화하게 될 것은 극히 커다란 의의를 갖는다고 인정하는 바입니다.

우리나라가 가장 가까이 이웃한 한국과 국교 정상화를 행하는 것은, 아세아의 평화와 번영을 구하기 위한 제1보 이외에는 아무것도 아닙니다. 한국은, 아 국과 지리적으로 가장 가깝고 역사적, 문화적으로도 극히 밀접한 관계에 있음에도 불구하고, 아 국과 같이 자유민주주의를 그 국시로 하며, 이미 세계의 대다수 국가와 외교관계를 맺고 있습니다. 아 국과 한국이 국교를 정상화하는 것은 참으로 당연한 일입니다. 한일 국교의 정상화가 여태까지 되지 않은 것이야말로 실로 이상한 것이라고 말하지 않을 수 없습니다.

지난 6월 22일에 한일 양국 간에 조인된 기본관계에 관한 조약 및 관계 제 협정은, 이러한 이상한 사태 내지 관계를 정상으로 돌아가게 하는 것을 목적으로 하는 것으로, 이 때문에 한일 간에 존재하고 있는 제 현안을 해결하는 동시에, 장래에 향하여 한일 양 국민 간의 폭넓은 협력 관계를 정한 것입니다. 그 사명은, 자유와 호혜 평등의 원칙 밑에서 한일 양 국민 간의 항구적인 선린 우호 관계를 수립하는 데 있습니다. 그런데 세상에서는 한일 제 조약이 조선 통일을 해친다든가 혹은 북동아세아 군사동맹의 결성에 연결된다는 말을 하고 있습니다.

나는 조선이 남북으로 분열하여 상호 항쟁하고 있는 현실은 조선 민족의 비극일 뿐만 아니라, 아세아 평화에의 협의라고도 생각합니다.

그러나 조선의 통일이 되지 않는 이유는 넓게 세계정세 전반의 움직임에 의한 것으로 직접적으로는 통일 방식에 관해 북조선 측이 국련 감시하의 자유 선거라는 말하자면 국련 방식에 동의하지 않는 데 유래하는 것입니다.

따라서 한일 조약의 체결이 남북통일을 해한다는 의론은, 전혀 객관적 사실에 합치하지 않는 것입니다. 우리는 조선의 통일을 원함에 있어서는 누구에게도 떨어지지 않으나, 이러한 현실을 직시하지 않을 수 없습니다.

또한 말할 필요도 없이 우리는 한일 국교 정상화 후라 하여도 양국 간의 군사적인 협력을 행한다는 것은, 일체 생각하지 않고 있습니다. 14년에 걸친 한일회담에 있어서 군사협력의 문제가 논의된 일은 한 번도 없으며, 한국 측도 군사적인 동맹을 맺을 생각이 없음을 거듭 말하고 있습니다. 원컨 대, 근간 10 수년간, 양국의 교섭 당사자는, 양국 간의 곤란한 현안에 대하여 논의하여 일보 일보 해결의 걸음을 진전시키는 굳건한 노력을 쌓아, 갖은 곤란을 넘어서 끝내 금반의 조약의 조인에까지 이르른 것입니다. 원래 상대방이 있는 조약교섭인 이상, 호양 타협은 필요한 것이며, 일방의 주장이 백 퍼센트 관철을 득한다는 것은 원치 못하나, 금반의 조약은, 한일 양국 관계의 현실에 있어서 양국이 가질 수 있는 최선의 것이라고 확신하는 바입니다. 이들 조약 등의 체결에 있어서 국회의 승인을 구하는 차제에 이르렀으나, 이에 즈음하여 이에 관하여 그 취지를 설명하고자 한다[합니다].

제1로, 기본관계에 관한 조약은, 선린관계 및 주권평등의 원칙에 기초하여 양국 간에 정상적인 국교 관계를 수립함을 목적으로 하는 것으로, 양국 간의 외교관계 및 영사관 계가 개설함을 즈음하여, 병합 이전의 모든 조약은 이미 무효라는 것 및 한국 정부가 국제연합 제3 총회의 결의 195호에 명시된 것과 같이 조선에 있어서의 유일한 합법적인 정부라는 것을 확인하고, 양국 간의 관계에 있어서 국제연합헌장의 원칙을 지침으로 하는 것 등 양국 간의 국교를 정상화 함에 있어서의 기본적 사항을 위하여 규정하고 있습니다.

제2로, 어업에 관한 협정은, 어업자원의 최대 지속적 생산성의 유지, 동 자원의 보존 및 그 합리적 개발과 발전을 도모하고, 양국 간의 어업분쟁의 원인을 제거하여 양국의 어업 발전을 위하여 상호 협력함을 목적으로 하는 것이며, 공해 자유의 원칙을 확인하여, 각기 자국의 어업수역을 설정하여 그 외측에 있어서의 단속 및 재판 관할권은 어선이 속하는 국가만이 행한다는 것, 공동규제수역을 설정하여 잠정적 공동규제조치를 하는 것 등, 양국 간의 어업 관계에 대하여 규정하고 있습니다.

제3으로, 재산 및 청구권의 해결과 경제협력에 관한 협정은, 양국 및 그 국민의 재산과 양국 및 그 국민 간의 청구권에 관한 문제를 해결하여, 동시에 양국 간의 경제협력을 증진하는 것을 목적으로 하는 것이며 양국 및 그 국민의 재산, 권리 및 이익과 그 국민 간의 청구권에 관한 문제를 완전 또한 최종적으로 해결함을 정하는 동시에, 한국에 대한 3억 불 상당의 생산물 및 용역의 무상공여와 2억 불까지의 해외경제협력기금에 의한 '엔' 차관의 공여에 의한 경제협력에 대하여 규정하고 있습니다.

제4로, 일본국에 거주하는 대한민국 국민의 법적지위 및 대우에 관한 협정은, 전전으로부터 아 국에 거주하고 아 국의 사회와 특별한 관계를 가져 오고 있었던 대한민국 국민에 대하여 일본국의 사회 질서하에서 안정된 생활을 영위할 수 있도록 함으로써, 양국 간 및 양 국민 간의 우호 관계의 증진에 기여함을 목적으로 한 것으로 이를 한국인 및 그 일정한 직계비속에 대하여 신청에 기초해서 영주허가를 부여함과 동시에 이들에 대하여 퇴거 강제 사유 및 교육, 생활보호, 국민건강보험 등의 대우에 대하여 규정하고 있습니다.

제5로, 문화재 및 문화협력에 관한 협정은, 문화 면에 있어서의 양국의 역사적인 관계에 감하여, 양국의 학술 및 문화의 발전과 연구에 기여함을 목적으로 하는 것이며, 문화협력의 일환으로서 일정한 문화재를 한국 정부에 대하여 인도하는 것 등을 규정하고 있습니다.

제6으로, 분쟁의 해결에 관한 교환공문은, 양국 간의 모든 분쟁을, 별단의 합의가 있는 경우를 제외하고는 외교상의 경로를 통하여 해결할 것과 그것이 되지 않을 경우에는 조정에 의해서 해결을 도모할 것을 정하고 있습니다.

이들 제 조약의 위에 서서 양국 간의 우호 관계가 증진되는 것은, 단지 한일 양국 및 양국민의 이익만이 아니고, 다시, 아세아에 있어서의 평화와 번영에도 기여함이 적지 않다는 것을 믿는 바입니다.(이하 생략)

〈시나 외상 연설에서는 서두에 일본의 국제 지위를 언급하고 다음 상기 한일 조약에 언급한 다음, 이어서 베트남 문제, 캐시미르 분쟁의 평화적 해결, 일본국의 국련에서의 활동, 저개발국의 원조 및 이를 위한 경제협력 강화(동남아개발 등) 동남아개발을 위한 국제회의 개최 등 일본 외교의 당면문제 및 기본적 입장을 논함. 끝으로 시나 외상은 미국 등 서구 제국과의 협조와 소련, 동유럽 등과의 관계 증진 등 일본국의 자주 외교 추진과 일본의 안정 및 번영 추구를 주장함.〉(주일정 – 외아북)

89. 한일 조약 및 제 협정 비준 관련 일본 국회 동향 보고 전문

0507   번호: JAW-10501

일시: 191629[1965. 10. 19]

수신인: 외무부 장관, 중앙정보부장
발신인: 주일 대사 도쿄 파견관

한일 조약 비준

1. 금 19일 하오 2시 중의원 본회의는 50명으로 구성되는 한일 조약 특별위원회 설치를 의결하였음. 일본국과 대한민국 간의 조약 및 협정 등에 관한 특별위원회라고 호칭되는 동 위원회는 한일 간 제 조약 및 일본 국내 법률 3 안건을 일괄 심의하게 됨.

2. 상기 본회의는 또한 외무위원장 안도 가쿠 의원의 위원장직 사임을 수리하고 자민당 다카세덴 의원을 그 후임으로 선임하였음. 이는 안도 의원이 금후 상기 특별위원회 위원장으로 선임될 것을 예상하고 취한 조치임.

3. 상기 위원회의 각당 파벌 구성은 JAW-10478로 보고한 바와 같음.

4. 참의원에서의 특별위원회 설치 여부는 아직 확정되지 않았으나 외무성 조약 당국에 타진한바 중의원과 같은 방향으로 낙착될 것으로 예상된다 함. 단, 국내 법률안 3건도 조약과 함께 특별위원회에 회부하게 될 것인지의 여부는 아직 확실하지 아니함.

5. 외무성 사무 당국에 타진한바 회기 연장(10일간)은 거의 불가피하다고 보며, 이에 관한 결정은 최종 단계에서 행하여질 것으로 예상된다 함.

6. 외무성 조약 당국에 타진한바, 전기 특별위원회에서의 실질적 심의는 내주부터 실시될 것으로 보인다 함.

7 전기 특별위원회는 의결권을 가지며 심의 대상 안건이 의결되면 그대로 중의원 본회의에 회부됨.(주일정-외아북)

94. 한일 조약 및 제 협정 비준 관련 일본 국회 동향 보고 전문

0513   번호: JAW-10682

일시: 261817[1965. 10. 26]

수신인: 외무부 장관(중앙정보부장)

발신인: 주일 대사(도쿄 파견관)

한일 조약 비준

 1. 특별위원회 심의를 둘러싼 여야 절충을 위하여 금 26일 상, 하오에 걸쳐 위원회 이사회가 개최되었으나 결론을 못 내려, 하오 2시 30분 안도 위원장이 위원회 소집을 강행, 자민당 및 민사당 위원들만이 참석하여 회의를 개회하였음.
 2. 상기 위원회는 자민당 측 제의로 위원회 회의를 연일 개최하기로 다수결로써 가결하였다함.
 3. 이상과 같은 회의 진행에 대하여 사회당 측은 즉각 반발하여, 하오 3시경 자민당 최초 질의자인 고사카 젠타로 의원의 질의 도중에 회의가 중단된 채, 하오 6시 현재 아직도 여야 절충을 위한 이사회의가 진행 중에 있다함. (주일정-외아북)

99. 한일 조약 및 제 협정 비준 관련 일본 국회 동향 보고 전문

번호: JAW-10743

일시: 281810[1965.10.28]

수신인: 장관
발신인: 주일 대사

한일 조약 비준

금 28일 구로다 외무성 북동아 과장은, 현재까지의 비준 심의는 대체로 예정대로 진행되고 있다고 보며, 회기 연장 여부는 아직 불확실하나, 약 1주일 정도의 연장은 필요하지 않을까 생각한다고 말하였음.

동 과장은 현재대로 한일 위원회 심의가 진행된다면 며칠 내로 야당 측의 질문 자료가 없어질 것 같으며 이 때문에 야당 측은 적당한 구실을 잡아 심의를 2, 3일간 중단시킬 것을 시도하고 있는 것 같다고 말하였음. 조약과장 말에 의하면 회의 연장을 한다면 이는 12월 10일경에 연장 조치를 하게 될 것 같다 함. (주일정-외아북)

101. 한일 조약 및 제 협정 비준 관련 일본 국회 동향 보고 전문
(대일 청구 8개 항목 공표 문제)

번호: WJA-10449

일시: 291110[1965. 10. 29]

수신인: 주일 대사

대: JAW-10691, JAW-10731, JAW-10744

1. 문덕주 외무 차관이 8. 9 국회 특별위원회에서 행한 8개 항목에 관한 증언은 8개 항목이 어떠한 성질의 것인가를 설명한 것이며 작은 항목에 관한 몇 가지 숫자를 든 것은 설명을 위한 예시에 불과하였던 것이니, 일본 측에 대하여서도 8개 항목의 성질을 설명함은 가하나 구체적으로 상호 제시된 숫자를 공개하는 일은 없도록 요청하시기 바람. 단, 문 차관 답변 내용 정도의 범위면 가함.

2. 김-오히라 교섭 당시 양측이 제시하였던 청구권 액수 및 그 후 양측의 교섭에 의하여 접근되었던 액수도 또한 결코 공표하지 아니하도록 일본 측에 요청하시기 바람.

3. 이상 청구권 등의 구체적인 교섭 내용은 아직 비준 교환이 끝나지 아니한 현 단계에서는 일방적으로 발표될 성질의 것이 아님을 일본 측에 양해시키고 협조를 요청하시기 바람. (외아북)

장관

102. 대일 청구 8개 항목 공표와 관련한 보고 전문

0521   번호: JAW-10773

일시: 291648[1965. 10. 29]

수신인: 외무부 장관
발신인: 주일 대사

대: WJA-10449

1. 금 29일 하오 오 정무과장은 외무성 구로다 북동아과장에게 대호 지시에 따라, 8항목 및 기타 교섭 내용 공개에 관한 아 측 입장을 전달하고 협력을 요청하였음.

2. 구로다 과장은 청구권 8항목의 내용을 여하 국회에서 설명할 것인지 내부적으로 결정되는대로 아 측에 알려주겠다고 함.

3. 구로다 과장은 일본 정부는 국제관례에 따라 한국 측의 양해를 얻어 교섭 내용을 공개한다는 입장을 취하고 있는데, 이미 한국 국회에서 공개된 점이 많아 매우 난처한 입장이라고 말하고 일례를 들어 교환공문에 독도가 포함되지 않는 것으로 사토 총리가 승인하였다고 답변되어 사토 총리의 일본 국회에서의 답변에 어려운 점이 많다고 말하였음.(주일정-외아북)

104. 한일 교섭문서 중 비밀문서의 일본 국회 제출 예정 관련 보고 전문

0523 번호: JAW-10795

일시: 301212[1965.1030]

수신인: 장관
발신인: 주일 대사

1. 금 30일 외무성 구로다 북동아과장으로부터 1957년 12월 31일 자 한일 간 문서 중 비밀로 되어 있는 합의의사록 및 오랄 스테이트먼트를 일본 국회에 제출할 예정이며 부득이한 경우에는 부속 양해 사항도 국회에 제시하여야만 할 것 같으므로 한국 정부가 이를 양해하여 주기 바란다고 말하였음. 구로다 과장은 한국 측에서 발간된 해설서 또는 자료 등에서 이미 그러한 문서의 내용이 공개되어 있고 또한 그러한 문서는 이미 실시된 것이기 때문에 지금에 와서 이를 국회에 제출하는 것은 문제되지 않을 것으로 생각되며 일본 국회 측으로부터의 추궁도 매우 심하다고 말하였음. 상기 문서의 국회 제출 시기는 내주 월요일(11월 1일)이 될 것이라 함.

2. 상기 문서의 국회 제출에 관하여 외무성 측은 매우 강한 희망을 표명하고 있는바 이에 관하여 지급 회시 바람.(주일정-외아북)

105. 비밀문서의 일본 국회 제출 관련 본부 입장 통보 전문

0525   번호: WJA-11008

일시: 011735 [1965. 11. 1]

수신인: 주일 대사

대: JAW-10795

1. 대호 건으로 보고한 1957. 12. 31 자 한일 간 문서 중 비밀로 되어 있는 합의의사록 및 '오랄 스테이트먼트'는 그간의 교섭 경위로 보아 그러한 문서가 존재한다는 사실과 그러한 문서의 취지만을 국회에 설명하는 것은 타당한 것으로 사료되며, 동 문서 자체를 제시하는 것은 곤란할 것으로 사료됨을 통보함.

2. 일본 측이 부득이한 경우에 부속 양해서도 국회에 설명할 경우에는 동 양해서 및 청구권에 관한 미국 측 각서도 상기 1항에 준하여 취급할 것.(외아북)

장관

106. 비밀문서의 일본 국회 제출 관련 보고 전문

번호: JAW-11028

일시: 020959[1965. 11. 2]

수신인: 외무부 장관
발신인: 주일 대사

대: WJA-11008

1. 1957. 12. 31 자 한일 간 문서의 국회 제출에 관하여 금 2일 상오 오 정무과장은 외무성 구로다 북동아과장에게 대호 지시에 따라 아 측 입장을 통고하고 설명하였음.

2. 구로다 과장은 일본의 정치 사정으로 보아 이미 문서의 존재가 한국 측에 의하여 밝혀진 이상 일본 국회에 문서 자체를 제시하지 않을 수 없는 입장이며, 따라서 관계 문서를 국회에 제시하게 될 것이라고 말하면서, 일본 측 사정을 이해해 주기 바란다고 말하였음.

구로다 과장은 미국 측 각서와 이에 관한 한일 간 합의문서는 이미 4년 전에 일본 국회에 제출된 바 있다고 말하고 그 경위에 대하여는 자기로서는 현재 자세히 알 수 없다고 말하였음.

동 과장은 본건 문서의 국회 제출을 반대하는 한국 측 입장은 TAKE NOTE 하겠다고 말하였음. (주일정-외아북)

108. 한일 조약 및 제 협정 비준 관련 일본 국회 동향 보고 전문

0528   번호: JAW-11106

일시: 051537[1965. 11. 5]

수신인: 외무부 장관
발신인: 주일 대사

한일 조약 비준

당부 장명하 서기관이 일본 외무성 쓰루타 사무관에게 일본 중의원에서의 표기 조약의 비준 동의 예상 시기에 관하여 타진하였는바, 자민당 측에는 오는 11. 13까지 중의원을 통과시키려는 공기가 강하며 또는 동 조약을 통과시킬 바에는 원외의 활동이 활발해지기 전에 통과시켜야할 것이라는 견해가 지배적이므로 현재로 보아 금주나 내주 초에 특별위원회를 통과하게 될 가능성이 농후하다고 말하였음.(주일정-외아북)

111. 한일 조약 및 제 협정의 일본 중의원 통과 보고 전문

0532   번호: JAW-11120

일시: 061043[1965. 11. 6]

수신인: 외무부 장관
발신인: 주일 대사

한일 비준

1. 금 6일 10시 한일 조약 비준 중의원 특별위원회는 한일 조약을 통과시켰음.

동 특별위원회는 10시 정각 개회 선언이 있은 직후 후지에다 센스케 의원(자민)의 심의 종결에 관한 긴급동의를 기립 가결하였으며 그 직후 한일 조약 및 제 협정에 관하여 표결하자는 안도 가쿠 위원장의 동의를 기립 다수로써 가결한 것임.

2. 금 6일의 위원회에서 예정된 요코미치 세쓰오(사회) 의원의 질의가 재개 되기 전에 상기와 같은 표결이 행하여 졌으며, 동 위원회에는 수많은 의원들이 참석하여 입추의 여지가 없을 정도이었기 때문에 표결 표수를 정확히 파악할 수는 없었음.

3. 사회당 측은 각종의 이유를 들어 특별위원회의 표결에 관한 자민당 측의 조치에 도전할 것으로 보임.

외무성 한국 관계 당국자는 상기 특별위원회의 표결 사실은 당부에 알리면서 사회당 측이 위원장 불신임, 각료 불신임 등의 문제를 제기할 것으로 보이며 금후 당분간 자사 양당 간의 대립이 격화 될 것으로 보이나 11월 13일까지는 1주일 정도의 시간적 여유가 있으므로 한일 조약의 중의원 본회의의 통과는 낙관 시 된다 하였음.

0533   4. 기타 상세한 사항에 관하여서는 계속 보고 하겠음.(주일정 - 외아북)

113. 한일 조약 및 제 협정 비준안의 중의원 특별위원회 통과 관련 보고 전문

번호: JAW-11124

일시: 061429[1965. 11. 6]

수신인: 외무부 장관
발신인: 주일 대사

한일 조약 비준

연: JAW-11123

금 6일 하오 중의원 사무국 의원부 측에 의하면, 표결에 있어서 가부에 관하여 위원장이 인정하는 바에 따르므로, 특별위 비준 승인 통과는 법적으로 결함 없는 것으로 설명됨.

공식회의에는 출석의원 명단이 기재되고, 가부의 표수 명시없이 단지 '다수로써 가결'이라는 방식으로 기록될 것이라 함.

위원회 관례상 기명투표는 없고 대개 기수 또는 기립 표결로써 결정한다 함.(주일 정-외아북)

116. 한일 조약 및 제 협정 비준안의 일본 중의원 특별위원회 통과 관련 일본 정치권 반응 보고 전문

0583   번호: JAW-11132

일시: 061200[1965. 11. 6]

수신인: 장관
발신인: 주일 대사

1. 중의원 한일 조약 특별위원회에서 한일 비준안이 일괄하여 강행 통과되자 사회당 측은 이의 철회를 요구하여 혼란이 있었으나 오전 11시경까지에는 각 의원들은 모두 특별위원회에서 퇴장하였음. 이로써 특별위원회의 심의는 종결된 것임.

2. 자민당 의원들은 그 후 계속하여 개최된 대의사[代議士][34] 회의에서 나카노 국회 대책위원장의 표결 결과를 청취하였음.

가와시마 부총재는 동 회의에서 한일 비준 안건의 통과를 위하여 만전을 기할 것을 다짐하고 각 의원의 협력을 요청하였음. 자민당 측은 오는 8일(월)에라도 한일 비준 안건을 본회의에 상정하여 통과시킬 예정인 것으로 알려짐. 한편 다나카 간사장은 다음과 같은 내용의 담화를 발표하였음.

이 조약의 비준 문제는 금 후 중의원 본회의와 참의원을 통하여 충분히 심의하도록 하겠다. 한일 조약의 비준에 관하여는 여러 가지 주문이 있었으나 특별위원회의 심의는 이로써 종결하게 된 것이며 국민의 이해를 기대하는 바이다

3. 사회당 측은 국회 대책 회의를 열고 한일 조약이 중의원 본회의에 상정되면 합법적 수단을 다하여 지연작전을 전개할 생각으로 그 대책을 강구하였음. 사사키 위원장

---

[34] 중의원 의원을 일컫는 말.

은 담화를 발표하고 금번의 특별위원회의 표결을 인정할 수 없다고 하면서 일본의 의회민주주의를 수호하기 위하여 끝까지 투쟁하겠다고 말하였음. 나리타 서기장은 의사록을 보아도 알 수 있는 바와 같이 금일의 특별위원회에는 의결의 가부보다도 의결 자체가 존재하지 않았다고 주장하면서 자민당 측의 의사 진행방식이 한국 국회에서의 방식과 다를 바 없다고 자민당 측을 비난하였음.

4. 민사당 측은 의원단 총회를 개최하여 한일 비준 문제를 토의하였는바, 니시오 위원장은 이번 특별위원회의 표결에 있어서는 혼란이 있었고 민사당 측이 표결에 참여할 기회가 없었음을 지적하면서 동 특별위원회의 의결을 취소하도록 의장의 알선을 요망하고 특별위원회에서의 재심의를 주장하였음.(주일정-아북)

118. 한일 조약 및 제 협정의 일본 중의원 본회의 통과 전망 보고 전문

번호: JAW-11151

일시: 081846[1965. 11. 8]

수신인: 외무부 장관
발신인: 주일 대사

한일 조약 비준

1. 한일 조약 비준을 위한 중의원 본회의는, 현재의 전망으로는 명 9일 의장 직권으로 개회될 가능성이 가장 큼. 사회당은 표결에 참여할는지 여부는 아직 불확실하나 심의과정에는 적극적으로 참여하여 합법적인 범주 내에서 의사 지연작전을 벌일 것으로 관측됨.

2. 회기 연장의 가능성은 현재 보이지 않고 있으며, 참의원의 자연 성립을 위하여는 늦어도 11. 14일(일요일) 중으로 참의원에 안건을 이송하여야 함.

3. 금후 개최될 중의원 본회의에서는, 관례대로 하면 위원회 심사 보고 및 찬부에 대한 간단한 토론을 거쳐 체결을 하는 것인데, 금번의 경우에는 특별위원회에서의 심의 불충분 및 강제 체결이라는 비난을 무마하기 위하여, 어느 정도의 질의응답을 가지게 될 것으로 예상됨.

4. 외무성 조약 당국에 의하여 본회의에서 정부 측의 제안 이유 설명은 하지 않는다 함.
　중의원 사무국 측에서는, 금번의 안건이 중요안건으로 간주되어 중의원 규칙 제152

조에 따라 기명투표로 표결할 가능성을 말하고 있는데, 표결에 있어서 사회당 공산당 등 조약 반대파가 불참할 경우에는 기립 표결로써 체결할 가능성도 있음. 참고로, 1960년 미일안보조약 체결에 있어서는 여당만의 출석으로서 출석의원 전원의 기립으로 가결한 바 있음.

    5. 참의원 체의 심의 방법, 즉 특별위원회 구성 여부 및 위원회 설치의 경우에도 조약 안건만을 위원회에 회부하고 기타 법률 안건은 해당 신임 위원회에 각각 분할 회부하는 방식이 있을 수 있는바, 사회당 및 공산당이 특별위 설치에 동의하지 않고 있어, 자민당이 의원 운영 위원회에서의 표결로써 특별위 설치를 밀고 나갈 가능성이 보임.
    어느 방식의 경우에도 사회당 등 반대 세력이 심의를 거부할 가능성은 없는 것으로 보임.

    6. 상기의 같은 참의원에서의 심의 방식이 확정되지 않아 현재로서 판단하기는 어려우나, 일본 헌법 규정에 비추어, 조약 안건은 자연 성립이 되지만 법률안건은 성립되지 아니할 가능성이 있으며, 그러할 경우 일본 정부로서는 다음 정기국회 벽두에서 이를 성립시켜야 될 것으로 사료됨(이점에 관하여는 기왕의 당부 보고를 참조 바람).
(외아북)

122. 한일 조약 및 제 협정의 일본 중의원 본회의 통과 보고 전문

번호: JAW-11236

일시: 120858[1965. 11. 12]

한일 조약 안건은 12일 0시 13분부터 열린 중의원 본회의 벽두에 의장의 발의로 기립 다수로 승인 가결, 중의원이 통과가 확정되어 곧 참의원으로 송부되었음.(주일정-외아북)

123. 한일 조약 및 제 협정의 일본 중의원 본회의 통과 경위 보고 전문

0550   번호: JAW-11237

일시: 120933[1965. 11. 12]

수신인: 장관
발신인: 주일 대사

연: JAW-11236

한일 조약 비준

1. 작 11일 하오 3시 지나서 개최된 3당 회담 및 동일 하오 8시 30분부터의 제2차 3당 회담이 하등의 성과 없이 된 후 중의원은 동일 하오 11시 14분, 13시간 만에 회의를 재개, 12일 0시 5분부터 본회의를 개최하기로 하고 즉시 산회됨.

2. 상기 본회의 개회 선언에 이어 후나다 의장은 이시이 법상 불신임안 처리 일정을 변경하여 이를 뒤로 돌릴 것을 기립 표결로 가결하고, 이어 동 의장은 한일 조약승인 안건 및 관계 국내 법안 건을 일괄 상정하고 위원장 보고 생략을 선언, 이에 관한 질의토론의 통고가 없다고 말한 후, 한일 조약 안건 승인 찬성을 기립 표결로 가결, 이를 선언하고 계속해서 관계 법률안 3건도 같은 방식으로 가결, 선언하였음.
이상 후나다 의장에 의한 모든 안건 처리 시간은 1분간에 미달한 것으로 알려짐.(주일정-외아북)

124. 한일 조약 및 제 협정의 일본 중의원 본회의 통과에 대한 일본 각 당 성명 보고 전문

번호: JAW-11240

일시: 121019[1965. 11. 12]

수신인: 외무부 장관
발신인: 주일 대사

한일 조약 비준

1. 12일 미명에 중의원 본회의에서 한일 조약 및 관계 국내법 안건이 강행, 가결된 데 대하여 각 당이 발표한 성명 또는 담화 내용은 다음과 같음.

자민당 다나카 간사장 담화

14년간의 현안이었던 한일 우호 조약, 협정 등이 금일 미명의 본회의에서 가결되었다. 지금까지 행하여진 각국과의 조약 등과 달리 일본으로서는 특수한 안건이며, 이 조약의 발효에 의하여 성인된 것이며, 일본 국민의 일부에는 한국을 지나치게 우대한다는 의견도 있으나, 한일 양국의 역사적 사실을 생각할 때 이 정도의 양보는 일본으로서 부득이한 일이다.

이 조약 비준에 관하여서는 신중 심의를 행하고, 가능한 한 많은 국민의 이해를 얻도록 노력하여 왔다. 금일의 본회의에 있어서 일부 혼란은 있었으나 전 국민이 감시하는 가운데 당당히 가결된 사실은 국민 각 위가 이해하기 바란다. 이 조약의 참의원 송부 후 30 수일의 심의 일수가 남아 있으며, 여야를 막론하고 한층 더 철저한 심의를 통하여 이 조약 협정이 발효에 유종의 미를 장식하고 싶다.

0559   사회당 성명

금일 자민당의 폭거에 의하여 일본의 의회정치는 바야흐로 최악의 상태에 빠졌다. 자민당은 일체의 안건에 선위하는 동의라고 하는 사용하여서는 안 될 수단으로서 경위의 포위와 노호 가운데 한일 조약이 가결되었다고 하고 있다.

이것은 일본의 의회 사상 개벽 이래의 폭거이며 천인공노할 행위이다. 우리는 이러한 체결을 결코 용인할 수 없다. 이것은 한일 조약의 위험성에 대한 국민의 인식이 나날이 높아가고 나아가 조약의 찬성, 반대를 초월하여 의회민주주의 옹호의 국민운동이 급속히 확대하고 있는데 대한 두려움에서 나온 것이다.

민사당 성명

우리는 오늘까지 조약 찬성의 입장에 서서 본조약을 신중 심의하는 데 최대의 노력을 다하여 왔는데, 중의원 본회의에서 의장은 갑자기 본조약안 관계 법안의 일방적 체결을 강행하였기 때문에 의장은 극도의 혼란에 빠졌다. 따라서 민사당은 이러한 상황에서는 찬부 의사를 표시할 수가 없었다. 이 체결은 법규, 선례에 비추어 극히 부당한 것이며, 특히 본안건의 심의 방법에 관하여 3당 간의 협의가 추진되고 있는 가운데, 기만적으로 이것을 강행한 것은 의회 중의의 파괴라고 하지 않을 수 없다.

공명당 담화

자민당은 금일 한밤중 중의원에서 관례를 무시하고 급기 한일 조약 안건을 강행 가결하는 폭거를 하였다. 이런 중요안건을 질의 토론하지 않고 투표도 하지 않은 것은, 체결을 무효라고 단정[짓지] 않을 수 없다. 이러한 폭거는 의회 민주제를 파괴하는 것이며 자민당이 스스로 국회를 더럽히고 위신을 땅에 떨어트렸다. 공명당은 자민당의

0560   이러한 염치없는 행위에 대하여 국민의 이름으로 강력히 항의한다. 이러한 사태에까지 이른 이상 중의원을 조속히 해산하여 새로운 중의원을 구성할 것을 국민 대중과 함께 강력히 호소한다.

공산당 담화

자민당 사토 내각의 이번의 폭거는 특별위의 불법적인 행위와 함께 '신중 심의' 동

의라고 하는 공허한 약속 밑에서 되풀이된 사기, 폭행의 겉치레에 불과하다. 그것은 의회의 민주주의적 운영을 파괴한 일본 정치사의 일대 오점이라고 하겠다. 공산당 의원단은 이와 같은 불법 부당한 '강행 체결'을 단연코 용인할 수 없다. 이제 우리는 사토 내각의 타도와 이미 완전히 기능을 상실한 국회 해산을 요구한다.

2. 하시모토 관방 장관은 다음과 같은 담화를 발표하였음.

강행체결로 조약 및 3법안이 심의 통과한 것은, 정부로서 비준 완료를 기하고 있었으므로, 그 의미에 있어서 무한히 기쁘다. 한일 체결에 관하여 일부에는 문제 시 할 수도 있겠지만, 지금까지의 본회의 심의가 진행되지 않은 상태로 보아, 자민당 측이 체결하지 않을 수 없었던 사정을 국민 각 위가 이해하여 주기 바란다.

3. 총평[35] 이와이 사무국장은 다음과 같은 담화를 발표하였음.

정부 자민당은 12일 미명 민주주의, 의회주의 원칙에 서서 제정되어 있는 국회 제 법규를 무시하고 법이 정한 우선 안건인 국무 대신의 불신임안 심의 중에, 한일 조약 비준안을 돌연 상정하여, 단 1분간에 이것을 가결하였다고 하고 있다. 총평은 비준안 철회를 요구함과 동시에 정부 자민당에 대하여 엄중 항의하는 의미에서, 13일의 통일 행동을 추진하겠다.

4. 요미우리신문 특파원 12일 서울발 보도

중의원 본회의에서 한일 조약의 관계 안건이 혼란 중 강행 가결됨으로써 한일 조약의 비준 수속은 사실상 끝났는데, 서울은 이 보도를 이제 안심이다라는 반응으로 접수하고 있다. 심야이므로 한국 정부, 여당은 아직 공식 견해를 발표하지 않고 있는데, 정부 여당 측이 사토 정부의 강한 결의 표명을 환영하고, 한일 신시대의 도래에 당하여 국민에게 심기일전을 구하려 하는 데 대하여 야당인 민중당은 기성 사실을 목도하고 어려운 입장에 몰리면서 한층 격렬히 반발할 것이 예상된다. (주일정 – 외아북)

---

35 일본노동조합 총평의회.

125. 정일권 국무총리의 사토 수상과 시나 외상 앞 축하 메시지

0551   번호: WJA-11173

일시: 121630[1965. 11. 12]

수신인: 주일 대사

본직의 개인 메시지를 아래와 같이 사토 일본 수상 및 시나 외상에게 각각 전하시기 바람.

1. 사토 수상 앞 메시지

금일 귀국 중의원 본회의에서 한일 간 조약 및 제 협정의 비준 승인안이 통과한 데 대하여 본인은 충심으로 축의를 표하는 바이며, 이를 위하여 귀 총리대신 각하를 비롯한 일본 정부 및 국회 지도자 여러분이 발휘한 탁월한 영도력과 노력 및 일본 국민이 표시한 한일 국교 정상화를 위한 뜨거운 열의에 대하여 심심한 경의를 표하고자 합니다.

장차 필요한 절차를 거쳐 조속한 시일 내에 양국 국민이 다년간 희구하여 오던 국교 정상화를 구현시킴으로써 한일 양국 간에 새로운 역사의 이정표를 이룩할 것을 기약하고자 합니다.

귀 총리대신 각하의 건승을 기원합니다.

2. 시나 외상 앞 메시지

금일 귀국 중의원 본회의에서 한일 간의 조약 및 제 협정에 대한 비준 동의안이 가결 통과되었다는 보고에 접하고 본인은 충심으로 환영과 축하의 뜻을 표하는 바이며,

0552   각하 및 귀국 정부 지도자 여러분의 한일 국교 정상화에 대한 열의와 귀국 국민의 이에 대한 성원에 대하여 다시 한번 경의를 표하는 바입니다.

귀 대신의 건승을 기원합니다.

국무총리

128. 정일권 국무총리의 축하 메시지에 대한 사토 수상의 답신

0555 일한 조약 비준안의 중의원 통과에 즈음하여 11월 12일 자로 각하께서 보내신 간곡한 메시지에 대하여 충심으로 감사를 드립니다.

앞으로는 참의원의 심의도 순조로이 진행될 것으로 예상되며 일한 양국 국민의 영광에 넘치는 역사의 첫 페이지를 펴는 그 날이 머지않아 올 것으로 생각하고 있습니다.

이에 각하의 건승과 건투를 간절히 비는 바입니다.

1965년 11월 15일

일본국 총리대신

사토 에사쿠(佐藤榮作)

대한민국 국무총리
정일권 각하

130. 정일권 국무총리의 축하 메시지에 대한 시나 외상의 답신

0556 각하의 11월 12일 자 간곡한 메시지를 반가이 받아 보았습니다. 일한 조약은 참의원의 순조로운 심의를 거쳐 연내에는 비준서가 교환되어 십여 년래의 현안이었던 국교 정상화의 확정이 보이게 된 것은 참으로 경하하여 마지않습니다.

머지않아 친히 각하를 다시 뵈옵게 될 날이 올 것을 기대하면서 각하의 건강을 멀리서 빕니다.

1965년 11월 15일
일본국 외무대신
시나 에쓰사부로(椎名悦三郎)

대한민국 국무총리
정일권 각하

131. 한일 조약 및 제 협정 비준의 향후 절차 보고 전문

번호: JAW-11261

일시: 121624[1965. 11. 12]

수신인: 장관
발신인: 주일 대사

한일 조약 비준

1. 금 12일 중의원에서 통과된 한일 조약 승인 안건은 중의원 의결 직후 참의원에 송부되고 접수되었으므로, 헌법 제61조 규정에 따라 금일로부터 30일 이내, 즉 12월 11일(토)까지 참의원에서 승인을 의결하지 아니하는 경우에는 중의원의 의결을 국회의 의결로 하여 소위 '자연 승인'이 성립하게 됨.

2. 상기에 관하여는 국회 사무당국 및 외무성 조약 과장이 확인하였음.

3. 조약이 참의원에 회부된 후 자연 승인된 전례로는 1960년의 미일안보조약이 있음.(주일종-외아북)

138. 비밀문서의 공표 관련 보고 전문

번호: JAW-11561

일시: 261418[1965. 11. 26]

수신인: 장관 (참조: 김동조 대사)
발신인: 주일 대사대리

한일 조약 비준

1. 작 25일 외무성 구로다 북동아과장은, 오 정무과장의 문의에 대하여, 청구권 8항목 내용은 국회가 비밀회의를 하는 경우에만 제시할 수 있다는 입장을 취하고 있으며 한국 국회 의사록(번역문)은 참의원 특별위원회 위원장의 참고로서 제시되어있다고 말하였음.

2. 국회 사무국 측에 의하면 비밀회의 내용은 의사록으로서 인쇄 배포되지 않으며, 국회 자체가 보관한다고 함.(주일정-아북)

140. 한일 조약 및 제 협정의 참의원 특별위원회 통과 보고 전문

0578   번호: JAW-12114

일시: 041747[1965. 12. 4]

수신인: 외무부 장관
발신인: 주일 대사

한일 조약 비준

금 4일 하오 3시 2분, 참의원 특별위원회에서 한일 제 조약 비준 승인 및 국내법 안건이 자민당에 의하여 강제 통과되었음을 보고함. 금일 하오 회의에서 사회당의 질의가 계속되던 중, 전기 시각에 자민당 측으로부터 질의 종결 동의가 제출되고, 메타오 위원장은 즉시 이를 기립 표결로써 가결, 그 후 이어서 토론 신청자가 없음을 확인하고, 조약 및 국내법 안건을 일괄하여 기립 표결에 부처 가결하였음. 중의원의 경우처럼, 자민당의 질의 종결 동의가 제출되자, 장내의 의원들은 동 기립 상태로 되고 야당 의원들이 위원장석으로 몰려들어 혼란을 일으켰으며, 그 가운데서 전기와 같은 통과 절차가 진행되었음. 사회당, 공명당 및 공산당은 즉각적으로 위원회 통과의 무효를 선언하였음. 전기 안건은 내 6일(월) 참의원 본회의에 상정될 것으로 알려지고 있음. (주일정-외아북)

142. 한일 조약 및 제 협정 참의원 본회의 통과 보고 전문

번호: JAW-12279

일시: 111015 [1965. 12. 11]

수신인: 장관
발신인: 주일 대사

한일 조약 비준

한일 조약, 협정은 참의원 본회의에서 09:55에 토론을 종결하고 곧 표결에 들어가 10:04에 자민, 민사당 참석하에(타 당파는 표결에 불참) 136대 0으로 가결하였으며, 이후 관계 국내 3법안에 대한 표결에 들어갔음.(주일정-아북)

143. 한일 조약 및 제 협정 참의원 본회의 통과 관련 보고 전문

0581   번호: JAW-12282

일시: 111039[1965. 12. 11]

수신인: 장관
발신인: 주일 대사

연: JAW-12279

한일 조약 비준

참의원 본회의는 연호로 보고한 바와 같이 한일 간의 조약 및 협정에 관한 의결에 곧이어 관계 국내 법안 3건을 10시 14분에 137대 0으로 통과시켰음.

이로써 한일 조약 및 관계 안건이 모두 국회를 통과하게 된 것임.

특별국회는 예정대로 13일 폐회하게 될 것이라 함.(주일정-아북)

이동원 외무부 장관 일본 방문(Ⅲ), 1965

분류번호 : 724.31 JA 1965
등록번호 : 1486
생산과 : 동북아주과
생산년도 : 1965
필름번호 : C-0011
파일 번호 : 11
프레임번호 : 0001~0467

미주지역 공관장 회의(멕시코) 및 유엔 방문을 위한 방미 귀국길에 1965년 12월 12~15일간 이루어진 이동원 외무부 장관의 방일 관련 기록이 수록되어 있다. 이 장관은 방일 기간 중 사토 수상을 예방하고 시나 외상과 회담을 가졌으며, 일본 측은 추경 예산 통과 등 국회 사정상 12월 21일로 합의된 한일 협정 비준서 교환 일자를 18일로 앞당겨 줄 것을 요청하였다.

2. 이동원 외무부 장관의 방일 관련 통보 전문

번호: WJA-10469

일시: 301230[1965. 10. 30]

수신인: 주일 대사

1. 본인의 방미 도상 일본 기착은 사정으로 약 1주일간 연기될 것이며, 명확한 일자는 추후 통보하겠습니다.

2. 본인의 방일이 약 1주일 연기되면 일본 국회에서의 비준 심의의 고비가 될 시기로 예상되는바, 단시간일지라도 본인의 일본 체류 또는 시나 외상 등과의 상면이 일본 비준 심의 또는 원외 반대 세력의 책동 등에 불필요한 영향을 주는 일이 없을는지 일본 정부 측에 은밀히 타진하시고 귀하의 판단도 첨가하여 건의하시기 바랍니다.

단, 불필요한 영향이 있을 것으로 판단될 경우에는 도쿄공항에서 CONNECTION 만을 위하여 최단 시간만 체류할 것입니다.(외아북)

장관

3. 이동원 외무부 장관 방일 관련 대표부 보고 전문

0466   번호: JAW-11014

일시: 011540[1965. 11. 1]

수신인: 장관
발신인: 주일 대사

대: WJA-10469

1. 지시에 따라 3일 만찬은 취소하였습니다.

2. 출발 일정이 약 1주일 늦어지는 경우 당지의 비준 국회는 고비에 달하여 있을 것으로 예상되며, 따라서 시나 외상, 사토 총리의 사정은 현재로서 확실하게 예측할 수 없는 형편이오나, 당지의 사정 때문에 반드시 공항에서 바로 직행하여야 할 이유는 없는 것으로 사료됩니다. 따라서 당지 기착 문제는 항공편 사정 기타 사정을 참작하시와 자연스럽게 조치함이 좋을 것으로 사료됩니다.

당지 기착 일정을 미리 외무성 측에 알리고 또한 외무성 측에서 금번의 경우처럼 시나 외상의 만찬을 제안하여 온다면 이를 수락하여도 좋을 것으로 사료됩니다.

3. 당지 기착 일정이 확정되는 대로 조속 알려 주시기 바랍니다. (주일정-외아북)

5. 이동원 외무부 장관 방일 관련 본부 입장 통보 전문

0468   번호: WJA-11063

일시: 031735[1965. 11. 3]

수신인: 주일 대사

대: JAW-11014

1. 대호 접수하였습니다.

2. 본인의 일본 기착에 관하여서는 귀 건의대로 하겠으며, 별도 통보한 일정에 따라 조처하시고 일본 측 반응이 있으면 이를 보고하여 주시기 바랍니다.(외아북)

장관

6. 이동원 외무부 장관의 일본 기착 통보 결과 보고 전문

번호: JAW-11099

일시: 051212[1965. 11. 5]

수신인: 장관
발신인: 주일 대사

대: WJA-11047

1. 4일 하오 오정무 과장은 구로다 외부성 북동아과장에게 장관 일본 기착 일정을 통보하였음.

2. 구로다 과장은 10일경에는 일본 국회로서 비준 심의의 고비에 달하여 있을 것이므로 고위층의 사정이 어떠할는지 현재로서는 불확실하며, 그 시기에 가서 고위층의 사정이 허용하면 장관과의 접촉이 가능하지 않겠느냐는 견해를 표명하였음. (주일정-외아북)

7. 이동원 외무부 장관의 일본 방문 관련 지시 전문

번호: MXW-1108

일시: 122100[1965. 11. 12]

수신인: 외무부 차관 귀하

발신인: 외무부 장관(맥시코에서)

1. 한일 무역회담은 가급적이면 조속히 개최하도록 추진하시기 바람.

2. 비준서 교환을 위한 시나 일본 외상을 비롯한 일본 대표단의 방한은 환영하는 바이나, 비준서 교환 시기에 관하여서는 현재 유엔에서 한국 문제 상정이 불투명하므로 본관이 귀로에 일본에 들어서 결정할 수 있도록 교섭하시기 바람.

3. 본관의 귀로에 일본 방문을 공식화하고자 하는 것은 첫째로 한·일 관계가 새로이 출발하는 마당에 영광스럽고 또 앞으로 양국 관계에 좋은 영향을 미칠 것이며, 둘째로 비공식 방문을 하면 국내 야당이 저자세 외교라는 비판을 받을 가능성이 있으며, 셋째 방일 시 앞으로의 일본 정부 요인과의 회담 내용으로 보아 공식화하는 것이 더욱 유리할 것으로 보며, 따라서 본관의 일본 방문은 공식화하도록 적극 교섭하시고 결과를 회시 바람.

끝

9. 이동원 외무부 장관의 일본 방문 공식화 관련 지시 전문

0472   번호: WJA-11217

일시: 161055[1965. 11. 16]

수신인: 주일 대사

1. 장관께서 유엔에 참석하신 후 일본을 공식 방문하기를 희망하시는바, 이에 관하여 일본 측과 절충하고 그 결과를 보고하시기 바람.

2. 장관 방일 시기는 현재 유엔에서의 한국 문제 상정 시기에 관한 전망이 불명확하므로 정확한 일자는 미정이나 12월 중순경으로 예상됨.(외아북)

외무부 차관

10. 이동원 외무부 장관의 방일 공식화 관련 일본 측과의 협의 결과 보고 전문

번호: JAW-11386

일시: 171720 [1965. 11. 17]

수신인: 장관
발신인: 주일 대사

대: WJA-11127

1. 대호 지시에 따라 금 17일 하오 오 정무과장은 외무성 구로다 북동아과장에게 아측 의향을 전달하였는바, 구로다 과장은 상부에 보고하여 결과를 알려주겠다 함.

2. 구로다 과장은 우선 사적 견해로서 공식방문으로 하려면 그 준비에 있어서 적어도 2, 3주일 정도 소요되므로 미리 방문 일정을 결정하여야 할 것이라고 말하였음.

동 과장은 또한 장관 일정에 관하여 언제쯤 확정할 수 있을 것인지라도 알려주어야 될 것이라고 말하였음. 동 과장은 비준서 교환 시기에 비추어서도 장관의 공식방문 일정을 짜는데 문제가 될 수 있을 것이라고 말하고 일본 측으로서 비준서 교환 일정을 늦어도 12월 22일 내지 23일로 하고자 한다고 말하였음. 동 과장은 공식방문으로 하지 않더라도 공항에서의 의식, 궁중 행사를 제외하고는 사실상 공식방문의 경우와 같이 할 수 있을 것이며, 그리 할 경우에는 좀더 융통성을 가지고 일정을 짤 수 있고 최후 단계에서 약간의 변동이 있더라도 크게 문제 될 것은 없을 것으로 생각된다고 말하였음. 끝으로 동 과장은, 공식방문의 명분이 별로 없음을 시사하면서 가볍게 난색을 표명하였음.(주일정)

11. 이동원 외무부 장관의 일본 방문 공식화에 대한 일본 측 반응 보고 전문

번호: JAW-11401

일시: 181121 [1965. 11. 18]

수신인: 장관

발신인: 주일 대사

연: JAW-11386

　외무성 구로다 북동아과장은, 장관 방문에 관하여 상부에 보고하였던바, 역시 공식 방문형식이 곤란하다는 견해였다고 오 정무과장에게 알려왔음.

　북동아 과장은 공식방문 형식이 아니라도 장관 방문 목적에 지장이 없도록 조치할 수 있으리라고 말하였음.

　북동아과장은 인도네시아의 수카르노 대통령이 1년에 두 번씩이나 방문할 때가 있었는데 INFORMAL VISIT로 하여 왔다고 말하였음. (주일정-외아북)

12. 이동원 외무부 장관 방일 일정 관련 일본 측 문의 보고 전문

0475 번호: JAW-12095

일시: 041024[1965. 12. 4]

수신인: 외무부 장관
발신인: 주일 대사

　　일본 외무성 북동아과 마토바 사무관은 당부에 대하여 우시로쿠 아세아 국장의 지시라고 하면서 이동원 외무부 장관이 오는 12. 15 일본에 도착할 예정이라는 말이 있으니 그 사실 여부를 알려달라고 요망하여 왔음.
　　이 장관의 방일 일정에 관하여 회시 바람.(주일정-외아북)

14. 이동원 외무부 장관 방일 일정 통보 전문

번호: WJA-12118

일시: 061715[1965. 12. 6]

수신인: 주일 대사

1. 외무부 장관의 귀국 일정을 아래와 같이 통보함.
12. 9, 11:30   뉴욕 출발
12. 9   샌프란시스코 1박
12. 10   호놀룰루 1박
12. 12, 17:20   도쿄 도착(피.에이.에이. 001)
12. 15   서북 항공편으로 서울 도착

2. 장관은 13, 14 양일간 일본에 체재하는 동안 사토 수상, 시나 외상 등의 일본 정부 고위층과 만날 계획인바, 이에 대하여 사전에 준비하시기 바람.

끝

차관

17. 이동원 외무부 장관 체일 일정 관련 협의 결과 보고 전문

번호: JAW-12183

일시: 081103[1965. 12. 8]

수신인: 장관
발신인: 주일 대사

대: WJA-12118

1. 대호 장관 일정을 외무성에 통보하였으며 체재 일정을 협의 중임.

2. 외무성 구로다 북동아과장은 오 정무과장에게, 주유엔 마쓰이 대사를 통하여 금번 방문을 INFORMAL VISIT로 하는데 장관의 양해를 얻었다고 말하면서 공항 행사, 궁중 행사 등은 없으나 기타에 관하여서는 정중한 접대를 하겠다고 말하였음.

3. 아 측은 사토 총리 주최 오찬과 시나 외상 주최 만찬을 제외하고, 국회 지도자들에 대한 방문 일정도 포함하여 주도록 요청하였음.

4. 장관의 체재 일정 작성에 참고할 사항 있으면 지급 회시 바람. (주일정-외아북)

18. 이동원 외무부 장관 체일 일정 보고 전문

번호: JAW-12209

일시: 091122[1965. 12. 9]

수신인: 장관

발신인: 주일 대사

금 9일 상오 현재, 이동원 외무 장관의 체일 일정은 다음과 같음.

기타 일정에 관하여서는 정하여지는 대로 보고할 생각임.

12월 12일(일) 17:20 하네다공항 도착,

일본 측 출영자: 사무, 정무 양 외무 차관 중 1명

우시로쿠 아세아 국장(시나 외상은 시외로 출장할 예정이기 때문에 차관이 대신 대리하여 출영하게 될 것이라고 외무성 측은 말하고 있음.)

기자회견(동 기자회견 개최 여부에 관하여 JAW-12206으로 본부에 조회 중임)

18:00 숙소(힐튼호텔 도착)

13일(월) 10:30 시나 외상 예방 및 회담

19:00 시나 외상 주최 만찬

14일(화) 19:00 주일 대사 주최 만찬

15일(수) 10:00 서북 항공 7호 편으로 하네다공항 출발 귀국 (시나 외상 출영 예정)

당부는 사토 수상 예방, 사토 수상 주최 오찬, 중참 양원 의장 예방 등의 일정을 마련하기 위하여 일본 측과 접촉 중인 바, 12월 13일에 국회가 폐회될 예정이며 이에 따라 사토 수상과 중참 양원 의장은 동 국회 폐회에 관하여 천황에게 보고하는 등 12,

13 양 일 중에 궁정 측과의 예약이 있다 하며 확실한 시간은 아직 정하여지지 않고 있으나 이 장관과 만날 기회를 마련하자는 데에는 동의하고 있으므로 금명간에 구체적 일정이 결정될 것으로 예측됨.(주일정-아북)

23. 이동원 외무부 장관 체일 일정 관련 보고 전문

번호: JAW-12227

일시: 091816[1965. 12. 9]

수신인: 외무부 장관
발신인: 주일 대사

연: JAW-12209

이 외무부 장관 체일 일정에 관하여 다음과 같이 보고함.

1. 연호로 보고한 일정에 다음을 추가함.
12월 13일 (월) 12: 30 민단 주최 오찬.

2. 외무성 측은 국회 사정으로, 사토 수상, 중 참의원 의장 등과의 접촉 일정을 작성하는 데 커다란 곤란을 갖고 있다 함.
외무성 측은 연호 보고와 같은 사정으로, 사토 수상 주최 오찬은 사실상 불가능하다고 시사하고 있으며 장관께서 수상과 면담할 수 있는 적당한 기회를 마련하기 위하여 최선을 다하고 있다고 하며 그 한 가지 가능성으로서 13일 하오 시나 외상 주최 만찬에 사토 수상이 자리를 같이할 수 있도록 생각하고 있다고 시사하고 있음.
또한 중의원 의장은 국회 일정 등 사정으로 예방이 불가능하다고 하며, 참의원 의장 예방은 아직 불확실하나 가능성이 비교적 작은 것으로 외무성 측에서 말하고 있음.

3. 14일 오찬은 경제단체 주최를 생각하여 추진 중에 있음.

4. 시나 외상과의 회담은 13일 오전으로 일단 정하였으며, 제2차 회담을 14일에 할 것을 외무성에 제안 중에 있으나 외무성 측은 외상의 일정으로 보아 사실상 어렵다는 견해를 표시하고 있음.

5. 방문 일정 작성의 촉박성에 비추어 당부는 이미 보고한 일정에 따라 SOCIAL FUNCTION 제반 준비를 우선 진행 중에 있음.(주일정-외아북)

27. 이동원 외무부 장관 방일 일정

0491　**이동원 외무부 장관 방일 일정(12. 11 현재)[36]**

12월 12일(일)

  17:20　　　　하네다공항 도착
  18:00　　　　힐튼호텔 도착

13일(월)

  10:30~12:00　시나 외상 예방 및 회담
  12:15　　　　기자회견(당지 주재 아 국 신문사 기자단)
  12:30~14:30　민단 주최 간담회 및 칵테일파티
  14:00~14:30　사토 수상 예방
  19:00　　　　시나 주최 만찬

14일(화)

  12:00~14:00　일한경제협회 주최 오찬 → 경단련 주최 오찬
  14:30~15:00　한국학원 방문
  15:30~　　　참의원 의장 예방
  19:00　　　　김 대사 주최 만찬

15일(수)

  10:00　　　　하네다공항 출발 귀국

36　본 일정은 12.11 현재로 되어 있으나 추후 변경된 일정이 수기로 추가 기재됨.

28. 이동원 외무부 장관의 일본 도착 일정 통보 전문

0493   번호: WJA-12231

일시: 111320[1965. 12. 11]

수신인: 주일 대사

1. 장관님께서는 오늘 하와이에 가시지 않고 당지에서 일박 더 하신 후 예정대로 도쿄에 12. 12 하오 5:25 PAA NO. 1편(샌프란시스코 출발 12. 11 오전 9시) 도착하실 것임.

2. 최광수 동북아과장은 금 11일 서북 항공편으로 도일함. (외아북)

장관

29. 이동원 외무부 장관 방일 관련 김동조 대사의 우시바 심의관 면담 결과 보고 전문

번호: JAW-12303

일시: 111737[1965. 12. 11]

수신인: 장관
발신인: 주일 대사

장관 방일

1. 본직은 금 11일 상오 11시 우시바 심의관과의 면담 석상에서 장관께서 사토 수상을 방문할 수 있도록 요청하였음. 심의관은 외무성이 현재 방문 기회를 마련하기 위하여 노력 중이라고 말하고 그 가능성을 시사하였음.

2. 당부는 14일에 2차로 외상 회담을 가질 것을 제안 중에 있는바 외무성 측은 13일의 회담에서 양 외상 간에 2차 회담의 필요성에 합의하면 회담을 가지도록 하자는 견해를 유지하고 있음. (주일정-외아북)

30. 이동원 외무부 장관 일본 도착 보고 전문

0495   번호: JAW-12308

일시: 121750[1965. 12. 12]

수신인: 장관
발신인: 주일 대사

연: JAW-12290

이 외무 장관은 금 12일 17:20 예정대로 당지에 도착하였음. 신 비서관이 수행하였으며, 외무성 측으로부터 우시바 외무심의관 등 직원들이 출영하였음.(주일정-외아북)

34. 이동원 외무부 장관의 시나 외상 면담 결과 보고 전문

0499 번호: JAW-12327

일시: 131632[1965. 12. 13]

수신인: 대통령 각하
발신인: 외무부 장관
참조인: 국무총리, 외무 차관

본직은 금 13일 시나일 외상과 10:30부터 약 1시간 40분간 면담하였사옵기 그 내용을 아래와 같이 보고합니다(아 측 김동조 주일 대사, 최광수 외무부 동북아과장 일본 측 우시바 외무심의관 및 우시로쿠 아세아국장 배석).

1. 한일 비준서 교환

시나 외상은 금조 내각 및 당으로부터 보정 예산을 연내에 처리하지 않을 수 없으므로 시나 외상 등 비준서 교환 사절단의 방한을 통상 국회 개회(20일 예정) 이전에 끝마칠 수 있도록 이미 합의한 일정(20~22일)을 앞당겨 줄 것을 간망하였음.

본직은 이미 양국 정부가 합의하여 본국 정부에서 합의한 일정에 따라 준비를 진행하고 있는 만큼 이 시기에 와서 변경함은 불가능하다고 하였음. 일본 측은 금일 오후 총리 이하 당 수뇌가 재협의하여 부득이하면 다시 아 측의 재고를 요청하겠다 함.

2. 무역회담은 비준서 교환 일정이 기정대로 확정되면 17일부터 개최하여 21일 오후에 한일 양 외상의 참석리에 결론을 짓기로 합의하였음. 본직은 무역회담의 성공의 중요성과 해태, 오징어 등 아 국 산품의 자유화 조치와 미곡 장기계약과 아 측 구상에 대한 일본 측의 결단을 강력히 촉구하였음.

0500 3. 본직은 한일 간의 특수한 관계와 재일한인 문제에 비추어 일본 내 중요 장소에

아 국 영사관을 설치하여야 할 필요성을 강조하고 본건에 관한 아 측의 기정 입장인 10개 장소에 대한 일본 정부의 동의를 강하게 주장하였음. 일 외상은 애초 이미 일본 측이 동의하겠다고 한 5개 장소에만 우선 합의하고 기타는 앞으로 상호 회의적으로 계속 협의 결정하자는 입장을 취하다가 본직의 주장에 따라 본인 체일 중에 원칙 합의를 보기로 하고 금일 오후 주일 방희 공사, 우시로쿠 아세아국장 레벨의 실무 교섭을 갖기로 하였음. 부대조건에 관하여 일본 측으로부터 그 이상 주장이 없으며 장소에 있어 니가타, 교토에 난색을 표명함.

4. 한미일 3국 각료급 공동협의

본직은 본건에 관하여 러스크 미 국무장관에게 말한 바를 되풀이하고 한일 국교 정상화를 기하여 한·미·일 3국이 공통의 관심을 갖는 문제에 관하여 합의하는 동시 자유민주주의 국가로서의 우의와 결속을 과시하기 위하여 명년 적절한 시기에 3개국의 외상이 자리를 같이하여 협의할 기회를 갖도록 하는 구상에 대한 일본 정부의 의향을 타진하였음. 시나 외상은 좋은 구상이며 성실히 검토하여 이 구상이 성취되는 방향으로 협조하겠다고 하였음.

5. 동남아 외상회담

일 외상은 참가하겠다는 의사를 명백히 표명하고 시기는 명년 일본의 평상 국회가 종료(3월 말 예상)한 후가 되기를 바라며 국회 종료 시까지 일 외상 참가 동의가 신문지상 등에 누설되지 않도록 하여 달라고 하였음.

35. 이동원 외무부 장관의 사토 수상 예방 결과 보고 전문

0501   번호: JAW-12336

일시: 131904[1965. 12. 13]

수신인: 대통령각하
발신인: 외무부 장관
참조: 국무총리, 외무 차관

금 13일 본직은 하오 2시부터 약 50분간 수상관저 사토 총리를 방문하였아온바, 그 결과를 아래와 같이 보고합니다.

일본에서는 하시모토 관방 장관 및 외무성 우시로쿠 아세아국장이 배석하였으며 아측은 김동조 주일 대사가 수행하였습니다.

   1. 사토 수상은, 일본 정부의 예산 성립 문제와 정기국회에 관련된 사정을 설명하고 비준서 교환 일자를 앞당겨서 12월 18일로 할 것을 간곡히 제의하였습니다. 이에 대하여 본직은 이미 21일 자로 교환할 것을 다짐한 바 있고 이를 또한 발표하였으며 이제 와서 다시 일자를 변동한다는 것은 곤란하다는 견해를 표명하였습니다.

사토 수상은 본직과의 회담이 끝난 후 즉시 정부 여당의 연석회의인 '6자회담'에 직행하여 본건 문제에 관하여 대내적으로 다시 협의한다고 말하였습니다. 본건에 관한 일본 측의 입장이 다시 표명되는 대로 이에 관하여 보고하겠습니다.

   2. 청구권 자금의 조상 실시 문제에 관하여 본직은 시나 외상과 이미 합의하였으나 사토 수상과도 이에 관하여 충분한 의견을 교환을 행하고 완전한 합의를 보았아온바 이에 관하여는 추후 직접 보고드리겠습니다.

0502   3. 사토 수상은 명년 4월 10일 전후해서 한국을 방문할 것을 희망하였습니다. 동 수

상은 대통령 각하께서 동남아 제국을 방문하시는 것에 언급하여 가장 가까운 일본을 그 기회에 방문하실 것을 기대한다고 말하였습니다.

대통령 각하의 동남아 방문은 1년 전부터 계획되고 준비되어 온 것이기 때문에 그 기회에 일본을 방문하시기는 어려울 것이라고 말하였습니다.

4. 본직은 영사관 설치에 관한 아 측 입장을 설명하고 일본 정부의 호의적 고려를 요청하였습니다. 본직과 사토 수상은 이 문제에 관하여 금후 단시일 내에 하부관계자 간에서 합의에 도달하도록 하는 데 의견의 일치를 보았습니다.

5. 하시모토 관방 장관은 한국 정부가 명년 1월 1일을 기하여 독도 주변에도 전관수역을 설치하는 것으로 보도되고 있는데 독도 주변에 설치하면 일본 정부로서 곤란하다는 견해를 표명하였습니다. 이에 대하여 본직은 당연히 독도 주변에 전관수역을 선포하지 않을 수 없다는 견해를 표명하였습니다. (주일정 - 외아북)

37. 일본 측의 비준서 교환 일정 연기 요청에 대한 본부 입장 구신 보고 전문

번호: JAW-12341

일시: 132151 [1965. 12. 13]

수신인: 외무부 장관 귀하
발신인: 주일 대사
참조: 국무총리, 청와대 비서실장

일본 정부는 추경 예산의 연내 성립을 위한 국회 운영에 관련된 사정을 이유로, 이미 합의된 바 있는 12. 21 비준서 교환 일정을 앞당겨 꼭 이를 12월 17일 내지 18일에 행하여야 되겠다고 하며, 금일 하오 외무부 장관을 위한 시나 외상 초대 만찬에 사토 총리가 직접 참석하여 그러한 일본 측 사정을 한국 측이 들어주기를 간곡히 요청하였음. 본건에 관하여 긴급 정부 방침을 검토해 주기 바라며, 장관님에게 보고해주시기 바람. (주일정-외아북)

39. 한일 협정 비준서 교환 일자 관련 보고 전문

번호: JAW-12343

일시: 132236[1965. 12. 13]

수신인: 대통령 각하, 국무총리 각하
발신인: 외무부 장관 이동원
참조: 외무부 차관

1. 이미 보고드린 바와 같이 금 13일 외상회담에서 시나 외상은 피할 수 없는 일본 국회 사정으로 말미암아 비준서 교환을 12월 21일에 하지 않고 이를 앞당겨 20일 이전에 할 수 없느냐고 본직에게 부탁하여 왔습니다. 본직은 이에 대하여, 21일에 교환한다는 것은 이미 공식으로 합의된 것이고 또한 이를 발표하였으므로 단축한다는 것은 불가능하다고 말하였습니다.

2. 금일 오후 2시 본직이 사토 수상을 방문한 자리에서, 수상은 외상으로부터 보고를 들었으나 당과 국회의 사정이 급변하여 12월 20일에 소집되는 정기국회를 외상과 농상이 비울 수 없게 되었다고 말하고, 25일 내지 26일까지는 추경 예산을 처리하여야 할 형편인데 그때 외상과 농상이 없으면 동 예산안을 심의할 수 없으므로 그러한 일본 측 사정을 들어 달라고 부탁하여 왔습니다. 이에 대하여 본직은 계속 난색을 표명하였습니다.

3. 그간 사토 수상은 본직과의 면담 후 당 수뇌 6자회담을 개최하고 이 문제를 협의하였으며 시나 외상은 하오 6:45분에 본직과의 단독회담(시나 외상의 요청으로 가졌음)에서 교환 일자를 앞당겨 달라고 계속 요청하였으며, 이어서 개최된 시나 외상 주최 만찬에서 사토 수상, 시나 외상, 사카타 농상, 하시모토 관방 장관 등이 본건에 관하여 간곡한 부탁을 하면서 한국 정부의 특별한 고려를 요망하여 왔습니다.

4. 본직이 대표부를 통하여 파악한 정세로는, 이 시기에 와서 일본 정부가 비준서 교환 일자의 단축을 바라는 이유로는 국회 운영 대책에 있어서 여야 간에 합의를 보지 못하고 또한 추경 예산 문제와 관련하여 일본 내각이 어려운 사정에 놓여있는 것으로 보이는바, 전술한 바와 같이 일본 정부의 최고지도자들이 그와 같은 간곡한 요청을 하고 있음에 비추어, 아 국 정부로서 이 문제에 관하여 너무 지나치게 인색하면 금후 한일관계의 큰 면에 있어서 영향이 있을 것으로 사료되므로 본직으로서는 아 국 정부로서 여러 가지 어려운 사정이 있겠아오나 일본 측의 입장을 받아 줄 것을 건의합니다. 현재 일본 측은 12월 17일에 대표단이 출발하여 18일에 비준서를 교환하고 19일에 귀국하겠다고 하며 이에 따라 무역회담을 15일부터 서울에서 개최하자고 말하고 있습니다.

추기: 상기 문제에 관한 자세한 것은 본직이 직접 이후락 비서실장과 국제 전화로 통화할 때 보고드리기로 하겠습니다. (주일정 - 외아북)

40. 이동원 외무부 장관 방일 일정 수행 관련 보고 전문

0508   번호: JAW-12394

일시: 141902[1965. 12. 14]

수신인: 외무부 장관
발신인: 주일 대사

1. 이 외무부 장관은 금 14일 15:30 시게무네 참의원 의장을 예방하는 등 예정 일정에 따라 활동 중임. 명 15일 서북 항공편으로 귀국할 것임.

2. 금 14일 18:00 미국 맨스필드 상원의원이 이 장관을 예방하여 환담하였음.

3. 이 외무부 장관은 금석 7시부터 시나 외상, 이시이 법상, 사카타 농상, 마에오 총무회장 등 일본 정부 수뇌를 초청 만찬을 가질 예정인바, 시나 외상의 요청으로 오후 6시 45분부터 회담을 갖기로 하였음.
    동 회담에서는 일본 측으로부터 우시로쿠 아세아 국장이, 아 측으로부터는 본직과 최 동북아과장이 동석할 예정임. (주일정-외아북)

41. 이동원 외무부 장관과 시나 외상의 회담 결과 보고 전문

0509   번호: JAW-12402

일시: 142255[1965. 12. 14]

수신인: 외무부 장관
발신인: 주일 대사

1. 금 14일 시나 외상 등 일본 정부 수뇌를 위한 외무부 장관 주최 만찬(19시) 직전에 장관은 시나 외상과 약 5분간 회담하였음(시나 외상의 요청에 의함).

2. 동 석상에서 시나 외상은 일본 측이 이미 제의한 바 있는, 분쟁 해결에 관한 교환 공문의 발효 일자에 관한 합의를 비준서 교환 전에 행할 것을 희망하였음.
    일본 측은 동 공문의 발효 일자가 없으므로 국회와의 관계에 있어서 사후 승인을 받는 것과 같은 법적인 난점이 있기 때문에 이를 비준서 교환 일자에 발효케 함이 곡 필요하다는 입장을 설명하고, 가벼운 형식으로라도 합의하기를 희망한다고 말하였음.

3. 아 측은 이와 같은 합의의 필요성이 있는가를 검토한 후에 아 측의 입장을 밝히겠다고 말하였음.(외방조.외아북)

42. 이동원 외무부 장관 귀국 보고 전문

0510

번호: JAW-12403

일시: 150837[1965. 12. 15]

수신인: 외무부 차관
발신인: 주일 대사

장관님 일행은 금 15일 예정대로 서북 항공편으로 귀국하심을 보고함. 수행은 최 동북아과장, 이 비서관, 신 비서관 및 당부 최호중 경제과장임.(주일정-외아북)

기본관계에 관한 조약[등], V.3, 비준서 교환, 1964~1965

분류번호 : 741.12 조 624 기 1964-65 V. 3
등록번호 : 1567
생산과 : 조약과/동북아주과
생산연도 : 1965
필름번호 : J-0023
파일 번호 : 03
프레임번호 : 0001~0401

한일 조약 및 제 협정 비준서 교환식을 위한 비준서와 비준서 교환문서의 문안 교섭 기록, 교환식 일정 교섭 기록 및 교환식 행사 관련 자료와 한일 양측의 연설문, 박정희 대통령의 담화문 등이 수록되어 있다. 애초 한일 양국은 1965년 12월 21일 비준서 교환식을 갖기로 합의하였으나 일본 측이 국내 정치 일정을 이유로 이를 앞당겨 줄 것을 간곡히 요청함에 따라 12월 18일에 거행하였다.

1. 일정 교섭 및 교환식

2. 비준서 교환 관련 일본 측과의 협의 결과 보고 전문

0825   번호: JAW-11213

일시: 111444[1965. 11. 11]

수신인: 장관
발신인: 주일 대사

1. 작 10일 하오 장관 출항[송영] 차 공항에 나온 우시로쿠 외무성 아세아국장은 본직에게 비준서 교환을 금년 내로 행하고자 희망한다고 말하였음. 동 국장은 또한 비준서 교환 전에 영사관 설치 장소에 관하여 상호합의를 끝내도록 하고자 한다고 말하였음.

2. 상기 기회에 우시로쿠 국장은 이규성 공사에게 다음과 같은 내용의 견해와 입장을 표명하였음.

가. 비준서 교환은 12월 24일 이전에 서울에서 행하고자 함. 27일부터 29일까지 3일간은 대장성 중심의 예산조정작업이 있기 때문에 부적당하며 30일 이후는 연말 국회 사정으로 역시 부적당하다 함.

나. 일본 측 비준서 교환 대표단은 시나 외상을 비롯하여 대신 급 2, 3명이 포함될 것이라 하며 조약국장이 또한 포함될 것임. 아세아국장이 포함될 것인지는 아직 미정임.

다카스기 수석대표를 대표단에 포함시키고자 희망하는데, 다카스기 발언 문제가 있었기 때문에 그의 방한에 대한 한국 측 감촉을 알고자 한다 함.

다. 무역회담은 전기 비준서 교환 일자를 전후해서 서울에서 개최하고자 함.

동 회담의 실질적 대표는 외무성 우시바 심의관이 될 것이며 비준서 교환차 방한하는 시나 외상이 동 무역회담의 개회 또는 폐회 시에 참석하도록 희망함.

0826

라. 초대 주한대사는 후나다 의장, 이시이 법상과 같은 거물급이 가지 않는다면 관료 출신의 외교관이 될 것 같은바, 가능성으로서는 관료 임명이 6할, 정치인 또는 실업계 인사 임명이 4할 정도라 함. 인선은 지금부터 시작해야 할 것 같다 함(이세키 전 아세아국장은 그의 부친이 가졌던 한국에 대한 관계로 보아 체념한 듯한 인상임).

마. 주한대사관 건물은 아직 생각하지 않고 있다 함(이점에 관하여 일본 측은 매우 신중한 태도를 취하는 인상임).(주일정-외아북)

3. 비준서 교환 관련 일본 측 입장 보고에 대한 국무총리 의견서

0827 JAW-○○○의 주일 대사 보고를 외무 차관께서 11. 12 오전 국무총리에게 보고한바, 이에 대하여 아래와 같이 국무총리께서 의견을 표명하셨음.

1. 비준서 교환을 연내에 하고자 하는 일본 측 희망에 대하여, 외무 장관이 해외 출장 중이며, 새로운 출발을 상징하는 견지에서 66년 1월 15일경에 시행함이 가하다.

2. 일본 측이 시나 외상을 단장으로 하는 전권단을 파한한다는 데 대하여서는 이의 없으며, 또한 다카스기 씨가 전권단의 일원으로 방한하는 데 대하여서는 현 단계에서 동인의 발언 문제가 새삼스럽게 문제될 바 없으며, 한일회담의 일본 측 수석대표이던 동인이 전권단으로 방한하는 것은 자연스러운 것으로 생각된다.

3. 무역회담을 12월 중에 개최하는 것은 가하다.

4. 영사관 설치를 위한 교섭은 조속 개시하는 것이 가하다.

5. 초대 주한일본대사로는 관록있는 정치인이 임명되는 것이 좋겠다.

5. 비준서 교환에 관한 한국 정부 방침 및 의향 통보 전문

번호: WJA-11192

일시: 131250 [1965. 11. 13]

수신인: 주일 대사

대: JAW-11213

대호에 관하여 아래와 같은 정부의 방침 및 의향을 통보하니 이에 따라 일본 측과 비공식으로 예비적인 접촉을 하시고 그 결과를 보고하시기 바람.

1. 비준서 교환은 12월 20일경에 서울에서 하도록 함.

2. 비준서 교환을 위하여 파견될 일 대표단에 대한 일본 측 구상에는 이의 없으며, 다카스기 전 수석대표의 포함 여부에 대하여는 일본 측이 결정하는 바에 이의 없음.

3. 무역회담을 비준서 교환 일자를 전후하여 서울에서 개최하는데 이의 없음.

4. 영사관 설치 장소에 대한 합의는 비준서 교환 전에 끝낼 방침이며, 구체적 사항은 별도 지시 위계임.

5. 초대 주한 일본대사 인선에 관하여는 관록있는 거물급 정치인을 희망함. (외아북)

장관

6. 주한 일본대사 임명 관련 일본 측 견해 보고 전문

번호: JAW-11307

일시: 131342[1965. 11. 13]

수신인: 외무부 장관
발신인: 주일 대사

1. 금 13일 오 정무과장은 구로다 외무성 북동아 과장에게 타진한바, 마이니치(금일 자 조간) 신문에 보도된 이세키 전 아세아국장의 초대 주한대사 기사에 대하여 근거 없다고 말하였음. 우시로쿠 아세아 국장이 관료 임명 가능성이 6할, 정계 또는 재계인사 임명 가능성이 4할 정도라고 말한 것을 상기시켰던바, 과장은 개인적 감촉으로는 관료 임명 가능성이 우시로쿠 국장이 말한 것보다 더 크다고 말하였음. 관료 임명의 경우에는 현역 관료 중에서 임명될 가능성이 가장 큰 것으로 시사되었음. 또한 재계인사 임명 가능성도 별로 없는 것으로 시사됨.

2. 주영 대사관 근무 요시다 겐조 공사는 명 14일 도쿄에 도착 예정인바, 구로다 과장은 요시다 공사가 주한대사관 근무 발령을 받을 것이며, 대사 부임 시까지 임시 대사 대리직을 맡을 것이라 함. 요시다 공사는 비준서 교환 전 아마 12월 초에 서울로 파견될 것으로 시사되었는바, 사무소 소장으로 임명할 것인지에 관하여는 명백한 의사 표명이 없었음. 그러나 구로다 과장이 임명 절차는 간단히 하고자 한다고 말한 것으로 보아, 소장 임명을 하지 않을 경우에는 출장 근무 형식을 취하여 사실상 대사관 개설 준비 기타 현지 직원의 지휘 감독을 하도록 할 가능성이 있는 것으로 보임.

3. 구로다 과장은 주한 사무소에 대하여 대사 임명 절차에 관하여 외무부에 타진하도록 훈령하였다 하면서, 현재 일본 측 생각으로는 비준서 교환 시에 '아그레망' 요청을 하고 약 1주일 후 정식 임명 발령을 내고 약 1개월 후 부임하도록 할 것을 고려한

다고 말하였음. 구로다 과장은 비준서 교환과 함께 대사 임명 발령을 낼 수도 있다고 말하면서 그러한 경우에는 인사 문제가 미리부터 논의되어 잡음이 있을 가능성이 있어 전기와 같은 안을 우선 고려한 것이라고 시사하였음. 우시바 심의관의 대사 임명 가능성은 거의 없는 것으로 시사됨.

4. 구로다 과장은 비준서 교환 일자를 12월 20일경으로 생각했었다고 말하고, 제반 사정을 고려하여야 할 것이기 때문에 어떻게 될는지 모르겠다는 말을 하였음. 서울로부터 비준서 교환 시기에 관하여 보고된 것이 없다고 동 과장은 말하였음.(주일정-외아북)

12. 비준서 교환 관련 일본 측과의 협의 결과 보고 전문

번호: JAW-11363

일시: 161755 [1965. 11. 16]

수신인: 장관

발신인: 주일 대사

대: WJA-11192

대호 지시에 따라 본직은 금 16일 하오 2시 30분부터 약 1시간 외무성 시로다 차관을 방문, 아 측 입장을 표명하고 일본 측 입장을 타진한바 시로다 차관은 요지 아래와 같이 말하였음.

1. 차관은 비준서 교환을 12월 20일경에 하는데 이의 없을 것이라고 말하고, 그러나 일본 측에서 아직 결정을 한 바는 없으며, 20일 후의 연말의 분주한 시기를 피하는 것이 좋을 것이라고 말하였음.

2. 일본 대표단 구성에 관하여, 차관은 비준서 교환은 행정부의 일이므로 시나 외상이 수석대표로 될 것이며 그 외에 한두 사람의 대신이 수행할 것으로 생각한다고 말하였음.

또한 차관은 후나다 의장이 개인적으로 의향을 가지고 있기 때문에 국회의원 등 정객 중심으로 고문단을 만들어 수행케 할 것인지 또한 추후 별도로 친선사절단을 구성하여 파한할 것인지 아직 미확정이라고 말하였음.

3. 무역회담에 미키 통상대신이 참여할 것인지(이 경우에는 비준서 교환 대표단의 일원으로 간다는 뜻임)는 아직 미확정이나 12월 초 국제회의 관계로 프랑스에 가기 때문

에 장시간 본국을 떠나 있는 것이 어려운 감촉이라고 말하였음.

4. 초대 주한대사 인선에 관하여 차관은 다음과 같이 말하였음.

첫째, 대사 인선에 관한 일본 정부 내 상호 일치되는 의견은, 직업외교관 중에서 인선하여야 되는 것이며, 이는 수개월을 두고 신중 검토한 결과 나온 결론이다.

둘째, 정치인이나 경제인 가운데에서 관록 있는 거물급을 인선하는 것은 불가능하다.

셋째, 설사 적당한 정치인이나 경제인을 인선할 수 있다 하더라도 한국 정치 풍토나 일본 내의 정치적 감각으로 보아 경제침략이니 정치적 파벌이니 하는 부작용을 면치 못한다고 판단하므로 직업외교관 중에서 인선하기로 한다는 원칙에 결론이 나온 것이다.

넷째, 신문의 추측 기사가 많이 나오고 있으나 현재 구체적 인선은 결정된 바 없다.

(주일정 - 외아북)

14. 비준서 교환 및 비준서 교환 의정서 서명 관련 내부재가 문서

0853

기안자: 조약과

과장[서명]   국장[과장이 대리 서명]   차관[대결]   장관[차관 인장]

협조자 성명: 동북아과장[서명]   아주국장[서명]   기획실장

기안 연월일: 65. 11. 16
분류기호 문서번호: 외방조 741[전문으로 발송]
경유·수신·참조: 주일 대사
발신: 장관

제목: 한일 간의 조약 및 제 협정의 비준서 교환 및 비준서 교환 의정서 서명

1. 일본 측과 교환할 아 측 비준서에는 우리나라의 관례에 따라 한일 간의 조약 또는 협정의 원문을 전부 삽입치 않고, 조약 또는 협정의 명칭만을 명기, 이를 작성하여, 영어 번역문을 이에 첨부할 예정이므로, 이 점을 일본 측에게 알려 주시고, 일본 측에서도 이러한 형식을 취하여 주기를 바라는 아 측 의사를 전달하시기 바랍니다.

2. 비준서 교환 의정서는 한국어 및 일본어로 2부씩 작성코자 하며, 아 측 안을 별첨과 같이 송부하오니 이를 일본 측에 제시하시고 합의하도록 교섭하시기 바랍니다. 의정서 문안 확정에 관한 작업은 가능한 한 조속히 끝마쳐야 할 것으로 생각됩니다.

3. 비준서 교환 의정서 서명에 있어, 아 국은 일본 측 전권위원의 전권위임장 제시를 요구치 않을 것이나, 다만 서명 이전에 전권위원단의 명단을 쌍방이 공식으로 통고하기를 바라고 있음을 전달하시기 바랍니다.

끝

첨부물

14-1. 비준서 교환 의정서(안)

0854   비준서 교환 의정서(안)

　　아래 서명한 대한민국 _____ 와 일본국 _____ 는 각자 그들 정부로부터 정당히 위임을 받아, 1965년 6월 22일 도쿄에서 서명된 대한민국과 일본국 간의 (　　)의 비준서를 교환하기 위하여 회합하였다.
　　상기 (조약)에 대한 각각의 비준서를 검토하고 그것이 타당하다고 인정한 후 금일 동 비준서를 교환하였다.
　　이상의 증거로서, 각 전권위원은 본 비준서 교환 의정서에 서명하였다.
　　1965년 12월 ___ 일 서울에서 한국어 및 일본어로 본서 2통을 작성하였다.

　　대한민국을 위하여　　　　일본국을 위하여

0855   批准書 交換議定書

　　下名, _____ 及び 日本国 _____ は, 各自の政府により正当に委任を受け, 1965年6月22日東京に於いて署名された(　　)の批准書を交換するため会会した.
　　同(条約)に対する各批准書を検討し, それが妥当であると認め, 今日同批准書を交換した.
　　以上の証拠として各全権委員は本批准書交換議定書に署名した.
　　1965年 12月 ___ 日ソウルで韓国語及び日本語により本書二通を作成した.

　　_____ のために　　　　_____ のために

15. 한일 문제에 대한 외무 차관 보고에 대한 총리 말씀이 기재된 문서

0857　　한일 문제에 관한 외무 차관 보고에 대한 총리 말씀

1965. 11. 17

1. 한일 비준서 교환 시기

외무 장관이 방미 귀로에 일본 정부 요인과 만나 일자를 최종적으로 정함이 여하한가 하는 장관 의향에 대하여 그렇게 되면 너무 늦을 것이므로 20일경으로 정하도록 하라고 하심.

2. 주일 대표부 인사 문제에 관하여

비준서 교환에 따른 대사관 설치 후 대사의 아그레망 신청 기간 중 공사가 대리대사 역할을 하여야 하는바, 방희 공사는 전근 발령되었고 안광호 공사가 발령되었는데 전기 두 공사 부임 시기 등을 여하히 할 것인지 연구하여야 할 것임.

3. 초대 주한일본대사

초대 주한일본대사를 직업외교관 출신으로 인선하겠다는 일본 측 의견을 보고드린바, 비중 있는 일본 정치가가 초대 주한대사로 되도록 교섭하라는 말씀이 있음(본 건에 관하여는 대통령 각하 의향도 같다 함).

16. 초대 주한일본대사에 관한 본부 견해 통보 전문

0858   번호: WJA-11219

일시: 171550[1965. 11. 17]

수신인: 주일 대사

연: WJA-11192
대: JAW-11363

초대 주한일본대사의 인선에 있어서는 직업외교관 출신보다 관록있는 거물급 정치인이 좋을 것이라 함이 정부의 생각이니 이와 같은 견해를 조심성 있게 강력히 일본 정부 고위층에 반영하시기 바람.(외아북)

장관

21. 초대 주한일본대사 관련 한국 측 의견 전달 결과 보고 전문

번호: JAW-11418

일시: 181732[1965. 11. 18]

수신인: 장관

발신인: 주일 대사

대: WJA-11243

금 18일 본직은 하시모토 관방 장관을 방문하고 대호 일본대사 임명에 관한 아 측 견해를 제시하고 이를 사토 수상에게 전해 줄 것을 요청하였음.

하시모토 장관은 아 측 입장을 잘 알겠다고 말하였음.

동 석상에서 하시모토 장관은 일반적으로 주한대사로 임명될만한 사람이 별로 없고, 국회의원 중에서 의원직을 그만두고 주한대사로 가려는 사람이 없으며, 국회의원에서 낙선한 사람을 보내는 것은 부적당할 것이며, 이세키 주화란 대사를 초대 대사로 결정한 것은 아니고 그는 하나의 후보자일 것이며, 결국 직업외교관 임명이 가장 적합하다고 생각한다는 견해를 표명하였음.(주일정-외아북)

23. 비준서 교환 시기 등에 관한 대통령 견해를 기재한 아주국장 메모

1965년 11월 19일

11월 19일 12시에 청와대에서 있었던 이형근 주영대사의 환송을 위한 오찬회 석상에서 비준서 교환 시기에 관하여 주일 대사의 보고를 근거로 한 차관으로부터의 보고를 받으신 후 대통령 각하는 아래와 같이 말씀하셨음.

1. 교환 시기는 12월 20일경이 좋을 것이며 구체적인 일시의 결정은 외무부에서 할 것.

2. 초대 주한일본대사로서는 과거에 한국과 관계가 있었던 깨끗한 인사가 적합할 것임.

3. 민간어업협정 체결에 관한 교섭은 서울에서 하도록 일본 측과 교섭할 것.

아주국장

24. 비준서 교환 시기 관련 보고 전문

번호: JAW-11435

일시: 191535 [1965. 11. 19]

수신인: 외무부 장관
발신인: 주일 대사

금 19일 상오 11:30경 뉴욕 외무부 장관으로부터 전화 연락이 있어, 한일조약협정 비준서 교환 일자가 12월 20일이라는 연락을 본부로부터 받았는바 이에 대한 일본 정부와의 협의 내용이 여하한지를 문의하여 왔으므로, 본직은 다음과 같이 보고하였사옵기 참고하시기 바람.

  1. 일본 국회에서 한일 조약 비준이 확정되는 날짜가 12월 11일인 만큼 그 이후는 언제든지 비준서 교환을 할 수 있는 것이나 일본 예산심의, 국회 등 일본 국내 사정을 미루어보아 12월 25일 이후가 되면 곤란하다는 견해임.

  2. 그러나 현재 일본의 비준서 교환 대표단 수석으로서 그동안 후나다 국회의장, 기시 전 수상 등 거물급 인사가 논의되었으나 시나 외무대신으로 낙착이 된 만큼 그 카운터파트인 우리나라 외무 장관이 현재 국련 총회 참석차 도미 중이므로 한국 문제가 제1위원회에서 토의될 예상 시기는 12월 중순에서 20일 전후가 될 것이므로 그 국련 총회의 한국 문제 토의에 참가하고 외무 장관이 일본에 기착하여 수삼일 일본 정부 고위층과 공식접촉을 가진다는 시간적 요소를 고려에 놓고 비준서 교환 일자가 결정되어야 할 것이라는 취지의 설명을 본직은 시도마 외무 차관에게 이미 설명한 바 있으며 이에 대하여 동 차관은 전폭적으로 동의한 바 있음.

  3. 따라서 12월 20일은 대체적인 예정 일자로서 비준서 교환 절차 준비 목표 일자에 불과하니 사실상에 있어서는 12월 20일로부터 23, 24일 사이에 교환 일자가 추후 결정될 것이나 이는 어디까지나 외무 장관 귀국 일자와 관련하여 결론을 지을 것이라고 생각됨. (주일정 - 외아북)

26. 비준서 교환 관련 일본 측 요령 보고 전문

번호: JAW-11447

일시: 191810

수신인: 외무부 장관 귀하

발신인: 주일 대사

금 19일 외무성 마쓰나가 조약과장으로부터 오 정무과장에게 제시된 일본 측의 비준서 작성 및 비준서 교환에 관한 관계 사항 요령을 다음과 같이 보고함.

일본 측은 한국 측의 사정을 조속히 알려달라 하므로 지금 조치해 주시기 바람.

1. 일본 측은, 비준서를 각 조약 및 협정마다 개별적으로 작성할 것이라 함. 비준서는 비준문에 조약 또는 특정 텍스트가 첨부되는 형식임. 비준문은 일본어로 작성되고 영어 번역문이 첨부되며, 비준서에 포함될 조약 또는 협정 텍스트는 서명된 텍스트의 사진본인바, 단 서명란만은 실제 서명된 것을 사진 찍는 것이 아니고 서명과 봉인 미봉 등 흔적이 나타나지 않도록 별도로 서명한 페이지를 만들어 사진을 찍는다 함.

(청구권협정, 자구 수정 부분은, 수정된 면을 별도로 만들어 사진본을 만들 것이라 함)

비준문에는 천황의 인증과 내각총리대신 및 외무대신의 부서가 있음.

2. 일본 측이 비준서를 작성하게 될 조약 및 협정은 다음 5개 종류임.

(1) 기본관계조약(일, 영, 한)

(2) 어업협정(부속서)(일, 한)

(3) 재산청구권협정(제1의정서 및 제2 의정서)(일, 한)

(4) 법적지위 협정(일, 한)

(5) 문화협정(부속서)(일, 한)

3. 일본 측은 비준서 교환 조서(프로토콜)의 안을 아래와 같이 제안하여 왔으며 아측의 동의 여부 및 의견 제시를 요청하고 있음. 동 프로토콜은 영어만으로써 작성하여 온 것이 일본의 관례이며 금번 한일 간의 경우도 영어만으로써 작성하고자 한다 함.

(본건 영문 작성에 관하여, 오 정무과장은 사적 견해로서, 다른 이유 유무 여부는 모르겠으나 한일 양국어 만으로 된 협정의 영어 명칭에 관하여 양측이 합의할 수 없는 경우에 프로토콜의 영어 작성은 어렵지 않겠느냐고 말하고, 일례로서 청구권협정의 SOLUTION을 한국 측에서는 SETTLEMENT로 한 것으로 알고 있다고 말하였음. 조약과장은 이점에 관하여 한국 외무부의 견해를 일단 들어보고 생각하자고 하였음.)

또한 일본 측은 아래의 안과같이, 비준 대상의 조약 협정을 일괄적으로 프로토콜에 포함시키고자 한다고 말하였음. 동 프로토콜에 대한 서명은 양측 대표단의 수석대표(현재로서는 양국 외상을 전제로 하고 있다 함) 만이 서명하도록 바란다 함. 일본 측은, 금번 비준서 교환대표를 특명전권 대표를 임명하는 형식을 취할 생각은 없다고 하며, 양국 외상이 수석인 경우에는 위임 제시 또는 교환을 필요로 하지 않도록 하자고 함. 일본 측은 특명전권 대표인 경우에도 외상에 대해서는 위임장을 발급하지 않고 있다 함. 본건 프로토콜의 서명 원본은 서명지인 한국 정부 측에서 제작하여도 좋다고 함.

(이하 영문 텍스트)

_____TO BE ALTERNATED　　　　DRAFT

1965. 11. 18

PROTOCOL OF EXCHANGE OF INSTRUMENTS OF RATIFICATION

THE UNDERSIGNED, ETSUSABURO SHIINA, MINISTER FOR FOREIGN AFFAIRS OF JAPAN AND TONG WONG LEE, MINISTER OF FOREIGN AFFAIRS OF THE REPUBLIC OF KOREA, BEING DULY AUTHORIZED BY THEIR RESPECTIVE GOVERNMENTS, HAVE MET FOR THE PURPOSE OF EXCHANGING THE INSTRUMENTS OF RATIFICATION(BY THEIR RESPECTIVE GOVERNMENTS)OF THE TREATY ON BASIC RELATIONS BETWEEN JAPAN AND THE REPUBLIC OF KOREA, THE AGREEMENT ON FISHERIES BETWEEN

JAPAN AND THE REPUBLIC OF KOREA, THE AGREEMENT ON THE SOLUTION OF PROBLEM CONCERNING PROPERTY AND CLAIMS AND ON THE ECONOMIC CO-OPERATION BETWEEN JAPAN AND THE REPUBLIC OF KOREA, THE AGREEMENT ON THE LEGAL STATUS AND THE TREATMENT OF THE NATIONALS OF THE REPUBLIC OF KOREA RESIDING IN JAPAN BETWEEN JAPAN AND THE REPUBLIC OF KOREA, AND THE AGREEMENT ON THE CULTURAL PROPERTIES AND THE CULTURAL CO-OPERATION BETWEEN JAPAN AND THE REPUBLIC OF KOREA, RESPECTIVELY SIGNED AT TOKYO ON JUNE 22, 1965.

THE RESPECTIVE INSTRUMENTS OF RATIFICATION OF THE TREATY AND THE FOUR AGREEMENTS AFOREMENTIONED HAVING BEEN EXAMINED AND FOUND TO BE IN DUE FORM, THE EXCHANGE THEREOF TOOK PLACE THIS DAY.

IN WITNESS WHEREOF, THEY HAVE SIGNED THE PRESENT PROTOCOL.

DOIE IN DUPLICATE, IN THE ENGLISH LANGUAGE, AT SEOUL THIS   DAY OF DECEMBER 1965.

FOR THE GOVERNMENT OF JAPAN:

FOR THE GOVERNMENT OF THE REPUBLIC OF KOREA:

번역   _____추후 수정 가능   초안
                                            1965. 11. 18

비준서 교환 의정서

서명인, 시나 에쓰사부로 일본 외무대신과 이동원 대한민국 외무부 장관은 각국 정부로부터 정식으로 권한을 위임받아, 1965년 6월 22일 도쿄에서 각각 서명된 일본과 대한민국 간의 기본관계에 관한 조약, 일본과 대한민국 간의 어업에 관한 협정, 일본과 대한민국 간의 재산 및 청구권에 관한 문제의 해결과 경제협력에 관한 협정, 일본과 대한민국 간의 일본에 거주하는 대한민국 국민의 법적지위 및 대우에 관한 협정 및

일본과 대한민국 간의 문화재 및 문화협력에 관한 협정에 관해 각 정부에 의한 비준서를 교환하기 위하여 만났다.

상기 조약 및 4개 협정의 각 비준서를 검토한 결과 그 형식이 적법하다고 판명되어 오늘 그 교환이 이루어졌다.

이상의 증거로서 본 의정서에 서명한다.

이 의정서는 1965년 12월   일 서울에서 영문으로 2통 작성되었다.

일본 정부를 위하여:

대한민국 정부를 위하여:

4. 일본 측은 조약 및 협정을 관보에 공포하고 별도로 그 효력 발생 일자에 관하여 '고시'하게 되어 있다고 설명하고, 따라서 효력 발생 일자를 명시하지 아니한 분쟁 해결에 관한 교환공문의 효력 발생을 금번의 타 협정 비준서 교환 일자와 같은 일자로 하고자 하며 그 형식은 교환공문 또는 기타 정당한 방식으로 합의하도록 제안하여 왔음(본건 분쟁 해결 교환공문 효력 발생 일자에 관하여, 오 정무과장은, 사적 견해로서, 효력 발생을 특별히 명시하지 않는 경우에는 각서 교환 일자에 효력이 발생한 것으로 하는 것이 관례인 줄 안다고 말하였는바, 조약과장도 이를 시인하면서 그러나 일본 측으로서는 동 교환공문 효력 발생 일자를 비준서 교환 일자로 합체시키는 것이 적당하다고 생각하여 한국 측과 양해하고자 한다고 말하였음). 금일 제시된 교환공문 안은 아래와 같은바 표현은 간략하게 할 수도 있을 것이라고 일본 측으로부터 설명됨.

동 교환공문은 실무자 간에 교환되더라도 좋을 것이라고 조약과장은 말하였음.

일본 측 서한(안)

본관은, 1965년 6월 22일 도쿄에서 일본국 외무대신 시나 에쓰사부로와 대한민국 외무부 장관 이동원 간에 행하여진 양국 간의 분쟁의 해결에 관한 교환공문의 효력은, 일본국과 대한민국 간의 기본관계에 관한 조약 및 기타 제 협정의 비준서가 금일 서울에서 교환됨에 따라 동일자로 발생하였음을 확인합니다.

귀하가, 전기의 양해를 확인해주시면 감사하겠습니다.

1965년 12월   일

한국 측 회한(안)

　본관은 1965년 6월 22일 도쿄에서 대한민국 외무부 장관 이동원과 일본국 외무대신 시나 에쓰사부로 간에 행하여진 양국 간의 분쟁에 해결에 관한 교환공문에 관한 금일 자의 귀하의 서한을 수령하였음을 확인하며 동 교환공문의 효력은 일본 측과 대한민국 간의 기본관계에 관한 조약 및 기타 제 협정의 비준서가 금일 서울에서 교환됨에 따라 동일자로 발생하였음을 확인합니다.

　1965년　일

5. 이상 검토하시고 아 측 사정을 지금 회시 바람.

6. 참고사항: 일본 정부는 관보에 공포하는 것은 국회에 비준 승인의 대상으로 제출된 조약 및 협정 등에 한하고 기타 참고자료로서 국회에 제출된 제 협정은 고시와 같은 형식으로 텍스트는 관보에 게재될 것이라 함.(주일정-외아북, 외방조)

28. 비준서 교환 시기 관련 교섭 지시 전문

번호: WJA-11276

일시: 191440[1965. 11. 19]

수신인: 주일 대사

비준서 교환 시기에 관하여 12월 19일 도착, 20일 교환 및 서명, 21일 귀국의 2박 3일 체재 일정, 또는 20일부터 22일까지의 같은 일정의 양개 안을 가지고 일본 측과 우선 절충하시기 바람.(외아북)

장관

32. 김동조 주일 대사의 시나 외상 면담 결과 보고 전문

0880   번호: JAW-11459

일시: 201245[1965. 11. 20]

수신인: 장관
발신인: 주일 대사

연: JAW-11411

본직은 금 20일 시나 외상 요청에 따라 상오 10:15부터 약 40분간 외무성으로 외상을 방문하였는바 이를 아래와 같이 보고함(우시로쿠 아세아국장이 배석함).

1. 시나 외상은 초대 주한대사의 인선에 관하여, 정계 또는 재계 인선을 임명할 생각이 없으며 적당한 사람도 없다고 말하면서, 이세키 주화란 대사의 대사 임명설이 많이 논의되고 있는 바 일본 정부로서 이세키 씨를 아직 내정한 바 없다고 말하였음.

2. 비준서 교환 일자는 늦어도 12월 23일로 하여야 할 것이라고 외상은 말하였음.

3. 본직은 WJA-11275 지시에 따라, 비준서 교환 시에 친선사절단 동시 파견이 부적당할 것이라는 것을 시사하면서, 비준서 교환 시 방한하는 일본 측 인원은 소수 인원으로 함이 좋을 것 같다는 개인 감촉을 표명하였음.

4. 본직은 비준서 교환 일자가 촉박하므로 대표단 인선, 비준서 교환 전에 처리되어야 할 각종 문제들에 대한 일본 측 복안을 내주 중으로 제시해 줄 것을 요청하였음. 이에 대하여 시나 외상은 그렇게 하도록 해보겠다고 말하면서 구상이 명백해지는 대로 본직이 이를 가지고 본국 정부와 협의해보도록 하는 것도 좋을 것이라고 말하였음.

5. 본직은 해태 문제에 언급하여 국교 정상화를 목전에 두고 이 문제를 조속히 처리하여 줄 것을 강력히 바란다고 말하고 일본 측의 협력을 촉구하였음.

6. 본직은 교토학원 문제에 관하여 일본 측의 호의적 고려를 요청하면서 수일 내로 동 문제 해결을 촉진을 위하여 교토로 내려가는 건설대신에게 외상이 영향력을 발휘해줄 것을 요망하였음.(주일정-외아북)

33. 비준서 교환 관련 교섭 지시 전문

번호: WJA-11297

일시: 201225 [1965. 11. 20]

수신인: 주일 대사

연: JAW-11411

한일 간의 조약 및 제 협정의 비준서 교환 및 비준서 교환 의정서 서명

1. 일본 측과 교환할 아 측 비준서에는 우리나라의 관례에 따라 한일 간의 조약 또는 협정의 원문을 전부 삽입치 않고, 조약 또는 협정의 명칭만을 명기, 이를 작성하여, 영어 번역문을 이에 첨부할 예정이므로, 이 점을 일본 측에게 알려 주시고, 일본 측에서도 이러한 형식을 취하여 주기를 바라는 아 측 의사를 전달하시기 바람.

2. 비준서 교환 의정서는 한국어 및 일본어로 2부씩 작성코자 하며, 아 측 안을 별첨과 같이 송부하오니 이를 일본 측에 제시하시고 합의하도록 교섭하시기 바랍니다. 의정서 문안 확정에 관한 작업은 가능한 한 조속히 끝마쳐야 할 것으로 생각됨.

3. 비준서 교환 의정서 서명에 있어, 아 국은 일본 측 전권위원의 전권위임장 제시를 요구치 않을 것이나, 다만 서명 이전에 전권 위원단의 명단을 쌍방이 공식으로 통고하기를 바라고 있음을 전달하시기 바람. (외방조)

장관

별첨

비준서 교환 의정서(안)

아래 서명한 대한민국 _____와 일본국 _____는 각자 그들 정부로부터 정당히 위임을 받아, 1965년 6월 22일 도쿄에서 서명된 대한민국과 일본국 간의 (_____)의 비준서를 교환하기 위하여 회합하였다.

상기 (조약)에 대한 각각의 비준서를 검토하고 그것이 타당하다고 인정한 후 금일 동 비준서를 교환하였다.

이상의 증거로서, 각 전권위원은 본비준서 교환 의정서에 서명하였다.

1965년 12월 ___일 서울에서 한국어 및 일본어로 본서 2통을 작성하였다.

대한민국을 위하여

일본국을 위하여

35. 비준서 교환식 준비를 위한 한국 측 관계자 실무자 회의 결과 보고 전문

번호: WUN-1150

일시: 221710 [1965. 11. 22]

수신인: 외무부 장관(경우: 주유엔대사)

대: MXW-1110

대호 지시에 따라, 비준서 교환식 준비를 위한 관계 실무자 회의를 개최한 바 있으며, 동 회의에서 토의된 준비 및 절차 관계 사항을 다음과 같이 보고합니다.

1. 식장은 중앙청 제1 회의실로 하고 총리와 전 국무위원 그리고 역대 회담 대표도 참석케 하고,
2. 현장 답사의 결과, 회의실의 카펫 및 커튼 등은 현재의 것으로도 손색이 없으므로 철저한 정리와 청소로 정연케 하며,
3. 식장 장식(꽃장식, Table cloth, 마이크 장치, 식장에서의 축배 등) 및 기타 일본 전권위원단의 내한에 대비한 경비는 대략 약 2백만 원으로 추산되는바, 이를 예비비로 신청키로 하여, 현재 예비비 신청 절차를 밟으려고 하오며,
4. 비준서 및 비준서 교환 의정서의 문안 확정에 관하여는, 주일 대표부를 통하여 일본 외무성과 절충 중에 있습니다.
5. 식장 장식 및 좌석 배치도는 2개 안을 구상하고, 이것을 파우치 편으로 보고하겠습니다.

이상에 대하여 또한 이상 외의 준비할 것이 있으면 지급 지시하여 주시기 바랍니다.
(외아북 외방보)(외의전)

외무부 차관

38. 비준서 교환 관련 교섭 지시 전문

0890 번호: WJA-11338

일시: 231635 [1965. 11. 23]

수신인: 주일 대사

대: JAW-11447
연: WJA-11297

대호 전문에 관하여는 연호와 함께 다음 사항을 통보하오니 양지하시고 일본 측과 교섭하여 그 결과를 보고 바람.

1. 대호 1항에 관하여

아 측에서도 각 조약 및 협정마다 비준서를 작성할 것임. 조약 및 협정의 텍스트는 삽입치 않을 것임(단, 일본 측이 Reproducing을 고집할 경우 아 국도 Reproduce할 것임).

2. 대호 2항에 관하여

비준서에 기재할 조약 및 협정의 명칭은, (1) 기본관계에 관한 조약, (2) 일본국에 거주하는 대한민국 국민의 법적지위 및 대우에 관한 협정, (3) 어업에 관한 협정, (4) 재산 및 청구권에 관한 문제의 해결과 경제협력에 관한 협정, (4) 재산 및 청구권에 관한 문제의 해결과 경제협력에 관한 협정, (5) 문화재 및 문화협력에 관한 협정 등으로 하며, 부속서, 의정서 등은 첨기치 않을 것임.

3. 대호 3항에 관하여

1) 비준서 교환 의정서 작성에 있어, 아 측은 국·일어본으로 하고자 하나, 일본 측이 영어본 작성을 주장하는 경우에는, 국·일·영어본으로 하여도 가할 것임.

2) 영어본을 작성하는 경우, 청구권협정의 명칭에 있어 '해결'은 Loan Agreement 에서 이미 합의하여 Settlement로 하였으므로 문제 시 될 수 없음. 또한 'Cultural Properties'는 'Art objects'로 고쳐야 함.

3) 아 측은 비준서 교환 의정서를 각 조약 및 협정 별호 (5개) 작성코자 함.

4) 의정서의 영문 안을 다음과 같이 하고자 하니 일본 측과 수정 부분을 교섭 바람.

<u>DRAFT</u>

PROTOCOL OF EXCHANGE OF INSTRUMENTS OF RATIFICATION

The undersigned, Tong Won Lee, Minister of Foreign Affairs of the Republic of Korea and Etsusaburo Shiina, Minister for Foreign Affairs of Japan, Being duly authorized thereto by their respective Governments, have met for the purpose of exchanging instruments of ratification of ___ signed at Tokyo on June 22, 1965.

The respective instruments of ratification of (the Treaty or Agreement _____) aforesaid (or aforementioned) having been examined and found to be in due form, the exchange took place this day.

IN WITNESS WHEREOF, the respective Plenipotentiaries have signed the present Protocol of Exchange of Instruments of Ratification.

Done in duplicate, in the Korean, Japanese and English languages, at Seoul this ___ day of December, 1965.

For the Republic of Korea

For Japan

4. 의정서에 대한 서명자는 양국 외무부 장관 만으로 함. (외방조)

장관

43. 비준서 교환을 위한 일본 대표단 관련 보고 전문[37]

0901   번호: JAW-11569

일시: 261549[1965. 11. 26]

수신인: 외무부 장관
발신인: 주일 대사대리
(사본: 김동조 대리)

1. 11월 24일 김 대사와의 면담 석상에서 시모다 외무 차관이 표명한 일본 측의 비준서 교환 대표단 명단(현재 구상되고 있는 것)은 다음과 같음. 외무성 구로다 북동아 과장은 동 명단의 인원 이외에 실무급 수원 1명이 추가될는지도 모르겠다고 말하였는 바, 국장급 이상은 아니고 하급 실무자라고 함.

수석대표: 시나 외상, 대표: 사카타 농상, 다카스기 전 한일회담 수석대표, 수원: 우시바 심의관, 우시로쿠 아세아 국장, 마쓰나가 조약과장, 외상 및 농상 비서 각 1명, 공보 담당 1명, 서무 담당 1명(이상 도쿄), 요시다 공사, 마에다 참사관(이상 서울), 합계 12명(대표 3명, 수원 9명).

2. 비준서 교환 절차에 관한 오 정무과장과의 협의에서, 작 25일 마쓰나가 외무성 조약과장은, 상기 대표단의 명칭은 특별한 것이 없고 단지 '대표단'으로 불릴 것으로 생각된다고 말하고 일본 국내법 규정상 전권 대표단과 같은 형식은 되기 어렵다는 견해를 표명하였음. 조약과장에 의하면, 비준서 교환은 대표단이 하는 것이 아니고 어느 특정인이 행한다는 견해임.(외아북)

---

37   편집자가 문서의 순서를 바꾸었음.

44. 비준서 교환 일자 관련 일본 측 제안 보고 전문[38]

0902   번호: JAW-11583

일시: 261843[1965. 11. 26]

수신인: 외무부 장관

발신인: 주일 대사 대리

(사본: 김동조 대사)

1. 금 26일 오후 구로다 외무성 북동아과장은 오 정무과장에게, 한일 간 제 조약 비준서 교환 일자를 12월 23일 또는 20일로 할 것을 제안하여 왔음. 일본 측 제안의 일정은 다음과 같음.
  제1안: 12월 22일(수) 서울 도착, 23일(목) 비준서 교환, 24일(금) 출발
  제2안: 12월 19일(일) 서울 도착, (20일)(월) 비준서 교환, 22일(수) 출발

2. 구로다 과장은, 제1안은 외무부 장관의 뉴욕 일정을 생각해서 작성한 것으로 시사하면서, 사적 견해로서는 제2안이 여유가 있어 보다 더 좋을 것이라고 말하고 그 경우에는 20일에 한국 측에서 만찬을 하고 21일에 일본 측에서 만찬을 하여 편리할 것이라는 견해를 표명하였음. 또한 동 과장은, 사적 견해로서, 가능성으로서는 제2안의 경우 21일에 비준서 교환을 행할 수 있을 것이라고 말하였음. 전기 일본 측의 일정은 도쿄–서울 간의 일본 항공편이 매주, 일, 수, 금요일에 있음을 고려에 넣은 것으로 시사됨.

3. 구로다 과장은, 12월 20일 이전, 예컨대 17일경으로 일경으로 일정을 정하는 것은, 일본 국회의 회기 연장 여부에 관한 확실한 전망이 아직 서지 않았기 때문에 형편

---

38 편집자가 문서의 순서를 바꾸었음.

이 좋지 못하다고 말하였음. 현 임시국회의 회기는 12월 13일로 끝나는바, 추경 예산 심의 지연을 이유로 3, 4일 정도의 회기 연장 가능성이 시사되었으며, 국회 회기 중에 시나 외상 등 각료가 국외로 나가는 경우 야당에서 말썽을 일으킨다는 것으로 시사되었음.

4. 구로다 과장은 또한, 성탄절 이후에 일정을 짠다는 것은, 일본 정부의 예산작업 때문에 도저히 곤란하다고 말하였음. (외아북)

40. 비준서 교환 관련 일본 측과의 협의 결과 보고 전문

번호: JAW-11584

일시: 261944[19765. 11. 26]

수신인: 외무부 장관

발신인: 주일 대사대리

(사본: 김동조 대사)

대:(1): WJA-11297호

대:(2): WJA-11338호

대호 지시에 따라, 작 25일 및 금 26일 하오 오 정무과장이 외무성 마쓰나가 조약과장과 협의한 결과를 다음과 같이 보고함.

1. 비준서: 일본 측은, 조약 또는 협정문이 첨부되지 아니한 한국 측 비준서를 받기 어렵다고 말하고, 국제관행도 텍스트를 첨부하는 것이라고 말하였음. 또한 일본 측은, 한국 측이 텍스트를 첨부하지 않는 이유를 제시해주면 검토해 보겠다고 말하였음. 아 측 감촉으로서는 텍스트를 첨부하지 않는 뚜렷한 이유와 명분이 없는 한 일본 측을 설득하기 어려운 것으로 보임. 텍스트를 첨부할 때에는 본협정의 불가분의 일부로 되어 있는 문서(부속서, 의정서 등)까지도 첨부한다는 것이 일본 측 입장이므로 참고하시기 바람.

2. 비준서 교환 의정서: 용어를 한, 일 양국어 만으로 하는데 일본 측은 이의 없다 함. 또한 각 조약 및 협정 별로 의정서를 각각 작성하는데도 일본 측은 이의 없음. 따라서 아 측은, 대(1)호 한국 문안을 제시하기로 함. 일본 측은, 의정서에 조약 또는 협정의 본 명칭만을 기입하고 부속서, 의정서 등은 첨가치 않는데 이의 없음. 의정서의

명칭은, 일본어의 경우, '비준서 교환 조서'가 된다 함.

3. 일본 측은, 비준서 교환을 위한 대표단을 전권 위원단으로 하거나 또는 의정서 서명자를 전권위원으로 한다는 것이 국내법상 곤란하다는 견해를 표시하였는바, 이 점에 관하여는 내각 측과 협의한 후 다시 아 측에 의견 제시를 하겠다 함. 또한 대표단 명단의 상호 교환에 대하여 일본 측은 특별한 이의를 표명하지는 않았으나 검토해 보겠다 함. 전권 위원단 또는 전권위원 문제에 관한 일본 측의 설명은 다음과 같음.

즉, 일본의 관례는 비준서 교환을 행하는 것은 어느 특정인이지 '대표단'이 아니며, 따라서 '대표단'의 특별한 명칭은 없고 보통 '대표단'으로 불리고 있으며, 한편, 일본법에서는 조약을 교섭하거나 조약에 서명하는 경우에만 '전권위원'을 임명하게 되어 있으므로 비준서 교환을 위하여 이를 임명하기 어려우며, 비록 의정서에 서명하나, 동 의정서론 조약으로 간주하지 않는다는 것임(이 점에 관하여, 아 측은, 법률을 확대해석할 수도 있지 않느냐고 하였음).

4. 이상에 관하여 지급 회시 바람.(외아북, 외방조)

42. 비준서 교환에 관한 김동조 주일 대사의 보고 및 건의서

0898   비준서 교환에 관한 김동조 주일 대사의 보고 및 건의

11. 25 일시 귀국한 김동조 주일 대사는 11. 26에 한일 간 제 협정의 비준서 교환 문제에 대하여 차관에게 아래와 같은 보고 및 건의를 행하였음(아주국장, 통상국장, 동북아과장 배석).

1. 비준서 교환 일자

비준서 교환 일자에 대하여는 일본 측이 20일 또는 23일에 교환할 것을 희망하고 있는데 김 대사가 대통령 각하 및 국무총리 각하에게 21일에 일본 대표단이 내한, 22일에 비준서 교환, 23일에 귀국하는 것으로 건의하였던바, 대통령 각하와 국무총리 각하도 좋다는 말씀이 있었음. 단, 비준서 교환 일자는 김동조 주일 대사가 귀임하여 일본 측과 최종 합의하여 확정키로 하고, 발표는 일본 국회에서 비준 동의안이 통과되는 12. 12경에 행하기로 함.

2. 비준서 교환을 위한 양국의 대표단

(1) 김 대사는 귀국 전에 시모다 차관과 면담하였던바, 시모다 차관은 일본 정부에서 내정한 비준서 교환을 위한 일본 측 대표단을 아래와 같이 통고하였음.

수석대표: 시나 외무대신

대표: 사카타 농림대신

대표: 다카스기 전 한일회담 일본 측 수석대표

수원: 우시바 외무성 외무심의관

수원: 우시로쿠 외무성 아세아국장

수원: 마쓰나가 외무성 조약과장

0899   그 외: 외무대신 비서관 1명

농림대신 비서관 1명

공보담당관 1명

서무담당관 1명

도합 10명이 내한한다 하며, 서울에서 요시다 공사와 마에다 참사관이 합류할 것이라 함.

(2) 김 대사는 아 측 대표단으로서 이 외무부 장관, 차 농림부 장관, 김 주일 대사를 건의하였음.

(3) 대표단의 명칭은 전권 위원단으로 하기로 함.

3. 초대 주한일본대사

초대 주한일본대사에 대하여는 김동조 대사는 일본 정부가 현 주화란 일본대사인 이세키 유지로 씨를 임명하기를 강하게 희망한다 하고 그 이외에는 나카가와 주소 대사 또는 우시바 외무심의관을 고려하고 있으며 이세키 대사에 대하여 아 측이 끝내 난색을 표하는 경우에는 당분간 요시다 공사를 대리대사로 집무케 할 가능성이 보임.

4. 신임대사의 아그레망 제출 및 수락

김 대사는 양측 초대 대사의 아그레망은 12. 12경에 각각 제시하고 비준서를 교환하는 날에 아그레망을 수락하는 것으로 함이 좋을 것이라는 의견을 제시함.

5. 대사관 설치를 위한 Note Verbale의 형식

김 대사는 또한 기본관계조약 제1조에 관련한 대사관 설치에 관한 'Note Verbale'은 정부에서 훈령한 'proposal' 형식으로 하지 말고 'inform'하는 형식으로 하여 줄 것을 건의함.

6. 친선사절단 파한 문제

일본 측에서 구상하고 있다고 보도된 비준서 교환과 때를 같이한 친선사절단 파한 계획에 관하여는 일본 측에서 그럴 계획이 없으며 명년 초에 후나다 중의원 의장이 인솔하는 국회의원으로 구성된 친선사절단이 한국, 또는 한국 및 중국 등을 방문할 계획

이 있다고 함.

7. 신임대사의 부임 시까지의 대사대리
국교 수립일로부터 아그레망을 받은 신임대사가 부임할 때까지의 주일 대사관 대사대리로서는 방희 공사를 건의함.

8. 영사관 설치
김 대사는 현재 나고야와 시모노세키는 교포 유지들의 모금 등으로 영사관을 세울 기금이 마련되고 있다고 보고하였음.

9. 무역회담
무역회담에 관하여 일본 측은 비준서 교환 4, 5일 전에 우시바 심의관을 수석으로 하는 대표단을 파한하기로 하고 시나 외상과 이동원 외무 장관이 폐회식에 참석하도록 할 것을 주장한다고 하였음.

47. 비준서 교환 관련 일본 측과의 협의 결과 보고 전문

번호: JAW-11597

일시: 271250[1965. 11. 27]

수신인: 외무부 장관
발신인: 주일 대사 대리
사본: 김동조 대사

대: WJA-11380
연: JAW-11447

1. 대호 건의에 관하여 외무성 측은 순전히 조약 문제로 취급한다고 하여 당부는 외무성 조약 관계자와 접촉하고 있는바, 작 26일 하오 오 정무과장이 마쓰나가 조약과장에게 타진한바, 일본 측은 연호 전문으로 보고한 필요성 때문이라고 말하고 있으며 전적으로 기술적인 문제인 것으로 시사되었음.

2. 아 측 타진에 대하여 마쓰나가 조약과장의 설명에 의하면, 동 교환공문의 효력 발생이 6월 22일 자로 하게 되면 일본 국회의 사후 승인이 되게 되는바, 일본 헌법상 사후 승인을 받을 수는 있으나 금번 국회에 대한 일본 정부의 승인 동의안은 사전승인의 형식으로 되어 있기 때문에 난처하다는 것임. 또한 일본 측은 효력 발생 일자에 관한 양해 방식에 대해서는 어느 정도 융통성을 보이고 있는바, 아 측 타진에 대하여, 한국 측이 구두로 양해하는 방식을 제안하면 검토해 보겠다고 말하였음.

3. 이상에 비추어, 현재로서의 당부 판단은, 일본 측의 의도에 특별한 복선이 있는 것 같지는 않으며, 현재대로의 상태에 둔다면 관례상 각서 교환 일자에 효력을 발생하는 것으로 간주되어 문제시하는 것으로 관찰됨. 아 측은 일본 측에 대하여, 한국 측으

로서 동 교환공문에 더 이상 손을 대기를 싫어한다는 감촉을 비공식으로 표명하고 있어, 상기와 같이 일본 측은 방식에 있어서 어느 정도의 융통성을 보이고 있는 것으로 사료됨.

4. 따라서 당부의 견해로서는, 비준서 교환 일자에 동 교환공문의 효력을 발생시킨다는 점에 대하여 한국 정부로서 이의가 없는 경우에는, 그 양해 방식은 될 수 있는 대로 가벼운 것으로 하든지 또는 일본 측 사정(효력 발생 일자를 관보에 고시한다는 것)을 고려하여 한국 측이 그와 같은 고시를 양해한다는 일방적 의사표시 같은 것이 생각될 수 있음. 또한 그러한 종류의 교환공문에 관하여는, 기술적으로는, 효력 발생과 실시 개시(ENTER INTO OPERATION)를 분리하여 처리할 수도 있는 것으로 사료됨.(주일정-외방조, 외아북)

48. 한일 조약 및 제 협정 비준서 교환 일본 전권 대표단을 위한 만찬 등 계획서

0910 한일 조약 비준서 교환 일본 전권 대표단을 위한 만찬 등 계획

1. 도착일 만찬
가. 전권위원을 위한 만찬
  시간: 19:00시
  장소: 청운각 별관
  인원: 양측 전권위원 전원
나. 수행원을 위한 만찬
  시간: 19:00시
  장소: 대하 또는 적당한 장소
  인원: 비공식 수행원 전원 및 한국 측 실무자

2. 비준서 교환일
가. 오찬
  시간: 13:00시
  장소: 조선호텔 아리랑 하우스
  인원: 양측 전권위원 전원 및 양측 실무자
나. 외무부 장관 주최 리셉션
  시간: 18:00시
  장소: 조선호텔 볼룸
  인원: 400명 (Stag)

0911 다. 외무부 장관 주최 만찬
  시간: 19:30시

장소: 반도호텔 다이나스티룸

인원: 양측 전권위원 전원 및 국내 관계 인사

주 (1) 평복 및 Stag
   (2) 식사에 이어 민요조 가요 등 여흥(저명가수 동원할 계획임)

51. 비준서 교환 일자에 관한 본부 입장 통보 전문

0914   번호: WJA-11456

일시: 301600[1965. 11. 30]

수신인: 주일 대사

1. 한일 제 협정의 비준서 교환 일자에 관한 정부의 복안은 12. 22임을 재확인함.

2. 이를 위한 아 측 대표단은 아직 결정되지 않았으며 결정되는 대로 통보 위계임.
(외아북)

장관

52. 비준서 교환 관련 대통령 승인 사항이 담긴 메모

0915   11월 30일 주관중 청와대 비서관이 차관에게 통보한 바에 의하면 대통령 각하께서는 이 외무부 장관이 건의한 아래 2개 사항을 승인하셨음.

    1. 비준서 교환식에는 대통령 각하는 참석하지 않는 것이 좋음.

    2. 비준서 교환에 제하여 대통령 특별담화를 발표함.

아주국장

53. 초대 주한대사 임명 관련 일본 언론 보도 보고 전문

번호: JAW-11641

일시: 301108[1965. 11. 30]

수신인: 장관, 중앙정보부장
발신인: 주일 대사, 파견관

한일관계 신문 보고(30일 자 산케이신문 보고 조간)

외무성은 초대 주한 대사에 관하여 이미 이세키 주화란 대사를 임명할 방침을 정하고 있었는데 이번 한국 측과 접촉한 결과 한일 조약 비준 교환 전에 동 대사의 아그레망을 한국 정부에 신청하기로 되었다. 한국 측은 일본의 주한 초대 대사에 관하여 대신 경험자인 거물 정치가를 임명할 것을 요망하고 있었으므로 이세키 대사의 취임에 대하여서는 동 대사의 부친이 총독부 시대 대전 시장인 사실 등을 이유로 난색을 표하는 경향도 있었다. 그러나 일본 측은 정계인의 기용이 실제 문제로서 어려우며 또한 외교관 중에서는 아세아 국장으로서 3년간 일인바 있는 이세키 씨가 최적임이라는 이유로 이세키 씨 기용의 설을 굽히지 않고 한국 측과 비공식 협의를 행하고 있었다. 한국 측에서도 이러한 일본 측의 사정을 양해하여 이번에 이세키 대사에게 아그레망을 발급할 방침을 정하여 29일 귀임한 김동조 주일 대사를 통하여 일본 측에 연락하였다.
(주일정-외아북)

54. 비준서 교환식 참석 일본 대표단원 추가 보고 전문

번호: JAW-11642

일시: 301304 [1965. 11. 30]

수신인: 외무부 장관
발신인: 주일 대사

연: JAW-11596

외무성 구로다 북동아과장의 통보에 의하면, 비준서 교환을 위한 일본 대표단에 중의원 마쓰우라 슈타로(북해도, 예산위원) 의원이 추가될 것이라 함. 마쓰우라 의원은, 서열로서는, 사카타 농상 다음에 들어간다 함. (주일정-외아북)

56. 비준서 작성 관련 본부 입장 통보 전문

번호: WJA-1206
일시: 011050
수신인: 주일 대사

대: JAW-11584
연: WJA-11338

1. 대호 1항에 관하여

(1) 비준서 작성에 있어, 조약 또는 협정문의 첨부에 관한 국제관행은 일본 측이 주장하는 바와 같이 반드시 획일적인 것으로는 볼 수 없으며, 아 국 정부가 비준서에서 비준될 한·일 간의 조약 또는 협정의 명칭을 명기하여, 이를 확인, 비준하고 아울러 이를 준수할 의사를 명시하는 이상, 비준서에 그 텍스트를 반드시 첨부하지 않더라도 일방적으로 비준서의 흠결이라고는 단정할 수 없을 것임. 그러나 상술한 일반론에도 불구하고 일본 측이 '텍스트가 첨부되지 않는 아 측 비준서'를 흠결이라고 주장할 경우에는 아 측으로서도 이를 첨부할 것임.

(2) 협정의 불가분의 일부로 되어 있는, 어업협정의 부속서, 청구권협정의 제1, 제2 의정서 및 문화협정의 부속서 텍스트도 첨부할 예정임.

(3) 비준서에 첨부되는 영어 번역문에 있어, 조약 또는 협정의 명칭은;

Treaty on Basic Relations between the Republic of Korea and Japan, Agreement the Legal Status and the Treatment of the Nationals of the Republic of Korea residing in Japan between the Republic of Korea and Japan, Agreement on Fisheries between the Republic of Korea and Japan, Agreement on the Settlement of the Problems concerning Property and Claims and on the Economic Cooperation between the Republic of Korea and Japan, Agreement on the Art Objects and the Cultural Cooperation between the Republic of Korea and Japan으로 확정코자 함.

2. 제2항에 관하여

의정서 작성에 관한 일본 측의 입장은 전혀 아 측과 일치하므로, 양측의 문안에 확정되는 대로, 아 측이 작성할 것임.

3. 제3항에 관하여

비준서의 교환을 행하는 자, 나아가 비준서 교환 의정서에 서명하는 자를 전권위원(Plenipotentiary)으로 하느냐, 또는 대표(Representative)로 하느냐 하는 데 대하여서도 각국의 Practice가 상이하고 있음. 따라서 일본 국내법상 전권위원의 임명이 곤란한 경우에는 의정서에 있어서의 표현을 '…각 대표는…' 또는 '…하기 서명자는…'라고 하여도 무방할 것임. 상술한 바와 관련하여, 비준서 교환 및 비준서 교환 의정서의 서명을 위하여 내한하는 시나 외상과 그 일행의 명칭을 '대표단'이라고 하여도 상관없을 것임.(외방조)

장관

57. 주일 대사의 시모다 차관 면담 결과 보고 전문

번호: JAW-12001

일시: 10950[1965. 12. 1]

수신인: 장관

발신인: 주일 대사

11월 30일 하오 3시 본직은 외무성으로 시모다 차관을 방문하고 당면 문제를 협의하였는바, 이를 다음과 같이 보고함.

1. 본직은 비준서 교환 일정에 관한 아 측 안을 제시하였음. 이에 대하여 시모다 차관은 예산사정으로 특별기를 고용하는 것이 불가능하며 또한 관례상 수상 이외에 특별기를 사용한 전례가 없으며 부득이한 국내사정상 서북 항공기와 같은 외국 항공기를 이용할 수 없는 형편이기 때문에, 일본 정부는 부득이 일본항공의 정기항공편을 사용하고자 하는 입장이라고 말하고, 따라서 일본 측으로서는 교환 일정으로서, 19일 출발, 20일 예방 및 무역회담 폐회, 21일 비준서 교환, 22일 출발 귀국, 즉 3박 4일의 일정을 원하고 있다고 제안하여 왔음.

2. 시모다 차관은 이어서 한국 정부에서 특별한 이유로 반대하면 다시 협의하도록 하겠으나 이 외무부 장관이 국련 총회에 참석 관계로 귀국 일자가 늦어지면 일본 대표단의 서울 도착 시 공항에서 외무부 장관의 영접을 받지 못하더라도 이를 일본 측은 충분히 양해하겠다는 입장이며, 상기 일본 측 일정이 수락되는 경우에는 관계 각성과 협의하여 12월 15일에 무역회담을 개시하는 방향으로 노력하겠다고 말하였음. 대표단 외에 고문단을 파견할 방침을 세우고 현재 마쓰우라 중의원을 내정하였으며 기타 인사를 물색 중이라고 말하였음… 동 차관은 정계 거물급으로 구성되는 친선사절단은 후나다 의장을 단장으로 하여 명년 한국을 방문하도록 할 계획이라고 말하였음.

3. 본직은 이세키 초대 주한대사 임명 문제에 관하여 정부 지시대로 완곡히 거절한 바 시모다 차관은 일본 외교사 상에 아그레망을 거절당한 것은 단 한 번이라고 말하고 그 전례를 다음과 같이 설명하였음.

즉 아그레망을 거절당한 단 한 번의 예는 다니가와 마사유키 씨가 주불대사로 임명되려 할 때 프랑스 정부로부터 거절당하였는데, 이는 다니가와 씨가 아세아국장 재임 시 중국 해남도 남방 남서군도 영유권에 관하여 일본과 프랑스 양국 간에 영유권 분쟁이 있을 때 일본 군부 압력으로 동 군도를 일본 영유로 하는데 많은 역할을 하였다는 사실로서 프랑스 정부가 거부한 바 있는데, 다니가와 씨는 후일에 외무대신까지 된 사실이 있음.

이어서 시로다 차관은, 상기 경우에 비하여, 금번 한국 정부가 이세키 씨를 거부하는 것은, 하등의 PERSONA NON GRATA를 받을 이유를 발견하지 못하는 만큼, 실히 유감이라고 말하면서, 따라서 이 외무부 장관이 일본을 경유할 때나 시나 외상이 방한하는 기회에 다시 한번 강력히 추진할 의사를 표명하였음.

이에 대하여 본직은 한국민의 감정이 과거 조선 통치에 관련된 사람들에 대하여 상금도 풀리지 않고 있다는 사실을 지적하여 일본 측에서 충분한 이해를 하여야 할 것임을 강조하였음.

4. 동일 하오 늦게 당지 오쿠라호텔에서 개최된 아세아 의원 연맹 리셉션 기회에 본직은 기시 전 수상에게, 전기 제3항의 사실을 설명하고 한일 양국의 입장이 난처하지 않도록 조속히 이세키 이외의 인물을 물색하도록 사토 총리에게 권고하라고 말한바, 기시 씨는 이를 쾌히 승낙하였음.(주일정-외아북)

58. 비준서 교환 일자 등 관련 보고 전문

0925 번호: JAW-12010

일시: 011406[1965. 12. 1]

수신인: 장관
발신인: 주일 대사

연: JAW-12001
대: WJA-11456

1. 무역회담 일정 등 비준서 교환 일자 확정에 따라 조치하여야 할 문제가 많고 또한 일본 참의원에서 12월 6, 7일경 조약 비준 안건을 강행 통과시킬 가능성이 보여 일본 측 비준 확정일자가 예정보다 앞당겨질 가능성이 있음에 비추어, 비준서 교환 일정 작성에 관한 아 측 안을 지급 알려주시기 바람.

2. JAW-11642로서, 마쓰우라 의원의 대표단 추가를 보고한 바 있는데, 금 1일 외무성 구로다 북동아과장은 연호 보고대로, 고문단 형식으로 파한하게 되었음을 확인하면서, 애초 대표단에 포함키로 하였으나 서열 문제 등 사정이 있어 별도로 처리하게 되었다고 설명하였음. 또한 동 과장은 고문단의 인원수에 관하여는 아직 알 수 없다 함.(주일정-외아북)

59. 비준서 교환 일자 등 관련 본부 입장 통보 전문

번호: WJA-1244

일시: 021835 [1965. 12. 2]

수신인: 주일 대사

대: JAW-12001, JAW-12010

대호에 관하여 아래와 같이 지시하니 이를 일본 측과 확인하고 보고하시기 바람.

1. 비준서 교환 일자에 관하여는 일본 대표단의 19일 내한, 20일 예방 및 무역회담 폐회, 21일 비준서 교환, 22일 귀국의 일정은 가함.

2. 무역회담 개시 일자를 15일로 확정하는데 이의 없음.

3. 대표단 외에 고문단을 파견하는데 이의 없음. (외아북)

62. 비준서 교환 일정 합의 보고 전문

번호: JAW-12074

일시: 031549[1965. 12. 3]

수신인: 장관

발신인: 주일 대사

대: WJA-12044

1. 본직은 대호 지시 제1항의 비준서 교환 일정대로 시모다 차관과 합의하였음을 보고함. 일본 측은 따라서 왕복 일본 항공 정기편을 이용하게 될 것이라 함. 본건 비준서 교환 일정 발표에 관하여는 별도 일본 측과 협의 되는대로 보고 위계임.

2. 무역회담 개시 일자는 일본 측과 합의되는 대로 별도 보고 위계임.(주일정-외아북)

63. 비준서 문안 관련 일본 측과의 협의 결과 보고 전문

번호: JAW-12088

일시: 031918[1965. 12. 3]

수신인: 장관
발신인: 주일 대사

비준서 교환 관계 사항에 대하여 오 정무과장이 그간 외무성 마쓰나가 조약과장과 협의한 결과를 아래와 같이 보고함.

1. 비준서 교환 의정서에 관한 아 측 문안에 대하여 일본 측은 아래와 같은 대안을 제시하였음.

(가역)

비준서 교환 조서

하명의 일본국 외무대신 시나 에쓰사부로 및 대한민국 외무부 장관 이동원은 각자의 정부로부터 정당히 위임을 받아, 1965년 6월 22일에 도쿄에서 서명된 일본국과 대한민국 간의 기본 관계에 관한 조약의 각자의 정부의 비준서를 교환하기 위하여 회동하였다.

전기의 조약의 비준서는, 상호 점검되고 또한 타당한 것으로 인정되었으므로, 그 교환은, 금일 행하여졌다.

이상의 증거로서, 하명은 이 조서에 서명하였다.

1965년 12월   일에 서울에서 일본어 및 한국어로써 본서 2통을 작성하였다.

일본국 정부를 위하여
대한민국 정부를 위하여

상기 안은 기본관계조약의 경우의 예시이며, 다른 협정의 경우도 동문으로 한다는 것임.

3. 일본 측은, 의정서를 한국 정부가 작성하는 경우에 있어서 일본어 텍스트를, 기술적 사유로 제작할 수 없을 경우에는 일본 측에서 준비하도록 하겠다 하며, 이점에 관한 아 측 사정을 확인해달라 함.

4. 상기 의정서 안에서와 같이 일본 측은 법률상 전권위원으로 임명할 수 없다 함.

5. 한국 측 비준서에 조약 텍스트를 첨부하는 여부 문제에 관하여 일본 측은 텍스트가 첨부되지 않을 경우 이를 흠결이라고 주장할 것인지에 관하여 아직 그 입장을 확인하지 않고 있음. 그러나 일본 측은 텍스트가 첨부되지 않는 것을 매우 싫어하는 태도임. 또한 일본 측은, 한국 측이 일본어 텍스트 작성의 곤란성 때문에 첨부하지 않겠다면 일본 측에서 텍스트 제작에 협조할 용의 있다 함.

6. 양측 대표단의 명단 교환은 추후 아세아국과 확정 위계이나, 구로다 북동아 과장은 특별히 난색을 표시하지 않고 있음.

7. 이상에 관하여 지급 회시 바람.(주일정 – 외방조, 외아북)

66. 한일 조약 및 제 협정 비준서 교환 일자의 상부 보고를 위한 내부재가 문서

0941 기안자: 동북아주과 선준영

과장[서명]   국장[서명]   차관[대]   장관[차관이 대리 인장 날인]

기안 연월일: 65. 12. 4

분류기호 문서번호: 외아북 722

경유·수신·참조: 수신처 참조

발신: 장관

제목: 한일 간 제 협정의 비준서 교환 일자 통보

1. 한일 간의 기본관계에 관한 조약 및 제 협정에 대한 비준서 교환은 그간 주일 대사가 일본 정부와 절충하여 아래와 같은 일정에 따라 서울에서 거행하기로 확정되었습니다.

1965년 12월 19일(일) 일본 대표단 내한
〃   20일(월) 예방 및 무역회담 폐회식
〃   21일(화) 비준서 교환
〃   22일(수) 일본 대표단 귀국

2. 비준서 교환 일정의 공식 발표는 일본 국회에서 비준 동의안이 완전히 통과하게 될 12. 10경에 서울과 도쿄에서 동시에 행할 예정입니다.

끝

수신처: 국무총리, 청와대 비서실장, 중앙정보부장, 총무처 장관.

67. 한일 조약 및 제 협정 비준서 교환 일자의 관계 부서 통보 문서(협조전)

분류기호: 외아북 831

수신: 수신처 참조
발신 일자: 65. 12. 4.

제목: 비준서 교환 일정 통보

1. 한일 간의 조약 및 제 협정에 대한 비준서 교환식은 아래와 같은 일정에 따라 서울에서 시행하기로 일본 측과 합의, 확정되었음을 통보합니다.

   1965년 12월 19일(일) 일본 대표단 내한
   〃　　　　20일(월) 예방 및 무역회담 폐회식
   〃　　　　21일(화) 비준서 교환
   〃　　　　22일(수) 일본 대표단 귀국

2. 비준서 교환 일정에 대한 공식 발표는 일본 국회에서 비준 동의 절차가 끝나게 될 12월 10일경에 양국 수도에서 동시에 행할 예정입니다.

끝

아주국장 연하구

수신처: 통상국장, 방교국장, 의전실장.

69. 한일 조약 및 제 협정 비준서 교환 일자의 관계부처 통보 내부재가 문서

기안자: 동북아주과 선준영

과장[서명]   국장[서명]   차관[대]   장관[차관 대리 인장 날인]

기안 연월일: 65. 12. 4
분류기호 문서번호: 외아북 722
경유·수신·참조: 수신처 참조
발신: 장관

제목: 비준서 교환 일정

한일 간의 기본관계에 관한 조약 및 제 협정에 대한 비준서 교환은 1965. 12. 21에 서울에서 시행하기로 확정되었음을 통보하오니 양지하시기 바랍니다. 단, 비준서, 교환 일정에 대한 공식 발표는 일본 국회에서 비준 동의안이 통과하게 될 12. 10경에 서울과 도쿄에서 동시에 행할 예정입니다.

끝

수신처: 경제기획원, 법무부, 문교부, 농림부 장관.

70. 비준서에의 텍스트 첨부 문제 관련 일본 측 입장 보고 전문

번호: JAW-12116

일시: 051242[1965. 12. 5]

수신인: 장관
발신인: 주일 대사

연: JAW-12088

1. 작 4일 외무성 조약과 다니다 사무관으로부터 한국 측의 관행으로서 비준서에 조약 텍스트를 첨부하는 경우와 첨부하지 않는 경우가 있다면 그 기준을 어디에 두고 있는지 설명하여 달라고 요청하면서 이는 한일 조약 경우의 한국 측 비준서에 텍스트를 첨부하지 않는 것을 일본 측이 받아들이느냐 여부를 결정하는 데 참고하고자 하는 것으로 시사하였음. 일본 측은 텍스트가 첨부되지 아니한 비준서를 받은 예가 없다 함.

2. 텍스트 첨부되지 아니한 비준서를 흠결이라고 보는 여부에 관하여 외무성은 아직 회답을 하지 않고 있는바, 오 정무과장은 전기 다니다 사무관에게 흠결 여부에 관한 외무성 견해를 촉구하였음. 다니다 사무관은 흠결로 보느냐 여부에 대하여 내부 의견이 나누어져 있음을 시사하였음.(주일정-외방조, 외아북)

71. 비준서 문안 관련 본부 입장 통보 전문

번호: WJA-12104

일시: 061150[1965. 12. 6]

수신인: 주일 대사

대: JAW-12088
연: WJA-11257, WJA-1206

1. 대호 1항에 관하여

일본 측 대안을 고려하여 아 측 문안을 다음과 같이 확정코자 함.

비준서 교환 의정서

하기 서명한 대한민국 외무부 장관 이동원과 일본국 외무대신 시나 에쓰사부로는 각자의 정부로부터 정당히 위임을 받아, 1965년 6월 22일 도쿄에서 서명된 대한민국과 일본국 간의 기본관계에 관한 조약의 각자의 정부의 비준서를 교환하기 위하여 회합하였다.

전기 조약의 비준서를 상호 검토하고 그것이 타당하다고 인정한 후 금일 동 비준서를 교환하였다.

이상의 증거로서, 하기 서명자는 본 비준서 교환 의정서에 서명하였다.

1965년 12월   일 서울에서 한국어 및 일본어로 본서 2통을 작성하였다.

    대한민국을 위하여

    일본국을 위하여

일본 측 안의 '조서', '하명'은 우리 용어로서는 '의정서', '하기 서명자'이므로, 각각 자국 용어를 사용하여도 무방할 것임.

일본 측 안의 '점검'과 '회동하였다'는 아 측은 '검토'와 ' 회합하였다'로 하고자 함. 일본 측과 절충, 아 측 문안에 상충하는 일본 측 문안을 조속 파우치 편으로 송부 바람.

2. 대호 3항에 관하여

서울에서도 일본 측 텍스트를 제작할 수 있다고 하므로 Host로서 이것을 만들 예정임.

3. 대호 4항에 관하여

연호 전문 WJA-1206 3항을 참조바람.

4. 대호 5항에 관하여

아 측 비준서에 조약 및 협정의 텍스트를 첨부토록 결정하고, 이미 동 텍스트를 제작 중에 있음. 동 텍스트 제작에 있어, (1) 청구권협정의 제1 의정서 중의 수정 부분(일어본만)(협정을 의정서로)에 대하여, 아 측은 '협정'의 부분을 줄로 긋고, 그와 나란히 '의정서'를 만년필로 깨끗이 기입하여 사진판으로 작성토록 할 것임. (2) 아 측은 또한 서명한 부분 및 리본과 실[seal]을 그대로 나타나도록 사진판을 제작할 것임.

5. 연호 전문 WJA-1206 1항 (3)의 영어 명칭에 관하여, 일본 측과 절충, 그 결과를 조속 회보 바람.(외방조)

장관

72. 비준서 문안 관련 교섭 결과 보고 전문

번호: JAW-12142

일시: 061909 [1965. 12. 6]

수신인: 장관
발신인: 주일 대사

대: WJA-12104

대표 지시에 관하여 금 6일 하오 오 정무과장이 외무성 마쓰나가 조약과장과 협의한 결과를 아래와 같이 보고함.

1. 대호 제1항에 관하여

비준서 교환 의정서 문안에 있어서 다음 제 점을 제외하고 지시대로 양측간에 합의를 보았음.

가. 일본 측은 관례상 '회동'을 사용하고 있으므로, 일본에 텍스트에는 '회동'으로 하고 한국의 텍스트에는 '회합'으로 하자고 말하고 있음. 그러한 사용에는 한일 조약 본 조인을 위한 시나 외상의 전권위임장, 다카스기 대표의 위임장 등에도 있었다 함.

나. 일본 측은 상기 '가'의 경우과 같은 이유로, 한국 측은 '검토'로 일본 측은 '점검'으로 하자고 함. 일본 안의 '점검'은 영어의 EXAMINE이라 함.

다. 일본 측은 비준서 본문의 제2절, 즉 "전기 조약의 비준서를… 교환하였다" 부분의 문안은 관례로 사용하고 있는 유형이므로 일본어 텍스트는 현재의 안 그대로 하고 그 대신 한국어 텍스트에서는 한국 측 안대로 하자고 함.

2. 대호 제2항에 관하여

한국 측이 일본어 텍스트를 제작하는 데 합의됨. 단, 일본 측은 일본어 텍스트를 종서로 해달라고 함.

   3. 대호 제4항에 관하여
   아 측은 한국 측의 비준서에 협정 텍스트를 첨부할 것이라고 말하고 대호 제4항 내용을 통보하였음. 일본 측은 이의 없다 함.

   4. 대호 제5항에 관하여
   일본 측은 영어 명칭을 현재 검토 중이라 함. 일본 측은 현재 한일 양측에서 교섭 중인 금융협정 관계 문제 가운데서도 청구권협정 영어 명칭이 문제되고 있다고 말하면서, 한국 정부와 경제협력기금 간의 장기 저리 차관 2억 불 협정에서 동 영어 명칭에 합의된 것은 사실이나 일본 외무성으로서 동 영어 명칭 결정에 관여한 바 없었다고 설명하였음. 일본 측은 한일 양측이 다 같이 비준서의 영어 번역문을 없애도록 하는 것이 어떠냐는 비공식 견해를 표명하였으나, 전기 영어 명칭에 관한 일본 측 입장은 추후(명일 경) 알려주겠다고 함.

   5. 이상에 관하여 지급 회시 바람.(주일정-외아북, 외방조)

73. 비준서 관련 본부 입장 통보 전문

번호: WTA-12125

일시: 071115[1965. 12. 7]

수신인: 주일 대사

대: JAW-12116
연: WJA-1206, WJA-12104

대호 1항에 관하여

연호로 통보한 바와 같이, 아 측은 비준서에 조약(협정) 텍스트를 첨부키로 하여 이를 제작 중에 있으므로, 이미 이 문제는 일단락된 것으로 생각되는 바이지만, 참고로 이에 관련한 아 측 관례적 입장을 다음과 같이 추가로 통보함.

아 측의 관례는 텍스트를 첨부하지 않는바, 그것은 "비준 행위는 비준될 조약의 명칭과 서명일자 등을 명기하여, 이를 확인 비준하는 의사를 명백히 함으로써 족하며, 조약 텍스트의 첨부 여부가 이러한 비준 행위에 흠결을 재래할 하등의 본질적인 요식으로는 작용할 수 없다"는 입장에 연유하고 있다. 환언하면, 국제법상 비준은 서명에 의하여 확정된 조약을 최종적으로 조약체결권자가 확인하는 행위에 불과하므로, 서명된 조약을 명기하여 이를 그대로 비준하는 이상, 이는 동 조약을 전체적으로 또한 부조건으로 그리고 아무런 유보없이 비준한 것으로 인정할 수 있기 때문이다.

그러나 상술한 관례에도 불구하고, 아 측 비준서를 접수할 상대방 국가가 꼭 텍스트의 첨부를 주장할 경우에는, 아 측도 이를 첨부하고 있음.

(이와 관련한 참고자료: 1. Oppenheim's International law, Vol. 1. pp 910, Chapter 515
2. Satow's Diplomatic Practice, pp 356, Chapter 640)(외방조)

장관

74. 비준서 관련 본부 입장 통보 전문

번호: WJA-12129

일시: 071615[1965. 12. 7]

수신인: 주일 대사

대: JAW-12142
연: WJA-12104

1. 대호 1항에 관하여
일본 측 의견에 대하여 이의 없음. 일본 측 문안을 조속 송부 바람.

2. 대호 4항에 관하여
애초 일본 측은, "비준서를 일본어로 작성하고 영어 번역문을 첨부하는 것"이 자국의 관례라고 하여, 이번 한일 조약의 경우에도 이 형식을 취할 것을 통고해 온 바 있으며 (참조: JAW-11447 제1항), 아 측도 애초 이와 같은 방침을 일본 측에 대하여 통보한 바 있으므로(참조: WJA-11297), 영어 번역문 첨부 원칙에 관하여는 이 이상 더 논란할 여지가 없을 것임.

영어 명칭에 관한 외무성 설명은 자국 정부 내의 지나간 사정이고 대외적으로는 일단 이루어진 합의인 이상 논리가 맞지 않으므로, 이에 관한 아 측의 입장에는 변동이 있을 수 없음을 강력히 주장하기 바람.(외방조)

장관

76. 비준서 교환 관련 일본 측 제안 및 조회 사항 보고 전문

번호: JAW-12181

일시: 081042[1965. 12. 8]

수신인: 장관

발신인: 주일 대사

작 7일 하오 늦게 외무성 구로다 북동아과장으로부터 오 정무과장에게 제시된 일본 측의 비준서 교환 절차 사항 제안 내용과 조회사항을 아래와 같이 보고함.

본건에 관하여 지급 회시 바람.

1. 대외적 발표

일본 측은, 한국 측이 희망하는 경우, 비준서 교환 일정 등에 관하여 공동으로 발표하고 그 시기를 일본 국회 비준 승인 확정 직후로 하는 데 이의 없다고 함.

발표 내용은 비준서 교환 일정, 양측의 대표단 명단, 무역회담 일정 등을 주로 고려할 수 있다 함.

2. 일본 측의 대표단

일본 측은 대표단의 공식 명칭은 없다고 함. 단, 신문 발표 등의 필요상 속칭 '비준서 교환 사절단'이라는 용어를 사용할 것이라 함. 일본 측의 명단은 다음과 같음(명단은 기왕의 보고 내용과 차이 없으나 그 자격, 서열 등 세부 사항이 제시되었으므로 참고하시기 바람).

시나 외상(외무대신의 자격으로 방한함)

사카타 농상(특파 대사)

다카스기 전 한일회담 수석(특파 대사)

마쓰우라 슈타로 중의원 의원(특파 대사의 고문)

특파 대사의 고문으로서 마쓰우라 의원 이외에 수명의 중, 참의원 의원들이 참가할 것이라 함.

　수원(특별히 발명은 없을 것이라 함):
　　우시바 심의관
　　우시로쿠 아세아국장
　　요시다 공사(현지 참가)
　　마에다 참사관(현지 참가)
　　마쓰나가 조약과장
　　외무대신 비서관(인선 미정)(2명이 될 가능성 있음)
　　농림대신 비서관 1명(인선 미정)
　기타 수원:
　　와다나베 외무성 북동아과 사무관
　　사토 보도과 사무관
　　히와다리 북동아과 사무관 (서무, 회계 관계)

3. 일본 측 보도진

　일본 측은 대표단에 수행하여 방한할 기자 명단을 제시하였는바, 총인원 22명, 중요 일간신문, 텔레비전, 라디오 방송기자, 사진사 등으로 구성되어 있음. 명단은 별도 송부함(수행 기자의 수효 등 내역은 변동 있을 가능성 있음).

4. 비준서 교환 일정

　(12월 21일에 교환한다는 전제하에서 작성된 것이라 함. 또한 시나 외상의 의견이 있어 19일에 출발하지 않고 20일(월)에 출발할 것을 고려하고 있으며 그러한 경우에는 도쿄-서울 간 편도만 특별기를 내게 될 것이라 함. 외국 항공기인 서북항공은 대외적 관계상 역시 불편하다는 것임.)

　12월 20일(월)
　　도쿄 출발(오전 출발을 생각하고 있음. 정보에 의하면 당지 전학련 등에서 대대적인 데모를 벌여 외상의 출발을 막으려고 하므로 출발 시간은 최종 단계까지 비밀로 하고자 한다 함.)

서울 도착 후, 일본 측 자체의 점심을 마친 다음, 오후에 한국 정부 지도층을 예방하고자 함(예방 범위는 한국 측에서 의견 제시할 것을 바라고 있는바, 대통령, 국무총리, 외무부 장관 기타 필요한 인사, 국회 지도자 포함 등이 예상되고 있다 함).

21일(화)

오전에 무역회담 폐회(단, 무역회담 일정에 관한 양측간의 협의 결과에 따를 것으로 하고, 잠정적으로 생각하고 있는 일정이라 함.)

오후에 비준서 교환식

저녁에 한국 측 주최의 만찬이 있을 것으로 생각될 수 있다 함.

22일(수)

일본 측 주최의 오찬을 고려하고 있음.

일본 항공의 정기편 출발 시간을 고려하여 오찬 시간은 12시에서 14시까지로 하고자 함.

한국 측이 원한다면, 출발 직전에 기자회견 하고자 함.

이상의 일정 안에 대하여 한국 측 의견을 바라고 있음.

5. 기타 협의 사항

(1) 비준서 교환식 상에서 행할 인사말(REMARKS) 유무

(2) 도착 성명 여부(한국 측에서 희망하면 행할 용의 있다 함. 서울 출발 시의 이한 성명은 하지 않겠다 함.)

(3) 만찬에 있어서의 테이블 스피치 여부(만찬에서 비교적 긴 스피치를 행하고 오찬에서 가벼운 스피치를 하는 것도 한 방법이라고 생각된다 함.)

(4) 조인트 코뮈니케 발표 여부

(5) 대표단 명단을 상호 홍보하는데 이의 없음. 단, 통보의 형식, 장소, 시기 등은 협의해서 정하고자 함.

6. 기타 조회사항

(1) 비준서 교환 시의 순서를 미리 통보 바라고 있음.

(2) 복장에 관한 사항을 미리 통보 바라고 있음. 복장은 비준서 교환 시, 만찬, 대통령 예방의 경우 등과 관련하여 생각하고 있다 함. 일본 측 주최 오찬은 출발 직전이기 때문에 평복으로 하겠다 함.

(3) 한국 지도층에 대한 예물(선물)(일본 측이 추후 한국 측에 알리겠다 함)

(4) 만찬 참석자의 범위를 미리 알려달라 함(복장 준비 등에 필요하기 때문이라 함).

(5) 일본 측 수행 신문기자단에 대한 한국 측의 접대 여부와 그 내용(적절한 접대 있을 것으로 예상하고 있음.)

(6) 일본 대표단의 서울 도착 및 출발 시에 있어서의 김포공항에서의 행사 내용과 절차 여하(주일정-외아북)

77. 비준서 문안 관련 일본 측 입장 보고 전문

번호: JAW-12184

일시: 081331 [1965. 12. 8]

수신인: 장관

발신인: 주일 대사

연: JAW-12141

대: WJA-12104

작 7일 하오 오 정무과장이 외무성 마쓰나가 조약과장과 협의한, 비준서 교환 관련 사항을 아래와 같이 보고함.

1. WJA-12006으로 송부해 주신 한일 간 제 협정 영어 명칭에 관하여 외무성 측은 다음과 같이 견해를 전달해왔음.

가. 어업협정 및 법적지위 협정의 영어 명칭에 대하여 이의 없음.

나. 청구권협정은 다음과 같은 안을 제시하였음.

AGREEMENT ON THE SOLUTION OF PROBLEM CONCERNING PROPERTY AND CLAIMS AND ON THE ECONOMIC COOPERATION……

한국 측 안과의 차이점은 SETTLEMENT 대신에 SOLUTION으로 하고 PROBLEM 앞에 정관사 없음.

SETTLEMENT를 한국 측이 꼭 고집하면 관계부처와 협의하여야 하겠으나, 유상 2억 불 차관협정에서 SETTLEMENT를 사용한 것을 외무성은 알지 못하고 있었다고 일본 측은 말하였음.

또한 일본 측은 한국 측 명칭도 유상 2억 불 차관협정에서 사용된 명칭과 일치하지 않는 것으로 시사하였음.

다. 문화재협정은 명칭을 다음과 같이 제시하였음.

AGREEMENT ON THE CULTURAL PROPERTIES AND CULTURAL COOPERATION BETWEEN……

한국 측 안과의 차이점은 ART OBJECTS 대신에 CULTURAL PROPERTIES를 사용하고 있는 점임.

일본 측은 ART OBJECTS 라고 하면 미술품이라는 개념이 되기 때문에, 한일 협정에 도서(서적)가 포함되어 있음을 고려하여 정확하게 한다면 CULTURAL PROPERTIES로 되는 것이라고 설명하였음.

일본 측은 이에 관하여 한국 측이 꼭 고집하면 관계부처와도 협의하겠다 함.

2. 이상 일본 측 설명에 대하여 아 측은, SETTLEMENT, ART OBJECTS 등 술어는 한일 간 현안 교섭 과정에서 오랫동안 사용되어 온 용어이며, 협정 명칭이 협정 내용을 반드시 완전무결하게 대표하여야 한다고는 생각하지 않는다고 말하고 일본 측이 아 측 안을 받아도 될 것을 다시 강조하였음.

3. 일본 측은, 영어 명칭에 관하여 양측간의 합의에 난점이 있어 불편하므로, 비준문에 영어 번역문을 첨부하지 않도록 할 것을 정식으로 제안하여 왔음.(주일정-외방조)

78. 비준서 교환 관련 본부 입장 통보 전문

번호: WTA-12169

일시: 091320[1965. 12. 9]

수신인: 주일 대사

대: JWA-12181

대호에 대하여 아래와 같이 회시함.

1. 공동발표: 비준서 교환 일정, 양측 대표단 명단, 무역회담 일정을 일본 국회 비준 승인 확정 직후에 서울과 도쿄에서 공동 발표하도록 함.

2. 대표단: 대표단 명단을 발표하기 위하여서는 우선 일본 측 대표단의 확정이 필요할 것임. 따라서 조속히 마쓰우라 의원 이외의 중, 참의원의 명단을 일본 측으로부터 확인, 보고하시기 바람.

3. 비준서 교환 일정: 시나 외상이 희망한다면 일본 대표단이 20일에 도착하는데 이의 없음. 단, 당지 준비 사정이 있으므로 이는 최단 시간 내에 확정 보고하기 바라며 김포공항 도착시간도 당지에서 극비에 부칠 것이니 지금 확인 보고 바람.

아 측은 잠정적으로 아래와 같은 일정을 생각하고 있음.

12. 20(월) 오전 김포공항 도착, 공항에서 특별한 의식 없음.

외무 장관 기타 출영 예정, 도착 후 일본 측 자체 점심 후 14:30부터 외무부 장관, 국무총리 예방, 국회의장 및 대통령 각하 예방을 추진 중임. 저녁에 아 측 주최 비공식 만찬

12. 21(화) 10:30 비준서 교환, 정오에 아 측 주최 비공식 오찬

오후에 무역회담 폐회식 및 양국 외상회담, 저녁때 이 외무부 장관 주최

　　　　　리셉션 및 만찬(STAG, 복장 informal)

12. 22(수) 시나 외상의 이 장관 작별 예방 및 외상 단독회담
　　　　　시나 외상 기자회견(일본 측이 원하는 경우)
　　　　　12:00~14:00 시나 외상 주최 오찬
　　　　　귀국(공항에서의 특별한 의식은 없음)

4. 도착 성명: 일본 측 의향에 맡기겠음.

5. 비준서 교환식 순서: 자세한 순서는 당지 주한 일본 정부 사무소를 통하여 조정하겠음. 단, 식에서 양국 외상의 간단한 Remarks가 있을 예정임.

6. 공동성명: 비준서가 교환된 사실과 이로써 양국의 국교가 수립된 사실 기타를 알리는 공동성명을 발표할 예정임. 이에 관하여 귀하의 의견이 있으면 건의하시압.

7. 일본 측 보도진: 일본 기자단이 수행 방한하는 데는 이의 없으며 명단을 조속 송부하기 바람.

8. 복장은 평복 이외에 특별한 준비 필요 없음.(외아북)

　　　　　　　　　　　　　　　　　　　　　　　　　　장관

79. 비준서 문안 관련 일본 측 입장 보고 전문

번호: JAW-12212

일시: 091337[1965. 12. 9]

수신인: 장관

발신인: 주일 대사

연: JAW-12184

1. 금 9일 외무성 마쓰나가 조약과장은 오 정무과장에게, 연호 제1항 나. 에서 보고한 일본 측 영어 명칭 안 중 SOLUTION을 SETTLEMENT로 하고 나머지 부분은 일본 측 표현대로 할 것을 다시 제의하여 왔음.

조약과장은, 일본 측이 한국 측 제안대로 SETTLEMENT를 수락하더라도 이는, 청구권 문제 해결과 경제협력이 한 덩어리로 부착되어 있다는 것이 아니라는, 즉 청구권 해결을 위하여 경제협력을 하는 것이 아니라는 일본 측 자체의 입장을 변경하는 것은 아니라고 말하였음. 그러한 입장은 서울에서 교섭 중인 재정협정 관계 사항을 위하여 이미 일본 교섭대표에게도 훈령한 바 있다고 말하였음.

2. 전기 일본 측 안대로 하면, 청구권협정 영어 명칭에 관한 한 앞에 정관사를 첨부하느냐의 문제가 남아 있는바, 일본 측은, 정관사를 붙이게 되면 여러 가지 문제 중 특정 문제만을 의미한다는 것으로 생각하여, 즉 금번 한일 간 협정이 전체적인 문제를 해결한다는 입장에서 문제 전부를 의미하도록 하여야 할 것으로 생각하여, 정관사를 붙이지 않기를 원한다고 설명하였음.

3. 연호 전문 제1항 다. 문화재협정 명칭에 관하여, 일본 측은 한국 측이 꼭 원하면 ART OBJECTS로 하는 데 이의 없다 함.

4. 일본 측은 영어 명칭에 합의하기가 어려우면 비준문의 영어 번역문 첨부를 없애도록 할 것을 계속 주장하고 있음.

5. 이상에 관하여 지급 회시 바람.(주일정-외방조, 외아북)

92. 한일 조약 및 제 협정 비준서 교환 의정서의
일본어 텍스트(안) 송부 공문[39]

1000   주일정 722-446

1965. 12. 9

수신: 외무부 장관

제목: 한일 간 조약 및 제 협정 비준서 교환 의정서의 일본어 텍스트(안) 송부

대: WJA-12129

　대호 전문 제1항의 지시에 따라, 한일 간 제 조약 비준서 교환 의정서의 일본어 텍스트(안)를 별첨과 같이 송부합니다. 동 텍스트는 그간의 훈령에 따라 당 대표부와 외무성 간에 합의된 것이오며, 일본 정부 측은 별첨 텍스트의 양식대로 제작될 것을 희망하고 있습니다. 별첨 텍스트 안은 기본관계조약, 법적지위협정, 청구권협정, 어업협정, 문화재협정의 5개 조약을 위한 것으로서, 한국 정부 보관용과 일본 정부 보관용을 각각 별도로 하고 있습니다.

　별첨: 상기 텍스트 각 2부.

　끝

주일 대사 김동조

39　편집자가 문서의 순서를 바꾸었음.

첨부물

92-1. 일본 비준서 교환각서

1001   批准書交換覺書[기본관계조약]

下名の大韓民国外務部長官李東元及び日本外務大臣椎名悦三郎は, 各自の政府により正当に委任を受け, 千九百六十五年六月二十二日に東京で署名された大韓民国と日本国との間の基本関係に関する条約の各自の政府の批准書を交換するため会同した.

前記の条約の批准書は, 相互に点検され, かつ, 妥結であると認められたので, その交換は, 本日行なわれた.

以上の証拠として, 下名は, この批准書交換覺書に署名した.

1002   千九百六十五年十二月　日にソウルで韓国側及び日本国により本書二通を作成した.

大韓民国のために

日本国のために

번역   비준서 교환 각서[기본관계조약]

하명의 대한민국 외무부 장관 이동원 및 일본 외무대신 시나 에쓰사부로(椎名悦三郎)는 각국 정부의 정당한 위임을 받아 1965년 6월 22일 도쿄에서 서명된 대한민국과 일본국 간의 기본관계에 관한 조약에 대한 각국 정부의 비준서를 교환하기 위하여 회동하였다.

상기 조약의 비준서는 상호 점검되고, 또 타결된 것으로 인정되었으므로 그 교환은 오늘 이루어졌다.

이를 증명하기 위하여 본 비준서 교환각서에 서명하였다.

1965년 12월　일에 서울에서 한국 및 일본국에 의하여 본서 두 통을 작성하였다.

대한민국을 위하여

일본국을 위하여

1003　　批准書交換覺書[청구권협정]

　　下名の大韓民国外務部長官李東元及び日本外務大臣椎名悦三郎は, 各自の政府により正当に委任を受け, 千九百六十五年六月二十二日に東京で署名された財産と請求権に関する問題の解決並びに経済協力に関する大韓民国と日本国との間の協定の各自の政府の批准書を交換するため会同した.

　　前記の協定の批准書は, 相互に点検され, かつ, 妥結であると認められたので, その交換は, 本日行なわれた.

　　以上の証拠として, 下名は, この批准書交換覺書に署名した.

1004　　千九百六十五年十二月　日にソウルで韓国側及び日本国により本書二通を作成した.

　　大韓民国のために

　　日本国のために

번역　　**비준서 교환각서**[청구권협정]

　　대한민국 외무부 장관 이동원(李東元)과 일본 외무대신 시나 에쓰사부로(椎名悦三郎)는 각국 정부의 정당한 위임을 받아 1965년 6월 22일 도쿄에서 서명한 재산 및 청구권에 관한 문제의 해결과 경제협력에 관한 대한민국과 일본국 간의 협정에 대한 각국 정부의 비준서를 교환하기 위하여 회동하였다.

　　상기 협정의 비준서는 상호 점검되고 타결된 것으로 인정되어 그 교환이 오늘 이루어졌다.

　　이를 증명하기 위하여 본 비준서 교환각서에 서명하였다.

　　1965년 12월　월 서울에서 한국 및 일본국에 의하여 본서 두통을 작성하였다.

　　대한민국을 위하여

　　일본국을 위하여

84. 비준서 교환식 한국 대표단 임명에 관한 내부재가 문서[40]

기안자: 동북아주과 선준영

과장[서명]　국장[서명]　차관[인장]　장관[부재]　국무총리[서명]　대통령[서명]

협조자 성명: 방교국장[대 조약과장 서명]　통상국장[서명]　기획관리실장[서명]

기안 연월일: 65. 12. 9

경유·수신·참조: 품의

제목: 한일 간 제 협정의 비준서 교환을 위한 우리 대표단 인선

오는 12. 21(토) 예정된 한일 제 협정의 비준서 교환에 있어 우리 정부를 대표할 대표단 인원을 아래와 같이 지정하심이 어떠하올지 고재[결재]를 바라나이다.

아래

비준서 교환을 위한 대표단 명단
　수석 이동원 외무부 장관(비준서 교환에 관한 의정서에 서명)
　대표 차균희 농림부 장관
　　〃　김동조 주일 대사
　고문 김동환 국회 외무분과위원장
　대표단원 이경호 법무부차관
　　　〃　　김영준 경제기획원 차관보
　　　〃　　연하구 외무부 아주국장

40　편집자가 문서의 순서를 바꾸었음.

1207   대표단원 전상진 외무부 통상국장
   〃   김명년 농림부 수산국장
   〃   이상덕 한국은행 감사
   〃   이홍직 전 한일회담 대표
   〃   황수영 전 한일회담 대표
   〃   김동휘 외무부 조약과장

   끝

156. 한일 조약 및 제 협정의 비준서 문안 확정 및 서명 내부재가 문서[41]

기안자: 조약과

과장[서명]   국장[서명]   차관[인장]   장관[12. 16 서명]   국무총리[12. 16 서명]

대통령[12.17 서명]

협조자 성명: 동북아과장[서명]   아주국장[서명]

기안 연월일: 1965. 12. 9

분류기호 문서번호: 외아북 722

경유·수신·참조: 내부 결재

제목: 한일 간의 조약 및 제 협정의 비준서 문안 확정 및 서명

오는 12월 21일에 있을 위의 조약 및 제 협정 비준서 교환식에서 일본 측과 교환할 우리나라의 한일 간의 조약 및 제 협정에 대한 비준서의 문안을 별첨 (1)과 같이 확정하여 비준하여 주시고, 별첨 (2)의 비준서에 서명하여 주실 것을 건의합니다.

유첨: 1. 비준서 문안

    가. 기본관계에 관한 조약

    나. 일본국에 거주하는 대한민국 국민의 법적지위 및 대우에 관한 협정

    다. 어업에 관한 협정

    라. 재산 및 청구권에 관한 문제의 해결과 경제협력에 관한 협정

---

41 편집자가 문서의 순서를 바꾸었음.

마. 문화재 및 문화협력에 관한 협정

2. 일본 측과 교환할 비준서 및 동 의정서

　　가. 기본관계에 관한 조약
　　나. 일본국에 거주하는 대한민국 국민의 법적지위 및 대우에 관한 협정
　　다. 어업에 관한 협정
　　라. 재산 및 청구권에 관한 문제의 해결과 경제협력에 관한 협정
　　마. 문화재 및 문화협력에 관한 협정

끝

(단, 비준서는 사진판 복사가 된 후 첨부할 것임)

첨부물

156-1. 기본관계조약 비준서

유첨 1의 가. 기본관계에 관한 조약 비준서

비준서

대한민국 대통령 박정희는 이 문서를 보는 모든 사람에게 선서한다.

대한민국과 일본국 간의 기본관계에 관한 조약이 1965년 6월 22일 도쿄에서 양국의 전권위원 간에 서명되었고, 동 조약의 원문은 다음과 같으며:

(원문의 총 조문은 사진판으로 제작하여 본 비준서에 삽입함.)

대한민국 국회는 1965년 8월 14일 제52회 국회 제12차 본회의의 의결로서 전기 조약의 비준에 대하여 동의하였으므로,

나, 대한민국 대통령 박정희는 동 조약을 열람 검토하여, 이에 동 조약의 각 조항과 구절을 비준 확인한다.

이상의 증거로서, 나는 이 비준서에 서명하고 이에 대한민국 국새를 날인한다.

1965년 월 일 서울에서

대한민국 대통령
국무총리
외무부 장관

(TRANSLATION)

INSTRUMENT OF RATIFICATION
CHUNG HEE PARK
PRESIDENT OF THE REPUBLIC OF KOREA
TO ALL WHO SHALL SEE THESE PRESENTS, GREETING:

KNOW YE That, whereas Treaty on Basic Relations between the Republic of Korea and Japan was signed by their respective Plenipotentiaries at Tokyo on June 22, 1965, the original of which Treaty is, word for word, as follows:

(Texts)

AND WHEREAS the National Assembly of the Republic of Korea, by its twelfth plenary meeting resolution of August 14, 1965 in the fifty-second session, did consent to the ratification of the said Treaty;

NOW, THEREFORE, be it known that I, Chung Hee Park, President of the Republic of Korea, having seen and considered the said Treaty, do hereby ratify and confirm the same and every article and clause thereof.

IN TESTIMONY WHEREOF, I have signed the present Instrument of Ratification and caused the Seal of the Republic of Korea to be hereunto affixed.

Done at the city of Seoul on this day of December in the year of one thousand nine hundred And sixty five.

PRESIDENT OF THE REPUBLIC OF KOREA

PRIME MINISTER

MINISTER OF FOREIGN AFFAIRS

첨부물
156-2. 법적지위협정 비준서

유첨: 1의 나(일본국에 거주하는 대한민국 국민의 법적지위 및 대우에 관한 협정)

비준서

대한민국 대통령 박정희는 이 문서를 보는 모든 사람에게 선서한다.

대한민국과 일본국 간의 일본국에 거주하는 대한민국 국민의 법적지위와 대우에 관한 협정이 1965년 6월 22일 도쿄에서 양국의 전권위원 간에 서명되었고, 동 조약의 원문은 다음과 같으며:

(원문)

대한민국 국회는 1965년 8월 14일 제52회 국회 제12차 본회의의 의결로서 전기 조약의 비준에 대하여 동의하였으므로,

나, 대한민국 대통령 박정희는 동 조약을 열람 검토하여, 이에 동 조약의 각 조항과 구절을 비준 확인한다.

이상의 증거로서, 나는 이 비준서에 서명하고 이에 대한민국 국새를 날인한다.

1965년 월 일 서울에서

대한민국 대통령
국무총리
외무부 장관

(TRANSLATION)

INSTRUMENT OF RATIFICATION
CHUNG HEE PARK
PRESIDENT OF THE REPUBLIC OP KOREA
TO ALL WHO SHALL SEE THESE PRESENTS, GREETING:

KNOW YE That, whereas Agreement on the Legal Statue and the Treatment of the Nationals of the Republic of Korea residing in Japan between the Republic of Korea and Japan was signed by their respective Plenipotentiaries at Tokyo on June 22, 1965, the original of which Agreement is, word for word, as follows:

(Texts)

AND WHEREAS the National Assembly of the Republic of Korea, by its twelfth plenary meeting resolution of August 14, 1965 in the fifty-second session, did consent to the ratification of the said Agreement;

NOW, THEREFORE, be it known that I, Chung Hee Park, President of the Republic of Korea, having seen and considered the said Agreement, do hereby ratify and confirm the same and every article and clause thereof.

IN TESTIMONY WHEREOF, I have signed the present Instrument of Ratification and caused the Seal of the Republic of Korea to be hereunto affixed.

Done at the city of Seoul on this day of December in the year of one thousand nine hundred and sixty five.

PRESIDENT OF THE REPUBLIC OF KOREA

PRIME MINISTER

MINISTER OF FOREIGN AFFAIRS

첨부물
156-3. 어업협정 비준서

유첨: 1의 다(어업에 관한 협정)

비준서

대한민국 대통령 박정희는 이 문서를 보는 모든 사람에게 선서한다.

대한민국과 일본국 간의 어업에 관한 협정이 1965년 6월 22일 도쿄에서 양국의 전권위원 간에 서명되었고, 동 조약의 원문은 다음과 같으며:

(원문)

대한민국 국회는 1965년 8월 14일 제52회 국회 제12차 본회의의 의결로서 전기 조약의 비준에 대하여 동의하였으므로,

나, 대한민국 대통령 박정희는 동 조약을 열람 검토하여, 이에 동 조약의 각 조항과 구절을 비준 확인한다.

이상의 증거로서, 나는 이 비준서에 서명하고 이에 대한민국 국새를 날인한다.

1965년　월　일 서울에서

대한민국 대통령
국무총리
외무부 장관

(TRANSLATION)

INSTRUMENT OF RATIFICATION
CHUNG HEE PARK
PRESIDENT OF THE REPUBLIC OF KOREA
TO ALL WHO SHALL SEE THESE PRESENTS, GREETING:

KNOW YE That, whereas Agreement on Fisheries between the Republic of Korea and Japan was signed by their respective Plenipotentiaries at Tokyo on June 22, 1965, the original of which Agreement is, word for word, as follows:

(Texts)

AND WHEREAS the National Assembly of the Republic of Korea, by its twelfth plenary meeting resolution of August 14, 1965 in the fifty-second session, did consent to the ratification of the said Agreement;

NOW, THEREFORE, be it known that I, Chung Hee Park, President of the Republic of Korea, having seen and considered the said Agreement, do hereby ratify and confirm the same and every article and clause thereof.

IN TESTIMONY WHEREOF, I have signed the present Instrument of Ratification and caused the Seal of the Republic of Korea to be hereunto affixed.

Done at the city of Seoul on this day of December in the year of one thousand nine hundred and sixty five.

PRESIDENT OF THE REPUBLIC OF KOREA
PRIME MINISTER
MINISTER OF FOREIGN AFFAIRS

첨부물

156-4. 청구권협정 비준서

유첨: 1의 라(재산 및 청구권에 관한 문제의 해결과 경제협력에 관한 협정)

비준서

대한민국 대통령 박정희는 이 문서를 보는 모든 사람에게 선서한다.

대한민국과 일본국 간의 재산 및 청구권에 관한 문제의 해결과 경제협력에 관한 협정이 1965년 6월 22일 도쿄에서 양국의 전권위원 간에 서명되었고, 동 조약의 원문은 다음과 같으며:

(원문)

대한민국 국회는 1965년 8월 14일 제52회 국회 제12차 본회의 의결로서 전기 조약의 비준에 대하여 동의하였으므로,

나, 대한민국 대통령 박정희는 동 조약을 열람 검토하여, 이에 동 조약의 각 조항과 구절을 비준 확인한다.

이상의 증거로서, 나는 이 비준서에 서명하고 이에 대한민국 국새를 날인한다.

1965년 월 일 서울에서

대한민국 대통령
국무총리
외무부 장관

(TRANSLATION)

INSTRUMENT OF RATIFICATION
CHUNG HEE PARK
PRESIDENT OF THE REPUBLIC OF KOREA
TO ALL WHO SHALL SEE THESE PRESENTS, GREETING:

KNOW YE That, whereas Agreement on the Settlement of the Problem concerning Property and Claims and on the Economic Cooperation between the Republic of Korea and Japan was signed by their respective Plenipotentiaries at Tokyo on June 22, 1965, the original of which Agreement is, word for word, as follows:

(Texts)

AND WHEREAS the National Assembly of the Republic of Korea, by its twelfth plenary meeting resolution of August 14, 1965 in the fifty-second session, did consent to the ratification of the said Agreement;

NOW, THEREFORE, be it known that I, Chung Hee Park, President of the Republic of Korea, having seen and considered the said Agreement, do hereby ratify and confirm the same and every article and clause thereof.

IN TESTIMONY WHEREOF, I have signed the present Instrument of Ratification and caused the Seal of the Republic of Korea to be hereunto affixed.

Done at the city of Seoul on this day of December in the year of one thousand nine hundred and sixty five.

PRESIDENT OF THE REPUBLIC OF KOREA
PRIME MINISTER
MINISTER OF FOREIGN AFFAIRS

첨부물

156-5. 문화재협정 비준서

유첨: 1의 마(문화재 및 문화협력에 관한 협정)

비준서

 대한민국 대통령 박정희는 이 문서를 보는 모든 사람에게 선서한다.

 대한민국과 일본국 간의 문화재 및 문화협력에 관한 협정이 1965년 6월 22일 도쿄에서 양국의 전권위원 간에 서명되었고, 동 조약의 원문은 다음과 같으며:

(원문)

 대한민국 국회는 1965년 8월 14일 제52회 국회 제12차 본회의의 의결로서 전기 조약의 비준에 대하여 동의하였으므로,

 나, 대한민국 대통령 박정희는 동 조약을 열람 검토하여, 이에 동 조약의 각 조항과 구절을 비준 확인한다.

 이상의 증거로서, 나는 이 비준서에 서명하고 이에 대한민국 국새를 날인한다.

 1965년　월　일 서울에서

대한민국 대통령
국무총리
외무부 장관

(TRANSLATION)

INSTRUMENT OF RATIFICATION
CHUNG HEE PARK
PRESIDENT OF THE REPUBLIC OF KOREA
TO ALL WHO SHALL SEE THESE PRESENTS, GREETING:

KNOW YE That, whereas Agreement on the Art Objects and the Cultural Cooperation between the Republic of Korea and Japan was signed by their respective Plenipotentiaries at Tokyo on June 22, 1965, the original of which Agreement is, word for word, as follows:

(Texts)

AND WHEREAS the National Assembly of the Republic of Korea, by its twelfth plenary meeting resolution of August 14, 1965 in the fifty-second session, did consent to the ratification of the said Agreement;

NOW, THEREFORE, be it known that I, Chung Hee Park, President of the Republic of Korea, having seen and considered the said Agreement, do hereby ratify and confirm, the same and every article and clause thereof.

IN TESTIMONY WHEREOF, I have signed the present Instrument of Ratification and caused the Seal of the Republic of Korea to be hereunto affixed.

Done at the city of Seoul on this day of December in the year of one thousand nine hundred and sixty five.

PRESIDENT OF THE REPUBLIC OF KOREA

PRIME MINISTER

MINISTER OF FOREIGN AFFAIRS

첨부물

156-6. 기본관계조약 비준서 교환 의정서

유첨: 2의 가(기본관계에 관한 조약)

비준서 교환 의정서

하기 서명한 대한민국 외무부 장관 이동원과 일본국 외무대신 시나 에쓰사부로는 각자의 정부로부터 정당히 위임을 받아, 1965년 6월 22일 도쿄에서 서명된 대한민국과 일본국 간의 기본관계에 관한 조약의 각자의 정부의 비준서를 교환하기 위하여 회합하였다.

전기 조약의 비준서를 상호 검토하고 그것이 타당하다고 인정한 후 금일 동 비준서를 교환하였다.

이상의 증거로서, 하기 서명자는 본비준서 교환 의정서에 서명하였다.

1965년 12월 일 서울에서 한국어 및 일본어로 본서 2통을 작성하였다.

     대한민국을 위하여   일본국을 위하여

첨부물

156-7. 법적지위협정 비준서 교환 의정서

유첨: 2의 나 (일본국에 거주하는 대한민국 국민의 법적지위 및 대우에 관한 협정)

비준서 교환 의정서

하기 서명한 대한민국 외무부 장관 이동원과 일본국 외무대신 시나 에쓰사부로는 각자의 정부로부터 정당히 위임을 받아, 1965년 6월 22일 도쿄에서 서명된 대한민국과 일본국 간의 일본국에 거주하는 대한민국 국민의 법적지위 및 대우에 관한 협정의 각자의 정부의 비준서를 교환하기 위하여 회합하였다.

전기 협정의 비준서를 상호 검토하고 그것이 타당하다고 인정한 후 금일 동 비준서를 교환하였다.

이상의 증거로서, 하기 서명자는 본 비준서 교환 의정서에 서명하였다.

1965년 12월 일 서울에서 한국어 및 일본어로 본서 2통을 작성하였다.

         대한민국을 위하여   일본국을 위하여

첨부물
156-8. 어업협정 비준서 교환 의정서

유첨: 2의 다(어업에 관한 협정)

비준서 교환 의정서

하기 서명한 대한민국 외무부 장관 이동원과 일본국 외무대신 시나 에쓰사부로는 각자의 정부로부터 정당히 위임을 받아, 1965년 6월 22일 도쿄에서 서명된 대한민국과 일본국 간의 어업에 관한 협정의 각자의 정부의 비준서를 교환하기 위하여 회합하였다.

전기 협정의 비준서를 상호 검토하고 그것이 타당하다고 인정한 후 금일 동 비준서를 교환하였다.

이상의 증거로서, 하기 서명자는 본비준서 교환 의정서에 서명하였다.

1965년 12월 일 서울에서 한국어 및 일본어로 본서 2통을 작성하였다.

　　　　　　대한민국을 위하여　　　　　　　　일본국을 위하여

첨부물

156-9. 청구권협정 비준서 교환 의정서

유첨: 2의 라 (재산 및 청구권에 관한 문제의 해결과 경제협력에 관한 협정)

비준서 교환 의정서

하기 서명한 대한민국 외무부 장관 이동원과 일본국 외무대신 시나 에쓰사부로는 각자의 정부로부터 정당히 위임을 받아, 1965년 6월 22일 도쿄에서 서명된 대한민국과 일본국 간의 재산 및 청구권에 관한 문제의 해결과 경제협력에 관한 협정의 각자의 정부의 비준서를 교환하기 위하여 회합하였다.

전기 협정의 비준서를 상호 검토하고 그것이 타당하다고 인정한 후 금일 동 비준서를 교환하였다.

이상의 증거로서, 하기 서명자는 본비준서 교환 의정서에 서명하였다.

1965년 12월 일 서울에서 한국어 및 일본어로 본서 2통을 작성하였다.

        대한민국을 위하여   일본국을 위하여

첨부물

156-10. 문화재협정 비준서 교환 의정서

유첨: 2의 마(문화재 및 문화협력에 관한 협정)

비준서 교환 의정서

하기 서명한 대한민국 외무부 장관 이동원과 일본국 외무대신 시나 에쓰사부로는 각자의 정부로부터 정당히 위임을 받아, 1965년 6월 22일 도쿄에서 서명된 대한민국과 일본국 간의 문화재 및 문화협력에 관한 협정의 각자의 정부의 비준서를 교환하기 위하여 회합하였다.

전기 협정의 비준서를 상호 검토하고 그것이 타당하다고 인정한 후 금일 동 비준서를 교환하였다.

이상의 증거로서, 하기 서명자는 본비준서 교환 의정서에 서명하였다.

1965년 12월 일 서울에서 한국어 및 일본어로 본서 2통을 작성하였다.

          대한민국을 위하여   일본국을 위하여

82. 비준서 교환식 관련 한국 측 안 통보 전문

0967   번호: WJA-12206

일시: 101450[1965. 12. 10]

수신인: 주일 대사

대: JAW-12181, 연: WJA-12169

일본 국회에서의 비준안 통과가 확정되는 대로 서울과 도쿄에서 동시에 행할 공식 발표 내용에 대하여 일본 측과 아래와 같이 합의하여 보고하시압.

1. 교환 일정
12. 20   일본 대표단 한국 도착
          한국 정부 지도자 예방
12. 21   오전 비준서 교환
          오후 무역회담 폐회식 및 제1차 양국 외상회담
12. 22   제2차 양국 외상회담 후 일본 대표단 귀국

2. 대표단
(1) 양측에서 명단을 발표하되 일본 측 명단은 서열 중 조약과장까지만 발표함. 일본 측 고문 명단을 조속 확인 송부 바람.
(2) 아 측 대표단 명단은 아래와 같이 상부 결재를 앙청 중인 바, 확정되는 대로 확인 통보하겠음.
    수석 이동원 외무부 장관 (의정서에 서명)
    대표 차균희 농림부 장관
      〃 김동조 주일 대사

　　　　고문 김동환 국회 외무분과위원장
　　　　단원 이경호 법무부차관
　　　　단원 김영준 경제기획원 기획담당차관보
　　　　 〃 　연하구 외무부 아주국장
　　　　 〃 　전상진 외무부 통상국장
　　　　 〃 　김명년 농림부 수산국장
　　　　 〃 　이상덕 한국은행 감사
　　　　 〃 　이홍직 전 한일회담 대표
　　　　 〃 　황수영 전 한일회담 대표
　　　　 〃 　김동휘 외무부 조약과장

　3. 무역회담

　12. 17에 서울에서 개최하여 21일에 양국 외상 참석하에 폐회하도록 함.

　아 측 교체 수석대표로는 이철승 상공부 상역차관보, 일본 측 교체 수석대표로는 우시바 외무성 심의관이 될 것임.

　4. 상기 내용을 포함한 공동발표는 도쿄에서 먼저 누설되는 일이 없도록 각별히 조처하고 발표일은 가능하면 11일 오후부터 주말은 피하도록 하시압.(외아북)

　　　　　　　　　　　　　　　　　　　　　　　　　　　　장관

83. 비준서 교환식 관련 일본 측과의 협의 결과 보고 전문

번호: JAW-12248

일시: 101519 [1965. 12. 10]

수신인: 장관
발신인: 주일 대사

대: WJA-12169

대호 지시에 따라 오 정무과장이 외무성 구로다 북동아과장과 협의한 결과를 다음과 같이 보고하오며 그중 일본 측의 문의 사항에 관하여 지급 회시 바람.

1. 공동발표
대호대로 합의함.

2. 대표단
마쓰우라 의원 이외의 중, 참의원 명단은 아직 확정되지 아니하였는바, 양측 대표단 명단의 조속한 확정과 공동발표에 지장이 없도록 하였음. 대표단 명단 발표에 있어서는 일본 측은 JAW-12181 제2항으로 보고한 일본 대표단 명단 중 농림대신 비서관 이상의 인원을 발표하는 것, 즉 기타 수원은 제외한다는 것인바, 아 측 대표단 명단 발표의 경우에도 이에 대응시키는 것이 좋을 것으로 사료됨.

3. 비준서 교환 일정
일본 측은 20일 도착을 결정하였다 함. 특별기편으로 오전 10시 내지 11시경을 고려하고 있다 함. 아 측 타진에 대하여 일본 측은 기상에서의 주식 가능성을 부인하지는 아니하였으며, 한국 지도자 예방 일정에 지장이 없도록 하겠다 함. 따라서 일본 측은 20일, 21일, 22일의 대호 지시 일정 내용에 이의 없다 함.

단, 22일 오전의 외상 단독회담에 관하여 그 토의 내용 또는 의제가 무엇인지를 알려 달라 함. 또한 일본 측은 21일의 외상회담의 의제에 대해서도 아 측의 의향을 문의하고 있음. 동 외상 회담을 위한 일본 측의 희망이 표명되는 대로 보고 위계임.

4. 도착 성명

아직 확정은 아니하였으나 내게 될 가능성이 크다고 함.

5. 비준서 교환식 순서

일본 측은 대호 지시 내용에 이의 없음.

6. 공동성명

일본 측은 공동성명 발표에 의의 없음.

7. 일본 측 보도진

별도 보고하였으므로 참조 바람.

8. 복장

일본 측 이의 없음.

9. 일본 측의 선물

일본 측은 추후 당부 및 주한 사무소를 통하여 그 내역을 알려주겠다고 함.

10. 무역회담 대표의 비준서 교환식 참석 문제

구로다 북동아과장은, 비준서 교환식에 일본 측 무역회담 대표들, 즉 통산성 통상국장, 외무성 경제국 가토 차장, 이시다 수산청 차장, 대장성 관세국 호세미 조사관, 외무성 경제국 야나이 아세아과장 등 관계관을 열석시켜 줄 것을 제안하여 왔음. 동 과장은, SEATING은 한국 측에서 적당한 장소를 정하여 달라 함.

11. 전기 21일의 외상 회담 의제에 관하여, 아 측이 일본 측의 생각을 제시해 줄 것을 요청한 데 대하여 구로다 과장은 추후 알려주겠다고 하면서, 국제연합 한국 문제에 관하여 논의할 수 있지 않겠느냐는 비공식 견해를 표명한 바 있음.(주일정－외아북)

84. 한일 조약 및 제 협정 비준서 교환 관련 국무회의 건의를 위한 내부재가 문서

기안자: 조약과

과장[서명]　국장[과장이 대리서명]　차관[대결]　장관[차관 인장 날인]

협조자 성명: 아주국장[서명]　동북아과장[서명]　의전장[서명]　의전과장[서명]　기획실장[서명]

기안 연월일: 1965. 12. 10
분류기호 문서번호: 외방조 742-32
경유·수신·참조: 내부 결재

제목: 한 · 일 조약 및 제 협정의 비준서 교환

　1965년 6월 22일 도쿄에서 서명한 바 있는 대한민국과 일본국 간의 조약 및 제 협정의 비준서를 교환함에 있어서 제반 사항에 걸쳐 만전의 준비를 기하기 위하여서는 관계부처 간의 유기적인 연관 아래 상호 협조가 절실히 요망되므로 이를 별첨(안)과 같이 국무회의에 상정하고 보고할 것을 건의합니다.
　유첨: 국무회의 상정안(안) 1통

끝
(참고: 12월 17일에 상정 보고할 것임)
(추: 12월 27일에 국장께 보고함)
　[본 공문에 첨부된 국무회의 상정안에는 비준서 교환 일자가 12월 21일로 기재되어 있으나, 추후 일본 측 요청에 따라 12월 18일로 변경됨. 변경된 일자에 따른 행사 계획은 85번 문서와 같이 1965년 12월 13일 자로 국무회의에 상정됨.]

95. 비준서 교환 일정 대외 발표 관련 보고 전문

번호: JAW-12280

일시: 111020[1965. 12. 11]

수신인: 장관
발신인: 주일 대사

대: WJA-12206
연: JAW-12274

한일 조약 안건이 이미 보고한 바와 같이 일본 국회에서 비준 승인 확정되었으므로 비준서 교환 일정 등 발표를 금일 정오에 하기로 외무성 측과 잠정적으로 합의하였으며 대호 전문 지시내용대로 발표 내용을 외무성 측과 합의하였음.

이에 관하여 긴급 회시 바람.(주일정-아북)

96. 비준서 교환 일정 관련 대외 발표 보류 건의 긴급 전문

번호: JAW-12285

일시: 111113[1965. 12. 11]

수신인: 외무부 장관
발신인: 주일 대사

연: JAW-12274 JAW-12280

외무성 구로다 북동아과장으로부터의 긴급 연락에 의하면 일본 내각이 대표단 확정을 내주 화요일(14일)에 하기로 되었기 때문에 금일 발표는 보류할 것을 제의하여 왔음.

따라서 공동발표는 내주 화요일 이후로 하기로 하였음을 보고함.(외아북)

97. 비준서 교환 일정 대외 발표 관련 통보 전문

1010 번호: WJA-12224

일시: 111125 [1965. 12. 11]

수신인: 주일 대사

1. 한일비준서 교환 일정은 WJA-12206호 대로 금일 12:00를 기하여 발표함.

2. 단, 아 측 명단은 대표만 발표함.

3. 무역회담 일정을 발표 안 함. (외아북)

장관

98. 비준서 교환 일정 대외 발표 관련 통보 전문

번호: WJA—12225

일시: 111140[1965. 12. 11]

수신인 주일 대사

연: WJA-12224

아 측 명단은 필요한 절차를 필하였으므로 발표하여도 무방함.(외아북)

장관

99. 비준서 교환 일정 대외 발표 보류 건의 전문

번호: JAW-12287

일시: 111142[1965. 12. 11]

수신인: 외무부 장관
발신인: 주일 대사

대: WJA-12224
연: JAW-12285

연호 보고와 같은 사정으로 공동발표를 14일 이후로 보류해주시기 바람.(주일정-외아북)

100. 비준서 교환 일정 대외 발표 관련 통보 전문

번호: WJA-12228

일시: 111145 [1965. 12. 11]

수신인: 주일 대사

대: JAW-12285

대호에 관하여서는 국내지의 편집 마감 시간 관계상 이미 발표하였음. (외아북)

101. 한일 조약 비준서 교환에 관한 신문 발표문

1014 한일 조약 비준서 교환에 관한 신문 발표

1965. 12. 11

외무부

　한·일 양국 정부 대표는 1965. 12. 21 서울에서 1965. 6. 22에 조인된 양국 간의 조약 및 제 협정에 관한 비준서를 교환할 예정이다. 이 비준서 교환에 있어서 이동원 외무부 장관이 수석대표로서 차균희 농림부 장관 및 김동조 주일 대사가 한국 정부를 대표하고, 시나 외무대신, 사카타 농림대신, 다카스기 특파 대사가 일본 정부를 대표할 것이다.

　이 비준서 교환식에 참석코자 일본 대표단은 12월 20일 내한할 예정이다.

102. 비준서 교환 일정 대외 발표 관련 보고 전문

번호: JAW-12288

일시: 111215[1965. 12. 11]

수신인: 외무부 장관
발신인: 주일 대사

대: WJA-12228, 12229

외무성 측은 아 측의 사전 발표에 대하여 극히 난색을 표명하고, 발표 내용의 취소를 요구하고 있음. 따라서 최소한도로 일본 측 대표단 명단만이라도 취소해주시기 바람. (주일정-외아북)

103. 비준서 교환 일정 대외 발표 관련 통보 전문

번호: WJA-12229

일시: 111200[1965. 12. 11]

수신인: 주일 대사

대: JAW-12287

대호에 관해서는 이미 발표되었으므로 보류할 수 없음.(외아북)

장관

104. 비준서 교환 일정 대외 발표 관련 통보 전문

번호: WJA-12230

일시: 111305[1965. 12. 11]

수신인: 주일 대사

대: JAW-12288

대호건 취소 불가능함.

장관

105. 비준서 교환 일정 대외 발표 관련 보고 전문

번호: JAW-12300

일시: 111712[1965. 12. 11]

수신인: 장관
발신인: 주일 대사

대: WJA-12230

  1. 금 11일 하오 1시 50분경 오 정무과장은 외무성 북동아과 구로고치 사무관에게 "발표 건에 관하여 대표부로서 모든 수단을 다하였으나 제 때에 맞지 아니하였으며 본인으로서 미안하게 생각한다"는 전언을 북동아과장에게 전달해달라고 요청하였음. (외무성 과장급 이상 간부들은 주식 시간인 관계로 연락되지 아니하였음.)

  2. 당부는 JAW-12285로 보고한 일본 측 사정을 외무부에 긴급 연락하기 위하여 국제 전화를 신청하였으나 통화가 실현되지 않아 하오 1시 50분 이를 취소한 바 있음.
(주일정-외아북)

109. 이동원 외무부 장관의 시나 외상 면담 결과 보고 전문[42]

번호: JAW-12327

일시: 131632[1965. 12. 13]

수신인: 대통령 각하
발신인: 외무부 장관
참조인: 국무총리, 외무 차관

본직은 금 13일 시나 일 외상과 10:30부터 약 1시간 40분간 면담하였아옵기 그 내용을 아래와 같이 보고합니다(아 측 김동조 주일 대사, 최광수 외무부 동북아과장, 일본 측 우시바 의무 심의관 및 우시로쿠 아세아 국장 배석).

1. 한일 비준서 교환

시나 외상은 금조 내각 및 당으로부터 보정 예산을 연내에 처리하지 않을 수 없으므로 시나 외상 등 비준서 교환 사절단의 방한을 통상 국회 개회(20일 예정) 이전에 끝마칠 수 있도록 이미 합의한 일정(20~22일)을 앞당겨줄 것을 간망하였음.

본직은 이미 양국 정부가 합의하여 본국 정부에서 합의한 일정에 따라 준비를 진행하고 있는만큼 이 시기에 와서 변경함은 불가능하다고 하였음. 일본 측은 금일 오후 총리 이하 당수뇌가 재협의하여 부득이하면 다시 아 측의 재고를 요청하겠다 함.

2. 무역회담은 비준서 교환 일정이 기정대로 확정되면 17일부터 개최하여 21일 오후에 한일 양 외상의 참석 리에 결론을 짓기로 합의하였음. 본직은 무역회담의 성공의 중요성과 해태, 오징어 등 아 국 산품의 자유화 조치와 미곡 장기계약과 아 측 구상에 대한 일본 측의 결단을 강력히 촉구하였음.

---

42 1486번 파일(이동원 외무 장관 일본 방문)의 part III 34번 문서와 동일한 문서임.

3. 본직은 한일 간의 특수한 관계와 재일한인 문제에 비추어 일본 내 중요 장소에 아 국 영사관을 설치하여야 할 필요성을 강조하고 본건에 관한 아 측의 기정 입장인 10개 장소에 대한 일본 정부의 동의를 강하게 주장하였음. 일 외상은 애초 이미 일본 측이 동의하겠다고 한 5개 장소에만 우선 합의하고 기타는 앞으로 상호 회의적으로 계속 협의 결정하자는 입장을 취하다가 본직의 주장에 따라 본인 체일 중에 원칙 합의를 보기로 하고 금일 오후 주일 방희 공사, 우시로쿠 아세아국장 레벨의 실무 교섭을 갖기로 하였음. 부대조건에 관하여 일본 측으로부터 그 이상 주장이 없으며 장소에 있어 니가타, 교토에 난색을 표명함.

4. 한미일 3국 각료급 공동협의

본직은 본건에 관하여 러스크 미 국무장관에 말한 바를 되풀이하고 한일 국교 정상화를 기하여 한미일 3국이 공통의 관심을 갖는 문제에 관하여 합의하는 동시 자유민주주의 국가로서의 우의와 결속을 과시하기 위하여 명년 적절한 시기에 3개국의 외상이 자리를 같이하여 협의할 기회를 갖도록 하는 구상에 대한 일본 정부의 의향을 타진하였음.

시나 외상은 좋은 구상이며 성실히 검토하여 이 구상이 성취되는 방향으로 협조하겠다고 하였음.

5. 동남아 외상회담

일 외상은 참가하겠다는 의사를 명백히 표명하고 시기는 명년 일본의 평상 국회가 종료(3월 말 예상)한 후가 되기를 바라며 국회 종료 시까지 일 외상 참가 동의가 신문 지상 등에 누설되지 않도록 하여달라고 하였음.

6. 해태 문제

양측이 협조하여 최단시일 내에 해결키로 함.

일본 정부는 추계예산의 연내 성립을 위한 국회 운영에 관련된 이유로 이미 합의된 바 있는 12. 21 비준서 교환 일정을 앞당겨 꼭 12월 17일 내지 18일에 행하여야 되겠다고 하며, 금일 하오 외무부 장관을 위한 시나 외상 초대 만찬에 사토 총리가 직접 참석하여 그러한 일본 측 사정을 한국 측이 들어주기를 간곡히 요청하였음. 본건에 관하여 긴급 정부 방침을 검토해주기 바라며, 장관님에게 보고해주시기 바람.(주일정 – 외아북)

117. 비준서 교환문서 관련 본부 입장 통보 전문

번호: WJA-12240

일시: 131025 [1965. 12. 13]

수신인: 주일 대사

대: JAW-12212

1. 대호 2항에 관하여
정관사를 빼는데 이의 없음.

2. 대호 3항에 관하여
ART OBJECTS로 확정코자 함.

3. 대호 4항에 관하여
 이로써 영어 명칭은 확정되었으므로, 영어 번역문 첨부에는 하등의 어려움이 없을 것임. 이에 관련한 일본 측의 논거는 상실되었으므로, 영어 번역문을 첨부토록 요구하시기 바람.

4. 영어 번역문에 있어 Texts 삽입 부분에는 영어 Text가 없으므로 그냥 '(Texts)'로 표시코자 함.

5. 비준서 교환 의정서의 일본 측 문안을 지급 송부 바람.(외방조)

장관

118. 비준서 교환 일정 변경 관련 이동원 외무부 장관의 보고 전문[43]

번호: JAW-12343

일시: 132236[1965. 12. 13]

수신인: 대통령 각하, 국무총리 각하
발신인: 외무부 장관 이동원
참조: 외무부 차관

1. 이미 보고드린 바와 같이 금 13일 외상회담에서 시나 외상은, 피할 수 없는 일본 국회 사정으로 말미암아 비준서 교환을 12월 21일에 하지 않고 이를 앞당겨 20일 이전에 할 수 없느냐고 본직에게 부탁하여 왔습니다. 본직은 이에 대하여 21일에 교환한다는 것은 이미 공식으로 합의된 것이고 또한 이를 발표하였으므로 단축한다는 것은 불가능하다고 말하였습니다.

2. 금일 오후 2시 본직이 사토 수상을 방문한 자리에서 수상은 외상으로부터 보고를 받았으나 당과 국회의 사정이 급변하여 12월 20일에 소집되는 정기국회를 외상과 농상이 비울 수 없게 되었다고 말하고 25일 내지 26일까지는 추경 예산을 처리하여야 할 형편인데 그때 외상과 농상이 없으면 동 예산안을 심의할 수 없으므로 그러한 일본 측 사정을 들어 달라고 부탁하여 왔습니다. 이에 대하여 본직은 계속 난색을 표명하였습니다.

3. 그간 사토 수상은 본직과의 면담 후 당 수뇌 6자회담을 개최하고 이 문제를 협의하였으며 시나 외상은 하오 6:45분에 본직과의 단독회담(시나 외상의 요청으로 가졌음)

---

[43] 1486번 파일(이동원 외무 장관 일본 방문)의 part III 39번 문서와 동일한 문서임.

에서 교환 일자를 앞당겨 달라고 계속 요청하였으며 이어서 개최된 시나 외상 주최 만찬에서 사토 시나 외상, 사카타 농상, 하시모토 관방 장관 등이 본건에 관하여 간곡한 부탁을 하면서 한국 정부의 특별한 고려를 요망하여 왔습니다.

4. 본직이 대표부를 통하여 파악한 정세로는 이 시기에 와서 일본 정부가 비준서 교환 일자의 단축을 비라는 이유로는 국회 운영 대책에 있어서 여야 간에 합의를 보지 못하고 또한 추경 예산 문제와 관련하여 일본 내각이 어려운 사정에 놓여있는 것으로 보이는바 전술한 바와 같이 일본 정부의 최고지도자들이 그와 같은 간곡한 요청을 하고 있음에 비추어 아 국 정부로서 이 문제에 관하여 너무 지나치게 인색하면 금후 한일관계의 큰 면에 있어서 영향이 있을 것으로 사료되므로 본직으로서는 아 국 정부로서 여러 가지 어려운 사정이 있겠아오나 일본 측의 입장을 받아 줄 것을 건의합니다.

현재 일본 측은 12월 17일에 대표단이 출발하여 18일에 비준서를 교환하고 19일에 귀국하겠다고 하며 이에 따라 무역회담을 15일부터 서울에서 개최하자고 말하고 있습니다.

추기: 상기 문제에 관한 자세한 것은 본직이 직접 이후락 비서실장과 국제 전화로 통하할 때 보고드리기로 하겠습니다. (주일정 – 외아북)

119. 비준서 교환 일정 변경 요청 수락 통보 전문

번호: WJA-12262

일시: 140005 [1965. 12. 14]

수신인: 이동원 외무부 장관

사본: 주일 대사

대: JAW-12337

정부는 비준서 교환 일자 및 무역회담 개최 일자 변경에 관한 일본 측의 제의를 받아들이기로 결정하였음을 보고합니다.

외무부 차관

123. 비준서 교환 일정 변경 통보 사실 보고 전문

번호: JAW-12369

일시: 141440 [1965. 12. 14]

수신인: 대통령 각하, 국무총리 각하(사본: 외무 차관)
발신인: 외무부 장관 이동원

대: WJA-12262

 본직은 금 14일 11:25에 시나 외상을 방문하고 비준서 교환 일자 및 무역회담 개최 일자 변경에 관하여 일본 측 제의대로 합의하였음을 보고합니다.(주일정-외아북)

85. 한일 조약 및 제 협정 비준서 교환 관련 국무회의 부의 안건 제출 공문[44]

외방조 742.31 -

1965. 12. 13

수신: 국무회의 의장
참조: 총무처 장관

제목: 국무회의 부의 안건 제출

다음 안건을 보고 사항으로 제출하오니, 국무회의에 보고되도록 긴급히 상정하여 주시기 바랍니다.

1. 안건의 제목
'대한민국과 일본국 간의 조약 및 제 협정의 비준서 교환에 따르는 제반 사항의 보고 및 준비'

2. 유인물의 부수
65부

외무부 장관 이동원

---

44 편집자가 문서의 순서를 바꾸었음.

첨부 유인물

85-1. 한일 조약 및 제 협정 비준서 교환 일정 및 동 행사 보고서[45]

0980

의안번호 제　　호

의결년월일 1965년　월　일

(제　회)

한일 조약 및 제 협정 비준서 교환 일정 및 동 행사

제출자: 국무위원 이동원(외무부 장관)

제출연월일: 1965. 12. 19

0981 1. 보고 주문

　　1965년 12월 21일에 있을 예정인 중앙청 제1 회의실에서 국무총리와 전 각료 참석 하에 한일 양국의 외무부 양국의 외무부 장관 간에 교환될 기본관계에 관한 조약, 일본국에 거주하는 대한민국의 국민의 법적지위와 대우에 관한 협정, 이입에 관한 협정, 재산 및 청구권에 관한 문제의 해결과 경제협력에 관한 협정 그리고 문화재 및 문화협력에 관한 협정의 비준서 교환을 위하여 내한할 일본 대표단의 도착으로부터 출발까지의 일정 및 동 행사를 다음과 같이 시행하고자 함.

　　2. 보고 이유

　　1965년 6월 22일 서명한바 있는 한일 양국 간의 조약 및 제 협정의 비준서를 교환함에 있어서 각 부처 간의 유기적인 연관 아래 협조함으로써 계획된바 일정 및 행사에 만전의 준비를 기하고자 함.

45　이 문서에는 비준서 교환식 일정이 애초 1965년 12월 21일에서 일본 측 요청을 받아들여 12월 18일로 변경된 날짜로 기재되어 있음.

3. 주요 일정 및 계획

가. 대표단 명단

한국 측 대표단

　이동원(외무부 장관)

　차균희(농림부 장관)

　김동조(주일 대사)

　국회 외무위원장(고문)

　이경호(법무부 차관)

　김영준(경제기획원 차관보)

　연하구(외무부 아주국장)

　전상진(외무부 통상국장)

　김명년(농림부 수산국장)

　이상덕(한국은행 감사)

　이홍직(전 한일회담 대표)

　황수영(　〃　)

　김동휘(외무부 조약과장)

일본 측 대표단

　시나(외무대신)

　사카타(농림대신)

　다카스기(특파 대사)

　마쓰우라(중의원 의원)(특파 대사의 고문 외 수명의 중, 참의원의 추가가 있을 예정임.)

　우시바(심의관)

　우시로쿠(아세아 국장)

　요시다(공사 현지. 참가)

　마에다(참사관. 현지 참가)

　마쓰나가 외 수원 7명(조약과장)

나. 일정

1965년 12월 17일

오전 13:40 일본 대표단 JAL 특별기편으로 김포 도착(공항 영접은 Red Carpet만 펴고 특별한 의식을 행하지 않음.)

출영자… 이 외무부 장관

차 농림부 장관

김 주일 대사

연 아주국장

도착 성명… 일본 측 의향에 맡김. 숙소(조선호텔 예정)에 도착, 일본 측만의 오찬

오후

1. 이 외무부 장관 예방(시나 외상, 특권 대사, 동 고문 및 요시다 공사, 김동조 대사 동행)

2. 정 국무총리 각하 예방(〃   )

3. 이 국회의장 각하 예방(〃   )

4. 아 국 주최 비공식 만찬(청운각 별실에서)

1965년 12월 18일

1. 비준서 교환(중앙청 제1 회의실 3층 333호실)

(식순 및 식장 좌석 배치도 별첨)

2. 아 측 주최 비공식 오찬(조선호텔 스테이트 룸)

3. 박 대통령 각하 예방(시나 외상, 특권 대사, 동 고문 및 요시다 공사, 김동조 대사 동행)

4. 한일 무역회담 폐회식(중앙청 제1 회의실)

5. 한일 외상 회담(공식)(외무부 회의실)

6. 이 외무부 장관 주최 리셉션(조선호텔 볼룸)

7. 이 외무부 장관 주최 만찬(반도호텔 다이나스티룸)

만찬에는 이 외무부 장관 연설과 시나 일본 외상 연설이 있을 예정임.

1965년 12월 19일

1. 한일 외상 단독회담(외무부 장관 공관)

2. 시나 일본 외상 기자회견(예상)

3. 시나 일본 외상 주최 오찬

4. 일본 대표단 이한(공항 행사는 도착 시 행사에 준함)

4. 예산 조치

예비비에서 지변함.

5. 각 부처 협조 사항

총무처: 식장 정비, 필요한 수리

내무부: 일정이 계속되는 동안의 총경비(숙소 경비 포함)

국방부: 군악대 동원(약 20명이 좋으리라고 사료됨.)

공보부: 보도진 및 공보 활동에 관한 사항. 특히 실내에서의 통제를 담당하여 주실 것

유첨: 1. 식순
     2. 식장 좌석 배치도 및 식장 배치 설명서

첨부물

85-1-1. 한일 간의 조약 및 제 협정 비준서 교환식 순서가 기재된 문서

한·일 간의 조약 및 제 협정 비준서 교환식 순서

1965. 12. 18. 10:30
중앙청 제1회의실

양국 대표단 입장(주악)
주악(양국 국가 연주)
비준서 교환 및 검토
비준서 교환 의정서 서명
의성서 교환
외무부 장관 인사말(통역함)
일본국 외무대신 인사말(통역함)
축배
퇴장(주악)

첨부물

85-1-2. 비준서 교환식장 도면

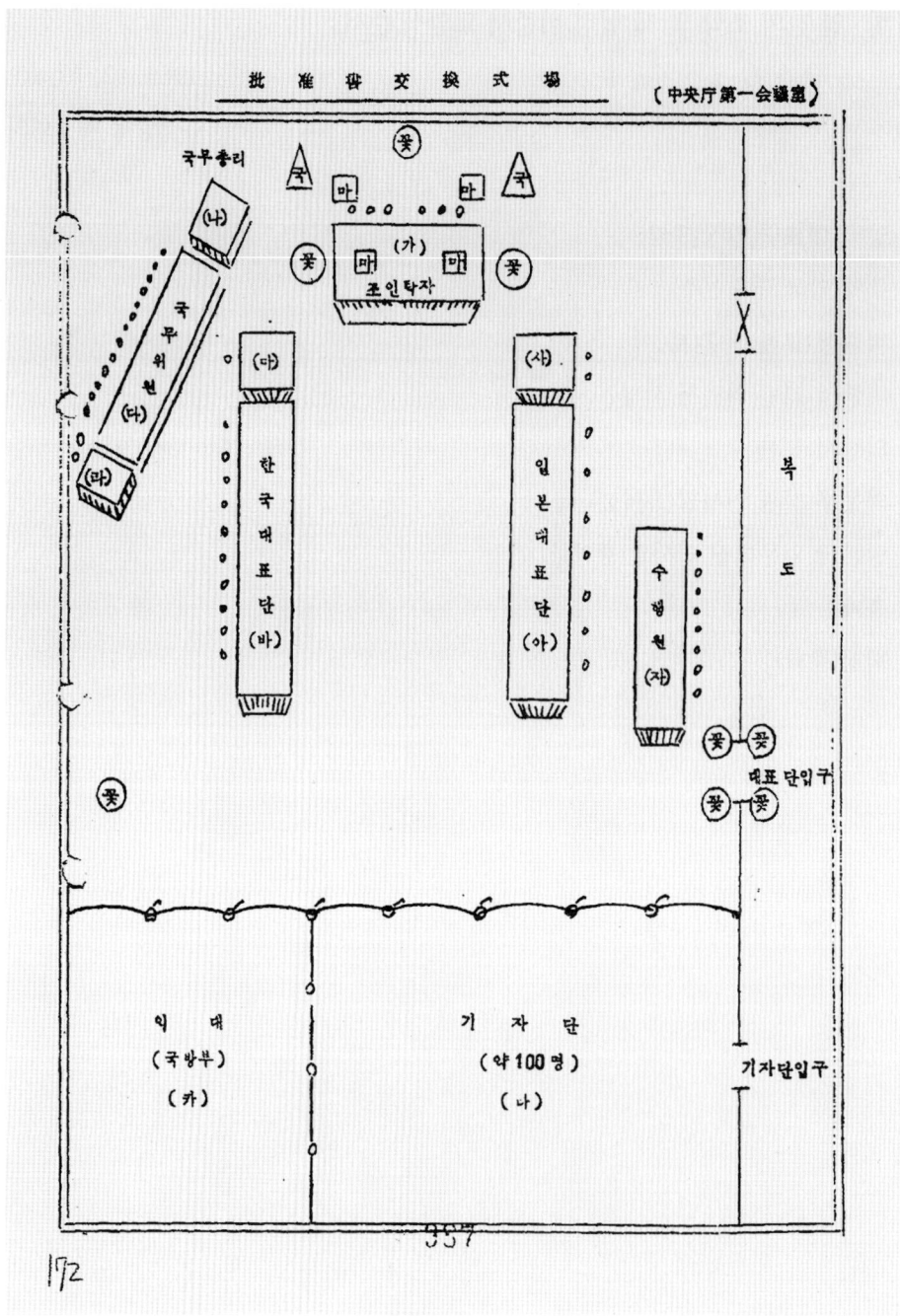

0988   **식장 배치도 설명**

1. 좌석 배치

(가) 한국 측: 이 외무부 장관, 차 농림부 장관, 김 주일 대사

　　　　　일본측: 시나 외무대신, 사카타 농림대신, 다카스기 특파대사

(나) 국무총리

(다) 경제기획원 장관 원 무임소장관

　　내무부 장관 윤 무임소장관

　　재무부 장관 법제처장

　　법무부 장관

　　국방부 장관

　　문교부 장관

　　상공부 장관

　　보건사회부 장관

　　교통부 장관

　　체신부 장관

　　공보부 장관

　　건설부 장관

　　총무처 장관

0989   (라) 외무부 차관

　　농림부 차관

(마) 국회 외무위원장(고문)

(바) 이경호 법무부 차관

　　김영준 경제기획원 차관보

　　연하구 외무부 아주국장

　　전상진 외무부 통상국장

　　김명년 농림부 수산국장

　　이상덕 한국은행 감사

　　이홍직 전 한일회담 대표

황수영 전 한일회담 대표

김동휘 외무부 조약과장

(사) 일본 대표 고문석

마에오 고문단장

안도 가쿠 고문단 부단장

데라오 고문단 부단장

하세가와 고문

구사바 고문

(아) 우시바 심의관

우시로쿠 아세아 국장

요시다 공사

마에다 참사관

마쓰나가 외무성 조약과장

(자) 외무대신 비서관 2명(예상)

농림대신 비서관 1명

와타나베 북동아과 사무관

사토 보도과 사무관

히와다리 보도과 사무관

(차) 악대

국방부에서 군악대 약 20명 정도 동원함.

(카) 기자단

일본 기자단 약 22명을 포함하여 내외 기자. TV, RADIO 보도진을 만들어 정리함.

(타) 양 국기

조인 탁자 뒤에 각 1개씩 세우고 정면 벽에 큰 양국 국기를 건다.

2. 장식 배치

(가) 화분 8개(꽃으로 표시됨)

(나) 마이크 4개(마로 표시됨) 탁상 2개, 세우는 것 2개

(다) 국기 4개(국으로 표시됨)

125. 한일 간 조약 및 제 협정 비준서 교환식 관련 보도 자료 내부재가 문서

기안자: 조약과 외무서기관 김영섭

과장[서명]   국장[서명]   차관[전결]   장관[차관 인장 날인]

협조자 성명: 아주국장[서명]   동북아주과장[서명]

기안 연월일: 1965. 12. 14

경유·수신·참조: 내부결재

제목: 한일 간의 조약 및 제 협정 비준서 교환식 거행에 관한 보도 자료

1. 한일 간의 조약 및 제 협정의 비준서 교환식 거행에 제하여, 그 보도 자료를 아래와 같이 건의하오니 재가하여 주시기 바랍니다.

대한민국과 일본국과의 기본관계에 관한 조약 및 기타 제 협정의 비준서는 대한민국을 대표하여 이동원 외무부 장관, 일본국을 대표하여 시나 에쓰사부로 외무대신 사이에 1965년 12월 18일 10시 30분 중앙청 제1 회의실에서 교환되었다.

2. 본 보도 자료는 12월 18일 09:30시에 릴리스함.

끝

126. 한일 조약 및 제 협정 비준서 교환 일정 관련 국무회의 안건 수정 상정 내부재가 문서

기안자: 조약과

과장[서명]   국장[과장이 대리 서명]   차관[대결]   장관[차관이 대결 서명]

협조자 성명: 아주국장[서명]

기안 연월일 1965. 12. 14

분류기호 문서번호: 외방조 741

경유·수신·참조: 내부결재

제목: 국무회의 안건 제 1144호

한일 조약 및 제 협정 비준서 교환 일정 및 동 행사에 관한 국무회의 안건 제1144호를 별첨과 같이 수정, 국무회의에 상정할 것을 건의합니다.

유첨: 1. 수정안
      2. 국무회의 의장에의 발송 공문(안)

첨부물

126-1. 국무회의 안건 수정안

유첨: 1

안건 제1144호 수정안

한·일 조약 및 제 협정 비준서 교환 일정 및 동 행사

(외무부)

1. 보고 안 중의 비준서 교환 일자 1965년 12월 21일을 전부 1965년 12월 18일로 수정함.

수정 이유

일본 측의 국내 사정으로 인한 일본국의 간청으로 한일 조약 및 제 협정 비준서 교환일을 1965년 12월 18일로 앞당겨 거행하게 되는 것임.

2. 일본 측 대표단 중 고문단 명단이 다음과 같이 확정되었음.
마에오(중의원 의원), 이도가쿠(중의원 의원), 데라오(참의원 의원), 하세가와(중의원 의원), 구시바(참의원 의원)

3. 일정 중의 1965년 12월 20일은 1965년 12월 17일로 수정하고 일본 측 대표단은 13:40시에 일반기 편으로 김포에 도착으로 수정함. 또한 1965년 12월 22일은 1965년 12월 19일로 변경됨.

4. 각 부처 협조 사항에 약간의 변경 사항이 있음.

첨부물

126-2. 국무회의 부의 안건 제출 공문(안)

유첨 2(안)

외방조 741

1965. 12. 14

수신: 국무회의 의장

참조: 총무처 장관

제목: 국무회의 부의 안건 제출

다음 안건 (안건 제1144호의 수정안)을 보고 사항으로 국무회의에 보고되도록 긴급히 상정하여 주시기 바랍니다.

1. 안건의 제목

'대한민국과 일본국 간의 조약 및 제 협정의 비준서 교환에 따르는 제반 사항의 보고 및 준비' 수정안

2. 유인물의 부수

30부

외무부 장관 이동원

127. 비준서 교환문서 관련 일본 측과의 협의 결과 보고 전문

번호: JAW-12398

일시: 142012[1965. 12. 14]

수신인: 외무부 장관
발신인: 주일 대사

대: WJA-12240호

대호 지시에 관하여 금 14일 하오 오 정무과장이 마쓰나가 외무성 조약과장과 접촉한 결과를 아래와 같이 보고함.

1. 대호 1항에 관하여: 청구권협정 중 정관사 빼는데 일본 측과 합의하였음. 따라서 청구권협정 영어 명칭에 완전 합의함.

2. 대호 2항에 대하여 ART OBJECTS로 합의하였음. 따라서 문화재협정 명칭에 완전 합의함.

3. 대호 3항에 관하여: 비준문의 영어 번역문을 첨부하는데 합의하였음.

4. 대호 4항에 관하여: JAW-11447호 제1항에서 보고한 바와 같이 일본 측 비준서는 '비준문'에 협정 텍스트가 첨부되는 형식이며, 번역문은 '비준문'에만 첨부되는 것임.

따라서 아 측으로서도 '비준문'에만 영어 번역문을 첨부할 것이며, 대호와 같이 비준서 전체를 영어 번역문 첨부 대상으로 하는 형식을 취하지 아니함이 좋을 것으로 사료됨.

5. 대호 5항에 대하여: 비준서 교환 의정서의 일본어 텍스트(안)는 주일정 722-446으로 이미 송부하였음(지난주 파우치 편).

6. 외무성 측은 비준문의 영어 번역문을 아 측에 제시하겠다고 하며, 아 측 번역문도 사전에 제시를 바라고 있으므로, 가급적이면 금명간 이를 송부 바람.(외방조, 외아북)

128. 비준서 교환식 일본 측 인사 명단 확정 보고 전문

번호: JAW-12399

일시: 142107[1965. 12. 14]

수신인: 외무부 장관
발신인: 주일 대사

연: JAW-12338, 12181

1. 금 14일 하오 외무성 북동아과장으로부터, 특파 대사의 고문 중 미정 인사가 구사바 류엔(자민당 참의원, 한일 특별위원회 이사)로 결정되었음을 통고하여 왔음. 이상으로 고문 5명 명단은 확정된 셈임.

2. 일본 측은 고문 5명 중, 마에오 의원을 단장, 안도 의원 및 데라오 의원을 각각 부단장으로 부른다고 하는바, 이는 공적 지위는 아니며, 단지 사실상의 편의를 위하여 호칭하는 것이라 함.

3. 연호로 보고한 '수원'은 '수행자'로 부르겠다 함.

4. 연호 수행자 중에, 요시다 겐조 공사 다음에 농림대신 관방장 오구치 슈이치가 추가되었음.

5. 외무대신 비서관은 이와세 시게루로 결정되고 농림대신 비서관은 고지마 가즈요시로 됨.

6. 연호 전문 '기타 수원' 4명 외에 아사야마 다쓰오(총무참사관실 사무관)가 추가되

었으며, 동 5명의 서열은 다음과 같음.

(1) 아사야마 다쓰오
(2) 와다나베 요이치(북동아과 사무관)
(3) 히와타리 쇼지(북동아과 사무관)
(4) 사토 유키오(외무성 북동아과 사무관)
(5) 쓰치야 오사쿠(외무성 보도과 사무관)

상기 기타 수원중 아사야마 사무관은 국회의원 고문단을 돕기 위한 일을 보게 될 것이라 함.(주일정 – 외아북)

129. 비준서 교환식 참석을 위한 일본 대표단의 한국 착발 항공 일정 보고 전문

번호: JAW-12401

일시: 142139[1965. 12. 14]

수신인: 외무부 장관

발신인: 주일 대사

1. 금 14일 하오 구로다 외무성 북동아과장 통보에 의하면 일본 측 비준서 교환 대표단의 도착 및 출발 항공편은 다음과 같음.

  1. 12. 17(금) 11:30 하네다 출발(일본항공 955편)(점심은 비행기 안에서 함)

            13:40 김포공항 도착

  2. 12. 19(일) 15:00 김포공항 출발(일본항공 952 임시편)

            1640 하네다 도착.(외아북)

131. 비준서 한국 측 영어 번역문 통보 전문

번호: WJA-12306

일시: 151115[1965. 12. 15]

수신인: 주일 대사

대: JAW-12398

1. 대호 6항에 관하여 아 측 영어 번역문 전문을 다음과 같이 통보함.

CHUNG HEE PARK

PRESIDENT OF THE REPUBLIC OF KOREA

TO ALL WHO SHALL SEE THESE PRESENTS, GREETING:

KNOW YE That, whereas Treaty on Basic Relations between the Republic of Korea and Japan was signed by their respective Plenipotentiaries at Tokyo on June 22, 1965, the original of which Treaty is, word for word, as follows:

(Texts)

AND WHEREAS the National Assembly of the Republic of Korea, by its twelfth plenary meeting resolution of August 14, 1965 in the fifty-second session, did consent to the ratification of the said Treaty;

NOW, THEREFORE, be it known that I, Chung Hee Park, President of the Republic of Korea having seen and considered the said Treaty, do hereby ratify and confirm the same and every article and clause thereof.

IN TESTIMONY WHEREOF, I have signed the present Instrument of Ratification and caused the Seal of the Republic of Korea to be hereunto affixed.

Done at the city of Seoul on this eighteenth day of December in the year of one thousand nine hundred aid sixty five.

  President of the Republic of Korea

    Prime Minister

      Minister of Foreign Affairs[46]

2. (Texts) 부분에는 조약(협정) 외 영어본이 없으므로 그냥 Texts라는 단어로 표시한 것임.(외방조)

장관

---

[46] 본 비준서 영문 번역본에 대한 한글본은 문서번호 156번을 참조 바람.

132. 비준서 교환 문서상의 수정사항 통보 전문

번호: WJA-12312

일시: 151415[1965. 12. 15]

수신인: 주일 대사

대: 주일정 722-446

일본 측 비준서 교환 의정서 텍스트에 있어, 기본관계조약을 제외한 기타의 4개 협정의 의정서 문안의 제6행 모두 부분이 '전기의 조약의 비준서는'이라고 되어 있으나, 이는 '전기의 협정의 비준서는'이라고 수정되어야 할 것이므로, 아 측은 이를 수정하여 비준서 교환 의정서를(일어본) 작성할 것임. 이 점을 일본 측에 통고 바람.(외방조)

장관

133. 비준서 교환식 참석 일본 대표단 교체 관련 보고 전문

번호: JAW-12419

일시: 151113[1965. 12. 15]

수신인: 외무부 장관

발신인: 주일 대사

연: JAW-12181, 12248, 12338 및 12399

1. 일본 외무성 북동아과 와다나베 사무관은 당부에 대하여 오는 17일 방한하는 비준서 교환 사절단 고문으로서 데라오 유타카(참의원 의원) 대신 오타니 도노스케(자민당 참의원 의원)를 파견하기로 되었으며 오타니 의원의 서열은 고문 5명 중 최후가 될 것이라 함.

2. 동 사무관은 시나 외상 일행의 항공 관계 안내역으로 일본항공회사 직원 1명을 수행시키고자 한다고 다음과 같이 알려 왔다.
성명: 쓰치하시 노부오, 일본항공 도쿄지점 국제여객 판매과 주임, 1934년 8월 21일생. 동인의 아 국 왕래 일정은 시나 외상 일행과 같음.(주일정-외아북)

134. 일본 측의 한일 조약 및 제 협정 비준 보고 전문

번호: JAW-12428

일시: 151218[1965. 12. 15]

수신인: 외무부 장관

발신인: 주일 대사

1. 금 15일 외무성 조약과 다나다 사무관에게 확인한바, 일본 정부는 14일 각의에서 한일 조약, 협정을 12월 14일 자로 정식 비준하였다 함.

2. 각의에서 정식 비준된 동 조약 및 협정은 천황의 인증을 구하게 되는바 비준서 교환 일자인 12월 18일 자로 인증의 효력이 발생한다 함을 보고함.

3. 일본 측 비준문의 일자는 1965. 12. 14일 일치된다 함.(주일정-외방조, 외아북)

135. 비준서 교환 일정 대외 발표에 관한 일본 측 제의 보고 전문

번호: JAW-12442

일시: 151520[1965. 12. 15]

수신인: 외무부 장관

발신인: 주일 대사

1. 금 15일 외무성 북동아과 및 보도과 측에서는 한일 비준서 교환 일정의 구체적 내용과 양측 대표단 명단을 당지에서 공동으로 발표하자고 제안하여 왔음.

2. 상기에 관하여 당부는 한국 측 대표단은 이미 발표된 것으로 알며, 일정의 구체적 내용은 21일 경우를 위하여는 합의한 바 있으나 18일의 것에 대하여는 아직 결정되지 못하고 있는 것으로 안다고 말하면서, 시간이 촉박하므로 주한 일본 사무소 측이 직접 외무부에 문의하도록 요청하였음.

3. 이상에 관하여 지시사항이 있으면 지급 회시 바람.(주일정-외아북)

136. 비준서 교환 문서상의 수정사항에 대한 일본 측과의 협의 결과 보고 전문

번호: JAW-12443

일시: 151530[1965. 12. 15]

수신인: 외무부 장관

발신인: 주일 대사

대: WJA-12312

대호 지시대로 일본 측에 통고하였으며, 일본 측도 착오를 인정하고 아 측의 수정에 이의 없다고 말하였음을 보고함.(주일정-외방조, 외아북)

137. 비준서 교환 일정 대외 발표 관련 통보 전문

번호: WJA-12326

일시: 151850[1965. 12. 15]

수신인: 주일 대사

대: JAW-12442

1. 대호의 건 중 비준서 교환 일정에 관하여서는 이미 당지 석간지에서 타 취재원을 통하여 보도하였으므로 동 일정에 대하여서는 정식 발표를 하지 않기로 하고, 양측이 각각 필요에 따라 비공식으로 발표할 수 있기로 함. 단, 동 비공식 발표 시에는 일정의 구체적인 행사 시간은 언급하지 않고, 오전 및 오후로 대별하여 중요 행사만을 발표하기로 함.

2. 이상에 대하여서는 당지의 일본 정부 사무소 측과 연락되어 있음을 참고로 알림. (외아북)

장관

139. 일본 측 비준서 교환 사절단 명단 보고 전문

번호: JAW-12451

일시: 151714[1965. 12. 15]

수신인: 외무부 장관

발신인: 주일 대사

연: JAW-12419

수시 본부에 보고한 바 있는 일본 측 비준서 교환 사절단 명단을 정리하였으므로 아래와 같이 보고함.

시나 에쓰사부로 외무대신
특파 대사 사카타 에이치 농림대신
  〃 다카스기 신이치 씨
  〃 고문 마에오 시게사부로 중의원 의원(단장)
  〃 안도 가쿠 중의원 의원
  〃 하세가와 시로 중의원 의원
  〃 구사바 류엔 참의원 의원
  〃 오타니 도노스케 참의원 의원
수행자: 우시바 노부히코 외무심의관. 우시로쿠 도라오 아세아국장,
  요시다 겐조 대신 관방심의관. 오구치 순이치 농림성 대신 관방장,
  마에다 도시카즈 참사관, 마쓰나가 노부오 조약과장,
  이와세 시게로 외무대신 비서관, 고지마 가즈요시 농림대신 비서관
  무역회담 출석자 중 과장급 이상 참석
  아사야마 다쓰오, 총무참사관실 사무관. 쓰치야 요사쿠 보도과 사무관

히와타리 쇼지 북동아과 사무관, 와다나베 요이치[북동아과 사무관], 사토 유키오 보도과 사무관

주: 상기 명단의 직위와 서열은 일본 외무성 측에 재차 조회된 것임.(주일정-외아북, 외방조)

139-1. 비준서 교환 사절단 명단 [일본어본]

批准書 交換 使節団

外務大臣	椎名 悦三郎	Shiina, Etsusaburo
農林大臣	坂田 英一	Sakata, Eiichi
特派大使	高杉 晋一	Takasugi, Shinichi
衆議院 議員	前尾 繁三郎	Maeo, Shigesaburo
〃	安藤 覚	Ando, Kaku
参議院 議員	寺尾 豊	Terao, Yutaka
衆議院 議員	長谷川 四郎	Hasegawa, Shiro
参議院 議員	草葉 隆円	Kusaba, Ryuen
〃	大谷 藤之助	Otani, Tonosuke
外務審議官	牛場 信彦	Ushiba, Nobuhiko
アジア局長	後宮 虎郎	Ushiroku, Torao
審議官	吉田 健三	Yoshida, Kenzo
農林省 官房長	大口 駿一	Oguchi, Shunichi
参事官	前田 利一	Maeda, Toshikazu
条約課長	松永 信雄	Matsunaga, Nobuo
外務大臣 祕書官	岩瀬 繁	Iwase, Shigeru
農林大臣 祕書官	小島 和義	Kojima, Kazuyoshi

外務省 官房總務参事官室

事務官	浅山 龍男	Asayama, Tatsuo

外務省 報道課

事務官	土屋 洋作	Tsuchiya, Yosaku

外務省 北東アジア課

事務官	樋渡昭士	Hiwatari, Shoji
〃	渡辺 陽一	Watanabe, Yoichi

外務省 報道課

事務官	佐藤 行雄	Sato, Yukio

140. 시나 일 외상 방한 시 양국 외무부 장관 간 논의될 사항(안)이 기재된 문서

1069   시나 외상의 비준서 교환차 방한 시 양국 외무부 장관 사이에서 논의될 사항(안)

1. 한일 양국 간의 국교 수립에 따른 새로운 관계의 방향과 정신의 확인
(1) 주권의 상호존중과 호혜 평등에 입각한 양국 관계의 유지 발전
(2) 신의 성실의 원칙에 입각한 제 협정의 시행

2. 협정 시행에 관련된 추가 합의사항에 조속한 처리
(1) 문화재 반환
문화재의 조속한 인도(가능한 한 명년 1월 말 또는 2월 초까지)를 위하여 최단 시간 내에 인도 절차에 합의할 것을 양해함.
(2) 어업협정
어업협정의 시행에 필요한 감시선 간의 연락 방법, 공동 순시, 상호 승선 등에 관하여 최단 시일 내에 교섭 합의하도록 양해함.
(3) 해저 전선
최단 시간 내에 교섭을 시작하여 완결한다는 양해를 확인함.

3. 청구권 자금의 사용
(1) 아 국 제2차 5개년 경제개발계획에 맞추어 청구권 자금의 제1차 연도 도입분을 증가시키도록 교섭함.
(2) 청구권 자금의 제공 및 도입에 있어서의 양국의 국내 체제를 정비함.

1070   4. 일본 정부의 대 북괴 관계
일본 정부가 여하한 면에 있어서도 북괴에 접근하는 일이 없도록 경고함.

5. 무역회담에서 토의된 사항에 대한 최종적인 정치적 절충

6. 우리 정부가 구상 중인 동남아 외상회담에 대한 일본 외상의 참가를 재확인하고 동 회담 개최 시기에 대한 일본 측의 희망을 타진함.

7. 일본 측이 국교 후 일본인의 출입국 또는 상업 활동 등에 대한 양국 간의 협정상 보장을 희망하는 데 대하여 현 시기에 있어 이와 같은 문서상의 보장이 불가함을 납득시킴.

8. 국교 후 양국 간의 교류 증진에 관한 협의(사토 방한 문제)

141. 비준문의 일본 측 영어 번역문 보고 전문

1071 번호: JAW-12454

일시: 151830[1965. 12. 15]

수신인: 장관

발신인: 주일 대사

연: JAW-12443

비준문의 일본 측 영어 번역문은 다음과 같음.

비준문(영어 번역문)

(주일정-외장조, 외아북)

HIROHITO
EMPEROR OF JAPAN
TO ALL TO WHOM THESE PRESENTS SHALL COME, GREETING:

HAVING SEEN AND CONSIDERED THE TREATY ON BASIC RELATIONS BETWEEN JAPAN AND THE REPUBLIC OF KOREA, SIGNED AT TOKYO ON THE TWENTY-SECOND DAY OF JUNE, 1965, BY THE PLENIPOTENTIARIES OF JAPAN AND BY THE PLENIPOTENTIARIES OF THE REPUBLIC OF KOREA, THE GOVERNMENT OF JAPAN DOES RATIFY THE SAID TREATY.

WHERETO, IN ACCORDANCE WITH THE PROVISIONS OF THE CONSTITUTION OF JAPAN, WE DO HEREBY ATTEST: AND IN WITNESS WHEREOF WE HAVE CAUSED THE SEAL OF THE EMPEROR TO BE AFFIXED

TO THESE PRESENTS, WHICH WE HAVE SIGNED WITH OUR OWN HAND. GIVEN AT OUR PALACE IN TOKYO, THIS FOURTEENTH DAY OF THE TWELFTH MONTH IN THE FORTIETH YEAR OF SHOWA (DECEMBER 14, 1965),

   SIGN-MANUAL: HIROHITO(SEAL OF THE EMPEROR)
    SIGNED: EISAKU SATO
      PRIME MINISTER (SEAL)
    SIGNED: ETSUSABURO SHIINA
      MINISTER FOR
      FOREIGN AFFAIRS (SEAL)

142. 일본 측 비준문 일어본 및 영어본

日本国天皇裕仁は、この書を見る各位に宣示する。

日本国政府は、日本国の全権委員が大韓民国の全権委員とともに昭和四十年六月二十二日に東京で署名した日本国と大韓民国との間の基本関係に関する条約を閲覧点検し、これを批准する。

ここに、日本国憲法の規定に従い、これを認証し、その証拠として、親しく名を署し、璽を鈐せしめる。

昭和四十年

内閣総理大臣

外務大臣

COPY

Translation

HIROHITO
Emperor of Japan

To All to whom these Presents shall come, Greeting:

Having seen and considered the Treaty on Basic Relations between Japan and the Republic of Korea, signed at Tokyo on the twenty-second day of June, 1965, by the Plenipotentiaries of Japan and by the Plenipotentiaries of the Republic of Korea, the Government of Japan does ratify the said Treaty.

Whereto, in accordance with the provisions of the Constitution of Japan, We do hereby attest and in witness whereof We have caused the Seal of the Emperor to be affixed to these Presents, which We have signed with Our own hand.

Given at Our Palace in Tokyo, this fourteenth day of the twelfth month in the fortieth year of Showa (December 14, 1965).

Sign-Manual: HIROHITO   Seal of the Emperor

Signed: Eisaku Sato   Seal
         Prime Minister

Signed: Etsusaburo Shiina   Seal
         Minister for
         Foreign Affairs

[번역] 일본국 천황 히로히토(裕仁)는 이 서를 보는 모든 분들에게 널리 알린다.

일본국 정부는 일본국 전권위원이 대한민국 전권위원과 함께 1965년 6월 22일 도쿄에서 서명한 일본국과 대한민국 간의 기본관계에 관한 조약을 열람 점검하고, 이를 비준한다.

이에 일본국 헌법의 규정에 따라 이를 인증하고 그 증거로 친히 기명날인하고 도장을 찍는다.

쇼와 40년

내각총리대신
외무대신

145. 비준서 교환식 시 일본 측 무역회담 대표단에 대한 배려 요망 전문

번호: JAW-12461

일시: 160937[1965. 12. 16]

수신인: 장관
발신인: 주일 대사

비준서 교환식 좌석 배정

외무성 구로다 북동아과장은 일본 측 대표단 및 무역회담 대표단 중 다음 인원에 대하여 좌석 배정에 있어서 특별히 고려해 주기 바란다고 요청하여 왔는바, 그들을 전열에 배정하지 못하더라도 후열에 있어서의 좌석이 너무 격을 떨어트리는 것처럼 보이지 않도록 해주었으면 좋겠다고 요망하였음.

통산성 경제국 가토 차장
수산청 차장
대장성 관세국 조사관
마쓰나가 조약과장
이와세 비서관
농림대신 비서관

이상에 대하여 가능한 한 일본 측 희망을 들어주시도록 바람.(주일정 - 아북)

151. 양국 외무부 장관 토의 안건에 대한 일본 측 반응 보고 전문

번호: JAW-12499

일시: 161826[1965. 12. 16]

수신인: 외무부 장관
발신인: 주일 대사

대: WJA-12275
연: JAW-12441

1. 일본 외무성 북동아과 모리 사무관으로부터 일본 측으로서는 한국 측이 제시한 토의 안건에 대하여 이의 없으며 일본 측으로서 따로 제시할 안건이 없다고 말하였음을 보고함.

2. 일본 측은 계속 연호로 문의한 장소에 대하여 조속히 알려줄 것을 요청하고 있사오니 조속히 지시하여 주시기 바람.(주일정-외아북)

157. 비준서 교환식 한국 측 참석자 추가 내부재가 문서

기안자: 동북아주과 선준영

과장[서명]   국장[서명]   차관[서명]

협조자 성명: 방교국장[서명], 의전실장[서명]

기안 연월일: 65. 12. 17

경유·수신·참조: 품의

제목: 한일 간 제 협정의 비준서 교환을 위한 우리 대표단 추가

65. 12. 18에 있을 한일 제 협정의 비준서 교환에 참석하기로 확정된 우리 대표단 13명 중에 하기 4인을 고문으로 추가코자 하오니 재가 바랍니다.

아래

고문 김장섭 의원
　〃　민관식 의원
　〃　변종봉 의원
　〃　양순직 의원

끝

159. 비준서 교환식 사진(1965. 12. 18)

1092

비준서 교환식 사진 1965.12.18

1093

비준서 교환식 사진 1965.12.18

163. 사토 수상의 정일권 국무총리 앞 축하 메시지[47]

1103

NK 3771 SLS TK2350 GK3

S TOKYO 105 18 1124

ETATPRIORITE

HIS EXCELLENCY CHONG IL kWON,

PRIME MINISTER, REPUBLIC OF KOREA,

SEOUL, KOREA

VERY URGENT

EXCELLENCY,

PLEASE ACCEPT MY HEARTY SENTIMENTS OF DEEP JOY AND PROFOUND CONGRATULATION ON THIS HAPPY OCCASION OF COMING INTO EFFECT TODAY OF THE TREATY ON BASIC RELATIONS AND OTHER AGREEMENTS

BETWEEN OUR TWO COUNTRIES, I SHOULD LIKE TO EXPRESS MY DEEP ADMIRATION FOR THE ENLIGHTENED LEADERSHIP AND STRONG STATESMANSHIP

SHOWN BY YOUR EXCELLENCY AND YOUR COLLEAGUES IN REALIZING THE LING-HELD DREAM OF OUR TWO NATIONS TO NORMALIZE THEIR MUTUAL RELATIONS, I LOOK FORWARD WITH MUCH EXPECTATION TO SEEING YOUR EXCELLENCY BEFORE LONG.

      SINCERELY,

      EISAKU SATO PRIME MINISTER OF JAPAN

OOL VERY URGENT EISAKU SATO PRIME MINISTER OF JAPAN

---

[47] 편집자가 문서의 순서를 바꾸었음.

번역

정일권 각하
대한민국 국무총리
서울, 한국
매우 긴급

각하,

오늘 양국 기본관계 및 기타 협정에 관한 조약이 발효되는 이 기쁜 날에 깊은 기쁨과 심심한 축하의 뜻을 받아 주시기 바랍니다.

저는 양국 관계 정상화라는 우리 두 나라의 오랜 꿈을 실현하는 과정에서 각하와 각하의 동료들이 보여주신 계몽된 지도력과 강한 국가관에 깊은 존경을 표하며 머지않아 각하를 뵙게 되기를 많은 기대를 가지고 고대합니다.

진심으로,
사토 에이사쿠
일본 총리

162. 사토 수상의 메시지에 대한 정일권 국무총리의 답신 전문[48]

HIS EXCELLENCY EISAKU SATO PRIME MINISTER OF JAPAN TOKYO, JAPAN

EXCELLENCY,

I WISH TO ACKNOWLEDGE WITH APPRECIATION THE RECEIPT OF YOUR EXCELLENCY'S MESSAGE. I SHARE WITH YOUR EXCELLENCY A MOST PROFOUND SENTIMENT OF FELICITATION ON THIS HISTORICAL OCCASION OF NORMALIZING THE RELATIONS BETWEEN OUR TWO COUNTRIES. WITHOUT YOUR EXCELLENCY'S DISTINGUISHED STATESMAN-SHIP AND FIRM DETERMINATION IT WOULD HAVE BEEN IMPOSSIBLE FOR OUR TWO COUNTRIES TO MAKE THIS GIGANTIC STEP TOWARD MUTUAL BENEFIT AND COMMON PROSPERITY THROUGH FRIENDLY COOPERATION.

I also look forward with much expectation to seeing your excellency before long

SINCERELY
IL KWON CHUNG
PRIME MINISTER OF THE REPUBLIC OF KOREA SEOUL

---

[48] 편집자가 문서의 순서를 바꾸었음.

번역

사토 에사쿠 일본 총리 각하,

일본 도쿄

각하,

각하의 메시지를 받은 것을 감사하게 생각합니다. 저는 양국 관계 정상화라는 역사적 기회에 대해 각하와 깊은 기쁨을 함께 나누고 있습니다. 각하의 탁월한 정치가 정신과 확고한 결단이 없었다면 우리 두 나라가 우호 협력을 통해 상호 이익과 공동 번영을 향한 이 거대한 발걸음을 내딛는 것은 불가능했을 것입니다.

머지않아 각하를 다시 뵙게 되기를 많은 기대와 함께 고대합니다.

진심으로,

정일권

대한민국 국무총리 서울

165. 정일권 국무총리의 사토 수상 앞 답신 전달 보고 전문

번호: JAW-12561

일시: 181756[1965. 12. 18]

수신인: 장관
발신인: 주일 대사대리

대: WJA-02391

대호 국무총리 각하의 사토 일본 수상 앞 전문은 금 18일 하오 5:50 일본 외무성에 문서로 작성 전달하였음.(주일정-아북, 의전)

160. 비준서 교환식 관련 시나 외상의 감사 서한[49]

謹啓

今般批准書交換使節一行とともに貴国を訪問いたしました際には閣下をはじめ貴国政府関係者の皆様方から心のこもったおもてなしをうけましたことに対し, 厚くお礼申し上げます. 批准書交換の大任を無事果すことができましたのは皆様方の行きとどいた御配慮の賜であります. 嚴肅な批准書交換式の席上閣下と共に批准書交換調書に署名いたしましたときの感激を私は一生忘れないでありましょう.

私は今度の貴国訪問を通じて日韓両国の親善友好のため今後とも一層の努力を傾けたいとの決意を新たにした次第であります.

閣下の御健康と御活躍をお祈りいたします.

謹言

昭和四十年十二月二十三日

椎名悦三郎[서명]

李東元 外務部長官閣下

번역

근계

금번 비준서 교환 사절단 일행과 함께 귀국을 방문했을 때 각하를 비롯한 귀국 정부 관계자 여러분께서 정성껏 환대해 주신 데 대해 진심으로 감사드립니다. 비준서 교환이라는 큰 임무를 무사히 완수할 수 있었던 것은 여러분들의 세심한 배려 덕분입니다. 엄숙한 비준서 교환식에서 각하와 함께 비준서 교환 조서에 서명할 때의 감격은 평생 잊지 못할 것입니다.

저는 이번 귀국 방문을 통해 한일 양국의 우호친선을 위해 앞으로도 더욱 노력하겠

---

49 편집자가 문서의 순서를 바꾸었음.

다는 결의를 새롭게 다지게 되었습니다.

각하의 건강과 활약을 기원합니다.

근언

1965년 12월 23일

시나 에쓰사부로[서명]

이동원 외무부 장관 각하

2. 일본 기자단 방한

[생략]

3. 공동성명서 및 연설문

184. 한일 조약 및 제 협정 비준서 교환에 제한 공동성명문

공동성명

1965. 12. 18, 19:00 발표

이동원 대한민국 외무부 장관과 시나 에쓰사부로 일본국 외무대신은 금일 오전 10시 30분에 서울에서, 정일권 국무총리 각하 임석하에, 대한민국과 일본국 간의 기본 관계에 관한 조약 및 4개의 관계 협정의 비준서를 교환하였다.

시나 외무대신, 사카타 농림대신 및 다카스기 특파 대사 이하 일본 정부의 한일 제 조약 비준서 교환 사절단 일행은 1965년 12월 17일에 내한하여 그동안 박정희 대통령 각하를 알현하고 그 외의 대한민국 정부 지도자들을 예방하였다.

이 방문 중 이동원 외무부 장관과 시나 외무대신은 양국 간의 국교 정상화 후 최초의 외상회담을 가졌다.

양 외상은, 십 수 년간의 오랜 시일에 걸쳐 양국의 국민과 정부에 의한 인내와 노력의 결실로써 양국 관계의 정상화가 드디어 실현되었음에 대하여 기쁨과 만족을 표명하였다.

양 외상은 양국 간의 새로운 관계 수립의 의의를 재확인하고, 그 기초 위에서 양국의 공동 번영과 발전을 위하여 모든 노력을 다할 결의와 각오를 상호 확인하였다.

양 외상은, 이 기회에, 앞으로 양국이 당면할 제 문제와 아세아 및 세계정세 전반에 관하여 광범위하게 의견을 교환하고, 양국 간의 금반의 성과와 금후의 양국의 번영 발전이 비단 양국뿐만 아니라 나아가서 자유세계의 결속 강화 및 국제적 평화와 안전의 유지에 크게 기여하는 것임을 인정하였다.

양 외상은, 금후 양국 간의 우호 친선관계가 점차로 더욱 강화될 것임을 확신하고, 양국이 서로 제휴하여 공동의 번영과 아세아 나아가서는 세계의 평화와 번영을 위하여 긴밀히 협력할 결의를 명백히 하였다.

共同声明(案)

昭和四十年十二月 日

　椎名日本国外務大臣，坂田農林大臣および高杉特派大使以下日本国政府の日韓諸条約批准書交換使節一行は一九六五年十二月十七日から十九日まで大韓民国を訪問した．この間椎名外務大臣一行は批准書交換式典に列席し，朴正煕大統領に謁見し，李孝祥国会議長，丁一権国務総理及び李東元外務部長官を儀礼訪問した．

　夫々日本国及び韓国の首席代表たる椎名外務大臣及び李外務部長官は，丁一権国務総理の出席の下に且つ希望に満ちあふれる雰囲気のうちに千九百六十五年十二月十八日午前 時ソウルにおいて「日本国と大韓民国との間の基本関係に関する条約」ほか四協定のそれぞれの批准書を交換した．

　椎名外務大臣および李外務部長官は，日韓諸条約の批准書の交換がとどこおりなく終了し，相隣接する国同志である日韓両国の間の国交が正常化したことに深い喜びを表明した．

　椎名大臣は訪韓中李長官との二回にわたる会談において，日韓関係に関する諸問題とアジアおよび世界情勢全般に関し隔意なき意見の交換を行なった．

　両国外相は，今後両国間の友好親善関係が一層緊密化することを確信し，両国が相携えて共通の繁栄とアジアひいては世界の平和に貢献せんことについての決意を明らかにした．

185. 한일 조약 및 제 협정 비준서 교환식에서의
이동원 외무부 장관 인사말

1175   비준서 교환에 제한 이동원 외무부 장관의 인사말

1965. 12. 18

총리 각하. 양국 대표, 내외주빈 여러분.

방금 시나 외무대신 각하와 본인은 한일 양국을 대표하여 한일 간의 기본관계조약을 비롯한 제 협정의 비준서를 교환하였습니다.

이로써 양국은 불행한 과거 관계에 유래하는 모든 현안 문제가 해결되어 일체의 과거를 청산하고 새롭고도 밝은 장래를 위하여 우호 관계를 개척하고 증진시키는 제일보를 내디디게 된 것입니다. 또한 이로써 극동에 자리 잡아 다 같이 자유민주주의를 신봉하는 두 인접 국가는 비로소 정상적이고도 긴밀한 유대를 맺는 발판을 마련한 것이며, 나아가서 자유 진영의 결속 강화에 크게 기여할 수 있게 되었습니다.

1176   양국 국민과 정부에 의한 오랫동안의 인내와 노력의 결실로서 양국 관계의 정상화를 보게 된 오늘, 지난 수십 년간에 일어났던 일들을 돌이켜 볼 때 우리로서 감회 또한 없을 수 없으나 지난 일을 청산하는 모든 조건이 성숙한 이 마당에서 우리들은 새롭고도 영광스러운 장래를 위하여 용기있는 결단을 내리게 된 것입니다.

이제 양국은 호혜 평등의 원칙에 입각한 공동의 이익과 번영을 위하여 최선을 다하여야 할 것입니다. 또한 이제 발효하게 되는 양국 간의 조약과 제 협정은 신의와 성실의 원칙에 입각하여 시행됨으로써 비로소 두 나라는 참다운 우방국가로서 손잡아 나갈 수 있으며 우리 후손들에게 영광된 장래를 안겨 줄 수 있을 것입니다.

이 역사적인 순간에 있어서 한일 양국의 앞날을 위하여, 이날이 참으로 의의 깊은 날로서 영원히 기억되기를 바라는 마음 간절합니다.

188. 시나 외상의 공항 도착 시 연설문

椎名外務大臣ソウル(金浦空港)到着の際のステートメント

昭和四十年十二月十七日

　李外務部長官閣下をはじめ韓国官民の皆様, 本日は丁重なお出迎えにあずかり, まことに有難うございます.

　去る二月, 私が貴国をお訪ねいたしましてから, 夏が過ぎ秋が回って, ふたたびこの空港に降り立ちました私の目に映る貴国の美しい自然は, 冬の景色につつまれています. しかし私の心は, 今やはじまらんとする新しい日韓友好の将来を思うとき, 春のようにときめくのであります.

　古くから一衣帯水の隣国として人的, 文化的, 経済的に深いつながりのあった日韓両国の間に, 今や互恵平等の善隣関係がふたたび開かれんとしています.

　私は今度, 日本政府を代表して歴史的な批准書交換式に臨んで批准書交換の大任をとどこおりなくはたし, 貴国政府ならびに貴国国民の皆様とともに, 日韓友好の門出の喜びをわかちたいと思います.

　私共の今般の貴国訪問が, 両国の間の恒久的な善隣友好関係の喜ばしい出発点となることを祈念いたしまして, 御挨拶といたします.

번역

시나 외무대신 서울(김포공항) 도착시 성명서

1965년 12월 17일

　이 외무 장관 각하를 비롯한 한국 관민 여러분, 오늘 정중하게 맞이해 주셔서 대단히 감사합니다.

지난 2월에 제가 귀국을 방문한 이후 여름이 지나고 가을이 되어 다시 이 공항에 도착했습니다. 제 눈에 비친 귀국의 아름다운 자연은 겨울의 풍경에 둘러싸여 있습니다. 그러나 저의 마음은 이제 막 시작될 새로운 한일 우호의 미래를 생각할 때 봄처럼 설레는 마음입니다.

예로부터 한 핏줄의 이웃 나라로서 인적, 문화적, 경제적으로 깊은 인연을 맺어온 한일 양국 간에 이제 다시금 호혜 평등의 선린 우호 관계가 열리려 합니다.

저는 이번에 일본 정부를 대표하여 역사적인 비준서 교환식에 참석하여 비준서 교환이라는 막중한 임무를 완수하고, 귀국 정부 및 귀국 국민 여러분과 함께 한일 우호 관계의 출발의 기쁨을 나누고자 합니다.

이번 저의 귀국 방문이 양국 간의 항구적인 선린 우호 관계의 기쁜 출발점이 되기를 기원하면서 인사 말씀을 마치겠습니다.

189. 한일 조약 및 제 협정 비준서 교환식에서의
시나 외상 인사말

批准書交換式典における椎名外務大臣の挨拶

昭和四十年十二月十八日

一．只今，丁国務総理閣下および皆様方の御臨席の下に，大韓民国首席代表李東元外務部長官閣下との間で，基本関係条約その他関係協定の批准書の交換を滞りなく終りましたことは，私の衷心より喜びとするところであります．

二．もっとも近い隣国として歴史的，地理的に深いつながりをもつ日韓両国が，正式な国交をもたなかった不自然な時代は終りを告げ，両国は今や本然の姿にたち返って互恵平等の原則に基づく善隣友好関係を樹立することになったのであります．日韓両国は，ここに新時代を迎えました．今日，私どもが取り交した固い契りが，両国国民の恒久的な友好の絆の始まりになることを，私は堅く信じております．私は日本側使節団の諸君とともに，日本政府及び日本国民に代って，わが国が本日効力を発生する日韓間の諸条約を誠意をもって実施し，以って両国民の友好的協力関係の増進のために努力する決意であることを宣明致したいと思います．

三．現在，国際政治において，アジアの比重は急速に高まっており，日韓両国が互いにアジアの一員として果すべき任務はきわめて重要になっております．心と心を結びあった日韓両国国民が今後，誠実な条約協定の遵守の基礎の上に一歩一歩協力して輝かしい友好の殿堂を築き上げますことが，アジアの平和と繁栄を推進し，さらに世界の平和，人類の福祉に大きく貢献することになることと確信いたします．

四．われわれの前に今や，新しい栄光ある歴史の扉が開かれました．この際私は襟を正して過去を省りみ，更に希望に満ちた日韓両国の将来に思いをはせるとき，いいようのない深い感動につつまれるのであります．日韓国交史上，画期的な意義を有する今日のよき日に，両国国民の末長き平和と繁栄を祈って私の御挨拶を終ります．

1188   비준서 교환식전에서의 시나 대신의 인사

1965. 12. 18

방금 정 국무총리 각하를 비롯하여 여러분이 임석하신 이 자리에서 대한민국 수석 대표 이동원 외무부 장관 각하와 기본관계조약과 기타 관계 협정의 비준서 교환을 순조로이 끝마친 것을 이 사람은 충심으로 기뻐하는 바입니다.

가장 가까운 이웃 나라로서 역사적·지리적으로 깊은 인연을 가진 일한 양국이 정식적인 국교를 맺지 못하였던 부자연한 시대는 끝나고 두 나라는 바야흐로 본연의 자세로 되돌아가 호혜 평등의 원칙에 입각한 선린 우호 관계를 수립하게 된 것입니다. 일한 양국은 여기에 새 시대를 맞이하였습니다. 오늘 우리가 수교한 굳은 약속이 양국 국민의 항구적인 우호 유대의 시발이 될 것을 이 사람은 굳게 믿고 있습니다. 이 사람은 일본 측 사절단 제위와 더불어 일본 정부 및 일본 국민을 대신하여 우리나라가 오늘 효력을 발생하는 일한 양국 간의 제 조약을 성의를 다하여 실천함으로써 양국 국민의 우호적 협력 관계의 증진을 위하여 노력할 결의임을 천명하고자 합니다.

1189

현재 국제정치에 있어서 아세아의 비중은 급속히 가중해져 일한 양국이 서로 서로 아세아의 일원으로서 이룩해야 할 임무가 매우 중요하게 되어 있습니다.

마음과 마음을 결합한 일한 양국 국민이 장차 성의 있는 조약 협정 준수의 기반 위에서 한 걸음 한 걸음 협력하여 빛나는 우호의 전당을 쌓아 올리는 것이 아세아의 평화와 번영을 증진시키며 나가서는 세계평화와 인류복지에 지대한 공헌이 될 것으로 확신합니다.

우리 앞에는 드디어 새로운 영광스러운 역사의 문이 열리었습니다. 차제에 이 사람은 경건한 마음으로 과거를 돌이켜 보고 더욱 희망에 넘친 일한 양국의 앞날을 생각할 때 말할 수 없는 감동에 사로잡히는 것입니다. 일한 국교상 획기적 의의를 지닌 이 경사스러운 오늘에 있어서 양국 국민의 장구한 평화와 번영을 빌며 인사를 마치겠습니다.

1190

190. 한일 조약 및 제 협정 비준서 교환에 즈음한 박정희 대통령 담화문

담화문

한일 협정 비준서 교환에 즈음한

1965. 12. 18
대통령 박정희

친애하는 국민 여러분!

오늘 서울에서는 한일 양국의 전권대표 사이에 한일 협정 비준서가 정식으로 교환되었습니다.

14년이라는 긴 세월을 두고 그 처리 과정에 있어서 상당한 진통을 겪지 않을 수 없었던 이 문제가 드디어 해결되고 이제 양국 간에 비준서를 교환하게 된 데 즈음하여 나는 몇 가지 소신을 밝혀 국민 여러분의 협조를 얻고자 합니다.

국가와 국가 간의 관계도 개인과 개인 간의 관계와 마찬가지로 이해관계에 따라서 서로 이합집산하는 것은 역사에 있어서 하나의 철칙이라고도 하겠습니다.

시대의 대세와 국제정세의 변동은 당사국의 원 불원에 불구하고 국가와 국가 간의 관계에 놀라운 변화를 가져오고 있는 것입니다.

어제의 우방이 오늘의 적국으로 되는가 하면 어제의 적국이 오늘의 맹방이 되기도 합니다.

가장 최근의 예로 철석같은 동지적 결합을 자랑하던 소련과 중공은 서로가 증오하고 설전하는 대립국가가 되어가고 있고 오랫동안 구적 관계에 있던 프랑스와 서독은 끊을 수 없는 우방으로 결합되어 상호 간의 이익을 위해 서로 협조해 나가고 있는 것입니다.

과거 36년간 우리와 일본 간의 관계로 말한다면 그것은 분명히 구적 관계라고 할 수 있습니다. 그러나 그것은 어디까지나 과거입니다.

그것은 우리의 현재가 아니며 또 미래가 그럴 수 없다는 것은 다시 말할 필요조차 없는 것입니다.

오늘날 국제적 관계를 떠난 우리만의 독존이나 영광은 있을 수 없는 것입니다.

특히 호전적인 중공의 사주를 받아 언제 재침해올지도 모르는 북괴와 대치하고 있는 우리의 경우 한 나라라도 더 많이 우리 우방으로 만들어 상호협력관계를 맺고 그러한 국제협력의 기초 위에서 조국의 근대화와 자립경제건설에 박차를 가하여 우리의 힘으로 국토를 통일할 수 있는 자주적 역량을 길러야 한다는 것은 하나의 역사적 당위라고 해도 과언이 아닌 것입니다.

친애하는 자유세계의 시민 특히 일본 시민 여러분!

오늘 한일 협정의 비준서가 교환됨에 즈음하여 한국민들은 자유세계의 대의와 아세아 반공 태세의 정비를 위하여 만난을 물리치고 이를 받아들인다는 것을 나는 천명하고자 합니다.

그러나 한국의 이와 같은 결단이 참으로 자유세계를 위한 것이고 극동 반공 태세의 강화를 위한 것이라면 이제 그 관심은 일본국 정부와 국민의 우호에 찬 선린 의식에 입각한 한일 양국 상호협력체제와 반공 태세의 강화에 있다고 하지 않을 수 없을 것입니다.

나는 일본국 정부와 국민의 이러한 국제적 신의를 믿고자 하거니와 또한 자유세계의 우정어린 협조가 계속될 것을 확신해 마지않습니다.

친애하는 자유세계의 시민 여러분!

한국과 일본은 이제 새로운 아시아의 역사를 창조하는 발걸음을 내디뎠습니다.

침략이 아니라 협력이 일방적인 것이 아니라 상호 이익이 그리하여 결국은 하나가 되려는 세계 속에서 우선 우리들끼리라도 서로 믿고 서로 도와주며 순수한 우방으로써 새로운 아세아의 역사를 창조하고자 하는 것입니다.

나는 한일 양국의 이러한 새 출발에 자유세계의 긴밀한 협조 있기를 기대해 마지않습니다.

다음에 나는 재일교포에 대하여 한마디 부탁을 하고자 하는 바입니다.

친애하는 재일교포 여러분!

현재 60만 명 이상으로 추산되고 있는 재일동포의 그간의 고생이 얼마나 극심했다는 점을 나는 누구보다도 잘 알고 있습니다.

재일교포의 그 고생은 원인을 캐고 보면 오직 본국 정부의 책임으로 돌릴 수밖에는 없습니다.

따라서 그간 재일교포의 일부가 공산주의자들의 사주에 돌아 그 계열에 가담하게 된 것도 실은 대부분 본국 정부가 재일교포를 보다 따뜻이 보다 철저하게 보호하지 못한 책임이라고 하겠습니다.

이제부터 본국 정부는 여러분들의 안전과 자유에 대하여 보다 적극적으로 노력하여 가능한 최대한으로 여러분의 생활을 보호할 것입니다.

이와 아울러 나는 일시적인 과오로 조총련에 가담한 동포들이 일체의 전과를 불문에 붙이고 본국 정부의 보호하에 돌아올 것을 희망합니다.

정부는 최대한으로 이들을 따뜻이 맞이하여 한 핏줄기를 탄 동포로서 한국민으로서 보호할 것입니다.

그리하여 나는 일본 하늘 아래 한국 동포들이 다시는 분열 상극하는 일이 없이 따뜻한 동포애의 유대 속에서 서로 화목하고 친절하게 그리고 행복하게 생활을 영위할 것을 희망해 마지 않습니다.

이와 더불어 나는 그간 철없이 고국을 버리고 일본에 밀입국하려다 억류되어 한국의 떳떳한 국민이 되지 못한 동포들에 대해서도 이 기회에 새로운 한국민으로서 전비를 묻지 않을 것을 아울러 밝혀두고자 합니다.

다시는 그러한 철없는 동포가 없을 것을 희망하면서 오늘부터 우리는 새 마음 새 뜻으로 영광스러운 우리 조국을 건설하는 역군이 될 것을 호소해 마지않습니다.

친애하는 국민 여러분!

우리는 지금 새로운 민족사의 문턱에 서 있습니다. 이 새로운 민족사는 밖으로 호혜평등의 위치에서 가슴을 펴고 세계무대에 진출하여 민족의 영광을 차지하고 안으로는 우리의 지상과제인 조국근대화작업을 하루속히 성취함으로써 자립과 번영을 누리는 통일된 복지국가를 건설하는 것이어야 합니다.

국민 여러분!

우리는 발전하는 민족으로서의 긍지와 자신과 용기를 가지고 내일의 영광을 위해 일치단결 전진해 나갑시다.

196년 12월 18일
대통령 박정희

4. 한일 외상 회담 회의록

191. 한일 외상회담 회의록

1199   한일 회상회담 회의록

1. 일시: 1965. 12. 18(토)
   하오 4:30 회담 개최됨.
       5:00 양 외상 단독회담
       5:35 회담 속개됨.
       5:45 회담 종료됨.

2. 장소: 외무부 회의실 (양 외상 단독회담은 장관실)

3. 참석자: 한국 측 이동원 외무부 장관
                 김영주 외무부 차관
                 김동조 대사
                 연하구 아주국장
                 전상진 통상국장
                 (실무자)
                 최광수 동북아주과장
                 오재희 주일 대사관 정무과장
                 박정태 동북아주과 사무관(기록)
        일본 측 시나(椎名) 외무대신
                 우시바(牛場) 외무심의관
                 우시로쿠(後宮) 외무성 아세아국장

요시다(吉田) 주한공사

가토(加藤) 경제국 차장

(실무자)

마쓰나가(松永) 조약과장

와다나베(渡辺) 북동아과 사무관(기록)

4. 회담 내용

이 장관: 가능한 한 짧은 시간 내에 효과 있는 회담이 되도록 상호 노력하기를 희망. 오늘은 한일 양국에게 의의 깊은 날이며, 양국 정부와 국민이 오늘을 계기로 상호이해를 더욱 증진시킬 것을 믿는 바임.

이 회담에서는 양국 간의 미해결 문제를 토의하고자 하는바, 무역회담에서 사무적인 문제에 대한 토의가 상당히 진척되었으므로, 별반 난관은 없을 것으로 생각함.

(김 대사의 remind로, 이 장관이 시나 대신에게 주일 한국대사 대리 임명 통고 공한을 수교하고, 시나 대신은 주한 일본대사 대리 임명 통고 공한을 수교함.)

이 장관: 한국 측이 토의하기를 희망하는 문제는 다음과 같음.

1. 문화재의 조속한 인도를 위한 절차 합의 문제
2. 어업협정의 시행에 필요한 감시선 간의 연락 방법, 공동 순시, 상호 승선 등에 관한 단시일 내 합의 문제
3. 해저 전선에 관한 단시일 내 합의 문제
4. 비합법적인 집단인 북괴에 대하여 일본이 여하한 관계도 갖지 않기를 요망

시나 대신: 1. 문화재 인도 절차 문제에는 수송비 염출 방법 등이 관련되므로 내년에 들어서 양측이 상의하기를 바라며 실제 인도 시기는 4월경이 되지 않을까 생각함.

2. 공동 순시, 상호 승선 등 어업협정 시행에 관하여는 일본 측 준비가 이미 갖추어져 있음.

3. 해저전선의 분할 문제 등에 관해서는 일본 측 draft를 제시한 바 있으며, 계속 협의하여 조속히 해결되도록 하겠음.

김 대사: 어업협정 시행과 관련된 교섭은, 서울에서 행함이 가할 것임.

우시바 심의관: 교섭 장소가 어디든 구애치 않음. 분쟁 해결에 관한 교환공문을 오

늘 자로 발효시킴이 여하할지?

이 장관: 어업협정에 관련된 추가 교섭은 되도록 서울에서 행하기를 원하며, 일본 측으로서 토의키를 희망하는 사항을 말해주기 바람.

우시바 심의관: 분쟁 해결에 관한 교환공문 발효 문제에 관하여 일본 측이 제시한 교환공문 문안으로나 또는 기타의 방법으로 합의할 것을 희망함.

이 장관: 1. 되도록(호의적으로) 검토할 예정임.

2. 영사관 설치 장소에 관하여 즉석에서 합의를 보아야 할 것으로 생각함.

이 장관: 양 외상 간의 단독회담을 제의하여 일 외상이 동의함.

(이 장관은 김 대사, 시나 대신은 우시바 심의관을 대동하고 장관실에서 단독회담 시작: 오후 5:00. 양 외상이 오후 5:35에 회의장에 재입장함으로써 곧 회담이 다시 계속됨.)

김 대사: 1. 교환공문 문제는 되도록 호의적으로 고려하겠으며, 내일 아침쯤 아 측 안을 제시할지도 모르겠음.

2. 영사관 설치 문제에 관해서는, 일본 측이 애초 내세운 부대적인 조건을 전연 고려치 않기로 하고, 단독회담에서 합의 본 바와 같이, 일본 측은 니가타(新潟) 및 교토(京都)에 아 측이, 아 측은 인천에 일본이 영사관을 설치코자 할 때 상호 호의적인 고려를 하기로 하고 기타 장소에는 합의한 것으로 정할 것을 원함.

시나 외상: 좋을 것 같음.

우시바 심의관: 분쟁 해결에 관한 교환공문 효력 발생 시점 문제를 조속 해결하여 주기를 원함.

이 장관: 더 검토할 것을 약속함.

김 차관: 영사관 설치 장소 문제에 관해서는 합의된 대로, 내일에라도 곧 공문을 교환할 것을 원함(일본 측이 동의).

회담이 종료.

끝

한일 간의 기본관계에 관한 조약[등],
V.4, 국내 조치, 1964~1965

분류번호 : 741.12 조 624 기 1964-65 V. 4
등록번호 : 1568
생산과 : 조약과/동북아주과
생산연도 : 1965
필름번호 : J-0023
파일 번호 : 04
프레임번호 : 0001~0486

1965년 12월 18일 비준서 교환과 함께 이루어진 한일 조약 및 제 협정의 국내 공포를 위한 조치와 동 조약, 제 협정문이 수록되어 있다. 한일 조약과 제 협정은 1965년 12월 18일 자 관보에 게재되었으며, 외무부 공보를 통해 공포된 협정 관련 외무부 장관 및 농림부 장관의 일방적 성명, 아주국장 간 왕복 서한, 토의기록 등은 1966년 1월 21일 자 관보에 게재되었다. 파일의 맨 마지막 부분에는 무임소장관실에서 작성한 〈한일 협정 비준서 교환에 따른 국내의 제 법적 및 행정조치에 관한 건의서〉가 수록되어 있다.

1. 한일 간 조약 및 제 협정 공포와 관련한 내부재가 문서

기안자: 조약과

과장[서명]   국장[과장이 대리 서명]   차관[인장]   장관 국무총리[서명]   대통령[서명]

협조자 성명: 동북아과장[서명]   법무관[서명]   아주국장[서명]   기획관리실장[서명]

기안 연월일: 1965. 12. 10

경유·수신·참조: 내부결재

제목: 대한민국과 일본국 간의 조약 및 협정의 공포

1. 1965년 6월 22일 국무회의(제55회)의 의결을 거쳐 동일 도쿄에서 우리나라 특명전권 위원에 의하여 서명되었고, 1965년 8월 14일 국회(제52회 국회 제12차 본회의)의 비준 동의를 얻어 1965년 12월 18일 비준서를 교환함으로써 동일자로 발효케 될 표기 대한민국과 일본국 간의 조약 및 제 협정을 별첨(안)과 같이 공포할 것을 건의합니다.

2. 다만 대한민국과 일본국 간의 일본국에 거주하는 대한민국 국민의 법적지위와 대우에 관한 협정만을 비준서 교환일인 65. 12. 18로부터 계산하여 30일 후에 그 효력이 발생하는 관계로 발효 시에 공포할 것을 건의합니다.

유첨: 동 공포안

끝

2. 한일 간의 조약 및 제 협정 공포 의뢰 공문(안)

(안)

외방조 741.(74-2474)

1965. 12

수신: 공보부 장관

제목: 한일 간의 조약 및 제 협정의 공포

1. 1965년 6월 22일 일본국 도쿄에서 서명된 표기 대한민국과 일본국 간의 조약 및 제 협정을 법령 등 공포에 관한 법률 제2조 및 제6조에 의거 별첨과 같이 공포하여 주시기를 바랍니다.

2. 1965년 12월 18일에 표기 조약 및 제 협정의 비준서가 교환되므로 유첨 협정(법적지위와 대우에 관한 협정은 제외)이 발효하게 되므로 가능한 한 그 가입을 맞추어 공포하여 주심을 바랍니다.

유첨: 동 공포안 2부

끝

외무부 장관 이동원

첨부물

2-1. 한일 조약 및 제 협정 공포안

1227   공포안

1. 1965년 6월 22일 제55회 국무회의의 의결을 거쳐 1965년 6월 22일 도쿄에서 서명되었고, 1965년 8월 14일 제52회 국회 제12차 본회의에서 국회의 비준 동의를 얻어 1965년 12월 18일 비준서를 교환하여 1965년 12월 18일 자로 발효한 '대한민국과 일본국 간의 조약 및 제 협정'을 이에 공포한다.

2. 다만 대한민국과 일본국 간의 일본국에 거주하는 대한민국 국민의 법적지위와 대우에 관한 협정은 1965년 12월 18일로부터 30일 후에 발효하게 됨을 또한 이에 공포한다.

1965년 12월 18일

대통령 박정희
    국무총리 정일권
        외무부 장관 이동원

1228   조약 제163호 대한민국과 일본국 간의 기본관계에 관한 조약
       조약 제164호 대한민국과 일본국 간의 일본국에 거주하는 대한민국 국민의 법적지위와 대우에 관한 협정
       조약 제165호 대한민국과 일본국 간의 일본국에 거주하는 대한민국 국민의 법적지위와 대우에 관한 협정에 대한 합의의사록
       조약 제166호 대한민국과 일본국 간의 어업에 관한 협정
       조약 제167호 대한민국과 일본국 간의 어업에 관한 협정에 대한 합의의사록
       조약 제168호 직선기선 사용의 협의에 관한 교환공문
       조약 제169호 제주도 양측의 어업에 관한 수역에 관한 교환공문

조약 제170호 어업협력에 관한 교환공문

조약 제171호 표지에 관한 교환공문

조약 제172호 대한민국과 일본국 간의 재산 및 청구권에 관한 문제의 해결과 경제협력에 관한 협정

조약 제173호 대한민국과 일본국 간의 재산 및 청구권에 관한 문제의 해결과 경제협력에 관한 협정에 대한 합의의사록(I)

조약 제174호 대한민국과 일본국 간의 재산 및 청구권에 관한 문제의 해결과 경제협력에 관한 협정에 대한 합의의사록(II)

조약 제175호 대한민국과 일본국 간의 재산 및 청구권에 관한 문제의 해결과 경제협력에 관한 협정 제1조(b)의 규정의 실시에 관한 교환공문

조약 제176호 대한민국과 일본국 간의 재산 및 청구권에 관한 문제의 해결과 경제협력에 관한 협정 제1조 2의 합동위원회에 관한 교환공문

조약 제177호 제1 의정서

조약 제178호 제1 의정서의 실시 세목에 관한 교환공문

조약 제179호 제2 의정서

조약 제180호 상업상의 민간신용 제공에 관한 교환공문

조약 제181호 대한민국과 일본국 간의 문화재 및 문화협력에 관한 협정

조약 제182호 대한민국과 일본국 간의 문화재 및 문화협력에 관한 협정에 대한 합의의사록

조약 제183호 분쟁의 해결에 관한 교환공문

끝

3. 한일 조약 및 제 협정 공포에 관한 국무회의 보고 내부재가 문서

기안자: 조약과

과장[서명]   국장[과장이 대리 서명]   차관[인장]   장관[부재]

협조자 성명: 동북아과장[서명]   법무관[서명]   아주국장[서명] 기획관리실장[서명]

기안 연월일: 1965. 12. 11
분류기호 문서번호: 외방조
경유·수신·참조: 내부결재

제목: 국무회의 보고 안 채택(한/일간의 조약 및 제 협정 공포의 보고)

1. 65. 6. 22 도쿄에서 서명된 표기 한일 간의 조약 및 제 협정은 1965년 12월 21일 [12월 18일] 그 비준서가 각각 교환됨으로써 발효하게 될 것인바, 이를 별첨(안)과 같이 국무회의에 상정하여 보고할 것을 건의합니다.

유첨: 국무회의 상정안

끝

4. 한일 조약 및 제 협정의 국무회의 보고 요청 공문

1233
(안)

외방조 741 (74-2474)

1965. 12

수신: 국민회의 의장
참조: 총무처 장관

제목: 국무회의 부의 안건 제출

다음 안건을 보고 사항으로 제출하오니, 국무회의에 보고되도록 긴급히 상정하여 주시기 바랍니다.

1. 안건의 제목
대한민국과 일본국 간의 조약 및 제 협정 공포에 대한 보고

2. 유인물의 부수 45

외무부 장관 이동원

첨부물

4-1. 국무회의 안건 유인물

의결년월일 1965년   월   일(제   회) 보고사항
대한민국과 일본국 간의 조약 및 제 협정의 공포에 관한 보고
제출자 국무위원 이동원(외무부 장관)
제출 연월일 1965년   월   일

1. 보고 주문

1965년 6월 22일 일본국 도쿄에서 서명된 '대한민국과 일본국 간의 조약 및 제 협정'은 1965년 12월 21일 그 비준서를 각각 교환함으로써 효력을 발생하게 되므로 법률 등 공포에 관한 법률에 의거하여 별첨 (1)과 같이 공포하게 됨을 보고함.

2. 보고 이유

본건 한일 간의 조약 및 제 협정은 정치적 성격으로 보아 그 중요성이 지대하고 또한 수효로 보아서도 방대함으로 이를 공포함에 있어서 정부 각 부처에서 각별한 관심을 가지고 동 조약 및 제 협정의 시행에 임할 것을 촉구하고자 하는 데 있음.

3. 기타

가. 1965년 6월 22일 우리나라 대표에 의하여 서명 교환된 문서들 중에서 대부분은 별첨 (1)과 같이 공포하게 되며,

나. 한일 어업협정과 관련한 외상 및 농상의 일반적 성명, 법적지위 협정과 관련한 토의기록과 문화재 및 문화협력에 관한 협정과 관련한 양국 대표 간의 왕복 서한은 그 성격으로 보아 이를 공포의 대상에서 제외하였음.

다. 또한 한일 간의 재산 및 청구권에 관한 문제의 해결과 경제협력에 관한 협정과 관련한 차관 계약서는 경제기획원에서 공고하기로 하고, 어업협정과 관련한 조업 안전과 질서 유지에 관한 아주국장 간의 왕복 서한은 외무부에서 공고하기로 함.

유첨: 공포안

끝

4-1-1. 공포안

1237 별첨: (1)

공포안

　1. 1965년 6월 22일 제55회 국무회의의 의결을 거쳐 1965년 6월 22일 도쿄에서 서명되었고, 1965년 8월 14일 제52회 국회 제12차 본회의에서 국회의 비준 동의를 얻어 1965년 12월 21일[18일] 비준서를 교환하여 1965년 12월 21[18]일 자로 발효한 '대한민국과 일본국 간의 조약 및 제 협정'을 이에 공포한다.

　2. 다만, 대한민국과 일본국 간의 일본국에 거주하는 대한민국 국민의 법적지위와 대우에 관한 협정은 1965년 12월 21일부터 30일 후에 발효하게 됨을 또한 이에 공포한다.

1965년 12월 21일

대통령 박정희
　　국무총리 정일권
　　　　외무부 장관 이동원

1238　　조약 제163호 대한민국과 일본국 간의 기본관계에 관한 조약
　　　　조약 제164호 대한민국과 일본국 간의 일본국에 거주하는 대한민국 국민의 법적지위와 대우에 관한 협정
　　　　조약 제165호 대한민국과 일본국 간의 일본국에 거주하는 대한민국 국민의 법적지위와 대우에 관한 협정에 대한 합의의사록
　　　　조약 제166호 대한민국과 일본국 간의 어업에 관한 협정
　　　　조약 제167호 대한민국과 일본국 간의 어업에 관한 협정에 대한 합의의사록
　　　　조약 제168호 직선기선 사용의 협의에 관한 교환공문
　　　　조약 제169호 제주도 양측의 어업에 관한 수역에 관한 교환공문
　　　　조약 제170호 어업협력에 관한 교환공문

조약 제171호 표지에 관한 교환공문

조약 제172호 대한민국과 일본국 간의 재산 및 청구권에 관한 문제의 해결과 경제협력에 관한 협정

조약 제173호 대한민국과 일본국 간의 재산 및 청구권에 관한 문제의 해결과 경제협력에 관한 협정에 대한 합의의사록(I)

조약 제174호 대한민국과 일본국 간의 재산 및 청구권에 관한 문제의 해결과 경제협력에 관한 협정에 대한 합의의사록(II)

조약 제175호 대한민국과 일본국 간의 재산 및 청구권에 관한 문제의 해결과 경제협력에 관한 협정 제1조(b)의 규정의 실시에 관한 교환공문

조약 제176호 대한민국과 일본국 간의 재산 및 청구권에 관한 문제의 해결과 경제협력에 관한 협정 제1조 2의 합동위원회에 관한 교환공문

조약 제177호 제1 의정서

조약 제178호 제1 의정서의 실시 세목에 관한 교환공문

조약 제179호 제2 의정서

조약 제180호 상업상의 민간신용 제공에 관한 교환공문

조약 제181호 대한민국과 일본국 간의 문화재 및 문화협력에 관한 협정

조약 제182호 대한민국과 일본국 간의 문화재 및 문화협력에 관한 협정에 대한 합의의사록

조약 제183호 분쟁의 해결에 관한 교환공문 끝.

4-1-2. 기본관계에 관한 조약

1240　〈조약 제163호〉
대한민국과 일본국 간의 기본관계에 관한 조약

대한민국과 일본국은

양국 국민 관계의 역사적 배경과 선린관계와 주권 상호존중의 원칙에 입각한 양국 관계의 정상화에 대한 상호 희망을 고려하며,

양국의 상호 복지와 공통이익을 증진하고 국제평화와 안정을 유지하는 데 있어서 양국이 국제 연합헌장의 원칙에 합당하게 긴밀히 협력함이 중요하다는 것을 인정하며, 또한 1951년 9월 8일 샌프런시스코우시[50]에서 서명된 일본국과의 평화조약의 관계 규정과 1948년 12월 12일 국제연합 총회에서 채택된 결의 제195(II)호를 상기하며,

본 기본관계에 관한 조약을 체결하기로 결정하여, 이에 다음과 같이 양국의 전권위원을 임명하였다.

대한민국
　　대한민국 외무부 장관 이동원
　　대한민국 특명 전권대사 김동조
일본국
　　일본국 외무대신 시이나 에쓰사부로오
　　다까스기 싱이찌

이들 전권위원은 그들의 전권위임장을 상호 제시하고, 그것이 양호 타당하다고 인정한 후, 다음의 제 조항에 합의하였다.

50　이하 조약 및 협정문에는 현대 맞춤법 및 외국어 인명, 지명 표기에 어긋나는 표현들이 다수 기재되어 있으나 조약(협정)의 원문을 그대로 전달하는 의미에서 이를 수정하지 않고 조약(협정)문대로 수록하였음.

제1조

양 체약 당사국 간에 외교 및 영사 관계를 수립한다. 양 체약 당사국은 대사급 외교 사절을 지체없이 교환한다. 양 체약 당사국은 또한 양국 정부에 의하여 합의되는 장소에 영사관을 설치한다.

제2조

1910년 8월 22일 및 그 이전에 대한 제국과 대 일본 제국 간에 체결된 모든 조약 및 협정이 이미 무효임을 확인한다.

제3조

대한민국 정부가 국제 연합 총회의 결의 제195(II)호에 명시된 바와 같이, 한반도에 있어서의 유일한 합법정부임을 확인한다.

제4조

(가) 양 체약 당사국은 양국 상호 간의 관계에 있어서 국제연합 헌장의 원칙을 지침으로 한다.

(나) 양 체약 당사국은 양국의 상호의 복지와 공통의 이익을 증진함에 있어서 국제 연합 헌장의 원칙에 합당하게 협력한다.

제5조

양 체약 당사국은 양국의 무역, 해운 및 기타 통상 상의 관계를 안정되고 우호적인 기초위에 두기 위하여 조약 또는 협정을 체결하기 위한 교섭을 실행 가능한 한 조속히 시작한다.

제6조

양 체약 당사국은 민간 항공 운수에 관한 협정을 체결하기 위하여 실행 가능한 한 조속히 교섭을 시작한다.

제7조

본조약은 비준되어야 한다. 비준서는 가능한 한 조속히 서울에서 교환한다. 본조약은 비준서가 교환된 날로부터 효력을 발생한다.

이상의 증거로서, 각 전권위원은 본조약에 서명 날인하였다.

1965년 6년 22일 토오쿄오에서 동등히 정본인 한국어, 일본어 및 영어로 본서 2통을 작성하였다. 해석에 상위가 있을 경우에는 영어본에 따른다.

대한민국을 위하여 　　　　　　　본국을 위하여
(서명) 이동원 　　　　　　　　　(서명) 시이나 에쓰사부로우
　　　　김동조 　　　　　　　　　　　　　다가스기 싱이찌

1242 TREATY ON BASIC RELATIONS BETWEEN THE REPUBLIC OF KOREA AND JAPAN

The Republic of Korea and Japan,

Considering the historical background of relationship between their peoples and their mutual desire for good neighborliness and for the normalization of their relations on the basis of the principle of mutual respect for sovereignty;

Recognizing the importance of their close cooperation in conformity with the principles of the Charter of the United Nations to the promotion of their mutual welfare and common interests and to the maintenance of international peace and security; and

Recalling the relevant provisions of the Treaty of Peace with Japan signed at the city of San Francisco on September 8, 1951 and the Resolution 195 (I) adopted by the United Nations General Assembly on December 12, 1948;

Have resolved to conclude the present Treaty on Basic Relations and have accordingly appointed as their Plenipotentiaries,

The Republic of Korea:

Tong Won Lee, Minister of Foreign Affairs of the Republic of Korea

Dong Jo Kim, Ambassador Extraordinary and Plenipotentiary of the Republic of Korea

Japan:

Etsusaburo Shiina, Minister for Foreign Affairs of Japan

Shinichi Takasugi

Who, having communicated to each other their full powers found to be in good and due form, have agreed upon the following articles:

Article I

Diplomatic and consular relations shall be established between the High Contracting Parties. The High Contracting Parties shall exchange diplomatic envoys with the Ambassadorial rank without delay.

The High Contracting Parties will also establish consulates at locations to be agreed upon by the two Governments.

Article II

It is confirmed that all treaties or agreements concluded between the Empire of Korea and the Empire of Japan on or before August 22, 1910 are already null and void.

Article III

It is confirmed that the Government of the Republic of Korea is the only lawful Government in Korea as specified in the Resolution 195(III) of the United Nations General Assembly.

Article IV

(a) The High Contracting Parties will be guided by the principles of the Charter of the United Nations in their mutual relations.

(b) The High Contracting Parties will cooperate in conformity with the principles of the Charter of the United Nations in promoting their mutual welfare and common interests.

Article V

The High Contracting Parties will enter into negotiations at the earliest practicable date for the conclusion of treaties or agreements to place their trading, maritime and other commercial relations on a stable and friendly basis.

Article VI

The High Contracting Parties will enter into negotiations at the earliest practicable date for the conclusion of an agreement relating to civil air transport.

Article VII

The present Treaty shall be ratified. The instruments of ratification shall be exchanged at Seoul as soon as possible. The present Treaty shall enter into force as from the date on which the instruments of ratification are exchanged.

IN WITNESS WHEREOF, the respective Plenipotentiaries have signed the present Treaty and have affixed thereto their seals.

DONE in duplicate at Tokyo, this 22nd day of June of the year one thousand nine hundred and sixty-five in the Korean, Japanese, and English languages, each text being equally authentic. In case of any divergence of interpretation, the English text shall prevail.

FOR THE REPUBLIC OF KOREA:

(signed) Tong Won Lee

Dong Jo Kim

FOR JAPAN:

(signed) Etsusaburo Shiina

Shinichi Takasugi

〈条約 第一六三号〉

大韓民国と日本国との間の基本関係に関する条約

　大韓民国及び日本国は,

　両国民間の関係の歴史的背景と, 善隣関係及び主権の相互尊重の原則に基づく両国間の関係の正常化に対する相互の希望とを考慮し,

　両国の相互の福祉及び共通の利益の増進のため並びに国際の平和及び安全の維持のために, 両国が国際連合憲章の原則に適合して緊密に協力することが重要であることを認め,

　千九百五十一年九月八日にサン・フランシスコ市で署名された日本国との平和条約の関係規定及び千九百四十八年十二月十二日に国際連合総会で採択された決議第百九十五号(III)を想起し,

　この基本関係に関する条約を締結することに決定し, よって, その全権委員として次のとおり任命した.

　大韓民国

　　　大韓民国外務部長官 李東元

　　　大韓民国匿名全権大使 金東祚

　日本国

　　　日本国外務大臣 椎名悦三郎 高杉晋一

　これらの全権委員は, 互いにその全権委任状を示し, それが良好妥当であると認められた後, 次の諸条を協定した.

第一条

 両締約国間に外交及び領事関係が開設される.

 両締約国は 大使の資格を有する外交使節を遅滞なく交換するものとする. また, 両締約国は, 両国政府により合意される場所に領事館を設置する.

第二条

 千九百十年八月二十二月以前に大韓帝国と大日本帝国との間で締結されたすべての条約及び協定は, もはや無効であることが確認される.

第三条

 大韓民国政府は, 国際連合総会決議第百九十五号(III)に明らかに示されているとおりの朝鮮にある唯一の合法的な政府であることが確認される.

第四条

(a) 両締約国は, 相互の関係において, 国際連合憲章の原則を指針とするものとする.
(b) 両締約国は, その相互の福祉及び共通の利益を増進するに当たって, 国際連合憲章に適合して協力するものとする.

第五条

 両締約国は, その貿易, 海運その他の通商の関係を安定した, かつ, 友好的な基礎の上に置くために, 条約又は協定を締結するための交渉を実行可能な限りすみやかに開始するものとする.

第六条

 両締約国は, 民間航空運送に関する協定を締結するための交渉を実行可能な限りすみやかに開始するものとする.

第七条

この条約は,批准されなければならない.

批准書は,できる限りすみやかにソウルで交換されるものとする.この条約は,批准書の交換の日に効力を生ずる.

以上の証拠として,それぞれの全権委員は,この条約に署名調印した.

千九百六十五年六月二十二日に東京で,ひとしく正文である韓国語,日本語及び英語により本書二通を作成した.

解釈に相違がある場合には,英語の本文による.

大韓民国のために　　　　　　　　　日本国のために

（署名）　이동원　　　　　　　　　（署名）　椎名悦三郎

　　　　김동조　　　　　　　　　　　　　　高杉晋一

4-1-3. 재일한국인의 법적지위와 대우에 관한 협정

1251　〈조약 제164호〉

대한민국과 일본국 간의 일본국에 거주하는 대한민국 국민의 법적지위와 대우에 관한 협정

대한민국과 일본국은,

다년간 일본국에 거주하고 있는 대한민국 국민이 일본국의 사회와 특별한 관계를 가지게 되었음을 고려하고,

이들 대한민국 국민이 일본국의 사회질서 하에서 안정된 생활을 영위할 수 있게 하는 것이 양국 간 및 양국 국민 간의 우호 관계 증진에 기여함을 인정하여,

다음과 같이 합의하였다.

제1조

1. 일본국 정부는 다음의 어느 하나에 해당하는 대한민국 국민이, 본협정의 실시를 위하여 일본국 정부가 정하는 절차에 따라 본협정의 효력 발생일로부터 5년 이내에 영주허가의 신청을 하였을 때에는, 일본국에서의 영주를 허가한다.

　(a) 1945년 8월 15일 이전부터 신청 시까지 계속하여 일본국에 거주하고 있는 자

　(b) (a)에 해당하는 자의 직계비속으로서 1945년 8월 16일 이후 본협정의 효력 발생일부터 5년 이내에 일본국에서 출생하고, 그 후 신청 시까지 계속하여 일본국에 거주하고 있는 자

2. 일본국 정부는, 1의 규정에 의거하여 일본국에서의 영주가 허가되어 있는 자와 자녀로서 본협정의 효력 발생일로부터 5년이 경과한 후에 일본국에서 출생한 대한민국 국민이, 본협정의 실시를 위하여 일본국 정부가 정하는 절차에 따라 그의 출생일로부터 60일 이내에 영주허가의 신청을 하였을 때에는 일본국에서의 영주를 허가한다.

3. 1(b)에 해당하는 자로서 본협정의 효력 발생일로부터 4년 10개월이 경과한 후에 출생하는 자의 영주허가의 신청 기한은 1의 규정에 불구하고 그의 출생일로부터 60일 이내로 한다.

4. 전기의 신청 및 허가에 대하여는 수수료는 징수되지 아니한다.

제2조

1. 일본국 정부는, 제1조의 규정에 의거하여 일본국에서의 영주가 허가되어 있는 자의 직계비속으로서 일본국에서 출생한 대한민국 국민의 일본국에서의 거주에 관하여는 대한민국 정부의 요청이 있으면, 본협정의 효력 발생일로부터 25년이 경과할 때까지는 협의를 행함에 동의한다.

2. 1의 협의에 있어서는 본협정의 기초가 되고 있는 정신과 목적을 존중한다.

제3조

제1조의 규정에 의거하여 일본국에서의 영주가 허가되어 있는 대한민국 국민은, 본협정의 효력 발생일 이후의 행위에 의하여 다음의 어느 하나에 해당되는 경우를 제외하고는 일본국으로부터의 퇴거를 강제당하지 아니한다.

(a) 일본국에서 내란에 관한 죄 또는 외환에 관한 죄로 인하여 금고 이상의 형에 처하여진 자(집행 유예의 언도를 받은 자 및 내란에 부화 수행한 것으로 인하여 형에 처하여진 자를 제외한다)

(b) 일본국에서 국교에 관한 죄로 인하여 금고 이상의 형에 처하여진 자, 또는 외국의 원수, 외교사절 또는 그 공관에 대한 범죄 행위로 인하여 금고 이상의 형에 처하여지고 일본국의 외교상의 중대한 이익을 해한 자

(c) 영리의 목적으로 마약류의 취체에 관한 일본국의 법령에 위반하여 무기 또는 3년 이상의 징역 또는 금고에 처하여진 자(집행유예의 언도를 받은 자를 제외한다.) 또는 마약류의 취체에 관한 일본국의 법령에 위반하여 3회(단, 본협정의 효력 발생일 전의 행위에 의하여 3회 이상의 형에 처하여진 자에 대하여는 2회) 이상 형에 처하여진 자

(d) 일본국의 법령에 위반하여 무기 또는 7년을 초과하는 징역 또는 금고에 처하여진 자

제4조

일본국 정부는 다음에 열거한 사항에 관하여, 타당한 고려를 하는 것으로 한다.

(a) 제1조의 규정에 의거하여 일본국에서 영주가 허가되어있는 대한민국 국민에 대한 일본국에 있어서의 교육, 생활보험 및 국민 건강 보험에 관한 사항

(b) 제1조의 규정에 의거하여 일본국에서 영주가 허가되어 있는 대한민국 국민(동조의 규정에 따라 영주허가의 신청을 할 자격을 가지고 있는 자를 포함함)이 일본국에서 영주할 의사를 포기하고 대한민국으로 귀국하는 경우의 재산의 휴행 및 자금의 대한민국에의 송금에 관한 사항

제5조

제1조의 규정에 의거하여 일본국에서의 영주가 허가되어있는 대한민국 국민은 출입국 및 거주를 포함하는 모든 사항에 관하여 본협정에서 특히 정하는 경우를 제외하고 모든 외국인에게 동등히 적용되는 일본국의 법력의 적용을 받는 것이 확인된다.

제6조

본협정은 비준되어야 한다. 비준서는 가능한 한 조속히 서울에서 교환한다. 본협정은 비준서가 교환된 날로부터 30일 후에 효력을 발생한다.

이상의 증거로서, 하기 대표는 각자의 정부로부터 정당한 위임을 받아 본협정에 서명하였다.

1965년 6월 22일 토오쿄오에서 동등히 정본인 한국어 및 일본어로 본서 2통을 작성하였다.

대한민국을 위하여
(서명)　이동원
　　　　김동조

일본국을 위하여
(서명)　시이나 에쓰사부로오
　　　　다까스기 싱이찌

〈条約 第一六四号〉

日本国に居住する大韓民国国民の法的地位及び待遇に関する
大韓民国と日本国との間の協定

大韓民国及び日本国は,

多年の間日本国に居住している大韓民国国民が日本国の社会と特別な関係を有するに至っていることを考慮し,

これらの大韓民国国民が日本国の社会秩序の下で安定した生活を営むことができるようにすることが, 両国間及び両国民間の友好関係の増進に寄与することを認めて, 次のとおり協定した.

第一条

1. 日本国政府は, 次のいずれに該当する大韓民国国民が, この協定の実施のため日本国政府の定める手続に従い, この協定の効力発生の日から五年以内に永住許可の申請をしたときは, 日本国で永住することを許可する.

    (a) 千九百四十五年八月十五日以前から申請の時まで引き続き日本国に居住している者

    (b) (a)に該当する者の直系卑属として千九百四十五年八月十五日以後この協定の効力発生の日から五年以内に日本国で出生し, その後申請の時まで引き続き日本国に居住している者

2. 日本国政府は, 1の規定に従い日本国で永住することを許可されている者の子としてこの協定の効力発生の日から五年を経過した後に日本国で出生した大韓民国国民が, この協定の実施のため日本国政府の定める手続に従い, その出生の日から六十日以内に永住許可の申請をしたときは, 日本国で永住することを許可する.

3. 1(b)に該当スル者でこの協定の効力発生の日から四年十個月を経過した後に出生したものの永住許可の申請期限は, 1の規定にかかわらず, その出生の日から六十日までとする.

4. 前記の申請及び許可については, 手数料は徴収されない.

第二条

1. 日本国政府は，第一条の規定に従い日本国で永住することを許可されている者の直系卑属として日本国で出生した大韓民国国民の日本国における居住については，大韓民国政府の要請があれば，この協定の効力発生の日から二十五年を経過するまでは協議を行なうことに同意する．

2. 1の協議に当たっては，この協定の基礎となっている精神及び目的が尊重されるものとする．

第三条

第一条の規定に従い日本国で永住することを許可されている大韓民国国民は，この協定の効力発生の日以後の行爲により次のいずれかに該当することとなった場合を除くほか，日本国から退去を強制されない．

(a) 日本国において内亂に関する罪又は外患に関する罪により禁錮以上の刑に処せられた者（執行猶予の言渡しを受けた者及び内亂に附和隨行したことにより刑に処せられた者を除く．）

(b) 日本国において国交に関する罪により禁錮以上の刑に処せられた者及び外国の元首，外交使節又はその公館に対する犯罪行爲により禁錮以上の刑に処せられ，日本国の外交上の重大な利益を害した者

(c) 營利の目的をもって麻薬類の取締りに関する日本国の法令に違反して無期又は三年以上の懲役又は禁錮に処せられた者（執行猶予の言渡しを受けた者を除く．）及び麻薬類の取締りに関する日本国の法令に違反して三回（ただし，この協定の効力発生の日の前の行爲により三回以上刑に処せられた者については二回）以上刑に処せられた者

(d) 日本国の法令に違反して無期又は七年をこえる懲役又は禁錮に処せられた者

第四条

日本国政府は，次に掲げる事項について，妥当な考慮を払うものとする．

(a) 第一条の規定に従い日本国で永住することを許可されている大韓民国国民に

対する日本国における教育，生活保護及び国民健康保険に関する事項

(b) 第一条の規定に従い日本国で永住することを許可されている大韓民国国民(同条の規定に従い永住許可の申請をする資格を有している者を含む.)が日本国で永住する意思を放棄して大韓民国に帰国する場合における財産の携行及び資金の大韓民国への送金に関する事項

第五条

　第一条の規定に従い日本国で永住することを許可されている大韓民国国民は，出入国及び居住を含むすべての事項に関し，この協定で特に定める場合を除くほか，すべての外国人に同様に適用される日本国の法令の適用を受けることが確認される.

第六条

　この協定は，批准されなければならない. 批准書は，できる限りすみやかにソウルで交換されるものとする. この協定は批准書の交換の日の後三十日で効力を生ずる.

　以上の証拠として，下名は，各自の政府からこのために正当な委任を受け，この協定に署名した.

　千九百六十五年六月二十二日に東京でひとしく正文である韓国語及び日本語により本書二通を作成した.

大韓民国のために　　　　　　　　　　日本国のために
(署名)　이동원　　　　　　　　　　(署名)　椎名悦三郎
　　　　김동조　　　　　　　　　　　　　　　高杉晋一

4-1-4. 재일한국인의 법적지위와 대우에 관한 협정에 대한 합의의사록

1263 〈조약 제165호〉
**대한민국과 일본국 간의 일본국에 거주하는 대한민국 국민의
법적지위와 대우에 관한 협정에 대한 합의의사록**

대한민국 정부 대표 및 일본국 정부 대표는 금일 서명된 대한민국과 일본국 간의 일본국에 거주하는 대한민국 국민의 법적지위와 대우에 관한 협정에 관하여 다음과 같은 양해에 도달하였다.

제1조에 관하여,
1. 동조 1 또는 2의 규정에 의거하여 영주허가의 신청을 하는 자가 대한민국의 국적을 가지고 있음을 증명하기 위하여
 (i) 신청을 하는 자는 여권 또는 이에 대신하는 증명서를 제시하든지 또는 대한민국의 국적을 가지고 있는 뜻의 진술서를 제출하는 것으로 한다.
 (ii) 대한민국 정부의 권한 있는 당국은 일본국 정부의 권한 있는 당국이 문서로 조회할 경우에는 문서로 회답하는 것으로 한다.
2. 동조 1(b)의 적용상 '(a)에 해당하는 자'에는 1945년 8월 15일 이전부터 사망 시까지 계속하여 일본국에 거주하고 있었던 대한민국 국민을 포함하는 것으로 한다.

제3조에 관하여,
1. 동조(b)의 적용상 '그 공관'이라 함은 소유자의 여하를 불문하고 대사관 또는 공사관으로 사용되고 있는 건물 또는 그 일부 및 이에 부속하는 토지(외교사절의 주거인 이러한 것을 포함함)를 말한다.
2. 일본국 정부는 동조 (c) 또는 (d)에 해당하는 자의 일본국으로부터의 퇴거를 강제하고자 할 경우에는 인도적 견지에서 그자의 가족 구성 및 기타 사정에 대하여 고려를 한다.
3. 대한민국 정부는 동조의 규정에 의하여 일본국으로부터 퇴거를 강제당하게 된

자에 대하여 일본국 정부의 요청에 따라 그 자의 인수에 대하여 협력한다.

4. 일본국 정부는 협정 제1조의 규정에 의거하여 영주허가의 신청을 할 자격을 가지고 있는 자에 관하여는 그 자의 영주가 허가되는 경우에는 협정 제3조 (a) 내지 (d)에 해당하는 경우를 제외하고 일본국으로부터의 퇴거를 강제당하지 아니함에 비추어 그 자에 대하여 퇴거 강제 수속이 개시된 경우에 있어서

(i) 그 자가 영주허가의 신청을 하고 있을 때에는 그 허가 여부가 결정될 때까지의 기간 또는

(ii) 그 자가 영주허가의 신청을 하고 있지 아니할 때에는 그 신청을 하는지, 안 하는지를 확인하고 신청을 하였을 때에는 그 허가 여부가 결정될 때까지의 기간 그 자의 강제 송환을 자제할 방침이다.

제4조에 관하여

1. 일본국 정부는, 법령에 따라, 협정 제1조의 규정에 의거하여 일본국에서의 영주가 허가되어 있는 대한민국 국민이 일본국의 공립의 소학교 또는 중학교에 입학을 희망하는 경우에는 그 입학이 인정되도록 필요하다고 인정하는 조치를 취하고 또한 일본국의 중학교를 졸업한 경우에는 일본국의 상급 학교에의 입학 자격을 인정한다.

2. 일본국 정부는 협정 제1조의 규정에 의거하여 일본국에서의 영주가 허가되어 있는 대한민국 국민에 대한 생활보호에 대하여는 당분간 종전과 같이 한다.

3. 일본국 정부는 협정 제1조의 규정에 의거하여 일본국에서의 영주가 허가되어 있는 대한민국 국민을 국민건강보험의 피보험자로 하기 위하여 필요하다고 인정하는 조치를 취한다.

4. 일본국 정부는 협정 제1조의 규정에 의거하여 일본국에서의 영주가 허가되어 있는 대한민국 국민(영주허가의 신청을 할 자격을 가지고 있는 자를 포함함)이 일본국에서 영주할 의사를 포기하고 대한민국으로 귀국하는 경우에는 원칙적으로 그 자가 소유하는 모든 재산 및 자금을 휴행 또는 송금하는 것을 인정한다.

이를 위하여

(i) 일본국 정부는 그 자가 소유하는 재산의 휴행에 관하여는 법령의 범위 내에서 그 휴대품, 이사짐 및 직업 용구의 휴행을 인정하는 외에 수출의 승인에 있어서

가능한 한의 고려를 한다.

(ii) 일본국 정부는 그 자가 소유하는 자금의 휴행 또는 송금에 관하여는 법령의 범위 내에서 일 세대 당 1만 아메리카 합중국 불까지를 귀국 시에, 또한 이를 초과하는 부분에 대하여는 실정에 따라 휴행 또는 송금하는 것을 인정하는 것으로 한다.

1965년 6월 22일
토오쿄오에서

〈条約 第一六五号〉
日本国に居住する大韓民国国民の法的地位及び待遇に関する大韓民国と
日本国との間の協定についての合意された議事録

大韓民国政府代表及び日本国政府代表は, 本日署名された日本国に居住する大韓民国国民の法的地位及び待遇に関する大韓民国と日本国との間の協定に関し次の了解に到達した.

第一条に関し
1. 同条1又は2の規定に従い永住許可の申請をする者が大韓民国の国籍を有しているについてことを証明するため,
(I) 申請をする者は, 旅券若しくはこれに代わる証明書を提示するか, 又は大韓民国の国籍を有している旨の陳術書を提出するものとする.
(II) 大韓民国政府の權限のめる当局は, 有本国政府の權限のめる当局が文書により照会をした場合には, 文書により回答するものとする.
2. 同条1(b)の適用上「(a)に議当する者」には, 千九百四十五年八月十五日以前かう死亡の時で引き続き日本国に居住していた大韓民国国民を含むものとする.

第三条に関し，

1. 同条(b)の適用上「その公館」とは，所有者のいか人を問わず，大使館若しくは公使館として使用れている建物又はその一部及びこれに附属する土地(外交使節の住居であるこれらのものを含む)をいう

2. 日本国政府は，同条(c)又は(d)に該当する者の日本国からの退去を強制しょうとする場合には，人道的見地からその者の家族構成について考慮を払う．

3. 大韓民国政府は，同条の規定により日本国からの退去を強制されることとなつた者について，日本国政府の要請に従い，その者の引取りについて協力する．

4. 日本国政府は，協定第一条の規定に従い永住許可の申請をする資格を有している者に関しては，その者の永住が許可された場合には協定第三条(a)ないし(d)に該当する場合を除くほか日本国からの退去を強制されないことにかんがみ，その者について退去強制手続が開始した場合において，

(I) その者が永住許可の申請をしているときには その許否が決定するまでの間また

(II) その者が永住許可の申請をしていないときには，その申請をするかしないかを確認し，申請をしたときには，その許否が決定するまでの間，その者の強制送還を差し控える方針である．

第四条に関し，

1. 日本国政府は，法令に従い，協定第一条の規定に従い日本国で永住することを許可されている大韓民国国民が，日本国の公の小学校又は中学校へ入学することを希望する場合には，その入学が認められるよう必要と認める措置を執り，及び日本国の中学校を卒業した場合には，日本国の上級学校への入学資格を認める．

2. 日本国政府は，協定第一条の規定に従い日本国で永住することを許可されている大韓民国国民に対する生活保護については当分の間従前どおりとする．

3. 日本国政府は，協定第一条の規定に従い日本国で永住することを許可されている大韓民国国民を国民健康保険の被保険者とするため必要と認する措置を執る．

4. 日本国政府は，協定第一条の規定に従い日本国で永住することを許可されている大韓民国国民(永住許可の申請をする資格を有している者を含む)が日本国で永住する

意思を放棄して大韓民国に帰国する場合には，原則として，その者の所有するすべての財産及び資金を携行し又は送金することを認める．このため，

　（Ⅰ）日本国政府は，その者の所有する財産の携行に関しては，法令の範囲内で，その携帯品，引越荷物及び職業用具の携行を認めるほか，輸出の承認に当たりてきる限りの考慮を払うものとする．

　（Ⅱ）日本国政府は，その者の所有する資金の携行又は送金に関しては，法令の範囲内で，一世帯当たり一萬合衆国ドルまでを帰国時に，及びそれをこえる部分については実情に応じ，携行し又は送金することを認めるものとする．

　　千九百六十五年六月二十二日に東京で

4-1-5. 어업에 관한 협정

1273 〈조약 제166호〉
대한민국과 일본국 간의 어업에 관한 협정

대한민국 및 일본국은,

양국이 공통의 관심을 갖는 수역에서의 어업자원의 최대의 지속적 생산성이 유지되어야 함을 희망하고,

전기의 자원의 보존 및 그 합리적 개발과 발전을 도모함이 양국의 이익에 도움이 됨을 확신하고,

공해 자유의 원칙이 본협정에 특별한 규정이 있는 경우를 제외하고는 존중되어야 한다는 것을 확인하고,

양국의 지리적 근접성과 양국 어업상의 교착으로부터 발생할 수 있는 분쟁의 원인을 제거하는 것이 요망됨을 인정하고,

양국 어업의 발전을 위하여 상호 협력할 것을 희망하여,

다음과 같이 합의하였다.

제1조

1. 양 체약국은 각 체약국이 자국의 연안의 기선부터 측정하여 12해리까지의 수역을, 자국이 어업에 관하여 배타적 관할권을 행사하는 수역(이하 '어업에 관한 수역'이라 함)으로서 설정하는 권리를 갖음을 상호 인정한다. 단, 일방 체약국이 이 어업에 관한 수역의 설정에 있어서 직선기선을 사용하는 경우에는 그 직선기선을 타방 체약국과 협의하여 결정한다.

2. 양 체약국은 일방 체약국이 자국의 어업에 관한 수역에서 타방 체약국의 어선이 어업에 종사하는 것을 배제하는 데 대하여 상호 이의를 제기하지 아니한다.

3. 양 체약국의 어업에 관한 수역이 중복하는 부분에 대하여는, 그 부분의 최대의 폭을 나타내는 직선을 이등분하는 점과 그 중복하는 부분이 끝나는 2점을 각각 연결하는 직선에 의하여 양분한다.

제2조

양 체약국은 다음 각 선으로 둘러싸이는 수역(영해 및 대한민국의 어업에 관한 수역을 제외함)을 공동규제수역으로 설정한다.

(a) 북위 37도 30분 이북의 동경 124도의 경선

(b) 다음 각 점을 차례로 연결하는 선

(i) 북위 37도 30분과 동경 124도의 교점

(ii) 북위 36도 45분과 동경 124도 30분의 교점

(iii) 북위 33도 30분과 동경 124도 30분의 교점

(iv) 북위 32도 30분과 동경 126도의 교점

(v) 북위 32도 30분과 동경 127도의 교점

(vi) 북위 34도 34분 30초와 동경 129도 2분 50초의 교점

(vii) 북위 34도 44분 10초와 동경 129도 8분의 교점

(viii) 북위 34도 50분과 동경 129도 14분의 교점

(ix) 북위 35도 30분과 동경 130도의 교점

(x) 북위 37도 30분과 동경 131도 10분의 교점

(xi) 우암령 고정

제3조

양 체약국은 공동규제수역에서, 어업자원의 최대의 지속적 생산성을 확보하기 위하여 필요한 보존 조치가 충분한 과학적 조사에 의거하여 실시될 때까지, 저인망 어업, 선망 어업 및 60톤 이상의 어선에 의한 고등어 낚시 어업에 대하여, 본 협정의 불가분의 일부를 이루는 부속서에 규정한 잠정적 어업규제 조치를 실시한다('톤'이라 함은 총 톤수에 의하는 것으로 하며, 선내 거주구 개선을 위한 허용 톤수를 감한 톤수에 의하여 표시함).

제4조

1. 어업에 관한 수역의 외측에서의 단속(정선 및 임검을 포함함) 및 재판 관할권은 어선이 속하는 체약국만이 행하며, 또한 행사한다.

2. 어느 체약국도 그 국민 및 어선이 잠정적 어업규제 조치를 성실하게 준수하도록

함을 확보하기 위하여 적절한 지도 및 감독을 행하며, 위반에 대한 적당한 벌칙을 포함하는 국내 조치를 실시한다.

제5조

공동규제수역의 외측에 공동자원조사수역이 설정된다. 그 수역의 범위 및 동 수역 안에서 행하여지는 조사에 대하여는, 제6조에 규정되는 어업공동위원회가 행할 권고에 의거하여, 양 체약국 간의 협의에 따라 결정된다.

제6조

1. 양 체약국은 본협정의 목적을 달성하기 위하여 한일 어업공동위원회(이하 '위원회'라고 함)를 설치하고 유지한다.

2. 위원회는 두 개의 국별 위원부로 구성되며 각국별 위원부는 각 체약국 정부가 임명하는 3인의 위원으로 구성한다.

3. 위원회의 모든 결의, 권고 및 기타의 결정은 국별 위원부 간의 합의에 의하여서만 행한다.

4. 위원회는 그 회의의 운영에 관한 규칙을 결정하고 필요가 있을 때에는 이를 수정할 수 있다.

5. 위원회는 매년 적어도 1회 회합하고 또 그 외에 일방의 국별 위원부의 요청에 의하여 회합할 수 있다. 제1회 회의의 일자 및 장소는 양 체약국 간의 합의로 결정한다.

6. 위원회는 제1회 회의에서 의장 및 부의장을 상이한 국별 위원부에서 선정한다. 의장 및 부의장의 임기는 1년으로 한다. 국별 위원부로부터의 의장 및 부의장의 선정은 매년 각 체약국이 그 지위에 순번으로 대표되도록 한다.

7. 위원회 밑에 그 사무를 수행하기 위한 상설 사무국이 설치된다.

8. 위원회의 공용어는 한국어 및 일본어로 한다. 제안 및 자료는 어느 공용어로도 제출할 수 있으며, 또한 필요에 따라 영어로도 제출할 수 있다.

9. 위원회가 공동의 경비를 필요하다고 인정할 때에는 위원회가 권고하고 또한 양 체약국이 승인한 형식 및 비율에 따라 양 체약국이 부담하는 분담금에 의하여 위원회가 지불한다.

10. 위원회는 공동경비를 위한 자금의 지출을 위임할 수 있다.

제7조

1. 위원회는 다음 임무를 수행한다.

(a) 양 체약국이 공통의 관심을 갖는 수역에서의 어업자원의 연구를 위하여 행하는 과학적 조사에 대하여, 또한 그 조사와 연구의 결과에 의거하여 취할 공동규제 수역 안에서의 규제 조치에 대하여 양 체약국에 권고한다.

(b) 공동자원조사수역의 범위에 대하여 양 체약국에 권고한다.

(c) 필요에 따라 잠정적 어업규제 조치에 관한 사항에 대하여 검토하고, 또한 그 결과에 의거하여 취할 조치(당해 규제 조치의 수정을 포함함)에 대하여 양 체약국에 권고한다.

(d) 양 체약국 어선 간의 조업의 안전과 질서에 관한 필요한 사항 및 해상에서의 양 체약국 어선 간의 사고에 대한 일반적인 취급 방침에 대하여 검토하고 또한 그 결과에 의거하여 취할 조치에 대하여 양 체약국에 권고한다.

(e) 위원회의 요청에 의하여 양 체약국이 제공하여야 할 자료, 통계 및 기록을 편집하고 연구한다.

(f) 본협정의 위반에 관한 동등한 형의 세목 제정에 대하여 심의하고 또한 양 체약국에 권고한다.

(g) 매년 위원회의 사업 보고를 양 체약국에 제출한다.

(h) 이 외에 본협정의 실시에 따르는 기술적인 제 문제에 대하여 검토하고 또한 필요하다고 인정할 때에는, 취할 조치에 대하여 양 체약국에 권고한다.

2. 위원회는 그 임무를 수행하기 위하여 필요에 따라 전문가로 구성되는 하부 기구를 설치할 수 있다.

3. 양 체약국 정부는 1의 규정에 의거하여 행하여진 위원회의 권고를 가능한 한 존중한다.

제8조

1. 양 체약국은 각각 자국의 국민 및 어선에 대하여 항행에 관한 국제관행을 준수시

키기 위하여, 양 체약국 어선 간의 조업의 안전을 도모하고 그 정상적인 질서를 유지하기 위하여, 또한 해상에서의 양 체약국 어선 간의 사고의 원활하고 신속한 해결을 도모하기 위하여, 적절하다고 인정하는 조치를 취한다.

  2. 1에 열거한 목적을 위하여 양 체약국의 관계 당국은 가능한 한 상호 밀접하게 연락하고 협력한다.

제9조

  1. 본협정의 해석 및 실시에 관한 양 체약국 간의 분쟁은 우선 외교상의 경로를 통하여 해결한다.

  2. 1의 규정에 의하여 해결할 수 없었던 분쟁은 어느 일방 체약국의 정부가 타방 체약국의 정부로부터 분쟁의 중재를 요청하는 공한을 접수한 날로부터 30일의 기간 내에 각 체약국 정부가 임명하는 1인의 중재위원과 이와 같이 선정된 2인의 중재위원이 당해 기간 후 30일의 기간 내에 합의하는 제3의 중재위원 또는 당해 기간 내에 이들 2인의 중재위원이 합의하는 제3국의 정부가 지명하는 제3의 중재위원과의 3인의 중재위원으로 구성되는 중재위원회에 결정을 위하여 회부한다. 단, 제3의 중재위원은 양 체약국 중의 어느 편의 국민이어서는 아니된다.

  3. 어느 일방 체약국의 정부가 당해 기간 내에 중재위원을 임명하지 아니하였을 때, 또는 제3의 중재위원 또는 제3국에 대하여 당해 기간 내에 합의하지 못하였을 때에는, 중재위원회는 양 체약국 정부가 각각 30일의 기간 내에 선정하는 국가의 정부가 지명하는 각 1인의 중재위원과 이들 정부가 협의에 의하여 결정하는 제3국의 정부가 지명하는 제3의 중재위원으로 구성한다.

  4. 양 체약국 정부는 본 조의 규정에 의거한 중재위원회의 결정에 복한다.

제10조

  1. 본협정은 비준되어야 한다. 비준서는 가능한 한 조속히 서울에서 교환한다. 본협정은 비준서가 교환된 날로부터 효력을 발생한다.

  2. 본협정은 5년간 효력을 가지며, 그 후에는 어느 일방 체약국이 타방 체약국에 본협정을 종결시킬 의사를 통고하는 날로부터 1년간 효력을 가진다.

이상의 증거로서, 하기 대표는 각자의 정부로부터 정당한 위임을 받아 본 협정에 서명하였다.

1965년 6월 22일 토오쿄오에서 동등히 정본인 한국어 및 일본어로 본서 2통을 작성하였다.

　　　대한민국을 위하여　　　　　　　일본국을 위하여
　　　(서명)　이동원　　　　　　　　(서명)　시이나 에쓰사부로오
　　　　　　　김동조　　　　　　　　　　　　다까스기 싱이찌

부속서

본협정 제3조에 규정된 잠정적 어업규제 조치는 양 체약국에 각각 적용되며, 그 내용은 다음과 같다.

1. 최고 출어 척수 또는 통수(공동규제수역 안에서의 조업을 위하여 감찰을 소지하고 또한 표지를 부착하고, 동시에 동 수역 안에 출어하고 있는 어선의 척수 또는 통수의 최고 한도를 말함)

   (a) 50톤 미만의 어선에 의한 저인망 어업에 대하여는 115척

   (b) 50톤 이상의 어선에 의한 저인망 어업에 대하여는
      (i) 11월 1일부터 익년 4월 30일까지의 기간에는 270척
      (ii) 5월 1일부터 10월 31일까지의 기간에는 100척

   (c) 선망 어업에 대하여는
      (i) 1월 16일부터 5월 15일까지의 기간에는 60통
      (ii) 5월 16일부터 익년 1월 15일까지의 기간에는 120통

   (d) 60톤 이상의 어선에 의한 고등어 낚시 어업에 대하여는 15척

   단, 조업 기간은 6월 1일부터 12월 31일까지로 하며, 조업 구역은 대한민국의 경상북도와 경상남도의 경계선과 해안선의 교점과 북위 35도 30분과 동경 130도의 교점

을 연결하는 직선 이남(단, 제주도의 서 측에 있어서는 북위 33도 30분 이남)의 수역으로 한다.

(e) 대한민국 어선과 일본국 어선의 어획 능력의 격차가 있는 동안, 대한민국의 출어 척수 또는 통수는 양 체약국 정부 간의 협의에 따라, 본 협정의 최고 출어 척수 또는 통수를 기준으로 하고 그 격차를 고려하여 조정한다.

2. 어선 규모

(a) 저인망 어업 중에서

(i) 트롤 어업 이외의 것에 대하여는 30톤 이상 170톤 이하

(ii) 트롤 어업에 대하여는 100톤 이상 550톤 이하

단, 50톤 이상의 어선에 의한 저인망 어업(대한민국이 동해에서 인정하고 있는 60톤 미만의 어선에 의한 새우 저인망 어업을 제외함)은 동경 128도 이동의 수역에서는 행하지 아니한다.

(b) 선망 어업에 대하여는 망선 40톤 이상 100톤 이하

단, 본협정 서명일에 일본국에 현존하는 100톤 이상의 선망 망선 1척은 당분간 예외로 인정한다.

(c) 60톤 이상의 어선에 의한 고등어 낚시 어업에 대하여는 100톤 이하

3. 망목(해중에서의 내경으로 함)

(a) 50톤 미만의 어선에 의한 저인망 어업에 대하여는 33밀리미터 이상

(b) 50톤 이상의 어선에 의한 저인망 어업에 대하여는 54밀리미터 이상

(c) 선망 어업 중 전갱이 또는 고등어를 대상으로 하는 어망의 선망의 주요 부분에 대하여는 30밀리미터 이상

4. 집어등의 광력(발전기의 총 설비 용량)

(a) 선망 어업에 대하여는 1통 당 10킬로와트 이하의 동선 2척 및 7.5킬로와트 이하의 등선 1척으로 하고, 합계 27.5킬로와트 이하

(b) 60톤 이상의 어선에 의한 고등어 낚시 어업에 대하여는 10킬로와트 이하

5. 감찰 및 표지

(a) 공동규제수역 안에 출어하는 어선은 각 정부가 발급하는 감찰을 소지하고 또한 표지를 부착하여야 한다. 단, 선망 어업에 종사하는 어선에 대하여는 망선 이외의 어선은 감찰을 소지할 필요가 없으며, 또한 망선은 정표지, 망선 이외의 어선은 정표지에 부합하는 부표지를 각각 부착하여야 한다.

(b) 감찰 및 표지의 총수(저인망 어업 및 고등어 낚시 어업에 종사하는 어선에 대하여는 각 어선에 부착하는 2매의 표지를 하나로 계산하고, 선망 어업에 종사하는 어선에 대하여는 망선에 부착하는 2매의 정 표지를 하나로 계산함)는 잠정적 어업규제 조치의 대상이 되는 어업별로 당해 어업에 의한 저인망 어업에 대하여는 그 최고 출어 척수의 15퍼센트까지, 50톤 미만의 어선에 의한 저인망 어업에 대하여는 그 최고 출어 척수의 20퍼센트까지 각각 증가 발급할 수 있다.

(c) 표지의 양식 및 부착 장소는 양 체약국 정부 간의 협의에 의하여 정하여진다.

〈条約 第一六六号〉

大韓民国と日本国との間の漁業に関する協定

大韓民国及び日本国は,

両国が共通の関心を有する水域における漁業資源の最大の持続的生産性が維持されるべきことを希望し,

前記の資源の保存及びその合理的開発と発展を図ることが両国の利益に役立つことを確信し,

公海自由の原則がこの協定に特別の規定がある場合を除くほかは尊重されるべきことを確認し,

両国の地理的近接性と両国の漁業の交錯から生ずることのある紛争の原因を除去することが望ましいことを認め,

両国の漁業の発展のため相互に協力することを希望して, 次のとおり協定した.

第一条

1. 兩締約国は，それぞれの締約国が自国の沿岸の基線かた測定して十二海里までの水域を自国が漁業に関して排他的管轄權を行使する水域(以下「漁業に関する水域」とういう.)として設定する權利を有することを相互に認める.

ただし，一方の締約国がこの漁業に関する水域も設定に，際し直線基線を使用する場合には，その直線基線は，他方の締約国と協議の上決定するものとする.

2. 兩締約国は，一方の締約国が自国の漁業に関する水域において他方の締約国の漁船が漁業に從事することを排除することについて，相互に異議を申し立てない.

3. 兩締約国の漁業に関する水域が重複する部分については，その部分の最大の幅を示す直線を二等分する點とその重複する部分が終わる二點とをそれぞれ結ぶ直線により二分する.

第二条

兩締約国は，次の各線により圍まれる水域(領海及び大韓民国の漁業に関する水域を除く.)を共同規制水域として設定する.

(a) 北緯三十七度三十分以北の東経百二十四度の経線

(b) 次の各點を順次に結ぶ線

 (ⅰ) 北緯三十七度三十分と東経百二十四度との交點

 (ⅱ) 北緯三十六度四十五分と東経百二十四度三十分との交點

 (ⅲ) 北緯三十三度三十分と東経百二十四度三十分との交點

 (ⅳ) 北緯三十二度三十分と東経百二十六度との交點

 (ⅴ) 北緯三十二度三十分と東経百二十七度との交點

 (ⅵ) 北緯三十四度三十四分三十秒と東経百二十九度二分五十秒との交點

 (ⅶ) 北緯三十四度四十四分十秒と東経百二十九度八分との交點

 (ⅷ) 北緯三十四度五十五分と東経百二十九度十四分との交點

 (ⅸ) 北緯三十五度三十分と東経百三十度との交點

 (ⅹ) 北緯三十七度三十分と東経百三十一度十分との交點

 (ⅺ) 牛岩嶺高頂

第三条

　兩締約国は共同規制水域においては，漁業資源の最大の持続的生産性を確保するために必要とされる保存措置が十分な科学的調査に基づいて実施されるまでの間，底びき網漁業，まき網漁業及び六十トン以上の漁船によるさばつり漁業について，この協定の不可分の一部をなす附属書に掲げる暫定的漁業規制措置を実施する．（トンとは，總トン数によるものとし，船内居住區改善のための許容トン数を差し引いたトン数により表示する．）

第四条

　1．漁業に関する水域の外側における取締り（停船及び臨検を含む．）及び裁判管轄權は，漁船の属する締約国のみが行ない，及び行使する．

　2．いずれの締約国も，その国民及び漁船が暫定的漁業規制措置を誠実に遵守することを確保するため適切な指導及び監督を行ない，違反に対する適当な罰則を含む国内措置を実施する．

第五条

　共同規制水域の外側に共同資源調査水域が設定される．その水域の範圍及びその水域内で行なわれる調査については，第六条に定める漁業共同委員会が行なうべき勧告に基づき，兩締約国間の協議の上決定される．

第六条

　1．兩締約国は，この協定の目的を達成するため，韓日漁業共同委員会（以下「委員会」という．）を設置し，及び維持する．

　2．委員会は，二の国別委員部で構成し，各国別委員部は，それぞれの締約国の政府が任命する三人の委員で構成する．

　3．委員会のすべての決議，勧告その他の決定は，国別委員部の間の合意によってのみ行なうものとする．

　4．委員会は，その会議の運営に関する規則を決定し，必要があるときは，これを修

正することができる.

5. 委員会は, 毎年少なくとも一回会合し, また, そのほかに一方の国別委員部の要請により会合することができる. 第一回会議の期日及び場所は両締約国の間の合意で決定する.

6. 委員会はその第一回会議において, 議長及び副議長を異なる国別委員部から選定する. 議長及び副議長の任期は, 一年とする. 国別委員部からの議長及び副議長の選定は, 各年においてそれぞれの締約国がそれらの地位に順番に代表されるように行なうものとする.

7. 委員会の下に, その事務を遂行するため常設の事務局が設置される.

8. 委員会の公用語は韓国語及び日本語とする. 提案及び資料は, いずれの公用語によっても提出することができ, また, 必要に応じ, 英語によっても提出することができる.

9. 委員会がその共同の経費を必要と認めたときは, 委員会が勧告し, かつ, 両締約国が承認する形式及び割合において両締約国が負担する分担金により委員会が支払うものとする.

10. 委員会は, その共同の経費のための資金の支出を委任することができる.

第七条

1. 委員会は, 次の任務を遂行する.

(a) 両締約国が共通の関心を有する水域における漁業資源の研究のため行なう科学的調査について, 並びにその調査及び研究の結果に基づき執られるべき共同規制水域内における規制措置について両締約国に勧告する.

(b) 共同資源調査水域の範囲について両締約国に勧告する.

(c) 必要に応じ, 暫定的漁業規制措置に関する事項につき検討し, 及びその結果に基づき執られるべき措置(当該規制措置の修正を含む.)について両締約国に勧告する.

(d) 両締約国の漁船間の漁業の安全及び秩序に関する必要な事項並びに海上における両締約国の漁船間の事故に対する一般的な取扱方針につき検討し, 並びに

その結果に基づき執られるべき措置について兩締約国に勧告する.

(e) 委員会の要請に基づいて兩締約国が提供すべき資料, 統計及び記録を編集し, 及び研究する.

(f) この協定の違反に関する同等の刑の細目の制定について審議し, 及び兩締約国に勧告する.

(g) 毎年委員会の事業報告を兩締約国に提出する.

(h) そのほか, この協定の実施に伴う技術的な諸問題につき検討し, 必要と認めるときは, 執られるべき措置について兩締約国に勧告する.

2. 委員会は, その任務を遂行するため, 必要に応じ, 専門家をもって構成される下部機構を設置することができる.

3. 兩締約国政府は, 1の規定に基づき行なわれた委員会の勧告をできる限り尊重するものとする.

第八条

1. 兩締約国は, それぞれ自国の国民及び漁船に対し, 航行に関する国際慣行を遵守させるため, 兩締約国の漁船間の操業の安全を図り, かつ, その正常な秩序を維持するため, 及び海上における兩締約国の漁船間の事故の圓滑かつ迅速な解決を図るために適切と認める措置を執るものとする.

2. 1に掲げる目的のため, 兩締約国の関係当局は, できる限り相互に密接に連絡し, 協力するものとする.

第九条

1. この協定の解釋及び実施に関する兩締約国間の紛争は, まず, 外交上の経路を通じて解決するものとする.

2. 1の規定により解決することができなかった紛争は, いずれか一方の締約国の政府が他方の締約国の政府から紛争の仲裁を要請する公文を受領した日から三十日の期間内に各締約国政府が任命する各一人の仲裁委員と, こうして選定された二人の仲裁委員が当該機関の後の三十日の期間内に合意する第三の仲裁委員又は当該期間

内にその二人の仲裁委員が合意する第三国の政府が指名する第三の仲裁委員との三人の仲裁委員からなる仲裁委員会に決定のため付託するものとする．ただし，第三の仲裁委員は，兩締約国のうちいずれかの国民であってはならない．

3. いずれか一方の締約国の政府が当該期間内に仲裁委員を任命しなかったとき，又は第三の仲裁委員若しくは第三国について当該期間内に合意されなかったときは，仲裁委員会は，兩締約国政府のそれぞれが三十日の期間内に選定する国の政府が指名する各一人の仲裁委員とそれらの政府が協議により決定する第三国の政府が指名する第三の仲裁委員をもって構成されるものとする．

4. 兩締約国政府は，この条の規定に基づく仲裁委員会の決定に服するものとする．

第十条

1. この協定は，批准されなければならない．批准書はできる限りすみやかにソウルで交換させるものとする．この協定は，批准書の交換の日に効力を生ずる．

2. この協定は，五年間効力を存続し，その後は，いずれか一方の締約国が他方の締約国にこの協定を終了させる意思を通告する日から一年間効力を存績する．以上の証拠として，下名は，各自の政府からこのために正当な委任を受け，この協定を署名した．

千九百六十五年六月二十二日に東京で，ひとしく正文でる韓国語及び日本語より本書二通を作成した．

大韓民国のために　　　　　　　　　　日本国のために

（署名）　이동원　　　　　　　　　　（署名）　椎名悦三郎

　　　　　김동조　　　　　　　　　　　　　　　高杉晋一

附属書

この協定の第三条に定める暫定的漁業規制措置は，両締約国のそれぞれに適用されるものとし，その内容は，次のとおりとする．

1．最高出漁隻数又は統数(共同規制水域内における操業のため証明書を所持し，かつ，標識を附着して同時に同水域内に出漁している漁船の隻数又は統数の最高限度をいう.)

(a) 十五トン未満の漁船による底びき網漁業については百十五隻

(b) 十五トン以上の漁船による底びき網漁業については

　(i) 十一月一日から翌年の四月三十日までの期間におては二百七十隻

　(ii) 五月一日から十月三十一日までの期間においては百隻

(c) まき網漁業については

　(i) 一月十六日から五月十五日までの期間においては六十統

　(ii) 五月十六日から翌年の一月十五日までの期間においては百二十統

(d) 六十トン以上の漁船によるさばつり漁業については十五隻

ただし，操業期間は六月一日から十二月三十一日までとし，操業区域は大韓民国の慶尚北道と慶尚南道との境界線と海岸線との交点と北緯三十五度三十分と東経百三十度との交点とを結ぶ直線以南(ただし，済州島の西側においては北緯三十三度三十分以南)の水域とする.

(e) 大韓民国の漁船と日本国の漁船との漁獲能力の格差がある間，大韓民国の出漁隻数又は統数は，両締約国政府間の協議により この協定の最高出漁隻数又は統数を基準とし，その格差を考慮して調整される.

2．漁船種類

(a) 底びき網漁業のうち

　(i) トロール漁業以外のものについては三十トン以上百七十トン以下

　(ii) トロール漁業については百トン以上五百五十トン以上

　　ただし，五十トン以上の漁船による底びき網漁業(大韓民国が日本海において認めている六十トン未満の漁船によるえび底びき網漁業を除く.)は，東経百二十八度以東の水域においては，行なわないこととする.

(b) まき網漁業については網船四十トン以上百トン以下

ただし，この協定の署名の日に日本国に現存する百トン以上のまき網網船一隻は，当分の間例外として認められる.

(c) 六十トン以上の漁船によるさばつり漁業については百トン以下

　　3．網目(海中における内径とする.)
　　　(a) 五十トン未満の漁船による底びき網漁業については三十三ミリメートル以上
　　　(b) 五十トン以上の漁船による底びき網漁業については五十四ミリメートル以上
　　　(c) まき網漁業のあじ又はさばを対象とする漁業の身網の主要部分については三十
ミリメートル以上

　　4．集魚燈の光力(発電機の總設備容量)
　　　(a) まき網漁業については一統につき，十キロワット以下の灯船二隻及び七，五キ
ロワット以下の灯船一隻とし，計二十七.五キロワット以下
　　　(b) 六十トン以上の漁船によるさばつり漁業については十キロワット以下

　　5．証明書及び標識
　　　(a) 共同規制水域内に出漁する漁船は，それぞれの政府が発給する証明書を所持
し，かつ，標識を附着するものとする．ただし，まき網漁業に従事する漁船について
は，漁船以外の漁船は証明書を所持する必要はなく，また，網船は正の標識を，網船
以外の漁船は正の標識に符合する副の標識をそれぞれ附着するものとする．
　　　(b) 証明書及び標識の總数(底びき網漁業及びさばつり漁業に従事する漁船については
各漁船に附着される二枚の標識を一として計算し，まき網漁業に従事する漁船については網
船に附着される二枚の正の標識を一として計算する．)は，暫定的漁業規制措置の対象と
する漁業別に当該漁業に関する最高出漁隻数及び統数と同数とする．ただし，漁業の
実態にかんがみ，五十トン以上の漁船による底びき網漁業についてはその最高出漁
隻数の十五パーセントまで，五十トン未満の漁船による底びき網漁業についてはそ
の最高出漁隻数の二十パーセントまで，それぞれ増加発給することができる．
　　　(c) 標識の様式及び附着場所は，両締約国政府間の協議により定められる．

4-1-6. 어업에 관한 협정에 대한 합의의사록

〈조약 제167호〉

대한민국과 일본국 간의 어업에 관한 협정에 대한 합의의사록

대한민국 정부 대표 및 일본국 정부 대표는 금일 서명된 대한민국과 일본국 간의 어업에 관한 협정에 관하여 다음 양해에 도달하였다.

1. 감찰 및 표지에 관하여

 (a) 양국 정부는 감찰 및 표지가 항구 안에서의 경우를 제외하고는 해상에서 어느 어선으로부터 다른 어선에 인도되는 일이 없도록 행정 지도를 한다.

 (b) 일방국의 정부는, 자국의 출어 어선의 정오 위치 보고에 의거하여 어업별 출어 상황을 월별로 집계하여 매년 적어도 4회 타방국의 정부에 통보한다.

2. 연간 총 어획 기준량에 관하여

 (a) 공동규제수역 안에서의 저인망 어업, 선망 어업 및 60톤 이상의 어선에 의한 고등어 낚시 어업에 의한 연간 총 어획 기준량은 15만 톤(상하 10퍼센트의 변동이 있을 수 있음)으로 하고, 일본국에 대하여는 이 15만 톤의 내역을, 50톤 미만의 어선에 의한 저인망 어업에 대하여는 1만 톤, 50톤 이상의 어선에 의한 저인망 어업에 대하여는 11만 톤으로 한다. 연간 총 어획 기준량은 최고 출어 척수 또는 통수에 의하여 조업을 규제함에 있어서 지표가 되는 수량으로 한다.

 어느 국가의 정부도 공동규제수역 안에서의 저인망 어업, 선망 어업 및 60톤 이상의 어선에 의한 고등어 낚시 어업에 의한 연간 총 어획량이 15만 톤을 초과하리라고 인정하는 경우에는, 어기 중이라도 연간 총 어획량을 16만 5천 톤 이하로 그치게 하기 위하여 출어 척수 또는 통수를 억제하도록 행정 지도를 한다.

 (b) 어느 국가의 정부도 잠정적 어업규제 조치의 적용의 대상이 되는 어업에 종사하는 자국의 어선이 공동규제수역 안에서 어획한 어획물을 양육하여야 할 항구를 지정한다.

(c) 어느 국가의 정부도 자국의 출어 어선에 의한 공동규제수역 안에서의 어획량의 보고 및 양육항에서의 조사를 통하여 어획량을 월별로 집계하여 그 결과를 매년 적어도 4회 타방국 정부에 통보한다.

(d) 어느 국가의 정부도 타방국 정부의 공무원이 3 (c)의 시찰을 행함에 있어서 당해 타방국 정부의 요청이 있을 때에는 그 공무원에 대하여 잠정적 어업규제 조치의 적용 대상이 되고 있는 자국의 어선에 의한 어획물의 양육 상황을 시찰시키기 위한 편의도 가능한 한 제공하며 또한 어획량의 보고 및 집계의 상황에 대하여 가능한 설명이 행하여 지도록 한다.

3. 잠정적 어업규제 조치에 관한 단속 및 위반에 관하여

(a) 일방국의 감시 선상에 있는 권한 있는 공무원은 타방국의 어선이 현재 잠정적 어업규제 조치를 분명히 위반하고 있다고 믿을 만한 상당한 이유가 있는 사실을 발견하였을 때에는, 곧 이를 그 어선이 속하는 국가의 감시 선상에 있는 권한 있는 공무원에게 통보할 수 있다.

당해 타방국 정부는 당해 어선의 단속 및 이에 대한 관할권을 행사함에 있어서 그 통보를 존중하며, 그 결과 취하여진 조치를 당해 일방국 정부에 통보한다.

(b) 양국의 감시선은 잠정적 어업규제 조치에 관하여 각각 자국 어선에 대한 단속을 실시함에 있어서 이를 원만하고 효과적으로 행하기 위하여 필요에 따라, 사전에 양국의 관계 당국 간에서 협의되는 바에 따라 상호 제휴하여 순시하고, 또한 긴밀한 연락을 유지할 수 있다.

(c) 어느 국가의 정부도 타방국 정부의 요청이 있을 때에는 잠정적 어업규제 조치에 관한 자국 안에서의 단속의 실시 상황을 시찰할 수 있도록, 이를 위하여 특히 권한을 부여 받은 타방국 정부의 공무원에 대하여, 가능한 한 편의를 제공한다.

(d) 어느 국가의 정부도 타방국 정부의 요청이 있고 또한 이를 적당하다고 인정할 때에는, 잠정적 어업규제 조치에 관하여 자국 어선에 대한 단속을 실시함에 있어서 그 실정을 시찰하게 하기 위하여 당해 타방국 정부의 공무원을 오로지 어업의 단속에 종사하는 자국의 감시선에 승선시키기 위한 편의를 상호 가능한 한 제공한다.

4. 한일어업공동위원회에 관하여

한일어업공동위원회는 상설 사무국의 사무국장을 매년 연차 회의의 폐회 전에 익년의 정기 연차 회의가 개최될 체약국의 국별 위원부의 위원 중에서 선임한다. 사무국장의 임기는 1년으로 한다. 사무국장은 자국의 관계 당국의 보좌를 받으며, 또한 필요에 따라 자국에 주재하는 타방 체약국의 권한있는 공무원의 원조를 받아 위원회의 회의 개최 준비를 포함한 기타의 필요한 사무국의 사무를 수행한다.

5. 중재위원회에 관하여

협정 제9조 3에서 규정한 양국 정부가 각각 선정하는 국가 및 이들 국가의 정부가 협의에 의하여 결정하는 제3국은 대한민국 및 일본국의 양국과 외교관계가 있는 국가 중에서 선정한다.

6. 감시선 간의 출어 상황의 정보 제공에 관하여

일방국의 감시선은 공동규제수역 안에서 어선의 출어 상황에 대하여 필요하다고 인정할 때에는, 타방국 감시선에 대하여 필요한 정보를 제공하도록 요청할 수 있으며 당해 타방국 감시선은 가능한 한 이에 응한다.

7. 연안 어업에 관하여

양국 정부는 연안 어업(저인망 어업, 선망 어업 및 60톤 이상의 어선에 의한 고등어 낚시 어업을 제외함)의 조업 실태에 관하여 정보를 교환하고, 어장 질서를 유지하기 위하여 필요할 때에는 상호 협의한다.

8. 국내 어업금지수역 등의 상호존중에 관하여

(a) 대한민국 정부가 현재 설정하고 있는 저인망 어업 및 트롤 어업에 관한 어업 금지수역과 일본국 정부가 현재 설정하고 있는 저인망 어업 및 선망 어업에 관한 어업 금지수역과 저인망 어업에 관한 동경 128도, 동경 128도 30분, 북위 33도 9분 15초 및 북위 25도의 각 선으로 둘러싸인 수역에 관하여, 양국 정부가 각각 상대국의 수역에서 당해 어업에 자국 어선이 종사하지 아니하도록 하기 위하여 필요한 조치를 취한다.

(b) 대한민국 정부가 전기한 대한민국의 어업금지수역 안의 황해 부분에서, 대한민국의 50톤 미만의 어선에 의한 저인망 어업 및 동 수역 안의 동해 부분에서 대한민국의 새우 저인망 어업에 관하여 실시하고 있는 제도는 예외적으로 인정된다.

(c) 일방국의 감시 선상에 있는 권한 있는 공무원이 (a)에서 열거한 동국의 수역에서 타방국의 어선이 조업하고 있음을 발견하였을 경우에는, 그 사실에 관하여 당해 어선에 주의를 환기시키고 또한 조속히 이를 당해 타방국의 감시 선상에 있는 권한 있는 공무원에게 통보할 수 있다.

당해 타방국 정부는 당해 어선의 단속 및 이에 대한 관할권을 행사함에 있어서 그 통보를 존중하며, 그 결과 취하여진 조치를 당해 일방국 정부에 통보한다.

9. 무해통항에 관하여

영해 및 어업에 관한 수역에서의 무해통항(어선은 어구를 격납한 경우에 한함)은 국제법규에 따르는 것임이 확인된다.

10. 해난 구조 및 긴급 피난에 관하여

양국 정부는 양국의 어선의 해난 구조 및 긴급 피난에 대하여 가능한 한 조속히 약정한다. 그 약정이 양국 정부 간에 이루어지기 전에도 양국 정부는 양국 어선의 해난 구조 및 긴급 피난에 대하여 국제관행에 따라 가능한 한 적절한 구조 및 보호를 한다.

1965년 6월 22일
토오쿄오에서

〈条約第一六七号〉

大韓民国と日本国との間の漁業に関する協定についての合意された議事録

大韓民国政府代表及び日本国政府代表は, 本日署名された大韓民国と日本国との間の漁業に関する協定に関して次の了解に到達した.

1．証明書及び標識に関し，

　(a) 両国政府は，証明書及び標識が，港内における場合を除き，海上において一の漁船から他の漁船に引き渡されることがないように行政指導を行なう．

　(b) 一方の国の政府は，自国の出漁漁船の正午位置報告に基づき漁業別出漁状況を月別に集計して毎年少なくとも四回他方の国の政府に通報する．

2．年間総漁獲基準量に関，

　(a) 共同規制水域内における底びき網漁業，まき網漁業及び六十トン以上の漁船によるさばつり漁業にする年間総漁獲基準量は，十五万トン(上下十パーセントの変動がありうる．)とし，日本国についてはこの十五万トンの内譯は，五十トン未満の漁船による底びき網漁業については一万トン，五十トン以上の漁船による底びき網漁業については三万トン及びまき網漁業と六十トン以上の漁船によるさばつり漁業については十一万トンであるものとする．年間総総漁獲基準量は，最高出漁隻数又は統数によって標識を規制するに当たり指標となる数量であるものとする．いずれの国の政府も，共同規制水域内における底びき網漁業，まき網漁業及び六十トン以上の漁船によるさばつり漁業による年間総漁獲量が十五万トンを超過すると認める場合には，漁期中においても年間総漁獲量を十六万五千トン以下にとどめるため出漁隻数又は統数を抑制するよう行政指導を行なう．

　(b) いずれの国の政府も，暫定的漁業規制措置の適用の対象となる漁業に従事する自国の漁船が共同規制水域内において漁獲した漁獲物を水揚げすべき港を指定する．

　(c) いずれの国の政府も，自国の出漁漁船による共同規制水域内におけるその漁獲量の報告及び水揚港における調査を通じ，漁獲量を月別に集計し，その結果を毎年少なくとも四回他方の国の政府に通報する．

　(d) いずれの国の政府も，他方の国の政府の公務員が3(e)の視察を行なう際に，当該他方の国の政府の要請があったときは，その公務員に対し，暫定的漁業規制措置の適用の対象となっている自国の漁船による漁獲物の水揚状況を視察させるための便宜をもあわせてできる限り与え，また，漁獲量の報告及び集計の状況についてできる限り説明が行なわれてるよう取り計らう．

3．暫定的漁業規制措置に関する取締り及び違反に関し，

　　(a) 一方の国の監視船上にある権限を有する公務員は，他方の国の漁船が現に暫定的漁業規制措置に明らかに違反していると信ずるに足る相当の理由のある事実を発見したときは，直ちにこれをその漁船の属する国の監視船上にある権限を有する公務員に通報することができる．当該他方の国の政府は，当該漁船の取締り及びこれに対する管轄権の行使に当たってその通報を尊重することとし，その結果執られた措置を当該一方の国の政府に対し通報する．

　　(b) 両国の監視船は，暫定的漁業規制措置に関してそれぞれ自国の漁船に対して行なう取締りの実施に当たり，その取締りを円滑かつ効果的に行なうため，必要に応じ，あらかじめ両国の関係当局間において協調されたところに従い，相互に連携して巡視し，かつ, 緊密な連絡を保持することができる

　　(c) いずれの国の政府も，他方の国の政府の要請があったときは，暫定的漁業規制 措置に関し，自国内における取締りの実施状況を視察させるための便宜を，このために特に権限を与えられた他方の国の政府の公務員に対し，できる限り与える．

　　(d) いずれの国の政府も，他方の国の政府の要請があり，かつ，これを適当と認めるときは，暫定的漁業規制措置に関して自国がその漁船に対して行なう取締りの実施に当たり，その実情の視察のため，当該他方の国の政府の公務員をもっぱら漁業の取締りに従事する自国の監視船に乗船させるための便宜を相互にできる限り与える．

4. 韓日漁業共同委員会に関し，

　　韓日漁業共同委員会は，その常設の事務局の事務局長を，毎年の定例年次会議の閉会前に，翌年の定例年次会議が開催される締約国の国別委員部の委員の中から選任する．事務局長の任期は，一年とする．事務局長は，自国の関係当局の補佐を受け，及び，必要に応じ，自国に駐在する他方の締約国の権限を有する公務員の援助を受けて，委員会の会議の開催準備を含め，その他の必要な事務局の事務を遂行する．

5. 仲裁委員会に関し，

　　協定第九条3にいう両国政府のそれぞれが選定する国及びそれらの国の政府が協

議により決定する第三国は, 大韓民国及び日本国の双方と外交関係を有する国のうちから選ばれるものとする.

6. 監視船間の出漁状況の情報提供に関し,

一方の国の監視船は, 共同規制水域内における漁船の出漁状況につき必要と認めるときは, 他方の国の監視船に対して必要な情報を提供するよう要請することができ, 当該他方の国の監視船は, できる限りこの要請に応ずるものとする.

7. 沿岸漁業に関し,

両国政府は, 沿岸漁業(底びき網漁業, まき網漁業及び 六十トン以上の漁船によるさばつり漁業を除く)の操業の実態に関して情報の交換を行ない, 漁場秩序を維持するため必要なときは, 相互に協議を行なう.

8. 国内漁業禁止水域等の相互尊重に関し,

(a) 大韓民国政府が現在設定している底びき網漁業及びトロール漁業についての漁業禁止水域と日本国政府が現在設定している底びき網漁業及びまき網漁業についての漁業禁止水域並びに底びき網漁業についてての東経百二十八度, 東経百二十八度三十分, 北緯三十三度九分十五秒及び北緯二十五度の各線で囲まれた水域とに関し 両国政府は, それぞれ相手国のこれらの水域において当該漁業に自国の漁船が従事しないようにするため必要な措置を執る.

(b) 大韓民国政府が前記の大韓民国の漁業禁止水域内の 黄海の部分において大韓民国の五十トン未満の漁船による 底びき網漁業及び同水域内の日本海の部分において 大韓民国のえび底びき網漁業に関して 実施している制度は, 例外的に認められる.

(c) 一方の監視船上にある権限を有する公務員が(a)に揚げるその国の水域において他方の国の漁船が操業していることを発見した場合には, その事実につき当該漁船の注意を喚起するとともに, すみやかにその旨を当該他方の国の監視船上にある権限を有する公務員に通報することができる.

1321　当該他方の国の政府は，当該漁船の取締り及びこれに対する管轄権の行使に当たって，その通報を尊重することとし，その結果執られた措置を当該一方の国の政府に対し通報する．

9. 無害通航に関し，

領海及び漁業に関する水域における無害通航(漁船は漁具を格納した場合に限る)は，国際法規にするものであることが確認される．

10. 海難救助及び緊急避難に関し

両国政府は，両国の漁船の海難救助及び緊急避難に関し，できる限りすみやかに取極を行なうものとする．

1322　その取極が両国政府の間で行なわれる前においても両国政府は，両国の漁船の海難援助及び緊急避難について国際慣行に従ってできる限り適切な救助及び保護を与えるものとする．

4-1-7. 직선기선 사용의 협의에 관한 교환공문

1323 〈조약 제168호〉

직선기선 사용의 협의에 관한 교환공문

[한국 측 서한]

1965년 6월 22일
토오쿄오에서

각하,

본관은 금일 서명된 대한민국과 일본국 간의 어업에 관한 협정에 언급하여, 대한민국 정부가 대한민국의 어업에 관한 수역의 설정에 관하여 다음의 직선기선을 결정할 의향임을 언명하는 영광을 가집니다.

(1) 장기갑 및 달만갑의 각각의 돌단을 연결하는 직선에 의한 만구의 폐쇄선
(2) 화암추 및 범월갑의 각각의 돌단을 연결하는 직선에 의한 만구의 폐쇄선
(3) 1.5미이터암, 생도, 홍도, 간여암, 상백도 및 거문도의 각각의 남단을 차례로 연결하는 직선
(4) 소령도, 서격열비도, 어청도, 직도, 상왕등도 및 청도(안마군도)의 각각의 서단을 차례로 연결하는 직선

본관은 각하가 일본국 정부를 대신하여 전기의 직선기선의 결정에 대하여 일본국 정부로서 이의가 없음을 확인하면 대한민국 정부는 이 문제에 대하여 일본국 정부와의 협의가 종료한 것으로 간주할 것임을 언명하는 영광을 가집니다.

각하에게 새로이 본관의 변함없는 경의를 표하는 바입니다.

외무부 장관

일본국 외무대신
　　시이나 에쓰사부로오
　　　외무성
　　　　토오쿄오

[일본 측 회한]

(역문)

1965년 6월 22일

각하,

본 대신은 금일 자의 각하의 다음 서한을 접수한 것을 확인하는 영광을 가집니다.

".........

(한국 측 서한)

........."

본 대신은 대한민국 정부가 동국의 어업에 관한 수역의 설정에 관하여 전기의 직선 기선을 결정하는 데 대하여 일본국 정부로서 이의가 없음을 알리는 영광을 가집니다.

본 대신은 각하에 대하여 변함없는 경의를 표하는 바입니다.

일본국 외무대신 시이나 에쓰사부로오

대한민국 외무부 장관 이동원 각하

〈条約第一六八号〉

直線基線使用の協議に関する交換公文

(韓国側書簡)

(訳文)

　書簡をもって啓上いたします。本長官は、本日署名された大韓民国と日本国との間の漁業に関する協定に言及し、大韓民国政府が大韓民国の漁業に関する水域の設定に関して次の直線基線を決定する意向であることを申し述べる光栄を有します。

　(1) 長鬐岬及び達萬岬のそれぞれの突端と結ぶ直線による湾口の閉鎖線

　(2) 花岩楸及び凡月岬のそれぞれの突端を結ぶ直線による湾口の閉鎖線

　(3) 一・五メートル岩、生島、鴻島、于汝岩、上白島及び巨文島

　(4) 小鈴島、西格列飛島、於青島、稷島、上旺嶝島及び横島(鞍馬群島)のそれぞれの西端を順次に結ぶ直線

　本長官は、閣下が前記の直線基線の決定について日本国政府として異議がないこ

とを日本国政府に代わって確認されれば，大韓民国政府は，この問題についての日本国政府との協議が終了したものとみなすことを申し述べる光栄を有します．

　本長官は，以上を申し進めるに際し，ここに重ねて閣下に向かって敬意を表します．
　千九百六十五年六月二十二日

外務部長官　李東元

日本国外務大臣　椎名悦三郎閣下

（日本側書簡）

　書簡をもって啓上いたします．本大臣は，本日付けの閣下の次の書簡を受領したことを確認する光栄を有します．

（韓国側書簡）

　本大臣は，大韓民国政府が大韓民国の漁業に関する水域の設定に関して前記の直線基線を決定されることについて日本国政府として異議がないことを申し述べる光栄を有します．

　本大臣は，以上を申し進めるに際し，ここに重ねて閣下に向かって敬意を表します．
　千九百六十五年六月二十二日

日本国外務大臣　椎名悦三郎

大韓民国外務部長官　李東元閣下

4-1-8. 제주도 양측의 어업에 관한 수역에 관한 교환공문

〈조약 제169호〉

제주도 양측의 어업에 관한 수역에 관한 교환공문

[한국 측 서한]

1965년 6월 22일
토오쿄오에서

각하,

본관은 금일 서명된 대한민국과 일본국 간의 어업에 관한 협정에 언급하며, 양국 정부 대표 간에 도달된 다음의 양해를 확인하는 영광을 가집니다.

잠정적 조치로서, 대한민국이 설정하는 어업에 관한 수역을 구획하는 선과 다음 각 선에 의하여 둘러싸이는 수역이 당분간 대한민국의 어업에 관한 수역에 포함된다.

(1) 북위 33도 48분 15초와 동경 127도 21분의 교점, 북위 33도 47분 30초와 동경 127도 13분의 교점 및 우도의 진동 12해리의 점을 차례로 연결하는 직선

(2) 북위 33도 56분 25초와 동경 125도 55분 30초의 교점과 북위 33도 24분 20초와 동경 125도 56분 20초의 교점을 연결하는 직선

위의 양해를 일본국 정부를 대신하여 확인하는 각하의 회한을 접수할 때에는 대한민국 정부는 본 서한과 각하의 회한이 상기 협정의 발효 일자에 효력이 발생하는 양국 정부 간의 합의를 구성하는 것으로 간주할 것입니다.

각하에게 새로이 본관의 변함없는 경의를 표하는 바입니다.

외무부 장관
(서명) 이동원

일본국 외무대신
시이나 에쓰사부로오 각하

1329   [일본 측 회한]

(역문)

1965년 6월 22일

각하,

본 대신은 금일 자의 각하의 다음 서한을 접수한 것을 확인하는 영광을 가집니다.
".........

(한국 측 서한)

........."

본 대신은 상기 양해가 일본국 정부의 양해이며 또한 일본국 정부가 각하의 서한 및 이 회한을 상기 협정의 발효 일자에 효력이 발생하는 양국 정부 간의 합의를 구성하는 것으로 간주할 것임을 확인하는 영광을 가집니다.

본 대신은 새로이 각하에게 변함없는 경의를 표하는 바입니다.

일본국 외무대신
(서명) 시이나 에쓰사부로오

대한민국 외무부 장관 이동원 각하

1330   〈条約第一六九号〉

(済州島両側の漁業に関する水域に関する交換公文)

(韓国側書簡)

(訳文)

書簡をもって啓上いたします. 本長官は, 本日署名された大韓民国と日本国との間の漁業に関する協定に言及し, 両国政府の代表の間で到達された次の了解を確認する光栄を有します.

暫定的措置として, 大韓民国が設定する漁業に関する水域を画する線と次のそれぞれの線とにより囲まれる水域は, 当分の間大韓民国の漁業に関する水域に含まれることとする.

(1) 北緯三十三度四十八分十五秒と東経百二十七度二十一分との交点，北緯三十三度四十七分三十秒と東経百二十七度十三分との交点及び牛島の東経十二海狸の点を順次結ぶ直線

(2) 北緯三十三度五十六分二十五秒と東経百二十五度五十五分三十秒との交点と北緯三十三度二十四分二十秒と東経百二十五度五十六分二十秒との交点を結ぶ直線

前記の了解を日本国政府に代わって確認される閣下の返簡を受領したときは，大韓民国政府は，この書簡及び閣下の返簡が前記の協定の効力発生の日に効力を生ずる両国政府間の合意を構成するものとみなします．

本長官は，以上を申し進めるに際し，ここに重ねて閣下に向かって敬意を表します．

千九百六十五年六月二十二日

外務部長官 李東元

日本国外務大臣 椎名悦三郎閣下

（日本側書簡）

書簡をもって啓上いたします．本大臣は，本日付けの閣下の次の書簡を受領したことを確認する光栄を有します．

（韓国側書簡）

本大臣は，前記の了解が日本国政府の了解でもあること並びに日本国政府が閣下の書簡及びこの返簡を前記の協定の効力発生の日に効力を生ずる両国政府間の合意を構成するものとみなすことを確認する光栄を有します．

本大臣は，以上を申し進めるに際し，ここに重ねて閣下に向かって敬意を表します．

千九百六十五年六月二十二日

日本国外務大臣 椎名悦三郎

大韓民国外務部長官 李東元閣下

4-1-9. 어업협력에 관한 교환공문

〈조약 제170호〉

어업협력에 관한 교환공문

[한국 측 서한]

1965년 6월 22일
토오쿄오에서

각하,

본관은 금일 서명된 대한민국과 일본국 간의 어업에 관한 협정에 언급하여, 양국 정부 대표간에 도달된 다음의 양해를 확인하는 영광을 가집니다.

양국 정부는 양국 어업의 발전과 향상을 도모하기 위하여 기술 및 경제 분야에서 가능한 한 상호 밀접하게 협력한다.

이 협력에는 다음을 포함한다.

(1) 어업에 관한 정보 및 기술의 교환
(2) 어업 전문가 및 기술자의 교류

위의 양해를 일본국 정부를 대신하여 확인하는 각하의 회한을 접수할 때에는 대한민국 정부는 본 서한과 각하의 회한이 상기 협정의 발효 일자에 효력이 발생하는 양국 정부 간의 합의를 구성하는 것으로 간주할 것입니다.

각하에게 새로이 본관의 변함없는 경의를 표하는 바입니다.

외무부 장관
(서명) 이동원

일본국 외무대신
시이나 에쓰사부로오 각하

[일본 측 회한]

(역문)

1965년 6월 22일

각하,

본 대신은 금일 자의 각하의 다음 서한을 접수하였음을 확인하는 영광을 가집니다.

"………

(한국 측 서한)

………"

본 대신은 상기 양해가 일본국 정부의 양해이며 또한 일본국 정부는 이 회한과 각하의 서한이 상기 협정의 발효 일자에 효력이 발생하는 양국 정부 간의 합의를 구성하는 것으로 간주할 것임을 확인하는 영광을 가집니다.

본 대신은 각하에게 변함없는 경의를 표하는 바입니다.

일본국 외무대신

(서명) 시이나 에쓰사부로오

대한민국 외무부 장관 이동원 각하

〈条約第一七十号〉

(韓国側書簡)

(訳文)

書簡をもって啓上いたします. 本長官は, 本日署名された大韓民国と日本国との間の漁業に関する協定に言及し, 両国政府の代表の間で到達された次の了解を確認する光栄を有します.

両国政府は, 両国の漁業の発展と向上を図るため, 技術及び経済の分野においてできる限り相互に密接に協力するものとする.

この協力のうちには, 次のことが含まれる.

(1) 漁業に関する情報及び技術を交換すること．

(2) 漁業専門家及び技術者を交流させること．

　前記の了解を日本国政府に代わって確認される閣下の返簡を受領したときは，大韓民国政府は，この書簡及び閣下の返簡が前記の協定の効力発生の日に効力を生ずる両国政府間の合意を構成するものとみなします．

　本長官は，以上を申し進めるに際し，ここに重ねて閣下に向かって敬意を表します．
　千九百六十五年六月二十二日

外務部長官　李東元

日本国外務大臣　椎名悦三郎閣下

（日本側書簡）

　書簡をもって啓上いたします．本大臣は，本日付けの閣下の次の書簡を受領したことを確認する光栄を有します．

（韓国側書簡）

　本大臣は，前記の了解が日本国政府の了解でもあること並びに日本国政府が閣下の書簡及びこの返簡が前記の協定の効力発生の日に効力を生ずる両国政府間の合意を構成するものとみなすことを確認する光栄を有します．

　本大臣は，以上を申し進めるに際し，ここに重ねて閣下に向かって敬意を表します．
　千九百六十五年六月二十二日

日本国外務大臣　椎名悦三郎

大韓民国外務部長官　李東元閣下

4-1-10. 어업 표지에 관한 교환공문

〈조약 제171호〉

표지에 관한 교환공문

[일본 측 서한]

(역문)

1965년 6월 22일

각하,

본관은 일본국과 대한민국 간의 어업에 관한 협정의 부속서에 규정된 표지의 양식 및 부착 장소에 대하여 양국 정부 대표 간에 도달된 다음 양해를 확인하는 영광을 가집니다.

1. 표지에는 어선의 국적을 표시하는 약자 및 어업 종류와 근거지 항을 식별할 수 있는 번호를 부여하고, 그 양식은 별지와 같이 한다.
2. 표지에는 야간에 있어서도 전기의 약자 및 번호를 식별할 수 있는 도료를 칠한다.
3. 모든 표지에는 각 정부의 발급증 인을 날인한다.
4. 표지의 부착 장소는 선교 양측 위의 보이기 쉬운 곳으로 한다.

위의 양해를 대한민국 정부를 대신하여 확인하는 각하의 회한을 접수할 때에는 일본국 정부는 본 서한과 각하의 회한이 상기 협정 발효 일자에 효력이 발생하는 양국 정부 간의 합의를 구성하는 것으로 간주할 것입니다.

각하에게 새로이 본관의 변함없는 경의를 표하는 바입니다.

일본국 외무대신
(서명) 시이나 에쓰사부로오

대한민국 외무부 장관 이동원 각하

[한국 측 회한]

1965년 6월 22일
토오쿄오에서

각하,

본관은 금일 자의 각하의 다음과 같은 서한을 접수한 것을 확인하는 영광을 가집니다.
".........

(일본 측 서한)

........."

본관은 위의 양해가 대한민국 정부의 양해이며 또한 대한민국 정부는 이 회한과 각하의 서한이 상기 협정의 발효 일자에 효력이 발생하는 양국 정부 간의 합의를 구성하는 것으로 간주할 것임을 확인하는 영광을 가집니다.

각하에게 새로이 본관의 변함없는 경의를 표하는 바입니다.

외무부 장관
(서명) 이동원

일본국 외무대신
시이나 에쓰사부로오 각하

별지

(a) 한국측 양식 (정)

[도면: 150 cm × 40/50 cm, "K250" 표기, 6cm, 6cm, 30cm, 7cm]

(부)

[도면: 100 cm × 25/35 cm, "K250.7" 표기, 4cm, 4cm, 14cm, 4cm, 4cm, 10cm]

비고: 사선 부분은 흑색, 기타의 부분은 황등색으로 한다

8/4

(b) 일본측 양식

(정)

```
   |←――――― 150 cm ―――――→|
   ┌─────────────────────┐  ↑
   │    J  2  5  0       │ 40cm  50cm
   └─────────────────────┘  ↓
   |←6cm→|←6cm→|←30cm→|←7cm→|
```

(부)

```
   |←――― 100 cm ―――→|
   ┌─────────────────┐  ↑
   │   J 2 5 0 · 7   │ 25cm  35cm
   └─────────────────┘  ↓
   |←4cm→|←4cm→|←14cm→|←4cm→|←4cm→|
                         ←10cm→
```

비고: 사선 부분은 황등색, 기타의 부분은 흑색으로 한다.

1342　〈条約第一七一号〉

(日本側書簡)

　書簡をもって啓上いたします.本大臣は,日本国と大韓民国との間の漁業に関する協定の附属書に定める標識の様式及び附着場所につき,両国政府の代表者の間で次のとおりの了解に到達したことを確認する光栄を有します.

　1 標識には,漁船の国籍を示す略字並びに漁業の種類及び根拠地港を識別することができるように番号を付するものとし,その様式は,別紙のとおりとする.

　2 標識には,夜間において前記の略字及び番号を識別することができるような塗料を塗付するものとする.

　3 すべての標識には,おのおのの政府の発給証印を付するものとする.

　4 標識の附着場所は,船橋の両側の上辺の見やすいところとする.

　前記の了解を大韓民国政府に代わって確認される閣下の返簡を受領したときは,日本国政府は,この書簡及び閣下の返簡が前記の議定の効力発生の日に効力を生ずる両国政府間の合意を構成するものとみなします.

　本大臣は,以上を申し進めるに際し,ここに重ねて閣下に向かって敬意を表します.
　千九百六十五年六月二十二日

　　　　　　　　　　　　　　　　　　　　　　　　　日本国外務大臣 椎名悦三郎

大韓民国外務部長官 李東元閣下

1344　　　　　　　　　　　　(韓国側書簡)

(訳文)

　書簡をもって啓上いたします.本長官は,本日付けの閣下の次の書簡を受領したことを確認する光栄を有します.

(日本側書簡)

　本長官は,前記の了解が大韓民国政府の了解であること並びに大韓民国政府が閣下の書簡及びこの返簡を前記の協定の効力発生の日い効力を生ずる両国政府間の合

意を構成するものとみなすことを確認する光栄を有します.

　本長官は, 以上を申し進めるに際し, ここに重ねて閣下に向かって敬意を表します.

　千九百六十五年六月二十二日

外務部長官　李東元

日本国外務大臣　椎名悦三郎閣下

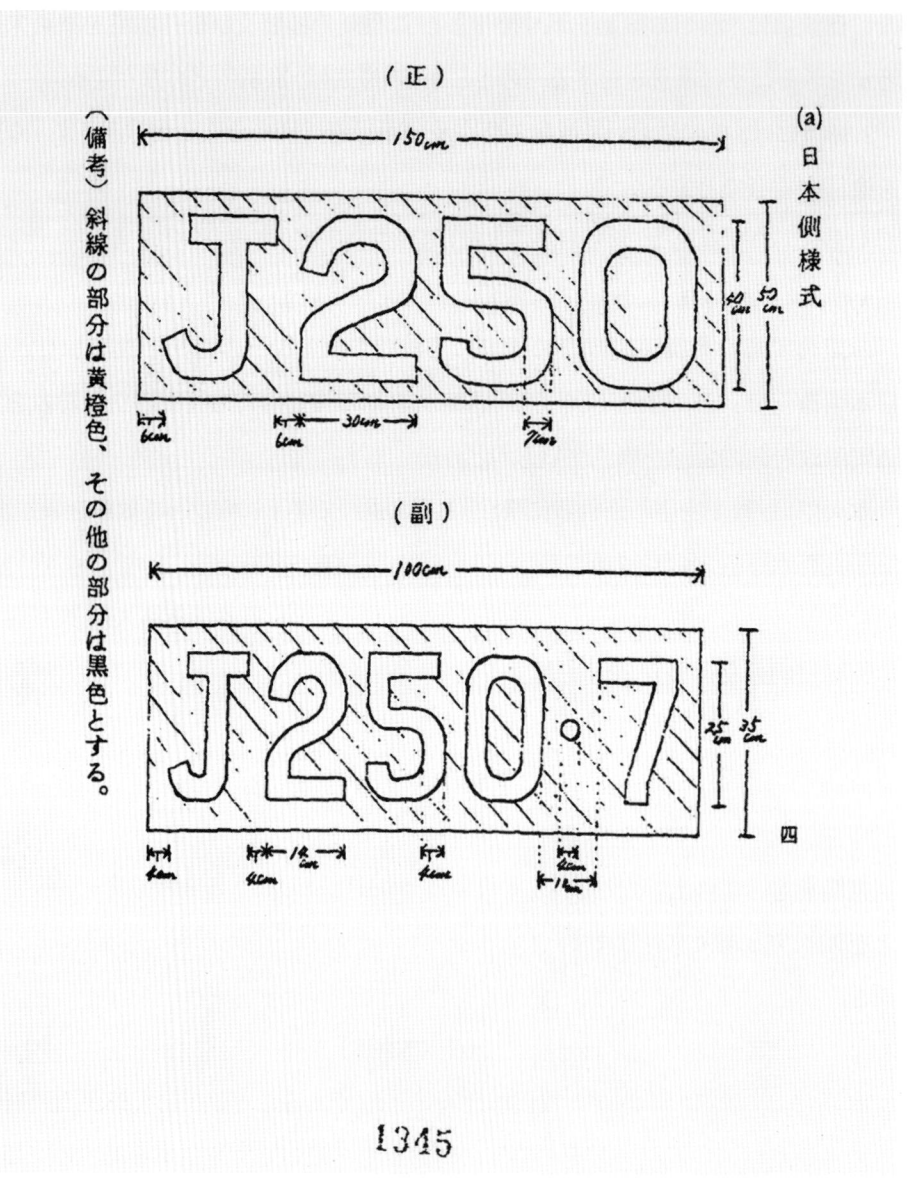

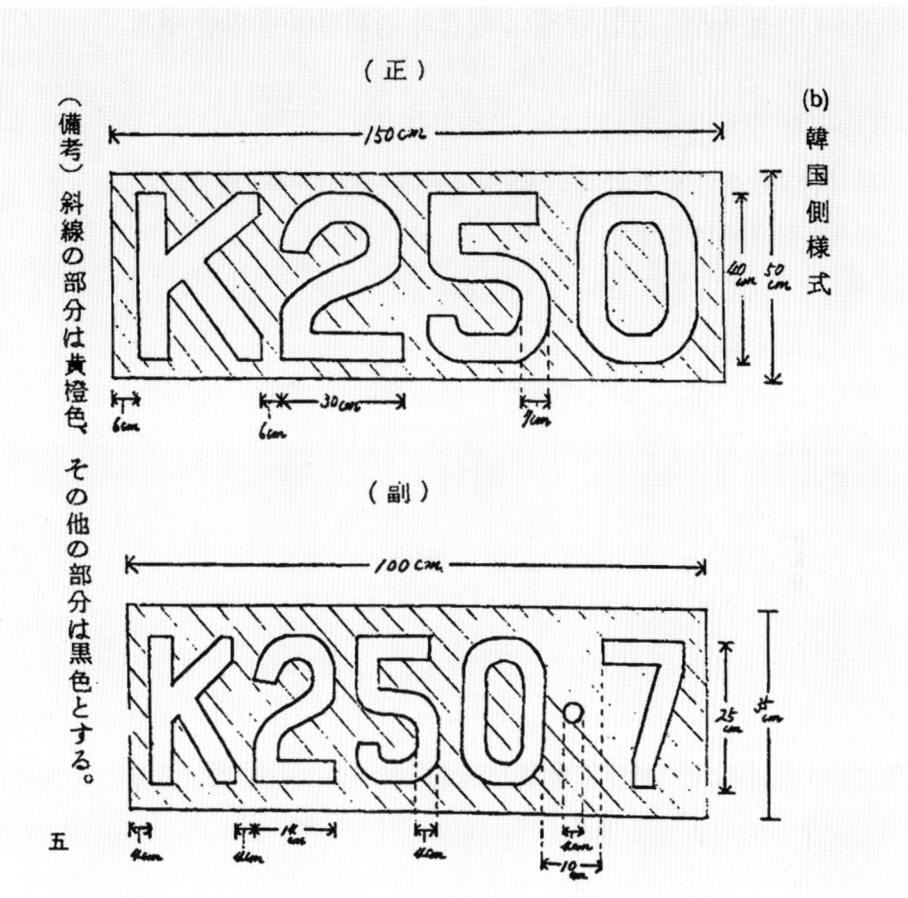

4-1-11. 청구권에 관한 문제의 해결과 경제협력에 관한 협정

1347   〈조약 제172호〉

대한민국과 일본국 간의 재산 및 청구권에 관한 문제의 해결과
경제협력에 관한 협정

대한민국과 일본국은,

양국 및 양국 국민의 재산과 양국 및 양국 국민 간의 청구권에 관한 문제를 해결할 것을 희망하고 양국 간의 경제협력을 증진할 것을 희망하며, 다음과 같이 합의하였다.

제1조

1. 일본국은 대한민국에 대하여,

 (a) 현재에 있어서 1천8십억 일본 원(108,000,000,000원)으로 환산되는 3억 아메리카 합중국 불($300,000,000)과 동등한 일본 원의 가치를 가지는 일본국의 생산물 및 일본인의 용역을, 본협정의 효력 발생일로부터 10년 기간에 걸쳐 무상으로 제공한다. 매년의 생산물 및 용역의 제공은 현재에 있어서 1백 8억 일본 원(10,800,000,000원)으로 환산되는 3천만 아메리카 합중국 불($30,000,000)과 동등한 일본 원의 액수를 한도로 하고, 매년의 제공이 본 액수에 미달되었을 때에는 그 잔액은 차년 이후의 제공액에 가산된다. 단, 매년의 제공 한도액은 양 체약국 정부의 합의에 의하여 증액될 수 있다.

 (b) 현재에 있어서 7백 20억 일본 원(72,000,000,000원)으로 환산되는 2억 아메리카 합중국 불($200,000,000)과 동등한 일본 원의 액수에 달하기까지 장기 저리의 차관으로서, 대한민국 정부가 요청하고 또한 3의 규정에 근거하여 체결될 약정에 의하여 결정되는 사업의 실시에 필요한 일본국의 생산물 및 일본인의 용역을 대한민국이 조달하는 데 있어 충당될 차관을 본협정의 효력 발생일로부터 10년 기간에 걸쳐 행한다. 본차관은 일본국의 해외경제협력기금에 의하여 행하여지는 것으로 하고, 일본국 정부는 동 기금이 본차관을 매년 균등하게 이행할 수 있는데 필요한 자금을 확보할 수 있도록 필요한 조치를 취한다.

전기 제공 및 차관은 대한민국의 경제발전에 유익한 것이 아니면 아니 된다.

2. 양 체약국 정부는 본 조의 규정의 실시에 관한 사항에 대하여 권고를 행할 권한을 가지는 양 정부 간의 협의 기관으로서 양 정부의 대표자로 구성될 합동위원회를 설치한다.

3. 양 체약국 정부는 본 조의 규정의 실시를 위하여 필요한 약정을 체결한다.

제2조

1. 양 체약국은, 양 체약국 및 그 국민(법인을 포함함)의 재산, 권리 및 이익과 양 체약국 및 그 국민 간의 청구권에 관한 문제가, 1951년 9월 8일에 샌프런시스코우시에서 서명된 일본국과의 평화조약 제4조 (a)에 규정된 것을 포함하여, 완전히 그리고 최종적으로 해결된 것이 된다는 것을 확인한다.

2. 본조의 규정은 다음의 것(본협정의 서명일까지 각기 체약국이 취한 특별 조치의 대상이 된 것을 제외한다)에 영향을 미치는 것이 아니다.

   (a) 일방 체약국의 국민으로서 1947년 8월 15일부터 본협정의 서명일까지 사이에 타방 체약국에 거주한 일이 있는 사람의 재산, 권리 및 이익

   (b) 일방 체약국 및 그 국민의 재산, 권리 및 이익으로서 1945년 8월 15일 이후에 있어서의 통상의 접촉의 과정에 있어 취득되었고 또는 타방 체약국의 관할하에 들어오게 된 것

3. 2의 규정에 따르는 것을 조건으로 하여, 일방 체약국 및 그 국민의 재산, 권리 및 이익으로서 본협정의 서명일에 타방 체약국의 관할하에 있는 것에 대한 조치와 일방 체약국 및 그 국민의 타방 체약국 및 그 국민에 대한 모든 청구권으로서 동일자 이전에 발생한 사유에 기인하는 것에 관하여는, 어떠한 주장도 할 수 없는 것으로 한다.

제3조

1. 본협정의 해석 및 실시에 관한 양 체약국 간의 분쟁은 우선 외교상의 경로를 통하여 해결한다.

2. 1의 규정에 의하여 해결할 수 없었던 분쟁은 어느 일방 체약국의 정부가 타방 체약국의 정부로부터 분쟁의 중재를 요청하는 공한을 접수한 날로부터 30일의 기간 내에 각 체약국 정부가 임명하는 1인의 중재위원과 이와 같이 선정된 2인의 중재위원이

당해 기간 후의 30일의 기간 내에 합의하는 제3의 중재위원 또는 당해 기간 내에 이를 2인의 중재위원이 합의하는 제3국의 정부가 지명하는 제3의 중재위원과의 3인의 중재위원으로 구성되는 중재위원회에 결정을 위하여 회부한다. 단, 제3의 중재위원은 양 체약국 중의 어느 편의 국민이어서는 아니된다.

3. 어느 일방 체약국의 정부가 당해 기간 내에 중재위원을 임명하지 아니하였을 때, 또는 제3의 중재위원 또는 제3국에 대하여 당해 기간 내에 합의하지 못하였을 때에는, 중재위원회는 양 체약국 정부가 각각 30일의 기간 내에 선정하는 국가의 정부가 지명하는 각 1인의 중재위원과 이를 정부가 협의에 의하여 결정하는 제3국의 정부가 지명하는 제3의 중재위원으로 구성한다.

4. 양 체약국 정부는 본조의 규정에 의거한 중재위원회의 결정에 복한다.

제4조

본협정은 비준되어야 한다. 비준서는 가능한 한 조속히 서울에서 교환한다. 본협정은 비준서가 교환된 날로부터 효력을 발생한다.

이상의 증거로서, 하기 대표는 각자의 정부로부터 정당한 위임을 받아 본협정에 서명하였다.

1965년 6월 22일 토오쿄오에서 동등히 정본인 한국어 및 일본어로 본서 2통을 작성하였다.

대한민국을 위하여　　　　　　　　　　일본국을 위하여
　(서명)　　이동원　　　　　　　　　　　(서명)　　시이나 에쓰사부로오
　　　　　　김동조　　　　　　　　　　　　　　　　다까스기 싱이찌

〈条約第一七二号〉

財産及び請求権に関する問題の解決並びに経済協力に関する大韓民国と日本との間の協定

大韓民国及び日本国は，

両国及びその国民の財産並びに両国並びにその国民の間の請求權に関する問題を解決することを希望して，

次のとおり協定した．

第一条

1. 日本国は，大韓民国に対し

(a) 現在において千八十億円（一〇八，〇〇〇，〇〇〇，〇〇〇円）に換算される三億合衆国ドル（三〇〇，〇〇〇，〇〇〇ドル）に等しい円の價値を有する日本国の生産物及び日本人の役務を，この協定の効力発生の日から十年の期間にわたって無償で供与するものとする．各年における生産物及び役務の供与は，現在において有八億円（二〇，八〇〇，〇〇〇，〇〇〇円）に換算される三千萬合衆国ドル（三〇，〇〇〇，〇〇〇ドル）に等しい円の額を限度とし，各年における供与がこの額に達しなかったときは，その残額は，次年以降の供与額に加算されるものとする．ただし，各年の供与の限度額は，両締約国政府の合意により増額されることができる．

(b) 現在において七百二十億円（七二，〇〇〇，〇〇〇，〇〇〇円）に換算される二億合衆国ドル（二〇〇，〇〇〇，〇〇〇ドル）に等しい円の額に達するまでの長期低利の貸付けで，大韓民国政府が要請し，かつ，3の規定に基づいて締結される取極に従って決定される事業の実施に必要な日本国の生産物及び日本人の役務の大韓民国による調達に充てられるものをこの協定の効力発生の日から十年の期間にわたって行なうものとする．この貸付けは，日本国の海外経済協力基金により行なわれるものとし，日本国政府は，同基金がこの貸付けを各年において均等に行ないうるために必要とする資金を確保することができるように，必要な措置を執るものとする．

前記の供与及び貸付けは，大韓民国の経済の発展に役立つものでなければならない．

2．両締約国政府は，この条の規定の実施に関する事項について勧告を行なう権限を有する両政府間の協議機関として，両政府の代表者ご構成される合同委員会を設置する．

　　3．両締約国政府は，この条の規定の実施のため，必要な取極を締結するものとする．

第二条

　　1．両締約国は，両締約国及びその国民(法人を含む.)の財産，権利及び利益並びに両締約国及びその国民の間の請求権に関する問題が，千九百五十一年九月八日にサンフランシスコ市で署名された日本国との平和条約第四条(a)に規定されたものを含めて，完全かつ最終的に解決されたこととなることを確認する．

　　2．この条の規定は，次のもの(この協定の署名の日までにそれぞれの締約国が執った特別の措置の対象となったものを除く.)に影響を及ぼすものではない．

　　　(a) 一方の締約国の国民で千九百四十七年八月十五日からこの協定の署名の日までの間の他方の締約国に居住したことがあるものの財産，権利及び利益

　　　(b) 一方の締約国及びその国民の財産，権利及び利益であって千九百四十五年八月十五日以後における通常の接觸の過程において取得され又は他方の締約国の管轄の下にはいったもの

　　3．2の規定に從うことを条件として，一方の締約国及びその国民の財産，権利及び利益で合ってこの協定の署名の日に他方の締約国の管轄の下にあるものに対する措置並びに一方の締約国及びその国民の他方の締約国及びその国民に対するすべての請求権であつて同日以前に生じた事由に基づくものに関しては，いかなる主張もすることができないものとする．

第三条

　　1．この協定の解釋及び実施に関する両締約国の紛争は，まず，外交上の経路を通じて解決するものとする．

　　2．1の規定により解決することができなかった紛争は，いずれか一方の締約国の政府が他方の締約国の政府から紛争の仲裁を要請する公文を受領した日から三十日の

期間内に各締約国政府が任命する各一人の仲裁委員と，こうして決定された二人の仲裁委員が当該期間の後の三十日の期間内に合意する第三の仲裁委員又は当該期間内にその二人の仲裁委員が合意する第三国の政府が指名する第三の仲裁委員との三人の仲裁委員からなる仲裁委員会に決定のため付託するものとする．ただし，第三の仲裁委員は，両締約国のうちいずれかの国民であってはならない．

3. いずれか一方の締約国の政府が当該期間内に仲裁委員を任命しなかったとき，又は第三の仲裁委員若しくは第三国について当該期間内に合意されなかったときは，仲裁委員会は，両締約国政府のそれぞれが三十日の期間内に決定する国の政府が指名する各一人の仲裁委員とそれらの政府が協議により決定する第三国の政府が指名する第三の仲裁委員をもって構成されるものとする．

4. 両締約国政府は，この条の規定に基づく仲裁委員会の決定に服するものとする．

第四条

この協定は，批准されなければならない．批准書は，できる限りすみやかにソウルで交換されるものとする．この協定は，批准書の交換の日に効力を生ずる．

以上の証拠として，下名は，各自の政府からこのために正当な委任を受けこの協定に署名した．

千九百六十五年六月二十二日に，東京で，ひとしく正文である韓国語及び日本語により本書二通を作成した．

大韓民国のために　　　　　　　　　　　日本国のために
（署名）　이동원　　　　　　　　　　　（署名）　椎名悦三郎
　　　　김동조　　　　　　　　　　　　　　　　　高杉晋一

4-1-12. 재산 및 청구권에 관한 문제의 해결과 경제협력에 관한 협정에 대한 합의의사록(I)

〈조약 제173호〉

대한민국과 일본국 간의 재산 및 청구권에 관한 문제의 해결과 경제협력에 관한 협정에 대한 합의의사록(I)

대한민국 정부 대표와 일본국 정부 대표는, 금일 서명된 대한민국과 일본국 간의 재산 및 청구권에 관한 문제의 해결과 경제협력에 관한 협정(이하 '협정'이라 함) 및 관련 문서에 관하여 다음의 양해에 도달하였다.

1. 협정 제1조 1에 관하여,
일본국이 제공하는 생산물 및 용역은 일본국 내에 있어서 영리 목적을 위하여 사용되지는 아니한다는데 의견의 일치를 보았다.

2. 협정 제2조에 관하여,
(a) '재산, 권리 및 이익'이라 함은 법률상의 근거에 의거하여 재산적 가치가 인정되는 모든 종류의 실체적 권리를 말하는 것으로 양해되었다.
(b) '특별 조치'라 함은 일본국에 관하여는, 제2차 세계대전 전투 상태의 종결의 결과로 발생한 사태에 대처하여, 1945년 8월 15일 이후 일본국에서 취해진 전후 처리를 위한 모든 조치(1951년 9월 8일에 샌프랜시스코우시에서 서명된 일본국과의 평화조약 제4조 (a)의 규정에 의거하는 특별 약정을 고려하여 취해진 조치를 포함함)를 말하는 것으로 양해되었다.
(c) '거주한'이라 함은 동조2(a)에 기재한 기간 내의 어떠한 시점까지던 그 국가에 계속하여 1년 이상 거주한 것을 말하는 것으로 양해되었다.
(d) '통상의 접촉'에는 제2차 세계대전의 전투 상태의 종결의 결과, 일방국의 국민으로서 타방국으로부터 귀환한 자(지점 폐쇄를 행한 법인을 포함함)의 귀환 시까지의 사이에, 타방국의 국민과의 거래 등, 종전 후에 발생한 특수한 상태 하에서의 접촉이 포

함되지 않는 것으로 양해되었다.

(e) 동 조 3에 의하여 취하여질 '조치'는 동 조 1에서 말하는 양국 및 그 국민의 재산, 권리 및 이익과 양국 및 그 국민 간의 청구권에 관한 문제를 해결하기 위하여 취하여질 각국의 국내 조치를 말하는 것으로 의견의 일치를 보았다.

(f) 한국 측 대표는 제2차 세계대전의 전투 상태의 종결 후 1947년 8월 15일 전에 귀국한 대한민국 국민이 일본국 내에 소유하는 부동산에 대하여 신중한 고려가 베풀어질 수 있도록 희망을 표명하고, 일본 측 대표는 이에 대하여 신중히 검토한다는 취지의 답변을 하였다.

(g) 동 조 1에서 말하는 완전히 그리고 최종적으로 해결된 것으로 되는 양국 및 그 국민의 재산, 권리 및 이익과 양국 및 그 국민 간의 청구권에 관한 문제에는 한일회담에서 한국 측으로부터 제출된 '한국의 대일청구 요강'(소위 8개 항목)의 범위에 속하는 모든 청구가 포함되어 있고, 따라서 동 대일청구 요강에 관하여는 어떠한 주장도 할 수 없게 됨을 확인하였다.

(h) 동 조 1에서 말하는 완전히 그리고 최종적으로 해결된 것으로 되는 양국 및 그 국민의 재산, 권리 및 이익과 양국 및 그 국민 간의 청구권에 관한 문제에는, 본협정의 서명일까지에 대한민국에 의한 일본 어선의 나포로부터 발생한 모든 청구권이 포함되어 있고, 따라서 그러한 모든 청구권은 대한민국 정부에 대하여 주장할 수 없게 됨을 확인하였다.

3. 협정 제3조에 관하여,

동 조 3에서 말하는 양 정부가 각각 선정하는 국가 및 이들 국가의 정부가 협의에 의하여 결정하는 제3국은 대한민국 및 일본국의 양국과 외교관계가 있는 국가 중에서 선정한다는 데 의견의 일치를 보았다.

4. 제1 의정서 제2조의 1에 관하여,

(a) 대한민국 대표는 협정 제1조1의 규정에 의거한 제공 또는 차관에 의하여 행하여지는 사업의 수행상 필요하다고 예상되는 대한민국의 국내 자금 확보를 위하여, 대한민국은 일본국 정부가 1억 5천만 아메리카 합중국 불($150,000,000)과 동등한 일본 원

의 액수를 초과하는 자본재 이외의 생산물을 제공할 것을 기대한다는 취지를 진술하였고, 일본국 대표는 이에 대하여 고려할 용의가 있다는 취지의 답변을 하였다.

(b) 일본국이 제공하는 생산물은 무기 및 탄약을 포함하지 아니한다는 데에 의견의 일치를 보았다.

5. 제1 의정서 제2조의 2에 관하여,

외국환에 있어서의 추가 부담이 일본국에 과하여지는 경우라 함은, 당해 생산물을 제공하기 위하여,

1. 특히 높은 외화 부담이 필요로 되는 경우 및
2. 동등한 품질의 일본국의 생산물에 의하여 대치할 수 있는 수입품 또는 독립적인 기능을 가지는 수입 기계 부분품의 구입에 있어서 외화 부담을 필요로 되는 경우를 말한다는 데에 의견의 일치를 보았다.

6. 제1 의정서 제3조에 관하여,

(a) 동 조 1에 대하여 대한민국 대표는 계약의 체결이 일본국 내에서 행하여진다는 것 및 이 계약의 체결이라 함은 서명을 의미하며, 서명에 이르기까지의 입찰, 공고 기타 행위에 대하여는, 대한민국 정부(조달청)가 행하는 경우에는 원칙적으로 대한민국에서, 기타의 경우에는 대한민국 또는 일본국에서 이러한 행위가 행하여진다는 것을 양해한다고 진술하였고, 일본국 대표는 이에 대하여 이의가 없다는 취지의 답변을 하였다.

(b) 동 조 2의 계약으로서 수송, 보험 또는 검사와 같은 부수적인 용역의 제공을 필요로 하고, 또한 이를 위한 지불이 제1 의정서에 따라서 행하여지기로 되어 있는 것은 모두 그러한 용역이 일본 국민 또는 일본국의 법인에 의하여 행하여 져야 한다는 취지의 규정이 포함되어야 한다는 것이 양해되었다.

7. 제1 의정서 제6조 4에 관하여,

일본국에 의하여 제공된 생산물이 가공(단순한 조립가공 또는 이와 같은 정도의 가공은 제외함) 또는 양 정부 간에 합의될 기타의 처리가 가하여진 후 대한민국의 영역으로

부터 수출되었을 경우에는 동 조 4의 규정은 적용되지 아니한다는 데 의견의 일치를 보았다.

8. 협정 제1조 1(b)의 규정의 실시에 관한 교환공문에 관하여,
  (a) 동 교환공문 2(b)의 사업계획 합의서의 효력 발생일이라 함은, 사업계획 합의서에 별도의 규정이 있을 경우를 제외하고, 각각의 사업계획 합의서의 서명 일을 의미한다는 것이 양해되었다.
  (b) 동 교환공문 2(c)의 차관 이행의 일이라 함은, 일본 측의 수출자와 대한민국 측의 수입자 간에 체결되는 계약의 정하는 바에 따라, 해외경제협력기금이 대한민국 정부를 위하여, 일본 측의 수출자에 대하여 지불을 행하고, 동 기금에 개설되는 대한민국 정부의 계정에 차기하는 일자임이 확인되었다.

1965년 6월 22일
토오쿄오에서

〈条約第一七三号〉

財産及び請求權に関する問題の解決及びに經濟協力に関する大韓民国と日本国との間の協定についての合意された議事錄（Ｉ）

大韓民国政府代表及び日本国家府代表は、本日署名された財産及び請求權に関する問題の解決並びに經濟協力に関する大韓民国と日本国との間の協定(以下「協定」という。)及び関連文書に関して次の了解に到達した。

1. 協定第一条に関し
  日本国が供与する生産物及び役務は、日本国内において營利目的のために使用されることはないことの意見の一致をみた。

2. 協定第二条に関し

(a)「財産, 權利及び利益」とは, 法律上の根拠に基づき財産的價値を認められるすべての種類の實體的權利をいうことが了解された.

(b)「特別の措置」とは, 日本国については, 第二次世界大戦の戦闘状態の終結の結果として生じた事態に対処して, 千九百四十五年八月十五日以後日本国において執られた戦後処理のためのすべての措置(千九百五十一年九月八日にサンフランシスコ市で署名された日本国との平和条約第四条(a)の規定に基づく特別取極を考慮して執られた措置を含む.)をいうことが了解された.

(c)「居住した」とは, 同条2(a)に掲げる期間内のいずれかの時までその国に引き繼き一年以上在住したことをいうことが了解された.

(d)「通常の接觸」には, 第二次世界大戦の戦闘状態の終結の結果として一方の国の国民で他方の国から引き揚げたもの(支店閉鎖を行なった法人を含む.)の引揚げの時までの間の他方の国の国民との取引等, 終戦後に生じた特殊な状態の下における接觸を含まないことが了解された.

(e) 同条3により執られる措置は, 同条1にいう兩国及びその国民の財産, 權利及び利益並びに兩国及びその国民の間の請求権に関する問題の解決のために執られるべきそれぞれの国の国内措置をいうことに意見の一致をみた.

(f) 韓国側代表は第二次世界大戦の戦闘状態の終結後千九百四十七年八月十五日前に帰国した韓国国民が日本国において所有する不動産について慎重な考慮が携われるよう希望を表明し, 日本側代表は, これに対して, 慎重に検討する旨を答えた.

(g) 同条1にいう完全かつ最終的に解決されたこととなる兩国及びその国民の財産, 權利及び利益並びに兩国及びその国民の間の請求權に関する問題には, 韓日会談において韓国側から提出された「韓国の対日請求要綱」(いわゆる八項目)の範囲に属するすべての請求が含まれており, したがって, 同対日請求要綱に関しては, いかなる主張もなしえないこととなることが確認された

(h) 同条1にいう完全かつ最終的に解決されたこととなる兩国及びその国民の財産, 權利及び利益並びに兩国及びその国民の間の請求權に関する問題には, この協定の署名の日までに大韓民国による日本漁船のだ捕から生じたすべての請求權が含まれ

ており，したがって，それらのすべての請求権は，大韓民国政府に対して主張しえないこととなることが確認された．

3. 協定第3条に関し，

同条3にいう両国政府のそれぞれが決定する国及びそれらの国の政府が協議により決定する第三国は，大韓民国及び日本国の雙方と外交関係を有する国のうちから選ばれるものとすることに意見の一致をみた．

4. 第一議定書第二条1に関し

(a) 韓国側代表は，協定第一条1の規定に基づく供与又は貸付けにより行なわれる事業の遂行上必要であると予想される大韓民国の国内資金を確保するため，大韓民国は，日本国政府が一億五千萬合衆国ドルに等しい円の額をこえる資本財以外の生産物を供与することを期待する旨を述べ，日本側代表は，これに対し，考慮を払う用意がある旨を答えた．

(b) 日本国が供与する生産物は，武器及び彈薬を含まないものとすることに意見の一致をみた．

5. 第一議定書第二条2に関し

外国爲替上の追加の負擔が日本国に課される場合とは，当該生産物を供与するために，(i)特に高い外貨負擔が必要とされる場合，及び(ii)同等の品質の日本国の生産物により代替することができる輸入品又は独立の機能を有する輸入機械部品の購入に当たって外貨負擔が必要とされる場合をいうことに意見の一致をみた．

6. 第一議定書第三条に関し

(a) 同条1につき，韓国側代表は，契約の締結が日本国内で行なわれること，及びこの契約の締結とは署名を意味し，署名にいたるまでの入札，公告その他の行爲については，大韓民国政府(調達庁)が行なう場合は原則として大韓民国において，その他の場合は大韓民国又は日本国において，これらの行爲が行なわれることを了解すると

述べ、日本側代表は、これに対し異議がない旨を答えた。

(b) 同条2の契約であって、輸送、保険又は検査のような部随的役務の供与を必要とし、かつ、そのための支払が第一議定書に従って行なわれることとなっているものは、すべて、これらの役務が日本国民又は日本国の法人によって行なわれるべき旨の規定を含まなければならないことが了解された。

7. 第一議定書第六条4に関し、

日本国により供与された生産物が加工（單純な組立加工又はこれと同程度の加工を除く。）又は兩政府間で合意されるその他の処理を加えられた後大韓民国の領域から輸出された場合には、同条4の規定は適用されないものとすることに意見の一致をみた。

8. 協定第一条1(b)の規定の実施に関する交換公文に関し、

(a) 同交換公文2(b)の事業計画合意書の効力発生の日とは、事業計画合意書に別段の規定がある場合を除くほか、それぞれの事業計画合意書の署名の日を意味することが了解された。

(b) 同交換公文2(c)の貸付けの実行の日とは、日本側の輸出者と大韓民国側の輸入者との間で締結される契約の定めるところに従って、海外経済協力基金が、大韓民国政府のために、日本側の輸出者に対して支払を行ない、同基金に開発される大韓民国政府の勘定に借記する日であることが確認された。

千九百六十五年六月二十二日に東京で

4-1-13. 재산 및 청구권에 관한 문제의 해결과 경제협력에 관한 협정에 대한 합의의사록(II)

〈조약 제174호〉

대한민국과 일본국 간의 재산 및 청구권에 관한 문제의 해결과 경제협력에 관한 협정에 대한 합의의사록(II)

대한민국 정부 대표와 일본국 정부 대표는, 금일 서명된 대한민국과 일본국 간의 재산 및 청구권에 관한 문제의 해결과 경제협력에 관한 협정(이하 '협정'이라 함) 및 관련 문서에 관하여 다음과 같은 양해에 도달하였다.

1. 협정 제1조에 관하여,
동 조 1(a)의 단서 규정에 의하여, 매년의 제공의 한도액이 증액되는 경우에는, 그 증액은 매년의 제공의 한도액이 제2 의정서 제1조에서 정하는 당해 연도의 연부분의 액수 이하로 되지 않는 범위 내에서, 최종년의 제공의 한도액으로부터 순차적으로 앞당겨 행하여진다는 것이 양해되었다.

2. 제1 의정서 제6조에 관하여,
동 조 5의 규정의 적용에 대하여 양국 정부가 양국에 있어서의 수송 및 보험의 실정을 고려하여, 합동위원회에서 협의한다는 것이 양해되었다.

3. 제1 의정서의 실시 세목에 관한 교환공문에 관하여,
계약으로부터 또는 이와 관련하여 발생하는 분쟁은, 당해 계약의 일방 당사자가 거주하는 국가에 상사 중재기관이 설립되어 있지 아니한 때에는 동 교환공문 II 3의 규정에 불구하고, 타방 당사자가 거주하는 국가에 있는 상사 중재 기관에 회부된다는 것이 양해되었다.

1965년 6월 22일
토오쿄오에서

〈条約第一七四号〉

財産及び請求権に関する問題の解決並びに経済協力に関する大韓民国と日本国との間の協定についての合意された議事録(II)

　大韓民国政府代表及び日本国政府代表わ,本日署名された財産及び請求権に関する問題の解決並びに経済協力に関する大韓民国と日本国との間の協定(以下「協定」という.)及びに関連文書に関して次の了解に到達した.

　1. 協定第一条に関し,
　同条1(a)ただし書の規定により各年の供与の限度額が増額される場合には,その増額は,各年の供与の限度額が第二議定書第一条に定めるその年の年賦払の額以下とならない範囲内で,最終年の供与の限度額から順次くり上げることにより行なわれることが了解された.

　2. 第一議定書第六条に関し,
　同条5の規定の通用について,兩国政府が,兩国における運送及び保険の実情を考慮し,合同委員会において協議することが了解された.

　3. 第一議定書の実施細目に関する交換公文に関し,
　契約から又はこれに関連して生ずる紛争は,当該契約の一方の当事者の居住する国に商事仲裁機関が設立されていないときは,同交換公文 II 3の規定にかかわらず,他方の当事者が居住する国にある商事仲裁機関に付託されることが了解された.

　千九百六十五年六月二十二日に東京で

4-1-14. 재산 및 청구권에 관한 문제의 해결과 경제협력에 관한 협정 제1조 1(b)의 규정의 실시에 관한 교환공문

⟨조약 제175호⟩

대한민국과 일본국 간의 재산 및 청구권에 관한 문제의 해결과 경제협력에 관한 협정 제1조 1(b)의 규정의 실시에 관한 교환공문

[일본 측 서한]

(역문)

1965년 6월 22일

각하,

본 대신은 금일 서명된 일본국과 대한민국 간의 재산 및 청구권에 관한 문제에 해결과 경제협력에 관한 협정(이하 '협정'이라 함) 제1조 1(b)의 규정의 실시에 관하여, 양국 정부가 다음과 같이 합의할 것을 제안하는 영광을 가집니다.

1. 협정 제1조 1(b)에 정하는 차관은 대한민국 정부와 해외경제협력기금 간에 체결되는 차관 계약 및 사업별의 사업계획 합의서에 의거하여 행하여진다.

2. 양 정부는 1에서 언급한 차관 계약 및 사업계획 합의서에는 다음의 제 조건이 포함되는 것임을 양해한다.

(a) 차관의 이행은 합리적인 정도로 매년 균등히 배분하여 행한다.

(b) 원금의 상환 기간은 각각의 사업계획 합의서의 효력 발생일로부터 6개월 후에 시작되는 7년의 거치 기간을 포함한 20년의 기간으로 하고 금리는 연 3.5퍼센트로 한다.

(c) 원금의 상환은 14회에의 계속된 균등 연부불로 행하며 이자의 지불은 차관이 이행된 일자 이후에 원금의 그때 그때의 미상환 잔액에 대하여 반년마다 행한다.

(d) 차관액은 일본 원으로 대출된 금액으로 환산되는 아메리카 합중국 불의 등가액을 기초로 하여 계산하며 그 환산에서 사용되는 외환율은 일본국 정부가 정식으로 결정하고 또한 국제 통화 기금이 동의한 일본 원의 아메리카 합중국 불에 대한 평가로서 각각의 사업계획 합의서의 효력 발생일에 적용되어 있는 것으로 한다.

(e) 원금의 상환 및 이자의 지불은 교환 가능한 일본 원으로 행한다.

3. 양국의 재정 사정 및 해외 경제협력 기금의 자금 사정에 따라서는 합의에 의하여 2(b)에서 언급한 상환 기간이 연장될 수 있다.

4. 해외 경제협력 기금은 차관 및 동 차관으로부터 발생되는 이자에 대하여 또는 그와 관련하여 부과되는 대한민국의 조세, 기타의 과징금이 면제된다.

5. 양 정부는 대한민국 정부가 제시하는 차관의 대상이 되는 사업 및 그 연도 실시 계획을 결정하기 위하여 매년 협의한다.

본 대신은 또한 본 서한 및 전기 제안에 대한 귀국 정부에 의한 수락을 확인하는 각하의 회한을 협정 제1조1(b)의 규정의 실시에 관한 일본국 정부와 대한민국 정부 간의 합의를 구성하는 것으로 간주할 것을 제안하는 영광을 가집니다.

본 대신은 이 기회에 각하에 대하여 경의를 표합니다.

일본국 외무대신
(서명) 시이나 에쓰사부로오

대한민국 외무부 장관 이동원 각하

[한국 측 회한]

1965년 6월 22일

토오쿄오에서

각하,

본관은 금일 자 각하의 다음과 같은 서한을 접수하였음을 확인하는 영광을 가집니다.

"……….

(일본 측 서한)

……….."

본관은 각하의 서한에 언급된 제안을 본국 정부를 대표하여 동의하며, 또한 각하의 서한과 본 회한을 대한민국과 일본국 간의 재산 및 청구권에 관한 문제에 해결과 경제협력에 관한 협정 제1조 1(b)의 규정의 실시에 관한 양국 정부 간의 합의를 구성하는 것으로 간주할 것에 동의 합니다.

본관은 각하에게 새로이 본관의 변함없는 경의를 표합니다.

외무부 장관

(서명) 이동원

일본국 외무대신
시이나 에쓰사부로오 각하

1381 〈条約第一七五号〉
財産權び請求權に国する問題 解決並びい 経済協力国関する大韓民国と
関協定第一条の規定の実施に関する交換公文

(日本側書簡)

書簡をもつて啓上たします.本大臣は,本日署名された財産及び請求權に関する問願の解決並びに経済協力に関する日本国と大韓民国との間の協定(以下「協定」といぅ.)第一条1(b)の規定の実施に関し,兩国政府が次のとおり合意するとを提案する光榮を有します.

1. 協定第一条1(b)に定める貸付けは,大韓民国政府と海外経済協力基金との間で締結されることになる借款契約及び事業別の事業計画合意書に基づき行なゎれる.

2. 兩政府は,1にいぅ借款契約及び事業計画合意書には次の諸案件が含まれることになるとを了解する.

(a) 貸付けの実行は,合理的な程度に各年均等に配分して行なゎれる.

1382 (b) 元金の償還期間は,それぞれの事業計画合意書の効力発生の日から六個月後に始まる七年の据置期間を含む二十年の期間とし,金利は,年三.五パセソントとする.

(c) 元金の償還は,十四回の繼続した均等年賦により行なゎれ,利子の支払は 貸付けの実行の日以後の元金の隨時の未償還殘高について半年ごとに行なゎれゐ.

(d) 貸付けの額は,日本円で貸し付けられだ額から換算されゐ合衆国ドルの等價額を基礎として計算され,その換算に用いられゐ爲替場は,日本国政府が正式に決定し,かつ,国際通貨基金が同意した日本円の合衆国ドルに対する平價で,それぞれの事業計画合意書の効力発生の日に適用されているものとする.

(e) 元金の償還及び利子の支払は,交換可能な日本円で行なゎれゐ.

3. 両国の財政事情及び海外経済協力基金の資金事情によつては，合意により2(b)にいう償還期間が延長されることがありうる．

4. 海外経済協力基金は，貸付け及びそれから生ずる利子につき又はそれらに関連して課される大韓民国の租税その他の課徴金を免除される．

5. 両政府は，大韓民国政府が提示する貸付けの対象となる事業及びその年度実施計画を決定するため毎年協議を行なう．

本大臣は，さらに，この書簡及び前記の提案の貴国政府による受諾を確認される閣下の返簡を，協定第一条1(b)の規定の実施に関する日本国政府と大韓民国政府との間の合意を構成するものとみなすことを提案する光栄を有します．

本大臣は，以上を申し進めるに際し，ここに重ねて閣下に向かつて敬意を表します．

千九百六十五年六月二十二日に東京で

日本国外務大臣 椎名悦三郎

大韓民国外務部長官 李東元閣下

（韓国側書簡）

（譯文）

書簡をもつて啓上いたします．本長官は，本日付けの閣下の次の書簡を受領したことを確認する光栄を有します．

（日本側書簡）

本長官は，閣下の書簡に述べられた提案に本国政府に代わつて同意し，さらに，閣の書簡及びこの返簡を，財産及び請求権に関する問題の解決並びに経済協力に関する大韓民国と日本国との間の協定第一条1(b)の規定の実施に関する両国政府間の合意を構成するものとみなすことに同意いたします．

本長官は，以上を申し進めるに際し，ここに重ねて閣下に向かつて敬意を表します．

千九百六十五年六月二十二日に東京で

外務部長官 李東元

日本国外務大臣 椎名悦三郎閣下

4-1-15. 대한민국 정부와 해외경제협력기금 간의 차관 계약

1385 1965년 6월 22일 자로 대한민국과 일본국 양 정부 간에 체결된 '대한민국과 일본국 간의 재산 및 청구권에 관한 문제의 해결과 경제협력에 관한 협정' 제1조 1(b)와 그 부속 문서에 규정한 차관에 관한 대한민국 정부(이하 '차주'라 함)와 해외경제협력기금(이하 '기금'이라 함) 간의 1965년 6월 22일 자 차관 계약

(차관 금액)

제1조

(1) '기금'은 '차주'에 대하여 이 차관 계약 및 이에 부수되는 약정(이하 '차관 계약'이라 함)의 조건에 의거하여 현재에 있어서 720억 일본 원(¥72,000,000,000)으로 환산되는 2억 아메리카 합중국 불(US$200,000,000)에 동등한 일본 원의 액수에 달하기까지의 차관을 표제 협정의 효력 발생일로부터 10년의 기간 내에 이행할 것을 약정한다. 단, 대출의 누계액이 이 한도에 달하였을 때에는 신규 대출은 행하지 아니한다.

(2) '차관 계약'에 의거한 대출은 합리적인 정도로 매년 균등히 배분하여 행하여지는 것으로 한다.

(3) 제1항에 규정하는 일본 원화 대출액에 대한 아메리카 합중국 불 상당액의 산정은 일본국 정부가 정식으로 결정하고, 또한 국제 통화 기금이 동의한 일본 원의 아메리카 합중국 불에 대한 평가로서, 제3조에 규정되는 각 사업계획 합의서의 서명일에 적용되고 있는 것에 의하는 것으로 한다.

(차관금의 용도)

제2조

'차주'는 이 차관금을 일본 국민 또는 일본국의 법인인 공급자(이하 '공급자'라 함)와 대한민국의 수입자(이하 '수입자'라 함)간에 체결되는 구매계약(이하 '구매계약'이라 함)에 따라 다음 조항에 규정되는 사업계획의 달성을 위하여 필요로 하는 일본국의 생산물 및 일본인의 용역의 구입을 위하여 사용하는 것으로 한다.

(사업계획 합의서)

제3조

(1) '차주'는 '기금'에 대하여 차관이 행하여 질 사업계획의 실시계획을 제출하여 당해 사업계획이 경제적 및 기술적으로 실시 가능하다는 것과 해외 경제협력기금법에 의거한 차관의 대상으로서 적당하다는 것에 대하여 '기금'의 동의를 얻는 것으로 한다.

(2) 전항의 사업계획에 대하여 '차주'와 '기금'이 합의한 경우에는 '차주'와 '기금'은 일본국 토오쿄오에서 사업별로 사업계획 합의서(양식 별첨 1)에서 서명하는 것으로 한다.

('구매계약'의 인증)

제4조

(1) '공급자'와 '수입자' 간에 이 차관을 받는데 적당한 '구매계약'이 체결될 때마다 '차주'는 '기금'에 대하여 당해 계약서의 확인필 사본 및 '기금'이 필요로 하는 서류를 제출하여, '기금'의 인증을 얻는 것으로 한다.

(2) 전항에 의하여 인증된 '구매계약'의 내용에 변경이 생기는 경우에는 '차주'는 사전에 서면으로 '기금'에 통지하는 것으로 한다. 단, 당해 계약의 내용에 중대한 변경이 생기는 경우에는 '기금'의 동의를 필요로 한다.

(대출의 방법)

제5조

(1) '차주'는 '구매계약'의 인증 통지를 수령하는 대로 '기금'에 대하여 취소 불능 지불 수권서(양식 별첨 2)를 발급하고 동시에 '공급자'에 대하여 그 사본을 송부하는 것으로 한다. '기금'은 인증을 한 후 '차주'에 대하여 수령하였다는 통지를 한다.

(2) 전항에 규정된 지불 수권서에 의하여 '차주'는 '기금'에 대하여, 당해 수권서에 기재된 금액의 한도 내에 있어서 당해 수권서에 기재되는 지불 조건에 따라 '공급자'가 제출하는 수령서 및 당해 수권서에 기재되는 기타 서류와 교환으로 '공급자'에게 자금을 교부하고 당해 금액을 '기금'에 개설되는 '차주' 명의 계정에 차기할 것을 수권하는 것으로 한다.

단, '차주'가 '공급자'의 서면에 의한 동의서를 첨부하여 '공급자'에 대한 지불의 보류를 '기금'에 서면으로 요청하였을 때에는 '기금'은 그 지불을 보류하는 것으로 한다.

(3) '차주'는 '기금'이 지불 수권서에 따라 '공급자'에게 자금을 지불하였을 때 마다, '기금'으로부터 '차관 계약'에 의거한 대출을 수령한 것으로 한다.

(4) '기금'은 '차관 계약'에 의거한 대출을 실행한 때마다 '차주'에 대하여 대출 실행 통지서(양식 별첨 3) 2통을 송부하는 것으로 한다.

차주는 그중 1통에 수령의 표시를 하여 '기금'에 반송하는 것으로 한다.

(원금 상환의 방법)

제6조

(1) '차관계약'에 의거한 차관 원금은, 각 사업계획 합의서 서명일의 6개월 후의 일자로부터 기산하여 7년의 거치 기간 만료일을 제1회 부불일로 하는 14회에 계속된 균등 연부불로서 상환되는 것으로 한다. 단, 각 회의 부불액 계산상 생기는 10만 일본 원(￥100,000)의 단수 금액은 제1회의 부불액에 가산하여 각회의 부불액을 결정하는 것으로 한다.

(2) '차주'가 사업계획 합의서의 차관 한도액까지 차입하지 아니하였을 경우에는 차관 한도액과 실제 대출액의 차액은, 최종 부불액으로부터 차인하는 것으로 한다. 그래도 잔액이 있을 때는 상환 기한의 역순으로 차인하는 것으로 한다.

(3) '차주'는 '기금'이 승락하였을 경우에는 앞당겨서 차관금을 상환할 수 있다.

(4) 상환 기간을 연장하는 것에 관하여 양국 정부 간의 합의가 있었을 때는 '차주'와 '기금'은 상환 기간을 연장하는 것에 대하여 협의하는 것으로 한다.

(이자 및 그 지불 방법)

제7조

(1) '차주'는 '차관계약'에 의거하여 교부된 각 사업마다의 차관 원금의 수시의 잔액에 대하여 연 3.5%의 비율로 계산된 이자를 본조 제3항에 규정된 이자 지불일마다 지불하는 것으로 한다.

(2) 이자의 계산 기간은 사업계획 합의서의 서명일을 시기로 하는 6개월 간 및 그에 계속하는 6개월간 마다로 한다.

(3) 이자 지불일은 각 사업에 대한 대출의 실행 중에 있어서는, 이자 계산 기간의 종기의 익일로부터 1개월 후의 일로하고 당해 사업에 대한 대출의 실행 완료 후는 이자 계산 기간의 종기의 익일로 한다.

또한 각 사업에 관련한 제1회의 이자 지불은 '기금'에 의한 당해 사업에 대한 대출이 실행된 후에 행하여지는 것으로 한다.

(4) 이자의 계산에 있어서 그 기간이 6개월에 미달할 경우에는 1년 365일의 일수를 기준으로 한 계산법에 의한다. 그 기간이 6개월 단위로 단수가 없는 경우에는 1년을 기준으로 하여 계산한다.

(원리금의 지불 장소와 지불 통화)

제8조

차관계약에 의한 차관의 원금, 이자, 만약 있을 경우에는, 기타 제 비용의 지불 장소는 일본국 토오쿄오토 치요다꾸에 있는 '기금'의 사무소로 하고 그 지불 통화는 교환 가능한 일본 원으로 한다.

('기금'의 구제 수단)

제9조

다음의 각호의 1에 해당하는 경우에는 '기금'은 '차주'에 대하여 서면에 의한 통지로서, 그 사업계획에 대한 대출을 정지하거나 또는 종지할 수 있으며, 혹은 기한의 이익을 상실하게 할 수 있다.

(a) '차주'가 '차관 계약'의 조항에 위반한 경우,
(b) '구매계약'의 파기 또는 제3조에 규정되는 사업의 완성 또는 수행이 불가능하게 되거나 혹은 현저하게 곤란하게 되는 사태가 발생하였을 경우.

(기한 후의 지불)

제10조

'차주'가 제6조 및 제7조에 정하는 차관 원금 및 이자를, 각각의 지불기한까지 지불하지 아니 하였을 경우에는 '차주'는 '기금'에 대하여 지불을 요하는 금액에 대하여,

당해 기일로부터 그 실제 지불일의 전 일까지 연 5.5%의 비율로 계산된 연체 이자를 지불하는 것으로 한다.

(권리 불행사)

제11조

기금에 의한, '차관계약'에 의거한 권리의 불행사, 또는 지연은, 당해 권리 포기의 효과를 발생케 하지 않으며 또한 그 권리 중의 어느 하나의 행사 또는 부분적인 행사는, 당해 권리의 그 밖의 또는 장래의 행사, 혹은 기타 권리의 행사를 방해하는 것은 아니다.

('차주'의 의무 불면책)

제12조

'구매계약'의 실시상 발생하는 '클래임' 및 분쟁은 당사자 간에서 해결하는 것으로 한다. 그러한 '클래임' 및 분쟁은, 본차관에 관련된 '차주'의 의무를 하등 면책하는 것은 아니다.

(비용의 부담)

제13조

(1) '차주'는 '차관계약'의 작성과 '차관계약'에 의거한 차관금 채권의 관리에 관한 '기금'의 통상의 사무 경비 이외의 비용을 '기금'의 청구에 의하여 지불한다.

(2) 차관의 실행, 원금의 상환 및 이자의 지불에 관하여 징수될 수가 있는 은행의 수수료 및 경비는, 만약 있을 경우에는, '차주' 또는 '수입자'에 의하여 부담된다.

(중재)

제14조

(1) '차관계약'으로부터 발생하는 모든 양 당사자 간의 분쟁, 논의, 일방의 당사자로부터 타방에 대한 '클래임', 양 당사자 간의 의견의 상이(이하 '분쟁'이라 힘)는 '차주', '기금' 및 양국 정부로서 구성되며, 일본국 토오쿄오에서 개최되는 위원회에서 협의하

여 해결하도록 노력하는 것으로 한다.

(2) (a) 전항의 위원회가 일방의 당사자로부터의 개최 요청에도 불구하고 그후 60일 이내에 실제로 개최되지 아니하였을 때, 또는 (b) 전기 기간 내에 개최되었음에도 불구하고 최초의 회합일로부터 90일 이내에 합의에 달하지 못하였을 때, 또는 (c) 전항의 위원회에서 합의에 달하였음에도 불구하고 당해 합의를 의무자가 그 후 60일 이내에 이행하지 아니하였을 때에는 '차주' 또는 '기금' 간에 따로 협정되는 중재 규칙의 정하는 바에 따라 '분쟁' 및 상기 (c)의 경우의 의무자에 대한 이행의 청구를 중재재판소에 의한 중재에 회부될 수 있는 것으로 한다.

(3) '차관계약'의 양 당사자는 전 항의 중재 규칙의 모든 조항을 승낙하고 이 규칙이 '차관계약'과 일체를 이루는 것을 이에 확인한다.

(위임장 및 서명감)

제15조

(1) '차주'는 '기금'에 대하여 다음의 서류를 제출하는 것으로 한다.
   (a) '차관계약'을 작성 서명하는 권한을 특정의 관직에 있는 자에 부여한 취지의 위임장
   (b) 전 호의 특정 관직에 있는 자의 서명감으로서, 대한민국 정부의 외무부 장관이 인증한 것

(2) 전항의 서류에 기재된 사항에 변경이 생긴 경우에는 '차주'는 조속히 서면으로 '기금'에 통지하고, 신임자에 대한 위임장 및 그 사람의 서명감을 제출하는 것으로 한다.

(법률 의견서)

제16조

'차주'는, '기금'에 대하여, 다음 사항을 내용으로 하는 대한민국 정부의 법무부 장관이 작성하는 법률 의견서를 제출하는 것으로 한다.
   (a) '차주'는 대한민국의 법률에 의거하여 합법적으로 '기금'으로부터 차관을 받을 수가 있다는 것
   (b) 대한민국 정부의 경제기획원 장관은 대한민국의 행정 조직법상 대한민국 정부

를 대표하여 '차관계약'의 당사자가 된다는 것
(c) '차주'가 '차관계약'의 조항에 따라 부담한 채무는 유효하고 또한 구속력이 있는 대한민국의 채무로 된다는 것

(차관계약의 발효)
제17조

(1) 이 차관계약의 발효에는, 다음의 조건을 필요로 한다.
(a) 대한민국과 일본국의 양 국회에서 표제 협정의 비준이 행하여지고 비준서의 교환이 완료되어 있을 것
(b) 대한민국의 국회에서 이 차관계약에 관한 의결이 행하여지고, 대한민국 정부로부터 그러한 취지의 통지가 '기금'에 송달되어 있을 것
(c) '기금'이 제15조 제1항 (a)에 규정하는 위임장, 제15조 제1항 (b)에 규정하는 서명감 및 제16조에 규정하는 법률 의견서를 수령하고 이러한 것에 만족하며 그 취지가 '차주'에게 통지되어 있을 것

(2) 이 차관 계약은 전항 (a), (b) 및 (c)의 모든 조건이 갖추어진 날에 발효하는 것으로 한다.

(준거법)
제18조

차관계약의 효력 및 해석은 이 차관계약 서명지의 법령에 따른다.

(잡칙)
제19조

(1) '차관계약'에 의거하여 양 당사자에게 필요로 하는 통지는 다음의 주소에 대하여 서면으로 송달되었을 때에 이것이 정당히 행하여진 것으로 간주한다.
　　　　　차주　대한민국 서울특별시
　　　　　　　　경제기획원 장관
　　　　　기금　일본국 토오쿄오토 치요다꾸 우찌사이와이쪼오 2쪼오메 22번지

이이노 빌딩 내 해외경제협력기금 총재

　주소 또는 명칭에 변경이 생겼을 때는 양 당사자는 각기 상대방에게 서면으로 통지하는 것으로 한다.

　(2) '차주'는 '기금'이 차관금의 관리상 특히 필요로 하는 사업계획의 실행 및 운영상황에 대한 보고를, '기금'에 제출하는 것으로 한다.

　(3) '구매계약'에 정하는 사유로 인하여 '차주'가 '공급자'에 대하여 어떠한 금전채권을 취득하게 되었을 경우에는 '차주'는 이에 의한 채권의 행사에 대하여 '기금'과 협의하는 것으로 한다.

　(4) '차관계약'에 의하여 산출된 이자(연체 이자 포함)에 대하여 1 일본 원(￥1) 단위 미만의 단수가 생겼을 때에는 이를 절사한다.

　(5) 각 조의 표제는 참조의 편의상 열거된 것이며 이 계약 증서의 일부가 되는 것은 아니다.

　이 계약을 확증하기 위하여 '차주' 및 '기금'은 각각 정당하게 권한이 부여된 대표자에 의하여 두서의 일자에 일본국 토오쿄오에서 동등히 정본인 한국어, 일본어 및 영어로 된 증서 각 2통을 작성 서명하고 각각 그 1통씩을 교환하였다.

　해석의 상이가 있을 때에는 영어증서에 의한 것으로 한다.

대한민국 정부를 위하여	일본국의 해외경제협력기금을 위하여
경제기획원 기획차관보	총재
(서명) 김영준	(서명) 야나기다 세이지로오

Annex I

Ref. No.

Project Agreement, dated ＿ 19＿, pursuant to Paragraph 2 of Article III of the Loan Agreement, dated June 22, 1965, concluded between the Government of the Republic of Korea (hereinafter referred to as the Borrower) and the Overseas Economic Cooperation Fund (hereinafter referred to as the Fund)

Article I
Amount of the Loan

On terms and conditions set forth in the above-mentioned Loan Agreement and this Project Agreement, a principal amount up to the limit of ＿＿ JAPANESE YEN (¥ ＿＿＿＿) shall be extended by the Fund to the Borrower for the implementation of the project referred to in the succeeding Article.

Article II
Project financed for under this Loan

(1) The project financed for under this Loan will be as follows:

    (a) Name

    (b) Location

    (c) Purpose

    (d) Sponsor

    (e) Funds required and financing thereof

    (f) Other important features

(2) Details of the items in the preceding paragraph shall be annexed.

Article III

Due Dates and Amounts of the Principal

Due dates and amounts of the principal mentioned in Article I shall be:

First instalment due on _____ JAPANESE YEN(¥ _____)

Second instalment due on _____ JAPANESE YEN(¥ _____)

:

Fourteenth instalment due on _____ JAPANESE YEN(¥ _____)

Total _____ JAPANESE YEN(¥ _____)

Article IV

Computation Periods and Due Dates of Interest

(1) Before the date of the last advance for this project, the Borrower shall pay to the Fund on ____ interest that has accrued up to ____ from ____ , and on ____ interest that has accrued up to ____ from ____ .

(2) After the date of the last advance for this project, the Borrower shall pay to the Fund on ____ interest that has accrued up to ____ from ____ , and on ____ interest that has accrued up to ____ from ____ .

Article V

Effectuation of the Project Agreement

This Project Agreement shall come into effect on the date of signing.

Article VI

Miscellaneous

The headings of the Articles are inserted for convenience of reference only and do not constitute part of this Agreement.

IN WITNESS WHEREOF, the Borrower and the Fund, acting through their representatives thereunto authorized, have caused this Agreement to be duly executed in duplicate in the English language and signed in their respective names and delivered in Tokyo, Japan, as of the date first above written.

For the Government of
the Republic of Korea
By (Signature)
(Title)

For the Overseas Economic
Cooperation Fund, Japan
By (Signature)
(Title)

Annex II

Letter of Authorization

Date:
Ref. No.

Mr. President
The Overseas Economic Cooperation Fund
Tokyo, Japan

Dear Sir:

Pursuant to the Loan Agreement dated June 22, 1965 and the Project Agreement No. ____ dated ____, 19__ made between the Government of the Republic of Korea and the Overseas Economic Cooperation Fund, we hereby irrevocably authorize you to pay on our behalf as stipulated in the Payment Terms mentioned hereunder to (name and address of the supplier)(hereinafter referred to as the 'Supplier') up to ____ JAPANESE YEN(¥ ____) and to debit our account with such payment against respective signed receipts issued by the Supplier, accompanied by such instruments, if any, as required in the Payment Terms.

A copy of this Letter of Authorization is sent to the Supplier who shall have it verified by you before the first such payment and who shall also be required to notify you in writing at least five (5) days in advance, of the date upon which each payment under the Payment Terms is to become due.

We hereby declare that the Supplier's signed receipt as stipulated herein shall be sufficient evidence of your right to debit with such payment our account with you. Payment Terms:

(All banking charges, if any, in connection with this Letter of Authorization are to be paid by us.)

This authorization will expire on ____, 19____.

Yours faithfully,

For and on behalf of the Government of the Republic of Korea

(Signature)

(Title)

Annex III

Notice of Advance

Date:

Ref. No.

Mr. _____

(Address)

Dear Sir:

We hereby notify you that with reference to the Project Agreement No. ____ dated ____, 19__, and your Letter of Authorization No. ____ dated ____, 19__, our Fund has advanced the under-mentioned sum of money as the ____th instalment under the above Letter of Authorization and duly debited the said sum against your account, with particulars as follows:

(1) Date of Advance:

(2) Amount of Advance: ¥ _____

(3) Party to which the Advance has been made:

(4) Cumulative Total of Advances already made under the said Letter of Authorization, including present Advance: ¥ _____

Authorized Amount not yet Advanced: ¥ _____

Total: ¥ _____

(5) Cumulative Total of Advances already made under the said Project Agreement. including present Advance:　¥ _____

We are sending you herewith enclosed a copy of the receipt addressed to us from the Supplier to which the Advance has been made.

In confirmation of this Notice, please return to us immediately second copy hereof duly signed by yourself.

Yours faithfully,

For the Overseas Economic Cooperation Fund

(Signature)

(Title)

Date:

We hereby acknowledge the receipt of this Notice.

For the Government of the Republic of Korea

(Signature)

(Title)

LOAN AGREEMENT

BETWEEN

THE GOVERNMENT OF THE REPUBLIC OF KOREA

AND

THE OVERSEAS ECONOMIC COOPERATION FUND, JAPAN

Dated June 22, 1965

LOAN AGREEMENT

BETWEEN

THE GOVERNMENT OF THE REPUBLIC OF KOREA

AND

THE OVERSEAS ECONOMIC COOPERATION FUND, JAPAN

Dated June 22, 19650

LOAN AGREEMENT, dated June 22, 1965, between the GOVERNMENT OF THE REPUBLIC OF KOREA (hereinafter referred to as 'the Borrower') and the OVERSEAS ECONOMIC COOPERATION FUND (hereinafter referred to as 'the Fund') in connection with the loan set forth in Section 1 (b) of Article I of the 'Agreement between the Republic of Korea and Japan concerning the Settlement of the Problems of Property and Claims and concerning Economic Cooperation' and documents incidental thereto, dated June 22, 1965, between the GOVERNMENT OF THE REPUBLIC OF KOREA and the GOVERNMENT OF JAPAN.

Article I

Amount of the Loan

(1) The Fund agrees to lend the Borrower, on terms and conditions in this Loan Agreement and agreements incidental thereto (hereinafter referred to as 'the LOAN AGREEMENT'), a principal amount up to the sum of Japanese Yen

equivalent to TWO HUNDRED MILLION UNITED STATES DOLLARS (U. S. $200,000,000) presently corresponding to SEVENTY-TWO BILLION JAPANESE. YEN(¥72,000,000,000) in a period of ten years starting from the date of the coining into effect of the Agreement between the two Governments mentioned in the above title: provided, however, that, in case a cumulative total of advances under the Loan has reached the limit, the Fund shall make no further advance.

(2) Advances under the LOAN AGREEMENT shall be made in reasonably even distribution for each year.

(3) The dollar equivalents of Yen advances set forth in Section (1) shall be calculated at the parity of Japanese Yen against United States dollar which, having been duly determined by the Government of Japan and consented to by the International Monetary Fund, is ruling on the date of signing each Project Agreement set forth in Article III.

Article II

Use of Proceeds of the Loan

The Borrower shall apply the proceeds of the Loan to purchasing Japanese products and Japanese services necessary for the implementation of projects set forth in the following Article in accordance with purchasing contracts(hereinafter referred to as 'the Purchasing Contract') to be concluded between the suppliers, being nationals or juridical persons of Japan (hereinafter referred to as 'the Supplier') and importers of the Republic of Korea (hereinafter referred to as 'the Importer').

Article III

Project Agreement

(1) The Borrower shall furnish the Fund with the implementation program of any project to be financed for and apply to the Fund for its consent that

the said project be economically and technically feasible and eligible for loan under the Law relating to the Overseas Economic Cooperation Fund.

(2) In case the Borrower and the Fund come to an agreement on the project in the preceding Section, the Borrower and the Fund shall sign a Project Agreement (form attached as Annex I) for each project in Tokyo, Japan.

Article IV

Verification of the Purchasing Contract

(1) Whenever a Purchasing Contract eligible for the Loan is concluded between the Supplier and the Importer, the Borrower shall furnish the Fund with an authorized copy of the contract and related papers required by the Fund and apply to the Fund for its verification.

(2) In case the Purchasing Contract verified in accordance with the preceding Section is to be changed in its contents, the Borrower shall notify the Fund thereof in advance in writing: provided, however, that in case of a significant change in its contents a consent by the Fund thereto shall be necessary.

Article V

Method of Lending

(1) The Borrower, upon receipt of a notice of the verification of the Purchasing Contract, shall issue and deliver to the Fund an irrevocable Letter of Authorization (form attached as Annex II) and send its copy to the Supplier concurrently. The Fund shall verify it and notify the Borrower of the receipt thereof.

(2) By the Letter of Authorization referred to in the preceding section the Borrower shall authorize the Fund to pay to the Supplier within the limit of the amount mentioned and in accordance with the Payment Terms specified in the said Letter against a receipt submitted by the Supplier together with other documents mentioned in the said Letter; and to debit with the amount

the Borrower's account to be opened with the Fund. The Fund shall, however, withhold the payment, in case the Borrower requests the Fund in writing, accompanied by a written consent of the Supplier, to withhold such payment.

(3) Whenever the Fund has made the payment to the Supplier in accordance with the Letter of Authorization, the Borrower shall thereby be deemed to have received from the Fund an advance under the LOAN AGREEMENT.

(4) Whenever the advance is thus made to the Borrower, the Fund shall send the Borrower a Notice of Advance (form attached as Annex III) in duplicate. The Borrower shall return the second copy thereof to the Fund, indicating its acknowledgement of receipt.

Article VI
Method of Repayment of Principal

(1) The principal of the Loan under the LOAN AGREEMENT shall be repaid in fourteen consecutive equal annual instalments, the first instalment being paid on the day of the expiration of a seven-year grace period which starts six months after the date of signing each Project Agreement. The amount of each instalment shall, however, be determined after adding to the first instalment any fractional amount less than ONE HUNDRED THOUSAND JAPANESE YEN (¥100,000) that may appear in calculating each instalment.

(2) In case the Borrower has not borrowed up to the Loan limit as provided for in the Project Agreement, the difference between the amount of the Loan limit and the actual amount of borrowing shall be deducted from the final instalment. In case there should still remain any further balance of such difference after the deduction, it shall be deducted from other instalments in the inverse order of their maturities.

(3) The Borrower may prepay any amount of the principal of the Loan subject to a consent of the Fund thereto.

(4) If an extension of the repayment period is agreed upon between the two Governments, the Borrower and the Fund shall negotiate about extending the due dates of the said repayment.

Article VII

Interest and Method of Payment thereof

(1) The Brrower shall pay interest at a rate of three and a half per cent(3.5%) per annum on the principal amount advanced for each project under the LOAN AGREEMENT and outstanding from time to time on such dates specified in Section (3) of this Article.

(2) The computation of interest shall be based on a six-month period commencing on the date of signing the Project Agreement and successive six-month periods.

(3) Before the date of the last advance for each project, the interest shall be due and payable on days one month later than the days next to the last days of the above-mentioned computation periods: while after the date of the last advance, it shall be due and payable on days next to the last days of the said periods. The first payment of interest relevant to each project shall however be made after the Fund has begun to make advances for the project.

(4) The amount of interest for a period of less than six (6) months shall be computed on a daily basis using a 365-day factor. For even period of six (6) months, the computation shall be made on an annual basis.

Article VIII

Place of, and Currency for, Making
Payment of Principal, Interest, etc.

The place of making payment of the principal of the Loan, interest and other expenses, if any, under the LOAN AGREEMENT shall be the Office of the Fund in Chiyoda-ku, Tokyo, Japan, and the currency in which such payment is to be made shall be convertible Japanese Yen.

Article IX
Remedies of the Fund

If any of the following events should have happened and be continuing, the Fund may by notice in writing to the Borrower suspend or terminate further advances for the project concerned and/or may make the Borrower forfeit the benefit of payment at maturities:

(a) Any of the provisions of the LOAN AGREEMENT shall have been violated by the Borrower.

(b) The Purchasing Contract concerned shall have been cancelled and/or a situation shall have arisen which makes the completion or implementation of the project mentioned in Article III impossible or substantially difficult

Article X
Overdue Payment

In case the Borrower fails to pay the principal and/or interest due and payable under Article VI and VII, the Borrower shall pay to the Fund interest for delay on the overdue principal and/or interest at a rate of five and a half per cent(5.5%) per annum for a period from the due date to the day immediately preceding to the day of actual payment thereof, both inclusive.

Article XI
Waiver

No failure to exercise, nor delay in exercising on the part of the Fund, any of its rights hereunder shall operate as a waiver thereof, nor shall any single or partial exercise by the Fund of any of its rights hereunder preclude any other or further exercise of such right or the exercise of any other right.

Article XII

Non-Exemption of the Borrower from Obligations

Claims or disputes arising from the implementation of any Purchasing Contract shall be settled between both parties thereto; such claims or disputes shall not exempt the Borrower from any obligation incurred under the Loan.

Article XIII

Expenses and Charges

(1) The Borrower shall reimburse the Fund on demand for such costs and expenses, other than the ordinary business expenditures, as incurred by the Fund in connection with the execution of, and the administration of the Loan under, the LOAN AGREEMENT.

(2) Banking charges or fees, if any, for the disbursement, the repayment of principal and the payment of interest of the Loan shall be borne by the Borrower or by the Importer concerned as the case may be.

Article XIV

Arbitration

(1) Any dispute, controversy or difference of opinion between both parties, or any claim by either of the parties against the other, arising from the LOAN AGREEMENT (hereinafter referred to as 'the Dispute') shall be settled as far as possible through consultation by a committee composed of the Borrower, the Fund and the two Governments at a meeting to be held in Tokyo, Japan.

(2) (a) In the event that the said committee shall not have actually been held within 60 days after a request by either of the parties; or (b) in the event that the committee, in spite of having been held within such period, shall not have come

to agreement within 90 days after its first meeting; or (c) in the event that, in spite of the committee's coming to agreement, the obligated party shall not have performed the agreement thus reached within 60 days thereafter, the Dispute or, in case of (c) above, a demand for the performance of the agreement by the obligated party may be submitted by the Borrower or the Fund to arbitration by an Arbitral Tribunal in accordance with the provisions of an Arbitration Rule to be separately agreed upon between the Borrower and the Fund.

(3) Both parties to the LOAN AGREEMENT accept all the provisions in the Arbitration Rule mentioned in the preceding Section and confirm that the Rule shall be read into and made a part of the LOAN AGREEMENT.

Article XV

Power of Attorney and Specimen Signatures

(1) The Borrower shall submit to the Fund following documents:

   (a) A Power of Attorney that persons holding specific offices are authorized to execute and sign the LOAN AGREEMENT; and

   (b) Specimen Signatures, as authenticated by the Minister of Foreign Affairs of the Republic of Korea, of the persons holding specific offices referred to above.

(2) In case the documents referred to in the above Section are changed in their contents, the Borrower shall without delay notify the Fund thereof in writing and submit to the Fund the Power of Attorney for, and the Specimen Signatures of, newly designated persons.

Article XVI

Legal Opinion

The Borrower shall submit to the Fund a Legal Opinion by the Minister of Justice of the Government of the Republic of Korea, slating as follows:

(a) The Borrower may receive the Loan from the Fund lawfully in accordance with laws of the Republic of Korea;

(b) The Minister of Economic Planning Board of the Government of the Republic of Korea, representing the Government of the Republic of Korea, shall be the party to the LOAN AGREEMENT according to the administrative laws of the Republic of Korea; and

(c) Obligations of the Borrower under the provisions of the LOAN AGREEMENT shall constitute legal and binding obligations of the Republic of Korea.

Article XVII

Effectuation of this Loan Agreement

(1) For the effectuation of this Loan Agreement following conditions are necessary:

(a) The Agreement between the two Governments referred to in the title of this Agreement has been approved by the National Assembly of the Republic of Korea and the Diet of Japan; and the exchange of instruments of ratification has been effected;

(b) The National Assembly of the Republic of Korea has approved for this Loan Agreement and a notice in this regard has been served by the Government of the Republic of Korea on the Fund; and

(c) The Fund has received the Power of Attorney referred to in Section 1 (a) of Article XV, the Specimen Signatures referred to in Section 1 (b) of Article XV and the Legal Opinion referred to in Article XVI, has been satisfied therewith and has sent the Borrower a letter in this regard.

(2) This Loan Agreement shall come into effect on the date that all conditions of (a), (b) and (c) in the preceding Section are fulfilled.

Article XVIII

Applicable Law

The validity and interpretation of the LOAN AGREEMENT shall be governed by the laws and regulations enforceable and effective at the place of signing this Loan Agreement.

Article XIX

Miscellaneous

(1) Any notice required or made under the LOAN AGREEMENT shall be deemed to have been duly given or made when it is served in writing on the party at the following addresses:

The Borrower: Minister of Economic Planning Board
Republic of Korea
Seoul, Korea

The Fund: President
The Overseas Economic Cooperation Fund
lino Building, No.22, 2-chome,
Uchisaiwaicho, Chiyoda-ku,
Tokyo, Japan

In case the above addresses and/or names are changed, the party concerned shall notify in writing the other party thereof.

(2) The Borrower shall furnish to the Fund such reports and information with regard to the performance and operation of any project as may especially be required by the Fund for administration of the Loan.

(3) In case the Borrower should acquire any monetary claim against the Supplier through causes set forth in the Purchasing Contract, the Borrower shall consult the Fund on disposing such a claim.

(4) Any fractional sum of less than ONE JAPANESE YEN (¥1) that may appear

in the computation of the interest (including interest for delay on overdue principal and /or interest) as provided for in the LOAN AGREEMENT shall be discarded,

(5) The headings of the Articles are inserted for convenience of reference only and do not constitute part of this Agreement.

IN WITNESS WHEREOF, the Borrower and the Fund, acting through their representatives duly authorized, have signed this Agreement, done in duplicate, in the Korean, Japanese and English languages, each text being equally authentic and delivered in Tokyo, Japan, on the date which appears in the title of this Agreement In case of any divergence of interpretation, the English text shall prevail.

For
THE GOVERNMENT OF
THE REPUBLIC OF KOREA
Yung Joon Kim
(Assistant Minister for Planning,
Economic Planning Board)

For
THE OVERSEAS ECONOMIC
COOPERATION FUND, JAPAN
Seijiro Yanagita
(President)

一九六五年六月二二日付で大韓民国および日本国両政府間に締結された「財産及び請求權に関する問題の解決並びに経済協力に関する大韓民国と日本との間の協定」第一条一(b)ならびにその付属文書に定める貸付に関する大韓民国政府(以下「借主」という.)と海外経済協力基金(以下「基金」という.)との間の一九六五年六月二二日付借款契約

(貸付金額)
第一条

(1)「基金」は,「借主」に対し, この借款契約およびこれに付随する約定(以下「借款契約」という.)の条件にもとづき, 現在において七百二十億日本円(¥七二,〇〇〇,〇〇〇,

〇〇〇)に換算される二億合衆国ドル(U.S. $二〇〇,〇〇〇,〇〇〇)に等しい円の額に達するまでの貸付を,頭書協定の効力発生の日から一〇年の期間内に,行なうことを締結する.

ただし,貸出の累計額がこの限度に達したときは新たな貸出は行なわない.

(2)「借款契約」にもとづく貸出は,合理的な程度に各年均等に配分して行なうものとする.

(3) 第一項に規定する円貨貸出額のドル相当額の算定は,日本国政府が正式に決定し,かつ,国際通貨基金が同意した日本円の合衆国ドルに対する平價で,第三条に規定される各事業計画合意書の調印日に適用されているものによるものとする.

(貸付金の使途)

第二条

「借主」は,この貸付金を日本国民または日本国の法人である供給者(以下「供給者」という.)と大韓民国の輸入者(以下「輸入者」という.)との間に結ばれる購買契約(以下「購買契約」という.)にしたがって次条に規定される事業計画の達成のために必要とされる日本国の生産物および日本人の役務の購入のために使用するものとする.

(事業計画合意書)

第三条

(1)「借主」は,「基金」に対し,貸付が行なわれるべき事業計画の実施計画を提出し,当該事業計画が経済的および技術的に実施可能であることおよび海外経済協力基金法にもとづく貸付の対象として適当であることについて「基金」の同意を求めるものとする.

(2) 前項の事業計画について「借主」と「基金」が合意した場合は,「借主」と「基金」は,日本国東京都において,事業別に事業計画合意書(書式別添1)に調印するものとする.

(「購買契約」の認証)

第四条

(1)「供給者」と「輸入者」との間にこの貸付を受けるに適当な「購買契約」が締結されるつど,「借主」は,「基金」に対し,当該契約書の確認濟寫および「基金」の必要とする書類を提出し,「基金」の認証を求めるものとする.

(2) 前項により認証された「購買契約」の内容に變更が生ずる場合は「借主」は,事前に書面で「基金」に通知されたものとする.

ただし,当該契約の内容に重大な變更が生ずる場合には,「基金」の同意を必要とする.

(貸出の方法)

第五条

(1)「借主」は,「購買契約」の認証の通知を受領しだい「基金」に対し,不改變支払授權書(書式別添2)を交付し,同時に「供給者」に対しその寫を交付するものとする.「基金」は,認証のうえ,「借主」に受領のむね通知する.

(2) 前項に規定する支払授權書により,「借主」は「基金」に対し,当該授權書に記載された金額の限度内において,当該授權書に記載された支払条件にしたがい,「供給者」の提出する受領書および当該授權書に記載されるその他の書類と引き換えに「供給者」に資金交付を行ない.当該金額を「基金」に開設される「借主」名義勘定に借記することを授權するものとする.

ただし,「借主」が,「供給者」の書面による同意書を添付して,「供給者」に対する支払の保留を「基金」に書面により申し入れたときは「基金」は,その支払を保留するものとする.

(3)「借主」は,「基金」が支払授權書にしたがい「供給者」に資金交付を行なったつど,「基金」から「借款契約」にもとづく貸出を受けたものみなされる.

(4)「基金」は,「借款契約」にもとづく貸出を実行したつど,「借主」に対し,貸出実行通知書(書式別添3)二通を送付するものとする.「借主」は,うち一通に受領の表示として「基金」に返送するものとする.

(元本返濟の方法)

第六条

(1)「借款契約」にもとづく貸付金元本は，各事業計画合意書調印日の六か月後の日から起算し，七年の据置期間満了の日を第一回賦払日とする十四回の繼續した均等年賦払で返濟されるものとする．ただし，各回の賦払額計算上生ずる十萬日本円（¥一〇〇,〇〇〇）の端数金額は，第一回の賦払額に加算して各回の賦払額を決定するものとする．

(2)「借主」が事業計画合意書の貸付限度額まで借り入れなかった場合は，貸付限度額と實際貸出額の差額は，最終賦払額から差し引くものとする．なお殘額があるときは，返濟期限の逆の順序により差し引くものとする．

(3)「借主」は，「基金」が承諾した場合は，繰り上げて貸付金の返濟を行なうことができる．

(4) 憤環期間を延長することにつき，兩国政府間の合意があったときは，「借主」と「基金」は，返濟期間を延長することについて協議するものとする．

(利息およびその支払方法)

第七条

(1)「借主」は，「借款契約」にもとづいて交付された各事業ごとの貸付金元本の隨時の殘高に対して，年三.五％の割合で計算された利息を，本条第三項に定める利払日ごとに支払うものとする．

(2) 利息の計算期間は，事業計画合意書の調印日を始期とする六か月間およびそれに続く六か月間ごととする．

(3) 利払日は，各事業に対する貸出の実行中においては，利息計算期間の終期の翌日から一カ月後の日とし，当該事業に対する貸出の完了後は，利息計算期間の終期の翌日とする．なお，各事業にかかわる第一回の利払は，「基金」による当該事業に対する貸出が実行されたのちに行なわれるものとする．

(4) 利息の計算においてその期間が六か月に満たない場合は，一年三六五日の日割計算法による．その期間が六か月單位で端数がない場合は，一年を基準として計算する．

(元利金の支払場所および支払通貨)

第八条

　「借款契約」による貸付金の元本，利息，もしある場合，その他の諸費用の支払場所は，日本国東京都千代田區にある「基金」の事務所とし，その支払通貨は，交換可能な日本円とする．

(「基金」の救濟手段)

第九条

　下記の各号の一つに該当する場合には，「基金」は，「借主」に対し，書面による通知をもって，その事業計画に対する貸出を停止し，または終止することができ，もしくは期限の利益を失わしめることができる．

　(a)「借主」が，「借款契約」の条項に違反した場合
　(b)「購買契約」の破棄または第三条に規定される事業の完成または遂行が不可能となるか，もしくは著るしく困難となる事態が発生した場合

(期限後の支払)

第十条

　「借主」が第六条および第七条に定める貸付金元本および利息を，それぞれの支払の期限までに支払わなかった場合，「借主」は，「基金」に対し，支払を要する金額につき，当該期日からその実際の支払日の前日まで年五.五％の割合で計算された延滞利息を支払うものとする．

(權利不行使)

第十一条

　「基金」による，「借款契約」にもとづく權利の不行使または遅延は，当該權利の放棄の效果を生せず，また，それらの權利のいずれか一つのまたは部分的な行使は，当該權利のその他のまたは將來の行使，もしくはその他の權利の行使を妨げるものではない．

(「借主」の義務の不免責)

第十二条

「購買契約」の実施上生ずる苦情および紛争は，当事者間において解決するものとする．

かかる苦情および紛争は，本貸付金にかかわる「借主」の義務をなんら免責するものではない．

(費用の負擔)

第十三条

(1) 「借主」は，「借款契約」の作成ならびに「借款契約」にもとづく貸付金債権の管理に関する「基金」の通常の事務経費以外の費用を「基金」の請求により支払う．

(2) 貸付の実行，元本の返済および利息の支払に関して徴収されることがある銀行の手数料および経費は，もしある場合は，「借主」または「輸入者」により負擔される．

(仲裁)

第十四条

(1) 「借款契約」から生ずるあらゆる兩当事者間の紛争，論議，一方の当事者から他方に対する苦情，兩当事者間の意見の相違(以下「紛争」という．)は，「借主」，「基金」ならびに兩国政府で構成され，日本国東京都で開催される委員会において協議して解決に努力するものとする．

(2) (a)前項の委員会が一方の当事者からの開催要請にもかかわらず，その後六十日以内に実際に開催されなかったとき，または(b)前記期間内に開催されたにもかかわらず，最初の会合の日から九十日以内に合意に達し得なかったとき，または(c)前項の委員会において合意に達したにもかかわらず，当該合意を義務者がその後六十日以内に履行しなかったときは，「借主」または「基金」は，「借主」と「基金」との間で別に協定される仲裁規則の定めるところにより，「紛争」および上記(c)の場合の義務者に対する履行の請求を，仲裁裁判所による仲裁に付託できるものとする．

(3) 「借款契約」の両当事者は，前項の仲裁規則のすべての条項を承諾し，この規則

が「借款契約」と一體をなすことをここに確認する.

(委任狀および署名鑑)
第十五條

(1)「借主」は,「基金」に對し,次の書類を提出するものとする.
 (a)「借款契約」を作成調印する權限を特定の官職にある者に付与したむねの委任狀
 (b) 前号の特定の官職のある者の署名鑑で,大韓民國政府の外務部長官の認証したもの
(2) 前項の書類に記載された事項に變更が生じた場合は,「借主」は,すみやかに書面をもって「基金」に通知し,新任の者に對する委任狀およびその者の署名鑑を提出するものとする.

(法律意見書)
第十六條

「借主」は,「基金」に對し,次の事項を内容とする大韓民國政府の法務部長官の作成する法律意見書を提出するものとする.
 (a)「借主」は,大韓民國の法律にもとづいて,合法的に「基金」から借款を受けることができるものであること
 (b) 大韓民國政府の經濟企劃院長官は,大韓民國の行政組織法上,大韓民國政府を代表して,「借款契約」の當事者となるものであること
 (c)「借主」が「借款契約」の條項にしたがって負擔した債務は,有効,かつ,拘束力のある大韓民國の債務となるものであること

(借款契約の發効)
第十七條

(1) この借款契約の發効には,次の條件を必要とする.
 (a) 大韓民國および日本國の兩國會において頭書協定の批准が行なわれ,批准書

の交換が完了していること.
　　　(b) 大韓民国の国会においてこの借款契約に関する議決が行なわれ, 大韓民国政府からそのむねの通知が「基金」に送達されていること
　　　(c)「基金」が第十五条第一項(a)に規定する委任狀第十五条第一項(b)に規定する署名鑑および第十六条に規定する法律意見書を受領し, それらに満足し, そのむね「借主」に通知を発していること
　(2) この借款契約は, 前項(a)・(b)および(c)のすべての条件が整った日に発効するものとする

(準拠法)
第十八条
「借款契約」の効力および解決は, この借款契約調印地の法令に従う.

(雑則)
第十九条
(1)「借款契約」にもとづき両当事者に必要される通知は, 次の住所に対し書面をもって送達されたときに, これが正当に行なわれたものとみなす.
　　　「借主」大韓民国ソウル特別市
　　　　　　経濟企画院長官
　　　「基金」日本国東京都千代田區内幸町二丁目 二二番地 飯野ビル内
　　　　　　海外経濟協力基金總裁
住所または名稱に變更が生じたときは, 両当事者はそれぞれ相手方に書面により通知するものとする.
　(2)「借主」は, 「基金」が貸付金の管理上特に必要とする事業計画の実行および運営狀況についての報告を「基金」に提出するものとする.
　(3)「購買契約」に定める事由により, 「借主」が「供給者」に対し, なんらかの金錢債權を取得するに至ったときは, 「借主」は, これによる債權の行使について「基金」と協議するものとする.

(4)「借款契約」により算出された利息(延滯利息を含む.)に一日本円(¥1)位未満の端数が生じたときは, これを切り捨てる.

(5) 各条の標題は, 参照の便宜上揚げられたもので, この契約証書の一部をなすものではない.

この契約を証するため,「借主」および「基金」は, それぞれ正当に權限を付与した代表者によって頭書の日に, 日本国東京都において, 等しく正本である韓国語, 日本語および英語による証書各二通を作成, 署名し, それぞれの各一通をとりかわした. 解釋に相違があるときは, 英語の証書によるものとする.

大韓民国政府のために	日本国の海外経濟協力基金のために
経濟企画院企画次官補	總裁
(署名) 金榮俊	(署名) 柳田誠二郎

4-1-16. 재산 및 청구권에 관한 문제의 해결과 경제협력에 관한 협정 제1조 2의 합동위원회에 관한 교환공문

〈조약 제176호〉

대한민국과 일본국 간의 재산 및 청구권에 관한 문제의 해결과 경제협력에 관한 협정 제1조 2의 합동위원회에 관한 교환공문

[한국 측 서한]

1965년 6월 22일
토오쿄오에서

각하,

본관은 금일 서명된 대한민국과 일본국 간의 재산 및 청구권에 관한 문제의 해결과 경제협력에 관한 협정(이하 '협정'이라 함) 제1조 2에서 정하는 합동위원회에 관하여, 양국 정부가 다음과 같이 합의할 것을 제안합니다.

1. 합동위원회는 토오쿄오에 설치한다.
2. 합동위원회는 양 정부가 각각 임명하는 대표 1명 및 대표 대리 수명으로 구성된다.
3. 합동위원회는 일방 정부의 대표의 요청에 의하여 회합한다.
4. 합동위원회는 다음의 사항에 관한 권고를 위하여 협의를 행하는 것을 임무로 한다.
   (a) 제1 의정서에 의거한 연도 실시계획, 계약의 인증 및 지불에 관한 절차
   (b) (a)에서 언급한 연도 실시계획에 관한 문제
   (c) 협정 제1조 1(b)의 규정의 실시에 관한 교환공문 5에서 언급한 사업 및 그 연도 실시계획에 관한 문제
   (d) (a)에서 언급한 계약의 인증
   (e) 협정 제1조 1의 규정의 실시 상황의 검토(수시의 제공 및 차관의 이행 총액의 산정을 포함함)
   (f) 협정 제1조의 규정의 실시에 관한 기타의 사항으로서 양 정부가 합의에 의하여 합동위원회에 회부하는 것

본관은 또한 본서한 및 전기 제안에 대한 귀국 정부에 의한 수락을 확인하는 각하의

회한을 협정 제1조 2에서 정하는 합동위원회에 관한 대한민국 정부와 일본국 정부 간의 합의를 구성하는 것으로 간주할 것을 제안하는 영광을 가집니다.

본관은 이 기회에 각하에 대하여 경의를 표합니다.

외무부 장관
(서명) 이동원

일본국 외무대신
시이나 에쓰사부로오 각하

누락분

[일본 측 회한]

(역문)

1965년 6월 22일
토오쿄오에서

각하,

본 대신은 금일 자의 각하의 다음 서한을 접수하였음을 확인하는 영광을 가집니다.

".........

(한국 측 서한)

........."

본 대신은 각하의 서한에 기술된 제안에 본국 정부를 대신하여 동의하며, 또한 각하의 서한 및 본 회환을, 재산 및 청구권에 관한 문제의 해결과 경제협력에 관한 일본국과 대한민국 간의 협정 제1조 2의 합동위원회에 관한 양국 정부 간의 합의를 구성하는 것으로 간주할 것에 동의하는 바입니다.

본 대신은 이 기회에 각하에 대하여 경의를 표합니다.

일본국 외무대신 시이나 에쓰사부로우

대한민국 외무부 장관 이동원 각하

〈条約 第一七六号〉

大韓民国と日本国との間の財産及び請求権にかんする問題の解決並びに経済協力に関する協定第一条2に定める合同委員会に関する交換公文

(韓国側書簡)

(訳文)

書簡をもって啓上いたします. 本長官は, 本日署名された財産及び請求権に関する問題の解決並びに経済協力に関する大韓民国と日本国との間の協定(以下「協定」という.)第一条2に定める合同委員会に関し, 両国政府が次のとおり合意することを提案いたします.

1 合同委員会は, 東京に設置する.

2 合同委員会は, 両政府がそれぞれ任命する代表一人及び代表代理数人により構成される.

3 合同委員会は, 一方の政府の代表の要請によって会合するものとする.

4 合同委員会は, 次の事項に関し勧告のため協議を行なうことを任務とする.

 (a) 第一議定書に基づく年度実施計画, 契約の認証及び支払に関する手続

 (b) (a)にいう年度実施計画に関する問題

 (c) 協定第一条1(b)の規定の実施に関する交換公文5にいう事業及びその年度実施計画に関する問題

 (d) (a)にいう契約の認証

 (e) 協定第一条1の規定の実施状況の検討(随時の供与及び貸付けの実施総額の算定を含む.)

 (f) 協定第一条の規定の実施に関するこの他の事項で両政府が合意により合同いいんかいに付託するもの

本長官は, さらに, この書簡及び前記の提案の貴国政府による受領を確認される閣下の返簡を, 協定第一条2に定める合同委員会に関する大韓民国政府と日本国政府との間の合意を構成するものとみなすことを提案する光栄を有します.

本長官は, 以上を申し進めるに際し, ここに重ねて閣下に向かって敬意を表します.

1445 　千九百六十五年六月二十二日に東京で

　　　　　　　　　　　　　　　　　　　　　　　外務部長官 李東元

　日本国外務大臣 椎名悦三郎閣下

1446 　　　　　　　　　　　　（日本側書簡）
　書簡をもって啓上いたします．本大臣は，本日付けの閣下の次の書簡を受領したことを確認する光栄を有します．

　　　　　　　　　　　　　（韓国側書簡）
　本大臣は，閣下の書簡に述べられた提案に本国政府に代わって同意し，さらに，閣下の書簡及びこの返簡を，財産及び請求権に関する問題の解決並びに経済協力に関する日本国と大韓民国との間の協定第一条2の合同委員会に関する両国政府間の合意を構成するものとみなすことに同意いたします．
　本大臣は，以上を申し進めるに際し，ここに重ねて閣下に向かって敬意を表します．
　千九百六十五年六月二十二日に東京で

　　　　　　　　　　　　　　　　　　　　　　日本国外務大臣 椎名悦三郎

　大韓民国外務部長官 李東元閣下

4-1-17. 제1 의정서

1447 〈조약 제177호〉

제1 의정서

대한민국과 일본국 간의 재산 및 청구권에 관한 문제의 해결과 경제협력에 관한 협정(이하 '협정'이라 함)에 서명함에 있어서 하기 대표는 각자의 정부로부터 정당한 위임을 받아, 협정 제1조 1(a)의 규정의 실시에 관하여 협정의 불가분의 일부로 인정되는 다음의 규정에 합의하였다.

제1조

일본국이 제공하는 생산물 및 용역을 정하는 연도 실시계획(이하 '실시계획'이라 함)은 대한민국 정부에 의하여 작성되고 양 체약국 정부 간의 협의에 의하여 결정된다.

제2조

1. 일본국이 제공하는 생산물은 자본재 및 양국 정부가 합의하는 기타의 생산물로 한다.

2. 일본국의 생산물 및 일본인의 용역의 제공은 대한민국과 일본국 간의 통상의 무역이 현저히 저해되지 아니하도록 하며 또한 외국환에 있어서의 추가 부담이 일본국에 과하여 지지 아니하도록 실시된다.

제3조

1. 제5조 1의 사절단 또는 대한민국 정부의 인가를 받은 자는 실시계획에 따라 생산물 및 용역을 취득하기 위하여 일본 국민 또는 그가 지배하는 일본국의 법인과 직접 계약을 체결한다.

2. 1의 계약(그의 변경을 포함함)은, (1) 협정 제1조 1(a) 및 본의정서의 규정 (2) 양 정부가 협정 제1조 1 (a) 및 본의정서의 실시를 위하여 행하는 약정의 규정 및 (3) 당시에 적용되는 실시계획에 합치되어야 한다. 이러한 계약은 전기 기준에 합치되는 것

인가의 여부에 대하여 인증을 받기 위하여, 일본국 정부에 송부된다. 이 인증은 원칙적으로 14일 이내에 행하여진다. 소정의 기간 내에 인증을 받지 못할 때에는 그 계약은 협정 제1조 2의 합동위원회에 회부되어 합동위원회의 권고에 따라 처리된다. 동 권고는 합동위원회가 동 계약을 접수한 후 30일 이내에 행한다. 본항에서 정하는 바에 따라 인증을 받은 계약은, 이하 '계약'이라 한다.

3. 모든 계약은, 그 계약으로부터 또는 계약과 관련하여 야기되는 분쟁은 일방 계약 당사자의 요청에 의하여, 양 정부 간에 행하여질 약정에 따라 상사중재위원회에 해결을 위하여 회부된다는 취지의 규정을 포함하여야 한다. 양 정부는 정당하게 이루어진 모든 중재 판단을 최종적인 것으로 하고 또한 집행될 수 있도록 하기 위하여 필요한 조치를 취한다.

4. 1의 규정에 불구하고, 생산물 및 용역의 제공이 계약에 의거 실행될 수 없다고 인정될 경우에는, 양 정부 간의 합의에 따라 제약 없이 실행할 수 있다.

제4조

1. 일본국 정부는, 제5조 1의 사절단 또는 대한민국 정부의 인가를 받은 자가 계약에 의하여 지는 채무와 전조 4의 규정에 의한 생산물 및 용역 제공의 비용에 충당하기 위한 지불을 제7조의 규정에 의거하여 정하는 절차에 따라 행한다. 이 지불은 일본 원으로 한다.

2. 일본국은 1의 규정에 의거한 지불을 함으로써 그 지불을 행한 때에, 그 지불이 된 생산물 및 용역을 협정 제1조 19(a)의 규정에 따라, 대한민국에 제공한 것으로 간주한다.

제5조

1. 대한민국 정부는, 동 정부의 사절단(이하 '사절단'이라 함)을 일본국 내에 설치한다.

2. 사절단은 협정 제1조 1 (a) 및 본의정서의 실시를 임무로 하며, 그 임무에는 다음의 사항이 포함된다.

　　(a) 대한민국 정부가 작성한 실시계획의 일본국 정부에의 제출

　　(b) 대한민국 정부를 위한 계약의 체결 및 실시

　　(c) (b)의 계약 및 대한민국 정부의 인가를 받은 자가 체결하는 계약의 인증을 받

기 위한 일본국 정부에의 송부

3. 사절단의 임무의 효과적인 수행을 위하여 필요하며, 또한, 오로지 그 목적을 위하여 사용되는 사절단의 일본국에 있어서의 사무소는, 토오쿄오 및 양 정부 간에서 합의하는 기타 장소에 설치할 수 있다.

4. 사절단 사무소의 구내 및 기록은 불가침으로 한다. 사절단은 암호를 사용할 수 있다. 사절단에 속하며 또한 직접 그 임무의 수행을 위하여 사용되는 부동산은, 부동산 취득세 및 고정 자산세가 면제된다.

사절단의 임무 수행으로부터 발생되는 사절단의 소득은, 일본국에 있어서의 과세가 면제된다. 사절단이 공적 목적으로 수입하는 재산은, 관세 기타 수입에 관하여 또는 수입에 관련하여 부과되는 과징금이 면제된다.

5. 사절단은, 타 외국 사절단에 통상적으로 부여되는 행정상의 원조로서 사절단의 임무의 효과적인 수행을 위하여 필요로 한 것을 일본국 정부로부터 부여받는다.

6. 대한민국의 국민인 사절단의 장, 사절단의 상급 직원 2명 및 3의 규정에 따라 설치되는 사무소의 장은 국제법 및 국제관습에 따라 일반적으로 인정되는 외교상의 특권 및 면제를 받는다. 사절단의 임무의 효과적인 수행을 위하여 필요하다고 인정될 때에는, 전기 상급 직원의 수는 양국 정부 간의 합의에 따라 증가할 수 있다.

7. 대한민국의 국민으로서 통상 일본국 내에 거주하고 있지 아니하는 사절단의 기타 직원은, 자기의 직무 수행상 받은 보수에 대한 일본국에 있어서의 과세가 면제되며 또한 일본국의 법령에 정하는 바에 따라 자기용 재산에 대하여 관세, 기타 수입에 대하여 또는 수입에 관련하여 부과되는 과징금이 면제된다.

8. 제약 또는 이와 관련하여 야기되는 분쟁이 중재에 의한 해결을 보지 못한 때, 또는 동 중재 판단이 이행되지 아니한 때에는, 그 문제는 최후의 해결 수단으로서 계약자의 관할재판소에 제기할 수 있다. 이 경우에 있어서, 필요한 소송 절차상의 목적을 위하여서만 사절단의 법무부장의 직에 있는 자는 2(b)의 계약에 관하여 제소하며 또는 응소될 수 있으며, 이를 위하여 사절단의 자기 사무소에 있어서 소장 기타의 소송 서류의 송달을 접수할 수 있다. 단, 소송 비용의 담보 제공 의무가 면제된다. 사절단은 4 및 6에 정하는 바에 따라, 불가침 및 면제가 부여되나, 전기 경우에 있어서, 관할재판소가 행한 최종의 재판이 사절단을 구속하는 것으로 수락한다.

9. 최종의 재판 집행에 있어서, 사절단에 속하며 또한 그 임무 수행을 위하여 사용되는 토지 및 건물과 그 안에 있는 동산은, 어떠한 경우에 있어서도, 강제 집행을 받지 아니한다.

제6조

1. 양 정부는 생산물 및 용역의 제공이 원활하고 효과적으로 행하여 지도록 하기 위하여 필요한 조치를 취한다.

2. 생산물 또는 용역의 제공과 관련하여 대한민국 내에 있어서 필요로 하는 일본 국민은, 그 작업 수행을 위하여 대한민국에의 입국, 동국으로부터의 출국 및 동국에 있어서의 체재에 필요한 편의가 부여된다.

3. 일본국의 국민 및 법인은 생산물 또는 용역의 제공으로부터 발생하는 소득에 대하여 대한민국에 있어서의 과세가 면제된다.

4. 일본국이 제공하는 생산물은 대한민국의 영역으로부터 재수출 되어서는 아니 된다.

5. 어느 일방 체약국의 정부도, 일본국이 제공하는 생산물의 수송 및 보험에 관하여, 공정하고도 자유로운 경쟁을 방해하는, 타방 체약국의 국민 및 법인에 대한 차별적 조치를 직접 또는 간접으로 취하지 아니한다.

6. 본조의 규정은 협정 제1조 1(b)에 정하는 차관에 의한 생산물 및 용역의 조달에 대하여도 적용된다.

제7조

본의정서의 실시에 관한 절차 기타의 세목은 양 정부 간의 협의에 의하여 합의한다.

이상의 증거로서, 하기 대표는 본의정서에 서명하였다.

1965년 6월 22일 토오쿄오에서 동등히 정본인 한국어 및 일본어로 본서 2통을 작성하였다.

대한민국을 위하여	일본국을 위하여
(서명) 이동원	(서명) 시이나 에쓰사부로오
김동조	다까스기 싱이찌

〈条約第一七七号〉

第一議定書

　財産及び請求権に関する問題の解決並びに経済協力に関する大韓民国と日本国との間の協定(以下「協定」という.)に署名するに当たり, 下名は, 各自の政府から正当に委任を受け, 協定第一条1(a)の規定の実施に関し, 協定の不可分の一部と認められる次の規定を協定した.

第一条

　日本国が供与する生産物及び役務を定める年度実施計画(以下「実施計画」という.)は, 大韓民国政府により作成され, 両締約国政府間の協議により決定されるものとす.

第二条

　1. 日本国が供与する生産物は, 資本財及び両政府が合意するその他の生産物とする.
　2. 日本国の生産物及び日本人の役務の供与は, 大韓民国と日本国との間の通常の貿易が著しく阻害されないように, かつ, 外国為替上の追加の負擔が日本国に課されないように, 実施されるものとする.

第三条

　1. 第五条1の使節団又は大韓民国政府の認可を受けた者は, 実施計画に従い生産物及び役務を取得するため, 日本国民又はその支配する日本国の法人と直接に契約を締結するものとする.
　2. 1の契約(その変更を含む.)は, (i)協定第一条1(a)及びこの議定書の規定, (ii)両政府が協定第一条(a)及びこの議定書の実施のため行なう取極の規定並びに(iii)その時に適用される実施計画に合致しなければならない. これらの契約は, 前記の基準に合致するものであるかどうかについて認証を得るため, 日本国政府に送付されるものとする. この認証は, 原則として十四日以内に行なわれるものとする. 定められた期間内に認証が得られなかったときは, その契約は, 協定第一条2の合同委員会に付託

され，合同委員会の勧告に従って処理されるものとする．その勧告は，合同委員会がその契約を受領した後三十日以内に行なわれるものとする．この項に定めるところに従って認証を得た契約は，以下「契約」という．

　3. すべての契約は，その契約から又はこれに関連して生ずる紛争が一方の契約当事者の要請により，両政府間で行なわれることがある取極に従って商事仲裁委員会に解決のため付託される旨の規定を含まなければならない．両政府は，正当になされたすべての仲裁判断を最終的なものとし，かつ，執行することができるようにするため必要な措置を執るものとする．

　4. 1の規定にかかわらず，生産物及び役務の供与は，契約によることができないと認められる場合は，契約なしで，両政府間の合意により行なうことができる．

第四条

　1. 日本国政府は，第五条1の使節団又は大韓民国政府の許可を受けた者が契約により負う債務並びに前条4の規定による生産物及び役務の供与の費用に充てるための支払を，第七条の規定に基づいて定める手続によって，行なうものとする．この支払は，日本円で行なうものとする．

　2. 日本国は，1の規定に基づく支払を行なうことにより，その支払を行なった時に，その支払に係る生産物及び役務を，協定第一条1(a)の規定に従い，大韓民国に供与したものとみなされる．

第五条

　1. 大韓民国政府は，同政府の使節団へ(以下「使節団」という．)を日本国円に設置する．

　2. 使節団は，協定第一条1(a)及びこの議定書の実施を任務とし，その任務には次の事項を含むものとする．

　　(a) 大韓民国政府が作成した実施計画の日本国政府への提出
　　(b) 大韓民国政府のための契約の締結及び実施
　　(c) (b)の契約及び大韓民国政府の許可を受けた者の締結する契約の認証を受けるための日本国政府への送付

3. 使節団の任務の効果的な遂行のため必要であり, かつ, もつぱらその目的に使用される使節団の日本国における事務所は, 東京及び兩政府間で合意することがある他の場所に設置する.

4. 使節団の事務所の構内及び記録は, 不可侵とする. 使節団は, 暗号を使用することができる. 使節団に属し, かつ, 直接その任務の遂行のため使用される不動産は, 不動産取得税及び固定資産税を免除される. 使節団の任務の遂行から生ずることがある使節団の所得は, 日本国における課税を免除される. 使節団が公用のため輸入する財産は, 関税その他輸入について又は輸入に関連して課される課徴金を免除される.

5. 使節団は, 他の外国使節団に通常与えられる行政上の援助で使節団の任務の効果的な遂行のため必要とされるものを日本国政府から与えられるものとする.

6. 大韓民国の国民である使節団の長, 使節団の上級職員二人及び3の規定に従って設置される事務所の長は, 国際慣習に基づいて一般的に認められる外交上の特権及び免除を与えられる. 使節団の任務の効果的な遂行のため必要があると認められたときは, 前記の上級職員の数は, 兩政府間の合意により増加することができる.

7. 大韓民国の国民であり, かつ, 通常日本国内に居住していない使節団のその他の職員は, 自己の職員の遂行について受ける報酬に対する日本国における課税を免除され, かつ, 日本国の法令の定めるところにより, 自用の財産に対する関税その他輸入について又は輸入に関連して課される課徴金を免除された.

8. 契約から著しくはこれに関連して生ずる紛争が仲裁により解決されなかったとき, 又は当該仲裁裁判所が履行されなかったときは, その問題は, 最後の解決手段として, 契約地の管轄裁判所に提起することができる. この場合において, 必要とされる訴訟手続上の目的のためにのみ使節団の法務部長の職にある者は, 2(b)の契約に関し訴え, 又は訴えられることができるものとし, そのために使節団における自己の事務所において訴狀その他の訴訟書類の送達を受けることができるものとする. ただし, 訴訟費用の擔保を供する義務を免除される. 使節団は, 4及び6に定めるところにより不可侵及び免除を与えれてはいるが, 前記の場合において管轄裁判所が行なった最終の裁判を, 使節団を拘束するものとして受託するものとする.

9. 最終の裁判の執行に当たり, 使節団に属し, かつ, その任務の遂行のため使用さ

れる土地及び建物並びにその中にある動産は，いかなる場合にも強制執行を受けることはない．

第六条

1. 両政府は，生産物及び役務の供与が圓滑かつ効果的に行なわれるため必要な措置を執るものとする．

2. 生産物又は役務の供与に関連して大韓民国内において必要とされる日本国民は，その作業の遂行のための大韓民国への入国，同国からの出国及びに同国における滞在に必要な便宜を与えられるものとする．

3. 日本国の国民及び法人は，生産物又は役務の供与から生ずる所得につき，大韓民国における課税を免除される．

4. 日本国により供与される生産物は，大韓民国の領域から再輸出されてはならない．

5. いずれの一方の締約国の政府も，日本国により供与される生産物の運送及び保険に関し，公正かつ自由な競争を妨げることがある他の締約国の国民及び法人に対する差別的措置を，直接又は間接に執らないものとする．

6. この条の規定は，協定第一条1(b)に定める貸付けによる生産物及び役務の調達についても適用されるものとする．

第七条

この協定の実施に関する手続その他の細目は，両政府間で協議により合意するものとする．

以上の証拠として，下名は，この協定に署名した．

千九百六十五年六月二十二日に東京で，ひとしく正文である韓国語及び日本語により本書二通を作成した．

大韓民国のために　　　　　　　日本国のために
（署名）　이동원　　　　　　　（署名）　椎名悦三郎
　　　　　김동조　　　　　　　　　　　　高杉晋一

4-1-18. 제1 의정서의 실시 세목에 관한 교환공문

〈조약 제178호〉

제1 의정서의 실시 세목에 관한 교환공문

[일본 측 서한]

(역문)

1965년 6월 22일

각하,

본 대신은 금일 서명된 일본국과 대한민국 간의 재산 및 청구권에 관한 문제의 해결과 경제협력에 관한 협정(이하 '협정'이라 함)의 제1 의정서(이하 '의정서'라 함)에 언급하는 영광을 가집니다. 일본국 정부는, 양국 정부가 의정서 제7조의 규정에 의거하여 다음과 같이 합의할 것을 제의합니다.

I. 실시계획

1. 의정서 제1조의 연도 실시계획(이하 '실시계획'이라 함)은 양 정부가 그 시기 및 종기를 합의하는 연도에 대하여 결정된다.

2. 실시계획의 결정은 원칙적으로 다음과 같이 행하여진다.

   (a) 제1년도를 제외한 각 연도의 실시계획은 그 적용되는 연도의 개시에 앞서 결정된다. 이를 위하여 당해 연도의 실시계획은 그 연도의 개시에 앞서 적어도 60일 전에 협의를 위하여 일본국 정부에 제출된다.

   (b) 제1년도의 실시계획은, 협정 효력 발생일로부터 60일 이내에 결정된다. 이를 위하여 동 연도의 실시계획은 가능한 한 조속히 일본국 정부에 제출된다.

3. 실시계획에는 당해 연도 중에 대한민국에 의한 조달이 예정되는 일본국의 생산물 및 일본인의 용역을 열거한다.

4. 실시계획은 양 정부 간의 합의에 의하여 수정될 수 있다.

II. 계약

1. 의정서 제3조의 1의 계약은 일본 원으로 통상의 상업상의 절차에 따라 체결된다.

2. 의정서 제3조의 2의 계약(이하 '계약'이라 함)의 실시에 관한 책임은 의정서 제5조 I의 사절단(이하 '사절단'이라 함) 또는 대한민국 정부의 인가를 받은 자 및 의정서 제3조의 1의 일본국 국민 또는 일본국의 법인으로서, 계약의 당사자인 자만이 진다.

3. 제3조 3의 적용상, 상사중재위원회라 함은, 계약의 어느 일방 당사자가 중재에의 회부를 요청한 경우에 있어서의 타방 당사자가 거주하는 국가에 있는 상사 중재기관을 말한다.

III. 지불

1. 대한민국 정부는 일본국의 법률에 의거하여 외국환 공인 은행으로 인가되었으며 또한 일본 국민에 의하여 지배되는 일본국의 은행 중에서 의정서의 실시에 관한 업무를 행할 은행을 지정한다.

2. 사절단 또는 대한민국 정부의 위임을 받은 기관(이하 '기관'이라 함)은 1에 규정하는 지정 은행과 약정을 하여 대한민국 정부의 명의로 특별계정을 개설하고 그러한 은행에 일본국 정부로부터의 지불의 수령 등을 수권하고 또한 일본국 정부에 대하여 그 약정의 내용을 통고한다. 특별계정은 무이자로 한다.

3. 사절단 또는 기관은 계약의 규정에 의거하여 지불 의무가 발생할 일자 이전에 충분한 여유를 두고, 지불금액, 2의 지정 은행 중 지불이 행하여 져야 할 은행(이하 '은행'이라 함)의 명칭 및 사절단 또는 기관이 관계 계약자에게 지불을 행하여야 할 일자를 기재한 지불청구서를 일본국 정부에 송부한다.

4. 일본국 정부는 지불청구서를 수령하였을 때에는 사절단 또는 기관이 관계 계약자에 지불을 행하여야 할 일자 전에 은행에 청구 금액을 지불한다.

5. 일본국 정부는 또한 의정서 제3조 4의 규정에 의하여 양 정부가 합의하는 제공에 관한 지불을 4에 정하는 바와 같은 방법으로 행한다.

6. 4 및 5의 규정에 의거하여 일본국 정부가 지불하는 금액은 특별계정에 대기하는 것으로 하고 기타의 어떠한 자금도 특별계정에 대기되지 아니한다. 특별계정은 3 및 5의 목적만을 위하여 차기한다.

7. 사절단 또는 기관이 특별계정에 대기된 자금의 전부 또는 일부를 계약의 해제 기타에 의하여 인출하지 않았을 경우에는 미불 금액은 양 정부 간의 협의에 의하여 3 및 5의 목적을 위한 지불에 충당된다.

8. 특별계정으로부터 지불된 금액의 전부 또는 일부가 사절단 또는 그 기관에 반환되었을 경우에 그 반환된 금액은 6의 규정에 불구하고 특별계정에 대기한다. 그 반환된 금액은 양 정부 간의 협의에 따라 3 및 5의 목적을 위한 지불에 충당한다.

9. 의정서 제4조 2의 규정의 적용상, '지불을 행한 때'라 함은 지불이 일본국 정부에 의하여 은행에 대하여 행하여진 때를 말한다.

10. 일본국이 의정서 제4조 2의 규정에 따라 대한민국에 제공한 것으로 간주되는 생산물 및 용역의 액수를 결정함에 있어서는 일본 원으로 지불된 금액으로부터 환산되는 아메리카 합중국 불의 등가액이 계산의 기초로 된다.

전기의 환산에 사용되는 외환율은 일본국 정부가 정식으로 결정하고 또한 국제 통화기금이 동의한 일본 원의 아메리카 합중국 불에 대한 평가로서 다음에 열거하는 일자에 적용되는 것으로 한다.

(a) 계약에 관한 지불의 경우에는 일본국 정부가 당해 계약을 인증한 일자

(b) 기타의 경우는 각 경우에 있어서 양 정부가 합의하는 일자

  단, 합의한 일자가 없을 경우에는 일본국 정부가 지불청구서를 수령한 일자로 한다.

IV. 사절단

대한민국 정부는 계약에 관하여 사절단을 대표하여 행동하는 권한이 부여된 사절단의 장 기타의 직원의 성명을 일본국 정부에 수시 통고하고, 일본국 정부는 그 성명을 일본국의 관보에 공시한다. 전기의 사절단의 장 기타의 직원의 권한은 일본국의 관보로 별도의 공시가 있을 때까지는 계속되는 것으로 간주한다.

본 대신은, 또한, 본서한 및 전기 제안에 대한 귀국 정부에 의한 수락을 확인하는 각하의 회한을 의정서 제7조의 규정에 의거하여 의정서의 실시 세목에 관한 양국 정부 간의 합의를 구성하는 것으로 간주할 것을, 의정서의 기타 절차 세목은 양국 정부 당국 간에 합의할 것이라는 양해하에, 제안하는 영광을 가집니다.

본 대신은 이 기회에 각하에 대하여 경의를 표합니다.

일본국 외무대신
(서명) 시이나 에쓰사부로오

대한민국 외무부 장관 이동원 각하

[한국 측 회한]

1965년 6월 22일
토오쿄오에서

각하,

본관은 금일 자 각하의 다음과 같은 서한을 접수하였음을 확인하는 영광을 가집니다.

"..........

(일본 측 서한)

.........."

본관은 각하의 서한에서 언급된 제안을 본국 정부를 대표하여 동의하며 또한 각하의 서한과 본회한을 대한민국과 일본국 간의 재산 및 청구권에 관한 문제의 해결과 경제협력에 관한 협정 제1 의정서의 실시 세목에 대한 양국 정부 간의 합의를 구성하는 것으로 간주할 것을 동의하는 영광을 가집니다.

본관은 각하에게 새로이 본관의 변함없는 경의를 표합니다.

외무부 장관
(서명) 이동원

일본국 외무대신
시이나 에쓰사부로오 각하

〈条約第一七八号〉
第1 議定書の実施細目に関する交換公文

(日本側書簡)

書簡をもって啓上いたします．本大臣は，本日署名された財産及び請求権に関する問題の解決並びに経済協力に関する日本国と大韓民国との間の協定(以下「協定」という．)の第一議定書(以下「議定書」という．)に言及する光栄を有します．日本国政府は，両国政府が議定書第七条の規定に基づいて次のとおり合意することを提案いたします．

I 実施計画

1 議定書第一条の年度実施計画(以下「実施計画」という．)は，両政府がその始期及び終期を合意する年度について決定されるものとする．

2 実施計画の決定は，原則として次のとおり行なわれるものとする．

(a) 第一年度を除く各年度の実施計画は，その適用される年度の開始に先だって決定される．このため当該年度の実施計画は，その年度の開始の少なくとも六十日前に協議のため日本国政府に提出される．

(b) 第一年度の実施計画は，協定の効力発生の日から六十日以内に決定される．このため同年度の実施計画は，できる限りすみやかに日本国政府に提出される．

3 実施計画は，当該年度中に大韓民国による調達が予定されている日本国の生産物及び日本人の也組むを掲げるものとする．

4 生産計画は，両政府間の合意により修正することができる．

II 契約

1 議定書第三条1の契約は，日本円で通常の商業上の手続によって締結されるものとする．

2 議定書第三条2の契約(以下「契約」という．)の実施に関する責任は，議定書第五条1の使節団(以下「使節団」という．)又は大韓民国政府の認可を受けた者及び議定書第三条

1の日本国民又は日本国の法人で,契約の当事者であるもののみが負うものとする.

　3 議定書第三条3の適用上,商事仲裁委員会とは,契約のいずれか一方の当事者が仲裁への付託を要請した場合における他方の当事者が居住する国にある商事仲裁機関をいう.

III 支払

　1 大韓民国政府は,日本国の法律に基づき外国為替公認銀行として認可され,かつ,日本国民によって支配されている日本国の銀行のうちから,議定書の実施に関する業務に行なう銀行を指定する.

　2 使節団又は大韓民国政府の委任をうけた機関(以下「機関」という.)は,1に規定する指定銀行と取極を行ない,大韓民国政府の名義で特別勘定を開設してそれらの銀行に日本国政府からの支払の受領等を投権し,かつ,日本国政府に対しその取極の内容を通告するものとする.特別勘定は,利子を附さないものとする.

　3 使節団又は機関は,契約の規定に基づいて支払の義務が生ずる期日前に十分な余裕をもって,支払金額,2の指定銀行のうち支払が行なわれるべき銀行(以下「銀行」という.)の名称及び使節団又は機関が関係契約者に支払を行なうべき期日を記載した支払請求書を日本国政府に送付するものとする.

　4 日本国政府は,支払請求書を受領したときは,使節団又は機関が関係契約書に支払を行なうべき期日前に,銀行に請求金額を支払うものとする.

　5 日本国政府は,また,議定書第三条4の規定に従って両政府が合意する供与に係る支払を,4に定めるのと同様の方法で,行なうものとする.

　6 4及び5の規定に基づいて日本国政府が支払う金額は,特別勘定に貸記するものとし,他のいかなる資金も,特別勘定に貸記されないものとする.特別勘定は,3及び5の目的のためにのみ借記を行なうものとする.

　7 使節団又は機関が特別勘定に貸記された資金の全部又は一部を契約の解除その他によって引き出さなかった場合には,未払金額は,両政府間の協議により3及び5の目的のための支払に充てられるものとする.

　8 特別勘定から支払われた金額の全部又は一部が使節団又は機関に返還された場

合には，その返還された金額は，6の規定にかかわらず，特別勘定に貸記するものとする．その返還された金額は，両政府間の協議により，3及び5の目的のための支払に充てられるものとする．

9 議定書第四条2の規定の適用上「支払を行なった時」とは，支払が日本国政府により銀行に対して行なわれた時をいう．

10 日本国が議定書第四条2の規定に従い大韓民国に供与したものとみなされる生産物及び役務の額の決定に当たっては，日本円で支払われた金額から換算される合衆国ドルの等価額が計算の基礎となるものとする．前記の換算に用いられる為替相場は，日本国政府が正式に決定し，かつ，国際通貨基金が同意した日本円の合衆国ドルに対する平価で，次に掲げる日に適用されているものとする．

(a) 契約に関する支払の場合には，日本国政府が当該契約を認証した日

(b) その他の場合には，各場合につき両政府間で合意する日．ただし，合意した日がないときは，日本国政府が支払請求書を受領した日とする．

IV 使節団

大韓民国政府は，契約に関して使節団を代表して行動する権限を与えられる使節団の長その他の職員の氏名を日本国政府に随時通知するものとし，日本国政府は，その氏名を日本国の官報で公示するものとする．この使節団の長その他の職員の権限は，日本国の官報で別段の公示がされるまでの間は，継続しているものとみなされる．

本大臣は，さらに，この書簡及び前記の提案の貴国政府による受諾を確認され閣下の返簡を，議定書第七条の規定に基づく議定書の実施に関する細目についての両政府間の合意を構成するものとみなすことを，議定書のその他の手続細目は両政府の当局の間で合意するとの了解の下に，提案する光栄を有します．

本大臣は，以上を申し進めるに際し，ここに重ねて閣下に向かって敬意を表します．

千九百六十五年六月二十二日に東京で

日本国外務大臣 椎名悦三郎

大韓民国外務部長官 李東元閣下

(韓国側書簡)

(訳文)

　書簡をもって啓上いたします. 本長官は, 本日付けの閣下の次の書簡を受領したことを確認する光栄を有します.

(日本側書簡)

　本長官は, 閣下の書簡に述べられた提案に本国政府に代わって同意し, さらに, 閣下の書簡及びこの返簡を, 財産及び請求権に関する問題の解決並びに経済協力に関する大韓民国と日本国との間の協定の第一議定書の実施に関する細目についての両国政府間の合意を構成するものとみなすことに同意する光栄を有します.

　本長官は, 以上を申し進めるに際し, ここに重ねて閣下に向かって敬意を表します.
　千九百六十五年六月二十二日に東京で

　　　　　　　　　　　　　　　　　　　　　外務部長官　李東元

日本国外務大臣　椎名悦三郎閣下

4-1-19. 제2 의정서

〈조약 제179호〉

제2 의정서

대한민국과 일본국 간의 재산 및 청구권에 관한 문제의 해결과 경제협력에 관한 협정(이하 '협정'이라고 함)에 서명함에 있어서, 하기의 대표는 각자의 정부로부터 정당한 위임을 받고, 또한 협정의 불가분의 일부로 인정되는 다음의 규정에 합의하였다.

제1조

대한민국은 대한민국과 일본국 간의 청산계정의 잔액으로서 1961년 4월 22일 자 교환공문에 의하여 양 체약국 정부 간에 확인되어 있는 일본국의 채권인 4천 5백 7십 2만 9천 3백 9십 8 아메리카 합중국 불 8센트($45,729,398.08)를 협정의 효력 발생일로부터 10년의 기간 내에 다음과 같이 분할하여 변제한다.

이 경우에 있어서는 무이자로 한다.

제1회부터 제9회까지의 연부불의 액-매년 4백 5십 7만 3천 아메리카 합중국 불 ($4,573,000)

제10회의 연부불의 액-4백 5십 7만 2천 3백 9십 8 아메리카 합중국 불 8센트 ($4,572,398.08)

제2조

전 조의 매년의 부불금에 대하여 대한민국의 요청이 있을 경우에는, 그 요청이 있은 금액에 상당한 협정 제1조 1(a)의 규정에 의한 생산물 및 용역의 제공과 전 조의 규정에 의한 부불금의 지불이 된 것으로 간주하고 이에 의하여 협정 제1조 1(a)의 규정에 의한 생산물 및 용역의 제공액 및 그 해의 제공 한도액은 동 조 1(a)의 규정에 불구하고 그 금액만큼 감액된다.

제3조

제1조에서 언급한 일본국의 채권액의 변제에 관하여, 대한민국은 제1회의 연부불을 협정의 효력 발생일에 행하는 것으로 하고, 제2회 이후의 연부불을 매년에 있어서 제1회의 지불 일자와 동일한 일자까지에 행한다.

제4조

제2조에 의한 대한민국 정부의 요청은 일본국의 재정상의 관행을 고려하여 전 조의 규정에 의한 지불 일자가 속하는 일본국의 회계연도가 시작되는 역년의 전년의 10월 1일까지에 당해 지불 일자에 지불하여야 할 부불금에 대하여 행하여진다. 단, 제1회의 지불(및 본문의 규정에 의할 수 없을 경우에는 제2회의 지불)에 대한 요청은 협정의 효력 발생일에 행하여진다.

제5조

대한민국의 요청은 제1조에서 언급한 매년의 부불금의 전부 또는 일부에 대하여 행할 수 있다.

제6조

대한민국의 요청이 제4조의 규정에 의한 일자까지에 행하여지지 않고, 또한 부불금의 전부 또는 일부의 지불이 제3조의 규정에 의한 지불 일자까지에 행하여지지 않았을 경우에는 그 부불금의 전부 또는 일부에 대하여 제2조에 따라 대한민국의 요청이 있었던 것으로 간주한다.

이상의 증거로서 하기 대표는 본의정서에 서명하였다.

1965년 6월 22일 토오쿄오에서 동등히 정본인 한국어 및 일본어로 본서 2통을 작성하였다.

대한민국을 위하여
 (서명)　이동원
　　　　김동조

일본국을 위하여
 (서명)　시이나 에쓰사부로오
　　　　다까스기 싱이찌

〈条約第一七九号〉

第二議定書

財産及び請求權に関する問題の解決並びに経濟協力に関する大韓民国と日本国との間の協定(以下「協定」という.)に署名するに当たり, 下名は, 各自の政府から正当な委任を受け, さらに, 協定の不可分の一部と認められる次の規定を協定した.

第一条

大韓民国は, 大韓民国と日本国との間の淸算勘定の殘高として千九百六十一年四月二十二日の交換公文により, 兩締約国政府間で確認されている日本国の債務である四千五百七十二萬九千三百九十八合衆国ドル八セント(四五,七二九, 三九八.〇八ドル)を協定の効力発生の日から十年の期間内に, 次のとおり分割して返濟するものとする. この場合においては, 利子を附さない.

第一回から第九回までの年賦払の額 各年四百五十七萬三千合衆国ドル(四,五七三,〇〇〇ドル)

第十回の年賦払の額 四百五十七萬二千三百九十八合衆国ドル八セント(四,五七二,三九八.〇八ドル)

第二条

前条の各年の賦払金について大韓民国の要請があったときは, その要請のあった金額に相当する協定第一条1(a)の規定による生産物及び役務の供与並びに前条の規定による賦払金の支払が行なわれたものとみなし, これにより, 協定第一条1(a)の規定による生産物及び役務の供与の額並びにその年の供与の限度額は, 同条1(a)の規定にかかわらず, その金額だけ減額されるものとする.

第三条

第一条にいう日本国の債權の返濟に関し, 大韓民国は, 第一回の年賦払を協定の効力発生の日に行なうものとし第二回以降の年賦払を各年において第一回の支払期

日と同一の日までに行なうものとする.

第四条

第二条の大韓民国政府の要請は, 日本国の財政上の慣行を考慮して, 前条の規定による支払期日が属する日本国の合計年度が始まる暦年の前年の十月一日までに当該支払期日に支払われるべき賦払金について行なわれるものとする.

ただし, 第一回の支払(及び本文の規定によることができない場合の第二回の支払)についての要請は, 協定の効力発生の日に行なわれるものとする.

第五条

大韓民国の要請は, 第一条にいう各年の賦払金の全部又一部について行なうことができる.

第六条

大韓民国の要請が第四条の規定による期日までに行なわれず, かつ, 賦払金の全部又は一部の支払が第三条の規定による支払期日までに行なわれなかったときは, その賦払金の全部又は一部について第二条の大韓民国の要請があったものとみなす.

以上の証拠として, 下名は, この議定書に署名した.

千九百六十五年六月二十二日に東京で, ひとしく正文である韓国語及び日本語により本書二通を作成した.

大韓民国のために	日本国のために
(署名)　이동원	(署名)　椎名悦三郎
김동조	高杉晋一

4-1-20. 상업상의 민간신용 제공에 관한 교환공문

⟨조약 제180호⟩

상업상의 민간신용 제공에 관한 교환공문

[일본 측 서한]

(역문)

1965년 6월 22일

각하,

본 대신은, 일본국의 국민이 대한 정부 또는 국민에 대하여 행하는 상업상의 민간신용 제공에 관하여, 양국 정부의 대표자 간에 도달한 다음의 양해를 확인하는 영광을 가집니다.

1. 3억 아메리카 합중국 불($300,000,000)의 액수를 초과하는 상업상의 기초에 의거한 통상의 민간신용 제공이, 일본국의 국민에 의하여 체결되는 적당한 계약에 의거하여 대한민국 정부 또는 국민에 대하여 행하여 질 것으로 기대되며, 이러한 신용 제공은 관계 법령의 범위 내에서 용이하게 되고 또한 촉진된다.

2. 1의 제공에는 9천만 아메리카 합중국 불($90,000,000)의 액수에 달할 것이 기대되는 어업협력을 위한 민간신용 제공 및 3천만 아메리카 합중국 불($30,000,000)의 액수에 달할 것이 기대되는 선박 수출을 위한 민간신용 제공이 포함되며, 이러한 신용 제공의 일본국 정부에 의한 승인에 있어서는 가능한 한 호의적으로 배려되는 것으로 한다.

본 대신은 또한 본서한 및 전기의 양해를 확인하는 각하의 회한을 양 정부 간의 합의를 구성하는 것으로 간주할 것을 제안하는 영광을 가집니다.

본 대신은 이 기회에 각하에 대하여 경의를 표합니다.

일본국 외무대신

(서명) 시이나 에쓰사부로오

대한민국 외무부 장관 이동원 각하

[한국 측 회한]

1965년 6월 22일
토오쿄오에서

각하,

본관은 금일 자 각하의 다음과 같은 서한을 접수하였음을 확인하는 영광을 가집니다.

".........

(일본 측 서한)

........."

본관은 또한 전기의 양해를 확인하고 또한 각하의 서한 및 회한을 양 정부 간의 합의를 구성하는 것으로 간주할 것에 동의하는 영광을 가집니다.

본관은 각하에게 새로이 본관의 변함없는 경의를 표합니다.

외무부 장관
(서명) 이동원

일본국 외무대신
사이나 에쓰사부로오 각하

〈条約第一八十号〉
商業上の民間信用供与に関する交換公文

(日本側書簡)

書簡をもつて啓上いたします. 本大臣は, 日本国の国民が大韓民国の政府又は国民に対し行なう商業上の民間信用供与に関して兩国政府の代表者間で到達した次の了解を確認する光榮を有します.

1. 三億合衆国ドル(三〇〇,〇〇〇,〇〇〇ドル)の額をこえる商業上の基礎による通常の民間信用供与が, 日本国の国民により締結されることがある適当な契約に基づいて, 大韓民国の政府又は国民に対し行なわれることが期待され, これらの信用供与

は関係法令の範囲内で容易にされ，かつ，促進されるものとする．

　2．1の供与には，九千萬合衆国ドル（九〇，〇〇〇，〇〇〇ドル）の額に達することが期待される漁業協力のための民間信用供与及び三千萬合衆国ドル（三〇，〇〇〇，〇〇〇ドル）の額に達することが期待される船舶輸出のための民間信用供与が含まれ，これらの信用供与が日本国政府により承認されるに当たっては，できる限り好意的に配慮されるものとする．

　本大臣は，さらに，この書簡及び前記の了解を確認される閣下の返簡を両政府間の合意を構成するものとみなすことを提案する光榮を有します．

　本大臣は，以上を申し進めるに際し，ここに重ねて閣下に向かって敬意を表します．
　千九百六十五年六月二十二日に東京で

日本国外務大臣（署名）椎名悦三郎

　大韓民国外務部長官　李東元　閣下

（韓国側書簡）

（訳文）

　書簡をもって啓上いたします．本長官は，本日付けの閣下の次の書簡を受領したことを確認する光栄を有します．

（日本側書簡）

　本長官は，さらに，前記の了解を確認し，かつ閣下の書簡及びこの返簡を両国政府間の合意を構成するものとみなすことに同意する光栄を有します．

　本長官は，以上を申し進めるに際し，ここに重ねて閣下に向かって敬意を表します．
　千九百六十五年六月二十二日に東京で

外務部長官　李東元

　日本国外務大臣　椎名悦三郎閣下

4-1-21. 문화재 및 문화협력 협정

〈조약 제181호〉

대한민국과 일본국 간의 문화재 및 문화협력에 관한 협정

대한민국과 일본국은,
양국 문화의 역사적인 관계에 비추어,
양국의 학술 및 문화의 발전과 연구에 기여할 것을 희망하여,
다음과 같이 합의하였다.

제1조

대한민국 정부와 일본국 정부는 양국 국민 간의 문화 관계를 증진시키기 위하여 가능한 한 협력한다.

제2조

일본국 정부는 부속서에 열거한 문화재를 양국 정부 간에 합의되는 절차에 따라 본 협정 효력 발생 후 6개월 이내에 대한민국 정부에 인도한다.

제3조

대한민국 정부와 일본국 정부는 각각 자국의 미술관, 박물관, 도서관 및 기타 학술 문화에 관한 시설이 보유하는 문화재에 대하여 타방국의 국민에게 연구의 기회를 부여하기 위하여 가능한 한의 편의를 제공한다.

제4조

본협정은 비준되어야 한다. 비준서는 가능한 한 조속히 서울에서 교환한다.
본협정은 비준서가 교환된 날로부터 효력을 발생한다.

이상의 증거로서 하기 대표는 각자의 정부로부터 정당한 위임을 받아 본협정에 서

명하였다.

1965년 6월 22일 토오쿄오에서 동등히 정본인 한국어 및 일본어로 본서 2통을 작성하였다.

대한민국을 위하여   일본국을 위하여
(서명)   이동원   (서명)   시이나 에쓰사부로오
        김동조   다까스기 싱이찌

1491   부속서[51]

I 도자기, 고고 자료 및 석조 미술품

1

	品名(품명)	數(수)
(1)	白磁托及盞(백자탁 및 잔)	1組(조)
(2)	白磁小碗(백자소완)	1
(3)	靑白磁盒子(청백자합자)	1
(4)	白磁盒子(백자합자)	1
(5)	白磁劃花文盌(백자획화문완)	1
(6)	白磁劃花文碗(백자획화문완)	1
(7)	靑白磁劃花文盃(청백자획화문우)	1
(8)	白磁劃花蓮花文盃(백자획화연화문우)	1
(9)	靑白磁劃花文盃(청백자획화문우)	1
(10)	靑白磁劃花文唾壺(청백자획화문타호)	1
(11)	靑白磁劃花文盤(청백자획화문반)	1

---

51   이 부속서는 제7차 한일회담(I)(문화재위원회 회의 개최 계획, 1965, 파일 번호 6888번) 11번 문서에도 수록되어 있음.

(12)	白磁草花浮文壺(백자초화부문호)		1
(13)	白磁印花文盒子(청백자인화문합자)		1
(14)	靑磁托子(청자탁자)		1
(15)	〃		1
(16)	靑磁盃(청자배)		1
(17)	〃		1
(18)	〃		1
(19)	靑磁碗(청자완)		1
(20)	〃		1
(21)	〃		1
(22)	〃		1
(23)	〃		1
(24)	〃		1
(25)	靑磁鉢(청자발)		1
(26)	〃		1
(27)	〃		1
(28)	靑磁壺(청자호)		1
(29)	靑磁鉢(청자발)		1
(30)	靑磁鉢(청자발)		1
(31)	〃		1
(32)	靑磁劃花鳳凰文鉢(청자획화봉황문발)		1
(33)	靑磁甁(청자병)		1
(34)	靑磁盒盆子(청자합자)		1
(35)	靑磁劃花蓮文鉢(청자획화연문발)		1
(36)	靑磁劃花草花文鉢(청자획화초화문발)		1
(37)	靑磁雕花蓮辨文鉢(청자조화연변문발)		1
(38)	靑磁劃花蓮文水注(청자획화연문수주)		1

1492

(39)	靑磁劃花草花文甁(청자획화초화문병)	1
(40)	靑磁劃花文盒子(청자획화문합자)	1
(41)	靑磁劃花盒子蓋(청자획화합자개)	1
(42)	靑磁雕花唐草文碗(청자조화애초문완)	1
(43)	靑磁繡花唐草文碗(청자수화애초문완)	1
(44)	〃	1
(45)	靑磁唐草文碗(청자애초문완)	1
(46)	靑磁劃花文盆(청자획화문배)	1
(47)	靑磁繡花牡丹文鉢(청자수화모란문발)	1
(48)	靑磁雕花牡丹文鉢(청자수화모란문발)	1
(49)	靑磁唐草文鉢(청자애초문발)	1
(50)	靑磁雕花蓮辨文鉢(청자조화연변문발)	1
(51)	靑磁繡花牡丹文鉢(청자수화모란문발)	1
(52)	靑磁繡花唐草文鉢(청자수화애초문발)	1
(53)	靑磁繡花草花文鉢(청자수화초화문발)	1
(54)	靑磁繡花文皿(청자수화문명)	1
(55)	靑磁蓮辨文水注(청자연변문수주)	1
(56)	靑磁盃及托子(청자배 및 탁자)	1組(조)
(57)	〃	1組(조)
(58)	靑磁象嵌文盌(청자상감문완)	1
(59)	靑磁象嵌雲鳳文鉢(청자상감운봉문발)	1
(60)	〃	1
(61)	靑磁象嵌雲鶴文鉢(청자상감운학문발)	1
(62)	靑磁象嵌菊唐草文鉢(청자상감국애초문발)	1
(63)	靑磁象嵌菊花文鉢(청자상감국화문발)	4
(64)	靑磁象嵌花卉文鉢(청자상감화훼문발)	1
(65)	靑磁象嵌龜甲文鉢(청자상감구갑문발)	1

1493

(66)	靑磁象嵌花丸文鉢(청자상감화환문발)	1
(67)	靑磁象嵌菊唐草文鉢(청자상감국애초문발)	1
(68)	〃	1
(69)	靑磁象嵌唐草文鉢(청자상감애초문발)	1
(70)	靑磁象嵌菊丸文鉢(청자상감국환문발)	1
(71)	〃	1
(72)	〃	1
(73)	〃	1
(74)	靑磁象嵌花鳥文鉢(청자상감화조문발)	1
(75)	靑磁象嵌菊花文皿(청자상감국화문명)	1
(76)	靑磁象嵌雲鶴文甁(청자상감운학문병)	1
(77)	靑磁象嵌蘆菊文甁(청자상노국문병)	1
(78)	靑磁象嵌花文甁(청자상화문병)	1
(79)	靑磁象嵌花卉文小甁(청자상감화훼문소병)	1
(80)	〃	1
(81)	靑磁象嵌菊文小甁(청자상감국문소병)	1
(82)	靑磁象嵌双鳥文盒子(청자상감쌍조문합자)	1
(83)	靑磁象嵌草花文盒子(청자상감초화문합자)	1
(84)	靑磁象嵌花文盒子(청자상감화문합자)	1
(85)	靑磁象嵌唐草文盒子(청자상감애초문합자)	1
(86)	靑磁象嵌菊花文盒子(청자상감국화문합자)	1
(87)	靑磁象嵌菊文盒子(청자상감국문합자)	1
(88)	靑磁皿(청자명)	1
(89)	〃	1
(90)	白磁繡花龍文壺(백자수화용문호)	
	合計(합계)	97

2

	品名(품명)	數(수)
(1)	金製太環式耳飾[52](금제태환식이식)	1連(연)[53]
(2)	金製頸飾[54](금제경식)	1連
(3)	玉製頸飾(옥제경식)	1連
(4)	金製指輪[55](금제지륜)	2
(5)	銀製指輪(은제지륜)	2
(6)	金製釧[56](금제천)	1対[57](대)
(7)	銀製釧(은제천)	1対
(8)	金製太環式耳飾	1対
(9)	玉製頸飾(옥제경식)	1連
(10)	金製太環式耳飾(금제태환식이식)	1対
(11)	金製頸飾(금제경식)	1連
(12)	金製耳飾(금제이식)	3
(13)	金環[58](금환)	3
(14)	太環(태환)	1
(15)	金銅製杏葉[59](금동제행엽)	2
(16)	銀製帶金具(은제대금구)	4
(17)	金銅製柄頭[60]	1

---

52 금으로 만든 두꺼운 귀걸이
53 한 묶음
54 금목걸이
55 금반지
56 금팔찌
57 한 쌍
58 금반지
59 말안장 장식구
60 칼자루 머리

(18)	金銅製雲珠[61]殘欠[62](금동제운주잔결)	2
(19)	水晶算盤玉(수정산반옥)	1
(20)	瑠璃小玉(유리소옥)	7連
(21)	瑠璃切小玉(유리절소옥)	9
(22)	瑠璃小玉(유리소옥)	3
(23)	陶製盌[63](도제완)	19
(24)	陶製壺[64](도제호)	50
(25)	陶製橫瓮[65](도제횡옹)	3
(26)	陶製壎[66](도제훈)	7
(27)	陶製竈具[67](도제조구)	1括[68]
(28)	陶製蓋[69](도제개)	3
(29)	陶製台[70](도제대)	5
(30)	陶製異形土器(도제이형토기)	8
(31)	陶製馬殘欠及馬頭部(도제마잔결 및 마 두부)	3
(32)	異形陶俑[71](이형도용)	1
(33)	陶製骨壺[72](도제골호)	8
(34)	環頭大刀(환두대도)	5
(35)	金銅製鐶(금동제환)	17

---

61 말띠 꾸미개, 말 장식구
62 일부가 없어져서 불완전한 모습의 유물
63 도기 그릇
64 도기 병
65 도기 항아리
66 도기로 만든 나발(악기)
67 도기로 만든 조리설비
68 한 다발
69 도기로 만든 뚜껑
70 도기로 만든 받침대
71 특이한 모양의 인물형
72 도기로 만든 뼈 담는 그릇

(36)	金銅金具(금동금구)	3
(37)	鐵製杏葉(철제행엽)	4
(38)	陶製脚付鉢[73](도제각부발)	1
(39)	金環(금환)	1
(40)	銅環(동환)	1
(41)	水晶製勾玉[74](수정제구옥)	1
(42)	硬玉製勾玉(경옥제구옥)	2
(43)	水晶製管玉(수정제관옥)	1
(44)	碧玉製管玉(벽옥제관옥)	2
(45)	銅製馬鐸[75](동제마탁)	1
(46)	銅製鈴[76](동제령)	1
(47)	梵字銘文宇瓦[77](범자명문우와)	1
(48)	施釉塼[78](시유전)	5
(49)	鬼瓦[79](石佛寺)(귀와)(석불사)	1
(50)	土造佛座像(토조불좌상)	1
(51)	靑銅器殘欠(청동기조각)	1括(괄)
(52)	銅製柄頭[80](동제병두)	1
(53)	金銅製帶金具(금동제대금구)	1具(구)
(54)	銅製帶金具(동제대금구)	3
(55)	銀製垂飾具[81](은제수식구)	1

---

73 도기로 만든 다리가 달린 주발
74 수정으로 만든 곡옥
75 말 장식용 동제 방울
76 동제 방울
77 산스크리트어가 새겨진 기와
78 시약이 칠해진 기와
79 귀신이 새겨진 기와
80 동으로 만든 칼 끝자락 장식
81 은으로 만든 옷 장식

	(56)	銅製鐎斗[82]殘片(동제초두잔편)	3
	(57)	水晶勾玉(수정구옥)	1
	(58)	硬玉勾玉(경옥구옥)	1
	(59)	硬玉丸玉(경옥환옥)	1
	(60)	陶製片耳付大盌(도제편이부대완)	1
	(61)	陶製脚付盤(도제각부반)	1
1497	(62)	綠釉骨壺(녹유골호)	1
	(63)	綠釉悼及盞(녹유탁 및 잔)	1組(조)
	(64)	銅造釋迦如來立像(善山出土)(동조석가여래입상)(선산출토)	1軀(구)
	(65)	銅造鍍金菩薩立像(新羅)(동조도금보살입상)(신라)	1軀(구)
	(66)	銀製簪[83](은제잠)	1
	(67)	鐵製簪(철제잠)	1
	(68)	帶金具(대금구)	8
	(69)	金銅製鈴(금동제령)	33
	(70)	木造金箔阿彌陀如來像(목조금박아미타여래상)	1軀(구)
	(71)	石棺(석관)	3
	(72)	木棺金具(목관금구)	1
	(73)	高麗鏡[84](고려경)	50
	(75)	經箱[85](銅製)	1
	(76)	唐草毛彫守入[86](銀製)(애초모조수입)(은제)	2
	(77)	經筒樣器殘欠[87](金銅製)(경통양기잔결)(금동제)	1

---

82 동으로 만든 다리 셋에 자루가 있는 남비
83 은으로 만든 비녀
84 고려시대 거울
85 동으로 만든 장방형 상자
86 보관 상자
87 경전(經典)을 넣거나 경문(經文)을 새기어 경총(經塚)에 묻는 통

(78)	銀腕輪(金象嵌)⁸⁸(은완륜)(금상감)	1
(79)	銅製水瓶(동제수병)	1
(80)	響銅製鋺(在銘)(향동제완)(재명)	1
(81)	銅製壺(三耳雷渦帶文)⁸⁹	1
(82)	小刀鞘⁹⁰(銀製)	1
(83)	石塔舍利裝置遺物(慶尙北道聞慶郡鳳棲里所在) (석탑사리장치유물)(경상북도 문경군 봉처리 소재)	1括(괄)
(84)	扇錘⁹¹(金銅製七宝文透彫)(선추)(금동제칠보문투조)	1

3

	品名(품명)	數(수)
(1)	石造多羅菩薩像(석조다라보살상)	1軀(구)
(2)	石造獅子(석조사자)	2

II. 圖書(도서)

	書名 編著者 (서명)(편저자)	刊寫年次 (간사연차)	册數 (책수)	
(1)	愚伏先生文集(우복선생문집)	鄭經世(정경세)	道光 24版 (도광 24판)	10
(2)	四溟堂大師集(사명당대사집)	釋惟政(석유정)	順治 9版 補刻 (순치 9판 보각)	1
(3)	白沙先生集(백사선생집)	李恒福(이항복)	雍正 4版(옹정 4판)	15

---

88 금을 상감한 은팔찌
89 세 개의 귀가 달린 긴 목의 병
90 작은 칼집
91 부채 장식

(4)	楓泉集(풍천집)	金祖淳 (김조순)	咸豐 4木活 (함풍 4 목활)	8
(5)	農叟隨聞錄(농수수문록)	李聞政(이문정)	同治寫(동치사)	3
(6)	金忠壯公遺事(김충장공유사)	正祖命編(정조명편)	嘉慶 元版 (가경 원판)	2
(7)	梁大司馬実記(양대사마실기)	正祖命編(정조명편)	嘉慶 4版(가경 4판)	5
(8)	萬機要覽(만기요람)	李萬運(이만운)	道光寫(도광사)	11
(9)	月沙先生集(월사선생집)	李廷龜(이정구)	康熙 59版 (강희 59판)	22
(10)	璿源系譜紀略(선원계보기략)	李太王熙命編 (이태왕희명편)	光緒 9版(광서 9판)	8
(11)	辛壬紀年提要(신임기년제요)	具駿遠(구준원)	同治寫(동치사)	5
(12)	畏齊存守錄(외제존수록)	宋吳獵(송오렵)	同治寫(동치사)	2
(13)	讀書雜抄(독서잡초)		光緒寫(광서사)	4
(14)	廿一種祕書(有欠) (입일종비서)(결본 있음)	淸, 汪士漢 等 (청, 왕사한 등)	咸豐6寫 (함풍6사)	8
(15)	精選古事黃眉(정선고사황미)	明, 鄧百拙 (명, 등백졸)	咸豐寫(함풍사)	5
(16)	山堂肆考(산당사고)	明 彭大翼(명 팽대익), 張幼學 編(장유학 편)	同治寫(동치사)	50
(17)	四部書(사부서)	許筠(허균)	咸豐寫(함풍사)	4
(18)	註釋白眉故事(주석백미고사)	明, 許以忠 (명, 허이충)	道光寫(도광사)	5
(19)	間情錄(간정록)	朴永世(박영세)	光緒9寫(광서9사)	3
(20)	錦溪筆談(금계필담)	徐有英(서유영)	同治3寫(동치3사)	2
(21)	陶菴三官記(도암삼관기)	李縡(이재)	道光寫(도광사)	1
(22)	景德傳燈錄(경덕전등록)	宋, 釋道原 (송, 석도원)	同治寫(동치사)	10

	(23) 金剛經石註(금강경석주)	淸, 石成金 註 (청, 석성금 주)	同治寫(동치사)	1
1499	(24) 六祖大師法寶壇經 (육조대사법보단경)	唐, 法海(당, 법해)	咸豊10寫(함풍10사)	1
	(25) 宙衡(주형)	李縡(이재)	光緒寫(광서사)	10
	(26) 易學啓蒙要解(역학계몽요해)	世祖命編(세조명편)	乾隆寫(건륭사)	4
	(27) 經筵問答(경연문답)	南溟學(남명학)	嘉慶寫(가경사)	1
	(28) 三書輯疑(삼서집의)	權尙夏(권상하)	同治寫(동치사)	2
	(29) 四書正文(孟子欠) (사서정문)(맹자 누락)		康熙寫(강희사)	1
	(30) 詩傳正文(시전정문)	正祖命編(정조명편)	嘉慶寫(가경사)	3
	(31) 詩傳正文零本(시전정문영본)	正祖命編(정조명편)	光緒寫(광서사)	1
	(32) 周易(주역)	朴齊家(박제가)	同治寫(동치사)	2
	(33) 中庸或問(중용혹문)	宋, 朱熹(송, 주희)	道光寫(도광사)	1
	(34) 精選東萊先生左氏博議句解 (정선동래선생좌씨박의구해)	宋, 呂祖謙 (송, 여조겸)	乾隆寫(건륭사)	2
	(35) 論語 一名魯論註誦 (논어 일명 노론주송)	宋, 朱熹 註 (송, 주희 주)	同治寫(동치사)	3
	(36) 靑江子(청강자)	淸, 魏初晤 (청, 위초오)	光緒寫(광서사)	7
	(37) 南華經註解刪補 (남화경주해산보)	朴世堂(박세당)	嘉慶寫(가경사)	5
	(38) 句解南華眞經(구해남화진경)	宋, 林希逸 (송, 임희일)	道光寫(도광사)	5
	(39) 學篰通弁(학부통변)	明, 陳健(명, 진건)	嘉慶寫(가경사)	2
	(40) 家禮要解(欠本) (가례요해)(결본)	朴世采(박세채)	乾隆寫(건륭사)	1
	(41) 檢身錄(검신록)	李縡(이재)	道光寫(도광사)	1

(42)	因知記(인지기)	明, 羅欽順(명, 나흠순)	嘉慶寫(가경사)	1
(43)	靑莊館士小節(청장관사소절)	李德懋(이덕무)	咸豊寫(함풍사)	2
(44)	朱子大全箚疑補(주자대전차의보)		嘉慶寫(가경사)	3
(45)	朱書谷迸(주서곡병)	金壽增(김수증)	嘉慶寫(가경사)	1
(46)	朱書類彙(주서류휘)	姜治伝(강치전)	道光寫(도광사)	2
(47)	常変通攷(상변통고)	柳長源(유장원)	嘉慶寫(가경사)	11
(48)	聖學輯要(성학집요)	李珥(이이)	道光寫(도광사)	4
(49)	薛文淸公讀書錄要語(설문청공독서록요어)	明, 吳廷擧 編(명, 오정거 편)	道光寫(도광사)	1
(50)	兩賢傳心錄(양현전심록)	正祖命編(정조명편)	乾隆39寫(건륭39사)	4
(51)	礼疑類輯(예의류집)	朴聖源(박성원)	道光寫(도광사)	15
(52)	老州雜識(노주잡식)	吳熙常(오희상)	道光寫(도광사)	2
(53)	經史注解(경사주해)	鄭順朝(정순조)	同治寫(동치사)	1
(54)	小華詩評(소화시평)	洪萬鍾(홍만종)	嘉慶寫(가경사)	1
(55)	才子彙書(재자휘서)	淸, 金聖歎(청, 김성탄)	道光寫(도광사)	8
(56)	東坡源流(동파원류)		道光寫(도광사)	1
(57)	王無功集(왕무공집)	唐, 王績(당, 왕적)	道光寫(도광사)	1
(58)	霞谷集(하곡집)	鄭齊斗(정제두)	道光寫(도광사)	21
(59)	錦帶詩文鈔(금대시문초)	李家煥(이가환)	嘉慶寫(가경사)	1
(60)	絅菴集(경암집)	申琓撰·靖夏 編(신완선·정하 편)	雍正元寫(옹정원사)	7
(61)	屐園集(극원집)	李晩秀(이만수)	同治寫(동치사)	3
(62)	三知菴集(삼지암집)	朴某(박모)	咸豊寫(함풍사)	10
(63)	詩賦(시부)	沈晟 等(심성 등)	道光寫(도광사)	19
(64)	守黙堂遺稿(수묵당유고)	尹行儼(윤행엄)	道光寫(도광사)	3
(65)	雙溪遺稿(쌍계유고)	李福源(이복원)	道光寫(도광사)	5
(66)	太湖集(태호집)	洪元燮(홍원섭)	道光寫(도광사)	5

(67)	東海公遺稿(동해공유고)	趙琮鎭(조종진)	咸豐寫(함풍사)	11
(68)	欒城集(란성집)	宋蘇轍(송소철)	乾隆寫(건륭사)	25
(69)	李太白文集輯註 (이태백문집집주)	淸, 王琪(청, 왕기)	道光寫(도광사)	8
(70)	韓客巾衍集(한객건연집)	李德懋(이덕무)	光緖寫(광서사)	8
(71)	景陵輓章(경릉만장)	趙寅永 等(조인영 등)	道光寫(도광사)	1
(72)	元詩別裁集(원시별재집)	淸, 張景星 等 (청, 장경성 등)	咸豐寫(함풍사)	3
(73)	香山律(향산률)	唐, 白居易(당, 백거이)	嘉慶寫(가경사)	3
(74)	古詩歸(고시귀)	明, 鍾惺(명, 종성)· 譚元春 編(담원춘 편)	咸豐寫(함풍사)	4
(75)	宋詩別裁集(송시별재집)	淸, 張景星 等 (청, 장경성 등)	咸豐寫(함풍사)	3
(76)	貞蘇閣集(정소각집)	朴齊家(박제가)	道光寫(도광사)	3
(77)	東詩簡選(동시간선)	成侃 等(성간 등)	乾隆寫(건륭사)	1
(78)	東坡詩選(有欠) (동파시선)(결본 있음)	明, 譚元春 (명, 담원춘)	乾隆·嘉慶寫 (건륭·가경사)	6
(79)	東坡律(동파율)	宋, 蘇軾(송, 소식)	嘉慶寫(가경사)	2
(80)	坡詩英選(파시영선)	宋, 蘇軾(송, 소식)	嘉慶寫(가경사)	3
(81)	李義山詩集(有欠) (이의산시집)(결본 있음)	唐, 李商隱 (당, 이상은)	咸豐寫(함풍사)	1
(82)	陸律分韻(육률분운)	正祖命編(정조명편)	咸豐寫(함풍사)	13
(83)	陸律分韻(육률분운)	鄭期遠(정기원)	道光寫(도광사)	2
(84)	鮚埼亭集鈔(길기정집초)	淸, 全祖望 (청, 전조망)	嘉慶·道光寫 (가경·도광사)	3
(85)	皇明文鈔(황명문초)	明, 宋濂 等 (명, 송렴 등)	同治寫(동치사)	29
(86)	古文抄選(고문초선)	明, 胡時化(명, 호시화)	同治元寫(동치원사)	1

(87)	增定古文析義(증정고문석의)	淸, 林雲銘評註 (청, 임운명 평주)	道光寫(도광사)	15
(88)	執對(집대)	南九萬 等(남구만 등)	乾隆寫(건륭사)	2
(89)	手圈袖珍(수권유진)	正祖命編(정조명편)	嘉慶寫(가경사)	12
(90)	望溪文集(망계문집)	淸, 方苞(청, 방포)	嘉慶寫(가경사)	4
(91)	茅鹿門抄評 柳柳州文 (모록문초평 유유주문)	明, 茅坤(명, 모곤)	朝鮮版(조선판)	3
(92)	臨軒功令(임헌공령)	正祖命編(정조명편)	道光寫(도광사)	4
(93)	情史類略抄(정사류략초)	明, 馮夢龍(명, 빙몽룡)	道光18寫(도광18사)	1
(94)	倡善感義錄(창선감의록)	金道洙(김도수)	同治寫(동치사)	2
(95)	大明正德皇遊江南傳 (대명정덕황유강남전)		同治寫(동치사)	4
(96)	刪補文苑楂橘(사보문원사귤)		道光寫(도광사)	2
(97)	古今韻會擧要(고금운회거요)	元, 熊忠(원, 웅충)	光緖寫(광서사)	12
(98)	書訣 附解蒙筆訣 (서결 부해몽필결)	李匡師(이광사)	嘉慶寫(가경사)	1
(99)	白月栖雲之塔碑名 (백월서운지탑비명)	崔仁渷(최인연)· 金生 書(김생 서)	明拓(명탁)	3
(100)	広彙(광휘)		道光寫(도광사)	5
(101)	攷事撮要(고사촬요)	魚叔權 等 編 (어숙권 등 편) 徐命膺補(서명응보)	寫사	7
(102)	性命圭旨(성명규지)	明, 尹繼先(명, 윤계선)	乾隆寫(건륭사)	4
(103)	日纂(일찬)	明, 鄭瑄(명, 정선)	嘉慶寫(가경사)	1
(104)	鄭氏遺書(정씨유서)	淸, 王復(청, 왕복)	嘉慶寫(가경사)	2
(105)	周易口訣義(주역구결의)	唐, 史徵(당, 사징)	道光寫(도광사)	2
(106)	二程全書(이정전서)	宋, 朱熹 編 (송, 주희 편)	乾隆版(건륭판)	15

(107) 詩話類聚(시화류취)		嘉慶寫(가경사)	1
(108) 安和堂私集(안화당사집)	馬聖麟(마성린)	嘉慶3自筆(가경 3 자필)	2
(109) 東萊呂太史集(동래여태사집)	宋, 呂祖謙(송, 여조겸)	乾隆6寫(건륭6사)	16
(110) 樊川集(번천집)	唐, 杜牧(당, 두목)	嘉慶寫(가경사)	2
(111) 山谷律(산골률)	宋, 黃庭堅(송, 황정견)	嘉慶寫(가경사)	1
(112) 東人詩賦(동인시부)	申尙權(신상권)	道光寫(도광사)	4
(113) 宛丘遺集(완구유집)	申大羽(신대우)	道光版(도광판)	2
(114) 儷文註釋(여문주석)	柳近(유근)	道光寫(도광사)	8
(115) 虞草新志(우초신지)	淸, 張潮(청, 장조)	道光寫(도광사)	10
(116) 賸草殘墨(잉초잔묵)	金正喜(김정희)	光緒寫(광서사)	1
(117) 我々錄(아아록)	南紀濟(남기제)	道光寫(도광사)	1
(118) 紀事(英宗朝)(기사)(영종조)		道光寫(도광사)	2
(119) 聽政日記(청정일기)	正祖命編(정조명편)	乾隆42寫(건륭42사)	2
(120) 分黨事略(분당사략)	南紀濟(남기제)	同治寫(동치사)	2
(121) 爛余(난여)	金在魯(김재로)	嘉慶寫(가경사)	26
(122) 史選(사선)		同治寫(동치사)	3
(123) 三藩紀事本末(삼번기사본말)	淸, 楊陸榮(청, 양육영)	咸豐寫(함풍사)	2
(124) 湍相年譜(係年錄)(단상연보)(계년록)	李敬倫(이경윤)	乾隆10寫(건륭10사)	2
(125) 南溪先生年譜(남계선생연보)		康熙寫(강희사)	2
(126) 感恩源流錄(감은원류록)	鄭順朝(정순조)	同治寫(동치사)	1
(127) 羹牆錄(갱장록)	李福源 等(이복원 등)	道光寫(도광사)	4
(128) 說苑(설원)	漢, 劉向(한, 유향)	同治寫(동치사)	5

(129) 世說新語補 一名枕史 (세설신어보 일명 침사)	明, 王世貞(명, 왕세정)	嘉慶寫(가경사)	10
(130) 增定 智囊補(증정 지낭보)	明, 馮夢龍評 (명, 빙몽용평)	嘉慶寫(가경사)	10
(131) 地球典要(지구전요)	崔漢綺(최한기)	咸豊寫(함풍사)	7
(132) 震維勝覽(진유승람)	李重煥(이중환)	光緖寫(광서사)	1
(133) 擇里志 附路程記 (택리지 부 노정기)	李重煥(이중환)	同治寫(동치사)	1
(134) 東國名山記(동국명산기)	成海應(성해응)	明治42活(명치42활)	1
(135) 嶺誌要選(영지요선)		道光寫(도광사)	1
(136) 名山記(명산기)	明, 壬士性 等 (명, 임사성 등)	乾隆寫(건륭사)	1
(137) 欽欽新書(흠흠신서)	丁若鏞(정약용)	道光寫(도광사)	10
(138) 公車類輯(공차류집)	南公轍 等(남공철 등)	咸豊寫(함풍사)	8
(139) 空牒(공첩)		架慶寫(가경사)	4
(140) 國朝名臣疎箚書啓 (국조명신소차서계)	閔開 等(민개 등)	光武7寫(광무7사)	3
(141) 朱子封事(주자봉사)	宋, 朱熹(송, 주희)	雍正寫(옹정사)	1
(142) 疏箚 勉論言引陳援 (소차 면론언인진원)	鄭元容 等(정원용 등)	同治寫(동치사)	16
(143) 圖民錄(도민록)	淸, 袁守定 (청, 원수정)	道光寫(도광사)	2
(144) 牧民心書(목민심서)	丁若鏞(정약용)	同治寫(동치사)	16
(145) 增修 無冤錄(증수 무원록)	具宅奎 編(구택규 편)· 具允明 訂(구윤명 정)	道光寫(도광사)	2
(146) 注擬考(주의고)		嘉慶寫(가경사)	3
(147) 綸綍彙鈔(윤불휘초)	憲宗命編(헌종명편)	咸豊寫(함풍사)	4
(148) 農政新編(농정신편)	安宗洙(안종수)	光緖寫(광서사)	3

1503

(149) 尉繚子直解(위료자직해)	明, 劉寅(명, 유인)	同治寫(동치사)	2
(150) 演機新編(연기신편)	安命老(안명로)	同治寫(동치사)	1
(151) 孫武子直解(손무자직해)	明, 劉寅(명, 유인)	同治寫(동치사)	3
(152) 孫武子直解(손무자직해)	明, 劉寅(명, 유인)	寫(사)	2
(153) 萬里燭 附 習武誌 (만리촉 부 습무지)	李止淵(이지연)	道光寫(도광사)	1
(154) 唐荊川先生纂輯 武編 (당형천선생 찬집 무편)	明, 唐順之 (명, 당순지)	道光寫(도광사)	12
(155) 兵學指南(병학지남)	正祖命編(정조명편)	寫(사)	1
(156) 洴澼百金方(병벽백금방)	淸, 惠龍酒民 (청, 혜룡주민)· 丘呈福校(구정복교)	同治寫(동치사)	10
(157) 唐太宗李衛公問對直解 (당태종이위공문대직해)	明, 劉寅(명, 유인)	同治寫(동치사)	3
(158) 六韜直解(육도직해)	明, 劉寅(명, 유인)	同治寫(동치사)	3
(159) 修養須知(수양수지)	朱本中(주본중)	同治寫(동치사)	1
(160) 簡草(간초)		光武3寫(광무3사)	1
(161) 玉纂(옥찬)		同治寫(동치사)	13
(162) 新註 道德經(신주 도덕경)	朴世堂(박세당)	嘉慶寫(가경사)	1
(163) 韻會玉篇(운회옥편)	崔世珍(최세진)	光緖寫(광서사)	2
合計(합계)	163部(부)	852冊(책)	

1504

III. 遞信關係 品目(체신관계 품목)

1505

	品名(품명)	數(수)
(1)	湖南電報分局標札(호남전보분국표찰)	1枚(매)
(2)	電報司標札(전보사표찰)	1〃
(3)	永登浦電話支所標札(영등포전화지소표찰)	1〃

(4)	洪州郵遞司標札(홍주우체사표찰)	1〃
(5)	遞傳夫帽前章額(체신부모전장액)	1面(면)
(6)	郵電線路圖本(우전선로도본)	1軸(축)
(7)	郵便集配人制帽(우편집배인제모)	1個(개)
(8)	草鞋[92](초혜)	3足(족)
(9)	錢函(전함)	1個(개)
(10)	郵遞司郵遞集配遞送人人名揭示札(우체사우체집배체송인인명게시찰)	1枚(매)
(11)	永登浦郵遞司用諸印(영등포우체사용제인)	2個(개)
(12)	雜印(잡인)	9個(개)
(13)	安東郵遞司使用郵便日附印(안동우체사사용편일부인)	1個(개)
(14)	全州　〃　(전주　〃　)	1〃
(15)	晉州　〃　(진주　〃　)	1〃
(16)	南原　〃　(남원　〃　)	1〃
(17)	洪州　〃　(홍주　〃　)	1〃
(18)	韓國 時代の旗(한국시대의 깃발)	2枚(매)
(19)	電信送付(韓國電報司創設時代諺文用) (전신송부(한국전보사창설시대언문용))	1枚(매)
(20)	永登浦郵便電報電信支司罫版[93](영등포우편전보전신지사괘판)	4個(개)

1506　〈条約第一八一号〉

文化財及び文化協力に関する大韓民国と日本国との間の協定

大韓民国及び日本国は,

兩国の文化における歴史的な関係にかんがみ,

92　짚신
93　인찰지(印札紙)를 박는 판(版)

両国の学術及び文化の発展並びに研究に寄与することを希望して，次のとおり協定した．

第一条

大韓民国政府及び日本国政府は，両国民間の文化関係を増進させるためできる限り協力を行なうものとする．

第二条

日本国政府は，附属書に掲げる文化財を両国政府間で合意ある手続に従ってこの協定の効力発生後六箇月以内に大韓民国に対して引き渡すものとする．

第三条

大韓民国政府及び日本国政府は，それぞれ自国の美術館，博物館，図書館その他学術及び文化に関する施設が保有する文化財について他方の国の国民に研究する機会を与えるため，できる限り便宜を与えるものとする．

第四条

この協定は，批准されなければならない．批准書は，できる限りすみやかにソウルで交換されるものとする．

この協定は，批准書の交換の日に効力を生ずる．

以上の証據として，下名は，各自の府からこのために正当な委任を受け，この協定に署名した．

千九百六十五年六月二十二日に東京で，ひとしく正文である韓国語及び日本語により本書二通を作成した．

大韓民国のために

  (署名) 이동원

  　　　　김동조

1509　日本国のために

  (署名) 椎名悦三郎　高杉晋一

　　　付属書

1511~1541　[한글본 조약문 부속서와 동일하므로 생략함.]

4-1-22. 문화재 및 문화협력 협정 합의의사록

1542 〈조약 제182호〉

대한민국과 일본국 간의 문화재와 문화협력에 관한 협정에 대한 합의의사록

한국 측 대표는, 일본 국민의 사유로서 한국에 연유하는 문화재가 한국 측에 기증되도록 희망한다는 뜻을 말하였다.

일본 측 대표는 일본 국민이 소유하는 이러한 문화재를 자발적으로 한국 측에 기증함은 한일 양국 간의 문화협력의 증진에 기여하게도 될 것이므로, 정부로서는 이를 권장할 것이라고 말하였다.

1965년 6월 22일
토오쿄오에서

1543 〈條約第一八二号〉

文化財及び文化協力に関する大韓民国と日本国との間の協定についての合意された議事録

韓国側代表は日本国民の私有の韓国に由來する文化財が韓国側に寄贈されることになることを希望する旨を述べた.

日本側代表は, 日本国民がその所有するこれらの文化財を自発的に韓国側に寄贈することは韓日兩国間の文化協力の増進に寄与することにもなるので政府としてはこれを勧奬するものであると述べた.

一九六五年六月二十二日に　東京で

4-1-23. 분쟁의 해결에 관한 교환공문

1544 〈조약 제183호〉
분쟁의 해결에 관한 교환공문

[한국 측 서한]

1965년 6월 22일
토오쿄오에서

본관은 양국 정부의 대표 간에 도달된 다음의 양해를 확인하는 영광을 가집니다.

양국 정부는 별도의 합의가 있는 경우를 제외하고는 양국 간의 분쟁은 우선 외교상의 경로를 통하여 해결하는 것으로 하고 이에 의하여 해결할 수가 없을 경우에는 양국 정부가 합의하는 절차에 따라 조정에 의하여 해결을 도모한다.

본관은 또한 각하가 전기의 양해를 일본국 정부를 대신하여 확인할 것을 희망하는 영광을 가집니다.

본관은 각하에게 새로이 본관의 변함없는 경의를 표합니다.

외무부 장관
(서명) 이동원

일본국 외무대신
시이나 에쓰사부로오 각하

1545 [일본 측 회한]
(역문)

1965년 6월 22일

본 대신은 금일 자의 각하의 다음 서한을 접수하였음을 확인하는 영광을 가집니다.

"………
(한국 측 서한)
………"

본 대신은 전기의 양해를 일본국 정부를 대신하여 확인하는 영광을 가집니다.

본 대신은 각하에게 새로이 본관의 변함없는 경의를 표합니다.

일본국 외무대신
(서명) 시이나 에쓰사부로오

대한민국 외무부 장관 이동원 각하

누락분 〈条約第一八三号〉
紛爭の解決に関する交換公文

(韓国側書簡)

(譯文)

　書簡をもつて啓上いたします. 本長官は, 兩國政府の代表の間で到達された次の了解を確認する光榮を有します.

　兩國政府は, 別段の合意がある場合を除くほか, 兩國間の紛爭は, まず外交上の經路を通じて解決するものとし, これにより解決することができなかつた場合は, 兩國政府が合意する手続に從い, 調停によつて解決を圖るものとする.

　本長官は, さらに, 閣下が前記の了解を日本國政府に代わつて確認されることを希望する光榮を有します.

　以上を申し進めるに際し, 本長官は, ここに重ねて閣下に向かつて敬意を表します.

　千九百六十五年六月二十二日に東京で

外務部長官 李東元

日本國外務大臣 椎名悦三郎 閣下

(日本側書簡)

　書簡をもつて啓上いたします．本大臣は，本日付けの閣下の次の書簡を受領したことを確認する光榮を有します．

(韓国側書簡)

　本大臣は，さらに，前記の了解を日本国政府に代わつて確認する光榮を有します．
　以上を申し進めるに際し，本大臣は，ここに重ねて閣下に向つて敬意を表します．
　千九百六十五年六月二十二日に東京で

日本国外務大臣　椎名悦三郎

大韓民国外務部長官　李東元　閣下

7. 한일 조약 및 제 협정이 게재된 관보

1554　　官報

호외
1965年 12月 18日
공보부 발행

1554~1639　　[이하 목차 및 조약, 협정문은 앞에 수록된 것과 동일하므로 생략함]

8. 한일 간 제 협정과 관련한 토의기록 등의 관보 게재 관련 내부재가 문서

1643   기안자: 조약과 이기주

   과장[서명]   국장[서명]   차관[서명]   장관[서명]

   협조자 성명: 법무관[서명]   동북아과장[서명]   아주국장[서명]   기획실장[서명]

   기안 연월일: 1965. 12. 24
   경유·수신·참조: 내부결재

   제목: 한일 간 제 협정의 '토의기록', '아주국장 간의 왕복 서한' 및 '일방적 성명' 등의 관보 게재

   한일 간의 기본관계에 관한 조약 및 기타 제 협정의 공포에 따라, 동 협정 중, '법령 등 공포에 관한 법률'에 의한 공포 또는 공고의 대상이 되지 않는, (1) 어업에 관한 협정의 서명에 즈음하여 행하여진 '외무부 장관의 일방적 성명', (2) 어업에 관한 협정의 서명에 즈음하여 행하여진 '농림부 장관의 일방적 성명', (3) 어업에 관한 협정의 서명에 즈음하여 교환된 '아주국장 간의 왕복 서한', (4) 어업에 관한 협정의 서명에 즈음하여 교환된 '아주국장 간의 왕복 서한', (4) 어업에 관한 협정의 '토의기록' 및 (5) 일본국에 거주하는 대한민국 국민의 법적지위와 대우에 관한 협정의 '토의기록' 등을 '관보 편찬 규정' 제11조 (휘보란) 11항에 의거, 각각 별첨과 같이 '외무부 공보(公報)' 제1-5호로 관보에 게재코자 하오니 결재하여 주시기 바랍니다.

   외무부 공보 제1호: 어업에 관한 협정의 서명에 즈음하여 행하여진 외무부 장관의 일방적 성명

외무부 공보 제2호: 어업에 관한 협정의 서명에 즈음하여 행하여진 '농림부 장관의 일방적 성명'

외무부 공보 제3호: 어업에 관한 협정의 서명에 즈음하여 교환된 '조업 안전과 질서 유지에 관한 아주국장 간의 왕복 서한'

외무부 공보 제4호: 어업에 관한 협정의 '토의기록'

외무부 공보 제5호: 일본국에 거주하는 대한민국 국민의 법적지위와 대우에 관한 협정의 '토의기록'

유첨: '외무부 공보'의 관보 게재(안) 1부

끝

9. 한일 간 제 협정과 관련한 토의기록 등의 관보 게재 요청 공문

외방조 741

1965. 12. 27

수신: 공보부 장관

제목: 한일 간 제 협정의 '토의기록', '아주국장 간의 왕복 서한' 및 '일방적 성명' 등의 관보 게재

    한일 간의 기본관계에 관한 조약 및 기타 제 협정의 공포에 따라, 동 협정 중, '법령 등 공포에 관한 법률'에 의한 공포 또는 공고의 대상이 되지 않는, (1) 어업에 관한 협정의 서명에 즈음하여 행하여진 '외무부 장관의 일방적 성명', (2) 어업에 관한 협정의 서명에 즈음하여 행하여진 '농림부 장관의 일방적 성명', (3) 어업에 관한 협정의 서명에 즈음하여 교환된 '아주국장 간의 왕복 서한', (4) 어업에 관한 협정의 '토의기록' 및 (5) 일본국에 거주하는 대한민국 국민의 법적지위와 대우에 관한 협정의 '토의기록' 등을, '관보 편찬 규정' 제11조(회보란)11항에 의거, 각각 별첨과 같이 '외무부 공보(公報)' 제1-5호로 관보에 게재코자 하오니 조처하여 주시기 바랍니다.

    외무부 공보 제1호: 어업에 관한 협정의 서명에 즈음하여 행하여진 '외무부 장관의 일방적 성명'
    외무부 공보 제2호: 어업에 관한 협정의 서명에 즈음하여 행하여진 '농림부 장관의 일방적 성명'
    외무부 공보 제3호: 어업에 관한 협정의 서명에 즈음하여 교환된 '조업 안전과 질서 유지에 관한 아주국장 간의 왕복 서한'
    외무부 공보 제4호: 어업에 관한 협정의 '토의기록'

외무부 공보 제5호: 일본국에 거주하는 대한민국 국민의 법적지위와 대우에 관한 협정의 '토의기록'

별첨: 외무부 공보 제1-5호

끝

외무부 장관 이동원

9-1. 외무부 공보 제1호

1647   외무부 공보 제1호

　　1965. 6. 22 대한민국과 일본국 간의 어업에 관한 협정의 서명에 즈음하여, 한일 양국의 외무부 장관이 행한 '외무부 장관의 일방적 성명'을 통 어업에 관한 협정의 공포에 따라 다음과 같이 공보한다.

1965년 12월 18일
외무부 장관 이동원

1650　　**외무부 장관의 일방적 성명**

주일본 대한민국

대표부

　　주일본 대한민국 대표부는 외무성에 경의를 표하며 또한 금일 대한민국과 일본국 간의 어업에 관한 협정이 서명됨에 즈음하여, 이동원 대한민국 외무부 장관이 별지와 같은 성명을 행하였음을 통보하는 영광을 가집니다.

　　1965년 6월 22일

　　도쿄

1651   별지

　　대한민국 정부는 대한민국과 일본국 간의 어업에 관한 협정이 발효하여 대한민국의 어업에 관한 수역이 설정될 때에는 그 감시선에 의한 일본국 어선의 동 수역의 침범 사실의 확인과 그 어선 및 선원의 취급에 대하여, 국제 통념에 따라 공정 타당하게 처리할 용의가 있음을 이에 성명한다.

1652   (역문)

일본국 외무성

아북제220호
1965년 6월 22일

구술서

외무성은 주일본 대한민국 대표부에 경의를 표하며 또한 금일 일본국과 대한민국 간의 어업에 관한 협정이 서명됨에 즈음하여, 시나 에쓰사부로 일본국 외무대신이 별지와 같은 성명을 행하였음을 통보하는 영광을 가집니다.

1653   별지

일본국 정부는 일본국과 대한민국 간의 어업에 관한 협정이 발효하며, 일본국의 어업에 관한 수역이 설정될 때에는 그 감시선에 의한 대한민국 어선의 동 수역의 침범 사실의 확인과 그 어선 및 선원의 취급에 대하여, 국제 통념에 따라 공정 타당하게 처리할 용의가 있음을 이에 성명한다.

9-2. 외무부 공보 제2호

1654   외무부 공보 제2호

   1965. 6. 22 대한민국과 일본국 간의 어업에 관한 협정의 서명에 즈음하여, 한일 양국의 농림부 장관이 행한 '농림부 장관의 일방적 성명'을, 동 어업에 관한 협정의 공포에 따라, 다음과 같이 공보한다.

1965년 12월 18일
외무부 장관 이동원

1655   **농림부 장관의 일방적 성명**

주일본 대한민국 대표부

   주일본 대한민국 대표부는 외무성에 경의를 표하며 또한 금일 대한민국과 일본국 간의 어업에 관한 협정이 서명됨에 즈음하여, 차균회 대한민국 농림부 장관이 별지와 같은 성명을 행하였음을 통보하는 영광을 가집니다.

   1965년 6월 22일

   도쿄

1656   별지

   본 장관은 금일 서명된 대한민국과 일본국 간의 어업에 관한 협정이 발효할 때에는, 대한민국과 일본국의 공동규제수역에서 잠정적 어업규제 조치가 실시될 것과 관련하여, 대한민국 정부가 다음과 같은 조치를 취할 방침임을 이에 성명한다.

   1. 잠정적 어업규제 조치의 적용의 대상이 되지 아니하는 종류의 어업에 종사하는 대한민국의 어선으로서 공동규제수역 안에 출어하는 것 중 60톤 미만 25톤 이상의 고등어 낚시 어선의 조업 기간은 6월 1일부터 12월 31일까지로 하며, 그 조업 구역은 공동규제수역 안에서 대한민국의 경상북도와 경상남도의 경계선과 해안

선의 교점과 북위 35도 30분과 동경 130도의 교점을 연결하는 직선 이남(단, 제주도의 서 측에 있어서는 북위 33도 30분 이남)의 수역으로 하도록 지도한다.
2. 대한민국 정부는 공동규제수역 안의 고래 자원의 상태에 깊은 관심을 가지고 있으므로, 동 수역 안에서, 소형 포경어업의 조업 척수 및 그 어획 노력을 현재 이상으로 증가시키지 아니하도록, 또한 대형 포경 어업(100톤 이상의 어선에 의한 것)의 조업 척수를 현재 정도 이상으로 증가하지 아니하도록 지도한다.

1657 (역문)

일본국 외무성

아북제221호
1965년 6월 22일

구술서

외무성은 주일본 대한민국 대표부에 경의를 표하며 또한 금일 일본국과 대한민국 간의 어업에 관한 협정이 서명됨에 즈음하여, 사카다 에이이치 일본국 농림대신이 별지와 같은 성명을 행하였음을 통보하는 영광을 가집니다.

1656 별지

본 대신은, 금일 서명된 일본국과 대한민국 간의 어업에 관한 협정이 발효할 때에는 일본국과 대한민국의 공동규제수역에 있어서 잠정적 어업규제 조치가 실시될 것과 관련하여, 일본국 정부가 다음과 같은 조치를 취할 방침임을 이에 성명한다.
1. 공동규제수역 가운데서, 대한민국의 경상북도와 경상남도의 경계선과 해안선과의 교점과 북위 35도 30분과 동경 130도와의 교점을 연결하는 직선 이북의 일본해의 수역에 있어서는, 동시에 조업할 수 있는 일본국의 저인망 어선은, 25척을 상회하는 일이 없도록, 또한 이들 어선이 11월 1일부터 익년 4월 30일까지의 기간 이외의 기간에 있어서는 조업하지 아니하도록, 또한 수심 300미터 이천의

부분에 있어서는 조업하지 아니하도록 지도한다. 동 정부는 또한 그러한 어선에 의한 새우의 혼획을 매 항해의 총 어획량의 20퍼센트의 범위 내에 그치도록 지도한다.

2. 잠정적 어업규제 조치의 적용의 대상이 되지 아니하는 종류의 어업에 종사하는 일본국의 어선으로서 공동규제수역 안에 있어서 동시에 연안 어업에 종사하는 것의 척수는 1,700척을 상회함이 없도록 지도한다. 또한 이들 일본국 어선 중 60톤 미만 25톤 이상의 고등어 낚시 어선의 조업 기간은 6월 1일부터 12월 31일까지로 하며, 그 조업 구역은 공동규제수역 안에서 대한민국의 경상북도와 경상남도의 경계선과 해안선의 교점과 북위 35도 30분과 동경 130도의 교점을 연결하는 직선 이남(단, 제주도의 서 측에 있어서는 북위 33도 30분 이남)의 수역으로 하며, 또한, 그 척수는 175척을 상회함이 없도록 지도한다.

3. 일본국 정부는 공동규제수역 안의 고래 자원의 상태에 깊은 관심을 가지고 있으므로, 동 수역 안에 있어서, 소형 포경어업의 조업 척수 및 그 어획 노력을 현재 이상으로 증가시키지 아니하도록, 또한 대형 포경어업(100톤 이상의 어선에 의한 것)의 조업 척수를 현재 정도 이상으로 증가하지 아니하도록 지도한다.

9-3. 외무부 공보 제3호

1661

외무부 공보 제3호[94]

1965. 6. 22 대한민국과 일본국 간의 어업에 관한 협정의 서명에 즈음하여, 한일 양국 정부의 외무부 아주국장 간에 교환된 '조업 안전과 질서 유지에 관한 아주국장 간의 왕복 서한'을 동 어업에 관한 협정의 공포에 따라, 다음과 같이 공보한다.

1965년 12월 18일

외무부 장관 이동원

1665

[공고 제　호 → 외무부 공보 제3호]

조업 안전과 질서 유지에 관한 아주국장 간의 왕복 서한

1965년 6월 22일

도쿄에서

(대한민국 외무부 아주국장이 일본국 외무성 아세아국장에게 보내는 서한)

본관은 금일 대한민국과 일본국 간의 어업에 관한 협정이 서명됨에 즈음하여, 대한민국의 수산 당국은 한일 양국 어선 간의 조업 안전을 도모하고 정상적인 질서를 유지하기 위하여, 또한 해상에서의 양국 어선 간의 사고의 원활하고 신속한 해결을 도보할 목적에 기여하기 위하여, 양국의 민간 관계 단체 간에서 별지에 열거한 항목을 포함한 약정이 가능한 한 조속히 이루어지도록 대한민국의 민간 관계 단체를 지도할 의향임을 언명하는 바입니다.

---

[94] 양국 외무부 아주국장 간에 교환된 '조업 안전과 질서 유지에 관한 왕복 서한'은 애초 1965. 12. 11 법률 등 공포에 관한 법률 제2조 및 제11조에 의거 대통령까지 재가를 받아 공고키로 하였으나, 12. 24 외무부 공보로 수정하여 관보에 게재하는 것으로 방침을 바꾸고 대통령의 재가를 다시 받았음(사료 1659~1664쪽에 이와 같은 내용이 수록되어 있음).

아주국장 연하구

일본국 외무성 아세아 국장

우시로쿠 도라오

외무성

도쿄

조업 안전 및 질서 유지에 관한 항목

1. 표지 및 신호

    (1) 어로 작업 중인 어선이 그 사실을 표시하는 표지

    (2) 어선의 어로 중에 발생한 사고를 표시하는 표지

    (3) 어선의 야간에 있어서의 투묘 및 정박을 표시하는 표지

    (4) 어선의 야간 식별 신호 및 침로 기적 신호

2. 조업 중의 준수 사항

    (1) 전방에서 어로 작업 중인 어선의 조업을 존중하는 원칙

    (2) 어로 작업 중인 어구의 연신 구역을 존중하는 원칙

    (3) 복수의 어로체의 병항 조업에 있어서의 원칙

    (4) 폭주하는 어장에서의 조업 원칙(선망 어업에 있어서는 동선의 조업 간격을 포함함)

3. 피항에 관한 사항

    (1) 어로 작업 중인 어선 우선의 원칙

    (2) 어로 작업 중인 어선 상호 피항에 대한 원칙

    (3) 어로 작업 중의 사고 어선(어구 상실, 로프 절단 등) 우선의 원칙

4. 투묘 및 정박에 관한 주의사항

5. 해난 구조에 관한 사항

6. 어선, 어구의 피해 보상에 관한 사항

1668　操業安全と秩序維持に関するアジア局長間の往復書簡

　　　　　（韓国外務部亜州局長の日本国外務省アジア局長あて書簡）
　（訳文）
　　本官は，本日大韓民国と日本国との間の漁業に関する協定が署名されるに際し，大韓民国の水産当局が，韓日両国の漁船間の操業の安全を図り，かつ，その正常な秩序を維持するため及び海上における両国の漁船間の事故の円滑かつ迅速な解決を図る目的に資するため，両国の民間関係団体の間において別紙に掲げる項目をもった取決めができる限りすみやかに行なわれるように大韓民国の民間関係団体を指導する意向であることを申し述べます．
　　千九百六十五年六月二十二日

　　　　　　　　　　　　　　　　　　　　　　　　　　　外務部亜州局長　延河亀

　外務省アジア局長　後宮虎郎貴下

1669　（別紙）

　　　　　　　　　　　　　　操業安全及び秩序維持に関する項目
　一　標識及び信号
　　（一）漁船の漁ろう作業中の事実を示す標識
　　（二）漁船の漁ろう中に生じた事故を示す標識
　　（三）漁船の夜間における投びよう及び停泊を示す標識
　　（四）漁船の夜間識別信号及び針路汽笛信号
　二　操業中の遵守事項
　　（一）前方の漁ろう作業中の漁船の操業を尊重する原則
　　（二）漁ろう作業中の漁具の延伸区域を尊重する原則
　　（三）複数の漁ろう体の並航操業の場合における原則
1670　　（四）ふくそうする漁場における操業の原則（まき網漁業における灯船の操業間隔を含む．）

三 避航に関する事項

　（一）漁ろう作業中の漁船の優先の原則

　（二）漁ろう作業中の漁船相互の避航についての原則

　（三）漁ろう作業中に事故(漁具喪失，ロープ切断等)に会った漁船優先の原則

四 投びよう及び停泊についての注意事項

五 海難救助に関する事項

六 漁船及び漁具の被害補償に関する事項

1671　　　　　　　（日本国外務省アジア局長の韓国外務部亜州局長あて書簡）

　本官は，本日日本国と大韓民国との間の漁業に関する協定が署名されるに際し，日本国の水産当局が，日韓両国の漁船間の操業の安全を図り，かつ，その正常な秩序を維持するため及び海上における両国の漁船間の事故の円滑かつ迅速な解決を図る目的に資するため，両国の民間関係団体の間において別紙に掲げる項目をもった取決めができる限りすみやかに行なわれるように日本国の民間関係を指導する同意であることを申し述べます．

　昭和四十年六月二十二日

　　　　　　　　　　　　　　　　　　　　　　　外務省アジア局長　後宮虎郎

外務部亜州局長 延河亀殿

　（参考）

1672　（別紙）

　　　　　　　　　　　操業安全及び秩序維持に関する項目

一 標識及び信号

　（一）漁船の漁ろう作業中の事実を示す標識

　（二）漁船の漁ろう中に生じた事故を示す標識

(三) 漁船の夜間における投びよう及び停泊を示す標識
　　　(四) 漁船の夜間識別信号及び針路汽笛信号
　二 操業中の遵守事項
　　　(一) 前方の漁ろう作業中の漁船の操業を尊重する原則
　　　(二) 漁ろう作業中の漁具の延伸区域を尊重する原則
　　　(三) 複数の漁ろう体の並航操業の場合における原則
　　　(四) ふくそうする漁場における操業の原則(まき網漁業における灯船の操業間隔を含む.)
　三 避航に関する事項
　　　(一) 漁ろう作業中の漁船の優先の原則
　　　(二) 漁ろう作業中の漁船相互の避航についての原則
　　　(三) 漁ろう作業中に事故(漁具喪失, ロープ切断等)に会った漁船優先の原則
　四 投びよう及び停泊についての注意事項
　五 海難救助に関する事項
　六 漁船及び漁具の被害補償に関する事項

9-4. 외무부 공보 제4호

1674   외무부 공보 제4호

　　대한민국과 일본국 간의 어업에 관한 협정의 체결을 위한 교섭에 있어서 한일 양측으로부터 각각 행하여진 발언을 기록한 '토의기록'을 동 어업에 관한 협정의 공포에 따라, 다음과 같이 공보한다.

1965년 12월 18일
외무부 장관 이동원

1675　　**토의기록**

　　한일 어업협정의 체결을 위한 교섭에 있어서 한일 양측으로부터 각각 다음 발언이 있었다.

　　한국 측 대표

　　(a) 협정에 대한 합의의사록 2(a)에서 말하는 "출어 척수 또는 통수를 억제하도록 행정 지도를 한다"의 행정 지도에는, 감찰 및 표지의 발급 수의 조정이 행하여지도록 지도하는 것이 포함된다.

　　(b) 협정에 대한 합의의사록 3(c)에서 말하는 자국 내에서의 단속의 실시 상황의 시찰에는 감찰 및 표지의 발급 상황에 대한 설명을 행하는 것도 포함된다.

　　일본 측 대표

　　(a) 협정에 대한 합의의사록 2(a)에서 말하는 "출어 척수 또는 통수를 억제하도록 행정 지도를 한다"의 행정 지도에는, 감찰 및 표지의 발급 수의 조정이 행하여지도록 지도하는 것이 포함된다.

　　(b) 협정에 대한 합의의사록 3(c)에서 말하는 자국 내에서의 단속의 실시 상황의 시찰에는, 감찰 및 표지의 발급 상황에 대한 설명을 행하는 것도 포함된다.

　　(c) 잠정적 어업규제 조치의 적용의 대상이 되지 않는 연안 어업에 종사하는 일본국 어선으로서 공동규제수역 안에 출어하는 것의 대부분은 영세한 경영 규모의 것이며,

그 조업 구역도 이러한 어선의 출어 능력의 실태로 보아 동 수역 안에서는 주로 대마도 북방으로부터 제주도 서북방까지이며, 이러한 실태는 당해 어업의 실정으로 보아 금후 크게 변동할 것은 아니라고 생각한다.

討議の記錄

韓日漁業協定の締結のための交渉に際し, 朝日雙方よりそれぞれ次の發言がなされた.

韓国側代表

(a) 協定についての合意された議事錄2(a)にいう「出漁隻數又は統數を抑制するよう行政指導を行なう.」における行政指導には, 證明書及び標識の發給數の調整が行なわれるように指導することを含む.

(b) 協定についての合意された議事錄3(c)にいう自国内における取締りの實施狀況の視察には, 證明書及び標識の發給狀況についての說明が行なわれることをも含む.

日本側代表

(a) 協定についての合意された議事錄2(a)にいう「出漁隻數又は統數を抑制するよう行政指導を行なう.」における行政指導には, 證明書及び標識の發給數の調整が行なわれるよう指導することを含む.

(b) 協定についての合意された議事錄3(c)にいう自国内における取締りの實施狀況の視察には, 證明書及び標識の發給狀況についての說明が行なわれることをも含む.

(c) 暫定的漁業規則措置の適用の對象とならない沿岸漁業に從事する日本国の漁船で共同規制水域内に出漁するものの太半は零細な經營規模のものであり, その操業區域もこのような漁船の出漁能力の實體からみて同水域内においては生として対馬北方から濟州島北西方までであり, このような實體は, 當該漁業の實情からみて今後大きく變動するようなのではないと考えられる.

9-5. 외무부 공보 제5호

1679   외무부 공보 제5호

　　대한민국과 일본국 간의 일본국에 거주하는 대한민국 국민의 법적지위와 대우에 관한 협정의 체결을 위한 교섭에 있어서, 한·일 양측으로부터 각각 행하여진 발언을 기록한 '토의기록'을, 동 협정의 공포에 따라, 다음과 같이 공보한다.

1966년 1월 17일
외무부 장관 이동원

1680   **토의기록**

　　재일한국인의 법적지위와 대우에 관한 협정의 체결을 위한 교섭에 있어서 한일 양측으로부터 각각 다음의 발언이 행하여 졌다.

　　일본 측 대표
　(a) 일본국 정부는 협정 제1조 1(a)의 적용에 있어서는 병역 또는 징용에 의하여 일본국에서 떠난 때부터 복원계획에 따라 귀환할 때까지의 기간을 일본국에 계속하여 거주하고 있었던 것으로 취급할 방침이다.
　(b) 협정 제1조의 규정에 의거하여 영주허가의 신청을 하는 자가 제출 또는 제시하는 것에는 다음 것이 포함되는 것으로 한다.
　　(i) 영주허가 신청서
　　(ii) 사진
　　(iii) 가족관계 및 일본국에서의 거주 경력에 관한 진술서
　　(iv) 외국인 등록 증명서
　(c) 협정에 대한 합의의사록 중 협정 제4조에 관한 부분의 1에서 말하는 '필요하다고 인정하는 조치'라 함은 문부성이 현행 법령에 의거하여 행하는 지도, 조언 및 권고를 말한다.

(d) 협정에 대한 합의의사록 중 협정 제4조에 관한 부분의 3에서 말하는 '필요하다고 인정하는 조치'에는 후생성령의 개정이 포함된다.

그러나 그와 같은 조치를 취하기 위하여는 상당한 준비기간이 필요하므로 일본국 정부는 협정의 효력 발생일로부터 1년이 경과한 날이 속하는 회계연도의 다음 회계연도의 첫날부터 그들이 국민 건강보험의 피보험자가 되도록 한다.

(e) 외국인의 재산 취득에 관한 정령에 의거한 고시에 있어서, 동 정령의 적용 제외국으로서 대한민국을 지정하고 있는바 일본국 정부는 협정의 효력 발생에 있어서 이를 삭제할 의도는 없다.

(f) 일본국 정부는 협정 제1조의 규정에 의거하여 일본국에서의 영주가 허가되어 있는 대한민국 국민이 출국하고자 하는 경우에 재입국 허가의 신청을 하였을 때에는 법령의 범위 내에서 가능한 한 호의적으로 취급할 방침이다.

한국 측 대표

(a) 협정의 효력 발생 후에는 출입국 관리에 관한 일본국 법령의 규정에 의거하여 일본국으로부터의 퇴거를 강제당하게 된 대한민국 국민의 인수에 대하여 대한민국 정부는 일본국 정부에 협력할 방침이다.

(b) 대한민국 정부는 협정에 대한 합의의사록 중 제4조에 관한 부분의 3에서 말하는 '필요하다고 인정하는 조치'가 취하여지기 위하여는 상당한 준비기간이 필요함을 인정하는 바이나 그와 같은 조치가 가능한 한 조속히 취하여지기를 기대한다.

(c) 대한민국 정부는 일본국에 거주하는 대한민국 국민의 생활을 안정시키고 또한 빈곤자를 구제하기 위하여 일본국 정부의 요청에 의하여 가능한 한 동 정부에 협력하기 위한 조치를 동 정부와 더불어 검토할 용의가 있다.

討議の記録

在日韓国人の法的地位及び待遇に関する協定の締結のための交渉に関し, 韓日双方よりそれぞれ次の発言がなされた.

日本側代表

(a) 日本国政府は，協定第一条1(a)の適用に当たっては，兵役又は徴用により日本国から離れた時から復員計画に従って帰還するまでの間を日本国に引き続き居住していたものとして取り扱う方針である．

(b) 協定第一条の規定に従い永住許可の申請をする者が提出又は提示するものには，次のものが含まれることとする．

　　(i) 永住許可申請書
　　(ii) 写真
　　(iii) 家族関係及び日本国における居住経歴に関する陳述書
　　(iv) 外国人登録証明書

(c) 協定についての合意された議事録中協定第四条に関する部分の1でいう「必要と認める措置」とは，文部省が現行法令に従って行なう指導，助言及び勧告をいう．

(d) 協定についての合意された議事録中協定第四条に関する部分の3でいう「必要と認める措置」には，厚生省令の改正が含まれる．もっとも，そのような措置を執るためには，相当な準備期間が必要であるので，日本国政府は，協定の効力発生の日から一年を経過した日の属する会計年度の次の会計年度の初日からそれらの者が国民健康保険の被保険者となるようにするものとする．

(e) 外国人の財産取得に関する政令に基づく告示において，同政令の適用除外国として大韓民国を指定しているが，日本国政府は，協定の効力発生に際してこれを削除する意図はない．

(f) 日本国政府は，協定第一条の規定に従い日本国で永住することを許可されている大韓民国国民が出国しようとする場合において再入国許可の申請をしたときは，法令の範囲内で，できる限り好意的に取り計らう方針である．

韓国側代表

(a) 協定の効力発生の後は，出入国管理に関する日本国の法令の規定により日本国からの退去を強制されることとなった大韓民国国民の引取りについて，大韓民国政府は，日本国政府に協力する方針である．

(b) 大韓民国政府は，協定についての合意された議事録中協定第四条に関する部分の3でいう「必要と認める措置」が執られるためには相当な準備期間が必要であることを認めるが，そのような措置ができる限りすみやかに執られることを期待するものである．

(c) 大韓民国政府は，日本国に居住する大韓民国国民の生活を安定させ，及び貧困者を救済するため，日本国政府の要請に応じできる限り同政府に協力するための措置を同政府とともに検討する用意がある．

11. 외무부 공보가 게재된 1966년 1월 21일 자 관보

1688~1694   [내용 생략]

12. 한일 협정 비준서 교환에 따른 국내의 제 법적 및 행정조치에 관한 건의 공문

무일 제2호(72-9938)

1. 66. 1. 6
수신: 수신 참조

제목: 한일 협정 비준서 교환에 따른 국내의 제 법적 및 행정조치에 관한 건의

   한일 간의 조약 및 협정의 비준서 교환에 뒤따라 국내의 제 법적 및 행정적 조치가 요청된다고 사료되어 별첨 5개 사항을 건의드립니다.
   유첨: 한일 협정 비준서 교환에 따른 국내의 제 법적 및 행정조치에 관한 건의문 끝.

무임소장관 원용식[직인]

수신참조: 경제기획원 장관, 외무부 장관, 법무부 장관, 농림부 장관

※ 원 장관실 박 비서관에게 재무부, 문교부에도 본 공문 송부토록 요망하였음.

12-1. 한일 협정 비준 교환에 따른 국내의 제 법적 및 행정조치에 관한 건의서

'한일 협정 비준서 교환에 따른 국내의 제 법적 및 행정조치'에 관한 건의

한일 간의 조약 및 협정의 비준서 교환에 뒤이어서 정부는 다음에 열거하는 제 법적 및 행정적인 조치를 조속히 취하여야 할 것으로 사료됩니다.

1. 법적지위 협정에 따르는 조치
(1) 재일교포의 호적 및 기류(寄留) 등에 관한 사무를 주일 대사관 또는 영사관에서 처리할 수 있는 법적 및 행정적인 조치를 취할 것
(2) 협정 조인의 내용에 따라 재일교포의 교육 강화 생활보호 국민건강보험 등에 관한 기본조사의 실시와 이에 부수되는 재정의 지원책을 강구할 것
(3) 재일교포의 재산 반입을 위한 정부 시책의 수립과 이에 부수되는 행정적인 절차를 확정할 것

2. 어업협정에 따르는 조치
(1) 한일어업공동위원회를 설치키 위하여 한국 측 위원을 조속히 임명하고 그 수석위원으로 하여금 동 위원회의 조직과 설치 장소, 운영방식, 예산 편성, 기타 어업공동위원회에 관한 국제관례 등에 대하여 연구, 조사토록 할 것이며 초년에는 서울에 그 상설 사무국을 두고 어업분쟁에 따르는 제 문제의 신속 정확한 해결 방안을 강구케 할 것
(2) 한일어업공동위원회의 한국 측 위원부로 하여금 공동자원조사수역의 범위 결정 및 공동수역 내에서의 조사방식 등에 관하여 조속히 연구 검토케 하여 일본 측 위원부와 협의 결정케 할 것
(3) 연안 해역에 관한 조치는 대개 다음의 선포가 있어야 할 것임
　(가) 한국 연안에 기선을 선포하여 대한민국의 내수를 확정할 것
　(나) 한국의 영해를 적당한 시기에 선포하여 대한민국의 모든 법이 적용되는 해역을 확정할 것이며 이를 국제 해양 기관에 등록할 것

(다) 인접 수역을 선포하여 대한민국의 관세, 재정, 출입국 관리 또는 위생 등 제 법령이 적용되는 해역을 확정할 것

(라) 전기 3개 항의 선포는 먼저 입법 조치를 행한 연후에 이에 따라 대통령령으로 선포할 것

(마) '어업에 관한 수역'(전관수역)은 이미 대통령 고시로 선포하였으나 현재 동 수역 내에 있어서의 외선침입에 대한 국내법 적용이 분명치 못하므로 이에 대한 대책을 강구할 것

3. 청구권협정에 따르는 조치

(1) 청구권 및 경제협력에 관한 한일 양국의 합동위원회를 조속히 결성하기 위하여 정부는 대표위원 1인을 임명하여 동 위원회의 조직 운영 예산 및 기타 사무 등을 검토 입안케 할 것

(2) 청구권 및 경제협력에 관한 사절단의 장을 미리 임명하여 그로 하여금 동 사절단의 조직, 운영, 예산 및 기타 사무 등을 검토 입안케 할 것

(3) 외교 '루트'를 통하여 66년도에 사용할 청구권 자금의 한도액을 조속 결정하고 이에 따를 연차별 사용계획안을 작성하여 일본 정부와 합의할 것

(4) 이미 국회에 제출 중인 '청구권 자금의 운영 및 관리에 관한 법률' 및 '청구권 자금 특별회계법률안'을 1월 말까지 기필 통과토록 조치하며 '청구권 자금 관리위원회'를 조속히 구성할 것

(5) 상업 차관 3억 불 이상 중에 포함된 어업협력자금 9천만 불의 차관 절충에 관한 일절 권한을 수산협동조합 중앙회에 일임하여 이를 신속히 도입하도록 조치할 것

(6) 상업 차관 3억 불 이상 중에 포함된 선박 도입자금 3천만 불의 차관 절충에 관한 일체의 권한을 해운공사에 이를 위촉할 것

4. 문화재협정에 따르는 조치

(1) 정부는 국립박물관 및 국립도서관에 적당한 장소를 미리 준비하여 문화재의 수용 및 전시에 만전을 기할 것

(2) 문화재 인수에 대한 책임자의 임명 및 대일 교섭을 진행하여 협정에 명시된 6개

월 이내에 인수 완료토록 할 것

(3) 일본국의 자발적인 기증 운동에 의하여 한국에 반환하기로 한 문화재의 수집 및 인수 등에 관하여 교섭을 계속 추진할 것

5. 한일 조약 및 협정에 따르는 예산 조치

한일 협정 비준서 교환에 따른 대사관 영사관의 설치, 청구권 및 경제협력사절단의 파견, 한일어업공동위원회의 설치, 해안 경비대 및 감시선의 정비와 기타 제 분야에 소요되는 예산 조치가 시급하므로 1월 중에 제1차 추가경정예산을 국회에 제출하여 심의 통과토록 할 것

한일 간의 기본관계에 관한 조약[등], V.5, 일반사항, 1964~1965

분류번호 : 741.12 조 624 기 1964-65 V. 5
등록번호 : 1569
생산과 : 조약과/동북아주과
생산연도 : 1965
필름번호 : J-0023
파일 번호 : 05
프레임번호 : 0001~0078

원 사료에는 한일 조약 및 제 협정 비준서 교환과 관련한 행정 사항들이 기재된 문서, 한일 간 조약 및 제 협정 해석상의 상위점을 분석한 내용이 담긴 문서, 일본과 미얀마, 인도네시아 간 배상관계 협정의 국회 비준 일자 등에 관한 문서 등이 수록되어 있으나. 본 자료집에서는 사료적 가치가 큰 양국 간 조약 및 제 협정의 해석상의 상위점 만을 수록하였다.

25. 한일 간 제 협정에 관한 양국 정부의 견해

한일 간에 조인된 조약 및 제 협정에 관한 한일 양국 정부의 해석상의 상위점

1965. 9. 9

기본관계

1. 구 조약 무효확인에 관하여

한국 측은 한일합병조약을 포함한 모든 구 조약은 당연히 '당초부터' 무효이며, 제2조는 단지 그러한 사실을 확인하고 있는데 불과한 것이다. 이것은 'null and void'라는 용어의 의미로 보아도 분명하다는 주장임에 대하여 일본 측은 '당초부터' 무효는 아니라고 주장할 것이다.

2. 한국 정부의 유일 합법성 확인에 관하여

한국 측은 제3조에 의하여 대한민국 정부가 한반도에서 유일한 합법정부라고 확인되고 있으며, 한반도에 있어서는 대한민국 정부 외에 어떠한 합법정부도 있을 수 없다는 입장임에 대하여 일본 측은 제3조가 국제연합결의 195호를 인용하고 있으므로 한국 정부는 어디까지나 동 결의에서 명시하고 있는 내용의 합법정부, 즉 국제연합이 자유 선거에 의한 정부수립을 감시할 수 있었던 지역을 효과적으로 관할하고 있는 정부라는 뜻의 합법정부이므로 한국 정부의 관할권은 한반도의 이남 부분에만 미친다는 입장이다.

어업 관계

1. 평화선의 존속 여부에 관하여

아 측은 원래 평화선의 목적이 어족자원의 보호, 국방, 대륙붕에 관한 권리 확보의 여러 가지 목적을 위하여 선포된 것임에 비추어 어업자원의 보호에 관하여 금번 한일 간의 어업협정으로 평화선의 내용이 조정되었으나 다른 목적을 위한 평화선은 엄존하고 있다는 주장임에 대하여, 일본 측은 어업협정으로 사실상 평화선이 철폐되었다고 주장할 가능성이 있다.

2. 북한 연안의 어업수역에 관하여

아 측은 아 국 정부의 관할권이 이북에도 당연히 미치는 것이므로 북한 연안에도 어업수역이 존재한다는 입장임에 대하여 일본 측은 한국 정부의 관할권은 이남에 국한되는 것이므로 북한 연안에 관하여서는 동 수역은 공백 상태로 남아 있다고 주장할 것이다.

청구권 해결 및 경제협력 관계

1. 북한에 관한 청구권에 관하여

아 측은 아 국 정부가 한반도에 있어서 유일한 합법정부이므로 금번의 한일 간의 협정에 의하여 일본과의 청구권 문제는 북한 지역을 포함하여 완전히 해결되었다고 하고 있음에 대하여 일본 측은 한국 정부의 관할권이 이남에만 국한하고 있으므로 이남 부분에 한하여 일본과의 청구권 문제가 해결된 것이며 특히 북한 지역에 있는 일본 재산에 관하여는 일본이 관할 당국의 조치를 인정한 바도 없으므로 동 지역과의 청구권 문제는 미해결로 남아 있다고 주장할 것이다.

독도 관계

독도 영유권 문제에 관하여

우리 측은 독도는 엄연히 우리 영토의 불가분의 일부이며 따라서 영유권에 관하여 운운할 여지가 없고 한일 간에 분쟁의 대상이 될 수 없으며, 금번 양국 간에 합의된 '분쟁 해결에 관한 교환공문'은 독도와는 전혀 무관계한 것이라는 입장임에 대하여 일본 측은 아직도 영유권에 관한 일본 측의 주장을 포기한 바 없으며, 이에 관한 분쟁은 '분쟁 해결에 관한 교환공문'에 규정된 바 방법에 의하여 해결을 꾀할 것이라고 주장할 것이다.

청구권 및 경제협력에 관한 협정
설명 자료, 1965

분류번호 : 723.1 JA 청 1965
등록번호 : 1469
생산과 : 동북아주과
생산연도 : 1965
필름번호 : C1-0014
파일 번호 : 05
프레임번호 : 0001~0188

이 파일에는 청구권 및 경제협력에 관한 협정 내용 설명 자료와 동 협정 및 부속 문서 조문 등이 수록되어 있다. 협정 조문은 1568 파일에 수록되어 있으므로 이 사료집에서는 설명 자료만 수록했다.

1. 청구권 및 경제협력에 관한 협정 내용 설명 자료

2172   청구권 및 경제협력에 관한 협정 내용 설명[95]

목차

I. 서설 ··· 1

II. 협정의 구체적 내용 ··························· 6
   1. 무상 3억 불의 실시 ························ 6
     가. 일본이 제공할 생산물 및 용역의 성격 ············· 6
     나. 도입방식 ···································· 9
        (1) 연도 실시계획의 작성 ················· 10
        (2) 구매방식 ····························· 11
     다. 중재에 의한 분쟁의 해결 ················ 13
     라. 기타 중요한 합의 내용 ·················· 14
        (1) 지불 은행의 지정 ······················ 14
        (2) 사절단의 특권 및 면제의 부여 ········· 14
        (3) 합동위원회의 기능 ···················· 14
   2. 유상 2억 불의 실시 ························ 15
   3. 3억 불 이상의 민간신용제공 ············· 16

III. 결언 ·· 17

---

[95] 1965년 6월 22일 청구권협정에 대한 조인이 이루어진 후 작성된 자료임.

청구권 및 경제협력에 관한 협정 내용 설명

I. 서설

 지난 6월 22일 한일 양국 간에 체결된 청구권 및 경제협력에 관한 제 협정은 금년 4월 3일 이동원 외무부 장관과 시나 외상 간에 가조인된 바 있는 합의 문서에 규정된 내용을 부연하여 한일 간의 청구권 문제가 최종적으로 해결되었음을 확인함과 아울러 해결된 청구권의 한계를 명시하였으며 또한 대일청구권의 해결 및 경제협력을 위하여 무상 3억 불, 유상 2억 불 및 민간신용제공 3억 불 이상의 자금을 국내에 도입하는 데 필요한 세부 절차를 규정한 것이다.

 이 협정에서 제반 도입 절차를 규정하는 데 있어서는 우선 제2차 대전 후 일본이 동남아 제국과 체결한 배상 협정의 실제 운용 면에 있어서 수상국에 가장 합리적인 방식을 기초로 하고 여기에 우리나라의 특수한 경제 사정을 최대한으로 반영시켜 가장 효율적으로 자금의 활용을 기할 수 있는 방도를 택한 것이다.

 이와 같은 내용을 가진 금반 협정은 한 개의 기본 협정과 일곱 개의 부속 문서로서 구성되어 있으며 별도로 유상 2억 불에 대한 차관 계약서가 있는바, 각 문서에 규정된 내용을 추려보면 대략 다음과 같다.

 1. 양국 간의 재산 및 청구권 문제의 해결과 경제협력을 위한 기본적인 사항을 규정한 본협정

 2. 무상 3억 불의 실시에 관한 규정으로서 연도 실시계획, 제공되는 생산물의 성격, 사절단의 설치 등을 골자로 하는 제1 의정서

 3. 일본에 대한 우리나라의 무역상의 채무로서 남아 있는 청산계정의 잔고액(45,729,398.00불)의 반제에 관한 제2 의정서

 4. 유상 2억 불의 실시에 관한 규정으로서 차관 조건, 기본 차관 계약의 체결, 사업계획과 합의서의 작성 등을 내용으로 하는 교환공문

 5. 3억 불 이상의 민간 신용 차관과 이에 포함된 어업협력자금(90,000,000불)과 선박 건조자금(30,000,000불)에 관하여 규정한 교환공문

 6. 상기 제1 의정서에 규정한 무상 3억 불의 실시에 있어서 연도 실시계획, 구매계약, 지불 방법 및 사절단 등의 세목을 규정한 교환공문

7. 본협정에서 규정된 양국 간의 합동위원회의 설치 및 그 임무에 관한 교환공문

8. 상기 본협정, 의정서 및 교환공문과 관련하여 기타 합의한 내용을 기록한 합의의사록

그리고 이외에 대한민국 정부와 일본의 해외경제협력기금 간에 체결된 유상 2억 불의 실시를 위하여 포괄적인 내용을 규정한 차관 계약서가 있다.

이상 이번 타결된 청구권 및 경제협력에 관한 협정의 내용에 대하여는 보는 관점에 따라 여러 가지 의견이 있을 수 있으나 금반 협정의 내용을 세밀히 검토하여 보면 일본에 전후 체결한 어느 배상 협정보다도 한국에 유리하게 되어 있다. 특히 항간에 일본의 경제적 침략을 운위하는 소리가 퍼지고 있으나 이번 협정의 조문에 관한 한에서는 일본의 경제 침략의 가능성은 거의 봉쇄되어 있다고 할 수 있다. 국민의 관심이 가장 깊을 이 점에 대하여 협정의 관계 조문을 따라 내용을 살펴보면 다음과 같다.

먼저, 청구권 문제를 해결함으로써 한국은 일본이 처리하고자 하는 노후한 시설재를 떠맡게 될 것이라든가 또는 일본의 상품 시장화할 것이라는 등의 우려를 표명하는 이가 있는데 이른바 일본의 경제적 침략이 한일 국교 정상화가 초래할 필연의 결과로 보는 것은 타당치 않다. 협정에 의하면 일본국의 생산물과 용역은 "대한민국의 경제발전에 유익한 것이 아니면 아니 된다"라고 명시되어 있으므로 우리의 형편에 따라 우리가 필요로 하는 생산물을 우리가 선택할 수 있는 길이 보장되어 있는 것이다. 일본이 제공하기를 희망하는 생산물을 받아들여야 한다는 말은 아무 데도 규정되어 있지 않다.

다음은 협정실시에 관한 주도권 문제인데 연도 실시계획의 작성과 구매에 있어서 일본이 주도권을 장악하고 있다는 비평이 있으나 이것은 사실과는 아주 거리가 먼 이야기이다. 먼저 구매에 있어서 타국의 배상 협정의 경우를 보면 일본에 배상 사절단을 상주시켜 동 사절단으로 하여금 모든 구매 절차를 일본 국내에서 행하도록 규정하고 있으나, 우리의 경우는 조달청 구매로서 입찰공고, 개찰, 입찰서 심사 및 경락자 선정 등을 전부 한국 내에서 행하며 다만 구매 계약서의 서명만을 일본 국내에서 하게 되어 있다.

연도 실시계획은 아 국의 경제 사정에 입각하여 정부가 독자적으로 작성하게 되어 있으며 이와 같이 작성된 실시계획을 일본 정부와 협의만을 하게 되어 있다. 따라서 무엇이 '한국의 경제발전에 유익한 것'인가를 우리가 결정하게 되어 있는 것이다. 또

실시계획에 관하여 일본 정부와 협의하는 내용은 한국이 요구하는 생산물이나 용역이 일본으로서 제공 가능한 것인가를 알아보기 위한 것인데, 예를 들어 일본에서 생산되지 않는 물품인 경우 실제로 제공이 불가능하기 때문에 이러한 점 등을 보기 위한 것이다. 따라서 이러한 협의마저 하지 않을 수는 없는 것이며, 이 협의가 있다 하여 아국의 주도권에 영향을 미치는 것은 결코 아니다. 또한 타 국의 배상 협정에서는 협정의 부속서에 배상으로 실시할 사업들을 나열하여 합의한 바 있으나, 우리는 이 부속서 없이 다만 우리가 작성하여 제시하는 연도 실시계획으로서 사업을 결정하게 되어 있으므로 사업선정 시의 일본의 관여를 거의 배제할 수 있게 되었다.

끝으로 청구권에 의한 도입 대상이 '일본국의 생산물과 용역'에 국한된 이유를 알아보기로 한다.

제1차 대전 후 패전국인 독일의 경제협력을 도외시하고 과중한 현금배상을 부과한 결과 세계적인 경제공황을 유발하였던 경험에 비추어 제2차 대전 후에는 전패국의 경제적 능력 내에서 용역으로써만 배상한다는 원칙이 세워졌으나, 막대한 배상액을 용역으로써만은 도저히 메꿀 수 없었으므로 생산물이 추가되었고 따라서 동남아 제국에 대한 일본의 배상은 모두 일본의 생산물과 용역으로써 충당되었던 것이다. 한일 간의 청구권 문제의 해결도 배상의 범주에서 벗어날 수는 없었던 것이나 다른 나라와 같이 자본재를 원칙으로 하지 않음으로써 결과적으로는 청구권의 상당한 부분을 사실상 기타 지역에서 구입하는 길이 마련되어 있는 것이다.

즉, 생산물의 종류에 있어서는 자본재 이외의 아 국의 원하는 경우 자본재를 포함하여 어떠한 상품이라도 도입이 가능하게 되어 있는데 이와 같이 원자재를 들여옴으로써 보유 외화에 의한 대일 정상 수입품목을 어느 정도 대체할 수 있고 여기서 절약된 외화는 우리가 마음대로 사용할 수 있게 되는 것이다. 따라서 실질적으로는 '일본의 생산물'에만 제한되지 않으며 또 선택을 위한 정부 재량이 최대한 확보되어 있으므로 '일본 경제에의 예속' 등의 현상이 일어날 여지가 없게 되어 있다.

이상에서 설명한 바와 같이 금반 조인된 청구권에 관한 협정은 타국의 배상 협정과 비교하여 볼 때 아 국에 보다 더 유리하게 되었음은 물론 다음에 서술하는 바와 같이 일본이 최초로 구상하였던 협의 내용과 비교하여 볼 때에도 월등히 개선된 것이다.

즉, 일본은 청구권 도입 절차에 대한 교섭이 시작되자 지난 5월 31일 그 최초 안으로써 2개의 협정과 5개의 교환공문으로 구성되는 협정안을 제시하였던바, 이 일본 안의 기본적 입장은 "청구권 문제는 배상과는 다른 경제협력에 관한 문제이다"라는 것이며 이에 따라 구매 방식, 제공되는 생산물의 종류와 대상 사업의 결정 및 기타 실시에 있어서의 주도권 등등의 문제에 있어서도 극히 아 국에 불리한 것이었을 뿐만 아니라 3억 불 이상의 민간신용제공에 대하여는 전혀 규정하지 않는 입장을 취하는 동시에 구매에 있어서도 아 국의 조달청 구매를 배제하고 있었던 것이다. 연이나, 이러한 일본의 완고한 입장에도 불구하고 정부는 계속적으로 성의 있고 진지한 태도로 교섭에 임한 결과 우리의 입장이 충분히 반영되어 드디어 금반의 회담에서 협정의 체결이 이루어지게 되었는바, 이제 그 주된 내용을 살펴보면 다음과 같은 것이다.

II. 협정의 구체적 내용

1. 무상 3억 불의 실시

이번 협정에 의하여 일본은 3억 불에 해당하는 일본의 생산물과 용역을 10년의 기간 내에 무상으로 제공하기로 되어 있고 매년의 제공 한도액을 3천만 불로 규정하였다. 단 매년의 실제 제공액이 어떠한 사정에 의하여 그 한도액에 미달할 때에는 그 잔액은 차년 이후의 제공액에 가산하여 사용할 수 있는 것이며, 또한 이 한도액도 양국 정부가 합의하면 필요에 따라 증액될 수가 있도록 시행에 여유를 가지도록 규정되어 있다.

그리고 그간의 양국 간의 교역에서 한국이 일본에 대하여 지고 있는 채무인 대일 청산계정 잔고 45,729,398불 8선을 본 자금 중에서 10년간에 걸쳐 무이자로 균등히 반제하도록 규정되어 있다.

가. 일본이 제공할 생산물 및 용역의 성격

이번 협정에 의하여 한국이 도입할 생산물 및 용역의 성격 및 종류에 관한 규정은 '일본국의 생산물 및 일본인의 용역'이라고 규정한 본협정 제1조 1 (a)와 "일본국이 제공하는 생산물은 자본재 및 양국 정부가 합의하는 기타의 생산물로 한다"라고 규정한 무상 실시에 관한 제1 의정서 제1조와 "동조 2의 계약으로서 소송, 보험 또는 검사와 같은 부수적인 용역의 제공을 필요로 하고, 또한 이를 위한 지불이 제1 의정서에 따라서 행하여지기로 되어 있는 것은 모두 그러한 용역이 일본 국민 또는 일본국의 법인에 의하여 행하여져야 한다는 취지의 규정이 포함되어야 한다는 것이 양해되었다"라고 규정한 협정에 대한 합의의사록 6항 (b)에 있다.

이에 대하여 항간에서는 이러한 제한 규정으로 말미암아 대일청구권이라는 의의를 상실하고 한국 경제가 전적으로 일본 경제에 예속하는 결과를 초래할 것이라는 우려를 표명하고 논의가 분분한 것으로 생각되나 이와 같은 우려는 한갓 기우에 지나지 않은 것이다. 앞서도 잠시 언급한 바와 같이, 일반적으로 제공 국가의 생산물 및 용역을 받게 된 것은 전후의 패전 국가의 배상에 있어서 배상국에 대하여 과도한 부담을 지우는 것은 오히려 수상국에 불리할 뿐만 아니라 더 나아가서는 세계적 경제 공황을 초래하는 결과가 되기 쉽다는 일차대전 후의 독일에 있어서의 경험을 되살려서 나타난 경향이며 이러한 경향은 전후 일본이 동남아 각국과 체결한 배상 협정에서도 구체적으로 시현된 바이다. 즉 일본의 대 인니[인도네시아] 협정 제1조 1항, 대 비율빈[필리핀] 협정 제1조, 대 버마[미얀마] 협정 제1조 1항 및 대 월남[베트남] 협정 제1조 1항 등에서 일본이 제공하는 것이 현금이 아니라 일본국의 생산물 및 일본인의 용역임을 각각 규정하고 있고 또한 자본재를 원칙으로 제공한다는 것에 관하여는 대 인니[인도네시아] 협정 제2조 2항, 대 비율빈[필리핀] 협정 제3조 2항, 대 월[베트남] 협정 제2조 2항 등에서 규정하고 있고 부수적인 용역에 관하여도 대 버마[미얀마] 합의의사록 제3항, 대월남[베트남] 실시 세목 1의 5, 대 인니[인도네시아] 실시 세목 1의 4 등에서 각각 위와 같이 규정하고 있는 것이다.

한국의 경우에 있어서도 상기 제 배상 협정의 경우와 대동소이하나 제공되는 생산물에 대하여는 배상 협정의 예와는 달리 한국의 경제 사정을 고려하여 합의의사록 제4항 (a)의 규정된 바와 같이 본 무상자금 중 실제 약 60퍼센트에 달하는 1억 5천만 불 이상의 원자재를 포함한 한국이 필요로 하는 생산물을 도입할 수 있는 길이 마련된 것이다. 이것은 바꾸어 말해서 상당한 액수의 원자재 또는 기타 상품을 일본과의 통상 무역 거래에서 도입되어야 할 부분에서 그만큼 대체하는 효과를 가지게 되는 것이므로 결국 한국이 일본과의 무역 거래에 충당될 자금으로 필요한 물자를 일본 이외의 타국으로부터 구입할 수가 있게 되는 것이다.

이것에 대하여는 제1 의정서 제2조의 "본협정에 의한 제공은 양국의 통상의 무역이 저해되지 않도록 한다"는 규정을 들어 반박하는 사람이 있을지 모르겠으나, 이러한 규정을 그대로 둔 경위는 교섭 과정에 있어서 일본이 타 국과의 관계에 있어 부득이한 사정이 있기 때문이나 배상협정과는 달리 "현저히 저해되지 않도록 한다"라는 제한 규정을 둠으로써 전술한 자본재 이외의 생산물의 도입에 전혀 영향을 미치게 하는 것이 아니라는 데 양해하게 된 것이다.

부수적인 용역 문제에 관하여는 수송, 보험, 검사 등 청구권 도입에 부수되는 용역을 일본이 독점하였다는 말은 협정의 내용을 확실하게 이해하지 못함에 기인하는 억측에 불과하다. 합의의사록 6 (b)의 규정을 보면 "그러한 용역이 일본 국민 또는 일본국의 법인에 의하여 행하여 져야 한다"고 되어 있지만 "이를 위한 지불이 제1 의정서에 따라서 행하여지기로 되어 있는 것"이라고 한정되어 있다. 즉, 무상 3억 불 중에서 그 대가를 지불할 경우라는 뜻이다. 본협정의 대전제가 청구권 및 경제협력으로서 제공되는 것은 '일본국의 생산물과 일본인의 용역'이므로 이 자금으로 조달되는 용역도 일본국의 것에 국한되어야 한다는 것은 전술한 대전제가 달라지지 않는 한 부득이한 논리적 귀결이다. 그러나 이러한 용역의 대가가 다른 원천에서 지출된다면 그것은 전혀 본 조항의 구속력 밖에 있게 된다. 즉 구매계약을 체결할 때 FOB 구매로 하여 수송비나 보험료를 수입자가 별도로 부담한다면 이러한 용역의 지정은 수입자의 선택에 달려 있는 것이다. 상술한 바와 같이 일본이 동남아 제국과 체결한 배상 협정에도, 이와 같은 조항이 예외 없이 규정되어 있지만 비율빈[필리핀]은 협정실시 초년도에는 자체의 수송 능력의 결핍으로 일본 선박에 의존하다가 수상을 통하여 마련한 선박을 가지고 제4차 연도부터 전량을 자국 선박으로 수송하였고, 버마[미얀마]도 국영 선박회사를 설립한 후로는 수송 능력껏 자체 선박을 활용하였으며, 자국의 보험회사의 위험 부담 능력인 보험에 관하여 일본 보험회사로부터 재보험을 받는 등의 방식으로 자체 능력을 최대한으로 활용하고 있는 것이다. 따라서 이러한 용역을 담당할 수 있는 능력이 문제이지 아무런 제한도 받지 않는다는 것은 명백하다.

나. 도입 방식

이번 교섭 과정에서 정부가 가장 많은 힘을 기울인 문제의 하나는 이하에서 설명하는 도입 방식이었다. 그 이유는 대일청구권의 해결에 의한 자금 도입이 한국의 경제재건에 최대의 공헌을 할 수 있어야 한다는 명제 때문이며, 도입 절차 여하에 따라서는 항간에서 염려하는 바와 같이 일본의 경제적 침략을 가능케 할 위험도 있을 수 있으며 또한 이번에 어떤 제도(Mechanism)가 양국 간에 설정된다는 것은 앞으로 긴 기간을 두고 이 Mechanism에 의하여 양국의 경제 관계가 규율을 받게 됨을 의미하는 것으로 만일 이번 협정에서 도입 절차상에 결함이 있는 방식을 합의하는 경우에는 긴 세월을 두고 아 국의 순조로운 경제성장을 저해할 수도 있다고 인정되었기 때문이다.

이러한 입장에서 정부는 첫째 경제재건을 위한 의욕적인 사업을 가장 능률적으로 수행할 수 있게 하고, 둘째 일본의 부당한 간섭을 저지할 수 있게 하는 도입방식을 위해 강력한 교섭을 전개한 바 있다. 일본은 당초부터 본 문제에 있어서는 한국과의 청구권 문제의 해결은 '경제협력'이 주라는 입장을 내세워 제공방식에 있어 매우 강한 태도를 보였으나, 정부의 꾸준한 교섭의 결과 다음에 설명하는 것과 같이 아 국의 특수한 경제 사정이 충분히 고려된 만족할 만한 것으로 낙착되었다.

(1) <u>연도 실시계획의 작성</u>

일본국이 제공하는 생산물 및 용역을 정하는 매년의 사업계획 작성은 제1 의정서 제1조 및 동 실시 세목에 관한 교환공문 1에 규정된 바와 같이 아 국이 일본으로부터 도입하기를 원하는 생산물 및 용역을 우리 정부가 독자적으로 결정하고 이를 위하여 당해 연도의 실시계획을 우리 정부가 작성하여 일본 정부에 제시하게 되어 있다. 동 계획이 집행될 수 있도록 최종적으로 확정되는 것은 일본 정부와의 합의 후에 이루어지는 것인데 여기에서 말하는 협의는 일본 정부가 한국 정부에 의해 수립된 계획 자체에 대해서 왈가왈부할 수 있는 발언권을 의미하는 것이 아니라 단지 그러한 계획이 본 협정 기타 부속 문서에 규정한 바에 따라 일본 정부가 실제적으로 집행이 가능한가의 여부를 검토하는 데 지나지 않는 것이다.

일본이 타 국과 체결한 배상 협정에서는 계획서의 작성 자체부터가 일본 정부와의 합의에 의하게 되어 있음을 볼 때 아 국의 경우에는 거의 완전한 주도권이 확보되었다고 볼 수 있다. 즉 대 인도네시아 협정에 있어서는 협정 제9조에서 "양 정부는 각 연도에 있어서 일본국이 제공하는 생산물 및 용역을 정하는 연도 실시계획을 협의에 의하여 결정하는 것으로 한다"고 규정하고 협정 해석에 관한 교환공문 3항 합동위원회의 임무를 규정한 것 중 (d)항에서 연도 실시계획 작성에 관한 문제를 다루도록 하고 있다. 대 비율빈[필리핀]과의 관계에 있어서도 협정 제4조 1로써 인도네시아의 경우와 동일하게 규정하였고 대 베트남 협정에 있어서도 인도네시아의 경우와 같이 동일한 내용을 협정 제3조에 규정하였으며, 대 미얀마와의 관계에 있어서도 역시 마찬가지이다.

따라서 정부는 상술한 바와 같이 연도 실시계획을 아 국이 작성하도록 규정함으로써 배상 협정의 전례를 깨뜨린 것은 하나의 성과라 할 수 있다. 이것과 관련하여 도입에 있어서 아 국의 주도권이 반영된 것으로서는 다른 배상 협정의 경우와는 달리 미리 대상 사업을 부속표로서 열거하여 일본의 합의를 얻지 않은 것이라 할 수 있다. 대상 사업을 일일이 열거하지 않은 이유는 시일이 경과함에 따라 필요하게 될지도 모르는 신규 사업의 계획 작성을 불가능하게 할 우려가 있기 때문에 이러한 구속을 사전에 배제해 놓기 위한 것이다.

(2) 구매 방식

구매 방식에서 가장 중요시되어온 문제는 첫째 구매 당사자가 누가 되는가 하는 것과 둘째 어디에서 구매 행위가 이루어지는가 하는 점과 셋째 계약에 대하여 어느 정도 일본 정부가 관여하느냐 하는 점이었다.

먼저 구매 계약의 당사자의 문제에 있어서 각국의 예를 보면 거의 전부가 도쿄에 구매를 임무로 하는 '유일 전관의 기관'으로서 사절단을 두고 이 사절단만이 본국 정부를 대신하여 구매를 할 수 있게 되어 있는 것이다. 이러한 경우에는 도쿄에 그 규모에 있어 대사관에 가까운 사절단을 두며 구매에 관한 한 본국 정부로부터 거의 독립적인 권한을 행사하게 되는 것인데 이러한 운영에서는 과거 많은 불편과 부정이 있게 되었다는 것이 다른 나라의 경우 입증된 바 있다.

이번 청구권 도입에 있어서는 우선 이러한 전철을 밟지 않고 또한 고도로 구매 기술이 발달되어 있음이 국제적으로 인정되고 있는 정부의 조달청을 정부가 직접 구매하는 분에 관하여 담당케 하고 민수 부분에 있어서는 AID 구매의 방법대로 한은을 통한 직접구매의 방법을 선택한 것이다. 물론 일본 정부는 다른 나라의 예대로 도쿄의 사절단에 의한 단일화된 구매 방식을 강력히 주장한 바 있으나 이는 도입에 있어서의 양국의 주도권 문제와 직결되는 것으로서 아 측의 교섭의 성공이라고 할 수 있다.

다음 구매 행위 면의 문제에 있어서도 이번 교섭은 만족할 만한 것으로 되었다고 할 수 있다. 교섭 과정에 있어 구매 행위를 도쿄에서 하여야 한다는 일본의 주장과 서울에서 하여야 한다는 한국의 입장이 서로 강력히 대립되었는데 일본의 주장의 근거는 다른 나라의 경우 전부 도쿄가 구매지였다는 것과 일본의 생산물을 구입하는 이상 도쿄 이외의 지역에서 계약이 이루어지면 실제의 시행에 있어 어려운 문제가 많이 야기된다는 것이었다.

그러나 정부로서도 구매 행위지가 어디로 되는가 하는 것은 실질적 이익 면에서뿐만 아니라 전체적인 주도권의 문제와 결부되는 문제이므로 이를 끝까지 주장한 것인데 결국 타협된 내용은 계약서의 정식 서명의 양식 행위만은 일본 국내에서 행하고 그 이전 단계의 공고, 입찰, 상담, 낙찰 등 일체의 행위는 한국 내에서 행하도록 합의하게 되었다.

다. 중재에 의한 분쟁의 해결

무릇 상거래에 있어서는 고의이건 과실이건 간에 계약 위반이라는 사례가 흔히 발생하게 되며 이때 피해자는 클레임 즉 손해배상을 청구하게 된다. 클레임을 해결하는 방법으로서는 당사자 간의 타협, 조정, 중재 및 재판 등이 있으나, 지금까지의 실태를 보면 클레임의 99퍼센트가 당사자 간의 타협을 통하여 해결되고 있으며 중재에 부탁하거나 재판소에 제소한 예는 거의 없다고 해도 과언이 아니다. 일본이 동남아 제국과 체결한 배상 협정이 발효한 지 모두 10년 내외가 되었으나, 아직 배상 구매에서 발생한 분쟁은 중재에 부탁한 사례가 한 번도 없었다 한다. 그러나 국가 간의 협정을 맺을 때에는 일어날 가능성이 아주 희박한 것이라도 만일의 경우에 대비하여 대책을 마련하여야 하므로 구매계약에서 발생하는 분쟁을 중재에 부탁한다는 조항을 설정하고 있으며, 한일 간의 협정도 그 예외는 아니다.

국내에서와는 달리 국제적인 분쟁의 해결은 수속 절차가 용이하지 않으며 경비도 많이 소요되므로 이러한 난관을 극복하기 위하여 선진 각국에는 세계적으로 공신력을 인정받고 있는 상사중재위원회가 있다. 각 상사중재위원회에는 무역실무와 법률에 대한 지식이 뛰어난 세계 각국의 인사(자국 국민의 수와 거의 동등한 수)들이 다수 중재위원으로 상임되어 있으므로 중재위원 지명 등의 부탁 절차가 간단하여 처리가 신속하고 경비도 매우 적게 들므로 편리하게 되어 있다.

　국제관행이 다 그러하지만, 한일 간의 중재 조항도 이 중재위원회의 재정을 최종적인 것으로 구성하고 있다. 따라서 중재 조항이 있는 이상 분쟁의 해결을 위하여 재판소에 제소할 수는 없게 되어 있다. 다만 극히 예외적인 경우이지만, 실제로 중재가 이루어지지 않은 경우, 예컨대 3인의 중재위원의 의견이 3분되어 끝내 합의를 이루지 못한 결과, 재정을 내리지 못하였을 때에는 부득이 재판에 부치게 되며 또 중재재판이 이행되지 않았을 때 이를 강제 집행하기 위하여 재판소에 강제 집행 판결을 의뢰하는 경우가 있을 뿐이다.

　일본과 배상 협정을 체결한 각국은 자국 내에 상사중재위원회가 없는 관계로 일본의 국제상사중재협회에 중재를 부탁하는 것에 동의하였었다. 그러나 아 국의 경우 비록 현재는 국내에 상사중재기관이 없으나 앞으로 설치할 것을 전제로 "양 정부 간에 행하여질 약정에 따라 상사중재위원회에 해결을 위하여 회부"할 것을 규정하였고 이때의 상사중재위원회는 '타방 당사자가 거주하는 국가에 있는 상사중재기관' 즉 피고지 주의를 채택함으로써 아 국에서도 상사 중재를 할 수 있게 하여 동등의 명분을 살렸다.

　이는 다른 나라와의 배상 협정에서 전혀 그 예를 볼 수 없는 방식으로서 한국의 특수한 사정이 충분히 반영된 것이라 할 수 있다.

　혹자는 계약 서명지가 일본 국내가 됨으로써 분쟁의 최종적 해결을 위한 재판에의 제소에 있어 결과적으로 일본의 관할재판소에 제소하게 되었음을 우려하고 있으나, 분쟁의 해결은 후술하는 바와 같이 상사 중재를 최종적으로 규정하고 있고, 계약지의 관할재판소에 해결을 부탁하는 것은

　　(1) 분쟁에 대한 상사 중재의 판정이 이루어지지 못하였을 경우(여기서 말하는 것은 예를 들어 중재위원 3인 중 1인이 기권하여 1 대 1로 판정을 못 내렸을 경우를 말하는데 이러한 경우는 실제로 일어나지 않음)와

　　(2) 상사 중재 판정이 있었는데 피고가 이를 이행하지 않았을 때 강제 집행을 위한 경우(재 판정을 위한 것이 아님)에 한정되어 있다. 상사분쟁의 99퍼센트가 중재까지 이르기 전에 해결되는 점, 또한 이번 협정에서 상사 중재를 최종적인 것으로 규정한 점 등을 보아 계약 서명만을 일본 내에서 행한다는 것은 앞에서 언급한 실제 구매 행위를 한국 내에서 하는 것과 비교하여 볼 때 심리 면에서 크게 차이

가 있음은 자명한 것이라 하겠다.

셋째로 일본 정부의 간섭 문제에 있어서의 애초 일본 측이 '모든 구매계약은 일본 정부의 승인을 득해야 하며' 또한 이렇게 확정된 계약의 명칭까지도 '승인계약'이라고 협정에 규정하여 구매에 있어서의 강한 발언권을 가지려고 기도하였으나, 버마[미얀마]와의 배상 협정의 예에 따라 인증으로 수정하고 인증에 있어서도 그 기준을 설정하여 (a) 본협정에 있어서의 무상에 관한 규정 및 제1 의정서의 규정 (b) 양 정부가 상기 양 규정의 실시를 위하여 행하는 약정의 규정 및 (c) 당시에 적용되는 실시계획에 대한 합치 여부를 인증한다는 인증의 범위를 국한시켜 놓았다. 따라서 일본 정부가 주장했던 바 계약승인을 위해 계약의 정본을 일본 정부에 송부해야 한다는 것은 단지 인증을 받기 위해 일본국 정부에 송부되는 것으로 낙착되었으며 인증기준에 합치하는 한 일본 정부가 거부할 수 없도록 규정하게 된 것이다.

라. 기타 중요한 합의 내용

(1) 지불 은행의 지정

일본은 처음부터 구매계약에 따른 지불 등 협정실시와 관련된 업무를 취급하는 거래 은행을 선정하는 데 있어서 일본 정부가 지정권을 가지려고 기도하였으나, 아 국은 구매계약과 관련하여 거래 은행의 지정권을 확보할 필요성을 느껴 교섭 결과 그 지정권을 가지게 된 것이다. 이는 거래 은행의 선정에 의하여 구매에 있어서의 아 국의 주도권을 강화하는 유리한 조건이라 할 수 있다.

(2) 사절단의 특권 및 면제의 부여

일본은 다른 나라와의 배상 관계에서 사절단에 대하여 일반적으로 외교상의 특권과 면제를 부여하였으나, 이는 사절단이 구매에 있어 유일 전관의 기관이기 때문이었으며 우리나라와 같이 실제 구매가 조달청 또는 정부의 인가를 받은 자가 직접 행하게 되는 경우에 있어서의 사절단에 대하여는 특권을 부여할 아무런 이유가 없다고 이를 거부하였다. 이러한 일본의 주장을 꺾어 다른 나라의 배상 사절단과 동일한 특권과 면제를 받게 된 것은 외교적 성과라 아니할 수 없다.

(3) 합동위원회의 기능

일본은 애초 한국에 대한 경제협력을 원활히 수행하기 위하여 양국이 서로 협정실시에 관한 모든 문제를 협의 결정할 뿐 아니라 이 협정실시에 관한 것 이외에도 양국 간의 공동관심사를 논의할 수 있는 '일한경제협력합동위원회'를 구성하자고 주장하였다. 그러나 이는 일본이 한국의 경제 일반에 대하여 간섭하려는 의도이므로 이를 극력 반대하여 합동위원회의 기능을 약화시켜 협정실시와 관련하여 권고만을 위한 기관으로 규정하게 되고 그 명칭도 '합동위원회'로 하였다. 이는 사실상 배상의 경우에서 보다 더욱 그 임무를 축소시킨 것으로서 일본의 간섭을 크게 배제한 것이 되는 것이다.

2. 유상 2억 불의 실시

이 자금은 일본 정부가 일본의 해외경제협력기금을 통하여 제공하며 이를 위하여 한국 정부와 동 기금 간에 차관 계약이 체결되었다. 본 유상 제공은 금리가 연 3.5퍼센트이고 상환 기간은 7년의 거치 기간을 포함하여 20년의 기한으로 되어 있는 장기 저리 차관인데 더욱이 아 국의 재정 사정 때문에 필요하다면 이 상환 기간을 더 연장할 수 있게 되어 있다. 또 하나의 특색은 일반 차관에 있어서는 원본을 상환할 때 연 2회씩 분할하여 지불하는 것이 국제관례이지만 여기서는 1회에 몰아서 상환하게 되어 있으므로 1년분 상환액의 50퍼센트를 반년간 더 운용할 수 있다는 이점이 있다.

동 자금으로 실시할 사업의 선정은 무상의 경우와 마찬가지로 정부가 독자적으로 작성하여 일본 정부에 제시하는 연도 실시계획에 의하여 결정된다. 대상 사업의 선정이 끝나면 한국 정부와 일본의 해외경제협력기금 간에 이미 체결된 바 있는 차관 계약을 근거로 하여 사업계획 합의서를 작성함으로써 동 사업을 집행하도록 규정되어 있으므로 다른 나라의 경우와는 달리 매 사업마다 일본 당국과 차관 계약을 체결할 필요가 없으며, 따라서 시행의 주도권을 우리가 확보하고 있는 것이다.

'4.3 합의사항'에 의하면 이 자금은 10년간 균등히 분할하여 집행하게 되어 있어 연간 2,000만 불을 도입하게 되는데 이는 '합리적인 정도로 매년 균등히 배분'하도록 규정하여 사업의 규모나 성격에 따라 많은 융통성을 가질 수 있게 하였다.

또한 합동위원회의 임무의 하나로서 위원회에 교환공문 4(   )에서 규정한 바와 같이 차관의 이행 총액의 산정을 포함하여 수시로 차관의 실시 상황을 검토할 것을 규정하였기 때문에 사업 수행에 소요되는 자금의 확보 등 일본 정부의 책임 있는 조치가 수시 검토를 받게 되고 이렇게 함으로써 동 차관의 원활한 실시에 대하여 일본 정부는 어느 의미에서 한국 정부의 감독을 받게 되는 것이다.

3. 3억 불 이상의 민간신용제공

일본은 3억 불 이상의 민간신용제공이 양국의 관계 업자 간에 행하여지는 순수한 상업적인 것이므로 성질상 협정에뿐만 아니라 교환공문으로도 규정할 수 없다고 반대하였었다. 그러나 정부는 동 제공이 상업 베이스에 의한 것이라고 하더라도 청구권 문제 해결과 관련하여 제공되는 것이므로 반드시 협정상에 명시되어야 한다는 입장을 굽히지 않아 결국은 교환공문의 형식으로 규정하게 되었다.

제공되는 액수가 3억 불 이상임으로 자원은 무한대이며 또 제공기한에도 아무런 제한이 없으므로 사업의 타당성이 인정되고 또 일본의 능력 범위 내에 있는 것이라면 얼마든지 도입할 수 있는 길이 열려 있다. 특히 이 중에서 9,000만 불은 어업협력자금으로 그리고 3,000만 불은 선박 도입 자금으로 별도 책정하여 보다 유리한 조건으로 단시일 내에 실시할 것을 일본 정부와 양해한 바 있다.

본 신용 제공에 있어서 일본 정부는 관계 법령의 범위 내에서 그 실시를 용이하게 하고 촉진할 것을 약속하고 있으므로 소요 자금의 융자, 수출면장의 조기 발급 등 본 건 시행에 적극 관여하지 않을 수 없게 되어 있다.

민간신용제공에 관한 조항이 본협정에 규정되지 못하고 교환공문으로 처리되었기 때문에 아무런 구속력이 없다는 말은 전혀 사실과 다르다. 국가 간에 정식으로 조인되고 비준된 협정은 그것이 조약이건 교환공문이건 합의의사록이건 간에 그 구속력에는 하등의 차이가 없기 때문이다.

III. 결언

지금까지 청구권 문제 전반을 훑어보았으나, 이번의 협정은 같은 계열에 속하는 일본의 대 연합국 배상 협정들과는 현격한 차이가 있으며, 한국에 퍽 유리하게 되어 있는 것을 알 수 있다. 그간 일부의 인사들은 이번 협정의 내용에 대하여 회의적이나 대부분은 조문의 의미를 정확히 이해하지 못한 데서 오는 오해가 아니면 고의적인 왜곡에 불과한 것들이었다. 이번 협정을 국토 개발을 통하여 자립경제로 발돋움하는 우리나라의 특수한 사정이 상대편의 입장이 허용하는 범위 내에서 충분히 반영되었을 뿐만 아니라 이러한 우리의 노력을 최대한으로 지원할 수 있도록 안배되어 있다.

　이번 협정의 효율적인 운용을 기하려면 협정 발효에 앞서 청구권관리위원회의 설립, 상사중재위원회의 설치를 위한 민사소송법의 개정, 중재 규약을 제정하는 문제 그리고 청구권 특별회계법의 제정 등 단시일 내에 처리되어야 할 과제가 많이 남아있는 바, 전 국민이 합심하여 하루속히 정지 작업을 끝내고 수입 태세에 만전을 기하는 것이 급선무가 아닐까 한다.

한일 간의 문화재 및 문화협력에 관한 협정 서명 이후의 문화재 인수(1966. 5. 28), 1965~1966

분류번호 : 723.1 JA 문 1965-66
등록번호 : 1471
생산과 : 동북아주과
생산연도 : 1966
필름번호 : C1-0015
파일 번호 : 02
프레임번호 : 0001~0076

문화재관리국이 작성한 '한일회담 문화재 관계 자료집', 일본으로부터의 반환 문화재 인도를 위한 교섭 기록 및 인도와 관련한 양측 입장 차이를 정리한 문서 등이 수록되어 있다.

2. 한일회담 문화재 관계 참고집

0102

1965. 8

한일회담 문화재 관계 참고집

문화재관리국

0103 1. 회담 내용

우리 고 문화재는 고려 말에 왜구를 비롯하여 임진왜란에서 중대한 타격을 받았다.

그러나 그보다도 1905년 전후부터 일정기를 통하여 더욱 혹심한 피해를 받았으니 이 기간의 특징은 지상의 전세품뿐만 아니라 지하의 매장물에 대한 약탈이었다.

그리하여 우리 선조 분묘에 대한 불법 부당한 발굴과 출토품의 일본 반출은 질, 양에서 막대한 것이었다. 이것이 한일 국교 정상화에 앞서 문화재 반환 문제가 일어난 배경이라 할 수 있다.

이 같은 역사적 배경에서 한일회담이 개최되던 시초부터 미술품 전적 등부터 문화재의 반환청구가 이루어졌다.

0103-1 그러나 이 문제가 구체화되어 문화재분과위원회가 설치된 것은 1958년에 제4차 회담 이후의 일이었다. 그 후 일본 측은 고의로 이 문제의 토의를 회피하거나 또는 타 현안 예컨대 어업 문제와 관련시켜 그 토의를 지연시켜 왔다. 그러나 우리 측은 전문 대표 2인을 참석시키며 그 후 제5, 6, 7차 회담을 통하여 혹은 품목과 소재를 확인하고 혹은 반환청구의 근거를 제시하면서 줄기차게 중요품목의 반환을 요구하였으며 국유 사유의 구별 없이 불법 부당하게 반출된 사실을 주장하였다.

이에 대하여 일본 측은 문화재 반환에 국제법적 근거가 없으면 다만 약간 품목만을 자진 기증하겠다고 고집하였었다.

그리하여 반환이냐 기증이냐 하는 문제는 '인도'라는 중간적 용어로 결정되었고 최종으로 결정된 품목에 인도를 위하여 '문화재 및 문화협력에 관한 협정'이 조인되었다.

0104

2. 문화재 청구 및 합의 내용

반환청구 목록은 별표와 같으며 인도받을 문화재는 다음과 같음.

가. 조선총독부에 의하여 반출된 하기 4건의 유물 중 3건(16점) 반환키로 되었고 1958년 4월에 이미 106점이 인수되었음

　　1) 제주도 서리 215번지 고분 출토품

　　2) 경주 황오리 16호 출토품

　　3) 경남 창녕 교동 고분 출토품

　　　(1958년 4월에 인수하였음)

단, 경남 양산 부부총 출토품은 일본 국립박물관에 진열하겠다는 일본 측 요청을 들어 보류하는 대신 차항 (2), (3)의 전량과 기타 항목에서 품목의 추가를 하였음.

나. 통감 및 총독 등에 의하여 반출된 것

　　1) 이토 히로부미(伊藤博文)의 고려 도자…… 이것은 이등(伊藤)이 한 말에 일황 메이지(明治) 천황에 헌상한 것으로 총수 103점 중 97점을 인도키로 되었음. 이것은 모두 우수품으로 일본 도쿄박물관의 자랑거리의 하나이었음.

　　2) 소네 아라스께(曾禰荒助) 통감 장서

　　3) 통감부 장서

이상 양 건은 합계 852책으로서 한 말에 일본으로 반출되어 일본 궁내청에 보관되었던 것의 전부임.

이상 양 건은 한 말에 모집된 것이므로 연대가 오랜 책은 들어 있지 않음(이와 같은 서적 부문을 보충하기 위하여 문화재 품목과는 별도로 일본 내각문고 등에 있는 이조 초기의 전적(典籍) 3,508책의 마이크로필름을 작성하여 인수키로 하였음).

다. 일본 국유의 다음 항목에 속하는 것

　　1) 경상북도 소재 분묘 기타 유적에서 출토된 고고 자료와

　　2) 고려시대 분묘 기타 유적에서 출토된 금속제품, 경감, 사리 유물 등 주로 개성 부근에서 출토된 것으로 중요 품목 322점이 인도키로 되어 있음.

　　3) 체신관계 품목

　　　한 말에 반출되어 일본 체신박물관에 보관되어 있던 것으로 35점이 인도키로 되어 있음.

라. 석조 미술품

강원도 강릉에 있던 우수한 석불좌상 외 2점 이상은 모두 국유물로서 고고 미술품은 일본 도쿄국립박물관에 보관되어 온 것이며 전적은 궁내청 서릉부에 보관된 것임.

마. 기타

1) 개인 소유품 중에 지정문화재 등 우수한 것이 포함되어 있는바 이들은 장차 자발적으로 기증토록 일본 정부가 권장하기로 의사 합의록이 작성되었음.
(이조 초기의 대표적 명화인 안견 필 몽유도원도는 우리 대표부에 의하여 현 소유자인 텐리(天理)대 도서관에 대하여 교섭이 진행 중임)

2) 북한에서 출토된 고고 자료(주로 평양 부근 고분) 등은 인도 품목에 들지 않았음.

3) 인도 품목 중 특히 우수한 것

i. 조선총독부가 경주 고분을 발굴하여 도쿄국립박물관으로 직송한 금제, 은제, 옥제 등의 장신구(귀거리, 팔각지, 목거리, 가락지 등) 16점은 가장 우수한 것임.

ii. 이토 히로부미 고려자기 97점 중에는 특히 우수한 것이 포함되어 있음.

iii. 고고 자료는 주로 경주에서 발견된 장신구, 도기, 옥류인바, 그중 녹유기(綠釉器)는 우수한 것임. 또 고려의 것으로는 강원도 강릉 석불과 경북도 문경군 봉서리 석탑 발견 사리 장치품은 중요 문화재임.

iv. 전적은 1905년 이후의 장서로서 그 내용이 충실하지 못하나 통감부 장서로서 일본 궁내청 보관품이라는 명분을 살려 인도받기로 하였음

v. 일본에 양보한 양산 부부총 유물은 합계 489점이나 그중에는 작은 구슬류가 250점으로 계산되고 있어 점수에 치중되어서는 아니 되겠음.

이 유물은 중요한 것이나 방금 신축 중인 일본 국립박물관 동양관 내 한국실에 진열하겠다는 일본 측의 강력한 소망과 우리나라에 이보다 월등 우수한 유품(금관총, 서봉총, 금령총 등)이 서울, 경주 등 국립박물관에 진열되어 있는 사실을 고려하였음.

이 유물은 일본 도쿄국립박물관에 남은 유일한 일괄 출토 유물임.

※ (인도 목록에 실린 물품은 하나의 열외 없이 품목번호가 양측 대표에 의하여 확인되었으며 현품도 직접 확인하였음. 따라서 일본 측이 임의의 품목을 명칭만으로 인도할 수는 없음)

3. 문화재 관계 설문 및 해설

가. 우리가 반환받게 될 문화재는 너무 적으며 또 유명무실한 것이 아닌가.

해설: 고고 자료에 있어서는 수량을 가지고 말할 수는 없는 것이고 일괄 유물에 있어서는 토기 파편이나 목걸이, 구슬 하나하나를 점수로 치고 있으므로 수량만 가지고 간단히 경중을 논할 수는 없는 것이다.

금반 인도받은 고고 미술품 544점 중 경주 고분 출토의 순금 귀걸이, 팔찌, 목걸이 등 16점은 모두 일급품으로서 일본에 있어서도 국유이기 때문에 지정이 되지 않았지 사실은 국보급으로 취득되고 있는 것이다.

그리고 이토 히로부미 수집의 고려자기 97점은 그것은 이등이 메이지 천황에게 헌상한 물건이니만큼 모두 우수한 것이며 그중에는 백자 10여 점이 있고 청자로서는 수주, 매병, 향합 등 국보급에 속하는 일반품도 20점이 포함되어 있다. 또 인도받은 중에 석조 미술품으로 고려시대의 우수한 강릉 한송사의 석불이 있는데 이것은 완품으로서 그 대가 되는 석불이 현재 강릉에 일구가 남아 있어서 우리나라의 유물로 지정되어 있는데 이것은 두부가 없는 흠품이다.

그리고 전적 852책은 통감부와 소네 통감이 수집하여 반출해 간 것을 우리가 반환 청구한 것으로 내용이 좋든 나쁘든 명문상으로 청구한 것이며 거기에 뜻이 있는 것이다.

한 말의 전적은 임진 전의 활자본이나 판본이 있을 수 없는 것이며 대략 200년 이내의 서적으로서 물론 우리나라의 도서관에도 있는 것이지만 이상과 같은 명분상으로 반환의 뜻이 있는 것이다.

항간에 유포되고 있는 반환청구 문화재 점수 3,000여 점 속에는 국유, 사유가 포함된 것으로서 그중에는 사유가 반수를 점하고 있는 것이다(그중에 오구라 수집품만 하여도 1,003점이 포함되어 있다).

나. 일본인 사유의 문화재는 반환받을 수 없는가.

해설: 한국 측은 국유, 사유를 막론하고 인도할 것을 주장한 데 대하여 일본 측은 사유재산을 존중하는 민주주의 국가에서는 곤란하다는 것을 주장하여 왔기 때문에 이 문제는 별도로 개인이 자진 기증하도록 일본 정부가 권장한다는 것을

양국 간 합의의사록에 규정되어 있음.

실지로 이 문제는 이미 일본 일부에서 실현을 위하여 추진되고 있어 불원장래에 세상에 공표할 수 있는 성과가 있을 것으로 전망되는 바이다.

다. 북한 출토 문화재는 한국에 반환하지 않는다고 했는데 이것을 못 받는다면 두 개의 한국을 자인하는 결과가 되지 않는가.

해설: 북한 출토품을 일본 측에서 인도하지 않겠다는 데 대하여 우리 측으로서는 엄중 항의문을 수교하고 강력히 반환할 것을 주장할 결과 현재 인도받은 품목 중 고려자기는 대부분 개성 부근의 출토품이므로 사실상 이북 지역 분을 전연 받지 못한 것은 아니다.

라. 일본에 대하여 반환 청구한 문화재의 내역을 설명하고 인도받을 수량은 얼마나 되는가.

해설: 한국 측이 일본에게 반환청구 문화재 목록을 수교한 것은 1962년 2월 28일이다. 반환청구의 기점은 1905년 일본이 통감부를 설치한 후 일정 하의 약 40년간이다.

그리고 반환청구는 다음 5개 항목으로 구분하여 목록을 작성하였다.

1. 조선총독부에 의하여 반출된 것으로서 고분 출토품으로 도쿄박물관과 도쿄대학에 소장되어 있는 689점

2. 통감 및 총독에 의하여 반출된 것으로서 도쿄박물관을 비롯하여 궁내부 도서료와 도쿄대학에 소장되어 있는 고려도자기 103점과 데라우치 총독 개인의 서화 245점, 불상 8구, 통감부 전적 1,015책

3. 일본 국유에 속하는 것으로 분묘출토품과 체신 관련 품목으로 도쿄박물관과 체신박물관에 소장되어 있는 758점

4. 일본 지정문화재로서 오구라 개인 소유에 속하는 80점

5. 기타 개인 소장품으로 오구라 외 3인이 소유하고 있는 1,581점

이상 합계

가. 고고 미술품　　　　3,186점(국유 1,272, 개인 1,914)

나. 전적　　　　　　　1,015점

다. 기타 체신 관련 품목　278점

을 일본에게 반환 청구한 것이며 일본으로부터 금반 협정에서 받게 되는 수량은

가. 고고 미술품   544점(국유)
나. 전적   852책(국유)
다. 체신 품목(모자, 신, 간판 등)   35점
합계   1,431점(1958년 4월에 받은 106점 포함)이다.

마. 인도 문화재 중 특이하고 우수하다고 자랑할 만한 것이 있는가.

해설: 1. 조선총독부가 경주 고분을 발굴하여 도쿄박물관으로 직송한 금제, 은제, 옥제 등의 장신구(귀걸이, 팔각지, 목걸이, 가락지 등) 16점은 가장 우수하고

2. 이토 히로부미가 메이지에게 헌상하였던 고려자기 97점도 특히 우수한 것이며

3. 고고 자료로서 경주에서 발견된 장신구, 도기, 옥류로서 그중 녹유기는 우수한 것이고 또 강릉 석불과 경북 문경 봉서리 석탑에서 발견된 사리 장치품은 중요 문화재임.

바. 불법으로 일본이 반출해 간 문화재를 인도한다는 용어는 무슨 뜻이며 반환한다는 용어가 정당한 것이 아닌가.

해설: 한일회담이 개최되던 시초부터 우리 측은 일본이 불법으로 반출해 간 문화재에 대하여 반환청구를 하여 왔다.

우리 측은 전문 대표 2인을 참석시키어 제 5, 6, 7차 회담을 통하여 반환청구의 근거를 제시하면서 줄기차게 중요품목의 반환을 요구하였으며 국유, 사유의 구별 없이 불법 부당하게 반출한 사실을 주장하였다.

이에 대하여 일본 측은 문화재 반환에 국제법적 근거가 없으며 다만 약간 품목만을 자진 기증하겠다고 고집하였었다.

그리하여 반환이냐 기증이냐 하는 문제는 인도라는 중간적 용어로 결정되었고 최종으로 결정된 품목 인도를 위하여 문화재 및 문화협력에 관한 협정이 조인되게 되었다.

7. 문화재 반환 절차 확정을 위한 실무자 회의 경과보고서

0119 문화재 반환 절차 확정을 위한 실무자 회의 경과보고

1. 일시: 1965. 9. 6, 15:00~16:00

2. 장소: 당부 회의실

3. 참석인원: 전문가: 이홍직 교수 및 황수영 교수
   문교부(문화재관리국): 문화재관리국장, 문화재관리과장, 허만훈 사무관,
   외무부: 방희 공사, 연 아주국장, 최 동북아과장, 김 법무관, 박 사무관.

4. 회의에서 도달된 결론
가. 문화재의 반환 및 확인 장소는 일본 도쿄로 함.
나. 반환 문화재의 운송은 선편보다 가급적이면 항공편이 되도록 교섭함.
다. 문화재를 서울까지 운송하는 데 소요될 일체의 비용(포장료, 운임, 보험료)은 일본 정부가 부담토록 함.
라. 1958년에 이미 반환받아서 주일 대표부가 보관 중인 106점의 문화재의 운송도 가급 앞으로 반환받게 될 문화재와 동일하게 취급되도록 교섭함.
마. 문화재를 반환받은 다음 이를 국내에서 전시, 보관 및 진열하는 문제에 관하여 문화재관리국에서 적절한 배려를 함.
바. 일본 국민 소유의 사유 문화재 반환 권장을 위하여 주일 대사로 하여금 적절히 활동토록 지시하고, 적기에 전문가를 일본에 파견하여 실효를 거두도록 함.

23. 문화재 인도 관련 일본 외무성 직원 면담 보고서

0142

면담 보고

1. 일시 및 장소: 65. 11. 18, 11:00~11:30, 동북아과

2. 면담자: 한국 측: 공로명 외무서기관
   일본 측: 쓰카모토 1등 서기관
   마도바 외무성 북동아과 사무관
   우치오 3등 서기관

3. 면담 내용
 마도바 북동아과 사무관이 방한 인사차 예방한 자리에서 공 서기관에게 문화재 인도 문제에 관하여 아래와 같은 일본 측 희망을 표명하고 한국 측의 견해를 듣고 싶다고 말하였음.
 (1) 문화재 인도 시기
 일본 측은 1월 말 또는 2월 중순경에 문화재를 인도할 것을 희망하는바, 한국 측 희망 시기의 여하
 (2) 인도 전에 확인
 문화재 인도에 앞서 한국 측은 인도될 문화재의 점검을 위하여 전문가를 파일할 것을 고려하고 있다는 바, 그러한 경우, 인도 일자의 1개월 전에 파일해 주기를 희망하며, 또한 동 전문가의 파일 경비는 한국 측이 부담할 것을 희망하는바, 귀견 여하
 (3) 인도 장소 및 수송편
 인도 장소는 도쿄박물관이 될 것이며 그 후 포장하여 항공우편으로 수송할 것을 고

0143 려하고 있으며 일본 측에서 할 때에는 일본항공 편이 될 것임(일본 측에서 한다는 것은 수송비를 부담하는 것을 의미하는가 하고 문의한즉 그렇다고 대답함).

또한 수송에 따르는 위험성을 분산하기 위한 2, 3회에 걸쳐 수송할 것을 고려하고 있음.

한국 측은 항공편 또는 선편 중 어느 방법을 희망하는지 귀견 여하

(4) 보험료

문화재 인도에 있어서 제일 문제가 되는 것이 보험료인바, 한국 측이 부담할 수 있는지?

일본 측이 부담할 경우에는 '일본통운'을 통하여 보험에 가입할 것임. 이 경우에 보험평가액이 또한 문제이며 피보험인이 한국 정부가 될 것이므로 일본 측이 보험을 부담하면 일본의 국내법상(일본 정부의 예산에서 지출된다는 견지) 문제가 큰 것임.

(5) 마이크로필름

마이크로필름도 문화재 인도와 동시에 인도할 의향임.

이상의 일본 측 견해 및 질문에 대하여서 공 서기관은 이를 검토한 후 회답하겠다고 함.

35. 문화재 인도에 대한 한일 양국의 방침 비교표

0156 문화재 인도에 대한 한일 양국의 방침 비교

(※ 1965. 12. 16 주일 대표부 오재희 정무과장으로부터 접수)

문제점	한국 측	일본 측	비고
1. 문화재 인도 시기	1966년 1월 말경	(비준서 교환 후 45일 경)	내년 4월 제4주 이후 5월 말 사이 (단, 4. 29~5. 6 제외)
2. 전문가의 내일 시기	구체적인 일정은 당 대표부 건의에 일임	문화재 인도 1개월 전	
3. 전문가의 문화재 확인 방법	2주일 가량 소요하며 일일이 확인하여 포장함.	문화재를 한 곳에 모아 전문가의 확인, 포장, 세관 검사를 하려 함.	
4. 인도의 확인 방법(문서의 교환 및 특별 의식)	공문 교환은 가하나 특별한 의식은 없음.	공문 교환을 하며, 특별 의식을 갖고자 함.	
5. 문화재 수송 방법	항공편을 이용하되, 위험 분산을 위해서 2, 3회에 나누어 수송함.	항공편을 이용하되 회수는 한국 측 희망에 따르려하며 1회에 한하여 수송할 때에 전세기를 이용하려 함.	

	6. 문화재 수송 시의 손해 배상	일본 정부가 보상하는 방법이 가함. 애초 문화재 인도를 일본서 할 경우 수송비용에 일본-한국 간 경비가 포함되기를 희망하였음.	일본 정부가 수송회사에 보험료를 지불하여 대행시키는 방법을 고려하고 있으나, 한국 측 요망에 따라 일본 정부가 보상하는 방법을 고려함.
	7. 문화재의 가치 산정	일본 측 평가액은 극소액으로 아 측 평가액을 추후 통고할 것이며, 이를 보상의 기준으로 삼을 것.	전문가가 산정한 평가액이 있음.
0157	8. 문화재 인도 효과의 시점	일본 측의 책임있는 관계관이 호송, 현품의 손상 또는 분실 여부를 확인하되, 현품이 통관 완료 시점에서 법률적 책임이 끝남.	일본 호송관은 동행, 일본의 법률적 책임은 일본에서 인도함으로써 종료됨.
	9. 마이크로 필름 취급	문화재 인도와 함께 수송하되, 별도로도 가함.	문화재 인도 시에 한국에 함께 수송함.
	10. 1958년 인도된 문화재 (94점 취급)	금번 문화재 인도 시 함께 수송함(단, 수송에 따른 손해배상 등 절차에 대하여는 아직 미검토).	금번 문화재 인도 시 함께 수송해도 좋다고 비공식으로 견해 표명.
	11. 문화재 인도 절차에 관한 교환공문	비준서 교환식 후에 하려 함(단 대강은 교환 전에 합의를 봄).	아 측과 동일.

한일 간의 문화재 및 문화협력에 관한 협정 서명 이후의 문화재 인수(1966. 5. 28), 1966

분류번호 : 723.1 JA 문 1966
등록번호 : 1806
생산과 : 동북아주과
생산연도 : 1966
필름번호 : C1-0017
파일 번호 : 02
프레임번호 : 0001~0289

문화재 및 문화협력 협정 제2조에 따른 일본 측의 문화재 인도와 관련, 인도 시기, 점검 방법, 수송 방법, 파손 시 보상 문제 등과 관련한 한일 간 교섭 기록, 양국이 합의에 이른 문화재 인도 관련 구술서, 일본 측이 기증한 전적 마이크로필름 목록 등이 수록되어 있다. 일본은 제반 경비를 부담하여 항공편으로 문화재를 한국에 운송, 1966년 5월 28일 국립박물관에서 정식으로 인도하였다.

2. 문화재 인도 절차 교섭 결과 보고 전문

번호: JAW-02185

일시: 101729[1966. 2. 10]

수신인: 외무부 장관
발신인: 주일 대사

금 10일 11:00 안세훈 3등 서기관은 일본 외무성 문화사업부 노노야마 사무관 요청으로 만나 문화재 인도 교섭에 관하여 종합적으로 양측 입장을 정리하여 이야기하였는바, 그 결과를 다음과 같이 보고함.

가. 문화재 인도 시기

일본 측은, 인도 시기로 4월 제4주~5주 월 말 사이가 적합하다고 거듭 말하고 현재 4월 22일(금) 또는 25일(월)을 목표로 준비 중이라고 말하였음.

나. 전문가의 내일 시기 및 확인 방법

일본 측은 문화재 중 체신 문화재는 우정성 체신박물관에, 기타는 모두 도쿄박물관에 모으게 될 것인바, 문화재의 포장에 앞서 전문가에 의한 확인을 원하는 바, 포장은 내부 포장과 외부 포장으로 나누어지며 전문가의 확인을 일일이 받은 후 내부 포장을 하고 양측 전문가에 의해 봉인을 한 후, 견고한 상자로 외부 포장을 할 것이며, 현재 동 포장을 위한 준비가 거의 완료되어, 도쿄박물관의 문화재는 최고 3일, 궁내청 도서는 1일, 체신 문화재는 30~40분이면 확인하도록 준비되어 있어, 전문가의 확인을 위한 기일은 최고로 5일간이면 되므로 전문가의 내일 시기는 4월 10~15일경이 좋겠다고 말하였음.

다. 인도 절차에 관한 교환공문

인도 절차에 관한 교환공문은 한국 측은 한글로, 일본 측은 일본어로 작성하고 영어 번역문을 첨부하기로 합의하였으며, 영문에 대하여는 일본 측이 3월 초순에 미국 측과 문화 관계로 회합이 있어 3월 중순부터 시작하되, 일본 측 초안이 있으니 이를 토대로 협의하자는 제의가 있었음.

라. 문화재 수송 방법

일본 측은 그동안 운송회사와 수송 방법을 협의하였던바, 도서는 JAL 편으로, 기타 품목은 NWA 편으로 수송하려는 바, 이는 NWA는 화물을 동체 상부에서 적재할 수 있어 일반 문화재의 적재에 적합하나, JAL은 동체 측면에서 적재하므로 일반 문화재의 적재가 부적합한 관계이며, 이는 한국 측이 2~3회 분산 수송을 원하는 의사에도 합치되며, 일본 측으로서는 일본계 항공기를 이용하는 의미에서 JAL 편에 도서를 수송할 계획이라 함.

마. 문화재의 보험 방식

아 측은 문화재 수송 도중에 생길 손해에 대하여 일본 정부에 의한 보상과 보험에 의한 방식 중 어떤 방법을 택하려는가 문의한 데 대하여, 일본 측은 일본 정부에 의한 보상 방식을 취하는 경우에도 운송회사에 대행시켜, 보험에 가입하여야 하는바, 그간 내부에서 의견 조정을 한 바에 의하면, 일본 정부에 의한 보상 방식을 취하려 할 때에는 사전에 양측이 보상조건을 협의하여야 하며, 일본 측의 보상조건에 대하여 외무성 내부에서 의견을 종합하여야 할 것인바, 여러 가지 조건이 제시될 것이 예상되며, 양측이 협의하려면 장시일이 소요될 것이므로 보험 방식에 의하려 한다고 말하고, 구체적 보험 방식은 한국 정부(또는 당 대사관)가 운송회사(현재 일본통운 내정)와 운송계약을 체결하고 운송회사와 관계있는 또는 한국 측이 독자적으로 선택할 보험회사와 보험계약을 체결함이 좋으나, 단, 일본통운과 동 계통의 보험회사가 있으므로, 일차 일본통운과 협의하여 한국 측과 운송계약만 체결하면, 보험계약은 일본통운이 동계 보험회사와 보험계약을 체결할 수 있을는지 타진하여 회답하겠다고 말하였음. 그는 또한 문화재 수송의 보험계약은 특별계약인 것이 국제관례라고 부언하였음.

바. 문화재 인도의 효과

문화재의 인도의 효과에 관하여, 일본 측은, 누차 말한 바와 같이 동 문화재의 소유권이 한국에 있고, 일본이 점유권을 갖던 것을 일본에서 문화재를 인도함으로써 완전히 한국 측이 점유권을 회복하는 것이므로, 비록 일본 측 호송관이 문화재 수송 시에 동반하여도 법률적으로 인도의 효과는 문화재 인수도로 끝나는 것이나, 단지, 한일 문화협력이란 점에서 동 인도를 위한 일체의 경비를 부담하는 것이라고 말하였음.

사. 문화재 인도 시의 공문 교환

이미 합의한 바와 같이 문화재 인도 시에 상호 교환하기로 재확인하였음.(주일정-외아북)

12. 문화재 인수에 관한 관계관 회의 결과 기록

0190　문화재 인수에 관한 회의

일시: 1966. 4. 11(월), 10:00~11:30
장소: 외무부 아주국장실
참석자 : 강영규 아주국장, 최광수 동북아주과장
　　　　이홍직 교수, 황수영 교수, 허만훈 문화재관리국 사무관
　　　　선준영 동북아주과 사무관

토의 내용

가. 인수 시기
일본 측이 제시한 4. 27 인수는 시간적으로 촉박하므로 5. 10 또는 그 이후가 좋을 것임.
나. 운송
도쿄부터 김포공항까지는 일본 측이 부담, 김포공항부터 국립박물관까지는 아 측이 부담(문교부)하되, 운송에 있어 일본 관계관을 동행시키게 하고 보험계약 상의 손실 확인은 국립박물관에서 행함.
다. 손실 보상
보상 문제는 최종적으로는 보험 형식을 택하기로 하고, 평가총액은 10만 불(대외비) 선으로 하여 품목별 가액을 산정(보험회사 선택 및 항공기 선택)
라. 확인
문화재 확인을 위한 2인 정도의 전문가 파일이 요청되며, 확인 작업은 인수일로부터 10일 전에 시작되어야 함.

마. 인수 장소

도쿄로 함.

바. 민간인 소장 문화재 기증 장려 교섭

일본 민간인이 소장하고 있는 문화재 기증을 위한 민간교섭의 원칙이 결정되면 확인 작업이 시작되기 2주일 전 적절한 인물을 파일, 사전 교섭토록 하는 것이 좋음(그 중 천리교 본부 도서관에 보관되어 있는 이조 초기 안견의 그림이 가장 중요한바, 이를 기증받을 경우에는 천리교에 대한 응분의 고려가 있어야 할 것임).

사. 기타

과거 한일회담 과정에서 일본 측으로부터 반환받은 106점의 문화재 중 아직 운송되지 않은 96점의 운송비용 부담 문제가 있음.

끝

18. 문화재 인도 관련 일본 측과의 협의 결과 보고 전문

번호: JAW-04276

일시: 160859[1966. 4. 16]

수신인: 장관
발신인: 주일 대사

대: WJA-04152

금 15일 하오 2시부터 약 1시간 20분간 당 대사관 안광호 공사는 일본 외무성 하리가이 문화사업부장을 방문하고, 대호 문화재 인수 문제에 관하여 접촉하였사온바, 그 내용은 다음과 같음(아 측 장명하 공보관, 일본 측 다테 과장 외 1명 배석).

1. 인수 시기

안 공사는 5. 10 또는 그 이후의 조속한 일자에 인수할 것을 말한바, 하리가이 부장은 연휴 관계로 전문가에 의한 확인 작업을 도중에 중단하여야 하는 불편이 있으며, 그렇게 되면 지장이 많다 하고 연휴가 끝난 후부터 확인 작업에 착수할 것을 주장하였음. 양측은 인수 시기를 TENTATIVELY 5. 24(화)로 하고 전문가에 의한 확인은 5. 9(월)부터 착수하기로 하였음. 단, 전문가에 의한 품목 확인 작업이 예상보다 빨리 끝나는 경우 인도 시기를 가능하면 앞당길 수 있도록 함.

2. 인도 장소

안 공사는, 아 국 정부가 문서 교환은 도쿄에서 하되 김포공항에서 통관 수속을 하지 않고 문화재를 직접 국립박물관에 가져온 후 양국 정부 관계관 입회하에 통관 수속, 현품 확인, 이상 유무, 보상 또는 보험금 문제에 관한 확인 등을 행할 방침임을 밝히고, 보험회사 측은 물론 일본 정부 관계관의 입회가 필요하다 하였던바, 하리가이

부장은, 아 측 방침에 대한 이해를 표하고, 전문가를 파견할 것인지 또는 현지 일본 대사관 직원을 입회시킬 것인지에 관하여 관계부처와 협의하겠다고 말하였음.

3. 손실 보상

안 공사는 일본 정부에 의한 직접보상 방식을 말한바, 하리가이 부장은 난색을 표하였음. 안 공사는 보험으로 COVER 할 수 없는 불가항력에 의한 손실에 대하여서는 일본 정부가 보상하기로 하고 그 구체적 방안은 양국 정부가 협의하여 결정하도록 하는 방안을 제시한바, 하리가이 부장은 이제까지 외국 문화재에 대하여 정부가 보상하기로 한 예는 없으나, 아 측의 입장을 존중하여 아 측이 제시한 방안을 구술서에 표현하는 방식과 함께 검토하여 보겠다고 말하였음. 일본 측은 종래 불가항력에 속하였던 전쟁조항도 보험의 범위에 넣을 수 있게 되었다 하면서 불가항력을 COVER 하는 데 있어서의 실익에 관하여 문의하였음. 아 측은 불가항력에 의한 손실은 희귀한 일이고 그러한 일이 없기를 바라는 바이나, 아 측의 입장은 COVER 되지 않는 위험을 없이 하려는 것이며, 예로서 수송 시 확인된 품목이 도착 후 확인 시 없어진 것이 발견되는 경우, 또는 수리 불능 정도로 완전히 파괴된 경우 등을 열거하였음. 일본 측은 조약국 등 관계부처를 납득시키기 위하여서는 구체적 실익을 검토할 필요가 있다 하였음.

4. 운송 비용

안 공사는 운송의 시점과 종점을 도쿄와 서울로 할 것과 서울국립박물관까지의 비용도 일본 정부가 부담할 것을 주장하였음. 이에 대하여 일본 측은 운송의 시, 종점에 관한 아 측의 입장에 동의하고, 서울국립박물관까지의 운송비 부담에 관하여서는 예산상 김포공항까지로 되어 있다고 난색을 표하므로, 아 측은 김포공항이란 PORT OF ENTRY의 뜻일 것이며, 문화재의 경우 서울국립박물관이 PORT OF ENTRY가 될 것이라 하였던바, 일본 측은 일본 측 안을 검토하여 보겠다고 말하였음.

5. 평가액

안 공사는 아 국 정부가 각 품목별 평가액을 검토 중이라 하면서, 일본 측의 각 품목별 평가액을 제시하여 달라 하였던 바, 하리가이 부장은 일본 측이 보존하고 있는 대장(사태성 대, 휘장 장)의 기록을 기준으로 상정한 것이라고 하고 아 국 문화재를 평하는 사람의 주관에 따라 평가액은 많이 다를 것이라고 말하였음. 안 공사는 아 측의 평가총액은 일본 측의 총액과 3, 4만 불 정도 차이가 있음을 시사하고, 아 측이 운송계약 책임자로서 아 측 평가액에 따라 계약할 뜻을 말한바, 일본 측은 일본 측의 평가액보다 현저히 많을 경우에는 보험료가 증가하며 대장성 측을 납득시키기 어렵다 하면서 미리 일본 측과 합의하여 줄 것을 요망하였음. 일본 측은 또한 평가액과 보험액이 다를 수도 있음을 시사하였는바, 아 측 타진에 대하여 일본 측은 작년 11월 아 측에 제시한 일본 측 평가액(JAW-11335 참조)은 보험액과 같다고 답변하였음. 양측은 보험에 관한 구체적 사항에 관하여 양측 실무자가 보험회사 측으로부터 설명을 듣도록 하였음.

6. 106점

안 공사는 106점의 잔여분을 이번의 문화재와 함께 수송할 것을 주장한바, 하리가이 부장은 협정에 의한 문화재 수송에 필요한 상자와 별도의 상자를 만들어 수송하기 곤란하고 협정문화재 수송용 상자 내에 공간이 있으면 106점의 잔여분을 삽입하여 수송하는 방안을 고려할 수 있으나 수송료, 보험 등의 문제가 있다고 말하였음. 아 측은 동 106점의 잔여분의 부피에 관하여 조사하겠다고 말하였음.

7. 전문가 확인

아 측은 품목별 확인에 최소한 10일이 소요될 것이라는 아 측 견해를 말한바, 일본 측은 한 일 양측 전문가 간에 확인 요령에 관한 이해가 다른 것 같다고 말하였음. 일본 측은 5, 6일 정도면 될 것이라는 견해를 표하였음.

8. 교환문서

아 측은 내주에 아 측의 대안을 제시하기로 하였음.

112. 문화재 인수 절차에 관한 실무자 회의 결과 보고서

(문화재 인수 절차 실무자 회의)

1. 일시: 1966. 5. 24, 14:00~15:00

2. 장소: 문화재관리국 문화재과장실

3. 참석자: 외무부 동북아과　　　사무관 안세훈
　　　　　문교부　　　　　　　공보관
　　　　　〃　　문화재관리국 사무관 허만훈
　　　　　대한통운 서울지점장

4. 회의 내용
　가. 5. 27(금)의 문화재 인수에 앞서, 외무부 측이 일본 측과의 교섭 경위를 말함.
　나. 5. 27 NWA와 JAL가 김포공항에 도착하면 문화재를 대한통운 트럭에 적재하고 경찰 백차 선도로 국립박물관에 직행하여 일단 창고에 넣어 양측 실무자가 창고문을 봉인한 후, 한 상자씩 개별적으로 내다가 개포하기로 함.
　다. 개포 시 입회할 양측 당사자는 다음과 같음.
　(한국 측)
　　1) 외무부 아주국장
　　2) 문교부 문화재관리국장
　　3) 외무부 동북아과장
　　4) 문교부 문화재관리국 문화재과장
　　5) 국립박물관 미술과장(전문가)
　　6) 　〃　　관리과장

7) 외무부 동북아과 사무관 1명

8) 문교부 문화재관리국 사무관 1명

(일본 측-미정)

1) 요시다 공사

2) 오카무라 1등 서기관(문화 관계)

3) 다테 외무성 문화사업부 제1과장

4) 마쓰시타 문화재보호위원회 감사관(전문가)

5) 기타 일본 측이 천거하는 자 1명

라. 대외 보도: 문교부가 주관이 되어 하되 공보부 영화제작 관계자만이 개포 장소에 들어와 촬영하며, 신문 보도는 문교부 출입기자단만을 2층에서 멀리 촬영 및 취재토록 함.

마. 인수도 시에 특별한 의식은 거행치 않기로 함.

바. 운송 및 개포 작업 시 협력은 대한통운이 전담키로 함.

131. 문화재 인수 절차에 관한 구술서 합의 보고 전문

0379   번호: JAW-05596

일시: 261819[1966. 5. 26]

수신인: 외무부 장관
발신인: 주일 대사

대: WJA-05475, 연: WJA-05571

1. 당 대사관 안광호 공사는 금 26일 하오 4시 30분부터 약 45분간 일본 외무성으로 하리가이 문화사업부장을 방문하고, 별지와 같은 아 측 구술서 안과 SIDE LETTER를 제시한바, 하이가이 문화사업부장은 애초에는 SIDE LETTER의 문안에 관하여 이미 보고한 바와 같은 이유를 들고 난색을 표하였으나, 결국 아 측의 상기 양 문안에 전면적으로 동의하였음.

2. 한일 양측은 명 27일 별지와 같은 양측 구술서와 SIDE LETTER를 정식으로 교환키로 하였음.

별지 1

NOTE VERBALE

THE EMBASSY OF THE REPUBLIC OF KOREA PRESENTS ITS COMPLIMENTS TO THE MINISTRY OF FOREIGN AFFAIRS AND HAS THE HONOUR TO ACKNOWLEDGE THE RECEIPT OF THE LATTER'S NOTE VERBALE 104/CC1 MAY 25, 1966, WHICH READS AS FOLLOWS:

0380   "THE MINISTRY OF FOREIGN AFFAIRS PRESENTS ITS COMPLIMENTS TO

THE EMBASSY OF THE REPUBLIC OF KOREA AND, WITH REFERENCE TO THE CONVERSATIONS WHICH TOOK PLACE RECENTLY BETWEEN THE REPRESENTATIVES OF THE TWO GOVERNMENTS ON THE PROCEDURES AND OTHER RELATED MATTERS FOR THE TURNING OVER BY THE GOVERNMENT OF JAPAN TO THE GOVERNMENT OF THE REPUBLIC OF KOREA OF THE ART OBJECTS ENUMERATED IN THE ANNEX OF THE AGREEMENT ON THE ART OBJECTS AND CULTURAL COOPERATION BETWEEN THE TWO COUNTRIES WHICH ENTERED INTO FORCE ON DECEMBER 18, 1965, IN ACCORDANCE WITH THE PROVISIONS OF ARTICLE II OF THE SAID AGREEMENT, HAS THE HONOUR TO CONFIRM THE UNDERSTANDING REACHED BETWEEN THEM AS FOLLOWS:

(1) THE ART OBJECTS, WHICH WERE IDENTIFIED AND EXAMINED FROM MAY 10, 1966 TO MAY 25, 1966 BY THE JAPANESE AND KOREAN EXPERTS ACTING ON BEHALF OF THEIR RESPECTIVE GOVERNMENTS, AND PACKED IN THE PRESENCE OF SUCH EXPERTS, WILL BE TRANSPORTED BY AIR FROM TOKYO TO SEOUL BY THE GOVERNMENT OF JAPAN.

(2) THE ART OBJECTS WILL BE TURNED OVER IN SEOUL TO THE GOVERNMENT OF THE REPUBLIC OF KOREA IN THE PRESENCE OF THE AUTHORITATIVE OFFICIALS OF THE BOTH GOVERNMENTS."

THE EMBASSY OF THE REPUBLIC OF KOREA HAS FURTHER THE HONOUR TO CONFIRM, ON BEHALF OF THE GOVERNMENT OF THE REPUBLIC OF KOREA, THE CONTENTS OF THE AFORE-MENTIONED NOTE VERBALE.

MAY 25, 1966

TOKYO

번역

구술서

대한민국 대사관은 외무성에 경의를 표하며, 다음과 같은 내용의 1966년 5월 25일자 외무성의 구술서 104/CC1의 접수하였음을 알리는 것을 영광으로 생각합니다:

"외무성은 한국대사관에 경의를 표하며, 1965년 12월 18일에 발효된 양국 간의 문화재 및 문화협력에 관한 협정 부속서에 열거된 문화재를 동 협정 제2조의 규정에 따라, 일본국 정부가 대한민국 정부에 인도하는 절차 및 기타 관련 사항에 관하여 최근 양국 정부 대표 간에 이루어진 다음 합의사항을 다음과 같이 확인하게 됨을 영광으로 생각합니다:

(1) 1966년 5월 10일부터 1966년 5월 25일까지 각국 정부를 대표하는 일본 및 한국 전문가들에 의해 확인 및 조사되고 해당 전문가들의 입회하에 포장된 문화재는 일본 정부에 의해 도쿄에서 서울로 항공으로 운송된다.

(2) 문화재는 서울에서 양국 정부의 권한 있는 직원들의 입회하에 대한민국 정부에 인도한다."

대한민국 대사관은 대한민국 정부를 대신하여 앞서 언급한 구술서의 내용을 확인하는 영광을 더합니다.

1966년 5월 25일

도쿄

MAY 25, 1966

SIR,

WITH REFERENCE TO THE NOTE VERBALE SKE-129, DATED MAY 25, 1966 OF THIS EMBASSY AND THE NOTE VERBALE 104/CC1, DATED MAY 25, 1966 OF THE MINISTRY OF FOREIGN AFFAIRS, WHICH WERE EXCHANGED TODAY BETWEEN THEM, REGARDING THE PROCEDURES AND OTHER RELATED MATTERS FOR THE TURNING OVER BY THE GOVERNMENT OF JAPAN TO THE GOVERNMENT OF THE REPUBLIC OF KOREA OF THE ART OBJECTS IN ACCORDANCE WITH THE PROVISIONS OF ARTICLE II OF THE AGREEMENT ON THE ART OBJECTS AND CULTURAL COOPERATION BETWEEN THE TWO COUNTRIES, I HAVE THE HONOUR TO CONFIRM THE UNDERSTANDING REACHED BETWEEN THE REPRESENTATIVES OF THE TWO GOVERNMENTS THAT, IN CASE OF ACCIDENTS, INCLUDING THOSE WHICH MIGHT HAVE BEEN CAUSED BY FORCE MAJEURE, BUT EXCLUDING THOSE WHICH THE GOVERNMENT OF THE REPUBLIC OF KOREA WOULD BE SOLELY RESPONSIBLE FOR, IN THE COURSE OF THE TRANSPORT OF THE ART OBJECTS BY THE GOVERNMENT OF JAPAN UNDER ITS RESPONSIBILITIES, THE GOVERNMENT OF JAPAN WILL ASSUME ALL THE RESPONSIBILITIES FOR FAILURE IN FULFILMENT OF ITS OBLIGATIONS IN ACCORDANCE WITH THE PROVISION OF ARTICLE II OF THE SAID AGREEMENT.

ACCEPT, SIR, THE ASSURANCES OF MY HIGH CONSIDERATION.

KWNAG HO AHN

MINISTER

번역

1966년 5월 25일

[하리가이 부장] 귀하,

양국의 문화재 및 문화협력에 관한 협정 제2조의 규정에 따라 일본 정부가 미술품을 대한민국 정부에 인도하는 절차 및 기타 관련 사항에 관하여 오늘 교환된 본 대사관의 1966년 5월 25일 자 구술서 SKE-129와 외무성의 1966년 5월 25일 자 구술서 104/CC1을 참조하여, 본인은, 양국의 문화재 및 문화협력에 관한 협정 제2조의 규정에 따라 일본 정부가 문화재를 대한민국 정부에 인계하기 위한 절차 및 기타 관련 사항과 관련하여 양국의 정부 대표 간에 합의된 다음 양해 사항, 즉 대한민국 정부가 전적으로 책임져야 할 사고를 제외하고, 불가항력에 의한 사고를 포함하여 일본 정부가 책임하에 미술품을 운송하는 과정에서 사고가 발생할 경우, 일본 정부가 상기 협정 제2조의 규정에 따른 의무 불이행에 대한 모든 책임을 진다는 점을 확인하게 된 것을 영광으로 생각합니다.

본인의 귀하에 대한 깊은 배려를 받아 주시기 바랍니다.

안광호
공사

152. 문화재 인도 완료 사실을 문교부에 통보하는 공문 내부재가 문서

기안자: 동북아과 안세훈

과장[서명]　국장[서명]　차관보 차관[서명]　장관

기안 연월일: 66. 5. 28
분류기호 문서번호: 외아북 722-9341
경유·수신·참조: 문교부 장관 문화재관리국장

제목: 문화재 인수

1. 1965. 12. 18 발효된 대한민국과 일본국 간의 '문화재 및 문화협력에 관한 협정' 제2조의 규정에 의하여 동 협정 '부속서'에 열거된 우리 문화재는 1966. 5. 28, 10:00 에 국립박물관에서 별첨과 같은 문서를 교환하고 일본 정부로부터 우리 정부에 인도되었음을 통지합니다.

2. 동 문화재로 이미 일본에서 우리 정부가 파견한 전문가에 의하여 감정 확인된 바 있으며, 우리나라에 도착한 후 귀부 주재하에 동 문화재의 손상 여부에 대한 점검이 있었습니다.

3. 동 문화재의 보관 및 전시 등에 만전을 기하여 주시기 바랍니다.

유첨: 1. 한국 측 구술서(사본) 1부
　　　2. 일본 측 구술서(사본) 1부
　　　3. 일본 측의 마이크로필름 기증에 관한 구술서 1부

끝

152-1. 한국 측 구술서

OAT-6569

NOTE VERBALE

The Ministry of Foreign Affairs presents its compliments to the Embassy of Japan and has honor to inform the latter that the Government of the Republic of Korea has accepted from the Government of Japan on May 28, 1966, in Seoul, the Korean art objects enumerated in the Annex of 「the Agreement on the Art Objects and Cultural Cooperation between the Republic of Korea and Japan」 which entered into force on December 18, 1965, in accordance with the provisions of Article II of the said Agreement.

May 28, 1966
Seoul

번역   OAT-6569

구술서

외무부는 일본국 대사관에 경의를 표하며, 대한민국 정부는 1965년 12월 18일 발효된 '대한민국과 일본국 간의 문화재 및 문화협력에 관한 협정' 부속서에 열거된 한국 문화재를 동 협정 제2조의 규정에 따라 1966년 5월 28일 서울에서 일본국 정부로부터 접수하였음을 일본국 대사관에게 통보하는 것을 영광으로 생각합니다.

1966년 5월 28일
서울

152-2. 일본 측 구술서

No. G-81

NOTE VERBALE

The Embassy of Japan presents its compliments to the Ministry of Foreign Affairs and has the honour to inform the latter that the Government of Japan has turned over in Seoul on May 28, 1966, to the Government of the Republic of Korea the art objects enumerated in the Annex of the Agreement on the Art Objects and Cultural Cooperation between the two countries which entered into force on December 18, 1965, in accordance with the provisions of Article II of the said Agreement.

May 28, 1966

번역

번호 G-81

구술서

주한 일본국대사관은 외무부에 경의를 표하며, 1965년 12월 18일 발효된 양국 간의 문화재 및 문화협력에 관한 협정 부속서에 열거된 문화재를 동 협정 제2조의 규정에 따라 1966년 5월 28일 서울에서 일본국 정부가 대한민국 정부에 인계하였음을 외무부에 통보하는 것을 영광으로 생각합니다.

1966년 5월 28일

152-3. 마이크로필름 기증에 관한 일본 측 구술서

No. G-82

NOTE VERVALE

The Embassy of Japan presents its compliments to the Ministry of Foreign Affairs and has the honour to donate the microfilms of the books on the list attached hereto in commemoration of the occasion when the art objects enumerated in the Annex of the Agreement on the Art Objects and Cultural Cooperation between the two countries have been turned over by the Government of Japan to the Government of the Republic of Korea, in Seoul on May 28, 1966.

May 28, 1966.

번역

번호 G-82

구술서

주한 일본국대사관은 외무부에 경의를 표하며, 1966년 5월 28일 서울에서 양국 간의 문화재 및 문화협력에 관한 협정 부속서에 열거된 문화재가 일본국 정부에 의해 대한민국 정부에 인도된 것을 기념하여 별첨 목록에 있는 도서의 마이크로필름을 대한민국 외무부에 기증하는 하는 것을 영광으로 생각합니다.

1966년 5월 28일

152-3-1. 일본 측이 한국에 기증한 도서 마이크로필름 목록

No.	書名(서명)	冊數(책수)	リール數(릴수)
1	周易傳義口訣(주역전의 구결)	12	1
2	纂圖互註 周禮(찬도 호주 주례)	7	1
3	文公家 禮儀節(문공가 예의절)	4	1
4	春秋集傳大全(춘추집전대전)	55	1
5	東萊先生 左氏博議(동래선생 좌씨박의)	10	1
6	春秋胡氏傳(춘추호씨전)	10	1
7	大學衍義(대학연의)	15	2
8	中庸九經衍義(중용구경연의)	9	1
9	韻會玉篇(운회옥편)	1	1
10	古今標題 歷代注釋 十九史略通攷 (고금표제 역대주석 십구사략통고)	7	1
11	宋名臣言行錄(송명신언행록)	13	2
12	東萊先生十七史詳節(동래선생 십칠사상절)	110	8
13	牧民心鑑(목민심감)	1	1
14	二程全書(이정전서)	16	2
15	近思錄集解(근사록집해)	4	1
16	心經發揮(심경발휘)	2	1
17	星學十圖(성학십도)	1	1
18	居業錄(거업록)	1	1
19	政經(정경)	1	1
20	三綱行實圖(삼강행실도)	1	1
21	孫子大文(손자대문)	3	1
22	十一家註 孫子(십일가주 손자)	3	1
23	司馬法集解(사마법집해)	2	1
24	七書直解(칠서직해)	12	2
25	經史證類大觀本草(경사증류대관본초)	14	2
26	醫家必要(의가필요)	1	1
27	醫方集略(의방집략)	6	1

	28	壽親養老新書 (수친양로신서)	3	1
	29	世醫得效方 (세의득효방)	9	1
	30	新篇 醫學正傳 (신편 의학정전)	7	1
	31	醫方類聚 (의방류취)	252	54
	32	醫林類證集要 (의림류증집요)	71	2
	33	溫氏隱居助道方服藥須知 (온씨은거조도방복약수지)	1	1
	34	簡易辟瘟方 (간이피온방)	1	1
0424	35	救急易方 (구급역방)	1	1
	36	鄕藥救急方 (향약구급방)	1	1
	37	玉機微義 (옥기미의)	13	1
	38	乾坤生意 (건곤생의)	7	1
	39	治腫秘方 (치종비방)	1	1
	40	拯急遼方 (증급요방)	1	1
	41	大德重校 聖濟總錄 (대덕중교 성제총록)	205	20
	42	素問入式運氣論奧 (소문입식운기론오)	1	1
	43	丹溪先生 醫書纂要 (단계선생 의서찬요)	2	1
	44	東垣處方用藥指掌 珍珠囊 (동원처방용약지장 진주낭)	1	1
	45	東醫寶鑑 (동의보감)	25	2
	46	新刊 補註 銅人腧穴鍼灸圖經 (신간 보주 동인수혈침구도경)	2	1
	47	新編 婦人大全良方 (신편 부인대전양방)	9	1
	48	纂圖方論 脉訣集成 (찬도방론 맥결집성)	2	1
	49	增註太平惠民 和劑局方 (증주태평혜민 화제국방)	6	1
0425	50	活人心法 (활인심법)	1	1
	51	壽親養老書 (수친양로서)	1	1
	52	新刊 黃帝內經靈樞集註 (신간 황제내경영추집주)	3	1
	53	新編集成 馬醫方 (신편집성 마의방)	1	1
	54	宋揚輝算法 (송양휘산법)	3	1
	55	山居四要 (산거사요)	1	1
	56	韻府群玉 (운부군옥)	10	1
	57	佛說阿彌陀經 (불설아미타경)	1	1
	58	大雲輪請雨經 (대운수청우경)	2	1

59	句解 南華眞經 卷3 卷5 缺(구해 남화진경 권3 권5 결)	8	1
60	楚辭(초사)	3	1
61	纂註 分類 杜詩(찬주 분류 두시)	13	2
62	分類 補註 李太白詩(분류 보주 이태백시)	15	2
63	陸宣公集(육선공집)	4	1
64	樊川文集來註(번천문집내주)	4	1
65	增刊校正王狀元集註分類 東坡先生詩 (증간교정왕상원집주분류 동파선생집)	14	2
66	山谷老人刀筆(산곡노인도필)	4	1
67	朱子大全文集(주자대전문집)	95	8
68	紫陽文集(자양문집)	10	1
69	靜庵先生文集(정암선생문집)	4	1
70	牧隱詩精選(목은시정선)	6	1
71	寓菴稿(우암고)	3	1
72	湖陰雜稿(호음잡고)	8	1
73	皇華集(황화집)	5	1
74	增刪 濂洛風雅(증산 염락풍아)	2	1
75	聖元名賢採芳續集(성원명현채방속집)	1	1
76	周易大文(주역대문)	2	1
77	周易傳義大全(주역전의대전)	27	2
78	禮記集說大全(예기집설대전)	27	2
79	禮記淺見錄(예기천견록)	10	1
80	家禮(가례)	2	1
81	服式(복식)	1	1
82	音註 全文 春秋括例始末左傳句讀直解 (음주 전문 춘추괄례시말좌전구독직해)	10	1
83	音點 春秋左傳詳節句解(음점 춘추좌전상절구해)	13	1
84	春秋胡氏傳集解(춘후호씨전집해)	16	2
85	五經(오경)	10	1
86	續 大學或問(속 대학혹문)	1	1
87	論語集註大全(논어집주대전)	7	1
88	孟子或問(맹자혹문)	1	1

0427	89	孟子集註大全(맹자집주대전)	7	1
	90	孟子諺解(맹자언해)	4	1
	91	學庸章句指南(학용장구지남)	1	1
	92	四書(사서)	5	1
	93	四書諺解(사서언해)	13	1
	94	爾雅注疏(이아주소)	6	1
	95	埤雅(비아)	5	1
	96	龍龕手鑑(용감수감)	5	1
	97	韻略(운략)	1	1
	98	訓蒙字會(훈몽자회)	1	1
	99	續 資治通鑑綱目(속 자치통감강목)	27	3
	100	資治通鑑綱目集覽鐫誤(자치통감강목집람전오)	2	1
	101	國語(국어)	6	1
	102	戰國策(전국책)	4	1
	103	貞觀政要註解(정관정요주해)	4	1
	104	新刊 皇明啓運錄(신간 황명계운록)	4	1
	105	史鉞(사월)	2	1
	106	世紀通衢(세기통구)	1	1
0428	107	闕里誌(궐리지)	9	1
	108	太師徽國文公年譜(태사휘국문공연보)	1	1
	109	五朝名臣言行錄(오조명신언행록)	13	2
	110	伊洛淵源錄 新增(이락연원록 신증)	2	1
	111	皇明理學名臣言行錄(황명이학명신언행록)	2	1
	112	宋鑑疏論(송감소론)	1	1
	113	歷代要錄(역대요록)	1	1
	114	標題音註 東國史略(표제음주 동국사략)	5	1
	115	西征錄(서정록)	1	1
	116	國朝征討錄(국조정토록)	1	1
	117	孝行錄(효행록)	1	1
	118	歷代世年歌(역대세년가)	1	1
	119	國朝儒先錄(국조유선록)	4	1
	120	東史纂要(동사찬요)	8	1

	번호	서명	수량	종수
	121	景賢錄(경현록)	1	1
	122	洪公行狀(홍공행상)	1	1
	123	冶隱先生言行拾遺(야은선생언행습유)	1	1
	124	漂海錄(표해록)	3	1
	125	大明一統志(대명일통지)	60	5
	126	日本國考略(일본국고략)	1	1
	127	海東諸國記(해동제국기)	4	1
0429	128	文獻通考(문헌통고)	140	9
	129	治平要覽(치평요람)	147	9
	130	忠州救荒切要(충주구황절요)	1	1
	131	兵政(병정)	1	1
	132	敎閱儀註(교열의주)	1	1
	133	大明律(대명률)	4	1
	134	正蒙(정몽)	2	1
	135	朱子增損 呂氏鄕約(주자증손 여씨향약)	1	1
	136	近思錄(근사록)	3	1
	137	小學集說(소학집설)	4	1
	138	標題註疏 小學集成(표제주소 소학집성)	5	1
	139	朱子成書(주자성서)	2	1
	140	朱子語類(주자어류)	51	5
	141	朱子書節要(주자서절요)	8	1
	142	朱子文錄(주자문록)	4	1
	143	北溪先生 性理字義(북계선생 성리자의)	2	1
0430	144	新編音點 性理羣書句解(신편음점 성리군서구해)	22	2
	145	許魯齋先生心法(허노재선생심법)	1	1
	146	薛文淸公 讀書錄(설문청공 독서록)	1	1
	147	夙興夜寐箴(숙흥야매잠)	1	1
	148	入學圖說(입학도설)	1	1
	149	續 三綱行實圖(속 삼강행실도)	2	1
	150	二倫行實圖(이륜행실도)	1	1
	151	作聖圖論(작성도론)	1	1
	152	天命圖說(천명도설)	1	1

	153	聖學十圖(성학십도)	1	1
	154	聖學輯要(성학집요)	5	1
	155	六韜直解(육도직해)	6	1
	156	陣法(진법)	1	1
	157	演機新篇(연기신편)	3	1
	158	新註 無冤錄(신주 무원록)	2	1
	159	農事直說(농사직설)	1	1
	160	衿陽雜錄(금양잡록)	1	1
	161	脈訣理玄秘要(맥결이현비요)	1	1
0431	162	醫說(의설)	5	1
	163	醫林撮要(의림촬요)	13	2
	164	新編 婦人大全良方(신편 부인대전양방)	9	1
	165	外科精要(외과정요)	2	1
	166	崑山顧公 醫眼論幷方(곤산고공 의안론병방)	1	1
	167	永類鈐方(영류검방)	12	1
	168	癸巳新刊 御藥院方(계사신간 어약원방)	5	1
	169	新刊 醫家必用(신간 의가필용)	3	1
	170	世醫得效方(세의득효방)	22	1
	171	新編集成 牛醫方(신편집성 우의방)	4	1
	172	三元參贊延壽書(삼원참찬연수서)	1	1
	173	新刊 詳明算法(신간 상명산법)	2	1
	174	新編 相法五總龜(신편 상법오총구)	1	1
	175	千字文(천자문)	1	1
	176	菁川養花小錄(청천양화소록)	1	1
0432	177	淮南鴻烈解(회남홍열해)	7	1
	178	新刊明本 治家節要(신간명본 치가절요)	2	1
	179	自警編(자경편)	9	1
	180	谿谷漫筆(계곡만필)	1	1
	181	續 蒙求分註(속 몽구분주)	4	1
	182	韻府群玉(운부군옥)	10	1
	183	儒釋質疑論(유석질의론)	5	1
	184	禪宗唯心訣(선종유심결)	1	1

185	御製 秘藏詮(어제 비장전)		5	1
186	眞心直說(진심직설)		1	1
187	誠初心學人文(성초심학인문)		1	1
188	句解南華眞經(구해남화진경)		5	1
189	莊子廬齋口義(장자노재구의)		10	1
190	周易參同契(주역참동계)		3	1
191	玉樞經(옥추경)		1	1
192	陶淵明集(도연명집)		1	1
193	李太白文集(이태백문집)		1	1
194	杜工部詩范德機批選(두공부시범덕기비선)		3	1
195	纂註 分類 杜詩(찬주 분류 두시)		25	2
196	李長吉集(이장길집)		1	1
197	唐柳先生集(당류선생집)		12	2
198	朱文公校 昌黎先生集(주문공교 창려선생집)		14	2
199	伊川擊壤集(이천격양집)		4	1
200	增刊校正王狀元集註分類 東坡先生時 (증간교정왕상원집주분류 동파선생시)		16	2
201	蘇詩摘律(소시적률)		2	1
202	後山詩註(후산시주)		2	1
203	後山詩註(후산시주)		5	1
204	後山先生集(후산선생집)		7	1
205	山谷詩註(산곡시주)		20	2
206	晦庵先生五言詩抄(회암선생오언시초)		5	1
207	歐陽論範(구양논범)		2	1
208	聯錦詩集(연금시집)		2	1
209	牧隱文藁(목은문고)		23	2
210	復齋先生集(복재선생집)		2	1
211	秋江集(추강집)		4	1
212	靑坡集(청파집)		1	1
213	濯纓文集(탁영문집)		3	1
214	灌圃先生詩集(관포선생시집)		1	1
215	二樂亭集(이락정집)		7	1

216	立巖集(입암집)		2	1
217	晦齋先生集(회재선생집)		1	1
218	企齋集(기재집)		4	1
219	十省堂集(십성당집)		2	1
220	東國莊元集(동국장원집)		1	1
221	葛川先生文集(갈천선생문집)		2	1
222	林白湖集(임백호집)		2	1
223	霽峯集(제봉집)		5	1
224	芝山先生文集(지산선생문집)		2	1
225	蓀谷詩集(손곡시집)		2	1
226	嶽堅集(악견집)		1	1
227	海峯集(해봉집)		1	1
228	唐音輯註(당음집주)		10	1
229	聖宋名賢五百家 播芳大全文粹 (성송명현오백가 파방대전문수)		7	1
230	新刊類編歷擧 三場文選(신간유편역거 삼장문선)		5	1
231	皇華集(황화집)		42	3
232	三韓詩龜鑑(삼한시귀감)		1	1
233	晉陽聯藁(진양연고)		1	1
234	詳說 古文眞寶大全(상설 고문진보대전)		7	1
235	選詩補註(선시보주)		9	1
236	疊山先生批點 文章軌範(첩산선생비점 문장궤범)		2	1
237	詩法源流(시법원류)		1	1
238	遺山樂府(유산낙부)		1	1

153. 문화재 인도에 관한 대외 발표문

０４３６   발표

1966. 5. 28

　　대한민국과 일본국 간의 문화재 및 문화협력에 관한 협정 제2조의 규정에 따라 동 협정 부속서에 열거된 문화재는 일본 정부의 책임하에 서울로 운송되어 양국 관계관에 의한 확인이 끝난 후 금 5. 28 오전 10:00시에 우리 국립박물관에서 정식으로 일본 정부로부터 우리 정부에 인도되었다.

154. 문화재 반환에 제한 이동원 외무부 장관 인사문

0437　문화재 반환에 제한 이동원 외무부 장관의 인사

1966. 5. 28

　　요시다 공사, 귀빈 여러분,

　한일 양국 정부와 국민의 장구한 시일에 걸친 노력으로 작년 말에 양국 간의 관계가 정상화되고 새로운 우호 선린 관계의 수립을 위한 노력이 착실히 진행되고 있는 이때 양국 간의 문화재 및 문화협력에 관한 협정에 의거하여 귀중한 우리의 문화재를 오늘 이 국립박물관에서 일본 정부로부터 인수하게 된 것은 실로 그 의의가 큰 것이며 본인은 무한한 감개를 금할 길이 없습니다.

　우리가 반세기 이상이나 잃었다가 오늘 다시 찾게 된 이 문화재의 하나 하나에는 우리 선조의 얼과 정기가 아로새겨져 있으며, 우리 민족문화의 귀중한 자산으로서 깊이 우리 자손에게 물려주게 될 것입니다.

　한일 양국은 지리적으로 인접한 관계에 있으면서도 불행한 과거를 지녔던 것은 마음 아픈 일입니다. 이와 같은 불행한 과거를 청산하고 새로운 관계를 수립하는 것이 한일 국교 정상화의 가장 큰 의의였던 것이며 우리 문화재의 반환이야말로 불행한 과거를 청산함에 있어 크게 이바지할 것임을 본인은 믿어 의심치 않습니다.

　금반 한국 문화재의 인수를 계기로 본인은 한일 양국 간에 문화 면에 있어서의 협력의 터전이 마련될 것을 바라마지 않습니다.

　끝으로 금반 문화재의 확인 포장 및 운송을 위하여 불철주야로 노력하신 양국 관계자 여러분에게 충심으로 감사드리며, 특히 일본 정부에서 전적에 대한 마이크로필름을 준비하신 배려에 대하여 사의를 표합니다.

　감사합니다.

한일회담 자료총서 10
한국외교문서
제7차 한일회담 Ⅱ

초판 1쇄 인쇄 2024년 8월 5일
초판 1쇄 발행 2024년 8월 15일

엮은이   동북아역사재단
해제·번역·감수   조윤수, 유의상
펴낸이   박지향
펴낸곳   동북아역사재단

등록   제312-2004-050호(2004년 10월 18일)
주소   서울시 서대문구 통일로 81 NH농협생명빌딩
전화   02-2012-6065
팩스   02-2012-6189
홈페이지   www.nahf.or.kr
제작·인쇄   역사공간

ISBN   979-11-7161-131-7 94910
          978-89-6187-641-4 (세트)

- 이 책은 저작권법에 의해 보호를 받는 저작물이므로 어떤 형태나 어떤 방법으로도 무단전재와 무단복제를 금합니다.
- 책값은 뒤표지에 있습니다. 잘못된 책은 바꾸어 드립니다.